Am 15. August 2007 wurden in Duisburg, nur wenige Meter vom Restaurant Da Bruno entfernt, sechs junge Männer italienischer Abstammung brutal ermordet. Zwei Killer gaben 54 Schüsse auf sie ab. Es war das schlimmste Mafiablutbad, das jemals außerhalb Italiens und der USA stattgefunden hat, Folge einer Blutfehde in einer der drei großen kriminellen Organisationen Italiens: der 'Ndrangheta.
Fundiert und spannend erzählt John Dickie, wie Camorra, Cosa Nostra und 'Ndrangheta mit Schmuggel, Baubetrug, Kidnapping und Drogenhandel reich und mächtig wurden, von den Anfängen im 19. Jahrhundert bis heute. Mit kalter Brutalität sichern sie ihre Macht und beseitigen ihre Widersacher.
John Dickie zeigt, warum Staat und Justiz im Kampf gegen das organisierte Verbrechen so lange versagt haben und wie sehr die Geschichte des Staates mit jener der Mafias verknüpft ist. Unglaubliche Geschichten, brutal, dunkel, schockierend, packend erzählt von einem der besten Kenner dieser anderen Seite Italiens.
Ein Buch jenseits aller Genres, das einen nicht mehr loslässt, historisches Standardwerk und Krimi zugleich.

John Dickie ist Historiker und Journalist. Er lehrt Romanistik am University College in London und hat zahlreiche Veröffentlichungen zur Geschichte und Kultur Italiens verfasst. Sein Buch ›Cosa Nostra. Die Geschichte der Mafia‹ war ein internationaler Bestseller. 2005 wurde er vom Staatspräsidenten der italienischen Republik zum »Commendatore dell'Ordine della Stella della Solidarietà Italiana« ernannt.

Weitere Informationen finden Sie auf www.fischerverlage.de

John Dickie

OMERTÀ

Die ganze Geschichte der Mafia

Camorra, Cosa Nostra und 'Ndrangheta

Aus dem Englischen
von Irmengard Gabler

FISCHER Taschenbuch

Aus Verantwortung für die Umwelt hat sich der S. Fischer Verlag zu einer nachhaltigen Buchproduktion verpflichtet. Der bewusste Umgang mit unseren Ressourcen, der Schutz unseres Klimas und der Natur gehören zu unseren obersten Unternehmenszielen.

Gemeinsam mit unseren Partnern und Lieferanten setzen wir uns für eine klimaneutrale Buchproduktion ein, die den Erwerb von Klimazertifikaten zur Kompensation des CO_2-Ausstoßes einschließt.

Weitere Informationen finden Sie unter: www.klimaneutralerverlag.de

FSC www.fsc.org
MIX
Papier aus verantwortungsvollen Quellen
FSC® C014496

4. Auflage: August 2022

Erschienen bei FISCHER Taschenbuch
Frankfurt am Main, Juli 2015

Die Originalausgabe erschien 2011 in zwei Bänden
unter den Titeln »Blood Brotherhoods« und »Mafia Republic«
im Verlag Scepter (Hodder & Stoughton)

Karten: Peter Palm, Berlin
Satz: Pinkuin Satz und Datentechnik, Berlin
Druck und Bindung: GGP media GmbH, Pößneck
Printed in Germany
ISBN 978-3-596-18227-5

Zum Gedenken an Gilbert Dickie (1922–2011)

»Die schwärzeste Verzweiflung, die eine Gesellschaft befallen kann, rührt von der Befürchtung, ein ehrbares Leben könne zwecklos sein.«

Corrado Alvaro

Italien
AOSTATAL
Paderno
Dugnano
Comer See
Como
Arcore
Bardonecchia
Mailand
Brescia
Vigevano
Pavia
LOMBARDEI
SÜD-
TIROL
VENETIEN
Vicenza
Triest
Turin
PIEMONT
Po
Rovigo
EMILIA-
ROMAGNA
Genua
LIGURIEN
Bologna
Florenz
TOSKANA
MARKEN
Ligurisches
Meer
Elba
Pianosa
Korsika
Perugia
UMBRIEN
Adria
Ascoli Piceno
Teramo
Tiber
Pescara
ABRUZZEN
Sulmona
Fiuggi
LATIUM
MOLISE
Asinara
KAMPANIEN
Neapel
Bari
APULIEN
SARDINIEN
BASILICATA
Lecce
Tyrrhenisches
Meer
Cagliari
KALABRIEN
Cosenza
Ustica
Liparische
Inseln
Catanzaro
Messina
Villafranca
Palermo
Reggio Calabria
Enna
Caltanissetta
Catania
SIZILIEN
Syrakus
Mittelmeer
Regionalhauptstädte
Provinzhauptstädte
kleinere Zentren
0 40 80 120 160 200 km
N
S

Inhalt

Vorwort

Vor langer Zeit landeten drei spanische Ritter auf der Insel Favignana vor der westlichsten Spitze Siziliens. Sie hießen Osso, Mastrosso und Carcagnosso und waren auf der Flucht. Einer ihrer Schwestern war von einem hochmütigen Edelmann Gewalt angetan worden, und die drei Ritter waren aus Spanien geflohen, nachdem sie die schändliche Tat blutig gerächt hatten.

In einer der vielen Höhlen und Grotten auf Favignana fanden Osso, Mastrosso und Carcagnosso Zuflucht und zudem einen Ort, wo sie den Zorn ob des ihnen widerfahrenen Unrechts in einen neuen Verhaltenskodex münden ließen und einen neuen Geheimbund gründeten. In den folgenden 29 Jahren ersannen und verfeinerten sie die Regeln der Ehrenwerten Gesellschaft, ehe sie ihre Botschaft schließlich in die Welt hinaustrugen.

Osso weihte sein Leben dem heiligen Georg, begab sich auf das nahe gelegene Sizilien und gründete dort jenen Zweig der ehrenwerten Gesellschaft, der als Mafia bekannt werden sollte.

Mastrosso wählte sich die Muttergottes zur Schirmherrin und segelte nach Neapel, wo er einen weiteren Zweig ins Leben rief: die Camorra.

Carcagnosso schließlich verehrte den Erzengel Michael. Er überquerte die Meerenge zwischen Sizilien und dem italienischen Festland nach Kalabrien und gründete dort die 'Ndrangheta.

Omertà handelt von den Ursprüngen und Anfängen der drei meistgefürchteten kriminellen Vereinigungen oder Mafias in Italien. Allerdings kann kein Historiker von sich behaupten, er habe als Erster das Rätsel lösen wollen, wie die sizilianische Mafia, die neapolitanische Camorra und die kalabrische 'Ndrangheta ihren Anfang nahmen. Die Ersten waren nämlich die Mafiosi selbst. Jedes der großen Verbrechersyndikate verfügt über einen eigenen Entstehungsmythos. Die Geschichte von Osso, Mastrosso und Carcagnosso beispielsweise ist die offizielle Version der 'Ndrangheta zu ihren Ursprüngen: Sie wird kalabrischen Rekruten erzählt, die dem örtlichen Clan beitreten wollen, um sich einem von Mord, Erpressung und Drogenhandel bestimmten Leben zu verschreiben.

Aus historischer Sicht haben die drei spanischen Ritter in etwa so viel Substanz wie die drei Bären aus dem gleichnamigen Märchen. Die Geschichte ist purer Unsinn, wenn auch todernster, pseudosakraler Unsinn. Die Erforschung des Nationalismus gemahnt uns daran, dass eine verklärte Vergangenheit jede Schandtat rechtfertigt. In den vergangenen 150 Jahren ist es den Mafias außerdem immer wieder gelungen, die Wahrheit zu verschleiern, indem sie ihr die eigene Version überstülpten. So entpuppte sich die offizielle Geschichtsversion allzu oft als ein Produkt aus den Mythen der Mafia, die weitaus heimtückischer sind, als der Unsinn über Osso, Mastrosso und Carcagnosso zunächst vermuten ließe. Keine einzige gewöhnliche Gang, und sei sie noch so mächtig, hat so lange überlebt wie die Mafias; oder so viel Einfluss auf die Art und Weise, wie ihre eigene Vergangenheit geschildert wird. Allein die Tatsache, dass die Mafias der Historie einen so hohen Stellenwert beimessen, verrät den ungeheuerlichen Grad ihres Ehrgeizes.

Die Geschichte der Mafias ist mit weitaus größeren Ungeheuerlichkeiten angefüllt. Am sichtbarsten sind die von erschreckender Brutalität begleiteten Aktionen. Die verstörende Grausamkeit der Mafiaorganisationen ist wesentliche Grundlage ihres Seins und Tuns. Eine gewaltfreie Mafia existiert nicht. Dabei ist die Gewalt nur die Spitze des Eisbergs. Mit Hilfe der Gewalt und des großen Handlungsspektrums, das sie ermöglicht, korrumpieren die Mafias die demokratischen Institutionen der Republik, beschneiden drastisch die Lebenschancen ihrer Bürger und setzen ihre eigennützigen Machenschaften an die Stelle des Rechts. Das wahrhaft Ungeheuerliche an den Mafias in Italien ist daher nicht etwa die Tatsache, dass durch sie zahllose Leben – auch innerhalb der Vereinigungen – auf grausame Weise beendet wurden. Ebenso wenig sind es die vielen Existenzen, die vernichtet, die Ressourcen, die vergeudet, die kostbaren Landschaften, die zerstört wurden. Das wirklich Ungeheuerliche ist die Tatsache, dass diese Mörder im Süden Italiens eine Parallelregierung bilden. Sie unterwandern Polizei und Justiz, Stadt- und Gemeinderäte, regionale Ministerien und Wirtschaftsunternehmen. Sie verfügen auch über ein gewisses Maß an öffentlicher Unterstützung, und zwar seit der Gründung des italienischen Staates im Jahr 1861. Als Italien größer wurde, wuchsen die Mafias mit ihm.

Ungeachtet dessen, was die faschistische Propaganda vielen Menschen weiszumachen versuchte, überlebten die kriminellen Vereinigungen unter Mussolinis Regime, unterwanderten es sogar. Im Frieden und der Demokratie, welche die Zeit seit 1946 prägten, gediehen sie schließlich besser denn je. Als Italien sich in den 1960er Jahren in eine der reichsten kapitalistischen Wirtschaften verwandelte, wurden die kriminellen Vereinigungen stärker, reicher und brutaler als je zuvor. Sie vervielfältigten und verbreiteten sich, erzeugten neue Mafias und neue Plagen in Gegenden des Staatsgebiets, die zuvor immun zu sein schienen. Italien ist ein junges Land, eine moderne Schöpfung; und die Mafias sind eines der Symptome dieser Modernität, auf italienische Art.

Dort, wo die Macht der Mafia am stärksten ist, in den ländlich geprägten Regionen, ist sie heute nichts weniger als ein verbrecherisches Regime. In einem geheimen Bericht aus dem Jahr 2008, der auf die Website von Wikileaks geriet, schilderte der Generalkonsul der Vereinigten Staaten in Neapel die Zustände in Kalabrien, der Region an der Spitze des italienischen Stiefels, in der die 'Ndrangheta heimisch ist. Man kann sich über die eine oder andere seiner Statistiken streiten, aber der Kern der Diagnose ist ebenso wahr wie ernüchternd:

»Das Verbrechersyndikat 'Ndrangheta kontrolliert große Teile des Hoheitsgebiets und der Wirtschaft Kalabriens und erzielt mindestens drei Prozent von Italiens Bruttoinlandsprodukt (wahrscheinlich weit mehr) durch Drogenhandel, Erpressung und Wucher (...) Ein Großteil der kalabrischen Industrie ist bereits vor über zehn Jahren zusammengebrochen. Das Ergebnis: Umweltschäden und wirtschaftlicher Ruin. Die Region steht in beinahe jeder Wirtschaftsdisziplin innerhalb Italiens an letzter Stelle. Die meisten Politiker vor Ort, mit denen wir sprachen, waren der fatalistischen Auffassung, dass der ökonomischen Abwärtsspirale des Landes und dem Würgegriff der 'Ndrangheta wenig entgegenzuhalten sei. Andere wiederum behaupteten verlogen, das organisierte Verbrechen stelle längst kein Problem mehr dar (...) Niemand hier glaubt, dass die Regierung in Rom auch nur den geringsten Einfluss auf die Verhältnisse in Kalabrien hat, und Politiker vor Ort gelten ausnahmslos als ineffektiv und/oder korrupt. Würde Kalabrien nicht zu Italien gehören, wäre es ein gescheiterter Staat.«

Italien war schon immer eine Gesellschaft mit tiefreichenden Problemen. Dennoch ist das Land weder eine südamerikanische Bananenrepublik oder eine verarmte Warlord-Domäne in Asien noch die Ruine eines zerschlagenen osteuropäischen Staates. Wenn sich unsere Landkarten nicht fatal irren, befindet sich die wie ein Stiefel geformte Halbinsel keineswegs in einer Region der Welt, in der die Autorität des Staates erwartungsgemäß durch eine gewalttätige raubgierige alternative Macht untergraben wird. Italien ist ein vollwertiges Mitglied in der Familie westeuropäischer Nationen. Doch als einzige unter diesen Nationen beherbergt es die Mafias. Hierin liegt sowohl die Faszination als auch die dringende Notwendigkeit einer Geschichte der Mafia begründet.

Die Beschäftigung mit der Geschichte der Mafia ist allerdings ein junges Forschungsfeld, entstanden nach der beispiellosen Mafiagewalt der 1980er und frühen 1990er Jahre, als italienische Wissenschaftler begannen, ihre Empörung in geduldige und konsequente Forschung umzusetzen. Die überwältigende Mehrheit dieser Historiker, deren Zahl beständig wächst, stammt gerade aus jenen südlichen Regionen, die am schlimmsten von Italiens permanentem kriminellen Ausnahmezustand betroffen sind – Regionen, in denen auch heute noch Mafiageschichte geschrieben wird. Einige dieser Forscher sind, so wie ich, in der glücklichen Lage, einen Lehrstuhl innezuhaben. Andere sind Richter und Juristen, wieder andere einfach nur engagierte Bürger. Doch sie alle sind fest entschlossen, den Lügen und Mythen der Mafia, die weitaus heimtückischer sind, als es der Humbug von den spanischen Rittern zunächst glauben machen könnte, mit harten Fakten und offenen Debatten zu begegnen. Es gibt wohl nur wenige Bereiche in der Geschichte, in denen die Erforschung der Vergangenheit einen so direkten Beitrag zu einer besseren Zukunft leisten kann. Um die Mafias zu besiegen, gilt es zunächst zu verstehen, was sie eigentlich sind; und sie sind genau das, was die Geschichtswissenschaft uns offenbart, nicht mehr und nicht weniger. Den Bemühungen einer Vielzahl von Historikern ist es zu verdanken, dass wir mittlerweile imstande sind, ein wenig Licht in das Dunkel der frühen Jahre des organisierten Verbrechens in Italien zu bringen und Fakten offenzulegen, die nicht nur erschreckend sind, sondern von erschreckender Relevanz für die Gegenwart.

Das vorliegende Buch entspringt meiner Überzeugung, dass die

Erkenntnisse dieses wachsenden Forschungszweigs zu wichtig sind, um sie den Spezialisten vorzubehalten. Der Text vereint die bereits bekannte Dokumentation mit den besten Ergebnissen der jüngeren Forschung, so dass, wie man sagen könnte, eine Art Chor entsteht, eine vielstimmige Erzählung. Meine eigene Stimme ist insofern Teil des Chors, als das vorliegende Buch die Geschichte, die aus der aufregenden Forschungsarbeit in Italien hervorgegangen ist, mit maßgeblichen neuen Erkenntnissen ergänzt und korrigiert.

Dieses Buch unterscheidet sich noch in anderer Hinsicht: Es will die Geschichte *aller* Mafias in Italien erzählen. Bei Historikern ist ein vergleichender Ansatz noch immer sehr selten. (Für Soziologen und Kriminologen dagegen gehört der Vergleich zum Rüstzeug.) Vielleicht ist verständlich, dass Historiker hinterherhinken – nicht nur, weil das Schreiben einer zusammenhängenden Geschichte des organisierten Verbrechens in Italien eine beängstigend große Aufgabe ist. Die kriminellen Bruderschaften Siziliens, Kampaniens und Kalabriens passten sich jeweils den charakteristischen Zügen der Region an, aus der sie sich nährten. So war zu verschiedenen Zeitpunkten in ihrer Entwicklung der Unterschied zwischen ihnen größer, als das verallgemeinernde Etikett »Mafia« es vielleicht vermuten ließe.

Die einzelnen Mafias haben jedoch nie unabhängig voneinander existiert. Ihre Gemeinsamkeiten sind ebenso wichtig wie die vielen Merkmale, die sie unterscheiden. Im Laufe ihrer Geschichte haben die drei Mafias miteinander kommuniziert und voneinander gelernt. Deshalb erinnert die isolierte Beschäftigung mit jeder einzelnen Mafia Italiens, bei allen individuellen Eigenheiten, manchmal an die Arbeitsweise eines Wissenschaftlers, der die Dynamik der natürlichen Auslese zu ergründen sucht, indem er auf Käfer starrt, die in einem verstaubten Schaukasten auf Stecknadeln gespießt sind. Ein weiter gefasster, vergleichender Kontext zeigt uns, dass es in Italien nicht etwa solitäre, statische kriminelle Organismen gibt, die isoliert voneinander agieren, sondern ein vielfältiges kriminelles Ökosystem, das bis zum heutigen Tag neue Lebensformen hervorbringt.

Die Spuren der gemeinsamen Geschichte der Mafias sind in einer gemeinsamen Sprache zu erkennen. Ein Beispiel dafür ist das Wort *omertà* – oder *umiltà* (Demut), wie es ursprünglich hieß. In ganz Süditalien und Sizilien steht *omertà-umiltà* für ein Gesetz des Schweigens und der Unterwerfung unter die kriminelle Autorität. Ein weiteres Beispiel ist der Begriff der »Ehre«: Jede der drei Vereinigungen beruft sich auf einen Ehrenkodex und bezeichnet sich als ehrenwerte Gesellschaft.

Doch die Gemeinsamkeiten zwischen den ehrenwerten Gesellschaften gehen weit über diese Begriffe hinaus und sind einer der Gründe für ihren Erfolg und ihre Langlebigkeit. Deshalb ist das Einzige, was die historisch-kritische Methode hinsichtlich des Märchens von Osso, Mastrosso und Carcagnosso uns lehren kann, die Erkenntnis, wie wertvoll ein Vergleich beziehungsweise ein paralleles Lesen der Entstehungsgeschichten von Mafia, Camorra und 'Ndrangheta ist.

2004 ist mein Buch *Cosa Nostra: Die Geschichte der Mafia* erschienen. Es enthält die wichtigsten Erkenntnisse der italienischen Forschung über diese berüchtigte kriminelle Vereinigung. *Omertà* ist keine Fortsetzung von *Cosa Nostra*, sondern ein eigenständiges Werk. Allerdings werden die Leser von *Cosa Nostra* vielleicht die eine oder andere Episode aus diesem früheren Buch wiedererkennen. Aus diesem Grund sollten sie wissen, ehe sie mit der Lektüre beginnen, warum die sizilianische Mafia auch für die Belange in diesem Buch von Bedeutung ist. Es gibt dafür zwei Gründe: Erstens haben in den vergangenen drei oder vier Jahren neue Erkenntnisse unsere Sicht auf Schlüsselmomente in der Geschichte des organisierten Verbrechens in Sizilien radikal verändert; zweitens lässt sich über die sizilianische Mafia noch etliches lernen, indem man sie mit der Camorra und der 'Ndrangheta vergleicht. Was dieser Vergleich uns lehrt, ist beispielsweise die Tatsache, dass der unselige Ruf der sizilianischen Mafiosi voll und ganz verdient ist.

Sizilien hat der Welt den Begriff »Mafia« gegeben, und die Tatsache, dass dieses Wort mittlerweile Teil der Alltagssprache geworden ist, und das nicht nur in Italien, sondern auf der ganzen Welt, ist symptomatisch für den beherrschenden Einfluss des organisierten Verbrechens in Sizilien. Im Dialekt Palermos, der Hauptstadt Siziliens, stand der Begriff »Mafia« für Schönheit und Selbstbewusstsein: Das umgangssprachliche »cool« kommt der ursprünglichen Bedeutung wohl am nächsten. In den 1860er Jahren, kurz nachdem die geplagte Insel Sizilien Teil eines neu geeinten Italiens geworden war, wurde der Begriff »Mafia« allmählich zum Markenzeichen einer Organisation, die für kurze Zeit aus einem Nebel der Gewalt und Korruption auftauchte.

Die Mafia (die schon bald wieder im Nebel verschwinden sollte) hatte zu diesem Zeitpunkt bereits eine Weile existiert und inzwischen ein Niveau an Macht und Reichtum erlangt, von dem ein Krimineller auf dem Festland nur träumen konnte. Diese Macht und dieser Reichtum erklären auch, warum das sizilianische Wort »Mafia« zum Oberbegriff für sämtliche kriminellen Vereinigungen Italiens wurde, einschließlich der Camorra und der 'Ndrangheta. Im Laufe von etwa 100 Jahren – jener Zeitspanne, die das vorliegende Buch umfassen wird – gelang auch den beiden anderen mafiosen Verbindungen der Halbinsel derselbe Höhenflug, den die Sizilianer bereits in den frühen Jahren vollzogen.

Heutzutage bezeichnet sich die sizilianische Mafia üblicherweise als Cosa Nostra (»Unsere Sache«). Den Beinamen übernahmen Mafiosi in den 1960er Jahren sowohl in den Vereinigten Staaten als auch auf Sizilien. Der Name 'Ndrangheta blieb um die Mitte der 1950er Jahre an der kalabrischen Mafia haften. (Er bedeutet »Männlichkeit«, »Wagemut«.) Beide Namen wurden zum Inbegriff ihrer Träger, weil nach dem Krieg Öffentlichkeit und Justiz immer mehr Fragen stellten, um ein Bild zu revidieren, das 100 Jahre Chaos, Nachlässigkeit und Verdunkelung gänzlich verzerrt hatten.

Und so gibt die erste Hälfte des vorliegenden Buches, die mit dem Niedergang des Faschismus und mit der Befreiung Italiens durch die Alliierten endet, die Geschichte von Verbrechervereinigungen wieder, die damals zwar nicht namenlos, wohl aber unergründet und geheimnisvoll waren, von Schweigen umhüllt (im Falle der 'Ndrangheta) oder von endlosen, ergebnislosen Kontroversen (im Fall der sizilianischen Mafia).

Die Camorra hatte ein anderes Verhältnis zu ihrem Namen. Während die Macht des organisierten Verbrechens in der Geschichte Neapels kontinuierlich zu- und wieder abnahm, hieß die Camorra doch stets Camorra. Die Ehrenwerte Gesellschaft Neapels war zwar eine geheime, verschworene Gemeinschaft von Gangstern, doch hatte sie seltsamerweise kaum Geheimnisse. *Jedermann* in Neapel wusste über sie Bescheid: einer der Gründe, warum ihre Geschichte so dramatisch anders verlaufen sollte als jene der ehrenwerten Gesellschaften Siziliens und Kalabriens.

Mit seinem vergleichenden Ansatz bietet das vorliegende Buch Antworten auf einige drängende Fragen. Wie sind die geheimen Verbrecherorganisationen Italiens entstanden? Wie kamen sie ans Licht? Warum haben sie ihre Enthüllung nicht nur überlebt, sondern wurden sogar noch mächtiger? Die schlechtesten Antworten auf diese Fragen lassen haltlose Legenden aufleben, die den arabischen Eroberern Siziliens und den spanischen Herrschern in Neapel die Schuld geben. Solche Geschichten ähneln – in geradezu verdächtiger Weise – dem Seemannsgarn, das die Ehrenwerten Gesellschaften gern über sich spinnen. Kaum besser sind Antworten, die Klischees wie »die Kultur«, »die Mentalität« oder »die süditalienische Familie« bemühen.

Viele universitäre Schriften geben intellektueller klingende Antworten, sprechen vom fragilen Fundament des Staates, vom mangelnden Vertrauen der Bürger in Regierungseinrichtungen, oder beklagen ein Vorherrschen von Klientelismus und Ämterpatronage in Politik und Verwaltung und so weiter. Als Professor für italienische Geschichte habe auch ich in der Vergangenheit dergleichen Thesen aufgestellt. Ich weiß also nur zu gut, wie selten sie zur Aufklärung beitragen. Dennoch verbirgt sich in all diesen Phrasen ein wesentliches Körnchen Wahrheit: Die Geschichte des organisierten Verbrechens in Italien handelt ebenso von der Schwäche des Staates wie von der Stärke der Mafias. Die Omertà führt uns mitten hinein in das Thema: Sie wird oft als eherner Verschwiegenheitskodex beschrieben, als eine unwiderrufliche Entscheidung zwischen Schweigen und Tod. In einigen Fällen ist sie zweifellos ein ebenso gnadenloses Gesetz, wie ihr Ruf es suggeriert. Und doch zeigen die historischen Quellen, dass die Omertà oft genug gebrochen wurde, wenn der Druck hoch genug war. Das ist einer der Gründe, warum so viele finstere Geheimnisse über die organisierte Kriminalität noch immer in den Archiven liegen und darauf warten, von uns ausgegraben zu werden. Und warum die Geschichte der Mafias in vielen Fällen eher von Irreführungen und Intrigen handelt als von Gewalt und Tod.

Um ihre Geheimnisse zu enthüllen, ihre Intrigen zu rekonstruieren und auf diese Weise befriedigendere Antworten auf die Frage nach ihren Ursprüngen zu finden, ist es wohl am besten, einfach Geschichten zu erzählen – dokumentierte Geschichten, die von realen Verbrechen handeln, von realen Männern und Frauen, und von realen Entscheidungen, die zu bestimmten Zeiten an bestimmten Orten getroffen wurden. Die renommiertesten Historiker, die sich mit den Ursprüngen des organisierten Verbrechens in Italien befassen, rekonstruieren diese Geschichten aus fragmentarischen Archivquellen und aus den Darstellungen von Personen (vorwiegend aus dem Kriminellenmilieu), die oftmals gute Gründe haben, um ihre Aussagen abzuändern. Es ist keineswegs banal, diese Art der Geschichtsforschung mit Detektivarbeit gleichzusetzen. Detektive bemühen sich, einen zusammenhängenden Fall zu schaffen, indem sie die vorliegenden Beweise mit dem vergleichen, was Zeugen und Verdächtige ihnen erzählen. Beiden – dem Historiker wie dem Detektiv – erschließt sich die Wahrheit aus den Lücken und Ungereimtheiten der verfügbaren Zeugenaussagen ebenso wie aus den Fakten, die sie enthalten.

Doch die Frage, die sich bei der Ergründung von Italiens langjährigem belasteten Verhältnis zu diesen unheimlichen Geheimbünden stellt, ist nicht nur, wer welche Verbrechen begangen hat. Es gilt auch herauszufinden, wer wie viel wusste. In den vergangenen 150 Jahren hatten Polizeibeamte, Richter, Politiker, Meinungsbildner und sogar die Allgemeinheit Zugang zu einer überraschenden Menge an Informationen über das Problem Mafia, nicht zuletzt dank der Zerbrechlichkeit der Omertà. Italiener waren auch wiederholt schockiert und empört angesichts der Gewalttätigkeit der Mafia und angesichts der Art und Weise, wie einige Vertreter von Polizei, Justiz und Politik mit Gangsterbossen paktierten. Infolgedessen wurde das Drama Mafia häufig vor aller Augen aufgeführt: als politische Konfrontation, als Medienereignis. Andererseits zeigte sich Italien auch höchst einfallsreich, wenn es Gründe zu finden galt, um wegzusehen. Deshalb ist die Geschichte der italienischen Mafias nicht nur eine Suche nach dem »Wer war's?«, sondern auch nach dem »Wer hat's gewusst?« und »Wer hat's zugelassen und nichts dagegen getan?«.

Einleitung

In den frühen Morgenstunden des 15. August 2007 bestiegen in der deutschen Stahlstadt Duisburg, nur wenige Meter vom Restaurant Da Bruno entfernt, wo sie Geburtstag gefeiert hatten, sechs junge Männer italienischer Abstammung eine Limousine und einen Kleinbus. Einer von ihnen war gerade 18 geworden (es war seine Party gewesen), ein Zweiter war erst 16. Wie die Übrigen starben auch die beiden Jüngsten sehr schnell auf ihren Sitzen. Zwei Killer gaben 54 Schüsse auf sie ab, nahmen sich sogar die Zeit, ihre 9-mm-Pistolen nachzuladen und jedem der sechs Opfer noch einen Gnadenschuss zu verpassen.

Es war das schlimmste Mafiablutbad, das jemals außerhalb Italiens und der USA stattgefunden hatte – das nordeuropäische Äquivalent zum Massaker am Valentinstag von 1929 in Chicago. Als der Hintergrund zu den Morden ans Licht kam – eine seit langem schwelende Blutfehde in einer wenig bekannten Gegend Süditaliens –, rangen Journalisten in aller Welt mit einem Begriff, den die *New York Times* als »unaussprechlich« bezeichnete: 'Ndrangheta. Der Name wird *Endrang-get-ah* ausgesprochen.

Die 'Ndrangheta stammt aus Kalabrien und ist am stärksten vertreten in der Provinz Reggio Calabria, wo das italienische Festland beinahe Sizilien berührt. Kalabrien gilt als Italiens ärmste Region, doch die dortige Mafia ist mittlerweile die reichste und mächtigste im ganzen Land. In den 1990er Jahren erkämpften sich die 'Ndranghetisti (die kalabrischen Ehrenmänner) eine führende Rolle innerhalb des europäischen Kokainmarktes, indem sie mit den südamerikanischen Drogenkartellen direkt Geschäfte machten. Die Kalabresen haben die strengste Omertà – ein Gesetz, das zu Verschwiegenheit und Geheimhaltung verpflichtet. Sehr wenige Informanten verlassen je die Reihen der Organisation, um als Kronzeugen auszusagen. In den vergangenen Jahren hat die kalabrische Mafia auch am erfolgreichsten von allen größeren kriminellen Organisationen Zellen außerhalb der Heimat gegründet und verfügt mittlerweile über Ausleger in Mittel- und Norditalien und sogar im Ausland: So wurde die Existenz von 'Ndrangheta-Kolonien in sechs deutschen Städten bestätigt, außerdem in der Schweiz, in Kanada und in Australien. Laut einem aktuellen Bericht des Parlamentarischen Untersuchungsausschusses zur Mafiakriminalität ist die 'Ndrangheta auch in Belgien, Holland, Großbritannien, Portugal, Spanien, Argentinien, Brasilien, Chile, Kolumbien, Marokko, der Türkei, Venezuela und den USA vertreten. Von allen süditalienischen Mafiaorganisationen ist die 'Ndrangheta die jüngste und derzeit erfolgreichste; im Laufe der Zeit hat sie mehr dazugelernt als jedes andere italienische Verbrechersyndikat. Meine Forschung lässt darauf schließen, dass sie ihre wichtigsten Lektionen längst begriffen hatte, als die Welt sich ihrer Existenz überhaupt erst bewusst wurde.

Das Duisburg-Massaker zeigt mit erschreckender Klarheit, dass Italien und die vielen Gegenden der Welt, in denen es Mafiakolonien gibt, noch immer mit den Auswirkungen der Geschichte leben, die hier erzählt werden soll. Bevor wir also in die Vergangenheit der Mafia eintauchen, ist es unerlässlich, ihre gegenwärtigen Protagonisten einzuführen, drei Profile zu skizzieren, die auf prägnante Weise zeigen, wessen Geschichte die Geschichte der Mafia eigentlich ist. Denn selbst nach Duisburg muss die Welt sich erst noch an die Vorstellung gewöhnen, dass es in Italien nicht nur eine Mafia gibt. Die Öffentlichkeit hat nur eine vage Vorstellung von den Strukturen dieser Organisationen, insbesondere denen der Camorra und der 'Ndrangheta.

Blut tränkt die Seiten der Mafiageschichte. Blut in all seinen Bedeutungen kann uns auch die unbekannte Welt des organisierten Verbrechens im heutigen Italien näherbringen. Das Blut ist vermutlich das älteste und urgewaltigste Symbol der Menschheit, und Mafiosi nutzen noch immer jede seiner Facetten. Blut als Symbol der Gewalt. Blut als Symbol von Geburt und Tod, von Männlichkeit und Mut. Blut als Symbol von Verwandtschaft und Familie. Jede der drei Mafiaorganisationen gehört einer eigenen Kategorie an – der eigenen Blutgruppe, wenn man so will –, die sie einerseits von den anderen beiden unterscheidet, sie andererseits, was Rituale und Strukturen anbelangt, auch mit ihnen verbindet.

Zunächst die Rituale: Indem sie blutige Eide leisten und Blutsbrüder werden, gehen italienische Gangster miteinander eine Verbindung ein, die zur Gewalt verpflichtet und erst mit dem Tod endet. Diese Verpflichtung besteht fast immer ausschließlich zwischen Männern. Allerdings ist auch die Eheschließung – symbolisiert durch das Vergießen jungfräulichen Blutes – ein Schlüsselritual im Leben eines Mafioso.

Aus diesem Grund stellen Frauen eines der wiederkehrenden Themen in diesem Buch dar, Frauen und die Frage, wie Mafiosi gelernt haben, sie zu handhaben.

Was vor allem die 'Ndrangheta von Anfang an begriffen hat, ist die Magie der Rituale. Und Rituale spielen eine große Rolle im Leben eines angehenden 'Ndranghetista, wie wir aus einer der wenigen Autobiographien wissen, die ein kalabrischer Mafioso (und mehrfacher Mörder) verfasst hat, der zum Kronzeugen wurde, nachdem er eine so heftige Phobie gegen Blut entwickelt hatte, dass er nicht einmal mehr ein medium gebratenes Steak ansehen konnte).

Antonio Zagaris Karriere im organisierten Verbrechen begann am 1. Januar 1954, zwei Minuten nach Neujahr. Sie begann, um genau zu sein, im selben Augenblick, da er aus dem Mutterleib gepresst wurde. Er war der erstgeborene Sohn, und so wurde seine Ankunft mit besonderer Freude begrüßt: Sein Vater Giacomo griff sich ein schweres Maschinengewehr aus dem Zweiten Weltkrieg und ballerte ein halbes Magazin in den Sternenhimmel über dem Golf von Gioia Tauro. Die Gewehrsalve ließ der Hebamme kaum die Zeit, die sie benötigte, um den kleinen Körper vom Blut zu reinigen, ehe der Vater den Säugling an sich riss und den Mitgliedern des Clans zeigte, die im Haus versammelt waren. Das Baby wurde sanft vor ihnen abgelegt, und neben seine schwach rudernden Ärmchen platzierte man ein Messer und einen großen Schlüssel. Der Gegenstand, den seine Finger zuerst berührten, würde seinen Lebensweg vorherbestimmen. War es der Schlüssel, Symbol für das Gefängnis, würde er ein *sbirro* werden – ein Polyp, ein Gesetzesknecht. Wäre es dagegen das Messer, würde er nach dem Ehrenkodex leben und sterben. Es war das Messer, sehr zur Freude der Anwesenden. (Obwohl man der Wahrheit halber hinzufügen muss, dass ein hilfreicher Erwachsenenfinger die Klinge unter das Händchen gestupst hatte.)

Begeistert von der kühnen Karrierewahl seines Sohnes hob Giacomo Zagari den Kleinen in die Höhe, zog ihm die winzigen Gesäßbacken auseinander und spuckte ihm geräuschvoll auf den Anus, was ihm Glück bringen sollte. Er würde Antonio heißen wie sein Großvater, ein brutaler Verbrecher, der die Szene über seinen Walross-Schnauzbart hinweg, übelriechend und vergilbt dank der Zigarre, die er unentwegt zwischen den Zähnen stecken hatte, beifällig beobachtete.

Der kleine Antonio war jetzt »halb drin und halb draußen«, wie die Männer der Ehrenwerten Gesellschaft es nannten. Er war noch kein vollwertiges Mitglied – er würde erst noch eine Lehrzeit durchlaufen, auf die Probe gestellt und beobachtet werden müssen. Doch der Weg in ein überdurchschnittlich grausames Gangsterleben war ihm bereits vorgezeichnet.

Zagari wuchs nicht in Kalabrien auf, sondern in der Nähe von Varese, unweit der Schweizer Grenze, wo sein Vater der örtliche 'Ndrangheta-Zelle vorstand. Während der gelegentlichen Gefängnisaufenthalte seines Vaters wurde Antonio als Jugendlicher in den Süden geschickt, um seinen Onkeln zur Hand zu gehen, die in der fruchtbaren Ebene von Gioia Tauro an der tyrrhenischen Küste Kalabriens mit Zitrusfrüchten Handel trieben. Er bewunderte die Verwandten und Freunde seines Vaters, zum einen wegen des Respekts, den man ihnen vor Ort entgegenbrachte, zum anderen wegen ihrer vornehmen Ausdrucksweise. Bevor sie ein auch nur annähernd unflätiges Wort äußerten wie »Füße«, »Toilette« oder »Unterhose«, pflegten sie um Verzeihung zu bitten: »Mit Verlaub gesprochen ...«, »Verzeiht die Ausdrucksweise ...« Und wenn ihnen keine Wahl blieb, als wirklich schmutzige Wörter wie »Polizist«, »Richter« oder »Gerichtssaal« in den Mund zu nehmen, überschlugen sie sich förmlich vor vorauseilenden Entschuldigungen:

> »Ich muss euch, mit Verlaub, mitteilen, verehrte Anwesende, teure Freunde, und hoffe, ihr verzeiht es mir, wenn ich euch zu meinem Bedauern sagen muss, dass die Carabinieri (...)«

Als Sohn eines Bosses brauchte Antonio Zagari nur eine kurze Verbrecherlehre zu absolvieren. Er schmuggelte einige geheime Botschaften ins Gefängnis, versteckte ein paar Waffen und war schon mit 17 Jahren bereit, der Verbindung als vollwertiges Mitglied beizutreten.

Eines Tages kopierten ihm seine »Freunde«, wie er sie nannte, einige Seiten aus den *Regeln und gesellschaftlichen Vorschriften*, die er vor seiner Initiation auswendig zu lernen hatte. Es glich, wie er sich später erinnerte, dem Katechismus, den sich die Kinder vor Erstkommunion und Firmung einprägen mussten.

Dieser »Katechismus« beinhaltete auch Lektionen in 'Ndrangheta-Geschichte. Nachdem er also die Großtaten von Osso, Mastrosso und Carcagnosso seinem Gedächtnis einverleibt hatte, wurde Zagari für

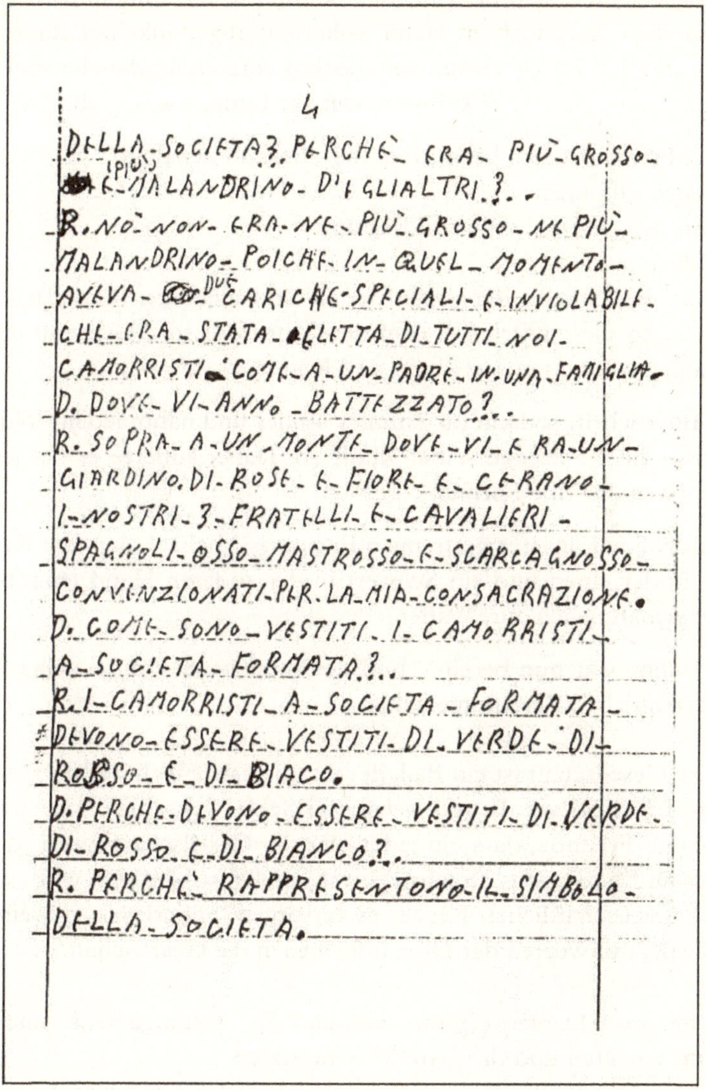

4

DELLA-SOCIETA?. PERCHE- ERA- PIU-GROSSO-
(PIU') E-MALANDRINO- D'EGLIALTRI.?..
R. NO: NON- ERA- NE- PIU- GROSSO- NE PIU-
MALANDRINO- POICHE- IN- QUEL- MOMENTO-
AVEVA- DUE CARICHE-SPECIALI- E- INVIOLABILE-
CHE-ERA- STATA- ELETTA-DI-TUTTI-NOI-
CAMORRISTI: COME-A-UN-PADRE-IN-UNA-FAMIGLIA-
D. DOVE- VI- ANNO -BATTEZZATO?..
R. SOPRA- A-UN-MONTE- DOVE-VI-ERA-UN-
GIARDINO. DI-ROSE- E- FIORE- E- CERANO-
I- NOSTRI- 3- FRATELLI- E- CAVALIERI-
SPAGNOLI- OSSO- MASTROSSO- E- SCARCAGNOSSO-
CONVENZIONATI- PER- LA- MIA- CONSACRAZIONE.
D. COME- SONO- VESTITI- I- CAMORRISTI-
A- SOCIETA- FORMATA?..
R. I- CAMORRISTI- A- SOCIETA- FORMATA-
DEVONO- ESSERE- VESTITI- DI- VERDE- DI-
ROSSO- E- DI- BIACO.
D. PERCHE- DEVONO- ESSERE- VESTITI- DI- VERDE-
DI- ROSSO- E- DI- BIANCO?..
R. PERCHE: RAPPRESENTONO- IL- SIMBOLO-
DELLA- SOCIETA.

1. Die Statuten der »Gesellschaft«. Eine der vielen Seiten aus der Anleitung zum Initiationsritual der ’Ndrangheta, die im Juni 1987 im Versteck von Giuseppe Chilà gefunden wurden. Erwähnt werden auch die drei spanischen Ritter Osso, Mastrosso und Carcagnosso – der Legende nach die Begründer von Mafia, Camorra und ’Ndrangheta.

würdig erachtet, sich dem überaus komplizierten Initiationsritual zu unterziehen. Er wurde in einen isolierten, abgedunkelten Raum geführt und den ranghöchsten Mitgliedern vorgestellt, die alle im Kreis saßen. Vorerst musste er still sein, von der Gruppe ausgeschlossen.

> »Seid ihr zufrieden, liebe Freunde?«, begann der Boss.
> *»Absolut. Womit?«*
> »Mit den gesellschaftlichen Regeln.«
> *»Absolut.«*
> »Gut. Im Namen der organisierten und gläubigen Gesellschaft taufe ich diesen Ort, wie es unsere Ahnen Osso, Mastrosso und Carcagnosso taten, mit Eisen und Ketten.«

Der Boss schritt sodann im Zimmer umher und nahm jedem 'Ndranghetista die Werkzeuge seiner Zunft ab. Dabei äußerte er bei jedem Innehalten dieselbe Formel:

> »Im Namen unseres gestrengen Erzengels Michael, der eine Waage in der einen und ein Schwert in der anderen Hand trug, beschlagnahme ich eure Waffen.«

Die Bühne war nun bereitet, und der Vorsitzende konnte seine Rede zur eigentlichen Zeremonie halten.

> »Die Gesellschaft ist ein Ball, der um die ganze Welt wandert, kalt wie Eis, heiß wie Feuer, weich wie Seide. Lasst uns schwören, schöne Freunde, dass ein jeder, der die Gesellschaft verrät, dies mit fünf oder sechs Dolchstößen in die Brust bezahlen wird, wie die gesellschaftlichen Regeln es verlangen. Silberkelch, geweihte Hostie, mit Worten der Demut forme ich die Gesellschaft.«

Ein weiteres »Danke« ertönte, während die 'Ndranghetisti näher zusammenrückten und die Arme verschränkten.

Dreimal fragte der Boss nun seine Kameraden, ob Zagari bereit sei, in die Ehrenwerte Gesellschaft aufgenommen zu werden. Als er dreimal dieselbe positive Antwort erhalten hatte, öffnete sich der Kreis, und sofort tat sich zur Rechten des Bosses für den Neuankömmling eine Lücke auf. Der Boss nahm ein Messer und ritzte in den linken Daumen des Neulings ein Kreuz, so dass Blut aus der Wunde auf ein spielkartengroßes Abbild des Erzengels Michael tropfen konnte. Der Boss riss sodann den oberen Teil des Bildchens mitsamt dem Kopf des Erzengels ab und verbrannte den Rest in einer Kerzenflamme, ein symbolischer Akt für die völlige Vernichtung potentieller Verräter.

Erst jetzt durfte Zagari den Mund auftun, um den Eid der 'Ndrangheta abzulegen:

> »Ich schwöre vor der organisierten und getreuen Gesellschaft, vertreten von unserem verehrten und weisen Oberhaupt, und vor allen Mitgliedern, dass ich sämtliche Pflichten erfüllen werde, für die ich verantwortlich bin und die man mir auferlegen wird – falls nötig sogar mit meinem Blut.«

Der Boss küsste nun das neue Mitglied auf beide Wangen und erläuterte ihm den Ehrenkodex. Als Abschluss der Zeremonie folgte eine weitere surreale Beschwörung:

> »O herrliche Demut! Du hast mich mit Rosen und Blumen bestreut und auf die Insel Favignana getragen, um mich dort die ersten Schritte zu lehren. Italien, Deutschland und Sizilien führten einen erbitterten Krieg. Viel Blut ist geflossen für die Ehre der Gesellschaft. Und dieses Blut, in einem Ball gesammelt, wandert nun um die Welt, kalt wie Eis, heiß wie Feuer und weich wie Seide.«

Die 'Ndranghetisti durften sich schließlich ihre Waffen nehmen – im Namen von Osso, Mastrosso, Carcagnosso und dem Erzengel Michael – und ihren kriminellen Alltag fortsetzen.

Dieses pompöse Gefasel klingt, als sei die 'Ndrangheta eine Version der Jäger in Goldings *Herr der Fliegen*, mit einem Schuss *Ritter der Kokosnuss* von Monty Python. Es würde einer gewissen Komik nicht entbehren, brächte das Ergebnis nicht so viel Tod und Elend. Und doch ist die bizarre Phantasiewelt des 'Ndrangheta-Rituals durchaus zu vereinbaren mit der brutalen Wirklichkeit, die von Morden und Kokaingeschäften geprägt ist.

Initiationsrituale sind für die 'Ndrangheta noch weitaus wichtiger als die Legende von Osso, Mastrosso und Carcagnosso, weil sie ihr eine Aura altehrwürdiger Vornehmheit verleihen. Ganz gleich, in welcher Lebensphase die Aufnahmerituale der Mafia stattfinden, sie sind doch stets eine *Taufe*, um Antonio Zagari zu zitieren. Wie die Taufe steht auch diese Zeremonie für eine Identitätsänderung und zieht eine blutige Linie zwischen dem einen Seinszustand und dem nächsten. Kein Wunder, dass 'Ndranghetisti sich aufgrund der Rituale, die sie durchlaufen, als Mitglieder eines eigenen Stammes betrachten. Die Initiation eines kalabrischen Mafioso ist in der Tat ein besonderer Tag.

Der 15. August 2007 in Duisburg war auch so ein besonderer Tag. Am Morgen nach dem Massaker untersuchte die deutsche Polizei die verstümmelten Leichen der Opfer nach Hinweisen. Sie fand ein halb verbranntes Heiligenbildchen des Erzengels Michael in der Tasche des Jungen, der seinen 18. Geburtstag gefeiert hatte.

Auch die sizilianische Mafia, bekannt als Cosa Nostra, hat ihre Mythen und Zeremonien. Viele Mafiosi halten beispielsweise an dem Irrglauben fest (zumindest bis vor kurzem), ihre Organisation sei ursprünglich ein mittelalterlicher Geheimbund gewesen, dessen Kapuzen tragende Mitglieder sich als *Beati Paoli* bezeichneten. Im Initiationsritual der sizilianischen Mafia bedient man sich ebenfalls der Blutsymbolik, wenn auch schlichter als in der 'Ndrangheta. Der gleiche abgedunkelte Raum. Die gleiche Versammlung von Bossen, die typischerweise um einen Tisch sitzen, in dessen Mitte eine Pistole und ein Messer liegen. Der »Pate« des Aspiranten erklärt diesem die Regeln, sticht ihm dann in den Zeigefinger der Schusshand und lässt ein wenig Blut auf ein Heiligenbild tropfen – üblicherweise Mariä Verkündigung. Das Bild wird in den Händen des Neulings verbrannt, während er folgenden Eid leistet: »Wenn ich Unsere Sache verrate, soll mein Fleisch brennen wie diese Heilige.« Vergossenes Blut kann nicht zurückgegeben werden. Was verbrannt ist, wird nicht wieder ganz. Wer in die sizilianische Mafia aufgenommen wird, schließt einen Bund fürs Leben.

Initiationsriten sind nicht nur ein wesentlicher Bestandteil des Lebens innerhalb der kalabrischen und sizilianischen Mafias, sondern auch wichtige historische Zeugnisse. Die frühesten Hinweise auf das 'Ndrangheta-Ritual stammen aus dem ausgehenden 19. Jahrhundert. Die Version der sizilianischen Mafia ist älter: Der erste dokumentierte Beweis tauchte 1876 auf. Ihre Rituale wurden von diesem Zeitpunkt an immer wieder aufgezeichnet, hinterließen blutige Fingerabdrücke und gaben damit die DNA des organisierten Verbrechens in Italien preis. Sie sagen uns auch klar und deutlich, was mit den Beweismitteln geschah, sobald sie den italienischen Behörden in die Hände gefallen waren: Sie wurden immer wieder ignoriert, unterschätzt und unterschlagen.

Rituale geben zudem Aufschluss über historische Veränderungen. Den ältesten Initiationsritus von allen hatte die neapolitanische Camorra. Früher einmal besiegelte auch die Camorra den neuen Status eines jungen Mitglieds mit Blut. In den 1850er Jahren legte ein Rekrut den Eid für gewöhnlich über gekreuzten Messern ab und musste sich dann einem Zweikampf unterziehen, entweder mit einem Camorrista oder einem weiteren Aspiranten. Oft pflegte man die Klinge fest mit Lumpen oder Schnüren zu umwickeln, so dass nur die Spitze frei blieb: So vermied man zu viel Blut und verhinderte, dass das Duell in einen Kampf auf Leben und Tod zu entgleisen drohte, statt den Zusammenhalt unter Männern zu besiegeln. Kaum war der erste Treffer vermerkt, wurde der Kampf für beendet erklärt. Das neue Mitglied wurde von den anwesenden Camorristi umarmt und erhielt den niedrigsten Rang in der hierarchisch organisierten ehrenwerten Gesellschaft.

Die heutigen Camorrabosse lassen ihre Rekruten kein mit Schwüren bekräftigtes Initiationsritual mehr durchlaufen. Die Traditionen sind verschwunden. Die neapolitanische Camorra ist keine verschworene Sekte, keine Ehrenwerte Gesellschaft mehr. Diese ist, wie wir noch sehen werden, 1912 ausgestorben, und das unter bizarren, durch und durch neapolitanischen Umständen.

Jede Mafia hat ihre eigene Struktur entwickelt. Das primäre Ziel dieser Strukturen ist es, für Disziplin zu sorgen, was ein enormer Wettbewerbsvorteil sein kann im gewalttätigen Getümmel der Unterwelt. Doch feste Strukturen dienen auch anderen Zwecken, vor allem machen sie sich die Loyalitäten zwischen Blutsverwandten zunutze. »Mafia« ist aber kein Synonym für »Sippe«: Es ist ein System, das die Sippe für kriminelle Zwecke ausbeutet.

Die Mafia Neapels und der Region Kampanien hat von allen kriminellen Organisationen in Italien die dramatischsten strukturellen Veränderungen erlebt. Die Camorra, die nach der Zerstörung der Ehrenwerten Gesellschaft von Neapel vor dem Ersten Weltkrieg entstanden ist, ist kein einzelner Geheimbund mehr, sondern eine riesige, wabernde Welt aus diversen Gangs. Diese formieren sich, trennen sich, liefern sich bösartige Fehden, schließen neue Bündnisse, nur um im Zuge irgendeines vernichtenden Krieges oder einer Polizeirazzia wieder von der Bildfläche zu verschwinden. Die neapolitanische Unterwelt ist erschreckend instabil. Während für einen sizilianischen *capo* durchaus die Chance besteht, seinen Enkelkindern dabei zuzusehen, wie sie ihrerseits die Verbrecherlaufbahn einschlagen, hat ein Camorrista Glück, wenn er die vierzig erreicht.

Die Tatsache, dass die Camorra über keinerlei formelle Struktur, keinerlei Ränge und Rituale mehr verfügt, wie sie bei 'Ndrangheta und Cosa Nostra bestehen, hält ihre erfolgreichsten Clans nicht davon ab, große Landstriche in Kampanien zu kontrollieren, ganze Straßenzüge in befestigte Zonen, die für die Polizei tabu sind, oder in Drogengroßmärkte zu verwandeln oder auch mit dem Vertrieb illegal hergestellter DVDs und Markenhandtaschen Millionen zu verdienen. Es hat sie nicht davon abgehalten, durch das gewinnträchtige Geschäft mit illegal abgeladenem Müll Kampaniens Landschaft zu verwüsten, die staatliche Bauindustrie zu unterwandern oder international mit Rauschgift und Waffen Handel zu treiben.

Camorraclans sind dennoch organisiert: Gemeinsam bilden sie »das System«, wie Insider es nennen. Im Zentrum des Systems in jedem Bezirk der Stadt und den umliegenden Dörfern sitzt ein charismatischer Boss – Beschützer und Bestrafer zugleich. Unter ihm gibt es Ränge und spezielle Rollen – Zonenbosse, Killer, Drogengroßhändler –, die der Boss auswählt und einsetzt und die fast ausnahmslos mit ihm leben und sterben. Wie die anderen Mafias geben die Camorraclans einen Teil des Profits aus ihren Verbrechen wieder ab, zahlen ihren Soldaten Löhne und legen Fonds an für inhaftierte Mitglieder.

Heute sind Blutsbande, im Sinne einer Verwandtschaft, der Klebstoff, der die verrufensten Camorraclans zusammenhält. Doch die einzelnen Clans werden immer seltener von einem Großen Alten Mann geführt. Der Kern jeder Camorrabande ist normalerweise eine Gruppe von Verwandten – Brüder, Cousins, Schwager –, alle ungefähr im selben Alter. Um sie herum gruppieren sich Freunde, Nachbarn und weitere Verwandte.

Das organisierte Verbrechen in Neapel hat demnach eine Menge Veränderungen durchlaufen seit den Tagen, als die Camorra eine Ehrenwerte Gesellschaft war. Doch die Traditionsadern sind nie gänzlich gekappt worden. Zum einen haben Camorristi eine bleibende Schwäche für Gangster-Glamour. Goldschmuck und teure Hemden sind schon seit dem 19. Jahrhundert gefragt. Heutzutage kommen protzige Schlitten und Motorräder dazu. Für den neapolitanischen Boss war bis vor kurzem eine Honda Dominator das Motorrad der Wahl. Sinn und Zweck all dieses augenfälligen Konsums war und ist die Zurschaustellung von Macht: Es galt, die territoriale Herrschaft zu markieren und für die Anhänger ein wandelndes Symbol des Erfolgs zu sein.

Die Bosse der Cosa Nostra wirken im Vergleich zu den Camorrachefs in Neapel für gewöhnlich schäbig, und sie verwenden viel mehr Zeit auf strukturelle Formalitäten, die in ihrer Welt todbringende Bedeutung haben können.

Jeder Boss (beziehungsweise »Repräsentant«) der sizilianischen Mafia hat den Vorsitz über eine Zelle, die sogenannte Familie. Die Mitglieder der Familie sind durchaus nicht alle miteinander verwandt. Im Gegenteil, die Cosa Nostra beruft sich oft auf eine Regel, die verhindern soll, dass Verwandtenklüngel innerhalb einer Familie allzu mächtig werden: So können nicht mehr als zwei Brüder gleichzeitig Mitglieder werden, damit der Boss den Clan nicht mit der eigenen Verwandtschaft unterlaufen kann.

Die Struktur jeder Familie ist einfach. Der Repräsentant wird von einem Unterboss und einem *consigliere*, einem Berater, unterstützt. Die gewöhnlichen Mitglieder, die Soldaten, sind in Zehnergruppen organisiert. Jede dieser Gruppen ist einem *capodecina* unterstellt – einem »Boss von zehn« –, der wiederum dem Boss Rechenschaft schuldet.

Über den Familien, die die Basis bilden, ist die Cosa Nostra wie eine Pyramide geformt. Drei Mafiafamilien benachbarter Reviere bilden eine Stufe in der Struktur der Organisation, den *mandamento* (Bezirk), dem ein *capomandamento* (Bezirksboss) vorsteht. Dieser Bezirksboss hat einen Sitz in der Kommission, die für die Cosa Nostra in jeder der vier am meisten von ihr unterwanderten Provinzen Siziliens die Funktionen eines Parlaments, eines Gerichtshofs und einer Handelskammer in sich vereint. Ganz oben an der Spitze der Mafiapyramide residiert der *capo di tutti i capi* – der »Boss der Bosse«. Er stammt grundsätzlich aus der Provinz Palermo, da ungefähr die Hälfte der Mitglieder der Cosa Nostra und etwa die Hälfte der Familien ihren Sitz im Umfeld der Hauptstadt Palermo haben.

STRUKTUR DER COSA NOSTRA

laut Aussage von Tommaso Buscetta im Jahre 1984:

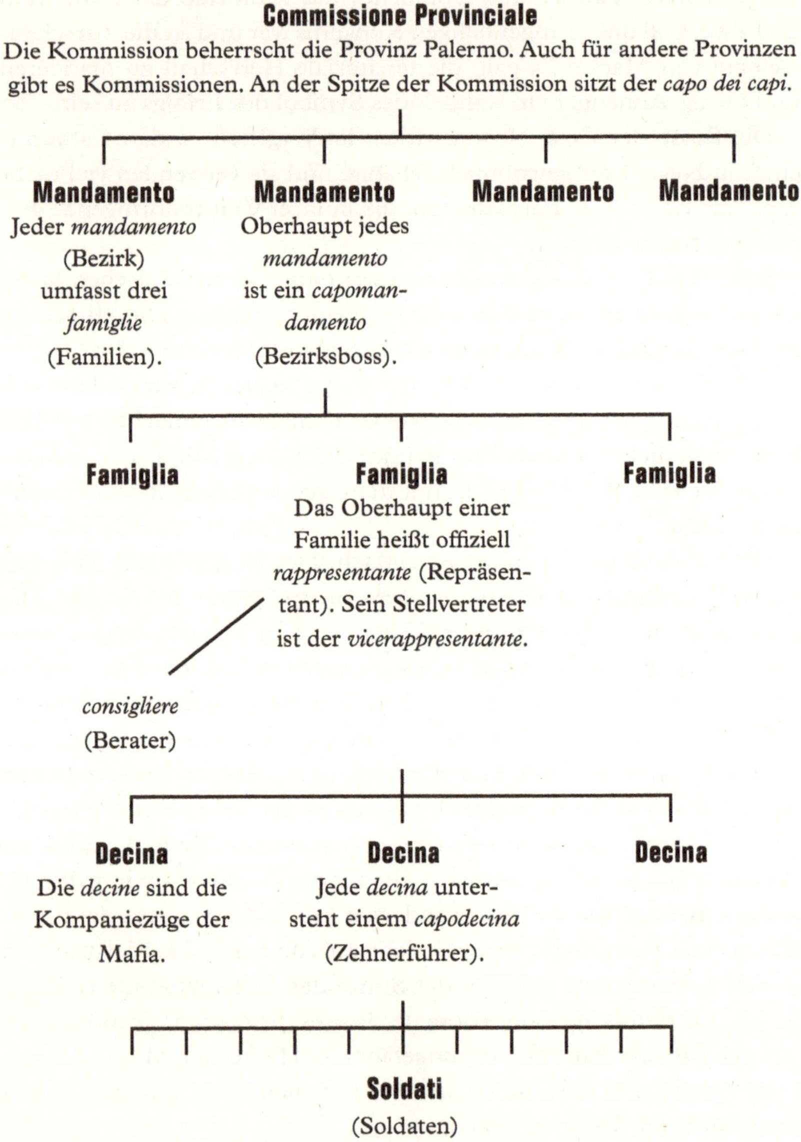

So viel zum Diagramm. Doch in der Unterwelt, mehr noch als in der von gesetzestreuen Bürgern bewohnten oberen Welt, sind es die Menschen, nicht die Namensschilder auf Bürotüren, welche die Macht verkörpern. Vergleiche zwischen einem Mafiaboss und dem Leiter eines kapitalistischen Unternehmens sind nicht nur banal, sie verkennen ganz und gar die überaus gerissene politische Welt, in der Mafiosi operieren.

Die Cosa Nostra blickt auf koordinierte und weniger koordinierte Phasen zurück; unterschiedliche Bosse vertraten unterschiedliche Führungsstile und sahen ihre Macht von diversen äußeren Beschränkungen beschnitten. Chaos, Betrug, gegenseitige Verdächtigungen und Bandenkriege sind seit jeher Konstanten in der Mafia. Die Spannbreite der Charaktere ist groß. Es gibt natürlich Parteiführer, Entscheidungsträger, Reformer und Rechtsverdreher. Doch auch etliche Rebellen, graue Eminenzen, ungeduldige Bonzen, »junge Türken« und Isolationisten. Und natürlich ist *jedes* Mitglied der Mafia sowohl ein Verschwörer als auch ein nahezu paranoider Verschwörungstheoretiker. All diese Charaktere können Präzedenzfälle, Traditionen und Regeln der Mafia verbiegen; sie können sogar darauf herumtrampeln und sich darüber lustig machen. Doch kein Boss, sei er noch so mächtig, darf dabei den politischen Preis außer Acht lassen.

Eines der großen Themen bei der Erforschung der sizilianischen Mafia ist die Frage, wie alt die Pyramidenstruktur der Organisation eigentlich ist. Eine ziemlich verstörende Studie hat unlängst gezeigt, dass sie weitaus älter ist, als wir noch bis vor wenigen Jahren glaubten. Die Mafia wäre nicht die Mafia ohne das angeborene Bedürfnis, ihre Aktivitäten in eine strenge Form zu bringen und zu koordinieren. Die Kommission der Cosa Nostra in Palermo hat seit 1993 keine Versammlung mehr abgehalten, eine Tatsache, die symptomatisch ist für die schlimmste Krise in der 150 Jahre währenden Geschichte der Organisation. Ob diese Krise das endgültige Aus bedeutet, hängt zum Teil davon ab, welche Lehre Italien aus den Erkenntnissen über die Geschichte der sizilianischen Mafia und deren erstaunliche Regenerationsfähigkeit gezogen hat.

In Kalabrien existiert, wie in Sizilien, eine spannungsreiche Beziehung zwischen den Statuten der Organisation und den täglichen Anforderungen eines vom Chaos bestimmten kriminellen Lebens. Als ich mit diesem Buch begann, war die gängige Meinung – sowohl an den Gerichtshöfen als auch in den kriminologischen Lehrbüchern –, dass die Struktur der 'Ndrangheta sich grundlegend von jener der Cosa Nostra unterscheide. Die 'Ndrangheta, hieß es, sei *föderativ* organisiert, eine lose Gemeinschaft lokaler Banden.

Im Juli 2010 verhafteten Polizei und Carabinieri 300 Männer, einschließlich des 80-jährigen Domenico Oppedisano, der nach Aussage der Ermittler im August 2009 zum Oberboss der 'Ndrangheta gewählt worden war. Seit ihrer Verhaftung berufen sich Oppedisano und die meisten seiner Komplizen auf ihr Recht zu schweigen. Wir können also nicht wissen, welche Argumente sie zu ihrer Verteidigung vorbringen werden. Ebenso wenig können wir wissen, ob die Gerichtshöfe die Anklagepunkte für stichhaltig erachten. Die Operation mit dem Decknamen *Il crimine*, das Verbrechen, steht erst am Anfang. Doch was auch immer ihr endgültiges Ergebnis ist, sie stellt einen jeden, der über die geheime Welt des italienischen Gangstertums zu schreiben versucht, auf eine harte Probe. Historische Gewissheiten können mit jedem Moment von neuen Ermittlungsergebnissen der Polizei oder von Entdeckungen in den vielen unerforschten Archiven über den Haufen geworfen werden.

Die für die Operation Crimine verantwortlichen Richter erklären, Oppedisano trage offiziell den Titel *capocrimine*, »Boss des Verbrechens«. Das »Verbrechen« oder das »Große Verbrechen«, das 'Ndranghetisti auch als die »Provinz« bezeichnen, gilt als das höchste Ordnungsgremium der 'Ndrangheta. Es besteht aus drei *mandamenti* oder Bezirken, die sich mit den drei Zonen der Provinz Reggio Calabria decken.

Viele Zeitungen in Italien und im Ausland, die über die Operation Crimine berichteten, porträtierten das Große Verbrechen als die 'Ndrangheta-Version der sizilianischen Mafiakommission und Domenico Oppedisano als einen kalabrischen *capo di tutti i capi*: also die Spitze der 'Ndrangheta-Pyramide. Doch dieses Bild deckt sich nicht mit dem der Ermittler. Sie beschreiben Oppedisano vielmehr als eine Art Zeremonienmeister, als Wortführer in einer Versammlung, als weisen alten Richter, dessen Aufgabe darin besteht, die Regeln auszulegen. Die Verantwortlichkeiten dieses Anführers umfassen verfahrenstechnische und politische Aufgaben. Das Geschäftliche ist nicht sein Ressort.

Allerdings können verfahrenstechnische und politische Pflichten in der italienischen Unterwelt sehr leicht fatale Folgen haben. Das Große Verbrechen verfügt über sehr viel Macht: Es mag in der Provinz Reggio Calabria verwurzelt sein, aber den Ermittlungsrichtern zufolge sind ihm 'Ndranghetisti auf der ganzen Welt verpflichtet. Im Frühling des Jahres 2008 beschloss der Boss oder »Generalmeister« der 'Ndrangheta-Kolonien in der Lombardei (das nördliche Herz der italienischen Wirtschaft), sich vom Großen Verbrechen loszusagen. Im Juli desselben Jahres hörte die Polizei eine Unterhaltung ab, in der ein ranghoher Boss seinen Männern mitteilte, das Große Verbrechen habe beschlossen, den aufsässigen Anführer zu »feuern«. Einige Tage später wurde die Ankündigung in die Tat umgesetzt: Zwei Männer in Motorradkluft feuerten viermal auf den lombardischen Boss, als sich dieser in einer kleinen Ortschaft bei Mailand vor einer Bar von seinem Stammplatz erhob. Kurz danach filmten Carabinieri heimlich eine Versammlung, bei der die Bosse aus der Lombardei in einhelliger Zustimmung die Hände hoben für ihren neuen Meister; es war natürlich der Kandidat, der vom Großen Verbrechen vorgeschlagen worden war.

Wie es aussieht, müssen die Lehrbücher über die 'Ndrangheta umgeschrieben werden und Historiker ihrer Forschung eine neue Richtung geben. Meine eigenen Erkenntnisse lassen darauf schließen, dass die Verbindungen zwischen den regionalen Zellen der 'Ndrangheta – verfahrensrechtliche, politische *und* geschäftliche Verbindungen – von Anfang an existiert haben.

Trotz neuer Informationen über das Große Verbrechen bleibt doch vieles von dem gültig, was wir bereits über die niedrigen Ränge der 'Ndrangheta-Struktur wussten. Die 'Ndrangheta heute besteht aus Familieneinheiten oder *'ndrine*, deren Rückgrat jeweils eine Gruppe Blutsverwandter bildet. (Der Begriff *'ndrina* hat seinen Ursprung vermutlich im Wort *malandrina*, das die den Gangstern vorbehaltene Gefängniszelle bezeichnete.) Der Boss einer *'ndrina*, oft *capobastone* genannt, ist typischerweise der Vater mehrerer Söhne. Im Unterschied zu seinesgleichen in der Cosa Nostra kann der *capobastone* so viele Söhne in die 'Ndrangheta einbringen, wie er zu zeugen vermag. Um den Boss und seine Angehörigen scharen sich weitere Familien, oft mit ihm verwandt oder verschwägert. Aus diesem Grund trägt jede *'ndrina*

STRUKTUR DER 'NDRANGHETA

(Quelle: Operazione Crimine, Sommer 2010)

La Provincia / Il Crimine

Die Provinz (alias Verbrechen oder Großes Verbrechen) ist ein Kontrollorgan, an dessen Spitze der *capocrimine* steht (Verbrechenschef)

Mandamento città

Jeder der drei Bezirke *(mandamenti)* beherrscht ein Gebiet in der Provinz Reggio Calabria: die Hauptstadt, die ionische und die tyrrhenische Küste.

Mandamento ionico

Mandamento tirrenico

Der *mandamento tirrenico* konzentriert sich auf die Ebene Gioia Tauro

Andere Zweige der 'Ndrangheta im In- und Ausland

Locale **Locale** **Locale**

Locale

Die *locali*, in die ein jeder *mandamento* unterteilt ist, haben in ihren jeweiligen Territorien das Sagen. Aus Gründen der Geheimhaltung ist jeder *locale* zweigeteilt:

Società Maggiore

Die »Obere Gesellschaft« wird von Funktionären geleitet, dem *capolocale* (Boss des Lokals), dem *contabile* (Buchhalter) und dem *capocrimine* (Verbrechenschef)

Società Minore

Die »Untere Gesellschaft«, der zumeist Jüngere angehören, hat ebenfalls ihre Funktionäre.

'Ndrina

'Ndrina

Die *'ndrine* sind die Zellen der 'Ndrangheta-Organisation. Sie bilden sich um Familien und werden von einem Patriarchen geführt.

Doti Die Begabungen (d.h. Ränge), die den Status eines ’Ndranghetista kennzeichnen. Man nennt sie auch *fiori* (Blumen):	**Padrino** (Pate)	Mitglieder der ’Ndrangheta müssen diese »Blumen« erwerben, um sich für die höchsten Ränge zu qualifizieren.
	Quartino	
	Trequartino	
	Vangelista (Evangelist)	Ein ’Ndranghetista muss diese *doti* oder Ehrenzeichen erlangen, um in die Obere Gesellschaft aufgenommen zu werden.
	Santista	
	Camorrista di sgarro (rauflustiger Camorrista oder *sgarrista*)	’Ndranghetisti mit diesen Rängen gehören zur Unteren Gesellschaft.
	Camorrista	
	Picciotto	
	Giovane d’onore	*Giovani d’onore* werden darauf vorbereitet, in die Organisation aufgenommen zu werden.

den Namen ihrer Anführerdynastie, so auch die Pelle-Vottari und die Strangio-Nirta – die Opfer und Täter von Duisburg.

Eine oder mehrere *'ndrine* sind einem *locale* unterstellt, dessen Boss, der *capolocale*, von zwei weiteren Anführern unterstützt wird: Der *contabile* (»Buchhalter«) regelt das Vermögen der Bande, das 'Ndranghetisti als *valigetta*, »Köfferchen«, bezeichnen. Der *capocrimine* (»Verbrechensoberhaupt«) hat die Oberaufsicht und ist für die alltäglichen kriminellen Aktivitäten zuständig. Wenn erforderlich, agiert der *capo crimine* auch als Kriegsminister des Clans. Für die zusätzliche Sicherheit ist der *locale* in zwei voneinander isolierte Schichten unterteilt: Die 'Ndranghetisti auf den unteren Rängen gehören der *Società Minore* an, der Unteren Gesellschaft, jene auf den höheren Rängen der *Società Maggiore*, der Oberen Gesellschaft.

So weit, so gut und (relativ) durchschaubar. Doch an dieser Stelle setzt sich wieder die besondere Vorliebe der 'Ndrangheta für geheimnisvolle Regeln und Abläufe durch. In der Cosa Nostra ist der einzige offizielle Maßstab für den Status eines Ehrenmanns die Frage, ob er ein Amt innehat. In der 'Ndrangheta muss ein Mitglied, will es eine der offiziellen Machtpositionen in einem *locale*, einem Bezirk oder im Großen Verbrechen bekleiden, einen gewissen Grad an Erfahrung vorweisen. Diese Erfahrung bemisst sich in den sogenannten *doti*, den »Qualitäten« oder »Gaben«, womit die Ränge in der Hierarchie der Organisation gemeint sind. Zuweilen werden diese auch poetischer als *fiori*, »Blumen«, bezeichnet. Die Ämter im *locale* sind vorübergehende, die *fiori* dagegen bleibende Statusmerkmale. Indem er stiehlt, erpresst und tötet, gewinnt der 'Ndranghetista neue *fiori* dazu. Jede neue Blume erfordert eine weitere ausführliche Einführungszeremonie und bringt einen größeren Anteil an der Macht und den Geheimnissen mit sich. Der Neuling beginnt ganz unten als ein *picciotto d'onore* (»Ehrenbursche«) und steigt dann vermittels weiterer Blumen, wie dem *camorrista* und dem *camorrista di sgarro* (in etwa: Camorrista, der auf einen Kampf aus ist), in der Rangfolge immer weiter auf bis hin zum *santista, vangelista* und *padrino*.

Als wäre dies alles noch nicht kompliziert genug, sind 'Ndranghetisti uneins darüber, wie viele Blumen es insgesamt gibt und welche Rechte und Verantwortlichkeiten sie beinhalten. Es scheint in den vergangenen Jahren auch eine florale Inflation gegeben zu haben: Mit der Erfindung neuer Ränge lassen sich auf billige Art und Weise Streitereien schlichten. Der *vangelista* zum Beispiel (so benannt, weil das Initiationsritual für diesen *fiore* einen Schwur auf die Bibel beinhaltet) scheint erst vor kurzem eingeführt worden zu sein.

Nichts davon ist harmloses Beiwerk. Die Rituale und Strukturen der Organisation bilden einen liturgischen Apparat, der junge Männer zu professionellen Verbrechern ausbilden soll und ein primitives Gangsterleben als eine höhere Berufung zur Grausamkeit stilisiert. Und diese Berufung ist, auch wenn die Mitglieder auf uralte Ursprünge pochen, erst 150 Jahre alt. So alt wie der italienische Staat selbst.

TEIL 1

Ehrenwerte Gesellschaften

Süditalien
Adria
N
S
Rom
LATIUM
Mazzoni
Mondragone
Santa Maria Capua Vetere
Caserta
Aversa
Nola
Neapel
Vesuv
Sarno
Procida
Salerno
Torre del Greco
Capri
Castellammare
KAMPANIEN
APULIEN
Lecce
Tyrrhenisches Meer
Cosenza
Catanzaro
Ustica
Liparische Inseln
KALABRIEN
Messina
Milazzo
Reggio Calabria
Palermo
Trapani
Favignana
Marsala
SIZILIEN
Straße von Messina
Ätna
Burgio
Caltanissetta
Catania
Ionisches Meer
Siculiana
Canicattì
Agrigento
Favara
Gela
Syrakus
Malta
Lampedusa
Mittelmeer
0 20 40 60 80 100 km

Neapel ca. 1860
N
S
Theater
San Ferdinando
Die Imbrecciata
(Straße)
Porta Capuana
VICARIA
Palazzo della
Vicaria
(Gericht u. Gefängnis)
Via Forcella
MERCATO
PENDINO
Castello del
Carmine
PORTO
Via Toledo
Via Medina
Hafen
Theater
San Carlo
Piazza del
Plebiscito
San Francesco
di Paola
Golf von
Neapel
nach Bagnoli

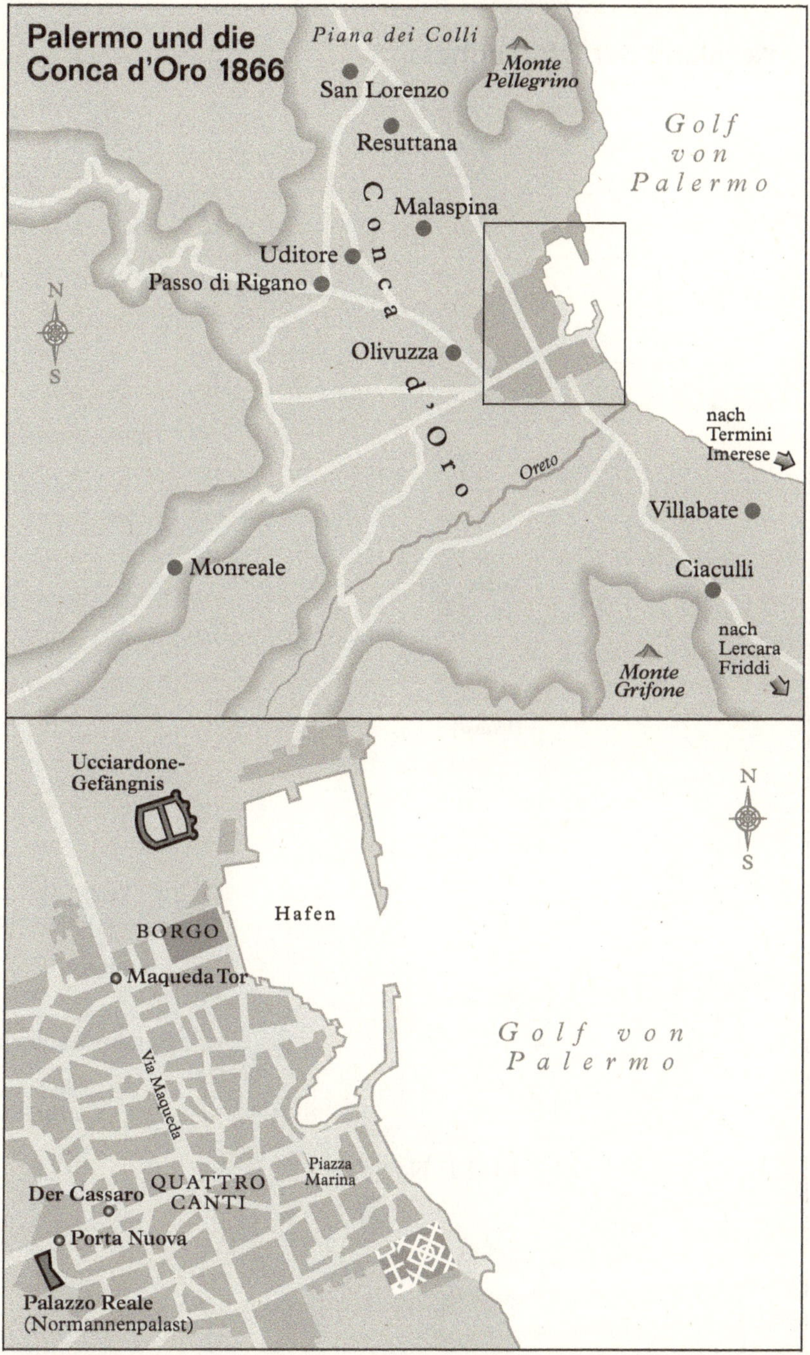

Palermo und die Conca d'Oro 1866
Piana dei Colli
Monte Pellegrino
San Lorenzo
Resuttana
Golf von Palermo
Malaspina
Conca d'Oro
Uditore
Passo di Rigano
N
S
Olivuzza
nach Termini Imerese
Oreto
Villabate
Monreale
Ciaculli
nach Lercara Friddi
Monte Grifone
Ucciardone-Gefängnis
N
S
Hafen
BORGO
Maqueda Tor
Golf von Palermo
Via Maqueda
Piazza Marina
QUATTRO CANTI
Der Cassaro
Porta Nuova
Palazzo Reale (Normannenpalast)

Kernland der 'Ndrangheta
N
S
Stròmboli
Panarea
Tyrrhenisches Meer
Salina
Liparische Inseln
Lipari
Vulcanó
Villa San Giovanni
Messina
Reggio Calabria
Straße von Messina
SIZILIEN
Ätna

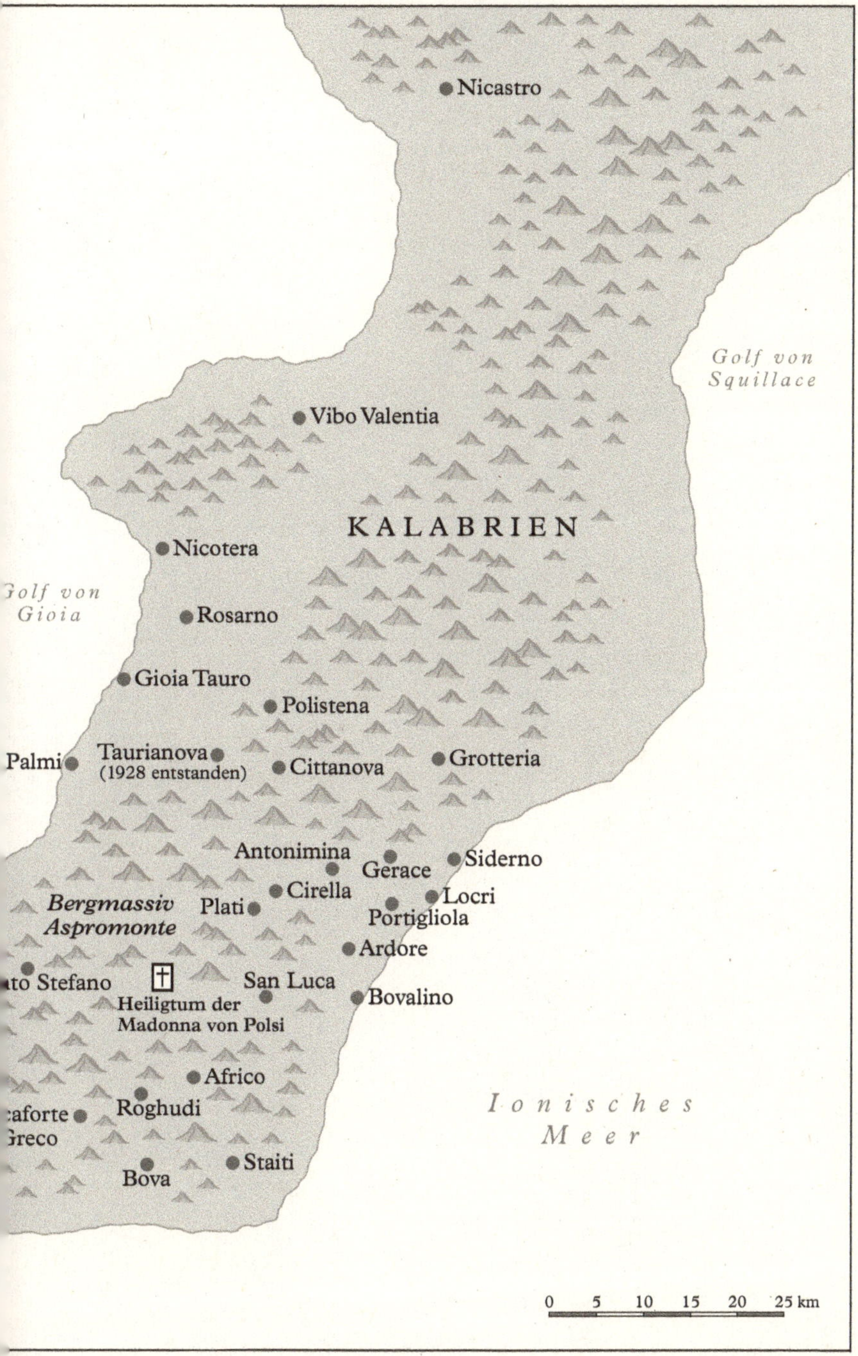

Nicastro
Golf von Squillace
Vibo Valentia
KALABRIEN
Nicotera
Golf von Gioia
Rosarno
Gioia Tauro
Polistena
Palmi
Taurianova
(1928 entstanden)
Cittanova
Grotteria
Antonimina
Gerace
Siderno
Cirella
Locri
Bergmassiv Aspromonte
Plati
Portigliola
Ardore
San Luca
Bovalino
Heiligtum der Madonna von Polsi
Africo
Roghudi
Ionisches Meer
Staiti
Bova
0 5 10 15 20 25 km

1 VIVA LA PATRIA! DIE CAMORRA 1851 BIS 1861

Wie man Gold aus Flöhen presst

Sigismondo Castromediano, Herzog von Morciano, Markgraf von Caballino und Herr über sieben Baronien, saß auf dem Boden, die rechte Wade auf einen Amboss gelegt. Mit seinem hohen Wuchs und den blauen Augen schien er einer völlig anderen Spezies anzugehören als die neapolitanischen Kerkermeister, die vor ihm unter einem Pultdach standen und mit ihren Eisenwerkzeugen hantierten. Neben dem Herzog saß sein Landsmann Nicola Schiavoni in der gleichen würdelosen Haltung, den gleichen bangen Ausdruck im Gesicht.

Einer der Kerkermeister packte den Fuß des Herzogs und streifte ihm ein Eisen über, das wie ein Steigbügel geformt war. Dann schloss er den Knöchel völlig ein, indem er einen Niet durch die kleinen Löcher an jedem Ende der Fußfessel trieb; dazwischen klemmte das letzte Glied einer schweren Kette. Lachend und singend, mit Schlägen, die Knochen hätten zertrümmern können, hämmerte der Kerkermeister den Niet flach.

Der Herzog zuckte wiederholt zusammen und musste die spöttischen Ermunterungen der Wärter mit anhören: »Weiter so! Sie sind Feinde des Königs. Sie haben es auf unsere Weiber und unser Hab und Gut abgesehen.«

Nachdem man ihnen befohlen hatte aufzustehen, hoben Castromediano und Schiavoni zum ersten Mal ihre Fesseln auf: dreieinhalb Meter lange Ketten, etwa zehn Kilo schwer. Für beide war dieser Moment der Beginn einer 30-jährigen Kerkerstrafe wegen Verschwörung gegen die Krone des Königreichs Neapel – einer der vielen Staaten, aus denen die italienische Halbinsel sich damals zusammensetzte. Die beiden Gefangenen umarmten einander, fassten sich ein Herz und taten dann ihren ungebrochenen Glauben an die heilige Sache Italien kund: »Wir küssten diese Ketten so zärtlich«, schrieb der Herzog, »als wären sie unsere Bräute.«

Die Wärter stutzten kurz. Doch dann fuhren sie in den Ritualen fort, die den Zugang zum Castello del Carmine markierten, einem der verrufensten Gefängnisse im Königreich. Zivilkleidung wurde durch Uniformen ersetzt, braune Hosen und rote Tuniken, beides aus grober Wolle. Mittels einer sichelförmigen Klinge schor man den Gefangenen die Köpfe kahl und blutig. Ein jeder erhielt eine mit Lumpen gestopfte Matratze, eine Decke aus Eselshaar und eine Schüssel.

Die Sonne ging bereits unter, als der Herzog und sein Gefährte über den Gefängnishof geführt wurden und durch die Pforte schlurften.

Was sie im Inneren des Gemäuers erwartete, erinnerte sich Castromediano, »hätte selbst die großmütigste Seele, das standhafteste Herz auszulöschen vermocht«. Er wähnte sich in einer Sickergrube: ein langer, niedriger Raum, dessen Fußboden aus spitzen Steinen bestand. Schmale Fensteröffnungen in Deckennähe waren schwer vergittert, die Luft stickig und klamm. Ein Gestank wie von faulendem Fleisch entströmte dem Unrat, der allenthalben herumlag, und den Elendsgestalten, die sich im Halbdunkel herumdrückten.

Während die Neuankömmlinge sich ängstlich nach einem Platz für ihre Matratzen umschauten, lösten sich zwei der Gefangenen aus der Menge und kamen näher. Der eine war groß und schön, sein Auftreten stolz. Er trug schwarzsamtene Beinkleider mit polierten Knöpfen an den Hüften und einen grellbunten Gürtel; den passenden Rock zierte eine Uhr an einer Kette. Mit ausgesuchter Höflichkeit redete er die beiden Patrioten an.

> »Wohlan, edle Herren! Das Glück ist euch hold. Wir alle hier haben schon darauf gewartet, euch Ehre zu erweisen. Lang lebe Italien! Lang lebe die Freiheit! Wir Camorristi, die wir euer trauriges, ehrenvolles Schicksal teilen, entbinden euch hiermit jeglicher Camorrapflicht (...) Fasst Mut, edle Herren! Ich schwöre zu Gott, dass euch niemand hier auch nur ein Haar krümmen wird. Ich bin der Anführer der Camorra, und nur ich habe hier das Sagen. Ein jeder muss mir aufs Wort gehorchen, auch der Kerkermeister und seine Wärter.«

Binnen einer Stunde hatten die neuen Gefangenen zwei nüchterne Lektionen gelernt: dass der Camorraboss den Mund keineswegs zu voll genommen hatte, was seine Macht anbelangte; und dass sein Versprechen, sie jeder »Camorrapflicht« zu entbinden, völlig wertlos war. Der Camorrista gab ihnen zwar die Beutel zurück, die bei ihrer Ankunft im Gefängnis beschlagnahmt worden waren. Doch diese Höflichkeit hatte eigennützige Gründe, denn so konnte er dem verdutzten Herzog eine exorbitant hohe Summe für widerwärtiges Essen abknöpfen.

Diese erste Forderung war niederschmetternd. Castromediano glaubte einer endlosen Tortur aus Schutzgelderpressung entgegenzusehen, und stand kurz vor dem Selbstmord.

Der Herzog von Castromediano wurde am 4. Juni des Jahres 1851 in Eisen gelegt. Die Szene ist real, aber auch metaphorisch, denn im Gefängnis, um die Mitte des 19. Jahrhunderts, fand sich Italien zum ersten Mal an die Schurken gekettet, die seitdem jeden seiner Schritte behindern.

Die Camorra entstand in den Kerkern. Als der Herzog von Castromediano das Castello del Carmine betrat, war im südlichen Italien die Bandenherrschaft hinter Gittern seit Jahrhunderten bittere Realität. Während des Ancien Régime war es einfacher und kostengünstiger, die alltägliche Aufsicht innerhalb der Gefängnisse den brutalsten Insassen zu überlassen. Mit Beginn des 19. Jahrhunderts wurde aus den Gefängniserpressern schließlich eine verschworene Geheimgesellschaft, die auch in der Welt außerhalb der Verliese Fuß fassen konnte. Die Geschichte, wie es dazu kam, ist reich an Intrigen, doch im Wesentlichen an den ironischen Feinheiten zu erkennen, welche die erste Begegnung zwischen dem Herzog und dem Camorrista auszeichnen. Vorerst lässt sich diese Geschichte mit einem Wort zusammenfassen: Italien.

1851 war das, was wir heute Italien nennen, eher ein »geographischer Begriff« als ein Staat und auf eine ausländische Macht (Österreich), zwei Herzogtümer, ein Großherzogtum, zwei Königreiche und den Vatikanstaat verteilt. Das größte dieser Territorien war zugleich das südlichste, das Königreich Neapel beziehungsweise Königreich beider Sizilien, wie es offiziell hieß.

Von der Hauptstadt Neapel aus herrschte ein König der Bourbonendynastie über das süditalienische Festland und über die Insel Sizilien. Wie die meisten Fürsten in Italien plagte Neapels Bourbonen die Erinnerung daran, was ihnen in den Jahren nach der Französischen Revolution von 1789 widerfahren war. 1805 hatte Napoleon die Bourbonen vertrieben und seine eigenen Günstlinge auf den Thron gesetzt. Die Franzosenherrschaft brachte eine ganze Reihe von Neuerungen in der Art und Weise, wie das Königreich regiert wurde. Die Feudalherrschaft ging, der Privatbesitz kam. Eine wilde Mischung aus einheimischen Bräuchen, freiherrlichen und geistlichen Rechtsprechungen sowie öffentlichen Verordnungen verlor ihre Geltung; stattdessen kamen ein neues Zivilrecht und die erste Polizeitruppe. Der südliche Teil der italienischen Halbinsel ähnelte allmählich einem modernen, zentralisierten Staat.

1815 wurde Napoleon schließlich besiegt. Als die Bourbonen wieder an die Macht kamen, behielten sie die großen Vorteile bei, die sie aus den französischen Reformen ziehen konnten, um die eigene Autorität zu sichern. Doch Theorie und Praxis der modernen Verwaltung waren schwer zu vereinbaren. Der Thron des Königreichs beider Sizilien stand noch immer auf wackeligen Beinen. Allerorten gab es Gegner des neuen, zentralistischeren Systems. Überdies hatte die Französische Revolution den Ländern Europas nicht nur neue Wege in der Staatsverwaltung aufgezeigt, sie hatte zudem lebhafte Vorstellungen von einer konstitutionellen Regierungsform, einer geeinten Nation und gar von Demokratie verbreitet.

Herzog Castromediano gehörte zu einer Generation junger Männer, die sich dem Aufbau einer italienischen *Patria* widmeten, einem Vaterland, das die Werte der konstitutionellen Monarchie, der Freiheit und der Rechtsstaatlichkeit verkörpern sollte. Nachdem sie während der Revolten von 1848/49 vergeblich versucht hatten, diese Werte in eine politische Realität umzusetzen, büßten viele Patrioten wie Castromediano ihre Überzeugung mit dem Verlust der Freiheit, denn man überstellte sie dem Kerkerreich der Camorristi.

Eine solche Behandlung politischer Häftlinge, die noch dazu von Stand waren, löste bald einen Skandal aus. Im Jahre 1850 begab sich ein exaltiertes Mitglied des britischen Parlaments, William Ewart Gladstone – der künftige *Grand Old Man* –, der Gesundheit seiner Tochter zuliebe für längere Zeit nach Neapel. Die Notlage von Männern wie Castromediano bewog Gladstone, sich mit lokalpolitischen Themen zu befassen. Zu Beginn des Jahres 1851 gestattete die Obrigkeit in Neapel Gladstone unklugerweise, eines der Gefängnisse der Stadt zu besuchen. Er war entsetzt von dem »abscheulichen Schmutz«, den er dort sah. Ohne Unterschied und ohne jede Aufsicht hatte man politische Gefangene mit Verbrechern der übelsten Sorte zusammengesperrt. Die Gefangenen selbst sorgten für Ordnung.

> »Sie bilden eine autonome Gemeinschaft, in der hauptsächlich die *gamorristi* das Sagen haben, berüchtigt wegen ihrer unverfrorenen Verbrechen.«

Gladstones unübliche Orthographie änderte nichts an der Wahrheit seiner Behauptungen und an der polemischen Kraft seiner Argumentation: Unmittelbar nach seiner Besichtigung der neapolitanischen Gefängnisse verfasste er zwei offene Briefe, in denen er die Herrschaft des Bourbonenkönigs als »Negation Gottes« verurteilte, die man »zur Regierungsform erhoben« habe. Die Camorristi wurden zum diplomatischen Knüppel, mit dem man auf die Bourbonen eindrosch. Eine Regierung, welche die Disziplin in ihren Gefängnissen gewalttätigen Schurken überlasse, sei es nicht wert, so Gladstone, bestehen zu bleiben. Dank seiner Worte wurden Italiens organisierte Verbrecherbanden das, was sie noch heute sind: Zündstoff für politische Kontroversen.

Die internationale Sympathie, die den inhaftierten Patrioten zuströmte, sollte eine wichtige Rolle spielen in der fast wundersamen Ereignisfolge, die Italien endlich in eine *Patria* verwandelte – oder etwas in der Art. 1858 kam der Premierminister des norditalienischen Königreichs Piemont-Sardinien heimlich mit Frankreich überein, Österreich gewaltsam aus Norditalien zu vertreiben. Im darauffolgenden Jahr, nach dem entsetzlichen Blutvergießen in den Schlachten von Magenta und Solferino, schluckte Piemont-Sardinien die ehedem österreichische Lombardei. Der militärische Erfolg Piemonts löste weiter im Süden in den verschiedenen Herzogtümern der Stiefelmitte, auch auf päpstlichem Hoheitsgebiet, Aufstände aus. Ein Großteil des Nordens der Halbinsel war bereits Italien geworden. Europa hielt den Atem an und wartete auf den nächsten Schritt.

Im Mai 1860 schließlich gelang Giuseppe Garibaldi ein Meisterstück idealistischer Gesinnung, als er mit kaum mehr als tausend patriotischen Freischärlern, den Rothemden, in Marsala einfiel, an der westlichsten Küste Siziliens. Nach ersten schnellen Siegen gewann die Revolution im Kielwasser von Garibaldis Zug der Tausend an Fahrt. Bald hatte er die sizilianische Hauptstadt Palermo erobert und wandte sich dann mit seiner wachsenden Armee ostwärts, um auf dem italienischen Festland einzufallen. Anfang September hielt er in Neapel Einzug. Italien sollte von nun an, zum ersten Mal in der Geschichte, ein geeintes Land sein.

Nun konnten die Patrioten in den Gefängnissen des Königreichs beider Sizilien ihr langes Leiden in politische Glaubwürdigkeit umwandeln. Sie reisten nach Norden, in die piemontesische Hauptstadt Turin am Fuße der Alpen, und gesellten sich der ersten nationalen Elite des neuen Landes zu.

Die Geschichte des *Risorgimento*, der Einigung Italiens, ist unzählige Male erzählt worden. Weitaus weniger bekannt ist die unheimliche Nebenhandlung: das Entstehen der Camorra. Die meisten der zahlreichen Stränge dieser Nebenhandlung haben ihren Ursprung in den Kerkern, wo die Patrioten den Camorristi begegneten. Die patriotischen Gefangenen sind also unsere wichtigsten Zeugen der Frühgeschichte der Camorra. Mehr noch: Einige von ihnen beteiligten sich persönlich an dem historischen Kampf, als Helden und als Schurken.

Ein geeintes Italien war noch ein ferner Traum, als Herzog Sigismondo Castromediano im Jahre 1851 in Eisen gelegt wurde. Doch als sich seine traumatischen ersten Stunden im Gefängnis zu Tagen, Monaten und Jahren dehnten, fand er Quellen der Kraft, die seinen politischen Träumen Gestalt verliehen: auf der einen Seite die Kameradschaft seiner Leidensgenossen; auf der anderen die Entschlossenheit, den Feind zu durchschauen. Für den Herzog von Castromediano war es eine Frage von Leben und Tod, die Camorra begreifen zu lernen.

Seine Erkenntnisse sind auch für uns von Interesse, weil sie noch heute Gültigkeit haben. Im Gefängnis konnte Castromediano die frühe Camorra gleichsam unter Laborbedingungen dabei beobachten, wie sie eine kriminelle Methodik perfektionierte, die darauf abzielte, dieselbe Nation, für deren Entstehung der Herzog so viel Leid auf sich nahm, zu untergraben und zu zerrütten.

Castromediano begann sein Studium der Camorra auf höchst bodenständige Weise: Er folgte dem Geld. Und so verblüffte ihn an den »Steuern« der Camorra, wie er sie nannte, vor allem, dass sie auf ausnahmslos jeden Aspekt eines Häftlingslebens erhoben wurden, bis zum letzten Brotkrumen und zum elendesten Fetzen Kleidung.

In den meisten Kerkern im Königreich befand sich an einer Wand ein kleiner Marienaltar. Die erste Steuer, die jeder Neuankömmling im Gefängnis zu entrichten hatte, wurde oft als Spende getarnt, für das »Öl in der Lampe der Madonna« – eine Lampe, die selten oder niemals brannte. Gefangene mussten sogar für das Fleckchen Boden, auf dem sie schliefen, den Mietzins entrichten. Im Gefängnisjargon hieß dieser Schlafplatz *pizzo*. Möglicherweise ist es kein Zufall, dass dasselbe Wort heute ein Bestechungs- oder Schutzgeld bezeichnet. Wer sich weigerte, den *pizzo* zu zahlen, der musste mit Strafen rechnen, deren Bandbreite von Beschimpfungen, Schlägen und Rasiermesserschnitten bis hin zum Tod reichte.

Herzog Castromediano wurde Augenzeuge eines Vorfalls, der veranschaulichen soll, dass das Finanzierungssystem der Gefängnis-Camorra weitaus tiefgreifendere Folgen hatte als gemeiner Diebstahl – und weitaus unheimlicher wirkte als die üblichen Steuern: Bei einer Gelegenheit warf ein Camorrista, der eben erst »eine kräftige Suppe und ein tüchtiges Stück Braten« verspeist hatte, einem Mann eine Rübe ins Gesicht, dessen magere Ration Brot und Brühe er statt eines Bestechungsgeldes konfisziert hatte. Wüste Beschimpfungen begleiteten das Gemüse:

> »Da hast du eine Rübe! Die hält dich am Leben – für heute zumindest. Morgen hol dich der Teufel.«

Die Camorra verwandelte die Bedürfnisse und Rechte ihrer Mithäftlinge (wie ihr Brot oder den *pizzo*) in Gefälligkeiten. Gefälligkeiten, die sie irgendwie bezahlen mussten. Das Camorrasystem basierte auf der Macht, diese Gefälligkeiten zu gewähren oder zu verweigern. Oder sie den Leuten gar ins Gesicht zu werfen. Das eigentlich Grausame an der Rüben-Episode ist somit die Tatsache, dass der Camorrista dem anderen eine Gefälligkeit gewährte, die er ebenso leicht hätte verweigern können.

Herzog Castromediano hatte ein scharfes Auge für Begebenheiten,

Presidente di tribunale . . . .
Giudice . . . .
Ispettore di p. s. . . . .
Pubblico ministero . . . . . .
Carabiniere . . . .
Questurino . . . .
Furto . . . .
Questore . . . .
Caposocietà . . . .
Capintrito . . . .
Camorrista . . . .
Contajuolo . . . .
Picciuotto . . . .
Giovinotto onorato . . . . . .
Palo . . . .

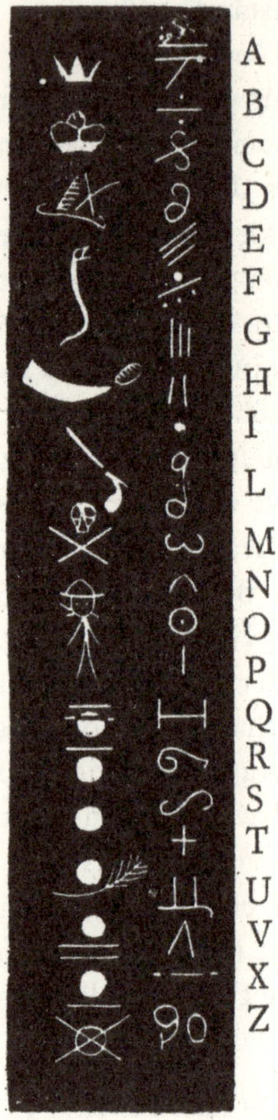

2. Geheimcode der Camorra. Diese geheime Liste, angeblich bei einem Gefängnis-Camorrista entdeckt, der sie in seinem Anus versteckt hatte, erklärt die Symbole, deren sich Camorristi bedienten, wenn sie Botschaften ins Gefängnis oder nach draußen schmuggelten. Aus einer Studie über die ehrenwerte Gesellschaft im Neapel des 19. Jahrhunderts die verdeutlichten, welche Strukturen der Macht der Gefängnis-Camorra zugrunde lagen. Einmal hörte er, wie sich zwei Gefangene wegen unbeglichener Schulden stritten. Es handelte sich nur um wenige Groschen. Doch es dauerte nicht lange, und ein Camorrista mischte sich ein. »Wieso nehmt ihr euch das Recht heraus zu streiten, ohne die Erlaubnis der Camorra einzuholen?« Sprach's und strich die Groschen selber ein.

Jeder Gefangene, der ein grundlegendes Recht für sich in Anspruch nahm – wie das Streiten oder das Atmen –, beleidigte die Autorität der Camorra. Und jeder Gefangene, der sich, um Gerechtigkeit zu erlangen, an eine Autorität außerhalb des Gefängnisses wandte, war ein Verräter. Einem Häftling zum Beispiel waren die Hände in kochendes Wasser getaucht worden, weil er es gewagt hatte, sich wegen der Zustände im Gefängnis mit einem Brief an die Obrigkeit zu wenden.

Vieles von dem, was Castromediano über die Camorra erfuhr, stammte aus der Zeit, die er im Gefängnis auf der Insel Procida verbracht hatte, die wie ihre schönen Schwestern Capri und Ischia im Golf von Neapel liegt. In späteren Jahren, wenn der Herzog auf seine Zeit auf Procida zurückblickte, pflegte er einem unverdauten Zorn Luft zu machen:

> »Das größte Gefängnis in den südlichen Provinzen. Die Königin der Gefängnisse, der Honigtopf der Camorra und der fetteste Futtertrog für die Kerkermeister und für all jene, die ihren Anteil daran haben, die Camorra zu unterstützen; die große Latrine, in die naturgemäß der abscheulichste Abschaum der Gesellschaft sickert.«

Ausgerechnet in der Gefängnislatrine auf Procida, die geradewegs ins Meer mündete, stieß der Herzog auf eine weitere wesentliche Facette im Camorrasystem. Eines Tages bemerkte er zwei Männchen, die mit Kohle an die Wand gekritzelt worden waren. Das eine hatte weit aufgerissene Glotzaugen, und aus seinem verzerrten Mund kam ein stummes Wutgebrüll. Mit der rechten Hand stieß es dem zweiten Männchen einen Dolch in den Bauch, das sich in entsetzlichen Schmerzen wand. Über den Köpfen der beiden standen ihre Initialen. Unter der Szene war zu lesen »Von der Gesellschaft gerichtet«, gefolgt vom Datum des Tages, an dem der Herzog sie entdeckt hatte.

Castromediano wusste bereits, dass die Camorra sich selbst als »Gesellschaft« oder »Ehrenwerte Gesellschaft« bezeichnete. Doch das Gekritzel an der Wand gab ihm Rätsel auf. »Was hat das zu bedeuten?«, fragte er mit seiner üblichen Unverblümtheit den ersten Mann, dem er begegnete.

> »Es bedeutet, dass heute ein Verräter gerichtet wird. Entweder das Opfer, das hier abgebildet ist, befindet sich schon in der Kapelle und tut den letzten Atemzug, oder die Strafkolonie auf Procida wird bald einen Insassen weniger haben, und die Hölle einen mehr.«

Der Gefangene erklärte, wie die Gesellschaft zu einer Entscheidung gelangt war, was die Bosse beschlossen hatten und wie alle Mitglieder, bis auf das Opfer, darüber informiert worden waren, was geschehen würde. Natürlich hatte niemand das offene Geheimnis preisgegeben.

Just als der Mann den Herzog ermahnte, den Mund zu halten, drang aus dem angrenzenden Korridor lautes Fluchen, gefolgt von einem langgezogenen Angstschrei, der nach und nach erstickt wurde, gefolgt wiederum von Kettenrasseln und dem Geräusch eiliger Schritte.

»Es ist vollbracht«, war alles, was der andere Gefangene sagte.

In panischer Angst stürzte der Herzog der eigenen Zelle zu. Doch kaum war er um die erste Ecke gebogen, als er über das Opfer stolperte, das mit drei Stichen ins Herz erledigt worden war. Außer ihm war als Einziger noch der Mann zugegen, der an den Toten gekettet war. Dessen Miene würde Castromediano für immer im Gedächtnis bleiben. Vielleicht war er ja auch der Mörder. Zumindest war er ein Augenzeuge. Und doch starrte er mit »einer unbeschreiblichen Mischung aus Stumpfheit und Grausamkeit« auf den Toten, während er in aller Ruhe darauf wartete, dass die Wärter Hammer und Amboss holten, um ihn von dem toten Kameraden zu befreien.

Castromediano nannte, was er erlebt hatte, einen »Abklatsch« von Gerechtigkeit; in Wahrheit war es ein Mord im Tarngewand der Todesstrafe. Die Camorra hatte den Verräter nicht nur getötet, sondern zudem versucht, den Mord an ihm zu legitimieren, ihn »rechtsgültig« zu machen. Sie hatte eine Gerichtsverhandlung abgehalten, mit einem Richter, mit Zeugen sowie Vertretern der Anklage und der Verteidigung. Urteil und Strafe, die im Prozess bestimmt worden waren, wurden öffentlich verlautbart – wenn auch an einer Latrinenwand anstatt im Gerichtssaal. Die Camorra suchte für ihre richterlichen Entscheidungen auch eine verzerrte Form der demokratischen Zustimmung, indem sie sicherstellte, dass außer dem Opfer jeder wusste, was geschehen würde.

Die Richter der Camorra fällten ihre Entscheidungen nicht im Namen der Gerechtigkeit. Ihr Leitstern war vielmehr die Ehre. Diese Ehre bedeutete nach Auffassung der Gesellschaft (Castromediano bezeichnete diese Auffassung als eine »Verirrung des menschlichen Geistes«), dass ein Mitglied seine Gefährten um jeden Preis schützen und sein Vermögen mit ihnen teilen musste. Streitereien wurden in bewährter Manier durch einen Dolchkampf gelöst; Schwüre und Bündnisse mussten gehalten, Befehle befolgt und fällige Strafen akzeptiert werden.

Obwohl unentwegt von Ehre die Rede war, verlief die Lebensrealität des Camorrista keineswegs harmonisch, erinnerte sich Castromediano.

> »Das Verhältnis dieser Verfluchten zueinander war von Zank, Hass und Neid geprägt. Jeden Tag kam jemand zu Tode, wurde in entsetzlicher Weise Rache geübt.«

Ein Mord aus Rache war ein Mord zur Verteidigung der persönlichen Ehre, und als solcher konnte er von der Schattenjustiz der Camorra ohne weiteres sanktioniert werden. Ob ein Racheakt rechtsgültig war oder nicht, hing zum Teil von den Statuten und Präzedenzfällen der Gesellschaft ab, die in mündlicher Überlieferung von einer Kriminellengeneration auf die nächste übertragen wurden. Wichtiger jedoch war die Frage, ob ein Camorrista ihn begangen hatte, der furchteinflößend genug war, um seinen Willen durchzusetzen. In der Gefängnis-Camorra, mehr noch als anderswo, wurden die Regeln von den Reichen und Mächtigen bestimmt. Die Ehre war für jene Gesetz, die sich über das Gesetz stellten.

Camorra-»Steuern«. Camorra-»Recht«. Castromediano spricht auch von der »Rechtsprechung« der Camorra, von ihren »Ämtern« und ihrer »Verwaltung«. Seine Terminologie ist augenfällig, konsistent und treffend: Es ist das Vokabular der Staatsmacht. Was er beschreibt, ist ein kriminelles System, das die Mechanismen eines modernen Staates nachäfft – sogar im Grabesdunkel eines Kerkers.

War die Gefängnis-Camorra eine Art Schattenstaat, so hatte sie doch eine sehr interventionistische Vorstellung davon, wie der Staat sich verhalten sollte. Herzog Castromediano sah, dass Camorristi das Glücksspiel und das Trinken förderten, weil sie wussten, dass diese Tätigkeiten mit Steuern belegt werden konnten. (Der Brauch, Spieler mit Bestechungsgeldern zu belegen, war in der Tat so eng mit Gangstern assoziiert, dass er einer beliebten Theorie darüber Vorschub leistete, wie die Camorra zu ihrem Namen gekommen war. *Morra* war ein Spiel, und der *capo della morra* war der Mann, der die Spieler im Auge behielt. Dieser Titel wurde angeblich irgendwann zu *ca-morra* verkürzt. Die Theorie ist umstritten: In Neapel stand der Begriff Camorra bereits für »Bestechung« oder »Erpressung«, ehe irgendjemand daran dachte, ihn auf eine Geheimgesellschaft anzuwenden.)

Kartenspiele und Weinflaschen schufen weitere Verdienstmöglichkeiten: Die Camorra beschaffte die einzige Kreditquelle für glücklose Spieler, und sie kontrollierte die gefängniseigene stinkende, rattenbefallene Schenke. Jeder Gegenstand, den die Camorra von einem Gefangenen beschlagnahmte, der außerstande war, seinen Schuldzins, seine Flasche oder sein Bestechungsgeld zu bezahlen, konnte zu einem haarsträubenden Wucherpreis weiterverkauft werden. Die Verliese hallten wider von den Rufen der Hausierer, die schmierige Lumpen und Kanten altbackenen Brotes feilboten. Ein umfassendes schmutziges Wirtschaftsgefüge entspross der Gewohnheit, die Mitgefangenen auf Schritt und Tritt auszubeuten. Wie ein altes Sprichwort der Camorra besagte: »Facimmo caccia' l'oro de' piducchie«: »Wir pressen Gold aus Flöhen«.

Das System der Camorra reichte bis hinauf zur vorgeblichen Gefängnisleitung. Natürlich standen viele Wärter auf der Gehaltsliste der Gangster. Diese Bestechlichkeit verschaffte der Camorra nicht nur den nötigen Handlungsspielraum, sondern brachte zudem weitere Gefälligkeiten in Umlauf. Gegen Entgelt durften Gefangene ihre eigene Kleidung tragen, in Einzelzellen schlafen, erhielten bessere Verpflegung sowie Zugang zu Arzneien, Briefen, Büchern und Kerzen. Indem die Camorra den Warenverkehr zwischen Gefängnis und Außenwelt regelte, erwarb sie sich ein regelrechtes Marktmonopol für geschmuggelte Güter.

So entwickelte die Gefängnis-Camorra ein duales Geschäftsmodell, dazu bestimmt, aus Flöhen Gold zu pressen, bestehend aus der Schutzgelderpressung und dem Handel mit geschmuggelter Ware. Die Camorra von heute basiert nach wie vor auf denselben Prinzipien. Lediglich die »Flöhe« sind größer geworden. Was damals der Groschen für einen Schlafplatz war, sind heute die Anteile an gewaltigen öffentlichen Bauaufträgen. Heute geht es nicht mehr um Kerzen und Lebensmittel, die ins Gefängnis, sondern um Drogensendungen, die ins Land geschmuggelt werden.

Herzog Castromediano verbüßte seine Strafe in mehreren Gefängnissen, und überall herrschte die Camorra. Deshalb handelt seine Geschichte nicht nur von den Ursprüngen der sogenannten neapolitanischen Camorra. Strafgefangene aus verschiedenen Regionen vermischten sich in den Gefängnissen im Süden der italienischen Halbinsel, auf Sizilien und den vielen kleinen Inseln. Sie alle bezeichneten sich als Camorristi.

Der Herzog bemerkte allerdings Unterschiede in der Kleiderordnung der Camorristi aus den verschiedenen Regionen. Sizilianer tendierten eher zum vornehmen Schwarz. (Der Camorrista, der sich dem Herzog an seinem ersten Tag im Castello del Carmine vorstellte, war Sizilianer.) Noch vor kurzem hatten Neapolitaner sich ebenso gekleidet. Doch seit einiger Zeit zogen sie es vor, ihren Status mit Kleidern kundzutun, die jede Farbe haben durften, vorausgesetzt, sie waren von feiner Qualität und wurden mit goldenem Tand kombiniert: goldene Taschenuhr, goldene Ohrreife, klobige Goldringe an den Fingern, dazu ein Fez, der mit vielen Litzen, Stickereien und einer goldenen Troddel geschmückt war.

Es herrschten starke Loyalitäten und Rivalitäten zwischen den Camorristi der verschiedenen Regionen. Der Herzog machte die Erfahrung, dass die Neapolitaner eine »unüberwindliche Abneigung« gegen die Kalabresen hegten. Sobald diese Abneigung sich in offenen Feindseligkeiten entlud, pflegten Camorristi aus anderen Gegenden sich in immer gleicher Formation für die eine oder die andere Seite zu entscheiden: Zu den Neapolitanern standen die Männer aus dem neapolitanischen Umland und aus Apulien; alle anderen hielten zu den Kalabresen. Die Sizilianer »blieben am liebsten unter sich«, so Castromediano. »Doch wenn sie einmal Farbe bekannten, dann weh den Feinden!, denn sie nahmen grausamste Rache!« Im schlimmsten

Fall »lagen danach Dutzende von Leichen auf dem Gefängnisfriedhof«.

Trotz ihrer vielen bösartigen Rivalitäten und unterschiedlichen Eigenschaften bezeichnen sich sizilianische Mafiosi, neapolitanische Camorristi und kalabrische 'Ndranghetisti allesamt als Mitglieder der »ehrenwerten Gesellschaft«. Ihr gemeinsames Vokabular beweist die gemeinsamen Ursprünge im Gefängnissystem des Königreichs beider Sizilien. In der Tat hat alles, was Castromediano im Gefängnis über die Camorra herausfand, noch heute seine Gültigkeit – auch für die sizilianische Mafia und die kalabrische 'Ndrangheta. Italiens Verbrecherorganisationen engagieren sich sowohl im illegalen Handel als auch als Schattenstaat, der erpresste »Steuern« mit eigenen juristischen und politischen Systemen kombiniert. Ginge es nach ihnen, würden Italiens ehrenwerte Gesellschaften die Welt in ein riesiges Gefängnis verwandeln, in dem ihre simplen, aber grausam effizienten Regeln Gültigkeit hätten.

Siebeneinhalb Jahre, nachdem Sigismondo Castromediano in das Castello del Carmine überstellt worden war, wurde der diplomatische Druck auf die Bourbonenregierung schließlich so groß, dass politische Gefangene ausgelöst wurden; somit wurde auch das Urteil gegen den Herzog in ein dauerhaftes Exil umgewandelt. Mittlerweile war sein Haar vollständig weiß geworden. Kurz vor seiner Freilassung bestach er einen Wärter, zwei traurige Andenken behalten zu dürfen: seine Fußeisen und seine rote Tunika. Die Demütigungen seiner Gefängnisjahre würden ihn zeit seines Lebens verfolgen.

Der Herzog verbrachte nur ein gutes Jahr im Exil. Dann kam Garibaldi: Der Bourbonenstaat zerbrach, und sein Hoheitsgebiet wurde ein Teil Italiens. In Turin, am 17. März 1861, war Castromediano Mitglied des Parlaments und sah zu, wie König Viktor Emanuel von Piemont-Sardinien zum Monarchen des neuen Königreiches ausgerufen wurde. Der Traum, für den er so lange gelitten hatte, war Wirklichkeit geworden.

Doch Castromediano verlor bald die parlamentarische Stellung, die ihm sein Martyrium im Gefängnis eingebracht hatte. Er kehrte zur Residenz seiner Vorfahren nach Apulien zurück, das den Absatz des italienischen Stiefels bildet. Während er im Gefängnis gesessen hatte, war sein Schloss unweit der Stadt Lecce ziemlich baufällig geworden. Doch da ihn die Camorra fast an den Bettelstab gebracht hatte, würde er niemals genügend Geld aufbringen können, um es instandsetzen zu lassen. Die gelegentlichen Gäste, die den Herzog über die Jahre besuchten, betrachteten das Gemäuer als passende Kulisse für einen Mann, der für die nationale Sache so viel erduldet hatte: Es verfiel zur Halbruine wie jene Gebäude in den Romanen der Romantik, die den Patriotismus des Herzogs in dessen Jugend so sehr befeuert hatten. In einer Ecke der Schlosskapelle konnte man die Gegenstände besichtigen, die er seine »Orden« nannte: die Fußkette und die Tunika. Die Camorra war in die Seele des Herzogs eingedrungen und hatte ihn mit einer wiederkehrenden Schwermut infiziert: »Höllenbrut« nannte er sie. »Eine der unmoralischsten und zerstörerischsten Sekten, die die menschliche Niedertracht jemals hervorgebracht hat.«

Der Herzog begann bereits wenige Tage nach seiner Freilassung die Erinnerungen an seine Gefangenschaft niederzuschreiben; doch blieben sie unvollendet, als er 36 Jahre später in seinem Schloss starb. Castromedianos Memoiren lesen sich wie das Werk eines Mannes, der sich vergeblich bemüht, mit seiner Vergangenheit ins Reine zu kommen. Die Erzählweise des Herzogs ist gelegentlich etwas verwirrend, dennoch ist sein Werk eine lebhafte Beschreibung aus erster Hand von dem Ort, an dem Italiens Mafias ihren Ursprung hatten.

Was Castromediano im Gefängnis nicht ahnen konnte: Die Camorra hatte bereits erste Schritte aus dem Kerker und hinaus auf die Straßen unternommen.

Der Pakt mit dem Teufel

Neapel platzte aus allen Nähten. Mitte des 19. Jahrhunderts lebten dort knapp eine halbe Million Menschen und machten die Hauptstadt des Königreichs beider Sizilien zur größten Stadt Italiens. Mit der höchsten Bevölkerungsdichte in Europa vereinte es mehr Elend auf jedem Quadratmeter als jede andere Stadt auf dem Kontinent. In sämtlichen Höhlen, Kellern, Nischen und Torwegen lebten zerlumpte, ausgemergelte Bewohner.

Die Stadtviertel Porto, Pendino, Mercato und Vicaria waren dafür berüchtigt, dass in ihnen die Not am größten war. Sie bildeten die sogenannte »Unterstadt«. Einige ihrer Gassen waren so schmal, dass es unmöglich war, dort einen Regenschirm aufzuspannen. Ein Großteil der Ärmsten in der Unterstadt hauste in den sogenannten *fondaci*, fensterlosen Lagerräumen, in die man oft ganze Familien mitsamt ihren Tieren gepfercht hatte. Es wimmelte von Ungeziefer, und der Gestank war abscheulich, weil das Abwasser dort die alten Sickergruben überflutete und durch die Gassen lief. In den 1840er Jahren starben fast 30 Prozent der Neugeborenen in der Unterstadt vor ihrem ersten Geburtstag. In keinem dieser vier Viertel betrug die Lebenserwartung mehr als 25 Jahre.

Doch im Unterschied zu London versteckte Neapel seine Armen nicht. In jeder Straße, auf jeder Piazza boten Händler und Hausierer unter südlicher Sonne alle erdenklichen Waren feil. Die Bewohner der Elendsviertel hielten sich über Wasser, indem sie Lumpen sammelten, Stroh flochten oder Moritaten sangen; sie verkauften Schnecken oder Pizzaschnitten, sammelten Zigarrenstummel oder schleppten Kisten.

Nirgends war die Vielfalt dieser kümmerlichen Wirtschaft offensichtlicher als in der Via Toledo, der Hauptverkehrsader der Stadt und zugleich »lautesten Straße Europas«. Hier sickerte jeden Morgen das Stadtleben aus den Baracken und Palästen, ergoss sich in die Seitengassen und schwoll an zu einer aufgewühlten Flut von Menschen. Arme wie Reiche, flinke Gassenjungen wie flanierende Bürger, allesamt wichen sie den Fuhrwerken in der Via Toledo aus. Es wurde lautstark gefeilscht. Und als herrschte nicht schon genug Trubel, pries ein jeder, von den Wursthändlern mit ihren Kohlenpfannen bis hin zu den

Verkäufern von Eiswasser in ihren großartig geschmückten Pagoden, seine Ware mit einem wohltönenden Schrei an.

Die Rührigkeit der armen Leute Neapels hatte allerdings auch eine weniger malerische Seite. Am meisten fühlten Besucher sich durch die Scharen der Bettler behelligt, die ihre verstümmelten Glieder einem jeden entgegenreckten, von dem sie sich einen Groschen erhofften. Kampferprobte Touristen waren der Ansicht, dass die kleinen Taschendiebe in Neapel im internationalen Vergleich die geschicktesten waren. Diebstahl, Betrügerei und Prostitution waren für viele Menschen entscheidende Überlebensstrategien. Die Unterstadt im Besonderen lebte fast gänzlich außerhalb der Gesetze.

Nicht einmal die eifrigste, ehrbarste Polizeitruppe der Welt hätte Ordnung in diesen Menschenschwarm gebracht. So wurde in Neapel die stolze neue Polizeiwissenschaft des 19. Jahrhunderts sehr schnell zum bescheidenen Programm zur Schadensbegrenzung. Weil Neapel so groß und so arm war, lernte die Polizei, dass dieser Schaden sich am leichtesten begrenzen ließ, indem man mit den ärgsten Lumpen gemeinsame Sache machte.

1857 verfasste Antonio Scialoja ein Pamphlet, das die patriotische Propaganda-Offensive gegen das Königreich beider Sizilien fortführte. Scialoja war ein ausgezeichneter neapolitanischer Ökonom, der in Turin im politischen Exil lebte. Weil er unter den Bourbonen hinter Gittern gesessen hatte, war die Gefängnis-Camorra ein Kernstück seiner Polemik. »Die Gesellschaft der Camorristi« sei so mächtig, behauptete er, dass sie in jedem Gefängnis des Königreichs Todesurteile vollstrecken könne. Die Gesellschaft verlange von den Mitgefangenen für jede Gefälligkeit Geld, ohne Ausnahme, berichtete Scialoja, selbst wenn sie dem zu entgehen suchten, was er taktvoll als die »Verderbtheit« – womit er Vergewaltigungen meinte – anderer Häftlinge bezeichnete, müssten sie bezahlen.

Doch Scialojas Diagnose der Missstände in Neapel setzte sich jenseits der Gefängnismauern fort. Indem er seine buchhalterischen Fähigkeiten nutzte, entdeckte er einen Schmiergeldfonds, der im offiziellen Polizeibudget nicht vermerkt war, und zeigte auf, dass ein Teil dieses Geldes für Schläger und Spitzel ausgegeben wurde. Doch damit nicht genug: Jahrzehntelang hatten die Bourbonen ihre Gendarmen unter den meistgefürchteten Kriminellen der Stadt rekrutiert. Die anständigen Leute in Neapel bezeichneten sie als die *feroci*, »die Wilden«. Es gab, als Scialoja seine Beobachtungen niederschrieb, insgesamt 181 *feroci*. Obwohl man ihnen ihre dürftigen Gehälter aus dem offiziellen Polizeibudget zahlte, pflegten sie ihr Einkommen mit Bestechungsgeldern aufzubessern.

Man könnte diese Art von Arrangement auch als Pakt mit dem Teufel bezeichnen. Denn falls die *feroci*, die mit der Polizei zusammenarbeiteten, an die Camorristi erinnern sollten, die das Gefängnissystem gemeinsam mit den Wärtern im Griff hatten, dann deshalb, weil sie zuweilen mit ihnen identisch waren. Doch die Straßen gemeinsam mit den übelsten Verbrechern zu kontrollieren, war stets ein schmutziges Geschäft. Einige Camorristi bezeigten den kriminellen Kameraden gegenüber größere Loyalität als ihren Zahlmeistern bei der Polizei, während andere sich in den eigenen Reihen verdächtig und unbeliebt machten. Nichtsdestoweniger verfügten jetzt die Bosse, die jahrhundertelang die Verliese kontrolliert hatten, dank dieser neuen Zusammenarbeit von offizieller Seite über die Lizenz, ihre Macht auch in den Straßen durchzusetzen. Zu Beginn der 1850er Jahre waren Camorristi, herausgeputzt in der neuesten Ganoventracht – pomadisiertes Haar, Samtrock und Schlaghosen – ein ebenso augenfälliger Teil des neapolitanischen Lebens wie Pizzabäcker und umherziehende Glücksspieler.

Kaum hatte die Gefängnis-Camorra in der Welt draußen Fuß gefasst, tat sie das, was sie am besten beherrschte: Sie presste Gold aus Flöhen. Wie in den Gefängnissen war die Erpressung die Machtbasis der Camorra. Besonders angreifbar waren illegale oder halb illegale Machenschaften. Die Camorristi pflegten jedem Dieb einen Anteil an der Beute abzuknöpfen und dominierten bald im Prostitutionsgeschäft. Auch das Glücksspiel war eine gewinnbringende Branche.

Große Bereiche der *legalen* Wirtschaft waren bald ebenfalls den Erpressern ausgesetzt. Außenstehende beobachteten nicht selten Camorristi in Aktion, ohne wirklich zu begreifen, was sie da sahen. Kaum stieg der Besucher aus seinem angeheuerten Boot, näherte sich dem Fährmann ein grell gekleideter Mann, oft mit einer Menge Schmuck am Leib, der schweigend einen Obolus erwartete und erhielt. Wenn der Gast am Hotel anlangte, pflegte sein Träger einem untersetzten Mann diskret eine Münze zuzustecken. Und wenn der Besucher eine Droschke bestieg, steckte der Kutscher einem weiteren wartenden Dickwanst Geld zu.

Camorristi kassierten ihre Steuern an den neuralgischen Stellen der städtischen Wirtschaft: im Hafen, wo Frachten, Fische und Passagiere eintrafen; an den Stadttoren, wo Güter aus dem Umland ankamen; auf den Märkten, wo sie veräußert wurden. Ruderer und Stauer, Zollbeamte und Kutscher, Großhändler und Hausierer: Alle mussten den Tribut entrichten, den die Gefängnisinsassen schon seit langem kannten.

Das Herz im Neapel der Camorra war das Vicaria-Viertel, damals an der östlichen Stadtgrenze gelegen. In den schmutzigen Gassen der Vicaria überlappten sich sämtliche kriminellen Einflusssphären und bildeten eine Schnittmenge. Das Viertel war nach dem Palazzo della Vicaria benannt, einem mittelalterlichen Bauwerk, das die Gerichtssäle und im Keller ein berüchtigtes Verlies beherbergte. Die Mauern des Vicaria-Gefängnisses wirkten sehr solide, doch in Wirklichkeit waren sie eine durchlässige Membran, die unentwegt Botschaften, Nahrungsmittel und Waffen passierten.

Unweit des Gefängnisses befand sich die Porta Capuana, ein steinerner Torbogen, mit Friesen und Fresken verziert, den viele Erzeugnisse aus dem Hinterland passierten, um »besteuert« zu werden. Doch das kriminelle Epizentrum der Vicaria bildete ein Abschnitt der heutigen Via Martiri d'Otranto, die mitsamt den Straßen, die davon abgingen, als die Imbrecciata bekannt war. Die Imbrecciata war eine Zitadelle billiger Fleischeslüste; ihre Bewohner lebten fast ausnahmslos von Prostitution und erotischen Vorführungen. Der Bezirk war so verrufen, dass die Behörden mehrmals versuchten, ihn durch Mauern abzuriegeln.

Da die Vicaria so viele illegale Erwerbsmöglichkeiten bot, nimmt es nicht wunder, dass die ersten Oberbosse der ehrenwerten Gesellschaft aus diesem Viertel stammten.

Dass die Polizei in Neapel gleichsam den Teufel mit Beelzebub zu bekämpfen suchte, war in der Tat ein Skandal. Doch besonders erzürnt war der im Exil lebende Ökonom Antonio Scialoja über die Tatsache, dass die Bourbonenpolizei ihren Spitzeln, den *feroci* und Camorristi, freie Hand ließ, wenn diese liberal gesinnte Patrioten schikanierten und erpressten. In Wirklichkeit war den grobschlächtigen Ordnungshütern die politische Überzeugung ihrer Opfer herzlich egal. So kam es, dass auch Königstreue Geld ausspucken mussten, um »juristische Komplikationen« zu vermeiden, wie sich die *feroci* lächelnd auszudrücken pflegten. Auf diese Weise erhielt die Camorra in den unsicheren 1850er Jahren, als die Bourbonenmonarchie höchst angreifbar und argwöhnisch war, ihre erste Chance, in der Politik mitzumischen.

Scialoja beendete sein Pamphlet mit einer exemplarischen Geschichte aus den eigenen Lebenserinnerungen als politischer Gefangener zu Beginn der 1850er Jahre. Er entsann sich, dass die gewöhnlichen Kriminellen die inhaftierten Patrioten schlicht als »die feinen Herren« bezeichneten, weil ihre Anführer gebildete, wohlhabende Männer wie er selbst waren. Dabei war beileibe nicht ein jeder, der liberale politische Ansichten vertrat, ein Herr von Stand. Einige waren auch raubeinige Handwerker. Ein solcher Fall war Giuseppe D'Alessandro, bekannt als *Peppe l'aversano* – »Peppe aus Aversa« (Aversa war ein Bauerndorf nicht weit von Neapel). Peppe saß im Gefängnis, weil er sich an den revolutionären Unruhen im Jahre 1848 beteiligt hatte. Als er der Camorra begegnet war, hatte er kurzerhand beschlossen, sich lieber den Reihen der Erpresser zuzugesellen, als mit den herrschaftlichen Märtyrern zu leiden. So wurde er feierlich in die ehrenwerte Gesellschaft aufgenommen und stolzierte schon bald in weiten Hosen durch die Gänge.

Im Frühling 1851, etwa zur selben Zeit, da Gladstone bei seinen britischen Lesern über die *gamorristi* vom Leder zog, fasste ein besonders eifriger Zweig der neapolitanischen Polizei den Plan, einige der inhaftierten Patrioten umzubringen. Doch nicht einmal die Polizei konnte einen solchen Plan in die Tat umsetzen ohne die Hilfe der Gefängnisverwaltung – der Camorra. Mit Peppe aus Aversa hatten sie den geeigneten Mann dafür gefunden; sie brauchten ihn noch nicht einmal zu bezahlen, zumal er noch immer wegen Hochverrats zum Tode verurteilt war und froh, seine Verabredung mit dem Henker nicht einhalten zu müssen.

Mit Hilfe einer Horde Camorristi, die auf sein Kommando warteten, versuchte Peppe zweimal, seinen Auftrag auszuführen. Doch beide Male boten die feinen Herren gemeinsam ihren Möchtegernmördern die Stirn.

Die politischen Gefangenen wandten sich in einem Brief an die Polizeibehörde und führten ihr den diplomatischen Skandal vor Augen, der folgen würde, falls der Pöbel sie in Fetzen reißen sollte. Die Gedächtnisstütze funktionierte. Peppe aus Aversa wurde in ein anderes Gefängnis verlegt, freigelassen und durfte schließlich den samtenen Rock gegen eine Polizeiuniform tauschen: Damit hatte er in wenigen Jahren die Verwandlung vom verräterischen Patrioten über den Camorrista zum Polizisten vollzogen.

Für Scialoja war Peppes Geschichte symptomatisch für alles Schlechte an der Herrschaft der Bourbonen und ihrer Gewohnheit, mit Gangstern zu paktieren. Die italienische *Patria* würde einen strahlenden Kontrast bilden zu solcher Kungelei. Das junge Italien, wann immer es käme, würde der umnachteten Metropole im Schatten des Vesuvs endlich eine gute Verwaltung schenken.

Doch da Neapel nun einmal Neapel war, erwies sich der Aufbau der *Patria* als weitaus merkwürdiger und finsterer als erwartet.

Absolution für die Camorra

Im Sommer des Jahres 1860 trat Garibaldi seinen Siegeszug an, und so wurde das Königreich beider Sizilien dank dieser mustergültigen Unternehmung patriotischen Heldenmuts endlich dem Königreich Italien einverleibt. In Neapel schrieb man in scharfem Galopp Geschichte, so dass den Journalisten kaum genug Zeit blieb, näher auf die Ereignisse einzugehen, die sie sahen oder hörten. Es war eine Zeit, in der schier alles möglich schien, und somit eine Zeit für Berichte. Die Erklärungen mussten warten.

Mit Bestürzung nahm man in Neapel die Nachricht entgegen, dass Garibaldi und seine tausend patriotischen Rothemden auf Sizilien gelandet waren. Am 11. Mai 1860 verkündete die offizielle Zeitung, Garibaldis »Freibeuter« seien in Marsala einmarschiert. Ende des Monats hieß es bereits, die Aufständischen hätten die sizilianische Hauptstadt Palermo eingenommen.

Der schwächliche junge König Franz II. war erst ein knappes Jahr im Amt. Als die *garibaldini* ganz Sizilien in ihre Gewalt gebracht hatten und im Begriff waren, auf dem italienischen Festland einzufallen und gen Norden zu ziehen, saß Franz zitternd in Neapel, während seine Minister sich zankten und Ränke schmiedeten.

Erst am 26. Juni erfuhren die Einwohner Neapels, wie die Bourbonenmonarchie auf die Krise zu reagieren gedachte. Früh am Morgen wurden entlang der größeren Straßen Plakate angebracht, die den Willen des Königs in einem *Atto Sovrano*, einem »Königlichen Beschluss«, kundtaten. König Franz hatte verfügt, dass das Königreich beider Sizilien fortan nicht mehr absolutistisch regiert werde, weil er den konstitutionellen Weg einzuschlagen gedenke. Eine Regierung, die auch liberal gesinnte Patrioten einbeziehe, habe sich bereits gebildet. Politischen Gefangenen sollte eine Amnestie gewährt werden. Und die Nationalflagge solle von nun an aus der italienischen Trikolore Rot, Weiß und Grün bestehen, gekrönt vom Wappen der Bourbonendynastie.

Die Frühaufsteher, die am Morgen des 26. Juni auf diesen *Atto Sovrano* stießen, hegten die Befürchtung, jemand könne sie beim Lesen beobachten: Es konnte sich schließlich auch um eine Provokation handeln, mit deren Hilfe man Liberale ans Licht zu bringen hoffte, als leichte Zielscheiben für die *feroci*. Doch binnen Stunden hatten die Neapolitaner die wahre Bedeutung der Plakate begriffen: Dieser Beschluss war der schwache, verzweifelte Versuch des Königs, an der Macht festzuhalten. Garibaldis triumphaler Siegeszug hatte Franz in eine aussichtslose Position gebracht, und der Bourbonenstaat geriet ins Wanken.

Der Tag, an dem der Königliche Beschluss plakatiert wurde, war ein schlechter Tag für die Polizei in Neapel. Seit Jahren war sie als korruptes Werkzeug der Unterdrückung gefürchtet und verachtet worden. Jetzt, da es unweigerlich zu Straßenkämpfen kommen würde, waren die Beamten quasi Freiwild.

Nachdem am Morgen die Plakate mit dem *Atto Sovrano* aufgetaucht waren, strömten die Menschen am Abend scharenweise aus den ärmsten Gassen in die Via Toledo, um die Polizei zu verhöhnen und auszupfeifen. Kaufleute zogen die Läden herunter und machten sich auf das Schlimmste gefasst. Ihre Angst war nicht unbegründet. Massenunruhen suchten Neapel mit jahreszeitlicher Regelmäßigkeit heim und gingen stets mit Plünderungen einher.

Der Ärger begann am darauffolgenden Nachmittag. Zwei rivalisierende Proletariermeuten suchten Streit: Die Royalisten brüllten »Lang lebe der König«, während die Patrioten »Es lebe Garibaldi« skandierten. Eine farbenfrohe Gestalt, schwer zu übersehen im Gedränge, war Marianna De Crescenzo, die den Beinamen *la Sangiovannara* trug. Einem Bericht zufolge war sie »herausgeputzt wie ein Brigant«, mit Bändern und Wimpeln geschmückt. Ihren barschen Kommandorufen gehorchte eine Bande ähnlich gewandeter Frauen, die Messer und Pistolen gezückt hatten. Königstreue hatten den Verdacht, dass *la Sangiovannara* den Ärger mit billigem Fusel aus ihrer Schenke, garniert mit einer großen Portion umstürzlerischer Propaganda, angefacht hatte.

In der Via Toledo gerieten zwei Polizeistreifen zwischen die beiden Parteien. Als ein Inspektor den nicht durchsetzbaren Befehl erteilte, die Leute zu entwaffnen, kam es zum Handgemenge. Einige Schaulustige hörten Schüsse. Nach einem Gefecht war die Polizei zum Rückzug gezwungen. Nur das Eintreffen einer berittenen Truppe verhinderte, dass die Situation weiter eskalierte.

Der Zusammenstoß forderte zwei berühmte Opfer: Das erste war der französische Botschafter, der in seiner Droschke die Via Toledo entlangfuhr, als er überfallen und verprügelt wurde. Obwohl er überlebte, fand niemand je heraus, wer für den Angriff verantwortlich war.

Das zweite Opfer war Giuseppe D'Alessandro aus Aversa, der ehemalige Patriot, der sich von der Camorra hatte anheuern lassen, dann Auftragskiller für die Bourbonen und schließlich Polizist geworden war. Er war während des Aufstands durch einen Messerstich verletzt und auf dem Weg zum Krankenhaus auf seiner Trage erschlagen worden. Der Mord war zweifellos im Voraus geplant gewesen, doch auch in diesem Fall blieben die Schuldigen unerkannt.

Alle glaubten, dies sei erst der Auftakt, der richtige Schrecken käme erst noch. Viele Polizisten, das Schlimmste befürchtend, rannten um ihr Leben. Niemand vermochte dem Pöbel Einhalt zu gebieten. Organisierte Banden, bewaffnet mit Musketen, Stockdegen, Dolchen und Pistolen, suchten nacheinander alle zwölf Polizeireviere der Stadt auf, traten die Türen ein, schleuderten Akten und Mobiliar aus den Fenstern und entzündeten große Scheiterhaufen in den Straßen.

Die neapolitanische Polizei existierte nicht mehr.

Doch am Nachmittag lag eine seltsame Ruhe über der Stadt. Der Korrespondent der *Times* wagte sich vor das zerstörte Polizeirevier des Stadtviertels Montecalvario. Dort fand er zu beiden Seiten des Eingangs die Worte »TOD DEN POLIZISTEN! und »WEGEN TODESFALL GESCHLOSSEN!« hingekritzelt. Diese gruseligen Schlagworte entsprachen jedoch nicht dem tatsächlichen Geschehen. Ein Zeuge nach dem anderen berichtete, wie unerwartet friedlich, geordnet und sogar verspielt die Szenen der Zerstörung gewesen seien. Zwar mischte der Pöbel die wenigen Polizisten auf, deren er habhaft werden konnte. Doch anstatt die Uniformierten aufzuknüpfen, überbrachte man sie der Armee. Der Reporter der *London Daily News* schrieb vor Ort, er sei ungeachtet der Gerüchte, die besagten, dass viele Polizisten ermordet worden seien, außerstande gewesen, auch nur ein Todesopfer auszumachen. Rings um die Scheiterhaufen aus Polizeiinventar wurde gejubelt, gelacht und getanzt: Gassenjungen zerschnitten Polizeiuniformen und verteilten die Fetzen als Andenken. Es war weniger ein Aufruhr als ein Straßentheater.

Am meisten überraschte die Tatsache, dass nicht geplündert wurde. Bei anderen Gelegenheiten hatte sich, sobald Neapel von politischen Unruhen erschüttert worden war, ein räuberischer Pöbel aus der Un-

ATTO SOVRANO

Desiderando di dare ai Nostri amatissimi sudditi un attestato della Nostra Sovrana benevolenza, Ci siamo determitati di concedere gli Ordini costituzionali e rappsesentativi nel Regno in armonia co' principii italiani e nazionali in modo da garentire la sicurezza e prosperità in avvenire e da stringere sempre più i legami che Ci uniscono a'popoli che la Provvidenza Ci ha chiamati a governare.

A quest'oggetto siamo venuti nelle seguenti determinazioni:

1. Accordiamo una generale amnistia per tutt' i reati politici fine a questo giorno.

2 Abbiamo incaricato il Commendatore D. Antonio Sbinelli della formazione d' un nuovo Ministro, il quale compilerà nel più breve termine possibile gli articoli dello Statuto sulle base delle istituzioni rappresentativi italiane e nazionali.

3. Sarà stabilito con S. M. il Re di Sardegna un accordo per gl' interessi comuni delle due Corone in Italia.

4. La Nostra bandiera sarà d'ora innanzi fregiata de'colori Nazionali Italiani in tre fasce verticali, conservando sempre nel mezzo le Armi della Nostra Dinastia.

5. In quanto alla Sicilia, accorderemo analoghe istituzioni rappresentative che possono soddisfare i bisogni dell' Isola; ed uno de' Principi della Nostra Real Casa ne sarà il nostro Vicerè.

Portici 25 Giugno 1860.

FRANCESCO.

3. Das Stichwort für die neapolitanische Camorra, auf die Barrikaden zu gehen. In hilfloser Verzweiflung erließ König Francesco II. des Königreichs beider Sizilien am 25. Juni 1860 den *Atto Sovrano*.

terstadt erhoben. Diesmal jedoch händigten Aufständische aus denselben Elendsvierteln jeden Groschen, jeden Wertgegenstand, den sie fanden, einem der Armeeoffiziere oder Pfarrer aus, was doch höchst eigenartig war. Während sie von einem Ziel zum nächsten durch die Straßen zogen, riefen sie den Kaufleuten, die hinter ihren Läden hervorlugten, beschwichtigend zu: »Warum verriegelt ihr eure Geschäfte? Wir wollen nicht stehlen. Wir wollen nur die Polizisten vertreiben.« Laut Aussage des Korrespondenten der *Times* hatte ein Mann mehrere Uhren aus einer verwüsteten Polizeidienststelle geholt. Doch anstatt sie einzustecken, warf er sie ins Feuer, das im Freien brannte: »Niemand soll behaupten können, ich hätte sie gestohlen«, verkündete er.

Es waren seltsame Tage, und es sollte noch seltsamer kommen. Am Abend, bevor die Polizeistationen auf so spielerische Weise überfallen worden waren, hatte König Franz II. einen neuen Polizeipräfekten ernannt, einen Juristen mit Namen Liborio Romano.

Wie Herzog Sigismondo Castromediano und der Ökonom Antonio Scialoja war auch Liborio Romano zu Beginn der 1850er Jahre aufgrund seiner liberalen, patriotischen Gesinnung ins Gefängnis geworfen worden. Doch da er bereits auf die sechzig zuging und zudem an qualvoller Gicht litt, hatte man ihn bereits 1852 wieder entlassen; 1854 durfte er dann nach Neapel zurückkehren, nachdem er einen Loyalitätseid auf die Krone unterzeichnet hatte. Romano war der Bourbonenmonarchie nun aufgrund einer Ehrenschuld verpflichtet. Im Juni 1860, als König Franz nach harmlosen Patrioten suchte, um ihnen Positionen im liberalen Kabinett zuzuweisen, wie er es im Königlichen Beschluss, dem *Atto Sovrano*, angekündigt hatte, machte ebendiese Ehrenschuld Romano zum idealen Kandidaten. So wurde er Chef der Polizei – die härteste Aufgabe von allen.

Bereits wenige Stunden, nachdem er sein Amt angetreten hatte, rief Romano eine der kühnsten Initiativen in der Geschichte des Polizeiwesens ins Leben: Er bot der Camorra die Gelegenheit, »sich selbst zu rehabilitieren« (seine Worte), indem sie die Polizei ersetzte. Die Bosse der ehrenwerten Gesellschaft nahmen das Angebot mit Freuden an, und schon bald sah man Camorristi durch die Straßen patrouillieren, die stolz ihre Kokarden in den italienischen Farben Rot, Weiß und Grün trugen. Neapel blieb ruhig, und Liborio Romano wurde als Held gefeiert. Der piemontesische Botschafter schwärmte, Romano werde »von der Öffentlichkeit innig geliebt und hege überaus italienische Gefühle«. Die *Times* nannte Romano einen Staatsmann, »der sich dank seiner Fähigkeiten und Charakterfestigkeit das Vertrauen aller erworben« habe, und fügte hinzu, die Stadt wäre ohne ihn längst im Chaos versunken. Am 23. Juli wurde sein Namenstag mit öffentlicher Festbeleuchtung und einer von Laternen begleiteten Parade gefeiert. In der Tat war Romanos Strategie so erfolgreich, dass viele Camorristi anschließend in eine neue Nationalgarde rekrutiert wurden. Der gefahrenreiche Sommer zwischen dem bröckelnden Bourbonenregime und der Ankunft Garibaldis verstrich friedlicher, als irgendjemand es sich hätte träumen lassen.

Die außergewöhnliche Rolle der Camorra im Neapel-Drama machte auch in Turin die Runde, der Hauptstadt des jungen italienischen Staates. Eine Zeitschrift sah sich aus gegebenem Anlass sogar bemüßigt, geschmeichelte Bilder dreier führender Camorrabosse zu veröffentlichen. Einen davon, Salvatore De Crescenzo, sollten wir uns genauer ansehen.

Auf der Radierung des Jahres 1860 trägt De Crescenzo eine Trikolore, seine Rechte ruht in napoleonischer Manier in der Knopfleiste seines Rocks, das Haar ist sauber gescheitelt, und seine ernsthafte Miene wird umrahmt von einem krausen Kinnriemenbart. Nach einem Blick in De Crescenzos Polizeiakte dürfen wir diese Eindrücke um einige Fakten ergänzen. Wir lesen, dass er ein gelernter Schuster war, vermutlich 1822 geboren. Er war ausgesprochen gewalttätig, hatte zum ersten Mal 1849 im Gefängnis gesessen, weil er einen Matrosen schwer verletzt hatte, und stand noch im selben Jahr im Verdacht, einen Mithäftling getötet zu haben. In den 1850er Jahren wanderte er immer wieder ins Gefängnis, wobei die letzte Verhaftung, ehe sein Bild durch die Presse ging, im November 1859 erfolgte. Ungeachtet dieses furchteinflößenden Lebenslaufs erklärte das Turiner Magazin, De Crescenzo und die anderen Camorristi seien inzwischen »ehrbar geworden, Männer, die sowohl bei den Befürwortern der nationalen Sache wie auch beim Volke in hohem Ansehen« stünden.

Im Süden wirkte Garibaldi gerade Wunder, indem er mit einer Handvoll Freischärler ein ganzes Königreich eroberte. In Neapel hatten einige Beobachter gar den Eindruck, das Wunder sei schon geschehen, ehe Garibaldi überhaupt eingetroffen sei. Die Camorra war geläutert, bekehrt im Namen der heiligen *Patria*.

Doch im Schatten, wo Politik, Bandengewalt und organisiertes Verbrechen sich überlappen, war kein Wunder geschehen, die Camorra nicht bekehrt worden. Die Wahrheit – zumindest Fragmente davon – sollte erst später ans Licht kommen. Über viele dieser Fragmente verfügte einer der sympathischeren Charaktere in der Geschichte des organisierten Verbrechens in Italien, ein kurzsichtiger, bärtiger Schweizer Hotelier mit Namen Marc Monnier.

Monnier war weder im Gefängnis gewesen noch hatte er je ein politisches Amt bekleidet. Doch dank seines Metiers kannte er die Camorra so gut wie kein anderer in Neapel: Er führte das Hôtel de Genève, das sich inmitten der lärmenden Via Medina befand. Das Hotel beherbergte hauptsächlich Personen, die sich von Berufs wegen in Neapel aufhielten; Herman Melville, der Autor von *Moby Dick*, war einer der wenigen namhaften Gäste. Das Familienunternehmen brachte Monnier täglich in Kontakt mit der Territorialherrschaft der Camorra: mit den Pförtnern, Kutschern, Krämern und Metzgern, die dem Gesindel Schutzgeld zahlten. Von den Fenstern seines Hotels aus konnte Monnier zusehen, wie Ganoven sich von den Glücksspielern auf der Straße ihre zehn Prozent holten.

Das Hotelgewerbe verschaffte Marc Monnier ein unbezahlbares Wissen über die Funktionsweise der Stadt und zudem eine verlässliche Einnahmequelle. Verlässlich, aber fade. Monniers eigentliche Leidenschaft galt der Schriftstellerei, besonders dem Drama. Mitte der 1850er Jahre bekannte er sich zum Patriotismus und machte es sich zur Aufgabe, als Journalist dem Rest der Welt Italien zu erklären. Die Geschichte der Einigung Italiens war für ausländische Beobachter und noch mehr für die Italiener selbst inspirierend und verwirrend zugleich. Monnier, der das Land sowohl aus einheimischer wie auch aus ausländischer Sicht zu betrachten vermochte, stellte für Italiener und Ausländer gleichermaßen eine verlässliche Quelle dar.

Sein Werk *La Camorra* erschien 1862. Als Handbuch zum besseren Verständnis der Ehrenwerten Gesellschaft Neapels im 19. Jahrhundert ist es nach wie vor unübertroffen. Eine Schlüsselaussage im Buch stammt von einem der Patrioten, die nach Neapel heimgekehrt waren, um im Geheimen den Sturz der Bourbonenmonarchie vorzubereiten. Viele dieser Verschwörer waren Mitglieder der Untergrundsekte »Ordnungskomitee« (dieser Name sollte die wahren Absichten der Verschwörer vertuschen). Monnier kannte sie gut, weil sie ihre Treffen auch im Hôtel de Genève abzuhalten pflegten. So wusste Monnier auch, dass zwischen den Streitern für ein geeintes Italien und der Camorra seit den 1850er Jahren ein geheimer Pakt bestand.

Unsere erste Lektion in neapolitanischer Politik ist daher die folgende: Während einige Patrioten von der Gefängnis-Camorra verfolgt wurden und andere sie im Exil als schlimmste Ausgeburt der schäbigen Bourbonentyrannei schmähten, hatten wieder andere in Neapel mit den Gangsterbossen eine Übereinkunft getroffen.

Doch weshalb in aller Welt sollte das »Ordnungskomitee« mit den Ganoven der Camorra paktieren? Weil seine Mitglieder aus der neapolitanischen Geschichte gelernt hatten. Unzählige Male hatten die Bourbonen, um sich vor Veränderungen zu schützen, die Armen der Stadt für ihre Zwecke eingespannt: Agitatoren wurden mit Geld überhäuft und angewiesen, den Pöbel auf politische Gegner zu hetzen. Politische Revolutionen scheiterten, solange sie die Straßen nicht kontrollierten. Die Camorra war organisiert, gewalttätig und in denselben Gassen verwurzelt, die die berüchtigten Pöbelhaufen hervorbrachten. Mit Unterstützung der Camorra – oder zumindest einem wesentlichen Teil davon – konnten die Patrioten Neapel erobern und somit den gesamten Süden. Das Ordnungskomitee ging also daran, mit der Polizei der Bourbonen um die Freundschaft der Camorra zu buhlen.

Nicht alle patriotischen Anführer waren mit dieser machiavellistischen Taktik einverstanden. Und beileibe nicht alle Camorristi. Doch die Aussicht auf ein Bündnis zwischen Patrioten und Ganoven weckte echte Ängste bei der Bourbonenobrigkeit. Im Oktober 1853 berichtete die Polizei (selbst natürlich von Camorristi unterwandert), dass die Liberalen versuchten, »ihre Mitglieder aus einem bösartigen Pöbelhaufen, den sogenannten Camorristi, anzuwerben«. Auf der Liste der politisch verdächtigen Camorristi stand auch Salvatore De Crescenzo: der Boss, dessen »Absolution« sieben Jahre später Schlagzeilen machen würde.

Marc Monnier erfuhr von dem Pakt zwischen dem Ordnungskomitee und der Ehrenwerten Gesellschaft durch einen Informanten, den er immer nur als »neapolitanischen Herrn« bezeichnete. Dieser neapolitanische Herr erzählte Monnier, er habe sich Mitte der 1850er Jahre selbst mit führenden Camorristi am nördlichen Stadtrand getroffen. Er habe sie kommen sehen, einen nach dem anderen, wobei ein jeder, den Hut tief ins Gesicht gezogen, sich mit demselben Signal angekündigt habe: einem Schnalzen der Lippen, ähnlich einem Kuss.

Der neapolitanische Herr berichtete weiter, dass sein erstes Treffen mit den Anführern der ehrenwerten Gesellschaft schlimm begonnen habe und sehr bald noch schlimmer geworden sei. Die Camorristi hätten ihn zunächst heftig gescholten: Er und seine gutgekleideten, wohlerzogenen Freunde hätten die Bedürfnisse der armen Leute ignoriert. Der »heilige Pöbel«, sagten sie, habe nicht die Absicht, Leute wie ihn, die längst reich seien, die Früchte der Revolution allein ernten zu lassen. Nach dieser Verbalattacke hätten die Camorristi sich dem Geschäftlichen zugewandt. Es sei Geld vonnöten, um eine patriotische Revolte gegen die Bourbonen zu entfachen, sagten sie. Viel Geld. Und dann forderten sie für den Anfang 10 000 Dukaten pro Kopf. Auf die Gegenwart (2011) übertragen, hatten die Bosse für ihren Beitrag, die Bourbonenmonarchie zu Fall zu bringen, etwa 125 000 Euro pro Person verlangt.

Stotternd beschwor der neapolitanische Herr die Camorristi, sich eine weniger materialistische Haltung anzugewöhnen, doch vergeblich. Die Patrioten kamen daher überein, die Camorra zu bezahlen. Und so erhielt jeder Boss regelmäßige Zahlungen, deren Höhe sich nach der Anzahl der Männer unter seinem Kommando richtete.

Wie sich herausstellte, war das Engagement der Camorra für die bevorstehende Revolution weniger als halbherzig. Sie verliehen ihren Anhängern Rangabzeichen, als wären sie Angehörige einer Armee, und schmückten große Pergamente mit der Losung der Patrioten: ORDNUNG. Doch irgendwie verpassten sie den Absprung von den Vorbereitungen zur tatsächlichen Revolte. Ihr Interesse galt eher der Erpressung ihrer patriotischen Mitverschwörer, denen sie drohten, ihr Vorhaben der Bourbonenpolizei zu verraten, falls sie nicht mehr Geld bekämen.

Es sah düster aus für die Patrioten in Neapel, bis sich 1859, mit Vollendung der ersten Etappe der italienischen Einigung im Norden, die Situation schlagartig änderte. Plötzlich wirkte das Königreich beider Sizilien im Süden sehr verletzlich. Das Bündnis zwischen der Bourbonenpolizei und den Straßenganoven zerbrach im neuen Klima der Angst. Im November 1859 ordnete die Regierung eine große Jagd auf Camorristi an, und viele von ihnen, einschließlich Salvatore De Crescenzo, wurden auf Gefängnisinseln vor der italienischen Küste verbannt.

Die Camorrabosse – zumindest einige von ihnen – erkannten, dass sich ein Bündnis mit dem Ordnungskomitee nicht nur als lukrativ, sondern tatsächlich als nützlich erweisen konnte.

Garibaldis Ankunft in Sizilien im Mai des darauffolgenden Jahres sowie der verzweifelte Schritt des Bourbonenregimes in Richtung einer konstitutionellen Politik trieben die Situation auf die Spitze. Der Polizeichef, der sich die Novemberjagd auf Camorristi ausgedacht hatte, wurde gefeuert. Politische Häftlinge, darunter viele Angehörige der Camorra, wurden freigelassen – und allesamt spien sie Gift und Galle gegen die Bourbonenpolizei. Dann erließ der König den *Atto Sovrano*, und das Straßentheater begann.

Dass die bewaffnete Menge, die in den Polizeirevieren einfiel, eine so beachtliche Selbstdisziplin an den Tag legte, war der Tatsache geschuldet, dass viele von ihnen Camorristi und mit den Patrioten im Bunde waren; Letztere wollten zwar die Bourbonenpolizei ausschalten, nicht aber zulassen, dass in der Stadt anarchische Zustände herrschten. Die Wirtin Marianna De Crescenzo, *la Sangiovannara*, war hier eine Schlüsselfigur. Es ging das Gerücht, sie habe patriotischen Gefangenen dabei geholfen, Botschaften aus dem Bourbonengefängnis herauszuschmuggeln. Außerdem war sie Salvatore De Crescenzos Cousine. Wie unser Schweizer Hotelier Marc Monnier von ihr sagte:

> »Ohne der ehrenwerten Gesellschaft anzugehören, kannte sie doch all ihre Mitglieder und ließ sie in ihrem Haus hochriskante Geheimunterredungen führen.«

Die Verhandlungen zwischen den Patrioten und der Camorra traten in eine neue Phase, als die neapolitanische Polizeigewalt dahinschmolz und Liborio Romano in der Stadt für Ordnung sorgte. Warum hatte Romano die Camorra beauftragt, in Neapel die Polizeigewalt zu stellen? Im Nachhinein kursierten dazu mehrere Theorien. Marc Monnier, großherzig wie er war, fand eine sehr nachsichtige Erklärung: Wie schon sein Vater vor ihm sei Romano Freimaurer – dies gelte im Übrigen auch für andere patriotische Anführer bis hin zu Garibaldi selbst. Der typische Freimaurer-Cocktail aus Kameradschaft, hohen Idealen und rituellem Hokuspokus passe ausgezeichnet zu dem scheinbar unrealistischen Projekt, aus Italiens unzusammenhängenden Landesteilen ein gemeinsames Vaterland, eine *Patria*, zu kreieren. Garibaldis Eroberung des Königreichs beider Sizilien habe den Traum Wirklichkeit werden lassen. Vielleicht, so Monnier, betrachte Liborio Romano die Camorra als eine primitivere Version des eigenen Geheimbunds und hoffe, sie für gemeinnützige Anliegen gewinnen zu können. Vielleicht.

Weniger großherzige, dafür weitaus realistischere Kommentatoren behaupteten schlicht, die Camorristi hätten Romano damit gedroht, für anarchische Zustände in den Straßen sorgen zu wollen, wenn man sie nicht als Polizisten rekrutiere. Es ging auch das Gerücht, die Camorra habe Romano damit gedroht, ihn zu töten. Andere Stimmen wiederum behaupteten – allerdings gehörten sie verbitterten Bourbonenanhängern –, Romano sei zu keiner Zeit erpresst worden, er und andere Patrioten seien von jeher fügsame Partner der Camorra gewesen.

Einige Jahre pflegte Romano sich leise herauszuwinden, sobald jemand versuchte, seiner Aktion einen Sinn abzugewinnen. Mit der Zeit kehrte sich sein öffentliches Image als Retter Neapels ins Gegenteil. Die meisten Meinungsbildner betrachteten ihn irgendwann als zynisch, korrupt und eitel; die Mehrheit stimmte überein, Romano habe die ganze Zeit mit der Camorra im geheimen Einvernehmen gestanden. Einige Jahre später bemühte sich Romano, seine Version der Geschichte zu erzählen und seine gewichtige Rolle in jenem turbulenten Sommer des Jahres 1860 herauszustellen. Doch seine Memoiren, mit ihrer Mischung aus Selbstüberhöhung und ausweichendem Gefasel, befeuerten noch die schlimmsten Verdächtigungen, zumal sich darin allenfalls erkennen ließ, dass er in der Tat eine Menge zu verbergen hatte.

Romanos Erklärung, wie er die Camorra überreden konnte, die Bourbonenpolizei zu ersetzen, liest sich dermaßen hölzern und ausweichend, dass sie schon fast komisch anmutet. Hätte er argumentiert, dass Neapel schwer zu bändigen sei und man nach dem Sturz der Bourbonen auf jedes erdenkliche Mittel habe zurückgreifen müssen, um den Frieden zu wahren, einschließlich der Rekrutierung von Kriminellen in die Reihen der Polizei, wäre er auf wenig Kritik gestoßen. Stattdessen erzählte Romano eine seltsame Geschichte: Er habe den bekanntesten *capo* der Ehrenwerten Gesellschaft gebeten, ihn in seiner Amtsstube der Präfektur aufzusuchen. Als ihm der berüchtigte Ganove gegenübersaß, habe er, Romano, ihm eine bewegende Rede gehalten: Die vorherige Regierung habe hart arbeitenden, mittellosen Menschen jede Aufstiegsmöglichkeit verweigert, erklärte er dem Ganoven. (Dem Camorrista mag man ein Erröten nachsehen, als ihm dämmerte, dass Romano sich auf ihn bezog.) Die Männer der ehrenwerten Gesellschaft, so Romano weiter, sollten die Gelegenheit erhalten, einen Schlussstrich unter ihre zwielichtige Vergangenheit zu ziehen und »sich zu rehabilitieren«. Die Besten unter ihnen sollten in eine neu gegründete Polizeitruppe aufgenommen werden, die nicht mehr aus »bösartigen Verbrechern und hinterhältigen Spitzeln, sondern aus ehrlichen Leuten« bestand.

Der Gangsterboss, so Romano, sei zu Tränen gerührt gewesen angesichts dieser Aussicht auf eine neue Morgenröte. Der Camorralegende nach war es kein anderer als Salvatore De Crescenzo.

Die Geschichte ist dermaßen pathetisch, dass sie eine Szene aus einer Oper sein könnte. Am besten, man liest die gesamte Lebenserinnerung als eine nachträgliche Beschönigung. Sie sollte der verstörenden Rolle, die Liborio Romano und die Camorra bei der Geburt einer italienischen Nation spielten, eine Einheit von Zeit, Ort und Handlung – und sentimentalen Glanz verleihen. Wahrscheinlich ist, dass Romano von Anfang an mit der Ehrenwerten Gesellschaft unter einer Decke gesteckt hatte.

Letztendlich sind die genaueren Details der Übereinkunft, die zwischen den Ganoven und den Patrioten getroffen wurde, ohne Belang. Die Ereignisse in Neapel sollten schon bald zeigen, dass ein Pakt mit dem Teufel nun einmal ein Pakt mit dem Teufel ist, ganz gleich, was im Kleingedruckten steht.

Das Zeug gehört Onkel Peppe: Die Camorra sahnt ab

Der letzte Bourbonenkönig von Neapel verließ seine Hauptstadt am 6. September 1860.

Am darauffolgenden Morgen ergoss sich die Bevölkerung auf die Straßen und versammelte sich am Bahnhof, um die Ankunft Giuseppe Garibaldis zu feiern. Musikkapellen spielten, Wimpel flatterten. Damen der besten Gesellschaft mischten sich unter den gemeinsten Pöbel. »Viva Garibaldi!«, riefen alle, bis sie nur noch krächzen konnten. Marc Monnier verließ sein Hotel früh am Morgen, um sich der Menge anzuschließen. »Wer hätte je gedacht, dass nationale Begeisterung so viel Lärm machen könnte«, notierte er. Durch eine Lücke in der jubelnden Menge erhaschte er einen Blick auf Garibaldi, der ein müdes Glückslächeln im Gesicht trug. Er brauchte nicht den Hals zu recken nach der *Sangiovannara* und ihrer großen Gefolgschaft bewaffneter Frauen. Oder nach den Camorristi, die über dem Gedränge in ihren Droschken standen und die Flinten schwenkten.

Liborio Romano sonnte sich in Garibaldis Ruhm. Der große Freund der Camorra war der Erste gewesen, der Garibaldi auf dem Bahnsteig in Neapel die Hand schüttelte; später bestiegen beide dieselbe Droschke und fuhren gemeinsam durch die jubelnden Menschenmassen.

Garibaldis triumphaler Einzug in Neapel war auch für »rehabilitierte« Camorrabosse wie Salvatore De Crescenzo das Signal, aus der errungenen Macht Kapital zu schlagen und die dreifarbigen Kokarden als Freibrief für Erpressung zu missbrauchen. Nach Garibaldis Ankunft in Neapel wurde ein vorläufiges Staatsoberhaupt bestimmt, das in seinem Namen regierte, während die Eingliederung des Südens in das neue Königreich Italien vorbereitet wurde. In der kurzen Phase des Garibaldi-Regimes zeigte die Camorra ihr wahres Gesicht. Wie Marc Monnier sarkastisch bemerkte:

> »Nachdem man sie zu Polizisten gemacht hatte, hörten sie eine Weile auf, Camorristi zu sein. Jetzt wurden sie wieder zu Camorristi, blieben aber weiterhin Polizisten.«

Für die Camorristi waren Erpressung und Schmuggel jetzt einfacher und gewinnträchtiger denn je. Der Schmuggel auf See war eine besondere Spezialität Salvatore De Crescenzos – Monnier zufolge war er der »*generalissimo* der Matrosen«. Während seine bewaffneten Banden die Zollbeamten einschüchterten, führte er zollfreie Kleidungsstücke ein, deren Zahl genügt hätte, um die ganze Stadt neu einzukleiden. Der Camorrista Pasquale Merolle, minder bekannt, aber nicht minder mächtig, dominierte den Schwarzhandel mit landwirtschaftlichen Erzeugnissen aus dem Hinterland. Sobald eine Fuhre Wein, Fleisch oder Milch sich der Zollschranke näherte, scharten sich Merolles Männer darum und riefen: »È roba d'o si Peppe«, »Das Zeug gehört Onkel Peppe. Lasst es passieren!« Wobei mit »Onkel Peppe« Giuseppe Garibaldi gemeint war. Die Camorra brachte den Warenverkehr mit beängstigender Geschwindigkeit an sich; die Zolleinnahmen der Regierung brachen ein. An einem Tag wurden nur 25 *soldi* eingenommen: gerade genug, um ein paar Pizzen zu kaufen.

Die Camorra fand auch völlig neue Bereiche, in denen sie ihren Einfluss geltend machte. Unmittelbar nach den Feierlichkeiten anlässlich der Ankunft Garibaldis verbreitete sich überall ein Gefühl der Unsicherheit. Neapel war nicht nur eine Metropole, die aus Armut und Elend bestand. Sie war auch eine Stadt der Pöstchensucher und Trittbrettfahrer, der unterbeschäftigten Anwälte und Federfuchser, die ihre Stellung den Gefälligkeiten der Mächtigen verdankten. Ein Großteil der Geringverdiener in Neapel stand in direkter Abhängigkeit vom bourbonischen Königshof und der Regierung. Sollte Neapel seinen Hauptstadtstatus verlieren, würde es praktisch seine Daseinsberechtigung einbüßen. Die Bevölkerung fragte sich schon bald, ob ihre Arbeitsplätze sicher waren. Ein Umsturz und eine Horde politischer Profiteure, erpicht darauf, ihren Freunden Posten zu verschaffen, konnten Tausende in die Arbeitslosigkeit stürzen. Doch während einerseits kein Arbeitsplatz mehr sicher schien, war andererseits auch kein Arbeitsplatz mehr außer Reichweite. Das Vernünftigste war, so viel Krach zu schlagen wie möglich und unentwegt jeden zu behelligen, der Macht und Einfluss hatte. Auf diese Weise konnte man weniger leicht übersehen und kaltgestellt werden, wenn es an die Verteilung von Posten, Aufträgen und Pensionen ging.

In den Wochen, die Garibaldis triumphalem Einzug folgten, mussten sich die Minister und Verwaltungsbeamten, die versuchten, in seinem Namen die Stadt zu regieren, durch Massen von Bittstellern kämpfen, um zu ihren Amtsstuben zu gelangen. Camorristi standen oft am Kopf der Schlange. Antonio Scialoja, der Ökonom, der 1857 seine beißende Analyse der Camorra veröffentlicht hatte, kehrte 1860 nach Neapel zurück und erlebte das Durcheinander, das unter Garibaldis kurzer Herrschaft entstanden war.

> »Die gegenwärtige Regierung hat Dreck angefasst und ist nun davon besudelt. Sämtliche Minister vergeben ihre Posten an diejenigen, die laut genug schreien. Einige wenige beschränken sich darauf, im Kreise jener schurkischen Wortführer Hof zu halten, die man hierzulande Camorristi nennt.«

Mit »einigen wenigen« meinte er zweifellos auch Liborio Romano. Nicht einmal unter den diskreditierten Bourbonen hatten Camorristi so viel Gelegenheit erhalten, an Macht und Geld zu gelangen.

Spanische Großspurigkeit: Der erste Kampf gegen die Camorra

Am 21. Oktober 1860, einem Sonntag im Herbst, der mit heiterem Sonnenschein und einem klaren blauen Himmel gesegnet war, stimmte fast jeder Bürger Neapels für den Eintritt ins Königreich Italien. Die Szenen auf der größten Piazza der Stadt – später zum Gedenken an diesen Tag zur Piazza del Plebiscito umgetauft – waren unvergesslich. Die Basilika San Francesco di Paola schien mit dem weiten Halbrund ihrer Kolonnade die Menschenmenge zu umarmen. Unter dem Portikus war ein Banner zwischen die Säulen gespannt, auf dem »Volksversammlungen« zu lesen war. Darunter standen zwei riesige Körbe, die mit »Ja« und »Nein« gekennzeichnet waren.

In unermesslicher Zahl, doch geduldig und gutgelaunt, warteten die ärmsten Neapolitaner darauf, bis die Reihe an ihnen war, die marmornen Stufen zu erklimmen und zu wählen. Zerlumpte alte Männer, zu hinfällig zum Gehen, wurden getragen und weinten vor Freude, als sie ihre Wahlkugel in den Ja-Korb warfen. Die Wirtin, Patriotin und Agentin der Camorra, die als *la Sangiovannara* bekannt war, tat sich wieder einmal besonders hervor. Sie durfte sogar wählen – ihr als einziger Frau wurde diese Ehre zuteil –, wegen ihrer Verdienste für die nationale Sache. Radierungen ihrer einprägsamen Gesichtszüge erschienen sogar in den Zeitungen: Nach der Aussage eines Betrachters war sie der »Inbegriff griechisch-neapolitanischer Schönheit«.

Kurz nach dem Volksentscheid verzichtete Garibaldi auf seine vorübergehende Rolle als Diktator und überließ das erschreckende Durcheinander, das Liborio Romano angerichtet hatte, einer Übergangsregierung, die die Eingliederung Neapels in das Königreich Italien bewerkstelligte. In den folgenden Monaten sollte die Camorra zum ersten Mal mit einer Regierung konfrontiert werden, die alles daransetzte, sich ihrem Würgegriff zu entwinden. Neapel war reif für die Entscheidung, wer in seinen Gassen fortan das Sagen hatte.

Der Mann, der die Polizeikrise in Neapel zu meistern hatte, war ebenfalls ein süditalienischer Patriot, auch er ein ehemaliger Insasse des Bourbonengefängnisses: Silvio Spaventa. Doch Spaventas Politik unterschied sich grundlegend von jener seines Vorgängers Liborio

Romano. Spaventa, ein gedrungener Mensch mit schwarzem Bart und schlaffen Wangen, hielt sich strikt an moralische Grundsätze und erwartete dasselbe von anderen. Während Romano die Massen mitzureißen wusste, war Spaventa von beispielhafter Beherrschtheit und verabscheute öffentliche Auftritte. 1848 hatte er ein politisches Bankett besucht, das in einem Theater stattfand. Zum Höhepunkt des Abends sollte er stolz über die Bühne schreiten. Irritiert und nervös übersah er den Souffleurkasten und fiel prompt hinein.

Spaventa hatte die Härten des Häftlingsdaseins überstanden, indem er sich die philosophischen Schriften Hegels und Spinozas zu Gemüte führte. Wie der Herzog von Castromediano war auch er erst im Jahr 1859 aus der Haft entlassen worden. Als der König von Neapel seinen *Atto Sovrano* erließ, kehrte Spaventa nach Neapel zurück, um sich im Untergrund zu engagieren, als Mitglied des »Ordnungskomitees«. Allerdings kam für den unbestechlichen Spaventa eine Übereinkunft mit den Camorristi keinesfalls in Frage. Um der Bourbonenpolizei zu entgehen, schlief er jede Nacht in einem anderen Bett; das Hôtel de Genève seines Freundes Marc Monnier war eine seiner Zufluchtsstätten. Der Sturz des Königreichs beider Sizilien schließlich gab ihm die Gelegenheit, das hehre Konzept von der ethischen Rolle des Staates, das ihn seine Gefängnislektüre gelehrt hatte, in die Tat umzusetzen. Spaventa war nicht nur ein schlauer Kopf, sondern auch ein geschickter Netzwerker, der wusste, wie sehr beim Aufbau einer Machtbasis die persönliche Loyalität zählte. Doch Spaventas Charakter, seine Prinzipien und Fähigkeiten sollten vor eine Zerreißprobe gestellt werden, als er sich als erster italienischer Politiker gegen die Camorra zur Wehr setzte. Während Liborio Romano, der sich dem organisierten Verbrechen anbiederte, zum Liebling der Neapolitaner wurde, erntete Silvio Spaventa mit seiner rigorosen Haltung nichts als Ablehnung.

Spaventa hatte schnell begriffen, wie schwer die Aufgabe war, die er sich aufgebürdet hatte. Am 28. Oktober 1860 schrieb er an seinen Bruder:

> »Der Gestank und die Fäulnis hier besudeln meine Sinne. Man begreift einfach nicht, was vor sich geht, worauf sie aus sind. Wohin man sich auch wendet, überall sind Leute, die betteln und an sich raffen, so viel sie können. Die Stadt ist voll von Geschäftema-

chern, Ränkeschmieden und Dieben. Ich sehe nicht die geringste Möglichkeit, wie jemals wieder vernünftige Zustände hier herrschen sollen. Offenbar ist die moralische Ordnung aus den Fugen geraten (...) Das Königreich ist voll von Mord, Raub und anderen Verbrechen.«

Süditalien glitt allmählich in die Anarchie ab. Die Preise schossen in die Höhe, als neue Marktstrategien in Kraft gesetzt wurden. Der ökonomische Rückgang hatte zur Folge, dass sich die latenten Konflikte zwischen Bauern und Großgrundbesitzern verschärften. Die Reste zweier Armeen – jene Garibaldis und jene König Franz' II. – durchstreiften das Umland. Viele *garibaldini* zogen nach Neapel, wodurch ein neuer Unruheherd entstand. Die meisten Kämpfer Garibaldis verdross die Tatsache, dass sie Süditalien offenbar nur erobert hatten, um es an eine konservative Regierung zu verlieren, die im fernen Turin geschickt taktierte. Trittbrettfahrer schlossen sich ihnen an, die hofften, durch das Tragen eines roten Hemds einen Arbeitsplatz zu ergattern oder wenigstens ein paar Groschen zu erbetteln. Die neue italienische Regierung versuchte, Arbeitsstellen im öffentlichen Bauwesen zu schaffen und damit zumindest einen Teil des Überangebots an Arbeitskräften abzuschöpfen. Doch als die Staatsanleihen an Wert verloren, konnte man die erforderlichen Gelder nicht mehr aufbringen.

Angesichts dieses erschreckenden Durcheinanders gebührt Silvio Spaventa der größte Respekt für seinen beherzten Kampf gegen die Camorra. Zu den ersten Massenverhaftungen kam es am 16. November 1860. Unmengen von Waffen und Polizeiuniformen wurden eingezogen. Salvatore De Crescenzo, der »rehabilitierte« Camorraboss und *generalissimo* des Schmuggels auf See, kam wieder ins Gefängnis. Dort sollte er seinen Aufstieg an die Spitze der Camorra fortsetzen. Nahezu zwei Jahre später, am Morgen des 3. Oktober 1862, ließ De Crescenzo seinen Hauptrivalen in der Ehrenwerten Gesellschaft auf der Schwelle des Vicaria-Gefängnisses erstechen und wurde daraufhin der erste *capo dei capi*, der nicht aus dem Vicaria-Viertel stammte.

Doch obwohl De Crescenzo im Gefängnis war, hielt die Camorra Spaventas Angriff stand. In der Nacht des 21. November 1860 griffen Camorristi die Präfektur an, in der Hoffnung, ihre Bosse aus den Zellen zu befreien.

Spaventa begann das neue Jahr mit einer Säuberungsaktion innerhalb der Polizei und feuerte viele der korrupten alten Gefängniswärter. Seine Strenge machte ihn bald zur Zielscheibe der frustrierten Neapolitaner. Er stammte zwar aus dem Süden, wirkte aber auf sie wie einer dieser überheblichen Politiker aus dem Norden, die man ihnen, so ihre Befürchtung, demnächst aufzwingen würde. Er sei »beim Volke weithin verhasst«, berichtete die *Times*. Im Januar 1861 fand eine Straßendemonstration gegen ihn statt. Viele von denen, die »Nieder mit Spaventa!« schrien, waren Camorristi in den Uniformen der Nationalgarde. Eine Petition mit mehreren tausend Unterschriften forderte seine Entlassung. Spaventa, der sich seiner eigenen Unbeliebtheit nicht bewusst war, reagierte mit weiteren Verhaftungen.

Im April 1861, in der Hitze des Gefechts zwischen dem neuen italienischen Staat und der neapolitanischen Camorra, erreichte Silvio Spaventa der Befehl aus Turin, er möge eine Untersuchung führen und herausfinden, wie die Camorra funktionierte. Dass sie ihren Ursprung in den Gefängnissen hatte, war mittlerweile bekannt, doch blieben noch immer viele Fragen offen. Wie war sie zum Geheimbund, zur Sekte, wann gegründet worden? Auf der Suche nach Antworten gingen Spaventas Beamte daran, in Neapels Archiven zu stöbern und eine Anzahl vertraulicher Quellen zu konsultieren.

Aus der Recherche gingen zwei vorbildliche kurze Berichte hervor: das allererste Phantombild der Camorra. Spaventa, erpicht darauf, die Öffentlichkeit für seinen Kampf zu gewinnen, gab später viele der gesammelten Dokumente an Marc Monnier weiter. Monnier ergänzte sie mit eigenem Material, indem er möglichst viele Personen befragte, einschließlich Liborio Romano und etlicher Camorristi.

Spaventa fand heraus, dass die Camorra in Neapel in mehrere Gruppierungen unterteilt war, eine für jedes der insgesamt zwölf Viertel der Stadt. Ihre Macht konzentrierte sich dennoch schwerpunktmäßig auf die vier Viertel der Unterstadt. Der *capo camorrista* einer jeden Gruppe wurde von seinesgleichen gewählt. Dem *capo* zur Seite gestellt war ein *contarulo* oder Buchhalter, dem die äußerst heikle Aufgabe zukam, das Geld der Gesellschaft zu sammeln und neu zu verteilen.

Wer Mitglied der Camorra werden wollte, musste zunächst unter

Beweis stellen, dass er die Kriterien der Gesellschaft erfüllte: Verboten waren zum Beispiel passive Homosexuelle und Männer, deren Frauen oder Schwestern sich prostituierten. (Obwohl diese Klausel im Regelwerk der Unterwelt hauptsächlich Beachtung fand, indem sie gebrochen wurde.) Die Kandidaten wurden von erfahrenen Mitgliedern auf die Probe gestellt und beobachtet. Möglicherweise mussten sie einen Mord begehen oder einem Feind der Camorra mit dem Rasiermesser eine entstellende Schnittwunde beibringen. Diese Schnittwunden dienten als Bestrafung, sowohl für Außenstehende als auch für Mitglieder, welche gegen die Regeln verstoßen hatten. Sie wurden zum grausig sichtbaren Merkmal für die Macht der Camorra in den Elendsvierteln von Neapel.

Wurde ein Kandidat für würdig befunden, musste er über gekreuzten Messern einen Eid ablegen und einen Dolchkampf gegen einen Camorrista bestehen, den das Los bestimmte. Bewies der Neue Mut, wurde er zum *picciotto di sgarro* (was soviel bedeutet wie »Raufbold« oder »Bursche, der Streit sucht«).

Messerkämpfe waren für die Gesellschaft so wichtig, dass ihre Mitglieder viel Zeit darauf verwendeten, ihre Fähigkeiten zu trainieren; einige Camorristi waren sogar darauf spezialisiert, andere in dieser Kunst zu unterweisen. Ein tödlicher Zweikampf war relativ selten. Zumeist hatte der Kampf eine rituelle Funktion, weshalb die Duellanten angehalten waren, nur nach den Armen zu zielen. Ein Dolchkampf pflegte auch den Aufstieg des Kriminellen zum nächsthöheren Rang zu besiegeln, dem eigentlichen Camorrista. Wer Camorrista wurde, erlangte Zugang zur Entscheidungsebene innerhalb der Gesellschaft und hatte Anspruch auf einen größeren Anteil an den Einnahmen.

Marc Monnier ergänzte diesen Organisationsentwurf um eine wichtige Information. Er erklärte, dass die einzelnen Ränge von Natur aus flexibel waren.

> »Die Mitglieder der Sekte können nicht lesen und haben deshalb keine schriftlich festgelegten Gesetze. Sie geben ihre Gebräuche und Regeln mündlich weiter, modifizieren sie je nach Zeit und Ort und nach dem Willen der Bosse sowie nach den Entscheidungen, die bei ihren Versammlungen getroffen werden.«

Die Hierarchien innerhalb der Camorra basierten aber trotzdem auf einem einzigen Prinzip, der Ausbeutung. Die Camorristi beuteten ihre Untergebenen, die *picciotti di sgarro*, gnadenlos aus. Monnier beschreibt das Leben eines solchen *picciotto* als eine Mischung aus »Plackerei, Erniedrigung und Gefahr«, die er in der Hoffnung ertrage, eines Tages zum Camorrista befördert zu werden. Der Ehrgeiz eines *picciotto di sgarro* wurde nicht zuletzt an dessen Bereitschaft gemessen, die Schuld für ein Verbrechen auf sich zu nehmen, das ein ranghöheres Mitglied der Gesellschaft begangen hatte. Eine zehnjährige Gefängnisstrafe war ein Preis, den der *picciotto* gern bezahlte für die Chance, zum Camorrista aufzusteigen, mit eigener Entscheidungsgewalt.

Und die Ursprünge der Sekte? Die Beamten durchforschten weiter das Archiv, fanden aber kein Indiz. Spaventa war verwirrt.

> »Die Polizei Neapels war häufig gegen Camorristi vorgegangen. Dennoch ist es so seltsam wie wahr, dass sie nicht ein einziges brauchbares Dokument hinterlassen hat, das auf die Ursprünge dieser sozialen Pest verweisen könnte.«

Spaventa wusste nicht, dass die Bourbonenbehörden 1857 aus unerfindlichen Gründen das Polizeiarchiv niedergebrannt hatten, das ihm, und auch uns, noch weitaus mehr Informationen hätte liefern können über die Entstehung der »sozialen Pest«. Die Lücken in den historischen Aufzeichnungen ließen Raum für Spekulationen. Und diese Spekulationen konzentrierten sich bei Spaventa und seinen Beamten auf Spanien.

Monnier und Spaventa bastelten sich gemeinsam eine Theorie zusammen, derzufolge die Camorra irgendwann im 16. oder 17. Jahrhundert nach Neapel eingeschleppt worden war, als das Königreich Neapel, das auch Sizilien umfasste, zur spanischen Krone gehörte, regiert von Vizekönigen, die in Madrid gekrönt wurden. Seitdem ist diese Theorie im Umlauf. Die Beweise, die Monnier und Spaventa fanden, um ihre Theorie zu stützen, waren eher spärlich und beschränkten sich auf vier Punkte, die zudem kaum einer genaueren Betrachtung standhalten.

Erstens: Camorra ist ein spanisches Wort und bedeutet »Streit« oder »Kampf« – was zweifellos zutrifft. Doch die Ursprünge dieses spanischen Wortes sind italienisch, so dass wir wieder am Ausgangspunkt stehen: in Neapel.

Zweitens: Miguel de Cervantes, der Autor des *Don Quixote*, veröffentlichte im Jahre 1613 eine Kurzgeschichte mit dem Titel »Rinconete und Cortadillo«, die in Sevilla spielt und von einer kriminellen Bruderschaft handelt, die der Camorra sehr ähnlich ist. Problematisch ist freilich die Tatsache, dass Cervantes' Geschichte eine Fiktion ist, und selbst wenn sie auf realen Verhältnissen basierte, so wäre dies kaum ein Beweis für irgendeine Verbindung zur heutigen Camorra.

Drittens: Zu Beginn des 15. Jahrhunderts trat in Spanien eine geheime Verbrechersekte namens Garduña in Erscheinung. Neuere Forschungen haben allerdings ergeben, dass auch die Garduña eine Fiktion ist, ein intellektuelles Schnippchen. Vor dem Jahr 1845, in dem sie wie aus dem Nichts in einem sehr erfolgreichen Groschenroman über die Schrecken der Inquisition auftaucht, gibt es keinerlei Hinweise auf die angeblich mittelalterliche Sekte. Der Roman wurde 1847 ins Italienische übertragen. Sein Autor scheint die Idee von Cervantes' »Rinconete und Cortadillo« übernommen zu haben.

Und viertens: Dass die spanische Obrigkeit sprichwörtlich verdorben gewesen sei, war das schwächste Argument von allen. Für unseren Geschmack mögen die spanischen Herrscher in Italien tatsächlich allzu überheblich, protzig und verschlagen aufgetreten sein. Spanien wurde auch wirklich zum Inbegriff für eine Regierung, die ihren Untertanen nur hochmütige Verachtung entgegenbrachte. *Spagnolismo* (»Spanischheit«) wurde in Italien zu einem politischen Schimpfwort, das ein verschwenderisches Machtgehabe evozierte, gepaart mit mörderischen Machenschaften hinter den Kulissen. Doch Spanien verlor 1707 die Macht über Neapel. Vor Anbruch des 19. Jahrhunderts – weit über hundert Jahre später – gibt es von der Camorra keine Spur. Der spanische Einfluss hätte schon äußerst hinterhältig sein müssen, um die Camorra hervorzubringen.

Die Geschichte vom spanischen Ursprung der Camorra ist blanker Unsinn. Aller Wahrscheinlichkeit nach entstammt sie dem Geschichtswissen der Zuchthäusler und wurde von den Camorristi selbst in die Welt gesetzt. So wie die Mär von den spanischen Rittern Osso, Mastrosso und Carcagnosso der 'Ndrangheta zur Erklärung der eigenen Wurzeln dient, ist auch die Geschichte von der Garduña als ein krimineller Gründungsmythos zu verstehen, der vermutlich um die Mitte des 19. Jahrhunderts aufkam, exakt zur gleichen Zeit, als die Camorra sich allmählich auch außerhalb der Gefängnisse etablierte.

Wenn die Geschichte von den spanischen Wurzeln der Camorra eigentlich ein Mythos ist, wie kommt es dann, dass sich intelligente Menschen wie Silvio Spaventa, Marc Monnier und viele andere nach ihnen davon täuschen ließen? Möglicherweise hatte Spaventa schlicht seine beachtliche intellektuelle Deckung heruntergenommen, und so konnte dieser Quatsch sich einschleichen, ohne von ihm zerpflückt zu werden. Allerdings gibt es noch eine andere Theorie: Das Gerede von Spanien kam den italienischen Patrioten als Ablenkungsmanöver sehr zupass, da sie bei den wahren Ursprüngen der Camorra eine größere Rolle spielten, als ihnen lieb war.

Als Zeitzeuge besaß der Schweizer Hotelier Marc Monnier den Vorteil, seine Beobachtungen aus der Perspektive des Fremden zu machen, obwohl er mit vielen Hauptakteuren auf Tuchfühlung war. Dennoch gibt es Momente, in denen er dem Geschehen zu nah kommt, als dass es ihn gänzlich unberührt ließe. Monnier war Spaventas Sprachrohr, und als solches hielt er pflichtgetreu fest, was er aus den offiziellen Berichten über die spanischen Anfänge der Camorra erfahren hatte. Dankenswerterweise spielte er aber auch auf eine weitaus überzeugendere und verstörendere Theorie an. Als erahne er die Wahrheit, dürfe sich aber nicht erlauben, sie zu äußern, vergleicht Monnier einige Camorrarituale mit einer »Phantasmagorie nach Freimaurerart«, ohne das Argument weiter auszuführen. Dabei ist es weit mehr als ein schlichter Vergleich: Regeln und Rituale der Ehrenwerten Gesellschaft stammten mit ziemlicher Sicherheit nicht von der sagenhaften Garduña, sondern waren denen der Freimaurer und ähnlicher Geheimbünde nachempfunden.

Freimaurerverbindungen waren zu Beginn des 19. Jahrhunderts ein fester Bestandteil des politischen Lebens. Als die Franzosen in Neapel regierten, versuchten sie ihre Beamtenelite in die Freimaurerlogen zu integrieren, eine Möglichkeit, diesen zu schmeicheln und sie gleichzeitig in Schach zu halten. Doch Freimaurerbünde wurden bald zu Zentren des Widerstands gegen die französische Herrschaft und 1813 verboten. Wieder auf dem Thron, hegten die Bourbonen größtes Misstrauen gegen Geheimgesellschaften – aus gutem Grund. Eine patriotisch gesinnte Freimaurersekte mit Namen *Carbonari* (»Kohlenbrenner«) unterwanderte die Armee und entfachte 1820 in Neapel eine erfolglose Revolution. Als diese gescheitert war, endeten viele *carbonari* im Gefängnis, wo sie mit den Camorristi in Kontakt kamen. Interessanterweise war Liborio Romano einmal ein »Kohlenbrenner« gewesen.

Obschon wir also niemals genau wissen werden, wann und wie die Gefängnis-Camorra die patriotischen Geheimsekten des *Risorgimento* nachzuäffen begann, so scheint immerhin erwiesen, dass sie es tat. Kurzum, das italienische Volk und sein chronisches Problem mit dem organisierten Verbrechen waren von Anfang an eng miteinander verwoben. Im Jahr 1860 war der Moment, als die Camorra freimaurerische Rituale annahm, noch so aktuell, dass die Wahrheit aus Begriffen hervorschimmerte, die die Camorristi nach wie vor benutzten. So wurden die Ortsgruppen der Camorra zuweilen als »Logen« bezeichnet, und die Mitglieder der Gesellschaft als *Patria*: in anderen Worten, die Camorra betrachtete sich selbst als eine »Nation« von Eliteverbrechern.

Noch in den 1850er Jahren hatte diese kriminelle *Patria* ihre eigene Nationalhymne, deren Worte wiedergaben, was die Gesellschaft von der italienischen Einigung hielt. Sie lautete folgendermaßen:

»Die Kohlenbrenner sind Kanaillen;
Die Bourbonen Hampelmänner.
Wir sind Camorristi!
Und wir verkohlen sie beide.«

Camorristi paktierten mit den Bourbonen gegen die Patrioten, mit den Patrioten gegen die Bourbonen. Damit spielten sie eine Schlüsselrolle in dem Bemühen, Neapel dem neuen Italien anzugliedern. Doch im Zuge all dieser dunklen Machenschaften hielten sich die Camorristi an die Methoden, die Herzog Sigismondo Castromediano im Gefängnis beobachtet hatte. Sie verfolgten nur ein Ziel: erpressen, schmuggeln, aus »Flöhen Gold pressen«. Die Politik – selbst die anregende Politik des *Risorgimento* und der Heldenmut Garibaldis – war nur ein Mittel, das diesem schäbigen Zweck diente.

Während seine Beamten die Vergangenheit der Camorra ergründeten, setzte der unbestechliche Silvio Spaventa seine Bemühungen fort, ihre gegenwärtige Macht zu beschneiden. Eine seiner Maßnahmen ärgerte die Camorristi besonders: Er untersagte den Nationalgardisten, außerhalb der Dienstzeit ihre Uniformen zu tragen. Für die Ganoven in der Nationalgarde bedeutete dieses Verbot, dass sie ihre Uniformen nicht mehr als Deckmantel für ihre Erpressungen benutzen konnten.

Die Rache folgte auf den Fuß. Am 26. April 1861 fiel eine zornige Meute, darunter etliche Camorristi, im Ministerium ein. Diesmal schrien sie nicht »Nieder mit Spaventa!«, sondern »Tod dem Spaventa!«. Sie zwängten sich an den Wachen vorbei in sein Büro, doch seine getreuen Sekretäre hielten sie so lange in Schach, bis er über eine geheime Treppe geflüchtet war. Die Meute verfolgte ihn dann bis zu seinem Haus und brach bei ihm ein. Schaulustige auf der Straße blickten nach oben und sahen einen Mann auf den Balkon treten, der mit einem langen Messer herumfuchtelte und schrie: »Das hier ist die Klinge, mit der ich ihn umgebracht habe, und das hier ist sein Blut!«

In Wahrheit war Spaventa ein zweites Mal entkommen. Doch der Überfall erschütterte ihn so sehr, dass er seine tiefsitzende Abneigung gegen allzu viel Öffentlichkeit bezwang. Tags darauf begab er sich, Mut vortäuschend, zum Mittagessen ins Caffè d'Europa. Am selben Abend wohnte er im Teatro San Carlo in einer Loge im zweiten Rang der Premiere einer Neuinszenierung von Bellinis *Norma* bei – in diesem Theater zeigten sich die Herrscher Neapels traditionellerweise der maßgeblichen Öffentlichkeit. Spaventa verließ das Gebäude sogar über die Haupttreppe, unter den Blicken einer verblüfften Menge. Er hatte auf hartem Wege gelernt, dass Neapel nicht ohne ein Quäntchen »Spanischheit«, ein wenig Großspurigkeit, regiert werden konnte.

Drei Monate später wurde klar, dass er noch einige andere Lektionen gelernt hatte. Im Juli 1861, in einer belebten Straße nur einen Katzensprung von Spaventas Haus entfernt, fing sich ein ranghoher Polizeibeamter mit Namen Ferdinando Mele am helllichten Tag einen Messerstich hinter dem Ohr ein; nach wenigen Stunden war er tot. Mele verkörperte sämtliche Widersprüche seiner Zeit: Als Camorrista, der mit den Patrioten im Bunde war, stand er im dringenden Verdacht, Giuseppe D'Alessandro ermordet zu haben; im Juni 1860 war er von Liborio Romano als Polizist verpflichtet worden und hatte seitdem in einem ganzen Stadtviertel für Recht und Ordnung gesorgt.

Meles Mörder war bald gefasst und wurde durch die Straßen zum Revier geschleift. Sein Name war De Mata; er hatte Mele aus Rache getötet, weil Mele seinen nicht minder schurkischen Bruder verhaftet hatte. Auch De Mata verkörperte einige seltsame Widersprüche. Er war zwar kein Mitglied der Ehrenwerten Gesellschaft, aber dennoch ein Erpresser, der aus dem Gefängnis entkommen war. Doch irgendwie hatte dieser gefährliche Mensch, einem mächtigen Freund sei Dank, eine Scheinarbeitsstelle im Postamt gefunden.

Jener mächtige Freund war, wie sich herausstellte, kein Geringerer als Silvio Spaventa. Beide De Mata-Brüder waren Mitglieder in Spaventas persönlicher Leibgarde. Es ging das Gerücht, Spaventa habe die De Mata-Brüder und ihre Bande dazu benutzt, politisch gefährliche Zeitungen schließen und renitente Journalisten verprügeln zu lassen. Offenbar hatte am Ende selbst der unbestechliche Spaventa mit dem Teufel paktiert.

Auf den Skandal hin nahm Spaventa seinen Abschied – obwohl die Regierung eine Geschichte erfand, um den wahren Grund seines Rücktritts zu vertuschen. Die *Times* kommentierte die Angelegenheit verdrossen für ihre verblüfften Leser im fernen London.

> »Nichts in Neapel hält einer genaueren Betrachtung stand. Unter der glanzvollsten Fassade verbirgt sich nichts als Fäulnis; und wer in dieser Gegend im Laufe der nächsten Generation Ordnung und Ruhe erwartet, der kennt Land und Leute nur sehr oberflächlich.«

Spaventas Beispiel ließ für Recht und Gesetz in Neapel in der Tat eine düstere Zukunft erahnen. Obwohl die Behörden die Camorra nie mehr auffordern würden, Ordnung zu schaffen, wie Liborio Romano es getan hatte, sollte das Polizeiwesen in den kommenden Jahren einem gleichbleibend tristen Rhythmus folgen: Zuerst schlug das Pendel in Richtung Repression, mit Massenverhaftungen, begleitet von lautstarker Anti-Camorrarhetorik; dann, sobald die Bosse ihre Macht in der Unterstadt zurückerobert hatten, wieder in Richtung »Teufelspakt«. Die italienische Einigung in Neapel war eine chaotische, unberechenbare Angelegenheit gewesen und hatte dennoch ein schlichtes, bleibendes Muster für die Zukunft der Camorra vorgegeben.

Die Ereignisse der Jahre 1860 und 1861 malten sogar ein noch schwärzeres Bild von der Zukunft. Marc Monnier, unser Schweizer Hotelier, sah den Beweis dafür mit eigenen Augen, während Spaventa seine Razzien durchführen ließ.

»Ich verstehe voll und ganz: Jeder Camorrista, der verhaftet wurde, hatte einflussreiche Gönner, die ihm ein tadelloses Leumundszeugnis ausstellten. Kaum wurde einer der Geheimbündler zum Vicaria-Gefängnis gebracht, erhielt der Polizeichef zwanzig Zuschriften, deren Verfasser den ›armen Mann‹ in Schutz nahmen; die Briefe waren allesamt von ehrbaren Leuten unterschrieben!«

Diese »ehrbaren Leute« waren vor allem Politiker, die sich mit der Camorra angefreundet hatten.

»Vor den Wahlen verhinderten die Camorristi einige Kandidaturen; und wenn irgendein Wähler aus Gewissens- oder Glaubensgründen dagegen Einspruch erhob, beschwichtigten sie ihn mit ihren Knütteln. Mehr noch, die Camorristi gaben sich nicht damit zufrieden, einen Abgeordneten ins Parlament zu schicken und aus der Ferne sein Verhalten zu beobachten. Sie hatten ein wachsames Auge auf alles, was er tat, und ließen sich seine Reden laut vorlesen – weil sie ja selbst nicht lesen konnten. Wenn ihnen nicht gefiel, was sie hörten, empfingen sie ihn bei seiner Rückkehr aus Turin mit einem bestialischen Chor aus Pfiffen und Geschrei, der unversehens unter den Fenstern seines Hauses loszubrechen pflegte.«

Die Ehrenwerte Gesellschaft hatte eine wichtige Lektion gelernt während der Ereignisse, die das Bourbonenregime ins Wanken gebracht und die Einigung Italiens herbeigeführt hatten: Sie wussten nun den eigenen Opportunismus mit dem Opportunismus skrupelloser Politiker zu vereinen.

Während die Camorra einst schabengleich in den schattigsten Kellerecken des Königreichs beider Sizilien gelauert hatte, kam sie jetzt durch die Ritzen im sozialen Gefüge nach oben gekrochen, um die repräsentativen Institutionen des Königreichs Italien zu befallen. Nach all den Intrigen um die italienische Einigung war die Camorra nicht mehr nur dort ein Problem, wo der Staat keinen Zugriff hatte: Sie war innerhalb des Staates zum Problem geworden.

1864 wurde Marc Monnier, der so viel dazu beigetragen hatte, Lesern in ganz Italien die Camorra zu erklären, auf die Empfehlung eines Freundes und patriotischen Helden hin zum Ehrenbürger ernannt.

Dieser Freund war Gennaro Sambiase Sanseverino, Herzog von San Donato. Dieser hatte in den 1850er Jahren Kerkerhaft und Verbannung kennengelernt. 1860, unter Liborio Romano, war er zum Oberst der Nationalgarde ernannt worden. Nach dem Volksentscheid, während Silvio Spaventas Feldzug gegen die Camorra, erhielt San Donato die Leitung über die städtischen Theater; während er seinen Pflichten nachkam, rammte ein Camorrista ihm vor dem Teatro San Carlo ein Messer in den Rücken. Wir wissen nicht, warum die Camorra San Donato nach dem Leben trachtete, aber wir können es erahnen, weil wir dem Herzog bereits begegnet sind: Er war der »neapolitanische Herr« und patriotische Verschwörer, der Monnier von seinem geheimen Treffen mit den Camorrabossen in den 1850er Jahren erzählt hatte. Er war einer der Köpfe hinter dem Bündnis der Patrioten mit der Ehrenwerten Gesellschaft. San Donato überlebte und war von 1876 bis 1878 Bürgermeister von Neapel und eine Schlüsselfigur in dem trägen politischen Korruptionsgeflecht bis zum Ende des Jahrhunderts. Die Camorra war Teil seines Netzwerks. San Donato wurde, was Liborio Romano, der »Erlöser« der Camorra, hätte werden können, wäre er nicht 1867 verstorben.

Marc Monnier hatte die Intrigen der 1850er und frühen 1860er Jahre mit der Gelassenheit eines trägen Teilchens inmitten einer heftigen chemischen Reaktion überstanden. Nachdem er zum Ehrenbürger ernannt worden war, gab es wenig, worüber es in Italien noch zu schreiben gelohnt hätte, und so verkaufte er das Hôtel de Genève und übersiedelte mit seiner jungen Familie in die Schweiz. Endlich konnte er sein Bestreben verwirklichen und statt eines neapolitanischen Hoteliers ein Genfer Schriftsteller sein. Er schrieb noch eine Vielzahl journalistischer Beiträge (des Geldes wegen) und Theaterstücke (der literarischen Unsterblichkeit wegen). Doch keines seiner Werke hatte auch nur annähernd so viel Erfolg wie sein Buch über die Camorra.

Italien wurde zwischen 1860 und 1876 von einer lockeren Koalition regiert, die als die Rechte bekannt war. Die Anführer der Rechten waren charakteristischerweise konservativ gesinnte Grundbesitzer und Verfechter der freien Marktwirtschaft; sie befürworteten Strenge im Finanzwesen und in der Anwendung des Gesetzes; sie bewunderten

Großbritannien und waren der Überzeugung, das Wahlrecht stehe nicht der Allgemeinheit zu, sondern sei eine Verantwortung, die mit Grundbesitz einherging. (Dementsprechend besaßen bis zum Jahre 1882 nur etwa zwei Prozent der italienischen Bevölkerung das Wahlrecht.)

Die Männer der Rechten stammten zudem größtenteils aus dem Norden. Das Problem, mit dem sie während ihrer Regierungszeit im Süden konfrontiert waren, bestand in der Tatsache, dass es viel zu wenig Süditaliener vom Schlag eines Silvio Spaventa gab. Zu wenig Männer in anderen Worten, die die Werte der Rechten teilten.

Der Kampf der Rechten gegen die neapolitanische Camorra hörte mit Spaventas würdelosem Abgang aus der Stadt im Sommer 1861 nicht auf. 1862 wurden weitere Camorristi ausgehoben. Im Herbst desselben Jahres wurde Spaventa in Turin zum stellvertretenden Innenminister ernannt und fing erneut an, Informationen über die Ehrenwerte Gesellschaft zu sammeln. Während Marc Monnier mit seinem Werk *Die Camorra* das Thema einer breiten Öffentlichkeit vor Augen führte, erwirkte Spaventa, dass die Camorra auf die Liste eines neuen parlamentarischen Untersuchungsausschusses gesetzt wurde. Diese sollte sich mit dem sogenannten »Großen Brigantenunwesen« befassen, einer Welle von Bauernunruhen und Banditentum, die weite Bereiche des süditalienischen Hinterlands überspült hatte. Das Ergebnis der Ermittlungen war ein drakonisches Gesetz, das im August 1863 in Kraft trat – die größte Fehlentscheidung in der Geschichte von Spaventas Feldzug gegen die Camorra und in der gesamten Regierungszeit der Rechten. Es handelte sich um das »Zwangsexil«.

Das neue Gesetz vom August 1863 räumte kleinen Gremien von Regierungsbeamten und Richtern die Macht ein, bestimmte Kategorien von Verdächtigen ohne Gerichtsverfahren aus dem Verkehr zu ziehen. Die Strafe, die sie verhängen durften, war das Zwangsexil – womit die Verbannung in eine Strafkolonie auf einer felsigen Insel vor der italienischen Küste gemeint war. Dank Spaventa standen auch Camorristi auf der Liste derer, die man auf diese Weise willkürlich ihrer Freiheit berauben konnte.

Das Zwangsexil diente dazu, der Camorristi Herr zu werden, weil ihnen mit normalen Mitteln schwer beizukommen war. Dies lag nicht zuletzt an ihrem Talent, Zeugen einzuschüchtern, und der Gewissheit, sich auf Beschützer in der Oberschicht der neapolitanischen Gesellschaft berufen zu können. Doch in diesen Strafkolonien hatten Camorristi die Möglichkeit, ihren üblichen Geschäften nachzugehen und zudem jüngere Insassen in abgebrühte Verbrecher zu verwandeln. 1876 arbeitete ein Armeearzt drei Monate lang in einer typischen Strafkolonie der Adria.

> »Einige der Sträflinge verlangen von den übrigen Respekt und grenzenlose Verehrung. Tag für Tag kaufen und verkaufen sie und mischen sich ein, ohne Hass oder Rivalität zu provozieren. Ihr Wort ist üblicherweise Gesetz und jede ihrer Gesten ein Befehl. Sie nennen sich Camorristi, haben eigene Regeln und Rituale und gehorchen eigenen Anführern. Ihr Aufstieg richtet sich nach der Gemeinheit ihrer Taten. Sie alle haben die vorrangige Pflicht, über jedes ihrer Verbrechen zu schweigen und Befehlen von oben mit blindem Gehorsam Folge zu leisten.«

Das Zwangsexil wurde zur wichtigsten Waffe der Polizei gegen verdächtige Ganoven. Doch anstatt Italiens Probleme mit dem organisierten Verbrechen zu lösen, wie Silvio Spaventa es sich erhofft hatte, erwies sich die Maßnahme letztlich sogar als kontraproduktiv.

1865, ehe die Fehlentscheidung erkannt wurde, erreichten Gerüchte über eine weitere Verbrechersekte die rechte Regierung – über »die sogenannte Maffia« auf Sizilien. Die Mafia sollte bald die neuen Regierungsgremien Italiens durchdringen, und das weitaus gründlicher als die Camorra in Neapel. So gründlich, dass sich bald nicht mehr sagen ließ, wo die Sekte endete und der Staat begann.

2 DIE MAFIA KENNENLERNEN 1865 BIS 1877

Rebellen in Kordhosen

Wie die Camorra Neapels erstarkte auch die sizilianische Mafia durch das schmutzige Taktieren um die italienische Einigung.

Bevor Garibaldi im Jahre 1860 Sizilien eroberte und in das neue Königreich Italien eingliederte, war die Insel von Neapel aus regiert worden, als Teil des Königreichs beider Sizilien. In Sizilien waren die Gefängnisse des frühen 19. Jahrhunderts genau wie in Neapel dreckig, überfüllt, nachlässig geführt und von Camorristi beherrscht. Die Revolutionäre aus der gebildeten Oberschicht gehörten geheimen Freimaurerbünden an wie den *carbonari*, den »Kohlenbrennern«. Im Gefängnis kamen sie in Kontakt mit Ganoven und rekrutierten sie als Aufrührer und Schläger. Schnell lernten die Gangster die Vorzüge freimaurerischer Strukturen schätzen, und die bourbonische Obrigkeit tat sich schwer, das Zepter zu führen, ohne mit den Ganoven handelseinig zu werden. In Sizilien wie in Neapel sollten die Patrioten zwar die alten Machthaber stürzen, dabei aber einige ihrer unseligen Übereinkünfte mit dem organisierten Verbrechen imitieren.

Allerdings war die sizilianische Mafia von Anfang an weitaus mächtiger als die neapolitanische Camorra, weitaus enger mit der politischen Macht verwoben und hatte die Wirtschaft weitaus erbarmungsloser im Griff. Warum? Ganz einfach: Die Mafia entwickelte sich auf einer Insel, die nicht nur gesetzlos war, sondern ein gigantisches Forschungsinstitut mit dem Ziel, kriminelle Geschäftsmodelle zu perfektionieren.

Die Probleme begannen bereits vor der Einigung Italiens, als Sizilien noch zum Königreich beider Sizilien gehörte. Die Autorität der Bourbonen war auf der Insel zerbrechlicher als anderswo. Diese stand zu Recht im Ruf, ein Brutkasten für revolutionäre Umtriebe zu sein. Abgesehen von einem halben Dutzend kleinerer Unruhen kam es in den

Jahren 1820, 1848 und natürlich im Mai 1860, als Giuseppe Garibaldis Invasion der Rothemden den Sturz der Bourbonenherrschaft auf der Insel einleitete, zu größeren Rebellionen. Sizilien schwankte zwischen Revolution und Restauration.

Die Bourbonen in Neapel scheiterten kläglich, als sie versuchten, den Sizilianern ihr Ordnungssystem aufzudrücken, und die Sizilianer erwiesen sich in politischer Hinsicht als viel zu uneins untereinander, um selbst den inneren Frieden zu sichern. Früher einmal, vor Einführung des Polizeiwesens, hatten Privatarmeen, die den Grundbesitzern verpflichtet waren, auf einem Großteil der Insel für Ordnung gesorgt. Zu Beginn des 19. Jahrhunderts, ungeachtet des Versuchs, eine zentralisierte, moderne Polizeitruppe einzuführen, hatte die Lage sich immer weiter zugespitzt. Nur allzu oft war die neue Polizei, anstatt unparteiisch dem Gesetz Geltung zu verschaffen, bloß eine von vielen rivalisierenden Gewaltquellen – Schläger in Uniform sozusagen. Neben den Polizisten gab es Privatarmeen, Banditenhaufen, bewaffnete Vater-Sohn-Banden, lokale politische Fraktionen, Viehdiebe: Sie alle mordeten, stahlen, erpressten und bogen sich die Gesetze nach eigenem Gutdünken zurecht.

Zu allem Übel durchlebte Sizilien gerade die Unruhen, die mit dem Übergang vom feudalistischen zum kapitalistischen System einhergingen. Der Grundbesitz würde fortan nicht mehr nur vom adeligen Vater auf den erstgeborenen Sohn übergehen. Von nun an konnte Land auf dem freien Markt erworben und veräußert werden. Der Reichtum wurde mobiler denn je. Im Westen Siziliens gab es weniger Großgrundbesitzer als im Osten, und der Markt für den Erwerb von Grund und Boden, besonders für dessen Pacht und Nutzung, war hier mehr in Bewegung. Hier konnte man es ohne weiteres zu Wohlstand bringen – solange man mit der Flinte umzugehen und sich gute Freunde im Rechtswesen und der Politik zu kaufen wusste.

In den 1830er Jahren gab es bereits erste Hinweise darauf, welches kriminelle Geschäftsmodell sich als siegreich erweisen würde. In Neapel gingen die Mitglieder patriotischer Vereinigungen ein Bündnis mit den Straßenschlägern der Camorra ein. Doch im gesetzlosen Sizilien wurden die revolutionären Bruderschaften, wie aus verstreuten Dokumenten hervorgeht, manchmal selbst straffällig. Ein offizieller Bericht aus dem Jahr 1830 handelt von einer Kohlenbrennervereinigung, die sich gewaltsam öffentliche Aufträge verschaffte. 1838 erstellte ein Untersuchungsrichter des Bourbonenkönigs in Trapani ein Dossier, in dem von sogenannten »sektenartigen Vereinigungen oder Bruderschaften« die Rede war: Diese Vereinigungen bildeten »kleine Regierungen innerhalb der Regierung« und seien eine Verschwörung gegen eine effiziente Staatsverwaltung. Waren diese Vereinigungen bereits die Mafia oder zumindest Vorläufer davon? Schon möglich. Doch die Dokumente sind schlicht zu fragmentarisch und tendenziös, um sicher darüber Auskunft zu geben.

Die Verhältnisse auf Sizilien schienen sich weiter zu verschlechtern, nachdem die Insel 1860 ein Teil des geeinten Italien geworden war. Die Regierungen der Rechten stießen hier mit ihren Bemühungen, wieder geordnete Zustände herzustellen, auf noch gravierendere Probleme als im übrigen Süden. Ein Großteil der politischen Klasse Siziliens befürwortete dessen Autonomie innerhalb des Königreichs Italien. Doch die Rechte hatte große Bedenken, diese Autonomie zu gewährleisten. Wie sollte Sizilien die eigenen Belange regeln, argumentierte man, wenn die politische Landschaft mit einer Parade von Volksdämonen angefüllt sei? Mit einer reaktionären Geistlichkeit, die den Bourbonenkönigen nachtrauere; mit Revolutionären, die eine Republik schaffen wollten und zu diesem Zweck sogar gewillt seien, sich mit Schurken zu verbünden; auf kommunaler Ebene mit politischen Cliquen, die sich durch Raub, Mord und Entführung an die Macht brachten? Die einzige Alternative der Rechten zur Autonomie war die Verhängung des Ausnahmezustands. Die Rechte regierte Sizilien mit eiserner Faust und erhobenem Zeigefinger. Dafür wurde sie gehasst.

1865 kamen erste Meldungen über die »sogenannte Maffia oder kriminelle Vereinigung«. Die Maffia sei mächtig und stark mit der sizilianischen Politik verflochten, berichtete ein Regierungsbevollmächtigter. Was auch immer dieses neue Wort »Maffia« oder »Mafia« bedeutete (schon die Unsicherheit in der Schreibung war symptomatisch für das Unwägbare daran), die Regierung hatte jedenfalls einen ausgezeichneten Vorwand, um wieder einmal scharf durchzugreifen: Schon bald kam es zu Massenverhaftungen von Fahnenflüchtigen, Drückebergern und mutmaßlichen *maffiosi*.

Am 16. September 1866, einem Sonntag, zahlte die Rechte schließlich den Preis für den Hass, der ihr auf Sizilien entgegenschlug. An jenem Morgen bekam Italien – und die Geschichte – zum ersten Mal die Meute zu Gesicht, die heute die meistgefürchtete kriminelle Vereinigung auf der ganzen Welt ist.

Palermo 1866. Zwei rechtwinklig verlaufende Straßen, gesäumt von einstmals stattlichen Palästen und Kirchen, zerschnitten die Stadt in vier Viertel. Von einem Ende zum anderen brauchte man zu Fuß jeweils etwa 15 Minuten. Im Zentrum der Stadt, wo sich beide Achsen kreuzten, befand sich die Piazza Quattro Canti. Die Via Maqueda führte von hier aus in nordwestlicher Richtung auf die einzige Lücke in der die Stadt umschließenden Bergkette zu. Palermos einzige richtige Vorstadt, der Borgo, begann unweit der Porta Maqueda und verlief entlang der nördlichen Küste. Der Borgo verband die Stadt mit ihrem Hafen und den hoch aufragenden, befestigten Mauern des Ucciardone-Gefängnisses.

Palermos zweite Hauptverkehrsader, der Cassaro, verlief von der Bucht aus landeinwärts, überquerte die Piazza Quattro Canti, führte vorbei am massiven Bau des Palazzo Reale und verließ die Stadt im Südwesten. Nach einer Weile erklomm sie die Flanke des Monte Capute auf die Stadt Monreale zu, die berühmt war für ihre Kathedrale mit dem goldenen, mosaikverzierten Gewölbe, beherrscht von der Gestalt des »Pantokrators« – Christus in seiner gütigen Allmacht als Herrscher des Universums.

Die berückende Schönheit im Inneren der Kathedrale von Monreale entsprach jener der Umgegend: Von der Anhöhe aus konnte man den Blick schweifen lassen über den Landstrich, der Palermo von den Bergen trennte: eingerahmt vom Blau der Bucht das glänzende Grün der Orangenhaine, dazwischen als graue Sprenkel die Olivenbäume; eingeschossige Häuschen, deren weiße Mauern zwischen dem Laub hervorleuchteten, Wassertürme, die in den Himmel wiesen. Dies war die Conca d'Oro (das »goldene Becken«).

Mehr als jeder andere Aspekt von Palermos Schönheit war es die Conca d'Oro, die der Stadt den Beinamen *la felice*, »die Glückliche«, eingebracht hatte. Doch ein Fremder, töricht genug, um über die Feldwege der Conca d'Oro zu schlendern, hätte schnell entdeckt, dass irgendetwas hinter dieser paradiesischen Fassade ganz entschieden faul war. Vielerorts entlang den Mauern, die die Orangenhaine umgaben, bezeichnete ein hölzernes Kreuz mit einer primitiven Inschrift die

Stelle, wo jemand ermordet worden war, weil er den Behörden ein Verbrechen verraten hatte. Die Conca d'Oro war der gesetzloseste Ort auf der gesetzlosen Insel Sizilien; sie war der Geburtsort der sizilianischen Mafia.

Als daher am Morgen des 16. September 1866 der Verdruss Palermo heimsuchte, war niemand überrascht, dass er seinen Ursprung in der Conca d'Oro hatte. Genauer gesagt kam er die lange, gerade, staubige Straße von Monreale heruntermarschiert, durchquerte die Zitrusgärten und passierte den Palazzo Reale. Die Vorhut der Revolte bildete ein Trupp aus Monreale; er umfasste an die 300 Männer, die meisten davon mit Jagdgewehren bewaffnet. Sie trugen Kord und Barchent, wie für Bauern und Tagelöhner üblich. Ähnliche Trupps marschierten von den Dörfern in der Conca d'Oro und aus den Städtchen der umliegenden Berge auf Palermo zu. Einige der Männer trugen Mützen, Schals und Fahnen im Rot der Republikaner oder Banner mit dem Bildnis der Schutzheiligen der Stadt, der heiligen Rosalia.

Noch vor sieben Uhr schreckten Musketenschüsse und Geschrei sogar die tiefsten Schläfer in den entlegensten Winkeln Palermos aus den Betten. Zunächst herrschte Verwirrung. Doch die städtischen Massen ergriffen schnell die Gelegenheit, ihrer Enttäuschung Luft zu machen.

Siebeneinhalb Tage verstrichen, bis das Militär die Ordnung wiederhergestellt hatte. Siebeneinhalb Tage, in denen Barrikaden in den Straßen errichtet, Waffenlager und offizielle Gebäude geplündert, in denen Polizeireviere und Gerichtshöfe überfallen und Akten verbrannt wurden, und in denen ehrbare Bürger im eigenen Heim mit vorgehaltener Waffe ausgeraubt oder gezwungen wurden, mit Geldgaben den Aufstand zu unterstützen.

Die Revolte im September 1866 kam zur Unzeit für die nationale Moral der Italiener. Einer der Gründe für den anfänglichen Erfolg der Rebellen bestand in der Tatsache, dass Palermo nur mit einer kleinen Garnison belegt war. Alle verfügbaren Streitkräfte waren an die Landesgrenze im Nordosten Italiens verlegt worden, wo die Österreicher den Italienern in den Schlachten von Custoza und Lissa zu Wasser und zu Lande demütigende Niederlagen bereiteten. Die anarchischen Zustände auf Sizilien waren wie ein Dolchstoß in den Rücken.

Es hätte noch weitaus schlimmer kommen können. Eines der Hauptziele der Revolte war das Ucciardone-Gefängnis, das zweieinhalbtausend Gefangene beherbergte; viele von ihnen würden sich den Reihen der Aufständischen anschließen. Die Rebellen umzingelten das Gefängnis und versuchten, eine Bresche in die Mauer zu schlagen. Doch gerade noch zur rechten Zeit kam am Morgen des 18. September die Korvette *Tancredi* an, um die Angreifer mit Kartätschen und Granaten zu beschießen. Einer der ersten Männer, die getroffen wurden, die Beine in grotesker Weise von Schrapnell zerfetzt, war Turi Miceli, der 53-jährige Anführer der Schar aus Monreale, die die Spitze des Revolutionszugs gebildet hatte; es dauerte Stunden, bis er seinen Verletzungen erlag, und das ohne die leiseste Klage.

Turi Miceli war ein Mafioso. Er war ein hochgewachsener, imposanter Mensch mit einer gut sichtbaren breiten Narbe im Gesicht. Gewalt war sein Broterwerb. Die Arkebuse über der Schulter, hatte er im Umland von Palermo Angst und Schrecken verbreitet. Doch zum Zeitpunkt seines Todes war Miceli ein begüterter Mann, einer der reichsten Bürger in Monreale. Die Camorra war zu Beginn eine proletarische Verbrechervereinigung gewesen, ausgebrütet im Abschaum der neapolitanischen Gefängnisse und Elendsviertel. Mafiosi wie Turi Miceli hingegen waren »Mittelstandsschurken«, wie ein früher Mafiaexperte sie zu bezeichnen pflegte. Im übrigen Westeuropa wäre dies ein Widerspruch in sich gewesen: »Es verstößt gegen jedes Prinzip der politischen Ökonomie und der Sozialwissenschaft«, stellte ein verblüffter Beobachter fest. Begüterte Männer hatten ein Interesse daran, die Gesetze zu bewahren – das verstand sich von selbst. Doch in der Umgegend von Palermo waren Grundbesitzer zu Kriminellen und deren Komplizen geworden. Im westlichen Sizilien war die Gewalttätigkeit ein Gewerbe für gesellschaftliche Aufsteiger.

Bevor wir also den gesellschaftlichen Aufstieg des Mafioso Turi Miceli nachzeichnen, lohnt es sich, die anderen augenfälligen Unterschiede zwischen ihm und jemandem wie Salvatore De Crescenzo hervorzuheben, dem »rehabilitierten« Camorraboss. Frühe Camorristi wie De Crescenzo verbrachten fast allesamt einen Großteil ihrer Verbrecherkarriere im Knast. Doch in den Dokumenten, die Turi Miceli nach seinem Tode hinterließ, taucht das Gefängnis nicht auf. Soweit wir wissen, hatte Miceli nicht einen einzigen Tag hinter Gittern zugebracht. Ähnliches gilt für viele andere Bosse, denen wir begegnen werden. Sizilien hatte zwar seine Gefängnis-Camorristi, und die Anführer der Mafia rekrutierten solche Männer gern. Doch einige der maßgeblichsten Bosse vervollkommneten ihre Fertigkeiten anderswo.

Das erste Geheimnis von Turi Micelis Aufstieg lag in dem Geschäft begründet, das er betrieb. Das Land rings um Micelis Heimatstadt Monreale war typisch für die Conca d'Oro. Es war in kleine Parzellen unterteilt, deren Hauptertrag aus Oliven, Weintrauben und vor allem Orangen und Zitronen bestand. Zitrusbäume sprachen nicht nur den ästhetischen Sinn ausländischer Besucher an, sie versorgten auch Siziliens wichtigstes Exportgeschäft. Von Palermo aus wurden die Früchte hauptsächlich über den Atlantik in die Vereinigten Staaten verschifft, wo der Markt boomte. Mit Zitrusfrüchten war eine Menge Geld zu verdienen: 1860 galten Palermos Zitrusplantagen als das gewinnträchtigste Agrarland Europas.

Die großen Gewinne zogen große Investoren an. Einen Orangen- oder Zitronengarten aus dem Nichts zu schaffen, erforderte weitaus mehr, als nur ein paar Bäume in den Boden zu pflanzen; es war ein kostspieliges, langfristiges Projekt. Hohe Mauern mussten gebaut werden, um die Pflanzen vor Kälte zu schützen. Es galt Straßen anzulegen, Lagerhäuser zu errichten und Bewässerungskanäle zu graben. Ein ausgeklügeltes Bewässerungssystem war tatsächlich von ausschlaggebender Bedeutung, da Zitrusbäume, sofern sie ausreichend bewässert wurden, zweimal im Jahr Früchte trugen anstatt nur einmal. Doch selbst wenn all diese Vorarbeiten erledigt waren, dauerte es noch immer etwa acht Jahre, bis man die ersten Früchte ernten konnte, und noch einige mehr, bis die Investition sich auszahlte.

In der Conca d'Oro, wie überall auf der Welt, gingen Investition und Gewinn mit einem dritten unverzichtbaren Bestandteil des Kapitalismus einher, dem Risiko. In der Conca d'Oro trug das Risiko Kordhosen.

Die Mafiosi im Hinterland von Palermo lernten die Kunst der Schutzgelderpressung, indem sie Obstgärten verwüsteten oder mit deren Verwüstung drohten. Anstatt aus Flöhen pressten sie das Gold aus Zitronen. Die Bandbreite, die ihnen zur Verfügung stand, war vielfältig: Sie konnten Bäume fällen, Landarbeiter einschüchtern, den Bewässerungskanälen zur Unzeit das Wasser abgraben, Landbesitzer und deren Angehörige entführen, Großhändler und Fuhrkutscher bedrohen und so weiter. Die Mafiosi trugen demnach unterschiedliche

Hüte: Sie wiesen sie aus als jene, die die Schleusen der kostbaren Bewässerungskanäle kontrollierten; als die Wachen, die nachts die Plantagen schützten; als die Händler, die die Zitronen auf den Märkten feilboten; als die Geschäftsführer, die die Plantagen im Auftrag der Landbesitzer verwalteten; und gleichzeitig als die Banditen, die Bauern entführten und ihnen die wertvolle Ernte stahlen. Indem sie mit der Linken das Risiko schufen und mit der Rechten Schutz boten, konnten Mafiosi das Geschäft mit den Zitrusfrüchten auf zahllosen Wegen unterwandern und manipulieren. Einige von ihnen, wie Turi Miceli, sicherten sich den Weg zum Besitz eines Zitronenhains sogar mit Hilfe von Vandalismus und Mord.

Der Mafioso Turi Miceli war demnach sowohl Verbrecher als auch Plantagenbetreiber. Doch wie die Ereignisse im September 1866 zeigten, war er zudem ein Revolutionär – genau wie die anderen Mafiabosse der Frühzeit. Siziliens Revolutionen lieferten den Treibstoff, der für den Aufstieg der Mafia maßgeblich war.

Denn sobald rebelliert wurde, was regelmäßig der Fall war, begünstigten die Unruhen die kriminellen Machenschaften. Der typische Mafioso hatte diese Tatsache besser begriffen als der typische Camorrista. Die unvermeidlichen Revolutionswirren boten Männern wie Turi Miceli die Gelegenheit, Gefängnisse aufzubrechen, Vorstrafenregister zu verbrennen, Polizisten und Polizeispitzel zu töten und wohlhabende Leute, die mit dem gestürzten Regime in Verbindung gestanden hatten, auszurauben und zu erpressen. Sobald der Aderlass vollzogen war, gewährten die neuen Revolutionsregierungen, deren Anführer durchsetzungsstarke Leute brauchten, mächtigen Männern, die unter der alten Ordnung »verfolgt« worden waren, Amnestien. Auf Sizilien, mehr noch als in Neapel, war die Revolution ein Versuchslabor des organisierten Verbrechens und für so manch einen Ganoven die Startrampe für den gesellschaftlichen Aufstieg.

Turi Micelis opportunistisches Rebellentum während des *Risorgimento* war atemberaubend. Als im Januar 1848 die Revolution gegen die Bourbonen ausgebrochen war, war Miceli ein berüchtigter Bandit gewesen – in anderen Worten, er lebte von Viehdiebstahl und bewaffnetem Raub. Doch ergriff er mit eindrucksvoller Kühnheit die Gelegenheit, die sich ihm durch den Aufstand bot: Sein Trupp, in der Mehrzahl Obstbauern, setzte die Bourbonengarnison in Monreale gefangen und zog dann hügelabwärts nach Palermo. Dort wurde Miceli in Gedichten gefeiert und in amtlichen Depeschen gelobt, weil er unweit des Palazzo Reale eine Kavallerieeinheit der Bourbonen besiegt hatte. Trotz verstörender Berichte über Gewaltverbrechen, die seine Männer begangen hatten, wurde Miceli von der neuen Revolutionsregierung zum Oberst befördert. Dies geschah nicht zuletzt deshalb, weil seine gedungenen Schläger die Versammlung stürmten, bei der die Offiziere gewählt wurden. Der Bandit aus Monreale hatte »seine Jungfräulichkeit wiedererlangt«, wie es in Sizilien heißt.

Im Jahr darauf, als die Revolution sich allmählich auflöste und bourbonische Truppen nach Palermo vorrückten, wechselte Miceli prompt die Seiten: Er durchstreifte die Hauptstraßen und Verteidigungsgräben und überredete die Bevölkerung, keinen Widerstand zu leisten. Die bourbonischen Behörden, wieder an der Macht, vergalten es ihm mit erneuter Jungfräulichkeit: Er wurde amnestiert und durfte sich die Taschen füllen. Zunächst wurde er zum Zollbeamten ernannt, erhielt 30 Dukaten im Monat und den Befehl, mit einem Trupp Männer auf einem langen Küstenstreifen im östlichen Sizilien Patrouillen durchzuführen. Vermutlich konfiszierte er Schmuggelware und kassierte gleichzeitig saftige Bestechungsgelder. Bald darauf erhielt er die Erlaubnis, in Lercara Friddi, einer Stadt mit Schwefelminen und nicht allzu weit von Palermo entfernt, die Steuern einzutreiben. Ein hochrangiger Regierungsbeamter stellte ihm ein Empfehlungsschreiben aus, das besagte, Miceli habe sich in keiner Weise an der Revolution von 1848 beteiligt – ein eklatanter Widerspruch zu den Fakten.

1860 wechselte Miceli lässig ein weiteres Mal die Seiten und unterstützte Garibaldis Kampf gegen die Bourbonen. Natürlich wurde er daraufhin in die Nationalgarde aufgenommen. Über die Nationalgarde in Monreale, die unter Micelis Kommando stand, hieß es in einem offiziellen Bericht vom Juli 1862, sie bestehe aus »Räubern, *camorristi* [sic], bourbonischen Royalisten und korrupten Männern«.

Im jungen Italien konnte Miceli seine Karriere nicht so erfolgreich vorantreiben wie unter den Bourbonen. Und wie jedermann sah auch er, wie verhasst die italienische Regierungsgewalt auf Sizilien war. Im September 1866 setzte Miceli daher erneut auf die Revolution, ein letztes Mal, wie sich herausstellen sollte. Die Ziele des Aufstands waren diffus: die Rückkehr der Bourbonen oder eine Republik – keiner wusste Genaueres. Turi Miceli war es gleich. Die Politik, welcher Couleur auch immer, war für ihn nur ein Weg, durch Grausamkeit Macht, Einfluss und Geld zu erlangen.

Im September 1866 unterstützte Turi Miceli zum ersten und letzten Mal die falsche Seite und fand einen schmerzhaften Tod. Der Aufstand wurde niedergeschlagen. Es sollten keine Revolutionen mehr stattfinden auf Sizilien. Ob gut oder schlecht, die Insel würde italienisch bleiben. Andere Mafiabosse begriffen das besser als Miceli. Anstatt revolutionäre Truppen anzuführen, bildeten sie sogenannte »konterrevolutionäre Einheiten« und verteidigten den italienischen Status quo. Ihre Strategie spiegelte sich in den Schritten, die Salvatore De Crescenzo unternahm, der »rehabilitierte« Camorraboss aus Neapel: Wie De Crescenzo dachten sich die meisten führenden Mafiosi, dass ihre kriminelle Zukunft am ehesten gesichert wäre, wenn sie der italienischen Sache dienten. Der September 1866 war daher ein Schlüsselmoment in der Geschichte der Mafia.

Die gutartige Mafia

Im Neapel des 19. Jahrhunderts stellte nie jemand in Zweifel, dass die Camorra tatsächlich existierte. Natürlich herrschte zuweilen Zurückhaltung hinsichtlich der Kontakte zwischen der frühen Camorra und den Freimaurergesellschaften des *Risorgimento*. Doch niemand hat jemals versucht, so zu tun, als sei die »Camorra« in Wirklichkeit nicht, was sie eben war, nämlich ein krimineller Geheimbund.

Was dagegen die sizilianische Mafia anbelangt, so glaubten die meisten Menschen lange Zeit nicht, dass es sich dabei um eine geheime kriminelle Bruderschaft handelte, eine verbrecherische Freimauerloge. Die »Mafia« oder besser »Mafiosohaftigkeit« sei eine typische sizilianische Mentalität, hieß es, ein Inselsyndrom. Ein Mafioso litt an einem dermaßen aufgeblasenen Ego, dass es ihm schwerfalle, seine Konflikte auf offiziellem Wege zu lösen. Die Symptome dieser merkwürdigen Krankheit seien wahrscheinlich ein Erbe der arabischen Invasoren Siziliens im 9. Jahrhundert.

Soziologen des ausgehenden 20. Jahrhunderts hatten ihre eigenen Versionen dieser Theorie: Mafiosi seien die Mitglieder von Selbsthilfegruppen in armen, entlegenen Dörfern – die zufällig gelegentlich ein paar Leute ermordeten. Andere behaupteten, sie seien lokale Problemlöser und Mediatoren oder gar Richter, deren Gerichtssaal die Piazza und deren Gesetzbuch ein alter, ungeschriebener Ehrenkodex sei. Meadow Soprano, die Tochter des Fernsehmafiabosses Tony, fasste die Theorie hübsch zusammen, indem sie sagte, die Mafia sei »eine zwanglose Konfliktlösungsmethode in Mittelmeerländern«.

Wie wir noch sehen werden, wurde dieses Geflecht aus Täuschungen von der Mafia und ihren Verbündeten in der herrschenden Klasse Siziliens bewusst gesponnen. Einer der Hauptgründe, warum die sizilianische Mafia über einen so langen Zeitraum Italiens mächtigste Verbrecherorganisation bleiben konnte, war ihre Fähigkeit, die Illusion, es gebe sie überhaupt nicht, aufrechtzuerhalten. Diese Illusion kam in den Jahren nach dem Aufstand in Palermo von 1866 auf.

Aus der Sicht der rechten Regierung hatte die traurige Geschichte des Aufstands von 1866 zumindest einen Helden: Antonio Starabba, Marchese di Rudinì und Bürgermeister von Palermo. Wie alle Bürgermeister jener Zeit war er direkt vom König eingesetzt und nicht vom Volk gewählt worden. Rudinì hatte sein Amt erhalten, weil er zwar Sizilianer war, sogar einer der reichsten Großgrundbesitzer der Insel, aber auch ein Mann der Rechten. Seine Rechtschaffenheit und sein Mut inmitten der Unruhen machten der italienischen Flagge alle Ehre und zogen auch die Bewunderung der europäischen Presse auf sich.

Als die Aufständischen die Stadt stürmten, ließ Rudinì den Stadtrat antreten, um das Rathaus gegen die Rebellen zu verteidigen. Sein Haus an der Piazza Quattro Canti wurde geplündert; sein Vater starb vor Schreck; und seine Frau kam gerade noch davon, indem sie sich, mitsamt ihrem Baby, durch ein Fenster ins Freie rettete. Als das Rathaus nicht mehr zu halten war, brachte Rudinì die Insassen im Palazzo Reale in Sicherheit. Dort ernährte er sich gemeinsam mit anderen Regierungstreuen eine Woche lang von Pferdefleisch und beschoss die Aufständischen mit Musketenkugeln aus eingeschmolzenen Gasrohren. Rudinì, groß, blond und gutaussehend, mit einer ungezwungenen Autorität im Umgang, war noch keine 30 Jahre alt, als seine politische Karriere bereits steil nach oben führte. Er war jetzt ein Aushängeschild der Rechten und unterstützte ihren Plan, Sizilien zu zivilisieren. Bald nach dem Aufstand wurde er zum Präfekten befördert. Er war, in anderen Worten, Auge und Ohr einer zentralistischen Regierung in der Provinz, ein Funktionär mit Zugang zu den höchsten Kreisen des Polizeinachrichtendienstes. Wenn es um die Probleme Siziliens ging, konnte niemand die Aufmerksamkeit der Zentralregierung besser einfordern als er.

Acht Monate nach der Palermo-Revolte im September 1866 begab sich ein parlamentarischer Untersuchungsausschuss nach Sizilien, um sich über die dortige Lage zu informieren. Nun erhielt der Marchese di Rudinì eine Tribüne für seine Ansichten. Die Abgesandten versammelten sich im komfortablen Hotel Trinacria, unweit der Küste, vor dessen Türen Wachen postiert waren. Rudinì schilderte ihnen die Zustände, wobei er das Mafiathema mit erschreckender Klarheit zur Sprache brachte.

»Die Mafia ist mächtig – mächtiger vielleicht als man meinen könnte. Sie aufzudecken und zu bestrafen ist oft unmöglich, weil es keine Beweise gibt, weder für die Verbrechen noch für die Täter

(...) Wir waren nie in der Lage, ausreichend Beweise zusammenzutragen, um einen Prozess anzustrengen und zu einem erfolgreichen Abschluss zu bringen.
Nur wer den Schutz der Mafia genießt, kann sich auf dem Lande frei bewegen (...) Der Mangel an Sicherheit hat folgende Situation hervorgebracht: Ein jeder, der auf dem Lande leben möchte, muss ein Brigant werden. Es gibt keine Alternative. Um sich und seinen Besitz zu verteidigen, muss man sich in den Schutz der Kriminellen begeben und sich auf irgendeine Weise an sie binden.
Im Ucciardone-Gefängnis in Palermo existiert eine Art Regierung. Dort werden Regeln, Befehle und so weiter herausgegeben. Die im Ucciardone wissen alles. Deshalb sind wir fast der Überzeugung, dass die Mafia offiziell anerkannte Bosse hat.
Im Umland von Palermo sind Verbrecherbanden sehr weit verstreut, und sie gehorchen vielen verschiedenen Bossen. Doch agieren sie oftmals in Übereinstimmung miteinander und richten sich nach dem Ucciardone, wo ihre Anführer sitzen.
Ziel der Banden ist es, in all dem Chaos reich zu werden und ihre Feinde auszuschalten. Kurz gesagt, Raub und Rache.«

Rudinì hatte recht. Zumindest soweit es in dieser frühen Phase in der Geschichte der Mafia möglich war. Zugegeben, über die Mafia zu sprechen, war politisch von Vorteil für den jungen Marchese. Zum einen ersparte er sich auf diese Weise die Einsicht, dass auch ihn eine gewisse Schuld an der Revolte traf. Seine selbstherrlichen Beschlüsse als Bürgermeister hatten ihn in Palermo ebenso verhasst gemacht wie Silvio Spaventa in Neapel.

Dennoch wissen wir heute Rudinìs Einsichten über die Mafia zu schätzen. Besonderen Scharfsinn bewies er, indem er herausfand, wie die Großgrundbesitzer der Gegend sich »an die Mafia binden« mussten. Die Drohungen und Versprechen, mit denen sich die Mafia ein großes Stück vom Zitrusfrüchtehandel verschaffte, stellten sie über das Gesetz und sicherten ihr einflussreiche Freunde. Der eigentliche Schock, den Rudinìs Worte auslösten, lag in der Tatsache begründet, dass die Landeigentümer, die zu »Briganten« geworden waren, zugleich die herrschende Klasse der Provinz Palermo waren, also die politische Elite.

Der selbstsichere junge Marchese di Rudinì hatte natürlich nicht auf alle Fragen die passenden Antworten und war vernünftig genug, dies auch zuzugeben: So räumte er beispielsweise ein, dass er nicht wisse, wie viele Bosse und Mitglieder die Mafia habe. »Um Macht und Einfluss der Mafia wirklich einschätzen zu können, müssten wir diese mysteriöse Organisation besser kennenlernen.«

Ein Jahrzehnt später blinzelte ein weiterer parlamentarischer Untersuchungsausschuss in das Dunkel sizilianischer Angelegenheiten. Im März 1876, diesmal in Rom (seit 1870 Italiens Hauptstadt), durfte der Marchese di Rudinì darlegen, ob es ihm tatsächlich gelungen war, mehr über die mysteriöse Mafiaorganisation zu erfahren.

Rudinìs politische Karriere war inzwischen weiter gediehen: 1869 wurde er für eine Weile Innenminister. Doch die Jahre schienen sein Selbstvertrauen ausgehöhlt zu haben, denn er äußerte sich jetzt zögerlich, ausweichend und reichlich konfus über die Mafia.

Zunächst behauptete er, die öffentliche Meinung in Sizilien sei bereits so »fehlgeleitet«, dass die einheimische Bevölkerung »Sympathien« hege für Verbrecher. Weil er vermutlich ahnte, dass mit derlei Aussagen in Sizilien kein Blumentopf zu gewinnen war, versuchte er sie abzumildern, indem er hinzusetzte, dergleichen geschehe »in jedem anderen Land der Welt«. Die befremdeten Blicke der Kommissionsmitglieder, die ihm gegenübersaßen, ignorierend, haspelte er weiter:

> »Wenn nun die öffentliche Meinung und das gesamte moralische Bewusstsein in einer Weise auf Abwege geraten, wie ich es beschrieben habe, ist das Ergebnis die Maffia. Die berühmte Maffia! Doch was ist die Maffia? Lassen Sie mich vorausschicken, dass es eine gutartige Maffia gibt. Die gutartige Maffia ist eine Art Draufgängertum. Es ist die seltsame Neigung, sich nicht schikanieren zu lassen; stattdessen schikaniert man andere. Man nimmt eine gewisse Pose ein – die Pose des *farceur*, des Scherzbolds, wie der Franzose sagen würde. Ich könnte also selbst ein gutartiger Maffioso sein. Nicht, dass ich einer bin. Ich will damit nur sagen, dass ein jeder Mensch mit einem Funken Selbstachtung und einer Prise Großspurigkeit ein Maffioso sein könnte.«

Rudinì schwafelte weiter von der »bösartigen Maffia«, die das unglückselige Ergebnis der »Atmosphäre« sei, die von der gutartigen Maffia geschaffen werde. Als hätte er nicht schon genug getan, um seine Zuhörer zu verwirren, unterteilte er die bösartige Mafia weiter in zwei scheinbar unabhängig voneinander agierende Untertypen: zunächst die Gefängnismafia – doch die sei ohnehin längst verschwunden; dann die »hohe Mafia«, wie er sie nannte. Im Unterschied zur Gefängnismafia sei die hohe Mafia im Grunde keine richtige kriminelle Vereinigung, sondern vielmehr eine »Solidarität im Verbrechen«.

Sein Geschwafel war ungefähr so klar wie ein Glas des schwarzen sizilianischen Weins. Keine Rede von organisiertem Verbrechen. Keine Rede von Bossen oder einer Verbindung zwischen den Gefängnissen und den Kriminellen draußen. Kein Hinweis mehr auf Großgrundbesitzer, die zu »Briganten« wurden, oder auf Schutzgelderpressung. Kein Hinweis mehr auf Zitronengärten, Zeugeneinschüchterung, Raub und Blutrache. Nicht einmal die Andeutung, dass es möglicherweise noch mehr zu erfahren gab.

Zwischen 1867 und 1876 war der klare Blick des Marchese di Rudinì auf die Mafia einer sonderbaren Bewusstseinstrübung, seine aufrichtige Ablehnung einer diffusen Rechtfertigung gewichen.

Rudinì war nicht der einzige Zeuge, der 1876 ein solch wirres Geschwätz von sich gab. Einige leugneten rundheraus, dass die Mafia überhaupt existierte. Andere sprachen von einer »guten und einer schlechten Mafia«, von der stolzen Art und Weise, wie die Insulaner das Gesetz in die eigenen Hände nähmen, und so weiter. Falls die Mafia tatsächlich existiere, sei sie etwas Formloses, gegenüber einem Außenseiter schwer zu Beschreibendes, etwas, das den Sizilianern in den Knochen sitze. Niemand könne jemals hoffen, die Mafia besser kennenzulernen.

Rudinì hatte gute Gründe für seine Verwirrtheit, als er 1876 vor die Untersuchungskommission trat. Diese Kommission war infolge eines Skandals ins Leben gerufen worden, in den der Polizeichef von Palermo verwickelt gewesen war, ein Mann namens Giuseppe Albanese. 1871 war Albanese geflüchtet, um nicht wegen mehrerer Morde verhaftet zu werden, die er angeblich gemeinsam mit dem Mafiaboss von Monreale in Auftrag gegeben hatte, dem mutmaßlichen Nachfolger Turi Micelis als Boss von Palermo. Während der Polizeichef Albanese untergetaucht war, wurde er in Rom von keinem Geringeren als dem Premierminister empfangen, der ihm den Schutz der Regierung zusicherte. Es überrascht nicht, dass in Sizilien ein Aufschrei durch das

Land ging, als Albanese einige Monate später aus Mangel an Beweisen freigesprochen wurde. Im Juni 1875 jedoch kamen weitere skandalöse Details über den Polizeichef ans Licht. Sein bevorzugter Informant führte eine Bande Krimineller an, die eine Serie von Diebstählen begangen hatten: Sie waren in Adelspaläste, in die Büroräume des Berufungsgerichts, bei einem Pfandleiher und sogar im Stadtmuseum eingebrochen. Die Beute fand sich schließlich im Haus eines Polizisten wieder, der in Albaneses Büro beschäftigt war.

Rudinì war zutiefst in den Skandal verwickelt, da er Albanese überhaupt erst ins Amt gebracht hatte. Rudinì war außerdem Innenminister gewesen und in dieser Funktion verantwortlich für die Bewahrung von Recht und Ordnung, als Albanese die Mafia beauftragt hatte, in Monreale Leute aus dem Weg zu räumen. (Auch Albanese hatte mit dem Teufel paktiert, um der Kriminalität Herr zu werden.)

Rudinì hatte zudem politische Gründe, um wieder zu vergessen, was er bereits über die Mafia in Erfahrung gebracht hatte. Als Parlamentsabgeordneter einer sizilianischen Wählerschaft gehörte er zu einer kleinen Minderheit rechter Politiker, die nach den letzten Wahlen nach Rom entsandt worden waren. Die Rechte hatte Sizilien zunächst gezwungen, die Mafia loszuwerden, nur um dann selbst mit ihr zu paktieren, zur Unterstützung ihrer repressiven Maßnahmen. Jetzt zahlte sie den politischen Preis für ihre Heuchelei und Doppelzüngigkeit. Rudinì versuchte verzweifelt, sich dem Stimmungsumschwung anzupassen, doch seine Bemühungen erwiesen sich als fruchtlos. Acht Tage nach seiner Aussage, am 18. März 1876, zerbrach die Koalitionsregierung der Rechten über der Frage einer Verstaatlichung der Eisenbahn, wonach zum ersten Mal die Linke ins Parlament einzog. Rudinì dagegen war eine lange Zeit in der politischen Bedeutungslosigkeit beschieden.

Wie die Rechte war auch die Linke eine sehr lose Koalition: Was sie verband, war die Absicht, die Demokratie auszuweiten und mehr Geld in die unterentwickelte Infrastruktur des Landes zu investieren. Die Linke war zudem eher südlich orientiert als die Rechte, vor allem mehr an Sizilien interessiert. Mit dem Einzug der Linken erhielten sizilianische Politiker einen Zugang zur Macht, und die Autorität des italienischen Staates fand endlich auch auf der Insel Zuspruch. Doch unter den Politikern, die Sizilien jetzt in einer linksdominierten Kammer vertraten, waren auch die »Briganten«, von denen Rudinì im Jahre 1867 gesprochen hatte – Großgrundbesitzer, die, willentlich oder nicht, mit den Mafiosi handelseins geworden waren, damit diese ihr Land schützten und verwalteten. Die Mafia konnte ihren Auftraggebern jetzt noch weitere Dienste anbieten: die Einflussnahme auf die Wahlen zum Beispiel. Sobald die Linke an der Macht war, erhielten die politischen Sponsoren der Mafia Zugriff auf die Zentralregierung.

Nach den Bourbonen die Rechte. Nach der Rechten die Linke. Ob zu Revolutionszeiten oder im Frieden, auf Sizilien kam keine Regierung an den Mafiosi vorbei.

Eine Sekte mit Eigenleben: Die Mafia und ihre Rituale

Am 29. Februar 1876, elf Tage, bevor der Marchese di Rudinì seine abstrusen Theorien über die »gutartige Mafia« äußerte, hatte die italienische Regierung das wichtigste Beweisstück in der gesamten Geschichte des organisierten Verbrechens auf Sizilien entdeckt. Der Polizeichef von Palermo schrieb an den Innenminister, um ihm zum ersten Mal das Initiationsritual zu schildern, das Mafiosi in einer Ortschaft namens Uditore in der Conca d'Oro durchführten.

Uditore war eine Siedlung am Stadtrand von Palermo, eine *borgata* mit nur 700 bis 800 Seelen, doch 1874 hatten dort nicht weniger als 34 Morde stattgefunden, weil rivalisierende Mafiafamilien sich gegenseitig das Recht streitig machten, den lukrativen »Schutz« der Obstgärten zu übernehmen. Der Boss vor Ort war Don Antonio Giammona, vom Polizeichef als »gänzlich ungebildet« beschrieben, »jedoch mit natürlicher Schläue ausgestattet«. Ein anderer Zeuge beschrieb ihn als »schweigsam, aufgeblasen und misstrauisch«. Giammona hielt sich sogar für einen Dichter und schrieb Verse in sizilianischem Dialekt.

Er lasse alle seine künftigen Mitglieder eine Art Taufe durchlaufen, die sie zu einem neuen, exaltierteren Verbrecherleben berechtige, erklärte der Polizeichef. Der Bewerber werde an einen entlegenen Ort geführt und müsse vor Giammona und dessen Unterbosse treten. Er habe den Finger oder den Arm vorzustrecken, Giammona steche ihn mit einem Dolch und lasse sein Blut auf ein Heiligenbildchen tropfen. Das Bild werde angezündet und die Asche verstreut – ein Hinweis auf die völlige Auslöschung der Verräter –, während der Rekrut der Sekte ewige Treue schwöre.

Der Polizeichef von Palermo hegte keinerlei Zweifel, dass er eine bedeutende Entdeckung gemacht hatte: Sie widerlegte all das Gewäsch über die »gutartige Mafia«, die Mafia als eine dem Sizilianer angeborene Selbstüberhöhung.

> »Damit ist erwiesen, dass die Maffia nicht nur die instinktive Neigung Einzelner zur Grausamkeit gegen andere ist, sondern eine konspirative Sekte mit Eigenleben, die im Verborgenen agiert.«

Dasselbe Ritual zieht sich durch die gesamte Geschichte der Mafia Siziliens und Nordamerikas. Doch die Regeln, die für die einzelnen Mafiagruppen oder *cosche* (»kos-ke« gesprochen) gelten, werden kaum jemals schriftlich festgehalten. Weil sie mündlich weitergegeben werden, weisen sie geringfügige örtliche Variationen auf: zum Beispiel im Wortlaut des Gelübdes, das der Neuling ablegt. Zuweilen wurde in die Unterlippe gestochen, öfter aber in den Zeigefinger. Die meisten *cosche* benutzten dazu eine Nadel, einige den Dorn eines Bitterorangenbaumes. Es waren unterschiedliche Heiligenbilder, die von den Flammen verzehrt wurden, doch das bei weitem häufigste Motiv war Mariä Verkündigung. Es gibt nichtsdestoweniger eine starke Familienähnlichkeit zwischen den verschiedenen Varianten. Diese Familienähnlichkeit zeigt am deutlichsten, dass die Mafia nicht nur ein arrogantes Gehabe bezeichnet oder irgendeine vage »Solidarität im Verbrechen«, wie der Marchese di Rudinì behauptete, sondern dass es sich um eine Organisation handelt. Und diese Organisation hat eine Geschichte – einen roten Faden, der sich von den Zitrusgärten des Palermer Hinterlandes bis in die Straßen New Yorks zieht und darüber hinaus.

In den Monaten nach der Offenlegung des Initiationsrituals erfuhr man von ähnlichen Gelübden in anderen Gegenden der Provinz Palermo, sogar in der Provinz Agrigent auf der anderen Seite der Insel. Kurioserweise wurde eine der *cosche*, die sich dieser Rituale befleißigten, ausgerechnet in der Stadt Canicattì entdeckt, wo der Marchese di Rudinì seinen Wahlkreis hatte.

Die Ähnlichkeiten zwischen den einzelnen Mafiafamilien waren eklatant. Wie die Giammona-Bande in Uditore verständigten sich auch die anderen *cosche* über einen kodierten Dialog, so dass Mafiosi, die sich persönlich nicht kannten, einander als Brüder im Verbrechen identifizierten. Der Dialog begann, indem ein Mafioso über Zahnschmerzen klagte und auf einen Eckzahn im Oberkiefer zeigte. Der zweite Mafioso erwiderte, dass auch er Zahnschmerzen habe. Daraufhin erzählten die beiden einander, wo die Schmerzen angefangen hatten, wer dabei gewesen war und so weiter. Die »Zahnschmerzen« standen für eine Mitgliedschaft in der Mafia; und die Hinweise auf den Ort, an dem das Zahnweh begonnen hatte, sollten an den Moment erinnern, als der Mafioso sein Gelübde ablegte.

All diese Beweise kamen zu einem politisch prekären Zeitpunkt. Die

Linke war gerade im Begriff, ihre Macht zu festigen, und musste erkennen, dass die Mafia etwas weitaus Bedrohlicheres war als nur eine merkwürdige, typisch sizilianische Form von Draufgängertum. Im November 1876 schließlich wurden die Zustände von Recht und Gesetz auf Sizilien zum internationalen Ärgernis, als der englische Betreiber einer Schwefelmine in der Provinz Palermo entführt wurde und der schwere Verdacht aufkam, dass hierbei die Mafia die Hand im Spiel hatte.

Der neue Präfekt von Palermo, der linksgerichtete Antonio Malusardi, gelangte zu der Überzeugung, dass es eine Verbindung geben müsse beziehungsweise, wie er es nannte, »einen regen Austausch« zwischen den verschiedenen Mafiazellen. Am 30. Januar 1877 schrieb der Präfekt an den Oberstaatsanwalt, der das gesamte Rechtssystem in Palermo kontrollierte, und beschwor ihn, die verschiedenen Ermittlungen gegen die Mafia zusammenzuführen, damit es möglich werde, die Kommunikation zwischen den einzelnen *cosche* zu untersuchen. In anderen Worten, der Präfekt von Palermo bat den Oberstaatsanwalt, ihm eine einfache, aber maßgebliche Frage zu beantworten. Gab es viele kriminelle Sekten auf Sizilien, oder nur eine einzige kriminelle Freimaurerloge? Eine einzige sizilianische Mafia oder mehrere?

Kein Sizilianer, der alt genug ist, um sich an die 1980er Jahre zu erinnern, liest die Worte des Präfekten Malusardi ohne einen Schauder des Wiedererkennens. Denn erst 1983, nach einem schockierenden Aufwallen mafioser Gewalt, gingen Palermer Ermittler endlich daran, ihr Augenmerk auf die »tatsächliche Zusammenarbeit« zwischen den einzelnen Mafiagruppen im westlichen Sizilien zu richten. Um diese Zusammenarbeit aufzuspüren und zu dokumentieren, bildeten vier spezialisierte Staatsanwälte einen sogenannten Anti-Mafia-»Pool«.

Im Sommer des darauffolgenden Jahres wurde ein hochrangiger Ehrenmann namens Tommaso Buscetta zum Kronzeugen, nachdem er bei einem Blutbad viele Angehörige verloren hatte. Buscetta, der aufgrund seines transatlantischen Einflusses als »Boss zweier Welten« bekannt war, gab dem Ermittler-Pool einen tieferen Einblick in die Mafia als irgendjemand zuvor. Zu den vielen wichtigen Enthüllungen, die Buscetta lieferte, gehörte das Initiationsritual, dem er sich wie jeder Ehrenmann unterzogen hatte. 1992 akzeptierte ein Urteil des Kassationsgerichts – Italiens Oberster Gerichtshof – die Zeugenaussagen des

Bosses zweier Welten; sie bestätigten *zum ersten Mal in der Geschichte*, dass die Mafia kein lockerer Zusammenschluss lokaler Banden war, sondern eine einzige Organisation, deren Mitglieder einander durch einen Treueeid verpflichtet waren bis zum Tod. Es gab nur *eine* sizilianische Mafia.

Zwei der mutigsten und tüchtigsten Männer Italiens sollten diese Wahrheit bald darauf mit ihrem Leben bezahlen. Nur wenige Wochen nach dem Urteil des Obersten Gerichtshofes fielen Giovanni Falcone und Paolo Borsellino, die führenden Staatsanwälte des Anti-Mafia-Pools, zwei Bombenanschlägen zum Opfer. Tragischerweise hatte sich der Verdacht des Präfekten Malusardi endlich bestätigt – nach über hundert Jahren Blutvergießens. Neuere Forschungsergebnisse sagen uns, dass Italien Malusardis Frage auch sofort hätte beantworten können.

Die Antwort des Oberstaatsanwalts auf den Brief des Präfekten Malusardi bezüglich der Mafiarituale erreichte Letzteren erst nach über einem Monat – eine seltsame Verzögerung angesichts der Wichtigkeit der Angelegenheit. Die Schlussfolgerungen des Oberstaatsanwalts waren absolut kategorisch.

> »Zweifellos gibt es hie und da auf Sizilien kriminelle Gruppierungen unterschiedlicher Größe. Doch sind sie einander weder verpflichtet noch durch Komplizenschaft miteinander verbunden.«

Der Oberstaatsanwalt stand dem Vorschlag, es müsse großangelegte Gerichtsverfahren gegen die Mafia geben – die Italiener von heute sprechen von »Maxiprozessen« –, ausgesprochen feindselig gegenüber. Solche Verfahren würden die Autonomie der Justiz mit Füßen treten, protestierte er, und dem politisch motivierten Missbrauch des Gesetzes durch die Regierung Tür und Tor öffnen. Dieses Argument trug den Sieg davon. Auf ganz Sizilien wurden in den darauffolgenden sechs Jahren Mafiosi vor Gericht gestellt, viele von ihnen zum ersten Mal. Doch behandelte man sie wie Mitglieder unabhängig voneinander agierender lokaler krimineller Vereinigungen.

Der Brief des Oberstaatsanwalts ist oft von Historikern zitiert worden, die Zweifel an der Existenz eines vereinten kriminellen Netzwerkes namens »Mafia« hatten. Falcone und Borsellino mochten die Existenz der sogenannten Cosa Nostra zweifelsfrei bewiesen haben, so ihre Argumentation, doch wäre es naiv, diese Entdeckung auf die Vergangenheit zu übertragen. 1877 sei der Regierung die weit hergeholte Theorie, es existiere nur eine Mafia, aus bestimmten Gründen zupass gekommen, denn schließlich gebe es kaum einen besseren Vorwand für ein autoritäres Durchgreifen als das Hirngespinst einer mysteriösen Geheimsekte von Mördern mit Verbindungen im gesamten Westen Siziliens. Der Oberstaatsanwalt hatte Zugang zu allen verfügbaren Beweismitteln der Polizei über die frühe Mafia, von denen inzwischen eine Menge verschwunden sind. Wenn also jemand, der so viel Einblick besaß, der festen Überzeugung war, dass die verschiedenen Gruppierungen nicht miteinander »im Bunde« waren, wie können wir, aus einer Distanz von über hundert Jahren, seine Schlussfolgerungen in Zweifel ziehen?

Bei näherer Betrachtung erweist sich der Brief des Oberstaatsanwalts freilich nicht als ein leuchtendes Beispiel forensischer Logik. Die verschiedenen Vereinigungen, argumentierte er, könnten schon deshalb nicht miteinander in Verbindung stehen, weil sie allzu oft in Konflikt gerieten. Der Zahnwehdialog sei auch keine neue Entdeckung: Auf dem gesamten Eiland hätten sich gewaltbereite Schläger eine Zeitlang dieser Formeln bedient, um zu prüfen, ob ihr Gegenüber ihre Gesinnung teilte; sie hätten im Gefängnis in Milazzo damit angefangen und die Idee wahrscheinlich aus einem Roman von Alexandre Dumas übernommen, dem Verfasser der *Drei Musketiere*. Zum Schluss räumte der Oberstaatsanwalt ein, dass die verschiedenen Banden allenfalls bei einer Gelegenheit ein gemeinsames Ziel verfolgt hätten: bei der Revolte im September 1866, als sie sich verbündet hätten, um die nach ihren Worten »verabscheuungswürdige Regierung« zu stürzen. Warum all diese Argumente in entscheidender Weise hätten dazu beitragen sollen, die Theorie eines einzigen, vereinten Mafianetzwerks zu entkräften, ist nicht ganz einsichtig.

Mafiosi haben sich schon vor 1877 gegenseitig umgebracht, und seither immer wieder. Doch das hindert sie nicht daran, derselben Bruderschaft anzugehören.

Die Tatsache, dass das Zahnwehgerede möglicherweise im Gefängnis zustande kam, vermag den Verdacht, der ihm anhaftet, nicht zu zerstreuen – ganz im Gegenteil. Dasselbe gilt für die Möglichkeit, dass es von einem Roman, einer Oper oder dergleichen abgekupfert wurde.

Wie das Märchen von den spanischen Ursprüngen der Camorra beweist, haben kriminelle Organisationen eine Schwäche dafür, sich eine reich ausgeschmückte Mythologie zu schaffen; wir können schwerlich überrascht sein, wenn die Gangster skrupellos genug sind, zu diesem Zweck das eine oder andere aus der Kultur zu plagiieren, in der sie leben.

Und nicht zu vergessen: Wenn viele der Banden ihre Aktionen gut genug koordinieren konnten, um im September 1866 gleichzeitig zu rebellieren, wäre dies doch wohl der verstörende Beweis dafür, dass sie miteinander im Bunde waren, nicht wahr?

Es ist nun an der Zeit, den Oberstaatsanwalt, der diese wackeligen Argumente in die Welt setzte, unter die Lupe zu nehmen. Er hieß Carlo Morena und war ein geachteter Richter, der im Laufe seiner hervorragenden Karriere viele Orden verliehen bekam. Er stammte aus einem Ort, der immun war gegen Siziliens »übertriebene Großspurigkeit«, seine stolze, trotzige Haltung gegen das offizielle Recht: Er war 1821 zur Welt gekommen, in einem Dorf im Norden Italiens, unweit der Stadt Savona an der ligurischen Küste.

Im März des Jahres 1876 – er war gerade zum obersten Richter in Sizilien befördert worden – wurde Morena von einer Parlamentskommission über den Zustand von Recht und Ordnung in der Provinz Palermo befragt. Seine Antworten waren unverblümt, wie es einem Richter anstand, der Recht und Gesetz hochzuhalten gedachte. Sizilianische Richter seien schwach oder korrupt, sagte Morena; die Zeugen, ja selbst die Opfer, verschanzten sich hinter einer Mauer aus Schweigen, der Omertà; und die Gerichte würden schwere Verbrechen nur mit leichten Strafen ahnden, was die Autorität des Staates untergrabe.

Doch als er zehn Monate später dem Präfekten Malusardi ein Antwortschreiben schickte, war Carlo Morena ein Mafioso. Er litt weder an »Zahnweh«, noch war er ein eingeschworenes Mitglied der kriminellen Vereinigung. Er war auch nicht unbedingt ein williger Helfer der Ganoven. Nichtsdestoweniger war er ein »Freund der Freunde«, wie man auf Sizilien sagt.

Was genau die Mafia unternahm, um Morena 1876 auf ihre Seite zu ziehen, ist nicht bekannt. Er mag allen möglichen Drohungen ausgesetzt gewesen sein – Bestechung, Erpressung, politischem Druck. Wie bei den Großgrundbesitzern, die der Marchese di Rudinì als

»Briganten« bezeichnete, oder bei Rudinì selbst sind diverse Szenarios denkbar. Doch wir können immerhin sicher sein, dass der Oberstaatsanwalt Morena für die Ehrenwerte Gesellschaft Siziliens tätig war. Um herauszufinden, warum, müssen wir uns viel, viel tiefer in die Welt der Mafia hineinbegeben – tiefer als es jemals möglich war, bis 2009 ein außergewöhnlich enthüllendes Dokument ans Licht kam. Dieses Dokument ist in der sauberen Handschrift des ersten richtigen Helden in der Geschichte des organisierten Verbrechens in Italien geschrieben worden, eines Mannes, dessen langen und ereignisreichen Werdegang wir von nun an verfolgen werden.

Wenn es etwas gibt, das die Mafia fürchtet, dann sind es tüchtige Polizisten. Trotz aller kriminellen Verflechtungen der Ordnungshüter mit den Kriminellen in Neapel und Palermo hat das Italien des 19. Jahrhunderts einige herausragende Ordnungshüter hervorgebracht. Unter den besten war ein blonder Polizist mit kantigem Kinn namens Ermanno Sangiorgi. Sangiorgis umfangreiche Personalakte wird im zentralen Staatsarchiv in Rom zwischen den ungezählten Dokumenten des Innenministeriums aufbewahrt. Sie zeugt von einer Karriere, die nahezu fünf Jahrzehnte umspannte. Sangiorgi trat im Jahr 1907 in den Ruhestand, als mittlerweile erfahrenster und verdientester Mafiajäger im ganzen Land. Er verkörpert all die Widrigkeiten des Kampfes gegen die Mafia nach der Einigung Italiens.

Aus sehr guten persönlichen und beruflichen Gründen zog Sangiorgi niemals in Zweifel, was die Mafia in Wirklichkeit war: eine geheime Mördersekte, die mit ihren Tentakeln den gesamten Westen Siziliens umspannte. Zum einen nämlich hatte Sangiorgi die Untersuchung im Fall der Uditore-Mafia geführt, deren Boss der Dialektdichter Don Antonino Giammona war, zum zweiten hatte er das Initiationsritual und den Zahnwehdialog aufgedeckt.

Was im nächsten Kapitel folgt, ist die Geschichte einer zunächst unbekannten Ermittlung, die parallel zum Uditore-Fall lief. Die Mafia verzieh es Ermanno Sangiorgi nicht ohne weiteres, dass er ihr Initiationsritual an die Öffentlichkeit gebracht hatte. Als sie ihre Rache übte, wurde Sangiorgi bewusst, wie subtil und weit verzweigt ihre Macht war und wie sehr sich Carlo Morena getäuscht hatte, als er die Existenz einer kriminellen Geheimgesellschaft im Westen Siziliens verneinte.

Sangiorgis Ermittlung offenbart auch die unseligen Schachzüge in den Anfangsjahren der Linken, als der Mafia zwar zum ersten Mal der Prozess gemacht wurde, zugleich aber auch sizilianische Politiker, und mit ihnen die Freunde der Mafia, die nationale politische Bühne betraten.

Es gibt ein politisches Thema im Hintergrund, das man sich gleich zu Beginn dieser Geschichte merken sollte: Diskontinuität. Das Problem hat Italiens Reaktion auf das organisierte Verbrechen einen Großteil der vergangenen eineinhalb Jahrhunderte negativ beeinflusst. Seit 1860 brachte das italienische System, ob unter der Rechten oder der Linken, eine zerbrechliche Koalitionsregierung nach der anderen hervor und sorgte so für eine schwindelerregende Fluktuation von Beamten und Politikern.

Das beste Beispiel dafür ist das Polizeiwesen. Die kurze Kommandokette, die uns hier Sorgen bereitet, verläuft wie folgt: vom Premierminister über den Innenminister in Rom zum Präfekten von Palermo, dann über den Polizeichef der Stadt zu den Beamten vor Ort. Die nachfolgende Geschichte erstreckt sich über dreieinhalb Jahre, vom November 1874 bis zum Juni 1878. Es war eine schlechte Zeit für Veränderungen, aber durchaus aussagekräftig: Es gab drei Premierminister, vier Innenminister, sechs Präfekten von Palermo und drei Polizeichefs. Manche von ihnen hatten kaum genügend Zeit, ihre Jacken aufzuhängen, ehe sie wieder versetzt wurden. Auf allen Ebenen wechselte man, was die Handhabung der Mafia anbelangte, unberechenbar zwischen zwei Extremen: im Zaum halten oder hätscheln. Für Polizisten an vorderster Front wie Ermanno Sangiorgi konnten diese schnellen politischen Wetterwechsel beängstigende Konsequenzen haben.

Zweifache Rache

Wie die meisten italienischen Polizisten wollte auch Ermanno Sangiorgi unbedingt die Gunst der Staatsbeamten erobern, die sein Schicksal in der Hand hatten und jeden seiner Schritte überwachten. Die Bezahlung war dürftig, die Bedingungen hart. Die Polizei hatte eine nationale Karrierestruktur und pflegte ihre Beamten in so kurzen Abständen zu versetzen, dass selbst einfache Polizisten ihre gesamte Laufbahn im stets wechselnden Exil zubrachten, in fremden Gemeinden, deren Bewohner unverständliche Dialekte sprachen und verächtlich auf die Polizisten herabschauten.

Sangiorgi stammte aus der nördlichen Mitte Italiens, kam 1840 in der Kurstadt Riolo in der Emilia-Romagna zur Welt. Er wusste nur allzu gut, wie abträglich eine Polizeikarriere dem Familienleben sein konnte. Nachdem seine erste Frau verstorben war, vermutlich im Kindbett, musste er, noch keine zwanzig, allein für seinen Sohn Achille sorgen. 1861 heiratete er seine zweite Frau, Enrica Ricci, ein Mädchen aus einer angesehenen Familie des unteren Mittelstandes aus Faenza, und das Paar gab seinen Kindern die patriotischen Namen Italo und Italia. Von 1863 an bestand Sangiorgis Dienst hauptsächlich aus dem Kampf gegen Briganten im Süden. In den primitiven Berggemeinden, in denen er stationiert war, konnten er und seine Frau ihren Sohn Achille nicht immer bei sich behalten. Eine Beförderung war der einzige Weg zu einem weniger mühsamen Leben, doch jede Sprosse die Karriereleiter hinauf musste er in mühsamer Plackerei, über Beziehungen und rührselige Geschichten, dem Griff von Politikern und Bürokraten entwinden. Sangiorgi hatte eine hohe Meinung von sich und verfolgte hartnäckig seine ehrgeizigen Ziele. Ein Präfekt würde später über ihn schreiben: »Er lässt kein Mittel unversucht, um auf sich aufmerksam zu machen.«

Im Dezember 1874 versuchte Sangiorgi, keinen Geringeren als den Innenminister auf sich aufmerksam zu machen. Seit neun Monaten erledige er in Trapani, an der westlichsten Spitze Siziliens, bereits die Pflichten eines Inspektors, schrieb er. Doch die dauerhafte Beförderung zum Inspektor, die man ihm in Aussicht gestellt habe, sei noch nicht vollzogen worden. Natürlich habe er absolutes Vertrauen, dass das Versprechen eingehalten werde – und keine Minute gezögert, in die eigene Tasche zu greifen, um seinen Polizistensold aufzubessern. Schließlich habe er eine Frau und drei Kinder zu versorgen. Sein »innigster Wunsch« aber sei es, dem Minister mit weiteren Diensten seine Dankbarkeit zu bezeigen und »sich dem Wohlwollen der Königlichen Regierung würdiger zu erweisen denn je«. Könne man ihn nicht »an einen Ort versetzen, wo die Bedingungen von Recht und Gesetz noch mehr zu wünschen übrig ließen?«

Sangiorgi suchte die Aufregung, und er sollte mehr davon bekommen, als ihm lieb war. Im März 1875 übernahm er den größten, am dichtesten bevölkerten und am heftigsten von der Mafia verseuchten Polizeibezirk auf Sizilien: Castel Molo, im nördlichen Teil der Conca d'Oro gelegen. Innerhalb seiner Verwaltungsgrenzen erstreckte sich die Piana dei Colli – eine fruchtbare Ebene, die auf der einen Seite von den kleinen Bergen im Nordwesten von Palermo begrenzt war, auf der anderen vom Monte Pellegrino, einer einzelnen Felsformation, die im Norden der Stadt an der Küste aufragt. Die Piana dei Colli war gesprenkelt von den Villen und Gärten der Wohlhabenden. Doch waren die Ortschaften hier wie überall in der Conca d'Oro als gesetzlos verschrien. Etwas weiter westlich überwachten die Polizisten von Castel Molo auch die Zitronengärten von Passo di Rigano und Uditore. Diese Satellitendörfer hatten – in Sangiorgis Worten – »wegen ihrer kriminellen Vereinigungen und blutigen Verbrechen eine traurige Berühmtheit erlangt«. Sangiorgi diagnostizierte das Blutvergießen in Castel Molo mit demonstrativer Gelassenheit:

> »Die Mafia beherrschte die Situation, es war ihr sogar gelungen, das Polizeirevier zu infizieren. Man hatte den maßgeblichen Mafiabossen in der Tat Waffenscheine ausgestellt. Immer wenn im Bezirk Castel Molo ein Mord oder ein anderes schlimmes Verbrechen geschah, was häufig der Fall war, wählte die Polizei unter diesen Männern ihre Informanten (...) Sie wandten sich an die berüchtigtsten Mafiosi, wenn sie vertrauliche Informationen zum Tathergang brauchten, was häufig dazu führte, dass arme, ehrliche Familien geopfert wurden, Kriminelle ungestraft davonkamen, und die Allgemeinheit deprimiert und misstrauisch war.«

Hier hielt man sich offenbar noch immer an die Strategie eines Pakts mit der Mafia, um in Zusammenarbeit mit ihr gegen Kriminelle vorzugehen. Einer der ungeheuerlichsten Fälle dieser Strategie betraf Inspektor Matteo Ferro, den unmittelbaren Vorgänger Sangiorgis als Leiter der Polizeidienststelle Castel Molo. Ferro verband eine enge Freundschaft mit dem Mafioso, der eine zentrale Rolle in Sangiorgis Geschichte spielen sollte: Giovanni Cusimano, seiner dunklen Hautfarbe wegen *il Nero*, »der Schwarze«, genannt.

Inspektor Ferro hatte schon vor Sangiorgis Amtsantritt eine Menge unternommen, um die Ermittlungen gegen die Mafia von Uditore zu behindern; er hatte sich für *il Nero* eingesetzt, behauptet, er sei kein *capomafia*, sondern »ein aufrechter Mensch, der sich für Recht und Gesetz stark« mache. Dabei hatte »der Schwarze« neben anderen Verbrechen erst vor kurzem einen Großgrundbesitzer gewaltsam dazu gebracht, ihm für die lächerliche Jahresmiete von hundert Litern Olivenöl eine Villa zu überlassen, die 200 000 Lire wert war. (Eine Miete, die »der Schwarze«, wen wundert's, nicht zu zahlen bereit war.) Kaum hatte sich *il Nero* in der Villa eingenistet, als ihm nicht nur der freundliche Polizeiinspektor vor Ort, Matteo Ferro, regelmäßige Besuche abstattete, sondern auch ein Wachtmeister der Carabinieri und der Herausgeber der Lokalzeitung *L'Amico del Popolo*. Wer Rang und Namen hatte in der Piana dei Colli, war mit »dem Schwarzen« befreundet.

Bald nachdem Sangiorgi sich in der Polizeistation von Castel Molo etabliert hatte, wurde er aktiv.

> »Ich begriff schnell, dass ich eine Methode einführen musste, die in diametralem Gegensatz zu derjenigen stand, die die Polizei bisher angewendet hatte. So begann ich sofort, die Mafia offen zu bekämpfen.«

Ein offener Kampf gegen die Mafia. Die Schlichtheit dieser Worte sollte nicht darüber hinwegtäuschen, wie schwierig diese Aufgabe in Wirklichkeit war. Als Sangiorgi die Waffenscheine der Mafiabosse einzog und ihnen Verwarnungen erteilte, stieß er auf einen Widerstand, wie ihn die Polizei in Neapel bei der Bekämpfung der Camorra nie erlebt hatte: Sangiorgi verwies auf »Senatoren, Abgeordnete, Richter und andere Honoratioren«, die zugunsten der Verbrecherbosse interveniert hätten. In anderen Worten, die Mafia war bereits Teil eines

Netzwerks, das bis in die höchsten Ränge von Italiens Regierungsinstitutionen reichte. Sangiorgis Geschichte ist ein Gleichnis dafür, wie schwierig sich ein offener Kampf gegen dieses Netzwerk gestalten kann.

Zunächst erzielte Sangiorgi ausgezeichnete Ergebnisse. »Die Mafia verkroch sich in ihrer Muschel«, erinnerte er sich später, »wir verzeichneten eine Wiedergeburt der öffentlichen Moral und einen markanten Rückgang der Anzahl der Verbrechen.«

Dann, im November 1875, acht Monate, nachdem Sangiorgi in Palermo angekommen war, wurde ein verkrüppelter alter Mann, der sich schwer auf den Arm eines Anwalts stützte, in sein Büro geführt. Sein Name war Calogero Gambino, und er besaß einen Zitronenhain in der Piana dei Colli, unweit der *borgata* San Lorenzo. Er begann mit den Worten, Sangiorgi stehe im Ruf, ein ehrlicher, energischer Polizist zu sein, weshalb er sich an ihn wende, um Gerechtigkeit gegen die Mafia zu erlangen.

Gambino hatte zwei Söhne, Antonio und Salvatore. Etwa 18 Monate zuvor, am 18. Juni 1874, war Antonio überfallen und getötet worden – jemand hatte ihn hinterrücks erschossen, als er im Begriff gewesen war, die Weinreben der Familie zu schwefeln. Nun stand Gambinos anderer Sohn, Salvatore, kurz davor, für den Mord an seinem Bruder verurteilt zu werden. Doch es sei kein »Brudermord« gewesen, erklärte der alte Gambino. *Il Nero* Cusimano habe den einen Sohn getötet und den anderen angeschwärzt: Es handle sich um den letzten schlauen Racheakt der Mafia gegen seine Familie.

Sangiorgi begriff sofort, warum Gambino jetzt zu ihm gekommen war: Giovanni Cusimano, »der Schwarze«, war tot, ein Opfer des fast ununterbrochen tobenden Mafiakrieges um die Kontrolle über die Zitrusgärten. Das blutige Ende von Cusimanos Herrschaft in der Piana dei Colli gab Calogero Gambino die Möglichkeit, seine außergewöhnliche Geschichte zu erzählen.

Eine Geschichte wie eine Stange politisches Dynamit mit glimmender Lunte. Denn der alte Gambino behauptete außerdem, die Polizei habe der Mafia dabei geholfen, den vorgetäuschten Brudermord zu arrangieren. Erst wenige Wochen zuvor hatte der landesweite Skandal um den einstigen Polizeichef Albanese seinen Höhepunkt erreicht. Trafen Gambinos Behauptungen zu, würden sie beweisen, dass die

Korruption nicht mit Albanese verschwunden war; sie würden beweisen, dass die Polizei in Palermo nach wie vor systematisch von der Mafia unterwandert wurde.

Das »Brudermord«-Komplott gegen Gambinos noch lebenden Sohn war nur der Höhepunkt eines Rachefeldzugs, der schon über 14 Jahre währte und zu dem Zeitpunkt begonnen hatte, als Garibaldis Zug der Tausend die Insel Sizilien dem geeinten Königreich Italien angegliedert hatte. Die Mafia habe es auf ihn abgesehen, sagte der Alte aus, weil er wohlhabend und nicht in San Lorenzo geboren sei. Grund für seine Probleme war sein Schwiegersohn Giuseppe Biundi; Biundi war der Neffe des Unterbosses von *il Nero*. Im Jahre 1860 hatte Biundi Gambinos Tochter entführt und vergewaltigt, um eine Ehe zu erzwingen. Einige Monate nach der Hochzeit hatte Gambinos neuer Schwiegersohn einige tausend Lire aus seinem Haus gestohlen. Die Verbindungen des jungen Mannes hätten dem alten Gambino Angst eingejagt, so dieser, und so habe er den Diebstahl nicht angezeigt.

Dann, im Jahre 1863, hatte Giuseppe Biundi Gambinos Bruder entführt und ermordet. Der alte Mann konnte nicht länger schweigen: Nachdem er der Polizei einen Wink gegeben hatte, wurden Biundi und sein Komplize verhaftet und zu 15 Jahren Zwangsarbeit verurteilt.

Während er elf Jahre später in Sangiorgis Büro saß, schilderte Gambino die entsetzlichen Konsequenzen seiner Handlungsweise.

> »Zunächst verfolgte die Mafia mich aus niedriger Profitgier. Doch nachdem ich mich an die Polizei gewandt hatte, legten sie mir aus einem weitaus ernsteren Grund die Daumenschrauben an: persönliche Rache.«

Doch die Rache war nicht sofort erfolgt: Giovanni Cusimano, »der Schwarze«, hatte drei Jahre gewartet, bis zum Aufstand im September 1866.

Beim Ausbruch der Revolte war Gambino im Vertrauen gewarnt worden, er befinde sich in großer Gefahr und müsse San Lorenzo auf der Stelle verlassen. Seine Söhne hatten daraufhin Bargeld, Kleidung, Wäsche, Küchengerätschaften und die Hühner der Familie auf einen Eselskarren geladen und den Hof verlassen, um bei einem befreundeten Bauern Unterschlupf zu finden. Unterwegs wurden sie von 17 Mafiosi angegriffen. Ein erbitterter Schusswechsel folgte; Salvatore Gambino wurde in den linken Oberschenkel getroffen. Doch beide Brüder kannten die Gegend genau und entkamen über die Mauer eines nahe gelegenen Anwesens. Die Habseligkeiten der Familie ließen sie im Stich, sie wurden von den Peinigern geplündert.

Das Palermer Hinterland war damals fast vollständig in der Hand der Aufständischen gewesen. Weil die Familie Gambino befürchten musste, dass ihr Zufluchtsort keinen ausreichenden Schutz mehr bieten würde, begab sie sich nach Resuttana, dem Nachbarsdorf von San Lorenzo in der Piana dei Colli. Dort wurden sie von einem gewissen Salvatore Licata aufgenommen. In seinem Haus erhielten die Gambinos tags darauf ein Päckchen von Giovanni Cusimano: Es enthielt einen Brocken Fleisch von ihrer Stute. Als Mafiabotschaft besaß dieser Brocken vielleicht nicht das filmische Flair des abgetrennten Pferdekopfs aus *Der Pate*, doch seine Bedeutung war so ziemlich die gleiche: *Il Nero* hatte mit der Familie Gambino noch ein Hühnchen zu rupfen.

Inspektor Sangiorgi verrät uns nicht, was ihm alles durch den Kopf ging, während er dem alten Gambino zuhörte – er war ein viel zu besonnener Polizist, um solche Gedanken niederzuschreiben. Doch um sowohl die Dramatik des Gehörten wie auch die Intrige einschätzen zu können, in die Sangiorgi hineingezogen wurde, kommen wir nicht umhin uns vorzustellen, wie seine grauen Zellen zu arbeiten anfingen, als er erfuhr, wer den bedrängten Gambinos im September 1866 in Resuttana Zuflucht gewährt hatte. Sangiorgi war fremd auf Sizilien, ein Norditaliener. Doch er war lange genug in Palermo gewesen, um die unselige Macht der Licatas zu kennen. Allein der Name Licata sagte ihm, deutlicher als alles andere, dass Gambino einen wesentlichen Teil der Wahrheit vor ihm verbarg.

Salvatore Licata war zu dem Zeitpunkt, als er die Gambinos bei sich aufnahm, 61 Jahre alt. Er war außerdem einer der angesehensten Mafiosi der Conca d'Oro und verfügte über ausgezeichnete Beziehungen.

Wie viele bedeutende Mafiabosse, einschließlich Turi Miceli aus Monreale, »der Schwarze« aus San Lorenzo und Don Antonino Giammona aus Uditore, hatte Licata sowohl 1848 als auch 1860 einen Trupp Aufständischer nach Palermo geführt. Doch während der Revolte von 1866 hatte er seine Schläger mobilisiert, die sich als sogenannte »Konterrevolutionäre« den Aufständischen entgegenstellten. Licata gehörte in anderen Worten zu den schlauen Mafiosi, die erkannt hatten, dass sie mit ihrer Revolte mehr zu verlieren als zu gewinnen hatten.

Sein Sohn Andrea war ein Offizier der Reitermiliz, einer berüchtigten korrupten Polizeitruppe. Seine drei übrigen Söhne waren bewaffnete Räuber und Erpresser, denen man dank der ausgezeichneten Beziehungen der Familie Straffreiheit zugesichert hatte.

Wie die Licatas und wie Don Antonino Giammona, eine Säule der Nationalgarde, kappten viele Bosse in Palermo während des Aufstands von 1866 ihre noch vorhandenen Verbindungen zu den Revolutionären.

Die Freundschaft des alten Gambino mit dem furchteinflößenden Licata-Clan lässt den sehr starken Verdacht aufkommen, dass Gambino und seine Söhne ebenfalls Mafiosi waren. Mehrere Aspekte seiner Geschichte strapazierten die Glaubwürdigkeit doch allzu sehr. Er versuchte Inspektor Sangiorgi weiszumachen, er sei ein gänzlich unschuldiges Opfer. Nur die Angst habe ihn davon abgehalten, die Polizei über »den Schwarzen« zu informieren, obwohl dieser ihn fast eineinhalb Jahrzehnte verfolgt habe. So wie er seinen ermordeten Sohn Antonino beschrieb, war auch dieser verdächtig.

> »Mein Sohn Antonino war ein sehr mutiger junger Mann. Er hatte zu viel Selbstachtung, um sich hinreißen zu lassen und mit seinen Feinden und den Feinden seiner Familie einen allzu vertraulichen Umgang zu pflegen. Aus diesem Grund hatten ›der Schwarze‹ und seine Verbündeten die Befürchtung, mein Sohn sinne auf Rache.«

Ein mutiger Mann mit Selbstachtung, der sich nicht terrorisieren lassen wollte. Ein »gutartiger *maffioso*«, um den Begriff des Marchese Rudinì zu verwenden. So stellt die Mafia sich gerne selbst der Außenwelt dar.

Der Schluss, der Sangiorgi in den Sinn kam, war unerbittlich: Der alte Gambino und seine beiden Söhne wurden nicht *von* der Mafia verfolgt, sie waren *innerhalb* der Mafia in einen Machtkampf verwickelt. Erst als ihnen die endgültige Niederlage drohte, veranlasste der alte Gambino seinen Anwalt, ihn zur Polizei zu begleiten. Sangiorgi sollte das Werkzeug seiner Rache gegen seine früheren Spießgesellen sein; der Staat war gleichsam sein letzter Ausweg, um Rache zu üben.

Die Angst schärfte vermutlich Sangiorgis Konzentration, als er sich die Geschichte zu Ende anhörte.

Nachdem er dem alten Gambino das Stück Pferdefleisch geschickt hatte, war *il Nero* Cusimano gezwungen, seinen Feldzug gegen die Gambino-Familie aufzuschieben. Kaum war die Revolte vom September 1866 niedergeschlagen, beschlossen die Behörden, hart durchzugreifen. Da sie befürchteten, sich mit ihrem offenen Angriff auf die Gambinos allzu weit aus dem Fenster gelehnt zu haben, machten Cusimanos Leute Friedensangebote. Gesandte sprachen Gambino an, der immer noch bei Salvatore Licata wohnte, dem Anführer der »Konterrevolutionäre«, um ihm etwas vorzuschlagen, was »der Schwarze« als »Seelenverwandtschaft« bezeichnete: Zwei seiner Leutnants sollten die Paten von Gambinos Enkelkindern werden.

Widerstrebend – seiner eigenen, sehr selektiven Schilderung der Ereignisse zufolge – habe der alte Gambino dem Vorschlag zugestimmt und beschlossen, den Überfall auf ihn nicht den Behörden zu melden. Aller Wahrscheinlichkeit nach war die »Seelenverwandtschaft« in Wirklichkeit ein Bündnis zwischen Mafia-Blutlinien.

In Sizilien und einem Großteil des süditalienischen Festlandes heißt der Pate *compare*, was wörtlich »Mit-Vater« bedeutet. Der *comparatico* (»die Mit-Vaterschaft«) war ein Mittel, dessen man sich bediente, um wichtige Freundschaften innerhalb einer Familie zu festigen und die Blutsbande weiter auszudehnen. Oft pflegte ein armer Bauer einen reichen, mächtigen Mann zu bitten, der »Mit-Vater« seines Kindes zu werden, als ein Zeichen der Ehrerbietung und Loyalität. Doch seit den Tagen des alten Gambino und des »schwarzen« Cusimano nutzen auch Mafiosi die Vorteile des *comparatico*: Hochrangige Bosse knüpfen »Seelenverwandtschaften«, ein Mittel, sich innerhalb der Sekte eine Gefolgschaft zu sichern.

Der erzwungene Aufenthalt der Familie Gambino bei Salvatore Licata während des Aufstands von 1866 hatte eine weitere faszinierende Konsequenz: Der Sohn des alten Gambino, Salvatore, heiratete eine von Licatas Töchtern.

Natürlich sagte Gambino nichts davon zu Sangiorgi, doch diese Ehe hatte aller Wahrscheinlichkeit nach ebenso politische Gründe wie die »Seelenverwandtschaft« mit dem schwarzen Cusimano: Sie band die Gambinos fest in den Licata-Clan ein. Mafiabosse in der jüngeren, besser dokumentierten Zeit heiraten aus ähnlichen Beweggründen, wie es bei den gekrönten Häuptern Europas jahrhundertelang üblich war:

um Kriege zu beenden oder zu verhindern, um militärische Bündnisse zu schließen, um Vermögen und Prestige zu gewinnen und um sich über Generationen hinweg Macht und Reichtum zu sichern.

Sangiorgi erfuhr, dass die Bosse der Conca d'Oro durch »Mit-Vaterschaften« und Ehen eine *dynastische* Strategie entwickelten. Obwohl sie intensiv mit kurzfristigen Mafiaprojekten befasst waren, mit dem Blutvergießen und Paktieren, die eine Konstante darstellen in der Welt der Mafia, dachten sie auch längerfristig und versuchten, ihre Macht in die Zukunft auszudehnen. Patriarchen der Mafia bildeten ihre Familien, um den besonderen Bedürfnissen ihrer Branche in einer Weise gerecht zu werden, die sie in ihrem Verhalten grundlegend von anderen Sizilianern unterschied. (Im Gegensatz zum gängigen Klischee war zur damaligen Zeit auf Sizilien die Kernfamilie, nicht die Großfamilie, an der Tagesordnung.)

Die Geschichte Calogero Gambinos zeigt uns, dass der Unterschied zwischen den frühen Camorristi und den frühen Mafiosi, was Frauen und die Ehe anbelangte, augenfällig und sehr wichtig war. Mafiosi benutzten ihre Ehefrauen und Töchter als politische Schachfiguren und mehrten auf diese Weise ihren illegalen Profit zum Vermögen. Camorristi dagegen verkehrten mit Prostituierten und gaben das Geld aus, sowie sie es gestohlen hatten.

Von Marc Monnier (wieder einmal ist der Schweizer Hotelier eine der aufschlussreichsten Quellen über die Ehrenwerte Gesellschaft in Neapel) erfahren wir, dass die Ehefrau des durchschnittlichen Camorrista eine »eigenständige Macht« war und somit befugt, Schutzgelder zu kassieren.

> »Selbst die härtesten unter den einfachen Leuten pflegten vor den Unterröcken dieser weiblichen Ganoven zu zittern. Ein jeder wusste, dass ihre Männer irgendwann aus dem Gefängnis entlassen würden, um dann mit dem Knüttel in der Faust Zahlungsunwillige aufzusuchen und die ausstehenden Schulden einzutreiben.«

Solche Camorriste sorgten auch dafür, dass sich ihre Kinder »von klein auf Respekt verschafften«. Die Mitglieder der Camorra waren demnach ebenfalls bemüht, ihre Frauen einzusetzen und für die Zukunft vorzusorgen. Allerdings gingen sie dabei nicht so strategisch vor. Weder diente ihnen die Heirat als Werkzeug zum Aufbau einer Dynastie, noch schützten sie ihr Familienleben vor den potentiell destabilisierenden Auswirkungen eines Kontakts mit der Prostitution.

Die frühen Verbrecherbosse in Neapel hatten fast ausnahmslos Zuhälterei in ihrem Strafregister stehen, wogegen in den Biographien der ersten sizilianischen Mafiabosse Einkünfte aus diesem Gewerbe bemerkenswerterweise fehlen. Natürlich hatte auch Palermo seine Zuhälter, unter dem abstoßenden Spitznamen *ricottari* bekannt – wörtlich »Hersteller von Ricotta-Käse«. Doch Turi Miceli, Don Antonino Giammona und die anderen Mafiabosse der 1860er und 1870er Jahre hatten mit den *ricottari* nichts zu schaffen. In der Innenstadt von Palermo sah man, genau wie in Neapel, viele Prostituierte und ihre Zuhälter, Letztere mit den hässlichen geschlängelten Gesichtsnarben des horizontalen Gewerbes. Doch außerhalb von Palermo, in den Zitronengärten, in denen die Mafia herrschte, war der *sfregio*, die entstellende Gesichtsnarbe, so gut wie unbekannt.

Die heutige Cosa Nostra verbietet ihren Mitgliedern die Zuhälterei, um zu gewährleisten, wie der ermordete Richter und Mafiajäger Giovanni Falcone erklärte, dass ihre Frauen »im eigenen sozialen Umfeld nicht erniedrigt würden«. Eine unzuverlässige Frau als Trägerin grausiger Familiengeheimnisse bedeute eine große Gefahr für die Organisation.

So war es vermutlich schon immer: Die sizilianische Mafia der 1860er Jahre mochte Frauen innerhalb der Familie misshandelt und missbraucht haben, hütete sich aber, sie öffentlich zu erniedrigen – wie etwa durch eine Verstrickung mit der Prostitution –, weil sie sie brauchte; die Frauen mussten dichthalten, Söhne gebären und diese Söhne im Sinne der Ehre erziehen.

Es ist bemerkenswert, dass auf Sizilien keine einzige Frau so viel Berühmtheit und Macht erlangte wie einige Frauen im Umfeld der frühen Camorra: *la Sangiovannara* und ihre Bande bewaffneter Weiber beispielsweise, oder die Puffmütter, die den Titel *matrona annurrata* trugen – »verehrte Madame«. Offenbar übten die Frauen der Mafia ihre Macht eher im Verborgenen aus, weil sie in ihrer häuslichen Rolle wichtiger waren für die Organisation. Die eiserne, strategische Unterjochung der Frauen durch die Mafia ist ein wesentliches Geheimnis ihrer außerordentlichen Widerstandsfähigkeit. Eine Widerstandsfähigkeit, welche die Ehrenwerte Gesellschaft von Neapel mit ihrer beharrlichen Schwäche für kurzfristigen Profit durch Zuhälterei letztendlich nicht würde erreichen können.

Die Geschichte des alten Gambino näherte sich ihrem Ende. Die »Seelenverwandtschaft« zwischen den Gambinos und dem schwarzen Cusimano hatte sechs Jahre gehalten. Dann, am 17. Dezember 1872, waren die Gambino-Brüder in der Piana dei Colli erneut in einen Hinterhalt geraten. Nach einer ersten Gewehrsalve lieferten sie sich ein Handgemenge mit den sechs Angreifern. Wieder entkamen die Brüder durch die Zitronengärten. Obwohl Antonino Gambino sich eine Kopfwunde eingefangen hatte, konnte er einem der Angreifer ein Gewehr entreißen.

Die Gambinos wussten, wer ihnen aufgelauert hatte: Sie hatten alle sechs Angreifer erkannt. Wie vorherzusehen war, waren fünf davon Handlanger des »Schwarzen«. Weniger vorhersehbar und weitaus beunruhigender war allerdings die Tatsache, dass auch ein Mafioso namens Giuseppe »Gottlob« Riccobono geschossen hatte. Riccobono war ein Schwiegersohn Antonino Giammonas, des dichtenden Bosses aus Uditore. Für den alten Gambino bedeutete dies, dass seine Familie jetzt dem gebündelten Zorn *zweier* Mafiafraktionen ausgesetzt war, dic in unterschiedlichen *borgate* saßen: ihre alten Feinde, die Cusimanos aus San Lorenzo, und jetzt auch noch die Giammonas aus Uditore. Gambino sprach von »Parteien« oder »Verbindungen«. Heute würden wir sie als Mafiafamilien bezeichnen.

Doch während der Angriff ein besorgniserregendes neues Bündnis gegen die Gambinos an den Tag gebracht hatte, hatte er ihnen auch eine möglicherweise verheerende Waffe gegen ihre Feinde in die Hand gespielt: das Gewehr, das Antonino Gambino an sich gerissen hatte. Es war der konkrete Beweis für die Identität der Angreifer – vorausgesetzt, die Gambinos fänden den richtigen Ansprechpartner bei den Behörden, dem sie den Beweis vorlegen konnten.

Während der alte Gambino noch immer das unschuldige Opfer mimte, erklärte er Sangiorgi, dass er sich an die Licatas wenden wolle, seine dynastischen Verbündeten, damit diese das Gewehr, das man Cusimanos Männern abgenommen habe, sinnvoll zum Einsatz brächten.

Doch was nach einem klugen Schachzug ausgesehen hatte, offenbarte nur umso grausamer die Isoliertheit der Gambinos. Die ranghohen Beamten, die mit den Licatas in Verbindung standen, ignorierten das Gewehr. Noch schlimmer aber war, dass sie gewisse Andeutungen machten, die dem alten Gambino suggerierten, er solle für den Diebstahl der Waffe zur Rechenschaft gezogen werden.

Die Gambinos standen jetzt im Visier der drei mächtigsten Mafia-*cosche* in der Piana dei Colli. Ihr Schutz, das Netz aus »Seelenverwandtschaften« und Ehebündnissen, war zerrissen. Nun stand die Familie völlig isoliert. Achtzehn Monate später, im Morgengrauen des 18. Juni 1874, bekam sie die tödlichen Folgen dieser Isolation zu spüren, als Antonino Gambino erschossen wurde.

Während Sangiorgi zuhörte, beschrieb der Alte seine Reaktion auf den Tod des Sohnes mit Worten, die einerseits aufrichtig anrührend, andererseits gruselig manipulativ waren. Als ihn die Kunde von dem Mord erreicht habe, sei Gambino in der Gewissheit, dass Giovanni Cusimano, »der Schwarze«, blutige Rache genommen habe, so schnell er konnte zu dem blutenden Leichnam gehumpelt, um ihn zu umarmen. Stundenlang habe er dagesessen und seinen Sohn an sich gedrückt.

Nach einer Weile sei »der Schwarze« selber aufgetaucht. Er habe sich über die Leiche gebeugt, grob ein Augenlid in die Höhe gezogen, sich an den verstörten Vater gewandt und ihm gesagt, dass nichts mehr zu machen sei.

Kurze Zeit später war Inspektor Matteo Ferro erschienen, Sangiorgis Vorgänger im Bezirk Castel Molo. Er hatte »den Schwarzen« als einen Menschen beschrieben, »der sich mit ganzem Herzen für Recht und Gesetz starkmache«.

Mittlerweile habe »Gambino wie ein Besessener geschrien«. Er habe Inspektor Ferro sagen hören, er solle sich zusammenreißen, und gespürt, dass »der Schwarze« ihn auf die Beine zu zerren versuchte. Gambino habe sich losgerissen und gebrüllt: »Fort mit euch! Rührt mich nicht an!« Dann habe er, voller Wut und Verzweiflung, gehört, wie Inspektor Ferro ihn fragte, ob er »Licht ins Dunkel bringen könne, was den Mord anging«. Natürlich habe er nichts erwidern können, zumal der Mafioso, der den Mord angeordnet hatte, dabeigestanden habe.

Inspektor Ferro überließ den Alten seiner Trauer und begab sich in die nahe gelegene Villa, die Giovanni Cusimano »gemietet« hatte. Der

Wachtmeister der örtlichen Carabinieri gesellte sich zu ihm. Auch er war, wie wir wissen, regelmäßig bei *il Nero* zu Gast.

Da kam auch Calogero Gambinos zweiter Sohn Salvatore, um den ermordeten Antonino zu beweinen. Die Kunde erreichte schnell die Mafiosi und Polizisten in Cusimanos Villa. Sogleich kam der Wachtmeister heraus und verhaftete prompt Salvatore wegen des Mordes an dessen eigenem Bruder. So war die Mär der Mafia vom Brudermord in Umlauf gekommen – eine »zweifache Rache«, wie der Alte sie nannte.

Viele Male in 48 Jahren Dienst für Recht und Ordnung stellte Sangiorgi Anträge auf Beförderung. Viele Male schrieben seine Vorgesetzten ihm glühende Empfehlungen: tapfer, tüchtig und taktvoll nannten sie ihn. Dies waren die Attribute, auf die er in den ersten Monaten als Mafiajäger zurückgreifen konnte, als Calogero Gambino am Arm seines Anwalts in seine Amtsstube gehumpelt kam.

Tapfer. Auch wenn Giovanni Cusimano, »der Schwarze«, mittlerweile tot war, betraf die Ermittlung – Sangiorgi war sich dessen wohl bewusst – viele andere gewalttätige und gut vernetzte Mafiosi.

Tüchtig. Sangiorgi musste sein gesamtes ermittlerisches Können mobilisieren, um zu überprüfen, was der alte Gambino ihm erzählt hatte. Er stellte rasch sicher, dass die Geschichte des Alten perfekt mit den Fakten übereinstimmte.

Und vor allem taktvoll. Der Fall führte Sangiorgi immer tiefer in die unselige Klüngelei des Staates mit der kriminellen Sekte, die den Tod in die Zitrusgärten der Conca d'Oro gebracht hatte.

Sangiorgi fand erdrückende Beweise gegen den Wachtmeister der Carabinieri, der aus Cusimanos Villa gekommen war, um Salvatore Gambino zu verhaften. Sein Informant bei den Carabinieri erklärte, wie die Mafia den Wachtmeister mittels einer zweistufigen Strategie in die Falle gelockt hatte, die sie oft gegen Vollzugsbeamte zum Einsatz brachte. Cusimano und andere Mafiabosse hatten dem Wachtmeister zunächst geschmeichelt: Sie nahmen ihn des Öfteren mit hinaus aufs Land, wo er, wie Sangiorgi sich ausdrückte, den *tavulidde* beiwohnen durfte. Der Inspektor hatte während seines Aufenthaltes auf der Insel offenbar einige sizilianische Dialektwörter aufgeschnappt. Eine *tavu-*

GIURO DI ESSERE FEDELE "A COSA NOSTRA" SE DOVESSI TRADIRE LE MIE CARNI DEVONO BRUCIARE – COME BRUCIA QUESTA IMMAGINE.

DIVIETI E DOVERI.

NON CI SI PUO' PRESENTARE DA SOLI AD UN'ALTRO AMICO NOSTRO – SE NON E' UN TERZO A FARLO.

NON SI GUARDANO MOGLI DI AMICI NOSTRI.

NON SI FANNO COMPARATI CON GLI SBIRRI.

NON SI FREQUENTANO NE'TAVERNE E NE'CIRCOLI.

SI E' IL DOVERE IN QUALSIASI MOMENTO DI ESSERE DISPONIBILE A COSA NOSTRA.ANCHE SE CE LA MOGLIE CHE STA PER PARTORIRE.

SI RISPETTANO IN MANIERA CATEGORICA GLI APPUNTAMENTI.
SI CI DEVE PORTARE RISPETTO ALLA MOGLIE.
QUANDO SI E' CHIAMATI A SAPERE QUALCOSA SI DOVRA' DIRE LA VERITA'.
NON CI SI PUO' APPROPRIARE DI SOLDI CHE SONO DI ALTRI E DI ALTRE FAMIGLIE.

CHI NON PUO' ENTRARE A FAR PARTE DI COSA NOSTRA.

CHI HA UN PARENTE STRETTO NELLE VARIE FORZE DELL'ORDINE.

CHI HA TRADIMENTI SENTIMENTALI IN FAMIGLIA.

CHI HA UN COMPORTAMENTO PESSIMO – E CHE NON TIENE AI VALORI MORALI.

SAN MAURO CASTELVERDE.
TRABIA. I PAESI DI APPARTENENZA:CAOCAMO,VICARI,ROCCA PALUMBA E ALTRI
BAGHERIA. " " " VILLABATE,CASTELDACCIA,MILICIA,
BELMONTE MEZZAGNO. " " " MISILMERI,
BRANCACCIO. " " " CORSO DEI MILLE,ROCCELLA,CIACULLI.
SANTA MARIA DI GESU'. " " " VILLA GRAZIA DI PALERMO.
PALERMO CENTRO. " " " PORTA NUOVA,BORGO VECCHIO.
RESUTTANA " " " ACQUASANTA,ARENELLA.
PAGLIARELLI." " " MOLARA,CORSO CALATAFIMI,
BOCCA DI FALCO." " " UDITORE,TORRETTA.
GRUILLAS. " " " NOCE,ALTARELLO.
TOMMASO NATALE." " " SAN LOR,PARTANN,CAPACI,CARINI,CINISI,TERRASINI.
PARTINICO. " " " BORGETTO,BALESTRADE,MONTELEPRE?
SAN GIUSEPPE JATO." " " MORREALE,ALTOFONTE,SAN CIPIRELLO
CORLEONE. " " " PRIZZI,FICUZZA,

4. Mafiamoral. Ein äußerst seltenes Regelwerk der Cosa Nostra aus dem Jahr 2007. Zwei dieser Regeln, die schlecht gedruckt auf ein einzelnes Blatt Papier gepresst sind, lauten: »Achte deine Frau«, und »Folgende Personen können nicht der Cosa Nostra angehören: Wer einen nahen Verwandten in der Polizei hat. In wessen Familie emotionaler Verrat herrscht. Wer sich sehr schlecht benimmt oder gegen moralische Werte verstößt.«

lidda war (und ist es noch heute) ein geselliges Mittagsmahl unter freiem Himmel, zu dem Männer sich zusammenfinden, um sich an gebratenem Ziegenfleisch, Artischocken, *macco* (Püree aus Saubohnen) und dazu Wein so dunkel wie Melasse gütlich zu tun. Die Mafia brachte dem Wachtmeister demnach die Gebräuche vor Ort näher.

Die zweite Stufe erforderte die Frauen der Mafiosi, die sich an die Ehefrau des Wachtmeisters heranmachten und ihr sagten:

> »In der Piana dei Colli muss jede Frau, die Probleme vermeiden will, in der Nähe ihres Mannes bleiben.«

Eine versteckte Drohung, die dennoch so deutlich ist, dass es einen schaudern macht. Seit über eineinhalb Jahrhunderten ist diese Art der schmeichlerischen Einschüchterung ein wirksamerer Schutz der Mafia als jede andere Bestechungsform in ihrem üppigen Repertoire. Es gibt kein probateres Mittel, um den Staat außer Gefecht zu setzen, als die Kampffähigkeit seiner Einsatzkräfte vor Ort zu schwächen.

Sangiorgis Ermittlungen konzentrierten sich sodann auf den Hauptzeugen der Anklage im Fall des Brudermords. Unweit der Stelle, wo Antonino Gambino zu Tode gekommen war, hatte ein Soldat Wache gestanden, der die Schüsse gehört hatte und zum Tatort gelaufen war. Dort angekommen, hatte er zwei Männer über dem Opfer stehen sehen, das in den letzten Zügen lag. Die zwei Männer gaben Fersengeld. Doch der Soldat hatte einen der beiden deutlich gesehen, der einen Strohhut trug mit einem schwarzen Band. Später, im Zuge einer Gegenüberstellung, deutete er auf Salvatore Gambino und behauptete, er sei derjenige mit dem Strohhut gewesen.

Der alte Gambino wiederum ließ Sangiorgi wissen, dass der Zeuge gelogen habe und die Gegenüberstellung abgesprochen gewesen sei. Sangiorgi fand schon bald Beweise, die die Vorwürfe des Alten bestätigten: Nachdem *il Nero* Cusimano erschossen worden war, hatte man bei seiner Leiche eine Quittung für ein Darlehen über 200 Lire gefunden. Der Empfänger des Darlehens war der Kommandant eines Armeezugs, der in San Lorenzo stationiert war – derselbe Zug, dem der Hauptzeuge angehörte. Dieses Darlehen deutete sehr darauf hin, dass die belastende Aussage gegen Salvatore Gambino lediglich Teil eines undurchschaubaren Austausches von Gefälligkeiten zwischen dem Mafiaboss und dem Zug-Kommandanten war. Sangiorgi konnte nun auch das Militär auf die lange Liste der Organisationen setzen, die von der Mafia der Conca d'Oro unterwandert worden waren.

Taktvoll, in der Tat.

Inspektor Sangiorgi stand nun vor der heiklen Pflicht, sein Wissen an die Richter weiterzugeben. Wenn er den Fall Gambino als Mafiakomplott entlarvte, lief er Gefahr, innerhalb des Justizpalastes auf einige sehr gewichtige Zehen zu treten, denn der »Brudermord« sollte demnächst vor dem Schwurgericht verhandelt werden.

Als Sangiorgi sich an die Richter wandte, erhielt er eine beruhigende Antwort: Er habe recht daran getan, sie in Kenntnis zu setzen, ließen sie ihn wissen und forderten ihn auf, ihnen einen vollständigen Bericht vorzulegen. Unterdessen wurde der Brudermord-Fall immer wieder vertagt, weil der Soldat, der Salvatore Gambino als den Träger des Strohhuts erkannt haben wollte, es zweimal versäumt hatte, in den Zeugenstand zu treten.

Während dieser Verzögerung schlug das politische Klima um.

Im März 1876 fiel die Rechte aus der Regierung heraus, und das erste linke Parlament, an dem auch sizilianische Politiker teilhatten, trat in Rom seine Legislaturperiode an. Ein neuer Präfekt wurde nach Palermo entsandt, und das altgediente Personal der Rechten wurde rasch seiner Pflichten enthoben, ungeachtet seiner Kompetenz und Ehrlichkeit. Der Polizeichef, unter dem Sangiorgi gedient hatte, wurde in die Toskana versetzt.

Sangiorgi stand jetzt allein da: Er hatte energischer als jeder andere Beamte in Sizilien an vorderster Front gegen die Mafia gekämpft und sogar deren geheimes Initiationsritual offenbart. Ohne die Rückendeckung seiner Vorgesetzten stand nicht nur seine Karriere, sondern vermutlich auch sein Leben auf dem Spiel. Die korrupten Elemente innerhalb der Palermer Polizei rotteten sich bereits gegen ihn zusammen und träufelten dem neuen Präfekten Gift ins Ohr. Im Juli 1876 sandte der Präfekt ein eiliges Telegramm an den Innenminister.

> »Ich bitte Sie, schaffen Sie mir vor allem den jungen Sangiorgi vom Hals. Er ist tüchtig, aber ein Intrigant und Klatschmaul. Er prahlt damit, Gönner am Ministerium und im Parlament zu haben. Leute, die mir die Zeit stehlen, sind mir lieber als solche Streber.«

Sangiorgi reichte um seine Versetzung ein, die sogleich bewilligt wurde: Im August 1876 trat er einen Posten in Syrakus an, der am wenigsten von Verbrechen verseuchten Provinz Siziliens, am entgegengesetzten Ende der Insel. Die Mafia war über diese Entwicklung informiert worden und hocherfreut: Noch bevor die Versetzung bestätigt worden war, wurde die Neuigkeit vom *Amico del Popolo*, dessen Herausgeber mit »dem Schwarzen« in dessen angemieteter Villa gesehen worden war, in der Piana dei Colli ausposaunt. Die Gerüchteküche der Mafia verbreitete zudem die Falschmeldung, Sangiorgi sei aus disziplinarischen Gründen versetzt worden.

Während Sangiorgi sich in Syrakus aufhielt, schleppte der Gambino-Fall sich von 1876 bis 1877 in oberflächlichen Anhörungen dahin. Der alte Gambino erhielt Gelegenheit, seine Version der Geschichte den Richtern vorzutragen. Doch das neue Klima in Palermo kehrte sich allmählich gegen Sangiorgi. Einige der Zeugen, die er befragt hatte, verloren das Vertrauen und änderten ihre Aussagen. Nichts wurde unternommen, um nachzuprüfen, ob es sich bei dem Träger des Strohhuts, den der Soldat am Tatort gesehen haben wollte, tatsächlich um Salvatore Gambino handelte. Korrupte Polizisten, die Sangiorgi aufgrund ihrer Unfähigkeit oder wegen ihrer Mafiakontakte entlassen hatte, schienen plötzlich wieder ein Wörtchen mitzureden. Wie Sangiorgi wehmütig bemerkte:

> »Wäre ich ein Fatalist, müsste ich mit Bedauern zugeben, dass ein böser Geist, ein geheimnisvoller, verderblicher Einfluss sich sämtlicher Schritte bemächtigte, die ich unternahm, um die Schlussfolgerungen zu prüfen, die ich aus der Zeugenaussage des alten Gambino gezogen habe.«

Inspektor Sangiorgi sollte noch erleben, wie verderblich der Einfluss dieses »bösen Geistes« tatsächlich sein konnte.

Weitere Monate vergingen, und wieder änderte sich das politische Klima um Sangiorgi. Die Linke erkannte, dass es nicht so einfach war, in Sizilien dem Recht Geltung zu verschaffen, wie es in den vergangenen 15 Jahren die lärmenden Proteste der Sizilianer gegen die verhassten Repressionsmaßnahmen der Rechten hatten glauben lassen. Die Entführung des englischen Betreibers einer Schwefelmine im November 1876 bedeutete, dass etwas geschehen musste. Anfang 1877 änderte die Linke daher ihren Kurs und schickte einen neuen Präfekten nach Palermo, damit dieser die Peitsche schwinge. In ganz Sizilien wurde ein umfangreicher Feldzug gegen die Mafia unternommen – ebenso rigoros wie unter der Rechten.

Angesichts dieses Gesinnungswandels in der offiziellen Haltung der Linken gegenüber dem organisierten Verbrechen auf Sizilien war Inspektor Sangiorgi ein viel zu wertvoller Trumpf, um im friedlichen Syrakus abgestellt zu werden. Zu Beginn des Jahres 1877 wurde er deshalb wieder in die Provinz Agrigent berufen, die Heimat einer weiteren Gruppierung der Mafia, wie man erst unlängst entdeckt hatte. Man erhöhte sein Gehalt und schlug ihn für einen Orden vor. Sangiorgi war nun wieder an vorderster Front und nahm erneut seinen »offenen Kampf gegen die Mafia« auf – vor allem gegen einen bestimmten Mafioso, nämlich Pietro De Michele, den Boss von Burgio, einer Ortschaft in der Nähe von Agrigent, wo Sangiorgi jetzt Dienst tat. De Michele bestand auf der Anrede »Baron«, obwohl er nicht wirklich ein Anrecht auf den Titel hatte. Sein Lebenslauf wies die typische mafiose Kombination von Verbrechen und rücksichtslosem politischem Opportunismus auf. Mehr noch, er zeigte, dass die Provinz Palermo nicht der einzige Ort war, wo Ehrenmänner sich sexueller Gewalt bedienten, um auf kürzestem Wege zu Wohlstand und gesellschaftlicher Stellung zu gelangen, und dass es in der Tat enge Geschäftsverbindungen gab zwischen Mafiosi aus verschiedenen Provinzen.

1847 hatte De Michele die Tochter eines reichen Großgrundbesitzers entführt und vergewaltigt, nachdem sie seine Avancen zurückgewiesen hatte. Doch der Schuss war nach hinten losgegangen. De Micheles Ruf war nämlich so miserabel, dass die Familie des Mädchens sich weigerte, ihn den Schaden, den er der Ehre ihrer Tochter zugefügt hatte, durch eine Hochzeit wiedergutmachen zu lassen: Die Familienschande war offenbar noch eher zu ertragen als die Ehe mit einem bekannten Ganoven. Doch De Michele wollte sich nicht geschlagen geben. 1848 schloss er sich den Revolutionären an und missbrauchte die Situation, um sich das Mädchen zurückzuholen, es zur Ehe zu zwingen und seiner Familie eine große Mitgift abzuknöpfen. Nachdem die Autorität des Bourbonenstaates wiederhergestellt war, saß er eine kurze Zeitlang im Gefängnis, und als er wieder auf freiem Fuß war, wurde er zahlreicher Morde verdächtigt.

1860, als Garibaldi auf der Insel landete, schloss der »Baron« sich erneut den Revolutionären an. Im Zuge des Aufruhrs wurden sämtliche Polizei- und Gerichtsakten der Stadt verbrannt.

Auch als Sizilien ein Teil Italiens geworden war, führte De Michele die Viehdiebe und Banditen an, die in den 1860er und 1870er Jahren zwischen den Provinzen Palermo, Agrigent und Trapani ihr Unwesen trieben. Er bewaffnete sie, ernährte sie und versteckte sie vor den Behörden. Vor allem aber nutzte er seine Mafiaverbindungen, um ihr gestohlenes Vieh in weit entfernten Städten zu verkaufen: Tiere, die in der Nähe von Palermo gestohlen wurden, landeten als Schlachtvieh in Trapani, wo sie nicht mehr aufgespürt werden konnten.

Es war ein überaus lukrativer Handel. Als Sangiorgi De Michele erneut ins Visier nahm, war dieser der reichste Grundbesitzer der Gegend und hatte den Stadtrat vollkommen im Griff. Der furchtlose Inspektor zeigte De Michele gegenüber keinerlei Unterwürfigkeit. Er nahm ihm seinen Waffenschein ab, stellte ihn unter Polizeiaufsicht und ordnete seine Verhaftung an, sollte er Anstalten machen, unterzutauchen. Baron hin oder her, der Boss von Burgio sollte wie jeder andere dem Gesetz unterstehen.

Die schlechte Nachricht im Fall Gambino erreichte Sangiorgi kurz nach dem 28. August 1877. Der Inspektor in Agrigent las in der *Gazzetta di Palermo* den Bericht über den Ausgang des lange hinausgezögerten Prozesses. Man kann sich unschwer vorstellen, was er dabei empfand. Zunächst Enttäuschung: Die Geschworenen hatten die Geschichte des alten Gambino nicht geglaubt und Salvatore Gambino des Mordes an seinem Bruder für schuldig befunden. Er war zu lebenslanger Zwangsarbeit verurteilt worden. Dann Resignation: Das Ergebnis kam nicht überraschend.

Sangiorgis Augen wanderten zum Resümee der Staatsanwaltschaft, das weiter unten auf der Seite der *Gazzetta di Palermo* abgedruckt war. Da schlug ihm vor Schreck das Herz bis zum Hals.

> »Das ehrenwerte Gericht äußerte sodann ernste Bedenken gegen das Verhalten eines gewissen Polizeiinspektors, Ermanno Sangiorgi. Weil dieser die Stellung, die er noch immer unverdientermaßen

innehat, ausnutzen wollte, versuchte Sangiorgi die Gerechtigkeit vom Kurs abzubringen, und bestritt, dass Salvatore Gambino das Verbrechen begangen hatte. Stattdessen beschuldigte er irgendeinen Menschen, der sich ›der Schwarze‹ Cusimano nannte.
Es ist nicht das erste Mal, dass Polizeibeamte sich schützend vor die Mafia stellen. Sie tun sich groß damit, irgendeine andere, hypothetische Mafia niederschlagen zu wollen, und denken sich Ermittlungen aus, die in keiner Weise auf Tatsachen gründen.
Sangiorgi, so der Staatsanwalt, habe das Gericht getäuscht, gefoppt und hinters Licht geführt, indem er die Schuld auf einen anderen schob. Am Vorabend der ersten Anhörungen hatte Sangiorgi überheblich eine Stellungnahme an den Oberstaatsanwalt gesandt, die besagte, dass der Angeklagte keine Schuld am Tode seines Bruders trage.
Sangiorgis ehrloses Gebaren, so der Staatsanwalt, sei von seinem Wunsche getrieben, Calogero Gambino die schmutzigen Gefälligkeiten zu vergelten, die dieser der Polizei erwiesen habe.
So enthielt die wortgewaltige Rede des Staatsanwalts vor Gericht zwei getrennte Anschuldigungen: die erste gegen Salvatore Gambino, und die zweite gegen Ermanno Sangiorgi, der als Beschützer der Maffia auftrat. Er stellt Waffenscheine aus für Männer, die bereits aktenkundig sind, und entlässt gefährliche Kriminelle aus der polizeilichen Überwachung.
Jedes Polizeiwesen, das von Männern wie Sangiorgi vertreten wird, ist zu bedauern. Dies ist staatlich sanktioniertes Banditentum – nicht mehr und nicht weniger. Die Polizeimaffia hat sich über das Gesetz gestellt.
Der vorsitzende Richter griff die ernsten Worte des Staatsanwalts auf, um seine beredte Zusammenfassung des Falls folgendem Schlusse zuzuführen: Falls die Geschworenen dem Angeklagten ein ›Nicht schuldig‹ zubilligen, so ist dies, als erhielte dieser korrupte Polizeibeamte einen Verdienstorden für die schmutzigen Gefälligkeiten Calogero Gambinos.«

Ehrlos. Korrupt. Betrüger. Vermittler schmutziger Gefälligkeiten. Beschützer der Mafia. Es gab enervierende Parallelen bei den Vorwürfen gegen Sangiorgi, als wollten sich das Gericht und die *Gazzetta di*

Palermo lustig machen über seinen »offenen Kampf« gegen die Mafia. Er habe sich ausgerechnet in jene zwielichtigen Machenschaften verstrickt, wurde behauptet, die er abgeschafft habe, als er im Bezirk Castel Molo seinen Dienst antrat. Er sei selbst einer jener doppelzüngigen Polizisten, die er aus seiner Umgebung verbannt habe.

Polizisten wie Albanese und Ferro hatten Mafiosi benutzt, indem sie bei den internen Machtkämpfen der Unterwelt mit den Siegern paktierten; sie hatten versucht, das Verbrechen mit Hilfe der siegreichen Mafiabosse in den Griff zu bekommen. Was Sangiorgi mit dem alten Gambino beabsichtigt hatte, war etwas anderes: Er hatte sich der Verlierer der Mafia angenommen, um die Autorität der Sekte an der Basis anzugreifen. Der Unterschied zwischen diesen beiden Ansätzen war ebenso offenkundig wie der Unterschied zwischen Richtig und Falsch.

Gemeinsam jedoch hatten die Justiz und die *Gazzetta di Palermo* jede Unterscheidung ausgelöscht. Der neue Bösewicht, Inspektor Sangiorgi, glich nun jedem anderen intriganten Polizisten aus dem Norden. Unterdessen wurde die wahre Mafia, die Mafia »des Schwarzen« Cusimano, des dichtenden Bosses Giammona, die von Salvatore Licata und seinen Söhnen, deren blutüberströmte Opfer Sangiorgi unter den Zitronenbäumen hatte liegen sehen, als »hypothetische Maffia« abgetan, als Vorwand und Fiktion, ersonnen von einem Polizisten, der nach Macht und Einfluss gierte.

Inspektor Ermanno Sangiorgi steckte in ernsthaften Schwierigkeiten. Die kränkenden Vorwürfe im Palermer Schwurgericht gegen ihn kamen unweigerlich seinen Vorgesetzten zu Ohren. Depeschen wurden ordnungsgemäß versandt, Berichte angefordert und verglichen: Der Fall Gambino wurde zum Fall Sangiorgi. Der Innenminister bat den Justizminister, eine Untersuchung einzuleiten. Am 12. Oktober 1877 fällte der Justizminister sein Urteil: »Die Anschuldigungen gegen Inspektor Sangiorgi treffen leider zu.« Sangiorgi drohte eine schmachvolle Entlassung und möglicherweise eine Gefängnisstrafe.

Der Hauptzeuge gegen ihn, der Mann, der den Fall im Auftrag des Justizministers untersucht hatte, war auch der Jurist, an den Sangiorgi sich gewandt hatte, als Calogero Gambinos Zeugenaussage die ersten ernsthaften Zweifel aufkommen ließ, was den »Brudermord« betraf: Oberstaatsanwalt Carlo Morena – derselbe Carlo Morena, der erst wenige Monate zuvor die Theorie verworfen hatte, es könne auf

Sizilien irgendeine Art von »Bündnis« zwischen den einzelnen Mafiazellen bestehen. Carlo Morena, ein Mann, der für die Überwachung des Gerichtswesens auf ganz Sizilien zuständig war, forderte im Auftrag der Mafia gegen Ermanno Sangiorgi die Blutrache.

Im Auftrag insbesondere eines Mafioso: des »Barons« Pietro De Michele, des Bosses von Burgio. Oberstaatsanwalt Morena war über die Vergangenheit des Barons im Bilde, verschleuderte jedoch schaufelweise seine Glaubwürdigkeit, um ihn gegen Sangiorgi zu verteidigen. De Michele habe in der Vergangenheit einige Fehler begangen, berichtete Morena. Doch jetzt sei er ein Freund des Gesetzes und der Regierung und Zielscheibe einer politischen Hetzkampagne. Dem Baron vorzuwerfen, er habe 1847 seine jetzige Frau vergewaltigt, sei ungerecht: Die Familien hätten anschließend Frieden geschlossen. Der Vergewaltigungsvorwurf basiere auf einer Unkenntnis der sizilianischen Gebräuche, argumentierte Morena.

> »Entführung und Vergewaltigung sind archaische Phänomene, welche gelegentlich sogar in den zivilisiertesten Gesellschaften aufkeimen. Manchmal erwachsen daraus keine schlimmen Konsequenzen. Im Gegenteil, zuweilen ist die durch die Vergewaltigung vermeintlich geschädigte Familie tatsächlich gewillt, gleichsam als Wiedergutmachung, einer nachfolgenden Hochzeit zuzustimmen. Wenn die Gesellschaft derartige Arrangements begrüßt, sollte der Staat die Angelegenheit nicht unnötig aufbauschen.«

Die Mafia, erklärte Morena weiter, sei ebenso Tradition auf Sizilien wie der Brauch, junge Mädchen zu entführen und zu vergewaltigen, nur sei sie nicht so klar umrissen.

> »Das Wort Mafia ist ein so vager Begriff und wird viel häufiger im Munde geführt als verstanden.«

Dank Oberstaatsanwalt Morena wurde der Befehl, den *capomafia* De Michele zu verhaften, rückgängig gemacht.

Natürlich wusste Morena sehr genau, dass die Mafia nicht nur ein »vager Begriff« war, sondern eine geheime Verbrecherorganisation, deren Einfluss sich über ganz Westsizilien erstreckte. Auf der untersten Ebene wurde das Netzwerk zwischen den Mafiaclans vor Ort durch Banditentum und Viehdiebstahl zusammengehalten. Sangiorgi entdeckte, dass dieselben Viehdiebe, die von De Michele gedeckt wurden, auch mit Palermer Mafiosi wie Don Antonino Giammona, den Licatas und *il Nero* Cusimano befreundet waren. Auf der mittleren Ebene suchte die Mafia den Immobilienmarkt zu kontrollieren, der sein Zentrum in Palermo hatte. Auf höchster Ebene basierte die Stärke des mafiosen Netzwerks auf den Gefälligkeiten, die die Organisation von den »Freunden der Freunde« in Politik und Justiz einfordern konnte. Gefälligkeiten wie die Verfolgung von Polizisten, die zum einen die Dreistigkeit besaßen, einen offenen Kampf gegen das organisierte Verbrechen zu führen, zum anderen die Kühnheit, die geheime Initiationszeremonie der Ehrenwerten Gesellschaft offenzulegen.

Es gab nur eine sizilianische Mafia.

Am 18. Oktober 1877 schrieb der Innenminister an Sangiorgis Vorgesetzten, den Präfekten von Agrigent, und schilderte ihm die Einzelheiten des Falls, wie sie in der *Gazzetta di Palermo* beschrieben worden waren. Sangiorgi könne, nein, er müsse strafrechtlich verfolgt werden, erklärte der Minister. Doch er sei nach wie vor ein wichtiger Zeuge bei einigen ungeklärten Fällen. Sei der Präfekt denn der Meinung, dass eine ernste Rüge als Strafe für sein Benehmen genüge?

Erst jetzt wendete sich Sangiorgis Schicksal. Der Präfekt von Agrigent beschwor den Minister, sich auch Sangiorgis Version der Geschichte anzuhören. Dieser erstellte rasch einen ausführlichen Bericht über die »Brudermord«-Angelegenheit. Es ist die Dokumentation, auf die ich in diesem Buch zurückgegriffen habe.

Der Präfekt unterstützte Sangiorgis Bericht, indem er den Minister wissen ließ, dass Sangiorgi einer seiner klügsten und energischsten Beamten sei, einer, der weit mehr getan habe als nur seine Pflicht, um das organisierte Verbrechen zu bekämpfen und in der Provinz Agrigent Ordnung zu schaffen. Er schlug den vermeintlichen »Beschützer der Mafia« gar für eine Beförderung vor.

Unterdessen erhielt der Innenminister auch beunruhigende Informationen über den Oberstaatsanwalt Carlo Morena. Dieser hatte nicht nur den Mafiaboss De Michele verteidigt, sondern obendrein dringende Mitteilungen, in denen er auf diverse Formfehler hinwies, an Richter in ganz Westsizilien verschickt, um die Freilassung von Mafiosi zu erwirken, die unter Polizeiaufsicht standen oder zu einem »Zwangsexil« verurteilt worden waren. Der Minister erklärte sich als »zutiefst empört« über Morenas Verhalten.

Das Innenministerium verfügte jetzt über zwingendes Beweismaterial. Die Mär von Sangiorgis Beziehungen zum alten Gambino brachte ans Licht, dass nicht nur die Polizei, sondern auch Richter und Staatsanwälte von der Mafia unterwandert waren, und bewies einmal mehr, dass die unterschiedlichen *cosche*, die sich derselben Rituale befleißigten, tatsächlich *einer einzigen* kriminellen Bruderschaft angehörten; so entstand das lebhafteste Bild von der Mafia, das je durch polizeiliche Ermittlungen zusammengetragen worden war. Einen Augenblick lang hatte es den Anschein, als werde einer der Machthabenden in Rom Notiz davon nehmen.

Doch nichts geschah. Der Innenminister, der »zutiefst empört« war über Morena, war schon bald gestürzt, und sein Nachfolger hatte andere Prioritäten.

Niemand hielt es für angebracht, der systematischen Unterwanderung von Polizei und Justiz durch die Mafia, die Sangiorgi aufgedeckt hatte, nachzugehen. Niemand nahm sich die Zeit, einen Zusammenhang herzustellen zwischen der »Brudermord«-Affäre und der maßgeblichen Rolle, die der Oberstaatsanwalt Carlo Morena dabei gespielt hatte, indem er jedes Ansinnen, die Mafia als *eine* kriminelle Vereinigung zu betrachten, blockiert hatte. Morena blieb im Amt, doch aus unerfindlichen Gründen zog er sich 1879, mit erst 58 Jahren, freiwillig in den vorzeitigen Ruhestand zurück. Es wurden ihm sämtliche Ehren zuteil, die ihm dank seiner renommierten juristischen Laufbahn zustanden.

Der alte Gambino wurde der rauen Behandlung der Piana-dei-Colli-Mafia überlassen; sein weiteres Schicksal ist unbekannt. Sein Sohn Salvatore war 34 Jahre alt, als er zu Unrecht wegen Mordes an seinem eigenen Bruder verurteilt wurde, und musste sein Leben lang Steine brechen.

Gegen die beiden Mafiosi, die Sangiorgi für die wahren Mörder Antonino Gambinos hielt, wurde nicht ermittelt; ebensowenig gegen die Männer, die dessen Bruder Salvatore verunglimpft hatten.

»Baron« De Michele wurde 1878 Bürgermeister von Burgio; sein Sohn sollte später ein Mitglied des Parlaments werden.

Dann wären da noch die ungenannten Opfer der Tragödie. Opfer, auf die nicht einmal Sangiorgi genügend Tinte verschwendete, um es dem Historiker zu ermöglichen, ihre Namen zu nennen: die Frauen. Wir verfügen über keinerlei Quellen, aber über genügend Phantasie, um ihr bedauernswertes Schicksal nachzuzeichnen. Zunächst sei die Gambino-Tochter in Palermo erwähnt, die gezwungen war, den Mafioso, der sie vergewaltigt hatte, zu heiraten – ein Mitglied ausgerechnet jenes Cusimano-Clans, der letztendlich sowohl ihren Onkel als auch ihren Bruder beseitigen würde. Dann die Tochter Licatas, die aus strategischen Gründen mit einem Gambino-Sohn verheiratet wurde, den man als Brudermörder verleumden sollte. In Burgio schließlich die Ehefrau von »Baron« De Michele: entführt, missbraucht, erneut entführt und zur Hochzeit gezwungen mit demselben Mann, der ihre Familie bestohlen hatte. Wir können nur vermuten, dass all diese Frauen den Rest ihres Lebens mit der Erfüllung ihrer ehelichen Pflichten beschäftigt waren – Pflichten, die auch darin bestanden, wie Sangiorgi am eigenen Leib erfahren hatte, den Ehefrauen von Polizeibeamten lächelnd Drohungen zu übermitteln.

Es ist traurig, aber wahr, dass Inspektor Sangiorgi selbst ein wenig Verantwortung trägt für die Tatsache, dass die »Brudermord«-Affäre schließlich im Archiv landete. Verantwortung, jedoch keine Schuld. Es war eine Frage des Taktes. Dass Sangiorgi die Gambinos für Mafiosi hielt, scheint gewiss. Doch war er nicht so dumm, diese Tatsache in seinem Bericht an den Innenminister zu erwähnen, als seine Karriere auf dem Spiel stand. Denn damit hätte er all jenen Munition geliefert, die ihm nachsagten, er beschütze die Mafia. Er formulierte sein Schreiben daher mit äußerster Sorgfalt: Ihm sei durchaus bewusst, räumte er ein, dass die Gambinos keine Engel seien, keine »Schienbeine von Heiligen«, wie es im Italienischen heißt. Doch hütete er sich, den naheliegenden Schluss zu ziehen, dass sie der Mafiawelt angehörten.

Inspektor Sangiorgis Taktgefühl trug dazu bei, dass er seine Karriere fortsetzen durfte. Vielleicht trug es auch dazu bei, dass er am Leben blieb, vielleicht. Angesichts der »Brudermord«-Affäre liegt die Frage nah, warum die Mafia Sangiorgi nicht einfach ermorden ließ. Die Antwort ist wahrscheinlich eine Nutzen-Kosten-Analyse: Einen bekannten Polizisten zu töten, hätte der Ehrenwerten Gesellschaft vermutlich mehr Ärger als Vorteile eingebracht. Da war es weitaus besser, ihn einfach nur zu diskreditieren. Andererseits ist für die Mafia die Herabwürdigung einer Person oft nur ein Auftakt zu ihrer Ermordung. Mordopfer, in Schande gebracht, werden weder betrauert noch in Erinnerung behalten.

Unter diesen Umständen erteilte die Polizeibehörde Sangiorgi nur eine sanfte Rüge, was sein künftiges Verhalten anbelangte, verweigerte ihm jedoch die Beförderung mit der Begründung, er sei noch nicht alt genug. 1878 musste er sich erneut verteidigen, da die Presse noch einmal den Vorwurf erhob, er mache mit der Mafia gemeinsame Sache. Wie sich herausstellte, war »Baron« De Michele der Verfasser der diffamierenden Texte. Doch Sangiorgi hatte zu diesem Zeitpunkt ungleich größere Sorgen: Sein Leben war aus den Fugen geraten, da seine Frau starb; wieder einmal war er ein alleinerziehender Vater. Doch er wurde nicht müde, die Mafia zu bekämpfen. 1883 deckte er eine *cosca* auf, die als die Bruderschaft von Favara bekannt war und die höllischen Schwefelminen der Provinz Agrigent kontrollierte. Sie bediente sich dabei derselben Taktik wie die Mafiosi in den Zitrusgärten der Conca d'Oro. Nachher wird Sangiorgis Karriere uns durch weitere 25 Jahre Mafiageschichte führen.

Das strenge Durchgreifen der Linken im Jahre 1877 zerstörte die Mafia nicht, im Gegenteil. Zugegeben, die meisten Banditen, die in den ländlichen Gegenden Siziliens ihr Unwesen trieben, wurden erschossen oder an die Behörden verraten. Doch die Mafiosi, die sie beschützten – Männer wie »Baron« De Michele –, blieben unbehelligt. Nachdem es auf Sizilien verhältnismäßig ruhig geworden war, konnte die Politik zum nächsten Punkt auf der Tagesordnung übergehen. Der große Feldzug der Linken für Recht und Gesetz sollte für zwei Jahrzehnte der letzte sein. Wie in der Unterstadt von Neapel erwies sich auch auf Sizilien, dass es einfacher war, gemeinsam mit dem organisierten Verbrechen zu regieren als dagegen anzukämpfen. Mafiosi lernten, ihre Gewaltbereitschaft auf ein für die neue politische Umgebung erträgliches Maß zu reduzieren. Seit die Linke an der Macht war, konnten sizilianische Politiker sich unter Zuhilfenahme der Ellbogen einen Anteil an den Geldern sichern, die jetzt für den Bau von Straßen, Eisenbahnen, für die Kanalisation und Ähnliches ausgegeben wurden.

Mit Hilfe ihrer Mafiafreunde konnten sie diese Lire in die eigentliche Währung des Südens umtauschen: die Gefälligkeit.

Unterdessen gingen die Prozesse voran, die nach Sangiorgis Entdeckung des Initiationsrituals der Mafia in Gang gekommen waren, mit sehr gemischten Resultaten. Viele Geschworene hegten ein tiefes und verständliches Misstrauen gegen die Polizei und plädierten nur ungern auf schuldig. In der Regel wurde nur den Verlierern der Mafiakriege erfolgreich der Prozess gemacht. Verlierern wie den Gambinos: Mafiosi, die all ihre Gefälligkeiten aufgebraucht hatten, die ihre »Freunde der Freunde« verloren hatten, deren »Seelenverwandtschaften« und Heiratsverbindungen zerbrochen waren und deren Feinde innerhalb der Mafia sich als gerissener, gewaltbereiter und besser vernetzt herausstellten, als sie es waren. Und noch dazu wurde die Mafia in den Gerichtsverfahren, dank Oberstaatsanwalt Carlo Morena, wie ein loses, flüchtiges Gebilde aus lokalen Gangs behandelt.

Das Land hatte zwischen der Revolte von 1866 in Palermo und dem Feldzug 1877 gegen die Mafia eine lange Reise hinter sich gebracht. Zwei parlamentarische Untersuchungsausschüsse und unzählige Ermittlungen von Polizei und Staatsanwaltschaft hatten versucht, das Phänomen Mafia klar zu umreißen. Doch trotz all der zwingenden Beweise, die aufgetaucht waren, blieb die Mafia »ein vager Begriff«, wie Carlo Morena sich ausgedrückt hatte. Schon in wenigen Jahren wäre das Initiationsritual der Ehrenwerten Gesellschaft wieder aus Italiens institutionellem Gedächtnis gerutscht. *Il tempo è galantuomo*, wie es in Italien so schön heißt: »Die Zeit wird's richten«, oder wörtlicher: »Die Zeit ist ein Edelmann«. Vielleicht sollte es auf Sizilien besser heißen: Die Zeit ist ein Ehrenmann.

3 DIE NEUE KRIMINELLE NORMALITÄT 1877 BIS 1900

Geborene Verbrecher: Der Pöbel aus wissenschaftlicher Sicht

In Neapel wie in Palermo begann mit den späten 1870er Jahren eine ruhige Phase in der Geschichte des organisierten Verbrechens. Aufeinanderfolgende linke Regierungen schienen sich mit der Camorra und der Mafia gütlich geeinigt zu haben. Die unterschwelligen Probleme, die den neuen Staat zu einem so gastfreundlichen Hausherrn für die Unterweltsekten gemacht hatten, häuften sich: politische Instabilität und Nachlässigkeit; der Pakt zwischen Polizei und Gangstern zur Verbrechensbekämpfung; die Herrschaft der Kriminellen innerhalb der Gefängnisse. Doch die kriminellen Geheimbünde verschwanden nicht aus der öffentlichen Debatte. Mafiosi und Camorristi spielten in der Tat eine bedeutende Rolle in der italienischen Kultur der 1880er und 1890er Jahre. Ihre Taten und Gewohnheiten, vor allem aber ihre Gesichter wurden öffentlich zur Schau gestellt – in Büchern und auf Bühnen. Die Italiener sahen immer wieder fasziniert und entsetzt zu. Doch gaben sie sich der Illusion hin, das Schauspiel sei lediglich eine Art primitiver Katzenjammer, ein Denkmal für alte Missstände, das schon bald dem Staub der Geschichte anheimfallen würde. Wenn Italien seine Gangsterbanden schon nicht ausrotten konnte, so konnte es zumindest die Ansichten darüber ändern: Die Thematik des organisierten Verbrechens wurde zur Ansichtssache. Unglücklicherweise war das gesetzlose Italien noch weitaus geschickter darin als das gesetzestreue, diese Ansichten zu manipulieren. Es war die neue kriminelle Normalität. Eine Normalität, die ironischerweise noch eine dritte kriminelle Bruderschaft in ihrer Mitte begrüßen sollte.

Die Rechte hatte kriminelle Vereinigungen begreiflicherweise als weitaus bedrohlicher angesehen als das gewöhnliche Verbrechen. Camorra und Mafia gefährdeten (zumindest nach der Meinung jener, für die sie ein wenig mehr waren als »vage Begriffe«) den Staat und dessen Vorrecht, Herrscher im eigenen Land zu sein; sie bildeten eine Art Staat im Staate, den keine moderne Gesellschaft tolerieren durfte.

Diese Sichtweise war schon immer auf Gegnerschaft gestoßen, nicht zuletzt bei Juristen, die der Meinung waren, dass der Kampf gegen den »Anti-Staat« der Regierung noch lange nicht das Recht gebe, die Rechte des Einzelnen mit Füßen zu treten. Besonders *ein* Gesetz erregte die Gemüter: Es war 1861 verabschiedet worden und richtete sich gegen »Vereinigungen von Delinquenten«. Es war das Gesetz, das in den Prozessen gegen die Mafia der späten 1870er und frühen 1880er Jahre Anwendung fand. Es besagte, dass fünf und mehr Personen, die sich in verbrecherischer Absicht zusammenfanden, sich jetzt noch eines zusätzlichen Vergehens strafbar machten – nämlich der Bildung einer »Vereinigung von Delinquenten«. Die Möglichkeit der Regierung, das Gesetz als Gummiparagraphen zu benutzen, um gegen politische Dissidenten vorgehen zu können, vergrößerte noch die Besorgnis der Juristen.

Das Gesetz wurde 1889 überarbeitet und neu formuliert als eine Maßnahme gegen »Vereinigungen in krimineller Absicht«. Doch einige grundlegende Dilemmata überlebten die Neuformulierung. Was genau war eine »Vereinigung in krimineller Absicht«? Wie konnte zweifelsfrei festgestellt werden, dass dieser Tatbestand vorlag? Auf der Suche nach einer Lösung floss juristische Tinte in Strömen. Eine »Vereinigung in krimineller Absicht« zog jedenfalls nur eine geringe Strafe nach sich – ein paar zusätzliche Jahre hinter Gittern. Es war demnach viel einfacher, Mafia und Camorra gar nicht erst umständlich vor den Richter zu schleifen. Stattdessen griff man auf das bewährte »Zwangsexil« zurück und verbannte jeden, der zweifelsfrei gegen das neue Gesetz verstoßen hatte, ohne Gerichtsverfahren kurzerhand in eine Strafkolonie. Anders ausgedrückt, das organisierte Verbrechen sollte nur beschnitten, nicht ausgerissen werden.

Der spitzfindige legalistische Ansatz zur Bekämpfung von Mafia und Camorra erwies sich als Sackgasse. Von den späten 1870er Jahren bis zum Ende des Jahrhunderts schien die Soziologie einen weitaus besseren Ansatzpunkt für das Problem entdeckt zu haben. Und zur damaligen Zeit war die Soziologie größtenteils positivistisch – die Vertreter des Positivismus träumten davon, die Grundsätze der Naturwissenschaft auf die Gesellschaft anzuwenden. Streng wissenschaftlich betrachtet, so die Positivisten, seien Gesetzesbrecher Geschöpfe aus Fleisch und Blut, menschliche Tiere, die es zu beobachten, aufzuspießen, zu wiegen, zu messen, zu fotografieren und zu katalogisieren gelte. Wenn es der Wissenschaft gelänge, »geborene Verbrecher« anhand bestimmter Körpermerkmale zu identifizieren, so könnte sie die Gesellschaft vor ihnen schützen – ungeachtet dessen, was irgendwelche Rechtsverdreher daherplapperten.

Der optimistischste und zugleich berüchtigtste Versuch, männliche wie weibliche »Delinquenten« nach ihrem physischen Erscheinungsbild zu identifizieren, wurde von dem Turiner Arzt Cesare Lombroso unternommen. Er gab an, gewisse Anomalien an den Körpern Krimineller erkannt zu haben, wie etwa abstehende Ohren oder ein wuchtiges Kinn. Solche »Stigmata«, wie er sie nannte, seien der Beweis, dass Kriminelle tatsächlich einer früheren Stufe der menschlichen Entwicklung zuzuordnen seien, auf der Evolutionsleiter irgendwo zwischen den Menschenaffen und den Negern. Lombroso gelang mit dieser Theorie eine glanzvolle Karriere, und er verteidigte sie hartnäckig, selbst als andere Soziologen nachwiesen, dass sie Unsinn war.

Lombroso war nicht der einzige Akademiker, der die Wissenschaft für geeignet hielt, das Problem der Kriminalität zu entschlüsseln. Andere suchten Zusammenhänge in Faktoren wie der Ernährung, der Überbevölkerung, dem Wetter und natürlich der Rasse. Süditaliener und Sizilianer schienen aus anderem Holz geschnitzt zu sein als andere Europäer, wenn nicht physisch, so zumindest psychisch. 1898 kommentierte der gefeierte junge Soziologe Alfredo Niceforo das Selbstbild der Mafia abfällig, indem er argumentierte, die sizilianische Psyche und die Mafia seien ein und dasselbe.

> »In vielerlei Hinsicht ist der Sizilianer ein echter Araber: stolz, oft grausam, kraftvoll und unbeugsam. Daher die Tatsache, dass der Sizilianer sich von niemandem Befehle erteilen lässt. Und daher auch die Tatsache, dass der sarazenische Stolz, vermählt mit feudalem Machtstreben, aus dem Sizilianer einen Menschen geformt hat, durch dessen Adern stets die rebellische, ungezügelte Leidenschaft seines Egos fließt: den Mafioso, um es kurz zu sagen.«

Die Neapolitaner erschienen in Niceforos Forschung in einem nicht minder ungeschönten Licht: Sie seien »leichtfertig, launisch und rastlos« – genau wie die Weiber. Doch die Camorra unterscheide sich von den neapolitanischen »Weibsleuten«, unter denen sie lebe. Immerhin war man sich einig darüber, dass die Camorra, im Unterschied zur Mafia, ein Geheimbund sei. Ihre unheimlichen Rituale, ihre Duelle sowie die komplizierte symbolische Sprache, mit der *picciotti* ihren *capo camorrista* anredeten, zeigten, dass die Camorra nichts Geringeres sei als ein wilder Clan, mit den Stämmen Zentralafrikas zu vergleichen, wie Livingstone oder Stanley sie beschrieben hätten.

Die Tätowierungen der Camorristi hatten es »Wissenschaftlern« wie Lombroso und Niceforo besonders angetan. Jeder wusste, dass Camorristi sich die Namen der Prostituierten, die sie beschützten, die Racheschwüre, die sie einhalten wollten, und auch die Symbole ihres kriminellen Rangs in die Haut zu ritzen pflegten. Diese Tätowierungen dienten einem doppelten Zweck: Sie waren Zeichen der Loyalität gegenüber der Ehrenwerten Gesellschaft und sollten zudem einschüchternd wirken. Wie ihre exzentrische Kleidung verraten uns auch die Tätowierungen der frühen Camorristi eine Menge über das Wesen und die Grenzen der Camorramacht. Zu einer Zeit, da die Ehrenwerte Gesellschaft an Orten verwurzelt war, in denen der Staat sich selten die Mühe machte, seiner Autorität Geltung zu verschaffen – im Gefängnis oder innerhalb des vom Pöbel bevölkerten Labyrinths im Stadtkern von Neapel –, war es ohne Belang, dass diese körperlichen Piktogramme auch von der Gefängnisleitung und der Polizei entziffert werden konnten. Dergleichen Zusammenhänge entgingen freilich den Kriminologen, die diese Tätowierungen nur für weitere körperliche Symptome der Degeneriertheit hielten.

Die positivistische Kriminologie wurde zur Modeerscheinung. Unter dem Deckmantel wissenschaftlicher Forschung leistete sie dem Faible der Öffentlichkeit für Geheimgesellschaften und grausige Verbrechen Vorschub. Eine hungrige Leserschaft wurde mit Titeln gefüttert wie: *Die Maffia in ihren Faktoren und Manifestationen. Eine Studie über Siziliens gefährliche Klassen* (1886); *Das Camorra-Duell* (1893); *Sitten und Gebräuche der Kamorristen* (1897); oder *Die Tätowierungen der Kamorristen Neapels* (1898). Der Markt in Neapel gierte besonders nach Büchern, die Einblick gaben in die Struktur und den speziellen

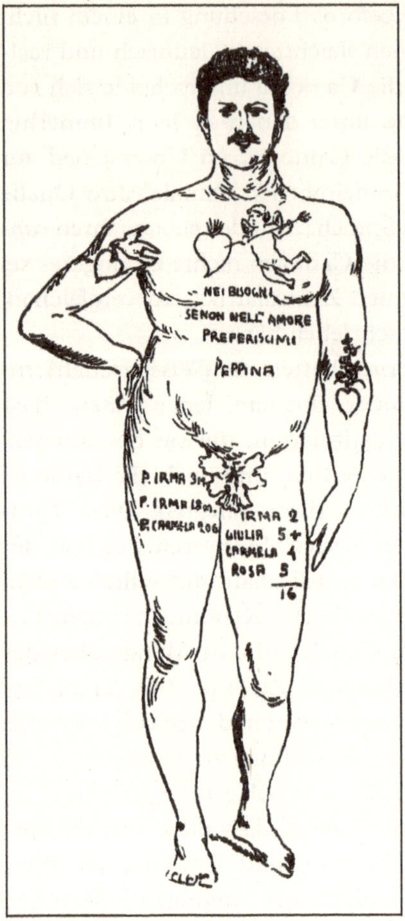

5. »Camorra-Zuhälter« mit vielsagendem Körperschmuck. Einer der vielen lüsternen Studien zum Thema Gangster-Tattoos entnommen, die im ausgehenden 19. Jahrhundert erschienen.

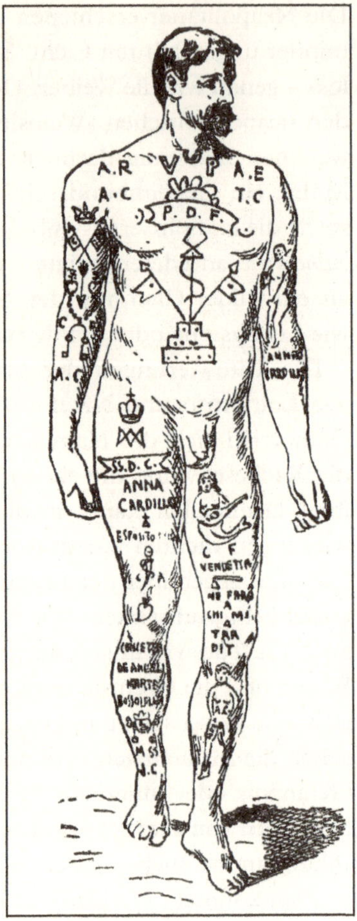

6. Blutrünstiger Camorrista.

Wortschatz der Camorra. Sie lasen sich wie Lehrwerke, wie Bestandteile eines inoffiziellen Leitfadens über die Ehrenwerte Gesellschaft, den Ortsansässige sich zu Gemüte führen mussten, ehe sie für sich beanspruchen konnten, Neapel zu kennen und waschechte Neapolitaner zu sein.

Einige der Autoren dieser Handbücher waren Polizeibeamte und Anwälte, die eine Menge harter Fakten in die Debatte über das organisierte Verbrechen einbringen konnten: zum Beispiel die Tatsache, dass aus Gründen der Geheimhaltung Mitglieder der Ehrenwerten Gesellschaft in zwei getrennte Gruppen unterteilt waren: Die jungen *picciotti* gehörten der *Società Minore* an, der »Unteren Gesellschaft«, wogegen die ranghöheren Camorristi die *Società Maggiore*, die »Obere Gesellschaft«, bildeten. Dennoch woben die Verfasser auch aufgewärmte Folklore mit ein (über die spanischen Ursprünge der Camorra zum Beispiel), dazu pseudowissenschaftliche Spekulationen und schlichten Nervenkitzel. Viele der Bücher enthielten schaurige Illustrationen von Verbrecherohren, von grausig entstellten Prostituierten oder von Oberkörpern, die geheimnisvolle Tätowierungen aufwiesen. All dem lag der schlichte, aber verführerische Glaube zugrunde, dass Sehen gleich Wissen sei. Wie ein Polizist und Soziologe schrieb:

> »Die meisten Camorristi haben eine dunkle, zum Fahlen tendierende Hautfarbe und üppiges Kraushaar. Die meisten haben dunkle, funkelnde oder stechende, einige aber auch helle, eiskalte Augen. Ihre Gesichtsbehaarung ist spärlich. Abgesehen von wenigen harmonischen Physiognomien (viele freilich von langen Narben verunstaltet), sieht man zumeist unförmige, breite oder stupsige Nasen. Es gibt auch viele niedrige oder vorgewölbte Stirnen, breite Wangenknochen und Kiefer, Ohren, die entweder gewaltig oder winzig sind, und dazu noch faulige oder schiefe Zähne.«

Die positivistische Kriminologie behandelte das Verbrechen, als wäre es nicht komplizierter als ein Abstrich auf dem Boden einer Petrischale. Dabei sind Mafiosi und Camorristi ebenso imstande wie wir, rational zu denken und strategisch zu planen. Und sie haben, mehr als wir Übrigen, allen Grund, von den Geschichten über Geheimgesellschaften und abscheuliche Missetaten fasziniert zu sein …

Ganoven im Publikum

Zu den faszinierenderen Gegenständen, die in der Nationalbibliothek in Neapel aufbewahrt werden, gehört eine Fotografie, die nichts Geringeres als den Gründungsmoment der Camorra festhält. So scheint es zumindest. Mit bemerkenswerter Klarheit sind die Gründungsmitglieder der Camorra abgelichtet – alle neun –, wie sie im Halbkreis in einer großen Gefängniszelle sitzen. Sie legen offensichtlich ein Gelübde ab, wobei sie auf die heiligen Gegenstände schwören, die vor ihnen auf dem Boden liegen: zwei gekreuzte Dolche zu Füßen eines Kruzifixes. Die neuen Mitglieder halten den Blick auf den Mann gerichtet, der die Zeremonie zu leiten scheint. Er ist ein selbstsicherer Mensch mit einem breitkrempigen Hut, den er weit aus der Stirn geschoben trägt. Er hat eine Hand beruhigend auf die Schulter eines nervös wirkenden Novizen gelegt und deutet mit der anderen auf Dolche und Kruzifix.

Die Fotografie entstand während der Proben für das Theaterstück *Die Gründung der Camorra*, das am Abend des 18. Oktober 1899 Premiere hatte, vermutlich zu Reklamezwecken. Wenn dem so war, dürfte sie ihren Zweck erfüllt haben. Das Interesse an dem Stück war nämlich so groß, dass die Eintrittskarten für die zweite Aufführung bereits am Mittag ausverkauft waren und man die *Carabinieri* rufen musste, um die enttäuschte Menge der Zurückgewiesenen in Schach zu halten.

Das Manuskript des Stücks ist leider verschollen. Doch die Kritiken lassen erahnen, warum es so viel Aufregung verursachte.

> »Das Publikum zeigte großes Interesse an den Ereignissen, die zur Entstehung dieser bösen Sekte in unserer Mitte führten. Reisende hatten sie aus Spanien mitgebracht und das Vicaria-Gefängnis ausgesucht, um dort jenen Geheimbund zu gründen, den einmal jemand, vermutlich in ironischer Absicht, als ›entehrte Gesellschaft‹ bezeichnet hat. Wie dem auch sei, eine Zeitlang jedenfalls war das Vicaria-Gefängnis der Sitz ihres Oberkommandos und ihrer Gerichtsbarkeit.
>
> Das Theaterstück stellt die ersten Großtaten ihrer Anhänger nach, ihre ersten Gelübde, Erpressungen, ritualisierten Messerkämpfe sowie ihr wildes Bestreben, sich mit ihren Regeln Geltung zu ver-

> schaffen. Ihr als Heldenmut getarntes Verbrechertum sollte die Schwachen einschüchtern und ängstigen. Die zweite Vorstellung findet heute Abend statt.«

Das Stück *La fondazione della Camorra* (»Die Gründung der Camorra«) hätte einem der kriminologischen Lehrbücher über die Ehrenwerte Gesellschaft entstammen können.

Das Publikum, das von dem Schauspiel gefesselt war, war besonders kenntnisreich. Das Stück wurde nämlich im Theater San Ferdinando aufgeführt, nur wenige Meter von dem berüchtigten Vicaria-Gefängnis entfernt, in dem die Handlung spielte. Bei jeder Vorstellung war das Spektakel im Zuschauerraum genauso farbenfroh wie alles, was sich auf der Bühne abspielte. Und ebenso laut: Unentwegt hörte man Geschnatter, Buhrufe und angestimmte Lieder. Im Parkett, unter einem Dauerregen aus Orangenschalen und Samenhülsen, zankten tintenverschmierte Schriftsetzer mit rußgeschwärzten Eisenbahnern, tauschten stillende Mütter sich mit fetten Huren über den neuesten Klatsch aus. Weiter oben, in den wackeligen Logen, saßen jene, die im Vicaria-Viertel der Mittelschicht angehörten: gescheite, aber arme Schullehrer, oder Pfandleiher mit ihren Frauen und Kindern, üppig herausgeputzt mit den nicht ausgelösten Pfändern. Hier im San Ferdinando drängte sich auf engstem Raum das unvorstellbar pralle Leben des Vicaria-Viertels. So nimmt es nicht wunder, dass auch Camorristi unter den Zuschauern waren, als *La fondazione della Camorra* aufgeführt wurde.

Es kamen in der Tat so viele, dass das Stück die Gesetzeshüter auf den Plan rief. Am 4. November schrieb der Inspektor vor Ort an den Polizeichef, um ihm seine Besorgnis mitzuteilen.

> »Wenn man bedenkt, dass besagtes Theater ausschließlich von Mitgliedern der Unterwelt mit ellenlangen Vorstrafenregistern frequentiert wird, ist das Stück, das derzeit dort gegeben wird, doch eine einzige große Lektion in der Schule des Verbrechens.«

Was ihm Sorgen bereitete, war die gefährlich zweideutige Botschaft des Stücks. Natürlich nahm es ein glückliches und sittlich lehrreiches Ende wie alle Darbietungen im Theater San Ferdinando. Allerdings schien sich das Publikum doch weitaus mehr für das *Davor* zu interessieren: das angeberische Gehabe der Kriminellen, in dem sich die eigenen verzerrten Werte spiegelten. Schlimmer noch, manche Passagen im Stück waren die reinste Propaganda für die Ehrenwerte Gesellschaft. Der Brief des Polizeiinspektors zitiert aus einer anstößigen Rede, die der *capo* auf der Bühne hält:

> »Unsere Herrscher agieren im Großen wie Camorristi. Was ist falsch daran, wenn das Volk es ihnen im Kleinen gleichtut?«

Unsinn natürlich; aber eben verlockender Unsinn.

Melodramen für die ungebärdigen Kerle im San Ferdinando wurden in schwindelerregendem Tempo ausgespuckt. Edoardo Minichini, der Verfasser des Dramas *Fondazione della Camorra*, soll etwa 400 Stücke geschrieben haben; er starb verarmt, hinterließ eine Frau und zehn Kinder, die nun auf sich allein gestellt waren. (Die Tatsache, dass die Camorra von den Theatern Schutzgelder kassierte, dürfte vermutlich sein finanzielles Desaster erklären.) In vielen Stücken Minichinis waren die Protagonisten Camorristi. Dramen wie diese waren im Neapel der 1890er Jahre *en vogue*. Titel wie *Der Boss der Camorra* (1893) und *Blut eines Kamorristen* (1894) lockten ein großes, begeistertes Publikum aus seinen Behausungen. Diese Stücke waren tatsächlich nur die aktuellsten Symptome einer Camorrafolklore. Seit den 1860er Jahren hatten Sänger, Geschichtenerzähler und Puppenspieler das einfache Volk mit verlogenen Märchen von der Ehre und Verwegenheit der Camorristi in Atem gehalten.

Der Star der San-Ferdinando-Bühne, ein Schauspieler mit dem passenden Namen Federigo Stella, mimte stets den Guten in einem theatralischen, deklamatorischen Stil. Einer von Stellas Standardcharakteren war der »heldenhafte Camorrista alter Schule«, wie ein zeitgenössischer Theaterkenner sich ausdrückte, der »mit seinem unfehlbaren Sinn für Gerechtigkeit gute Taten, Stockhiebe und schöne Reden verteilt«. Stellas Publikum war es herzlich egal, dass es so etwas wie den edlen Camorrista nicht gab und nie gegeben hatte.

Mafiosi und Camorristi waren schon immer in geradezu narzisstischer Weise vom eigenen Bild fasziniert, wie es sich auf der Bühne, in der Dichtung und im Roman spiegelte. Nichts ist neu an dem wechselseitigen Feedback, das Gangsterkunst und Gangsterleben miteinander verbindet. Die Filmemacher Hollywoods, fasziniert vom Gangstertum, wie auch die Gangsterbosse, die ihre Villen dem Haus in der Schlüsselszene des Films *Scarface* gleichen lassen (ich kenne drei Fälle in Italien), sind die Erben einer Tradition, die so alt ist wie das organisierte Verbrechen selbst. Wie bereits erwähnt, sammelte die Camorra jedes kulturelle Treibgut, dessen sie habhaft werden konnte, und zimmerte sich daraus ihren Mythos von den spanischen Wurzeln. Die Mafia war nicht minder theaterbesessen. Schon der Name »Mafia« war mit großer Sicherheit über ein ungemein erfolgreiches Bühnenstück in sizilianischem Dialekt in die Palermer Alltagssprache gelangt, das 1863 Premiere hatte, *I mafiusi di la Vicaria* (»Die Mafiosi des Vicaria-Gefängnisses« – wobei nicht nur der berüchtigte Kerker in Neapel Vicaria hieß, sondern auch das Ucciardone-Gefängnis in Palermo). *I mafiusi* erzählt die rührselige Geschichte von der Begegnung zwischen den Gefängnis-Camorristi und einem patriotischen Verschwörer in den Jahren vor der Einigung Italiens. In anderen Worten, das Stück, das der Mafia ihren Namen gab, ist ein schauriges Echo von den tatsächlichen Begegnungen zwischen Patrioten und Häftlingen, die eine so wesentliche Rolle spielten in der Geschichte der italienischen Unterwelt. Es heißt, der Autor habe für das Manuskript einen Ehrenmann konsultiert.

Mafiosi hatten auch eine Schwäche für Abenteuergeschichten. Ihr Lieblingsautor war nicht etwa Alexandre Dumas, wie Oberstaatsanwalt Morena behauptete, sondern der Sizilianer Vincenzo Linares, berühmt für seine Erzählung *I Beati Paoli*, die 1836 erschienen war.

Die Beati Paoli in Linares' Roman waren eine mysteriöse Bruderschaft im Palermo des 17. Jahrhunderts. Sie trafen sich regelmäßig in einem Gewölbe voller Waffen unter einer Kirche an der Piazza San Cosimo. Vor einem Standbild der Göttin Justitia verurteilten sie feierlich jeden zum Tode, der sich an Schwachen und Unschuldigen vergangen hatte.

Das Märchen war so beliebt in Palermo, dass die Piazza San Cosimo im Jahre 1873 in Piazza Beati Paoli umbenannt wurde. Im April 1909 schließlich entdeckte die Polizei, dass Mafiosi ihre eigenen Tribunale in einem Keller an der Piazza Beati Paoli abhielten – im selben Keller angeblich, der als das Hauptquartier der Geheimgesellschaft in Linares' Roman identifiziert worden war. Noch später, in den 1980er Jahren, behaupteten viele sizilianische Ehrenmänner, die sich dem Staat als Kronzeugen zur Verfügung stellten, allen Ernstes vor Gericht, Mafia und Beati Paoli seien ein und dasselbe. Ein klarer Beweis dafür, dass Mafiosi längst an ihre eigene Propaganda glaubten.

Die laxe Gesellschaft

In der neuen kriminellen Normalität der 1880er und 1890er Jahre hatten pseudowissenschaftliche Kriminologen und opportunistische Theaterexperten kein Monopol auf öffentliche Diskussionen über das Bandenwesen. Einer der ersten Wissenschaftler, die sich ernsthaft mit dem Thema befassten, war Pasquale Villari, ein neapolitanischer Historiker, der an der Universität in Florenz einen Lehrstuhl innehatte.

Villari setzte sich zeitlebens für eine gute Regierung und gesellschaftlichen Fortschritt im Süden ein. Seine stete Sorge galt dem Elend in der Unterstadt, aus dem die Camorra hervorgegangen war. 1875 machte er mit einem offenen Brief Furore, in dem er schrieb, die Lebensumstände in Neapel seien derart desolat, dass »die Camorra der einzig normale und mögliche Zustand der Stadt sei, die natürliche Form, die sie anstrebe«. Eine der aufschlussreichsten Passagen im Brief war eine Unterredung mit einem ehemaligen stellvertretenden Bürgermeister, der ihm verraten hatte, dass die meisten öffentlichen Bauaufträge nicht ohne Zustimmung der Camorra vergeben würden.

Villaris Aufruf, Neapel von oben nach unten einer rigorosen Moralisierung zu unterziehen, fand neuen Anklang, nachdem die Linke an die Macht gekommen war und eine Form der Klientelpolitik vertrat, die den Camorristi den Zugang zu öffentlichen Geldern sogar noch leichter machte. Villari inspirierte eine Generation radikal konservativer Kämpfer zu der Frage, die als *questione meridionale*, als »süditalienische Frage« bekannt wurde. Einer derjenigen, die Villaris Aufruf Folge leisteten, war Pasquale Turiello, der 1882 ein Übel diagnostizierte, das er als die Selbstsucht, Disziplinlosigkeit und »Laxheit« der neapolitanischen Gesellschaft bezeichnete. Der chaotische Filz der Linken, argumentierte Turiello, spiegle diese neapolitanische »Laxheit« nicht nur wider, er züchte sie geradezu. Die Stadt sei zweigeteilt: oben herrschten großbürgerliche Politklüngel, unten proletarische Camorrabanden.

Die Ereignisse der 1880er und 1890er Jahre sollten Turiellos grimmige Diagnose bestätigen und seine Überzeugung befeuern, dass sie auf einen Großteil Süditaliens und Siziliens zutraf, sogar auf die nationalen politischen Institutionen. 1882 wurde schließlich das allgemeine

Wahlrecht auf etwa sieben Prozent der Bevölkerung ausgeweitet. Jeder Bürger, der Steuern zahlte oder einige Jahre die Grundschule besucht hatte, erhielt jetzt eine Stimme. Eine weitere Reform folgte im Jahr 1888: Die Wählerschaft für die Stadt- und Gemeinderäte wurde vergrößert; und die Bürgermeister größerer Städte wurden fortan ins Amt gewählt. Mit der Ausweitung der Demokratie wuchs auch der Markt für politische Gefälligkeiten. Mafiosi und Camorristi erhielten bald Gelegenheit – entweder direkt oder über ihre Freunde in der Landesregierung und der Kommunalverwaltung –, verlockende Vergünstigungen zu verteilen wie die Freistellung vom Militärdienst, Steuergeschenke und Posten im Rathaus. Nichtstaatliche Körperschaften wie Wohlfahrtsverbände, Banken und Krankenhäuser schmierten das Getriebe der Vetternwirtschaft.

Unterdessen wurde Neapel, Inbegriff der laxen Gesellschaft, im Jahr 1884 von einer schrecklichen Choleraepidemie heimgesucht. Bourgeoisie und Aristokratie flüchteten in panischer Furcht. An die 7000 Menschen starben, die meisten davon in den Gassen und Behausungen der Unterstadt, die »Gedärmen glichen, zum Bersten voll mit Unrat«, wie ein Zeitgenosse sich ausdrückte. In den Nachwehen der Epidemie wurde der Ruf laut, man müsse die Innenstadt »ausweiden«. Schnell wurden Steueranreize geschaffen und öffentliche Gelder verteilt, um die ehrgeizigen Pläne zur Räumung der Elendsviertel und zum Bau einer Kanalisation in die Tat umzusetzen. In den darauffolgenden 25 Jahren schleppte sich die Modernisierung Neapels mit nervtötender Langsamkeit und Ineffizienz voran. Unterdessen zankten sich die politischen Cliquen der Stadt um einen Platz am Trog.

Auf allen Regierungsebenen tat sich die laxe Gesellschaft enorm schwer, Reformen umzusetzen, die allen zugutekämen. Stattdessen produzierte sie am laufenden Band politischen Unsinn, der flüchtige Bündnisse zwischen gierigen Politikern und ihren Anhängern förderte. Im Zusammenhang mit Mafia und Camorra waren die wichtigsten Reformen in der Tat oft jene, die die geringste Aussicht hatten, verwirklicht zu werden: Das beste Beispiel hierfür ist das Polizeiwesen. Und wieder einmal lassen sich die Schwächen der laxen Gesellschaft am besten durch das Leben eines einzelnen Polizisten verdeutlichen.

1888 arbeitete Ermanno Sangiorgi, der zum ersten Mal das Initiationsritual der Mafia entdeckt hatte, als Sonderinspektor am Innenministerium in Rom. Mittlerweile hatte er im Privatleben sein Glück gefunden, obwohl ihm dieses Glück wieder einmal den Ärger seiner Vorgesetzten einbrachte. Noch in Sizilien, sechs Jahre nach dem Tod seiner Frau, hatte er sich mit der Frau eines Kollegen eingelassen. Sein »skandalöses Benehmen«, wie es ein Vorgesetzter nannte, war bestraft worden, indem man ihn im Dezember 1884 auf der Stelle versetzt hatte. (Derartige Verstöße gegen die Moral wogen offensichtlich schwerer als der freundschaftliche Umgang mit Ganoven.) Sangiorgis neue Liebe, eine Neapolitanerin namens Maria Vozza, 20 Jahre jünger als er, war ihm gefolgt. Sie musste getrennt von ihm leben, damit seine Karriere nicht noch größeren Schaden nahm. Die beiden sollten bis zu seinem Lebensende ein Paar bleiben.

Im September 1888 wurde Sangiorgi auf geheimer Mission nach Sizilien zurückgeschickt, um das einzige berittene Polizeikorps der Insel zu inspizieren, dem eine radikale Reform bevorstand. Er stellte fest, dass sich das Polizeipräsidium in Palermo »in völliger Verwirrung und Unordnung« befand; noch schlimmer war es um Trapani bestellt. Dort führte das berittene Polizeikorps nicht einmal eine ordentliche Verbrechensakte. Zwei ranghohe Polizeibeamte in Palermo pflegten »enge Beziehungen zu Männern der Mafia«. Das Ergebnis war keine Überraschung. »Es wäre gefährlich«, schrieb Sangiorgi, »sich etwas vorzumachen: Die Mafia und das Banditentum haben unbestreitbar ihre Häupter erhoben.«

Doch nichts geschah. Nicht zum letzten Mal sollte Sangiorgis harte Arbeit keinerlei politische Konsequenzen haben.

Für Sangiorgis Karriere jedoch waren die Ergebnisse positiv. 1888, als der König der krisengebeutelten Region Romagna einen Besuch abstattete, wurde Sangiorgi mit den Sicherheitsmaßnahmen betraut. Er leistete so gute Arbeit, dass er 1889 in Mailand zum jüngsten Polizeipräsidenten Italiens befördert wurde. Dieser steile Aufstieg brachte ihm die seltene Ehre einer Zeitungsnotiz ein:

> »Der Ermittler Sangiorgi ist erst 48 Jahre alt. Er hat rötlich-blondes Haar, ist liebenswürdig und weiß die Schläue, die sein Beruf erfordert, unter einer leutseligen Maske gutbürgerlicher Gelassen-

heit zu verbergen. Er ist munter wie ein Eichhörnchen, besitzt Scharfblick und einen verlässlichen Spürsinn.«

Im Jahr nach dem Erscheinen dieses kurzen Porträts wurde er nach Neapel versetzt, eine Stadt, in der die Polizei noch immer einen denkbar schlechten Ruf genoss; eine Stadt, in der es brodelte. Grund waren die Choleraepidemie von 1884 und die nachfolgende »Ausweidung«. Wie in Sizilien ging Sangiorgi auch hier sofort daran, die traditionellerweise vertraulichen Kontakte zwischen der Polizei und dem organisierten Verbrechen aufzuspalten. Am 21. Februar 1891 zahlte einer von Sangiorgis Untergebenen, ein Mann namens Saverio Russo, den Preis für diesen »offenen Kampf« gegen die Camorra, als er von einem Camorrista, den er hatte verhaften wollen, ermordet wurde. Ein gut informierter Zeitungskommentator warnte seine Leser davor, diesen erschreckenden Vorfall als Indiz dafür zu nehmen, dass das Ganoventum außer Kontrolle geraten sei. In Wirklichkeit sei die Kriminalität in den vergangenen Monaten sogar beträchtlich gesunken:

> »Zweifellos gebührt das Lob hierfür dem neuen Polizeipräsidenten Sangiorgi. Natürlich ist es keine einfache Pflicht, im Polizeipräsidium und in den kleineren Dienststellen der einzelnen Stadtviertel Ordnung zu schaffen. Es ist auch keine einfache Aufgabe, Beamte aufzurütteln, die nicht immer getreulich ihre Pflicht getan oder sich gar dazu verstiegen haben, Ganoven zu decken. Doch die guten Ergebnisse, die Polizeipräsident Sangiorgi bislang erzielt hat, sein ausgeprägter Scharfsinn und seine langjährige Erfahrung, sind für Regierung und Bevölkerung gleichermaßen ein Gewinn.«

Während Sangiorgi sich in Neapel aufhielt, stand ihm Ärger ins Haus. Im Februar 1893 erreichte ihn die demütigende Nachricht, dass Achille, sein Sohn aus erster Ehe und mittlerweile Kohlenhändler in Venedig, wegen Scheckbetrugs verhaftet worden war; zu Sangiorgis großer Schmach hatte die Presse von der Sache Wind bekommen. Das Innenministerium beschäftigte sich mit dem Fall, konnte dem leidgeprüften Vater aber nur sein Mitgefühl aussprechen.

Als Sangiorgi nach Neapel kam, fungierte Ciccio Cappuccio, bekannt als *'o Signorino*, »der junge Herr«, als oberster Boss der Ehrenwerten Gesellschaft. Sein Spezialgebiet war der Handel mit Pferden – eine traditionelle Domäne der Camorra –, besonders mit den überzähligen Armeegäulen, die gelegentlich an die Allgemeinheit versteigert wurden. Auktionen ließen sich ganz einfach manipulieren: Die Camorristi brauchten nichts weiter zu tun, als andere Bieter zu schikanieren. Doch gab es auch heimtückischere Methoden.

Marc Monniers Vater war in den 1840er und 1850er Jahren ein leidenschaftlicher Reiter gewesen und hatte sich gelegentlich auch als Pferdehändler betätigt. Daher wusste der Schweizer Hotelier aus erster Hand, wie sich Camorristi die Unwägbarkeiten des Gewerbes zunutze machten, um sich in sämtliche Transaktionen einzuschalten. Wer sich in Neapel bei einem Fremden ein Pferd kaufte, ging immer ein Risiko ein. Niemand konnte garantieren, dass sich das Tier, sobald das Geld den Besitzer gewechselt hatte, nicht als lärmscheu erweisen würde, oder als zu schwach, um die Hügel der Stadt zu bewältigen. Niemand mit Ausnahme der Camorristi. Für einen gewissen Anteil vom Kaufpreis sorgten sie dafür – unter Androhung von Prügeln oder Schlimmerem –, dass die Geschäftsabschlüsse glatt verliefen. Die Camorra kontrollierte auch den Vorrat an Pferdefutter: Viele Bosse, auch Ciccio Cappuccio, handelten zusätzlich mit Kleie und Johannisbrot. Von diesem Sockel aus hatten sie das gesamte abgerissene Heer von Droschkenkutschern in Neapel unter Kontrolle.

Ciccio Cappuccio, »der junge Herr«, starb Anfang Dezember 1892 eines natürlichen Todes. Sein Ableben sollte in verstörender Weise verdeutlichen, wie sehr das laxe Gefüge der neapolitanischen Gesellschaft von Gesetzlosigkeit durchdrungen war. Sangiorgi im Polizeipräsidium konnte nur hilflos zusehen.

Der Nachruf für Ciccio Cappuccio im *Mattino*, einer wichtigen neuen neapolitanischen Tageszeitung, war voll des Lobs. Er habe Unrecht in Recht verwandelt und sei ein Friedensrichter für das Volk gewesen. Mit einer Aufwallung von Stolz erinnerte *Il Mattino* an die Zeit, da »der junge Herr« bei einer Messerstecherei im Gefängnis nicht weniger als zwölf kalabrische Camorristi zu Boden gestreckt habe. Es sei jedoch falsch, ihn einen »blutrünstigen Verbrecher« zu nennen, hieß es weiter:

> »Er war außergewöhnlich sympathisch: ein Muster an Anstand, Ehrerbietung und Rücksichtnahme. Seine grauen Augen blickten grimmig. Doch war er stets bemüht, den Eindruck, den er mach-

> te, zu mäßigen, indem er die Freundlichkeit und Fügsamkeit eines Mannes an den Tag legte, der um die eigene Stärke weiß – eines Mannes, der gewiss sein darf, dass niemand auf der Welt sich seinem Willen widersetzen kann.«

Offensichtlich war es nicht nur das Lumpenproletariat des Vicaria-Viertels, das den Mythos vom edlen Camorrista alter Schule pflegte. *Il Mattino* war, wie sein berüchtigter Herausgeber Edoardo Scarfoglio, geradezu hysterisch rechts und von Grund auf korrupt – das Sprachrohr der übelsten Elemente in der politischen Klasse Neapels. Gleichermaßen erschreckend wie enthüllend an seiner Stellungnahme zum Tod Ciccio Cappuccios aber war die Art und Weise, wie er die privaten Kleinstaaten, die die Bosse der Camorra in großen Bereichen der Stadt errichtet hatten, nicht nur duldete, sondern geradezu begrüßte.

Ciccio Cappuccios letzte Reise war ein Staatsbegräbnis. Sechs Pferde zogen einen prunkvollen Leichenwagen, über und über mit Kränzen bedeckt, durch die halbe Stadt. Der Trauerzug wurde von sämtlichen Kutschern Neapels angeführt, eine Prozession aus 60 Droschken. Ihnen folgte ein Heer ehrfürchtiger Anhänger, die laut Aussage des *Mattino* allesamt Geschichten von den »heroischen und edelmütigen Taten« des Toten zu erzählen wussten. Die Zeitung veröffentlichte sogar ein poetisches Klagelied zu Ehren Ciccio Cappuccios:

> »Wer wird uns nun beschützen?
> Was sollen wir ohne ihn tun?
> An wen uns wenden,
> Wenn uns Unrecht geschieht?«

Neapel war noch immer eine Stadt, in der Gesetzestreue und Ehrlichkeit in öffentlichen Angelegenheiten völlig unbekannte Konzepte zu sein schienen.

Einige Monate nach Cappuccios posthumer Machtdemonstration geriet Sangiorgi in einen Aufruhr, der für einen Augenblick die verdrehten Gedärme der laxen Gesellschaft bloßlegte. Der berüchtigte Droschkenkutscherstreik im August 1893 erwies sich für den entschlossenen Polizeipräsidenten, trotz seines »ausgeprägten Spürsinns«, als eine Zerreißprobe. Zum ersten Mal seit Jahrzehnten stürmte die Camorra in großer Zahl die Straßen.

Die Einzelheiten des Vorfalls sind schnell erzählt. Der Zorn der Droschkenkutscher hatte sich an dem Vorhaben der Stadt entzündet, das Straßenbahnnetz auszuweiten. So riefen am 22. August 3000 Kutscher zu einem heftigen Straßenprotest auf, der zeitlich mit patriotischen Kundgebungen anlässlich der Ermordung einiger italienischer Arbeiter in Südfrankreich zusammenfiel. Schon bald schlossen sich ihnen Sozialisten, Anarchisten und ein hungriger Pöbel aus der Unterstadt an. Sangiorgi lag mit heftigem Fieber im Bett, als der Tumult losbrach. In seiner Abwesenheit hatte ein Trupp Beamter auf der Jagd nach Unruhestiftern Gäste des Gambrinus angegriffen – des berühmtesten Cafés der Stadt. Sangiorgi schleppte sich tags darauf an seinen Schreibtisch zurück und musste feststellen, dass die Polizei zur Zielscheibe einer wütenden Menge geworden war: Aufständische und Ordnungskräfte lieferten sich erbitterte Straßenkämpfe. Ein Carabiniere verteidigte eine Trambahn gegen den Pöbel und schoss dabei dem achtjährigen Nunzio Dematteis in die Stirn. In Windeseile hatte sich die Nachricht herumgesprochen, dass die Polizei den Tod des Jungen verschuldet hatte. Die Menge hob dessen blutige Leiche empor und zog damit vor die Präfektur. Sangiorgis Beamte stellten sich den Leuten in den Weg, und ein groteskes Tauziehen um den Toten begann. Einige Parlamentarier forderten, die Polizei solle ihre »provozierende Präsenz« aus den Straßen entfernen. Das Militär musste anrücken, um die Ruhe wiederherzustellen.

Bislang ist wenig an den Ereignissen im August 1893 ausgesprochen neapolitanisch, mit Ausnahme vielleicht des stümperhaften Polizeieinsatzes. Trambahnen stellten für die Droschkenkutscher der damaligen Zeit eine verständliche Bedrohung dar. Daher hätte sich ein ähnlicher Arbeitskampf in jeder Großstadt Europas zutragen können, wo die Polizei vermutlich ebenfalls aggressiv durchgegriffen hätte. In Neapel allerdings waren viele Camorristi unter den Kutschern. Schließlich handelte es sich um dieselben Männer, die wenige Monate zuvor Cappuccios Sarg begleitet hatten. Sangiorgis Polizei fand heraus, dass der Aufstand vom August 1893 in der Nacht davor geplant worden war, bei einer Zusammenkunft von Mitgliedern der Camorra und Anarchisten. Der Polizeipräsident erstellte eine Liste von mehreren hundert Kutschern, die sich an den Unruhen beteiligt hatten, und identifizierte viele von ihnen als Camorristi und als vorbestraft.

Und wenn die Camorra beteiligt war, galt dies auch für ihre einflussreichen Freunde. Straßenganoven mögen den Streik zwar arrangiert haben, doch die eigentlichen Drahtzieher waren lokale Politiker. Diese hatten der Zentralregierung in Rom zweierlei vorzuwerfen: zum einen das Vorhaben, den Auftrag zur Ausweitung des Straßenbahnnetzes ausgerechnet einem belgischen Unternehmen abzutreten; zum zweiten die Drohung, den Neapolitanern die Kontrolle über das Sanierungsprogramm entziehen zu wollen, das nach der Choleraepidemie von 1884 angelaufen war. Ein Untergebener Sangiorgis berichtete später, die Ursachen des Aufstands hätten in »der großen Interessensverlagerung« gelegen, die »das Ausweiden« verursacht habe. Indem sie in Neapels Straßen Anarchie stifteten, erhofften sich die Interessengruppen um das Rathaus und die Bauindustrie staatliche Konzessionen von Rom.

In den darauffolgenden Tagen wurde der Streik mit einer Kombination aus Verhandlung und Täuschung abgewürgt. Zunächst die Verhandlung: Die Droschkenkutscher wurden zu Gesprächen mit dem Stadtrat eingeladen. Dann, vermutlich auf Geheiß des Innenministeriums, und »um zur Lösung des Disputs beizutragen«, wie Sangiorgi es ausdrückte, ließ dieser die Kutscher frei, die verhaftet worden waren – *mit Ausnahme* der Vorbestraften. Ein Politiker namens Alberto Casale, den die Camorra unterstützte, fungierte bei den Gesprächen als Mittelsmann; aller Wahrscheinlichkeit nach war Casale einer der Männer, die die Unruhen angestiftet hatten. So einigte man sich schließlich auf folgende Zugeständnisse: Der Fahrplan der Straßenbahnen sollte eingeschränkt und das Schienennetz nicht ausgebaut werden.

Die Täuschung folgte auf dem Fuß: Wenige Wochen später wurde die Vereinbarung aufgehoben und das ursprüngliche Projekt, der Ausbau des Schienennetzes, weiterverfolgt. Wie sich später herausstellte, hatte Alberto Casale von der belgischen Straßenbahngesellschaft ein deftiges Schmiergeld entgegengenommen. Auch seine bevorzugten Camorristi erhielten ihren Anteil – zumindest dürfen wir dergleichen vermuten, da der Protest der Droschkenkutscher, trotz dieser arglistigen Täuschung, nicht erneut aufgeflammt war. Noch dazu hielt der Stadtrat einen Großteil der Gelder für die Stadtsanierung zurück. Die Machenschaften hinter den Kulissen des Droschkenkutscherstreiks zeigten, wie Turiello argumentiert hatte, dass die Camorra und die politischen Interessengruppen an zwei unterschiedlichen Enden derselben Gefälligkeitenbörse agierten. Die laxe Gesellschaft war also zugleich eine verschlagene Gesellschaft.

Als der Disput schließlich beigelegt war, hatte Sangiorgi Neapel verlassen. Die katastrophale Art und Weise, wie der Protest der Droschkenkutscher gehandhabt worden war, führte zu einer Säuberung im Polizeipräsidium. Sangiorgi wurde bereits zwei Wochen nach Beendigung des Streiks nach Venedig versetzt. Die Unruhen im August 1893 gehörten zu den schlimmsten Erfahrungen seiner beruflichen Laufbahn, doch nahm er weit mehr Schuld an dem Chaos auf sich, als ihn tatsächlich traf.

Unterdessen regierte im letzten Viertel des 19. Jahrhunderts der Pöbel in den vielen Gefängnissen, Justizvollzugsanstalten und Strafkolonien der Halbinsel ungeniert weiter. Eine einschneidende Reform, die dem organisierten Verbrechen das Wasser abgegraben hätte, wäre die gründliche Überprüfung der Gefängnisse gewesen. Doch die Gesetzeshüter scherten sich wenig um die Gefängnisaktivitäten von Mafia und Camorra, mit Ausnahme einer Begebenheit Ende der 1870er Jahre: Infolge des Mordes an einem Polizeispitzel in Neapel, der vom Gefängnis aus in Auftrag gegeben worden war, wurden 53 inhaftierte Camorristi für schuldig befunden, eine seltene Investition wertvoller institutioneller Ressourcen, um dieses chronische Problem zu lösen.

Offensichtlich beherbergten die Gefängnisse noch immer ein dichtes Ganovennetzwerk. 1893 veröffentlichte ein positivistisch gesinnter Kriminologe die *Geschichte eines geborenen Verbrechers*, die Autobiographie eines hochrangigen Gefängnis-Camorrista, der nur als Antonino M bekannt war. Antonino M berichtete darin von derben Schlägereien zwischen Gefängnisinsassen, an denen er beteiligt gewesen war. In einem Fall hatten Neapolitaner und Sizilianer gegen Kalabresen und Abruzzesen Krieg geführt: Viele Häftlinge waren dabei ums Leben gekommen, und ein Wärter hatte am Ende die eigenen Gedärme in Händen.

Dennoch ist es eher die Einigkeit der Gefängnissekte als ihre Uneinigkeit, die in Antonino Ms Schilderung deutlich wird. Er habe mit Kennwörtern seine Camorrazugehörigkeit bewiesen, schreibt er, wenn er (üblicherweise gewalttätiger Ausbrüche wegen) von einem Gefängnis zum nächsten verlegt worden sei. Sein Status sei in allen Strafanstalten in gebührender Weise respektiert worden: in Apulien und den Marken ebenso wie im Castello del Carmine in Neapel (dasselbe Gefängnis, in dem Herzog Castromediano 1851 in Eisen gelegt worden war). Es war nicht die einzige Art und Weise, wie Camorristi in unterschiedlichen Regionen miteinander Kontakt hielten: So konnte beispielsweise ein Urteil, das in einem Gefängnis in Cosenza im nördlichen Kalabrien gefällt worden war, in der Strafkolonie auf Favignana vollstreckt werden, einer Insel vor der Westküste Siziliens.

Es gab noch weitere Indizien für den Ursprung von Antonino Ms Geschichten. Was Herzog Castromediano bereits in den 1850er Jahren beobachtet hatte, war in Italiens Gefängnissen demnach noch immer an der Tagesordnung: organisierte Gewalt und Blutfehden; Bestechung, Erpressung, Schmuggel sowie der Handel mit Gefälligkeiten; Initiationsriten und Messerkämpfe sowie die Unterweisung in den Fertigkeiten und Gepflogenheiten der Geheimgesellschaft. Doch zogen Informationen dieser Art anstelle von Reformen nur politische Fehlentscheidungen nach sich, die zudem einem deprimierend gleichbleibenden Muster folgten. Gelegentlich wurden nach einer besonders blutigen Gefängnisrevolte oder einem ungewöhnlich alarmierenden Regierungsbericht hitzige Rufe nach Veränderung laut. Allerdings pflegten diese Rufe meist ungehört zu verhallen: Der Mangel an finanziellen Mitteln und die schiere politische Irrelevanz der Gefängnisthematik hatten zur Folge, dass Italiens laxe Gesellschaft sich nicht dazu aufraffen konnte, das Problem anzugehen.

Bald würde Italien einen hohen Preis zahlen für seine Unfähigkeit, die Gefängnisse zu reformieren. Der Kriminologe, der die Autobiographie Antonino Ms veröffentlicht hatte, unterzog den Camorrista auch einer sorgfältigen körperlichen Untersuchung. Das Ergebnis überrascht nicht: Antonino M sei der geborene Verbrecher, eine Mischung aus »wild, epileptisch und moralisch krank«. Er weise eine Reihe verräterischer körperlicher Missbildungen auf, so der Kriminologe, zum Beispiel Segelohren, große Hoden und langsame Pupillenreflexe. Außerdem sei er tätowiert. Quer über der Brust trage er den Schlachtruf »NIEDER MIT DEM EHRLOSEN PACK«. Was ihn jedoch endgültig zum Verbrecher stemple, sei der typische breite, flache Schädel – seine Brachyzephalie, um den wissenschaftlichen Begriff zu verwenden.

Antonino M sei nämlich Kalabrier, erklärte der Kriminologe; und der typische Kalabrier sei dolichozephalisch, besitze einen langen, schmalen Schädel. Antonino M sei also eindeutig ein degeneriertes Mitglied der kalabrischen Rasse.

Viele Italiener hätten dem Kriminologen wahrscheinlich auch geglaubt, wenn er behauptet hätte, dass Kalabrier vier Arme und mitten auf der Stirn ein einziges Auge hätten. Kalabrien war Italiens ärmste Region und von marginalem politischen Interesse. Doch zu der Zeit, als Antonino Ms Schädel kriminologisch vermessen wurde, hatten geborene kalabrische Verbrecher wie er bereits das Gefängnissystem verlassen, um eine neue kriminelle Bruderschaft zu bilden.

4 DIE 'NDRANGHETA TRITT AUF DEN PLAN 1880 BIS 1902

Rauer Berg

Eine einzige geographische Gegebenheit definiert die Landschaft an der Südspitze Kalabriens: Das Bergmassiv des Aspromonte. Der »raue Berg« ist ein Ort von herber Schönheit. Im Süden und Osten, wo der Aspromonte am Ätna vorbei nach Nordafrika blickt, sind seine Flanken von der Sonne geröstet. Hier graben sich Schluchten in die Hänge und ergießen zementgraues Geröll in die türkisfarbene Weite des Ionischen Meeres. Im Frühling gedeihen in den geschützteren Tälern rosafarbener Oleander und gelber Ginster. Die höheren Lagen des Aspromonte dagegen sind mit dunklen Nadelbäumen und schlanken Birken bewachsen. Zwischen den Bäumen schlängeln sich Pfade hinauf zu den Gipfeln und den erlesenen Bergwiesen, ehe sie in jähe Schluchten hinabführen, die der Frühling mit dem Duft von Oregano erfüllt. Der Baldachin aus Bäumen schützt die üppigen Flanken im Osten, wo der Ausblick sogar noch hinreißender ist: die Meerenge von Messina, die Kalabrien von Sizilien trennt, die rauchenden Äolischen Inseln und das Tyrrhenische Meer.

Nichts in dieser Landschaft ist von Dauer. Ihre menschlichen Bewohner klammern sich an die Küstenstreifen oder schaffen sich über den Schluchten sagenhafte Dörfer, Adlerhorsten gleich. In jedem Winter reißen Sturzbäche Felsbrocken aus den brüchigen Flanken, sprengen Erdrutsche grobe Schneisen in die sich gewissenhaft windenden Pfade. Ganze Dörfer, wie Roghudi und Amendolea, wurden von einem Tag auf den anderen verlassen, die Bewohner hinunter an die Küste getrieben.

Heftige Erdstöße verleihen der Geschichte Südkalabriens einen tödlichen, unregelmäßigen Rhythmus. 1783 starben nicht weniger als 50 000 Menschen, und 1894, 1905 und 1907 kam es zu einer Reihe von vernichtenden Beben ...

Auch nördlich des Aspromonte belegen Berge den Großteil der Landschaft in Kalabrien, lassen wenig Raum für die Küstenebenen und stellen ein beachtliches Hindernis dar für Reisende. Demzufolge begnügten sich die meisten Touristenführer aus dem 19. Jahrhundert mit kaum mehr als einem flüchtigen Hinweis auf die zerklüftete Landschaft und die engstirnigen Bewohner der Region. Der Baedeker, obligatorischer Reisebegleiter für den wohlhabenden Nordeuropäer, riet 1869 seinen Lesern allenfalls, Kalabrien tunlichst zu meiden.

> »Die Dauer der Reise, die mittelmäßigen Unterkünfte sowie die Unsicherheit der Straßen, die in letzter Zeit zugenommen hat, schrecken selbst die Unternehmungsfreudigsten ab.«

Dergleichen warnende Worte waren nicht unangebracht. Damals endete die Eisenbahn in Eboli. Doch Eboli lag noch weit von der nördlichen Grenze Kalabriens und 327 Meilen von Reggio Calabria entfernt, der Provinzhauptstadt an Italiens Stiefelspitze, wo der Aspromonte auf die Meerenge von Messina hinunterblickt. Sollte der Reisende in Eboli einen der drei Plätze ergattern, die in der Kutsche verfügbar waren, und dann noch Glück haben mit den Straßen, dem Wetter und den Wegelagerern, schaffte er die Strecke nach Reggio in dreieinhalb Tagen. Unterwegs würde er nervös in die Wälder und Felsen starren und sich dabei schaudernd der jüngsten Geschichten von grausamen Räubern erinnern.

1871 stellte die Volkszählung fest, dass 87 Prozent der Kalabresen weder lesen noch schreiben konnten. In vielen Gegenden wurden zahlreiche Bauern von gewissenlosen Grundbesitzern ausgebeutet. Leopoldo Franchetti, ein jüdischer Intellektueller aus der Toskana, der zu den wenigen Furchtlosen gehörte, die die kalabrische Gesellschaft unter die Lupe nahmen, schrieb 1874:

> »Bei den Unterdrückten sind zwei extreme Haltungen vorherrschend: auf der einen Seite Furcht, Gehorsam und die kriecherischste Unterwürfigkeit; auf der anderen die brutalste, grausamste Rebellion. Dazwischen gibt es nichts.«

Von Franchetti erfahren wir auch, dass die Kommunalverwaltung in Kalabrien ein zwielichtiges, gewalttätiges Geschäft war. Vielerorts beanspruchten der Bürgermeister und seine Verwandtschaft Gemeindeland für sich selbst oder handelten mit Holz, das sie aus dem Gemeindewald stahlen. Förster, die versuchten, dem Gesetz Geltung zu verschaffen, »liefen ernsthaft Gefahr, sich eine Kugel einzufangen«. Sogenannte »Getreidebanken«, gegründet, um den Armen zur Pflanzzeit Saatgetreide und Geld zu sichern, dienten oft nur als bequeme Kreditquellen für die Reichen. Wie anderswo in Süditalien und Sizilien tolerierte die Regierung in Rom solchen Missbrauch, weil die korrupten Bürgermeister in Kalabrien Wählerstimmen für die herrschenden staatlichen Gruppierungen aufbrachten. Kalabrien war eine der laxesten Gegenden der laxen Gesellschaft.

Weniger Sorgen bereitete Franchetti allerdings das organisierte Verbrechen. In den 1860er und 1870er Jahren, als umfassende Beweise das erschreckende Ausmaß der Macht von Mafia und Camorra bestätigten, machte das Bandenwesen in Kalabrien nur sporadisch von sich reden. Noch ließ nichts darauf schließen, dass das südliche Kalabrien zum Lehen der Ganoven werden und mit Sizilien und Kampanien gleichziehen würde. Nicht ein einziges Schriftstück aus den 1860er und 1870er Jahren – kein Regierungsdokument, keine Reiseerzählung, nicht einmal die verblasste Erinnerung eines Einheimischen – lässt auf die beharrliche Präsenz einer starken Mafia in der Gegend schließen. Die Region hatte viele Probleme, doch kriminelle Bruderschaften gehörten nicht dazu.

Um die Mitte der 1880er Jahre gab es in Kalabrien schließlich einige Anzeichen für eine bessere Zukunft. Mittlerweile schnauften Züge auf einer eingleisigen Strecke entlang der ionischen Küste nach Reggio; die Strecke an der tyrrhenischen Küste war noch im Bau begriffen. Doch just in diesem historischen Moment schildern die ersten offiziellen Berichte, dass »eine Gruppe Mafiosi und Camorristi« in Reggio Calabria ihr Unwesen treibe und »kriminelle Vereinigungen der Maffia« auch anderswo im Schatten des Aspromonte gediehen. Wie aus dem Nichts war hier eine neue kriminelle Sekte aufgetaucht. Bis zum Ende der 1880er Jahre erlebten die Provinz Reggio Calabria und einige angrenzende Regionen der Provinz Catanzaro eine explosionsartige Ausbreitung des Bandenwesens, von der sie sich nie mehr erholen sollten.

Mafiosi und Camorristi: Die frühesten Bezeichnungen waren aus Sizilien und Neapel geborgt. Bald würde man andere Namen verwenden: »kalabrische Mafia«, »Ehrenwerte Gesellschaft«, »Vereinigung der Camorristi« und so weiter. Doch während Polizei und Justiz ihre Kenntnisse über diese neue Gefahr für die öffentliche Ordnung im Süden Kalabriens erweiterten, sprachen sie zumeist von der »*Picciotteria*«. Die Herkunft des Wortes ist kein Geheimnis. *Picciotto* war ein süditalienisches oder sizilianisches Dialektwort für ›Bursche‹. *Picciotti* hießen aber auch die Mitglieder auf den unteren Rängen der neapolitanischen Camorra. Der Begriff weist zudem auf das überhebliche Imponiergehabe von Halbwüchsigen.

Die *picciotti* waren ein primitiver Haufen: Ziegenhirten und Dudelsackpfeifer zumeist, Männer, deren hochfliegendste Ziele aus einer Flasche Wein und einem Stück Ziegenfleisch bestanden. Als die *Picciotteria* zum ersten Mal in Erscheinung trat, beschrieb der große sizilianische Schriftsteller Giovanni Verga das Leben dieser armen Leute in einigen der bedeutendsten Prosawerke in italienischer Sprache. Verga wusste, dass er seiner bürgerlichen Leserschaft allerhand abverlangte, indem er sie zwang, den imaginären Sprung in das geistige Universum der Bauern zu wagen. »Wir müssen uns ebenso klein machen wie sie«, meinte Verga. »Wir müssen den Horizont zwischen zwei Erdklumpen einschließen und die kleinen Umstände, die kleine Herzen schlagen lassen, durch das Mikroskop betrachten.«

Unsere Vorstellungskraft heute muss einen ähnlichen Sprung bewerkstelligen. Allerdings können wir uns die Herablassung gegen die »kleinen Herzen« der Landarbeiter und Holzfäller sparen, die Mitglieder der *Picciotteria* wurden. Denn diese bescheidenen Leute waren die unmittelbaren Vorfahren einer furchterregenden kriminellen Vereinigung in Kalabrien, deren endgültiger Name, 'Ndrangheta, zum ersten Mal in den 1950er Jahren auftauchen würde. Sie ist Italiens dritte und mittlerweile reichste und geheimste Mafiaorganisation, die äußerst erfolgreich ihre bösartigen Metastasen auf dem gesamten Globus verbreitet.

Schon bald nach ihrer Entstehung musste die *Picciotteria* einer Justizoffensive standhalten, die wirksamer war als jede, der das organisierte Verbrechen in Neapel oder Sizilien davor ausgesetzt gewesen war. In den Jahren, die den ersten alarmierenden Vorkommnissen um den Aspromonte herum und zu beiden Seiten des südlichsten Abschnitts der Apenninen folgten, wurden viele hundert kalabrische *picciotti* – zwischen 1885 und 1902 waren es laut Aussage eines Staatsanwalts vor Ort exakt 1854 – vor Gericht gestellt, verurteilt und hinter Gitter gebracht. Allein diese Tatsache verrät uns etwas Wesentliches: Die Gangster Kalabriens wurden damals noch nicht im selben Maße von einflussreichen Personen protegiert wie die neapolitanische Camorra oder gar die sizilianische Mafia.

Und doch blieb die *Picciotteria* im übrigen Italien fast vollkommen unbekannt. Im Gegensatz zu Mafia und Camorra löste sie keine parlamentarischen Untersuchungen oder Debatten aus, keine Empörungsstürme in überregionalen Zeitungen, keine soziologischen Nachforschungen, keine Gedichte oder Theaterstücke. Sie kümmerte niemanden: Schließlich war man in Kalabrien.

Das mangelnde Interesse an der *Picciotteria*, dazu die Geschichte Kalabriens mit seiner Misswirtschaft und den Naturkatastrophen, führte dazu, dass Historiker heute zu wenig Zeugnisse vorfinden. Es war zweifellos die Stadt Reggio Calabria, in der die *Picciotteria* zu Beginn der 1880er Jahre zum ersten Mal in Erscheinung trat, doch haben nicht genügend Dokumente überlebt, die uns die näheren Umstände erklären könnten. Anderswo jedoch hinterließen erste Gerichtsverhandlungen eine zwar dünne, aber wertvolle Schicht Papier, die nach Hinweisen auf die Anfangsjahre des organisierten Verbrechens in Kalabrien durchforstet werden kann. Und wie sich herausstellt, verliefen die Anfänge der 'Ndrangheta weitaus geradliniger als jene der Camorra oder der Mafia. An zwei Orten vor allem haben genügend Polizeidokumente aus dem 19. Jahrhundert überlebt, um uns ein klares Bild von jenen Anfängen zu übermitteln. Ein späteres Kapitel beschäftigt sich mit dem berüchtigtsten dieser Orte: dem Dorf Africo, 700 Meter über der ionischen Küste gelegen. Als es 1953, aufgrund einer verheerenden Flut, schließlich verlassen wurde, war sein Name zum Inbegriff für die Isolation und Armut der kalabrischen Berggemeinden – aber auch für das organisierte Verbrechen – geworden.

Doch bevor wir uns nach Africo begeben, führt uns die Geschichte von den Ursprüngen der 'Ndrangheta zur gegenüberliegenden Flanke des Aspromonte, in ein verhältnismäßig reiches, mächtiges Städtchen. Eines der Geheimnisse hinter dem erfolgreichen Überleben der 'Ndrangheta über die Jahre ist ihre Fähigkeit, den Spagat zwischen Wohlstand und Elend zu meistern – zwei gegensätzliche Gesichter des Rauen Berges.

Der Baum der Erkenntnis

Wo der Aspromonte das Tyrrhenische Meer berührt, thront auf einer Klippe Palmi. Nach Nordosten bietet der Ort einen verführerischen Ausblick auf die Ebene von Gioia Tauro, eine fruchtbare Senke, die von den Bergen sanft zum Meer hin abfällt. Die Ebene war Kalabriens Pendant zum »Goldenen Becken« rings um Palermo im ausgehenden 19. Jahrhundert. Das Land war in kleinere landwirtschaftliche Flächen unterteilt, nicht in große Ländereien, was nicht zuletzt daran lag, dass die meisten Kirchengüter nach der Einigung Italiens beschlagnahmt und privatisiert worden waren. Es gab auch in Gioia Tauro viele Zitrushaine, wenn auch die Bewässerung nicht so ausgeklügelt funktionierte wie auf Sizilien. Bedeutender für die Wirtschaft von Städten wie Palmi waren die berühmten Olivenbäume, ebenso groß und verehrungswürdig wie Eichen. Seit in französischen Weingärten die Reblaus wütete, eine Verwandte der Blattlaus, die sich von den Wurzeln und Blättern der Rebstöcke ernährte, rückte hier im Süden Italiens der Weinanbau in den Vordergrund. Italienische Bauern, nach Kräften bemüht, die Versorgungslücke zu füllen, fällten in der Ebene von Gioia Tauro sogar Olivenbäume, um für die Trauben Platz zu schaffen.

In den 1880er Jahren war Palmi eine Stadt mit etwa 11 000 oder 12 000 Einwohnern, was nach den Maßstäben der Region nicht klein war. Im südlichen Kalabrien verteilte sich die Bevölkerung auf kleine Zentren, von denen in den 1880er Jahren wenige mehr als 5000 Menschen beherbergten. Sogar die Provinzhauptstadt Reggio Calabria konnte ihre 40 000 Einwohner nur zusammenbringen, indem sie die umliegenden Dörfer mit einschloss. Palmi war das Verwaltungszentrum der gesamten Ebene von Gioia Tauro, die insgesamt 130 000 Seelen umfasste, und verfügte über einen Außenposten der Präfektur, eine Polizeistation, ein Gerichtsgebäude und ein Gefängnis. Dank der Insassen dieses Gefängnisses wurde Palmi zur verrufensten Mafiahochburg Kalabriens der 1880er und 1890er Jahre.

Alles begann im Frühjahr 1888. Das örtliche Informationsblatt berichtete plötzlich von Rasiermesserschnitten und rituellen Messerkämpfen. In Palmis Wirtsstuben und Bordellen kämpften Bandenmitglieder mit Stöcken und Messern um den Sieg. Auf klassische

Mafia- und Camorramanier weigerten die blutenden Verlierer sich allerdings rundheraus, die Männer anzuzeigen, die ihnen die Wunden zugefügt hatten.

Wenige Wochen nach diesen ersten Berichten geriet Palmis Ganovenproblem außer Kontrolle. Gewöhnliche Bürger hatten Angst, aus dem Haus zu gehen. Jeder, der den Verbrechern die Stirn bot, wurde mit dem Rasiermesser traktiert. Die *picciotti* regelten ihre blutigen Geschäfte im Zentrum der Stadt, auf dem Corso Garibaldi und der Piazza Vittorio Emanuele. Sie hatten zunächst Geld von Glücksspielern und Prostituierten erpresst. Jetzt filzten sie auch Grundbesitzer, die aus Angst vor größerem Ungemach davor zurückschreckten, Einbrüche und Fälle von Vandalismus zur Anzeige zu bringen: Die *picciotti* trieben Schutzgeld ein – der Grundstein für die Territorialmacht jeder Mafia. Die Bande bedrohte einen Carabiniere vor Ort und bewarf ihn mit Steinen; sie brachte sogar die Lokalzeitung zum Schweigen, deren Herausgeber einen Drohbrief erhielt, in dem stand, er möge »die *picciotti* in Ruhe lassen«. Von Palmi aus verbreitete die Vereinigung sich auf die kleineren Ortschaften und Dörfer in der Ebene von Gioia Tauro bis hinauf zu den umliegenden Gebirgshängen.

Erst im Juni 1888, als man einem Angestellten der lokalen Zweigstelle der Präfektur nach einem Theaterbesuch eine Schnittwunde zufügte, die quer über das ganze Gesicht verlief, trieb die Polizei den ersten großen Schwung Verdächtiger zusammen. Die 24 Männer, die zu Beginn des Jahres 1889 vor Gericht standen, geben uns einen ersten kurzen Eindruck, welcher Typ Mensch damals unter die *picciotti* ging. Viele von ihnen waren jung – um die zwanzig –, und alle waren sie Arbeiter oder Handwerker: Die Rechtsurkunden listen Berufsbezeichnungen auf wie Tagelöhner, Fuhrunternehmer, Kellner, Schneider, Mulitreiber, Schäfer. Einige wenige bestellten ihr eigenes Stück Land. Der Boss, ein gewisser Francesco Lisciotto, war Schuster; mit 60 Jahren war er mit Abstand der Älteste der Bande. Wichtiger aber war, dass er wie alle *picciotti* aus Palmi, bis auf drei, bereits eine Zeitlang im Gefängnis gesessen hatte.

Polizei und Justiz setzten ihren Kampf fort. Im Juni 1890 nahm ein Gerichtsverfahren ein *Picciotteria*-Netz ins Visier, das seinen Sitz in Iatrìnoli und Radicena hatte, zwei Orte, die etwa 15 Kilometer von der Küste bei Gioia Tauro entfernt unmittelbar übereinander lagen. Viele der 96 Angeklagten waren Arbeiter und Handwerker wie ihre Spießgesellen in Palmi. Die zuständigen Richter erklärten, die Sekte sei im Jahr 1887 entstanden, und hatten keinerlei Zweifel, woher sie kam.

> »Die Vereinigung hat ihren Ursprung in den Bezirksgefängnissen (in Palmi) unter dem Namen ›Sekte der Camorristi‹. Als ihre Bosse und Förderer freikamen, verbreitete sie sich von dort aus auf andere Städte und Dörfer, wo sie bei der unreifen Jugend, bei alten Knastbrüdern und vor allem Ziegenhirten auf fruchtbaren Boden stieß. Mit dem Schutz, den die Vereinigung ihren Mitgliedern gewährte, bot sie ihnen die Möglichkeit, ihre Tiere verbotenerweise auf dem Land anderer Leute grasen zu lassen und sich gegen Grundbesitzer durchzusetzen.«

Männer wie der *capo* Francesco Lisciotto aus Palmi kamen aus dem Gefängnis frei, als sie sich innerhalb der kriminellen Sekte bereits einen Namen gemacht hatten. Anders gesagt, die 'Ndrangheta wurde nicht gegründet, sondern *entstieg* fast vollständig entwickelt dem Gefängnissystem.

Weitere Festnahmen und Gerichtsverfahren folgten in den darauffolgenden Jahren. Zu Beginn des Jahres 1892 verurteilte der Gerichtshof in Palmi etwa 150 Männer aus der Ebene von Gioia Tauro. Die *picciotti* bemühten sich nach Kräften, der Justiz zu entgehen, indem sie einen Zeugen töteten und viele andere mit Drohungen zum Schweigen brachten. Doch die Beweislast gegen sie erwies sich als niederdrückend. Der neue Boss von Palmi, Antonio Giannino, erst 20 Jahre alt, unterwies seine Bande im Messerkampf. Tatsächlich war er so stolz auf sein Können, dass er sich in Kämpferpose ablichten ließ. Das Foto sollte später zu seiner Überführung beitragen.

Das Gerichtsverfahren von 1892 fügte dem, was die Polizei bereits über die *Picciotteria* wusste, weitere Details hinzu: das typische Erscheinungsbild ihrer Anhänger zum Beispiel. Die *picciotti* trugen rätselhafte Tätowierungen, die ihren Rang signalisierten, enge Schlaghosen, banden sich die seidenen Schals in besonderer Manier, so dass die losen Enden flatterten, und kämmten sich die Scheitel zu Schmetterlingstollen.

Als nach der gewaltigen Verfolgung von 1892 wieder Friede einkehrte in Palmi, war er freilich nicht von Dauer. 1894 wurde die Stadt von Erdstößen in Schutt und Asche gelegt. Schon im Jahr darauf war die *Picciotteria* wieder aktiv, zog raubend und Schutzgeld erpressend durch die behelfsmäßigen Baracken, in denen ein Großteil der Bevölkerung noch immer lebte. Doch die Polizei schien tatenlos dabeizustehen. Kommentatoren in der Presse deuteten an, die Ordnungshüter in Palmi führten ihre »Abendunterhaltungen« in denselben Weinkellern, in denen die Ganoven abhingen, und seien weniger daran interessiert, gegen das organisierte Verbrechen vorzugehen, als während der Wahlen oppositionelle Wähler zu verhaften. In den größeren Städten Kalabriens tat es die Polizei bald ihren Kollegen in Neapel und Sizilien gleich und versuchte, die Kriminalität in Zusammenarbeit mit der *Picciotteria* in Schach zu halten.

Im September 1896 führte eine neuerliche Verhaftungswelle endlich zu weiteren Geständnissen. Zu Beginn des Jahres 1897 lieferte das daraus resultierende Verfahren zum ersten Mal ausführliche Details über Rangordnung und Rituale der kalabrischen Mafia. Die *Picciotteria* bestand aus einzelnen örtlichen Zellen oder »Sektionen«. Jede Zelle war in eine Untere und eine Obere Gesellschaft unterteilt. Die Untere Gesellschaft bestand aus rangniedrigen *picciotti*, die Obere aus den ranghöheren Camorristi. Sowohl die Obere als auch die Untere Gesellschaft hatten ihren eigenen Boss und einen *contaiolo* oder Buchhalter, der die Einkünfte der Bande aus den Verbrechen sammelte und gerecht verteilte. Jedes neue Mitglied musste sich, um der Gesellschaft beizutreten, einem Initiationsritual unterziehen, ehe es den niedrigsten Rang erhielt, den des »Ehrenwerten Burschen«. Der Boss der Oberen Gesellschaft pflegte seine Männer in einem abgedunkelten Raum zu versammeln, sie im Kreis Aufstellung nehmen zu lassen und die lange Zeremonie mit den Worten einzuleiten: »Geht es euch gut?«, worauf die Anwesenden zu antworten hatten: »Sehr gut!«

Am 24. Februar 1897 betrat ein wichtiger Zeuge, ein Mann namens Pasquale Trimboli, im nachfolgenden Prozess im Gerichtshof von Palmi den Zeugenstand. Die Angeklagten in ihrem Käfig und die Öffentlichkeit, die sich auf der kleinen Empore drängte, reckten die Hälse, um zu hören, was er zu sagen hatte. Trimboli war ein Mitglied der *Picciotteria* gewesen und wusste daher alles über die Sekte – einschließlich des schrecklichen Geheimnisses ihrer Ursprünge. Mit der Erwähnung der mysteriösen Genese der *Picciotteria* schlug er das Gericht in seinen

Bann. Doch die Stimmung intensiver Konzentration wich bald schon verblüfftem Gelächter, als er seine kindische Version von der Entstehungsgeschichte der kalabrischen Mafia erzählte.

> »Die Gesellschaft wurde von drei Rittern ins Leben gerufen, der eine aus Spanien, der zweite aus Palermo, der dritte aus Neapel. Alle drei waren Camorristi. Der spanische Ritter verlangte von den anderen für jede Partie Karten eine Camorra, ein Bestechungsgeld. Mit der Zeit hatte er ihnen ihr gesamtes Geld abgeknöpft, und sie konnten nicht mehr spielen. Also gab er jedem zehn Lire zurück und sagte: ›Hier sind zehn Lire für dich, das Übrige behalte ich, denn ich bin der Stärkste.‹
> Metaphorisch betrachtet waren diese drei Camorristi ein *Baum*. Der Boss, der spanische Ritter, war der *Stamm*. Der Ritter aus Palermo, der älteste der drei, war der Meisterknochen, Mastrosso. Und der dritte Ritter, der aus Neapel, war der Knochen, *Osso*. Die anderen Mitglieder waren die *Zweige* und *Blätter*. Die ›Ehrenwerten Burschen‹, die den Wunsch hatten, *picciotti* zu werden, waren die *Blumen*.«

Meines Wissens ist dies die erste aufgezeichnete (und völlig entstellte) Version vom Gründungsmythos der 'Ndrangheta. Was sie deutlich macht, ist die Tatsache, dass kalabrische Gangster nach Legenden suchten, um sich einen Korpsgeist aufzubauen und ihrer neu entstandenen Zunft eine ähnliche Aura zu verleihen wie jene, die ihre Brüder in Kampanien und Sizilien umgab.

Der Erfolg des gerichtlichen Vorgehens gegen die *Picciotteria* kann an der Zeugenaussage eines Priesters gemessen werden, der nur drei Jahre später bei einem weiteren Gerichtsverfahren in den Zeugenstand gerufen wurde. Er sagte:

> »In Palmi ist es aufgrund der Dreistigkeit der Kriminellen äußerst gefährlich, auf die Straße zu gehen, selbst vor dem Angelusläuten [bei Sonnenuntergang]. Anständige Leute gehen deshalb so früh wie möglich heim, weil in den belebtesten Stadtteilen zu jeder Zeit das Wehklagen der Verwundeten und Sterbenden zu hören ist.«

Wenn die Gerichte in Palmi sich auch vergebens bemühten, den Einfluss der *Picciotteria* auf die Ebene von Gioia Tauro abzuschütteln, so lieferten sie zumindest historische Dokumente, die irgendwie vertraut klingen. Sogar in zweifacher Hinsicht. Einerseits erinnert vieles an der *Picciotteria* an die Ehrenwerte Gesellschaft von Neapel. (Bei einem frühen Prozess gegen die *Picciotteria* im Jahre 1884 fand man sogar heraus, dass der Verbrecherboss der kleinen Ortschaft Nicastro Kontakte zu dem berühmten neapolitanischen Camorrista Ciccio Cappuccio unterhielt.) Wie ihre neapolitanischen Vettern lieferten die Kalabresen sich Messerkämpfe und schlitzten ihren Opfern mit Rasiermessern die Gesichter auf. Beide Sekten profitierten von Prostitution und Glücksspiel; beide verpulverten ihre illegalen Einkünfte bei Festgelagen und Saufereien; beide folgten einem ähnlichen Kleidercode (ausgestellte Hosen und so weiter); und beide unterteilten ihre Banden in eine Untere und eine Obere Gesellschaft, in die »Ehrenwerte Burschen« genannten Anwärter, die jungen *picciotti* und die älteren Camorristi. Wie die Neapolitaner unterzogen die Kalabresen ihre Mitglieder bei Regelverstößen einer ausgesprochen unappetitlichen Strafe namens *tartaro* (»Tartaros«, »Höllenschlund«), die unter anderem vorsah, dass man den Frevler mit Urin und Kot beschmierte. Es gibt noch viele weitere Ähnlichkeiten, doch sie alle hier aufzulisten würde zu weit führen: zum Beispiel das kodierte Kauderwelsch, mit dem sie zu vertuschen pflegten, wovon die Rede war. Derlei Parallelen bestätigen, dass die neapolitanische Camorra wie auch die kalabrische Mafia dieselben Ursprünge haben. Beide sind aus *ein und derselben* Gefängnis-Camorra entstanden.

Andererseits wirkt die *Picciotteria* auch deshalb so vertraut, weil sie der 'Ndrangheta von heute so ähnlich ist, mit *Società Minore* und *Società Maggiore*, dem Gründungsmythos von den drei spanischen Rittern und so weiter. Selbst die verworrensten Versatzstücke in Pasquale Trimbolis Zeugenaussage klingen stark nach dem, was wir von den gegenwärtigen Praktiken der 'Ndrangheta wissen. 'Ndranghetisti sprechen von ihrer Organisation üblicherweise als von einem »Baum der Erkenntnis«: Der Stamm steht für den Boss, die Zweige repräsentieren die Soldaten und so weiter.

Die heutige 'Ndrangheta, mit ihren einzigartigen Aufnahmeritualen für jeden Rang, legt größeren Wert auf Zeremonien als die übrigen italienischen Mafiaorganisationen. Die archivierten Dokumente verraten, dass die kalabrische Mafia des ausgehenden 19. Jahrhunderts im Begriff war, ähnliche Obsessionen zu entwickeln. Die moderne 'Ndrangheta verfügt auch über eine große Vielfalt spezialisierter Pflichten innerhalb jeder lokalen Gruppe – weitaus mehr als die sizilianische Mafia oder die neapolitanische Camorra. Die Wurzel der hohen Spezialisierung findet sich ebenfalls im 19. Jahrhundert. Die *Società Minore* und auch die *Società Maggiore* der *Picciotteria* in Palmi hatten neben dem Boss und dem Buchhalter noch andere Posten zu vergeben: zum Beispiel jene des »Camorrista des Tages«, dessen Pflicht darin bestand, den Boss über lokale Vorkommnisse zu informieren; und die des »*picciotto* der Korrespondenz«, der für den Austausch zwischen den Mitgliedern im Gefängnis und solchen in Freiheit zuständig war. Kurzum, es kann kein Zweifel darüber bestehen, dass die *Picciotteria* eine frühe Form der 'Ndrangheta war, nur mit anderem Namen.

Eine lange, abstoßende Geschichte hatte begonnen.

Schwärzestes Africo

Die *zampogna*, der Dudelsack Süditaliens, ist ein unahnsehnliches altes Instrument. Es besteht aus einem ganzen Ziegen- oder Schafsbalg, der gehärtet und mit der wollenen Seite nach innen versiegelt wurde. Mehrere Holzpfeifen hängen an der Stelle herab, wo einmal der Kopf des Schafes saß, und ein Mundstück ragt aus dem Stumpf eines Vorderlaufs. Sobald die *zampogna* unter dem Arm des Spielers zusammengepresst wird, werden über einem einschläfernden Klageton, der wie das unablässige Blöken der Seele des entschlafenen Tieres anmutet, näselnde Melodien freigesetzt.

In den Bergdörfern Kalabriens war der Tanz zur *zampogna* eines der seltenen Vergnügen. Somit wäre ein Volkskundler, der sich am milden Abend des 1. November 1894, dem Allerheiligenfest, auf Africos Straßen gewagt hätte, nicht sonderlich überrascht gewesen, mehrere Männer zu sehen, die um den örtlichen Dudelsackpfeifer einen hüpfenden Reigen vollführten. Doch wie der *zampognaro* – sein Name war Giuseppe Sagoleo – später vor einem Ermittlungsrichter aussagen würde, hatte sein Spiel an jenem Abend nichts mit Folklore zu tun. Der Reigen war der sorgfältig choreographierte Auftakt zu einem Mord, der einen der größten *Picciotteria*-Prozesse der damaligen Zeit nach sich ziehen sollte. Glücklicherweise haben die vollständigen Prozessunterlagen die geologischen und geschichtlichen Erschütterungen überlebt und geben uns einen unbezahlbaren Einblick in eines der Epizentren dieser neu entstandenen kriminellen Organisation.

Doch um die Tänzer an jenem Allerheiligenabend zu begreifen, müssen wir die Zeit ein wenig zurückdrehen. Denn die brutale Hinrichtung, die an jenem Abend vollzogen wurde, war der Kulminationspunkt eines Kampfes um die Vorherrschaft in der Stadt, den die erst kurz zuvor entstandene Africo-Sektion der *Picciotteria* führte. Die *zampogna* spielte dabei eine zentrale Rolle. In Kombination mit den Aussagen anderer Zeugen führt uns Giuseppe Sagoleos Geschichte tief hinein in die Welt der 'Ndrangheta in ihrer ursprünglichen Form.

Seine Not, so der *zampognaro*, habe zu Beginn des Jahres angefangen, als Domenico Callea, 34, in seinen Heimatort zurückgekehrt war.

Callea hatte wegen der Entführung und Vergewaltigung einer Frau eine zehnjährige Haftstrafe verbüßt. Kaum waren ihm die Haare nachgewachsen – im Gefängnis hatte man ihm den Schädel geschoren –, frisierte Callea sich eine Schmetterlingstolle. Er schaffte spielend den Aufstieg vom Gefängnis-Camorrista zum höherrangigen *picciotto*, wurde Buchhalter der Sektion Africo und war außerdem für den Messerkampf zuständig.

Domenico Callea ging auf den *zampognaro* zu und schlug ihm vor, einer »Verbindung« beizutreten, die in Africo existiere. Weil er, Callea, einer der Anführer besagter Verbindung sei, könne er ihm sogar die siebeneinhalb Lire Aufnahmegebühr erlassen. Doch Sagoleo war so schlau, Erkundigungen einzuholen über diese Verbindung, ehe er Calleas Angebot annahm. Als man ihm sagte, dass die Mitglieder verpflichtet seien, den Befehlen der Bosse Folge zu leisten, selbst wenn diese zu einem Diebstahl oder Mord aufriefen, weigerte er sich, der Bande beizutreten.

Allerorten im südlichen Kalabrien machten Burschen wie Callea ähnliche Angebote. Sie verlangten fast immer eine Aufnahmegebühr von siebeneinhalb Lire – etwa Dreiviertel des Wertes einer Ziege, oder acht Prozent vom Preis für ein Schwein – und behaupteten, dass die Mitglieder der Gesellschaft sich lediglich zusammenfänden, um gemeinsam Wein zu trinken und sich zu amüsieren. Wer kein Interesse zeigte und nicht zahlen wollte, bezog entweder Prügel oder einen Schnitt mit dem Rasiermesser. Der *zampognaro* Sagoleo hatte Glück.

Diese einfache Methode, Geld aus neuen Rekruten herauszupressen, war eine klassische Strategie der Gefängnis-Camorra. Die *Picciotteria* würde sich ihrer noch Jahre bedienen. Die frühe 'Ndrangheta basierte also zum Teil auf einer Art Schneeballsystem, von dem nur die Bosse an der Spitze profitierten. Wie der Fall des Sackpfeifenspielers in Africo ebenfalls veranschaulichte, hatte diese Methode eine systemimmanente Schwäche, zumal sie eine Vielzahl neuer Mitglieder schuf, die der *Picciotteria* wenig echte Loyalität entgegenbrachten. Einer der Gründe, warum wir heute über die frühe 'Ndrangheta relativ viel wissen, ist die Tatsache, dass viele dieser neuen Rekruten alles der Polizei gestanden. Die 'Ndrangheta war sozusagen mit einem Geburtsfehler auf die Welt gekommen, den auszumerzen Jahrzehnte dauern würde.

Obwohl der *zampognaro* das Angebot Domenico Calleas ablehnte, wusste er sich gegen die Aufmerksamkeiten der Freunde Calleas nicht zu wehren, wie er dem Untersuchungsrichter erklärte:

»Die Mitglieder der Verbindung kamen immer wieder zu mir und forderten mich zum Spielen auf. Ich müsste es tun, sagten sie, ob ich wollte oder nicht, weil sie das Sagen hätten. Manchmal bezahlten sie mich, manchmal nicht. Und ich durfte mich nicht beklagen, weil sie mir sonst die Sackpfeife zerstört hätten.«

Domenico Calleas *picciotti* begingen an dem Dudelsackspieler eine sogenannte *prepotenza*, wie die Polizei es nannte, eine »anmaßende Flegelei«. In diese Kategorie fiel auch die Zechprellerei oder die Belästigung der Ehefrau eines anderen. Doch in diesem Fall hatte die *prepotenza* einen eindeutig strategischen Zweck. Die *Picciotteria* war ein Geheimbund, was freilich ein wenig paradox erscheint, zumal die jüngeren Mitglieder auf das Tragen gewisser Haartrachten und Hosen nicht verzichten mochten. Dies ist wohl der Tatsache geschuldet, dass ihre Macht von ihrer Fähigkeit abhing, die Leute ihre Anwesenheit spüren zu lassen. Indem die *picciotti* den armen *zampognaro* nötigten, bei ihren Festen aufzuspielen, rissen sie eine der wenigen Ausdrucksformen des gemeinschaftlichen Dorflebens in Africo an sich, eine ungeheuerliche *prepotenza* gegen die gesamte Gemeinde. Mehr noch, es war der absichtliche Versuch, jedes Gemeinschaftsgefühl zu untergraben und durch Angst zu ersetzen.

Am 12. Mai 1894, der dem heiligen Leo geweiht war, dem Schutzpatron Africos, holte Domenico Callea den Sackpfeifer, damit dieser zu Ehren eines äußerst wichtigen Gastes aufspiele: Filippo Velonà, ein 38-jähriger Schuster aus dem Nachbarsdorf Staiti. Die Gerichtsakten über Velonà geben uns eine klare, aber nicht sehr aussagekräftige Beschreibung: Er war einen Meter siebzig groß, hatte braunes Haar und braune Augen, eine »regelmäßige« Stirn, eine »natürliche« Gesichtsfarbe, einen »robusten« Körperbau und keine besonderen Kennzeichen. Kurzum, Velonà hätte jeder der zahllosen Handwerker sein können, die sich ihren Lebensunterhalt in den armen Berggemeinden Kalabriens mühsam verdienten. Der einzige Hinweis auf seine wahre Identität findet sich in der Aussage des Bürgermeisters vor Ort, der ihn als *cattivissimo* – als überaus böse – beschreibt. Immerhin war dieser Mann zweimal wegen Körperverletzung verurteilt worden und hatte sieben

Jahre im Gefängnis zugebracht, weil er jemanden so heftig verprügelt hatte, dass der Betreffende seinen Verletzungen erlegen war. Als Velonà 1892 entlassen wurde, rief er die *Picciotteria* im Bezirk Bova ins Leben, zu beiden Seiten des zerklüfteten Tals, das der reißende Amendolea-Fluss aus dem Fels gesprengt hatte.

Die Dörfer im Bezirk Bova, einschließlich Africo, bildeten eine kulturelle Enklave auf dem Aspromonte: Ihre Bewohner sprachen nicht etwa das Kalabresische, sondern Griechisch – beziehungsweise Griko, einen griechischen Dialekt, der noch aus dem frühen Mittelalter überlebt hatte, als Kalabrien zum Byzantinischen Reich gehörte. Wie wichtig diese kulturelle Insel für die heutige kalabrische Mafia ist, zeigt sich bereits in der Tatsache, dass sich das Wort 'Ndrangheta von dem Begriff für »Männlichkeit« oder »Heldenmut« im Griko herleitet.

Doch das Ansehen des Bosses Velonà reichte über das Gebiet hinaus, in dem Griko gesprochen wurde: Er fand auch weiter im Nordosten Anerkennung, in Bovalino und San Luca, bis zum entfernten Portigliola. Dies war ein weiter Landstrich an der kalabrischen Küste – genauso groß wie die Ebene von Gioia Tauro hinter den Bergen; er deckt sich in etwa mit dem *Mandamento ionico*, dem »Ionischen Bezirk«, einem der drei Bezirke der heutigen 'Ndrangheta. Kein Wunder, dass das Fußvolk Velonà als seinen »Präsidenten« bezeichnete.

Velonà kam am 12. Mai nach Africo, um einen neuen Rekruten dem Initiationsritual zu unterziehen. Die Formalitäten wurden hinter verschlossenen Türen erledigt. Der junge Mann unterwarf sich der Autorität des Bosses, indem er vor ihm niederkniete, ihm die Hand küsste und die folgenden Worte äußerte: »Vergib mir, Vater, wenn ich in der Vergangenheit vom rechten Weg abgekommen bin, und ich verspreche, in Zukunft nicht mehr vom rechten Weg abzukommen.«

Die Initiation wurde wie immer mit einem Festessen zelebriert, zu dem Mitglieder des gesamten Bezirks geladen waren. Sie tranken eine Menge Wein und verspeisten eine Ziege, die sie dem Mann gestohlen hatten, der Velonà während seines Aufenthaltes bei sich hatte aufnehmen müssen. Jeder lachte, als einer der *picciotti* die Ehefrau des Hausherrn lautstark um Salz bat, weil er sich ein Stück Fleisch aufheben wollte. Die Männer wussten eine solch erfinderisch gestaltete *prepotenza* offenbar zu schätzen. Nachdem sie reichlich gegessen hatten, schickten die Bosse sich an, Karten zu spielen, während die jüngeren

Mitglieder zu den Klängen der *zampogna* tanzten. »Dies alles geschah in der Öffentlichkeit, vor aller Augen«, erklärte ein Zeuge.

Indem sie anderen das Vieh stahlen und das Diebesgut möglichst ostentativ verzehrten, um ihren Korpsgeist zu bekunden, stellten die *picciotti* sich an die Spitze der Nahrungskette; denn in dieser Gegend bestand die bäuerliche Kost vorwiegend aus vegetarischen Speisen. Anderswo ging die *Picciotteria* sogar noch weiter. Ein jeder sollte sehen, dass ihre Mitglieder zur Eiweißelite gehörten. In Bova, entrüstete sich der dortige Bürgermeister, habe ein *picciotto* (ein Schuster wie sein Boss) seinen Kumpanen aus anderen Ortschaften sogar ein Fischessen spendiert. Bova ist zwar nur etwa neun Kilometer Luftlinie vom Meer entfernt, doch diese neun Kilometer hätten auch 90 sein können: Verderbliche Ware konnte den mühsamen Transport auf einem Mauleselrücken von der Küste ins Gebirge kaum überstehen. Wie der Bürgermeister erklärte, erreichten Fische »nur höchst selten den Ort, und Leute aus bescheidenen Verhältnissen waren nicht an ihren Verzehr gewöhnt«. Dass ein Schuster seinen Gästen Fisch vorsetzte, entsprach auf kulinarischer Ebene in etwa dem protzigen Bling-Bling der Gangster.

Auf dem Aspromonte gab es viele, die von diesen rudimentären Machtdemonstrationen beeindruckt waren. Während der Boss Velonà in Africo weilte, wurde er von einer Frau angesprochen, die ihm ein Schaf überbrachte und ihn bat, er möge »ihr die Ehre erweisen und ihren Sohn in die Verbindung aufnehmen«.

Um so viel Bewunderung zu ernten, unternahmen Calleas Männer mehr, als nur den Sackpfeifer zu schikanieren oder für gemeinschaftliche Festessen die eine oder andere Ziege zu stehlen. Nach Aussage des Bürgermeisters von Africo waren allein im Jahr 1893 70 Schweine verschwunden. Auch andere Tiere kamen abhanden. Die Bestohlenen – Männer wie der Schulmeister, der Erzpriester und der Bürgermeister persönlich – hatten zu viel Angst, um den Verlust den Behörden zu melden. Gerüchten zufolge waren die Tiere billig an Metzger verkauft worden, die ebenfalls Mitglieder der Verbindung waren; Ziegen waren mit abgeschnittenen Ohren gefunden worden – also ohne die Brandzeichen ihrer Besitzer. Metzger in Bova berichteten später, der legale Viehhandel sei regelrecht eingebrochen, weil die Leute zu viel Angst hatten, um sich mit ihren Tieren auf den Weg zum Markt zu machen.

Die sich häufenden Beweise aus Africo führen unerbittlich zu einer wichtigen Schlussfolgerung: Selbst in den abgeschiedensten Bergdörfern des Aspromonte, in denen Griko gesprochen wurde, gehörten die *picciotti* einer Organisation an, die weitaus größer und strukturierter war als ein loser Zusammenschluss lokaler Banden. Sie hatten nicht nur gemeinsame Rituale und Strukturen und eine gemeinsame Vergangenheit hinter schwedischen Gardinen, mit Filippo Velonà hatten sie auch einen charismatischen Boss, der über ein großes Territorium verfügte. Sie waren sogar der Zuständigkeit eines einzigen Richters unterstellt: Sein Name lautete Andrea Angelone.

Angelone war ein alter Gefängnis-Camorrista, 59, um genau zu sein. Er war 1887, nach zwölfjähriger Haft, zum letzten Mal aus dem Gefängnis entlassen worden und hatte sofort einen Zweig der *Picciotteria* in seinem Heimatdorf Roccaforte del Greco gegründet, wo Griko gesprochen wurde. Obwohl er danach keine aktive Rolle im Tagesgeschäft der Sekte mehr spielte, erhielt er nach wie vor seinen regulären Anteil an den Einnahmen, als Gegenleistung für seine weisen Ratschläge bei Tribunalen. Griko sprechende *picciotti* hatten auch Kontakte in Reggio Calabria und im Bezirk Palmi.

Die Behörden in Palmi berichteten von einem ähnlich weitreichenden Verbindungsnetz. Die verschiedenen Sektionen der Organisation in der Ebene Gioia Tauro hatten »Gesandte, damit sie miteinander kommunizieren konnten«. Und während jede der örtlichen Sektionen ihren eigenen Boss und Unterboss hatte, war ein Konglomerat solcher Sektionen der Autorität einer Bande unterworfen.

Wie auf Sizilien war der Viehdiebstahl auch hier einer der Hauptgründe für solche Zusammenschlüsse. Viele der kalabrischen Mafiosi waren Holzfäller und Hirten, die nichts dagegen hatten, ihre Tage ununterbrochen in den Bergen zu verbringen, und die zahllosen Pfade des Aspromonte kannten wie ihre Westentasche. Die Methode der Viehdiebe war denkbar einfach, regelrecht narrensicher: Man stahl die Tiere und entging der Entdeckung, indem man sie über die Berge trieb, zu vertrauenswürdigen Komplizen, die sie auf den Märkten entlegener Dörfer zum Verkauf feilboten. Die *picciotti* fuhren auch zu den regulären Jahrmärkten – noch immer ein wichtiger Bestandteil der kalabrischen Wirtschaft in den Bergen –, um Erpressungsgelder einzutreiben.

Was unternahmen die Behörden in den späten 1880er und frühen 1890er Jahren, während die *Picciotteria* ihre Mitgliederzahl beständig vergrößerte und ihr Netzwerk ausweitete? Leider sehr wenig. Africo, Roccaforte, Bova und die übrigen *Picciotteria*-Zentren gehörten noch immer zu den Landstrichen auf der Halbinsel, wo der Begriff »Italien« außer Steuern, Militärdienst und dem gelegentlichen Besuch einer Patrouille Carabinieri nicht viel bedeutete. Im April 1893 schickten zwei Forstbeamte einen Brief an den örtlichen Richter, in dem sie auf die Existenz »einer gefährlichen Sekte sogenannter *maffiosi*« in Africo und Umgebung verwiesen. Ihre Warnung wurde ignoriert und unter einem Stapel Schreibarbeit begraben.

Dort wurde sie, über ein Jahr später, von einem dynamischen neuen Repräsentanten der schwachen Staatsgewalt gefunden, von Feldwebel Angelo Labella, dem Kommandanten der Carabinieri in Bova. Am 21. Juni 1894 schrieb Labella seinen ersten Bericht über die kriminelle Vereinigung, die er ans Licht gebracht hatte: Er nannte 50 Mitglieder beim Namen, darunter auch Domenico Callea und Filippo Velonà. In den darauffolgenden Wochen fügte Labella seiner Liste weitere Namen hinzu und legte den Grundstock für eine umfangreiche Verfolgung, indem er Zeugen aufführte, die Beweise gegen die Bande erbringen konnten. Endlich, so schien es, ginge der italienische Staat daran, die Herrschaft der *Picciotteria* an diesem vergessenen Ort anzufechten.

Im September 1894 kamen Ermittlungsrichter in die Bezirkshauptstadt Bova, um die Zeugen zu befragen, die Labella genannt hatte. Angesichts dieses Angriffs auf ihre Autorität machten die *picciotti* mobil. Sie richteten verbale Drohungen gegen jeden, der Anstalten machte, gegen sie auszusagen, einschließlich der wohlhabenderen Bürger Africos. Sie schlachteten Tiere und ließen sie zur Warnung auf den Feldern liegen, verwüsteten Reben, fällten Ende Oktober zwölf Obstbäume und ritzten Begräbniskreuze in die Stümpfe, um sicherzustellen, dass die Botschaft hinter der Zerstörung auch verstanden wurde.

Die *picciotti* rekrutierten auch den *zampognaro* für ihren Einschüchterungsfeldzug. Er musste sie musizierend durch die Straßen begleiten, während sie Drohlieder über ihre Feinde improvisierten, zu denen gebildete Leute wie die Stadträte, der Erzpriester, der Steuereintreiber und Feldwebel Angelo Labella zählten. Unter dem Balkon eines Grundbesitzers grölten sie das folgende holprige Liedchen:

»Jetzt nehmt Feder und Tinte zur Hand für einen neuen Prozess.
Doch sind wir erst frei, rächen wir uns mit eigenen Händen.«

Während ihre *picciotti* solche Drohgesänge zum Besten gaben, hatten Domenico Callea und die übrigen Bosse bereits über das Schicksal des gefährlichsten Kronzeugen entschieden, den Feldwebel Labella in seinem ersten Bericht genannt hatte: ein 50-jähriger Schweinehirt namens Pietro Maviglia.

Maviglia gab keine sehr eindrucksvolle Figur ab. Wegen eines verkrüppelten Beins ging er am Stock, und ohne Verschnaufpause kam er nicht sonderlich weit. (Die Obduktion seiner Leiche würde in seiner wunden Lunge Symptome einer Pleuritis zutage fördern.) Doch er war ein Mitglied der Bande – sogar eines ihrer frühesten Mitglieder –, nur das zählte.

Im Jahre 1892 hatte sich Maviglia mit Domenico Calleas nicht minder bösartigem jüngeren Bruder Bruno überworfen, der ihn deshalb verprügelt hatte. Aus Rache verriet Maviglia der Polizei, dass Bruno Callea einen Diebstahl begangen hatte. Callea wurde daraufhin zu zwei Jahren Haft verurteilt. Dass er den verkrüppelten alten Schweinehirten ein zweites Mal verprügelt hatte, brachte ihm weitere 14 Monate ein.

Maviglia wurde aus der *Picciotteria* ausgeschlossen und war nun seines Lebens nicht mehr sicher. Während Feldwebel Labella seine Detektivarbeit fortsetzte und Staatsanwälte ihre ersten Befragungen im Fall vornahmen, war es für die Bosse nun oberste Priorität, Maviglia zum Schweigen zu bringen.

An einem Ort wie Africo ersetzten Gerüchte die Zeitung, besonders wenn es galt, die Einwohnerschaft über die inneren Angelegenheiten der kriminellen Vereinigung zu informieren. Im Oktober 1894 machte die überraschende Meldung die Runde, dass die Calleas ihren Streit mit Pietro Maviglia beigelegt hätten. Angesichts der gerichtlichen Ermittlungen, die im Gange waren, sei wieder Harmonie in der Bruderschaft eingekehrt, hieß es. Maviglia selbst war nicht sicher, wie er auf die Friedensangebote reagieren sollte, die man ihm unterbreitete; er fragte seinen Bruder um Rat und vertraute ihm an, dass die *picciotti* ihn wieder in »die Sekte«, wie er sie nannte, aufnehmen wollten.

Die *picciotti* veranstalteten das Dudelsackfest am Allerheiligenabend aus zweierlei Gründen: erstens, um Maviglia zu versichern, dass das

Angebot, ihn wieder in die Bruderschaft aufzunehmen, ehrlich gemeint sei. Zweitens, um seinen Mördern ein Alibi zu verschaffen. Während die Bandenmitglieder mit ihren Haartollen an jenem Abend auf der Straße tanzten, tranken und sangen, näherte einer der *picciotti* sich Maviglia und erklärte ihm, dass die Burschen eine Ziege gestohlen hätten und sie in einer Hütte auf dem Land gemeinsam verspeisen wollten, um Maviglias Rückkehr in die Bruderschaft zu feiern. Er zog die Faust aus der Tasche und öffnete sie lächelnd: »Ich hab sogar Salz mitgebracht«, sagte er.

Etwa eine Stunde nach Einbruch der Dunkelheit wurde Pietro Maviglia zum letzten Mal lebend gesehen. Auf den Gehstock gestützt, die Jacke über die Schulter geworfen, machte er sich in die Via Anzaro auf, die zum Friedhof führte.

Kurz danach forderte einer der Burschen den Dudelsackpfeifer auf, den Tanz zu beenden, und schlug dann die Richtung ein, die sein Opfer genommen hatte.

Am späten Morgen des 4. November 1894 kamen der stellvertretende Richter und ein Arzt nach Africo, um eine grausige Pflicht zu erledigen. Sie waren insofern »Einheimische«, als sie nur vier Stunden Fußmarsch hatten zurücklegen müssen, um von der Bezirkshauptstadt Bova auf Bergpfaden, die Pferde nicht betreten mochten, nach Africo zu gelangen. Pietro Maviglia lag noch immer an derselben Stelle, wo man ihn am Abend davor gefunden hatte: mit dem Gesicht nach unten auf seinem Gehstock, in einem Feld etwa 15 Minuten von der Stelle entfernt, wo er das letzte Mal in Gesellschaft der tanzenden *picciotti* gesehen worden war.

Der Arzt arbeitete schnell, sobald die Leiche zum Friedhof geschafft und offiziell identifiziert worden war. Fünf Läsionen gaben ein beredtes Zeugnis von Maviglias letzten Minuten. Als Erstes hatte jemand den Alten in den unteren Rücken gestochen. Vermutlich folgte dann die Kopfverletzung: Mit einem Beil hatte man ihm den Hinterkopf eingeschlagen. Danach hatte man ihm zwei Dolchstöße versetzt, die beide links vom Brustbein in den Brustraum eingedrungen waren. Beide Herzkammern waren durchbohrt. Jede Verletzung für sich wäre schon tödlich gewesen, doch die Mörder – mindestens drei – kannten keine

Gnade, brachten ihrem Opfer die fünfte und letzte Wunde bei, als es schon am Boden lag. Während jemand Maviglias Kopf an den Haaren nach hinten zog, schlitzte ihm ein anderer mit einer sehr scharfen Klinge die Kehle auf: Ein sauberer, zehn Zentimeter langer Schnitt hatte die rechte Halsschlagader, den Kehlkopf und die Speiseröhre durchtrennt. »Unverdaute Nahrung tritt aus«, notierte der Arzt ungerührt.

> »Außerdem ist zu vermerken, dass sich grobes Kochsalz auf der Halswunde befindet. Die Mörder haben es darauf verstreut, vermutlich, um ihre Rachegelüste auszuleben.«

Pietro Maviglia war geschlachtet worden wie eine Ziege. In den Tagen nach seinem Tod sagten die Leute aus Africo, man hätte ihm auch seine Schmetterlingstolle abgesäbelt, »wie um zu zeigen, dass er der Verbindung nicht würdig war«. Der Arzt hatte das Gerücht weder bestätigt noch widerlegt.

Die abstoßenden Details der Ermordung Pietro Maviglias strafen die erste vieler historischer Aussagen über die *Picciotteria* Lügen. Die kalabrische Mafia habe zu dieser Zeit eine gesellschaftliche Funktion erfüllt, heißt es noch immer zuweilen. In dieser entbehrungsreichen, rückständigen Gegend hätten Mafiosi sich zusammengefunden, um eine Quelle der Autorität und ein System gegenseitiger Unterstützung zu schaffen. So in etwa lautet das Argument.

Es mag zutreffen, dass an den Hängen des Aspromonte die frühe 'Ndrangheta ein Vakuum füllte, das der Staat hinterließ. Nur übten ihre Anhänger eine Schreckensherrschaft aus – so viel wird klar aus all den Zeugenaussagen, die die Ermittler nach Maviglias Tod zusammentrugen. An dieser Tatsache ist nicht zu rütteln, auch wenn einige Personen – auch Grundbesitzer – in Abwesenheit der staatlichen Autorität das Beste aus ihrer Lage zu machen suchten und sich mit Tyrannen verbündeten, denen sie nicht gewachsen waren. Die Mörder Pietro Maviglias, man erinnere sich, machten keinerlei Anstalten, dessen Leiche zu verstecken: Die abscheulichen Wunden, auch die Handvoll Salz, die man ihm auf die durchschnittene Kehle gestreut hatte, dienten als Warnung – eine öffentlich inszenierte »Hinrichtung«.

Nach der Obduktion machten die Ermittlungen gegen die *Picciotteria* in Africo endlich wirkliche Fortschritte. Weitere Carabinieri kamen ins Dorf und wurden in einem Haus einquartiert, das sich unmittelbar neben dem des Domenico Callea befand. Der Buchhalter und Fechtmeister der *Picciotteria* hatte sich aus dem Staub gemacht, nachdem er die Ermordung Pietro Maviglias angeordnet hatte. Seine junge Frau war allein im Haus zurückgeblieben und hielt die Carabinieri mit ihrem Geschluchze die ganze Nacht wach.

Die starke Militärpräsenz in Africo ermutigte weitere Zeugen zu einer Aussage. Dank der tatkräftigen Unterstützung durch Feldwebel Labella konnten die ermittelnden Beamten immer mehr Beweise aus den Leuten herauskitzeln. Maviglias Mörder wurden verhaftet. Im Verhör gaben sie klein bei: Nachdem sie sich zunächst gegenseitig beschuldigt hatten, legten sie endlich ein Geständnis ab. In den Griko sprechenden Gemeinden brach die Mauer des Schweigens um die *Picciotteria*.

Die aus historischer Sicht vielleicht relevanteste Wahrheit, die nach Maviglias grausamem Ende ans Licht kam, war die Tatsache, dass im Zentrum des kriminellen Netzes, das die *picciotti* in den 1880ern und 1890ern aufgebaut hatten, ein faszinierendes religiöses Symbol stand.

Die Wallfahrtskirche der Madonna di Polsi steht versteckt in einem Hochtal des Aspromonte. Der Legende nach kam 1144 ein Hirte an diesen abgeschiedenen Ort, auf der Suche nach einem verlorenen Ochsen. Da erschien ihm in einer wundersamen Vision die Jungfrau Maria und sprach: »Du sollst hier für mich eine Kirche errichten, damit ich gläubigen Menschen, die kommen, mir zu huldigen, Gnade erweisen kann.« Seit Jahrhunderten quälen sich seitdem nach den Wünschen der Jungfrau Anfang September arme Pilger die gewundenen Bergpfade nach Polsi hinauf.

Der bedeutendste Schriftsteller Kalabriens, Corrado Alvaro, beschrieb die Wallfahrtsstätte, wie sie sich im ausgehenden 19. Jahrhundert präsentiert haben mag, als sich 20 000 Männer und Frauen in Vorbereitung auf das Fest auf dem Kirchhof und in den umliegenden Wäldern tummelten. Einige hatten den gesamten Weg barfüßig zurückgelegt; andere trugen Dornenkronen. Die Männer tranken heftig und feuerten mit ihren Flinten in die Luft. Alle feierten mit gebratenem Ziegenfleisch, grölten alte Kirchenlieder und tanzten die ganze Nacht zur Musik von Sackpfeife und Tamburin.

Am eigentlichen Festtag war die kleine Kirche vom Flehen der Pilger und vom Blöken und Muhen der Tiere erfüllt, die als Opfergaben mitgebracht worden waren. Hysterische Frauen kreischten Gelübde, während sie sich mit den Ellbogen einen Weg durch die Menge bahnten, um der Madonna Votivgaben zu Füßen zu legen: Messingschmuck, Kleidungsstücke oder schaurige, aus Wachs geformte Körperteile von Kindern. Wenn der Abend kam und die Jungfrau auf einer Sänfte um die Kirche getragen wurde, beteten die Pilger, weinten, schlugen sich auf die Brust und riefen dabei: »Viva Maria!«

Das Fest der Madonna von Polsi hat eine besondere symbolische Bedeutung für die 'Ndrangheta. Bis zum heutigen Tag dient den Bossen der gesamten Provinz Reggio Calabria das Fest als Vorwand für ein Jahrestreffen. Im September 2009 kam angeblich der frisch gewählte »Chef des Verbrechens«, Domenico Oppedisano, nach Polsi, um sich im Amt bestätigen zu lassen. Höhere Positionen im Führungsgremium der 'Ndrangheta, dem Großen Verbrechen, treten am Festtag um Mitternacht in Kraft.

Der Wallfahrtsstätte von Polsi am nächsten gelegen ist San Luca, Heimatort des Schriftstellers Corrado Alvaro, aus dem auch die *'ndrine* (lokale Mafiagruppen) stammten, die an den Morden in Duisburg 2007 beteiligt waren. 'Ndranghetisti bezeichnen San Luca als ihre *Mamma*; die dortige 'Ndrangheta hütet traditionellerweise die Regeln der gesamten Vereinigung und fungiert als Schiedsinstanz bei Streitfragen. San Luca wurde schon als das »Bethlehem« des organisierten Verbrechens in Kalabrien bezeichnet.

Wir dürfen mittlerweile sicher sein, dass das Verbrechertreffen in Polsi eine alte Tradition ist, so alt wie die 'Ndrangheta selbst. Denn im Juni 1895 erzählte ein Ladenbesitzer aus Roccaforte del Greco den Beamten, die den Mord an Pietro Maviglia untersuchten, was er in Polsi beobachtet hatte:

> »Am 3. September 1894 begab ich mich zum Fest der Madonna vom Berg. Dort sah ich etliche Mitglieder der kriminellen Vereinigung aus Roccaforte in Gesellschaft von etwa 60 Leuten aus verschiedenen Dörfern, die alle in einem Kreis sitzend aßen und tranken. Als ich sie fragte, wer für das viele Essen und den Wein auf dem Fest bezahle, da sagten sie mir, dass sie es mit der Camorra bezahlten, die sie einsammelten.«

Offenbar nutzten *picciotti* die Wallfahrt nach Polsi seit jeher weniger zum Gebet denn als Gelegenheit, Gewinne einzustreichen und über Geschäfte zu reden.

Die Ermittlungen von Feldwebel Labella förderten weitere verstreute Zeugenaussagen über den Ursprung der *Picciotteria* zutage. Obwohl er nicht hatte eruieren können, in welchem Jahr genau sie entstanden war, konnte es seiner Meinung nach nicht nach 1887 gewesen sein. In diesem Jahr war nämlich der »Richter« der Sekte, Andrea Angelone, aus der Haft entlassen worden. Andere Zeugen schoben das Gründungsdatum noch weiter nach hinten. Ein Bewohner desselben Dorfes sagte aus, Angelone sei »schon vor 16 oder 17 Jahren« (also etwa 1879) Mitglied einer kriminellen Vereinigung gewesen.

Der Grundschullehrer in Africo erwies sich als ein besonders kenntnisreicher Zeuge. Er hatte seine Stelle Mitte der 1880er Jahre angetreten und gleich zu Beginn von einer Räuberbande munkeln gehört, die in der Gegend ihr Unwesen treibe. Doch damals hieß es, die Vereinigung bestehe »schlimmstenfalls aus drei oder vier Männern«. Ihre Zahl wuchs schnell in den darauffolgenden Jahren, besonders während der Rekrutierungskampagne Domenico Calleas 1893 und 1894.

Die Geschichte, die diese Zeugnisse erzählen – sie gilt auch für Palmi und den gesamten Aspromonte –, geht folgendermaßen: Bis Mitte der 1880er Jahre hielten einige kalabrische Exsträflinge, erfahrene Gefängnis-Camorristi, miteinander Kontakt, nachdem sie aus der Haft entlassen worden waren. Sie boten sich gegenseitig ihre Hilfe an und taten sich gelegentlich zusammen, um gemeinsam das eine oder andere Ding zu drehen: Die Gerichtsakten und andere Quellen geben Auskunft über mehrere Banden, die sich in den 1870er Jahren und bereits davor in verschiedenen Teilen der Provinz Reggio Calabria etabliert hatten. Doch fehlte es den *picciotti* noch an Mitgliedern und infolgedessen an der nötigen Stärke, um sich in der Welt außerhalb der Gefängnisse gegen andere Verbrecher so zu behaupten, wie ihnen dies in der begrenzten Gefängniswelt möglich gewesen war. Sie besaßen noch nicht genügend Macht, um ganze Städte zu tyrannisieren. In den 1880er Jahren schließlich kam es zu gewissen Veränderungen, die es der Gefängnis-Camorra Kalabriens ermöglichten, sich auch außerhalb der Kerker zu verbreiten. Nun stellt sich die Frage, worin genau diese Veränderungen bestanden.

Die Tatsache, dass kein Vertreter des Staates darauf erpicht zu sein schien, diese Frage zu beantworten, ist vielsagend. 1891 schrieb der Oberstaatsanwalt in Palmi seinen Bericht über die Arbeit der Justiz im vorangegangenen Jahr. Die *Picciotteria* erwähnte er mit keinem Wort: Sie galt schließlich nur als ein oberflächliches Symptom der chronischen Rückständigkeit Kalabriens. Der Grund für die hohe Gewaltrate im Bezirk Palmi sei nicht etwa das organisierte Verbrechen, schrieb der Beamte, sondern »die feurige, lebhafte Natur dieser Menschen, ihre Empfindlichkeit, die Sturheit, mit der sie an ihren Plänen festhalten, die unerschütterliche Beharrlichkeit ihrer Hassgefühle, die sie so oft dazu treiben, blutige Rache zu nehmen«.

Hätte ein sizilianischer Oberstaatsanwalt solchen Unsinn geschrieben, so müsste man aus gutem Grund seine Motive in Zweifel ziehen. Doch in Kalabrien sind dergleichen Zweifel vermutlich (noch) fehl am Platz. Schließlich hatten die Richter in Palmi erst vor kurzem einige Dutzend *picciotti* wieder ins Gefängnis gebracht. Die stereotypen Ansichten des Oberstaatsanwalts zur kalabrischen Psyche sind dennoch sehr aufschlussreich. Eisenbahn hin oder her, Kalabrien galt noch immer als ein halbwildes, entlegenes Land, über das man in Italien sehr wenig wusste und sich auch nicht groß Gedanken machte. Trotz seiner internationalen Handelsbeziehungen, die er seinem Olivenöl, dem Wein und den Zitrusfrüchten verdankte, war der Ort Palmi ganz einfach zu unwichtig, als dass sich die Regierung veranlasst sähe, sich mit dem Problem der *Picciotteria* zu befassen. Aus diesem Grund tun heutige Historiker sich so schwer, einige offene Rätsel über den Ursprung der kriminellen Vereinigung zu lösen.

Verschworene Sekten haben die Gefängnisse zu vielen Zeiten und an vielen Orten beherrscht: Die seit langem etablierten südafrikanischen Nummerngangs, die 26er, 27er und 28er zum Beispiel, beziehen ihre Mythologie aus der Geschichte eines Zulu-Häuptlings. Oder das riesige Netzwerk der Organisation *Wory w sakone* (»Diebe im Gesetz«), die in den 1920er Jahren das sowjetische Gulag-System heimsuchte. »Die Diebe« hatten ein »Krönungsritual« für neue Rekruten, ihre Mitglieder trugen Tattoos und ein auffälliges Outfit, zu dem ein Aluminiumkreuz um den Hals und mehrere Jacken gehörten.

Doch gelingt es diesen Banden nicht ohne weiteres, ihre Autorität in der Welt außerhalb der Gefängnismauern zu etablieren. Die 26er,

27er und 28er trieben nur in den 1990er Jahren ihr Unwesen, nachdem die Apartheid abgeschafft war und das Land den Drogendealern offenstand, die einheimisches Menschenpotential und eine einheimische kriminelle »Marke« brauchten. Nach dem Zusammenbruch der Sowjetunion kamen *Wory w sakone* nicht einfach aus dem Gulag, um ihren Führungsanspruch über das Heer von Verbrechern geltend zu machen, das entstanden war. Ihre Traditionen wurden vielmehr von einem neuen Schlag von Gangsterbossen geplündert, die ihren territorial verankerten Banden ein Flair von Altehrwürdigkeit verleihen wollten: Das Resultat war die Russenmafia. Beispiele wie diese zeigen, dass es für die Gefängnis-Camorra Kalabriens eine stolze Leistung war, sich die Welt außerhalb der Kerker zu erobern.

Ausschlaggebend für diesen Erfolg dürften wohl wirtschaftliche Gründe gewesen sein. In den 1880er Jahren wurde das Agrarland Kalabrien von einer heftigen Krise gebeutelt. Die Reblaus breitete sich auch in Italien aus und setzte dem Weinboom ein jähes Ende. Dann beschränkte ein Handelskrieg mit Frankreich den Export von Agrargütern. Kleinbauern wie die in der Ebene von Gioia Tauro, die sich verschuldet hatten, um ein Stück ehemaliges Kirchenland zu erwerben und darauf Wein anzubauen, gerieten in Not. Arme Tagelöhner, wie die in Africo, hatten noch härter zu kämpfen, um ihr Leben zu bestreiten. Umstände wie diese trieben der *Picciotteria* eine Menge Rekruten in die Arme, dazu viele Landeigentümer und Bauern, die entweder verwundbar oder skrupellos genug waren, um eine Übereinkunft mit den Ganoven in Erwägung zu ziehen.

Auch die Ankunft der Dampfeisenbahn trug teilweise die Schuld, zumindest in Palmi. Zeitgenossen gaben an, dass die ersten Rasiermesserangriffe und Duelle zeitlich mit der Anwesenheit der Streckenarbeiter zusammenfielen, die im Frühjahr 1888 auf dem tyrrhenischen Gleisabschnitt schufteten. Zwölf Jahre später, um 1900, behaupteten einige Beobachter, dass die *picciotti* von sizilianischen Mafiosi mit den Streckenarbeitern in die Ebene von Gioia Tauro importiert worden seien. Doch da keiner der Männer, die in Palmi vor Gericht standen, aus Sizilien stammte, ist diese Theorie fast mit Gewissheit falsch. Wahrscheinlicher ist, dass es unter den Arbeitern ehemalige Gefängnis-Camorristi gab. Die Kämpfe in Palmi waren vielleicht der Konkurrenz um Aufträge mit den einheimischen *picciotti* geschuldet.

Wie dem auch sei, die Rolle der Eisenbahn bei der Entstehung der kalabrischen Mafia trug jedenfalls zu einer bitteren geschichtlichen Ironie bei. Einer der damaligen Richter meinte:

> »Unklar ist, ob die Eisenbahn mehr Schaden brachte als Nutzen. Dass solch ein mächtiger Anstoß für Zivilisation und Fortschritt die Ursache für so viel gesellschaftliches Elend losgetreten haben soll, ist ein Jammer.«

Die 'Ndrangheta nahm just zu dem Zeitpunkt ihren Anfang, als die Isolation Kalabriens ein Ende hatte.

Es gibt noch einen dritten möglichen Grund, warum die *Picciotteria* ausgerechnet zum damaligen Zeitpunkt aufgetaucht war. 1882 und 1888 leiteten zwei wichtige Wahlreformen in Italien die Ära der Massenpolitik ein. Die Anzahl der Wahlberechtigten stieg. Die Kommunalregierung wurde unabhängiger, erhielt mehr Einfluss auf die Bereiche Bildung und Wohlfahrt und damit auch mehr Ressourcen, die es zu plündern gab. Seit etwa ein Viertel aller erwachsenen Männer ein Wörtchen mitzureden hatte in der Frage, wer über sie bestimmen durfte, war die Politik kostspieliger und lukrativer geworden.

Und gewalttätiger obendrein. Schießereien, Messerstechereien und Prügeleien hatten schon immer zum Repertoire italienischer Politik gehört, vor allem im Süden. Ein Großteil der Gewalt ging von Rom aus. Auf Befehl des örtlichen Präfekten pflegte die Polizei Oppositionelle zu verprügeln, zu verhaften oder ihnen schlicht ihre Waffenscheine abzunehmen und sie schutzlos den Angriffen von Schlägern auszuliefern, die den regierungstreuen Kandidaten unterstützten. Die Reformen der 1880er Jahre erhöhten die Nachfrage nach Wahlmanipulation enorm und ermutigten ehrgeizige Kandidaten, sich die Unterstützung organisierter Schläger zu sichern.

Dergleichen Gewaltpolitik war kein Thema, mit dem die Polizei sich sonderlich gern befasste, aus durchaus verständlichen Gründen. Dennoch schlummern zwischen Aktendeckeln eindeutige Hinweise darauf, dass die *Picciotteria* sogar in Africo über Kontakte zur Oberschicht verfügte. So bemerkte die Presse, dass die Männer, die den verkrüppelten alten Schweinehirten Maviglia ermordet hatten, von den besten Anwälten in Reggio Calabria verteidigt wurden. Und unter den beteiligten *picciotti* waren »Männer, die wegen ihrer ausgezeichneten

Finanzlage vermutlich nur deshalb zum Verbrechen getrieben werden, weil sie von Natur aus böse sind«.

Zu den »von Natur aus bösen« Einwohnern Africos zählte der frühere Bürgermeister Giuseppe Callea, dessen Söhne namhafte *picciotti* waren: Domenico, der Buchhalter und Hehler der Sekte, der versucht hatte, den Dudelsackpfeifer zu rekrutieren; und sein Bruder Bruno, der aufgrund der Zeugenaussage des verkrüppelten Schweinehirten Pietro Maviglia wegen Viehdiebstahls ins Gefängnis gekommen war. Der ehemalige Bürgermeister Callea billigte zweifellos die kriminelle Laufbahn seiner Söhne, denn er hatte Maviglia schließlich selbst gedroht.

Der Aufstieg der *Picciotteria* warf ein unbarmherziges Licht auf die Zersplitterung der herrschenden Klasse Kalabriens, die sich als gänzlich unfähig erwies, die neuerdings recht anmaßende kriminelle Vereinigung als einen gemeinsamen Feind zu behandeln. In Africo sagten einige gebildete und vermögende Männer gegen die *picciotti* aus und wurden daraufhin prompt zu den Klängen der *zampogna* bedroht. Andere, wie Giuseppe Callea, verbündeten sich nur allzu gern mit den Ganoven. Doch wäre es naiv von uns, anzunehmen, dass ein solches Verhalten brave Bürger dazu veranlasst hätte, sich gegen die zwielichtigen Beschützer der Ganoven zur Wehr zu setzen. Gesetzestreue und Gesetzesbruch waren keine Themen, an denen sich die Geister der Kalabresen schieden; geteilte Überzeugungen brachten sie einander nicht näher. Auf dem Aspromonte waren Verwandte, Freunde und Gefälligkeiten die einzige Ursache für Konflikte, und auch der einzige soziale Klebstoff. Das geltende Gesetz war nur eine weitere Facette der Auseinandersetzung. Die wenigen Soziologen, die sich nach der Einigung Italiens für Kalabrien interessierten, stellten fest, dass es der begüterten Klasse »am Sinn für Recht und Gesetz, mehr noch, am sittlichen Empfinden mangelte«. Welche Begriffe man auch bemühte, um den Missstand zu beschreiben, der Aufstieg der *Picciotteria* verdeutlicht jedenfalls, dass dieser Mangel allmählich auch auf die anderen sozialen Schichten übergriff.

Trotz der Ausbreitung des organisierten Verbrechens war die Verfolgung der frühen ’Ndrangheta in Africo ein Erfolg. Die Schlächter Maviglias wurden ebenso verurteilt wie Dutzende anderer *picciotti*. Im Süden Kalabriens verbuchten Polizei und Carabinieri auf Jahre hin ähnliche Erfolge. Doch ihr Bemühen, das Regierungsmonopol des Staates durchzusetzen, war von Anfang an nahezu fruchtlos. *Picciotti*, die wegen einer »Vereinigung in verbrecherischer Absicht« vor Gericht kamen, saßen ihre lächerlich kurzen Haftstrafen in denselben Gefängnissen ab, in denen sie ihr Handwerk überhaupt erst erlernt hatten. Und es gab keinerlei Anzeichen dafür, dass diese grundlegenden Schwächen in der kalabrischen Gesellschaft, die es den *picciotti* ermöglicht hatten, auch außerhalb der Gefängnisse Fuß zu fassen, irgendwann verschwinden könnten.

Der kriminelle Ausnahmezustand in Kalabrien entging gänzlich der Aufmerksamkeit der italienischen Presse. Allzu wenige Italiener waren bereit, »die kleinen Umstände, die kleine Herzen bewegen«, unter die Lupe zu nehmen. Auf lange Sicht würde Italien diese kollektive Nachlässigkeit teuer zu stehen kommen. Nichts, was kalabrischen Hirten und Bauern widerfuhr, schaffte es in die Zeitungen. Nichts, bis der Waldarbeiter Giuseppe Musolino es zum Briganten Musolino brachte, zum »König des Aspromonte«, und als Verbrecherlegende in die Geschichte Italiens einging.

Der »König des Aspromonte«

Im Leben Giuseppe Musolinos sollten die Fakten am Ende wenig zählen. Dennoch müssen wir mit den Fakten beginnen.

Musolino wurde am 24. September 1876 in Santo Stefano geboren, einem Dorf im Aspromonte mit etwa 2500 Einwohnern, 700 Meter über der Meerenge von Messina im Wald gelegen. Sein Vater war ein Waldarbeiter und kleiner Holzhändler, gerade erfolgreich genug, um sich ein Wirtshaus zu kaufen. Auch Musolino wurde Waldarbeiter. Doch es war seine gewalttätige Ader, die spätere Biographen hauptsächlich an ihm faszinierte: Noch vor seinem 20. Geburtstag war er bereits mehrmals mit der Obrigkeit aneinandergeraten, weil er gegen das Waffengesetz verstoßen und außerdem Frauen bedroht und verletzt hatte.

Der Mythos um Musolino begann am 27. Oktober 1897, im Wirtshaus seines Vaters, als er mit einem jungen Mann namens Vincenzo Zoccali in Streit geriet. Die beiden kämpften gegeneinander, und Musolino zog sich eine schwere Schnittwunde an der rechten Hand zu. Musolinos Cousin gab daraufhin zwei Schüsse auf Zoccali ab, verfehlte ihn aber.

Zwei Tage später war Zoccali noch vor Sonnenaufgang im Begriff, seinen Maulesel anzuspannen, als jemand aus dem Hinterhalt auf ihn feuerte. Wieder verfehlten die Kugeln ihr Ziel. Musolino, dessen Flinte und Schiebermütze am Tatort gefunden wurden, hatte sich in die Wildnis des Aspromonte geflüchtet. Er wurde erst über fünf Monate später gefasst und im September 1898 wegen versuchten Mordes zu 21 Jahren Haft verurteilt. Wütend ob der harten Strafe schwor Musolino, der sich als unschuldiges Opfer eines Komplotts bezeichnete, blutige Rache. Er werde Zoccalis Leber essen, schrie er auf der Anklagebank.

In der Nacht des 9. Januar 1899 gelang Musolino und drei weiteren Häftlingen, einschließlich seines Cousins, die Flucht aus dem Gefängnis in Gerace, nachdem sie mit einer Eisenstange ein Loch in die Mauer gebrochen und sich mittels eines Seils aus aneinandergeknüpften Bettlaken zu Boden gelassen hatten. Die angekündigte Blutrache begann in der Nacht des 28. Januar, als Musolino Francesca Sidari niederschoss, die Frau eines der Zeugen, die gegen ihn ausgesagt hatten. Sie hatte sich über einen Kohlenmeiler gebeugt, und er hatte sie offenbar mit ihrem Mann verwechselt, seinem eigentlichen Ziel. Als Schüsse und Geschrei die Aufmerksamkeit ihres Mannes und die eines anderen erregte, erschoss Musolino auch sie. Er ließ sie liegen, da er sie für tot hielt, und floh erneut in die Berge.

Der Brigant Musolino (wie man ihn schon bald nennen würde) startete nun einen doppelten Rachefeldzug: Er hatte es sowohl auf die Zeugen abgesehen, die im Zoccali-Fall gegen ihn ausgesagt hatten, als auch auf die Informanten, die der Polizei dabei geholfen hatten, ihn zu fangen.

Einen Monat nach dem ersten Mord schlug Musolino erneut zu, erstach einen Hirten, den er im Verdacht hatte, ein Polizeispitzel zu sein. Mitte Mai kehrte der Bandit nach Santo Stefano zurück und suchte Vincenzo Zoccali auf – den Mann, dessen Leber er zu essen geschworen hatte. Er steckte eine Ladung Dynamit in die Mauer des Hauses, in dem Zoccali mit seinem Bruder und den Eltern schlief; doch der Sprengsatz detonierte nicht. (Die Familie flüchtete daraufhin in die Provinz Catanzaro.) Einige Tage später verwundete Musolino einen weiteren Gegner schwer.

Die Reihe der Überfälle setzte sich im Sommer des Jahres 1899 fort. Im Juli streckte er einen vermeintlichen Informanten mit einem Kopfschuss nieder. Eine Woche später jagte er einem zweiten eine Kugel in den Hintern.

Im August unternahm der Brigant den weiten Weg in die Provinz Catanzaro auf der Suche nach Vincenzo Zoccali und seiner Familie und tötete Zoccalis Bruder. Er kehrte dann schnell in ein Dorf gleich unterhalb der Ortschaft Santo Stefano zurück, wo er einen weiteren Mann tötete, den er im Verdacht hatte, möglicherweise ein Informant zu sein.

Daraufhin tauchte Musolino für sechs Monate unter.

Als Nächstes hörte die Welt im Februar 1900 von ihm, als er mit zwei jungen Komplizen auf dem Aspromonte auftauchte, versehentlich auf seinen eigenen Cousin schoss und ihn verwundete. Der Brigant kniete daraufhin vor dem blutenden Burschen nieder, drückte ihm seine Flinte in die Hand und flehte ihn an, den Irrtum gleich an Ort und Stelle zu sühnen. Die Bitte wurde abgelehnt, und der Brigant setzte seinen Rachefeldzug fort.

Seine nächste Beute fand Musolino im Dorf Roccaforte, wo Griko gesprochen wurde, und schoss dem Mann mit einer Flinte in die Beine. Der am Boden Liegende konnte den Banditen jedoch überzeugen, dass dieser ihn zu Unrecht verdächtigte und er kein Polizeispitzel war. Musolino nahm sich eine halbe Stunde Zeit, um die Wunden des Mannes zu versorgen, und schickte dann einen Hirten, der gerade vorbeikam, nach einem Arzt.

Am 9. März 1900 verriet einer von Musolinos Komplizen, ein Mann aus Africo namens Antonio Princi, ihn an die Polizei. Um des Briganten habhaft zu werden, hinterließ Princi mit Opium durchsetzte Makkaroni in Musolinos Unterschlupf, der sich damals in einer Höhle unweit des Friedhofs von Africo befand, und ging zur Polizei. Fünf Polizisten und zwei Carabinieri folgten ihm in Musolinos Versteck. Doch das Opium hatte so lange in der Schublade einer Apotheke vor Ort gelagert, dass es seine narkotische Wirkung fast völlig eingebüßt hatte. So war Musolino, obwohl er die Makkaroni gegessen hatte, noch ausreichend Herr seiner selbst, um auf seine Verfolger zu schießen und den Berg hinaufzuflüchten, dicht gefolgt von Polizei und Carabinieri.

Am frühen Morgen des darauffolgenden Tages wurde Musolino von Pietro Ritrovato, einem der beiden Carabinieri, beim Urinieren überrascht; der Brigant schoss als Erster, aus nächster Nähe. Der junge Carabiniere fing sich eine klaffende Wunde in der Leistengegend ein und starb mehrere Stunden später einen qualvollen Tod.

Nach sechs Monaten Ruhe begingen Musolino und zwei Komplizen am 27. August 1900 den nächsten Mord. Sie jagten ihr Opfer, Francesco Marte, auf den Dreschboden seines eigenen Hauses, wo er innehielt, sich umdrehte und die Banditen um ein wenig Zeit bat, damit er seinen Frieden mit Gott machen könne, bevor er starb. Sie hießen ihn niederknien und erschossen ihn dann vor den Augen seiner Mutter, feuerten weiter auf ihn, als er längst tot war. Musolino würde später behaupten, Marte sei ein Verräter und am Makkaroni-Komplott gegen ihn beteiligt gewesen.

Später versuchten die beiden Komplizen – vielleicht im Auftrag Musolinos – vergeblich, den ehemaligen Bürgermeister von Santo Stefano zu töten, der gegen den Banditen ausgesagt hatte, als dieser wegen versuchten Mordes vor Gericht stand.

Der letzte Überfall des Briganten erfolgte am 22. September 1900, als er einen weiteren vermeintlichen Spitzel in Santo Stefano verwundete.

Musolinos blutiger Rachefeldzug und die vergeblichen Bemühungen, seiner habhaft zu werden, waren längst zum politischen Skandal geworden. Über den Waldarbeiter aus dem Aspromonte wurde sogar im Parlament diskutiert. Die Glaubwürdigkeit der Regierung stand auf dem Spiel. Hunderte Uniformierter wurden nach Südkalabrien geschickt, um sich an der Jagd nach dem Briganten zu beteiligen. Dennoch sollte es Musolino gelingen, ihnen allen noch über ein Jahr lang zu entwischen ...

Eine weitere wichtige Tatsache über Musolino war, dass er der *Picciotteria* angehörte.

In der Hitze der politischen Entrüstung über den Briganten entschloss sich Adolfo Rossi, Italiens mutigster Journalist, zu dem ungewöhnlichen Schritt, persönlich nach Kalabrien zu reisen, um herauszufinden, was dort vor sich ging. Von Polizei und Justiz erfuhr er alle wissenswerten Details über die neue Mafia.

Rossi suchte die Gefängnisse auf und besah sich die *picciotti* in ihren graubraun gestreiften Sträflingsuniformen. Danach begab er sich nach Palmi, wo »die *Picciotteria* am stärksten vertreten war«, wie man ihm versicherte. Palmis stellvertretender Präfekt erklärte verdrossen: »Kaum ist das eine Verfahren wegen einer ›Vereinigung in krimineller Absicht‹ bei den Akten, schon müssen wir das nächste einleiten.«

Rossi stattete auch Santo Stefano einen Besuch ab, Musolinos Heimatort, und stieg sogar bis nach Africo hinauf. Er war entsetzt über das Elend dort und schrieb: »Die Hütten sind keine Häuser, die als Schweinekobel, sondern Schweinekobel, die als menschliche Behausungen genutzt werden.« Die Carabinieri erzählten ihm, wie einige Jahre zuvor Mitglieder der Sekte »einen Mann abgeschlachtet und dann mit Salz bestreut hatten wie Pökelfleisch«.

Adolfo Rossis ausführliche Berichte aus Kalabrien sind noch immer das Beste, was je über die frühe 'Ndrangheta geschrieben wurde; sie hätten es verdient, einer weitaus größeren Leserschaft zugänglich gemacht zu werden als jener der venezianischen Lokalzeitung, in der sie erschienen. Und jeder, den Rossi befragte, bestätigte ihm, dass Musolino ein eingeschworenes Mitglied der *Picciotteria* war – obgleich die Meinungen auseinandergingen, wann genau er den Eid abgelegt und welchen Rang er innehatte. Rossi las Dokumente, die bewiesen, dass die Carabinieri in Santo Stefano Musolino von Anfang an als Ganoven im Visier hatten. Am Tag nach Musolinos erster Messerstecherei mit Vincenzo Zoccali vermerkten sie, er gehöre zur »sogenannten Maffia«.

Während Musolino wegen versuchten Mordes in Gewahrsam war und auf seinen Prozess wartete, beobachteten die Gefängniswärter, dass er sich aufführte wie ein Camorrista. Einer der Wärter erzählte Rossi:

> »Musolino kam am 8. April 1898 in dieses Gefängnis. Später informierte mich einer seiner Zellengenossen, dass er bereits im Juni zum Camorrista (also zu einem ranghöheren Mitglied der Vereinigung) aufgestiegen sei.«

In Africo sprach Rossi mit einem Polizeikommandanten, der erklärte, dass Musolino sich nur deshalb so lange der Verhaftung habe entziehen können, weil die *Picciotteria* auf dem Aspromonte und darüber hinaus ihm geholfen habe. Der Bürgermeister von Africo zum Beispiel, eine zwielichtige Gestalt, die 1894 noch als Zeuge gegen die *Picciotteria* ausgesagt hatte, gestand Rossi, Musolino bei sich Unterschlupf gewährt zu haben. In Santo Stefano erfuhr Rossi, dass etliche Komplizen des Briganten *picciotti* waren, dass einige seiner Eskapaden, auch seine erste Rauferei mit Vincenzo Zoccali, mehr mit den inneren Angelegenheiten der Bande zu tun hatten als mit seinem persönlichen Racheplan.

Trotz alledem wurde Musolino zum Helden stilisiert: zum Rächer, dem Unrecht geschehen war, zum einsamen Ritter des Waldes, zu einer Art Robin Hood, zum »König des Aspromonte«.

Sein Ruhm verbreitete sich in Windeseile nach seinem Gefängnisausbruch im Jahr 1899. Zunächst war er nur ein örtlich begrenztes Phänomen. Die meisten Menschen auf dem Aspromonte glaubten fest, dass Musolino unschuldig und zu Unrecht verurteilt worden sei – wegen des versuchten Mordes an Vincenzo Zoccali. Und in der Tat besteht durchaus der eine oder andere Zweifel, dass der Schuldspruch gerechtfertigt war. Musolinos »Unschuld«, ob sie nun der Wahrheit entsprach oder nicht, erwies sich als die Wurzel seines Ruhms. Die Bauern des Aspromonte, ungebildet und bitter arm, beäugten den Staat mit angeborenem Misstrauen. Für Menschen in solchen Lebensumständen war ein rebellischer Held, der doch nur die falschen Zeugen tötet, ein allzu verlockendes Trugbild.

So kam es, dass Musolino überall auf dem Aspromonte Verpflegung und Unterschlupf fand. Ihm zuliebe stellten Frauen Kerzen vor die Madonna von Polsi und vor den heiligen Joseph (San Giuseppe, Schutzpatron der Waldarbeiter, dessen Namen Musolino trug). Ein Großteil dieses Rückhalts ist der *Picciotteria* geschuldet. Vieles lässt sich mit einer durchaus verständlichen Furcht erklären. Ein Quentchen jedoch – genau lässt es sich nicht bestimmen – ist der wachsenden Beliebtheit des Briganten geschuldet.

Bald schon rankten sich wundersame Geschichten um ihn: Der heilige Joseph persönlich, hieß es, sei Musolino im Gefängnis erschienen und habe ihm die Schwachstellen in der Mauer offenbart. Er habe niemals gestohlen, stets für sein Essen bezahlt, sei keiner Frau je zu nahe getreten und habe die unbeholfenen Carabinieri stets überlistet.

Vom Aspromonte aus verbreitete sich die Musolino-Legende von Mund zu Mund über den gesamten Süden. Er wurde zum Star des Puppentheaters. Kinder spielten in den Gassen, sie wären Musolino. Wandernde Schauspieler verkleideten sich als Briganten, um von seinen Abenteuern zu singen, oder verkauften für ein paar Kupfermünzen schmuddelige Papierbögen, die mit Preisgedichten bedruckt waren. Die Obrigkeit verhaftete einige dieser Bänkelsänger, doch der Kult war nicht mehr aufzuhalten. Der »König des Aspromonte« profitierte persönlich davon. Musolino schickte einen Brief an eine überregionale Zeitung, in dem er sich dreist als Beschützer der einfachen Leute und als Rebell gegen die Obrigkeit aufspielte.

> »Ich bin ein Arbeiter und eines Arbeiters Sohn. Ich mag die Menschen, die von früh bis spät auf den Feldern schwitzen, um die Reichtümer der Gesellschaft hervorzubringen. Ja, ich beneide sie, weil meine unglückselige Lage mich daran hindert, eigenhändig zuzupacken und das Meinige beizutragen.«

Der italienische Staat musste einsehen, dass er einen Propagandakrieg gegen die kriminellen Handwerker und Bauern des Aspromonte verlieren würde. Die gesamte Musolino-Affäre verwandelte sich für die Staatsgewalt zu einer PR-Katastrophe, wie wir es heute nennen würden. Am erschreckendsten war die Tatsache, dass sich nicht nur ungebildete Menschen von dem Mythos blenden ließen. Obschon vernünftige Meinungsmacher sämtlicher politischer Couleurs den Kult um Musolino als ein Symptom für Italiens Rückständigkeit verurteilten, verkauften sich Bücher und Pamphlete über ihn nach wie vor zu Tausenden. In Kalabrien wagte nur eine einzige Zeitung anzudeuten, dass der »König des Aspromonte« vielleicht wirklich versucht hatte, Vincenzo Zoccali zu töten, und somit schuldig war. In Neapel, wo der Mythos vom edlen Camorrista Hochkonjunktur hatte, berichtete der *Corriere di Napoli* kritiklos die Märchen von den maßgeblichen Großtaten des Briganten und war nahe daran, seinen Rachefeldzug zu rechtfertigen.

> »Musolino schadet nur deshalb seinen Feinden, weil er eine Mission zu haben glaubt, die er zu Ende bringen muss.«

Zwischen dem Briganten und dem Gesetz gebe es auf beiden Seiten Richtig und Falsch – so das Argument. Entsprechend vertraten einige Kommentatoren in der Presse die Vorstellung, Musolino solle, der Gerechtigkeit halber, sicheres Geleit in die Vereinigten Staaten erhalten.

Endlich reagierten die Behörden auf die Information, dass Musolino durchaus kein einsamer Wolf war. Zu Beginn des Jahres 1901 wurde ein ehrgeiziger junger Polizist namens Vincenzo Mangione nach Santo Stefano geschickt, um dort eine radikalere Strategie anzuwenden, als den Banditen blindlings um den Berg zu jagen und Informanten (vor allem *picciotti*) zu bestechen, damit sie ihn verrieten.

Mangione trug einige äußerst enthüllende Details über die *Picciotteria* in Musolinos Heimatdorf zusammen. Seinen Quellen zufolge – hauptsächlich unzuverlässige *picciotti* – sei sie eine »durch und durch kriminelle Institution«, mit eigenem Finanzwesen und eigener Rechtsprechung. Insgesamt lebten in Santo Stefano 166 Anhänger der Mafia. Sie war zu Beginn der 1890er Jahre von Musolinos Vater und seinem Onkel gegründet worden, die jetzt beide im »Obersten Rat« der Organisation saßen. Die Beweise, die Mangione zusammengetragen hatte, sowie die Tatsache, dass Musolino in der gesamten Region über ein verlässliches Netzwerk von Unterstützern verfügte, bestärken die Vermutung, dass die 'Ndrangheta schon immer eine zusammenhängende Organisation war und kein Sammelsurium aus Dorfbanden.

Musolinos mögliche Motive traten aus Mangiones Forschung mit neuer Klarheit hervor. Der Bandit war wie sein Vater Mitglied der

Bande. Daher muss sein Handeln stets im Zusammenhang mit seiner Rolle innerhalb der kriminellen Vereinigung betrachtet werden. So wurde beispielsweise der Angriff auf Zoccalis Leben, der den Musolino-Mythos in Gang gesetzt hatte, von der *Picciotteria* als Bestrafung in Auftrag gegeben, weil Zoccali versucht hatte, sich vor seinen Pflichten als *picciotto* zu drücken. Musolino war demnach ein umherstreifender Auftragskiller für die gesamte Sekte.

Am enthüllendsten war Mangiones Erkenntnis über die Art und Weise, wie die *picciotti* sich Gefälligkeiten von »achtbaren Leuten, Persönlichkeiten aus der Politik, von Anwälten, Ärzten und Grundbesitzern« verschafften. Die bedeutendsten Gefälligkeiten waren Empfehlungsschreiben und falsche Zeugenaussagen. Ein anschauliches Beispiel für die Gefälligkeiten, die die *Picciotteria* einfordern konnte, stand zerstört und rußgeschwärzt am Dorfeingang. Es war das Haus der Familie Zoccali. Nachdem Musolino vergeblich versucht hatte, es in die Luft zu sprengen, brannten die *picciotti* es kurzerhand nieder und überredeten dann den Gemeinderat, der Familie die Genehmigung zu verweigern, es wieder aufzubauen.

Die Honoratioren in Santo Stefano machten keinerlei Anstalten, ihre Nähe zur *Picciotteria* geheimzuhalten. Als Anna, Musolinos Schwester, heiratete, waren der neue Bürgermeister und seine Angestellten, der gesamte Gemeinderat, die Ärzte, Schullehrer, Gemeindeaufseher und die Stadtkapelle zur Hochzeitsfeier geladen. Der Bürgermeister ergriff die Gelegenheit, um für Musolino ein Gnadengesuch an die Königin herumzureichen.

Das Ergebnis von Mangiones Ermittlungen war ein Zweistufenplan zur Ergreifung Musolinos: Zunächst sollte sein Versorgungsnetz angegriffen werden; danach würde man auf die gesamte *Picciotteria* in Santo Stefano Jagd machen. Entsprechend kam es im Frühling und Sommer des Jahres 1901 zu mehreren Massenverhaftungen. Nachdem viele seiner Helfer hinter Schloss und Riegel saßen, tat Musolino sich zunehmend schwer, in heimatlicher Umgebung Unterschlupf zu finden.

Am Nachmittag des 9. Oktober 1901 entdeckten zwei Carabinieri unweit der Stadt Urbino – über 900 Kilometer von Santo Stefano entfernt – einen jungen Mann in Jagdjacke und mit Fahrradmütze, der sich verdächtig verhielt. Er flüchtete in einen Weinberg, als sie ihn anriefen, und stolperte über einen Draht. Er zückte einen Revolver, wurde jedoch überwältigt, ehe er abdrücken konnte. »Tötet mich«, sagte er, als man ihm die Handschellen anlegte. Dann versuchte er es mit Bestechung, doch vergeblich. Als man ihn durchsuchte, entdeckte man ein Messer bei ihm, Munition und eine Menge Amulette, darunter einen Beutel voller Weihrauch, ein Kruzifix, ein Herz-Jesu-Medaillon, ein Bildnis des heiligen Joseph und eines der Madonna von Polsi. Fünf Tage später wurde er als der Brigant Giuseppe Musolino identifiziert.

Musolino wurde im anmutigen toskanischen Lucca vor Gericht gestellt, da man befürchtete, Geschworene aus Kalabrien könnten sich von dem Mythos beeindrucken lassen, der ihn umgab. Sein längst fälliges Erscheinen vor Gericht sollte einer der sensationellsten Prozesse der damaligen Zeit werden.

Der nächste Schritt im Zweistufenplan der Regierung ging jedoch schief. Die Zeugen, auf die Mangione gebaut hatte, um Beweise über die *Picciotteria* in Santo Stefano zu sammeln, waren nämlich eingeschüchtert worden und zogen ihre Aussagen zurück. Der Fall erreichte nicht einmal den Gerichtssaal.

Als sich im Frühjahr 1902 Berichterstatter aus dem In- und Ausland in Lucca einfanden, um dem mit Spannung erwarteten Musolino-Prozess beizuwohnen, erwies sich das Schauspiel vor ihren Augen als unentwegte Schmach, als rufschädigend für die italienische Justiz. Sobald nämlich die Staatsanwaltschaft darzulegen versuchte, dass Musolino in seinem Heimatort einer kriminellen Vereinigung angehörte, erhoben seine Anwälte lautstark Einspruch. War die Rechtssache gegen diese vermeintliche Sekte in Santo Stefano nicht bereits durchgefallen, ehe sie den Gerichtssaal erreicht hatte? Wo waren die Beweise? Der wahre Hintergrund der Musolino-Saga blieb somit im Dunkeln, während ein vielfacher Mörder reichlich Gelegenheit hatte, sich als der verfemte Held zu gerieren, zu dem ihn die Marionettentheater Süditaliens stilisiert hatten.

Musolino hatte die Zeit seit seiner Gefangennahme im vorausgehenden Oktober genutzt, um seine Abenteuer, in Verse gefasst, niederzuschreiben. Außerdem ließ er seinen Körper durch positivistische Kriminologen akribisch genau vermessen. Gleichzeitig erreichten ihn zahllose Briefe und Ansichtskarten von – vorwiegend weiblichen – Bewunderern. Sie sandten ihm Liebesschwüre, Segensbildchen und

IL PREFETTO
DELLA PROVINCIA DI REGGIO CAL.

RENDE NOTO

Che per disposizione del Ministro dell' Interno furono versate alla Banca d' Italia, sede di Reggio, le LIRE 20,000 come premio promesso dal Governo per la cattura di

GIUSEPPE MUSOLINO.

I Sindaci della Provincia daranno la massima pubblicità al presente manifesto valendosi anche dei pubblici banditori.

Reggio Cal. 12 aprile 1901.

Il Prefetto
LA MOLA

7. Steckbrief für Giuseppe Musolino, den »König des Aspromonte«.

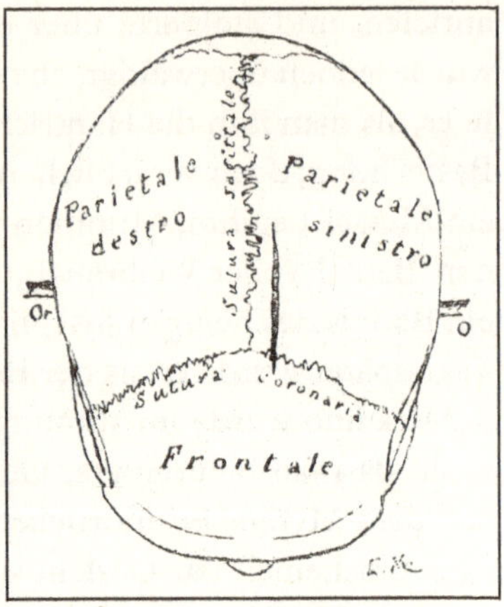

8. Der eigentliche Grund für die Mordserie des »Königs des Aspromonte«? Ein Diagramm, das die Schädelverletzung zeigt, die sich Musolino im Säuglingsalter durch einen herunterfallenden Blumentopf zuzog.

9. Skizzen von Musolinos Kopf, im Gerichtssaal entstanden.

Süßigkeiten, versprachen, für ihn zu beten, und baten ihn um Locken von seinem Haar. Der Richter in Lucca war so besorgt ob Musolinos Wirkung auf das Weibsvolk der Stadt, dass auf seine Veranlassung hin nur Männer der Anhörung beiwohnen durften. Doch die Flut der Verehrerbriefe wurde nach Prozessbeginn sogar noch größer. Unweit des Gerichtshofs zirkulierten rätselhafterweise signierte Postkartenporträts des »Königs des Aspromonte«. Von Journalisten in seiner Zelle befragt, erging sich Musolino in Schwärmereien über seine erotischen Abenteuer während der Flucht.

Die Anwälte Musolinos bestritten zu keiner Zeit die Tatsache, dass er seit seiner Flucht aus dem Gefängnis etliche Morde und Mordversuche auf dem Kerbholz hatte. Ihre Verteidigung gründete vielmehr auf der Behauptung, dass er das Verbrechen, dessentwegen er überhaupt erst inhaftiert worden war, nicht begangen hatte: den Mordversuch an Vincenzo Zoccali. Seine blutigen Taten, so das Argument der Anwälte, seien mit der Verschwörung gegen ihn im Fall Zoccali zu erklären, vielleicht gar zu rechtfertigen.

Ein französischer Richter, zu Besuch in Italien, war verständlicherweise erstaunt, dass dieses Argument für die Verteidigung in Betracht kam; es erschien ihm wie der Beweis für Italiens »moralische Rückständigkeit«. Musolino teilte seine Zweifel nicht. Als man ihn in den Zeugenstand rief, sagte er dem Gericht, er habe seinen berechtigten Rachefeldzug jetzt beendet und werde, falls man sich dazu entschließen könne, ihn freizulassen, nie mehr gegen das Gesetz verstoßen. Er sei der Abkömmling eines französischen Prinzen, behauptete er und verglich seine missliche Lage mit jener Jesu Christi.

Hin und wieder jedoch beschmutzte Musolino das hehre Selbstbild vom edlen Räuber: zum Beispiel, indem er Vincenzo Zoccalis Mutter, die gegen ihn aussagte, wiederholt als Schlampe schmähte. Doch hinderte dies kaum jemanden im Saal daran, mit ihm zu sympathisieren. Einer der größten Dichter Italiens, ein sentimentaler Sozialist namens Giovanni Pascoli, lebte nicht weit von Lucca auf dem Lande und beobachtete den Prozess mit seinem üblichen Mitgefühl. »Armer Musolino!«, schrieb er einem Freund. »Am liebsten möchte ich ein Gedicht schreiben, um zu zeigen, dass jeder von uns einen Musolino in sich trägt.«

Viele Kommentatoren des Prozesses argumentierten, das Problem, welches dem Fall Musolino innewohne, sei nicht etwa ein einzelner Brigant, sondern die Isolation der kalabrischen Gesellschaft insgesamt. Moderne Transportmittel wie die Eisenbahn brachten gewiss das Licht der Zivilisation in die primitive Dunkelheit des Aspromonte. Die sonnengegerbten bäuerlichen Zeugen, die des Falls wegen nach Lucca gekommen waren, boten ein Schauspiel, das diese Ansicht zu bestätigen schien. Die meisten von ihnen waren kalabrische Dialektsprecher, die ihre Aussagen mittels eines Dolmetschers machen mussten. Einmal erhob sich großes Gelächter, als sich der Dolmetscher, nachdem ein Zeuge zu sprechen begonnen hatte, an den Richter wandte und gestand, er verstehe kein Wort. Vermutlich war in ganz Italien nicht ein einziger Griko-Italienisch-Dolmetscher verfügbar.

Positivistische Kriminologen wurden gebeten, dem Gericht die Ergebnisse ihrer akribischen Untersuchung der körperlichen und seelischen Eigenschaften Musolinos darzulegen. Er weise eine widersprüchliche Mischung von Symptomen auf, erklärten sie. Eine klare Ursache für seine kriminellen Neigungen scheine es nicht zu geben. Musolino, sagten sie, habe sich im Alter von sechs Jahren eine Schädelverletzung zugezogen, als ihm ein Blumentopf auf den Kopf gefallen sei. Der Unfall habe möglicherweise eine Epilepsie ausgelöst – ein eindeutig verbrecherischer Zug. Andererseits masturbiere er nur höchst selten und sei sehr intelligent. Rassisch gesehen, schlossen sie lahm, sei er in übertriebener Ausprägung der »kalabrische Durchschnittstyp«.

Die rührendste Rede im Prozess hielt der Anwalt, der die Eltern Pietro Ritrovatos vertrat, des jungen Carabiniere, der den entsetzlichen Verletzungen erlegen war, die ihm Musolino am Morgen nach der Episode mit den drogendurchsetzten Makkaroni zugefügt hatte. Das alte Ehepaar hatte einen Zivilprozess gegen den »König des Aspromonte« angestrengt. Doch beide Eltern mussten im Zeugenstand immer wieder so heftig weinen, dass sie sich mehrmals zurückziehen mussten. Ihr Anwalt erklärte, er wolle nicht etwa Geld fordern, sondern »eines jungen Mannes gedenken, der in Erfüllung seiner Pflicht gestorben« sei. Zu diesem Zweck versuchte er die »Musolino-Legende«, wie er sie nannte, mittels einer wesentlichen Information zu zerstören, die der Prozess zu wenig berücksichtigt hatte: Musolino sei Mitglied einer kriminellen Vereinigung mit Namen *Picciotteria*.

Das schmierigste Zeugnis legte der Bürgermeister des Ortes Santo Stefano ab – derselbe, der der Hochzeit von Musolinos Schwester beigewohnt und ein königliches Gnadengesuch herumgereicht hatte. Aurelio Romeo war ein feister Mann mit glattem schwarzen Bart, der in einer der beiden wichtigsten politischen Fraktionen in Reggio Calabria eine maßgebliche Rolle spielte. Vor Gericht mimte er moralische Entrüstung angesichts der Art und Weise, wie die Bewohner von Santo Stefano von gewalttätigen, unfähigen Polizisten behandelt worden waren. »Die *Picciotteria* ist eine Erfindung, eine Ausrede für die Schwäche der Polizei«, sagte er. Zum Charakter von Musolinos beiden Komplizen, die beschuldigt wurden, an seinem Vorgänger im Bürgermeisteramt einen Mordversuch begangen zu haben, sagte er, sie seien nur ehrliche, schwer arbeitende Männer.

Der Ausgang des Verfahrens war dennoch unvermeidlich: Musolino wurde für schuldig befunden und zu lebenslanger Haft verurteilt. Doch ebenso unvermeidlich war, dass Italien sich eine wertvolle Gelegenheit hatte entgehen lassen, die Öffentlichkeit auf den akuten kriminellen Ausnahmezustand im südlichen Kalabrien aufmerksam zu machen. Die frühe 'Ndrangheta würde sich weiter in Dunkelheit und Chaos hüllen, ein kaum bekanntes Kuriosum in einer kaum bekannten Region.

Musolino dagegen war bleibender Ruhm beschieden, selbst hinter Gittern. Kurz vor dem Ersten Weltkrieg wanderte der englische Schriftsteller Norman Douglas auf den Aspromonte und hörte von seinen bäuerlichen Bergführern eine Geschichte um die andere über die Großtaten des Briganten.

> »Nur Gott allein weiß, wie vielen armen Menschen er in ihrer Not geholfen hat. Und wenn er auf seinem Weg einem jungen Mädchen begegnete, so half er ihr die schwere Last tragen und begleitete sie nach Hause, bis vor ihres Vaters Haus. Ach ja, ihr hättet ihn sehen sollen, Herr! Er war jung, blond gelockt und hatte ein Gesicht wie eine Rose.«

In Wahrheit war Musolinos Haar schwarz. Dies zumindest hatten die Kriminologen zweifelsfrei festgestellt.

5 MEDIENWIRKSAME BOSSE 1899 BIS 1915

Bankiers und Ehrenmänner

Dass Italien den Aufstieg der *Picciotteria* kaum bemerkte, lag nicht zuletzt daran, dass das Land weit größere Sorgen hatte. Ende der 1880er Jahre platzte eine Bauspekulationsblase, woraufhin Kreditinstitute auf riesigen Schuldenbergen sitzenblieben. 1890 rutschte die Wirtschaft in eine Rezession, wodurch das Finanzwesen noch weiter unter Druck geriet. Mehrere Geldinstitute, darunter zwei der größten Italiens, machten nacheinander Bankrott. Eine weitere Bank, die Banca Romana, versuchte die Katastrophe abzuwenden, indem sie ihr eigenes Geld druckte und mit den Blüten Dutzende Politiker bestach. »Kredite« der Banca Romana ermöglichten es dem italienischen König, seinen ausschweifenden Lebensstil weiterzuführen. Der Premierminister war im November 1893 zum Rücktritt gezwungen, als im Parlament seine Verstrickung in den Skandal ruchbar wurde.

Vielen kam es so vor, als stehe nicht nur das italienische Bankenwesen kurz vor dem Kollaps, sondern die Monarchie selbst, wenn nicht gar der gesamte Staat. Ein Politiker fühlte sich dazu berufen, die Nation zu retten: Francesco Crispi, ein altes Schlachtross der Linken, ein Sizilianer und 1860 einer der Helden in Garibaldis Zug der Tausend. Crispi bekam es auch mit einer unvorhergesehenen politischen Herausforderung zu tun: mit den Gewerkschaften, der Sozialistischen Partei und anderen Organisationen, die ihre Anhänger unter den Bauern und Arbeitern rekrutierten. Er reagierte mit Repressionen: In einigen ländlichen Gegenden verhängte er das Kriegsrecht, und 1894 verbot er die Sozialistische Partei. Weil er dringend militärischen Ruhm brauchte, um die schwache Glaubwürdigkeit des Staates zu stärken, startete Crispi in Ostafrika ein rücksichtsloses koloniales Abenteuer. Im März 1896, bei der Schlacht von Adua, wurde die italienische Armee, die Crispi ausgesandt hatte, von einer zahlenmäßig weit überlegenen äthiopischen Streitmacht vernichtend geschlagen. Crispi trat zurück, nachdem die Nachricht aus Adua Rom erreicht hatte.

Nach Crispi entspannte sich zwar die Lage, doch die Politik setzte ihren reaktionären Kurs fort. In den darauffolgenden Jahren würden konservative Politiker offen davon sprechen, das ohnehin langsame und zögerliche Vorrücken Italiens zur Demokratie einer brüsken Kehrtwende zu unterziehen. Im Frühjahr 1898 verursachten gestiegene Lebensmittelpreise einen Aufruhr. Kanonenschüsse hallten durch die Straßen von Mailand, als Soldaten auf Demonstranten feuerten. Ein weiterer Premierminister begann daraufhin einen langen parlamentarischen Kampf, um ein Gesetz durchzudrücken, das die Freiheit der Presse und des politischen Lebens beschnitt.

Im Sommer des Jahres 1900 kehrte ein Anarchist aus der Toskana mit Namen Gaetano Bresci nach Italien zurück, nachdem er einige Jahre in Patterson, New Jersey, zugebracht hatte; er sann auf Rache für den Kanonenbeschuss von 1898. Am 20. Juli drückte er dem turbulentesten Jahrzehnt in Italiens kurzer Geschichte den passenden gewalttätigen Stempel auf, indem er sich nach Monza begab und den König ermordete.

Zu diesem Zeitpunkt schlitterte Italien freilich schon in ein ganz anderes Zeitalter. Ein verbessertes Bankensystem, einschließlich der neu gegründeten Banca d'Italia, half der Wirtschaft wieder auf die Beine. Im Nordwesten schritt die Industrialisierung schnell voran: In Turin begann FIAT 1899 mit der Herstellung von Automobilen; in Mailand machte sich 1901 Pirelli an die Produktion von Autoreifen. In den kommenden Jahren sollten sich die italienischen Städte mit Lärm und Licht füllen: Automobile, elektrische Straßenbahnen, Kaufhäuser, Kneipen, Kinos und Fußballstadien. In der Politik waren Reformen an der Tagesordnung. Mehr Menschen hatten Zugang zur Bildung und erlangten dadurch das Wahlrecht. Die Sozialistische Partei war zwar immer noch klein, aber doch stark genug, um über Zugeständnisse im Parlament zu verhandeln. 1913 fanden in Italien die ersten allgemeinen Wahlen statt, bei denen laut Gesetz alle erwachsenen Männer eine Stimme hatten.

Ein Zuwachs an Zeitungslesern war ein weiteres Zeichen für die neue Vitalität. Im Jahr 1900, als Bresci den König erschoss, hatte der

Corriere della Sera noch eine Auflage von 75 000 Exemplaren. 1913 waren es bereits 350 000. Das Italien, das 1902 den Prozess gegen den »König des Aspromonte« verfolgte, durchlebte demnach gerade eine Medienrevolution. Alle drei Ehrenwerten Gesellschaften Italiens mussten daher ihre Methoden – Brutalität, Schaffung von Netzwerken und Desinformation – in einer weitaus demokratischeren Gesellschaft erproben. Jetzt war die öffentliche Meinung ausschlaggebend für politische Entscheidungen, die wiederum ausschlaggebend waren für die Schicksale der Verbrecher.

Die neapolitanische Camorra sollte der Herausforderung nicht standhalten.

Doch im Falle der sizilianischen Mafia war die Wirkung des neuen Medienzeitalters nicht größer als der leise Knall des Blitzlichtpulvers eines Fotografen: Es beleuchtete für einen Augenblick eine Grabeslandschaft der Korruption und Gewalt, um sie anschließend in noch tiefere Dunkelheit zu tauchen als zuvor.

Die sizilianischen Mafiadramen zu Beginn des 20. Jahrhunderts entstanden allesamt aus dem einen unheilvollen Moment während der Bankenkrise der frühen 1890er Jahre, aus einem Mord, der fast hundert Jahre lang das bekannteste Verbrechen der Mafia bleiben würde. Bekannt zum einen, weil das Opfer einer der maßgeblichen Bürger Siziliens war, auch weil die Mörder ungestraft davonkamen, vor allem jedoch, weil der daraus resultierende Skandal, bekannt als die Notarbartolo-Affäre, für kurze Zeit offenlegte, wie mächtig der Einfluss der Mafia auf die höchsten Kreise der sizilianischen Gesellschaft bereits war.

Marchese Emanuele Notarbartolo di San Giovanni hatte 1860 an der Seite Garibaldis gekämpft, obschon er seiner Veranlagung nach ganz und gar nicht der Gewalt zugeneigt war. In einer Zeit, in der Fragen der Ehre oft im Morgengrauen mit dem Degen geregelt wurden, hatte sich Notarbartolo nur ein einziges Mal an einem Duell beteiligt: Es hatte drei Stunden gedauert, da er sich lediglich verteidigt hatte. Er war ein fürsorglicher Familienmensch, der seiner Frau an jedem Tag ihres gemeinsamen Lebens kurze, zärtliche Notizen zukommen ließ. Notarbartolo war auch ein äußerst pflichtbewusster Beamter. Von 1873 bis 1876, als Bürgermeister von Palermo, kämpfte er gegen die Korruption. 1876 wurde er zum Generaldirektor der Bank von Sizilien ernannt und machte sich unbeliebt, weil er für engere Kreditrahmen plädierte. Der strenge Ruf, den sich Notarbartolo bei der Bank von Sizilien einhandelte, sollte geradewegs zu seiner grausamen Ermordung führen.

Notarbartolos reine Weste fand ihren bösartigen Gegenpart im Lebenslauf Don Raffaele Palizzolos, den die Polizei als »Gönner der Mafia« identifizierte. In seine Zuständigkeit fiel das Umland von Palermo, vor allem im Süden und Osten der Stadt. Palizzolos Lehen hatte sein Zentrum in den berüchtigten *borgate* Villabate und Ciaculli, wo er Land teils besaß, teils gepachtet hatte, und wo seine Freunde in altbekannter Manier die Zitrushaine kontrollierten und die Aktivitäten von Banditen und Viehdieben koordinierten.

In den 1870er Jahren häufte Don Raffaele ein Vermögen an, indem er sich Zugang verschaffte zu Stadt- und Gemeinderäten sowie zu den Ausschüssen zahlloser Wohlfahrtsverbände und halbstaatlicher Organisationen. In seiner Funktion als Bürgermeister von Palermo ertappte Notarbartolo Don Raffaele dabei, wie er sich an Kapital vergriff, das zum Kauf von Mehl für die Armen vorgesehen war.

Palizzolo war ein Meister des sogenannten *sottogoverno*, zu Deutsch etwa »Günstlingswirtschaft«: Er tauschte zwielichtige Gefälligkeiten gegen politischen Einfluss. Standen Wahlen bevor, pflegte er durch die Gegend zu reiten, flankiert von den Bossen der Mafia und ihren Helfershelfern. Die Mafiosi aus Villabate tarnten ihre Treffen oft als politische Versammlungen zur Unterstützung ihres Arbeitgebers. 1882 wurde Palizzolo ins Parlament gewählt.

Auch in der Bank von Sizilien stieß Emanuele Notarbartolo auf Palizzolo. Als Generaldirektor stand Notarbartolo unter der Aufsicht eines Komitees aus 48 Amtsträgern der Bezirksregierung, der Handelskammern und so weiter. Einer davon war Palizzolo. Auch andere berüchtigte Gauner, die mit dem organisierten Verbrechen in Verbindung standen, gehörten dem Gremium an, sowie etliche Geschäftsleute mit eindeutigem Interessenskonflikt: Sie schuldeten der Bank Geld. Kein Wunder also, dass Notarbartolos straffe Kreditpolitik unbeliebt war. 1882 wurde Notarbartolo von vier Männern in Soldatenuniform entführt und erst nach Zahlung eines Lösegelds wieder freigelassen. Einem Wink folgend, fand die Polizei die Entführer, die sich in einem leerstehenden Haus versteckt hielten. Das Lösegeld dagegen blieb verschwunden. Man kann sich freilich denken, wer einen tüchtigen Batzen abbekommen hatte: Sowohl der Schauplatz der Entführung als auch das Versteck der Entführer befanden sich innerhalb des Territoriums, das von den Mafiosi aus Villabate kontrolliert wurde, die zu ihren Festessen Palizzolo als Ehrengast zu begrüßen pflegten.

1888 war Notarbartolo tagtäglich mit seinem Erzfeind konfrontiert, da Palizzolo in den Vorstand der Bank von Sizilien gewählt worden war. Als Italiens Bauboom einbrach, kam es zum offenen Konflikt zwischen Generaldirektor und Vorstand. Notarbartolo versuchte die Minister zu überreden, die Satzung der Bank von Sizilien zu ändern, um die Macht des Vorstandes einzuschränken und dem Generaldirektor die Möglichkeit zu geben, auf die Kreditkrise zu reagieren. Doch er wurde von Palizzolo und anderen ausgebootet und verlor im Februar 1890 seine Stellung. Seine siegreichen Feinde versuchten sogar, ihn um seine Pension zu bringen.

Nachdem Emanuele Notarbartolo aus dem Weg war, wurde das Geld der Bank unrechtmäßig dazu eingesetzt, den Aktienpreis von Italiens größter Reederei, *Navigazione Generale Italiana*, kurz NGI, in die Höhe zu treiben. Der Hauptaktionär von NGI war zufällig der reichste Mann Siziliens, welcher zufällig den maßgeblichsten Politiker der damaligen Zeit unterstützte, nämlich Siziliens Premierminister Francesco Crispi, welcher zufällig einen engen Verbündeten im neuen Generaldirektor der Bank von Sizilien gefunden hatte, welcher zufällig selbst eine Menge NGI-Aktien besaß.

Palizzolo schmierte die Rädchen dieses Getriebes. Als Parlamentsmitglied legte sich Don Raffaele, wie er es immer getan hatte, mächtig für NGI ins Zeug. Als Mitglied im Vorstand der Bank von Sizilien billigte er die Transaktion mit NGI-Aktien. Als Mitglied der Mafia nahm er sich einen Teil des Bankvermögens, um noch mehr dieser künstlich in die Höhe getriebenen NGI-Anteile zu kaufen. Zudem vermittelte er Freunden, die Zitronen und Orangen exportierten, großzügige Kredite.

Dann, Ende 1892, wurde das Gemauschel an der Banca Romana (die ihr eigenes Geld druckte) im Parlament aufgedeckt. Im ganzen Land gerieten die Kreditinstitute ins Wanken. Die Rufe nach einer Säuberung im Bankensystem waren inzwischen zu laut geworden, um ungehört zu verhallen. Emanuele Notarbartolo erhielt tatsächlich eine großzügige Geldzuwendung, um an die Bank von Sizilien zurückzukehren, und zudem die Vollmacht, erneut scharf gegen Korruption vorzugehen. Und hätte Notarbartolo seinen Posten als Generaldirektor der Bank von Sizilien zurückerhalten, so hätte er mit Sicherheit einen Betrug aufgedeckt, in den die mächtigste wirtschaftliche und politische Interessengruppe auf der Insel verwickelt war – und der sie direkt mit Raffaele Palizzolo und der Mafia in Verbindung bringen musste.

In der Abenddämmerung des 1. Februar 1893 jedoch wurde Emanuele Notarbartolo in einem Zug nach Palermo mit 27 Messerstichen getötet; seine Leiche wurde auf die Gleise geworfen.

Monate später sah man Notarbartolos Frau weinend die vielen hundert Briefchen verbrennen, die er ihr geschrieben hatte. Während sie weinte und Italien in eine finanzielle, gesellschaftliche und politische Krise schlitterte, die das junge Land in die Knie zu zwingen drohte, verwischten die Mafia und ihre Komplizen in aller Ruhe die Spuren der Mörder und begruben die Geschichte verschlagen unter einer Schicht aus Täuschung und Verdunkelung.

Der Grund, warum wir heute über die Kungelei an der Bank von Sizilien im Bilde sind und warum der Mord an Emanuele Notarbartolo schließlich doch vor Gericht kam, war die tieftraurige Entschlossenheit seines Sohnes Leopoldo, eines jungen Marineoffiziers, der aus demselben Holz geschnitzt war wie sein Vater.

Von Anfang an zweifelte niemand ernsthaft daran, dass Emanuele Notarbartolo der Mafia zum Opfer gefallen war, obwohl Letztere noch nie zuvor jemanden seines gesellschaftlichen Ranges getötet hatte. (Sie würde dies erst wieder in den 1970er Jahren tun.) Von Anfang an hörten die Behörden munkeln, dass kein anderer als der ehrenwerte Don Raffaele Palizzolo den Mord angeordnet hatte. Leopoldo Notarbartolo, der über Palizzolos langjährige Feindschaft mit seinem Vater durchaus im Bilde war, hatte mehr Grund als jeder andere, das berüchtigte Parlamentsmitglied der Mittäterschaft zu verdächtigen. Und doch geschah nichts. 1894, über ein Jahr, nachdem Notarbartolo tot auf den Gleisen gelegen hatte, erklärte ein ranghoher Richter in einem Brief an den Justizminister die Gründe, warum noch niemand unter Anklage stand.

»Dieses Versäumnis lässt sich folgendermaßen begründen: Erstens hat die hohe Mafia den Mord von langer Hand geplant und mit größter Sorgfalt ausgeführt; zweitens erhalten die Behörden keinerlei Unterstützung durch die Bevölkerung, weil sämtliche Zeugen aus Loyalität oder aus Angst schweigen.«

Nach alledem, was wir mittlerweile über die Geschichte der Mafia wissen, können wir noch einen dritten Grund hinzufügen, den der Richter unerwähnt ließ: Polizei und Justiz in Palermo waren selbst zutiefst von der Mafia unterwandert.

Leopoldo Notarbartolo sah, auf welch skandalös nachlässige Weise die Ermittlungen geführt wurden, und begann schließlich auf eigene Faust Nachforschungen anzustellen. Wie viele Italiener begab auch er sich auf eine lange, einsame Suche nach Wahrheit und Gerechtigkeit: Sie nahm über ein Jahrzehnt seines Lebens in Anspruch. Wie die meisten solcher Nachforschungen war auch jene Notarbartolos von akribischer Genauigkeit geprägt: Er durchforschte die Papiere seines Vaters, befragte zögerliche Zeugen, unternahm Reisen, um verdächtige Alibis zu prüfen. Und wie die meisten solcher Nachforschungen war auch jene Notarbartolos eine Suche nach politischer Unterstützung.

Leopoldo Notarbartolo wusste, dass er nur dann eine Chance hatte, die Staatsintrigen zu entlarven, die zum Tod seines Vaters geführt und dessen Mörder vor der Justiz bewahrt hatten, indem er die eigenen Kontakte zu hochrangigen Persönlichkeiten nutzte. Zuweilen müssen sich in Italien die guten Kräfte derselben Beziehungskanäle bedienen wie die bösen.

Als Francesco Crispi – der Premierminister, der den Lobbyisten der NGI-Reederei nahestand – infolge der demütigenden Niederlage Italiens in der Schlacht von Adua im März 1896 den Hut nehmen musste, war sein Amtsnachfolger wiederum ein Sizilianer: einer, mit dem sich reden ließe, wie Leopoldo glaubte; einer, der in der Geschichte der Mafia bereits eine Rolle gespielt hatte.

Antonio Starabba, Marchese di Rudinì und Bürgermeister von Palermo, hatte sich einen Namen gemacht, indem er den Palazzo Reale während des Aufstands in Palermo im September 1866 zu verteidigen wusste. Emanuele Notarbartolo hatte ihm zur Seite gestanden – er hatte die Gussform hergestellt, mit deren Hilfe die Verteidiger des Palazzo

Reale aus Bleirohren Gewehrkugeln formten. Wir haben Rudinì zuletzt am Rande des politischen Todes stehen sehen, als er dem parlamentarischen Untersuchungsausschuss im Jahre 1876 verzweifelt seine verblüffende Theorie über die »gutartige Maffia« darlegte. In den 1890er Jahren war Rudinìs gepflegter blonder Bart zottig und grau geworden und an den Enden gegabelt. Die finanziellen und politischen Krisen der damaligen Zeit hatten Italien einen Rechtsruck verpasst und dabei dem Marchese zu neuem Aufschwung verholfen.

Leopoldo Notarbartolo machte sich wenig Illusionen über Rudinì: »Ein Schleimer« war das Substantiv, das er benutzte, um ihn zu beschreiben. In Wahrheit war Rudinì mittlerweile so mächtig geworden, dass er an seiner statt andere durch den Schleim waten lassen konnte. Sein Wahlkreismanager war damals ein gewisser Leonardo Avellone, der örtliche Bürgermeister. 1892 brachte eine sizilianische Zeitung ein unvergessliches Porträt Avellones:

> »*Commendatore* Avellone ist ein wohlhabender Mann, der auf die sechzig zugeht. Er ist rundlich, freundlich, besitzt die Gerissenheit eines Bauern und das höfliche, hilfsbereite Wesen eines Jesuiten. Doch er ist auch rachsüchtig und betrügerisch gegen jeden, vor allem gegen seine Freunde. Er ist ungebildet, aber schlagfertig und ebenso geschickt darin, Gutes zu tun wie Schaden anzurichten. Er zählt sowohl Tugendhafte wie auch Schurken zu seinen Freunden, ohne jede Unterscheidung. Er ist eine Vaterfigur, nicht nur für seine zahlreichen Kinder, sondern auch für seine Verwandten und Anhänger, die in seinem Schatten die Gegend um Termini tyrannisieren. Er tritt stets in der Pose des ordnungsliebenden, streng konservativen Mannes auf, als ein klassischer Vertreter der Rechten. Gelegentlich hat er der Polizei schon ausgezeichneten Beistand geleistet. Doch dann wieder hatte er keinerlei Skrupel, irgendwelchen Kriminellen zu helfen oder die Freiheit zu schenken, die entweder eine Anstellung bei ihm erhalten oder sich unter seine Fittiche begeben haben.«

Kurz, Avellone war der typische Mafiaboss; er nahm sich gern der Angelegenheiten vor Ort an – der legalen wie der kriminellen –, während sein Sponsor Rudinì sich mit den großen Staatsaffären in Rom befasste. Avellone wusste Rudinìs Rückkehr an die vorderste Front der italienischen Politik aufs Beste zu nutzen. Er gewann einen entscheidenden Einfluss über alles, was in seinem kleinen Reich vor sich ging: Er vergab Lizenzen für den Verkauf von Lotteriescheinen und Tabakwaren, vermittelte Regierungsposten und Ämter im öffentlichen Dienst; sogar die Strategien der Polizei soll er kontrolliert haben. Kurz, er war das, was Rudinì 1876 unter einem »gutartigen *maffioso*« verstanden hatte. Es gab viele solcher gutartigen *maffiosi* im Westen Siziliens – und Don Raffaele Palizzolo war der einflussreichste von allen.

Was Leopoldo Notarbartolo letztlich dazu bewog, mit Rudinì zu sprechen, war die Tatsache, dass der neue Premierminister ein eingeschworener politischer Feind des früheren Premierministers Francesco Crispi war. Also verschaffte sich Notarbartolo mit Hilfe seines Familiennamens Zugang zu Rudinìs Amtszimmer und erläuterte ihm die Hauptpunkte seiner Klage gegen Raffaele Palizzolo. Konnte Rudinì ihm zu seinem Recht verhelfen?

Rudinìs Antwort war kurz, heiter und niederschmetternd: Notarbartolo solle einen »guten Mafioso« finden und ihn gut bezahlen, damit er sich Palizzolos annehme.

Der Premierminister wandte sich später übrigens an Don Raffaele, als es nötig wurde, die Anhänger Crispis in Palermo aus ihren Ämtern zu drängen.

Erst 1898, über fünf Jahre nach dem Tod seines Vaters, fand Leopoldo endlich die politische Unterstützung, die er brauchte. Rudinì musste bald nach den Ereignissen im Mai jenes Jahres aus dem Amt scheiden, als Soldaten in Mailand Kanonenschüsse in die Menge abfeuerten. Sein Nachfolger war ein Offizier, General Luigi Pelloux. Pelloux hatte keinerlei politisches Interesse an Sizilien und war zudem ein Freund der Familie Notarbartolo. Über General Pelloux erhielt Leopoldo Notarbartolo Zugang zu den Akten, die er benötigte: interne Informationen über die Bank von Sizilien, das Polizeipräsidium in Palermo und sogar das Innenministerium. Endlich konnte sich der Sohn des ermordeten Bankiers auf sein Erscheinen vor Gericht freuen.

Schon Wochen nach seinem Amtsantritt öffnete General Pelloux eine weitere Front gegen die Mafia. Er rekrutierte den erfolgreichsten Mafiajäger des Landes und beauftragte ihn mit dem folgenschwersten Angriff auf die territoriale Vorherrschaft des organisierten Verbrechens auf Sizilien seit den 1870er Jahren.

Floriopolis

Am 4. August 1898 telegraphierte der neue Premierminister dem Präfekten von Genua den energischen Befehl: »Polizeichef Ermanno Sangiorgi so bald wie möglich nach Palermo überstellen. Unkosten werden erstattet.«

Ermanno Sangiorgi war mittlerweile 58 Jahre alt und von allen ranghöheren Polizeibeamten Italiens der erfahrenste. Nachdem er wegen des Droschkenkutscherstreiks von 1893 aus Neapel abgezogen worden war, hatte man ihn nach Venedig, Bologna, Livorno und Genua versetzt. Während seine Karriere einen neuen Aufschwung nahm, erlebte er auch privat Momente großen Glücks. 1890 war ihm eine weitere Tochter geboren worden, Maria Luigia. 1895 heiratete er standesamtlich deren Mutter, Maria Vozza: Die beiden konnten endlich ein gemeinsames Leben führen, ohne Anstoß zu erregen. Doch Sangiorgis ältere Kinder gaben noch immer Anlass zur Sorge. Seine Tochter Italia kränkelte, sein Sohn Italo entpuppte sich als Tunichtgut: Er gab eine feste Anstellung nach der anderen auf, durchstreifte den Orient auf der Suche nach Abenteuern und forderte unentwegt Geld von seinem Vater, das ihn aus seiner »elenden Not« erretten sollte, wie er sich ausdrückte.

Sangiorgis Versetzung nach Palermo sollte seine letzte Stellung werden, der Höhepunkt einer beinahe 40 Jahre währenden Karriere im Dienst von Recht und Ordnung. Einen Monat, nachdem er wieder in Sizilien angekommen war, trat auch ein neuer Präfekt sein Amt an und verkündete die radikale Strategie, der Sangiorgi und er künftig zu folgen gedachten: Sie wollten die Schutzgelderpressungen unterbinden, die die Grundlage der Mafiamacht bildeten.

> »Das Verbrechen, mittels Drohungen Gelder zu erpressen, ist der entsetzlichste Fluch, der auf der Provinz Palermo lastet. Die Mafia macht sich ein leichtes Leben, indem sie Grundbesitzer plündert; sie hat sich sozusagen ein eigenes Steuersystem geschaffen.«

Mit einem Mal, inmitten der finstersten politischen Krise Italiens, erhielt Sangiorgi die politische Unterstützung, die er brauchte, um den »offenen Kampf gegen die Mafia« weiterzuführen, den er vor vielen

Jahren begonnen hatte. Seine Bemühungen sollten sich auf die Piana dei Colli konzentrieren, im Nordwesten Palermos – jene schöne, gefährliche Gegend, vor deren Kulisse in den 1860er und 1870er Jahren der alte Gambino und seine Söhne von Giovanni Cusimano schikaniert worden waren.

Sangiorgi kam während eines Mafiakriegs nach Palermo. Wie immer ging es dabei um die ertragreichen Zitrusgärten der Conca d'Oro. Die Spur des Todes war nach Mafiamaßstäben nicht sonderlich lang: fünf erschossene Mafiosi, ein weiterer in den Selbstmord getrieben und ein siebenter auf der Flucht nach New Orleans vergiftet. Es gab außerdem zwei unschuldige Opfer, eine 18-jährige Verkäuferin und einen 17-jährigen Kuhhirten, beide ermordet, damit sie nicht redeten. Neu war allerdings an diesem Mafiakrieg der späten 1890er Jahre die Tatsache, dass Sangiorgi ihn sorgfältig nutzte, um Zeugen zu gewinnen, sowohl unter den Mafiosi selbst als auch unter deren unschuldigen Opfern. Mit Hilfe ihrer Aussagen gelang ihm eine ausführliche und überzeugende Beschreibung der Sektenstruktur. Berichte darüber schickte er zwischen November 1898 und Januar 1900 in regelmäßigen Abständen nach Rom.

Was an Sangiorgis Schilderungen als Erstes auffällt, ist die Tatsache, dass er bei den Wurzeln der Mafia beginnt. Er musste davon ausgehen, dass seine Leser (hauptsächlich ranghohe Richter sowie der Premierminister) nicht das Geringste über die Mafia wussten, weil noch keine gesicherten Erkenntnisse vorlagen. Deshalb erläuterte er zunächst die Grundbegriffe:

> »Das Ziel der Vereinigung besteht darin, Grundbesitzer zu schikanieren und auf diese Weise zu nötigen, Verwalter, Wachleute und Landarbeiter einzustellen, ihnen Vertragsagenten aufzuzwingen und den Preis zu diktieren, der für Zitrusfrüchte und andere Produkte gezahlt werden soll.«

Nach diesen einfachen ersten Schritten legte Sangiorgi einen weiten Weg zurück. Er erhielt die Gelegenheit zu bestätigen, was er bereits über das Initiationsritual der Mafia wusste, und ergänzte seinen Bericht mit einer Liste der Bosse, Unterbosse und über 200 Soldaten aus acht verschiedenen Mafiazellen. Er deckte ihre Kontakte auf, die weit über Palermo hinausreichten – bis nach Tunesien, einem Außenposten des Zitronenhandels –, erläuterte, wie sie Versammlungen abhielten, Gerichtsverhandlungen führten und kollektive Hinrichtungen vollstreckten, sobald ein Mitglied im Verdacht stand, gegen eine ihrer Regeln verstoßen zu haben – besonders gegen jene, die besagte, dass die Befehle der Bosse mit blindem Gehorsam auszuführen waren. Sangiorgi nannte sogar den »Oberboss der Region«, den 50-jährigen Zitrusfrüchtehändler und *capo* der *cosca* von Malaspina, Francesco Siino.

Der Name Siino hatte einen bekannten Klang für Sangiorgi. Francescos älterer Bruder Alfonso, jetzt verantwortlich für den Uditore-Zweig der Sekte, war einer der beiden Killer, die 1874 den Sohn des alten Gambino erschossen hatten und dank des »Brudermord«-Komplotts ungestraft davongekommen waren. Viele andere Namen in Sangiorgis Bericht weckten unselige Erinnerungen: Namen wie Cusimano und vor allem Giammona. Antonino Giammona war der dichtende Boss jener Familie, deren Inititationsritual Sangiorgi 1876 aufgedeckt hatte. Der Alte war mittlerweile fast 80, aber noch immer sehr mächtig.

> »Mit seinen Ratschlägen, die auf langjähriger Erfahrung und einem langen Strafregister gründen, gibt er die Richtung vor. Von ihm lernen Novizen, wie man Verbrechen begeht und sich vor Verfolgung schützt, vor allem, wie man sich ein Alibi beschafft.«

Brachte man all diese Namen miteinander in Verbindung, ergab sich weit mehr als eine gemeinsame Geschichte von Mord und Erpressung. Während Ermanno Sangiorgi, von seiner kräftezehrenden Polizeiarbeit in Anspruch genommen, Mühe hatte, seine eigene kleine Familie zusammenzuhalten, hatten die Gangsterfamilien im Hinterland von Palermo untereinander geheiratet und Macht und Reichtum an ihre Abkömmlinge weitergegeben: Antonino Giammonas Sohn Giuseppe war *capo* in Passo di Rigano, Alfonso Siinos Sohn Filippo Unterboss in Uditore. Eine Generation nach seiner letzten Begegnung mit den Gangstern in Palermo erkannte Sangiorgi, dass sich die Mafia mit ihrer Heiratspolitik kriminelle Dynastien geschaffen hatte. Während Bosse, Unterbosse und *cosche* das Gerippe der Mafia bildeten, waren diese Familienbande wie ihre Blutbahnen.

Sangiorgi entdeckte auch enge Kontakte zwischen dieser neuen Verbrecheraristokratie und einigen der älteren Dynastien Palermos, zum Beispiel den Florios, der reichsten Familie Siziliens. Ignazio, das

Oberhaupt des Hauses Florio, war Unternehmer in vierter Generation. Sein Vater hatte in eine der blaublütigsten Familien Siziliens eingeheiratet. Das Vermögen, das Ignazio erbte, beinhaltete den Hauptanteil der NGI-Reederei, deren Aktien heimlich mit Geldern der Bank von Sizilien in die Höhe getrieben worden waren. Ignazio, der Geschmack und Stil besaß, war noch in den Zwanzigern, als Sangiorgi Polizeichef wurde, und gab in der sizilianischen *monde* den dekadenten Ton an. Florio verwandelte Palermo – oder Floriopolis, wie es jetzt hieß – in ein beliebtes Reiseziel europäischer Yachtenbesitzer. Seine üppige Villa, inmitten eigener Parkanlagen, umgeben von den duftenden Zitrushainen der Conca d'Oro, wurde zum Zentrum des gesellschaftlichen Lebens. Doch wie Sangiorgi herausfand, war die Florio-Villa auch für die Ehrenwerte Gesellschaft Siziliens von Bedeutung.

Die Männer, die dort für die Sicherheit zuständig waren, waren der »Gärtner« Francesco Noto und sein jüngerer Bruder Pietro – beziehungsweise Boss und Unterboss der Mafia-*cosca* aus Olivuzza. Sangiorgi fand nicht heraus, wie die Bedingungen des Übereinkommens zwischen den Noto-Brüdern und Ignazio Florio im Einzelnen lauteten. Doch war es fast immer die Furcht der Besitzenden, mit deren Hilfe Mafiosi ihren Fuß in die Tür bekamen. Entführungen stellen ein ernsthaftes Risiko dar, dürften die Noto-Brüder Ignazio Florio in unterwürfigem Ton erklärt haben. Aber wir können für Ihre Sicherheit sorgen. Und kaum war die Sicherheit der Florios in den Händen der Mafia, konnte die Beziehung jede erdenkliche Wendung nehmen – meist zu beiderseitigem Vorteil. Mörder in der Hinterhand zu haben, an die man sich wenden kann, ist unter Umständen ziemlich verlockend.

1897 erwachte Ignazio Florio eines Morgens und entdeckte, dass seine Sicherheit in eklatanter Weise gefährdet worden war: In die Villa war eingebrochen worden, und es fehlten Kunstgegenstände in großer Zahl. Er rief die Noto-Brüder zu sich und unterzog sie einer demütigenden Schimpftirade. Einige Tage später erwachte Florio erneut und sah, dass die gestohlenen Kunstgegenstände während der Nacht wieder aufgetaucht waren – an ihren ursprünglichen Plätzen. Dies war eine erstaunlich gerissene kriminelle Geste: sowohl eine Entschuldigung als auch eine beiläufige Erinnerung, wie tief die Mafia in den inneren Bereich der Familie Florio vorgedrungen war.

Sangiorgi erfuhr, dass die Einbrecher, zwei Soldaten der Noto-

Brüder, ihre Unzufriedenheit kundgetan hatten, weil man ihnen ihrer Meinung nach den gerechten Anteil vom Lösegeld einer Entführung vorenthalten hatte. Die Noto-Brüder hatten die Diebe vertröstet und ihnen mehr Geld versprochen, sobald die Florios ihr Eigentum zurückbekämen – was prompt geschah. Gleich darauf informierten sie ein Mafiatribunal über den Zwischenfall, welches entschied, dass die beiden Soldaten sich einen ungeheuerlichen Akt des Ungehorsams geleistet hatten. Mehrere Monate später, im Oktober 1897, lockte ein Exekutionskommando, bestehend aus Vertretern aller acht Mafia-*cosche*, die Einbrecher in eine Falle, erschoss sie und warf ihre Leichen in eine tiefe Höhle in einem Zitronenhain.

Was selbst Sangiorgi an der ganzen Geschichte entsetzte, war der Umstand, dass die Noto-Brüder den Florios anschließend erzählten, was den Dieben widerfahren war. Im November 1897, kurz nachdem die Polizei die Leichen in der Höhle gefunden hatte, doch bevor jemand außerhalb der Mafia auch nur die leiseste Ahnung hatte, wie und warum die beiden auf diese Weise hatten enden müssen, posaunte die Mutter Ignazio Florios laut herum, die Toten seien für den Einbruch im Frühjahr bestraft worden. Man habe Gerechtigkeit geübt – diskret und gnadenlos, wie es sich gehöre –, zur Zufriedenheit der Florios wie auch jener der Mafiosi, die die Familie unterstützte. Eine Gerechtigkeit, die nicht das Geringste mit der Polizei zu tun haben durfte.

Die Welt der Florios bestand aus Gartenpartys und festlichen Bällen, aus königlichen Empfängen und Ausfahrten in der offenen Kutsche, aus Whist-Abenden und Opernpremieren. Eine unüberbrückbare Kluft trennte ihr Milieu von den rattenverseuchten Behausungen, in denen die neapolitanische Camorra ausgebrütet worden war, oder von den stinkenden Hütten der *picciotti* aus Africo. Doch die Kluft zwischen den Florios und der sizilianischen Mafia war kaum spürbar. Sollte es zu einer »offenen Auseinandersetzung« zwischen Staat und Mafia kommen, gab es wenig Zweifel, auf welcher Seite das Haus Florio stehen würde.

In der Nacht des 27. April 1900 befahl Sangiorgi die Verhaftung sämtlicher Ehrenmänner, die in seinen Berichten genannt wurden. Er hatte seine Beamten handverlesen und vertraute seinem Urteil, was ihre Ehrlichkeit und ihren Mut anbelangte. Dennoch musste Sangiorgi die Operation bis zur letzten Minute geheimhalten, um Lecks zu vermeiden: Die Spitzel der Mafia waren überall. Im Oktober berichtete der Präfekt von Palermo, Sangiorgi habe die Mafia zum »Schweigen und zur Tatenlosigkeit« verdammt. Dieses Schweigen war die Belohnung für eine monatelange ausgezeichnete Polizeiarbeit. Doch es war auch die Antwort der Mafia auf das, was ihrem bevorzugten Parlamentsmitglied widerfahren war, Don Raffaele Palizzolo.

Vier Prozesse und ein Begräbnis

Von November 1899 bis Juli 1904 beschäftigte das Thema Mafia ganz Italien. Ministerpräsident Pelloux musste auf die Staatsanwaltschaft in Palermo Druck ausüben, um sicherzustellen, dass der Mord an Notarbartolo endlich vor Gericht kam. Der Fall wurde fern von Palermo verhandelt, damit die seltsame Stimmung vor Ort nicht den Ausgang beeinflusste. Am Ende würde der Mord an Notarbartolo in drei Prozessen verhandelt werden, ein jeder in einer anderen italienischen Stadt, ein jeder von einer wachsenden Schar Presseleute erschöpfend kommentiert. Zum ersten Mal wurden die skandalösen Machenschaften in Sizilien im ganzen Land publik.

Der erste Prozess fand im Norden statt, im nebligen Mailand, das nach dem Militärmassaker des vorangegangenen Jahres noch immer ein politisches Pulverfass war. Hier gab die Industrie den Takt vor: Italiens »weiße Kohle«, mit Wasserkraft erzeugte Elektrizität, wurde von den Alpen hergeleitet; am Stadtrand stiegen Rauchsäulen in den Himmel; und ein großartiges Börsengebäude nahm im Stadtzentrum Gestalt an. Mailand war Italiens Schaufenster zur Welt. Mit seinen starken radikalen Traditionen, als Sitz der Sozialistischen Partei und deren beißender Zeitung *Avanti!* war Mailand auch der perfekte Resonanzkörper für den Notarbartolo-Skandal.

Doch als der Prozess endlich eröffnet war, saßen nur zwei Personen auf der Anklagebank: der Bremser und der Schaffner des Zuges, auf dem Notarbartolo über sechseinhalb Jahre zuvor erstochen worden war. General Pelloux hatte nicht genügend Druck auf die Richterschaft in Palermo ausgeübt. Für die Staatsanwaltschaft waren die beiden Eisenbahner Komplizen der Mafiakiller. Für die Verteidigung waren sie schlimmstenfalls verschreckte Zeugen. Für Leopoldo Notarbartolo waren sie die Gelegenheit, einen Feuersturm zu entfachen, der letztendlich Don Raffaele Palizzolo an die Öffentlichkeit treiben würde.

Am 16. November 1899 trat Leopoldo Notarbartolo in Mailand in den Zeugenstand und machte so unbeirrbar seine Aussage, dass sein Vater stolz auf ihn gewesen wäre. Energisch und mit tiefer Stimme beschuldigte Leopoldo ausdrücklich Palizzolo, die Ermordung seines Vaters angeordnet zu haben, und äußerte daraufhin, was er alles über die Mafia und die Bank von Sizilien in Erfahrung gebracht hatte. Er richtete zudem schwere Vorwürfe gegen Polizei und Justiz, die Palizzolo nicht ein einziges Mal zu dem Fall befragt hatten.

Sofort wurden Rufe laut, Palizzolo solle den Hut nehmen. Der politische Druck auf ihn wurde von Tag zu Tag stärker, bis das Parlament in einer Sondersitzung beschloss, seine Immunität aufzuheben. Noch am selben Abend erließ Polizeichef Ermanno Sangiorgi den Befehl, ihn zu verhaften.

Leopoldo Notarbartolo hatte den Feuersturm bekommen, den er sich gewünscht hatte. Die Zeitungen im In- und Ausland verbreiteten finstere Geschichten über Palizzolo, teils real, teils erfunden. Er erschien wie eine lebendig gewordene Groteske. Ein in Italien wohnhafter Amerikaner, der es verständlicherweise vorzog, anonym zu bleiben, erzählte, er sei zu einer der allmorgendlichen Audienzen gebeten worden, die Palizzolo in seinem prächtigen Haus an Palermos Hauptstraße zu halten pflegte.

Palizzolos Bett war sein Thron: Der schwere Rahmen aus Mahagoniholz war mit Intarsien aus Perlmutt verziert und von einem Baldachin überspannt; es stand inmitten zahlreicher üppig verzierter Spucknäpfe und Rasierspiegel im Zentrum eines Saals, der mit rosafarbener Seide geschmückt war. Eine Schar von Bittstellern hatte sich ringsum versammelt: Mitglieder des Stadtrats, die nach Sitzen in Ausschüssen schielten, Polizisten, die vorankommen wollten, und ehemalige Sträflinge, die noch immer ihren Gefängnishaarschnitt trugen. Der Diener Palizzolos pflegte einen Bittsteller nach dem anderen aufzurufen und vor eine der breiten, aufgepolsterten Flanken des großmächtigen Bettes zu führen. Dort saß aufrecht in seinem Nachtgewand Palizzolo und begrüßte sie allesamt überschwänglich. In der einen Hand hielt er einen Becher Schokolade, mit der anderen vollführte er ausladende Gesten.

> »Palizzolo ist ein kleiner Mann mit einem kurzen, feisten Stiernacken und schwarzem, glänzendem Haar, das in der Mitte des Kopfes gescheitelt ist. Abgesehen von den buschigen Brauen weist sein Gesicht kaum maskuline Züge auf. Sein Kinn ist schwach ausgeprägt, und seine Stirn zeugt eher von Gerissenheit als von Gedankentiefe und Charakterfestigkeit.

Die Finger seiner feisten Stummelhände sind voller Ringe – aristokratische Ringe, Schlangen- und Siegelringe, mit Diamanten, Rubinen und Opalen bestückt, ein ganzes Juweliersortiment. Doch unter diesem recht vulgären Prunk, unter dieser halb weibischen, halb geckenhaften Maske verbirgt sich ein schlauer, berechnender Verstand, den man nicht unterschätzen sollte.«

Während der Prozess in Mailand voranschritt, kamen immer mehr spektakuläre Informationen ans Licht. Ein Stationsvorsteher hatte bei einer Gegenüberstellung einen der Mörder erkannt, doch war seine Aussage so lange ignoriert worden, bis er sie aus Angst zurückgezogen hatte. Ein Polizeiinspektor, der Palizzolo nahestand, wurde im Zeugenstand verhaftet, weil er Beweismittel unterschlagen hatte; ungefähr 20 weitere Zeugen wurden wegen Meineids zur Rechenschaft gezogen. Der Kriegsminister musste zurücktreten, nachdem eine republikanische Zeitung offengelegt hatte, er habe sich dafür eingesetzt, dass ein einflussreicher Mafioso rechtzeitig vor den Wahlen aus der Haft entlassen wurde. Das Gericht erfuhr außerdem, dass der frühere Premierminister Rudinì im Jahre 1897 Palizzolo einen Orden verliehen hatte.

Auch einer der Männer, die im Verdacht standen, Emmanuele Notarbartolo erstochen zu haben, wurde im Mailänder Gerichtssaal genannt: Giuseppe Fontana war Zitronenhändler und Mitglied in Palizzolos bevorzugter Mafia-*cosca* in Villabate. Er war außerdem der Verwalter eines Landgutes, das im Besitz eines Aristokraten und Parlamentsmitglieds war.

Als gegen Fontana ein Haftbefehl ausgestellt wurde, musste Polizeichef Sangiorgi zunächst auf dessen aristokratischen Gönner Druck ausüben, ehe dieser sich bereit erklärte, Fontana zu einem Geständnis zu bewegen. Am Ende stellte sich der Mafioso Fontana tatsächlich der Polizei; doch nur zu seinen eigenen Bedingungen, und nur in einer Art und Weise, die die wildesten Spekulationen der Presse über den Einfluss der Mafia bis in höchste Kreise bestätigte. Fontana kam in einer Kutsche in die Stadt gefahren, die das Familienwappen seines Gönners trug, in Begleitung von dessen Anwälten. Er weigerte sich, das Polizeipräsidium zu betreten, und bestand darauf, dass Sangiorgi ihn in seinem Haus empfange. Als ihm zu Ohren kam, wie Fontana der Polizei die Bedingungen seiner Kapitulation diktiert hatte, spöttelte

Leopoldo Notarbartolo verbittert, der Mafioso hätte zudem verlangen sollen, dass die Wachposten vor Sangiorgis Haus vor ihm salutierten.

Das ganze Land war schockiert angesichts der Fakten, die in Mailand zutage traten. Selbst Premierminister Pelloux fragte sich allmählich besorgt, wie weit der Skandal reichen mochte, und befand es für nötig, die allgemeinen Wahlen vorzuziehen. Der Fall Notarbartolo roch nach Vertuschung, und dieser Geruch steigerte das Misstrauen der Öffentlichkeit gegen das politische System: Während die Machthabenden mit der einen Hand das Militär anwiesen, auf ausgemergelte Demonstranten zu schießen, und die Pressefreiheit aufzuheben versuchten, strichen sie mit der anderen illegale Bankkredite ein und machten gemeinsame Sache mit der Mafia.

Palizzolo war politisch zu einem Aussätzigen geworden. Am 15. Dezember 1899 zogen geschätzte 30 000 Menschen durch die Straßen von Palermo, um Notarbartolo ihre Solidarität zu bekunden. Eine hastig gemeißelte Büste des ermordeten Bankiers wurde an der Spitze der Prozession getragen und in einen kleinen Tempel gesetzt, gegenüber dem Politeama-Theater im Stadtzentrum; bald darauf wurde sie ins Atrium des Hauptsitzes der Bank von Sizilien verlegt. Abgesehen von den Sozialisten und den Vertretern der Schulen und Clubs in Palermo, waren auch Politiker in großer Zahl vertreten – darunter viele, deren Verhalten in den Mailänder Anhörungen in Frage gestellt worden war. Offenbar hatten in den vergangenen Wochen einige schamlos schnelle Läuterungen stattgefunden. Londons *Morning Post* brachte die Heuchelei auf den Punkt:

> »Hätte nur einer der zahlreichen Politiker, die sich jetzt um die ehrenvolle Pflicht streiten, dem Gedenken an Signor Notarbartolo Genüge zu tun, die Regierung energischer gedrängt, seine Mörder zu bestrafen, wären diese längst zur Rechenschaft gezogen worden.«

Im Januar 1900, zwei Monate nach Prozessbeginn, wurde das Verfahren in Mailand unterbrochen, weil es einen noch viel weiter reichenden Fall vorzubereiten galt. Es war ein bedeutender Etappensieg für die Notarbartolo-Sache und den Kampf gegen das organisierte Verbrechen auf Sizilien. Leopoldo Notarbartolo bezeichnete diese Stunden später als »Höhepunkt des kurzlebigen Umschwungs zu unseren Gunsten«.

Im Sommer 1900 trat Premierminister General Pelloux in den Ruhestand. Damit hatte Leopoldo Notarbartolo seinen wichtigsten Fürsprecher in den römischen Palästen der Macht verloren. Doch die öffentliche Entrüstung über die Vertuschung im Fall Notarbartolo war noch immer groß. Das Schicksal des gesamten Falls blieb in der Schwebe.

Der zweitwichtigste Mafiaprozess der damaligen Zeit begann im Frühjahr 1901 in Palermo. Er entsprang nicht unmittelbar der Notarbartolo-Palizzolo-Affäre, sondern der Entschlossenheit des Polizeichefs Sangiorgi: Die Mafiosi, die in seinen Berichten genannt waren, standen unter Anklage, eine kriminelle Vereinigung zu bilden.

Weil seine Nachforschungen keine direkten Auswirkungen auf den Bankenskandal hatten, konnte Sangiorgi nicht von der allgemeinen Entrüstung profitieren, die immer noch aus Mailand widerhallte. Es gab zum Prozessbeginn keine ausländischen Korrespondenten in Palermo, und das Verfahren wurde von der Presse des italienischen Festlands kaum erwähnt. Dennoch war der Sangiorgi-Prozess aus historischer Sicht ebenso wichtig wie die Notarbartolo-Affäre, zumal er ein für alle Mal hätte beweisen können, dass die Mafia existierte.

Sangiorgi, ein alter Hase in sizilianischen Angelegenheiten, mochte den Ausgang des Verfahrens geahnt haben, dessen Vorbereitung ihn nahezu drei Jahre gekostet hatte. Nachdem General Pelloux aus dem Amt geschieden war, sah sich Sangiorgi erneut dem Beziehungsgeflecht ausgeliefert, das die Mafia geschaffen hatte, um sich in ihrer Hochburg zu schützen. Die meisten Mafiosi, auch der ehrwürdige *capo* Antonino Giammona, waren, noch ehe der Fall den Gerichtssaal erreicht hatte, schon wieder auf freiem Fuß.

Die wahrscheinlichste Erklärung für die Freisprüche war, dass Sangiorgi, wie bereits in der Affäre um den »Brudermord« von 1876/77, wieder einmal auf den heimtückischen Widerstand von Siziliens erfahrenstem Gerichtshof gestoßen war. Einige Tage vor Prozessbeginn schrieb der Palermer Oberstaatsanwalt, ein gewisser Vincenzo Cosenza, einen Brief an den Justizminister, um ihm zu erklären, dass er selbst in Ausübung seiner Pflicht die Mafia niemals bemerkt habe, »weil der Mafia nicht daran gelegen ist, die Priester der Themis zu umgarnen«.

10. Der große Feind der frühen sizilianischen Mafia: Ermanno Sangiorgi. Eine Zeitung schrieb über diesen tüchtigen Polizisten, er sei »munter wie ein Eichhörnchen« und verfüge über einen »verlässlichen Spürsinn«.

Ehrenmänner, die 1900 dem Polizeichef Sangiorgi kurz ins Netz gingen. Gerichtsskizzen aus damaligen Zeitungen.

11. Giuseppe Giammona, der Boss von Passo di Rigano und der Sohn des ehrwürdigen *capo* Antonino Giammona.

12. Francesco Siino, der vor kurzem abgesetzte »Oberboss«.

13. Die Brüder Francesco und Pietro Noto, Boss und Unterboss in Olivuzza und verantwortlich für die »Sicherheit« im Haus der Florios, einer der reichsten Familien auf Sizilien.

(Er meinte die Richter, da Themis im antiken Griechenland die Göttin von Sitte und Ordnung war.) Ein Richter in Palermo, der sich nicht vorstellen konnte, warum die Mafia das Rechtssystem korrumpieren sollte, war bestenfalls sträflich naiv. Doch Vincenzo Cosenza war nicht naiv: Er war von Leopoldo Notarbartolo als einer der Gönner Palizzolos identifiziert worden und damit ein Haupthindernis auf dem Weg, Don Raffaele und seine Killer zur Rechenschaft zu ziehen.

Der Prozess selbst lief so schlecht, wie Sangiorgi es befürchtet hatte. Die meisten seiner Zeugen zogen ihre Aussagen zurück. Die Beschützer der Mafia in der gesellschaftlichen Elite traten in den Zeugenstand, um ihren kriminellen Freunden makellose Leumundszeugnisse auszustellen: »Die Giammonas genießen in der Gegend hohes Ansehen«, erklärte ein Lokalpolitiker. Ein Großgrundbesitzer schwärmte gar:

> »Die Giammonas sind zu jedermann, der mit ihnen Geschäfte macht, stets großzügig gewesen. Niemand kann ein schlechtes Wort über sie sagen.«

Eine gänzlich unglaubwürdige Behauptung, doch allzu verständlich, wenn man bedenkt, dass dieser spezielle Zeuge Land besaß, das sowohl an die Ländereien Francesco Siinos als auch an jene des Giammona-Clans angrenzte.

Das Haus Florio war einfach zu mächtig, um in den Fall verwickelt zu werden: Kein Familienmitglied des Reedereibarons wurde in den Zeugenstand gerufen, um zu erklären, worin *genau* die Verbindung der Familie Florio zur Olivuzza-Mafia bestand. Ignazio Florio beschränkte sich auf eine schriftliche Aussage, in der er alles abstritt.

Verteidiger beschrieben den Mafiakrieg als eine Fehde zwischen unterschiedlichen Familienclans. Einer nach dem anderen zog Sangiorgis Theorie ins Lächerliche, dass Männer, die sich gegenseitig an die Kehle gingen, insgeheim Mitglieder derselben Sekte sein könnten. Die Omertà, das Schweigegebot, behaupteten sie, gehöre mitnichten zum Regelkanon einer Organisation. Wie Anthropologen bestätigt hätten, handle es sich dabei um den typisch sizilianischen Ausdruck eines »übersteigerten Individualismus – der zweifellos auch positive Seiten hat«. Die Mafia sei eine Art *cavalleria rusticana*, ein »bäuerliches Rittertum«, und als solches gleichsam die derbere Variante der edelsten Ausprägung des sizilianischen Wesens; sie loszuwerden – falls dies überhaupt möglich sei – hieße, Sizilien grundlegend zu verändern.

Die meisten Mafiosi kamen frei, der Rest verbüßte die kurze Gefängnisstrafe, die eine »Versammlung in krimineller Absicht« üblicherweise nach sich zog. Sangiorgi musste sich erneut geschlagen geben.

Im September 1901 wurde der zweite Prozess im Mordfall Notarbartolo eröffnet. Die Stadt, die man für das mit Spannung erwartete Verfahren auserkoren hatte, war Bologna. Mit ihren Arkaden und der alten Universität war Bologna eine der am besten verwalteten Städte Italiens. Genau wie Mailand befand sie sich in sicherer Entfernung zur Schlangengrube Palermo. Doch im Unterschied zu Mailand war Bologna konservativ: Seine Geschworenen ließen sich nicht so leicht von subversiver Propaganda lenken.

Vielleicht war es eine von der öffentlichen Darstellung erzeugte optische Täuschung. Vielleicht hatte auch die monatelange Haft vor dem Prozess ihren Tribut gefordert. Jedenfalls wirkte Don Raffaele Palizzolo, als er sich einige Tage nach Prozessbeginn erhob, um seine Aussage zu machen, regelrecht geschrumpft. Er trug keine Ringe mehr an den Fingern, und als Thron diente ihm statt des Mahagonibetts ein einfacher Stuhl. Ob er die Geschworenen beschwatzte, zur Galerie hinaufschrie oder mit sich selbst redete, Palizzolo schien außerstande, den rechten Ton zu treffen. Es war, als wäre er so sehr an die Körpersprache seiner Günstlingswirtschaft gewöhnt – überschwengliche Begrüßung, Gemauschel im Flur –, dass er keine Pose fand, die er im offenen, öffentlichen Umgang hätte einnehmen können.

> »Ich war das einzige Parlamentsmitglied, das für die Wähler verfügbar war (...) Ich ging zu den Leuten, lebte mit ihnen, versuchte, ihnen Ratgeber und Freund zu sein. Und die Leute waren dankbar.«

In London kommentierte die *Times* seinen unbeholfenen Auftritt mit typisch britischem Understatement, indem sie behauptete, Palizzolos Zeugenaussage entbehre der »schlichten Redlichkeit, die zu überzeugen vermag«. Leopoldo Notarbartolo, noch immer in Marineuniform, trat in Bologna ebenso selbstsicher in den Zeugenstand wie in Mailand. Erneut die *Times*:

»Die Aussage Leutnant Notarbartolos, der sachlich und gewissenhaft die Tatsachen darlegte und dabei sorgfältig zwischen Fakt und Folgerung unterschied, hielt das Gericht in Atem.«

Auch Polizeichef Sangiorgi wurde in den Zeugenstand gerufen, obwohl seine Aussage meines Wissens nicht einer einzigen ausländischen Zeitung eine Erwähnung wert war. In Bologna zumindest war er bekannt, denn dort hatte er Mitte der 1890er Jahre als Polizeipräsident gedient. Die lokale Presse konstatierte, er habe sich bis auf ein paar zusätzliche graue Haare im blonden Bart und dem lichten Haaransatz kaum verändert. Er berichtete ohne Umschweife von der Macht der Mafia.

»Die Mafia ist mächtig und verfügt über Kontakte in fünf sizilianischen Provinzen. Sogar im Ausland gibt es sizilianische Kolonien.«

Die Verteidiger taten seine Aussage ab: Der Prozess, der unlängst in Palermo stattgefunden habe, stütze kaum diese höchst unwahrscheinliche Behauptung.

Siziliens reichster Mann, Ignazio Florio, erschien zwar in Palermo nicht vor Gericht, doch in Bologna kam er um den Zeugenstand nicht herum. Die Mafia, behauptete er, sei »eine Erfindung mit dem Ziel, Sizilien zu verunglimpfen«. Eine Erfindung freilich, die seine luxuriöse Villa beschützte und ihm dabei half, den Aktienpreis seines Schifffahrtsunternehmens NGI in die Höhe zu treiben. Florio war eine Schlüsselfigur im Ermittlungsfall. Der NGI-Aktien-Schwindel mit dem Geld der Bank von Sizilien galt als Grund für die von Palizzolo angeordnete Ermordung Emanuele Notarbartolos. Und doch wusste Florio dieses Thema irgendwie zu umgehen. Dass ihm dies so ohne weiteres gelang, bezeichnete ein Historiker sarkastisch als ein »Wunder«.

Das Urteil, das nach fast elf Monaten der Zeugenbefragung gefällt wurde, war für die meisten eine Überraschung. Palizzolo verschränkte die Arme und gab ein krampfhaftes Lachen von sich, als er hörte, dass er, genau wie der mutmaßliche Mörder Giuseppe Fontana, zu 30 Jahren Haft verurteilt worden war. Die Mehrheit der Geschworenen war offensichtlich zu der Überzeugung gelangt, dass Palizzolos Schuld die einzig mögliche Erklärung war für all die Vertuschungsversuche, trotz des Mangels an stichhaltigen Beweisen gegen ihn.

Palizzolos Verurteilung war der Höhepunkt einer landesweiten Debatte über die Mafia, die zweieinhalb Jahre zuvor in Mailand losgetreten worden war. Es folgten ein kleinerer Veröffentlichungsboom und ein größeres Durcheinander. Die meisten Kommentatoren stimmten darin überein, dass die Mafia auf keinen Fall eine einzelne kriminelle Organisation sein könne. Dies sei völlig absurd. Doch während man sich weitgehend darauf einigen konnte, was die Mafia nicht war, stand jeder italienische Leser, der wissen wollte, was die Mafia nun tatsächlich war, vor einem Rätsel.

Das schlechteste Buch zum Thema war zugleich eines der bekanntesten. Sein Autor war Napoleone Colajanni, ein aufwieglerischer republikanischer Parlamentarier aus Zentralsizilien, der den Skandal an der Banca Romana im Jahre 1892 als Erster aufgedeckt hatte. Colajanni erklärte, die Mafia sei ein »besonderer moralischer Charakterzug«, ein Überbleibsel aus der Feudalzeit, das im sizilianischen Wesen begründet liege. Die verstreuten Banden, die von Zeit zu Zeit in sizilianischen Dörfern ihr Unwesen trieben, seien nur oberflächliche Symptome dieser archaischen Mentalität. Ein Faktor sei hier vermutlich die arabische Invasion im frühen Mittelalter. Armut und fehlende Bildung seien die Ursache, meistens zumindest. Obwohl es zuweilen auch reiche und gebildete Mafiosi gebe. Und Politiker. Und Aristokraten. Doch wie dem auch sei, überlegte Colajanni, die Mafia verfolge nicht immer nur üble Absichten.

> »Gelegentlich, und dies ist in der Tat nicht selten, setzt sie sich auch für die gute, gerechte Sache ein. Allerdings sind die Methoden, die sie zur Anwendung bringt, unmoralisch und kriminell – besonders wenn ihre Aktionen schwere Verbrechen beinhalten. Wer behauptet, alle Mafiosi seien Drückeberger, die ein leichtes Leben führten, basierend auf Gewalt, Betrug und Einschüchterung, der irrt. Oftmals verzichtet ein Mafioso, um seinen Status beizubehalten und glaubhaft nach außen zu vertreten, absichtlich auf seinen Reichtum und wählt die Armut.«

Die hoffnungslos von Desinformation bestimmte öffentliche Debatte über den Notarbartolo-Fall wirft eine der quälendsten Fragen über die Mafia auf – eine, die über die Jahrzehnte immer quälender werden sollte, während andere kriminelle Vereinigungen in Italien ihre Macht ausweiteten, um mit der sizilianischen Mafia in Konkurrenz zu treten. Der Notarbartolo-Prozess löste in der Ära der modernen Medien- und Massenpolitik den ersten Skandal um das organisierte Verbrechen aus. Die große Mehrheit der Italiener wollte nichts wissen von Mord und Korruption, die das Wort »Mafia« – was immer es bedeuten mochte – beschwor. Warum zerfiel die Mafia dann nicht wie ein Vampir zu Staub, als sie von den Strahlen der Medienmorgensonne getroffen wurde?

Die Verwirrung, die von Büchern wie demjenigen Colajannis ausgelöst wurde, trug viel dazu bei. Und obwohl Colajanni nicht zur Mafia gehörte, hatte die Ehrenwerte Gesellschaft auch eigene Ideologen – Anwälte und bezahlte Schreiberlinge, die erpicht darauf waren, Irrtümer über das »Mafiawesen« und die sizilianische Mentalität zu verbreiten. Ihre Ansichten wurden von einer der wichtigsten Zeitungen Siziliens eifrig aufgegriffen, *L'Ora*, die von keinem Geringeren gegründet, herausgegeben und kontrolliert wurde als Ignazio Florio.

Der Einfluss der Mafia auf die Presse konnte auch grausam direkt sein. Am Tag, nachdem der Mailänder Prozess eingestellt worden war, beklagte der Vorsitzende der sizilianischen Pressevereinigung sich in einem Schreiben an Premierminister General Pelloux, dass er zweimal bedroht und von Palizzolo-Anhängern zu einem Duell herausgefordert worden sei. »Furchtsame Journalisten schweigen, und die aufrechten haben Angst«, warnte er.

Doch es ist der politische Hintergrund der Affäre Notarbartolo, der erklärt, warum die Aufmerksamkeit der Medien die Mafia bei weitem nicht so stark tangierte, wie man es hätte erwarten können. Die neue Presse zu Beginn des 20. Jahrhunderts war in Italien ideologisch gespalten, und in ihrer Zerrissenheit spiegelte sich eine zerrissene Nation.

Der Fall Notarbartolo hatte unter den Sozialisten seine stärksten Befürworter. Die meisten Sozialisten im ländlichen Sizilien waren eingefleischte Feinde der Mafiosi. In den 1890er Jahren hatte die Mafia mit allen Mitteln der Kunst – Korruption, Unterwanderung und Gewalt – neue Arbeiterorganisationen zu verhindern versucht, die ihre Mitglieder bei den Kleinbauern rekrutierten. Was Wunder, dass Leopoldo Notarbartolo, obwohl er der Rechten angehörte wie sein Vater, einen äußerst kompetenten sozialistischen Anwalt beschäftigte.

Doch andere Konservative, denen Leopoldos dringendes Bedürfnis nach Gerechtigkeit fehlte, überschritten nur sehr ungern die politische Kluft. Die Barrikaden von 1898 mochten beseitigt worden sein, doch dem Italien des frühen 20. Jahrhunderts drohten unentwegt innere Konflikte. Die Anhänger der Rechten wie auch jene der extremen Linken betrachteten den italienischen Staat als ein baufälliges Gebäude, das nur zu retten war, indem es von Grund auf erneuert wurde. Beide Seiten hielten es für naiv, allzu viel Hoffnung in solch einen Staat zu setzen, wenn es galt, dem Recht zum Durchbruch zu verhelfen. Sobald daher Mafiathemen im Spiel waren im politischen Machtkampf, triumphierte die Ideologie über Recht und Gesetz.

Und Italiens berüchtigte regionale Streitigkeiten triumphierten oftmals über beide. Sogar auflagenstarke Zeitungen wie der Mailänder *Corriere della Sera* richteten sich hauptsächlich an eine lokale Leserschaft. Noch gab es keine »nationale« öffentliche Meinung. Vorurteile waren weitverbreitet. In Mailand betrachteten einige Anführer der Sozialistischen Partei den gesamten Süden mit unverhohlener Abscheu als ein Land, das von aristokratischen Reaktionären, parlamentarischen Winkeladvokaten und degenerierten Bauerntrotteln bevölkert war. All das unergründliche Gerede über das »Mafiawesen«, das angeblich zum Naturell Siziliens gehörte, trug nur dazu bei, die Klischees zu erhärten.

Selbst die aufgeschlossensten Menschen in Nord- und Mittelitalien hatten nicht das Gefühl, dass die Mafia, so heimtückisch sie auch sein mochte, ihr Leben maßgeblich beeinflussen konnte. Natürlich waren sie entrüstet, als sie lasen, wie sizilianische Politiker sich mit Gaunern und Ganoven gemein machten. Doch fällt es schwer, sich die Entrüstung zu bewahren, wenn die Leute, die man selber wählt, ihrerseits mit verdächtigen sizilianischen Parlamentariern paktierten. Für die meisten Italiener außerhalb Süditaliens und Siziliens war die Mafia ein Phänomen jenseits ihrer Lebenswelt.

Der Lokalpatriotismus funktionierte in zwei Richtungen. Das Sprachrohr der Familie Florio, *L'Ora*, hielt während der gesamten Notarbartolo-Affäre eine stringente Linie ein: Die Mafia sei pure Fiktion und diene den Norditalienern als Vorwand, um Sizilien eins auszuwischen. Nicht zuletzt wegen des Einflusses der Zeitung *L'Ora* reagierte ein Großteil der Sizilianer im Sommer 1902 auf die Nachricht, Raffaele Palizzolo sei in Bologna für schuldig befunden worden, mit verletztem Regionalstolz. Der Schuldspruch im Mordfall Notarbartolo, klagten sie, sei nur ein weiterer Angriff des überheblichen Nordens gegen die Insel. Ein Pro-Sicilia-Ausschuss wurde eingerichtet, der rasch Mitglieder aus der Wählerschaft rekrutierte, die mit Hilfe des Florio-Vermögens und des Zugpferds Mafia entstanden war, der aber auch bei vielen Konservativen Anklang fand. Der Palizzolo-Fall wurde zur neuesten Ausrede, um die Entrüstung der Sizilianer anzukurbeln und der Regierung in Rom mehr Gelder und Gefälligkeiten abzunötigen. Als Nebenprodukt der Pro-Sicilia-Wendung in der Politik der Insel wurde Palizzolo von seinem Aussatz geheilt und zum Opfer norditalienischer Vorurteile stilisiert.

Der alte Regionalpatriotismus-Trick funktionierte. Mit fast hundertprozentiger Sicherheit hatte jemand in Rom heimlich mit den obersten Richtern gesprochen, und binnen sechs Monaten hob Italiens Oberster Gerichtshof aufgrund einer belanglosen und zudem höchst fraglichen Formalität den gesamten Bologna-Prozess kurzerhand auf.

Palizzolo und der Mafiakiller Giuseppe Fontana kamen vor ein drittes Schwurgericht, dieses Mal inmitten der prächtigen Renaissancekulisse von Florenz. Doch mittlerweile war die öffentliche Meinung erschöpft. Nicht einmal der Tod eines entscheidenden neuen Zeugen – man hatte ihn erhängt im Treppenhaus seines Florentiner Hotels aufgefunden – erregte noch großes Aufsehen.

Ermanno Sangiorgi, noch immer Polizeichef in Palermo, wiederholte in Florenz seine Aussage, obwohl kurz zuvor seine geliebte Tochter Italia nach langer Krankheit verstorben war. Zum Dank für seine Mühe wurde Sangiorgi sofort Ziel einer Schmutzkampagne der Mafia. Die Behauptungen – ein Knäuel aus Seemannsgarn über böse Schulden, Schlägermethoden der Polizei und Gefälligkeiten für Mafiosi – erschienen zunächst in einem langen Brief in der Zeitung der Florios, *L'Ora*. Die Story wurde schon bald von der *Tribuna Giudiziaria* in Neapel aufgegriffen, einem lokalen Käseblatt, das auf Gerichtssaal-Dramen spezialisiert war. Die Episode werfe ein verstörendes Licht auf Sangiorgi, hieß es darin: Indem er »gegen die Angeklagten in Florenz ein ebenso unerbittliches wie verleumderisches Zeugnis abgelegt hatte«, habe er Aufmerksamkeit heischen wollen, hieß es.

»Unsere Schlussfolgerung? In Palermo findet man die wahre Mafia nicht in der Bevölkerung, sondern bei der Polizei. Genau wie in Florenz, wo die wahren Camorristi nicht auf der Anklagebank sitzen, sondern davorstehen.«

Die Verunglimpfungen wurden von einem ehemaligen Sträfling im Umkreis des organisierten Verbrechens geäußert. Seine Hintermänner waren Palizzolos Anwalt und möglicherweise auch Vincenzo Cosenza, Oberstaatsanwalt von Palermo, der behauptet hatte, während seiner Karriere als »Themispriester« die Mafia niemals bemerkt zu haben – Cosenza galt als enger Freund der Herausgeber der *Tribuna Giudiziaria*.

Das Schwurgericht in Florenz sprach Palizzolo und Fontana im Juli 1904 frei. In London brachte der *Daily Express* die Nachricht in einigen müden Zeilen mit dem Titel »Sieg für die Mafia«. In Palermo wurde der Sieg durch eine Prozession mit Fahnen und Musik gefeiert: Männer trugen Palizzolos Bild auf ihren Revers, Frauen winkten mit Taschentüchern von den Balkonen. Der von der Mafia unterstützte Ausschuss *Pro Sicilia* begrüßte das Urteil als eine großartige Bekräftigung der patriotischen Harmonie und sandte dem Bürgermeister von Florenz ein Dankestelegramm.

»Eine höchst eindrucksvolle Zusammenkunft dieses Ausschusses lobte feierlich die Stadt Florenz, da diese das italienische Volk, indem sie Siziliens tadellosen Leumund bestätigte, im Ideal der Gerechtigkeit vereint hat.«

Leopoldo Notarbartolo wurde durch den Ausgang seines elf Jahre währenden Kampfes seelisch nahezu zerstört. 1900, nach dem Prozess in Mailand, als Palizzolo zunächst verhaftet worden war und Polizeichef Sangiorgi die Mafiosi der Conca d'Oro ausgehoben hatte, hatte der Sohn des ermordeten Bankiers sich der verlockenden Illusion hingegeben, dass das Untier Mafia mit nur einem Handstreich zu schlagen sei, durchbohrt von der Lanze eines Ritters. Prozess Nummer zwei und drei zermahlten diese Illusion zu bitterem Staub.

»Wie sieht das Ergebnis meiner Bemühungen aus? Palizzolo frei und frohgelaunt. Was die Mafia und ihre Methoden anbelangt: Pro Sicilia rühmt und verherrlicht sie; die Regierung verbeugt sich vor ihr und unterstützt sie; und die elende Insel Sizilien stärkt sie mehr denn je (...) Lebe ich in einer Welt, über die Gott Vater wacht, oder inmitten eines chaotischen Wirkens brutaler Kräfte, entfesselt von abscheulichen, bösartigen Gnomen wie in den skandinavischen Sagen?«

Leopoldo setzte seine Marinelaufbahn fort, grübelte aber noch sieben Jahre über seine Erfahrung nach, woraufhin er weitere fünf darauf verwendete, die Geschichte seines Vaters und seine eigene so sorgfältig wie anrührend zu Papier zu bringen. Er fand nur Trost in der Betrachtung der marinen Fauna, die ihm eine weniger pathetische Metapher für die Art und Weise bot, wie die Kräfte des Guten eines Tages die Mafia besiegen könnten. Er beobachtete, wie Generationen winziger Meeresbewohner leben und sterben, dabei aus Kalksteinablagerungen ihre Miniaturbehausungen schaffen, sie immer höher aufschichten, bis infolge irgendeiner geringfügigen seismischen Verschiebung ein völlig neues Eiland über den Wellen erscheint.

»Die Menschen, die ihre Kräfte bescheiden in den Dienst des Guten stellen, gleichen diesen Meeresgeschöpfen. Eines Tages wird das herrliche kleine Eiland in Erscheinung treten! Gott hat im heiligen Buch der Natur sein Versprechen gegeben.«

Wieder auf der »elenden Insel« Sizilien angekommen, musste sich Ermanno Sangiorgi, einer jener Kämpfer für das Gute, bis zum Sommer 1905 gedulden, ein Jahr nach dem Ausgang des Notarbartolo-Prozesses, um ein Verleumdungsverfahren gegen seinen Kläger zu gewinnen.

Italien hält für jene, die es am meisten lieben, besondere Grausamkeiten bereit. Bald danach beging Sangiorgis Schwiegersohn, der in Pisa für die königliche Familie, das Haus Savoyen, als Verwalter tätig war, Selbstmord, weil er mit der Hand in der Geldkassette ertappt worden war. Sangiorgi traf keine Schuld an der Schande seines Schwiegersohns. Doch der königliche Haushalt machte ihn für einige der Verluste haftbar, was ihn etwas mehr als einen Monatslohn kostete.

Im März 1907 ersuchte Sangiorgi formell um die Erlaubnis, von seinem Amt als Polizeipräsident in Palermo zurücktreten zu dürfen; er zeigte Krankheitssymptome, den Beginn einer schleichenden Lähmung. Sein Leben als Vollzugsbeamter – 48 Dienstjahre, davon 18 als

Polizeichef – hatte noch vor der Einigung Italiens begonnen. Doch die Zeit hatte ihn nicht zimperlicher gemacht: Er forderte unverblümt eine gesonderte Pension sowie den Ehrentitel Präfekt und schloss das Schreiben auf typisch patriotische Weise:

> »Ich habe meine Laufbahn während des italienischen Unabhängigkeitskrieges begonnen, als in Norditalien der Ruf erschallte: ›Lang lebe König Vittorio Emanuele II.!‹ Nun beende ich sie mit einem anderen Ruf auf den Lippen und im Herzen: ›Lang lebe unser König Vittorio Emanuele III.! Lang lebe das Haus Savoyen!‹«

Sangiorgi trat im Mai 1907 in den Ruhestand, mit seinem Ehrentitel zwar, doch ohne seine Pensionszulage. Die schleichende Lähmung, die seinen Rücktritt beschleunigt hatte, beschleunigte auch sein Ableben im November 1908. Die Presse in Neapel und Palermo ehrte das Andenken ihres Präfekten, indem sie den Lesern seine stümperhafte Handhabung des Droschkenkutscherstreiks im Jahre 1893 in Erinnerung rief, die zu anarchischen Zuständen in den Gassen geführt hatte.

Mit Sangiorgis Tod ging ein einzigartiger Wissensschatz über die frühen Jahre der Mafia verloren: Das außerordentlich wichtige Dossier über die Mafia, das Sangiorgi für Premierminister Pelloux verfasst hatte, sollte bis in die 1980er Jahre im Archiv verborgen bleiben. Im Wesentlichen würden die Kenntnisse, die er sich so mühsam erarbeitet hatte, noch lange nach seinem Tod Gültigkeit haben, denn die sizilianische Mafia veränderte sich in all den Jahren bemerkenswert wenig. Dennoch hätten Raffinesse und Rücksichtslosigkeit, mit denen die Organisation sich dem Wandel der Zeiten anpasste, sogar Sangiorgi erstaunt.

Sangiorgi hatte sich in Palermo an die Regeln gehalten; er hatte einen sauberen, »offenen Kampf« gegen die Mafia geführt und war letztendlich gescheitert. Er starb in der Heimatstadt seiner Frau, in Neapel, wo die Carabinieri bereits einen heimtückischen und äußerst schmutzigen Feldzug gegen die Camorra begonnen hatten – er sollte siegreich enden.

Die »hohe« Camorra

Während die ökonomischen und politischen Krisen der 1890er Jahre allmählich verebbten, schlugen Korruption und organisiertes Verbrechen in Neapel wie in Palermo hohe Wellen. 1899 begann eine neue sozialistische Zeitung, *La Propaganda*, eine Kampagne gegen Günstlingswirtschaft und Gangstertum. Manch edel gesinnter Politiker der Rechten schloss sich ihr an. Die Kampagne war so erfolgreich, dass in der Vicaria – dem Wahlkreis in Neapel mit der höchsten Bevölkerungsdichte und zudem Wiege der Camorra – ein sozialistischer Abgeordneter gewählt wurde.

Die Zeitung richtete ihr Gift hauptsächlich gegen den parlamentarischen Abgeordneten Alberto Casale, einen einflussreichen Strippenzieher in der Kommunalverwaltung mit ausgezeichneten Kontakten zur neapolitanischen Unterwelt. Wir sind Casale bereits flüchtig begegnet: Im Jahr 1893 nutzte er seinen Einfluss auf die Ehrenwerte Gesellschaft, um den von der Mafia befeuerten Streik der Droschkenkutscher zu beenden. Casale reagierte auf die Angriffe der Zeitung *La Propaganda*, indem er sie wegen Verleumdung verklagte, und es folgte ein Gerichtsverfahren.

Sein Ausgang war eine Katastrophe für ein betrügerisches System, das Politiker, Bürokraten, Geschäftsleute und Journalisten miteinander verband. *La Propaganda* verteidigte sich erfolgreich gegen die Verleumdungsklage, indem sie bewies, dass sich Casale, abgesehen von anderen korrupten Machenschaften, für seine Rolle im Droschkenkutscherstreik von einer belgischen Straßenbahngesellschaft hatte schmieren lassen.

Die Schockwellen von Casales öffentlicher Demütigung drangen bis nach Rom. Casale trat zurück, der neapolitanische Stadtrat wurde aufgelöst, und Senator Giuseppe Saredo, ein kauziger alter Juraprofessor aus Ligurien, leitete eine offizielle Untersuchung der korrupten Machenschaften im Stadtrat. Saredos Ermittlungen enthüllten einmal mehr die »laxe Gesellschaft« und zeichneten eines der sachlichsten Porträts von der politischen und bürokratischen Nachlässigkeit im Land, das die italienische Geschichte aufzuweisen hat.

Die düsteren Gänge des Rathauses von Neapel zu beleuchten, war kein leichtes Unterfangen. Senator Saredo und sein Team mussten sämtliche Dokumente prüfen, um herauszufinden, warum das System so korrupt und ineffizient war. Doch die Unterlagen waren ein einziges Durcheinander gerade wegen all der Korruption und Ineffizienz. Die Bürokraten, eifrig darauf bedacht, ihre Spuren zu verwischen, hatten stapelweise offizielle Akten beiseitegeschafft. Von vielen der Schlüsselfiguren, die sie befragten, erhielten die Kommissare eine mürrische oder wütende Antwort.

Ungeachtet all der Hindernisse während der zehn Monate, in denen sie sich durch einen Sumpf aus Dokumenten und Zeugenaussagen gekämpft hatten, förderten Senator Saredo und sein Team jede Menge stichhaltige Beweise zutage. Posten im öffentlichen Dienst sollten neutral, nach Leistung vergeben werden. In Neapel waren die Vorschriften systematisch umgangen worden. Die Hälfte aller Angestellten im Stadtrat verfügte über keinerlei berufliche Qualifikationen. Nicht einmal der Hauptbuchhalter, dessen Aufgabe doch darin bestand, den Haushalt der Stadt zu erstellen, verfügte über spezielle Kenntnisse. Einige Angestellte der Stadtverwaltung bezogen zwei oder gar drei Gehälter. Mehrere bekannte Journalisten belegten Phantomposten im Stadtrat.

Der Grund, warum es in Neapel Verwaltungsstellen gab, war nicht etwa die Versorgung der Bürger mit Dienstleistungen – Feuerbekämpfung, Schulunterricht, Pflege der Gartenanlagen, Eintreiben von Steuern, Entsorgung des Mülls, Bau einer Kanalisation: Diese bestenfalls sekundären Belange wurden der Minderzahl von Trotteln überlassen, die sich tatsächlich bemüßigt fühlten, einer ehrlichen Tätigkeit nachzugehen. Nein, wenn in Neapel ein Arbeitsplatz existierte, hatte das nur einen Grund: Man konnte ihn an Leute vergeben, die die richtigen Freunde oder Verwandten hatten. Ein Posten im Stadtrat war eine Gefälligkeit, die gegen andere Gefälligkeiten getauscht wurde. Ein solches Amt zu ergattern, bedeutete die Macht, Gefälligkeiten zu verteilen oder zurückzuhalten, je nachdem: So konnte der Antrag auf ein Gewerbe sofort bearbeitet werden oder immer wieder ganz nach unten rutschen, wurde man lieber mit dieser als mit jener Straßenbahngesellschaft handelseinig. Weil die meisten Verwaltungsbeamten kein sonderliches Interesse daran hatten, sich für einen Unbekannten ins Zeug zu legen, entstand ein ganzer Parasitenschwarm von Vermittlern, die sogenannten *faccendieri*. Der Begriff bedeutete (und bedeutet noch immer) »Gauner«, »gerissener Geschäftemacher«. Die einzige Sachkenntnis, die diese *faccendieri* vorweisen konnten, war das Wissen, in welches Ohr sie hineinflüstern mussten. Gegen ein kleines Entgelt arrangierten sie für einen Bekannten, was immer er wollte – aus *Gefälligkeit*.

Ein System der Ämterpatronage machte dieses schmutzige Durcheinander möglich. Am Ende der Gefälligkeitsketten, die sich durch die Korridore des Rathauses in Neapel wanden, standen Politiker. Zornig bezeichnete Saredo in seinem Bericht die Männer, die dieses System bedienten, als »die hohe Camorra«:

> »Die ursprüngliche, *niedere* Camorra herrschte in einer Zeit der Verworfenheit und Knechtschaft über den mittellosen Pöbel. Dann erhob sich eine *hohe* Camorra, die aus den gerissensten und unverfrorensten Mitgliedern der Mittelschicht bestand. Sie lebten vom Handel, von öffentlichen Bauaufträgen, politischen Übereinkünften und der Verwaltungsbürokratie. Diese hohe Camorra trifft Abkommen mit der niederen Camorra, macht Geschäfte mit ihr, tauscht Versprechen gegen Gefälligkeiten und Gefälligkeiten gegen Versprechen. Die hohe Camorra betrachtet die Staatsbürokratie gleichsam als ein Feld, das sie zu beackern und auszubeuten hat. Ihre Werkzeuge sind Schläue, Unverfrorenheit und Gewalt. Ihre Stärke bezieht sie von der Straße. Und sie gilt zu Recht als gefährlicher, weil sie ein Regime gegründet hat, das auf der schlimmsten Form von Despotismus basiert, der Schikane. Die hohe Camorra hat den freien Willen durch Abgaben ersetzt; sie hat Individualität und Freiheit für null und nichtig erklärt und hintergeht sowohl die Gesetze als auch das öffentliche Vertrauen.«

Als direktes Ergebnis der Untersuchung wurde ein Korruptionsverfahren eingeleitet, woraufhin zwölf Personen, darunter Alberto Casale und der ehemalige Bürgermeister von Neapel, für schuldig erklärt wurden.

Niedere Camorra – *hohe* Camorra. Keine andere Formel für das neapolitanische Unbehagen konnte größere Schlagzeilen machen. Während der Begriff »Mafia« noch immer eine vage Vorstellung war, eingehüllt in eine Wolke aus kitschigen Klischees über die sizilianische Kultur, haftete dem Terminus »Camorra« der unverwechselbare Geruch der Kerker an, der Spelunken und Bordelle; er sprach eindeutig von primitiven Ritualen und Messerkämpfen, beschwor starre Bilder von gewaltbereiten Männern mit kruden Tätowierungen auf Armen und Brust und entstellenden Narben im Gesicht.

Gleichzeitig bezog sich die Presse während der Notarbartolo-Affäre immer wieder auf eine »hohe Mafia«. Raffaele Palizzolo war zweifellos ein Mafioso, der von Viehdiebstahl und Entführung profitierte; und er war – auch daran bestand kein Zweifel – in der »hohen« Welt der Banken und der Politik zu Hause. So stand ihm das Etikett »hoher Mafioso« ebenso gut zu Gesicht wie sein maßgeschneiderter Frack.

Doch war die Bezeichnung »hohe Camorra« wirklich eine akkurate Beschreibung der systematischen Gaunerei, die Saredos Ermittlungen in Neapel zutage gefördert hatten? Der Politiker im Zentrum des Skandals, Alberto Casale, war erwiesenermaßen ein Ganove und wie Palizzolo ein Meister der Günstlingswirtschaft. Doch ihn einen Camorrista zu nennen, wäre nicht wirklich korrekt. Während sich der Politiker Casale gewiss nicht zu schade war, mit der Camorra Geschäfte zu machen, war er nicht im selben Maße Teil der Organisation, wie Don Raffaele Teil der Mafia war.

Dies bedeutete im Klartext, dass die Camorra nicht so mächtig war wie die Mafia. Die Camorra war zwar mit Teilen des Staates eine konstante Partnerschaft eingegangen, jedoch nicht in dem Maße selbst zum Staat geworden wie die sizilianische Mafia.

Senator Saredo brachte keinerlei Beweise vor, um seine Verwendung des Begriffs »hohe Camorra« zu untermauern. Seine Ermittlungen förderten keine einzige Blut- oder Geldspur zutage, die von der Oberwelt der Politik in die Unterwelt der niederen Camorra geführt hätte. Letztere blieb im Grunde nur ein verschwommener Fleck in Saredos Blickfeld.

Saredos provokante Sprache war daher irreführend, aber verständlich. Seit Italien von der Existenz einer kriminellen Sekte namens Camorra wusste, verwendete es den Begriff »Camorra« auch in einem weitaus vageren Sinne, als Beleidigung gegen jede beliebige Clique oder Gruppierung – die der anderen, versteht sich. Gegen Ende des 19. Jahrhunderts wurde das Schimpfwort mit neuer Galle durchtränkt. Die Italiener waren bitter enttäuscht von der Art und Weise, wie im Lande Politik betrieben wurde. Das Einfädeln von krummen Geschäften, der Amtsmissbrauch, die Schlägermethoden: Die »Camorra«, so schien es bisweilen, beherrschte sämtliche Bereiche der Verwaltung. Die Politikverdrossenheit – *antipolitica*, wie sie manchmal genannt wird – ist seit damals ein konstanter Zug der italienischen Gesellschaft. Mit seinem Gerede von einer »hohen Camorra« bewies der alte Juraprofessor, dass er eine boshafte Ader hatte: Er rief wissentlich etwas ab, das mittlerweile zum konditionierten Reflex in der öffentlichen Meinung geworden war.

Sobald sich erkennen ließ, dass Saredos Ermittler ernsthafte Arbeit leisteten, warfen einige führende Politiker ihnen Knüppel zwischen die Beine: Saredos »hohe Camorra« machte mobil, um sich zu verteidigen. Fügsame Journalisten überhäuften den Senator mit Beschimpfungen. Da sie um die Gefahr wussten, die eine Welle der »Politikverdrossenheit« darstellte, appellierten sie an einen weiteren konditionierten Reflex des italienischen Gesellschaftslebens, einen argwöhnischen, defensiven Lokalpatriotismus. Der aus dem Norden stammende Saredo habe das Image Neapels beschmutzt, heulten die Leitartikel. Vielleicht habe es tatsächlich einige Fälle von Korruption gegeben, doch seien sie lediglich Neapels Armut und Rückständigkeit geschuldet. Die Stadt brauche keine überheblichen Predigten, sondern mehr Geld von der Regierung. Viel mehr Geld.

In Italien hat die öffentliche Entrüstung eine kurze Halbwertszeit. Immer wenn es ihr misslingt, eine Veränderung herbeizuführen, zerfällt sie nach und nach in weniger flüchtige Gefühlszustände: Überdruss, Vergesslichkeit oder grämliche Gleichgültigkeit. Bis 1904 hatte sich die Welle der Entrüstung über korrupte Politiker und das organisierte Verbrechen, die noch die Jahrhundertwende geprägt hatte, schon fast wieder gelegt. Raffaele Palizzolo wurde schließlich von dem Vorwurf freigesprochen, im Juli jenes Jahres die Ermordung des Bankiers Emanuele Notarbartolo angeordnet zu haben. Auch in Neapel riefen der Casale-Prozess und die Saredo-Ermittlungen nicht mehr dieselbe Empörung hervor. Nachdem die Sozialistische Partei versucht hatte, aus den Skandalen Nutzen zu ziehen, war sie nun gespalten und wegen eines misslungenen Generalstreiks diskreditiert. Die Bosse der »hohen Camorra« konnten zum Gegenschlag ausholen.

Der damalige Premierminister war Giovanni Giolitti – die prägende Figur in der italienischen Politik zwischen Jahrhundertwende und Erstem Weltkrieg. Giolitti war ein Meister des parlamentarischen Taktierens, beherrschte besser als jeder andere das verschlagene Spiel, Splittergruppen zur Bildung einer Koalition zu bewegen.

Zu Beginn des 20. Jahrhunderts regierte Giolitti das Land in einer Phase beispiellosen wirtschaftlichen Wachstums und führte einige höchst willkommene soziale Reformen ein. Doch seine zynische Ader machte den Staatsmann ebenso verhasst, wie er unentbehrlich war. »Für deine Feinde wendest du das Gesetz an. Für deine Freunde legst du es aus«, erklärte Giolitti einmal und untergrub mit dieser Aussage, die nur allzu treffend die vorherrschenden Werte innerhalb des italienischen Staates auf den Punkt brachte, das Vertrauen der Menschen in die Institutionen. Er verglich außerdem die Aufgabe, Italien zu regieren, mit dem Ansinnen, einen Anzug für einen Buckligen zu nähen. Es wäre zwecklos, erklärte er, wenn der Schneider versuchte, die körperlichen Unzulänglichkeiten des Buckligen auszugleichen. Er müsse vielmehr einen missgebildeten Anzug schneidern. Italiens größte Missbildung war natürlich das organisierte Verbrechen, und Giolitti erwies sich als ebenso eigennützig wie seine Vorgänger, indem er seine politische Linie danach schneiderte. Ein späterer Kritiker, empört über die Art und Weise, wie die Präfekten im Süden Gangster engagierten, um die Wahlen zu beeinflussen, nannte Giolitti »den Minister der Unterwelt«.

Im November 1904 wandte Giolitti (dessen Helfershelfer in Neapel alles daransetzten, die Autorität der Saredo-Untersuchung zu untergraben) sämtliche schwarzen Künste des Innenministeriums an, um die allgemeinen Wahlen zu manipulieren. Im Vicaria-Viertel, dem Wahlbezirk Neapels, der 1900 einen sozialistischen Abgeordneten gewählt hatte, erhielten Camorristi – die wahren, niederen Camorristi – den Auftrag, Anhänger der Sozialisten zu schikanieren. Am Wahltag standen neben der Polizei Ganoven vor den Wahllokalen Wache, wo mit öffentlichen Geldern Wählerstimmen gekauft wurden.

Irgendein Mitarbeiter des Polizeipräsidiums bewies an diesem Tag einen etwas ironischen Sinn für Humor, denn Camorristi, die sich der offiziellen Zustimmung erfreuten, durften sich dreifarbige Kokarden an den Hut stecken. So gingen sie also, wie in den Tagen vor Garibaldis Triumphzug im Jahre 1860 durch Neapel, mit patriotischen rot-weiß-grünen Abzeichen ein schändliches Bündnis mit der Polizei ein. Der traditionelle Schacher um Versprechen und Gefälligkeiten zwischen der »niederen« und der »hohen Camorra« war wieder aufgenommen worden. Offenbar hatte sich nichts geändert.

Kaum 18 Monate später veränderte sich die Lage so drastisch wie noch nie zuvor in der Geschichte der Camorra.

Einer der Camorristi, die am Wahltag des Jahres 1904 mit den dreifarbigen Kokarden durch die Stadt stolzierten, war der Boss der Vicaria-Gruppe der Ehrenwerten Gesellschaft, Enrico Alfano, bekannt als Erricone, »der dicke Heinrich«. Im Sommer des Jahres 1906 wurde Erricone in den »größten Strafprozess der damaligen Zeit« verwickelt, wie die *New York Times* ihn nennen sollte.

Der sogenannte Cuocolo-Prozess war der Stoff, von dem Zeitungsmänner träumten. Geschichten von einer Geheimsekte, die in den Bordellen und Kneipen der Elendsviertel entstanden war und nun die Salons und Clubs der Elite unterwanderte. Polizeikorruption und politische Fahrlässigkeit. Ein Trupp heldenhafter Carabinieri, dazu schurkische Ganoven, theatralische Juristen und sogar ein Camorrapfarrer. Das Drama, das sich in Viterbo abspielte, schien für das neue Medienzeitalter wie geschaffen. Auslandskorrespondenten, Nachrichtenagenturen und die flimmernden Bilder in Pathés *Gazette* konnten nun die Erregung in jeden Winkel des Globus tragen. Der Cuocolo-Prozess war mehr als nur ein Medienereignis: Im Unterschied zur Notarbartolo-Affäre markierte er einen Wendepunkt in der Geschichte des organisierten Verbrechens. Er belebte nicht nur die politische Kontroverse und befeuerte die Erregung, die Saredos Ermittlungen ausgelöst hatten, zerrte nicht nur erneut die schmutzigen Geschäfte zwischen Camorristi und Politikern an die Öffentlichkeit, sondern drückte der Camorra regelrecht die Luft ab. Mit dem Cuocolo-Fall hörte der als Camorra bekannte Geheimbund auf zu existieren. Erricone war der letzte Oberboss der Ehrenwerten Gesellschaft in Neapel. Und alles begann mit der Entdeckung zweier Leichen.

Die Camorra trägt strohgelbe Handschuhe

Am Morgen des 6. Juni 1906, kurz vor neun Uhr, verschaffte sich die Polizei Zugang zu einer Wohnung in der Via Nardone im Zentrum Neapels. Die Beamten fanden die Bewohnerin, eine ehemalige Prostituierte namens Maria Cutinelli, tot auf einem blutgetränkten Bett; sie war mit einem Nachthemd bekleidet und wies zahlreiche Stichwunden – insgesamt 13 – in Brust, Bauch, Oberschenkel und Genitalien auf. Die Polizei vermutete ein Verbrechen aus Leidenschaft und machte sich sofort auf die Suche nach dem Ehemann des Opfers, Gennaro Cuocolo.

Die Jagd war vorüber, ehe sie begonnen hatte. Bald kam die Nachricht aus Torre del Greco, einer Ortschaft, die zwischen Vesuv und Meer eingeklemmt war, etwa 15 Kilometer von der Stadt entfernt: Im Morgengrauen war Gennaro Cuocolo tot aufgefunden worden. Seine Leiche lag an einem Weg, der hinter dem Schlachthaus an der Küste entlangführte. Sie wies 47 Stichwunden auf, der Schädel war zertrümmert worden. Ein Großteil von Torre del Greco war infolge eines unlängst erfolgten Vulkanausbruchs noch immer von Asche bedeckt. Dank der Kampfspuren im schwarzgrauen Teppich ließen sich die letzten Sekunden in Cuocolos Leben rekonstruieren: Es gab mehrere Angreifer; nachdem sie ihr Opfer getötet hatten, legten sie die Leiche auf eine niedrige Mauer mit Blick auf das Meer – als wollten sie sie zur Schau stellen. Cuocolos Blut vermischte sich mit demjenigen, das aus dem Schlachthaus durch einen Rinnstein hinaus auf die Klippen floss.

Es gab einige Indizien, die das wahre Motiv für die Morde erahnen ließen. Cuocolo hatte sich seinen Lebensunterhalt verdient, indem er Einbrüche in Auftrag gab und mit der Beute Hehlerei trieb. Er war berüchtigt dafür, mit dem organisierten Verbrechen im Bunde zu stehen – als ein ehemaliges Mitglied der Ehrenwerten Gesellschaft im Stadtviertel Stella, um genau zu sein. Die Schlussfolgerung lag natürlich auf der Hand: Die Camorra hatte das Ehepaar Cuocolo getötet.

Die Hauptverdächtigen waren schnell gefunden. Während Gennaro Cuocolo mittels Messerstichen und Knüppelschlägen zu Tode gebracht worden war, hatten sich fünf Männer im Mimì a Mare, einer malerischen Trattoria wenige hundert Meter vom Tatort entfernt, ein üppiges Mahl aus gebratenem Aal schmecken lassen. Die fünf wurden verhaftet: Wenigstens drei von ihnen waren bekannte Ganoven, einer davon Erricone, der eigentliche Oberboss der Ehrenwerten Gesellschaft, wie die Polizei sehr wohl wusste.

Und doch gelang es den Ermittlern zunächst nicht, konkrete Beweise zutage zu fördern, die die Gäste im Mimì a Mare mit dem Blutbad hinter dem Schlachthaus in Verbindung gebracht hätten. Keiner der fünf hatte den Tisch lange genug verlassen, um Cuocolo zu töten. Erricone und seine Freunde kamen frei, sehr zum Ärger der Öffentlichkeit in Neapel.

Der entscheidende Durchbruch erfolgte erst zu Beginn des darauffolgenden Jahres, als Ergebnis der langjährigen Rivalität zwischen den beiden Zweigen des italienischen Polizeisystems. Die *Pubblica Sicurezza*, die normale Polizei, unterstand dem Innenministerium, die Carabinieri, die Militärpolizei, dem Kriegsministerium. Theoretisch patrouillierten beide Sicherheitskräfte in unterschiedlichen Bezirken: Die Polizisten waren für kleine und große Städte zuständig, die Carabinieri für die Provinz. In der Praxis jedoch überlappten sich ihre Pflichten des Öfteren. Die Cuocolo-Untersuchung war ein klassisches Beispiel für die Spannungen und Revierkämpfe, die sich nicht selten hieraus ergaben.

1907 entzogen die Carabinieri der Polizei die Kontrolle über die Ermittlungen im Cuocolo-Mord und legten bald die beunruhigende Zeugenaussage eines Mannes vor, den man heute als Topinformanten bezeichnen würde: Es handelte sich um einen jungen Pferdehändler, Stallburschen, Gewohnheitsdieb und Camorrista namens Gennaro Abbatemaggio.

Gennaro Abbatemaggio machte Geschichte, indem er das Schweigegelübde brach. Er schilderte jedes Detail der Cuocolo-Morde: Motiv, Planung und Ausführung. Doch seine Aussage war noch in anderer Hinsicht von Bedeutung. Es hatte nie zuvor einen Zeugen wie ihn gegeben. Natürlich hatten schon viele Ganoven bei den Behörden ausgesagt, griff man in vielen Gerichtsverfahren auf Beweismittel aus dem Inneren der sizilianischen Mafia, der neapolitanischen Camorra und der kalabrischen *Picciotteria* zurück. Doch vor Gennaro Abbatemaggio war noch nie jemand vor Gericht erschienen, um eine ganze Bande zu denunzieren. Vor ihm hatte noch kein bekennender Ganove sein eigenes Dasein und Seelenleben zum Gegenstand öffentlicher Faszination und forensischer Forschung gemacht. Gennaro Abbatemaggio wurde die größte der vielen Berühmtheiten, die der Cuocolo-Fall hervorbrachte.

Abbatemaggio erklärte den Carabinieri, dass das Mordopfer, Gennaro Cuocolo, zunächst den Zorn der Camorra erregt habe, weil er ihre heiligste Regel gebrochen und sich an die Behörden gewandt habe. Cuocolo hatte gegen die Omertà verstoßen, nachdem er einen gewissen Luigi Arena mit einem Diebstahl beauftragt hatte. Um die gesamte Beute für sich behalten zu können, hatte Cuocolo seinen Komplizen an die Polizei verraten.

Der glücklose Dieb Arena wurde daraufhin in eine Strafkolonie auf der Insel Lampedusa verbannt, zwischen Sizilien und der nordafrikanischen Küste gelegen. Von dort aus schrieb er, zu Recht vor Wut schäumend, zwei Briefe an einen ranghohen Camorrista, in denen er Gerechtigkeit forderte.

Das Anliegen des Diebs wurde bei einem Tribunal der Camorra erörtert, einem Treffen der gesamten Anführerschaft der Ehrenwerten Gesellschaft, das Ende Mai 1906 in einer Trattoria in Bagnoli stattfand. Das Tribunal verurteilte Cuocolo zum Tode und entschied, dass auch seine Ehefrau, zumal sie viele seiner Geheimnisse kannte, sterben musste. Erricone, der Boss des Vicaria-Viertels und maßgeblichste Camorrista der Stadt, übernahm die Aufgabe, die Hinrichtungen zu organisieren. Er beauftragte sechs Killer, auf zwei Teams verteilt, die Cuocolo und seine Frau um die Ecke bringen sollten. Er arrangierte außerdem das Aale-Essen in Torre del Greco, damit er die grausige Tat im Auge behalten konnte.

Dies zumindest behauptete Abbatemaggio und fügte hinzu, er wisse dies alles, weil er für Erricone bei der Vorbereitung der Cuocolo-Morde als Bote fungiert habe. Er sei außerdem dabei gewesen, als die Killer ihrem Boss ausführlich Rechenschaft ablegen mussten zu den Morden, und auch als der Schmuck unter den Camorristi aufgeteilt worden sei, den diese aus Maria Cutinellis blutbespritztem Schlafzimmer gestohlen hätten.

Es gab eine Nebenhandlung zu Abbatemaggios Schilderung, eine Nebenhandlung, die von all seinen Behauptungen am lautesten in Zweifel gezogen werden sollte: Gennaro Cuocolo, sagte er, habe stets einen Ring mit seinen Initialen am kleinen Finger getragen. Cuocolos Killer hätten ihm das Schmuckstück vermutlich von der toten Hand gezogen, um es in die Strafkolonie auf Lampedusa zu schicken, als Beweis, dass die Camorra Gerechtigkeit geübt hatte. Doch einer der Killer, so Abbatemaggio, habe die Befehle missachtet und den Ring behalten. Viele Monate später, als die Carabinieri Abbatemaggios Hinweis nachgingen und die Wohnung des Killers durchsuchten, schlitzten sie seine Matratze auf, und heraus fiel ein kleiner Ring mit den Initialen ›G. C‹. Der Fund bestätigte die Zeugenaussage des Spitzels.

Mit Abbatemaggios Hilfe konnten die Carabinieri eine schlichte Morduntersuchung in einen Frontalangriff auf die gesamte Ehrenwerte Gesellschaft verwandeln. Eine gewaltige Treibjagd auf Camorristi war die Folge. Die Menschen in Neapel klatschten vom Spielfeldrand aus Beifall.

Doch nachdem die Carabinieri Abbatemaggios Zeugenaussage den Ermittlungsrichtern vorgelegt hatten, denen die Aufgabe zukam, die Strafverfolgung vorzubereiten und einzuschätzen, ehe der Fall vor Gericht verhandelt werden konnte, kamen Zweifel auf an den Beweisen gegen Erricone und seine Killer. Die Carabinieri hatten offensichtlich die Prozessordnung übergangen. Besonders regelwidrig wirkte die Durchsuchung, die zur Entdeckung von Cuocolos Ring geführt hatte. Und das vermeintliche Hauptmotiv für die Morde in Abbatemaggios Aussage wurde in Zweifel gezogen, als sich herausstellte, dass Gennaro Cuocolo nicht die geringste Schuld traf an der Verbannung des Diebs Luigi Arena in die Strafkolonie auf Lampedusa. Warum sollte Arena an die Camorra schreiben, um Rache gegen Cuocolo zu fordern, der doch nichts Falsches getan hatte?

Für die Carabinieri, die die Strafverfolgung vorantrieben, gab es auch Ärger aus den eigenen Reihen. Ein Beamter bekam Wind von der wahren Geschichte um Cuocolos Ring. Wie sich herausstellte, hatte der Informant Abbatemaggio den Schmuck selbst gekauft und die Initialen G. C. eingravieren lassen. Die Carabinieri hatten ihn dann in der Wohnung deponiert, wo sie ihn ihrem Lieblings-Camorrista zufolge finden sollten. Es war der sogenannte »Ring-Trick«, wie ihn die Sympathisanten der Angeklagten nennen würden.

Der Carabiniere, der den Ring-Trick entlarvt hatte, drohte damit, ihn an die Presse zu verraten. Sofort wurde er in eine Zwangsjacke gesteckt und auf Befehl seines Kommandanten in ein Irrenhaus verfrachtet. Der Ärmste konnte jedoch bald beweisen, dass sein Verstand völlig intakt war, woraufhin ein mitfühlender Richter seine Freilassung anordnete. Nachdem seinem Pensionspolster eine gemütliche Füllung verabreicht worden war, beschloss er, den Ring-Trick für sich zu behalten. Vorzeitiger Ruhestand wegen gesundheitlicher Probleme, lautete die offizielle Version.

Die Polizei in Neapel, fuchsteufelswild, weil sie von den Carabinieri aus dem Fall geboxt worden war, nahm ihre Ermittlungen wieder auf, schlug dabei jedoch einen völlig anderen Weg ein: Für sie stand fest, dass das Ehepaar Cuocolo von zwei Dieben ermordet worden war, die Gennaro Cuocolo um einige Regierungsanleihen betrogen hatte, die sie bei einem früheren Einbruch gestohlen hatten.

Doch auch die Theorie der Polizei wies eine gewaltige Schwachstelle auf: Sie basierte größtenteils auf der Aussage eines gewissen Don Ciro Vittozzi, eines übergewichtigen Pfarrers, der für eines von Erricones Kindern die Patenschaft übernommen hatte; Don Ciro war vorbestraft, weil er Camorristi dabei geholfen hatte, sich ihrer Strafe zu entziehen. Und so beschuldigten die Carabinieri die Polizei, auf das Geflunkere der Camorra hereingefallen zu sein. Die Geschichte mit den Regierungsanleihen, sagten sie, sei von der Camorra erfunden worden, um die wahren Schuldigen zu decken. Die Carabinieri gaben sogar eine Anzeige gegen zwei Polizeibeamte auf wegen Beweisfälschung. Sie gingen schließlich noch weiter, indem sie die von der Polizei beschuldigten Diebe dazu drängten, ihre Kläger zu verklagen. So wurde der ohnehin komplizierte Fall noch verzwickter.

Obwohl Abbatemaggios Betreuer sich wacker bemühten, stand seine Geschichte doch auf recht wackeligen Beinen. Also veränderte er sie. Ein Jahr nach seiner anfänglichen Aussage erzählte er eine neue, verbesserte Version. Diesmal war die Schlüsselfigur in seiner Geschichte ein gewisser Giovanni Rapi, in Camorrakreisen bekannt als *»il professore Rapi«*, »der Lehrer«, weil er in jungen Jahren an örtlichen Schulen gearbeitet hatte. Er war auch Champagnerhändler in Frankreich gewesen. Jetzt, mit Mitte fünfzig, war »der Lehrer« Erricones *contaiuolo*, sein Buchhalter; er führte außerdem einen renommierten Club und eine Spielhölle. Abbatemaggio zufolge betrieb der »Lehrer« nebenbei noch Hehlerei. In anderen Worten, er war im selben Geschäft wie das Mordopfer Gennaro Cuocolo und somit dessen Konkurrent. Aufgrund dieser Rivalität und weil Cuocolo ihn erpresste, hatte der »Lehrer« Erricone gebeten, Cuocolo und seine Frau um die Ecke zu bringen.

Angesichts dieser neuen Version stellte sich freilich die Frage, warum Abbatemaggio den »Lehrer« nicht schon eher beschuldigt hatte, obwohl Letzterer einer der fünf Männer gewesen war, die bekanntermaßen am Abend der Morde im Mimì a Mare Aal verspeist hatten. Abbatemaggio erklärte, er habe sich aus zweierlei Gründen zurückgehalten: Zum einen habe er befürchtet, dass niemand einen scheinbar so untadeligen Mann wie den »Lehrer« einer so grausigen Tat für fähig halten könnte; zum zweiten sei es ihm schwergefallen, den »Lehrer« anzuzeigen und dadurch sich selbst mit einigen Diebstählen in Verbindung zu bringen, die er auf dessen Geheiß begangen habe. Abbatemaggio gestand ordnungsgemäß die fraglichen Diebstähle und wurde verhaftet.

Die Zahl der Unwägbarkeiten im Mordfall Cuocolo stieg ins Unermessliche.

Ein Großteil der Beweismittel für den Cuocolo-Prozess wurde bereits publik gemacht, während der Fall noch seine langatmige Vorbereitungsphase durchlief. (Dies ist in Italien noch immer die Norm.) Somit verfolgte die Öffentlichkeit den Ablauf der Geschichte genau, und die Zeitungen vertraten bald gegnerische Lager. Waren Erricone und seine Freunde schuldig oder nicht? Wer war im Recht, Polizisten oder Carabinieri? Einige witterten ein Fehlurteil und führten zeitgleich eigene Ermittlungen durch, zum Verbrechen selbst, aber auch zu der Art und Weise, wie die Carabinieri an Abbatemaggios Geständnis gekommen waren. Andere befürworteten ein scharfes Vorgehen gegen Ganoven, ungeachtet der gesetzlichen Vorschriften.

Ein Großteil der sozialistischen Presse stimmte in das Gezeter mit ein, wie vorherzusehen war angesichts der erfolgreichen Kampagne, die zum Casale-Prozess geführt und der »hohen Camorra« einige Jahre zuvor einen empfindlichen Schlag versetzt hatte. Dabei erkannten die Sozialisten, dass sie einen völlig unerwarteten Verbündeten in der rechtsgerichteten Tageszeitung *Il Mattino* hatten, der auflagenstärksten Zeitung in Neapel.

Wie wir bereits gesehen haben, fanden die Kommentatoren des *Mattino* meist schmeichelhafte letzte Worte zu den Begräbnisfeierlichkeiten der Ehrenwerten Gesellschaft; als Sprachrohr der »hohen Camorra« gehörte die Zeitung zu denen, die Saredo lautstark vorhielten, er bewerfe durch seine Ermittlungen Neapel mit Schmutz. Edoardo Scarfoglio, der käufliche, aber tüchtige Herausgeber des *Mattino*, hatte enge Freunde unter den Politikern der »hohen Camorra« – Männer, die ihm halfen, seine geliebte Yacht zu finanzieren: Mit der elfköpfigen Mannschaft kostete sie im Unterhalt mehr als das Jahresgehalt eines Präfekten. Trotzdem bejubelte Scarfoglios Zeitung nur wenige Jahre später die Carabinieri, die neuerlich Anlauf nahmen, in der Stadt aufzuräumen. Der Umschwung in der Linie der Zeitung stellte ein gewisses Rätsel dar.

Des Rätsels Lösung bestand zum Teil darin, dass das Bündnis zwischen »hoher« und »niederer« Camorra von Natur aus schwach und chaotisch war. Standen Wahlen ins Haus, waren die Politiker der »hohen Camorra« nur allzu gern bereit, sich der »niederen Camorra« zu bedienen. Schmutzige Gefälligkeiten und Versprechen mit ihnen auszuhandeln, war jederzeit möglich. Kaum forderte jedoch die Öffentlichkeit lautstark die Köpfe von ein paar Verbrechern, wandten dieselben Politiker sich ohne Zögern gegen ihre Helfershelfer aus der Unterwelt.

Die Auflagenhöhe war ein weiterer Grund für das Umschwenken des *Mattino* auf einen camorrafeindlichen Kurs. Die grausigen Cuocolo-Morde hatten die Stadt in Angst und Schrecken versetzt und das organisierte Verbrechen für einen gerissenen Zeitungsmenschen wie Scarfoglio zur Topschlagzeile gemacht. Zum Verdruss vieler Neapolitaner verbarg sich jetzt sogar die »niedere Camorra« hinter einer honorigen Fassade. Verschwunden waren die weiten Glockenhosen, die protzigen Jacken und Haartollen, welche die frühen Camorristi im städtischen Pöbel erkennbar gemacht hatten. Die Ganoven glichen sich jetzt dem Bürgertum an, sogar der höheren Schicht. Der Ausdruck »Camorra in strohgelben Handschuhen« (*in guanti gialli* oder *paglini*) war damals sehr gebräuchlich und ist noch immer eine treffende Etikettierung für die neue Spezies des Gentleman-Ganoven. Handschuhe aus feinem hellen Wildleder waren ein Zeichen von Wohlstand. Wenn also einer »strohgelbe Handschuhe trug«, so bedeutete dies, dass er sich einen falschen Anschein von Vornehmheit gab, um zwischen gesellschaftlich Höherstehenden nicht aufzufallen. Ob es eine »hohe Camorra«, die ähnlich wie die Mafia innerhalb der Regierungsinstitutionen existierte, wirklich gab, sei dahingestellt, doch die Camorra in strohgelben

Handschuhen, die gab es zweifellos. Zu Beginn des 20. Jahrhunderts versteckten Camorristi ihre Tattoos unter respektabler Kleidung und mischten sich unaufgefordert unter die Wohlhabenden.

»Der Lehrer« mit seinem eleganten Spielkasino war dafür ein treffendes Beispiel. Ähnliches galt für das ermordete Ehepaar: Gennaro Cuocolo war ein Hehler und seine Frau Maria Cutinelli eine ehemalige Hafennutte. Trotzdem lebten die beiden in einer stattlich möblierten Wohnung gegenüber der Polizeistation. Cuocolos Modus operandi bestand darin, sich das Vertrauen wohlhabender Familien zu erschleichen, damit er ihre Häuser betreten und herausfinden konnte, welche Gegenstände darin sich zu stehlen lohnten. Er gab daraufhin seinem Einbrecherteam präzise Anweisungen, wie sie sich Zugang verschaffen und was sie mitnehmen sollten: Einbruch nach Maß.

Doch die beunruhigendste Verkörperung des Camorrista in strohgelben Handschuhen war, wie die Cuocolo-Untersuchung ans Licht brachte, Gennaro De Marinis, in Verbrecherkreisen als *o Mandriere* (»der Kuhhirte«) bekannt, weil er einmal in einem Schlachthaus gearbeitet hatte. Abbatemaggio zufolge war der »Kuhhirte« der Empfänger der Briefe aus Lampedusa gewesen. Der »Kuhhirte« hatte freilich eine interessante Verbrecherlaufbahn vorzuweisen: Er war ein Juwelier, Hehler, Kredithai und Zuhälter und dabei so erfolgreich, dass er samt Dienerschaft ein großes Haus bewohnte.

Der »Kuhhirte« wurde in der Presse als ein neuer, »ultramoderner« Typus des Camorrista beschrieben. Blasierte Gauner wie er unterwanderten die Cafés und Clubs, die von reichen, zügellosen jungen Männern frequentiert wurden. Diesen vermittelten sie die Bekanntschaft mit attraktiven »Schauspielerinnen«, den Zutritt zu exklusiven Spielhöllen, oder gewährten ihnen Bargeldkredite »unter Freunden«. Auf diese Weise bereiteten sie sich einen samtweichen Weg zur Erpressung ihrer Opfer und zu deren finanziellem Ruin.

Es ging in Neapel auch das Gerücht, der »Kuhhirte« habe unwillentlich den Ärger des Königshauses erregt und damit den Zorn der Carabinieri auf die Ehrenwerte Gesellschaft gelenkt. Der schneidige Herzog von Aosta, nach dem sich auf neapolitanischen Bällen manch eine Dame den Hals verrenkte, musste schockiert feststellen, dass er sich bei Sportveranstaltungen mit Camorristi gemein machte; er schäumte vor Wut, als ihm zu Ohren kam, dass der »Kuhhirte« sogar mit diversen blaublütigen Schönen das Bett geteilt hatte. Der Herzog beklagte sich also bei seinem Vetter, dem König, der daraufhin die Polizei veranlasste, die Ermittlungen im Mordfall Cuocolo an die Carabinieri abzugeben. Als der König sich den Camorristi in strohgelben Handschuhen gegenübersah, wies er die Carabinieri an, ihnen die Handschuhe auszuziehen.

Wie so vieles im Zusammenhang mit dem Cuocolo-Prozess, dürften auch diese Gerüchte schwer zu belegen sein. Fest steht jedoch, dass die Ehrenwerte Gesellschaft längst nicht mehr auf die Elendsviertel beschränkt war. Das Drama der Cuocolo-Morde vollzog sich vor der Kulisse eines bürgerlichen Stadtlebens beziehungsweise unter der Pergola des Mimì a Mare in Torre del Greco, wo Erricone mit seinen Männern Aale gegessen und der legendäre Caruso einmal die *maccheroni alle vongole* gelobt hatte. Oder unter den Marmorsäulen und schmuckreichen Lampen der Galleria Umberto I, den prächtigen neuen Arkaden, die im Zuge des umfassenden Sanierungsprogramms nach der Choleraepidemie im Jahre 1884 errichtet worden waren. Abbatemaggio erklärte, Erricone und seine Männer hätten die Cuocolo-Morde hier in der Galleria geplant, vor aller Augen, an den Tischen des eleganten Caffè Fortunio. Die Polizei bestätigte, dass die Galleria regelmäßig von der Camorra frequentiert wurde. Beunruhigenderweise hatten die fettesten Kanalratten jetzt auch die schickeren Stadtviertel erobert.

Dies waren nur die sichtbarsten Symptome der Krankheit. Neapels »hohe Camorra« konnte sich vielleicht noch nicht mit der »hohen Mafia« in Palermo messen, dennoch lauerten die Camorristi in jedem Schlupfwinkel der Stadt. Geldverleih war der Schlüssel. Schulden gehörten zur Lebensart in einer Stadt mit schwacher Konjunktur. Die Armen lebten am Rande der Verelendung, süchtig nach dem regelmäßigen Kick durch einen illegalen Lotterieschein. Die Mittelschicht erhob sich nur geringfügig über die demütigende Armut und gierte nach den kleinen Genüssen, mit denen sie dem zerlumpten Pack, das in den untersten Etagen hauste, ihren Status kundtat. Spielsüchtige aus der Oberschicht liehen sich Geld, um weiterspielen zu können. Die gesamte Stadt war verschuldet. Wie ein Journalist vor Ort es ausdrückte: Kreditwucher war für die Neapolitaner das, was der Absinth für die Franzosen war. Die Ehrenwerte Gesellschaft war darauf spezialisiert, diese Sucht zu stillen.

Während die Cuocolo-Ermittlungen mit Enthüllungen und Kontroversen schleppend vorangingen, wurde die Bekanntheit, derer sich Personen wie der »Kuhhirte« erfreuten, noch durch die schmutzige Art und Weise gesteigert, in der die Beweismittel zusammengetragen wurden. Die Camorristi unter den Angeklagten versuchten – erwartungsgemäß –, sich aus dem Gefängnis freizukaufen. Doch Zeitungen, besonders *Il Mattino*, zahlten auch gern für einen Knüller, egal wie viel Wahres oder Falsches er enthielt. Selbst die Carabinieri schienen davon betroffen zu sein. In der Hoffnung, eine gut zurechtgelegte Zeugenaussage verkaufen zu können, strebten Gauner aus allen Winkeln Neapels zu den Kasernen der Carabinieri, wo die Ermittler ihr Hauptquartier hatten. Die ausgekochtesten Zeugen verschacherten ihre Geschichten nach drei Seiten, hieß es.

Die Carabinieri verwandelten die Gerüchte um die gekauften Zeugenaussagen in ein politisches Druckmittel. Im Dezember 1910 beklagten sie in einem geheimen Bericht, den sie an ihr Oberkommando in Rom schickten, dass die Camorra sich aller erdenklichen Tricks bediene, um die Ermittlungen gegen sie zu behindern. Sogar Zeitungen seien den Ganoven bereits zu Diensten. Wer vermochte zu sagen, wie weit ihr Einfluss schon reichte? Eine Niederlage im Fall Cuocolo würde nicht nur dem Korps, sondern auch der Zukunft der öffentlichen Ordnung in Neapel einen »irreparablen Schaden« zufügen. Der Bericht schloss mit einer aufschlussreichen Bitte um »moralische und materielle Unterstützung«.

> »Wir halten es vorerst für notwendig, dass Gelder in Höhe von 20 000 Lire verfügbar gemacht werden. Wir brauchen tüchtige, gut bezahlte und vertrauenswürdige Informanten, die ihr Wissen nicht einfach an den Meistbietenden verkaufen. Andernfalls könnten sie falsche Informationen liefern, die während des Prozesses zu ernsthaften Zwischenfällen führen könnten.«

Mit anderen Worten: »Könnten wir bitte mehr Geld haben, um unsere Zeugen zu bezahlen?«

Es dürfte kaum überraschen, dass schließlich vier Jahre und neun Monate erforderlich waren für die Ermittlungsarbeit und die juristische Vorbereitung, bis man die Morde an Gennaro Cuocolo und Maria Cutinelli der Camorra anlasten konnte.

Der kriminelle Atlantik

Diese Ermittlungsphase war ausgesprochen ereignisreich. Als Gennaro Abbatemaggio sich zu Beginn des Jahres 1907 an die Polizei wandte, setzte sich Erricone, als Heizer auf einem Dampfer getarnt, nach New York ab.

Mittlerweile war für das organisierte Verbrechen in Italien längst ein überseeisches Zeitalter angebrochen. Der erste Mafiamord auf amerikanischem Boden – zumindest der erste, von dem wir wissen – geschah am 14. Oktober 1888, einem Sonntag: Das Opfer, ein gewisser Antonio Flaccomio aus Palermo, hatte in einem sizilianischen Restaurant ein Glas getrunken, als er unmittelbar vor Manhattans gefeiertem Cooper Union-Gebäude erstochen wurde. Doch die Geschichte der Mafia in Amerika hatte schon lange vor diesem Tag begonnen. Verbrecher aus Sizilien hatten sich bereits vor der Einigung Italiens in die USA geflüchtet. New York und New Orleans waren die Hauptabsatzmärkte für Zitrusfrüchte aus Sizilien und wurden daher auch die ersten Mafiastützpunkte in den Vereinigten Staaten.

Um die Jahrhundertwende wurden aus den Zehntausenden, die alljährlich den Atlantik überquerten, Hunderttausende: Im Jahre 1913, auf dem Höhepunkt des Exodus, waren es beeindruckende 870 000 Personen. Die Emigration hatte Auswirkungen auf die Wirtschaft des bäuerlichen Südens: Migranten schickten Geld nach Hause, und ihre Abwesenheit trieb die Löhne derer, die im Land geblieben waren, in die Höhe.

Die neue Auswanderungswelle brachte auch Mitglieder der drei großen kriminellen Vereinigungen Italiens nach Amerika. Nachdem das organisierte Verbrechen aus Italien zunächst nur in New Orleans oder Mulberry Bend zum lokalen Ärgernis geworden war, wurde es bald zu einem nationalen Problem für die Vereinigten Staaten.

Die beiden Ufer des kriminellen Atlantiks waren durch zahllose schlaue Fäden miteinander verbunden. Ziehen wir an einem dieser Fäden – Erricones Flucht nach New York –, erhalten wir eine schwache Ahnung, wie umfassend und dicht gewoben die Geschichte des italoamerikanischen Gangstertums tatsächlich ist. (Zu umfassend, um hier erzählt zu werden.)

Erricones Fluchtversuch währte nicht lang: Er wurde bald aufgespürt und von Lieutenant Giuseppe Petrosino, genannt »Joe«, zurück nach Neapel geschickt. Joe Petrosino war in Salerno zur Welt gekommen und hatte in der New Yorker Polizei Karriere gemacht, indem er das organisierte Verbrechen aus Italien bekämpfte. Wir könnten ihn uns als potentiellen Erben des Mantels vorstellen, den Ermanno Sangiorgi soeben an den Nagel gehängt hatte: Petrosino war für das nach Übersee ausgewanderte Verbrechen ausreichend amerikanisiert.

1909, während die Cuocolo-Ermittlungen noch im Gange waren, stattete Petrosino Italien einen kurzen Besuch ab, um ein unabhängiges Informationsnetzwerk über Gangster aufzubauen, die in Italien zur Welt gekommen waren. Am 12. März 1909 stand er unter der Garibaldi-Statue auf der Piazza Marina in Palermo, als er von zwei Männern erschossen wurde. Er hinterließ seine Frau Adelina und eine Tochter desselben Namens, die erst vier Monate alt war.

Niemand würde für den Mord an Petrosino zur Rechenschaft gezogen werden. Es gab viele Ermittlungsstränge. Der erste, und plausibelste von allen, führte zu einer Bande Sizilianer, deren Fälscheraktivitäten Petrosino im Jahre 1903 aufgedeckt hatte, als er das berüchtigte Rätsel der »Leiche im Fass« zu lösen suchte – die fragliche Leiche war ein Opfer der Mafiosi. 1905 schloss sich der Bande, die vermutlich für die »Leiche im Fass« verantwortlich war, ein Mafioso und Zitronenhändler namens Giuseppe Fontana an – derselbe Giuseppe Fontana, der im Jahr zuvor wegen des Mordes an dem Bankier Emanuele Notarbartolo vor Gericht gestanden hatte und empörenderweise freigesprochen worden war. (1913 sollte Fontana in East Harlem erschossen werden.)

Der mutmaßliche Mörder Lieutenant Petrosinos war Don Vito Cascio-Ferro, ein Ehrenmann, der zu Beginn des 20. Jahrhunderts mehrmals den Atlantik überquert hatte. Cascio-Ferro stand nie unter Anklage, weil er ein scheinbar wasserdichtes Alibi hatte: Ein sizilianischer Abgeordneter hatte angegeben, Cascio-Ferro sei bei ihm zu Besuch gewesen, als Petrosino starb. Der betreffende Abgeordnete hieß Domenico De Michele; wie der Zufall es wollte, war er der Sohn des »Barons« Pietro De Michele – jenes Vergewaltigers und Mafiabosses aus Burgio, der 1877 in das »Brudermord«-Komplott gegen Ermanno Sangiorgi verwickelt gewesen war.

Im Zuge ihrer langwierigen Ermittlungen im Mordfall Petrosino befragte die italienische Polizei auch einen Gangster aus Kalabrien, Antonio Musolino. Er war der jüngere Bruder des »Königs des Aspromonte«, und sein Cousin stand im Verdacht, Lieutenant Petrosino auftragsgemäß getötet zu haben. Mit erstaunlicher Offenheit erklärte Antonio Musolino, er sei 1906 aus Santo Stefano geflüchtet, weil zu befürchten stand, dass die vielen Feinde seiner Familie versuchen würden, ihn umzubringen. In Brooklyn hatte er sich mit einstigen Anhängern seines Bruders zusammengetan, unter anderem mit dem Cousin, der im Verdacht stand, Petrosino erschossen zu haben. In einem Kellerraum in der Elizabeth Street, dem Epizentrum der italienischen Gemeinde in Manhattan, wurde Musolino in eine Mafiagang aufgenommen, die sowohl Kalabresen als auch Sizilianer umfasste. Sein Name für die Gang war *Black Hand*, Schwarze Hand – ein Sammelbegriff für das italienische Gangstertum in Amerika, der den bedrohlichen Symbolen geschuldet war (blutige Dolche, schwarze Hände und dergleichen), die bisweilen die Erpresserbriefe der Mafiosi zierten.

Musolinos kurze Geschichte ist typisch für die Art und Weise, wie die *picciotti*, die vom Aspromonte nach New York reisten, in einer weitaus mächtigeren, gut etablierten sizilianischen Organisation aufgingen: Die ärmlichen *picciotti* gerieten unter den Einfluss der »Mittelschicht-Verbrecher«. Wo die Sizilianer nicht so stark vertreten waren, beispielsweise in der Mondlandschaft der Bergbaubezirke in Pennsylvania und Ohio, konnten die Kalabresen, die nach Amerika geholt worden waren, um Kohle abzubauen, sich selbst organisieren und die Methoden und Traditionen zum Einsatz bringen, die sie zu Hause gelernt hatten.

Errricones kurzer Abstecher nach New York gab den Anstoß zu einer dritten Theorie über den Mord an Lieutenant Joe Petrosino und brachte die Camorra ins Spiel: Erricone geriet nun selbst unter Verdacht. Nach der Ermordung Petrosinos stieg das Interesse am Cuocolo-Fall in den Vereinigten Staaten gewaltig. Die umfassenden Ermittlungen in Neapel schienen auf eine weitaus mächtigere Organisation zu verweisen, als selbst die beunruhigendsten Spekulationen über die *Black Hand* in den USA es erahnen ließen. In der *New York Times* behauptete der Journalist Walter Littlefield kühn, Erricone habe den Befehl gegeben, Petrosino zu töten, und die Ehrenwerte Gesellschaft, die er leite, sei die Dachorganisation aller italienisch-amerikanischen Verbrecher zu beiden Seiten des Atlantiks.

> »Es ist die törichte Hoffnung eines modernen, zivilisierten italienischen Staates, dass der Gerichtsprozess die größte und am perfektesten organisierte Verbrecherorganisation der ganzen Welt, mitsamt ihren einträglichen Verbindungen nach Amerika und den gefügigen Sklaven auf Sizilien, endgültig ausmerzen könnte. Damit wäre gleichsam der Kopf vom Rumpfe getrennt, und man hätte die Auflösung beider Gehirne erreicht, jenes der *Black Hand* in Amerika und jenes der Mafia auf Sizilien.«

In aller Welt wurden die Erwartungen an die Cuocolo-Affäre ebenso drängend wie unrealistisch.

Die jüngste Geschichtsforschung kommt zu weniger panischen Schlussfolgerungen als Walter Littlefield. Camorristi aus Neapel und Umgebung waren zum Zeitpunkt von Erricones Amerika-Aufenthalt gewiss auch in den USA aktiv, und einige von ihnen hatten in Brooklyn neben den dominierenden sizilianischen Banden sogar autonome Gruppierungen gegründet. Erricones Buchhalter, der »Lehrer«, hatte offenbar Verbindungen zu einer Sparkasse in New York, die das Geld von Einwanderern sammelte und in die Heimat schickte. Nachdem Erricone ausgeliefert worden war, suchten New Yorker Camorristi italienische Restaurantbetreiber auf, um Geld für seine Anwälte zu sammeln.

Unterdessen verbrachte der Mann im Zentrum des bevorstehenden Cuocolo-Prozesses, der Spitzel Gennaro Abbatemaggio, seine Zeit in Untersuchungshaft und las in Fortsetzungen Joe Petrosinos Lebensgeschichte.

Während die Vorbereitungen für den Cuocolo-Prozess nur schleppend vorangingen, ereignete sich am 28. Dezember 1908, kurz nach 5.20 Uhr, ein massives Erdbeben, dessen Epizentrum in der schmalen Meerenge zwischen Sizilien und Kalabrien lag, und verwüstete Messina, Reggio Calabria und viele Städte und Dörfer des Aspromonte. Etwa 80 000 Menschen kamen ums Leben; viele der traumatisierten

Überlebenden emigrierten in die Neue Welt. Diese Katastrophe, das tödlichste Beben in der Geschichte des Westens, erregte wochenlang das Mitleid der ganzen Welt.

Als die Medien sich schließlich anderen Themen zuwandten, begann die freudlose, traurige Geschichte des Wiederaufbaus. Die Menschen in den betroffenen Landstrichen Kalabriens, schon vor der Katastrophe ein träges Volk, wurden nun noch träger. In Reggio Calabria dauerte der Wiederaufbau der Präfektur elf Jahre, und sechs weitere verstrichen, bis der Justizpalast, in dem sich die Gerichtssäle befanden, neu errichtet war. Der langwierige Kampf um staatliche Zuschüsse für den Wiederaufbau wurde zum neuen Schwerpunkt des politischen und wirtschaftlichen Lebens in weiten Teilen des Katastrophengebiets. Die *Picciotteria* forderte einen Anteil an der Beute. In Reggio Calabria wurden in denselben Kaschemmen, in denen die Maurer sich trafen, Ganoven gesichtet: Die vielen Arbeiter boten ihnen reichlich Gelegenheit, von Glücksspielen, Erpressung, Raub und Prostitution zu profitieren. 1913 sollte die Polizei 83 Mitglieder einer kriminellen Bande schnappen, die hierarchisch strukturiert war – *picciotto*, Camorrista, Buchhalter und *fiorillo*, »Blümchen« – und in der gesamten Stadt ihr Unwesen trieb. Doch war dieser Erfolg natürlich nur für die Lokalpresse interessant, wie andere Gerichtsverfahren zu Beginn des 20. Jahrhunderts, die zeigten, dass sich die *Picciotteria* nach Norden ausbreitete, in die übrigen Provinzen Kalabriens. Von all den Menschen, die erlebten, wie die *Picciotteria* vor dem Ersten Weltkrieg in aller Ruhe in der kalabrischen Gesellschaft Fuß fassen konnte, haben uns nur sehr wenige eine Art Zeugnis hinterlassen. Einer von ihnen ist der in San Luca geborene Schriftsteller Corrado Alvaro. 1955 fischte er eine lebhafte Jugenderinnerung aus dem Gedächtnis, die deutlich macht, wie die *Picciotteria* – kaum eine Generation nach ihrer Entstehung – zu dem werden konnte, was er als einen »Aspekt der herrschenden Klasse« bezeichnete, zu einem normalen, allseits akzeptierten Teil des gesellschaftlichen Lebens. Eines Tages war Alvaro nach einem Schuljahr am fernen Gymnasium heimgekehrt nach San Luca, das von den schlimmsten Auswirkungen des Erdbebens von 1908 verschont geblieben war. Seine Mutter erzählte ihm beiläufig, dass sein Vater sich im oberen Stockwerk mit »Männern der Vereinigung« unterhalte. Alvaro mit seinen angelesenen Vorstellungen von

Gemeinschaftsgeist, dachte sofort an eine Gruppe, die sich für lokale Interessen starkmache. »Dann gibt es also endlich eine Vereinigung in unserem Dorf?« Seine Mutter erwiderte tonlos: »Es ist die Verbrechervereinigung.«

Gennaro Abbatemaggio: Genialoid

Endlich begann im März 1911 der Cuocolo-Prozess in der grottenartigen Barockkirche, die in der Stadt Viterbo, zwischen Rom und Florenz gelegen, als Schwurgericht fungierte. Die Kulisse war eigens für diesen Anlass ausgewählt worden, weil zu befürchten stand, dass sich Geschworene aus Neapel entweder von den Drohungen der Camorra oder vom Camorrafieber beeinflussen lassen könnten, das der Fall hervorrief.

Zeitungsleser und Besucher der Wochenschauen in aller Welt bekamen endlich vielsagende Bilder von den Angeklagten zu sehen, die man in einen großen Käfig im Gerichtssaal gepfercht hatte, und konnten deren schrulligen Spitznamen Gesichter zuordnen.

Zu seinem eigenen Schutz war Gennaro Abbatemaggio allein in einen kleineren Käfig gesetzt worden. Der mittlerweile 28-Jährige war von kleiner Statur und gut gekleidet. Sein Gesicht wurde von einer langen Narbe verunziert, die von der Wange bis hinunter zur Kinnspitze reichte. Er trug einen kurzen, pomadisierten Schnurrbart, dessen Spitzen keck nach oben wiesen.

»Die Camorra ist eine Laufbahn«, begann er mit seiner angenehmen Baritonstimme, »die vom *picciotto* über diverse Ränge bis zum Camorrista führt.« Er habe sich 1899, mit 16 Jahren, als *picciotto* der Camorra angeschlossen. 1903 sei er in der Sektion Stella der Ehrenwerten Gesellschaft zum Camorrista befördert worden.

> »Camorristi in Neapel beuten gierig Prostituierte aus (...) Sie fordern für alles eine Camorra [Bestechungsgeld], vor allem für zwielichtige, illegale Geschäfte. Sie beziehen die Camorra für verbotene Wetten in den Spielhöllen, die Neapel wie ein Ausschlag überziehen. Sie kassieren sie für Verkäufe bei öffentlichen Auktionen und tragen ihre arrogante Überheblichkeit sogar bei kommunalen und nationalen Wahlen zur Schau (...) Die Bande ist so niederträchtig, dass sie für Geld – bisweilen sind die Beträge geradezu lächerlich gering – sogar bereit ist, Leute abzuschlachten oder zu verunstalten. Camorristi betätigen sich auch als Kredithaie. Der Kreditwucher ist in der Tat ihr einträglichstes Geschäft.«

Abbatemaggio ging nun daran, die Camorra als »eine Art minderwertige Freimaurergesellschaft« zu beschreiben. Mit seiner Schilderung der Regeln, Strukturen und Methoden der Camorra bestätigte er die kriminologischen »Lehrbücher«, die sich in Neapel seit Jahren größter Beliebtheit erfreuten. Er schloss mit einem leidenschaftlichen Appell:

> »Meine Aussagen entsprechen der absoluten Wahrheit. Sollte es einer wagen, sie anzuzweifeln, schaue ich ihm hocherhobenen Hauptes offen in die Augen.«

Abbatemaggio fing nun an, seine Erklärung herunterzuspulen, warum die Cuocolos in jener Juninacht fast fünf Jahre zuvor so grausam zu Tode gebracht worden waren: die Briefe aus der Strafkolonie in Lampedusa. Der »Lehrer« und der »Kuhhirte«, die dafür plädiert hatten, dass Gennaro Cuocolo bestraft werden müsse. Die Plenarversammlung der Oberbonzen der Camorra, die in der Trattoria in Bagnoli die Entscheidung für gut befunden hätten. Erricone, der bei mehreren Treffen in der Galleria die Hinrichtungen organisiert habe. Die Brutalität der beiden Killer-Teams. Das Festessen im Mimì a Mare. Die Geschichte von Cuocolos graviertem Ring am kleinen Finger.

Abbatemaggio stand aufrecht und redete so lange, dass er schließlich ein Loch in seinen Schuh schneiden musste, um die Fußsohle zu entlasten, auf der sich eine schmerzhafte Blase gebildet hatte. Während der Pausen gab er seine Fanpost an freundliche Zeitungsschreiber weiter und erklärte, dass er ebenfalls Journalist geworden wäre, hätte er die Gelegenheit gehabt, ein Studium zu absolvieren.

Der Korrespondent des *Mattino* hegte keinerlei Zweifel an Abbatemaggios Ehrlichkeit. Er besitze »eine wunderbare körperliche und geistige Festigkeit«, kommentierte daher die neapolitanische Tageszeitung, und verfüge über einen »ausgeglichenen, robusten Willen«. Undenkbar, dass er alles erfunden haben könnte, wie die Verteidigung es ihm unterstellte.

> »Nicht einmal die kühnste Phantasie wäre imstande, die vielen Handlungsstränge in diesem Gerichtsdrama zu knüpfen. Jede Einzelheit, die er äußert, ist direkt aus dem Leben gegriffen – wenn auch aus einem Verbrecherleben: Sein Zeugnis ist intensiv, leidenschaftlich, überwältigend.«

Auch die Verteidigung fand Abbatemaggios Aussage dramatisch, obschon in einem anderen Sinn. Während des Kreuzverhörs verkündete ein Anwalt, er werde beweisen, dass der vermeintliche Insider-Zeuge all seine Kenntnisse über die Ehrenwerte Gesellschaft aus billigen Theaterstücken zusammengetragen habe. Ob Abbatemaggio jemals im Theater San Ferdinando gewesen sei, um einer Aufführung des Stücks »Die Gründung der Camorra« beizuwohnen?, fragte er. Abbatemaggio entgegnete ruhig, er sehe sich nur komische Opern an – »Die Lustige Witwe« und dergleichen. »Und außerdem, warum sollte ich mir ein Theaterstück über die Camorra ansehen, da ich dem Verein doch selbst angehört habe?«

Die schlagfertige Antwort wurde auf der Galerie mit beifälligem Gelächter quittiert.

Daraufhin versuchten die Verteidiger Abbatemaggio zu diskreditieren, indem sie seine geistige Gesundheit in Zweifel zogen: Er sei ein »hysterischer Epileptiker«, behaupteten sie, wobei sie sich des dubiosen Psychojargons der Zeit bedienten. Ein Experte, der ihn gründlich untersucht hatte, war anderer Ansicht, nannte ihn aber dennoch einen besonders faszinierenden Fall. Immer wieder hielt Abbatemaggio denjenigen, die seine Zeugenaussage in Zweifel zogen, Namen, Daten und zahlreiche andere Details entgegen. Vielleicht konnte man ihn als einen »genialoiden« Menschen klassifizieren, eine seltene Mischung aus Genie und Wahnsinn; seine »Gedächtnisleistung und Intuition«, hieß es, seien »in der Tat phänomenal«.

Abbatemaggios Glaubwürdigkeit als Zeuge war auch seiner Fähigkeit geschuldet, eine Geschichte über sich selbst zu erzählen, eine Geschichte der Wiedergutmachung. Mit seinem Geständnis, behauptete er, habe er sein sittliches Empfinden wiedererlangt. Die Liebe zu dem jungen Mädchen, das er vor kurzem geheiratet habe, sei seine Rettung gewesen. »Camorrista gibt Komplizen preis, um Braut für sich zu gewinnen«, lautete die Schlagzeile in der *New York Times*.

Unterdessen saß Camorraboss Erricone mit finsterem Blick in seinem Käfig und spie Gift und Galle. Er war drahtig, hatte tiefliegende Augen, einen wuchtigen Kiefer und eine verstörende Narbe, die sich vom Mundwinkel bis zum rechten Ohr zog. Er trug einen schwarzen Anzug, weil sein jüngerer Bruder Ciro, einer der fünf Männer, die in der Mordnacht im Mimì a Mare gespeist hatten, in der Untersuchungshaft an Herzversagen gestorben war. Abbatemaggios Zeugenaussage kommentierte Erricone gelegentlich mit halblauten Bemerkungen. »Die Laus ist wie ein Grammophon, solange einer an der Kurbel dreht, plappert sie munter drauflos.« Der Name blieb kleben: Von nun an würden die Angeklagten vom »Grammophon« sprechen, wenn sie Abbatemaggio meinten.

Als Erricone in den Zeugenstand gerufen wurde, waren zunächst viele überrascht, wie eloquent und überzeugend er sprach. Er führe ein Geschäft in der Piazza San Ferdinando, erklärte er, wo er Pferdefutter verkaufe – Kleie und Johannisbrot. Er handle außerdem mit Pferden, versorge die Kasernen in Neapel und im Umland; er habe eine Menge Geld verdient mit dem Export von Mauleseln für die britische Armee in Transvaal während des Burenkriegs. Zwar bestritt er, ein Camorrista zu sein, räumte aber ein, dass er ein ziemlicher Hitzkopf war und tatsächlich manchmal Geld zu sehr hohen Zinsen verlieh. Es liege ihm eben im Blut.

> »Verehrte Geschworene, Sie müssen stets bedenken, dass wir Neapolitaner sind. Wir sind Söhne des Vesuvs. In unserem Blut gibt es eine seltsam gewalttätige Neigung, die klimatisch bedingt ist.«

Die Carabinieri, schloss Erricone, stempelten ihn zum Kriminellen und hätten Zeugen bestochen. Er habe im Gefängnis so gelitten, dass ihm die Haare ausgefallen seien.

Mehrere Polizisten diverser Ränge wurden nacheinander in den Zeugenstand gerufen und ratterten Erricones Vorstrafenregister herunter. Er habe seine Laufbahn als kleiner Zuhälter begonnen. Wie viele andere Camorristi handelte Erricone mit Pferdefutter, weil ihm dies einen guten Vorwand bot, um von Droschkenkutschern Geld zu erpressen und Einfluss zu nehmen auf den Pferde- und Maultiermarkt. Er beschütze die renommierte Spielhölle des »Lehrers«, erklärten sie und bestätigten, dass er der eigentliche Boss der Camorra sei. Der nominelle Boss dagegen sei ein gewisser Luigi Fucci, bekannt als *o gassusaro* – »der Sprudelmann« –, weil er einen Stand mit Sprudelgetränken betreibe. Erricone benutze ihn als Galionsfigur und behalte die wirkliche Macht in den eigenen Händen.

Erricone zeigte allmählich sein wahres Gesicht: das eines Schurken mit Gentleman-Fassade, eine Maske, die ihn jedoch nur noch spärlich verbarg. Die übrigen Angeklagten machten keine bessere Figur. Arthur Train, ein ehemaliger Staatsanwaltsgehilfe in New York, war einer von vielen amerikanischen Zuschauern im Prozess. Er stellte fest, dass die Camorristi von allen Anwesenden im Gerichtssaal bei weitem am besten gekleidet waren.

> »Bei genauerer Betrachtung jedoch erkennt man die gnadenlosen Schnittnarben in den meisten Gesichtern und die katzenhafte Rastlosigkeit der Augen. Vor allem ein Eindruck bleibt – jener der Selbstgewissheit, Intelligenz und Gerissenheit dieser Männer, und man ahnt die Gefahr, die sie für eine Gesellschaft darstellen, in der sie und ihre Gefolgsleute das Verbrechen als Profession betreiben.«

Eine besonders elegante Erscheinung war der »Kuhhirte«, jener »ultramoderne Camorrista«, dessen erotische Beutezüge unter den Damen der Aristokratie den Herzog von Aosta angeblich so in Rage versetzt hatten. Auch er versuchte sich als ehrbarer Geschäftsmann auszugeben, der mit dem Verkauf von Kleie und Johannisbrot angefangen und es schließlich zum erfolgreichen Juwelier gebracht hatte. Eine launische Verkettung ungünstiger Umstände habe dazu geführt, behauptete er, dass er einige kürzere Haftstrafen zu verbüßen hatte, wegen Erpressung, Diebstahls und Beteiligung an einer Schießerei. Das kultivierte Äußere des »Kuhhirten« wurde von zwei langen Narben auf der Wange beeinträchtigt. »Fechtwunden«, beteuerte er und gab zumindest einen aufschlussreichen Hinweis zu dem berüchtigten Ring, in den Gennaro Cuocolos Initialen graviert waren: Er demonstrierte dem Gericht, dass dieser nicht einmal groß genug war, um auf *seinen* kleinen Finger zu passen – und er war schließlich ein ganzes Stück kleiner als Cuocolo.

Wenige der Beschuldigten hatten lückenlose Alibis. Manche bestritten, Abbatemaggio zu kennen, was jedoch von anderen Zeugen glaubhaft widerlegt wurde. Einer der Camorristi kam auf die glorreiche Idee, seine Aussage in Form einer gedruckten Broschüre zu machen. Darin räumte er zwar ein, dass die Camorra existierte, behauptete aber, sie sei eine Vereinigung hochgesinnter Personen, die sich für die Belange der Schwachen starkmache. Das hehre Ethos der Vereinigung bestünde in der sogenannten *cavalleria rusticana*, der »bäuerlichen Ritterlichkeit«. Offenbar nahm der Angeklagte sich ein Beispiel an der erfolgreichen

Individui della mala vita sfregiati
(*Riproduzione dal vero mercè il metodo foto-xilografico*)

14. Der *sfregio*, ein entstellender Schmiss, war eines von vielen sichtbaren Zeichen der Camorra-Macht in Neapel. Camorristi versetzten einander und auch den Prostituierten, deren Zuhälter sie waren, *sfregi*. Sizilianische Mafiosi dagegen verzichteten sowohl auf die Zuhälterei als auch auf den *sfregio*.

Strategie der sizilianischen Mafia bei vorausgehenden Prozessen, denn er zitierte zudem die Geschichte der Camorra und schloss seine Aussage mit patriotischem Pathos, indem er die Zeit der Einigung Italiens vor einem halben Jahrhundert beschwor, als Camorristi die bourbonische Tyrannei bekämpft und zur »politischen Befreiung Süditaliens« beigetragen hätten.

Der Richter in Viterbo wurde heftig kritisiert, weil er den Angeklagten gestattete, Zeugen selbst ins Kreuzverhör zu nehmen. Ein solcher Schlagabtausch, hieß es, ziehe das Verfahren unnötig in die Länge und ende zuweilen in lautstarkem Gezänk. Einer der Camorristi, ein furchteinflößendes, einäugiges Scheusal, das im Verdacht stand, Gennaro Cuocolo mit einem Knüppel den Schädel eingeschlagen zu haben, kreischte lebhafte Beleidigungen gegen Abbatemaggio quer durch den Saal.

> »Du verräterisches Schwein! Du hast dich nur verkauft, damit du im Knast feine Makkaroni essen kannst. Aber du wirst am Mozzarella ersticken. Wirst schon sehen, du Lügner!
> Halt die Schnauze, du Laus! Kinderschänder, du! Ich würde dir ins Gesicht spucken, wenn ich nicht Angst hätte, mir die Spucke zu besudeln.«

Abbatemaggio plagten derlei Bedenken nicht, er spuckte quer durch den Saal in den Käfig der Angeklagten.

Eine Woche um die andere verstrich mit Zeugenaussagen, wütenden Kreuzverhören und Raufereien. Und als der Frühling in den Sommer überging, erlahmte das öffentliche Interesse. Doch im Juli und August 1911 flammte es wieder auf, denn die beiden großen Helden des Cuocolo-Prozesses traten in den Zeugenstand: Feldwebel Erminio Capezzuti und Hauptmann Carlo Fabroni. Es waren die Carabinieri, die es schließlich geschafft hatten, »zu den schwarzen Eingeweiden der kriminellen Hydra vorzudringen, und sich nun anschicken, im Gerichtssaal in Viterbo das faulige Giftgeschwür offenzulegen«, berichtete die *New York Times*.

Feldwebel Capezzuti war Abbatemaggios Betreuer: Er hatte den Informanten überredet, das Schweigegelübde zu brechen, und ihn anschließend beschützt; er hatte außerdem das Ermittlungsteam geleitet, das angeblich den Ring mit den Initialen G. C. gefunden hatte.

Lächerlich schwülstige Geschichten von Capezzutis Heldenmut waren zwischen den Morden und dem Prozess um die Welt gegangen. Er habe sich als Camorrista verkleidet, hieß es, und sich gar einem rituellen Messerkampf unterzogen. Dann habe er das Gelübde abgelegt und sei in die Ehrenwerte Gesellschaft aufgenommen worden. Die *New York Times* behauptete gar, er habe »einen detektivischen Geniestreich vollbracht«. Die *Washington Times* berichtete, Capezzuti werde sich nach dem Prozess vermutlich in ein Kloster zurückziehen – die einzig sichere Zuflucht vor der Rache der Camorra. Zeitungen weltweit setzten Capezzuti mit Sherlock Holmes gleich.

Es ist nicht ganz klar, wie dieses Märchen über den »Sherlock Holmes« von Neapel seinen Anfang nahm, da Capezzuti im Zeugenstand kaum eine Äußerung machte, die es gerechtfertigt hätte. Der Feldwebel hielt gelassen an jedem Detail der Anklage fest, auch an der Geschichte mit dem Ring. Seine Aussage war wohlüberlegt und für all jene, die einen Sherlock Holmes erwartet hatten, ziemlich fade.

Hauptmann Carlo Fabronis Auftritt dagegen war ganz und gar nicht fade. Der Carabiniere, der die Cuocolo-Untersuchung leitete, stammte aus der Region der Marken und war erst kurz nach den Cuocolo-Morden nach Neapel versetzt worden. Eine seiner ersten Tätigkeiten hatte seiner Aussage nach darin bestanden, sämtliche Veröffentlichungen über die Camorra zu lesen. Was er dann im Zuge seiner Ermittlungen herausgefunden hatte, deckte sich mit dem, was in den Büchern stand.

Während Hauptmann Fabroni mit seiner Zeugenaussage fortfuhr, schwoll sein Selbstbewusstsein zur Überheblichkeit. Er fegte jeden Verdacht beiseite, Abbatemaggio könne womöglich nicht die volle Wahrheit sagen.

> »Angesichts meiner militärischen Verdienste ließe mich allein schon der Gedanke erröten, jemand könne auf mein Betreiben hin die unsägliche Schändlichkeit begehen, eine haltlose Anklage zu erheben.«

Während des Kreuzverhörs forderte Fabroni bei jeder Gelegenheit die Verteidigung heraus und äußerte den Verdacht, dass Polizei und Politik, sogar die Justiz mit der Camorra im Bunde stünden. Bei einer

Gelegenheit behauptete er, Erricone sei nur deshalb von einer früheren Erpressungsanklage freigesprochen worden, weil sein Verteidiger der Bruder des Richters gewesen sei; angesichts dieser kollektiven Schmähung ihres Berufsstandes legten sämtliche Anwälte ihre Talare ab und verließen unter Protest den Saal.

Doch Hauptmann Fabronis verstörendster Schachzug war – im übertragenen Sinne – eine Handgranate, die er im Schoß seines Kronzeugen explodieren ließ. Seit den ersten Anhörungen war die Detailliertheit von Abbatemaggios Schilderungen bestaunt worden. Das »Grammophon« erzählte dem Gericht, in welcher Reihenfolge die Camorristi ihre Opfer erstochen und sogar, welche Beschimpfungen sie dabei ausgestoßen hätten. War es wirklich plausibel, dass die Killer in dieser Ausführlichkeit mit Abbatemaggio über ihre blutigen Aktionen gesprochen hatten?

Hauptmann Fabronis Erwiderung auf diese Frage war ein hochriskanter Schachzug, denn er wollte den Charakter des Spitzels in Zweifel ziehen, dabei aber dessen Aussage unangetastet lassen. Abbatemaggio habe nicht etwa gegen die Omertà verstoßen, weil er sich ein ehrbares Leben mit seiner neuen Frau wünsche, erklärte Fabroni: Das sei nur ein Vorwand gewesen. Sein wahres Motiv sei Angst – die Angst davor, dass die Camorra auch ihn töten könnte, wie die Cuocolos. Grund dieser Angst sei die Tatsache, dass er versucht habe, seine Komplizen zu erpressen. Und dass er genug wisse, um sie zu erpressen, sei höchstwahrscheinlich dem Umstand geschuldet, dass er an einem oder auch beiden Tatorten zugegen gewesen sei. Vielleicht war Abbatemaggio sogar selbst einer der Killer gewesen. Wie Hauptmann Fabroni schlussfolgerte, »ist es einfach unmöglich, eine solch entsetzliche Tragödie bis ins kleinste Detail zu rekonstruieren, wenn man nicht auf irgendeine Art daran teilhatte«.

Nachdem die Weltpresse Hauptmann Fabronis Worte zur Kenntnis genommen hatte, revidierte sie auf der Stelle ihre sentimentale Meinung über das »Grammophon«. Eine australische Zeitung nannte den Zeugen »einen Schurken übelster Sorte«. Auch war Hauptmann Fabroni nicht der einzige Mann in Viterbo, der mit dem Finger auf Abbatemaggio zeigte: Auch der »Kuhhirte« bezichtigte ihn der Morde und bezeichnete ihn unentwegt als »Killer«. Demnach scheinen sowohl Kläger als auch Verteidiger zu dem Schluss gelangt zu sein, dass

Abbatemaggio einer der Mörder des Ehepaars Cuocolo war. Was an diesen Behauptungen wahr und was zynisches Taktieren war, bleibt vermutlich für immer im Dunkeln. Sicher ist nur, dass Abbatemaggio niemals offiziell der Morde bezichtigt wurde.

Der Prozess in Viterbo sollte sich noch ein ganzes Jahr hinziehen, nachdem Hauptmann Fabroni sämtliche Beweismittel vorgebracht hatte. In den darauffolgenden Monaten wurden die Angeklagten und viele der Zeugen immer wieder aufgerufen, weitere Fragen zu beantworten. Doch hatte bereits eine entscheidende Verlagerung in der Beweislast stattgefunden. Mit all seinen Unwägbarkeiten war der Cuocolo-Fall mittlerweile zum schlichten Wettstreit um Glaubwürdigkeit geworden: Entweder waren die Angeklagten schuldig oder die Carabinieri Verleumder. Auf der einen Seite gab es einen Käfig voller narbengesichtiger Schurken, die widersprüchliche Aussagen machten. Auf der anderen Seite standen Hauptmann Fabroni und Feldwebel Capezzuti. Zugegeben, die beiden Carabinieri waren ihrem »Sherlock-Holmes«-Image nicht ganz gerecht geworden. Dennoch mochte man nicht glauben, dass sie aus purer Hinterlist den gesamten Strafprozess erfunden haben könnten.

Der seltsame Tod der Ehrenwerten Gesellschaft

Kurz nach 17 Uhr 30 am 8. Juli 1912 wurden die 41 Angeklagten wieder in den überfüllten Gerichtssaal in Viterbo gerufen, um ihr Schicksal zu erfahren. Die meisten regten sich nicht, waren wie gelähmt vor Sorge. Ihr Nervenzustand war verständlich, da das aufwendige Verfahren seinem Höhepunkt entgegenstrebte: In 16 erschöpfenden Monaten waren bei den Anhörungen 779 Zeugen befragt worden.

Endlich erschien im Käfig der Angeklagten die vertraute hagere Gestalt Erricones, diesmal allein. Er blickte um sich. Die spannungsgeladene Stille wurde nur von dem verhaltenen Schluchzen zerrissen, das einer der Verteidiger von sich gab. Erricone sah, hörte und begriff, wie das Urteil ausgefallen war. Er richtete ein schrilles, keckerndes Lachen an die erhöhte Geschworenenbank und schrie:

> »Ihr habt uns für schuldig befunden. Wir sind also Mörder? Ihr habt Recht gesprochen, warum blickt ihr dann zu Boden? Warum seht ihr mir nicht ins Gesicht? *Wir* sind die Ermordeten! Und *ihr* seid die Mörder!«

Weitere Angeklagte stürmten den Käfig, appellierten entrüstet an die Einsicht der Geschworenen und der Öffentlichkeit, brüllten auf Abbatemaggio ein. Plötzlich spritzte in hohem Bogen Blut auf den Marmorboden. Der »Kuhhirte« hatte sich mit einer Glasscherbe die Kehle aufgeschlitzt. Ärzte eilten hinzu, um ihn zu retten, und die Wachsoldaten trugen ihn fort, damit er sich erholen konnte.

Die Angeklagten gaben nacheinander ihren Protest auf und sanken weinend auf ihre Bänke nieder. Der Lauteste und Wütendste von allen, der »Lehrer«, tobte am längsten. Als auch er endlich erschöpft war, verlas der Urkundsbeamte die Schuldsprüche. Das Gericht verurteilte die Angeklagten, unter anderem wegen Mordes und der Mitgliedschaft in einer kriminellen Vereinigung, zu insgesamt mehr als vier Jahrhunderten Gefängnis.

Ein gnadenloser Kreuzzug für die Gerechtigkeit? Oder ein krasser Machtmissbrauch seitens des Staates? Nach dem Cuocolo-Prozess gingen die Meinungen darüber auseinander. Sein Resultat war zweifellos ein Schlag gegen die Camorra. Der Haken war nur, dass dieses wünschenswerte Ergebnis mit allzu komplizierten, chaotischen und möglicherweise sogar dubiosen Mitteln erreicht worden war. Die Cuocolo-Morde gaben dem italienischen Staat eine einmalige Gelegenheit, seinen Kampf gegen das organisierte Verbrechen einer breiten Öffentlichkeit im In- und Ausland nahezubringen. Doch das Resultat war Verwirrung im Inland und Ratlosigkeit im Ausland. Berichterstatter auf der ganzen Welt beklagten den Zustand der italienischen Rechtsprechung. Die Presse in den USA kommentierte verächtlich, der Prozess sei ein »Tollhaus« gewesen, ein »Zirkus«, ein »Affenkäfig«. Selbst ein Beobachter wie Arthur Train, der große Sympathien für Italien hegte, konnte nur an das Verständnis seiner Leser appellieren. Es sei eben schwierig, Gerechtigkeit zu üben, schrieb er, wenn »ein jeder, der an der Affäre teilhat oder darin verwickelt ist, Italiener ist und das hitzige Temperament seiner Landsleute teilt«. Nüchterner und nicht minder verurteilend fiel der Kommentar des *Bulawayo Chronicle* im heutigen Simbabwe aus, wo die Kinobesucher Wochenschauen aus Viterbo gesehen hatten:

> »Der Camorraprozess ist ein denkwürdiger Beweis für die Unfähigkeit und Unzulänglichkeit der gegenwärtigen Strafprozessordnung in Italien.«

Leider war nur eine kleine Minderheit von Richtern und Anwälten bereit, aus den Lektionen zu lernen, die das Cuocolo-Verfahren bereithielt: über Italiens schwammige Gesetze gegen kriminelle Vereinigungen; über die unselige, qualvoll langsame und eigentümlich italienische Vermählung zwischen Ermittlungsgericht und kontradiktorischem Verfahren.

Die wichtigsten Lektionen ließen sich aus der Geschichte Gennaro Abbatemaggios ziehen. Selbst seine Behandlung durch die Carabinieri war aus gesetzlicher Sicht eine Schande: Nach seinem ersten Gespräch mit den Carabinieri verbrachte er viele Monate in einem Versteck an einem entlegenen Ort in Kampanien, der rein zufällig auch das Heimatdorf von »Sherlock Holmes« Capezzuti war. Als Ermanno Sangiorgi im »Brudermord«-Fall der 1870er Jahre ermittelt hatte, gab es noch keinerlei Richtlinien für den Umgang mit Abtrünnigen aus den

Reihen der kriminellen Vereinigungen. Welche Art von Handel sollte das Gesetz mit ihnen abschließen als Gegenleistung zu dem, was sie wussten? Wie konnte man sichergehen, dass sie auch wirklich die Wahrheit sagten? Die italienische Gesetzgebung bot keinerlei Antworten auf diese Fragen und keinerlei Kriterien, wie man gute Polizeiarbeit von einer Kollaboration mit Kriminellen unterschied. Weil man aus dem Cuocolo-Prozess keine Konsequenzen zog, würden diese Fragen offenbleiben und den Kampf gegen das organisierte Verbrechen in Süditalien weiter behindern.

Bemerkenswerterweise gab es nach dem Prozess in Viterbo keinerlei Meldungen mehr über die kriminellen Aktivitäten jener Geheimgesellschaft, die Neapel bereits vor der italienischen Einigung gepeinigt hatte. Irgendwie beendeten Gennaro Abbatemaggio und das juristische Ungeheuer, das zu schaffen er geholfen hatte, die Geschichte der Ehrenwerten Gesellschaft.

Der Prozess in Viterbo gibt einige Rätsel auf. Das schwierigste von allen ist die Frage, warum ausgerechnet der Cuocolo-Fall die Wurzeln der Ehrenwerten Gesellschaft kappte, während so viele frühere Verfahren lediglich ihre Zweige beschnitten hatten.

Eine mögliche Antwort liegt in den Beweisen, die die neapolitanische Polizei beigesteuert hatte, nachdem sie im Vorfeld des Prozesses in Viterbo keine gute Presse bekommen hatte. Sie war dank Feldwebel Capezzuti und Hauptmann Fabroni nicht nur von den Carabinieri in den Schatten gestellt, sondern zudem durch die Andeutung diskreditiert worden, dass einige Beamte mit den Camorristi unter einer Decke steckten. Die Menschen in Italien glaubten nur allzu gern, dass dieser Vorwurf berechtigt war. Schließlich war allgemein bekannt, dass die Polizei sich, wenn Wahlen bevorstanden, im Auftrag des Innenministeriums der Unterstützung durch die Camorra bediente. Außerdem hielten in Neapel wie in Palermo Polizei und Mafia gemeinsam die Kriminalität in Schach. Aus eben diesen Gründen erhielten die Zeugenaussagen der Polizisten nur sporadisch die Aufmerksamkeit der Medien.

Doch aus denselben Gründen wusste die Polizei am besten, wie die Ehrenwerte Gesellschaft funktionierte. Außerdem hatte sie aufgrund ihrer verbitterten Rivalität mit den Carabinieri, die im Cuocolo-Prozess ihre Beweismittel vorlegten, keinerlei Interesse daran, das Lehrbuchwissen der Carabinieri über die Camorra oder Abbatemaggios

Geschichte zu bestätigen. Umso glaubwürdiger wird demnach im Rückblick das Bild, das die Polizei dem Gericht in Viterbo von der Camorra unterbreitete – das Bild einer kriminellen Vereinigung, die bereits auf dem absteigenden Ast war, als Gennaro Cuocolo und seine Frau erstochen wurden.

Nehmen wir Ludovico Simonetti, der vier Jahre als Streifenpolizist in Erricones Stadtviertel unterwegs gewesen war. Simonetti hatte keine Scheu, dem Richter in Lucca zu gestehen, dass die Polizei regelmäßig auf Informanten der Camorra zurückgriff, und bestätigte gern Erricones Führungsposition innerhalb der kriminellen Vereinigung. Doch Simonettis Aussage war dort am interessantesten, wo sie von der Linie der Staatsanwaltschaft abwich; sie hatte nichts von der idiotensicheren Unumstößlichkeit der Behauptungen Hauptmann Fabronis und des »Grammophons«.

Die Ehrenwerte Gesellschaft basiere auf zwei Grundsätzen, erklärte Polizist Simonetti, dem Verteilen der Beute unter den Mitgliedern und dem blinden Gehorsam, der Omertà. »Die Camorra war so mächtig, dass sie wie ein Staat im Staate funktionierte.« *War* so mächtig: Die Vorherrschaft der Camorra gehörte also ausdrücklich der Vergangenheit an. Simonetti erklärte weiter, dass die genannten Prinzipien der kriminellen Sekte allmählich bröckelten.

> »Jetzt geht die Beute an den, der die Arbeit erledigt hat, nicht mehr an das Kollektiv, es sei denn, irgendein energischer Boss setzt sich durch und kassiert Schmiergeld. Die Unterwelt zeigt nicht mehr den blinden Gehorsam von früher: Es gibt keine Bestrafungen mehr.«

Der Polizist Simonetti lokalisiert hier eine wesentliche neue Schwäche der Ehrenwerten Gesellschaft. Sie hatte ihre Fähigkeit verloren, Kriminelle systematisch zu »besteuern« – in anderen Worten, Schmiergelder von ihnen zu kassieren. Früher einmal hatten Camorristi mit dieser Art von Erpressung Kleinkriminelle in derselben Weise beherrscht wie ein Staat seine Untertanen. Seit die Macht, Verbrechen zu besteuern, im Schwinden begriffen war, wurde die Camorra einer beliebigen Verbrecherbande immer ähnlicher und daher auch anfälliger für dieselben langweiligen Rivalitäten, die regelmäßig andere Banden spalteten. Der blinde Gehorsam war verschwunden.

Simonetti stellte klar, dass einzelne Gruppen von Camorristi nach wie vor taten, was sie seit Jahrzehnten getan hatten: Sie raubten, betrieben Zuhälterei und Wucher, manipulierten Auktionen, schüchterten Wähler ein, erpressten Händler und veranstalteten illegale Lotteriespiele. Fast alle wichtigen Hehler der Stadt gehörten nach wie vor der Ehrenwerten Gesellschaft an. Camorristi begegneten einander noch immer mit Respekt. Die einzelnen Camorrazellen in jedem Stadtviertel blieben bestehen. Doch ihre Macht hing neuerdings schlicht vom Durchsetzungsvermögen und dem Charisma einzelner Krimineller ab. Simonetti zufolge gab es die Camorra als »organisiertes Kollektiv« nicht mehr.

Die alten Sakramente hatten ihren Zauber verloren. Früher markierte ein lebensveränderndes Übergangsritual den Zeitpunkt, zu dem ein Krimineller in die Ehrenwerte Gesellschaft erhoben wurde. Jetzt missbrauchten deren Mitglieder das Ritual als Gelegenheit, anderen Ganoven zu schmeicheln und ihnen Geld abzuluchsen. Wie Simonetti es formulierte: »Früher einmal war es eine ernste Angelegenheit und wurde mit Blut besiegelt. Jetzt wird nur noch mit Wein getauft.«

Andere zuverlässige Polizeibeamte ergänzten Simonettis Bericht. Einer von ihnen, Giovanni Catalano, hatte früher oft beobachtet, wie Abbatemaggio mit Erricone, dem »Lehrer« und anderen führenden Camorristi gemeinsam beim Pizzaessen saß. Die Camorra existiere durchaus noch, betonte Catalano: In der Polizeiakte eines jeden verurteilten Delinquenten befinde sich das Telegramm eines Gefängnisleiters, der wissen wollte, ob der betreffende Schurke ein Mitglied der Ehrenwerten Gesellschaft sei, weil er ihn dann in dem abgeschirmten Flügel unterzubringen habe, der den Camorristi vorbehalten sei. Doch die Schwarten über die Camorra, die zuhauf in den Regalen neapolitanischer Buchläden zu finden seien, fuhr Catalano fort, basierten auf veralteten Quellen und hätten lediglich den Zweck, »die morbide Neugier der Leser« zu befriedigen. Die Bosse der Ehrenwerten Gesellschaft seien mittlerweile außerstande, auf den blinden Gehorsam ihrer Mitglieder zu pochen, ihre Tribunale endgültig verschwunden. Allein die Tatsache, dass ein Camorrista wie Gennaro Abbatemaggio zur Polizei überlief, war ein beredtes Zeichen, wie sehr sich alles verändert hatte.

Das lebhafteste Polizeizeugnis von allen war das letzte. Ein dritter

Beamter, Felice Ametta, begann seine Aussage scherzhaft mit der Behauptung, er habe seine Karriere zur selben Zeit begonnen wie viele der Männer im Käfig die ihre, und zählte die verschiedenen Oberbosse der Ehrenwerten Gesellschaft auf, seit er 1893 nach Neapel gekommen war; er kannte sie alle. Doch die Organisation, so Ametta, befinde sich in einer Krise, einer Zeit interner Querelen. Ametta erinnerte sodann an den denkwürdigen Vorfall, der geradewegs zum Aufstieg des neuen Oberbosses Erricone geführt hatte und die Spaltung innerhalb der Camorra in den Anfangsjahren des 20. Jahrhunderts deutlich machte.

Selbstverständlich hörte Erricone aufmerksam zu, als Ametta vor Gericht seine Geschichte erzählte.

Es ging darin um einen Dieb, der in die Ehrenwerte Gesellschaft aufgenommen werden wollte. Was diesen Fall ungewöhnlich und umstritten machte, war die Tatsache, dass viele Camorristi den Dieb für einen Päderasten hielten. In früheren Zeiten hätte man nicht lange gefackelt: Hahnreie, Diebe und Päderasten blieben ausgeschlossen. Demgemäß beschwor der damalige *contaiuolo* (Buchhalter) die alten Vorschriften und weigerte sich beharrlich, besagten Dieb in die Organisation aufzunehmen. Doch die Meinungen innerhalb der Gruppe gingen auseinander; und der »Päderast« bemühte sich nach Kräften, seine Freunde unter den Camorristi zu seinen Gunsten zu beeinflussen. Der Streit brodelte weiter, bis der »Päderast« eines Abends in einer Schenke im Forcella-Viertel eine Rauferei provozierte, bei welcher der *contaiuolo* sich schwere Kopfverletzungen zuzog. Plötzlich stand die Ehrenwerte Gesellschaft am Rande eines Bürgerkriegs.

Felice Ametta erzählte, er habe kurz nach der Schlägerei von dieser möglicherweise explosiven Spaltung erfahren. Als hartgesottener Ordnungshüter, der es gewohnt war, das Verbrechen mit Hilfe der Camorra in Schach zu halten, habe er Erricone zu einem Treffen in ein Café in der Via Tribunali bestellt.

Kaum tönten diese Worte durch den Gerichtssaal in Lucca, drehten die Geschworenen die Köpfe nach Erricone, der schäumte vor Wut.

> »Mich willst du zu einem Treffen bestellt haben? Ich bin doch kein Polizeispitzel! Niemals! Ich ginge tausendmal lieber ins Gefängnis, als dass ich die Schande auf mich nähme, einen Polizisten zu treffen!«

Für jemanden, der vehement bestritt, ein Camorrista zu sein, war dieser Ausbruch doch höchst entlarvend.

Als die Ruhe wiederhergestellt war, erklärte Ametta, dass Erricone gerade in dieser prekären Zeit die Kontrolle über die Ehrenwerte Gesellschaft übernommen und sich als Friedensstifter dargestellt habe. Sein Führungsprogramm habe allerdings ein Zurückdrehen der Uhr beinhaltet:

> »Erricone wollte so etwas wie eine Camorra alter Schule gründen, mit strengen Regeln und Vorschriften und einem Tribunal, das in der ersten Instanz zwei Rechtsanwälte, bei Anhörungen vor dem Berufungsgericht sogar vier Rechtsanwälte und einen Generalsekretär vorsah.«

Schallendes Gelächter ertönte im Gerichtssaal angesichts des gewählten Juristenjargons, dessen sich die Ganoven für ihre schmutzigen Angelegenheiten bedienten. Doch Amettas Aussage war ernst gemeint und ließ tief blicken. Er hatte im Grunde nichts anderes sagen wollen, als dass die Camorra nach dem Lehrbuch, wie Hauptmann Fabroni und Gennaro Abbatemaggio sie in Viterbo beschrieben hatten, in den Straßen von Neapel längst nicht mehr der Realität entsprach. Sie existierte allenfalls als politisches Vorhaben, das von einem neuen Anführer propagiert wurde, der verzweifelt darum bemüht war – vermutlich aus purer Selbstsucht –, das bröckelnde Gebäude der Ehrenwerten Gesellschaft zusammenzuhalten.

Als daher Erricone verhaftet wurde, fiel der letzte Paladin der alten Ordnung, und die Ehrenwerte Gesellschaft war dem Niedergang anheimgegeben. Der Cuocolo-Prozess konnte zwar die Camorra nicht zerstören, wohl aber den einzigen Mann, der noch an sie glaubte, der die Realität der Ehrenwerten Gesellschaft wieder den Vorgaben in den kriminologischen Lehrbüchern angleichen wollte.

Die Straßenpolizisten, die im Cuocolo-Prozess ihre Aussagen machten, erlebten den Verfall der Ehrenwerten Gesellschaft aus nächster Nähe. Doch als Straßenpolizisten waren sie nicht verpflichtet, Erklärungen zu suchen. Ihr lebhaftes Zeugnis gibt dem Historiker daher einige Rätsel auf.

Offenbar konnte die alte Camorra nur schwer mit der Geschwindigkeit Schritt halten, mit der sich Neapel modernisierte. Im Zuge der

Demokratisierung des Landes erhielten die Politiker Zugang zu immer besseren Möglichkeiten, Arbeitsplätze, Wohnungen und andere Gefälligkeiten zu verteilen. Infolgedessen reichte das System der Ämterpatronage bald bis weit hinein in die Unterstadt, wo es mit der Camorra um deren Klientel konkurrierte. Die Camorrabosse konnten nicht dagegenhalten, indem sie zu einer »hohen Camorra« mutierten, sich ihre *eigenen* Politiker schufen, selbst zum Staat *wurden*, anstatt *Teilen* des Staates zu dienen. Die Ehrenwerte Gesellschaft blieb im Kern, was sie immer gewesen war: eine kriminelle Elite unter den zerlumpten Armen. Der Sprung von den Kellerlöchern in die Salons war einfach zu groß. Und im neuen demokratischeren Zeitalter, da das politische Leben in Neapel ebenso sichtbar wie vergänglich war, besaß die Camorra keine politische Maske und war dadurch zu auffällig und isoliert, um einen ernsthaften Angriff der Ordnungskräfte zu überleben. Kurz gesagt: Die Bosse der Camorra trugen zwar strohgelbe Handschuhe, doch die Schnittnarben in ihren Gesichtern konnten sie nicht verbergen.

In diesem Zusammenhang ist ein Vergleich mit den Ehrenwerten Gesellschaften Kalabriens und Siziliens lehrreich. Die *Picciotteria* entstammte ähnlich primitiven Verhältnissen wie die Camorra. Doch sie verschmolz schnell mit der Lokalpolitik, außerdem war Kalabrien – auch das ein wichtiger Punkt – für die öffentliche Meinung im übrigen Land so gut wie unsichtbar. Die sizilianische Mafia kreiste um eine Stadt, die Neapel in nichts nachstand, was ihre Bedeutung für das politische Leben der Nation betraf: Italien konnte nicht regiert werden, solange Palermo und Neapel nicht unter Kontrolle waren. Doch im Unterschied zur Camorra hatte die Mafia ihre eigenen Politiker, ihre Raffaele Palizzolos und Leonardo Avellones, ganz zu schweigen von den Premierministern und Reedern, mit denen sie befreundet war. Selbst die Killer der Mafia konnten sich darauf verlassen, von der Elite gedeckt zu werden, wenn sie mit dem Gesetz in Konflikt gerieten. Erricone und die übrigen Camorristi ließ man dagegen im Regen stehen.

Der Legende nach versammelten sich am Abend des 25. Mai 1915, nicht lange nach der Urteilsverkündung im Cuocolo-Prozess, die wenigen noch verbliebenen Camorristi in einer Kellerbar des Sanità-Viertels und lösten die Ehrenwerte Gesellschaft endgültig auf.

Was ist aus Gennaro Abbatemaggio geworden? Kaum hörten die Kameras der Wochenschauen auf zu surren, schlug der Mann, der die Ehrenwerte Gesellschaft vernichtet hatte, einen exzentrischen, geradezu selbstzerstörerischen Lebensweg ein. Die Geschichte von der inneren Wandlung, die er den Geschworenen in Viterbo hatte andrehen wollen, kehrte sich nun gegen ihn selbst.

Abbatemaggio wurde dabei erwischt, wie er zwei Geschworene des Cuocolo-Prozesses bei einem merkwürdigen Handel übervorteilen wollte, und saß infolgedessen eine Zeitlang im Gefängnis. Später, während des Ersten Weltkriegs, verdiente er sich bei den *arditi* (»die Kühnen«), den italienischen Kampftruppen, die mit Granaten und Dolchen bewehrt Schützengräben stürmten, die Streifen eines Feldwebels. 1919 kehrte er als Sieger von der Front in die Arme seiner Frau zurück, die ihn angeblich vor einem Verbrecherleben bewahrt hatte –, nur um festzustellen, dass sie ausgerechnet mit einem der Gendarmen, die Abbatemaggio vor der Rache der Camorra hätten beschützen sollen, eine Affäre hatte. Seine Ehe ging in die Brüche, und im Januar 1920 versuchte er sich das Leben zu nehmen.

Dann kam der Faschismus. Abbatemaggio begrüßte die faschistische Revolution in Florenz, wo er mit einer der militantesten und korruptesten Schwadronen Mussolinis mordend und plündernd durch die Straßen zog.

Vielleicht wollte Gennaro Abbatemaggio bei all diesen Wechselfällen des Lebens noch einmal von vorn anfangen, sich neu erfinden. Wenn dem so war, scheiterten seine Bemühungen. Etwas nagte an seiner Seele. Am 9. Mai 1927 befreite er sich endlich von der inneren Last und hinterlegte bei einem Rechtsanwalt in Rom eine Aussage. Sie begann folgendermaßen:

> »Ich erachte es als meine Pflicht, meinem Gewissen gehorchend folgende Erklärung abzugeben. Ich tue dies verspätet, doch noch ist Zeit, das schlimmste Fehlurteil in den Annalen der Justiz rückgängig zu machen.
> *Hiermit erkläre ich, dass die Angeklagten, die im Cuocolo-Prozess für schuldig befunden wurden, in Wahrheit unschuldig sind.*«

Der Mann, den Erricone als »das Grammophon« bezeichnet hatte, erklärte weiter, er habe in Viterbo eine vorsätzliche Lüge von einzigartiger Komplexität und Detailliertheit erzählt. Er habe nur deshalb all diese Beweismittel erfunden, weil die Carabinieri damit gedroht hätten, ihm andernfalls die Cuocolo-Morde anzuhängen. Sie hätten seine Freilassung erwirkt und ihm Geld und Hochzeitsgeschenke gebracht. Sie hätten wichtige Zeugen der Verteidigung und führende Journalisten bestochen und dafür insgesamt beachtliche 300 000 Lire ausgegeben. Vor allem hätten sie den Herausgeber des *Mattino*, Edoardo Scarfoglio, mit 40 000 Lire geschmiert, der als Gegenleistung für diesen beachtlichen Zuschuss zu den Betriebskosten für seine Yacht von diesem Moment an die Staatsanwaltschaft unterstützt habe.

Der Prozess, der die Ehrenwerte Gesellschaft Neapels zerstört hatte, entpuppte sich als gigantischer Bluff. Rasch erwirkte man eine vorzeitige Freilassung der Camorristi, die eineinhalb Jahrzehnte zuvor verurteilt worden waren – sofern sie in der Zwischenzeit nicht verstorben waren oder den Verstand verloren hatten.

Die Zahl der Ungereimtheiten im Cuocolo-Fall ist bis zum heutigen Tag Legion. Es lässt sich nicht einmal sagen, ob zumindest Abbatemaggios Geständnis im Jahr 1927 alle Fakten offenlegte. Er war bereits in Viterbo ein nicht verlässlicher Zeuge gewesen, und blieb es wohl auch weiterhin. Wir können noch immer nicht mit Gewissheit sagen, ob Erricone und seine Männer das Ehepaar Cuocolo tatsächlich getötet haben. Wir haben noch immer keine Erklärung für die Brutalität, mit der die Morde in jener Juninacht im Jahr 1906 vonstatten gegangen waren. Warum hatte der Mörder so oft auf Gennaro Cuocolo eingestochen? Warum hatte er seine Leiche bewegt und zur Schau gestellt? Warum waren die Geschlechtsteile seiner Frau verstümmelt worden? Warum hatte man die öffentliche Empörung und den politischen Druck in Kauf genommen, die einem solch beispiellosen Gemetzel unweigerlich folgen mussten?

Meine eigene unmaßgebliche Meinung ist, dass Erricone tatsächlich schuldig war: Die Gendarmen hatten den Richtigen erwischt, aber die für seine Überführung erforderlichen Beweise gefälscht. Sogar die Streifenpolizisten, die in Lucca ausgesagt hatten, hielten die Cuocolo-Morde für Racheakte der Camorra.

Die Cuocolo-Morde ergaben im Zusammenhang mit Erricones politischem Projekt, seinem Plan, den welkenden Traditionen der Ehrenwerten Gesellschaft neues Leben einzuhauchen, durchaus einen Sinn.

Erricones Gedanken im Vorfeld der Morde verliefen vermutlich in folgenden Bahnen: Gennaro Cuocolo hatte innerhalb der Ehrenwerten Gesellschaft einmal eine große Rolle gespielt, als Impresario äußerst lukrativer Einbrüche. Dann hatte er der Camorra den Rücken gekehrt und war eigene Wege gegangen; er gehörte fortan einer größeren, weniger an Regeln gebundenen Verbrecherwelt an. Seine Frau durfte ihm nun Gefährtin sein, anstatt nur die Straßennutte, die es gemäß den Regeln der Camorra auszubeuten und wegzuwerfen galt. Gennaro Cuocolo stellte demnach eine doppelte Bedrohung dar: Er war nicht nur ein Rivale im Kampf um die Kontrolle über den strategischen Handel mit gestohlener Ware, sondern auch der lebende Beweis dafür, dass die Ehrenwerte Gesellschaft bröckelte. Also musste die Camorra Gerechtigkeit üben wie in alter Zeit. Grausamer als in alter Zeit. In einem letzten, verzweifelten Versuch, die alte Zeit zurückzuholen.

Wer auch immer die Cuocolos ermordet hatte, für Neapel wurde die Angelegenheit allmählich zu einer lästigen, umstrittenen Erinnerung. Abbatemaggios spätes Bekenntnis hob zwar die Urteile auf, verschlimmerte damit aber noch das Debakel. So waren, obwohl Italien diesen epochalen Sieg über die Ehrenwerte Gesellschaft Neapels zu verzeichnen hatte, Wahrheit und Gesetz mit Füßen getreten worden. Nicht zuletzt aus diesem Grund sollte sich die Camorra nach ihrem Tod eines langen, blutigen Lebens erfreuen.

Zwischen den Krisen der 1890er Jahre und dem Ersten Weltkrieg hatte Italien der Demokratie entgegengeschlingert und war ein Schauplatz für öffentliche Debatten in der Presse gewesen. Gleichzeitig hatte es dem organisierten Verbrechen den Kampf angesagt. Das Ergebnis war in beiden Fällen eher durchwachsen.

Italien trat als ein zutiefst gespaltenes Land in den Weltkrieg ein. Es ging siegreich daraus hervor, stand jedoch kurz vor dem Zerfall: Seine brüchige Demokratie scheiterte bald an den politischen Spannungen, die das unmittelbare Vermächtnis des Krieges waren. Der Faschismus übernahm die Macht. Und nachdem die Demokratie den Kampf gegen das organisierte Verbrechen verloren hatte, prahlte die faschistische Diktatur mit ihren Erfolgen.

Zwei Wochen nach Gennaro Abbatemaggios Bekenntnis hielt Benito Mussolini am 26. Mai 1927 eine der bedeutendsten Reden seines Lebens – sie würde als »Himmelfahrtsrede« in die Annalen eingehen. Er verknüpfte darin – überzeugender als jeder seiner liberalen Vorgänger – seine politische Glaubwürdigkeit mit der Verbrechensbekämpfung. Und damit nicht genug: Er verkündete das unmittelbar bevorstehende Ende der Mafiaherrschaft auf italienischem Gebiet.

6 MUSSOLINIS SKALPELL 1922 BIS 1943

Sizilien: Der letzte Kampf gegen die Mafia

Die faschistische Bewegung wurde im März 1919 von einer Handvoll aggressiv nationalistisch gesinnter Kriegsveteranen in Mailand gegründet. Die erste Phase ihres Aufstiegs war die gewalttätigste: Faschistische Stoßtrupps brachen Streiks, plünderten Gewerkschaftsbüros, entstellten und ermordeten ausgewählte Linke und gerierten sich vor der Öffentlichkeit als Verteidiger der *Patria* gegen die rote Gefahr. Der typische *squadrista* trug zum Fez ein schwarzes Hemd, seine Waffen waren ein Knüppel und ein Kanister Rizinusöl, ein industrielles Schmiermittel, das den Opfern gewaltsam eingeflößt wurde und heftige Bauchkrämpfe und Durchfall verursachte.

Viele Industrielle und Großgrundbesitzer befürworteten diese rücksichtslosen Säuberungsaktionen gegen die Linken. Präfekten und hochrangige Polizeibeamte standen oft tatenlos dabei. Die alten Ränkeschmiede im Parlament glaubten voller Zuversicht, dass sie die gewaltbereiten Schwarzhemden in die Schranken weisen könnten, sobald diese die linken Umstürzler in die Knie gezwungen hätten.

Mussolini würde sie bald eines Besseren belehren. Im Oktober 1922 inszenierte der Duce den »Marsch auf Rom« und forderte eine wankende Regierung auf, ihn an die Macht zu lassen. Andernfalls drohe der Hauptstadt eine Invasion von Schwarzhemden und die Gefahr eines Bürgerkriegs. Da Mussolini um kein Jota nachgab, wurde er seinem Willen gemäß zum Premierminister ernannt.

Vor dem Marsch auf Rom hatte sich die Bewegung der Schwarzhemden vor allem auf den Norden und die Mitte Italiens konzentriert. Doch kaum hatten die Faschisten das Ruder an sich gerissen, flogen ihnen auch im Süden die Herzen zu. Mit gewohnter Schamlosigkeit gingen die alten politischen Granden im südlichen Kalabrien und im Westen Siziliens mitsamt ihren Wahlagenten von der Mafia und ihrem schäbigen Klientel daran, sich bei den Faschisten anzubiedern, die ihnen jetzt den Zugang zum Ämtertrog in Rom versprachen. Im Süden lief der *Partito Nazionale Fascista* Gefahr, ausgehöhlt zu werden, zum Vorwand für die altbekannte Vetternwirtschaft zu verkommen, in der die Ganoven so gut gediehen. Die wenigen echten Faschisten waren enttäuscht. Bereits Wochen nach dem Marsch auf Rom litten die faschistischen Verbände in Reggio Calabria und Palmi an »akuter Splitteritis«. Auf Sizilien wetterten Schwarzhemden schon sehr bald gegen »faschistisierte Mafiosi«, die in einigen Stadträten das Sagen hatten.

Die faschistische Bewegung hatte solche Schönwetter-Anhänger zunächst begrüßt. Doch Mussolini verfolgte höhere Ziele. 1924 veränderte er das Wahlrecht, um dem *Partito Nazionale Fascista* im Parlament die absolute Mehrheit zu garantieren. Nur wenige Wochen nach dem darauffolgenden Wahlsieg der Faschisten entführten und ermordeten faschistische Killer Giacomo Matteotti, den Anführer der Sozialisten. Das Verbrechen rief im ganzen Land Entrüstung hervor. Doch erneut zögerten der König und führende liberale Politiker, den Duce aus dem Amt zu stoßen. Damit hatte die Demokratie ihre letzte Chance verspielt. Am 3. Januar 1925 erklärte Mussolini sich zum Diktator. Jetzt blickte er gen Süden und fand den idealen Feind für sein neues Regime: die Mafia. Der Kampf gegen kriminelle Vereinigungen war von nun an eine unverzichtbare Front im kriegerischen Nationenbildungsprojekt des Duce.

Wie so oft, wurde der Takt der Kriminalgeschichte auf Sizilien vorgegeben: Im Oktober 1925 erteilte Mussolini einem ehrgeizigen Polizisten aus dem Norden mit Namen Cesare Mori die Vollmacht, auf der gesamten Insel gegen die Mafia vorzugehen. Mori hatte sich von ganz unten beziehungsweise vom Waisenhaus in Pavia bei Mailand, in dem er aufgewachsen war, die Karriereleiter emporgearbeitet. Die Aufgabe in Sizilien gab ihm Gelegenheit, Geschichte zu schreiben; die Geschichte kennt ihn heute als den »eisernen Präfekten« und seinen Feldzug gegen die Mafia als »Operation Mori«.

Der eiserne Präfekt begann mit einem Angriff auf die Ortschaft Gangi, an der östlichsten Spitze der Provinz Palermo auf einem Hügel gelegen. Alle Zugangswege nach Gangi wurden gesperrt, jeder Nachrichtenverkehr untersagt. Kriminelle wurden mit eklatanter Rücksichtslosigkeit aus ihren Verstecken getrieben: Ihre Frauen und Kinder wurden als Geiseln genommen, ihre Waren zum Spottpreis verschleudert, ihre Tiere auf dem Marktplatz geschlachtet. 450 Personen wurden verhaftet.

Dieselben Methoden kamen auch in den Zitrushainen der Conca d'Oro sowie in den vielen mafiaverseuchten Vorstädten Palermos wie Bagheria, Monreale, Corleone und Partinico zum Einsatz. Die Razzien wurden in den Provinzen Agrigent, Caltanissetta und Enna fortgesetzt.

Die Operation war noch in vollem Gange, als der Duce bereits beschloss, seine Erfolge der Welt kundzutun.

Am 26. Mai 1927 – Katholiken feierten Christi Himmelfahrt – erlebte Italien seine eigene kleine Apotheose.

Fassthorax und Stiernacken in einen Gehrock mit Eckenkragen gestemmt, trat Mussolini vor die Abgeordnetenkammer und wurde mit jubelndem Beifall begrüßt. Der überschwängliche Empfang war keine Überraschung: Es war nun das fünfte Regierungsjahr des Duce, und Italiens Parlament war mittlerweile vollkommen gezähmt. Dennoch war dies keiner der üblichen Auftritte des Duce. Gleich würde er eine Rede halten, die als seine bedeutendste angekündigt war: eine Mitteilung über den erfolgreichen Aufbau der ersten faschistischen Diktatur der Welt. Zur Feier des Tages stand ein üppiges Rosenbouquet vor Mussolinis Stuhl. Und ebenfalls zur Feier des Tages modulierte der Diktator sein übliches großspuriges Gehabe. Fast besinnlich mit einer der Rosen spielend, wandte er sich mit tiefer, ruhiger Stimme an die Abgeordneten.

Mussolinis Himmelfahrtsrede verriet, was die *New York Times* als »Anzeichen zunehmenden Größenwahns« diagnostizierte. Doch die Rede klang in vielen italienischen Ohren auch unbestreitbar verführerisch. 1922, erklärte Mussolini, hätten die Faschisten einen demokratischen Regierungsapparat übernommen, der chaotisch, schwach und heruntergewirtschaftet gewesen sei, »ein schlecht organisiertes System aus Präfekturen«, wobei »die einzige Sorge eines jeden Präfekten« darin bestanden habe, »erfolgreich Wählerstimmen zu ergattern«. In nur fünf Jahren, behauptete Mussolini, habe sein Regime »etwas Großartiges,

Epochales, Denkwürdiges« geleistet: Zum ersten Mal seit dem Niedergang des Römischen Reiches werde das italienische Volk von einer echten Regierungsgewalt gelenkt. Das faschistische Regime habe in diesem Italien, das so lange von politischem Taktieren und Korruption geschwächt worden sei, endlich Ordnung und Disziplin geschaffen. Das Land marschiere jetzt im Gleichschritt zum stampfenden Rhythmus einer totalitären Ideologie: »Alles innerhalb des Staates. Nichts gegen den Staat. Nichts außerhalb des Staates.«

Die oberste Autorität des Staates war das Wappenschild des Faschismus. Die sizilianische Mafia bildete einen Staat im Staate. Aus diesem Grund befanden sich Faschismus und Mafia auf Kollisionskurs.

Ein Kernstück der Himmelfahrtsrede war Mussolinis stolze Stellungnahme zur Operation Mori. Sizilien, berichtete er dem Parlament, liege auf dem Operationstisch, sein Rumpf werde vom Skalpell des Duce aufgeschnitten, das Krebsgeschwür der Kriminalität offengelegt. Tausende mutmaßlicher Mafiosi seien in unzähligen sizilianischen Städten und Dörfern gefangengenommen worden. Das Ergebnis sei ein dramatischer Rückgang der Kriminalität. Die Anzahl der Morde sei von 675 im Jahr 1923 auf 299 im Jahr 1926 gesunken, jene der Viehdiebstähle im selben Zeitraum von 696 auf 126. Der Duce schmetterte weitere Statistiken in die Menge, ehe er mit oratorischer Gebärde den Schluss zog:

> »›Wann ist der Kampf gegen die Mafia zu Ende?‹, wird man mich fragen.
> Er ist nicht etwa dann zu Ende, wenn es keine Mafiosi mehr gibt, sondern erst, wenn die Sizilianer sich nicht einmal mehr an die Mafia erinnern.«

Der Auftritt des Duce war eine sehnlichst erwartete Demonstration politischer Willenskraft: Es sollte keinerlei »Rücksicht« geben gegen die Mafia, die in Mussolinis Worten »Sizilien entehrt« habe. Nach sechs Jahrzehnten einer Politik der Verdunkelung und der stillschweigenden Duldung schien Italien nun endlich von einem Staatschef gelenkt zu werden, dessen oberste Priorität darin bestand, die gefürchtetste kriminelle Organisation des Landes zu zerschlagen.

Nach der Himmelfahrtsrede schnitt Mussolinis Skalpell noch weitere zwei Jahre ins Fleisch der Insel: Einigen Berechnungen zufolge waren bis 1928 11 000 Personen verhaftet worden. Im Juni 1929 wurde der Eiserne Präfekt schließlich nach Rom zurückbeordert. Er habe seine Pflicht getan, die Mafia sei ausgemerzt, erklärte Mussolini. Es sei nun Aufgabe der Richter, die Angelegenheit zu Ende zu bringen. Im Jahr 1927 begann eine lange Abfolge von Mafiaprozessen – der größte davon gegen 450 Angeklagte –, die erst 1932 abgeschlossen sein würde. Zu diesem Zeitpunkt hatten viele Menschen die Gewissheit, über die sizilianische Mafia im Präteritum sprechen zu können. Einer davon war der Eiserne Präfekt.

Cesare Mori veröffentlichte 1932 seine Memoiren, *Con la Mafia ai ferri corti*, (»Auf Kriegsfuß mit der Mafia«). Nachdem er sein Skalpell gegen das organisierte Verbrechen auf Sizilien gezückt hatte, griff Mori zum Meißel, um seine eigene Version vom Ableben der Mafia in den Marmor der Geschichte zu hauen.

Die Wurzel des Mafiaübels, so der Eiserne Präfekt, sei das »kindliche Gemüt« der Sizilianer. Diese ließen sich allzu leicht vom hochmütigen Gehabe der Mafiosi beeindrucken, glaubte Mori. Um sie auf seine Seite zu ziehen, habe der faschistische Staat die Mafia daher mit den eigenen Mitteln geschlagen und sich mit Männern physische Präsenz verliehen – Männern wie Cesare Mori –, die noch härter und charismatischer seien als die Mafiosi.

Der Eiserne Präfekt äußerte allerdings Zweifel an der Theorie, dass die Mafia eine eingeschworene kriminelle Vereinigung, eine »Ehrenwerte Gesellschaft«, sei.

> »Die Mafia ist meiner Meinung nach eine merkwürdige Betrachtungs- und Verhaltensweise, die durch seelisch-geistige Nähe Männer einer besonderen Veranlagung und mit zweifellos ungesunder Gesinnung zusammenbringt und sie wie eine Art Kaste von ihrer Umgebung abgrenzt (...) Es gibt keinerlei Erkennungszeichen; sie sind überflüssig. Mafiosi erkennen einander zum Teil an ihrem Jargon, zumeist jedoch instinktiv. Es gibt keine Statuten. Das Schweigegebot, die Omertà, und die Tradition genügen. Bosse werden nicht gewählt, sie erheben sich aus eigener Kraft und setzen sich durch. Es gibt keine Aufnahmeregeln.«

Um dieser »merkwürdigen Betrachtungsweise« Einhalt zu gebieten, sei leider ein gewisses Maß an Brutalität erforderlich. Mit ihrer einschüchternden Härte, schrieb Mori, hätten die Razzien von 1926 und 1927 an der Moral der Schurken gekratzt.

> »Bestürzt und in Panik fielen sie wie die Fliegen. Der einzige Widerstand, den sie leisteten, war ein schwacher Fluchtversuch zu geheimen Verstecken. Wir haben sie allesamt erwischt.«

Hätte Mori sich die Mühe gemacht, die Gerichtsverfahren in Palermo zu verfolgen, hätte er eine Unmenge von Beweisen gefunden, die bestätigten, dass die Mafia weit mehr war als eine »seelisch-geistige Nähe« zwischen Männern mit »ungesunder Gesinnung«. Doch dergleichen war im Augenblick nicht von Belang. In den Abschlusszeilen seines Buches erklärte Mori, Sizilien marschiere nun, da der letzte Kampf mit dem organisierten Verbrechen gewonnen sei, »unaufhaltsam seinem glorreichen Schicksal entgegen«.

Der Eiserne Präfekt zeigte sich großmütig gegen jene, die er besiegt und hinter Gitter gebracht hatte, wobei er die Hoffnung äußerte, die Mafiosi möchten »als bessere, weisere Männer an den Busen ihrer Familien heimkehren und ihr Leben mit ehrlicher, harter Arbeit bestreiten, bis der Mantel des Vergebens und Vergessens über der Vergangenheit liegt«. Sofern die Mafia auf Sizilien noch nicht aus den Gedächtnissen gelöscht war, wie Mussolini es versprochen hatte, durfte dieser Tag zumindest mit Zuversicht erwartet werden. Der Faschismus hatte die Mafia besiegt. Was auch immer die Mafia war.

So überzeugt war das Regime von seinem Erfolg, dass im Herbst 1932, zum zehnjährigen Jubiläum des Marsches auf Rom, Hunderte Mafiosi, die im Zuge der Operation Mori verurteilt worden waren, amnestiert und in die Freiheit entlassen wurden. Die sizilianische Mafia war noch lange nicht Geschichte.

Kampanien: Büffelsoldaten

Was blieb von der Camorra, nachdem der Cuocolo-Prozess sie demontiert hatte? Obwohl die Gerichtsurteile das Ende der Ehrenwerten Gesellschaft besiegelt hatten, gedieh in einigen neuralgischen Zentren Neapels das Bandenwesen weiter, zum Beispiel in den Großmarkthallen oder der Hafengegend in Bagnoli, wo Erpressung und Schmuggel an der Tagesordnung waren.

Was ebenfalls bestehen blieb, war der Mythos vom guten Camorrista. Im Elend groß geworden, sorge dieser in den Straßen auf derbe Art rasch für Gerechtigkeit, so die gängige Meinung. Vor allem beschützten diese »achtenswerten Männer« die Ehre der Frauen. Besonders eine Geschichte setzte sich im kollektiven Gedächtnis als archetypisch fest: die vom Camorrista, der beobachtet, wie ein Mädchen aus dem Ort verführt und anschließend von ihrem *innamorato* fallen gelassen wird, woraufhin er sich den Schurken vorknöpft und ihn zwingt, seine Pflicht zu tun. Je öfter solche Geschichten erzählt wurden, desto mehr erhärteten sie sich zu einem Gemälde, das nicht mehr das mindeste mit der Realität zu tun hatte und für Gegenbeweise unempfindlich war. Was Camorraehre nämlich wirklich für die Frauen bedeutete, waren Zuhälterei, Prügel und entstellende Narben.

Als die Camorristi der Ehrenwerten Gesellschaft verschwunden waren, übertrug sich die Aura der »achtenswerten Männer« auf die *guappi*. Ein *guappo* war ein Straßenboss. Zwar fehlte es ihm sowohl an der formellen Investitur einer Mitgliedschaft in der Ehrenwerten Gesellschaft als auch an Kontakten zu einer Bruderschaft außerhalb seines winzigen Lehens. Dennoch hielt sich der typische *guappo* mit denselben Geschäften über Wasser wie der typische Camorrista, nämlich mit Schmuggel, Wucher, Zuhälterei, Hehlerei und natürlich dem Handel mit Wählerstimmen. Viele *guappi* waren ehemalige Camorristi oder deren Söhne.

Doch um die tatsächlichen Vorfahren der Kokainbarone, Bauspekulanten und politischen Drahtzieher zu identifizieren, aus denen die heutige Camorra besteht, müssen wir kurz in die Zeit des Cuocolo-Prozesses zurückkehren; vor allem müssen wir Neapel verlassen und eine völlig andere kriminelle Landschaft erkunden.

Am 4. August 1911, auf der von Obstbäumen gesäumten Straße, die aus der Stadt Nola hinausführte, etwa 30 Kilometer nordöstlich von Neapel, gerieten zwei Juweliere, Vater und Sohn, in einen Hinterhalt bewaffneter Räuber. Es kam zum Handgemenge, da der Vater sich weigerte, den Schmuck herauszurücken, den er bei sich trug. Die Angreifer reagierten, indem sie dem Sohn mehrmals ins Gesicht schossen, woraufhin der Alte vor Entsetzen die Besinnung verlor. Normalerweise hätte in Neapel ein solches Verbrechen nicht viel Aufmerksamkeit erregt. Doch da der Cuocolo-Prozess das Interesse des Volkes an Camorrageschichten geweckt hatte, begaben sich Journalisten hinaus aufs Land, um über das Ereignis zu berichten. Nola beherbergte schließlich den Viehmarkt, auf dem Erricone die Maulesel bezogen hatte, die er der britischen Armee verkauft hatte.

Sogar die abgeklärten Zeitungsmenschen des *Mattino* waren entsetzt von den Zuständen, die sie dort vorfanden: »eine Schreckensherrschaft, eine Art Kriegsrecht«. Das Gebiet rings um Nola wies all die verräterischen Spuren einer eingewurzelten kriminellen Vereinigung auf: eine hohe Dunkelziffer ungelöster Verbrechen (Zeugen und Opfer wurden eingeschüchtert); umgeschnittene Weinreben und gefällte Obstbäume (ein Hinweis auf erpresserische Forderungen). Bürgermeister, die sich gegen die Macht der Bosse zur Wehr setzten, wurden zusammengeschlagen. Einem Priester waren beide Arme gebrochen worden, weil er nicht kooperieren wollte. Wer Anzeige erstattete, lief Gefahr, dass seine Frau oder Tochter entführt oder sein Haus in die Luft gesprengt wurde. Banditen, Gewehre über der Schulter, patrouillierten ungeniert auf den Straßen. Und laut Aussage der Polizei stand hinter alledem eine Organisation, die nur 100 bis 150 Männer umfasste; diese setzte sich aus einzelnen Banden zusammen, deren Mitglieder die Beute aus ihren Verbrechen zu gleichen Teilen untereinander aufteilten.

Trotz dieser beängstigenden Details kratzte die Enthüllung des *Mattino* nur an der Oberfläche. Gangster unterwanderten die Felder und Marktflecken im Umland von Neapel und die Versorgungswege in die Stadt. Camorristi waren entlang der Küste in Castellammare und Salerno aktiv, ebenso in Nocera, Sarno und Palma Campania jenseits des Vesuvs. Doch am schlimmsten war das Problem nördlich von Neapel, in einem äußerst produktiven Landstrich, der fast jedes Produkt auf dem Speiseplan der Neapolitaner hervorbrachte. Er erstreckte sich vom Viehzentrum Nola im Osten über die Stadt Acerra, die besonders bekannt war für ihre weißen Bohnen und für die Aale, die in ihren Wasserläufen gediehen, bis zu den Pfirsichgärten rings um Giugliano, dann weiter nach Marano mit seinen Erbsen und schließlich die Küste hinauf nach Mondragone, das für seine Zwiebeln, Endivien- und Chicoréestauden bekannt war. Um Neapel herum betätigten sich die einheimischen Bauern, Aufseher, Metzger, Kutscher, Makler und Spekulanten im Nebenerwerb noch als Erpresser, Vandalen, Betrüger, Schmuggler, bewaffnete Räuber und Mörder. Hier draußen war der Übergang zwischen legalen und illegalen Geschäften fließend: Diebstahl und Erpressung waren hier ebenso gültige Einnahmequellen wie die Ausbeutung der Kleinbauern.

Doch von den landwirtschaftlichen Produkten, die im neapolitanischen Hinterland erzeugt wurden, war vor allem eines in der Hand der Kriminellen:

Südlich des Flusses Garigliano, nordwestlich von Neapel, befand sich eine malariaverseuchte Wildnis, die Mazzoni-Sümpfe, üppig bewachsen, flach, grenzenlos und bedrückend still. Die übrigen Merkmale des Landstrichs waren so dürftig wie seltsam: ein einzelner Wasserlauf, der sich zwischen Pappelreihen hindurchwand; eine Sandstraße, weiß wie eine Narbe, die eine schnurgerade Spur bis an den Horizont zog. Kein Mensch war hier unterwegs außer vereinzelten Viehhirten: Sie legten beim Galopp ihre Bäuche flach auf die bloßen Pferderücken, als seien sie vor einem Stallbrand auf der Flucht und hätten vergessen anzuhalten. Hin und wieder legte sich der Staub, den sie aufwirbelten, auf eine Brücke über einen von Unkraut überwucherten Graben. Ein Tor, zwischen zwei Pfosten gestemmt, kennzeichnete den Eingang zu einer *difesa*, wie man vor Ort sagte – wörtlich übersetzt »Verteidigung, Schutz« –, einer Art morastigem Gehöft. Hinter Steineichen und Schilfdickicht befanden sich die Büffel: Schwarz, kurzhaarig und massig standen sie im schlammigen Wasser und glotzten finster durch die flirrende Luft ins Leere. Das Zentrum eines jeden Geheges bildete eine mit Binsen gedeckte, weiß getünchte einstöckige Scheune. Im Innern, wo der würzige Geruch nach Büffelmilch in der Luft lag, formten die Hirten mit den Händen Bälle aus Mozzarellakäse und ließen sie in Lakebottiche fallen, bereit für die Fahrt zum Markt in Santa Maria Capua Vetere.

Fahl und verdrossen vom Fieber arbeiteten die Hirten zu mehreren in den *difese*, wobei sie kaum besser lebten als ihre Tiere. Ihre Frauen bekamen sie oft Wochen oder gar Monate nicht zu Gesicht. Ihr Boss, der *minorente*, war ein derber, aber zuverlässiger Unternehmer. In Neapel und Caserta zahlte man gutes Geld für die cremig duftenden Käse, die wie durch ein Wunder im Dreck und Gestank der Mazzoni entstanden. Der Boss pachtete seine *difesa* von einem Landeigner, der wahrscheinlich zu viel Angst hatte, um sich auch nur in die Nähe seines Besitzes zu wagen. Denn die Mazzoni gehörten zu den gesetzlosesten Landstrichen ganz Italiens, und die Büffelhirten, die den Mozzarellakäse produzierten, machten auch den meisten Ärger. 1909 beschrieb ein Agrarausschuss der Regierung die Büffelhirten in den Mazzoni als wahre Schreckgestalten. »Jahrhundertelang haben diese einheimischen Clans einander gehasst und bekämpft wie die Völker in grauer Vorzeit.«

Doch wie so oft in Italien diente die faule Ausrede von den »Urzeitmenschen« nur dazu, eine alles andere als urzeitliche Verbrecherlogik zu vertuschen. Die Gewalt war ein fester Bestandteil der Büffelmilchwirtschaft. Die Bosse schüchterten ihre Konkurrenten ein, um mit dem Grundbesitzer einen niedrigeren Pachtzins vereinbaren zu können. Die Büffelhirten kassierten Schutzgeld: Wenn ihre Drohbriefe nicht verstanden wurden, schlachteten sie Büffel, fällten Bäume und legten Brände, um ihren Standpunkt klarzumachen. Wegelagerer waren eine ständige Bedrohung für die Männer, die den Käse zum Markt fuhren und mit dem Erlös zurückkamen. Kurzum, der Mozzarellakäse war in den Mazzoni-Sümpfen, was die Zitrusfrucht in Palermos Conca d'Oro war.

Während des Cuocolo-Prozesses suchten Reporter des *Mattino* die Mazzoni auf, um sich über die »krasse Unwissenheit« und die »blutrünstigen Triebe« der Büffelhirten künstlich aufzuregen. Was sie unerwähnt ließen, war die Tatsache, dass die Camorra in den Mazzoni und im Aversa-Gebiet zwischen den Mazzoni und Neapel Teil eines politischen und wirtschaftlichen Mechanismus war, dessen Hebel der einheimische Abgeordnete Giuseppe Romano bediente, bekannt als Peppuccio. Und zufälligerweise war Peppuccio mit Edoardo Scarfoglio befreundet, dem Herausgeber des *Mattino*.

Trotz der verbindlichen Zurückhaltung von Scarfoglios Journalisten war Peppuccios Karriere besiegelt. Nicht zuletzt wegen des Staubs, den der Cuocolo-Fall aufgewirbelt hatte, war sein Ruf so beschädigt, dass er nicht einmal mehr für Premierminister Giovanni Giolitti (den »Minister der Unterwelt«) tragbar war, dem Peppuccios Unterstützung stets zupass gekommen war. Während der landesweiten Wahlen wurde in Peppuccios Wahlkreis 1913 ein Feldzug gegen die Camorra geführt (man entsandte die Kavallerie in die Mazzoni-Sümpfe), und Peppuccio wurde abgesetzt. Doch kaum war er aus dem Weg, kehrte das Bandenwesen im neapolitanischen Hinterland wieder zum Alltag zurück.

Von den Mazzoni-Sümpfen über Nola bis hin zum Vesuv waren die Camorristi in den Städten und Dörfern ebenso zu Hause wie in den Gefängnissen und Straßen der Stadt Neapel. Zwischen den Banden in der Provinz und jenen der Stadt bestanden enge Verbindungen. Die Tomaten, Salatköpfe, Salamiwürste und Büffelkäse, die die Camorristi im Hinterland aufkauften, wanderten zunächst zu den Verbrecherkartellen, die kleine Anteile des Großhandels in der Stadt kontrollierten. Ein entsetzlich ineffizientes System, an dem allenfalls die Zwischenhändler verdienten. Die armen Leute in Neapel dagegen bezahlten horrende Lebensmittelpreise. Das offizielle Italien aber nahm kaum Notiz davon.

Bis der Faschismus kam.

In seiner »Himmelfahrtsrede« im Jahre 1927 klärte Mussolini das Parlament über die Mazzoni-Sümpfe auf. Natürlich ging er davon aus, dass seine Zuhörer noch nichts von diesen Sümpfen gehört hatten: Welcher Bürger, der noch bei Verstand war, würde sich wohl auch die Mühe machen, die Stadt zu verlassen, um herauszufinden, woher der köstliche Büffelkäse kam?

> »Die Mazzoni liegen zwischen den Provinzen Rom und Neapel:
> Sie sind ein sumpfiges Gelände, in dem die Malaria wütet.«

Ihre Bewohner, fuhr der Duce fort, hätten von alters her einen entsetzlichen Ruf: Bei den alten Römern hätten sie *latrones* geheißen – »Wegelagerer, Räuber«. Wie es seine Gewohnheit war, bombardierte Mussolini sein Auditorium daraufhin mit statistischen Fakten: Zwischen 1922 und 1926 sei es in den Mazzoni zu 169 Morden und 404 Fällen von Erpressung und Vandalismus gekommen. Doch das faschistische Skalpell werde dieses tausendjährige Geschwür der Gesetzlosigkeit entfernen. Der Befehl des Duce war kurz und knapp: »Befreit mich mit glühenden

Eisen von der verbrecherischen Brut!« Mit einer weiteren Statistiksalve verkündete er anschließend den Triumph der Staatsgewalt: 1699 Angehörige der Unterwelt seien in den Mazzoni verhaftet worden, 1278 weiter südlich, in den Weinbergen und Obstgärten von Aversa. Im ländlichen Kampanien, wie auf Sizilien, stehe der Faschismus kurz vor dem Sieg.

Die Presse bezeichnete die Kampagne als »moralische Trockenlegung« der Mazzoni-Sümpfe. Der Mann, der die Kampagne leitete, war Major Vincenzo Anceschi, ein 50-jähriger Carabiniere. Anceschi selbst war der Sohn eines Carabiniere, und sein eigener Sohn würde auch zu den Gendarmen gehen: eine Tradition, die zeigt, welche Leidenschaft *l'arma*, wie man in Italien diese Militärpolizei nennt, in ihren Mitgliedern zu entfachen vermag. Anceschis Feldzug gegen die Camorra war in seiner Vehemenz durchaus mit dem vergleichbar, was Mori auf Sizilien unternahm: Von Dezember 1926 bis Mai 1928 wurden 9143 Menschen verhaftet, zwei Verdächtige starben bei einem Schusswechsel mit den Carabinieri.

Anceschis Männer durchstreiften in berittenen Schwadronen die Provinz, wobei sie Familien entwaffneten, die als gefährlich galten, Abtrünnige verhafteten und korrupte Klüngel innerhalb der Kommunalregierungen sprengten. Ihre härtesten Einsätze fanden in den Mazzoni statt, doch umfassten ihre Razzien auch die ländlichen Gebiete weiter östlich, bis nach Nola.

Anceschi kannte den Landstrich wie seine Westentasche: Er war in Giugliano auf die Welt gekommen, unmittelbar am Rande der Mazzoni-Sümpfe. Und am Silvesterabend des Jahres 1926 nutzte er sein Wissen bei seinem spektakulärsten Einsatz während der Begräbnisfeier für einen Kriminellen. Sie war als Machtdemonstration gedacht, wie die Begräbnisfeiern der Ehrenwerten Gesellschaft im Neapel der 1890er Jahre.

Vincenzo Serra war der berüchtigtste Camorrista im Umland von Aversa. Er war elegant, besaß vornehme Umgangsformen, hatte 36 seiner 70 Jahre im Gefängnis zugebracht und war vor allem deshalb so bekannt, weil er in einem Teehaus zwei Carabinieri erschossen hatte. Serra starb nach einem mysteriösen Unfall im Krankenhaus von Aversa. Er wurde in der Leichenhalle im Erdgeschoss aufgebahrt, umgeben von schwarzen Tüchern, exotischen Pflanzen und dicken Kerzen. Von überallher kamen Ganoven, um ihm die letzte Ehre zu erweisen. Anschließend versammelten sie sich im Innenhof des Krankenhauses, wo (laut Presse) der amtierende Boss ihnen je nach Rang ihre Positionen im Leichenzug zuwies: zuerst die älteren Camorristi; dann die *picciotti*; und zum Schluss, große Kränze schleppend, die »Ehrenwerten Burschen«. Vincenzo Serras Begräbnis sollte zum feierlichen Sittengemälde einer strukturierten kriminellen Vereinigung werden.

Doch es kam nicht dazu. Die Carabinieri verriegelten kurzerhand die Tür des Krankenhauses und schlossen die Gangster im Innenhof ein, von wo aus sie auf einen Lastwagen getrieben und ins Gefängnis transportiert werden konnten.

Major Anceschi machte es gleichsam zu seiner Spezialität, Camorrabegräbnisse zu stürmen, eine gefährliche Taktik: Seine Gendarmen erhielten regelmäßig Todesdrohungen. Sie mischten sich in Zivilkleidung unter die Menge, während Anceschi ihren Einsatz von einem nicht gekennzeichneten Wagen aus überwachte, der in der Nähe geparkt war. Er hatte ihn unter Strom setzen lassen, damit, wer unaufgefordert einzudringen versuchte, einen Stromschlag erhielt. Doch das Risiko solcher Operationen lohnte sich. Natürlich waren die Verhaftungen wichtig. Noch wichtiger aber war die Möglichkeit, eine Machtdemonstration der Camorra in eine Machtdemonstration der Staatsgewalt zu verwandeln.

Was diese Berichte veranschaulichen, ist die Tatsache, dass 15 Jahre, nachdem die Camorra infolge des Cuocolo-Prozesses im Stadtgebiet von Neapel ausgestorben war, ihre Strukturen und Traditionen auf dem Land nach wie vor Bestand hatten. Anceschi zufolge verfügte die Camorra in den Mazzoni über ein starres, hierarchisch strukturiertes und auf Omertà basierendes System. Das Land um Aversa und Nola, nicht weit von Neapel, war tagtäglich Anziehungspunkt für die Ganoven der Stadt, die mit denen auf dem Land enge Kontakte pflegten. Die Provinz war offenbar zu einer Art Lebenserhaltungssystem für das organisierte Verbrechen der Hauptstadt geworden.

Anceschi und seine Männer entdeckten nicht weniger als 20 Verbrechervereinigungen und stellten in 18 Verfahren 494 Männer vor Gericht, doch Historiker haben bisher nur wenige Seiten der daraus resultierenden Prozessakten aufgespürt. Bevor die Archive nicht weitere Geheimnisse preisgeben, können wir nicht wissen, welche kriminellen Vereinigungen genau in den Mazzoni aktiv waren und welche Auswirkungen die »moralische Trockenlegung« durch die Faschisten im Einzelnen hatte. Sicher ist jedoch, dass nach den 1920er Jahren im Umland von Neapel keine Ehrenwerte Gesellschaft mehr ihre Spuren hinterließ.

Man muss es Major Anceschi hoch anrechnen, dass er dem Bericht an das Oberkommando der Carabinieri im Mai 1928 eine stolze, aber sachliche Einschätzung seiner Arbeit beifügte. Die Straßen seien jetzt sicher, die Felder wieder voller Bauern, und die Bottiche mit dem Mozzarellakäse könnten zu Markte getragen werden, ohne von der Camorra gestohlen oder »besteuert« zu werden. Von Mondragone bis nach Nola sei die Ordnung wiederhergestellt – zumindest für den Augenblick. Doch Anceschi zählte einige Dinge auf, die noch geschehen mussten, bevor endgültig Friede einkehren konnte in diesem unruhigen Landstrich: Der Sondereinsatz der Polizei müsse fortgesetzt werden. In den »ungesunden, unheimlichen Mazzoni-Sümpfen« müsse für Bildung gesorgt, Land urbar gemacht und der Straßenbau vorangetrieben werden. Und vor allem – und dies war die unangenehmste Nachricht für den faschistischen Staat – müsse das Personal nicht nur innerhalb der Staatsverwaltung, sondern auch innerhalb der Faschistischen Partei weitaus sorgfältiger überprüft werden. Anceschi hatte im Zuge seiner Einsätze etliche korrupte Beamte überführt, die versucht hatten, die Staatsanwaltschaft zugunsten der Camorristi zu beeinflussen und die zudem in finstere Machenschaften mit den Freimaurern verstrickt waren. Der Bericht endete mit einem schroffen Imperativ: »Verhindern Sie die Unterwanderung der Politik durch Gönner des organisierten Verbrechens!«

Trotz Major Anceschis Warnung entschied Mussolini Ende der 1920er Jahre, dass die Camorra genau wie die Mafia endgültig zerschlagen war. Er entschied außerdem, dass er damit auch die Südfrage – also den Skandal um Rückständigkeit, Armut und Korruption im Süden Italiens – gelöst hatte. Eine weitere öffentliche Diskussion zu diesen Themen wäre sinnlos. So sinnlos, dass sie verboten wurde. Zwischen 1931 und 1933 schrieb der Leiter der Pressestelle des Duce häufig an Zeitungsherausgeber und ermahnte sie, die Worte »Süditalien« oder »Mezzogiorno« (ein anderer Begriff für den Süden) tunlichst zu meiden. Von nun an wandte der Faschismus sich anderen Belangen zu: dem Kult um den Duce zum Beispiel, und der Militarisierung des italienischen Volkes in Vorbereitung eines imperialistischen Krieges. Von diesem Zeitpunkt an waren eventuelle Überraschungen, welche die Geschichte der Mafia noch bereithalten mochte, von den willfährigen Medien im Keim zu ersticken.

Kalabrien: Der fliegende Boss aus Antonimina

Domenico Noto amüsierte sich herrlich im Ersten Weltkrieg. Die Läuse und Schrapnells, die Millionen seiner Landsleute von 1915 bis 1918 in den alpinen Schützengräben zu ertragen hatten, konnten ihm nichts anhaben. Die meisten Italiener, die gegen Österreich kämpften, stammten aus ländlichen Gebieten. Die wenigsten waren des Lesens und Schreibens mächtig, und mit ihrem geistigen Horizont vermochten sie die Gründe für dieses mechanisierte Gemetzel nicht zu erfassen. Noto dagegen betrachtete den Krieg aus einer erhabeneren Perspektive. Dank seiner guten Schulbildung wurde er Unteroffizier und Flieger. Sein Befehl lautete, den atemberaubenden Himmel zwischen Kalabrien und Sizilien zu erkunden und österreichische Minen in der Meerenge zu entdecken. Einmal hatte er sogar Gelegenheit, über sein Heimatdorf Antonimina zu fliegen, das sich an einen Vorsprung des Aspromonte klammerte, hoch über Kalabriens Ionischer Küste. Mit seiner Tollkühnheit erwarb sich Noto den Respekt der Hirten, die ihre Augen beschatten mussten, um den Landsmann und Wunderknaben über sich hinwegflitzen zu sehen. Flieger verkörperten eine schneidige, männliche Modernität. Und so wirkte Domenico Noto wie ein Herold, der von Italiens heroischer Zukunft kündete.

Da er sich überdies während des Krieges ausgezeichnet geführt hatte, ist doch verwunderlich, dass Noto am 19. Dezember 1922 (kurz nach der Machtübernahme Mussolinis) als Boss der lokalen Mafia vor Gericht stand. Wenn man den zuständigen Richtern glauben darf, hatte Noto sein Prestige als Flieger während des Krieges dazu benutzt, um sich in der Gangsterwelt Antoniminas eine Führungsrolle zu verschaffen. Methoden, Rituale und Struktur seiner Bande glichen denen der *Picciotteria*, die ungefähr drei Jahrzehnte zuvor auf dem Aspromonte entdeckt worden war. Trotz aller Veränderungen – der Revolutionierung des Kommunikations- und Transportwesens, der Massenemigration, der Zerschlagung der Ehrenwerten Gesellschaft Neapels und des gigantischen Schlagabtauschs mit Österreich – blieben sich die Vorväter der 'Ndrangheta demnach beharrlich treu.

Wie ihre Vorgänger in den 1880er und 1890er Jahren hatten Notos Männer einen blutigen Schwur geleistet und teilten sich in zwei Untergruppen: *picciotti* und Camorristi. Sie hatten spezielle Ränge wie *capo* oder *contaiuolo* und stahlen eine gewaltige Menge an Nutzvieh: Einige Tiere verkauften sie an Viehhändler und Schlachter in entfernten Städten, die mit ihnen im Bunde waren; einige brieten und verzehrten sie bei Festessen, die die Funktion hatten, den Korpsgeist der Bande zu fördern; einige »fanden« sie wie durch ein Wunder und brachten sie den rechtmäßigen Besitzern zurück – gegen Bargeld, versteht sich, und das feierliche Versprechen, den Gendarmen nichts zu verraten.

Ganze Passagen aus dem Gerichtsbeschluss gegen Notos *'ndrina* hätten aus 30 Jahre alten Dokumenten stammen können. Zur Bande gehörten auch einige gutsituierte Mitglieder. Wieder andere hatten Verwandte in der Kommunalverwaltung sitzen: Ein ehemaliger Bürgermeister namens Monteleone nannte mindestens zwei Neffen unter den Camorristi. Die Sekte hielt sich an strenge Regeln: Wer dagegen verstieß, wurde mit Bußgeldern, gezielter Sachbeschädigung oder einem geschickt gesetzten Schmiss bestraft.

Noto und seine Männer gehörten zu einem großen Netzwerk kalabrischer Mafiabanden. Dies wurde klar, als Freunde aus Palmi, einer Stadt an der nördlichen Küste Kalabriens, ihn davon in Kenntnis setzten, dass einer ihrer Brüder im Gefängnis saß, weil er versucht hatte, einen Carabiniere zu ermorden. Noto wies seine Männer an, Geld zu spenden. Als einer sich weigerte, wurde er mit einem hohen Bußgeld belegt. Weil die Bande aus Antonimina über diese weitverzweigten Kontakte verfügte, erwartete sie von den Leuten ihres Umfelds »Fügsamkeit und Respekt«, wie der Richter es ausdrückte. Diebstähle und Prügel wurden somit nicht zur Anzeige gebracht.

Aus diesen Gründen war der fliegende *capo* aus Antonimina eher ein Atavismus als ein Herold, denn die Zukunft, die er mit seinem Beispiel beschwor, war deprimierend vertraut: Im kalabrischen Kernland der Mafia wählten selbst gut ausgebildete junge Männer, die etwas von der Welt gesehen und die Chancen wahrgenommen hatten, die staatliche Einrichtungen ihnen boten, lieber die Karrierewege, die ihnen die Mafiagewalt versprach.

Die Gruppe um Domenico Noto wies viele der Schwächen auf, die bereits die *picciotti* des ausgehenden 19. Jahrhunderts geprägt hatten. Neue Mitglieder mussten eine Aufnahmegebühr entrichten (die mittlerweile 25 oder 50 Lire betrug). Wie die frühen *picciotti* schikanierten Noto und seine Männer Schwächere, bis sie die Gebühr bezahlten. Eines ihrer Opfer war ein 16-jähriger Hühnerdieb. Nach den traditionellen Regeln der Ehrenwerten Gesellschaft wäre diesem Jungen niemals erlaubt worden, der Vereinigung beizutreten, weil beide Schwestern Prostituierte waren. Er aber durfte trotzdem das Gelübde ablegen und wurde dann gnadenlos ausgenutzt. Empört über die Behandlung, die man ihm angedeihen ließ, wandte er sich später mit einer entscheidenden Zeugenaussage an die Behörden, ein ungeheuerlicher Verstoß gegen das Schweigegebot, das die Vertreter von Polizei und Justiz dennoch nicht im mindesten überraschte. Einer der Richter brachte es auf den Punkt: »Wie die Rechtspsychologie uns lehrt, verraten Mitglieder krimineller Vereinigungen einander stets gegenseitig, denn die Solidarität zwischen ihnen ist nur oberflächlich.« Die kalabrische Mafia war demnach noch weit davon entfernt, zu jenem Inbegriff der Omertà zu werden, der sie heute ist.

Im Heimatland der *Picciotteria* hatten es die Gerichte überall mit ähnlichen Banden zu tun, die sich aus ehemaligen Soldaten und altgedienten Ganoven zusammensetzten, und mit ähnlichen Verstößen gegen das Schweigegebot. In Rosarno, einem Ort in der Ebene von Gioia Tauro, »wurde die Einwohnerschaft terrorisiert«: Am helllichten Tag kam es zu Messerstechereien, Sabotageakten, Überfällen und Angriffen auf die Carabinieri. Ein ähnliches Bild bot sich in und um Africo. Wie einer der Richter feststellte, kam es nach der Heimkehr der Soldaten zu einem »jähen, deutlichen Anstieg der Eigentumsdelikte«. Im Chaos der Demobilisierung und der damit einhergehenden Wirtschaftskrise tauchten die *picciotti* wieder auf.

Nach 1925 bekämpften die faschistischen Machthaber auch in Kalabrien die Mafia, wie bereits in Sizilien und Kampanien. Auch hier kam es zu mehreren hundert Verhaftungen und etlichen großen Gerichtsverfahren, besonders zwischen 1928 und 1930. Doch im Gegensatz zur Operation Mori auf Sizilien und zu den Razzien von Major Anceschi in den Mazzoni-Sümpfen wurde das scharfe Vorgehen der Faschisten in Kalabrien von der einheimischen Presse nur mit wenigen Zeilen kommentiert und von den überregionalen Zeitungen gänzlich ignoriert – und dies noch vor der Nachrichtensperre hinsichtlich der »Südfrage« zu Beginn der 1930er Jahre. Mit dem Kampf gegen das organisierte

Verbrechen in Italiens ärmster Region war auch unter den Faschisten keine Ehre einzulegen.

In seiner Himmelfahrtsrede des Jahres 1927 zeichnete Benito Mussolini ein stark vereinfachtes Bild von seinem Feldzug gegen die Mafia: Auf der einen Seite der Faschismus, auf der anderen das organisierte Verbrechen – zwei mächtige Blöcke, die einander in Feindschaft gegenüberstanden. Die *Picciotteria* jedoch erwähnte er mit keinem Wort. Dieses Schweigen ist vielsagend, nicht zuletzt deshalb, weil die marmorne Rhetorik Mussolinis an der kalabrischen Realität zerschellt war. Mancherorts konnte der Staat durch tapfere Polizisten und schlaue Ermittler Stärke demonstrieren. Dann wieder gab er sich mit sträflicher Naivität, feiger Brutalität, dümmlichen Posen und träger Verdunkelung bedenkliche Blößen.

In den Fragmenten faschistischer Anti-Mafiapolitik, die in den Archiven verfügbar sind, können Historiker ein bestimmtes Muster ausmachen. Ein Teil davon ist Kontinuität: In einigen Gebieten Südkalabriens gebärdeten die *picciotti* sich nach wie vor wie der fliegende Boss aus Antonimina und seine Anhänger nach dem Ersten Weltkrieg und machten im selben Stil weiter, nachdem der Faschismus gefallen war. Andernorts dagegen schwoll die *Picciotteria* zu etwas weitaus Schrecklicherem an, als es die Sekte aus Exsträflingen und Wirtshausbrüdern der 1880er und 1890er Jahre gewesen war.

Für kalabrische Gangster waren die Massenverhaftungen und Maxiprozesse, die mit dem Faschismus einhergingen, nichts Neues. Sie waren staatlichen Repressionen, die die sizilianische Mafia ganz selbstverständlich zu umgehen wusste, schon immer vergleichsweise ungeschützt ausgeliefert gewesen. Italien hatte sie zwar beschneiden, aber nie völlig ausrotten können. Unter dem Faschismus zeigten die *picciotti*, dass sie aus der langen, harten Erfahrung gelernt hatten. Wo immer sie dem launischen Schwung der faschistischen Axt entgehen konnten, unterwanderten sie die Institutionen und bogen sich die Gerechtigkeit nach Belieben zurecht. Nachdem sie zunächst als Provinzversion der neapolitanischen Gefängnis-Camorra in Erscheinung getreten waren, erinnerten die mächtigsten kalabrischen Gangster gegen Ende der Ära Mussolini eher an sizilianische Mafiosi.

Wirft man einen Blick auf die *picciotti* während der Zeit des Faschismus, meint man Ameisen zu beobachten. Mit einer Energie, die zunächst nicht eben weitsichtig anmutet, krabbelt jedes der nicht von den anderen zu unterscheidenden Insekten herum, erkundet die Umgebung, kämpft und stirbt. Doch dank des vervielfachten Bestrebens wächst die Kolonie als Ganzes, wird stärker und zahlreicher. In der DNS aller italienischen Mafiaorganisationen gibt es irgendwo die Fähigkeit, nicht nur taktisch, sondern strategisch zu denken, sich im Schritt der Zeit weiterzuentwickeln. Diese Fähigkeit erklärt sich zum Teil durch eine Art natürliche Auslese, den kontinuierlichen, grausamen Konkurrenzkampf um die Vorherrschaft innerhalb der Ränge einer jeden Verbrecherorganisation. Doch auch das kollektive Unglück spielt eine Rolle, als wäre der Langzeiterfolg der 'Ndrangheta hauptsächlich das Ergebnis dessen, was sie anfangs durch den Staat hatte erdulden müssen. Hätten die 'Ndranghetisti ein Motto, dann wäre es wohl der Philosophie Friedrich Nietzsches entnommen. Ironischerweise billigte auch der Duce diese Maxime: »Was mich nicht umbringt, macht mich stärker.«

Kalabrien: Was mich nicht umbringt, macht mich stärker

Die faschistischen Repressionen trafen diverse Gangsterschmieden Kalabriens an empfindlicher Stelle. 1931 zum Beispiel meldete der Polizeichef von Catanzaro, dass die Mafia in seinem Zuständigkeitsbereich »nahezu zerschlagen« sei. Dass noch immer sehr viel Blut fließe, sei »dem ungestümen, primitiven Wesen der Einheimischen« geschuldet. Einen weiteren beachtlichen Erfolg hatte die Polizei 1932 zu verbuchen, als sie in Reggio Calabria ein komplettes kriminelles Netzwerk aufdeckte und die Bosse von fünf *'ndrine* überführte.

Doch die frühen Operationen der Faschisten gegen die *Picciotteria* zeitigten bestenfalls vorübergehende Resultate. Mancherorts schufen sie ironischerweise ein Machtvakuum, in dem andere Kriminelle ihr Unwesen trieben. Man denke nur an die besonders bösartige Bande, die Mitte der 1930er Jahre die Ebene von Gioia Tauro unsicher machte. Ihr Boss, ein gewisser Michele Barone, hatte nicht nur eine Vielzahl von Einbrüchen und Gewalttaten angeordnet, sondern nachweislich auch eine alte Dame im Bett erstickt und eine Prostituierte von einer Brücke gestoßen, weil sie ihn mit Syphilis angesteckt hatte. So bösartig diese Bande gewesen sein mochte, sie war *keine* Zelle der *Picciotteria.*

Michele Barone war ein ehemaliger Angestellter der Steuer- und Zollverwaltung der Polizei – ein Umstand, der ihn wohl automatisch von einer Mitgliedschaft in der *Picciotteria* ausschloss. Dennoch trieben Barone und seine Freunde drei Jahre lang unbehelligt in den traditionellen Mafiastädten Polistena und Taurianova ihr Unwesen. Anders ausgedrückt: In dieser höchst bedeutsamen Gegend Kalabriens brachten die Repressionen durch die Faschisten die Mafia eine Zeitlang um ihr Verbrechensmonopol.

Da sich die *Picciotteria* nicht so leicht geschlagen gab, wurde sie während der gesamten faschistischen Ära heftig bekämpft: Ein weiterer Höhepunkt, was die Anzahl der Verfahren anbelangte, wurde 1937 und 1938 erreicht. Mitte und Ende der 1930er Jahre schickten Polizei und Carabinieri in Kalabrien mehr Verdächtige als irgendwo sonst in Italien in die Verbannung.

Die Treibjagd der Faschisten auf kalabrische Banden verlor allzu oft ausgerechnet dann den Schwung, wenn es wirklich darauf ankam, nämlich vor Gericht. Bereits 1923 stellte ein Richter fest, dass die *picciotti* auf »die Nachsicht der reichen Oberschicht setzten, die die Kriminellen häufig für ihre eigenen Zwecke benutzte, nämlich für die Durchsetzung persönlicher Machtinteressen und die Bewachung ihrer Ländereien«. Wie die Gangster auf Sizilien wendeten die *picciotti* die subtile Kunst der Schutzgelderpressung an, um in den oberen Gesellschaftsrängen Freunde zu gewinnen – Freunde, die mit ihren Zeugenaussagen die Gerichtsverfahren zugunsten der Ganoven herumreißen konnten. Doch im Laufe der Zeit trafen selbst die Richter immer häufiger seltsame Entscheidungen, so dass allmählich der Verdacht aufkam, die *Picciotteria* zerrütte das Rechtswesen von innen her. In Villa San Giovanni zum Beispiel, einer Hafenstadt nördlich von Reggio Calabria, wurde 1927 eine Gruppe einheimischer Mafiosi von dem Vorwurf der Bildung einer kriminellen Vereinigung freigesprochen, obwohl einige der Ganoven sich hatten ablichten lassen, wie sie mit gezückten Pistolen und erhobenen Händen ein Gelübde ablegten.

Zu den großen Gangsterprozessen des Jahres 1928 gehörte die strafrechtliche Verfolgung von 52 Männern aus Africo. Einige davon waren mit ziemlicher Sicherheit die Söhne und Neffen jener *picciotti*, deren Killerkommando 1894 Pietro Maviglia die Speiseröhre aufgeschlitzt hatte. Africo war, wie ein faschistischer Beamter einräumte, noch immer »ein wirklich barbarischer Ort, ohne Verbindung zur übrigen Welt«; wenige Städte in Kalabrien hatten eine so berüchtigte mafiose Vergangenheit. Doch verrät die Entscheidung des Richters im Prozess von 1928 keinerlei Erinnerung an diese kriminellen Wurzeln. Er plädierte in einigen Fällen sogar für eine Strafmilderung, da »die kriminelle Vereinigung zum Teil gesellschaftliche Ursachen hatte: das Elend der Nachkriegsjahre und den vom Krieg ausgelösten moralischen Umbruch«. Die Angeklagten seien inzwischen »moralisch geläutert«, fuhr der Richter nachsichtig fort. Also kein glühendes Eisen in Africo, denn Schuld hatte die Gesellschaft.

Zwei Fälle aus der berüchtigten Gegend um Locri an der Ionischen Küste zeigen ebenfalls ein verdächtiges Maß an richterlicher Milde. 1928 vermochte die detaillierte Zeugenaussage eines eingeschworenen Mitglieds der *Picciotteria* den Richter keineswegs davon zu überzeugen, dass eine Mafiagruppe tatsächlich eine kriminelle Vereinigung sei. Eine Vereinigung mochte sie sein, so der Richter. Doch hatten sich ihre Mitglieder vielleicht tatsächlich nur, wie sie behaupteten, zusammengetan, »um sich gegenseitig vor den gewalttätigen Angriffen anderer zu schützen«. Freispruch aufgrund mangelnder Beweise, lautete infolgedessen das Urteil.

1929 befanden sich in Ardore unter 48 mutmaßlichen Mafiosi, die man der »Vereinigung in krimineller Absicht« und der Erpressung beschuldigte, auch zwei wohlhabende Bürger: Der eine war ein Unternehmer, der andere ein ehemaliger Schuster, der mittlerweile politischen Einfluss besaß. Beide wurden mit der fadenscheinigen Begründung freigelassen, es sei höchst »unwahrscheinlich, dass sie sich mit einem Haufen Habenichtse zu zwielichtigen Machenschaften herbeilassen könnten«. Der Boss dieser »Habenichtse« hatte zufällig ein Regelbuch der Mafia im Haus.

Einige dieser Entscheidungen mögen auf das Konto unwissender Richter gehen oder auf Klassenvorurteilen beruhen. Wahrscheinlicher ist, dass sie der wachsenden Macht der kalabrischen Mafia geschuldet sind, die über die Staatsverwaltung das Rechtssystem infiltrierte. Denn schon in den ersten Monaten nach der Machtergreifung der Faschisten, als die Schwarzhemden in der Region an »akuter Splitteritis« erkrankt waren, hatte sich gezeigt, dass der *Partito Nazionale Fascista* in Kalabrien für die einheimischen Laster Korruption, Vetternwirtschaft und Grabenkämpfe äußerst anfällig war. In Kalabrien hatte der Faschismus nicht nur Mühe, die Gesellschaft zu regieren, er hatte Mühe, die eigenen Reihen zu bändigen.

Wie vorherzusehen, war das Übel am schlimmsten rings um den Aspromonte, wo sich diverse Cliquen noch eine *Generation* später um die Gelder zankten, die verteilt worden waren, damit die durch die Erdbebenkatastrophe von 1908 verursachten Schäden behoben werden konnten. Mussolini entsandte in rascher Abfolge Sonderkommissare aus Rom, um den Schiebereien und der Schlammschlacht ein Ende zu machen. Doch was an der Stiefelspitze als »Faschismus« galt, blieb während der 20 Jahre andauernden Herrschaft beharrlich unlenkbar.

So war die einzige maßgebliche Schwäche des faschistischen Feldzugs gegen die kalabrische Mafia dessen Unfähigkeit, die Ranken zu kappen, die das organisierte Verbrechen um die hohlen Äste des Staates geschlungen hatte. Schon 1933 erfuhr der faschistische Parteisekretär in Rom, dass sein Amtskollege in Reggio »bekanntermaßen mit dem organisierten Verbrechen im Bunde war, das noch immer die Provinz verseuchte«; der Betreffende besitze großen Einfluss innerhalb der Präfektur und des Polizeipräsidiums, hieß es. 1940 berichtete ein Sonderkommissar, dass »zahlreiche« Bürger in Kalabrien Mitglieder krimineller Vereinigungen seien oder zumindest Verwandte hätten, die Mitglieder seien. Sogar sein Amtsvorgänger habe sich mit Männern umgeben, die im Verdacht standen, mit dem organisierten Verbrechen im Bunde zu sein.

Die *picciotti* gewannen an Stärke, indem sie dem faschistischen Staat die Energie aussaugten. Doch zogen sie ihre zunehmende Vitalität auch von innen, aus Bündnissen, die bewirkten, dass die *'ndrine* noch schwerer von den Bergklippen und Küstenebenen zu tilgen waren, wo sie ihre Reviere abgesteckt hatten. Die *picciotti* lernten, das Verbrechen zum Familienunternehmen auszubauen.

Kalabrien: Eine schlaue, starke und umsichtige Frau

Italiens Verbrechernetzwerke waren schon immer aus Fasern geflochten, die aus unterschiedlichen Teilen des Gesellschaftsgefüges gestohlen waren: Freimaurersekten, Männerbünde, Schirmherrschaften, Patenschaften, Sprache und Rituale einer ausgehöhlten Religion ohne jeden spirituellen Gehalt, Festessen, der Abklatsch literarischer Vorlagen ... Alles ist willkommen, solange es die Vereinigung zusammenhält. Doch die bei weitem stärksten kriminellen Bande bestehen schon immer aus Verwandtschaftsfäden. Die Familienbindung verleiht den Gangstergruppen eine Loyalität, wie sie in unpersönlicheren Strukturen kaum zu erreichen ist. Einen Kameraden an die Polizei zu verraten, ist das eine: Ungleich schwieriger ist der Treuebruch, wenn dieser Kamerad der eigene Cousin, Onkel oder Schwiegervater ist.

In der sizilianischen Mafia waren Geburten, Eheschließungen und Taufen niemals Privatsache. Sie gehören nicht zu den Angelegenheiten, denen ein Mafiaboss erst am Abend seine Aufmerksamkeit widmet, wenn das aus Schutzgelderpressung und Schmuggel bestehende Tagewerk vollbracht ist. Die Familie steht im Zentrum der täglichen Machenschaften der Unterwelt: Eine Eheschließung kann sowohl Krieg bedeuten als auch eine Zeit des Blutvergießens beenden oder die Geburt einer neuen Allianz einläuten. Dynastische Strategien waren schon immer ein wesentlicher Bestandteil der sizilianischen Mafia. Die Mafiosi, auf die Inspektor Sangiorgi im Rahmen der »Brudermord«-Affäre traf, beherrschten bereits die Kunst, eigene kriminelle Blutlinien zu zeugen und dafür zu sorgen, dass der Klang ihrer Namen über Generationen hinweg Angst und Schrecken verbreitete. Sangiorgi stieß auch auf den ersten bekannten Fall eines Ehrenmanns, der sich vor die typisch sizilianische Wahl gestellt sah, entweder einen Verwandten umzubringen oder selbst zu sterben: 1883 musste sich ein Onkel an der Ermordung seines eigenen Neffen beteiligen, der ebenfalls der Mafia angehörte. So lauteten nun einmal die Regeln in der Bruderschaft von Favara, der Mafia der Schwefelminen.

In Kalabrien wurden in den 1880er und 1890er Jahren Familienangelegenheiten noch völlig anders gehandhabt. Die 'Ndrangheta war ursprünglich eine Gefängnissekte, in der ein Häftling den Mithäftling rekrutierte, nicht der Vater den Sohn. Erst außerhalb der Gefängnisse verbreiteten sich auch die *picciotti* über Verwandtschaftswege. Die ältesten Prozessakten über die *Picciotteria* verzeichnen Brüder, Vettern und andere Verwandte unter den Mitgliedern – wie sollte es auch anders sein angesichts der Inzuchtklüngel in den entlegenen kalabrischen Gemeinden. Bald schon gesellte sich eine erste Generation von Söhnen zu ihren kriminellen Vätern. Ein Beispiel: Wenn die Polizei mit Giuseppe Musolino, dem »König des Aspromonte«, richtiglag, dann hatte sein Vater die *Picciotteria* in Santo Stefano gegründet. So waren Familie und Bandenwesen sehr schnell miteinander verflochten. Doch in den Anfangsjahren scheinen hinter dieser Verflechtung kaum strategische Erwägungen gesteckt zu haben: Die *picciotti* hielten über familiäre Angelegenheiten keine Versammlungen ab, stellten keine Regeln auf, wer wen heiraten durfte, zerschnitten keine Gesichter aufgrund von Verstößen gegen die dynastische Etikette.

Die heutige 'Ndrangheta ist unempfindlicher gegen Repressionen als die sizilianische Mafia oder die neapolitanische Camorra; ihre Geheimnisse sind strenger gehütet, weil kaum ein Mitglied sich als Kronzeuge zur Verfügung stellt. Jeder Richter oder Polizist in Kalabrien wird die Frage, warum dem so ist, mit einem einzigen Wort beantworten: Familie. Heutzutage ist die 'Ndrangheta sogar noch familienzentrierter als die sizilianische Mafia: Den Mittelpunkt jeder *'ndrina* bildet oftmals ein einzelner Boss mit seinen zahlreichen männlichen Nachkommen. In abgehörten Gesprächen aus dem Jahr 2010 diskutieren 'Ndranghetisti über das Prinzip der »Linie«, wie sie es nennen. Damit ist das Vererbungsprinzip gemeint, nach dem der neue Boss bestimmt wird (von Roghudi in diesem Fall). Die Regel, dass ein Sohn seinen Vater beerben sollte, ist zwar nicht unumstößlich, aber dennoch eine Regel. In der sizilianischen Mafia existiert kein Gesetz dieser Art, auch wenn oftmals die Söhne der Bosse ihren Vätern in Führungspositionen nachfolgen.

Die *Picciotteria* besaß zwar schon ähnliche Rituale und eine ähnliche Struktur wie die heutige 'Ndrangheta, doch fehlte es ihr noch an deren starker Verwandtschaftsbasis. Die *Picciotteria* bediente sich erst nach und nach des gesamten kriminellen Potentials der Blutsbande. Der Tod gehörte von Anfang an zur gemeinsamen Angelegenheit der kalabrischen Mafia; Geburten und Hochzeiten dagegen wurden erst in den zwei Jahrzehnten des Faschismus ins Regelwerk übernommen. Die Veränderung vollzog sich langsam und ungleichmäßig, war aber von wesentlicher Bedeutung für das weitere Erstarken der *Picciotteria*.

Als die faschistische Diktatur in Rom etabliert war, kamen den Richtern neuartige Familiengeschichten von den Gangstern in Kalabrien zu Ohren. In der Ortschaft Vibo Valentia, nördlich von Gioia Tauro, wurde 1927 ein Carabiniere ermordet, weil er versucht hatte, ein Ehebündnis zwischen zwei kriminellen Familien zu verhindern, von denen die eine die faschistische Verwaltung vor Ort infiltriert hatte.

Drei Jahre später wurde weiter im Süden, in Nicoteria, ein erst elfjähriger Junge in die Ehrenwerte Gesellschaft aufgenommen. Jenseits der Berge im Südosten, in Grotteria, kam 1933 dem dortigen Boss das Gerücht zu Ohren, seine Verlobte sei von einem anderen *picciotto* geschwängert worden. Die Bande hielt eine Versammlung ab, um über den Fleck auf der Ehre ihres *capo* zu diskutieren, und man beschloss, einen Killer zu beauftragen. Überraschenderweise war dessen Ziel nicht etwa der mutmaßliche Liebhaber der Frau, sondern derjenige, der das Gerücht in Umlauf gebracht hatte. Hörensagen galt im dynastischen Machtkampf schließlich schon immer als die gefährlichste aller Waffen. Der ausgewählte Killer, ein 16-jähriger Junge, musste sechs Anläufe nehmen, bevor es ihm endlich gelang, seinem Opfer ordentlich die Kehle durchzuschneiden.

Solche Geschichten sind vielsagend. Um nachzuvollziehen, wie sich die Heiratspolitik der frühen 'Ndrangheta entwickelte, lohnt aber vor allem ein Blick auf die sich verändernde Rolle der Frau. Italiens kriminelle Vereinigungen waren von Beginn an in überwältigendem Maße männlich geprägt und von Natur aus sexistisch. Mafiaehre ist seit jeher ausschließlich Männersache. Dennoch kamen auch den Frauen der Mafiosi und Camorristi wichtige Funktionen zu, und es gab merkliche Unterschiede in der Art und Weise, wie man sich ihrer bediente.

Die Frau, die sich am häufigsten in Gesellschaft der frühen 'Ndranghetisti befand, war die Hure. Während sizilianische Mafiosi noch nie von der Prostitution profitiert hatten, waren die ersten kalabrischen *picciotti* meist Zuhälter. Für gewöhnlich feierten sie mit den Mädchen, deren Einkünfte sie abschöpften. (Sie vergewaltigten sie, und zuweilen heirateten sie sie sogar – zumal die Geschäftsbeziehung zwischen einem Zuhälter und seinen Mädchen sehr oft auch intimer Natur ist.) Im Gegensatz zu ihren Zeitgenossen in der sizilianischen Mafia und im Gegensatz zu den heutigen 'Ndranghetisti betrachteten es die kalabrischen Ganoven des ausgehenden 19. und beginnenden 20. Jahrhunderts nicht als unehrenhaft, vom Sexgeschäft zu profitieren.

In dieser Hinsicht glich die *Picciotteria* der Ehrenwerten Gesellschaft Neapels im 19. Jahrhundert. Der Slang der neapolitanischen Camorra strotzte geradezu von abwertenden Synonymen für »Prostituierte«: *bagascia, bambuglia, bardascia, drusiana, risgraziata, schiavuttella* (»kleine Sklavin«), *vaiassa* und *zoccola* (»Kanalratte«). Es gab eine ganze Nomenklatur für diverse Kategorien von Strichmädchen. Ein neues Mädchen wurde *colomba* (»Taube«) genannt; kam es aus der Provinz, war es eine *cafona* (»Bauerntrampel«). Eine *gallinella* (»junge Henne«) hatte bereits Kinder; eine *pollanca* (»junge Truthenne«) dagegen war die Jungfrau, die man auf den Markt zu bringen gedachte. Zudem gab es mehrere Begriffe für die ältere Frau, wie *carcassa* (»Leiche«) oder *calascione* (»zerbeulte alte Mandoline«). Es war der Jargon einer Ausbeutungsindustrie, auf ihr basierte die Wirtschaft der Camorra. Wir wissen wenig über das Familienleben neapolitanischer Camorristi im 19. Jahrhundert. Doch ist es unwahrscheinlich, dass Männer, die so tief im Frauenhandel verstrickt waren, ähnliche Dynastien hervorbrachten wie die sizilianischen Dons.

Wie ihre neapolitanischen Vettern, die der *Sangiovannara* in Anerkennung ihrer bedeutenden Rolle bei den Ereignissen um die Einigung Italiens eine ehrenvolle Sonderstellung zugebilligt hatten, umgaben sich auch die *picciotti* aus Kalabrien zuweilen mit starken Frauen. Einige dieser Frauen nahmen direkt an kriminellen Handlungen teil. Unter den Angeklagten, die in den Prozessakten aufgelistet sind, springt daher auch der eine oder andere weibliche Name ins Auge. 1892 wurden in Palmi zwei Frauen für schuldig befunden: Concetta Muzzopapa, 40, und Rosaria Testa, 26 Jahre. Beide stammten aus Rosarno, gegenüber von Palmi auf der anderen Seite der Ebene von Gioia Tauro gelegen. Beide hatten den Treueeid geleistet und waren in die kalabrische Mafia aufgenommen worden. Sie seien »in den kleinen Finger der rechten Hand gestochen worden, bis Blut austrat«, und hätten zu schweigen gelobt, erklärten die Richter. Beide trugen außerdem Männerkleidung, in der sie sich an Raubzügen und gewalttätigen Übergriffen beteiligten. Rosaria Testa hatte den Ermittlern ihre Rolle in der Organisation gestanden und viele Geheimnisse verraten, ehe sie, eingeschüchtert durch ihre männlichen Komplizen, ihre Aussage zurückzog.

Es gab noch andere weibliche Bandenmitglieder, zum Beispiel in Santo Stefano, der Heimatgemeinde des »Königs des Aspromonte«: Nachforschungen über die *Picciotteria* zur Zeit des Briganten Musolino ergaben, dass von 166 vereidigten Mitgliedern immerhin zwölf weiblichen Geschlechts waren, darunter Musolinos Geliebte, Angela Surace, sowie seine drei Schwestern, Ippolita, Vincenza und Anna (bezeichnenderweise die Töchter des Bosses). »Da sie sich der moralischen und materiellen Unterstützung durch die kriminelle Vereinigung gewiss sein können«, schrieb die Polizei, »sind Frauen aus den Familien der Mitglieder auch in der Lage, Drohungen auszusprechen und ihren Willen durchzusetzen.« Besonders gefürchtet war Ippolita, die älteste der Musolino-Schwestern. Vermutlich hatte sie ihren Bruder sogar beraten, welche Personen er sich vorknöpfen sollte. Solche Fälle faszinieren, und hätten wir mehr Dokumente, auf die wir unsere Forschung stützen könnten, wüssten wir weitaus mehr über die frühe 'Ndrangheta. In der Geschichte der übrigen kriminellen Vereinigungen gibt es keine einzige Frau, die sich mit den kalabrischen *mafiose* vergleichen ließe.

Einige kalabrische Ganoven, die in den 1920er und 1930er Jahren vor Gericht gestellt wurden, legten noch immer denselben Appetit auf Frauen an den Tag wie die *picciotti* der 1880er und 1890er Jahre. So auch Domenico Noto, der fliegende Boss aus Antonimina: Seine Bande betrieb Zuhälterei, zwang ihre Huren, sich an Raubüberfällen zu beteiligen, und veranstaltete regelmäßig Versammlungen und Feste im Haus einer Prostituierten. Doch Noto gab sich nicht zufrieden mit seinen »Bordsteinschwalben« (die prüde Ausdrucksweise des Richters). Er erzwang sich den Weg in andere Betten, verging sich unter anderem an der Frau eines Emigranten, an deren 14-jähriger Tochter und an einem wehrlosen taubstummen Mädchen. Doch wer auf diese Weise sein Leben bestritt, tat sich schwer, die Geheimnisse der kriminellen Sekte zu wahren. So brachte die Frau des Emigranten vor Gericht wichtige Beweise gegen Domenico Noto und gegen mehr als 40 seiner Kameraden vor. Andere kalabrische Mafiazellen wurden auf die Aussagen von Strichmädchen hin aufgelöst. Kalabrische Richter waren gerne bereit, die Beweise der Prostituierten gegen ihre Zuhälter zu akzeptieren. Bereits 1890 verhängte ein Richter in Reggio Calabria schwere Strafen gegen eine Gruppe von *picciotti* und fegte damit die Versuche des Verteidigers vom Tisch, die Aussagen von vier Prostituierten zu diskreditieren: »Es hat keinen Sinn, die Äußerungen dieser unglücklichen Frauen in Zweifel zu ziehen – ihr abstoßendes Gewerbe vermochte ihren Persönlichkeiten nichts anzuhaben. Sie sind die Wahrhaftigkeit selbst.« Die Gewohnheit, mit Prostituierten Geld zu verdienen, ebenso wie die Methode, junge Burschen mit Gewalt dem Initiationsritual zu unterziehen, waren strukturelle Schwächen der *Picciotteria*, die über kurz oder lang dafür sorgen mussten, dass sich Kronzeugen finden würden.

Andernorts waren jedoch in den Jahren des Faschismus deutliche Anzeichen für einen Wandel zu spüren, was die Rolle der Frau anbelangte. Es gab weniger Prostituierte, und auch die weiblichen Ganoven, die Gewehre schulterten, verschwanden von der Bildfläche. Stattdessen war eine schlauere Geschlechterpolitik im Kommen. Und mit ihr ein neuer Typus der kalabrischen Mafiafrau. Keine Hure. Auch keine Brigantin in Männerkleidern. Stattdessen eine Mutter und Ehefrau, die ihre nährende Kraft einzig und allein der Ehre ihrer männlichen Angehörigen widmete, der jungen wie der alten.

Es wird häufig angenommen, dass die starke Familienzentriertheit der 'Ndrangheta einem »Familienkult« innerhalb der kalabrischen Gesellschaft geschuldet sei. Die verfügbaren Beweise jedoch widerlegen dies. Die 'Ndrangheta musste erst *lernen*, auf Familienbande zu vertrauen. Die vermeintlich traditionelle Rolle der 'Ndrangheta-Frauen – häusliche Priesterinnen des Ehrenkults – ist in Wahrheit eine moderne Erfindung.

Doch selbst als diese neue Vorzeige-*mafiosa* während des Faschismus zum ersten Mal in den Prozessakten auftauchte, konnte sie hinter den Kulissen des *Picciotteria*-Alltags das Regiment führen. Maria Marvelli war so eine »kluge, starke und umsichtige Frau«, um erneut die Worte eines Richters zu zitieren. Sie war über sämtliche Vorgänge innerhalb der Ehrenwerten Gesellschaft genauestens im Bilde. Allerdings vermochte nicht einmal sie ihren Ehemann vor einem grausamen Tod zu bewahren, konnte jedoch Vergeltung üben. Die folgende Geschichte sickerte durch die Nachrichtensperre des Faschismus und basiert größtenteils auf Maria Marvellis eigener Aussage, in der sie die Rolle dramatisierte, die Frauen bei der Verbreitung der *Picciotteria* spielten. Und zufällig offenbart Maria Marvellis Geschichte auch die brutalste Seite der faschistischen Gegenmaßnahmen.

Südwestlich von Antonimina, dem Heimatort des fliegenden Bosses, klammerte sich Cirella an die Flanken des Aspromonte. Cirella war ein kleines, entlegenes Dorf in einem unwirtlichen Gelände; ohne befahrbare Straßen war es den Naturgewalten ausgeliefert und wurde von den Ordnungshütern praktisch ignoriert.

Die Mitglieder von Cirellas Ehrenwerter Gesellschaft taten, was von ihnen zu erwarten war: Sie stahlen, randalierten, vergewaltigten, verstümmelten und mordeten. Doch sie bedienten sich auch anderer Formen von Gewalt. Bemerkenswerterweise hatten sie den örtlichen Priester aus dem Amt gedrängt: Jetzt gestalteten anstelle des Geistlichen Kriminelle die kirchlichen Feste in Cirella. Wer mit den *picciotti* vor Ort Geschäfte machen oder eine ihrer Frauen heiraten wollte, musste als Vorbedingung ihrer Vereinigung beitreten.

Paolo Agostino gehörte zu den einflussreichsten Männern in Cirellas Ehrenwerter Gesellschaft. Wie ein Richter später feststellen würde, galt er als besonders brutal, selbst unter Verbrechern.

> »Er war einer dieser Männer, die nicht nur über einen robusten, kräftigen Körper, sondern auch über einen kühnen Verstand, eine seltene sadistische Ader, eine starke Neigung zu gewalttätigen Ausbrüchen sowie den erforderlichen Mut verfügten, all diesen Eigenschaften Rechnung zu tragen.«

Paolo Agostino besaß eine weitere Qualität, von der der Richter nichts ahnte, eine Qualität, die für erfolgreiche kalabrische Bosse immer wichtiger wurde: Er hatte ein scharfes Auge für kluge Frauen. Wer in Cirella, wie anderswo in Kalabrien, das Initiationsritual der Mafia durchlief, musste schwören, »die Interessen der Gesellschaft über jene der Eltern, Geschwister und Kinder zu stellen«. Doch allmählich begriffen auch die kalabrischen Gangster, dass die Familie gewisse Vorteile mit sich brachte. Paolo Agostino hatte sich eine außerordentlich gute Ehefrau ausgesucht: die »schlaue, starke und umsichtige« Maria Marvelli.

Maria Marvelli war bereits verheiratet gewesen und Witwe. (Wie die meisten italienischen Frauen damals wie heute hatte sie ihren Mädchennamen beibehalten.) Ihren Sohn aus erster Ehe, Francesco Polito, brachte sie in die neue Verbindung mit dem »robusten und resoluten« Paolo Agostino. Wenn man dem Richter glauben darf, herrschte im Hause Agostino keine Gleichberechtigung, zumindest nicht innerhalb der vier Wände. Maria führte offensichtlich ein »strenges Regiment über ihren Mann und ihren Sohn. Und die beiden gehorchten ihr, ohne zu murren.« Paolo Agostino erhielt als Gegenleistung einen wohlhabenden Erben: Francesco Polito hatte von seinem verstorbenen Vater einen Besitz im Wert von 100 000 Lire geerbt.

Die Ehe scheint glücklich gewesen zu sein, und Maria gebar weitere Kinder. Überdies wurde Francesco Polito, sobald er alt genug war, in die Ehrenwerte Gesellschaft aufgenommen, wie es sich für den Stiefsohn eines hochrangigen Gangsters gehörte. Doch seine Mutter, schlau und misstrauisch, wie sie war, wollte ihm nicht erlauben, selbst über sein Geld zu verfügen. So musste er seinem Großvater, um die Aufnahmegebühr bezahlen zu können, 24 Flaschen Olivenöl stehlen.

Mit seinem Geld und dem mächtigen Stiefvater war Francesco Polito zweifellos eine gute Partie auf dem Heiratsmarkt der Mafia. Schon bald bot ihm kein Geringerer als der Boss der Ehrenwerten Gesellschaft in Cirella die Hand seiner Tochter an, dazu eine Beförderung vom *picciotto* zum Camorrista. Eine Ehe mit der Tochter des *capo* und dazu noch ein höherer Rang war ein verlockendes Angebot. Doch Paolo Agostino, der Stiefvater des jungen Francesco, sprach sich gegen die Verbindung aus. Warum er sich so verhielt, und ob Maria Marvelli seine Entscheidung beeinflusst hatte, ist ungewiss. Am naheliegendsten ist die Vermutung, dass er sich lieber mit einer anderen Verbrecherlinie verschwägern wollte. Doch ein solches Angebot auszuschlagen, kam verständlicherweise einer Brüskierung gleich. Während in den Reihen der Ehrenwerten Gesellschaft von Cirella zuvor alle Mitglieder an einem Strang gezogen hatten, gab es nun plötzlich Spannungen.

Zu diesem Zeitpunkt trat Mussolini auf den Plan. Der desolate Zustand der öffentlichen Ordnung in Cirella kam 1933 den Behörden zu Ohren. Und so wurde der örtliche Boss – ein jeder wusste, dass er der Boss war, wozu es also leugnen? – inhaftiert und in die kleine Strafkolonie auf der Insel Ustica verbannt, etwa 80 Kilometer nördlich von Palermo. Doch wie so oft reichte diese Maßnahme nicht aus, um die Fluten der Gewalt einzudämmen. Im darauffolgenden Jahr wurde daher Paolo Agostino ebenfalls nach Ustica verbannt, um seinem *capo* Gesellschaft zu leisten – dessen großzügiges Verschwägerungsangebot er zurückgewiesen hatte. Bald drang das Gerücht nach Cirella, die beiden seien sich begegnet und Paolo Agostino habe seinem Boss eine Flasche über den Schädel gezogen. Obwohl das Gerede vermutlich nicht der Wahrheit entsprach, war es doch ein sehr deutliches Zeichen für das Schwelen eines hochexplosiven Machtkampfes: Die Frage, welches Mädchen Maria Marvellis Sohn heiraten würde, blieb in Cirella eine offene Wunde.

Nach kurzer Zeit kamen erneut Gerüchte auf, doch diesmal in der Strafkolonie auf Ustica, und es ging dabei um einen Treuebruch. Bevor der »robuste und resolute« Paolo Agostino nach Ustica aufgebrochen war, hatte er seine Angelegenheiten einem vertrauenswürdigen Stellvertreter übertragen, Nicola Pollifroni. Pollifroni pflegte schon bald engen Kontakt mit Agostinos Ehefrau Maria Marvelli – so eng, dass einige Leute hämisch grinsten: Die beiden hatten angeblich zu zweit auf einem Pferd gesessen, und er war auf ihrem Schoß gesehen worden. Der Richter würde später einigermaßen spröde einräumen, das Gerede sei »nicht ganz unbegründet« gewesen. Als Paolo Agostino auf Ustica davon Wind bekam, stellte er eigene Nachforschungen an. Seltsamerweise bestätigten ihm zwei Zeugen – einer davon sein eigener Bruder – unabhängig voneinander, dass alles in Ordnung sei. Noch seltsamer war, dass er ihnen glaubte.

Paolo Agostinos entspannte Reaktion auf die vorgebliche Untreue seiner Frau widerspricht sämtlichen Klischees von der besitzergreifenden Gewalttätigkeit süditalienischer Männer. Und sie verstößt gegen die Verhaltensnormen unter Gangstern. Normalerweise genügte allein das Gerücht von ehelicher Untreue, um das Schicksal eines Mafioso zu besiegeln. Doch Paolo Agostino wischte den Verdacht gegen seine Frau, der doch zumindest »nicht ganz unbegründet« war, ganz einfach beiseite. Eine mögliche Erklärung für Agostinos Verhalten war vermutlich die Tatsache, dass Maria Marvelli als Gefährtin und Mitwisserin einfach zu wertvoll für ihn war. Angesichts der Spannungen, die die *'ndrina* zu zerreißen drohten, musste er den inneren Zusammenhalt sichern und hatte keine andere Wahl, als über die Affäre hinwegzusehen. Der Ehrbegriff der Mafia war also wie immer dehnbar.

Während Paolo Agostino sich mit seinem Boss in der Strafkolonie auf Ustica befand – der eine kaute an der vorgeblichen Untreue seiner Frau, der andere an der Frage, warum seine Tochter abgewiesen worden war –, änderten sich daheim in Cirella die Machtverhältnisse innerhalb der Ehrenwerten Gesellschaft. Jetzt hatten die drei Romeo-Brüder Bruno, Rocco und Francescantonio das Sagen. Diese beschlossen, ihre frisch errungene Autorität hinter einer Galionsfigur zu verstecken. Sie begaben sich also auf die Suche nach einem neuen Boss, einem Strohmann, der keine Aufmerksamkeit auf sich ziehen und nicht sonderlich sichtbar sein sollte.

Die Sichtbarkeit ist eines der großen Themen in der Geschichte des organisierten Verbrechens in Italien. Die absolute Unsichtbarkeit, die absolute Anonymität ist keine Option für Mafiosi, deren Ziel es ist, ihr Revier zu kontrollieren. Sie müssen die Leute vor Ort in irgendeiner Weise darüber in Kenntnis setzen, dass *sie* es sind, die man zu fürchten hat, dass *sie* es sind, die Schutzgeld kassieren. Doch gibt es tausend Möglichkeiten, sich ein Profil zu erarbeiten, sich Respekt zu verschaffen. Ein Gangster kann, gleich einem Tier, das sein Revier durch grelle Farbigkeit verteidigt, eine Menge Energie sparen, indem er leicht zu erkennen ist: Potentielle Rivalen lernen schnell, die Gefahrenzeichen zu erkennen, und sie lernen auch, dass nicht der Kampf, sondern die Flucht die klügere Reaktion ist. Deshalb demonstrierten die frühen Camorristi ihre Macht mit extravaganten Frisuren, Schlaghosen und Tattoos. Desgleichen ihre Vettern in der kalabrischen *Picciotteria*. Natürlich birgt die Sichtbarkeit auch gewisse Risiken – vor allem, wenn die Polizei gerade in der Stimmung ist, die Mafia auszumerzen, anstatt sich mit ihr zu arrangieren. Den eigenen kriminellen Rang und die erworbenen Ruhmeszeichen im Kerker vor sich herzutragen, wo sich ohnehin nur Gauner befinden, oder in den Mafiavierteln von Neapels Unterstadt oder in irgendeinem gottverlassenen kalabrischen Bergkaff, ist das eine. Ganz anders verhält es sich, wenn einer ins Visier der Carabinieri gerät, Ellis Island passieren will, oder wenn die Geschäfte mit Politikern und Unternehmern ein eher unauffälliges Äußeres verlangen. Siziliens »Mittelschicht-Ganoven« tendierten schon immer dazu, sich unauffällig zu kleiden und ihre Autorität mit kaum mehr als einem Blick, einer Körperhaltung oder eisigem Schweigen geltend zu machen. Die anderen kriminellen Vereinigungen, bescheideneren

Ursprungs, brauchten eine Weile, bis sie diese subtileren Zeichen beherrschten. Der Lernprozess war seit längerem im Gange, als die faschistische Ära heraufdämmerte. In Neapel waren die albernen Hosen und die Schmetterlingstollen zum Zeitpunkt des Cuocolo-Prozesses bereits verschwunden. Bald darauf verzichtete auch die kalabrische Mafia darauf: Während der faschistischen Ära waren kaum noch Spuren davon übrig.

Da die Polizei ihnen plötzlich mehr Aufmerksamkeit schenkte, als ihnen lieb war, hielten die Romeo-Brüder Ausschau nach einer neuen, weniger sichtbaren Galionsfigur, möglichst unbescholten und so vermögend, dass sie über jeden Verdacht erhaben war. Ihre Wahl fiel auf einen jungen Mann namens Francesco Macrì, der ohne Zögern zusagte, obwohl er nicht einmal Mitglied der Bande war und obendrein reich genug, um seinen neuen Mitverschwörern Anwälte zu verschaffen. Der Richter sagte später, Macrì habe es als eine besondere Ehre empfunden, zum Boss ernannt zu werden. Dass Macrì so bereitwillig den *capo* spielte, sagt einiges aus über das Ansehen, das die kriminelle Vereinigung inzwischen genoss. »Der Beitritt zur Vereinigung«, so der Richter, »galt als wesentliche Voraussetzung, um in der Gesellschaft anerkannt zu werden.« Die *Picciotteria*, weniger sichtbar als früher, dafür ungleich bösartiger, sickerte jetzt noch tiefer in den Blutstrom des kalabrischen Lebens ein. Die Romeo-Brüder bildeten ein »Beratungskomitee« für ihren eifrigen, aber unerfahrenen Boss, während sie die eigentliche Macht für sich behielten. Und mit diesem Arrangement war das politische Gleichgewicht innerhalb der Organisation in Cirella wiederhergestellt.

Unterdessen gingen die kriminellen Geschäfte ihren alten Gang. Und wie üblich, konnten selbst Lappalien tödliche Konsequenzen haben. Dem Arzt vor Ort war unlängst ein wertvoller Jährlingsbulle abhandengekommen und seine Bemühung, den Dieb ausfindig zu machen, ein Tappen im Dunkeln. Irgendwann wandte er sich an Maria Marvelli und bat sie, ihren Ehemann Paolo Agostino (ein Verwandter des Arztes) auf Ustica zu bitten, er möge sich unter den Mithäftlingen ein wenig umhören. Seit jeher war das Gefängnis die große Verteilerstelle für die Kommunikation der Mafia.

Ein Brief kam schon bald aus Ustica zurück: Die Diebe seien Bruno, Rocco und Francescantonio Romeo, schrieb Paolo Agostino, also die

Hintermänner des »unsichtbaren Bosses« und mittlerweile die einflussreichsten *picciotti* in Cirella.

Naiv gab der Arzt Paolo Agostinos Brief weiter an die Carabinieri. Daraufhin trug ein Spion innerhalb der Polizei den drei Romeo-Brüdern zu, dass Paolo Agostino ihnen Schwierigkeiten bereiten wolle. Noch bevor der Hinweis sie erreichte, wussten die Romeos, dass Agostino ihnen nach seiner Rückkehr aus Ustica gefährlich werden konnte. So warnten sie Maria Marvelli, indem sie ihr Haus anzündeten und ihr 30 Ziegen stahlen.

Als Agostinos Heimkehr näherrückte, planten die Romeo-Brüder noch drastischere Maßnahmen, um ihre Position zu verteidigen. Sie stellten den Antrag an die Ehrenwerte Gesellschaft, Maria Marvellis Ehemann ermorden zu dürfen; als einwandfreie rechtliche Begründung gaben sie an, er habe gegen die Omertà verstoßen und dem Arzt verraten, wer den Jungbullen gestohlen hatte.

Nach zweijähriger Abwesenheit kam Paolo Agostino am 2. März 1936 endlich wieder nach Hause und wurde sofort zu einer Versammlung der Ehrenwerten Gesellschaft zitiert: Wie gedenke er seinen Regelverstoß zu rechtfertigen? Seine Selbstverteidigung war eine verzweifelte Vortäuschung von Chuzpe. Er brauche in Cirella niemanden mehr zu fürchten, sagte er, denn er habe auf Ustica »neue, mächtigere Freunde« gefunden und sich einer »einflussreichen Vereinigung« angeschlossen.

Welche »einflussreiche Vereinigung« sollte das sein? Ein Bluff? Oder wollte Paolo Agostino andeuten, er sei der sizilianischen Mafia beigetreten, nachdem er den Aspromonte verlassen hatte? Auf Ustica tummelten sich zum damaligen Zeitpunkt mehr sizilianische Mafiosi als gewöhnlich. Ob Agostino bluffte oder nicht, war den Romeo-Brüdern einerlei, denn ihr Entschluss, ihn zu eliminieren, stand fest. Als Paolo Agostino auch noch dreist gegen die Etikette der Ehrenwerten Gesellschaft verstieß, indem er einer zweiten Anhörung in der Sache fernblieb, setzten die Romeo-Brüder ihren Antrag durch, und Agostino wurde zum Tode verurteilt. Jetzt hatten die Romeo-Brüder eher ein praktisches Problem als ein politisches: Der Anschlag bedurfte der Planung – sie brauchten eine ausgeklügelte Falle und den passenden Köder.

Während die Romeo-Brüder auf eine günstige Gelegenheit warteten, mussten sie sich mit Beleidigungen begnügen. Sie zerbrachen zum Beispiel Paolo Agostinos Grammophon während der Verlobungsfeier seines Stiefsohns Francesco Polito. (Nachdem er die Tochter des Bosses abgewiesen hatte, hatte Maria Marvellis Sohn endlich eine geeignete Braut gefunden, die wie er einer kriminellen Familie entstammte.) Nur die Anwesenheit der vielen Zeugen verhinderte, dass der Zwischenfall mit dem Grammophon in einem Blutbad endete.

Falls Paolo Agostino nicht schon davor erkannt hatte, dass ihm die Zeit davonlief, erkannte er es jetzt. Er wurde düster. Unter Freunden nannte er sich wehmütig »einen Zugvogel, der bald fortfliegen müsse«. Er weigerte sich, seine Kinder zu verprügeln, damit sie ihn nicht in schlechter Erinnerung behielten. Seine Verzagtheit war nicht zu übersehen für Maria Marvelli, die sich im Haus um die Sicherheit ihres Mannes kümmerte und ihn nötigte, anderswo zu schlafen, sobald Gefahr drohte.

Der erste Anschlag auf Agostinos Leben begann mit dem inszenierten Diebstahl seines Ochsen. Die Romeo-Brüder schickten ein paar Männer aus, das Tier aus dem Stall zu holen. Die Diebe waren angehalten, eine Menge Lärm zu machen, damit Agostino aus dem Haus gerannt käme. Lief alles nach Plan, konnten sie ihn über den Haufen schießen. Der Verdacht sollte auf anonyme Einbrecher fallen. Doch statt seiner kam die gefürchtete Maria Marvelli aus dem Haus, das Gewehr in Händen, und schlug die Möchtegernmörder in die Flucht.

Um Paolo Agostino aus dem Weg zu räumen, wäre ein weitaus raffinierteres Komplott erforderlich. Am 30. April 1936 beriefen die Romeo-Brüder hochrangige Mafiosi zu einem Treffen in eine verlassene Scheune. Nach vielem Hin und Her wurde ihr Plan bewilligt und ein zehnköpfiges Exekutionskommando bestimmt, ihn auszuführen. Der Pseudoboss Francesco Macrì erklärte sich bereit, bei der bevorstehenden Aktion den Romeo-Brüdern zur Seite zu stehen; offenbar wollte er sich seines hohen Rangs würdig erweisen. Doch die Hauptperson im Plan, der Mann, der Paolo Agostino seinen Feinden ausliefern sollte, war ausgerechnet Nicola Pollifroni – derselbe, der angeblich eine Affäre mit Maria Marvelli gehabt hatte. Pollifroni musste vor seinen Bundesbrüdern niederknien, die Arme vor der Brust kreuzen und schwören, er werde helfen, seinen Freund zu ermorden.

Am 2. Mai forderte Pollifroni Paolo Agostino auf, ihn zu begleiten.

Er wollte einige Bienenstöcke plündern, mit deren Eigentümer er ein Hühnchen zu rupfen hatte. Als Mitglied der Ehrenwerten Gesellschaft durfte Agostino ein solches Angebot nicht ablehnen. Nach erfolgreicher Plünderung kehrten Pollifroni und Agostino, Töpfe mit duftendem Honig in Händen, auf einem entlegenen Pfad zurück. Der Weg führte durch einen schmalen Durchgang zwischen zwei gewaltigen Felsbrocken, von Stechginster überwuchert. Der Richter würde anschließend erklären, der Pfad erinnere an die immer schmaler werdende Rinne im Fußboden eines Schlachthauses, die ein einzelnes Schwein von den übrigen absondere und es zwinge, zwischen zwei Wänden weiterzulaufen, bis es sich weder vorwärts noch rückwärts bewegen könne. Kam dann das Schlachtermesser in Sicht, gab es kein Entrinnen mehr. Die Engstelle hatte bei den Einheimischen den Namen *Agonia* (Agonie).

Als die beiden Honigdiebe im Begriff waren, den Durchgang zu betreten, blieb Pollifroni stehen. Er müsse pinkeln, sagte er. Agostino solle ruhig weitergehen.

Der letzte Laut, den Agostino im Leben hörte, ertönte im Felsen über ihm und war ein erstickter Warnruf, so unerwartet wie vertraut. Agostinos Stiefsohn Francesco Polito war gezwungen worden, den Mord mit anzusehen. Obwohl man ihm einen Dolch an die Kehle presste, brachte er in seiner Verzweiflung den Mut auf, einen Warnschrei auszustoßen, ehe eine große Hand sich über seinen Mund legte und eine vielstimmige Gewehrsalve jedes andere Geräusch übertönte.

Was der Mafiageschichte in Cirella einen unverkennbar faschistischen Stempel aufdrückte, war die Art und Weise, wie mit den Romeo-Brüdern, Don Francesco Macrì und den Übrigen nach ihrer Verhaftung verfahren wurde. Während des Verhörs leugneten sie, wie ihre Gelübde es forderten, jegliche Kenntnis von einer kriminellen Vereinigung, der sie angeblich angehörten. Und so wurden sie mit allem verdroschen, ausgepeitscht und verprügelt, was gerade bei der Hand war, einem schweren Lineal zum Beispiel und einem Tintenlöscher. Man nötigte sie, einen Tontopf voller Pisse leerzutrinken. Um ihre Schreie zu dämpfen, stopfte man ihnen die eigenen Socken als Knebel in den Mund und hielt sie mit Gürteln dort fest. Dann stieß man sie zu Boden, fesselte ihre Unterschenkel auf Stühle, schlug ihnen auf die Fußsohlen und riss ihnen die Zehennägel aus (was mehrere Zehenamputationen nach sich zog). Die offenen Wunden bestrich man mit Salz und Essig. Wer nicht kooperieren wollte, wurde mit Stromschlägen traktiert: Drähte, mit einer Autobatterie verbunden, wurden den Betreffenden an den Innenschenkeln befestigt, bis sie kaum noch bei Bewusstsein waren. Dann ließ man sie in den feuchten, schmutzigen Zellen im Gefängnis von Locri ohne Nahrung und Wasser liegen. Jede Bitte um ärztliche Versorgung wurde abgelehnt.

Nach einer Weile gestanden sie, einer nach dem anderen. Immer wenn sie aufgefordert wurden, ihre Geständnisse zu wiederholen, begannen die Schläge von neuem. Die Männer von Cirellas Ehrenwerter Gesellschaft waren nun ebenfalls an einem Ort namens Agonie angelangt.

Erst vor Gericht kamen die Foltermethoden der Ordnungshüter ans Licht. Als der Richter von den Schrecknissen erfuhr, tat er sie als Hirngespinste ab. Offenbar sah er es nicht als seine Aufgabe an, die Behauptungen der Angeklagten zu überprüfen. Er machte sich nicht einmal die Mühe, einen Blick auf ihre amputierten Zehen zu werfen. Doch allein seine detaillierte Beschreibung und dass er versuchte, sich herauszuwinden, legt den Schluss nahe, dass er über die tatsächlichen Vorgänge sehr wohl im Bilde war: Die Angeklagten, die er vor sich hatte, waren von den Carabinieri grausam gefoltert worden.

Natürlich lagen dem Richter eine Vielzahl anderer Beweise vor: die Aussagen Maria Marvellis und ihres Sohnes Francesco Polito; die unzulänglichen Alibis der Verdächtigen; dazu die eindeutig falschen Zeugenaussagen zugunsten der Mafiosi, zumeist von ihren Frauen. Die Staatsanwaltschaft wies außerdem darauf hin, dass der vorgebliche Boss Francesco Macrì in einem Koffer eine Liste aufbewahrte, auf der die Namen der zehn Männer standen, die Befehl hatten, Paolo Agostino zu ermorden.

Der Richter kam zu dem Schluss, dass sämtliche Beweise die Geständnisse der Verdächtigen bestätigten, »ungeachtet der Art und Weise, wie ihre Aussagen zustande gekommen waren«. Er glaubte den Fall daher »ruhigen Gewissens« abschließen und auf weitere Maßnahmen gegen die offenkundig brutalen Verhörmethoden der Polizei verzichten zu können. Folter hin oder her, das Urteil gegen die *picciotti* in Cirella lautete schuldig.

»Alles im Staat. Nichts außerhalb des Staates. Nichts gegen den

Staat.« Die totalitäre Ideologie des Faschismus gab den Polizisten offenbar die Erlaubnis, weit über die zulässigen Verhörmethoden hinauszugehen. Die Foltermethoden, die in diesem Fall zum Einsatz kamen, wurden vermutlich auch anderswo gegen Mafiosi und Camorristi angewandt. Doch selten findet man dafür so plastische, klare Beweise wie in den Prozessakten aus Cirella. Üblicherweise wurden Polizeibeamte zu Unrecht von Ganoven der Brutalität bezichtigt. Der Kampf des Faschismus gegen das organisierte Verbrechen war in der Tat oft ein schmutziger Krieg, doch wie häufig die Behörden tatsächlich ihre Macht missbrauchten, lässt sich nur erahnen.

Maria Marvellis Geschichte zeigt nur eine Momentaufnahme von den allmählichen Veränderungen, die in Kalabriens Mafia vonstatten gingen: von der neuen Heiratspolitik, die sich die *picciotti* zu eigen machten, und von der neuen Macht hinter den Kulissen, die einige Frauen auf diesem Wege erlangten. Maria Marvelli gehörte offenbar zu den Verlierern: Ihr Haus war abgebrannt, ihr Ehemann ermordet worden. Auch ihren Sohn sollte sie verlieren: Trotz seines Geständnisses wurde der junge Mann, der einmal der begehrteste kriminelle Junggeselle in Cirella gewesen war, unter den härteren faschistischen Gesetzen gegen kriminelle Vereinigungen zu sechs Jahren und acht Monaten verurteilt. Offen bleibt, ob die Carabinieri auch ihm die Zehennägel gezogen hatten; und offen bleibt auch, was im Gefängnis aus ihm geworden war.

Doch wenigstens erhielt Maria Marvelli als Ausgleich für ihre Verluste eine Entschädigung: zum einen die Genugtuung der Rache, zum anderen ein wenig Geld: Ihrer Kinder wegen hatte sie die Schuldigen verklagt und 26 000 Lire erstritten – ungefähr den Wert ihres Hauses.

Wir wissen nicht, wie Maria Marvellis Geschichte weiterging. Sie teilt das Schicksal vieler tausend gesichtsloser Mafiafrauen in der Geschichte, und so können wir nur raten, wie ihr Leben nach dem Prozess verlief. Falls sie nach Cirella heimkehrte, war ihr Dorf zweifellos noch immer im Griff der *Picciotteria*. Derselbe Richter, der sich gescheut hatte, die Carabinieri wegen ihrer wiederholten Angriffe auf die Gefangenen zur Rede zu stellen, vermied es auch, mit aller Härte gegen die Mafiosi vorzugehen: Er sprach 104 der *picciotti*, deren Namen auf der Liste des falschen Bosses standen, mit der wenig überzeugenden Begründung frei, dass die einzigen Beweise gegen sie »Gerüchte« seien.

Ein jeder in Cirella hatte sie über den Marktplatz stolzieren sehen; ein jeder wusste, dass sie allesamt unter einer Decke steckten und nichts Gutes im Schilde führten. Anders ausgedrückt: Sie waren sichtbar. Doch selbst unter faschistischer Herrschaft zog die Sichtbarkeit allein keinen Schuldspruch nach sich.

Kampanien: Der Faschist Vito Genovese

Am 8. Juli 1938 war in der neapolitanischen Tageszeitung *Il Mattino* der folgende kurze Beitrag zu lesen:

> »*Faschistische Nachrichten*
> Vito Genovese, Mitglied der New Yorker Gruppierung der Faschistischen Partei und derzeit in Neapel wohnhaft, spendet 10 000 Lire: Für den Bau der örtlichen Parteizentrale erhält die Gruppierung in Roccarainola einen Zuschuss von 5000 Lire. Von den restlichen 5000 Lire wird in Nola ein Heliotherapie-Zentrum errichtet.«

Wie verlautet, würde Vito Genovese später das Gebäude der faschistischen Parteizentrale in Nola mit einer Summe von 25 000 US-Dollar subventionieren. Besucher von Nola – und deren gibt es nicht viele – können noch immer das Gebäude an der Piazza Giordano Bruno besichtigen: Der weiße Block, seit langem seiner faschistischen Symbole beraubt, beherbergt eine regionale Zweigstelle der Universität Neapel, die juristische Fakultät, um genau zu sein.

Genovese kam am 21. November 1897 unweit von Nola in Risigliano zur Welt. Wir wissen nicht, ob seine Familie bereits Verbindungen zur Unterwelt Kampaniens hatte, bevor sie 1912 in die Vereinigten Staaten emigrierte. Jedenfalls bot New York gewaltbereiten jungen Einwanderern unbegrenzte Möglichkeiten. Seite an Seite mit seinem Freund, dem gebürtigen Sizilianer Charles Luciano, genannt Lucky, erstieg Vito schnell die Karriereleiter der Unterwelt. Ein mittlerweile berühmtes Fahndungsfoto von Genovese aus dieser Zeit zeigt einen Schlägertyp mit hervorquellenden Augen und einem schiefsitzenden schwarzen Haarschopf.

1936 wurde Lucky Luciano wegen Zuhälterei vor Gericht gestellt und zu 30 bis 50 Jahren Haft verurteilt. (Was ihm freilich erspart geblieben wäre, hätte er die im Heimatland der Mafia geltenden Gepflogenheiten befolgt.) Vito Genovese sollte eigentlich an Lucianos Stelle treten als Oberhaupt der New Yorker Mafia, die noch immer von Sizilianern dominiert war. Doch fürchtete er auch, dass ein anhängiger Mordprozess gegen ihn eine vergleichsweise raue Behandlung nach sich ziehen könnte. Also flüchtete er 1937 in sein Geburtsland, in ein vergoldetes Exil.

In Italien hatten Vito Genoveses Großzügigkeit und faschistische Gesinnung eigennützige Gründe. Gerüchten zufolge war es ihm darum zu tun, Rauschgift in die Vereinigten Staaten zu schmuggeln. Mit den Einkünften leistete Genovese seinen Beitrag zum architektonischen Erbe der Faschisten in Kampanien und bereitete sowohl Mussolini wie auch seinem Außenminister und Schwiegersohn, dem Grafen Galeazzo Ciano, einen fürstlichen Empfang. Dass Genovese auch zu den Honoratioren in Nola ausgezeichnete Kontakte pflegte, versteht sich von selbst.

Offensichtlich mangelte es den faschistischen Machthabern in Kampanien an der nötigen Integrität und Aufmerksamkeit, sonst hätten sie die Ratschläge Major Anceschis nach dessen Einsätzen in den Mazzoni-Sümpfen von 1926 bis 1928 befolgt. Jedenfalls glitt der Faschismus in Kampanien vom kämpferischen Eifer der Himmelfahrtsrede zu einem friedlichen Arrangement zwischen Politik und Gangstertum ab. Wie spätere Ereignisse ans Licht bringen sollten, war Vito Genovese nunmehr Teil einer blühenden kriminellen Landschaft.

Sizilien: Der schleimige Krake

Wir wissen seit langem, dass sich Cesare Moris prahlerische Behauptung, er habe die Mafia besiegt, als hohl erweisen würde, und dass die Operation Mori auf längere Sicht ein Fehlschlag war. Denn kaum war nach dem Sturz des Faschismus die Demokratie wiederhergestellt, begann für Siziliens berüchtigte kriminelle Vereinigung eine neue Phase, in der sie sich arroganter und blutrünstiger gebärdete denn je. Man hat eine Menge Energie darauf verschwendet, für das Wiedererstarken der Mafia nach dem Zweiten Weltkrieg einen Verantwortlichen zu suchen. Verschwörungstheoretiker gaben ausschließlich den Amerikanern die Schuld: Die Mafia sei mit der Landung der Alliierten im Jahre 1943 zurückgekehrt. Pessimisten sehen den Fehler in der italienischen Demokratie: Ohne Diktator an der Spitze sei das Land schlicht außerstande, das organisierte Verbrechen kompromisslos zu bekämpfen.

Wer auch immer die Verantwortung trug für das Wiedererstarken der Mafia, die meisten Erinnerungen an den Versuch, sie auszurotten, waren mehr oder minder im Einklang mit den Fanfarenstößen des Faschismus. Selbst einige Mafiosi dachten mit Schaudern an die Alarmsignale Ende der 1920er Jahre zurück. Ein Ehrenmann, der freilich noch zu jung war, um sich an die Operation Mori zu erinnern, erzählte 1986:

> »Plötzlich [unter den Faschisten] wurden andere Saiten aufgezogen. Schwere Zeiten für Mafiosi (...) Nach dem Krieg existierte die Mafia kaum noch. Alle sizilianischen Familien waren zerschlagen. Die Mafia war wie eine Pflanze, die nicht mehr kultiviert wurde.«

So war man sich unter Historikern bis vor kurzem noch weitgehend einig, was den gewaltigen Feldzug des Eisernen Präfekten gegen das organisierte Verbrechen in Sizilien anbelangte: Die Mafia war nicht zerstört worden, hatte sich aber der polternden Macht des faschistischen Staates gebeugt.

Bis vor kurzem. Bis 2007, um genau zu sein, als der führende Mafiaforscher in Italien einen beunruhigenden Bericht ausgrub, der vergessen im Staatsarchiv von Palermo gelegen hatte. Wegen dieses Berichts – viele hundert Seiten lang, wenn man die 228 Anhänge mit einschließt – muss die Geschichte vom »letzten Gefecht« der Faschisten gegen die Mafia völlig neu geschrieben werden. Einige der besten Nachwuchshistoriker Siziliens sind derzeit mit der Aufgabe betraut. Wie sich herausstellte, beinhaltete die Operation Mori die raffinierteste Lüge in der Geschichte des organisierten Verbrechens.

Der Bericht datiert vom Juli 1938 und beschreibt den Zustand von Gesetz und Ordnung auf Sizilien seit dem letzten großen Mafiaprozess, der Ende 1932 abgeschlossen war. Nicht weniger als 48 Männer waren an seiner Entstehung beteiligt gewesen, allesamt Mitglieder eines Sonderkommandos aus Carabinieri und Polizei mit dem schwerfälligen Namen »Königliches Generalinspektorat für die Öffentliche Sicherheit in Sizilien« – kurz: das Inspektorat. Und die Mehrzahl seiner Mitglieder waren Sizilianer, ihren Nachnamen nach zu urteilen.

Der Bericht beginnt folgendermaßen:

> »Obwohl Polizei und Justiz [während der Operation Mori] wiederholt rigoros gegen die kriminelle Organisation vorgegangen sind, die in Sizilien und anderswo unter dem vagen Begriff ›Mafia‹ bekannt ist, hat diese überlebt; ihr Fortbestehen war niemals ernstlich in Gefahr. Dass dennoch dieser Eindruck entstehen konnte, ist allenfalls einigen trügerischen Ruhephasen geschuldet (…) So konnte man glauben – und arglistige Menschen gaben sich große Mühe, die Vermutung zu bestätigen –, die Mafia sei nun gänzlich ausgerottet. Dabei war man lediglich einem gerissenen, raffinierten Schachzug auf den Leim gegangen, ausgeheckt von den vielen führenden Köpfen der Mafia, die die Repressionen unbeschadet überstanden hatten oder ohnedies über jeden Verdacht erhaben waren. Es war ihnen hauptsächlich daran gelegen, die Behörden zu täuschen und die sogenannte öffentliche Meinung zu zermürben, um am Ende noch ungenierter agieren zu können.«

Die Mafia habe dem Faschismus einen mächtigen Bären aufgebunden, behauptete das Inspektorat. Einige Bosse hatten den Propagandasog der Operation Mori für sich genutzt und so getan, als seien sie von der Bildfläche verschwunden. Dabei verfolgte die Mafia ihren eigenen Propagandaplan – besiegt erscheinen –, und ihre Botschaft wurde von den Megaphonen des faschistischen Regimes willfährig herumposaunt. Womöglich waren in Wahrheit die Bosse aus Palermo selbst federführend bei Cesare Moris *Letztem Gefecht gegen die Mafia*.

Der Bericht aus dem Jahr 1938 beginnt 1933, kaum ein Jahr nach dem letzten Mori-Prozess, als eine Verbrechenswelle über das Land rollte, die so gewaltig war, dass die Polizeistrukturen, die der Eiserne Präfekt errichtet hatte, ihr nicht länger standzuhalten vermochten. Polizei und Carabinieri wurden zu einer Elitekampftruppe umstrukturiert, die die Exzesse eindämmen sollte: dem »Königlichen Generalinspektorat für die Öffentliche Sicherheit« in Sizilien. So begann der faschistische Staat den Kampf gegen die Mafia erneut. Nur durften diesmal die nationale und internationale Öffentlichkeit, nachdem sie die Berichte über die Heldentaten des Eisernen Präfekten so gierig aufgesogen hatten, nicht wissen, was vor sich ging.

Die Männer des Inspektorats fingen dort an, wo Moris Polizei 1929 aufgehört hatte. Sie trugen nach und nach eine Vielzahl von Beweisen zusammen, die zeigten, dass die Mafia im Westen Siziliens besser organisiert war, als irgendwer – ausgenommen vielleicht Polizeichef Ermanno Sangiorgi – es vermutet hätte: Den »schleimigen Kraken« nannten sie die Organisation.

Als Ausgangspunkt hatten sie die Provinz Trapani gewählt, an der Westspitze der Insel, wo die Operation Mori am wenigsten bewirkt hatte und das kriminelle Chaos am schlimmsten war: »Hier regiert die Mafia mit allen verfügbaren Mitgliedern«, stellte das Inspektorat fest. Nachdem man zahlreiche Mafiosi aus Trapani verhaftet hatte, hielten die Bosse, die noch auf freiem Fuß waren, eine Provinzversammlung ab, um über ihr weiteres taktisches Vorgehen zu beraten. Sämtliche Mitglieder der Organisation wurden brieflich ersucht, die Gewalt auf ein Minimum zu reduzieren, bis diese neue Welle der Unterdrückung über sie hinweggerollt und verebbt wäre.

Die nächste Ermittlungsrunde des Inspektorats deckte einen Viehschmuggelring auf, der 300 Personen umfasste und sich über den gesamten Westen der Insel erstreckte; Mafiosi sprachen von der *Abigeataria*, dem »Bezirk der Viehdiebe«. Wie sie es schon immer getan hatten, stahlen sizilianische Mafiosi gemeinsam an einem bestimmten Ort Tiere, um diese dann auf einem weit entfernten Markt zum Verkauf anzubieten.

Es folgte die südliche Provinz Agrigent. Die Ermittlungen des Inspektorats zu einem bewaffneten Überfall auf einen Omnibus brachten nach und nach ans Licht, dass die Mafia auch hier eine offizielle Struktur besaß. Die vom Inspektorat verhörten Mafiosi benutzten den Begriff »Familien« für die örtlichen Zellen. Die Familien pflegten ihre Aktivitäten häufig zu koordinieren. Die Männer, die den Omnibus überfallen hatten, gehörten beispielsweise drei unterschiedlichen Familien an; sie waren einander vor dem Überfall noch nie begegnet, agierten aber dennoch in völliger Eintracht. Noch beunruhigender war die Entdeckung des Inspektorats, dass die Bosse in Agrigent, während die Prozesse der Operation Mori 1932 sich dem Ende näherten, einen Rundbrief aus Palermo erhielten, der sie aufforderte, »die Reihen zu schließen und sich für Verbrechen im großen Maßstab bereitzuhalten«.

Eines der enthüllendsten Zeugnisse in der Sammlung des Inspektorats stammte von Dr. Melchiorre Allegra, einem Allgemeinarzt, Röntgenarzt und Lungenspezialisten, der in Castelvetrano, einer Stadt in der Provinz Trapani, eine Klinik leitete. Allegra wurde im Sommer 1937 verhaftet und legte ein Geständnis ab, das 26 eng beschriebene Seiten füllte und von der ausgezeichneten Polizeiarbeit zeugte, die das Inspektorat geleistet hatte. Allegra hatte 1916 in Palermo das Initiationsritual durchlaufen, um Ehrenmännern, die sich dem Wehrdienst im Ersten Weltkrieg entziehen wollten, falsche Atteste ausstellen zu können. Die Mafiosi, die Dr. Allegra formell als »Brüder« vorgestellt wurden, waren Männer aus allen Bevölkerungsschichten – Kutscher, Metzger, Fischhändler, aber auch Parlamentsmitglieder und begüterte Aristokraten. Nach dem Krieg pflegten oft aus ganz Sizilien die Provinz- und Familienbosse anzureisen, um sich in der *Birreria Italia* zu treffen, einem piekfeinen Café mit Konditorei und Bar, mitten im Zentrum von Palermo gelegen, an der Kreuzung von Via Cavour und Via Maqueda. Einige Jahre lang, bis die faschistische Polizei Verdacht schöpfte, galt die *Birreria Italia* als Treffpunkt der Mafiawelt, ein eleganter Club für die Gangsterelite der Insel.

Das Inspektorat wusste genau, dass die Männer, die Dr. Allegra »Brüder« nannte, sich in Wahrheit unentwegt bekriegten. Die Mafia neigte zu erbitterten Grabenkämpfen, die fast immer um die Frage kreisten, wer innerhalb der Organisation die Vorherrschaft erringen würde. Ein »mörderischer Kampf« dieser Art war es auch, der das Inspektorat schließlich mitten ins Herz der Mafia führte, in die Zitrusgärten der Conca d'Oro um Palermo.

Als der Eiserne Präfekt im Oktober 1925 in Palermo eintraf, richtete er seine Aufmerksamkeit sofort auf die Piana dei Colli, den nördlichen Teil der Conca d'Oro, wo sich Inspektor Ermanno Sangiorgi in den 1870er Jahren ein erstes Mal mit der Mafia angelegt hatte. Ein halbes Jahrhundert später war die Piana dei Colli Schauplatz einer besonders brutalen Schlacht zwischen zwei Mafiagruppen. Das Stadtzentrum von Palermo war mit Leichen gepflastert. Auch ranghohe Bosse waren darunter. Einige Mafiadynastien, die seit den 1860er Jahren die Gegend beherrscht hatten, überlebten das Gemetzel nicht. Die übrigen wurden, sofern sie nicht nach Amerika, Tunesien oder London geflüchtet waren, von den Beamten des Eisernen Präfekten in Gewahrsam genommen. Dann verließ Mori Sizilien, und es kehrte wieder Ruhe ein.

Das Inspektorat fand heraus, dass die Mafiosi aus der Piana dei Colli, die nach dem Ende der Operation Mori aus der Haft freigekommen oder aus dem Exil heimgekehrt waren, ihre Familien wegen der nach wie vor bestehenden Spannungen nicht neu organisieren konnten. Wieder kam es zu Vergeltungsmorden, getreu dem Prinzip »Wie du mir, so ich dir«. 1934 wurde ein Boss namens Rosario Napoli erschlagen, und seine Mörder versuchten, die Tat Napolis Neffen anzuhängen. Dieser Neffe war der erste Mafioso aus Palermo, der Informationen an das Inspektorat weitergab. Seine Aussage zog bald einen Schwall von Geständnissen anderer Gangster nach sich, von denen mehrere das Initiationsritual beschrieben, das sie bei der Aufnahme in die Organisation durchlaufen hatten. Wieder einmal hatte die Omertà Risse bekommen. Nachdem die Ermittler die einzelnen Aussagen geduldig miteinander verglichen und bestätigt hatten, erstellten sie einen Bericht über den Mafiakrieg in der Conca d'Oro und ließen somit Mussolinis anmaßende Behauptungen in der Himmelfahrtsrede in einem noch vernichtenderen Licht erscheinen.

Die Protagonisten dieser neuen Version waren die Marasà-Brüder Francesco, Antonino und vor allem Ernesto, der *generalissimo*, wie das Inspektorat ihn nannte. Die Marasà-Brüder hatten ihre Machtbasis im westlichen Teil der Conca d'Oro, zwischen Monreale und Porta Nuova, also an der Landstraße, auf der Turi Miceli und sein Mafiatrupp im September 1866 nach Palermo marschiert waren, um den

Aufstand anzuzetteln. Wie ehedem Turi Miceli waren auch die Marasà-Brüder vermögend. Das Inspektorat schätzte ihren Besitz sogar auf »mehrere Millionen Lire«. Der Wert einer Million Lire betrug damals ungefähr 52 000 US-Dollar, was 1938 in etwa der heutigen Kaufkraft von 1,7 Millionen Dollar entsprach: So darf man schlussfolgern, dass die Marasà-Brüder tatsächlich sehr reiche Verbrecher waren.

Was die Ermittler des Inspektorats an den Marasà-Brüdern am meisten beunruhigte, war ihre Fähigkeit, in der Führungselite der Insel Freunde zu gewinnen und nach außen hin über jeden Verdacht erhaben zu sein. So konnten sie die Macht bemänteln, die sie mit Gewalt erworben hatten, und die blutigen Spuren beseitigen, die ihr Aufstieg hinterlassen hatte.

> »Während sie das politische System der vorfaschistischen Regierungen vergifteten, gingen sie auf den landwirtschaftlichen Gütern, in den Zitrushainen, in der Stadt, den Vorstadtbezirken und Dörfern ihren kriminellen Machenschaften nach. Sie konnten sich stets im Schatten der Wappen, Orden und Titel von Baronen und Fürsten verstecken. Dank der schändlichen Willfährigkeit jener Männer, die für Recht und Gesetz hätten sorgen sollen, entgingen sie stets ihrer gerechten Strafe. Doch hinter der Maske des Politikers, hinter dem ehrenvollen Titel, hinter der alles durchdringenden Scheinheiligkeit und dem eindrucksvollen Reichtum lauerten die grausamen, gierigen Instinkte gemeinster Verbrecher, deren kriegsähnliche Anfangsjahre in den Reihen der Unterwelt ein unauslöschliches Schandmal hinterlassen haben.«

Wie erfolgreich die Marasà-Brüder ihr »unauslöschliches Schandmal« zu verhüllen wussten, zeigt die Tatsache, dass ihre Namen vor der Entdeckung des Polizeiberichts im Jahre 2007 kaum jemals in den Chroniken der Mafiageschichte aufgetaucht waren. Keine Fotos, keine Steckbriefe, kaum Gerüchte: eine kriminelle Macht, die umso beherrschender war, als sie ungesehen und unbenannt blieb.

Ende der 1920er Jahre, als die Bosse der Piana dei Colli damit beschäftigt waren, einander zu bekriegen, bis sie schließlich der Operation Mori zum Opfer fielen, blieben Ernesto Marasà und seine Brüder gänzlich unangefochten. Der *generalissimo* Ernesto begegnete dem faschistischen Feldzug sogar mit einem atemberaubenden, geradezu machiavellistischen Gleichmut: Er versorgte die Ermittler des Eisernen Präfekten mit belastenden Informationen über seine Mafiakonkurrenten. Mussolinis faschistisches Skalpell war also teilweise von der Hand eines Mafioso geführt worden.

Ernesto Marasà setzte seinen Aufstieg fort, nachdem die Operation Mori zu Ende war. Während seine Feinde, schäumend vor Wut, weil sie verraten worden waren, im Gefängnis saßen, gründete Marasà mit seinen Anhängern eine Allianz, die aus den Mafiafamilien des gesamten Hinterlandes von Palermo bestand, einschließlich der Piana dei Colli, wo er weiterhin seinen Feinden schadete, indem er Informationen über sie an die Polizei weitergab. Er verfolgte schlicht den Plan, zum Boss der Bosse aufzusteigen. Das Inspektorat bespitzelte den *generalissimo*, während er seinen Feldzug von Zimmer zwei des Hotels Vittoria aus führte, unweit der Via Maqueda, Palermos Hauptverkehrsader. Hin und wieder bestiegen er und zwei oder drei seiner Ganoven einen kleinen roten Fiat Balilla, um Freunde zu treffen und in einem der vielen mafia-dominierten *borgate* Palermos Mordanschläge zu planen.

Nach fünf Jahren akribischer Ermittlungsarbeit konnte das Inspektorat seinen Bericht von 1938 mit einer glasklaren Beschreibung der Struktur der Mafia abschließen, die die Ansichten des Eisernen Präfekten Zeile für Zeile zu demontieren schien.

> »Die Mafia ist keineswegs nur eine Geisteshaltung oder eine Denkgewohnheit. Vielmehr verbreitet sie diese Geisteshaltung, diese Denkgewohnheit aus dem Inneren einer richtigen Organisation heraus. Sie ist in sogenannte Familien unterteilt, die wiederum aus ›Zehnergruppen‹ bestehen und von offiziell gewählten ›Bossen‹ oder ›Repräsentanten‹ geleitet werden. Die Mitglieder oder ›Brüder‹ müssen mit einem Schwur ihre Treue und bedingungslose Verschwiegenheit besiegeln.«

Dieser Eid ging erwartungsgemäß mit einem Stich in den Finger einher. Das austretende Blut tropfte auf ein Heiligenbildchen, das in der Hand angezündet wurde, während der Novize Treue gelobte bis in den Tod.

Die Mafia war nach Art der Freimaurer wie ein Geheimbund organisiert. Jede Familie gehorchte einem Oberhaupt, dem »Repräsentanten«, dem auch die Kontakte zu den ausländischen Zweigen der Organisation oblagen – in den USA, in Frankreich und Tunesien. Die Familien in den Provinzen Trapani, Agrigent und Caltanissetta blickten in schwierigen Zeiten nach Palermo und gehorchten dem dortigen Boss. Die Mafia, erklärte das Inspektorat, verfüge »über eine organische und harmonische Struktur mit klar definierten Normen«. Sie werde »von Männern geleitet, die über jeden Verdacht erhaben« seien. Im Zentrum des Mafianetzes gab es einen »Boss der Bosse« oder »Generalissimus«: Ernesto Marasà.

Der Bericht des Inspektorats aus dem Jahr 1938 wurde in mehreren Abschriften an ranghohe Vertreter von Justiz und Polizei geschickt. Die 48 tapferen Männer, die ihre Namen unter das Dokument gesetzt hatten, hofften inständig, mit ihren Ermittlungsergebnissen wirkliche Veränderungen in Sizilien herbeizuführen. Ihre Verzweiflung äußerte sich in der entrüsteten, leidenschaftlichen Umschreibung für die Mafia, dem unheimlichen Beinamen »schleimiger Krake« (als könne ein so raffiniertes Ungeheuer tatsächlich nur einen Kopf haben), und auch im Schlusssatz, der absichtlich die Schlagworte in Mussolinis Himmelfahrtsrede aufgriff. Irgendwo, so ihre Hoffnung, werde ihr Bericht einem Menschen unter die Augen kommen, der fest entschlossen dafür Sorge trage, dass den Schlachtrufen des Faschismus Taten folgten: Es dürfe kein »Zögern« geben angesichts eines Übels, das »Sizilien in Schande stürze«; der Staat müsse erneut das »Skalpell« gegen die Mafia ansetzen.

Der kenntnisreiche Bericht des Inspektorats von 1938 macht uns aus zweierlei Gründen schaudern. Erstens liefert er uns den ersten unstrittigen Beweis dafür, dass es sich bei der sizilianischen Mafia um eine einzige, straff organisierte kriminelle Struktur handelte, die den gesamten Westen Siziliens umspannte. Begriffe wie »Familie«, »Repräsentant« und »Boss der Bosse« waren noch nie zuvor in der Geschichtsschreibung aufgetaucht. Zweitens würden noch Jahre vergehen und viele tapfere Polizisten, Carabinieri und Richter ihr Leben lassen, bis die italienische Justiz im Jahre 1992 endlich ein Diagramm von der sizilianischen Mafia gelten ließe, identisch mit demjenigen, welches das Inspektorat erstellt hatte.

1938 jedoch bestand nicht die geringste Aussicht, dass der faschistische Staat erneut gegen das organisierte Verbrechen mobil machen würde. Vielmehr sprach einiges dafür, dass der Faschismus die Mafia nicht zerschlagen würde: zum Beispiel die strikte Weigerung des Eisernen Präfekten zu glauben, dass er es mit einem Geheimbund zu tun hatte. Oder seine plumpe Einschätzung der sizilianischen Mentalität. Oder die Tendenz der Faschisten, verdächtige Personen in Strafkolonien abzuschieben: kein Lärm, kein Gerichtsverfahren. Wer sich nämlich an frühere Maßnahmen gegen die Mafia erinnerte, der wusste genau, dass dieses Vorgehen gegen das organisierte Verbrechen in etwa so viel Wirkung zeigte, als versuchte man das Unkraut im Garten zu bekämpfen, indem man es ins Gewächshaus verpflanzte.

Die Operation Mori war nur eine kurzfristige Lösung. Sie zog lediglich einen resoluten Strich zwischen dem neuen Regime und der korrupten demokratischen Vergangenheit; die Faschisten mussten beweisen, dass sie auch ohne Knüppel und Rizinusöl über ausreichend Schlagkraft verfügten. Der »chirurgische Eingriff« auf Sizilien sollte den Patienten nicht etwa auf ein rechtschaffenes Leben vorbereiten. Er diente lediglich propagandistischen Zwecken und sollte Mussolini den Rückhalt der begüterten Elite der Insel sichern – ausgerechnet jener Aristokraten, deren »fürstliche Wappen« den Marasà-Brüdern, wie so vielen Mafiosi vor ihnen, Schutz und Schirm gewesen waren.

Der Eiserne Präfekt, der Waisenjunge aus Pavia, war regelrecht berauscht von der üppigen Dekadenz, in der Palermos *beau monde* schwelgte. Wenn Mori in der sizilianischen Hauptstadt ausfuhr, dann in einem luxuriösen Wagen, dessen glänzend schwarze Karosserie strotzte von Gold, Intaglios (Schmucksteine, in die ein Bild geschnitten wurde) und allerlei barocken Ornamenten. Der Adel versetzte ihn sozusagen »in brünstige Wallung« – um den derben Ausdruck eines seiner Gegner zu benutzen –, während er von Ball zu Ball, von Salon zu Salon schwirrte. Der Eiserne Präfekt glaubte – zumindest wollte er es glauben –, dass die Großgrundbesitzer, mit denen er Bakkarat spielte, tatsächlich – wie ihre Anwälte behaupteten, sobald ihre Verbindungen zur Unterwelt ans Licht kamen – *Opfer* der Ganoven waren, nicht deren strategische Beschützer.

Die Vorwürfe gegen den »schleimigen Kraken«, akribisch genau gesammelt in dem Bericht des Inspektorats aus dem Jahr 1938, wurden erst 1942 vor Gericht untersucht. Als es endlich so weit war, hatten die Ehrenmänner, die dem Inspektorat ihre Geheimnisse verraten hatten, ihre Aussagen zurückgezogen. So musste man schon vor dem Prozess die meisten Mafiosi, die im Bericht namentlich genannt waren, aus Mangel an Beweisen freilassen – einschließlich des *generalissimo* Ernesto Marasà, mitsamt seinen Brüdern. Und von den 53 Männern, die schließlich verurteilt wurden, hatten die meisten nur kurze Haftstrafen zu verbüßen. Der Fall, den der Bericht von 1938 schilderte, war somit nach und nach zu einem verhältnismäßig geringfügigen Ärgernis für die sizilianischen Gangster zerbröselt. Wie Ermanno Sangiorgi den Mitgliedern des Inspektorats hätte sagen können, hatten bereits frühere Maßnahmen gegen die Mafia auf diese Weise geendet. Nur war 1942 das faschistische Regime hauptsächlich damit beschäftigt, von den strahlenden Bravourleistungen der italienischen Armee im Zweiten Weltkrieg zu tönen, und hielt deshalb sowohl den Bericht über die Ermittlungsarbeit des Inspektorats wie auch die daraus resultierenden Gerichtsverfahren fest unter Verschluss. Wieder einmal hatte Italien bewiesen, wie erfinderisch es sein konnte, wenn es galt, die Wahrheit über die sizilianische Mafia zu leugnen.

Massaru Peppi tanzt Tarantella

Wenn es einen Staatsdiener gibt, der all die Widersprüche des langen Kampfes der Faschisten gegen die Ehrenwerte Gesellschaft in Kalabrien in sich vereint, dann ist dies Giuseppe Delfino.

Delfino war ein bodenständiger Held im Dienste der Verbrechensbekämpfung. Im August 1926, als der Faschismus gerade härtere Saiten aufzog, übernahm er als Kommandant der Carabinieri die Dienststelle in Platì, einem Ort oberhalb der ionischen Küste. Hier war Delfino zur Welt gekommen, und er kannte die Gegend wie kein anderer. Sowohl die *Picciotteria*-Zuflucht San Luca als auch die Wallfahrtsstätte der Madonna von Polsi befanden sich in seinem Revier. Boshaft und gerissen wie er war, ging Delfino gern inkognito, als Schäfer verkleidet, auf Patrouille oder schlich sich in die Wirtsstuben, um die Prahlereien der *picciotti* zu belauschen. Die Bauern nannten ihn respektvoll *Massaru Peppi* – wobei der Begriff *massaru* einen Aufseher oder Verwalter bezeichnete. Massaru Peppi spürte im Januar 1927 eine Bande von Viehdieben auf, die hauptsächlich in San Luca aktiv waren, und konnte – trotz der Ermordung seines Hauptzeugen – 76 Mafiosi den Händen der Gerechtigkeit übergeben. Unter ihnen waren Männer namens Strangio, Pelle und Nirta: Vielleicht nicht ganz zufällig würden Männer mit denselben Nachnamen sehr viel später in die Blutfehde verwickelt sein, die am 15. August 2007 zum Massaker in Duisburg führte.

Die kalabrische Presse, für gewöhnlich eher sparsam mit ihren Berichten über die Bekämpfung des organisierten Verbrechens, kommentierte, Delfino mache seinem Berufsstand »alle Ehre«.

> »Unterdessen hat sich dieser einfallsreiche Kommandant der Carabinieri nicht einen Tag Ruhe gegönnt und setzt seine Jagd auf Gesetzesbrecher energisch fort.«

Kurz nachdem das Urteil gegen die Viehdiebe, die er verhaftet hatte, vor dem Berufungsgericht bestätigt worden war, ergatterte Massaru Peppi Delfino sogar eine Statistenrolle im Literaturkanon Italiens. Der in San Luca geborene Autor Corrado Alvaro, der für uns die Wallfahrt nach Polsi beschreibt, hat auch eine Kurzgeschichte über Delfinos gnadenlose Jagd auf einen kleinen Ziegendieb verfasst. Mit dem spärlichen

Wortschatz der Bauern evozierte Alvaro den heiligen Schrecken, den Delfino während der 20-jährigen Regierung der Faschisten auf dem Aspromonte verbreitete:

> »Delfino hieß der Carabiniere, der sich, kaum war von einem Dieb die Rede, sogleich an dessen Fersen heftete, als hinge Geld daran (...) Mit seinem kurzen Umhang, der Flinte und den funkelnden Augen schnüffelte er überall herum: Er kannte wie kein anderer jedes Versteck, jede Gewohnheit der Banditen – die hohlen Baumstämme, die Höhlen, die nur ein Einheimischer finden konnte, die Nester hoch oben in den alten Bäumen.«

Werbewirksam war dies offenbar nicht. Gemessen am Eisernen Präfekten, dem unverbesserlichen Prahlhans, dessen Schlacht gegen die Mafia in Sizilien weltweit für begeisterte Schlagzeilen sorgte, fiel das Profil Massaru Peppis in der Tat ausgesprochen bescheiden aus. Doch mehr Ruhm als die eine oder andere Zeile in einer Lokalzeitung und den stillen Respekt der Bauern durfte einer, der im entlegenen Kalabrien dem Gesetz diente, eben nicht für sich beanspruchen, obschon die Begeisterung des Faschismus für ein Kräftemessen mit den Bossen gerade Hochkonjunktur hatte.

Legenden und persönliche Erinnerungen sind daher die einzigen Quellen, die wir anzapfen können, um uns das langjährige Wirken Massaru Peppis auf dem Aspromonte zu vergegenwärtigen. Doch gewähren uns diese Erinnerungen, auch wenn die Zeit sie mittlerweile reichlich ausgeschmückt hat, Zugang zu einer Wahrheit, die von Zeitungen und Prozessakten verschleiert wird. Selbst Peppis Sohn, der aktuelle Hüter der Delfino-Saga, beschreibt die Methoden seines Vaters als ziemlich gewalttätig. In diesem Teil der Welt eröffnete einem das Leben zwei Wege – »Entweder wurde man Carabiniere, oder man schloss sich der 'Ndrangheta an« –, und beide waren von Brutalität gesäumt.

Einmal, so geht das Gerücht, habe Massaru Peppi darauf gewartet, dass ein flüchtiger *picciotto* zu Weihnachten nach Hause käme, und ihn erst gestellt, als er sich über einen Teller Makkaroni mit Ziegenfleisch-Sugo hermachte. Verkleidet als Schäfer, stand er unter dem Fenster und spielte eine wehmütige Weise auf der Sackpfeife. Der *picciotto* war so gerührt, dass er zu essen aufhörte und sich aus dem Fenster beugte, um dem Spielmann ein Glas Wein zu reichen. Da sah er sich dem Lauf einer Pistole gegenüber. Er erkannte Massaru Peppi und sagte: »Lass mich wenigstens die Makkaroni aufessen.« Die Antwort war schroff. »Das wäre sinnlos, weil du in der Kaserne ohnehin alles wieder auskotzen musst.« Giuseppe Delfino, heißt es, habe Wort gehalten: Der Dieb musste eine Woche lang auf dem Rücken liegen, wurde getreten und gezwungen, Salzwasser zu trinken. Als endlich ein Arzt zu ihm durfte, sah dieser den grotesk aufgedunsenen Bauch des Mannes und meinte kopfschüttelnd: »Dafür braucht ihr keinen Allgemeinarzt, sondern einen Geburtshelfer.«

Wer diese Geschichte für übertrieben hält, der sei daran erinnert, dass auch das Dorf Cirella, in dem die Mörder von Maria Marvellis Ehemann gefoltert worden waren, zu Giuseppe Delfinos Revier gehörte.

Es gibt eine weitere Familienerinnerung an Giuseppe Delfino, der uns eine andere Seite seines Kampfes gegen die 'Ndrangheta vor Augen führt.

Im Herbst des Jahres 1940 war der Carabinieri-Kommandant nach wie vor im Dienst. Mit nur einem Gehilfen, heißt es, habe er sich vor der alljährlichen Wallfahrt zur Madonna von Polsi einen der Bosse beiseitegenommen und, um Zwischenfälle zu vermeiden, ein Abkommen mit ihm getroffen. Sofern die Bande in diesem Jahr in Polsi einen Mord beschlossen hatte, wurde er aus Rücksicht in einem angemessenen zeitlichen und räumlichen Abstand zur Wallfahrt begangen. Und wie Delfinos Sohn später bestätigte, hatte es »in all den Jahren, in denen mein Vater in Polsi das Sagen hatte, keine nennenswerten Vorfälle gegeben«. Der Kommandant pflegte sich während der Wallfahrt sogar der feiernden Menge anzuschließen und mit den Mitgliedern der Ehrenwerten Gesellschaft Tarantella zu tanzen. Das Bild, das Delfinos Sohn vor unserem geistigen Auge entstehen lässt, ist ein sehr lebhaftes: Die Kapelle inmitten der Kastanienbäume. Das hektische Geträller einer Quetschkommode. Ein Kreis aus schwärzlichen Gesichtern, einige von abscheulichen Schnittnarben durchzogen. Und mitten drin, im wilden Tanz die kühnen roten Streifen der schwarzen Uniformhose hochwerfend, der Carabiniere.

»Se non è vero, è molto ben trovato«: Wenn es nicht stimmt, ist es eine treffliche Erfindung – eine, die Historiker bewahren sollten. Was in of-

fiziellen Quellen kaum jemals zutage tritt, ist akkurat diese Art des informellen Einvernehmens zwischen Ordnungshütern und Ganoven. Ein wohldurchdachter wechselseitiger Respekt. Eine improvisierte Übereinkunft, Macht und Revier zu teilen. In Polsi wie in so vielen anderen Gegenden Siziliens und Süditaliens kehrte der faschistische Staat, nachdem Razzien, Prügeleien, Prozesse und Propagandareden Geschichte waren, wieder zum traditionellen Tanz mit dem organisierten Verbrechen zurück.

Befreiung

Der Zweite Weltkrieg war die größte kollektive Tragödie, die das italienische Volk jemals erleiden musste. Zwischen 1935 und 1942 brachten italienische Armeen Tod und Vernichtung nach Äthiopien, Albanien, Frankreich, Griechenland und Russland. 1943 kehrten Tod und Vernichtung mit rachsüchtiger Wut auf die Halbinsel zurück.

Das italienische Hoheitsgebiet wurde zum ersten Mal am 10. Juli überfallen, als sieben Divisionen der Alliierten auf Sizilien landeten. In den frühen Morgenstunden des 25. Juli beschloss der Große Faschistische Rat in Rom, 20 Jahre faschistischer Herrschaft zu beenden. Am darauffolgenden Abend wurde Benito Mussolini verhaftet. Als die Nachricht sich im Land verbreitete, zerschlugen die Italiener faschistische Symbole, zumal viele glaubten, der Krieg sei nun vorbei. Dabei hatte die Katastrophe gerade erst begonnen.

Am 17. August hatten die Achsenmächte ihre letzten Truppen aus Sizilien abgezogen. Am 3. September überquerten die Alliierten die Meerenge von Messina nach Kalabrien, wo sie nur auf nominellen Widerstand stießen. Am 8. September gab der Oberbefehlshaber der Alliierten Streitkräfte, General Dwight D. Eisenhower, Italiens Kapitulation bekannt. Schon am darauffolgenden Tag fand die Operation Avalanche statt – der Codename für die Landung der Alliierten im Golf von Salerno, südlich von Neapel. Die Deutschen – nunmehr keine Verbündeten mehr, sondern Invasoren – polterten durch die Halbinsel, um ihren Krieg fortzusetzen. Italiens König ergriff die Flucht. Nachdem sämtliche zivilen und militärischen Insignien seiner Regierungsgewalt verschwunden waren, blieb das italienische Volk sich selbst überlassen.

Neapel wurde am 1. Oktober befreit. Doch der Vormarsch der Alliierten kam schon bald darauf zum Stillstand. In den folgenden 20 Monaten wurde Italien zum Schlachtfeld, weil deutsche und alliierte Truppen sich einen zähen, blutigen Kampf lieferten. Hinter den Linien der Deutschen in Nord- und Mittelitalien kämpften widerspenstige Faschisten gegen die Partisanen des Widerstands. Es kam zu kollektiven Vergeltungsmaßnahmen und Greueltaten, zu Massendeportationen italienischer Arbeiter und Soldaten und zu einer Vernichtungskampagne gegen Italiens Juden.

Kaum besser erging es den Menschen der besetzten Gebiete im Süden unter der Alliierten Militärregierung AMGOT (Allied Military Government in the Occupied Territories). Großbritanniens Kriegsministerium hatte sogenannte *Zone Handbooks*, Zonenhandbücher, ausgegeben, um die AMGOT über Gesellschaft und Gebräuche in Sizilien, Kalabrien und Kampanien zu informieren. Diese Handbücher sind in zweierlei Hinsicht interessant. Zunächst verraten sie uns, was die Welt über das seit nunmehr hundert Jahren existierende organisierte Verbrechen wusste. Zweitens lassen sie das Entsetzen der alliierten Besatzer erahnen angesichts der chaotischen Zustände nach der Befreiung und des raschen Zusammenbruchs des italienischen Staates. Blutfehden, Hunger, ansteckende Krankheiten, Korruption, Schwarzhandel und Banditenwesen: ideale Voraussetzungen für Italiens Gangster, um der Welt kundzutun, dass sie, Mussolinis Behauptungen zum Trotz, auf der Bühne der Geschichte noch immer eine Rolle spielten.

»Kriegsministerium London:
Abteilung für Verwaltungsangelegenheiten.
Zonenhandbuch Sizilien.
Geheim.
Die hierin enthaltene Information wird als korrekt eingestuft,
1. Mai 1943.

Laut Aussage des Polizeipräsidenten von Palermo gliche die Conca d'Oro einem riesigen Friedhof, wenn an jeder Stelle, an der ein Opfer begraben liegt, ein Kreuz stünde.

Die Mafia war nie eine kompakte kriminelle Vereinigung, sondern ein komplexes gesellschaftliches Phänomen, die Folge jahrhundertelanger Misswirtschaft. Der *mafiuso* wird von einer Gesinnung geleitet, die der Arroganz nahekommt und die ihm ein besonderes Verhalten auferlegt. Ein *mafiuso* ist somit kein Dieb oder Schurke im herkömmlichen Sinne. Er will respektiert werden und respektiert fast immer die anderen. Die Mafia ist das Wissen um die eigene Individualität, der dünkelhafte Stolz auf die eigene Stärke.

Alle italienischen Regierungen waren ängstlich darauf bedacht, diese Geißel des sizilianischen Lebens in Schach zu halten. Das faschistische Regime mühte sich nach Kräften, die Mafia zu zerschlagen, und das rücksichtslose Vorgehen Cesare Moris, des Präfekten von Palermo, zog viele Verhaftungen nach sich. Doch lässt sich die Gesinnung eines Volkes schwer durch Polizeimaßnahmen ändern, und so existiert die Mafia auf Sizilien vermutlich noch immer.«

Nicola (Nick) Gentile wurde 1885 in Siculiana geboren, in der Provinz Agrigent, Siziliens berüchtigtem Schwefelland. Im Jahr 1906 wurde er in Philadelphia, USA, in die Ehrenwerte Gesellschaft aufgenommen. Als Erpresser, Mörder, Schwarzbrenner und Drogendealer verbrachte er die folgenden drei Jahrzehnte seines Lebens damit, auf dem Atlantik hin und her zu fahren, wie es ihm die Erfordernisse seiner kriminellen Machenschaften auferlegten sowie die Notwendigkeit, den Feinden bei Polizei und Mafia aus dem Weg zu gehen. Nachdem er wegen eines Drogendelikts in New Orleans verhaftet worden war, ließ Gentile 1937 die Kaution sausen und flüchtete nach Sizilien.

Gentile kehrte ausgerechnet im folgenschweren Monat Juli des Jahres 1943 zurück nach Raffadali, dem Heimatort seiner Frau in der Provinz Agrigent. Als die amerikanischen Truppen durchzogen, bot er ihrem Kommandanten lächelnd seine Dienste als Dolmetscher und Fremdenführer an. Bald hatte er gemeinsam mit dem Offizier in vielen der umliegenden Ortschaften »eine Verwaltung oder Regierung«, wie er es nannte, errichtet.

So lernten die Alliierten im Schnellverfahren, wie man die Autorität des Staates unterwandert, eine Kunst, welche die Mafia in den vorangegangenen hundert Jahren zur Perfektion gebracht hatte. Nick Gentiles Geschichte ist typisch: In ganz Westsizilien verbündeten sich die Mafiosi mit den Kampftruppen und den völlig verdutzten Militärverwaltern, die ihnen folgten. Da die Anzahl der Gefängnisausbrüche und bewaffneten Überfälle explosionsartig anstieg, suchte die AMGOT Autoritätspersonen, die sich nicht mit Mussolini eingelassen hatten und ihr helfen sollten, der Anarchie Herr zu werden. Als »Mittelschicht-Schurken« verstanden die Ehrenmänner sich ausgezeichnet darauf, die respektable Fassade zu kreieren, nach der die AMGOT suchte. Nick Gentile gerierte sich gar als ein Opfer faschistischer Unterdrückung, weil er während der Anti-Mafiakampagne des Eisernen

Präfekten mehrere Jahre in Untersuchungshaft zugebracht hatte. Von seinen »Brüdern« wussten viele ähnlich jammervolle Geschichten zu erzählen. Als nun die AMGOT-Verwaltung daranging, die faschistischen Bürgermeister auszutauschen, war häufig schon ein geeigneter Kandidat bei der Hand. Generalmajor Lord James Rennell Rodd, der britische Leiter der AMGOT, gab später zu:

> »Als das Volk wütend danach schrie, ihren faschistischen *Podestà* (Bürgermeister) loszuwerden, tappten viele meiner Offiziere in die Falle und entschieden sich für den gewieftesten Selbstdarsteller (…) Und so fiel die Wahl mehr als einmal auf den örtlichen ›Mafia‹-Boss oder dessen Schatten, der sich in ein oder zwei Fällen in einer amerikanischen Gangsterumgebung bewährt hatte.«

Lord Rennell musste in einer unsicheren, unbeständigen Lage eine Unmenge von Problemen bewältigen. Allerdings knauserte er auch mit der Wahrheit. Die heimtückischsten Anbiederungsversuche an die AMGOT unternahmen die Mitglieder der begüterten Oberschicht. Lord Rennell, zweiter Baron Rennell, hätte kaum aristokratischer sein können: Er war ein in mehreren Sprachen bewanderter ehemaliger Diplomat und Bankier, erzogen in Eton und am Balliol College in Oxford, und gehörte der Royal Geographic Society an. In jungen Jahren war er mit den Tuareg durch die Sahara gezogen und verstand sich als großer Italienfreund. Für einen Mann mit Lord Rennells Kinderstube war es völlig undenkbar, dass die zuvorkommenden Aristokraten, die ihn in ihre stattlichen Palazzi in Palermo zum Abendessen luden, enge Verbindungen zum organisierten Verbrechen pflegen könnten.

Einer dieser Aristokraten war Lucio Tasca Bordonaro, Graf von Almerita, der einen unverkennbaren Mafiageruch ausdünstete. In den Jahren 1926/27, als die Operation Mori Hunderte von Ganoven aushob, sorgte ein Bandenkrieg in der Conca d'Oro um ein Haar dafür, dass die faschistische Axt direkt auf die Wiege der Ehrenwerten Gesellschaft niederkrachte. Nicht weniger als drei Sonderkommissionen von Mafiosi waren aus den USA angereist, hatten es aber nicht geschafft, die kriegführenden Faktionen zu befrieden. Das Inspektorat fand heraus, dass Graf Tasca sich damals im Auftrag der Mafia an den Eisernen Präfekten gewandt und ihm sein Ehrenwort gegeben hatte, dass der Gewalt bald Einhalt geboten würde. Wozu wolle er sich also die Umstände machen und alle Beteiligten verhaften?

Im Sommer 1943 ernannte Lord Rennell Graf Tasca zum Bürgermeister von Palermo, nicht ahnend, dass dieser als Mittelsmann der Mafia fungiert hatte.

Als die Sizilianer sahen, wie vertraulich die Mafia mit den Alliierten umging, verloren sie schnell die Zuversicht, dass die AMGOT tatsächlich imstande wäre, wieder für Recht und Ordnung zu sorgen. Und ein Staat, der das Vertrauen seiner Bürger verloren hat, ist genau nach dem Geschmack der Mafia.

Einige amerikanische Agenten vom Amt für strategische Dienste (Office of Strategic Services, kurz OSS, der Vorläufer der CIA) hatten einen Plan zur Krisenbewältigung ausgeheckt, den sie offensichtlich für schlau und höchst originell hielten. Weniger als eine Woche, nachdem alliierte Truppen auch den letzten Winkel Siziliens besetzt hatten, berichtete der OSS-Mann in Palermo in dem enthusiastischen Ansinnen, seinem jungen und bis dato unbedeutenden Nachrichtendienst mehr Einfluss zu verschaffen, das Folgende:

> »Nur die Mafia ist imstande, den Schwarzhandel zu unterbinden und Einfluss zu nehmen auf die *contadini* (Bauern), die die Mehrheit der Bevölkerung ausmachen (...) Wir haben uns mit den Anführern [von der Mafia] getroffen und uns darauf geeinigt, dass sie unseren Befehlen und Vorschlägen Folge leisten. Hier werden Vereinbarungen nicht so einfach gebrochen (...) Wir hatten ein offenes Ohr für ihre Nöte und versicherten ihnen, alles zu tun, was in unseren bescheidenen Kräften stand.«

In anderen Worten, das OSS schlug den Alliierten vor, mit der Mafia gemeinsam gegen das Verbrechen vorzugehen. Während der AMGOT-Zeit auf Sizilien hatte das OSS, wie ehemalige Agenten später einräumten, auch weiterhin ein offenes Ohr für die Mafiabosse. Das wechselseitige Verständnis basierte offenbar auf einem Austausch von Gefälligkeiten: Das OSS erhielt Informationen und revanchierte sich mit kostbaren kleinen Vertrauensgaben – beispielsweise mit Reifen, die die Mafiosi für die Lastwagen brauchten, mit denen sie den Schwarzmarkt mit Waren belieferten. Kurzum, mit einer Naivität, zu der nur Leute imstande sind, die sich für besonders gerissen halten, war das

OSS auf den ältesten Trick der Mafia hereingefallen. Wie eh und je füllten Diebstahl und Schmuggel nicht nur die Truhen der Mafia, sondern hatten, aus der Sicht der Bosse, zudem einen praktischen politischen Zweck: Eine Verbrechenswelle schwächte den Staat, der infolgedessen Beistand benötigte, um Sizilien zu regieren. Beistand von der Mafia.

Bereits wenige Wochen nach der Landung der Alliierten auf Sizilien war vieles von dem wenigen, das der Faschismus gegen die Mafia erreicht hatte, zunichte gemacht. Die AMGOT-Verwaltung hatte wenig Zeit für den Zynismus des OSS. Kaum hatte Lord Rennell erkannt, mit welch erschreckender Geschwindigkeit die Mafia erneut Fuß gefasst hatte, versuchte er das Ruder noch einmal herumzureißen. Doch es war bereits zu spät. Selbst wenn ein Mafiabürgermeister entlassen wurde, hatten andere maßgebliche Bürger Angst, seinen Platz einzunehmen. Siziliens Ehrenmänner konnten sich somit in Ruhe überlegen, welchen Kurs sie in einer Nachkriegswelt einschlagen wollten, die ihnen mehr Macht und Wohlstand einräumen sollte, als sie je gekannt hatten.

»Kriegsministerium London:
Abteilung für zivile Angelegenheiten.
Zonenhandbuch Kalabrien.
Geheim.
Die hierin enthaltene Information wird als korrekt eingestuft,
15. Mai 1943.

Der Kalabrese hat einen ganz eigenen Körperbau. Er ist dunkel, schnurrbärtig, klein und drahtig; in Kalabrien zählt nur der Mann. Seine Ehefrau betrachtet er als Lasttier oder Sklavin, die Mutter als Krankenschwester (...) Das in England übliche Flirten und Hofieren wird hierzulande nicht verstanden und kann das Leben kosten (...) Die rauen Naturgegebenheiten, in denen der Kalabrese lebt und arbeitet, haben ihn hart und nüchtern gemacht (...) Der Kalabrese macht nicht viele Worte, kommt stets direkt zur Sache. Er verachtet Bequemlichkeit und Luxus, die seinem eigenen Leben gänzlich fehlen, und ist unempfindlich gegen Schmerz und Leid (...) Das öffentliche Recht nach englischem Ideal versteht der Kalabrese nicht, weil er es nie erfahren hat (...) So kann man logischerweise von keinem Kalabresen, mag seine Herkunft und Bildung noch so exzellent sein, erwarten, dass er die Polizei unterstützt.

Es ist nur natürlich, dass in einem Land, dessen Bewohner zu Gefühlsausbrüchen neigen, jene Verbrechen, die aus einem jähen gewalttätigen Impuls heraus begangen werden, weitaus zahlreicher sind als solche aus kühler, berechnender Bosheit. Letztere sind in Kalabrien in der Tat nahezu unbekannt.«

Die Kämpfe in Kalabrien zwischen den Alliierten und den Deutschen waren von kurzer Dauer. Und nachdem sie vorüber waren, stationierte die AMGOT dort nur noch eine Notbelegschaft. Das Zonenhandbuch für Kalabrien enthielt keinerlei Hinweise auf eine Mafia in der Gegend. Kein Geheimdienstbericht identifizierte zwischen 1943 und 1944 die Aktivitäten organisierter Kriminalität. Nicht einmal Lord Rennell, der Anfang Oktober 1943 durch Kalabrien reiste, konnte irgendetwas Verdächtiges feststellen. Falls einer der neuen Bürgermeister, wie mit Sicherheit der Fall, mit der *Picciotteria* im Bunde war, dann hatte es niemand bemerkt. Die Ehrenwerte Gesellschaft Kalabriens ging gestärkt in die Nachkriegsära und agierte – wie eh und je – weit, weit unterhalb des Radars der öffentlichen Aufmerksamkeit.

Der Aufstieg eines bestimmten kalabrischen Gangsterbosses lässt ungefähr erahnen, was den Alliierten verborgen blieb. Don Antonio ('Ntoni) Macrì kam 1904 in Siderno auf die Welt, dem wirtschaftlichen Zentrum der berüchtigten Gegend um Locri an der ionischen Küste. Seine Karriere begann Ende der 1920er Jahre, als er wiederholt wegen tätlicher Übergriffe und illegalen Waffenbesitzes verhaftet wurde – das klassische Profil des Geldeintreibers. 1933, als der Faschismus den Sieg über die Mafiaorganisationen verkündete, wurde Macrì aufgrund einer Amnestie nach fünf Jahren aus der Haft entlassen. Der zuvorkommende Gefängnisdirektor sagte, er habe sich »gut aufgeführt und fleißig gearbeitet« und es daher verdient, auf dem Weg zur Wiedereingliederung in die Gesellschaft ermutigt zu werden. Es fand jedoch keine Wiedereingliederung statt: 1937 wurde Macrì als »Gewohnheitsverbrecher« eingestuft und als Boss einer kriminellen Vereinigung entlarvt, die bei ihren Mitgliedern als Ehrenwerte Gesellschaft bekannt war. Infolgedessen wurde er dreieinhalb Jahre in eine landwirtschaftliche Strafkolonie verbannt.

Kaum war dieser »Gewohnheitsverbrecher« wieder auf freiem Fuß, änderte sich plötzlich auf dramatische Weise der Ton in den Berichten der Carabinieri: »Untadelig und hart arbeitend« nannten sie ihn jetzt. Don 'Ntoni war der Boss, mit dem Giuseppe Delfino in den letzten Jahren des Faschismus Tarantella getanzt hatte. Jetzt wird klar, was er im Gegenzug dafür bekommen hatte, dass er seine Männer während der Wallfahrt nach Polsi in Schach gehalten hatte.

Im August 1944, nachdem die Zeit der AMGOT vorbei und Kalabrien wieder in italienischer Hand war, wurde Don 'Ntoni erneut als Anführer einer kriminellen Vereinigung identifiziert und in Gewahrsam genommen. In Berichten über ihn heißt es, er habe im wertvollsten Landstrich an der ionischen Küste Schutzgelder kassiert. Ein Richter schrieb, er habe »aus purem Eigennutz den Preis von Orangen und Zitronen nach Gutdünken festgelegt«.

Don 'Ntoni »trat die Flucht an«, doch er hatte sein Revier so gut unter Kontrolle, dass er sich dabei keinen Schritt fortbewegen musste. Im April 1946 wurde er schließlich entdeckt und im Stadtzentrum von Locri, unweit des Justizpalastes, verhaftet. In seinen Taschen fand man einen Revolver und einen Dolch. Im Juli desselben Jahres ließen Richter, aufgrund »mangelnder Beweise«, die Anklage gegen ihn fallen. *Mangelnde Beweise*: Seit den 1870er Jahren war dies das stolze Motto unter so manchem sizilianischen Familienwappen gewesen. Jetzt besaß Don 'Ntoni Macrì genauso viel Macht und Einfluss. Und dieselben eigennützigen Familienwerte. Als bald darauf Don 'Ntonis Ehefrau verstarb, zwangen seine Männer eine große Anzahl von Einheimischen, ihrem Begräbnis beizuwohnen. Einem Richter zufolge wurde die Zeremonie zur »Gelegenheit, der Öffentlichkeit die Allmacht der Ehrenwerten Gesellschaft vor Augen zu führen«.

Zumindest in diesem Landstrich Kalabriens hatte die bescheidene *Picciotteria*, jene Bande aus Raufbolden, Zuhältern und kleinen Erpressern, die in den 1880er Jahren aus den Gefängnissen gekrochen waren, ihren Aufstieg geschafft.

In den 1960er Jahren hatte Don 'Ntoni ein Strafregister – 900 Seiten dick –, das sich las wie die Abrechnung für die Jahrzehnte seit den 1880er Jahren, in denen das Gangstertum in Kalabrien ignoriert worden war. 1975, nach einer Kegelrunde, wurde er umgebracht: der bedeutendste Mord in der Geschichte der 'Ndrangheta. Denn mittlerweile war Don ’Ntoni Macrì, von einigen Ehrenmännern als Boss der Bosse bezeichnet und wahrscheinlich auch Mitglied in Siziliens Cosa Nostra, der berüchtigtste ’Ndranghetista von allen. Doch das ist die Geschichte einer anderen Zeit.

»Kriegsministerium London:
Abteilung für zivile Angelegenheiten.
Zonenhandbuch Kampanien.
Geheim.
Die hierin enthaltene Information wird als korrekt eingestuft,
1. Juli 1943.

Kapitel VI, ›Folklore und Feste‹

Die eigentliche Camorra, früher einmal ein mächtiger Geheimbund, existiert nicht mehr, obwohl es in Neapel von Kriminellen geradezu wimmelt. Man muss sich vor Taschendieben in Acht nehmen: Wenn man nach Straßensängern Ausschau hält und sie ihre Lieder singen hört, ›o bambeniello nasciuto‹ oder ›L’amore non è più bagnato‹; wenn man in einer Menschentraube steht, oder wenn man es magenmäßig verträgt und bei einer *›bancarella de maruzzaro‹* Muscheln und Schnecken oder *›purpetielli veraci‹* isst.«

Der Krieg brachte eine Vielzahl von Gräueln nach Italien, die einen unangenehm persönlich (Massenvergewaltigungen), die anderen erschreckend unpersönlich (Flächenbombardierungen). Im September 1943 war Neapel eine hungernde Stadt, von Luftangriffen heimgesucht, die etwa 200000 Menschen obdachlos machten und den Großteil der Kanalisation zerstörten. Die Deutschen verfolgten jetzt eine Strategie der Deportationen und standrechtlichen Hinrichtungen. Die Neapolitaner rebellierten, und als sie am 1. Oktober die ersten Panzer der Alliierten begrüßten, erschien ihnen die Freiheit zum Greifen nah.

Doch die Kriegstraumata verschwanden nicht mit dem Abzug der deutschen Wehrmacht. Neapel war schon immer eine chaotische Stadt gewesen, stets am Rande des Zusammenbruchs. Unter der AMGOT stürzte sie kopfüber in Schmutz und Elend. Viele hatten damals das Gefühl, als hätte Neapels Bevölkerung jede menschliche Selbstachtung eingebüßt, um einen Bissen zu ergattern, einen Tropfen, einen

Fetzen Kleidung. Die elenden Szenen hinterließen einen unauslöschlichen Eindruck bei dem großen Filmregisseur John Huston, der in Neapel Wochenschauen drehte. Er erinnerte sich später:

»Neapel war wie eine Hure, die unter den Schlägen eines brutalen Kerls zu leiden hatte – ausgeschlagene Zähne, verschwollene Augen, gebrochene Nase, nach Dreck und Kotze stinkend. Es gab keine Seife, und sogar die nackten Beine der Mädchen waren schmutzig. Zigaretten waren die allgemein übliche Ersatzwährung, für ein Päckchen konnte man alles bekommen. Kleine Jungen boten gar ihre Schwestern und Mütter zum Verkauf. Nachts, während der Verdunkelungen, tauchten scharenweise Ratten vor den Häusern auf und standen einfach davor, glotzten einen aus roten Augen an, regten sich nicht. Man wich ihnen aus. Rauchschwaden wehten aus den Gassen mit den Etablissements, in denen ›Geschlechts‹-Akte zwischen Tieren und Kindern dargeboten wurden. Die Männer und Frauen in Neapel waren ein hoffnungsloses, hungerndes, verzweifeltes Volk, das absolut alles tat, um zu überleben. Man hatte den Seelen der Menschen Gewalt angetan. Neapel war eine unheilige Stadt.«

Die Fakten aus den Archiven bestätigen Hustons Eindrücke. Prostitution als Überlebensstrategie war allgegenwärtig. Die *British Psychological Warfare Branch* (PWB), eine Einheit zur psychologischen Kriegsführung, zu deren Pflichten es gehörte, sich über die Moral der Zivilisten auf dem Laufenden zu halten, schätzte, dass es in Neapel etwa 40 000 Prostituierte gab – etwa zehn Prozent aller Frauen. Doch nicht nur Frauen waren käuflich. »Zwei Dollar die kleinen Jungen, drei Dollar die kleinen Mädchen!«, hörte man Zuhälter in den Straßen den Soldaten zurufen, die unverhohlen die Kinder beäugten und begrabschten, die man ihnen in einer Reihe präsentierte. Was Wunder, dass sich zum Typhus und den übrigen Geißeln, die das befreite Neapel heimsuchten, auch noch Geschlechtskrankheiten gesellten.

Auch die Kleptomanie grassierte in der Stadt. Was auch nur irgendwie zu gebrauchen war, verschwand: Telegraphendrähte, Abflussdeckel, Eisenbahnschienen, ganze Trambahnen. Angeblich fuhr sogar der Wagen eines Päpstlichen Legaten auf gestohlenen Reifen.

Schieberbanden kontrollierten einen Großteil der Lebensmittelvorräte, die der »wunderbar fruchtbare Boden des Beckens rings um Neapel« hervorbrachte, wie es die PWB nannte. Die PWB erwähnte auch die »phantastischen Bedingungen für das Bandenwesen« zwischen Nola und der Küste im Norden der Stadt. Es gab bewaffnete Trupps, die sich oft aus Deserteuren zusammensetzten, aber mit viel Unterstützung rechnen durften in dieser »traditionellerweise gewalttätigen« Gegend: »Sie können auf die Hilfe einer ganzen Organisation zählen, die Prostituierte, Hehler, Schwarzhändler und so weiter umfasst.«

Zu den schlimmsten Ganoven in Neapel gehörten reiche Industrielle, vor allem Hersteller von Teigwaren und Müller. Spaghettifabriken produzierten bald zwei Nudelsorten: eine gute für den Schwarzhandel und eine zweite, »fast schwarz und von unangenehmem Geschmack«, für den offiziellen Markt. Im März 1944 wurden Antonio und Giuseppe Caputo, die Betreiber einer der vier größten Mühlen Neapels im Industrieviertel San Giovanni a Teduccio, wegen Schwarzhandels zu sieben Jahren Haft verurteilt. Ermittler entdeckten in ihrem Haus Maschinenpistolen und Granaten.

Einer von denen, die gemütlich auf dieser Welle der Illegalität trieben, zumindest einige Monate lang, war der Faschist Vito Genovese. »Faschist« allerdings nur, bis die Alliierten nach Kampanien vorrückten, woraufhin er seine unter Mussolini erworbenen Meriten ablegte wie einen alten Anzug und als Übersetzer und Fremdenführer für die Besatzer in eine neue Rolle schlüpfte.

Im Mai 1944 erhielt ein Sergeant der Militärstrafverfolgungseinheit CID der US Army einen Wink und behielt Genovese von nun an im Visier. Vor dem Krieg hatte der fragliche Sergeant – Orange C. Dickey – auf dem belaubten Campus des Pennsylvania State College Wache geschoben. Sein neuer Einsatz führte ihn in das noch belaubtere, aber auch etwas gefährlichere Umland von Nola.

Seinen ersten Erfolg feierte Sergeant Dickey, als er in einem Weingarten außerhalb von Nola auf einen Elefantenfriedhof aus ausgebrannten Militärfahrzeugen stieß. Zwei kanadische Soldaten gestanden ihm, sie hätten die Lastwagen samt ihrer unbezahlbaren Fracht aus Mehl und Zucker mit der unverschlüsselten Parole abgeliefert: »Genovese hat uns geschickt«.

Ende August 1944 hatte Sergeant Dickey genügend Beweismaterial gesammelt, um eine Verhaftung vorzunehmen: Er schnappte sich

Genovese, nachdem diesem durch den Bürgermeister von Nola eine Reisegenehmigung ausgestellt worden war. Ein Blick in die Brieftasche des Gangsters förderte mehrere enthusiastische Empfehlungsschreiben amerikanischer Offiziere in Nola zutage:

»Mr. Genovese war über einen Monat lang mein Dolmetscher. Er wollte kein Geld nehmen für seine Dienste, zahlte seine Spesen selbst, arbeitete Tag und Nacht und war der Militärregierung der Alliierten eine höchst wertvolle Hilfe.«

Trotz dieser Briefe und anderer alarmierender Beweise für Genoveses Einfluss innerhalb der US Army, sollten sich Sergeant Dickeys Ermittlungen als schwierig und letztlich fruchtlos erweisen. Nach Monaten, in denen offenbar niemand für den Fall die Verantwortung übernehmen wollte, wurde Genovese schließlich in die Vereinigten Staaten zurückgebracht, um sich wegen des Mordes, dessentwegen er ursprünglich nach Italien geflüchtet war, den Behörden zu stellen. Doch bereits einen vergifteten Zeugen später wurde er freigelassen, um seinen kometenhaften Aufstieg in der amerikanischen Gangsterwelt fortzusetzen.

Das Interessante an der Genovese-Geschichte ist – aus italienischer Sicht – der Einblick, den sie in die neu erstarkenden kriminellen Vereinigungen im neapolitanischen Hinterland gewährt. Sergeant Dickey konnte nachweisen, dass Genovese ein weitverzweigtes Schwarzmarktnetz aufgebaut hatte. Was Dickey begreiflicherweise am meisten beunruhigte, waren Genoveses Kontakte zur AMGOT. Doch der Gangster deckte auch einheimische Diebe und Schmuggler, pflegte fleißig Freundschaften in der neapolitanischen Justiz und wurde sogar vom Polizeipräsidenten in Rom protegiert. Sergeant Dickey vermutete, dass Genovese zum Teil die Stromversorgung im Gebiet um Nola kontrollierte, wodurch sämtliche Produktionsbetriebe in seiner Gewalt waren.

Falls Genovese jedoch Kontakte zu bestehenden kriminellen Banden in Nola pflegte, lässt einiges darauf schließen, dass man sich nicht immer gewogen war. Eines der Empfehlungsschreiben von Armeeangehörigen für Genovese, datiert vom Juni 1944, enthielt folgenden seltsamen Satz:

»[Vito Genovese] war für mich von unschätzbarem Wert – er ist absolut ehrlich und hat uns auf mehrere Fälle von Erpressung und Schwarzhandel unter sogenannten vertrauenswürdigen Zivilpersonen hingewiesen.«

In bewährter Mafiamanier nutzte Genovese demnach seine Kontakte zu den Behörden, um Konkurrenten auszuschalten.

Dann wäre da noch der mysteriöse Informant, der Sergeant Dickey überhaupt erst auf Genoveses Schwarzmarktimperium aufmerksam gemacht hatte. Der fragliche Mann bleibt wahrscheinlich anonym – sein Name wurde zu seinem eigenen Schutz aus den Dokumenten gestrichen. Jedenfalls hat er Sergeant Dickey eine besonders aufregende Geschichte aufgetischt. Er sei »ein ehemaliges Mitglied der Camorra«, sagte er, und habe sich aus der Organisation herausgekauft, nachdem er eine Amerikanerin geheiratet habe. Die Camorra, setzte er seine Erklärung fort, sei das »italienische Gegenstück zur ›Unione Siciliana‹ der Vereinigten Staaten«, und Vito Genovese jetzt ihr Oberhaupt.

Zumindest zwei Details an dieser Geschichte sind eigenartig. Erstens gab es 1944 so gut wie sicher keine Camorra, zumindest nicht im traditionellen Sinn einer Ehrenwerten Gesellschaft. Zweitens war die Camorra – selbst wenn es sie gab – keineswegs das italienische Äquivalent zur Mafia der Vereinigten Staaten. Meiner Meinung nach hat der Informant sich seine Geschichte ausgedacht, um seinem amerikanischen Gesprächspartner nach dem Munde zu reden. Wenn dem tatsächlich so war, können wir nur mutmaßen, was ihn dazu bewog. Doch wäre es keine Überraschung, wenn er sich als Komplize eines einheimischen Rivalen Genoveses erweisen würde. Vielleicht wurde der mutige Sergeant Dickey von Ganoven aus Nola oder den Mazzoni-Sümpfen auf Genoveses Spur gelockt, die den amerikanischen Kuckuck nur allzu gern aus ihrem kampanischen Nest geworfen hätten. Wenn die faschistische Unterdrückung nur noch eine blasse Erinnerung und Vito Genovese aus dem Weg wäre, könnten die Banden des neapolitanischen Hinterlands ihre Aktivitäten wieder aufnehmen.

Unterdessen veränderte in den Baracken des Stadtzentrums ein Schmuggelparadies die Grundregeln städtischen Lebens. In jedem kleinen Viertel bestimmte ein Straßenboss oder *guappo* den Schwarzhandel. Jeder, der heiße Ware zu verkaufen hatte, wandte sich an den *guappo*, dessen Helfershelfer auf den Straßen hastig nach dem passenden Abnehmer suchten. Die Gewinne, die auf diese Weise erzielt werden konnten, waren gewaltig. Das ungebildete Lumpenproletariat der Unterstadt, das mit Schiebereien zu Geld kam, sei laut PWB außerstande gewesen, die Scheine zu zählen, die es säckeweise anhäufte, und habe sie stattdessen gewogen. Einmal wurde ein Bankangestellter im Vorübergehen von einem alten Weib angesprochen. »Ich habe drei Kilo Tausendlirescheine«, sagte es und bat ihn, er möge die Scheine zählen, die es in einem großen Weidenkorb gesammelt hatte; als er fertig war, schenkte die Alte ihm zur Belohnung 2000 Lire. Die Geschichte ist typisch: Bankbeamte, Fabrikarbeiter, Pensionäre und Angestellte – Menschen mit festen Einkommen also – hatten in der Zeit der Befreiung am meisten unter der Inflation zu leiden, während der Schwarzmarkt blühte. In Neapel, stellte die PWB fest, »verschwinden die Klassenunterschiede«. Verbrechen zahlte sich aus.

Während in Italien Krieg herrschte, war Neapel der wichtigste Einfuhrhafen für die gewaltige Menge an Versorgungsgütern, die von den vorrückenden Truppen der Alliierten benötigt wurden. Diese Warenflut war zugleich Fluch und Segen. Bis zum April 1944 waren erstaunliche 45 Prozent der Vorräte gestohlen worden. Das industrielle Ausmaß des Diebstahls lässt sich nur durch Korruption bei der AMGOT und den angloamerikanischen Streitkräften erklären. Im September 1944 berichtete die PWB, dass Soldaten der Alliierten ungeniert Warenpakete auf den Markt transportiert hätten, während die Militärpolizei untätig zugesehen habe. Die Verbände der italienischen Polizei und der Carabinieri, die der AMGOT unterstellt waren, konnten ihre Handlungsweise zumindest mit der Begründung rechtfertigen, ebenso hungrig zu sein wie die übrige Bevölkerung. Doch liefen sie genau wie ihre britischen und amerikanischen Vorgesetzten Gefahr, als bestechlich zu gelten. Im Mai 1944 sagte die PWB, dass pro Lastwagenladung, die vom Hafen verschwand, ein Anteil von 20 000 bis 30 000 Lire für die Polizisten abfiel. Die Neapolitaner wussten die Vorzüge amerikanischer und kanadischer Armeedecken sowie britischer und französischer Soldatenstiefel zu schätzen. Außerdem wurde so viel Penicillin verschoben, dass für die Soldaten an der Front bald keines mehr verfügbar war.

Die sichtbarsten Verkaufsstellen für Diebesgut befanden sich in der

Via Forcella, in der Nähe eines amerikanischen Militärdepots. Die Straße wurde zu einem multinationalen Freiluftbazar für überzählige Versorgungsgüter, wo es alles zu kaufen gab, was ursprünglich für die alliierten Streitkräfte gedacht war. Und »alles« beinhaltete angeblich auch Waffen, vorausgesetzt, man wusste, an wen man sich zu wenden hatte.

Die Via Forcella führt durch das beengte Herz der Innenstadt, nur wenige Meter vom alten Palazzo della Vicaria entfernt, dem ehemaligen Gefängnis und Gerichtshof, in dem am 3. Oktober 1862 Salvatore De Crescenzo, der Unterweltboss, dem in den Tagen der Einigung Italiens »die Absolution erteilt« worden war, seinen Rivalen hatte erstechen lassen und der dann zum Oberhaupt der Ehrenwerten Gesellschaft Neapels aufgestiegen war. 81 Jahre später, unter der AMGOT, waren die Giuliano-Brüder Pio Vittorio, Guglielmo und Salvatore die *guappi*, die in der Via Forcella das Sagen hatten. Noch heute kann der Familienname Giuliano nur eines bedeuten: Camorra.

In den nachfolgenden Jahrzehnten sollten neue Clans wie die Giulianos die Erfahrung nutzen, die sie dank der chaotischen Zustände während der Befreiungszeit gesammelt hatten, und neue Antworten auf die Herausforderungen finden, an denen die alte Ehrenwerte Gesellschaft Salvatore De Crescenzos, Ciccio Cappuccios und Enrico Alfanos letztlich gescheitert war: wie man eine straffe, möglichst weit vernetzte Organisation schuf. Wie man Wirtschaft und Politik unterwanderte. Wie man sich Polizei und Justiz gefügig machte. Wie man Frauen in Schach hielt und ausbeutete, wie man Söhne und sogar Töchter mit ihnen zeugte, die das mächtige System aufrechterhielten. Wie man, mit all diesen Mitteln, blanke Kriminalität in eine bleibende Territorialmacht umwandelte. 1943 war die Stunde null für Recht und Gesetz in Neapel. Die Befreiung durch die Alliierten war gleichsam der Neustart für die Geschichte der Camorra.

Das organisierte Verbrechen ist Italiens Erbkrankheit. Die Ehrenwerten Gesellschaften Neapels und Siziliens entstanden aus dem Gefängnissystem um die Mitte des 19. Jahrhunderts. Die Gewalttätigkeit und die Ränkespiele um die Einigung Italiens ebneten den Ganoven den Weg aus den Verliesen in die Geschichte.

Das Vermächtnis des Risorgimento war in einigen Landstrichen Süditaliens und Siziliens eine raffinierte, mächtige kriminelle Organisation mit Vorbildcharakter. Die Mitglieder dieser Geheimbünde übten aus dreierlei strategischen Gründen Gewalt aus: erstens, um andere Schurken in Schach zu halten und deren Geld, Wissen und Können für sich zu nutzen. Zweitens, um die legale Wirtschaft auszusaugen. Und drittens, um Kontakte zur gesellschaftlichen Elite herzustellen – den Grundbesitzern, Politikern und Richtern. Im Umland von Palermo pflegte die Mafia, von der Revolutionsgeschichte auf der Insel vorangetrieben, nicht nur Kontakte zur Oberschicht, sondern verschmolz gleichsam mit ihr.

Das neue Königreich Italien versäumte es, sich diesem Vermächtnis zu stellen, beging sogar den Fehler, seine Souveränität mit den örtlichen Bossen zu teilen. Auf diese Weise konnte sich ein kriminelles Ökosystem entwickeln. Italien träumte vom modernen Staat, verfügte jedoch, um ihn zu verwirklichen, noch nicht über die Ressourcen seiner wohlhabenderen Nachbarn, sondern litt stattdessen unter angeborenen Nachteilen. Politische Zersplitterung und Instabilität waren die Folge: Seine Institutionen entwickelten Strategien, wie man, anstatt kollektive Probleme zu lösen, mit taktischen Vorteilen und kurzlebigen Gefälligkeiten schacherte. Es war ein politisches System, das allzu oft den übelsten Interessengruppen im Land, die das organisierte Verbrechen deckten, Vorteile verschaffte. Vor entscheidenden Wahlen bediente die Regierung sich zuweilen der Gangster, um zu gewährleisten, dass die Mehrheit der Stimmen an die richtigen Kandidaten ging. Das Parlament brachte schlechte Gesetze auf den Weg, die selektiv durchgedrückt wurden. Ein maßgebliches Beispiel dafür ist die gängige Praxis, Mitglieder der Mafia und der Camorra mittels sogenannter »Zwangsexile« in Schach zu halten. Dringend notwendige Reformen wurden dagegen niemals umgesetzt: Ein Beispiel wäre das rechtliche Vakuum um Leute wie Calogero Gambino (vom »Brudermord«-Fall aus den 1870er Jahren) und Gennaro Abbatemaggio (vom Cuocolo-Prozess zu Beginn des 20. Jahrhunderts) – Mafiosi und Camorristi, die ihrer Organisation den Rücken kehrten, um beim Staat Zuflucht zu nehmen. In Italien gab es außerdem genügend faule, zynische Journalisten, verbohrte Intellektuelle und moralisch abgestumpfte Schriftsteller, die den Notstand vertuschten und stattdessen der perversen

Ideologie der Verbrecher Stimme und Glaubwürdigkeit verliehen und ihnen schmeichelhafte Spiegelbilder in gedruckter Form boten.

Das kriminelle Ökosystem brachte eine neue Ehrenwerte Gesellschaft hervor, die *Picciotteria*, die den Entwicklungsweg ihrer älteren Verwandten fortsetzte: In den 1880er Jahren verließ sie die Gefängnisse, um sich in der Freiheit ein Revier zu erobern.

Doch die Tatsache, dass Italien ein kriminelles Ökosystem beherbergte, soll nicht etwa heißen, dass das Land von Ganoven regiert wurde. Italien war zu keiner Zeit ein gescheiterter Staat, ein Mafiaregime. Dass die Mafiaorganisationen Süditaliens und Siziliens eine so lange Geschichte haben, ist keineswegs mit ihrer Allmacht zu begründen, nicht einmal in ihren Kerngebieten. Die Rechtsstaatlichkeit war keine leere Worthülse auf der Halbinsel, und Italien hat die Mafia sehr wohl bekämpft. Das Gesetz der Omertà wurde oftmals gebrochen. Manchmal bröckelte auch die Gebietshoheit der Mafia, und es kehrte der *spirito pubblico* zurück, der »Gemeingeist«, den tüchtige Polizisten vom Kaliber eines Ermanno Sangiorgi beschworen: das Vertrauen der Menschen in den Staat und dessen Vermögen, den herrschenden Regeln Gültigkeit zu verschaffen. In solchen Momenten blitzte der Hunger des Volkes nach Rechtsstaatlichkeit auf, und man konnte erahnen, was hätte erreicht werden können, wäre die Mafia nur konsequenter bekämpft worden.

Doch leider währte Italiens Feldzug gegen die Geheimbünde immer nur so lange, wie deren unverhohlene Gewalt die Politiker dazu bewog, ihn ganz oben auf ihre Agenda zu setzen, oder bis die reichen, mächtigen Beschützer der Mafia ihren Einfluss geltend machten. Er währte allenfalls lange genug, um innerhalb der Gangster-Domäne die natürliche Auslese anzukurbeln. Im Laufe der Jahre wurden schwächelnde Bosse und nachteilige kriminelle Methoden ausgemerzt. Ganoven waren gezwungen, sich zu verändern und weiterzuentwickeln. Am wenigsten zu lernen hatte die sizilianische Mafia. In Neapel dagegen versäumte es die Ehrenwerte Gesellschaft, sich neuen Gegebenheiten anzupassen. Die kalabrische *Picciotteria* dagegen, dieses lebende Museum der traditionellen Gefängnis-Camorra, erwies sich wider Erwarten als überlebensfähig und konnte wachsen und gedeihen.

Der wichtigste Faktor im Wettstreit der Geheimgesellschaften um Vorherrschaft und Durchhaltevermögen war vermutlich der Familienzusammenhalt. Dank ihrer Verwandten konnten Mafiosi, Camorristi und *picciotti* sich in der Gesellschaft verankern, was der Hauptgrund für ihren verderblichen Einfluss war. So ist der tödliche Schaden, den die Mafiaorganisationen so vielen Familien zufügten – einschließlich ihrer eigenen – der bitterste Maßstab für das Übel, das sie angerichtet haben.

Ab 1925 pries Benito Mussolini sein Regime als Gegenpol zu den schmutzigen politischen Machenschaften der Vergangenheit, als Heilmittel für Italiens schwächliche Zugeständnisse an das Bandenwesen. Doch der Faschismus wiederholte am Ende viele der Fehler, die bereits frühere Regierungen begangen hatten. Dieselbe kurze Aufmerksamkeitsspanne. Derselbe Verlass auf »Zwangsexile«. Dieselbe Zögerlichkeit, wenn es galt, die Beschützer der Mafia in der Oberschicht zur Rechenschaft zu ziehen. Dieselbe Unfähigkeit, das endemische Auftreten der Mafia in den Gefängnissen zu unterbinden. Politische Gefangene in den 1920er und 1930er Jahren erzählten *exakt* dieselben Geschichten von der Macht der Gangster hinter Gittern wie der bedauernswerte Herzog Sigismondo Castromediano und andere gefangene Patrioten des Risorgimento drei Generationen zuvor.

Worauf sich Mussolini deutlich besser verstand als seine liberalen Vorgänger, war die Propaganda, die er übermäßig aufbauschte, während er zugleich die Berichterstattung unterband. Mit ein wenig Unterstützung seitens der sizilianischen Mafia schuf er so die bleibende Illusion, dass es dem Faschismus zumindest gelungen war, den Pöbel in Schach zu halten. Die *Zonenhandbücher*, die den Alliierten Sizilien, Kalabrien und Kampanien erklären sollten, reflektieren sehr genau den jämmerlichen Kenntnisstand, den der Faschismus hinterließ. (Sie basierten schließlich auf italienischen Publikationen.)

Das Vermächtnis des Faschismus hatte in der Tat äußerst schädliche Auswirkungen. Im Chaos von Krieg und Befreiung war das Land schnell mit der Realität einer endemischen kriminellen Macht konfrontiert, die sich hinter dem tumben Propagandagetöse des Regimes versteckt hatte.

Als der Zweite Weltkrieg endete, wurde Italien zur Demokratie. Schon bald würde es sich zu einer großen Industriemacht entwickeln. Italietta, das kleine, beschauliche Italien, das nach 1860 zuerst mit den Mafias konfrontiert gewesen war, existierte nicht mehr, ebenso wenig das verblendete, großspurige Italien der Schwarzhemden. In den Jahren zwischen 1943 und 1948 vollzog sich der tiefschürfendste Wandel in der gesamten Geschichte des Landes: der Übergang vom Krieg zum Frieden, von der Diktatur zur Freiheit. Doch einige Dinge änderten sich nicht – und von dieser Kontinuität liefert die Geschichte des organisierten Verbrechens nach dem Krieg ein verstörendes Zeugnis. Dieselben politischen Laster, die schon dazu beigetragen hatten, die Mafias hervorzubringen, würden den kriminellen Organisationen in der Ära der Demokratie und des Wohlstands zu noch größerer Macht und Gewalt verhelfen. Nach 1945 traf Italiens Politikerklasse, wie sie es seit 1860 getan hatte, eine schmutzige Übereinkunft mit dem Verbrechen.

Man mag den Faschisten vieles nachsagen, doch an dieser Übereinkunft tragen sie keine Schuld. Die Zonenhandbücher enthielten bei weitem nicht das gesamte Wissen von Mussolinis Regime über die Mafias. Polizei und Justiz, die in den 1920er und 1930er Jahren hauptsächlich mit der Bekämpfung des organisierten Verbrechens befasst gewesen waren, wussten um die Gefahr der kriminellen Verbände in Kampanien, Kalabrien und Sizilien: Sie verfügten über einen Erfahrungsschatz, aus dem ein eben flügge gewordenes nachfaschistisches Italien hätte ausgiebig schöpfen können. Stattdessen wurden ihre Einsichten fast vollständig ignoriert oder verdrängt. Im Unterschied zum faschistischen Italien zögerte die junge Demokratie, den Mafias die Stirn zu bieten, und schien geradezu erpicht darauf, die Lektionen der Vergangenheit wieder zu verlernen. Kaum war der Zweite Weltkrieg überstanden, begann die Geschichte der Mafias wieder von neuem – mit einem Akt des Vergessens.

TEIL 2

Die Mafiarepublik

Westsizilien
Golf von Palermo
Palermo
1 Capaci
2 Tommaso Natale
3 Partanna-Mondello
4 Mondello
5 Piana dei Colli
6 Addaura
7 San Lorenzo
8 Passo di Rigano
9 Uditore
10 Altarello di Baida
11 Brancaccio
12 Santa Maria di Gesù
13 Monreale
14 Villagrazia
15 Ciaculli
16 Belmonte Mezzagno
N
S
Tyrrhenisches Meer
Liparische Inseln
Cinisi
Partinico
Palermo
Trapani
Alcamo
San Giuseppe Jato
Marsala
Salemi
Corleone
Ätna
Mussomeli
Caltanissetta
Agrigento
Riesi
Mittelmeer
0 20 40 60 80 100 km
Regionalhauptstädte
Provinzhauptstädte
kleinere Zentren

Kampanien
MOLISE
N
S
Volturno
Terra di Lavoro
Calore
Mondragone
Volturno
Caserta
Casal di Principe
San Cipriano d'Aversa
KAMPANIEN
Aversa
Acerra
Giugliano
Nola
Avellino
Pomigliano
Marano
Pianura
Cercola
Montevergine
Cumae
Neapel
Vesuv
Sarno
Pompeji
Torre Annunziata
Scafati
Procida
Ischia
Sarno
Castellammare di Stabia
Salerno
Golf von Neapel
Sorrento
Capri
Golf von Salerno
Tyrrhenisches Meer
Regionalhauptstädte
Provinzhauptstädte
kleinere Zentren
0 5 10 15 20 25 km

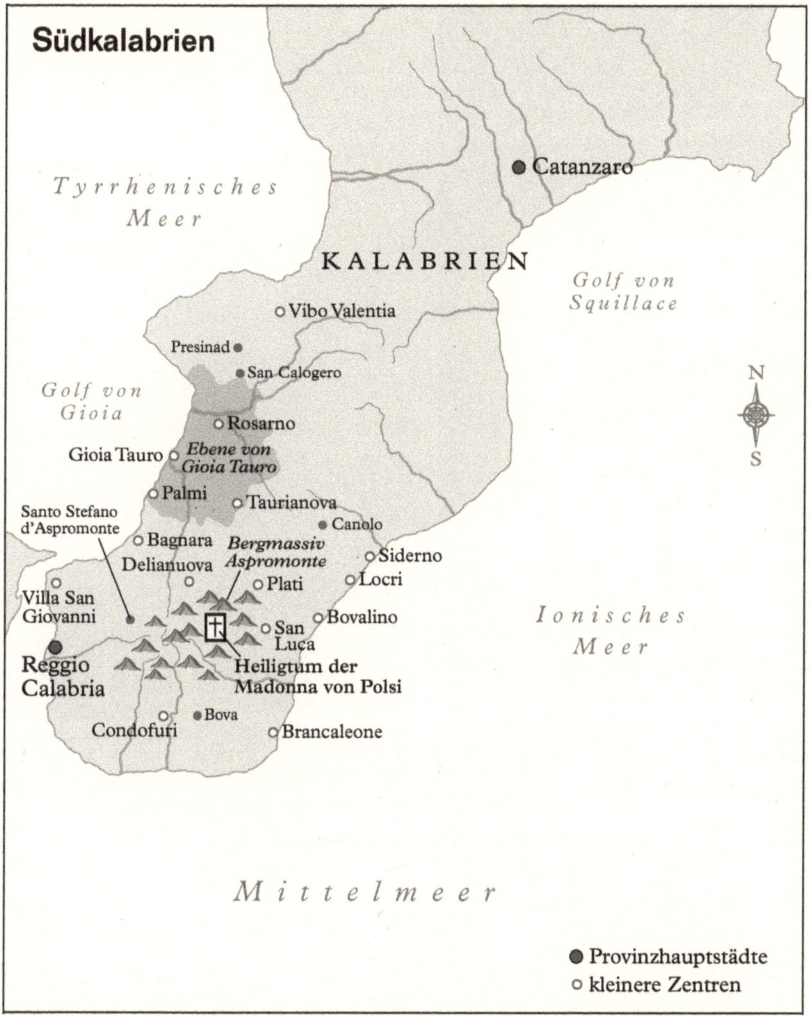
Südkalabrien
Tyrrhenisches Meer
Catanzaro
KALABRIEN
Golf von Squillace
Vibo Valentia
Presinad
San Calogero
Golf von Gioia
N
S
Rosarno
Gioia Tauro
Ebene von Gioia Tauro
Palmi
Taurianova
Santo Stefano d'Aspromonte
Canolo
Bagnara
Bergmassiv Aspromonte
Siderno
Delianuova
Plati
Locri
Villa San Giovanni
San Luca
Bovalino
Ionisches Meer
Reggio Calabria
Heiligtum der Madonna von Polsi
Condofuri
Bova
Brancaleone
Mittelmeer
Provinzhauptstädte
kleinere Zentren

1 SCHWAMM DRÜBER!

Sizilien: Banditentum, Land und Politik

Das heutige Italien erblickte am 2. und 3. Juni 1946 das Licht der Welt, als ein kriegsgebeuteltes Volk in einem Referendum den Entschluss fasste, eine Monarchie abzuschaffen, die sich mit ihrer Unterwürfigkeit gegenüber der faschistischen Diktatur selbst diskreditiert hatte. Man vollzog einen klaren Bruch mit der Vergangenheit: Fortan wäre Italien eine Republik. In derselben Abstimmung wählten die Italiener die Mitglieder einer konstitutionellen Versammlung, die für diese Republik eine neue Verfassung entwerfen sollte, basierend auf Demokratie, Freiheit und Rechtsstaatlichkeit.

Camorra, 'Ndrangheta und Cosa Nostra sind ein ungeheuerlicher Affront gegen die Gründungswerte der Italienischen Republik – dieselben Werte, die den Aufschwung im Italien und im Europa der Nachkriegszeit untermauern. Italien jedoch ist die einzige westeuropäische Nation, in der die Macht der Mafia völlig im Einklang ist mit der Alltagsrealität von Freiheit, Demokratie und Wohlstand. Die Geschichte, durch die es so weit kommen konnte, begann, als Italien den beschwerlichen Übergang vom Krieg in Richtung Frieden vollzog.

Im Februar 1944 überließ die AMGOT-Verwaltung Sizilien und einen Großteil Süditaliens einer antifaschistischen Koalition, welche die neue italienische Zivilregierung bildete. Demnach waren es die Menschen aus dem Süden, aus den traditionellen Kernländern des organisierten Verbrechens, die als erste Italiener die Möglichkeit zurückerlangten, die Zukunft des Landes zu gestalten. Der Weg in diese Zukunft war von vier Meilensteinen gekennzeichnet:

April 1945: Wenige Tage vor Hitlers Selbstmord war in Italien der Krieg zu Ende.

Juni 1946: Die Monarchie wurde abgeschafft, die Republik ins Leben gerufen.

März 1947: Präsident Harry S. Truman verkündete, dass die Vereinigten Staaten fest entschlossen seien, die sowjetische Expansion über den Erdball einzudämmen. In Italien genoss der *Partito Communista Italiano* dank seiner Rolle im Widerstand ein hohes Ansehen und versprach jeder Pfarrei einen kommunistischen Ortsverband. Die Halbinsel fand sich jäh an vorderster Front des Kalten Kriegs.

April 1948: Italiens erste demokratische Parlamentswahl wurde mit einem deutlichen Sieg der von Amerika unterstützten Christdemokraten (*Democrazia Cristiana*, DC) und einer deutlichen Niederlage der Kommunisten entschieden.

Nirgendwo in Italien ging es nach dem Krieg turbulenter zu als auf Sizilien. Und nirgendwo war das organisierte Verbrechen so stark in die Turbulenzen verwickelt. Im südlichen Kalabrien und Kampanien schufen sich 'Ndranghetisti und Camorristi, wie wir noch sehen werden, ihre eigenen Nischen im Nachkriegsgefüge. Doch die Mafia auf Sizilien verfolgte höhere Ziele. Viele Sizilianer sind skeptisch, sobald der Mafia das Etikett »organisiertes Verbrechen« aufgedrückt wird. Mafiosi sind jedoch allesamt Kriminelle, das war schon immer so. Allerdings verfügen gewöhnliche Kriminelle, auch wenn sie noch so gut organisiert sind, nicht annähernd über die politischen Kontakte, derer sich führende Mafiosi erfreuen. Herkömmliche Ganoven wären heillos überfordert, wollten sie das institutionelle Schicksal ihrer Heimat in der Art und Weise mitgestalten, wie die sizilianischen Mafiosi es nach 1943 anvisiert hatten.

Das augenfälligste und gewalttätigste Verbrechen, an dem die Mafia beteiligt war, war das Banditentum. 1945 durchstreiften Hunderte von Banden das sizilianische Hinterland, viele von ihnen ausreichend mit Waffen bestückt, um Polizei und Carabinieri bei einem Schusswechsel standzuhalten. Raub, Erpressung, Entführung und der Schwarzhandel verschafften diesen Gesetzlosen ein üppiges Einkommen. Traditionellerweise schlossen Mafiosi sich nicht selbst den Banditen an, sondern bedienten sich ihrer im Austausch gegen Gefälligkeiten. Die Banditen traten zum Beispiel einen gewissen Prozentsatz ihrer Einnahmen an die Mafiosi ab und erhielten im Gegenzug Hinweise auf lohnende Entführungs- oder Einbruchsziele, wurden vor Polizeirazzien gewarnt oder mit Mittelsmännern ausgestattet, die mit der nötigen Diskretion Lösegeldzahlungen aushandelten.

Bald nach der Landung der Alliierten gingen Mafiosi daran, wieder ihren bewährten Würgegriff anzusetzen, indem sie sich um den »Schutz«, die Verpachtung und Verwaltung landwirtschaftlicher Güter im westlichen Sizilien kümmerten. Viele reiche Landeigentümer auf Sizilien lebten in dekadentem Pomp in Palermo, während sie die Verwaltung ihrer riesigen Ländereien brutalen Mittelsmännern der Mafia anheimstellten. Nach dem Krieg ließen sie ihre Güter von Männern verwalten, die zu den berüchtigtsten Bossen der 1950er und 1960er Jahre zählen sollten: Giuseppe Genco Russo aus Mussomeli und der 20-jährige Killer Luciano Liggio aus dem ländlichen Corleone in der Provinz Palermo. (Gegen Liggio bestand bereits ein Haftbefehl, als er 1945, nach dem mysteriösen Tod seines Vorgängers, zum Verwalter der Strasatto-Ländereien bestimmt wurde.)

Ihre Funktion auf dem Land zog die Mafia unweigerlich in die Politik. Bei allen politischen Unruhen in der jüngsten Geschichte Siziliens hatten die Bauern gerechtere Verträge verlangt oder gar einen Anteil an den Ländereien, die im Besitz der sizilianischen Aristokraten waren. Die endgültige Antwort auf ihre Forderungen hatten am Ende stets die Flinten der Mafia gegeben.

Die Debatte um das Land musste auch nach dem Krieg über kurz oder lang wieder aufflammen, und als es so weit war, verwandelten Großgrundbesitzer und Mafiosi den Terror in ein politisches Werkzeug. Mit Pistolen, Maschinengewehren und Handgranaten zog die Mafia gegen militante Bauern zu Felde und schüchterte deren Anhänger ein, bis sie die Waffen streckten. Die Schreckensliste ermordeter Gewerkschafter und linker Aktivisten begann im Sommer 1944 und war zehn Jahre später noch immer nicht abgeschlossen. Im Herbst 1946 zum Beispiel, in Belmonte Mezzagno bei Palermo, schlossen die Bauern sich zu einer Kooperative zusammen, um die Verwaltung eines nahegelegenen Gutes zu übernehmen. Am 2. November erschien eine aus 13 Männern bestehende Todesschwadron auf einem Feld, auf dem viele Mitglieder der Kooperative ihre Arbeit verrichteten. Die Brüder Giovanni, Vincenzo und Giuseppe Santangelo wurden beiseitegeführt und nacheinander mit einem einzigen Schuss in den Nacken hingerichtet.

Sowohl die reichen Landeigentümer als auch die Mafia befürchteten, dass eine neue demokratische Regierung in Italien gezwungen wäre, an die Kommunisten und somit auch an die linke Bauernbewegung in Sizilien Zugeständnisse zu machen. Aus diesem Grund unterstützten sie bereits von 1943 an eine Bewegung, deren Ziel es war, die Insel vom übrigen Italien zu trennen. In mehreren Versammlungen, die über die folgenden Jahre hinweg stattfanden, plante man Siziliens Weg in die Unabhängigkeit. Die Abkömmlinge einiger der ältesten Adelsfamilien Siziliens begrüßten die mächtigsten Gangster der Insel in ihren luxuriösen Landvillen. Bei einer dieser Zusammenkünfte im September 1945 erwirkten die Bosse, dass in die Armee der Separatisten einige Banditen eingeschleust wurden. Salvatore Giuliano, Anführer der gefürchtetsten Räuberbande von allen, wurden eine große Geldsumme, der Rang eines Oberst und zudem Straffreiheit in Aussicht gestellt, sobald die Fahne eines freien Sizilien gehisst würde. Einige Überfälle auf Kasernen der Carabinieri sollten den Boden für einen Aufstand bereiten.

Doch die separatistische Revolution blieb aus. Der wackelige militante Flügel der Bewegung wurde aufgelöst, woraufhin sie zerfiel. Wichtiger noch war, dass auch ihre politische Führung ausmanövriert wurde: Im Mai 1946 gewährte man Sizilien die Autonomie und ein eigenes Länderparlament, allerdings *innerhalb* Italiens. Mafiosi, die die Separatisten unterstützt hatten, machten sich auf die Suche nach neuen politischen Bündnispartnern.

Während die Separatistenbewegung 1946 an Boden verlor, war es um die Sicherheit auf Sizilien schlimmer bestellt denn je. Räuberbanden, oftmals unter den Fittichen der Mafia, raubten und entführten nach Belieben. Polizei und Carabinieri sandten Informationen zuhauf nach Rom. Viele von ihnen hatten in den 1930er Jahren im geheimen Krieg der Faschisten gegen die Mafia an vorderster Front gekämpft. Aus diesem Grund wussten sie sehr wohl, was die Mafia wirklich war, wie dieser Bericht vom Oktober 1946 bestätigt:

> »Die Mafia ist eine Geheimorganisation, deren Gruppierungen in allen Provinzen Siziliens zu finden sind und deren geheime Tentakel in sämtliche Klassen der Gesellschaft reichen. Ihr ausschließliches Ziel besteht darin, sich mit unlauteren Mitteln und

auf Kosten ehrlicher, schutzloser Menschen zu bereichern. Sie hat jetzt ihre Zellen oder Familien, wie sie hier im Jargon heißen, neu gebildet, besonders in den Provinzen Palermo, Trapani, Caltanissetta, Enna und Agrigent.«

Dies also waren die gewalttätigen Jahre, die Siziliens Zukunft besiegelten. Nicht zufällig waren es dieselben Jahre, in denen Italiens Führungsriege beschloss, alles zu vergessen, was sie über Siziliens berüchtigte »Geheimorganisation« wusste. Was diesen Vergessensprozess am besten veranschaulicht, ist weder ein Mafiamassaker noch ein geheimer Bericht. Um zu begreifen, wie die sizilianische Mafia Ende der 1940er Jahre wirklich funktionierte, um ihre einzigartige Fähigkeit zu verstehen, sich gleichsam in Luft aufzulösen und gleichzeitig den Staatsapparat zu infiltrieren, sollten wir uns Italiens allerersten Mafiafilm ansehen.

Sizilien: *Im Namen des Gesetzes*

Es ist September 1948, aber die ausgedörrten Weiten des sizilianischen Landesinneren, die sich vor der Kamera erstrecken, wirken zeitlos. Ein junger Mann in zweireihigem Jackett, das scharfgeschnittene Gesicht von einem Hut überschattet, sitzt aufrecht im Sattel. Plötzlich wendet er den Kopf und lässt den Blick über eine mondartige Landschaft aus Staub und Fels schweifen. Er sieht acht Reiter auf einem Hügel auftauchen, deren Silhouetten sich vor dem Himmel abzeichnen.

»Die Mafia.« Der junge Mann spricht das unheimliche Wort laut zu sich selbst und presst dann entschlossen die Kiefer aufeinander. Sein Name lautet Guido Schiavi. Er ist der Richter vor Ort, ein Vertreter des Gesetzes. Es ist die Konfrontation, die er erwartet hat.

Die Mafiosi, auf sorgfältig gestriegelten Vollblutpferden, reiten den Hügel herunter und bewegen sich in imposantem, kurzem Galopp auf den Richter zu. Ein dynamischer Soundtrack mit Bläsern und Streichern begleitet ihren Ritt. Als die Reiter näher kommen, sieht Schiavi, dass die Männer in Kord und Barchent gekleidet sind; jeder hat sich die flache Mütze tief ins zerklüftete ausdruckslose Gesicht gezogen; und ein jeder trägt eine Flinte über der Schulter.

Die Männer der Mafia bleiben auf einer niedrigen Brücke stehen. Ihr Boss ist ein gewisser Turi Passalacqua, unverwechselbar auf seinem edlen weißen Pferd. Er zieht höflich die Mütze vor dem Richter.

»Guten Tag, voscenza. *Willkommen auf unserem Land. Ihr erweist uns eine große Ehre.«*

»Ihr seid sehr jung, Herr. Darüber sind meine Freunde und ich sehr froh. Wer jung ist, hat ein reines Herz. Ihr seid intelligent, und ich bin sicher, dass Ihr längst begriffen habt, wie es hier zugeht. Es ist schon seit über hundert Jahren so, und alle sind es zufrieden.«

Richter Schiavi zeigt sich unbeeindruckt. Es gebe Menschen, entgegnet er, die ganz und gar nicht »zufrieden« seien: zum Beispiel die Opfer von Mord und Erpressung und ihre Angehörigen; oder die geknechteten Bauern und die Arbeiter in den Schwefelminen. Der Mafioso zuckt mit keiner Wimper:

»Jede Gesellschaft hat ihre Fehler. Außerdem lässt sich unter Ehrenmännern immer eine Einigung erzielen … Ihr braucht Eure Wünsche nur zu äußern.«

Jetzt ist es der Richter, der sich nicht beirren lässt. Im Ton verhaltenen Trotzes entgegnet er, dass er nur einen Wunsch, eine Pflicht kenne: dem Gesetz Genüge zu tun.

Es kann keinen Kompromiss geben. Zwei entgegengesetzte Wertesysteme haben ihre Streitkräfte aufmarschieren lassen. Ein heftiger Zusammenstoß zwischen Staat und Mafia ist unvermeidlich. Dem capomafia *Turi Passalacqua bleibt nur, sein Credo zu wiederholen:*

»Ihr seid ein mutiger Mann, aber hier sind wir *das Gesetz, so will es die Tradition. Sizilien ist eine Insel. Die Regierung ist weit fort. Und wären wir nicht hier, mit unserer eigenen Art von Strenge, würden Kriminelle hier am Ende alles verderben; genau wie das Weidelgras den Weizen verdirbt. Niemand wäre mehr sicher im eigenen Haus. Wir sind keine Verbrecher. Wir sind ehrbare Männer: so frank und frei wie die Vögel am Himmel.«*

Bei diesen Worten schwellen die Bläser und stürmischen Streicher, die den Ritt der Mafia zu Beginn der Szene begleitet haben, wieder an. Der Zuschauer sieht, wie die Ehrenmänner die Pferde wenden und davongaloppieren.

Im Italien der 1940er Jahre waren Filme weit mehr als pure Unterhaltung. Aus Protest gegen Mussolinis Versuch, den Import von ausländischen Filmen zu kontrollieren, hatten die amerikanischen Studios den italienischen Markt boykottiert. Während der letzten fünf Jahre unter faschistischer Herrschaft mussten die Italiener daher auf ihre wöchentliche Dosis kalifornischen Zelluloids verzichten. Als nach der Befreiung die Filmtheater ihre Pforten wieder öffneten und endlich Nachschub aus Hollywood kam, drängten die Italiener bald wieder in die Kinos – mit größerer Begeisterung als in jedem anderen Land Europas. Der Glamour von Rita Hayworth und Glenn Ford beinhaltete für sie die Verheißung von Freiheit und Demokratie für ihr kriegsgebeuteltes Land, das vom Zusammenbruch des Faschismus demoralisiert war.

Und doch konnte sich ein Volk, das solch traumatische Veränderungen durchlebt hatte, niemals ganz mit dem zufriedengeben, was ihm die amerikanischen Filmstudios vorsetzten. Die Jahre zwischen 1945 und 1950 wurden daher von der heimischen Filmindustrie geprägt, der ungeschönten Poesie in Roberto Rosselinis *Rom, offene Stadt* oder in Vittorio de Sicas *Fahrraddiebe*. Neorealismus lautete das Wort der Stunde. Neorealistische Regisseure trugen ihre Kameras in die zerbombten Straßen; sie filmten bewegende Dramen von Bauern, die sich auf den Terrassenfeldern abrackerten oder durch Reisfelder wateten. Das neorealistische Kino wirkte so lebensnah, als habe sich die Haut der Geschichte zum Film geschält (um die sinnträchtige Äußerung eines Kritikers zu zitieren). Zu keinem Zeitpunkt war die Kinoleinwand wichtiger für die Art und Weise, wie sich Italien das Hell und Dunkel im eigenen Land vorstellte.

In nome della legge (Im Namen des Gesetzes) kam im März 1949 in die italienischen Kinos und war Italiens erster Mafiafilm. Eine seltsame Mischung: Zum einen besitzt er viele Attribute des neorealistischen Films, vor allem in der Art und Weise, wie er sich der sonnenversengten sizilianischen Landschaft bedient; zum anderen gelingt ihm auch der Spagat zwischen Neorealismus und Hollywood. Der Regisseur Pietro Germi war zwar nie in Sizilien gewesen, ehe sein Film 1948 in Produktion ging. Andererseits war seine Unwissenheit nicht weiter von Belang, denn als er von der Fähre stieg und zum ersten Mal den Fuß auf die Insel setzte, wusste er bereits genau, was ihn dort erwartete: Arizona. *Im Namen des Gesetzes* ist eine waffenstarrende *ménage-à-trois* zwischen dem Neorealismus und zwei Hauptgenres des amerikanischen Kinos, Gangsterfilm und Western. Germis Sizilien ist gleichsam Tombstone mit mediterranem Beiwerk: ein Ort der einsamen Streiter für das Recht, der langen, bedeutsamen Blicke und der heimtückischen Überfälle in Bergesschluchten. Züge schleppen sich in verlassene Bahnhöfe, Schüsse hallen über den weiten Horizont, und Männer betreten Bars, um sich den sizilianischen Anislikör hinter die Binde zu kippen wie die Cowboys ihren Whisky.

Die Pseudo-Wildwestkulisse, so Germis Argument, dramatisiere den Zweikampf zwischen dem einsamen Gesetzeshüter und seinem kriminellen Gegenspieler. Der muskulöse Herzensbrecher Massimo Girotti in der Rolle des jungen Richters Guido Schiavi war Italiens Antwort auf John Wayne. Doch geradezu besessen war Germis Kamera von Turi Passalacqua, den der französische Altstar Charles Vanel spielte: Er wurde immer von unten aufgenommen, vor einem blassen Himmel – als wäre er halb raubeiniger Rancher, halb wilder Apache.

Die Mischung aus Western und Mafiaepos funktionierte prächtig. Die ersten öffentlichen Vorführungen ernteten »stürmischen Beifall«. *Im Namen des Gesetzes* wurde zum drittbeliebtesten Film der Kinosaison 1948–49 in Italien. Er spülte 401 Millionen Lire (heute, 2011, etwa sieben Millionen Euro) in die Kassen und konnte sich in kommerzieller Hinsicht mit Hollywoodklassikern wie *Bis zum letzten Mann (Fort Apache)* und *Der Schatz der Sierra Madre* messen.

Als Gangsterfilm wirkt *Im Namen des Gesetzes* auf den ersten Blick recht harmlos – unser Geschmack ist schließlich auf *GoodFellas* und *Gomorrah* geeicht. Doch auch Germis Film ist düster: Seine Hintergrundgeschichte steckt voller dunkler Überraschungen, und sein Kontext zeugt von der beispiellosen Gewalt und Arroganz der Mafia. An jüngeren Klassikern des Mafiafilm-Genres wie *Der Pate* wird häufig kritisiert, sie verherrlichten das organisierte Verbrechen. Dabei ist Coppolas Film diesbezüglich fast harmlos im Vergleich zu Germis *Im Namen des Gesetzes.* Der Vorspann zeigt uns ein vertrautes Dementi: »Jeder Bezug auf reale Ereignisse, Orte und Personen ist rein zufällig.« Doch dies entspricht hier nicht ganz der Wahrheit.

Im Namen des Gesetzes basiert auf einer Romanvorlage und ist dem Leben des Autors nachempfunden. *Piccola Pretura* (Kleines Amtsgericht) entstand in den ersten Monaten des Jahres 1947. Sein Autor war Giuseppe Guido Lo Schiavo, eine der führenden Autoritäten in Sachen Mafia, ein Mann, der in Palermo geboren und aufgewachsen war, im Ersten Weltkrieg gekämpft und sich danach an vorderster Front gegen das organisierte Verbrechen auf seiner Heimatinsel engagiert hatte.

Lo Schiavos Leben war eng verwoben mit der Geschichte der Mafia zu Zeiten des Faschismus. 1926 war er selbst ein junger Richter gewesen, genau wie der Held seines Romans. (Die Ähnlichkeit der Namen von Autor und Protagonist – Giuseppe Guido Lo Schiavo / Guido Schiavi – ist kein Zufall.) In diesem Jahr hatte Benito Mussolini zu einem längst überfälligen Schlag gegen die Mafia ausgeholt. Das »Krebsgeschwür des Verbrechens« werde vom faschistischen »Skalpell« aus Sizilien herausgeschnitten, prahlte der Duce. Polizei und Carabinieri führten die Razzien durch, und Ermittlungsrichtern wie Lo Schiavo fiel die Aufgabe zu, die erforderlichen Beweise zu sammeln, auf deren Grundlage sich die vielen tausend Festnahmen in Schuldsprüche verwandeln ließen.

Lo Schiavo gehörte zu den enthusiastischsten Befürwortern des faschistischen Feldzugs gegen die Mafia. 1930 veröffentlichte ein Anwalt der Gangster, Giuseppe Mario Puglia, einen Artikel, in dem er behauptete, die Mafia sei mitnichten ein verbrecherischer Geheimbund. Ein Mafioso sei auch kein Krimineller, sondern ein unverbesserlicher Individualist, »einer, der sich instinktiv weigert, jemanden über sein Ego zu stellen«. Er sei zudem ein typischer Sizilianer, weil dieser übertriebene, stolze Eigensinn tief in der Psyche der Insel verwurzelt sei, eine Form des Widerstands gegen jahrhundertelange Fremdherrschaft. Wer demnach die Mafia unterdrücke, unterdrücke unweigerlich auch das sizilianische Volk. Kurzum, Puglias Aufsatz liest sich wie das Gerede unzähliger Mafiaapologeten seit den 1870er Jahren und erinnert an die Worte, die Lo Schiavo später dem Mafiaboss Turi Passalacqua im Film *Im Namen des Gesetzes* in den Mund legen wird.

Doch zunächst wollte Lo Schiavo die Behauptungen des Verteidigers nicht unangefochten durchgehen lassen und antwortete mit einem Pamphlet, einem kleinen Meisterstück verhaltener Wut. Die Mafia, so Lo Schiavo, sei ein »kriminelles System«; sie sei nicht nur ungesetzlich, sondern ein »gesetzloser Organismus, dessen einziges Ziel darin besteht, mit unlauteren Mitteln reich zu werden«.

Dann erteilte Lo Schiavo dem Mafiaanwalt eine Lektion in Mafiageschichte. Die sizilianische Mafia sei zunächst aus der politischen Gewalt des *Risorgimento* hervorgegangen, erklärte er, als patriotische Verschwörer die revolutionären Schläger, derer sie bedurften, unter den gefürchteten Wächtern, Aufsehern und Banditen gefunden hätten, die im sizilianischen Hinterland die Regeln bestimmten. Von diesen Verschwörern hätten die Kriminellen gelernt, sich wie die Freimaurer zu organisieren. Lo Schiavo habe außerdem die wirtschaftliche Geschichte der Mafia erforscht und herausgefunden, dass sie reich geworden war, indem sie von den Besitzern der wertvollen Zitrusgärten rings um Palermo Schutzgeld erpresst hatte.

Die Angst vor der Mafia durchdringe die gesamte Gesellschaft im Westen Siziliens, reiche bis ins Parlament. Jedes unfreundliche Wort gegen die Mafia treffe unweigerlich auf ein feindseliges Ohr. Und genau dies sei der Grund, erklärte Lo Schiavo, warum man von so vielen Sizilianern immer wieder dieselbe Leier höre: »Es gibt keine Mafia; Mafiosi sind schlimmstenfalls einheimische Problemlöser, die der Obrigkeit mit dem typisch sizilianischen Stolz begegnen.« Sogar die Großgrundbesitzer, theoretisch die prominentesten Opfer der Mafia, hätten dieses Märchen geschluckt und seien der festen Überzeugung, dass die Mafia den sozialen Frieden bewahre, für Recht und Ordnung sorge. Doch in Wirklichkeit, so Lo Schiavo weiter, sei die Mafia »ein Programm, um aufrechte Mitglieder der Gesellschaft auszubeuten und zu behelligen. Die vermeintliche Wohltätigkeit, hinter der sie sich versteckt, ist doch nichts anderes als ein Lügenmärchen.«

Zu Beginn der 1930er Jahre war demnach derselbe Mann, dessen Roman später als Vorlage für den Film *Im Namen des Gesetzes* dienen sollte, noch ein Streiter gegen die Mafia gewesen, der außerdem den Mut besaß, sich auf eine öffentliche Debatte mit den Anwälten der Verbrecherbosse einzulassen. 1948 war Lo Schiavo dann einer der angesehensten Juristen im Land und Staatsanwalt am Obersten Gerichtshof in Rom. Im selben Jahr veröffentlichte er seinen Roman, der prompt verfilmt wurde.

Sowohl der Roman als auch der Film erzählen die einfache Geschichte des jungen Richters Guido Schiavi, der an einen entlegenen Ort versetzt wird, tief im unfruchtbaren Ödland im Inneren Siziliens. An diesem gesetzlosen Ort regiert uneingeschränkt die Mafia und erpresst Schutzgeld vom hiesigen Großgrundbesitzer. Als Banditen einen der Tagelöhner töten, spürt der *capomafia* Turi Passalacqua sie auf: Die Mörder werden gefesselt, in einen trockenen Brunnenschacht gestoßen oder in einer Gebirgsschlucht kurzerhand von hinten erschossen.

Der junge Richter untersucht diese Tötungsserie, wird jedoch von den entsetzten Einwohnern der Stadt ausgeschlossen. Als der mutige Schiavi den *capomafia* Turi Passalacqua auf seiner weißen Stute zur Rede stellt, widersteht er den Versuchen des Bosses, ihn auf die Seite der Mafia und ihrer Denkweise zu ziehen. (Die Szene, mit der ich das Kapitel begonnen habe.)

Schließlich überlebt Schiavi knapp einen Mordversuch. Er fügt sich in seine Niederlage und beschließt, seinen Posten aufzugeben. Doch als er gerade den Zug in die sichere Stadt besteigen will, erfährt er, dass sein einziger Freund vor Ort, ein ehrlicher 17-jähriger Junge mit Namen Paolino, von einem abtrünnigen Mafioso ermordet worden ist. Entrüstet und verstört kehrt Schiavi in den Ort zurück. Er läutet die Kirchenglocken, um die gesamte Einwohnerschaft auf der Piazza zu versammeln. Staat und Mafia sollten ihr Duell am Mittag ausfechten – der vielleicht abstruseste Höhepunkt in der langen Geschichte des Gangsterfilms.

Die Kirchenglocke schickt einen fortwährenden, hartnäckigen Ruf über die staubige Piazza, die verwitterten Dächer und die umliegenden Felder. Wir sehen die arbeitslosen Bergleute, die dösend am Feldrand sitzen, die Köpfe heben und lauschen. Die Kamera schwenkt zu den Frauen, jung und alt, die aus den Häusern kommen, in ihre schwarzen Schals gehüllt; und zum eleganten Club, wo der Bürgermeister und seine Kumpane ihr Bakkarat vergessen und sich der Quelle des Alarms zuwenden.

Ohne Diskussion stehen alle auf und folgen dem Ruf der Glocken. Die Mulitreiber machen sich kaum die Mühe, ihre Tiere festzubinden. Arbeiter lassen ihre Hacken in die Furchen fallen. Bald laufen die Leute in Scharen auf der Piazza zusammen. Angeführt von Turi Passalacqua auf seiner weißen Stute, galoppieren sogar die Mafiosi – wie stets von ihrer rhythmischen Kennmelodie begleitet – in die Stadt, um sich der Menge vor den Kirchenstufen anzuschließen.

Man hört gespanntes Stimmengemurmel, als der junge Richter Guido Schiavi aus der Kirche tritt. Stille senkt sich auf die Menge herab, als er seine Rede beginnt:

»Jetzt, da ihr alle hier seid, erkläre ich diese Versammlung zum Prozess. Vor einer halben Stunde haben wir Paolinos Leiche gefunden, von einer doppelläufigen Flinte zerrissen. Er war siebzehn Jahre alt und hat niemandem je etwas zuleide getan.«

Schiavi lässt den Blick über die Menge schweifen, während er spricht, sieht jedem der Anwesenden geradewegs in die Augen. Dann, den Blick intensivierend, wendet der Richter sich an die Gruppe der Reiter mit den versteinerten Mienen.

»Ihr dort, Männer der Mafia. Und du, Turi Passalacqua. Eure blutige, grausame Gerechtigkeit bestraft nur den, der euch trotzt, und schützt nur die, die eure Urteile vollstrecken.«

Bei diesen Worten richtet einer der Mafiosi die Flinte auf den Richter. Mit sanfter Gewalt drückt der Boss den Lauf wieder nach unten.

Guido Schiavi zögert keinen Augenblick:

»Und ihr stellt eure Gerechtigkeit über das wahre Gesetz – das einzige Gesetz, das es uns erlaubt, mit unseren Nachbarn zu leben, ohne dass wir einander wie wilde Bestien in Stücke reißen.

Ist es nicht so, Massaro *Passalacqua?«*

Ein jeder auf der Piazza reckt den Hals, um zu sehen, wie der capomafia *auf diese atemberaubende Provokation reagieren wird. Eine leichte Verände-*

rung im Blick zeigt, dass er verstört ist: Seine Gelassenheit weicht feierlichem Ernst. Vor dem Hintergrund des Himmels setzt Turi Passalacqua zu einer Rede von geschichtsträchtiger Tiefe an:

»Das waren harte Worte, Herr Richter. Bis heute hat noch niemand so mit uns gesprochen.

Doch Eure Worte waren auch gerecht. Meine Leute und ich sind heute nicht hierhergekommen, um Euch reden zu hören … Doch Eure Worte haben mich an meinen Sohn erinnert. Ich wäre stolz, ihn so sprechen zu hören.

Also werde ich meinen Freunden sagen, dass es an der Zeit ist umzukehren, sich in dieser Stadt wieder dem Gesetz zu beugen. Vielleicht haben alle hier Paolino getötet. Doch nur einer hat abgedrückt. Ich überlasse ihn Euch, auf dass er gerichtet werde nach den Gesetzen des Staates.«

Er dreht sich um, und mit einer Bewegung des Kopfes gibt er seinen Leuten Weisung. Diese jagen dem Mörder auf ihren Pferden hinterher, drängen ihn in eine Ecke und verhindern damit seine Flucht: Es ist der abtrünnige Mafioso Francesco Messana.

Der Richter, flankiert von zwei Carabinieri, tritt vor ihn hin. »Francesco Messana, ich verhafte dich im Namen des Gesetzes.«

Der Mörder wird abgeführt. Der Richter dreht sich um und blickt mit glühender Dankbarkeit zu dem Mafiaboss auf, um die Schlussworte des Films zu sprechen:

»Im Namen des Gesetzes!«

Damit schwenkt die Kamera erneut zu Turi Passalacqua, dessen Silhouette sich vor dem Himmel abzeichnet. Seine Gelassenheit ist wieder da, und die Andeutung eines Lächelns spielt um seine Lippen. Wieder ertönt die Kennmelodie der Mafia. Während der Abspann beginnt, wendet der Boss seine weiße Stute, um allen voran in heroischem Galopp in den Sonnenuntergang zu reiten.

Mafiosi sind keine Kriminellen, sagt uns *Im Namen des Gesetzes*. Turi Passalacqua ist ein Mann, dem daran gelegen ist, einem Ehrenkodex zu genügen, der auf primitive Weise ein ebenso bewundernswertes Gesetz vertritt wie dasjenige, dem der Richter Guido Schiavi Geltung verschaffen will. Spricht man diese Mafiosi nur mit fester Stimme an, sorgen sie für Ruhe und Ordnung. Die Mafia findet am Ende des Films ihre wahre Bestimmung, die beste Möglichkeit, ihrer innersten

Überzeugung Rechnung zu tragen: Sie wird zur Hilfstruppe der Polizei. Wenn Sizilien tatsächlich Arizona wäre, und *Im Namen des Gesetzes* wirklich ein Western, dann wüssten wir nicht, welcher der beiden Männer den Sheriffstern tragen sollte.

Im Namen des Gesetzes ist kein Film über die Mafia, sondern Mafiapropaganda in Reinstform, eine schlaue und stilvolle Variante jener Art von »Lügenmärchen«, gegen die Giuseppe Guido Lo Schiavo noch in den 1930er Jahren heftig gegeifert hatte. In den 1940ern war jeder chaotische Tag auf Sizilien nur ein Beweis mehr, dass Mafiosi alles andere als Freunde von Recht und Gesetz waren. Doch ausgerechnet in diesen Jahren nahmen Lo Schiavos Ansichten über die Mafia eine erstaunliche Wendung. Lo Schiavo glaubte plötzlich an ihre Lügen.

Wer Giuseppe Guido Lo Schiavo gegenüber Großmut walten lassen will, muss annehmen, dass Pietro Germi mit seinem Film die Aussage der Romanvorlage verfälschte, indem er einer eher grimmigen sizilianischen Erzählung ein glückliches Hollywoodende aufpfropfte. Natürlich wäre es 1948 schwierig gewesen, ein realistisches Bild der Mafia zu zeichnen. Während der Produktion kursierte das Gerücht, dass Pietro Germi, als er auf Sizilien ankam, von einigen führenden Männern der Mafia angesprochen worden war, die ihm die Dreherlaubnis verweigerten, bis sie das Drehbuch für gut befunden hatten. Nach der Filmpremiere debattierte während einer Pressekonferenz ein junger Sizilianer im Publikum mit Germi über die Authentizität der Ehrenmänner im Film: Ob der Regisseur denn nicht wisse, fragte er, dass die echte Mafia bereits zig Menschen umgebracht habe? Germi konnte nur lahm entgegnen: »Hätte ich Ihrer Meinung nach genauso enden sollen?«

Doch die Schwierigkeiten, mit denen Germi sich auf Sizilien konfrontiert sah, sind keine Entschuldigung für Giuseppe Guido Lo Schiavo. Sein Roman ist nämlich *noch* mafiafreundlicher als Germis Film. In Lo Schiavos Geschichte ist der Mafiaboss Turi Passalacqua »die Weisheit, Besonnenheit und Ruhe in Person (…) dickbäuchig, kahlgeschoren und lächelnd wie ein gütiger Buddha«.

Die Schlussfolgerung liegt auf der Hand: Ein Richter, der zu Beginn der 1930er Jahre eine Geißel der Mafia gewesen war, wurde Mitte der 1940er Jahre zu ihrem begeisterten Sprachrohr, dessen irreführende Behauptungen ohne weiteres von den gerissensten Anwälten der Mafia hätten stammen können. Früher hatte sich Giuseppe Guido Lo Schiavo verächtlich über die Art und Weise geäußert, wie »Literatur und Theater die Figur des Mafioso verherrlichten«. Nun tat seine eigene Fiktion genau dasselbe.

Doch warum? Was hatte Lo Schiavo dazu gebracht, seine Ansichten so schamlos auf den Kopf zu stellen?

Lo Schiavo war ein Konservativer, den seine politischen Sympathien in den 1920er und 1930er Jahren zu einem Anhänger Mussolinis gemacht hatten. Nach der Befreiung verwandelte dieser Konservativismus ihn in einen Freund der skrupellosesten Kriminellen auf der Insel. Seine bizarre Verfälschung der Mafiaakten in dem Roman *Piccola pretura* zeugte von einer unausgesprochenen, zutiefst zynischen Überzeugung: lieber die Mafia als die Kommunisten. Dieser schlichte Grundsatz reichte, um Lo Schiavo sein hart erworbenes Wissen über Siziliens »kriminelles System« vergessen zu lassen, ihn dazu zu bringen, dem Glauben an Recht und Gesetz abzuschwören, der als ethische Richtschnur seiner juristischen Berufung zugrunde lag.

Turi Passalacqua, der heroische Banditenführer im Film *Im Namen des Gesetzes*, war einerseits lächerlich unrealistisch, andererseits aber auch grausam authentisch, ein typisch sizilianisches Paradox. *Im Namen des Gesetzes* war zwar eine filmische Fiktion, verherrlichte aber dennoch einen sehr realen Pakt zwischen der Mafia und dem Staat in den Gründungsjahren der Italienischen Republik.

Sizilien ist das Land der seltsamen Allianzen: zum Beispiel zwischen der begüterten Aristokratie und der Unterwelt in der Separatistenbewegung. Und als die separatistischen Bestrebungen im Scheitern begriffen waren, brachte der politische und kriminelle Druck von 1946 bis 1948 eine noch seltsamere Interessengemeinschaft hervor: ein Bündnis zwischen den Konservativen, der Mafia und der Polizei. Und genau diese Allianz feiert *Im Namen des Gesetzes* in der fiktiven Gestalt des Mafiabosses Turi Passalacqua, der aus dem Sattel seiner weißen Vollblutstute Moralpredigten hält.

1946 teilten Polizei und Carabinieri der Regierung in Rom mit, sie benötigten Hilfe von höchster Ebene, um die Mafia zu besiegen, denn diese habe viele Freunde in der sizilianischen Oberschicht – Freunde, denen sie gefällig war, indem sie Wählerstimmen für sie zusammentrug. Doch sämtliche Warnungen wurden in den Wind geschlagen.

Möglicherweise waren konservative Politiker in Rom von der Aussicht überfordert, es mit der herrschenden Klasse einer Insel aufnehmen zu müssen, deren Loyalität Italien gegenüber zwar fragwürdig, deren konservative Einstellung aber über jeden Zweifel erhaben war. Oder, was noch weitaus zynischer wäre, es kam ihnen der Terror gegen die linksgerichtete Bauernbewegung im Grunde zupass. Also forderten sie Polizei und Carabinieri in Sizilien auf, die Mafia (also die eigentliche Ursache für das Verbrechensproblem) zu vergessen und stattdessen der Bekämpfung des Banditentums oberste Priorität einzuräumen.

Die Polizei wusste, dass sie für die Bekämpfung des Banditentums Hilfe benötigte – die Hilfe der Mafia, die bereit war, sie mit dem nötigen Insiderwissen über die Bewegungen der Banden zu versorgen. Die Mafia wiederum schätzte die Tatsache, dass die Zusammenarbeit mit den Banditen keine dauerhafte Angelegenheit war. Sobald die Gesetzlosen ihre Nützlichkeit für sie verloren hatten, verrieten die Mafiosi sie an die Gesetzeshüter, um Freunde in hohen Ämtern zu gewinnen. So wurde die alte Tradition, die der Mafia eine »Handlangerrolle in der Verbrechensbekämpfung« einräumt, in der republikanischen Ära wiederbelebt.

Über zahlreiche verborgene Kanäle erhielt die Polizei schon bald die erforderliche Hilfe von der Mafia. Gegen Ende des Jahres 1946 waren die Banditen beseitigt, die seit der Landung der Alliierten im Jahre 1943 ihr gesetzloses Unwesen auf Sizilien getrieben hatten. Davor hatten Polizeipatrouillen die Wildnis im Westen Siziliens durchstreift, ohne je eine Bande aufzustöbern. Nun stolperten sie mysteriöserweise geradezu über ihre Gegner, töteten oder verhafteten sie. Häufiger noch wurden ihnen Anführer der Banditen bereits tot serviert. Genau wie die Banditen in dem Film *Im Namen des Gesetzes* waren sie gefesselt in einen trockenen Brunnenschacht gestoßen oder in einer Bergschlucht kurzerhand von hinten erschossen worden. Als Italiens Demokratie heraufdämmerte, war die Mafia also *haargenau* das, was sie schon immer gewesen war. Sie war *haargenau* so, wie der Mafiajäger Giuseppe Guido Lo Schiavo und zig Polizisten und Carabinieri sie beschrieben hatten: ein verbrecherischer Geheimbund, dessen Mitglieder sich auf illegale Weise zu bereichern suchten und zu diesem Zweck mordeten, Feuer legten, Menschen entführten und Eigentum verwüsteten.

Doch gleichzeitig entsprach die Mafia, abgesehen von einigen literarischen Freiheiten, genau dem Bild, das der Romanautor Giuseppe Guido Lo Schiavo und der Filmregisseur Pietro Germi von ihr gezeichnet hatten: Sie war ein Trupp Hilfspolizisten, die auf einer verbrechensgeplagten Insel den politischen Status quo bewahrten. Während sie weiterhin die Anführer eines »kriminellen Systems« blieben, schlüpften die klügsten Mafiabosse in das Kostüm, das Konservative für sie zurechtgeschneidert hatten. Sie schwangen sich in die Sättel ihrer imaginären weißen Stuten, töteten Mafiosi und Banditen, die politisch unbequem geworden waren, oder schlugen militante Bauern nieder, die nicht einsehen wollten, wie auf Sizilien der Hase lief. Und natürlich blieben die meisten politischen Morde der Mafia in der Nachkriegszeit unaufgeklärt – und dies mit Hilfe des Gesetzes.

Der erste größere Wahlkampf während der Zeit des Kalten Krieges in Italien fand vor den allgemeinen Wahlen vom 18. April 1948 statt. Ein berüchtigtes Wahlplakat zeigte die Gesichter von Spencer Tracy, Rita Hayworth, Clark Gable, Gary Cooper und Tyrone Power und behauptete, »die Hollywoodstars machen Front gegen den Kommunismus«. Doch es war hauptsächlich der Marshallplan – Amerikas gewaltiges wirtschaftliches Hilfsprogramm für Italien –, der dafür sorgte, dass die Kommunistische Partei Italiens und ihre Verbündeten eine entscheidende Niederlage erfuhren. Die Kommunistische Partei Italiens blieb in der Opposition und würde von nun an ein halbes Jahrhundert dort ausharren. Die Wahlsieger, die Christdemokraten, traten die Regierung an, die auch sie ein halbes Jahrhundert innehaben würden. Wie betonierte Schützengräben waren in der italienischen Politik die Fronten des Kalten Krieges gezogen.

Einige Wochen nach diesen epochemachenden allgemeinen Wahlen berichtete der ranghöchste Polizeibeamte auf Sizilien: »Die Mafia war noch nie so mächtig und gut organisiert wie heute.« Niemand kümmerte sich darum.

Die Kommunistische Partei und ihre Verbündeten waren als Einzige nicht willens zu vergessen. In Rom bemühten sie sich nach Kräften, die tolerante Haltung der Christdemokraten gegenüber der sizilianischen Mafia anzuprangern. Linke Parlamentarier wiesen darauf hin, wie christdemokratische Politiker Mafiabossen Gefälligkeiten erwiesen und sich ihrer als Wahlagenten bedienten. Dergleichen Proteste sollte es in den kommenden 40 Jahren immer wieder geben. Doch die Kommunisten sollten nie genügend Zulauf haben, um die Regierung zu bilden; sie galten als nicht wählbar und waren deshalb machtlos. Im Juni 1949, wenige Wochen nachdem *Im Namen des Gesetzes* in den italienischen Kinos angelaufen war, wandte der Innenminister Mario Scelba sich an den Senat. Scelba hatte Zugang zu allem, was die Polizei über die Mafia auf Sizilien wusste. Doch er spottete über die Bedenken der Kommunisten gegen das organisierte Verbrechen und erklärte schlicht, was die Mafia für Sizilianer wie ihn tatsächlich bedeutete:

> »Sobald ein dralles Mädchen vorbeigeht, sagt Ihnen ein Sizilianer, sie sei Mafiosa. Wenn ein Junge reif ist für sein Alter, dann heißt es auf Sizilien, er sei Mafioso. Die Leute reden in allen möglichen Zusammenhängen von der Mafia, sie übertreiben eben gern, wenn Sie mich fragen.«

Worauf Scelba anspielte, war, dass die Mafia, beziehungsweise die *mafiosità*, eine typisch sizilianische Eigenschaft war, die ebenso zum Inselalltag gehörte wie *Cannoli* und *Cassata* – und ebenso harmlos war. Die Allgemeinheit sollte dieses Mafiazeug, was immer das war, einfach vergessen und sich mit ernsthafteren Problemen beschäftigen.

Über 40 Jahre seit Bestehen der Republik stellte Scelbas Partei, die *Democrazia Cristiana*, die verlässlichsten politischen Freunde der Mafia. Doch die *Democrazia Cristiana* war beileibe keine reine Mafiafront. Sie war ein riesiges, hybrides politisches Gefüge. Ihre Anhänger stammten aus dem Norden und aus dem Süden, waren Kardinäle und Kapitalisten, Staatsangestellte und Unternehmer, Bankiers und auch Bauernfamilien, deren gesamtes Vermögen aus einem kleinen Stück Land bestand. Was diese heterogene Wählerschaft vereinte, war lediglich die Angst vor dem Kommunismus.

In Sizilien und Süditalien stießen die Christdemokraten auf eine Klasse von Politikern, die bereits lange vor der Ära des Faschismus die Politik beherrscht hatten: die Granden. Der typische Grande des Südens war Großgrundbesitzer oder Anwalt, oft selbst sehr begütert, doch ausnahmslos noch reicher in Verbindung mit Kirche und Staat. Patronage lautete das Zauberwort: Aus öffentlichen Ressourcen (Gehälter, Aufträge, Staatskredite, Lizenzen … oder auch nur eine Hilfe im Dickicht der Vorschriften) wurden private Beutestücke, die an ein persönliches Gefolge aus Familienmitgliedern und Anhängern verteilt wurden. Auf diese Weise zersetzten die Granden die anonymen Regierungsstrukturen und spannen daraus ein Netz aus Gefälligkeiten. Mafiosi waren die natürlichen Verbündeten der Granden. Über das Verhältnis zwischen Christdemokraten und Mafia lässt sich bestenfalls sagen, dass die Partei viel zu zersplittert war und von Interessengruppen geprägt, als dass sie die Granden hätte konfrontieren und isolieren können.

Unter Mussolini hatten Polizisten und Staatsanwälte (wie schon mehrmals davor) gewissenhaft ein Phantombild des »kriminellen Systems« der Mafia erstellt. Jetzt, zu Zeiten des Kalten Krieges und der Christdemokraten, wurde dieses Bild zerschlagen und neu zusammengesetzt. Das Ergebnis waren die buddhagleichen Züge von Turi Passalacqua. Lieber die Mafia als die Kommunisten. Lieber die Cowboyphantasie im Hollywoodstil, die der Film *Im Namen des Gesetzes* beschwor, als ein ernsthafter Versuch, das kriminelle System auf der Insel, von dem viele bedeutende Vertreter der Regierungspartei ein integraler Bestandteil waren, zu durchschauen und zu beseitigen.

Dank des Erfolgs von *Im Namen des Gesetzes* und dank seiner angesehenen Laufbahn als Richter wurde Giuseppe Guido Lo Schiavo in den 1950er Jahren Italiens führender Mafiaexperte. Und so äußerte er bei jeder Gelegenheit dieselben zweckdienlichen Falschheiten, die er zum ersten Mal in seinem Roman zum Ausdruck gebracht hatte. Noch besorgniserregender war die Tatsache, dass er an der Ausbildungsstätte der Carabinieri Rechtswissenschaften lehrte, die Leitung der nationalen Filmprüfstelle innehatte und Richter am Obersten Gerichtshof war.

1954 schrieb Lo Schiavo gar einen glühenden Nachruf auf den ehrenwerten *capomafia* Don Calogero Vizzini, der in seiner Heimatstadt Villalba friedlich verstorben war. Vizzini war in den turbulenten Jahren nach der Befreiung ein typischer Held der Mafiageschichte in all ihren Facetten gewesen. 1943, als er unter der Militärregierung AMGOT zum Bürgermeister von Villalba ernannt worden war, hatte der damals 60-jährige Boss bereits eine lange Karriere als Schutzgelderpresser,

Viehdieb, Schwarzhändler und Schwefelminenbetreiber hinter sich. Im September des darauffolgenden Jahres hatten Vizzinis Männer einen landesweiten Skandal ausgelöst, weil sie einen kommunistischen Anführer, der nach Villalba gekommen war, um eine Rede zu halten, mit Handgranaten beworfen hatten. Vizzini war ein Anführer der Separatisten gewesen. Doch als deren Stern verblasst war, hatte er sich den Christdemokraten zugewandt. Zum großartigen Begräbnis des alten Mannes im Juli 1954 fanden sich Mafiabosse aus allen Teilen der Insel ein.

Giuseppe Guido Lo Schiavo nahm den Tod Calogero Vizzinis zum Anlass, um seine üblichen Schmeicheleien über die Mafia abzulassen. Doch verblüffenderweise erzählte er außerdem, wie der fette alte Boss ihn an einem Sonntag des Jahres 1952 in Rom aufgesucht hatte. Er erinnerte sich lebhaft, wie er seinem Gast die Tür geöffnet und fasziniert in seine »rasiermesserscharfen, magnetischen« Augen geblickt hatte.

Er hatte den Besucher höflich, aber nervös willkommen geheißen: »*Commendatore* Vizzini, ich bin —«

»Für Euch bin ich kein *Commendatore*«, versetzte Vizzini, watschelte in das von Büchern gesäumte Arbeitszimmer und hievte den fleischigen Leib auf das Sofa. »Nennt mich Onkel Calò.«

Onkel Calòs Ton war bestimmt, doch seine Umgangsart leutselig. Er lobte Lo Schiavo als einen Vertreter des Gesetzes, der hart sei, aber gerecht. Die beiden schüttelten einander die Hände zum Zeichen gegenseitigen Respekts. Lo Schiavo erzählte, dass Onkel Calò ihn an ein Bild aus der Vergangenheit erinnert habe: In seinen Anfangsjahren als Mafiarichter auf Sizilien sei er zum ersten Mal einem beleibten alten Mafiaboss begegnet, der immer eine weiße Stute ritt. Er beendete seinen Nachruf auf Onkel Calò mit guten Wünschen für dessen Nachfolger innerhalb der Mafia: »Möge sein Wirken stets die Gesetze des Staates respektieren und den allgemeinen sozialen Aufschwung befördern.«

Lo Schiavos Schilderung des Gesprächs mit Don Calogero Vizzini ist ebenso fiktiv wie seine Romane. Doch die Begegnung der beiden als solche hat wirklich stattgefunden. Der Grund für Onkel Calòs Besuch war vermutlich der Umstand, dass er infolge des Handgranatenangriffs von 1944 eine Reihe von Prozessen am Hals hatte. Erst drei Tage zuvor hatte der Oberste Gerichtshof ihn für schuldig befunden.

Doch das Gerichtsverfahren sollte sich noch eine Weile hinziehen, und Onkel Calò wusste, dass er so gut wie sicher sterben würde, ehe er ein Gefängnis von innen sah. Der wahre Grund, warum er Lo Schiavo aufsuchte, dürfte dem Bedürfnis entsprungen sein, sich bei ihm zu bedanken. Denn der gefeierte Richter und Autor war einer derjenigen gewesen, die dem Obersten Gericht die Beweise der Staatsanwaltschaft vorlegten. Der Verdacht liegt nahe, dass er dem Mafiaboss hinter den Kulissen behilflich war.

Im heutigen Italien würde gegen einen Richter, den ein Mafiaboss besucht, auf der Stelle ein Verfahren eingeleitet. Doch in der konservativen Welt des christdemokratischen Italien wurden die Angelegenheiten zwischen der sizilianischen Mafia und den Richtern auf freundlichere Art und Weise geregelt. Staat und Mafia waren Partner, im Namen des Gesetzes.

Kalabrien: Der letzte romantische Bandit

Was das organisierte Verbrechen anbelangte, war der Gedächtnisschwund im Italien der Nachkriegszeit ebenso anhaltend und komplex wie die Geologie des Landes: Seine Schichten bestanden aus den Ablagerungen von Unvermögen und Nachlässigkeit; die kunstvollen Faltenwürfe waren durch den Druck von Verdunkelung und politischem Zynismus entstanden. Nach Kriegsende hatte diese Amnesielandschaft in Kalabrien eine ihrer auffälligsten Formationen hervorgebracht.

1945 kehrte Italiens beliebtester geisteskranker Krimineller in das Land zurück, in dem er sich einen Namen gemacht hatte. Mittlerweile 70 Jahre alt und längst für harmlos befunden, wurde Giuseppe Musolino, der »König des Aspromonte«, von einer Gefängnis-Irrenanstalt in Norditalien in eine zivile Nervenheilanstalt im Süden Kalabriens verlegt.

Musolinos neues Zuhause war ein Ort des Grauens. Obwohl es ein Gebäude aus faschistischer Zeit war, also relativ neu, blätterte schon der Putz von den Wänden, als Mussolinis zerschundener Leichnam kopfüber von den Sparren einer Mailänder Tankstelle baumelte. Kahl, verdreckt und überfüllt, hallten die Zimmer und Flure der Klinik wider vom Geschnatter und Geschrei gequälter Seelen. Doch Ende der 1940er und zu Beginn der 1950er Jahre, als die Küste Kalabriens noch nicht von Schnellstraßen und unsoliden Bauten verschandelt war, bot die Klinik immerhin einen hübschen Rundblick: nach vorn die Aussicht auf die Stadt Reggio Calabria und die Meerenge von Messina; nach hinten die bewaldeten Schultern des Aspromonte – des rauen Berges, der einmal Musolinos Reich gewesen war.

Der Neuankömmling zog ungleich mehr Aufmerksamkeit und Sympathie auf sich als die übrigen Patienten. Er war schließlich eine lebende Legende in Kalabrien. »Don Peppino« nannten ihn die Ärzte und Krankenschwestern, wobei sie den respektvollen Titel mit dem Kosenamen kombinierten. Trotz seines desolaten Geisteszustands mühte sein schwacher Körper sich nach Kräften, dieser Aura gerecht zu werden. Musolino war mager, aber von der jahrzehntelangen Haft ungebrochen. Sein rauer Bart wirkte auffallend weiß gegen den dunklen Teint, so dass der Alte teils einem Athener Philosophen, teils einem

Faun glich, wie ein Journalist bemerkte. Eine Schauspielerin, die sich bemüßigt sah, der Klinik einen Besuch abzustatten, stellte verblüfft eine Ähnlichkeit mit Luigi Pirandello fest, dem großen sizilianischen Dramatiker, dessen Erzählungen von Verstellung und Wahn ihm den Nobelpreis eingebracht hatten.

Musolinos eigener Wahn erhielt von einer um die Mitte des 20. Jahrhunderts noch wenig versierten Psychiatrie das Etikett: »fortschreitendes interpretatives Delirium« und »wahnhafte Erhöhung der eigenen Person«. Kurzum, er hielt sich für den Herrscher der Welt. Er verbrachte den Großteil des Tages im Freien, rauchte, las und betrachtete den Schatten der Zypressen im nahegelegenen Friedhof. Doch sobald er irgendjemanden fand, der die Geduld aufbrachte, mit ihm zu sprechen, nutzte er die Gelegenheit, um die Hierarchie zu erläutern, an deren Spitze er stand, von Königen, Königinnen und Prinzen zu erzählen und vom Gezücht der Polizisten und Verräter tief unter ihm.

Polizisten und Verräter waren Don Peppino verhasst. Und wenn er mit Besuchern sprach, war dieser Hass oft der Weg zu jenen Winkeln seines Geistes, die noch hell und klar waren. »Banditen müssen töten«, pflegte er einzulenken, »aber sie müssen Ehre im Leib haben.« Für Musolino war Ehre gleichbedeutend mit *vendetta*, Rache: Sämtliche Verbrechen, die zu seiner Verhaftung geführt hatten, waren von ihm verübt worden, um das Unrecht zu rächen, das ihm seitens der Polizei und deren Spitzeln widerfahren war. Selbst in seiner Geistesverwirrung setzte er die Ehre über alles: Er wurde nicht müde, stolz zu betonen, dass er keinen seiner Morde je geleugnet hatte. Schließlich waren die Opfer allesamt nur Polizisten und Polizeispitzel gewesen.

Die Zeitungsleute, die die lange Reise zur Nervenheilanstalt in Reggio unternommen hatten, nutzten die Gelegenheit, in die Vergangenheit einzutauchen und für ihre Leser die Lücken in Don Peppinos bruchstückhaftem Gedächtnis zu füllen. Sie erzählten, wie dieser Sohn eines Holzfällers 1899 aus der von ihm als Unrecht empfundenen Haftstrafe entkommen und dann zweieinhalb Jahre auf dem Gebirgsmassiv des Aspromonte auf der Flucht gewesen sei. Er habe sieben Menschen getötet, erzählten sie, sechs weitere Morde seien missglückt. Dabei habe er beharrlich darauf bestanden, das Opfer eines Justizirrtums zu sein. Je länger er sich der Festnahme zu entziehen vermochte, desto höher stieg sein Ansehen: Bald galt er bei den Leuten als der »König des Aspromonte«. Sie sahen in ihm einen Helden der geknechteten Bauernschaft, ein Symbol des verzweifelten Widerstands gegen einen herzlosen Staat.

Doch der herzlose Staat, so die Journalisten, habe sich am Ende an ihm gerächt. In den Jahren in Einzelhaft, die seiner Festnahme folgten, verlor Musolino den Verstand. Und so wurde er gänzlich zur tragischen Gestalt.

1936 äußerte dann ein aus Kalabrien stammender Einwanderer in den Vereinigten Staaten auf dem Sterbebett ein Geständnis: Er selbst, nicht Musolino, habe vor all diesen Jahren auf Vincenzo Zoccali geschossen. Der »König des Aspromonte« hatte während seines Amoklaufs, während der Gerichtsverhandlung und sogar während seines Abtauchens in die geistige Umnachtung heldenhaft an seiner Geschichte festgehalten. Jetzt hatte diese sich als wahr erwiesen.

Vielleicht ist es kein Wunder, dass der Psychiater in Reggio Calabria seinetwegen so aufgebracht war. »War Musolino ein Feind der Gesellschaft?«, fragte er in einem Zeitungsinterview. »Oder war es die Gesellschaft, die ihn in diese Rolle zwang?«

Don Peppino erhielt viele Geschenke. Das großzügigste – Nahrung, Kleidung und Geld – kam von Kalabresen, die nach Amerika ausgewandert und dort erfolgreich geworden waren. Gelegentlich erhielt er sogar einen Tag Freigang – wenn ein sentimentaler italo-amerikanischer Geschäftsmann mit Filzhut und Nadelstreifenanzug aufkreuzte, um mit dem alten Banditen einen Autoausflug in die Berge zu unternehmen.

Aus heutiger Sicht beschleicht einen der Verdacht, dass die Amerikaner, die Giuseppe Musolino ihre Aufwartung machten, möglicherweise die Wahrheit kannten. Er war kein einsamer Banditenheld: Er war ein Mitglied der kalabrischen Mafia, ein Killer der Ehrenwerten Gesellschaft. Die Legende, die sich um den »König des Aspromonte« rankte, diente lediglich dazu, der Öffentlichkeit Sand in die Augen zu streuen, damit sie nicht sah, was wirklich in Kalabrien vor sich ging.

Nach 1945 – der Krieg war zu Ende, Italien auf dem Weg in die Demokratie und der »König des Aspromonte« befand sich in der Nervenheilanstalt von Reggio Calabria – waren die Methoden dieser Organisation, die heute als 'Ndrangheta bekannt ist, noch immer dieselben wie zu Musolinos mörderischer Glanzzeit. Die Carabinieri hielten Kleinkriminelle »in Zusammenarbeit« mit den Unterweltbossen in Schach. Die Granden bedienten sich der Mafia, um Wählerstimmen zu ergattern, und erwiderten die Gefälligkeit, indem sie vor Gericht bezeugten, dass so etwas wie ein verbrecherischer Geheimbund nicht existierte. Aufeinanderfolgende Regierungen scheuten sich nicht, die Stimmen der von der Mafia unterstützten Parlamentarier einzuheimsen und die Existenz einer Ehrenwerten Gesellschaft auszublenden. Und während Politiker konsequent die Augen verschlossen, konnten Polizei und Justiz in aller Ruhe sämtliche Fakten vergessen, die sie während der Ära des Faschismus über die kalabrische Mafia erfahren hatten – zum Beispiel von Antonio Musolino, dem Bruder des »Königs des Aspromonte«. Zu Beginn der 1920er Jahre geriet Antonio in Konflikt mit seinem Vetter und *capo* Francesco Filastò (derselbe Vetter, der 1909 im Verdacht stand, Lieutenant Joe Petrosino ermordet zu haben). Schließlich lief Antonio, besiegt, verarmt und gelähmt (infolge eines Revolverschusses konnte er sein linkes Bein und den Arm nicht mehr bewegen), zur Polizei über. Er erzählte den Behörden alles, was er über die kriminelle Organisation wusste, der er angehörte, genau wie sein verfemter Bruder. 1932 wurde sein Zeugnis in einem Gerichtsverfahren gegen 90 Männer verwendet. Die Staatsanwälte gingen davon aus, dass die kalabrische Mafia über ihr eigenes Kontrollorgan verfügte, bekannt als *Gran Criminale* (»Großer Verbrecher«), das sich immer dann einschaltete, wenn es in der Provinz Reggio Calabria einen Streit zu schlichten gab. Den Streit zwischen Antonio Musolino und seinem Vetter zu schlichten war ihm allerdings nicht gelungen. Die noch vorhandenen Beweismittel legen nahe, dass der *Gran Criminale* dieselbe Funktion hatte wie das Gremium, das heute als das Große Verbrechen bezeichnet wird und das den Ermittlern erst seit 2010 bekannt ist. Anders gesagt: Die Amnesie der Nachkriegszeit hatte Italien im Hinblick auf das Wissen um die homogene Struktur der Ehrenwerten Gesellschaft Kalabriens vermutlich 80 vergeudete Jahre gekostet.

Unterdessen waren träge Journalisten froh – wie bereits während Musolinos Mordserie –, die Legende vom »König des Aspromonte« noch weiter ausschlachten zu können, obwohl ihre Primärquelle ein mittlerweile geistesverwirrter, seniler Killer war. Musolino wiederum lebte als Herrscher des Universums, kommandierte Raumschiffe und ersann Waffen, deren Zerstörungskraft größer war als die der Atombombe. In seinem umnachteten Zustand wurde er zur Metapher für Italiens eigenes kognitives Scheitern. Die Gründe für dieses Scheitern waren letztlich sehr einfach. Im südlichen Kalabrien hatte der Konflikt zwischen der Linken und der Rechten bei weitem nicht jene Sprengkraft, die Sizilien zur politischen Chefsache machte und einen solch erbitterten Kampf zwischen Mitgliedern der Mafia und Vertretern des Gesetzes entfachte. Kalabrien war nach wie vor Italiens ärmste und am meisten vernachlässigte Region. Die 'Ndrangheta konnte vergessen werden, weil die Region, aus der sie kam, schlicht nicht zählte.

Die Filmindustrie jedoch vermochte der Geschichte des »Königs des Aspromonte« nicht zu widerstehen. Während der Zeit des Faschismus hatte Benito Mussolini aufgrund der Namensähnlichkeit jeden Versuch unterbunden, über Musolinos Leben einen Film zu drehen. 1950 endlich wurden zwei der größten Stars Italiens, Amedeo Nazzari und Silvana Mangano, für den Streifen *Il brigante Musolino* engagiert. An Originalschauplätzen auf dem Aspromonte gedreht, erzählte dieser Film, wie Musolino, aufgrund falscher Zeugenaussagen zu Unrecht des Mordes für schuldig befunden und eingesperrt, aus dem Gefängnis ausgebrochen war, um ein geächteter Held zu werden. Der Film wurde bei den italienischen Einwanderern in den Vereinigten Staaten ein Knüller.

Giuseppe Musolino starb im Januar 1956 im Alter von 79 Jahren. Die Zeitungen in ganz Italien brachten erneut seine Geschichte und nannten ihn »den letzten romantischen Banditen«.

Neapel: Puppen und Puppenspieler

1930 las man in Italiens erster großer Enzyklopädie, der *Enciclopedia Treccani,* unter »Camorra« den folgenden Eintrag:

> »Die Camorra war eine Vereinigung von Männern aus der Unterschicht, die mit erpresserischen Mitteln die Lasterhaften und Feigen dazu nötigten, ihnen Tribut zu zollen. Ihre Äste durchzogen das gesamte Königreich Neapel; sie verfügte über eigene Gesetze und Gebräuche, eine straff organisierte Hierarchie, spezielle Verbindlichkeiten und Pflichten sowie eine eigene Sprache und eine eigene Rechtsprechung (...) Die Ausbildung eines sittlichen Empfindens sowie die verbesserten Lebensverhältnisse konnten die Camorra am Ende besiegen (...) Nur das Wort besteht bis heute und bezeichnet ein schimpfliches oder schikanöses Verhalten.«

Die Camorra war tot: Diese stolze Behauptung entsprach ausnahmsweise der Wahrheit, nicht den Propagandazwecken des faschistischen Regimes. Während die Gangster Kalabriens die gesellschaftliche Leiter emporgestiegen waren, bis sie mit dem Staat verschmolzen, ließen die Camorristi in Neapel die Gosse nie ganz hinter sich. Weil sie nicht mit dem politischen Schutz rechnen konnte, den die Mafias in Sizilien und Kalabrien genossen, war die Camorra verwundbar. Mit dem Ausbruch des Ersten Weltkriegs war die Ehrenwerte Gesellschaft (zumindest in Neapel) am Ende.

Im Neapel der späten 1940er Jahre war ein kleines Theater einer der wenigen Orte, an denen das Wort »Camorra« regelmäßig fiel, das San Carlino. Sein Eingang war schwer zu finden: eine Tür, versteckt zwischen den Bücherständen, die sich um die Porta San Gennaro drängten. Der Zuschauerraum im Inneren fasste mit Müh und Not sieben wackelige Bänke. Die Bühne war nur um ein weniges breiter als der aufgeklappte Flügel, der davorstand. Es war der letzte winzige Vorposten einer im Verschwinden begriffenen Kunstform für das ungebildete Volk: das einzige noch existierende Puppentheater der Stadt.

Das Puppentheater war in Sizilien und Süditalien über ein Jahrhundert lang beliebt gewesen. Seine klassischen Geschichten erzählten von Edelmut und Verrat unter den Rittern Karls des Großen, die gegen die Sarazenen kämpften. Die Marionetten, in Blechrüstungen steckend und mit leuchtend roten Lippen bemalt, pflegten endlos lange Reden zu schwingen über Ehre und Verrat und sich sodann einem schwankenden Tanz hinzugeben, der den Kampf auf Leben und Tod darstellen sollte.

In Neapel hatten die Puppentheater noch eine weitere Spezialität zu bieten: Geschichten von Edelmut und Verrat in der Welt der Ehrenwerten Gesellschaft. Dass das San Carlino sich noch immer gegen die Kinos behaupten konnte, war weitgehend dem anhaltenden Reiz der Camorradramen zu verdanken. Draußen priesen schlecht gedruckte Plakate die dramatischen Köstlichkeiten an, die im Angebot waren:

HEUTE ABEND
DER TOD DES EHRENWERTEN PEPPE AVERZANO
MIT ECHTEM BLUT

Das Publikum im Inneren war ein Bestandteil des Schauspiels. Die lauten Zwischenrufe – »Verräter!« und »Pass auf!« – aus den Bänken hätten auch im Manuskript stehen können. Die Männer applaudierten kenntnisreich den Kampfeskünsten einiger Camorristi und verurteilten zornig die feigen Kniffe der Gegenseite: »Ihr solltet euch schämen! Zehn gegen einen!« Die Geschichten wiederholten sich: Camorristi, die blutige Gelübde ablegten, sich duellierten oder Marionettenmädchen vor Schande bewahrten. Stets verlief die Handlung nach demselben Muster: Gut gegen Böse, rechtschaffene Entrüstung gegen die prickelnde Lust an der Gewalt. Wenn die Darbietung besonders bewegend war, knarzte und wackelte das San Carlino wie ein Eisenbahnwaggon.

Alle kannten die Helden der Camorra: den Gentleman-Ganoven Don Teofilo Sperino ebenso wie den mächtigen Boss Ciccio Cappuccio; den verschlagenen Nicola Jossa, der immer wieder gegen den mächtigsten Camorrista von allen intrigierte, Salvatore De Crescenzo. All diese Marionettenhelden und -schurken waren einmal reale Gangster gewesen, keine grell bemalten Puppen. Wahre Ereignisse aus der Geschichte der Camorra des 19. Jahrhunderts erstanden auf der Bühne des San Carlino zu neuem Leben. Das »echte Blut«, das beim dramatischen Ende des Stücks aus der Marionettenbrust spritzte, kam in Wirklichkeit aus einer mit Anilinfarbe gefüllten Saublase. Und während die guten Camorristi hellrotes Blut vergossen, war jenes der Bösewichter dunkel, fast schwarz.

Vor dem San Carlino, in den zerbombten Straßen von Neapel, war die echte Ehrenwerte Gesellschaft seit mehr als 30 Jahren nicht mehr gesehen worden. Es gab aber noch immer einige alte Camorristi. Der berüchtigtste bot allen ein ebenso vertrautes wie armseliges Bild, das Erinnerungen an die alte Camorra und zugleich die seltsamen Umstände ihres Ablebens heraufbeschwor:

Es war Gennaro Abbatemaggio, der umstrittene Kronzeuge, dessen Aussage während des Cuocolo-Prozesses in den Jahren 1911 und 1912 der Ehrenwerten Gesellschaft einen tödlichen Schlag versetzt hatte. Die Jahre seit dem Cuocolo-Prozess waren nicht die besten für Abbatemaggio. Er war ein kleiner, rundlicher alter Mann geworden und nahezu kahl. Auf den ersten Blick wirkte er elegant in seinem Anzug mit dem offenen Hemd oder im dunklen Rollkragenpullover unter dem sportlichen Jackett und der Sonnenbrille. Doch die fadenscheinige Schneiderarbeit führte niemanden hinters Licht, der ihn aus der Nähe sah. Denn Don Gennaro, wie Journalisten ihn mit ironischer Ehrerbietung nannten, war nahezu mittellos. Er lebte von der Hand in den Mund, von kleinen Diebstählen und Betrügereien. Niemand hätte sich um sein Schicksal geschert – wäre er nicht zufällig ein lebendes Relikt einer einst furchteinflößenden kriminellen Macht gewesen.

Nach dem Zweiten Weltkrieg bemühte Abbatemaggio sich nach Kräften, auch weiterhin im Rampenlicht zu stehen – zumindest wenn er nicht im Gefängnis saß. 1949 inszenierte er einen Selbstmordversuch und eine Hinwendung zum Glauben; später gab er Interviews auf den Stufen der römischen Kirche, in der er seine Erste Heilige Kommunion empfangen sollte. Als die Frömmigkeit ihren Zweck verfehlte, versuchte er es mit dem Showbusiness. Doch seine wiederholten Bemühungen, die Geschichte seines Lebens verfilmen zu lassen, verliefen im Sand. 1952 musste er sich damit begnügen, bei der Premiere des Films *Processo alla città* (*Stadt ohne Moral*) gemeinsam mit den Stars geknipst zu werden. Der Film handelte von dem Gerichtsverfahren im Jahre 1911, das die Ehrenwerte Gesellschaft ausgelöscht hatte.

Vom Kino ausgeschlossen, sah Abbatemaggio seine letzte Hoffnung in der Neubelebung seines glorreichen Auftritts. Er behauptete also, er habe sensationelle Enthüllungen über einen der rätselhaftesten Mordfälle des Jahres 1953 zu machen: den Tod des römischen Mädchens Wilma Montesi. Doch bald schon kam ans Licht, dass das alte Schlitzohr wieder am Werke war. Er wurde verhaftet und wegen Falschaussagen verurteilt. Danach sah man ihn betteln. Die Presse ignorierte ihn fortan.

Wenn also im Nachkriegsneapel das Wort »Camorra« fiel, dann nur, um die Erinnerung an sie wachzurufen, und zwar mit derselben Mischung aus Belustigung und Bedauern, wie sie Zeitungsgeschichten über das Marionettentheater oder Gennaro Abbatemaggio hervorriefen.

Heute, über ein halbes Jahrhundert nach Abbatemaggios Tod, hat das Wort »Camorra« eine andere Bedeutung. In den Jahrzehnten seit dem Ende des Zweiten Weltkriegs ist die Ehrenwerte Gesellschaft neu erstanden und hat sich eine neue Identität zugelegt; sie ist heute stärker und verschlagener denn je. Sie ist auch keine Ehrenwerte Gesellschaft mehr, ein krimineller Geheimbund mit eigenen Initiationsritualen, formalisierten Zweikämpfen, festen Rängen und Regeln. Ein Camorrista von heute gehört nur einem der vielen strukturierten, aber oft instabilen Gangstersyndikate an. Die Camorra ist daher nicht *ein* einzelner Geheimbund wie die Mafias in Sizilien und Kalabrien, sondern eine große, sich unentwegt verändernde Landkarte aus Gangs, die verschiedene Territorien in Neapel und der Region Kampanien beherrschen. Wie die Ehrenwerte Gesellschaft von einst leben diese Organisationen von Schutzgelderpressung und Schwarzhandel. Allerdings sind sie – zumindest wenn alles für sie glattgeht – ungleich erfolgreicher darin, staatliche Einrichtungen, Politik und Wirtschaft zu unterwandern, als die Ehrenwerte Gesellschaft von einst.

Für die Zuschauer im San Carlino in den späten 1940er Jahren wäre eine solche künftige Ausprägung der Camorra eine höchst unwahrscheinliche Perspektive gewesen. Ganoven trieben natürlich auch im Nachkriegsneapel ihr Unwesen. Doch hatten sie weitaus weniger Macht als heute – oder als die Gangster Siziliens und Kalabriens. Neapel brachte nichts zuwege, was sich mit der großen Verschwiegenheit hinsichtlich der Mafia vergleichen ließe, zu der sich die herrschende Klasse Siziliens verpflichtet hatte. Es gab kein neapolitanisches Äquivalent zu einem obersten Richter wie Giuseppe Guido Lo Schiavo, der bereit war, wider besseres Wissen, die Existenz der Mafia zu leugnen. Und die große, vielgeplagte Stadt Neapel war alles andere als politisch unsichtbar wie etwa die Städte und Dörfer Kalabriens. Doch bei näherer Betrachtung entpuppen sich die Ganoven im Neapel der Nachkriegszeit doch als die Vorfahren der heutigen, Kalaschnikows schwingenden, Kokain schmuggelnden, teure Anzüge tragenden Camorristi. Die Samen der künftigen Neubelebung der Camorra waren bereits gesät. Es lauerte in der Tat schon etwas Bedrohliches in der Gangsterwelt der Stadt – und dieses Etwas machte nur allzu deutlich, dass die Camorra mitnichten so tot war, wie es die Enzyklopädien behaupteten. Ein sorgsamer Blick auf das neapolitanische Bandenwesen der vierziger und frühen fünfziger Jahre zeigt, dass Italien im Allgemeinen und Neapel im Besonderen ein schlechtes Gewissen hatten, was das organisierte Verbrechen anbelangte. Neapel war eine Stadt, die sich weigerte, das C-Wort im Munde zu führen (es sei denn im Zusammenhang mit der Vergangenheit – dem Theater San Carlino oder Gennaro Abbatemaggio). Kurzum, Neapel besaß sowohl seine eigenen Ganoven als auch spezielle Methoden, deren Existenz auszublenden. Die wirkungsvollste davon war es, Klischees zu bedienen.

Neapel ist von allen Städten Italiens am schwierigsten zu entschlüsseln. Zahllose Besucher haben sich hinreißen lassen, diese Stadt nach ihren Erscheinungsbildern zu beurteilen, da diese so augenfällig und amüsant sind. Seit Hunderten von Jahren fand Europa das sonnendurchflutete Schauspiel des neapolitanischen Straßenlebens unwiderstehlich. Hier schien selbst das Elend voller Farbe, und im unablässigen Lärm vermeinte man wundersam süße Melodien zu vernehmen. Die Armen der Stadt standen im Ruf, die schäbigsten Kniffe anzuwenden, die erniedrigendsten Rollen zu spielen, nur um sich anschließend die Bäuche vollschlagen und dem *dolce far niente*, dem süßen Nichtstun, frönen zu können. Dass Gennaro Abbatemaggio Ende der vierziger Jahre so oft in den Zeitungen stand, war nicht nur der Tatsache geschuldet, dass er die Ehrenwerte Gesellschaft zerstört hatte; mit seinen tragikomischen Kapriolen schien er jedermanns Klischee eines Neapolitaners zu verkörpern. Das San Carlino galt deshalb als Attraktion, weil auch dieses Theater eine typische Besonderheit der Stadt war. Die Armen Neapels wurden als die Kobolde im Paradies betrachtet: boshaft, sentimental, naiv und so erfinderisch, dass sie sich nicht einmal scheuten, den vielen Stereotypen über sie gerecht zu werden. Vor dem

Krieg pflegten sich neapolitanische Gassenjungen gegen Bezahlung dabei fotografieren zu lassen, wie sie mit den Händen Spaghetti aßen, genau so, wie es das uralte Klischee von ihnen verlangte.

Auch die Nachkriegsgeneration hatte ihre Touristen, die darauf erpicht waren, dergleichen Allgemeinplätze neu zu beleben. Der einfache Trick bestand darin, ihnen eine Stadt zu zeigen, die nur das enthielt, was dem Betrachter in den Armenvierteln wie Forcella oder Pignasecca als Erstes entgegenschlug. Eine Stadt der Bettler und Hausierer, in der durch jede Fenster- oder Türöffnung irgendeine Ware feilgeboten wurde: Kastanien oder gegrillte Fische, einzelne Zigaretten, Kaktusfeigen oder *taralli* (an Brezeln erinnerndes Salzgebäck). Das arme Neapel war gewissermaßen ein Freiluftbasar, wo Friseure und Schneider ihre Berufe auf der Straße ausübten und wo Passanten im Vorübergehen einen Blick in die ausbeuterischen Familienbetriebe werfen konnten, in denen Schuhe oder Handschuhe hergestellt wurden.

Ausländische Touristen waren freilich nicht als Einzige dafür verantwortlich, dass unentwegt die alten Klischees aufgewärmt wurden: Es gab auch immer wieder gebildete Neapolitaner, die bereitwillig das Ihre dazu beitrugen. Einer davon war Giuseppe Marotta. Er wusste genau, wie hart das Leben in Neapel sein konnte: Seine beiden Schwestern und er waren in einem der berüchtigten *bassi* – Einzimmerbehausungen, die direkt auf die Straße hinausgingen – bei einer Näherin aufgewachsen. 1926 ging er in den Norden, um in Mailand, Italiens industrieller und literarischer Hauptstadt, Schriftsteller zu werden. In den späten vierziger Jahren, nachdem er jahrelang als Lohnschreiber gearbeitet hatte, war ihm endlich der Durchbruch gelungen: Er verfasste regelmäßig Zeitungskolumnen, und die Redakteure wandten sich stets an ihn, wenn sie einen lebhaften Beitrag über irgendeinen Aspekt des neapolitanischen Lebens benötigten.

Im stereotypen Neapel, das Marotta seinen Lesern auftischte, war Gesetzlosigkeit nicht wirklich ein Vergehen, sondern eine Facette des urbanen Schauspiels. Hier lebten Taschendiebe und unendlich einfallsreiche Trickbetrüger eine pittoreske Form der Unehrlichkeit aus – eine, die aus der Not, nicht aus der Bosheit geboren war. Das Verbrechen hatte hier einen kreativen, liebenswerten Anstrich. Die Armen Neapels stahlen einem das Herz ebenso leicht, wie sie einem die Brieftasche stibitzten.

In einem Artikel des Jahres 1953 staunte Marotta über die Behendigkeit der *correntisti* – wagemutige, flinke junge Ganoven, die sich auf die Ladefläche eines vorüberfahrenden Lastwagens schwangen, um den Inhalt auf die Straße zu werfen. Dieses Vergehen hieß *la corrente* (»Strömung«), wegen des steten Flusses der gesamten Operation. Ein guter *correntista*, so Marotta, benötige eine sagenhafte Bandbreite von Fertigkeiten: die Beine eines erstklassigen Mittelstürmers, das Auge eines Matrosen, das Gehör einer Rothaut, die samtweiche Hand eines Bischofs und die eiserne Faust eines Gewichthebers – dazu hakenförmige Füße, Gummirippen und den Gleichgewichtssinn eines Jockeys. Und, um dies alles miteinander in Einklang zu bringen, das Gehirn des Dirigenten Arturo Toscanini.

Marotta bewunderte auch die Früchte der *corrente*, stand milde lächelnd vor den turmhohen Pyramiden geklauter Konservendosen im Forcella-Viertel.

Die Wahrheit hinter Marottas Stereotypen war, dass das Verbrechen in Neapel längst bedrohlich allgegenwärtig war. Die bitterarmen Bewohner dieser Gässchen, die den Betrachter so sehr bezauberten, waren nur allzu oft die ersten Opfer, wie die folgende vielsagende Begebenheit aus dem neapolitanischen Alltag uns zeigen wird.

An einem heißen Sommerabend des Jahres 1952, gegen sechs Uhr dreißig, beschloss Antonio Quindici, *'o Grifone* (der Greif) genannt, sich ein paar Muscheln zu kaufen. Er begab sich also zu einem Stand in der Via Alessandro Poerio, unweit des Bahnhofs, wo aber bereits fünf Arbeiter einer nahegelegenen Baustelle vor ihm warteten. Er verlangte, als Erster bedient zu werden, und der Muschelverkäufer gehorchte unterwürfig. Doch die Maurer, die aus einem anderen Stadtteil kamen, wussten offensichtlich nicht, mit wem sie es zu tun hatten, und protestierten lautstark. Daraufhin griff sich *'o Grifone* das Messer des Muschelverkäufers, rammte es dem stimmgewaltigsten Maurer zweimal ins Herz und ergriff die Flucht. Die Freunde des Opfers jagten ihm nach, doch eine aufeinander eingespielte Gruppe von Komplizen stellte sich ihnen in den Weg. *'o Grifone* verschwand in einer der Seitengassen, während sein Opfer an Ort und Stelle verblutete. Der Mann hinterließ Frau und Kind.

Die Geschichte des *Grifone* ist aus mehreren Gründen interessant. Erstens weil der Mörder einer jener *correntisti* war, die Giuseppe Marotta so sehr bewunderte. Männer wie *'o Grifone* hatten sich ihre Fertigkeiten während des Krieges zugelegt, als Neapel der zentrale Versorgungshafen für die alliierten Streitkräfte in Italien gewesen war: Etwa die Hälfte der Versorgungsgüter verschwand von den Ladeflächen der Militärlastwagen und landete auf dem Schwarzmarkt. Die überfüllten Gassen um die Via Forcella herum, aus denen *'o Grifone* stammte, waren während des Krieges das Zentrum für den Handel mit gestohlenen Armeegütern gewesen: Nicht umsonst galt Forcella als die Kasba von Neapel. Bezeichnenderweise war das Viertel auch einmal die Hochburg der Ehrenwerten Gesellschaft gewesen: Die damaligen Bosse entstammten ausnahmslos dieser Gegend. *Correntisti* wie *'o Grifone* wurden die Protagonisten der neu erstandenen Camorra.

Als der Krieg zu Ende war, glaubten alle zuversichtlich, dass auch die *correntisti* verschwinden würden. Doch 1952 waren sie noch immer sehr aktiv, wie eine Zeitung kommentierte:

> »Die *Corrente* fließt unentwegt, wie jeder weiß, und ist allgegenwärtig, vor allem in den verkehrsreichsten Straßen. Die Verbindungswege zwischen der Stadt und ihren Randbezirken werden von kriminellen Banden überwacht. Diese Männer, schnell, gut ausgerüstet und unerschrocken, werfen sämtliche Güter von den Transportfahrzeugen auf die Straße. Kein Lastzug, Transporter oder Lieferwagen entgeht den Fängen der *correntisti*.«

Jeder *correntista* war Teil einer Organisation: Kundschafter spürten die Transportwege wertvoller Frachten auf, Träger schafften die erbeutete Ware fort, sobald sie vom Lastwagen gefallen war, und Hehler brachten sie auf den Markt. Als die Blütezeit des Schwarzhandels mit Armeebeständen längst vorbei war, wurde in der Via Forcella noch immer offen das Diebesgut der *Corrente* feilgeboten.

Die *correntisti* waren nicht nur flink, sondern auch brutal. Oft waren sie zu ihrer eigenen Sicherheit bewaffnet: um sich vor bewaffneten Lastwagenfahrern und feindlichen Banden zu schützen; um Passanten davon abzuhalten, die von der Ladefläche gefallenen Waren aufzusammeln; doch vor allem, um ihrer Umgebung zu imponieren und als brutale Kerle zu gelten. In den Tagen der Ehrenwerten Gesellschaft hätte man einen solchen Ruf als »Ehre« bezeichnet, ein wichtiger Bestandteil der Mafiamacht – ihre sogenannte »Gebietshoheit«. Das aggressive Verhalten *'o Grifones* am Muschelstand stellte diese »Ehre« auf eine sehr individuelle, undisziplinierte Weise zur Schau.

Nach seiner Tat tauchte *'o Grifone* mehrere Tage unter. Dann gönnte er sich ein letztes Frühstück in der Bar neben dem Polizeirevier, und nachdem er sich eine Geschichte zurechtgelegt hatte, wie er von dem Mann, den er erstochen hatte, zuerst übel beschimpft und provoziert worden war, stellte er sich den Behörden. Offenbar hielt sein Netz aus Helfershelfern dem Stress der intensiven Polizeiermittlungen und der öffentlichen Entrüstung nicht stand. Noch waren der Gebietshoheit *'o Grifones* und seiner Kumpane Grenzen gesetzt.

Überraschenderweise nannten die Zeitungen in Neapel *'o Grifone* einen Camorrista. Anfangs zumindest. Eine der seltenen Gelegenheiten, bei denen dieses Wort Ende der vierziger und Anfang der fünfziger Jahre in die Zeitungen gerutscht war. Eigenartigerweise verschwand dieser Hinweis auf die Camorra, als die Jagd nach *'o Grifone* in den folgenden Tagen fortgesetzt wurde. Aus *'o Grifone*, dem Camorrista, war ein gewöhnlicher Verbrecher geworden.

Die Menschen in Neapel hatten in den Jahren nach dem Krieg spürbar Scheu, das Wort »Camorra« in den Mund zu nehmen oder sich überhaupt einzugestehen, wie ernst das Verbrechensproblem in der Stadt geworden war. Neapel war ein bedeutendes politisches Schlachtfeld. Hier rangen gegensätzliche politische Kräfte um die Seele der italienischen Rechten: auf der einen Seite die schleichende Macht der Christdemokraten, auf der anderen die Monarchisten unter dem Kriegsgewinnler, Reeder und Fußballmogul Achille Lauro. (Neapel hatte, wie viele Städte des Südens, im Referendum von 1946 gegen eine Republik gestimmt. Daher blieb sie für die Rechten der Stadt ein zentrales Thema.)

Die Bevölkerung der Stadt, um die diese beiden politischen Kräfte kämpften, war von chronischer Arbeitslosigkeit und Obdachlosigkeit gezeichnet, von schlechter Gesundheit und Analphabetismus. Industrie und Infrastruktur in Neapel hatten sich noch nicht von den Kriegsschäden erholt, die hier schlimmer waren als in jeder anderen italienischen Stadt. Doch die Politik, von Instabilität und Misswirtschaft geprägt, fand keine Lösung und kreiste vor allem um die lukrative

Baubranche. Es waren die Jahre der »Makkaroni-Politik«. Wann immer Wahlen bevorstanden, pflegten politische Granden ihre Agenten vor Ort anzuweisen, in den Armenvierteln Spendenzentren zu errichten. Dort wurden, gegen Wählerstimmen, Päckchen mit Pasta, Fleisch und gesalzenem Hering verteilt, gehüllt in das vage Versprechen einer Beschäftigung oder Rente. Achille Lauros Stimmenfänger kamen gar auf die Idee, künftige Wähler mit Schuhen zu belohnen: Den rechten Schuh gab es vor dem Urnengang, den linken danach, sobald die Stimmabgabe sicher aufgezeichnet war.

Die Armen, die ihre Stimmen so billig verkauften, schienen gegen die Vorzüge von Bildung, sozialem Aufstieg und konventioneller Parteipolitik noch immer fast ebenso immun zu sein wie zur Zeit der italienischen Einigung im Jahr 1860. Ihre politische Loyalität war verständlicherweise launisch. Abgesehen von Makkaroni oder Schuhen war eines der wenigen Lockmittel, um ihre Stimmen zu gewinnen, ein auf die Tränendrüse drückender Patriotismus, der mit der Behauptung einherging, die Probleme der Stadt seien allesamt der Gleichgültigkeit des Nordens geschuldet. Achille Lauro, dem auch die größte Zeitung in Neapel gehörte, *Roma*, war ein Meister darin, dem Stereotyp des großherzigen Neapolitaners zu schmeicheln, dem die Geschichte übel mitgespielt hatte. Berichte über die Camorra und das organisierte Verbrechen wurden als abgedroschener Snobismus aus dem Norden abgetan.

Es gab noch einen weiteren Grund, warum man in Neapel darauf beharrte, das Wort Camorra in die Vergangenheit zu verbannen: Kriminelle waren ein fester Bestandteil des herrschenden politischen Apparats. Sogar der alte Camorrista Gennaro Abbatemaggio betätigte sich gelegentlich als Wahlagent für Achille Lauro. Doch weitaus wichtiger als diese Agenten an der Basis waren die sogenannten *guappi*, die Straßenbosse und Problemlöser. *Guappi* waren Hehler und Kredithaie und betrieben illegale Lotterien. Sie waren nicht nur die Strippenzieher der lebhaften Kriminellenszene in der Stadt, sondern hielten auch politisch die Fäden in der Hand: Indem sie von den Politikern, zu deren Gunsten sie Wählerstimmen sammelten, Gefälligkeiten einforderten, lösten sie Alltagsprobleme.

Der berühmteste *guappo* von allen war Giuseppe Navarra, der König von Poggioreale. Er war ein loyaler Wahlagent für die Monarchisten und Achille Lauro und wurde dafür von seinen politischen Gönnern mit den Ehrentiteln eines Commendatore und eines Großkreuz-Ritters des Konstantinordens belohnt. Während des Krieges hatte er Schwarzhandel getrieben und sich mit den Behörden der Alliierten angefreundet. Er machte außerdem eine Menge Geld mit Eisen und anderem Schrott, den seine Leute (zumeist illegal) aus den ausgebombten Häusern holten.

Navarra lebte unter den Sargmachern an der Hauptverkehrsstraße des Stadtteils Poggioreale, in dem sich der Friedhof und das Gefängnis befanden. Er pflegte auf dem Gehweg auf einem Holzstuhl Hof zu halten. Angeblich hielt an seinem Namenstag die Straßenbahn vor seinem Haus, damit sämtliche Fahrgäste von seinen Süßigkeiten und dem Likör kosten konnten. Navarra fuhr einen großen Lancia Dilambda mit Trittbrettern an den Seiten, wie man ihn aus amerikanischen Gangsterfilmen der Jahre zwischen den Weltkriegen kennt. Navarra hatte den Wagen nach dem Sturz Mussolinis bei einer Auktion in Rom ersteigert; er hatte Vittorio Mussolini gehört, dem ältesten Sohn des Duce. 1947 veröffentlichte eine Zeitung im Norden ein ironisches Porträt dieses Stadtteilmonarchen:

> »Er ist um die fünfzig, untersetzt, mit kantigem Gesicht und dickem, graumeliertem Haar. Eines seiner Augen ist träge, und seine Nase beginnt mit ausladendem Schwung, endet dann aber abrupt und spitz – als wäre sie gern eine bombastische Bourbonennase geworden, hätte es aber unterwegs bereut.«

Navarra verdankte seinen Ruhm und seine Beliebtheit vor allem einer außergewöhnlichen Begebenheit zu Beginn des Jahres 1947, als er den Schatz des Schutzheiligen der Stadt, des heiligen Gennaro (Januarius), gerettet hatte. San Gennaro ist der Märtyrer, dessen »Blut« in einem gläsernen Schrein in der Kathedrale von Neapel aufbewahrt wird, wo es sich auf wundersame Weise einige Male im Jahr verflüssigt. Oder auch nicht, falls die Bürger der Stadt aus welchem Grund auch immer das Missfallen des Allmächtigen erregt haben. Der Schatz des Heiligen besteht aus Geschenken der Gläubigen, die während des Krieges zur sicheren Verwahrung in den Vatikan geschafft worden waren. Erzählungen aus erster Hand über die angebliche Heldentat des Königs von Poggioreale sind skizzenhaft, weil fast alle Zeitungen, äußerst misstrauisch, erst später darüber berichteten. Jedenfalls soll der Bürgermeister, als er den Polizeichef bat, ihm beim Rücktransport des Schatzes zu helfen, ein Nein gehört haben: Die Polizei, so die Begründung, verfüge weder über die erforderlichen Geldmittel noch die nötigen Ressourcen – ein gepanzertes Fahrzeug, zehn Lastwagen und eine aus 20 Mann bestehende bewaffnete Eskorte –, um den Schatz auf den gefährlichen Landstraßen aus der italienischen Hauptstadt nach Neapel zu schaffen. Da bot der *guappo* Navarra seine Dienste an und erledigte die Aufgabe in Begleitung eines katholischen Aristokraten heimlich mit dem Wagen – angeblich einem Fiat 22, der unauffälliger war als Navarras Limousine. Wie er allerdings den umfangreichen Schatz im winzigen Kofferraum verstauen konnte, bleibt ungeklärt. Kurioserweise stellte Ernest Borgnine die Begebenheit später nach, als er die Titelrolle in dem Film *Der König von Poggioreale* aus dem Jahr 1961 spielte.

Um die Gestalt Navarras rankte sich ein Gewirr aus Legenden und theatralischer Selbstdarstellung – die klassische Verharmlosung der neapolitanischen Straßen. Entsprechend zeichnete der Journalist und »professionelle Neapolitaner« Giuseppe Marotta 1947 ein typisch nachsichtiges Porträt von ihm, indem er ihn als einen Mann beschrieb, »der sich wohltätigen Werken ebenso hingebungsvoll widmet wie seiner Frau und den Monarchisten«. In Wirklichkeit besaß Navarra eine sehr reale Macht, die er durch Drohungen und Gewalt aufrechterhielt. Einheimische erinnerten sich, wie er mit Filzhut und Jacke die Straße auf und ab geschlendert war und dabei gefährlich die Pistole schwang.

So bildete Navarra, wie andere *guappi* in der Stadt, eine Brücke zwischen den Gassen der Stadt, einschließlich der Gangsterwelt, und den Palästen der Macht. Eines der Dinge, die Italiens Mafiaorganisationen von gewöhnlichen Verbrecherbanden unterscheidet, ist ebendiese Verbindung zur Politik. Man stecke *correntisti* und *guappi* gemeinsam in ein System, und schon dürfte man mit Fug und Recht das »C«-Wort benutzen, das die neapolitanischen Zeitungen so geflissentlich zu meiden suchten.

Gangsterismo

Die Mafia in den Vereinigten Staaten wurde von sizilianischen Einwanderern des ausgehenden 19. Jahrhunderts gegründet. In den Großstädten nahm man auch Ganoven aus Kalabrien und Neapel in die Organisation auf, die bald zu einer italo-amerikanischen Gang wurde. Seit dieser Zeit pendeln Ehrenmänner schmuggelnd, investierend und mordend zwischen Amerika und Italien hin und her – um sich anschließend dem Gesetz oder ihren Mafiafeinden zu entziehen. Die Geschichte der Mafia in den Vereinigten Staaten kann ich hier nicht erzählen. Dennoch haben einige Aspekte dieser Geschichte auch Auswirkungen auf die Ereignisse in Italien.

Amerika galt im rückständigen Italien der Nachkriegszeit als ein Inbegriff der Moderne. Je nach politischer Loyalität war die Bewunderung der Italiener für die furchteinflößende Streitmacht, den unermesslichen Reichtum und die unerreichten Filmstars der Vereinigten Staaten entweder widerwillig oder rückhaltlos. Wie ein Kommentator 1958 schrieb:

> »Die ganze Welt schaut in gespannter Erwartung nach Amerika, erhofft sich alles von diesem Land: das tägliche Brot oder die Dose Fleisch, Maschinen oder Rohstoffe, militärische Unterstützung, eine kulturelle Führung und ein politisches und gesellschaftliches System, das alle Übel dieser Welt lösen kann. Amerika liefert uns die Blaupausen für Zeitungen, wissenschaftliche Handbücher, arbeitssparende Werkzeuge, für Mode, Fiktion, Schlagermusik, für Tanzschritte und Tanzmelodien, und sogar für die Poesie ... Gibt es auch nur eine Sache, die wir uns nicht von Amerika erhoffen?«

Es gab in der Tat etwas, das von jenseits des Atlantiks anzunehmen Italien sich weigerte: eine Lektion, wie sich die Mafia bekämpfen ließ. 1950, als Italien sein Problem mit dem organisierten Verbrechen soeben erfolgreich verdrängt hatte, fing man in Amerika wieder an, über die Mafia zu sprechen. Zum ersten Mal seit langer Zeit machte das italo-amerikanische Verbrechen Schlagzeilen. Doch die haarsträubenden Umstände des Kalten Krieges trugen insgeheim dazu bei, dass der

Lärm um die Mafia in Amerika in Italien lediglich ein noch ohrenbetäubenderes Schweigen nach sich zog.

Am 6. April 1950 wurden in Kansas City der Wettbaron und Königsmacher der Demokraten, Charles Binaggio, sowie sein Geldeintreiber Charles Gargotta alias »Mad Dog« in einem Clubhaus der Demokraten erschossen. Die Presse veröffentlichte ein Foto von Binaggio, der unter einem großen Porträt von Präsident Harry S. Truman am Schreibtisch zusammengesackt war. Auf dem Kapitolshügel verursachte der Fall Binaggio einen Aufschrei der Entrüstung, der den letzten Widerstand gegen einen von Senator Estes Kefauver geforderten Untersuchungsausschuss zu den Verbrechen der Mafia erlahmen ließ.

Die sogenannten *Kefauver hearings* wurden im darauffolgenden Jahr in 14 Städten der Vereinigten Staaten abgehalten. Doch es waren vor allem die spannenden, neun Tage währenden Anhörungen in New York, im März 1951, die das Thema Mafia tatsächlich schlagartig in den Fokus der Öffentlichkeit rückten. Potentaten der Unterwelt wie Meyer Lansky und Frank Costello, dazu eine echte Gangsterbraut und viele andere zwielichtige Gestalten wurden vor den Senator und seinen scharfzüngigen Stellvertreter Charles Tobey geschleift. Kefauver bestand darauf, dass ihre Zeugenaussagen im Fernsehen übertragen wurden, vor bis zu 17 Millionen Zuschauern. Hausfrauen luden Nachmittags zu *Kefauver parties*, in den Bars herrschte gähnende Leere, weil die Männer die abendliche Zusammenfassung der Skandale des Tages nicht verpassen wollten, die Popcorn-Verkäufe verdoppelten sich, und in Brooklyn musste das Rote Kreuz einen Fernseher installieren, um zu verhindern, dass die Blutspenden versiegten.

Die Aussage Frank Costellos (geboren als Francesco Castiglia in Kalabrien) sorgte für ein besonders fesselndes Schauspiel. Weil er sich weigerte, sein Gesicht im Fernsehen zu zeigen, übertrug die Kamera lange Nahaufnahmen seiner Hände, wie sie grausam Papier zerknüllten oder verräterisch mit einer Brille herumspielten. Dieses »Handballett« Costellos, dazu eine Stimme »wie das Todesröcheln einer Möwe«, wirkte weitaus bedrohlicher auf die Öffentlichkeit, als es sein ziemlich farbloses Gesicht vermocht hätte.

In Italien berichtete die kommunistische Presse mit unverhohlener Schadenfreude über das betrügerische Einvernehmen zwischen Politik und organisiertem Verbrechen, das von Kefauver aufgedeckt worden war. »Aufmarsch der ›Helden‹ der amerikanischen Demokratie«, lautete eine ironische Schlagzeile:

> »Ein unentwirrbares Knäuel: politische Mauscheleien und Polizeiintrigen. Das gesamte amerikanische Regierungssystem, auf regionaler wie auf zentraler Ebene, ist in der Hand der Banden.«

Während der Feind vor aller Welt seine schmutzige Wäsche wusch, wurde in Italien überhaupt nicht gewaschen. Hier waren die Jahre zwischen 1943 und 1950 in weit größerem Umfang als in den USA von Mafiagewalt und dem Einvernehmen zwischen der Politik und dem organisierten Verbrechen geprägt. Doch sowohl im Parlament als auch an den Gerichtshöfen hatte die Linke es in ihrem Kampf gegen die Christdemokraten versäumt, vom Mafiathema zu profitieren. Kefauver dagegen brachte die seit langem bestehenden Mafiaverbindungen von William O'Dwyer ans Licht, einem ehemaligen Bürgermeister von New York, der nun Botschafter in Mexiko war, und setzte damit dessen politischer Karriere ein Ende. Frank Costello, einst das »respektable« Gesicht der amerikanischen Mafia und deren Bindeglied zu den Demokraten in New York, erhielt eine kurze Haftstrafe, doch seine Steuerangelegenheiten zogen die unwillkommene Aufmerksamkeit des *Internal Revenue Service*, der Bundessteuerbehörde, auf sich. Dank seines »Handballetts« brachte es Costello zu jener Art trauriger Berühmtheit, der sich sizilianische Mafiosi wiederholt hatten entziehen können. »Kefauver ist ein Meister des öffentlichen Auftritts«, kommentierte die Zeitung *L'Unità*. Während also Italiens Kommunisten bejubelten, was Kefauvers Untersuchungsausschuss ans Licht brachte, beneideten sie Amerika im Stillen auch um die Folgen.

Viele der zwielichtigen Gestalten, die von Estes Kefauver befragt wurden, wollten sich nicht selbst belasten – so viele, dass der Ausspruch »ich berufe mich auf den 5. Zusatzartikel« in die Allgemeinsprache überging. Um die großen Lücken in den Zeugenaussagen zu füllen, verließ sich der streitbare Senator auf mehrere Quellen: das Bundesamt für Betäubungsmittel, dessen ambitionierter Kopf Harry J. Anslinger seit Jahren versucht hatte, das Mafiaproblem anzugehen; die häufig verworrenen Aussagen einer Schar Informanten; und eine Menge Mutmaßungen. Das Profil der Mafia, das sich aus Kefauvers Ermittlungen ergab, war entsprechend alarmierend:

»Hinter den lokalen Banden, aus denen sich das Verbrechersyndikat im Land zusammensetzt, verbirgt sich eine düstere international agierende kriminelle Organisation, die als Mafia bekannt und so unwirklich ist, dass die meisten Amerikaner kaum glauben können, dass sie tatsächlich existiert. Die Mafia, die ihre Wurzeln und Hochburgen auf Sizilien hat, herrscht in vielen illegalen Bereichen (...) und setzt ihren Kodex durch, indem sie jeden beseitigt, der sich ihr entgegenstellt oder sie verrät (...) Die Mafia ist kein Ammenmärchen. Sie ist auf unheimliche Weise real, und sie hat das Gesicht Amerikas mit allen erdenklichen Formen krimineller Gewalt verunstaltet, darunter Mord, Drogenhandel, Schmuggel, Erpressung, Versklavung, Entführung sowie die Ausbeutung von Arbeitern (...) Die Mafia von heute ist tatsächlich eine geheime internationale Regierung innerhalb der Regierung. Sie hat ein internationales Oberhaupt in Italien – Charles (Lucky) Luciano, wie die Behörden der USA vermuten (...) Die Organisation verfügt außerdem über einen Hohen Rat und über nationale und kommunale Anführer in den Ländern, in denen sie agiert, einschließlich den USA.«

Amerika durchlebte damals eine paranoide Phase, ausgelöst durch den Kalten Krieg, und in Kefauvers Ausführungen findet sich mehr als ein Hinweis auf die damalige Weltsicht, die unter jedem Bett einen Kommunisten vermutete. Die Mafia: eine ausgeklügelte kriminelle Verschwörung gegen Amerika, eine globale Organisation, deren »Dreh- und Angelpunkt« der »Zar des Lasters« Lucky Luciano war.

Lucky Lucianos wahre Geschichte passte nicht recht zu Kefauvers Bild von ihm. 1946 hatte man ihn verdächtig schnell aus einer langen Haftstrafe entlassen, die er wegen Zuhälterei absaß. Des Landes verwiesen, eröffnete er in Neapel ein Geschäft. Dort handelte er gemeinsam mit seinen sizilianischen und neapolitanischen Freunden ein wenig mit Drogen, aber er war mit Sicherheit nicht das Oberhaupt einer kriminellen Verschwörung, eine Art Superboss, dessen Befehle in allen Winkeln der Welt getreulich ausgeführt wurden.

In den USA hegten viele Menschen verständliche Vorbehalte gegen Kefauvers marktschreierische Schlussfolgerung, und einige weigerten sich gar zu glauben, dass so etwas wie die Mafia überhaupt existierte.

Selbst der Mann, der damit beauftragt war, die Empfehlungen des Ausschusses niederzuschreiben, nannte sie einen »romantischen Mythos«. Das FBI würde noch einige Jahre an der Existenz der Mafia zweifeln. Kefauver hatte den Bogen überspannt.

Giuseppe Prezzolini, Professor an der Columbia University in New York, war der prominenteste amerikanische Gesprächspartner der italienischen Presse. Anders als die Kommunisten vertrat er eher die gängige Meinung zum organisierten Verbrechen in Italien. Als er Anrufe von besorgten Amerikanern erhielt, die wissen wollten, ob die Mafia in Italien wirklich existiere, fühlte er sich bemüßigt, Kefauvers Ausführungen als »groteskes Märchen« abzutun. Die Mafia auf Sizilien, erklärte Prezzolini, sei keine kriminelle Organisation, sondern das Ergebnis jahrhundertelanger Regierungsfehler; sie sei eine Geisteshaltung, die vom Groll eines Volkes zeuge, welches selbst für Recht und Ordnung zu sorgen entschlossen sei, weil ihm vonseiten der Herrschenden keine Gerechtigkeit widerfahre. Nur im dynamischen kapitalistischen Umfeld der USA seien die Mafiosi als Ganoven zu betrachten:

> »Der moderne Schurke in Amerika ist längst kein italienischer Schurke mehr, auch wenn er einen italienischen Namen trägt. Er ist in Amerika aufgewachsen und hat in Amerika gelernt, die Gesetze zu missachten. Er hat seinen Abschluss an der amerikanischen Universität des Verbrechens gemacht. Amerika hat seinen Charakter verwandelt.«

Der berüchtigte Gangster in Brooklyns Hafengegend, Albert Anastasia alias *The Mad Hatter*, sei dafür ein sehr gutes Beispiel. Die Tatsache, dass er 1902 als Umberto Anastasio in Kalabrien zur Welt kam, habe nichts zu bedeuten, weil »es in Kalabrien meines Wissens keine Mafia gibt«.

Zu Beginn des Jahres 1953 wurden Kefauvers Entdeckungen ins Italienische übersetzt. Sie trugen den Titel *Il gangsterismo in America* und waren das erste Buch über die Mafia, das seit dem Zweiten Weltkrieg in Italien erschienen war. Kommentatoren auf allen Seiten des politischen Spektrums übergingen mit verlegenem Schweigen Kefauvers Theorie von der Mafia als Weltverschwörung und konzentrierten sich stattdessen auf das, was der Senator über die Vereinigten Staaten zu sagen hatte. Für die meisten Italiener blieb der *gangsterismo*, wie der unschöne linguistische Import andeutete, eine ausschließlich amerikanische Angelegenheit.

Es hätte schon einer spektakulären Neuigkeit bedurft, um dort Erfolg zu haben, wo Kefauver gescheitert war, und Italiens Schweigen zu brechen. Eines geisteskranken Killers etwa. Oder einer Schönheitskönigin aus dem Gangstermilieu. Oder einer Invasion Kalabriens durch Außerirdische. 1955 geschah all dies auf einmal und brachte an den Tag, wie tief verwurzelt das Mafiaproblem in der jungen Republik bereits war.

2 DAS JAHR 1955

Das Ungeheuer von Presinaci

Am späten Vormittag des 17. April 1955 verdrückte ein Bauer namens Serafino Castagna aus dem kalabrischen Dorf Presinaci zwei Spiegeleier, ohne sich wie sonst eine Scheibe Brot abzuschneiden. Dann küsste er das Kruzifix an der Wand und umarmte seine Frau und den neunjährigen Sohn. »Die Dinge dieser Welt kümmern mich nicht mehr«, sagte er. »Gott hat's gegeben, Gott hat's genommen.«

Wenige Augenblicke später, bewaffnet mit einer Pistole der Marke Beretta, einem Dienstgewehr mit aufgepflanztem Bajonett und einer Provianttasche voller Munition, trottete er in den sonntäglichen Sonnenschein, um sein erstes Opfer aufzuspüren.

Nicht weit entfernt, in einem Schuppen, lebte Castagnas weitläufiger Vetter Domenicantonio Castagna. Als Serafino dort ankam, traf er nur Domenicantonios 60-jährige Mutter an, also feuerte er sechs Schüsse auf sie ab.

Dann entdeckte er Francesca Badolato, die einmal die Verlobte seines Bruders gewesen war. Er gab einen Schuss auf sie ab, verfehlte sie aber. Sie riss ihr Baby an sich und lief davon. Castagna war nicht sonderlich schnell zu Fuß, weil sein rechtes Bein einer angeborenen Behinderung wegen drei Zentimeter kürzer war als das linke. Trotzdem hinkte er Francesca hinterher und sah sie im Haus eines alten Barbiers Zuflucht nehmen. Castagna schlug gegen die Tür und zertrümmerte ein Fenster, während der Barbier und seine Frau ihn anflehten, das Mädchen zu verschonen. Schließlich trat er frustriert einen Schritt zurück und erschoss die Eheleute. Sie hießen Nicola (71) und Maria (60) Polito und waren erst seit zwei Wochen wieder vereint, nachdem Nicola drei Jahre in Argentinien verbracht hatte.

Castagna folgte dann den blechernen Tönen eines Radios in den

Versammlungsraum der Kommunisten. Er warf einen Blick durch die Tür, konnte aber niemanden entdecken, der ihm Übles angetan hatte, und ging weiter. Als er sich den Parteiräumen der Christdemokraten näherte, sahen diese seine Pistole und bettelten um Gnade. »Ihr braucht keine Angst zu haben«, sagte er zu ihnen. »Ich wollte nur ein paar Freunden guten Tag sagen.«

Castagna verließ das Dorf und ging dem Heuschober zu, wo er Munition versteckt hatte. Als ihm einfiel, dass ihn sein Weg am Grundstück des Vaters vorbeiführte, kamen bittere Kindheitserinnerungen in ihm auf. Sein Vater hatte die Familie wegen anderer Frauen im Stich gelassen und das wenige Geld vertan, das die Castagnas besaßen. Minuten später stand Serafino vor seinem Vater und sprach unter Tränen ein Todesurteil: »Siehst du, wozu du mich gebracht hast? Du hast uns nicht ordentlich erzogen. Sieh dir an, vor welchem Abgrund ich stehe, und das mit 34 Jahren ... Du bist mein Vater, und als solchen liebe ich dich. Doch als Mann musst du sterben.«

Ein Schuss streckte den Alten zu Boden. Serafino beendete seine Qualen mit dem Bajonett und küsste dem Vater zum Abschied die Hand.

Auf dem Weg zu seinem nächsten Opfer ging er an einem alten Kuhhirten vorbei, der fragte: »Was führt denn dich hierher, Serafino?« – »Ich jage zweibeinige Wölfe«, versetzte dieser. Kurze Zeit später entdeckte Castagna Pasquale Petrolo, der auf dem Dreschboden vor seinem Bauernhaus saß und munter mit seiner Frau plauderte. Castagna verpasste ihm fünf Schüsse.

Dann suchte er das Weite.

Binnen Stunden hielten Reporter in ganz Italien ihre Leser über die Jagd nach ihm auf dem Laufenden. An jeder Kreuzung hatte man Straßensperren errichtet. Carabinieri durchstreiften die Hänge des Monte Poro, richteten ihre Maschinenpistolen auf jeden Ziegenhirten und musterten dessen wettergegerbtes Gesicht, um zu sehen, ob er der Beschreibung entsprach: »Mittelgroß, robust gebaut, blond, blaue Augen. Er ist herzkrank und leidet an einem Zwölffingerdarmgeschwür.« Die Presse betitelte Castagna als »das Ungeheuer von Presinaci«.

Castagnas Heimatort bestand aus kümmerlichen Bauern, schwarzen Schweinen und fetten Fliegen, ein Bergkaff mit kaum hundert Häusern aus grobem Stein, in einem gottverlassenen Winkel in Italiens gottverlassenster Region gelegen. Da die meisten Italiener kaum etwas über Kalabrien wussten, kannten sie es als eine Gegend, in der die unablässige Armut bei den verrohten Bauern in regelmäßigen Abständen zu Ausbrüchen von Gewalt führte. Serafino Castagnas Amoklauf trug sämtliche Anzeichen einer solchen Bauerntragödie. Der Volksmund lieferte sogar ein Drehbuch für das Blutbad. »Castagna hat natürlich die Geschichte vom Räuber Musolino gelesen und wollte es ihm gleichtun«, behauptete der Polizeibeamte, der die Fahndung leitete. Das »Ungeheuer von Presinaci« wurde zum »Zweiten Musolino«, zum Thronfolger des »Königs des Aspromonte«. (Dieser verbrachte damals gerade seine letzten Lebensmonate in der Nervenheilanstalt von Reggio Calabria.) Wie Musolino vor ihm richtete auch Castagna eine Botschaft an die Behörden. Vor seinem Amoklauf hatte er die Namen der 20 Personen, die er ermorden wollte, auf ein Blatt Papier gekritzelt und die Liste bei seiner Frau hinterlegt, damit diese sie der Polizei übergab. Außerdem schrieb er an den örtlichen Kommandanten der Carabinieri von seinem Racheplan: »Ich werde töten bis zur letzten Patrone.«

Als Castagnas Opfer zu Grabe getragen wurden, waren die Carabinieri in ihren dunklen Paradeuniformen die einzigen, die den Mut hatten, dem Leichenzug zu folgen. Ein kleiner Junge huschte aus einer Tür, um einen Strauß Blumen auf den letzten der fünf Särge zu werfen. Der flehende Aufschrei seiner Mutter folgte ihm auf die Straße, und er eilte sofort wieder zurück ins Haus.

Während die Suche nach dem Ungeheuer weiterging, fing die Presse an, Fragen zu stellen. Die Ruhe, mit der Castagna seine Morde begangen hatte, legte die Vermutung nah, dass er doch nicht ganz von Sinnen war. Doch welche Logik hatte die Ermordung von fünf scheinbar unschuldigen Menschen, zwei davon Frauen, und allesamt alt? Wer waren die »Freunde« und die »zweibeinigen Wölfe«, auf die Castagna es seiner Aussage nach abgesehen hatte? Erste Spekulationen konzentrierten sich auf Castagnas Vorstrafenregister: Er hatte drei Jahre im Gefängnis verbracht, weil er versucht hatte, Domenicantonio Castagna zu töten, den weitläufigen Vetter, dessen Mutter an jenem Schreckenssonntag als Erste zu Tode gekommen war. Auch einige der übrigen Opfer schienen mit obigem Fall in Verbindung zu stehen. Wollte das Ungeheuer, genau wie Jahre zuvor der »König des Aspromonte«, an all jenen Rache nehmen, die gegen ihn ausgesagt hatten? Eine andere Theorie besagte, dass er die angekratzte Ehre seiner Familie hatte wiederherstellen wollen, indem er die Frau tötete, die seinen Bruder abgewiesen hatte.

Die kommunistische Presse sah die Dinge anders. Sie betonte den sozialen Aspekt der Tragödie. Der Korrespondent der kommunistischen Tageszeitung *L'Unità* interviewte einen Parteigenossen aus der Gegend, der beklagte, dass wohlsituierte Journalisten aus dem Norden sich einen Spaß daraus machten, die Kalabresen als eine »Horde Wilder« hinzustellen. Die wahre Ursache von Serafino Castagnas Irrsinn seien Armut und Ausbeutung. Warum wollte das niemand begreifen?

Bruchstücke einer etwas weit hergeholten Erklärung für Castagnas Bluttat fischte man auch aus der Quelle des Dorfklatsches. Der Erste, der mit den Journalisten redete, war ein Tagelöhner. Er drückte sich an einer Mauer herum und weigerte sich, seinen Namen zu nennen, murmelte aber vorsichtig etwas von einer Geheimgesellschaft in Presinaci. Doch die Presse blieb skeptisch:

> »Die Leute munkeln, dass Serafino Castagna ein Mitglied der ›Ehrenwerten Gesellschaft‹ sei, der kalabrischen Mafia. Doch die Existenz dieser Organisation ist höchst umstritten. Angeblich sei Castagna von ihr beauftragt worden, bis zum 20. April einen Mann zu beseitigen, der sich mit ihr angelegt hatte. Doch wie es aussieht, entbehren diese Gerüchte jeder Grundlage.«

Das Ungeheuer von Presinaci konnte überhaupt kein Mitglied der kalabrischen Mafia sein, weil es dergleichen nämlich nicht gab, ganz einfach. Hierin waren sich maßgebliche Stimmen einig.

Dann, etwa drei Wochen nach seiner Flucht, schickte Castagna einen 40 Seiten langen Bericht an die Carabinieri, in dem er sich als ein vollwertiges Mitglied der sogenannten »Ehrenwerten Gesellschaft der Spange« zu erkennen gab, auch bekannt als »Mafia«.

Nach 60 Tagen wurde Castagna schließlich verhaftet. Sobald er in den Händen der Polizei war, sagte er alles, was er über die Ehrenwerte Gesellschaft wusste, versorgte die Behörden mit vielen Namen und belastenden Beweismitteln. Binnen 48 Stunden nach Castagnas Festnahme wurden 50 Mitglieder der kriminellen Bruderschaft inhaftiert. Weitere Festnahmen folgten. Offenbar war die Existenz der kalabrischen Mafia doch nicht so »umstritten«.

Im Gefängnis arbeitete Serafino den Bericht, den er den Carabinieri geschickt hatte, zu einer Autobiographie aus. Er war in der Tat das erste Mitglied der kalabrischen Mafia, das je seine eigene Geschichte erzählt hatte. *Du musst töten*, wie der Titel von Castagnas Autobiographie lautet, löste nicht nur das Rätsel, warum ihr Verfasser seinen verzweifelten Amoklauf begonnen hatte, sondern war zudem ein überaus wichtiges Zeitdokument: Sie vermittelte Italiens Nachkriegsgesellschaft aufschlussreiche Informationen über die Struktur der kriminellen Bruderschaft, die heute als 'Ndrangheta bekannt ist.

Serafino Castagna schrieb, er sei 1921 auf die Welt gekommen und in einer Familie geknechteter Bauern aufgewachsen. Er wurde aus der Schule genommen, um Ziegen zu hüten, wurde aufgrund seiner Behinderung unentwegt gehänselt und von seinem gewalttätigen Vater malträtiert. Mit 15 Jahren hörte er zum ersten Mal von der Ehrenwerten Gesellschaft. Schon in diesem Alter rackerte er sich tagein, tagaus auf dem Feld der Familie ab. Auf dem Nachbaracker arbeitete Castagnas Vetter, Latino Purita, der zehn Jahre älter war und erst kurz zuvor eine Gefängnisstrafe wegen Körperverletzung verbüßt hatte. Eines Tages, während einer Rast, redete Latino mit Castagna darüber, wie wichtig »die Ehre eines Mannes« sei, und sagte, dass »ein Mann mit Ehre Mitglied der Mafia« sein müsse. Begeistert unterzog sich Castagna einer fünfjährigen Lehrzeit, in der er auf Latinos Befehl hin Hühner stahl und Heuschober in Brand setzte. Er behauptete seine Männlichkeit, indem er einen anderen Jugendlichen erstach, der sich über seinen hinkenden Gang lustig gemacht hatte. Am Ostermontag 1941 durchlief er schließlich das umfassende Initiationsritual, das folgendermaßen begann:

»Seid ihr zufrieden, meine lieben Freunde?«, fragte der Boss.

»Absolut«, kam die einhellige Antwort von den *picciotti* und den hochrangigen Mafiosi um ihn herum.

»Seid ihr zufrieden?«

»Womit?«

»Mit den Regeln der Gesellschaft.«

»Absolut.«

»Gut. Im Namen der organisierten und gläubigen Gesellschaft taufe ich diesen Ort, wie unsere Ahnen Osso, Mastrosso und Carcagnosso es taten, mit Eisen und Ketten.«

In Presinaci die »Regeln der Gesellschaft« zu achten war eine stille Angelegenheit. Natürlich galt es Versammlungen zu besuchen und Verhaltensweisen zu lernen. Doch die Mafiosi aus Presinaci verbrachten auch viel Zeit in der Kneipe, wo sie einander Geschichten erzählten. Die Abenteuer der spanischen Ritter Osso, Mastrosso und Carcagnosso, jener legendären Begründer der drei Ehrenwerten Gesellschaften, hörte Castagna besonders gern.

Die Bande in Presinaci verfügte auch über ein Gericht, das »Tribunal der Demut«. Zu den geringeren Strafen, die das Tribunal verhängte, zählten oberflächliche Stichwunden oder der erniedrigende *tartaro*, »Hölle«. Mit dem *tartaro* wurde bestraft, wer sich feige oder überheblich gezeigt hatte. Dabei bildeten die Mitglieder einen Kreis, in dessen Mitte der Verurteilte treten und Jacke und Hemd ausziehen musste. Einer der Anführer ergriff eine Bürste und bestrich Kopf und Oberkörper des Verurteilten mit einer Paste aus Kot und Urin.

Sexualität und Ehe erzeugten viele Spannungen, um deren Lösung das Tribunal der Demut bemüht war. Einer von Castagnas Brüdern wurde für zehn Tage aus der Kneipe verbannt und mit einer Geldstrafe von 1000 Lire belegt. Er hatte gegen die Übereinkunft mit einem anderen Mafioso verstoßen, die darin bestand, abwechselnd mit dem Mädchen zu schlafen, das beide begehrten.

In Presinaci machte sich die Ehrenwerte Gesellschaft stets an öffentlichen Orten bemerkbar, bei wichtigen Anlässen des Gemeindelebens. So hatte sie zum Beispiel den Volkstanz in Beschlag genommen. Castagna erinnerte sich: »An kirchlichen Feiertagen versuchten wir Mitglieder der Gesellschaft immer, den Tanz unter Kontrolle zu haben, damit die Nichtmitglieder dem Vergnügen fernblieben.« Der *mastro di giornata* (»Herr des Tages«, der Sprecher des Bosses) pflegte alle Bandenmitglieder in der Reihenfolge ihres Ranges zum Tanz aufzurufen. Einmal, erinnerte sich Serafino Castagna, sei ein Nichtmitglied, das allzu hartnäckig darauf bestanden habe, mitzutanzen, brutal zu Boden geprügelt worden.

Im Januar 1942 unterbrach der Krieg Castagnas kriminelle Karriere. Trotz seiner angegriffenen Gesundheit – er hatte sich eine Malaria zugezogen – wurde er in ein Artillerie-Regiment eingezogen. Nach dem Zusammenbruch der italienischen Armee im September 1943 gelang ihm die Flucht, vorbei an der deutschen wie auch der alliierten Front, bis er zerlumpt und hungrig in seinem Heimatdorf ankam. Dort setzte er seine Laufbahn fort, die mit dem Blutbad des 17. April 1955 endete.

Nach dem Zweiten Weltkrieg ging das Leben in Presinaci wieder den gewohnten elenden Gang. Sobald sämtliche Anführer von den Orten heimgekehrt waren, zu denen der Konflikt sie verschlagen hatte, steigerte die Ehrenwerte Gesellschaft ihre Aktivitäten. Die Anzahl der Brandanschläge und Diebstähle nahm zu. Kontakte zu Banden an anderen Orten wurden regelmäßiger. Das Tribunal trat häufiger zusammen. Die Verbrechen wurden ehrgeiziger und Gewalttaten zahlreicher: Castagna stellte einen Mann zur Rede, gegen den er einen kleinlichen Groll hegte, und erstach ihn. Immer häufiger wurde von den Mitgliedern die Bereitschaft vorausgesetzt, einen Mord zu begehen. Das Klima wurde noch rauher, als Latino Purita, Castagnas »ehrenwerter« Vetter, Boss der Bande wurde, nachdem sein Vorgänger emigriert war.

Castagna geriet zum ersten Mal in Bedrängnis, als er den Befehl erhielt, ein neues Mitglied mit 1000 Lire Strafe zu belegen, weil es mit einem Nichtmitglied über die Angelegenheiten der Gesellschaft getratscht hatte. Castagnas Anweisung lautete, den Frevler hinzurichten, falls er das Geld nicht herausrückte. Das fragliche Mitglied war Domenicantonio Castagna, sein entfernter Cousin, den er fünf Jahre später, bei seinem Amoklauf, als Ersten ins Visier nehmen würde. Castagna hatte sich mit Domenicantonio wegen des Geldes überworfen, ein städtischer Schutzmann intervenierte, und Castagna schoss Domenicantonio am Ende in die Brust. Der überlebte zum Glück. Castagna jedoch wurde verhaftet und wegen Körperverletzung ins Gefängnis gesteckt.

Castagna schreibt, die Gesellschaft habe es versäumt, ihm wie versprochen im Gefängnis zu helfen. Doch damit nicht genug: Als er Ende 1953 freikam, warf man ihm sofort vor, dass Domenicantonio noch am Leben war. Er könne seinen Ruf nur retten, hieß es, indem er den Schutzmann tötete, der den Streit hatte schlichten wollen. Castagna erhob Einspruch gegen den Beschluss und erwirkte einen kurzen Aufschub: Die Bosse entschieden, dass er den Schutzmann zwar töten müsse, aber warten dürfe, bis im Frühjahr 1955 die Bewährungszeit vorüber wäre.

Castagna saß in der Falle. Wenn er den Beamten ermordete, würde er mit Sicherheit den Rest seines Lebens im Gefängnis zubringen. Andererseits war die Vorstellung des Gesichtsverlustes, der ihm drohte, falls er seine Mafiazugehörigkeit verriet und sich an die Behörden wandte, kaum zu ertragen: »Kein Mensch würde mich mehr respektieren, nicht einmal außerhalb der Gesellschaft.« Je näher der Ablauf der Frist für den Racheakt rückte, desto heftiger quälten ihn Albträume von Friedhöfen, Gespenstern und Kriegen. Am Ende traf er die unwiderrufliche Entscheidung, den Befehl zu verweigern und jene zu töten, auf deren Befehl er hätte töten sollen. Er bereitete sich auf den bevorstehenden Kampf vor, indem er alles aufschrieb, was er über die Ehrenwerte Gesellschaft wusste, und zudem eine Liste der 20 Mitglieder erstellte, die er ermorden wollte. Dann briet er sich die letzten Spiegeleier.

Castagnas Plan war ein grotesker Schuss in den Ofen. Nur eines seiner Opfer, das letzte, war ein Mitglied der Ehrenwerten Gesellschaft. Die übrigen hatten – wenn überhaupt – nur indirekt Verbindung mit seinen eigentlichen Zielen. Dieser Amoklauf war keine großartige Geste, sondern eine Entladung angestauter Wut und Verzweiflung.

Ein Großteil der kriminellen Bräuche, die das Ungeheuer von Presinaci in seinen Lebenserinnerungen beschrieb, sind noch heute in der ’Ndrangheta üblich. Rituale und Märchen schweißen junge Kriminelle zusammen, stiften Identität und geben ihnen die Berechtigung, die sie brauchen, um ihre Umgebungen zu tyrannisieren. Wenn die fünf Morde Serafino Castagnas uns eines lehren, dann die Tatsache, dass die Subkultur der ’Ndrangheta einen extrem starken psychischen Druck auszuüben vermag.

Doch für Polizei und Rechtsprechung der fünfziger Jahre schien vieles in Castagnas Schilderung nur Kauderwelsch. Castagnas Bild der kalabrischen Mafia beförderte in der Tat ein sehr hartnäckiges, irreführendes Missverständnis. Selbst Menschen, die bereit waren zuzugeben, dass in Gegenden wie Kalabrien und Sizilien die Mafia existierte, waren der Überzeugung, dass sie ein Symptom der Rückständigkeit war. Damals war nicht das organisierte Verbrechen das beherrschende Thema in den öffentlichen Debatten Süditaliens, sondern die Armut. Im Süden belief sich das Durchschnittseinkommen etwa auf die Hälfte dessen, was die Menschen im Norden verdienten. 1951 ergab eine Regierungsumfrage, dass 869 000 italienische Familien zu wenig Geld besaßen, um jemals Zucker oder Fleisch zu essen; 744 000 dieser Familien lebten im Süden. Wenn sich jemand über die Mafia

Gedanken machte, dann zumeist als eine Folge der Armut und des primitiven bäuerlichen Milieus, das von Aberglauben und bestialischer Gewalt geprägt war. Am Ende erregte die Geschichte des Ungeheuers von Presinaci die Gemüter nur mäßig.

Die Netzwerke der Vetternwirtschaft, auch jene der Mafia, von denen viele Politiker in Süditalien profitierten, waren als Machtbasis von Natur aus instabil. Die Aktivitäten der Mafia liefen ein ums andere Mal aus dem Ruder, die Gewalt eskalierte, und loyale Anhänger der Christdemokraten protestierten. Bei solchen Gelegenheiten waren sogar Regierungen, die dem Mafiaproblem veranlagungsgemäß nur ungern ihre Aufmerksamkeit schenkten, zu einer Reaktion gezwungen. Wie sich herausstellte, war die Angelegenheit des Ungeheuers von Presinaci keineswegs ein Einzelfall. 1955 war ein sehr gewalttätiges Jahr in Kalabrien.

Ein oder zwei Journalisten erkannten die Zeichen, die besagten, dass etwas im Argen lag. Ein Korrespondent der neapolitanischen Zeitung *Il Mattino*, der einflussreichsten christdemokratischen Tageszeitung im Süden, besuchte Kalabrien einige Wochen nach der Gefangennahme Castagnas. Er fand heraus, dass die Provinz Reggio Calabria von einer alarmierenden Verbrechenswelle überrollt wurde – zumindest wäre dergleichen in jeder anderen italienischen Region alarmierend gewesen. Auf dem Land wurden Busse und Autos entführt, von Bauern und Fabrikbesitzern Schutzgeldzahlungen erpresst und Zeugen eingeschüchtert. Dann der schockierende Fall von Francesco Cricelli, Mafioso aus San Calogero in der Provinz Catanzaro: Er wurde geköpft, weil er seinem Boss den Rasierapparat gestohlen hatte. *Il Mattino* appellierte an die Regierung, sie möge einschreiten und der Rechtsstaatlichkeit Genüge tun.

Als diese Zeitungsberichte erschienen, richtete sich die Aufmerksamkeit aus dem Labyrinth der Korridore in den Gerichtshöfen und im Innenministerium in Rom allmählich auf die Verstöße gegen Recht und Gesetz auf dem südlichsten Zipfel des italienischen Festlands.

Giuseppe Aloi betrieb in Reggio Calabria eine Ziegelei mit etwa 150 Angestellten. Am Tag vor Serafino Castagnas Bluttat schrieb Aloi einen Brief an den Innenminister. Er war verängstigt und wütend: Sein

Sohn sei erst vor kurzem im Stadtzentrum von Reggio einem Entführungsversuch entgangen. Seitdem habe die Familie Drohungen und Geldforderungen erhalten, und die Polizei vor Ort sei nicht in der Lage, die Schuldigen zu identifizieren. Die Zustände seien so desaströs, dass er mit dem Gedanken spiele, seine Fabrik zu schließen. Aloi wies auch auf die steigende Zahl von Verbrechen in der Region:

> »Es ist leider eine bekannte Tatsache, dass diese Verbrecher in fast jeder Provinzstadt wieder aufgetaucht sind. Es gibt zahlreiche Mafiosi, die zwar keiner nützlichen Beschäftigung nachgehen, aber dennoch einen luxuriösen Lebensstil pflegen, der auf verdächtigem Reichtum basiert. Sie bieten den Bauern ihre Dienste an oder zwingen sie zu ungewöhnlichen Zahlungen. Als Gegenleistung erhalten sie von den Ganoven die Gewähr, dass ihr Besitz und ihre Habe respektiert werden.«

Zwei Tage nachdem der Unternehmer seinen Brief geschrieben hatte, versuchten Beamte in Zivil, den Erpressern in zwei ungekennzeichneten Fahrzeugen auf einer gewundenen Bergstraße des nördlichen Aspromonte aufzulauern. Einer der Polizeiwagen wurde aus den bewaldeten Hängen heftig unter Beschuss genommen. Wie durch ein Wunder erlitten die vier Insassen nur leichte Verletzungen. Die kalabrische Mafia war schwer bewaffnet und bereit, die Ordnungskräfte direkt anzugreifen.

Einer Bitte um weitere Informationen Folge leistend, schickte der Präfekt von Reggio Calabria einen Bericht an den Innenminister in Rom, der Alois Einschätzung bestätigte. Kalabrien wurde von einem »großen Verbrechernetz« umspannt, das sich mit Hilfe der Omertà und eines »gut organisierten Protektionssystems, das sogar in die Politik reicht«, erfolgreich dem Gesetz entzog; »wenn Wahlen bevorstehen, betätigen sich diese Individuen (= Mafiosi) oft als Wahlagenten für die eine oder die andere Partei und versuchen, mit dem Gewicht ihrer Klientel die Wahlergebnisse zu beeinflussen«. Die kalabrische Mafia wurde allmählich zu einem Problem für die öffentliche Ordnung, das nicht mehr als die Tat eines einzelnen psychisch labilen Bauern abgetan werden konnte.

Bald nach seinem Amtsantritt im Juli entschied ein neuer christdemokratischer Innenminister, dass dringender Handlungsbedarf bestand. Er wollte mit einer Schärfe gegen die Mafia vorgehen, wie man sie in Italien seit dem Antimafia-Feldzug der Faschisten in den späten zwanziger Jahren nicht mehr erlebt hatte. Und so erhielt Carmelo Marzano, ein dynamischer neuer Polizeichef, den Auftrag, eine Ermittlung zu leiten, die später als »Operation Marzano« bekannt werden würde. Eine Invasion der Marsianer (*Marziani*), witzelten lokale Scherzbolde: Kalabrien werde in Kürze Eindringlinge vom Planeten »Recht und Ordnung« begrüßen.

Angriff der Marsianer!

Der Minister, der das scharfe Vorgehen gegen die Mafia in Kalabrien angeordnet hatte, war Fernando Tambroni, ein Christdemokrat aus der Region der Marken. Tambroni, der sehr schüchtern war, erhielt von der Presse wenig Aufmerksamkeit. Seine Äußerungen bezüglich seiner Taktik waren vage und schwer verständlich, sogar nach den Maßstäben der Christdemokraten. Die einzigen augenfälligen Merkmale an ihm waren seine alabasterne Schönheit und seine elegante Erscheinung. (Er war ein treuer Kunde des römischen Eliteschneiders Del Rosso.) Privat folgte Tambroni einem Glaubenssystem, das auf drei Säulen ruhte: seinem Glauben an San Gabriele dell'Addolorata, dem Einfluss seines persönlichen Astrologen sowie der Angewohnheit, über Freunde und Feinde geheime Akten anzulegen.

Ungeachtet dieser kleinen Schwächen wirkte Tambronis Operation Marzano zunächst wie eine gute, altmodische, konservative Strategie, die auf den Grundsätzen von Recht und Ordnung basierte wie in anderen westeuropäischen Ländern. Die Operation Marzano wurde als Probelauf von Tambronis Law-and-Order-Strategie vorgestellt, als ein Versuch, das Vertrauen der Bürger in den Staat zu stärken (und damit auch die Christdemokraten). Zu Beginn der Operation gab Minister Tambroni ein Zeitungsinterview, in dem er die Regierung in Kalabrien als eine »Herrschaft des organisierten Verbrechens« bezeichnete und versprach, er werde »den Dingen auf den Grund gehen« und »niemandem gefällig« sein.

Die ersten Berichte, die Polizeipräsident Carmelo Marzano aus Kalabrien an Tambroni schickte, waren das Manifest eines ehrgeizigen Mannes, der auf forsches Handeln baute. Man könne ohne Übertreibung sagen, schrieb Marzano, dass sich die Bevölkerung »buchstäblich im Würgegriff des Terrors« befinde. Die Verbrechensrate sei alarmierend hoch. Doch sehr viele Vergehen blieben im Dunkeln, weil die Menschen Angst hätten. Die Schutzgelderpressungen hätten Methode: Das Forstwesen, Kneipen und Restaurants, die Staatslotterie, der Busdienst – nichts dürfe funktionieren, ehe nicht »bestimmte Kompromisse«, wie Marzano es nannte, erzielt worden seien. Hunderte verurteilter Straftäter seien in der Provinz auf freiem Fuß, darunter 59 Mörder; diese

Flüchtigen bezeugten das Unvermögen des Staates, den bestehenden Gesetzen Geltung zu verschaffen. Einer dieser Flüchtigen, der berüchtigte Angelo Macrì aus Brooklyn, sei im Stadtzentrum von Delianova auf einen Carabiniere zugegangen und habe ihm in den Kopf geschossen; sein Ansehen innerhalb der Ehrenwerten Gesellschaft sei seitdem ins Unermessliche gestiegen. Ein weiterer verurteilter Mörder auf der Flucht sei der ebenso berüchtigte Boss von Bova, Vincenzo Romeo. Romeo lebe unbehelligt in seinem Revier, habe in Anwesenheit der Bosse der Ehrenwerten Gesellschaft geheiratet, zeuge Kinder, kümmere sich um seine Geschäfte und sorge für seine zehn geliebten Hunde. Als die Carabinieri ihn holen wollten, schüttelten sämtliche Frauen in Bova ihre Laken aus den Fenstern, um ihn vor der Gefahr zu warnen.

Noch schockierter als vom Zustand der öffentlichen Ordnung war der neue Polizeichef vom Zustand der Polizei. Entsetzt schilderte er sein Präsidium, die Questura: Das kleine, schmutzige Gebäude wirke halb verlassen; es habe keine Fensterläden, um die Sommerhitze auszusperren, und keine Geländer an den Balkonen. Während eine Stadt von vergleichbarer Größe in Nord- oder Mittelitalien neben der Questura noch über fünf oder sechs weitere Polizeireviere verfüge, gebe es in Reggio, einer Stadt, die mittlerweile eine der höchsten Verbrechensraten im Land aufweise, keine zusätzlichen Polizeistationen. Und so sei die Questura unentwegt Anlaufstelle für Bürger aus der gesamten Provinz, die lautstark ein Verbrechen melden wollten oder eine Lizenz beziehungsweise ein Zertifikat benötigten. Es gebe weder Gefängniszellen noch einen abgeschlossenen Raum, um darin Zeugen oder Informanten zu befragen. Besuche von Politikern, die sich für inhaftierte Wahlhelfer stark machten, seien an der Tagesordnung. Die Questura gleiche daher weniger einem Kommandozentrum als einem Basar.

Viele der Männer, die nunmehr Marzanos Befehlsgewalt unterstellt waren, sahen ebenso klapprig und unbeweglich aus wie die Möbel, auf denen sie saßen. Sie hatten enge Kontakte zur Gemeinde – Freundschaften, Familienbande, Geschäftsinteressen – und schoben lieber eine ruhige Kugel, als sich aufreibenderen Pflichten zu widmen. Einer der Beamten, die im Verdacht standen, bei Kriminellen ein Auge zuzudrücken, tat noch immer Dienst, obwohl man bereits vor Jahren seine Versetzung angeordnet hatte. Das Überfallkommando – die Einheit aus Zivilbeamten, in deren Zuständigkeit im Grunde auch die

Jagd nach den erwähnten 59 verurteilten Mördern fiel – bestehe nur aus 14 Männern, und weniger als die Hälfte kreuzte auch tatsächlich regelmäßig auf. Die Strafverfolgung in der Provinz entbehre selbst der grundlegendsten Hilfsmittel moderner Polizeiarbeit: Hunde, Fahrräder oder Funkgeräte, unverzichtbar für Beamte, die in der Wildnis des Aspromonte ihre Bewegungen koordinieren sollten.

Die Wallfahrt zur Madonna von Polsi bot Polizeichef Marzano schon bald eine Gelegenheit, bei der er zeigen konnte, dass die Invasion der Marsianer, von der Innenminister Tambroni gesprochen hatte, durchaus ernst gemeint war. Die Behörden waren sich zwar bewusst, dass die Wallfahrt von der Ehrenwerten Gesellschaft als Tarnung für ihre alljährlichen Treffen missbraucht wurde, doch was genau bei diesen Treffen vor sich ging und warum, war unklar. 1954 hatte die Mafia, wie so oft in der Vergangenheit, während der Wallfahrt einige Rechnungen beglichen: Nachdem die Pilger heimgekehrt waren, hatte man unweit der Wallfahrtsstätte die Leichen zweier junger Männer gefunden, von zahlreichen Schüssen durchsiebt. In diesem Jahr hatte Marzano das Kommando, und so wurden Straßensperren errichtet und Polizisten im Wald ringsum auf Patrouille geschickt. Vierzehn Männer wurden in Gewahrsam genommen. Ihre Vergehen reichten von unerlaubtem Waffenbesitz bis hin zu versuchtem Mord und Menschenraub. Marzanos direkter Vorgesetzter, der Präfekt von Reggio, telegraphierte an das Ministerium die Meldung, dass die Wallfahrt diesmal ohne Zwischenfall vonstattengegangen sei.

Über die folgenden Tage und Wochen wurde Minister Tambroni ein ums andere Mal mit Telegrammen bombardiert, die ihn von der Gefangennahme flüchtiger Mafiosi in Kenntnis setzten. Die Polizei verhaftete zwei der Männer, die versucht hatten, den Ziegeleibesitzer Giuseppe Aloi zu erpressen, und stellte dabei zahlreiche Waffen sicher. Es gelang den Beamten sogar, einen Angestellten im Rathaus von Gioia Tauro festzunehmen, der dort für Gangster, die ihre Identität wechseln mussten, leere Personalausweise zu entwenden pflegte. Vincenzo Romeo – der flüchtige Mafioso mit den zehn Hunden – wurde verhaftet, wie (bald darauf) auch Angelo Macrì, der in sein Geburtsland Amerika geflüchtet war. Marzano begab sich sogar auf eigene Faust in den Aspromonte, im Auto und zu Fuß, und holte ganz allein einen flüchtigen Mörder aus Bova zurück.

Fünf Wochen nachdem er in Reggio angekommen war, fühlte der übereifrige Polizeichef Marzano sich bemüßigt, einen unterwürfigen Bericht an Minister Tambroni zu schicken:

»Die gesamte Provinz ist plötzlich wie verwandelt. Die Einwohnerschaft billigt unsere Operation. Es gab eine Flut von positiven Neuerungen, und das Vertrauen in die Autorität des Staates ist wie neu geboren. Die Bürger wissen, dass sie dies alles ausschließlich der Entschiedenheit und Entschlusskraft Eurer Exzellenz verdanken. Ohne auch nur die Spur einer rhetorischen Übertreibung kann ich Eurer Exzellenz garantieren, dass die Leute Eure Exzellenz buchstäblich auf den Schultern tragen würden, wenn Eure Exzellenz Reggio einen Besuch abstatten würden.«

Der Öffentlichkeit schien zu gefallen, was vor sich ging; der Presse gefiel es ganz gewiss. Journalisten, die bis dato nur durch eine der häufigen Naturkatastrophen nach Kalabrien gelockt worden waren, zog es mit einem Mal zuhauf in die Region. Bemerkenswerterweise führte man jetzt in Italien, als Folge der Operation Marzano, die allererste nationale Debatte über das organisierte Verbrechen in Kalabrien. Natürlich beschrieben Journalisten eine Menge farbiger Details über die geheime Verbrechersekte namens »Mafia«, »Ehrenwerte Gesellschaft« oder »Fibbia« (Spange). Bei Gesprächen mit Einheimischen tauchte auch ein neuer Name auf: 'Ndrangheta. Der Begriff bedeutet »Mannhaftigkeit« oder »Mut« im Dialekt des südlichen Aspromonte, der griechische Wurzeln hat. Das Wort hat eine lange Geschichte, doch lässt sich nicht beweisen, dass es schon vor 1955 auf Kalabriens Ehrenwerte Gesellschaft angewendet worden war. Es ist nicht ganz klar, wer den neuen Namen zuerst gebrauchte: die 'Ndranghetisti selbst, die Kalabresen außerhalb der Organisation oder die fremden Journalisten. Wer immer es war, von nun an sollte der offizielle Name der Bruderschaft – für Mitglieder und Nichtmitglieder gleichermaßen – 'Ndrangheta lauten. Nachdem Kalabriens Mafia ein Dreivierteljahrhundert im Verborgenen gediehen war, hatte sie endlich genügend öffentliche Aufmerksamkeit, um einen eigenen Namen zu verdienen.

Die Operation Marzano bewirkte zudem, dass einige Kalabresen ihr Gedächtnis in puncto Mafia wiederfanden. Ein denkwürdiges Beispiel war Corrado Alvaro, der bekannteste Schriftsteller der Region. Er war

1895 in San Luca zur Welt gekommen, jenem Bergdorf auf dem Aspromonte, dessen kriminelle Elemente die Sitten und Gebräuche der Ehrenwerten Gesellschaft hüteten; San Luca gilt als das Bethlehem des organisierten Verbrechens in Kalabrien. Alvaro war kein Sympathisant der 'Ndrangheta, doch als Heranwachsender kam er nicht umhin, sie zur Kenntnis zu nehmen. Die Geschichten aus seiner Jugend, die Alvaro später veröffentlichen sollte, machen deutlich, dass er eine Menge über die Ehrenwerte Gesellschaft Kalabriens wusste. Nach dem Zweiten Weltkrieg, als Alvaro nach Rom übersiedelt war, wurde er zum inoffiziellen Sprachrohr für die armen Leute seiner Heimat, die keine Stimme hatten, und stilisierte die geknechteten Bauern des Aspromonte zu Archetypen menschlicher Lebenskraft. Lange Zeit – entweder aus dem irrigen Bedürfnis heraus, Kalabrien vor schlechter Presse zu bewahren, oder aus dunkleren Beweggründen – hatte Alvaro über die kriminelle Bruderschaft der Region Stillschweigen bewahrt. 1949 schrieb er, um das Elend der feudalen Ordnung anzuprangern, das die Hirten und Bauern noch immer ertrugen: »Zwar gab es Versuche, kriminelle Geheimbünde nach dem Vorbild der Mafia zu gründen, doch konnten diese nie Fuß fassen. Noch heute ist Kalabrien eine der sichersten Gegenden Italiens, zu jeder Zeit und in jedem noch so entlegenen Winkel.« Die stichwortartigen Notizen in Alvaros Tagebuch zeigen, dass er diese Behauptung wider besseres Wissen aufgestellt hatte:

> »Boss der Marienwallfahrt (Polsi, San Luca). 1948 konnte kein Provinzboss gewählt werden, weil *** [der Name ist nicht vermerkt], der erst vor kurzem aus dem Gefängnis entlassen worden war, ein ruhiges Leben bevorzugte und die Aufgabe nicht übernehmen wollte. Seit diesem Zeitpunkt ist die Ehrenwerte Gesellschaft in drei Zonen aufgeteilt: die ionische Küste, die tyrrhenische Küste und die Meerenge. Ein Gesamtoberhaupt fehlt.«

Die großen Entscheidungen der 'Ndrangheta waren demnach in San Luca, und darüber hinaus, ein offenes Geheimnis. Doch in der Öffentlichkeit bewahrte Alvaro sein Stillschweigen. 1955 änderte er allerdings seine Meinung. In einer Kolumne des *Corriere della Sera* schrieb er über die 'Ndrangheta, und Jugenderinnerungen an die 'Ndrangheta tauchen auch in seinen anderen Schriften auf. Tatsächlich trug er damit vermutlich mehr als alle anderen dazu bei, den neuen Namen im öffentlichen Bewusstsein zu verankern.

Am Ende erwiesen sich Corrado Alvaros wiedergefundenes Gedächtnis und die Bezeichnung 'Ndrangheta als die einzigen dauerhaften Errungenschaften der Operation Marzano. Das Haupthindernis für längerfristige Erfolge war schlicht Minister Tambronis Weigerung, ernsthaft gegen die Politikerfreunde der 'Ndrangheta vorzugehen.

Die Dokumente aus dem Archiv des Innenministeriums gestatten uns heute einen Blick hinter die Kulissen der Operation Marzano. Sie zeigen uns, wie viele Informationen Tambronis Beamte über Politiker sammelten, die mit kalabrischen Gangstern unter einer Decke steckten. Die Invasion der Marsianer im Jahre 1955 enthüllte einige düsterkomische Szenen der Arglist und deren stillschweigende Duldung.

Ein einschlägiger Fall betraf einen typischen Granden des Südens: Antonio Capua, ein Parlamentsmitglied der Liberalen, der Koalitionspartner der Christdemokraten. Was sich in Kalabrien »Liberale Partei« nannte, war in Wirklichkeit Capuas persönliche Klientel. Capua saß als Staatssekretär für Land- und Forstwirtschaft im Kabinett, Fernando Tambroni gegenüber. Da sowohl die Landwirtschaft als auch das Forstwesen als Wirtschaftsfaktoren in der Region eine große Rolle spielten, bedeutete Capuas Stellung, dass er seinen Freunden eine Menge mit Steuergeldern finanzierte Gefälligkeiten verschaffen konnte. Tambroni fand heraus, dass Capua oftmals Beamte unter vier Augen nötigte, bekannten 'Ndranghetisti Führerscheine und Waffenscheine auszustellen, und dass seine Wahlagenten vor Ort engen Umgang mit den Ganoven aus der Ehrenwerten Gesellschaft pflegten.

Capua war in Kalabrien bereits vor Beginn der Operation Marzano in die Schlagzeilen geraten. Bei einem mysteriösen Zwischenfall, der stark nach 'Ndrangheta roch, hatte eine Gruppe von Männern den Wagen seiner Frau unter Beschuss genommen, während sie im Gebirge des Aspromonte unterwegs war. Capua hatte versucht, die Geschichte zu vertuschen. Als die Presse davon Wind bekam, erschien eine entstellte, doch nicht minder beunruhigende Version, die behauptete, Capua selbst sei das Ziel des Anschlags gewesen. Ein Angriff auf das Leben eines Ministers interessierte nicht nur die Reporter vor Ort, und so berichteten bald auch überregionale Zeitungen darüber.

Als im Herbst Tambronis Marsianer landeten, untersuchte der neue

Polizeichef nicht nur den Vorfall mit den Schüssen, sondern nahm auch Capuas zwielichtige Freunde unter die Lupe. Doch es sollte noch schlimmer kommen für den Politiker: Viele Leute kamen zu dem Schluss, dass es Capua gewesen sei, der wegen des Mordversuchs die Marsianer in die Region geholt hatte. Die 'Ndrangheta war derselben Meinung und fragte sich natürlich, warum ausgerechnet ihr Lieblingspolitiker ihnen so viel Ungemach bereitete. Der Staatssekretär steckte in einer Zwickmühle; auf die Polizei wirkte er wie ein Gauner und auf die 'Ndrangheta wie ein Verräter.

Am 14. September 1955 unternahm Capua einen verzweifelten Versuch, seine Glaubwürdigkeit wiederzuerlangen, und zwar nach beiden Seiten. Er verabredete ein Treffen mit Polizeichef Marzano, um über den Fall eines Verdächtigen mit ihm zu sprechen, der damals verhört wurde. Der Verdächtige, ein 'Ndranghetista namens Pizzi, der in Condofuri Bürgermeister war, fungierte als Capuas Wahlagent und war für die gesamte ionische Küste der Provinz Reggio Calabria zuständig. Capua hoffte vermutlich, dass sein politisches Amt den Polizeichef einschüchtern werde. Schließlich waren zahllose Mafiosi in den vergangenen hundert Jahren auf diese Weise protegiert worden. Doch der neue Polizeichef genoss selbst ausreichend Rückendeckung durch die Politik und ließ sich nicht beirren. Stattdessen legte er Capua gelassen die belastenden Beweise vor, die er bereits gegen Bürgermeister Pizzi gesammelt hatte, der mit ihnen im Zimmer saß. Der Staatssekretär reagierte mit der Dreistigkeit, zu der nur eine gewisse Sorte italienischer Politiker imstande ist. Zuerst gab er sich überrascht und bestürzt. Dann ließ er Marzano seelenruhig wissen, dass sein Freund, Bürgermeister Pizzi, ein ehrlicher Mann mit guten Absichten sei, den sein Umfeld verdorben habe. Mit diesen Worten wandte er sich an den Bürgermeister, hob mahnend den Zeigefinger und bat ihn inständig, er möge in sich gehen und »von nun an« mit der Polizei zusammenarbeiten.

Leider verraten uns die Dokumente nichts über die Reaktion Fernando Tambronis, als er diese Geschichte über seinen Kabinettskollegen las. Wir wissen also nicht, ob er schockiert war oder lachte, bis die Nähte seines Maßanzugs platzten. Aber wir können zumindest mutmaßen, was ihm durch den Kopf ging. Tambroni mag sich gedacht haben, dass eine Bloßstellung Capuas das delikate Gleichgewicht innerhalb der Koalitionsregierung stören konnte. Vielleicht hielt er sich auch nur an eines der alten, ungeschriebenen Gesetze des institutionellen Lebens in Italien. Jede Regierungsfraktion, jede Parteiclique musste sich irgendwann mit Politikern ins Bett legen, die »Freunde der Freunde« in Sizilien, Kampanien oder Kalabrien waren. Ermittelte man gegen einen von ihnen, ließe sich schwer abwägen, was alles ans Licht käme. Da mochte die Ordnungsmacht in Süditalien noch so oft betonen, dass die Mafiaorganisationen niemals ausgerottet werden konnten, solange ihre politischen Gönner unangetastet blieben. Am besten, man beließ alles beim Alten. Die Beweise gegen Capua wurden unter den Tisch gekehrt.

Auch seine Freunde in der 'Ndrangheta wusste Capua zu beschwichtigen. Zumindest gehen wir davon aus, da er bei der nächsten Wahl im Amt bestätigt wurde.

Ein weiterer Politiker, dessen Machenschaften während der Operation Marzano ans Licht kamen, entstammte der Partei des Innenministers, der *Democrazia Cristiana*. Domenico Catalano, hieß es in einem streng geheimen Bericht an Tambroni, sei einer von drei führenden Christdemokraten, die mächtige Positionen in halbstaatlichen und kirchlichen Organisationen innehatten und heftig mauschelten. Alle drei standen im Verdacht, Verbindungen zum organisierten Verbrechen zu pflegen. Catalano prahlte sogar in aller Öffentlichkeit, für die Versetzung eines früheren Polizeichefs aus Kalabrien gesorgt zu haben, als dieser ein wenig übereifrig gegen 'Ndranghetisti vorgegangen war. Am meisten beunruhigte die Tatsache, dass Catalano auch im »Provinzausschuss für Polizeimaßnahmen« saß. Dieses wichtige Gremium bestimmte über die Anträge der Polizei, gefährliche Verdächtige ohne ordentliches Gerichtsverfahren in Strafkolonien zu verbannen. (Das interne Exil in Italien stammte noch aus der Zeit, als die Carabinieri anstatt mit Maschinenpistolen und Jeeps mit Musketen und Pferden ausgestattet waren. Dieser aus juristischer Sicht höchst zweifelhafte Umgang mit Verdächtigen war zudem gänzlich kontraproduktiv, da die Strafkolonien berüchtigte Rekrutierungsorte der Mafia waren.)

Während der Operation Marzano ließ die Polizei ganze Horden von verdächtigen 'Ndranghetisti in die Strafkolonie der entlegenen Insel

Ustica verfrachten, vor der Nordküste Siziliens. Dabei bemerkte der Präfekt von Reggio Calabria, Minister Tambronis Mann vor Ort, dass Domenico Catalano Männern gegenüber, die besonders schaurige Vorstrafenregister aufwiesen, eine »gewisse Nachsicht« an den Tag legte. Mehrere Priester, die vor dem Provinzausschuss als Zeugen aussagten, bezeigten dieselbe merkwürdige Milde. Doch anstatt Ärger zu machen, entschied sich der Präfekt für eine klassisch christdemokratische Reaktion und wechselte ein paar Worte unter vier Augen mit dem Erzbischof.

Der damalige Erzbischof von Reggio Calabria war nun gewiss kein Freund der 'Ndrangheta. Er hatte erst kurz zuvor einen Hirtenbrief verfasst, in dem er über »zwielichtige Geheimbünde« klagte, deren Mitglieder »unter dem Deckmantel der Ehre Verbrechen, Rachsucht und Machtmissbrauch propagieren und praktizieren«. Wir können nur ahnen, wie sehr ihn die Nachricht verstörte, dass der Politiker Domenico Catalano, ein führendes Mitglied kirchlich geprägter Organisationen vor Ort, mit dem organisierten Verbrechen im Bunde war. Doch anstatt Alarm zu schlagen, entschied sich der Erzbischof für die klassische Reaktion der italienischen Kirche und bat Catalano um ein Gespräch unter vier Augen. Er redete dem Politiker höflich ins Gewissen, er möge seine Verpflichtung im Provinzausschuss für Polizeimaßnahmen ernster nehmen.

Die kleine Kette von Gesprächen unter vier Augen schien ihre Wirkung zu tun. Eine Weile stimmte Catalano wie alle anderen Mitglieder des Ausschusses dafür, 'Ndranghetisti in Strafkolonien zu verbannen.

Doch dann sollte der Provinzausschuss für Polizeimaßnahmen über das Schicksal eines ebenso berüchtigten wie mächtigen Kriminellen entscheiden, der in unserer Geschichte bereits an anderer Stelle eine wichtige Rolle gespielt hatte: Antonio Macrì, bekannt als Don 'Ntoni, der in den letzten Jahren des Faschismus angeblich mit dem Carabiniere Massaru Peppi an der Wallfahrtsstätte der Madonna von Polsi eine Tarantella tanzte. 1955 war Don 'Ntoni nicht nur der *capobastone* im Marktflecken Siderno, sondern auch einer der mächtigsten Bosse in ganz Kalabrien. Im Herbst 1953 hatte Don 'Ntoni bekanntermaßen während der Wallfahrt in Polsi ein Plenartreffen der 'Ndrangheta geleitet. (Auch dies ein Beweis dafür, dass die 'Ndrangheta schon immer über eine Art Koordinationsgremium verfügte.)

Irgendeinen Feld-Wald-und-Wiesen-'Ndranghetista auf eine entlegene Insel zu verbannen, war das eine; Don 'Ntoni aber stand auf einem anderen Blatt. Am 3. September 1955 – der Oberboss wartete im Flur vor dem Saal, in dem der Provinzausschuss für Polizeimaßnahmen tagte – erhob sich Domenico Catalano und informierte die übrigen Mitglieder feierlich, er müsse eine Erklärung abgeben, die »den Vatikan betraf«. Dann erzählte er eine Geschichte, bei der es allen Anwesenden die Sprache verschlug.

Catalanos Geschichte lautete etwa folgendermaßen: Einige Jahre zuvor hatte der Bischof von Locri herausgefunden, dass einige Priester Geld aus einer kirchlichen Einrichtung gestohlen hatten. Der Bischof habe die Priester aufgefordert, das Geld zurückzugeben, erklärte Catalano, woraufhin die Priester einen Mörder auf den Bischof angesetzt hätten. Zum Glück habe der Bischof von dem Mordplan erfahren und klugerweise den maßgeblichen 'Ndranghetista der Gegend, Don 'Ntoni Macrì, um Schutz gebeten. Don 'Ntoni, offenbarte Domenico Catalano, habe dem Bischof tatsächlich das Leben gerettet. Ein Mann, der zu solch einer edlen Geste fähig sei, verdiene doch gewiss eine milde Behandlung seitens des Ausschusses, nicht wahr?

Die übrigen Kommissionsmitglieder waren nicht überzeugt. Don 'Ntoni wurde prompt in eine Strafkolonie verbannt und seiner furchterregenden kriminellen Karriere somit eine Pause auferlegt. Minister Tambroni in Rom erhielt einen detaillierten Bericht von der Angelegenheit.

Ob an Catalanos höchst unglaubwürdiger Geschichte von dem Mordkomplott gegen den Bischof von Locri auch nur ein Fünkchen Wahrheit war, werden wir nie erfahren, zumal uns eine dokumentierte Erklärung der päpstlichen Kurie fehlt. Dennoch ist die Affäre beispielhaft. Italiens Problem mit dem organisierten Verbrechen bestand nicht nur in der Tatsache, dass die Mafia über private Kanäle den Staat beeinflusste, sondern vor allem darin, dass Präfekten, Politiker und Erzbischöfe sich derselben privaten Kanäle bedienten. Anstatt sich an die Gesetze zu halten, führten sie Gespräche unter vier Augen.

Wieder las Innenminister Tambroni den Bericht und rührte keinen Finger. Es tat offenbar nichts zur Sache, dass hier ein Politiker versucht hatte, zugunsten eines 'Ndranghetista das Gesetz zu beugen. Domenico Catalano, der sich die seltsame Geschichte über den Bischof, der sein Leben einem Mafiaboss verdankte, ausgedacht hatte, saß noch viele Jahre im Provinzausschuss für Polizeimaßnahmen.

Am 27. Oktober 1955 – nur 54 Tage nach seiner Landung – stieg Polizeichef Marzano wieder in seine fliegende Untertasse und verließ Kalabrien. Dass kaum zwei Monate intensiver Polizeiarbeit dauerhafte Veränderungen herbeiführen würden, war nicht anzunehmen. Über kurz oder lang würden die 'Ndranghetisti aus ihren Strafkolonien heimkehren, und alles ginge wieder den gewohnten Gang.

Der italienische Staat hätte keinen deutlicheren Beweis für seine fehlende Beharrlichkeit liefern können. Tambronis Polizeiapparat schien nicht sonderlich erpicht, die 'Ndrangheta als Organisation wirklich zu durchschauen. Die gesamte Kommandokette – vom Innenministerium in Rom bis hinunter zu den einfachen Polizisten in Kalabrien – hatte zahlreiche Informationen zur Verfügung, um ein überzeugendes Bild der kalabrischen Mafia zu erstellen. Am 28. Mai 1955, nur drei Monate vor Beginn der Operation Marzano, hatten Polizei und Carabinieri ein Haus in Rosarno durchsucht und ein Notizbuch gefunden, das die Regeln der 'Ndrangheta enthielt. Zweieinhalb Wochen später wurde das Ungeheuer von Presinaci endlich gefasst und äußerte seine Absicht, die Polizei über alles in Kenntnis zu setzen. Die Behörden erfuhren eine Menge: über die netzartige, territoriale Struktur der 'Ndrangheta; über ihre Schutzgelderpressungen und die Kultur der Blutrache; über die Art und Weise, wie sie sich als Alternative zum Gesetz betrachtete, und über ihre Fähigkeit, mit den verfeindeten Cliquen und Gruppierungen der kalabrischen Politik Bündnisse zu schließen. Und doch gibt es nicht den kleinsten Hinweis darauf, dass Polizeichef Marzano auch nur im mindesten daran interessiert war, aus diesen wertvollen neuen Erkenntnissen praktischen Nutzen zu ziehen. Ebenso wenig findet sich in dem Häufchen offizieller Korrespondenz, das sich während der Operation Marzano angesammelt hatte, irgendein Indiz, dass die Behörden möglicherweise über historische Quellen zur Entstehung der Ehrenwerten Gesellschaft verfügten oder aus früheren Bekämpfungsversuchen etwas gelernt hatten. Kurzum, niemand assoziierte mit dem Gedanken einer »Invasion vom Mars« die Vorstellung, dass es für ein erfolgreiches Vorgehen gegen die 'Ndrangheta hilfreich sein könnte, sie von innen her zu begreifen.

Im Parlament in Rom hegten die Kommunisten den Verdacht, dass die Operation Marzano niemals ernsthaft die Bekämpfung der 'Ndrangheta zum Ziel hatte. Sie waren der Überzeugung, dass Tambronis Versprechen, er werde »niemandem gefällig sein«, von Anfang an hohl und zynisch gewesen war. Die schamlosesten Beispiele für die Unterstützung von Politikern durch das organisierte Verbrechen betrafen die Christdemokraten. Ein sozialistischer Politiker erzählte im Parlament, dass Vincenzo Romeo, der Boss mit den zehn Hunden, mit einer Maschinenpistole herumgelaufen sei und dabei geschrien habe: »Entweder ihr wählt die Christdemokraten, oder ich bring euch um.« Marzano sei wählerisch, was die Mafiosi betreffe, die er auffliegen lasse, protestierten die Kommunisten. So sei der christdemokratische Bürgermeister der Provinzhauptstadt Reggio Calabria trotz ernstzunehmender Hinweise, dass er Verbindungen zum organisierten Verbrechen pflege, nicht inhaftiert worden. Dagegen sei der kommunistische Bürgermeister des Bergdorfes Canolo, Nicola D'Agostino, verhaftet und in eine Strafkolonie verbannt worden.

Die Behauptungen der Kommunisten, Tambronis Invasion vom Mars sei ideologisch voreingenommen, waren nicht ganz von der Hand zu weisen. Das Beispiel D'Agostinos war freilich etwas unglücklich gewählt, weil dieser Bürgermeister zwar ein Mitglied der Kommunistischen Partei Italiens war, dabei aber auch weiterhin ein Boss der 'Ndrangheta. Die Polizei behauptete, er habe die Partei nur dazu benutzt, den Ort in Schach zu halten. D'Agostino war kein Einzelfall: Auch das letzte Opfer des Ungeheuers von Presinaci war ein kommunistischer 'Ndranghetista. Kommunisten im Süden Kalabriens waren weniger gegen die Unterwanderung durch die Mafia gefeit als ihre Kameraden im Westen Siziliens, die so viele Märtyrer im Kampf gegen das organisierte Verbrechen aufzuweisen hatten. In Kalabrien besaß die 'Ndrangheta mancherorts sogar die Macht, die Ideologie ihrer Feinde auszuhöhlen.

Anders ausgedrückt: Tambroni verfolgte offenbar keinen besonders schlauen politischen Plan. Er stürzte sich Hals über Kopf in die Operation Marzano und ließ ebenso schnell wieder die Finger davon, als er erkannte, wie fest die 'Ndrangheta in Kalabrien verwurzelt war.

Vernünftigerweise beschloss Minister Tambroni, für Marzanos leicht errungene frühe Siege den Beifall einzuheimsen, ein paar Ganoven für mehrere Jahre in Strafkolonien zu verbannen und dann in Kalabrien wieder alles auf die herkömmliche Weise zu regeln. Symptomatisch für diese Rückkehr zur Normalität war der Ausgang des Verfahrens gegen das Ungeheuer von Presinaci. Im September 1957 wurde Serafino Castagna, wie abzusehen war, zu einer lebenslangen Haftstrafe verurteilt. Doch von den 65 Männern, die er mit seiner Aussage belastet hatte, wurden 46 freigesprochen und die restlichen 19 zu einer Freiheitsstrafe von zwei bis drei Jahren auf Bewährung verurteilt.

Die Geschichte der Operation Marzano und des Ungeheuers von Presinaci ist typisch für die Reaktion des Staates auf die Gewalt der Gangster. Kaum verschwand die Gewalt wieder aus den Schlagzeilen, kehrten die Behörden zu ihren alten Gewohnheiten zurück und lebten erneut in Eintracht mit der Mafiamacht.

Der Kartoffelpreispräsident (und seine Witwe)

Mitte der fünfziger Jahre deuteten gewisse Anzeichen darauf hin, dass Italiens Wirtschaft eine Phase anhaltenden Wachstums erreicht hatte, die endlich die Härten des Krieges vergessen ließe. 1950 überholte die industrielle Produktion das Vorkriegsniveau. Die Inflationsrate, die 1947 auf 73,5 Prozent gestiegen war, sank auf einstellige Werte. Auch die Arbeitslosigkeit ging stetig zurück. Der Süden hinkte noch immer dem Norden hinterher, doch in den Großstädten aller Regionen gaben die Italiener wieder mehr Geld aus. Eine bessere Ernährung stand landesweit an oberster Stelle der Einkaufslisten, insbesondere die Bestandteile dessen, was später als mediterrane Kost bekannt werden würde: Pasta und vor allem Obst und Gemüse.

Besonders deutlich zu spüren waren die Auswirkungen des steigenden Konsums auf dem Obst- und Gemüsegroßmarkt in Neapels Stadtteil Vasto: Etwa dreißig Prozent der italienischen Obst- und Gemüseexporte wurden durch diese schäbige Umgebung geschleust. Während andere Gegenden Italiens je nach Jahreszeit auf den Handel mit ein oder zwei Feldfrüchten spezialisiert waren, gediehen im überaus fruchtbaren Hinterland von Neapel das ganze Jahr über Früchte in Hülle und Fülle. Die frischen Tomaten, Zucchini, Kartoffeln, Pfirsiche und Zitronen, die jedes Jahr in der Region geerntet wurden, waren an die 16 Milliarden Lire wert (nach heutiger Rechnung etwa 225 Millionen Euro). Weitere 12 Milliarden Lire (167 Millionen Euro) wurden mit Walnüssen, Haselnüssen, Erdnüssen, Rosinen, Feigen und anderen Trockenfrüchten erwirtschaftet.

Trotz dieses Reichtums bot der Großmarkt in Neapel ein chaotisches Schauspiel. Als eines der wirtschaftlichen Nervenzentren der Stadt, direkt am Verladebahnhof gelegen und vom Hafen aus gut zu erreichen, bestand er lediglich aus einer Ansammlung von Stahlskeletthallen, deren rostiger Maschendraht und bröckelnder Beton noch immer von Kriegsschäden zeugten. Eine Vielzahl schäbiger Fahrzeuge rollte durch die bleibenden Pfützen im Schatten der Gebäude: Eselskarren und Lieferwagen, Handkarren und winzige Autos mit komischen, übergroßen Dachgepäckträgern – schwer beladen mit schwankenden Stapeln aus Lattenkisten voller Auberginen, Salatköpfe, Aprikosen und Kirschen. Der Markt wurde von wenigen beengten Büros aus verwaltet, einem Postamt und einigen Banken in den benachbarten Straßen. Es gab weder Fernschreiber noch Telefone. Geschäfte, ganz gleich wie groß, wurden auf den Gehsteigen der Via Firenze und des Corso Novara getätigt, von Mann zu Mann, unter bühnenreifen Ausrufen der Verachtung und Verwunderung. Hin und wieder, wenn sich ein ernsthafter Handel abzeichnete oder eine größere Rechnung zu begleichen war, pflegte ein reicher Gemüsehändler aus seinem Sportwagen zu springen, sich Haar und Anzug glatt zu streichen und die ehrerbietigen Begrüßungen von Vertretern und Arbeitern entgegenzunehmen.

1955 zeigte einer der berühmtesten Mordfälle der Zeit, was für eine mächtige und gefährliche Kaste diese Gemüsehändler in Wirklichkeit waren. Der Prozess der »neuen Camorra« hieß er, da man 1955 in Italien allmählich wieder das »C«-Wort in den Mund nahm. Für jeden, der genauer hinzusehen bereit war, belegte dieser Fall, dass die Mafia mit dem Wachsen der italienischen Wirtschaft Schritt hielt. Der Handel wurde zu einem der wichtigsten Motoren der Mafiageschichte.

Pasquale Simonetti war ein solcher Obst- und Gemüsehändler. Der 31-Jährige war zwei Meter groß, gebaut wie ein Schwergewichtler und mit entsprechender Physiognomie ausgestattet: Eine wulstige Nase (ob natürlich oder gebrochen, ließ sich schwer sagen) drückte seine kleinen, kalten Augen weit auseinander; der kantige, vierschrötige Schädel saß auf einem Hals, der den redlichen Bemühungen des Schneiders, ihn in einen Hemdkragen zu zwingen, erfolgreich trotzte. Die Leute nannten ihn einfallslos Pascalone 'e Nola – »Großer Pasquale aus Nola« (Nola war ein Marktflecken nicht weit von Neapel).

Am Morgen des 16. Juli 1955 fing sich Pascalone, der gerade eine Orange schälte, die er eben an einem Stand gekauft hatte, zwei Schüsse ein. Der Schütze, ein blonder junger Mann im schiefergrauen Anzug, flüchtete unbehelligt. Das Opfer, von den Kumpanen blutend im Rinnstein liegen gelassen, starb in der Morgendämmerung des darauffolgenden Tages im Krankenhaus. Die Polizei schaffte seine Leiche schnurstracks in die Leichenhalle, um sich den hässlichen Trauerzug der kriminellen Bruderschaft vom Lande zu ersparen.

Zunächst schien niemand Pasquale Simonettis Tod mit dem einträglichen Obst- und Gemüsehandel in Verbindung zu bringen. Die traditionelle neapolitanische Zurückhaltung im Zusammenhang mit Ganovengeschichten bestand nach wie vor. Pasquales Personenbeschreibung, die seiner Ermordung folgte, schaffte es nur in den Lokalteil der regionalen Tageszeitungen. Neben seiner Tätigkeit als Händler mit kampanischen Agrarerzeugnissen war Pascalone der Presse vor Ort bereits als Schmuggler und Erpresser bekannt. Einige seiner Taten waren ebenso spektakulär wie seine Erschießung. 1951 hatte er unweit des Eingangs zum Bahnhof mit einem in Zeitungspapier gewickelten Schraubenschlüssel einen Mann niedergeschlagen; das Opfer erzählte der Polizei, es habe nichts gesehen. Dann kam es im Stadtzentrum von Giugliano zu der Schießerei, die ihm eine Haftstrafe im Gefängnis von Poggioreale einbrachte, wo er zum Boss seines Flügels avancierte. Kurzum, Pascalone schien der typische Dorfschläger zu sein, und was in der Provinz vor sich ging, kümmerte niemanden. Wäre er bei sich zu Hause umgebracht worden anstatt im Zentrum von Neapel, dann hätte man dem Ereignis allenfalls ein paar Zeilen gewidmet.

Nun war die Nachricht von Pasquales Tod einigen Journalisten Anlass genug, sie mit menschlichem Interesse auszukleiden. Es ging das Gerücht, er sei ehrlich geworden, bevor er starb. Den Grund für diesen unwahrscheinlichen Sinneswandel sah man in seiner jungen Frau, einer Kleinstadtschönheit mit breiten Hüften aus Castellammare di Stabia. Während Pascalone im Gefängnis saß, hatte sie ihm täglich geschrieben, ihm versprochen, sie werde ihn »vom steilen, beschwerlichen Pfad der Sünde« fernhalten, und ihn mit ihren Jungmädchenträumen überschüttet: »Ich bin sehr gerührt und auch ein wenig ängstlich, wenn ich daran denke, dass mein lieber Tarzan mich forttragen wird, weit fort von diesem hässlichen Ort, um in einem verwunschenen Märchenschloss mit mir zu leben.« Assunta Maresca, Pasquales junge Witwe, wurde von ihrer Familie Pupetta (Püppchen) genannt. Sie erwartete ein Kind, als ihr Mann starb.

Am 4. Oktober 1955, zweieinhalb Monate nach dem Mord an ihrem Tarzan, ließ sich eine sichtlich schwangere Pupetta von Castellammare zum Großmarkt von Neapel fahren. Unterwegs ließ sie anhalten, um Blumen auf Pasquales Grab zu legen. Auf dem Corso Novara, nur wenige Meter von der Stelle, an der ihr Mann zusammengebrochen war, begegnete sie einem weiteren Prototypen des Obst- und Gemüsehändlers: Antonio Esposito alias *Totonno 'e Pomigliano*, »der große Toni aus Pomigliano«. Es folgte wohl ein heftiger Streit, in dessen Verlauf sich Pupettas Fahrer aus dem Staub machte. Dann begann die Schießerei. Pupettas Fiat 1100 wurde mehrere Male getroffen, wobei ein Projektil den Sitz durchschlug, den der Fahrer kurz zuvor verlassen hatte. Pupetta, die vom Rücksitz aus mit einer Beretta 7.65 feuerte, die Pascalone ihr gegeben hatte, blieb unverletzt. Sie flüchtete zu Fuß. Ihr Opfer jedoch, Totonno, fing sich fünf tödliche Schüsse ein.

»Verwitwete schwangere Schönheit in Bandenkrieg verwickelt«, lautete die Schlagzeile, die die Aufmerksamkeit des ganzen Landes auf die seltsame Welt der kampanischen Großmarktszene lenkte.

Pupetta, die mit einer Perlenkette spielt. Pupetta, die sich durch das lange, dunkle Haar streicht. Pupetta, die an einem Baum lehnt. Pupetta in Häftlingskleidung. Pupetta in glücklicheren Tagen. Pupetta im Gefängnis, mit ihrem neugeborenen Baby im Arm. Als die beiden Morde des Corso Novara vor Gericht verhandelt wurden, gierten Zeitungsleser nach einem Foto von Pupetta, und sie kam ihnen entgegen, indem sie wie ein Hollywoodsternchen posierte. Doch wer war dieses pausbäckige Mädchen auf den Fotos, und was hatte sie bewogen, zur Mörderin zu werden? War sie eine Gangsterbraut oder nur eine verwitwete junge Mutter, halb wahnsinnig vor Trauer?

Pupetta Maresca gab ihre eigene Antwort auf diese Fragen, als sie in den Zeugenstand trat: Ihr erster Satz lautete: »Ich habe aus Liebe getötet.« Sie gab zu, Totonno erschossen zu haben, weil dieser gemeinsam mit einem anderen Großmarkthändler namens Antonio Tuccillo (alias *'o Bosso*, der »Boss«) Pascalones Ermordung angeordnet habe. Ihr Mann habe es ihr auf dem Totenbett verraten, behauptete Pupetta. Demnach handelte es sich um ein Verbrechen aus Leidenschaft, die Rache einer Witwe, die den Mörder ihres geliebten Ehemanns bestraft hatte. Einer der Korrespondenten, an Puccinis tragische Oper *Tosca* erinnert, deren Protagonistin dazu getrieben wurde, ihren Geliebten zu rächen, nannte Pupetta eine bäuerliche Tosca.

Dies war die Pupetta, die das Volk – zumindest ein Teil davon – sehen wollte. Dass die Geschichte in Wahrheit einen Gangsterhintergrund hatte, war nur allzu deutlich. Zeitungen im Norden hatten eine umfassende Debatte über die »neue Camorra« begonnen. Doch in Neapel erhitzte der Gedanke, die Camorra könne am Ende doch nicht mausetot sein, nach wie vor die Gemüter. Die Zeitung *Roma*, die den Bürgermeister Achille Lauro unterstützte, war wie immer darauf erpicht, dem organisierten Verbrechen einen sentimentalen Anstrich zu verpassen. Lauros Neapel würde sich niemals irgendeinem voreingenommenen Norditaliener beugen, der diese tragischen Morde zum Vorwand nahm, um die Camorra ins Spiel zu bringen. Die Zeitung *Roma* – und mit ihr ein Teil der Öffentlichkeit in Neapel – hatte Tosca-Pupetta ins Herz geschlossen und beschwor ihre Richter, sie nach Hause zu schicken, zu ihrem Kind.

Doch dies war nicht die wahre Pupetta. Vielen im Gerichtssaal kam es so vor, als habe sie es mit Absicht auf den Tosca-Vergleich abgesehen. Sie sprach nicht ihren gewohnten Dialekt, sondern ein befangenes, korrektes Italienisch. Pupetta, so ein Korrespondent, »versucht, mit einer Pflaume im Mund zu sprechen. Sie sagt: ›Es ist offenkundig‹ und ›Das Schicksal hat es so gefügt‹, als wäre sie die Heldin eines dieser Schnulzenromane für empfindsame Herzen und naive Gemüter.«

Bald zeigten sich die Risse in ihrer Verteidigungsstrategie. Ihre melodramatischen Posen passten nicht so recht zur Argumentationsweise ihres Verteidigers, der behauptete, sie sei auf dem Corso Novara von Totonno aus Pomigliano bedroht und angegriffen worden und habe in Notwehr zurückgeschossen. Mit den ersten Worten, die sie vor Gericht äußerte, stellte Pupetta sich selbst ein Bein: »Ich habe aus Liebe getötet. Und weil man mich umbringen wollte. Wäre mein Mann wieder lebendig und sie würden ihn erneut umbringen, dann würde ich mit Sicherheit dasselbe noch einmal tun.«

Die Staatsanwaltschaft brauchte nicht eigens zu betonen, dass ein Tötungsdelikt entweder ein Verbrechen aus Leidenschaft oder ein verzweifelter Akt der Notwehr sein konnte. Aber nicht beides.

Pupetta wurde gefragt, ob ihre Familie in Castellammare einen Spitznamen habe. Sie wand sich und vermied das Thema eine Weile. Als sie endlich antwortete, flammte unwillkürlich Stolz auf in ihren Augen: »Sie nennen meine Familie *›e lampetielli‹*«, gab sie zu – »die blitzenden Klingen«. Die Marescas waren ein berüchtigter, gewalttätiger Haufen mit Strafregistern, die zu ihrem Beinamen passten. Pupetta, so jung sie war, war bereits wegen Körperverletzung angeklagt worden. Ihr Opfer hatte die Anklage zurückgezogen. Der Grund dafür ist nicht schwer zu erraten.

Pupettas Sorge während der Verhandlung galt vor allem ihrem 16-jährigen Bruder Ciro, der ihrer Aussage nach nicht in den Mord verwickelt gewesen war. Ciro, so wurde vermutet, hatte neben Pupetta auf der Rückbank des Fiats gesessen und mit einer Pistole auf Totonno geschossen. Dem Verteidiger des Jungen war nicht damit geholfen, dass sein Mandant bei Prozessbeginn noch immer auf der Flucht war.

Doch es war vermutlich nicht nur ihr Bruder, den Pupetta zu decken suchte. Ballistikexperten konnten nie die exakte Anzahl der Schüsse ermitteln, die gewechselt worden waren – 25? 40? –, weil die Einschusslöcher, die über die Mauern am Corso Novara verstreut waren, auch aus vorangegangenen Schießereien um den Obsthandel stammen konnten. Ebenso gut ist es denkbar, dass Pupetta und ihr Bruder Ciro nicht die Einzigen waren, die auf Totonno feuerten. Wenn dem so war, hatte »Tosca« tatsächlich ein größeres Erschießungskommando geleitet und keineswegs impulsiv und allein Rache geübt, sondern gleichsam einen militärischen Einsatz durchgeführt.

Durch die Risse in Pupettas Fassade erhaschte das Italien der Nachkriegszeit erste Blicke auf ein im ländlichen Umland Neapels tiefverwurzeltes Gangstersystem, das sich durch keine noch so große Menge an Klischees mehr verbergen ließ. Pupetta war eine junge Frau, die mit den Angelegenheiten ihres Clans eng verwoben war. Eine dieser Angelegenheiten war ihre Heirat: Hier hielt nicht etwa Tarzan mit seiner Märchenprinzessin Hochzeit, hier ging es um die Vermählung zwischen einer angesehenen kriminellen Blutlinie wie den »Blitzenden Klingen« und einem vielversprechenden jungen Ganoven wie Pascalone. In der Welt der kampanischen Clans war die treibende Kraft nicht etwa heiße Liebe, sondern eine kalt berechnende Mischung aus Diplomatie und Gewalt. Vor jedem der beiden Morde auf dem Großmarkt hatte ein sorgfältig geplantes Abendessen für 50 Gäste stattgefunden. Offenbar sollte damit ein Friedensabkommen besiegelt werden, und zwar zwischen Pascalone und Totonno aus Pomigliano, dem Mann, den Pupetta später ermorden würde. Niemand konnte mit Gewissheit sagen, was genau bei Tisch besprochen und vereinbart worden war. Sicher war nur, dass das Friedensabkommen schon bald gebrochen wurde. Doch selbst nach Pascalones Tod wurden die diplomatischen Bemühungen fortgesetzt: Es gab zahlreiche Kontakte zwischen Totonnos Leuten und Pupettas Familie. Versuchten sie, den Frieden mit dem Clan der jungen Witwe zu erkaufen? Das Kriegsbeil zu begraben, weil es den Geschäften hinderlich war?

Diese und ein Dutzend weitere Fragen sollten am Ende der Verhandlung offenbleiben, hauptsächlich weil sämtliche Zeugen, die nach Pupetta ihre Aussage machten, dem Gericht nichts als Lügen erzählten. »Ich habe nichts gesehen«, so der Refrain, »Ich erinnere mich nicht«. Ein einziger Mann wurde tatsächlich im Gerichtssaal verhaftet: Er hatte seine Aussage dreist an den meistbietenden Anwalt zu verschachern versucht. Dabei hätten viele dieselbe Behandlung verdient gehabt. Der Vorsitzende Richter verlor immer wieder die Geduld. »Ihr lügt doch allesamt. Wir schreiben alles nieder und schicken ein Gebet zu Gott, um herauszufinden, wer hier flunkert.«

Wie die neapolitanische Zeitung *Il Mattino* kommentierte, stammten die meisten Zeugen, ob sie nun für die Staatsanwaltschaft oder die Verteidigung logen, »aus Familien, in denen ein natürlicher Tod die seltene Ausnahme ist«. Der blonde junge Mann im schiefergrauen Anzug, der Pupettas Ehemann erschossen hatte, hieß Gaetano Orlando. Sein Vater, Don Antonio, war sechs Jahre zuvor bei einem Mordversuch verwundet worden. Aus Rache hatte Gaetano dem Schuldigen aufgelauert, aber nur ein kleines Mädchen namens Luisa Nughis erschossen. Er war zu lachhaften sechs Jahren Haft verurteilt worden, von denen er nur drei verbüßte. Totonnos Verwandtschaft aus Pomigliano war noch furchterregender: Alle drei Brüder des Toten arbeiteten mit ihm im Obst- und Gemüseexport; alle drei waren des Mordes angeklagt; und einer von ihnen, Francesco, trat mit einer schwarzen Sonnenbrille in den Zeugenstand, weil er 1946 bei einem Schusswechsel sein Augenlicht verloren hatte.

Diese Leute mochten Exsträflinge und Ganoven sein, verfügten aber trotzdem über Chauffeure und Hausdiener, Buchhalter und Leibwächter. Sie besaßen Firmen, fuhren Luxuswagen und trugen Maßanzüge. Der Onkel des großen Pasquale, mit einer unheimlichen Ähnlichkeit zu Yul Brynner, hielt sich zumeist in den Kasinos von Saint Vincent und Monte Carlo auf – nachdem er in den Vereinigten Staaten 20 Jahre wegen Mordes im Gefängnis gesessen hatte. Der Mann im grauen

Anzug, Gaetano Orlando, war der Sohn des früheren Bürgermeisters von Marano. Das Familienunternehmen hatte unlängst einen lukrativen Auftrag an Land gezogen und belieferte ein Klinikkonsortium mit Obst und Gemüse. Der junge Killer kümmerte sich persönlich darum, Erzeugnisse in Sizilien, Rom, Mailand und Brescia zu verkaufen.

Mittlerweile waren die gebildeteren Beobachter des Falls weniger an der verführerischen Pupetta interessiert als an der Art und Weise, wie diese gewaltbereiten Männer aus der erzeugnisreichen Landwirtschaft der Region Kampanien Geld schlugen. Ein Ausspruch Pupettas zu Beginn des Verfahrens hatte einen Riss in die Mauer des Schweigens gesprengt: Sie hatte Pascalone als »Kartoffelpreispräsidenten« bezeichnet. Er hatte den Marktpreis für die Kartoffeln bestimmt. Auch der ermordete Totonno aus Pomigliano wurde als Preispräsident bezeichnet.

Worin also bestand die Aufgabe eines Preispräsidenten? Pupetta verlieh der Rolle ihres Mannes einen märchenhaften Anstrich. Ihr Tarzan habe die Kartoffelpreise im Interesse der armen Bauern festgesetzt, behauptete sie. Er sei ein ehrlicher Mann gewesen und von seinen ausbeuterischen Konkurrenten gehasst worden. Diese Behauptung ist nicht glaubwürdiger als der Rest von Pupettas Aussage. Wahrscheinlicher ist, dass die Macht eines Präsidenten, wie im Zusammenhang mit der italienischen Mafia stets der Fall, auf ein bestimmtes Territorium beschränkt war, in dem er eine Organisation aufbauen konnte, die sich ohne Angst vor Bestrafung gewaltsamer Methoden bediente. Seine Männer wandten sich an die kleinen Bauern und boten ihnen Kredite, Saatgut, Werkzeug und was immer sie für die nächste Aussaat benötigten. Die Schulden würden sie mit den Erträgen bezahlen, für die im Vorfeld ein niedriger Preis vereinbart wurde. Bosse wie Pascalone oder Totonno drohten jedem Bauern, der genügend Bargeld oder Schneid besaß, um außerhalb des Kartells Geschäfte zu machen, systematisch mit Vandalismus und Schlägen. Indem sie so das Angebot an Obst und Gemüse kontrollierten, konnten diese Männer, die sowohl Kredithaie und Schutzgelderpresser als auch Zwischenhändler waren, die zu zahlende Geldsumme bestimmen, sobald die Lastwagen in den Großmarkthallen im Vasto-Viertel von Neapel entladen wurden.

Die vielen zweifelhaften Zeugenaussagen im Prozess gegen Pupetta Maresca bedeuten, dass wir unsere Erkenntnisse aus der Forschung bemühen müssen, um ihr Bild zu vervollständigen. Es ist wahrscheinlich, dass die Präsidenten aus bis zu 15 Städten im Hinterland von Neapel (Pascalone aus Nola, Totonno aus Pomigliano und so weiter) sich regelmäßig in Neapel trafen, um die Preise auszuhandeln. Weil sie gemeinsam den Nachschub bestimmter Erzeugnisse kontrollierten, kamen sie überein, die Festsetzung der Preise für einzelne Obst- und Gemüsesorten jeweils dem Präsidenten zu überlassen, in dessen Territorium sie überwiegend angebaut wurden: daher Pasquales Kartoffeln.

So korrupt oder ineffektiv dieses System auch wirken mochte, es hatte immerhin deutliche Vorteile für alle nationalen und internationalen Firmen, die auf dem Großmarkt von Neapel Produkte beziehen wollten. Firmen wie die Hersteller von Dosentomaten für Pasta und Pizza pflegten sich an die Preispräsidenten zu wenden, um Garantien zu erhalten: dass die Versorgung nicht abreißen würde, dass die Preise absehbar blieben und dass die Geschäfte, die man unter vier Augen auf dem Corso Novara abschloss, respektiert würden. Als Gegenleistung für ihre Dienste kassierten die Preispräsidenten persönliche Bestechungsgelder. Pascalone hatte angeblich pro 100 Kilo Kartoffeln, die auf dem Markt abgeladen wurden, einen Anteil von 100 Lire verlangt. Einem Zeugen zufolge konnte der Kartoffelpreispräsident täglich 50 Lastwagen Kartoffeln auf den Markt bringen – etwa 750 000 Kilo. Falls diese Zahlen stimmen, verdiente Pascalone an einem guten Tag ganze 10 000 Euro (nach heutigen Maßstäben), wobei das Geld, das er den armen Bauern abpresste, und die Summen, die er mit seinem Obst- und Gemüsehandel verdiente, noch nicht mitgerechnet sind.

Spätere Ermittlungen ergaben, dass auch der Handel mit Vieh, Meeresfrüchten und Molkereiprodukten in der Hand der Camorra lag. Neapel hatte nicht einmal einen Viehgroßmarkt – sämtliche Geschäfte wurden in der berüchtigten Provinzstadt Nola erledigt, der Heimat Pascalones. Laut Aussage eines Experten hatte die Ehrenwerte Gesellschaft in Nola die Verlegung des Viehmarktes von Neapel nach Nola durchgesetzt.

Einige der Fragen, die der Fall Pupetta unbeantwortet ließ, betrafen die Kontakte der ländlichen Clans zur Politik. Es ist sehr wahrscheinlich, dass die Ganoven der Provinzstädte sich in derselben Art und Weise als Stimmenfänger betätigten wie die *guappi* in Neapel.

Außerdem stellte sich die Frage nach dem Verhältnis zwischen den Clans auf dem Land und der Gangsterszene in der Stadt. Die kriminellen Gemüsehändler ließen die *correntisti* der Elendsviertel im Vergleich aussehen wie Schmalspurganoven. Die Vergangenheit liefert uns vielleicht ein paar Hinweise bezüglich der Verbindungen zwischen den beiden. Gangster von der Sorte eines Pasquale aus Nola und eines Totonno aus Pomigliano haben eine Vergangenheit, die bis zum heutigen Tag weitgehend unbekannt ist. Dennoch waren in den Tagen der alten Ehrenwerten Gesellschaft von Neapel die einflussreichsten Camorristi stets diejenigen, die Geschäftsverbindungen zu Provinzstädten wie Nola hatten. Das große Geld war nicht mit der Plünderung von Läden und Ständen in der Stadt zu machen, sondern fand sich flussaufwärts, wo das Vieh und die Agrarerzeugnisse ihren Ursprung hatten. Außerhalb von Neapel überlebten größere kriminelle Organisationen den Tod der Ehrenwerten Gesellschaft und konnten sich ihre Macht auch während der faschistischen Ära erhalten. Daher war die »neue Camorra«, die der Fall Pupetta ans Licht brachte, wahrscheinlich gar nicht so neu.

Hätte man über die sizilianische Mafia in den 1950er Jahren nicht so viel verworrenes Zeug verbreitet, wäre den Beobachtern des Pupetta-Maresca-Prozesses wohl auch die große Ähnlichkeit zwischen den Familien der Camorra aus dem neapolitanischen Hinterland und jenen der Mafia in Sizilien und Kalabrien aufgefallen. Auch deren Macht basierte auf Gewalt, auch sie besaßen Reichtümer, die sowohl legal als auch illegal erwirtschaftet waren, und auch ihre Gier nach Obst und Gemüse war unersättlich. Im März 1955, nur sieben Monate bevor Pupetta den Mörder ihres Mannes erschoss, war ein Mafioso namens Gaetano Galatolo, Tano Alatu genannt, am Eingang zu Palermos neuem Großmarkt im Acquasanta-Viertel erschossen worden. Es folgte ein erbitterter Kampf um die Kontrolle über den Markt. Noch gab es in Südkalabrien keinen Großmarkt, der sich mit den Märkten in Neapel und Palermo hätte vergleichen lassen; zu diesem Zeitpunkt floss auch noch kein Blut wegen Salatköpfen oder Birnen. Doch kontrollierten die Gangster vor Ort bereits die kleineren Märkte in Reggio Calabria, Palmi, Gioia Tauro, Rosarno, Siderno, Locri und Vibo Valentia. Während sich Italien von den Hungerjahren des Krieges und der Wiederaufbauzeit erholte und seine ersten zögernden Schritte in Richtung Wohlstand machte, geriet die Nahrungsversorgung des Südens in den Würgegriff der Mafias.

Nach den Ereignissen des Jahres 1955 in Neapel kamen die besten Kommentatoren aktueller Ereignisse, die nicht der Kommunistischen Partei angehörten, zu beunruhigenden Schlussfolgerungen. Ein Beispiel war der liberale Intellektuelle und Politiker Francesco Compagna: Seine Zeitschrift *Nord e Sud* veröffentlichte in den folgenden Jahren einige wichtige Analysen zum organisierten Verbrechen. Doch zu einer Zeit, da die einzigen Frauen im Umkreis der Ganoven die schwarzgekleideten Mafiawitwen aus Sizilien und Kalabrien waren, tat sich selbst ein ernsthafter Beobachter wie er schwer, in Pupetta Maresca mehr zu sehen als eine Ausnahmeerscheinung. Die meisten vertraten die Ansicht, dass eine Frau sich nur deshalb mit einem Gangster einließ, weil sie eine der typischen, der Familie verpflichteten Frauen des Südens war, die keinerlei aktive Rolle im System der Mafia spielten.

Pupetta erhielt eine Haftstrafe von 18 Monaten für den vorsätzlichen Mord an Totonno aus Pomigliano. Und trotz all ihrer Bemühungen wurde ihr Bruder Ciro schließlich zu zwölf Jahren Haft verurteilt. Viele Italiener waren fasziniert von der »Tosca«-Version ihrer Geschichte. Nach dem Aufsehen, das der Mord erregt hatte, zeigte sich die italienische Filmindustrie geradezu besessen von Pupetta. Der erste Film kam bereits 1958 heraus, noch vor dem Prozess. Zwei Jahre nach ihrer Freilassung, 1967, spielte Pupetta selbst die Hauptrolle in dem Film *Delitto a Posillipo*, der ihrem Leben nachempfunden war. 1982 wurde sie in einem Fernsehfilm von Alessandra Mussolini dargestellt, der Enkelin des Duce. Eine weitere Verfilmung folgte 2012. Pupetta hatte nach ihrer Freilassung ein Doppelleben begonnen, das sie jahrelang beibehalten würde, das eines Filmstars und einer Gangsterkönigin.

3 DAS WIRTSCHAFTSWUNDER DER MAFIAS

König Beton

In den späten 1950er und frühen 1960er Jahren wuchs die Industrie in Italien schneller als in jedem anderen Land Westeuropas. Die Europäische Wirtschaftsgemeinschaft war ein Anreiz für den Export; billige Energie, billige Arbeitskraft und billiges Kapital schufen die richtigen Voraussetzungen für das Wirtschaftswachstum im Inland, und der Norden Italiens profitierte von seinen unternehmerischen und handwerklichen Traditionen. Ein landwirtschaftlich geprägter Staat, dessen Bewohner sich noch in den 1940er Jahren größtenteils auf Pferdewagen fortbewegt hatten, fuhr jetzt in motorisierten Kraftwagen in die Ära der Massenproduktion. Fabriken im Norden spuckten in exponentiell steigenden Mengen Motorroller, Autos und Reifen aus. Es war Italiens »Wirtschaftswunder«, die rasanteste und tiefgreifendste gesellschaftliche Veränderung in der gesamten Geschichte der Halbinsel.

Auch die Lebensweisen veränderten sich. Als Traktoren und Kunstdünger die Landwirtschaft modernisierten, verließen Tagelöhner in Scharen die ländlichen Regionen. Italien wurde vom Konsumbazillus befallen. 1954 begann das Fernsehen und mit ihm die Werbung für Brühwürfel, Dosenfleisch, Kaffeekannen, Zahnpasta ... Die Italiener sorgten sich mit einem Mal um Schweißgeruch unter den Achseln, strähniges Haar und Schuppen. Waschmaschinen, Kühlschränke und Mixer verhießen für Millionen von Frauen ein Ende der häuslichen Plackerei. Neue Schnellstraßen wurden gebaut für das Heer neuer Autobesitzer.

Italien kam in Mode. Marken wie Zanussi, Olivetti und Alfa Romeo eroberten den Kontinent. Die Vespa und der Fiat 500 wurden zu Ikonen. Alle Welt sehnte sich nach italienischen Handtaschen und

Schuhen. Bald sollte auch Italiens vielbelächeltes Essen seine Liebhaber finden.

Während des Wirtschaftswunders mauserte sich Italien schnell zu einer der führenden kapitalistischen Industrienationen der Welt. Es war eine glanzvolle Erfolgsgeschichte für ein Europa, das sich aus den Trümmern des Zweiten Weltkriegs erhoben hatte.

Doch das Wirtschaftswunder eröffnete auch den Mafias ungeahnte Wege zu neuem Reichtum. Und deren bevorzugte Industriezweige hatten kaum unter den Problemen zu leiden, die der legalen Wirtschaft zu schaffen machten, sobald der Boom irgendwann abflaute. Keine Wachstums- und Rezessionszyklen. Keine pampigen Gewerkschaften. Kaum Konkurrenz. In den sechziger, siebziger und achtziger Jahren verzeichnet die Geschichte der Mafias einen steilen Aufwärtstrend stetig wachsenden Wohlstands. Das Wirtschaftswunder der Mafias sollte den ersten Spurt der legalen Industrie bei weitem überdauern.

Ab Mitte der fünfziger Jahre erschlossen sich die drei größten kriminellen Organisationen Italiens der Reihe nach vier neue – zumindest neuerdings lukrative – Geschäftsquellen: Bauwesen, Tabakschmuggel, Entführung und Drogenhandel. Das Wirtschaftswunder der Mafias nahm die Form einer komplizierten Fuge an, bei der jede einzelne Organisation – einem Trend folgend, der üblicherweise in Sizilien vorgegeben wurde – der Reihe nach dieselben Zyklen der Gier durchlief, und jede der vier Geschäftsquellen vergrößerte nacheinander den Einfluss der Mafias.

Die beiden Kernfertigkeiten, die die Mafias zum Einsatz brachten, um von der Bauindustrie, dem Tabakschmuggel, von Entführung und Drogenhandel zu profitieren, waren dagegen durchaus klassisch: Einschüchterung und Vernetzung, Praktiken, die von Anfang an das Wesen der Mafiakriminalität ausmachten. Dennoch verhalf die neue Ära krimineller Geschäfte den Bossen nicht nur zu nie gekanntem Reichtum, sie veränderte auch grundlegend die Landschaft der Mafiamacht.

Zum einen gebar Geld wieder Geld. Die Erträge aus einem illegalen Unternehmen wurden in andere gesteckt und vervielfältigten sich auf diese Weise. Vom Bauwesen über den Zigarettenschmuggel hin zu Entführung und Drogenhandel: In den folgenden drei Jahrzehnten wurden ineinandergreifende Kettenreaktionen in Gang gesetzt. Die Mafias wurden das, was Italiens Mafiaexperten mit dem englischen Begriff *holding companies* bezeichnen. In mancher Hinsicht waren Mafiosi dies schon immer: Universalkriminelle, die im 19. Jahrhundert ihre Einnahmen aus der Schutzgelderpressung beispielsweise in gestohlenes Vieh investierten. Doch ab den späten fünfziger Jahren wurden die Investitionen aus Mafiaprofit wesentlich weiter gestreut und besser verdeckt.

Die Vermehrung des illegalen Vermögens brachte eine ganze Reihe anderer Veränderungen mit sich. Die Kontakte zwischen dem organisierten Verbrechen und dem italienischen Staat wurden enger, aber auch gewalttätiger. Auch die Mafiaorganisationen selbst veränderten sich. Sie experimentierten mit neuen Regeln und neuen Kommandostrukturen und glichen sich einander an. Mafiosi aus unterschiedlichen Regionen bewegten sich in denselben Kreisen, machten Geschäfte miteinander, lernten voneinander und intrigierten gegeneinander. Überdies agierten sie zusehends internationaler. Gänzlich neue Mafias entstanden. Am Ende würden diese komplexen Veränderungen die Mafias in einen Krieg stürzen, dessen rohe Brutalität jedes Maß überstieg.

Alles begann mit einem Material, das die Fundamente der Gebietshoheit der Mafias darstellte und aus dem bis heute viele ihrer Brücken in die legale Wirtschaft und das Regierungssystem bestehen: dem Beton.

Neapel und Palermo haben vieles gemein. Beide waren einmal glorreiche Hauptstädte. Beiden hatten Häfen. Und beide prägte die langjährige Suche nach einer wirtschaftlichen Daseinsberechtigung in der Ära des Industriekapitalismus. Zu Beginn der fünfziger Jahre gab es im Herzen Palermos und Neapels alte Armutsenklaven: Die Straßen der heruntergekommenen Viertel waren von Bomben beschädigt, überfüllt, schmutzig und elend. Typhus und Tuberkulose waren regelmäßige Besucher. In den engen, unsicheren Gebäuden fehlte es an ordentlichen Küchen und Toiletten. In den Gassen spielten barfüßige Kinder zwischen offenen Abflusskanälen und Müll. Viele Brötchenverdiener, männliche wie weibliche, lebten mehr schlecht als recht als Taschendiebe, Hütchenbetrüger, Hausierer, Prostituierte, Zimmermädchen, Wäscherinnen, als Sammler von Brennholz, Lumpen oder Schrott. Die Maurer und Stukkateure, die gelegentlich Arbeit bekamen, oder die unterbeschäftigten Schuster und Schneider waren in der Minderzahl. Einer der wichtigsten Pfeiler der Wirtschaft in den Elendsvierteln war Kinderarbeit.

Eine Veränderung tat not. Um den Druck noch zu erhöhen, war Palermo jetzt wieder die Hauptstadt Siziliens, mit einem neuen Länderparlament und einer Armee von Bürokraten, die es unterzubringen galt. Doch statt einer geplanten Umquartierung und einer strategischen Stadtentwicklung wurden beide Städte schlicht geplündert. Die Bauspekulation drohte ins Kraut zu schießen, und die örtliche Regierung erwies sich als gänzlich unfähig, der wilden Beton-Bonanza irgendeine Ordnung aufzuerlegen. Gleichzeitig verschoben sich in den sechziger Jahren die wirtschaftlichen Achsen beider Städte. Früher besaß man entweder Ländereien (die Wohlhabenden) oder Improvisationstalent (die Armen). Jetzt bestritt man seinen Lebensunterhalt mit staatlichen Stellen, mageren Renten, Akkordarbeit, Kleinunternehmen, Dienstleistungen – und natürlich dem Bauwesen. Für die Armen bedeutete dieser Wandel Jahre des Wartens, Protestierens und Bettelns um die Gefälligkeit irgendeines Priesters oder Politikers, ehe sie endlich aus einem Elendsviertel der Stadtmitte in eine trostlose Sozialbausiedlung umquartiert wurden, die einen langen Fußmarsch von der nächsten Bushaltestelle entfernt lag. Für mittlere Einkommen war die Belohnung eine Mietswohnung in einem der vielen gleichförmig protzigen, unsolide gebauten Kästen auf der einstmals grünen Wiese.

Doch was die Rolle des organisierten Verbrechens im Bauboom der fünfziger und sechziger Jahre betraf, so waren die Unterschiede zwischen Neapel und Palermo augenfälliger als die Ähnlichkeiten.

In Neapel fing kein anderer die Stimmung des Bauspekulationsbooms besser ein als der Filmemacher Francesco Rosi in seinem Streifen aus dem Jahr 1963 mit dem Titel *Le mani sulla città*. »Hände über der Stadt«, wie der deutsche Titel lautet, war nicht nur ein preisgekrönter Film, sondern auch eine bewegende Bloßstellung gewissenloser Politiker, die von der Bauindustrie in Neapel profitierten. Rod Steiger schnarrt sich durch die Hauptrolle als Edoardo Nottola, ein raubgieriger Stadtrat und Baulöwe. Die Eingangsszene des Films zeigt Steiger, der bellend seine Pläne erläutert, während er mit beiden Armen in Richtung brutalistischer Wohnsilos gestikuliert:

»Diese Häuser dort drüben sind heutzutage Gold wert. Und wie kommt man sonst auf seine Kosten? Mit Handel? Der Industrie? Der industriellen Zukunft des Mezzogiorno? Ich bitte Sie! Investieren Sie Ihr Geld ruhig in einer Fabrik, wenn Sie wollen! Gewerkschaften, Zahlungsforderungen, Streiks, Krankenversicherung ... Davon kriegen Sie höchstens einen Herzinfarkt.«

Es hätte keine lebhaftere Zusammenfassung für das kaltblütige Credo eines sogenannten *affarista* geben können, wie die Italiener solche Profithaie und Geschäftemacher mit Cowboyallüren nennen. *Affaristi* umgehen die Risiken echten Unternehmertums für gewöhnlich, indem sie im Schatten des politischen Systems agieren, kleine Monopole und Amigogeschäfte aushandeln.

Gangster haben es lieber mit solchen Geschäftemachern zu tun als mit seriösen Unternehmern. Doch obwohl *Hände über der Stadt* das damals brandaktuelle Porträt eines neapolitanischen *affarista* zeichnet, taucht bezeichnenderweise das Wort Camorra in Rosis Film nicht auf; auch spielt niemand, der als Camorrista gelten könnte, eine größere Rolle darin. Doch ausnahmsweise ist dieser Mangel kein Hinweis auf einen Vertuschungsversuch oder auf moralische Blindheit: Er reflektiert vielmehr die örtlichen Gegebenheiten. In Neapel fehlte es den Camorristi tatsächlich am nötigen Einfluss, um sich einen größeren Anteil am Bauboom zu sichern. Es gab in dieser Phase schlicht keine Camorristi, die sich zugleich als *affaristi* im Bauwesen tummelten.

Völlig anders war die Situation in Palermo: Hier waren die Stadträte und Bauingenieure stets von Ehrenmännern flankiert; *affaristi* und Mafiosi standen einander so nah, dass sie fast nicht zu unterscheiden waren.

In den späten fünfziger und sechziger Jahren schuf die Mafia nach dem eigenen grauenhaften Bild ein neues Palermo: Die rasende Bauspekulationswelle wurde als Plünderung Palermos bekannt. Zwei besonders skrupellose Politiker mit Mafiabeziehungen spielten bei der Plünderung eine Schlüsselrolle. Der erste war Salvo Lima, ein wortkarger junger Mann mit sanften Zügen, dessen einzige Extravaganz in einer kleinen Zigarettenspitze bestand, mit der er rauchte. Er sah aus wie der Mittelschichtjunge, der er war – der Sohn eines Stadtarchivars. Nur dass sein Vater in den 1930er Jahren zugleich auch ein Mafiakiller gewesen war. (Dieses kleine Detail in Limas Biographie war unter den Tisch gekehrt worden, nebst allen anderen wichtigen Informationen aus faschistischer Zeit, die sich auf die Bekämpfung der Mafia bezogen.) 1956 ergatterte Lima aus dem Nichts einen Sitz im Stadtrat, einen Posten als Direktor des Bauamts und stellvertretender Bürgermeister. Zwei Jahre später, als Lima zum Bürgermeister avancierte, übernahm den strategischen Posten im Bauamt der zweite Mafiapolitiker, Vito Ciancimino. Ciancimino war der Sohn eines Friseurs aus Corleone, dessen Zigarettensucht ihm eine Reibeisenstimme verpasst hatte, die seiner ätzenden Persönlichkeit entsprach. Im Zuge ihrer unseligen Zusammenarbeit richteten Lima und Ciancimino in Palermo entsetzliche Verwüstungen an und ernteten dabei großen Reichtum und immense Macht.

Männer wie Lima und Ciancimino waren die sogenannten »jungen Türken« – Vertreter einer aufstrebenden neuen Art christdemokratischer Politiker, die sich allenthalben in Sizilien und Süditalien gegen die alten Granden durchsetzten. In den fünfziger Jahren vergrößerte sich die Bandbreite verfügbarer Posten und Gefälligkeiten für korrupte Politiker dramatisch. Der Staat wuchs. Die Regierung verstärkte ihre bereits greifbare Anwesenheit im Banken- und Kreditwesen. Unterdessen riefen Kommunalräte Agenturen ins Leben, die sich um Dienstleistungen wie Müllabfuhr und öffentliches Transportwesen kümmerten. Siziliens neue Landesregierung gründete eigene halbstaatliche Organisationen. Als die Wirtschaft wuchs, und mit ihr der Wunsch nach staatlicher Intervention, kamen weitere Verwaltungsapparate hinzu. 1950 gründete die christdemokratische Regierung, angesichts der skandalösen Armut und Rückständigkeit Süditaliens, die *Cassa per il Mezzogiorno*, aus der sie große Summen etwa in die Urbarmachung von Land, in die Infrastruktur und dergleichen fließen ließ. Geld aus der *Cassa per il Mezzogiorno* brachte den Christdemokraten Stimmen ein und den Menschen im Süden Essen auf den Tisch. Doch mit ihren Bemühungen, eine dynamische neue Schicht von Unternehmern und Fachkräften zu fördern, scheiterten sie kläglich. Wie sich herausstellte, waren die einzige wirklich dynamische Klasse im Süden die »jungen Türken« der Christdemokraten. Die *Cassa per il Mezzogiorno* sollte zur gewaltigen Quelle dessen werden, was ein Kommentator als »staatliches Parasitentum und organisierte Verschwendung« bezeichnete.

»Staatsinvestitionen« wurden im Süden in Wahrheit zum Treibstoff einer durchorganisierten Vetternwirtschaft. Sowohl in der Landesregierung als auch in den nationalen Ministerien drängten »junge Türken« in neue und alte Posten. Journalisten der damaligen Zeit bezeichneten die *Democrazia Cristiana* als »weißen Wal« (Moby Dick), weil sie weiß (d.h. katholisch), groß und langsam war und alles fraß, was ihr in den Weg kam.

In Palermo war es schlicht die Kontrolle über die Baugenehmigungen, die »jungen Türken« wie Lima und Ciancimino und ihren Freunden von der Mafia einen so großen Anteil am Bauboom verschaffte.

Am schnellsten und brutalsten vollzog sich die Plünderung Palermos in der Piana dei Colli, einem flachen Landstrich, der sich vom Stadtrand Palermos bis zur Hügelkette im Norden erstreckte. In dieser Gegend herrschte schon immer eine »große Mafiadichte«, wie es im Fachjargon italienischer Mafiaforscher heißt; sie gilt als die Wiege der Organisation, in ihren schönen Zitrusgärten entwickelten die ersten Mafiosi ihre Erpressungsmethoden. Ein Jahrhundert später begrub die Mafia ihren Geburtsort unter einem Leichentuch aus Beton. Das Ausmaß der Vernichtung war gewaltig. Das »liebliche fruchtbare Tal« der Conca d'Oro, von dem Goethe geschwärmt hatte, wurde zu einem undifferenzierten Brei protziger Wohnblocks, ohne Bürgersteige und ohne gestalterische Struktur.

1971, als die Plünderung Palermos vollzogen war, kletterte ein Journalist auf den Monte Pellegrino, den großen Felsbrocken, der zwischen der Piana dei Colli und dem Meer aufragt. Der Ausblick war einmal atemberaubend gewesen. Jetzt war er schockierend.

> »Von dort oben hat man die gesamte Stadt und die Conca d'Oro im Blick. Palermo wirkt viel größer, als man meinen könnte: Lange Häuserzeilen streben aus der Peripherie auf die Orangengärten zu. Der Beton hat eines der schönsten Naturschauspiele der Welt zerstört. Die riesigen identischen Wohnblocks wirken wie aus einem Guss. Und der trägt die Handschrift von ›Don‹ Ciccio Vassallo. Über 25 Prozent des neuen Palermo gehen auf sein Konto.«

Francesco Vassallo alias »Don Ciccio« oder »König Beton« war die bei weitem wichtigste Figur im Bauboom Palermos der sechziger Jahre. Zwischen 1959 und 1963 vergab der Stadtrat von Palermo unter den

»jungen Türken« Salvo Lima und Vito Ciancimino 4205 Baugenehmigungen, 80 Prozent davon an nur fünf Männer, die sich allesamt als Strohmänner herausstellten. Einer der fünf arbeitete später als Hausmeister im selben Häuserblock, den er nominell selbst errichtet hatte. Hinter den fünf Namen stand meistens Don Ciccio Vassallo.

Der Betonkönig war ein fetter, kahlköpfiger Mann mit Hängebacken, einer langen Nase, dunklen Schatten unter den Augen und einer Vorliebe für zeltartige Anzüge und schrille Krawatten. Er entstammte sehr einfachen Verhältnissen aus der Ortschaft Tommaso Natale, einer *borgata* am nördlichen Ende der Piana dei Colli. Als viertes von zehn Kindern eines Fuhrknechts war er angeblich kaum zur Schule gegangen. Polizeiberichten zufolge hatte sich der junge Vassallo bereits sehr früh in Mafiakreisen bewegt; sein Vorstrafenregister aus dieser Zeit beinhaltete Raub, Gewalttätigkeit und Betrug. Doch die meisten Verfahren gegen ihn endeten mit einer Bewährungsstrafe, einem Straferlass oder einem Freispruch mangels Beweisen. 1937 war, durch die Heirat mit der Tochter des Landbesitzers und Mafiosos Giuseppe Messina, sein Platz im Einflussbereich der örtlichen Mafia festzementiert. Mit der Macht der Familie Messina im Rücken erlangte seine Firma ein Monopol über die Verteilung von Fleisch und Milch in der Gegend um Tommaso Natale. Vassallo und die Messinas beteiligten sich während des Krieges auch am Schwarzhandel. Nach Kriegsende gründete Vassallo ein Transportunternehmen, um Baumaterialien auf Pferdewagen zu den örtlichen Baustellen zu karren. Seine Mafiaverwandten waren stille Teilhaber der Firma, wie bei den vielen lukrativen Immobiliengeschäften, die in späteren Jahren folgen würden.

1952 ging es mit Vassallos Firma plötzlich steil bergauf. Aus dem Nichts bemühte er sich erfolgreich um den Bau einer Kanalisation in Tommaso Natale und dem benachbarten Sferracavallo. Er hatte keinerlei Erfahrung im Baugewerbe, stand auch erst zwei Jahre später auf der Liste bewährter Unternehmen, die der Stadtrat führte. Er durfte sich nur deshalb an der Ausschreibung beteiligen, weil der Geschäftsführer des Privatunternehmens, das in Palermo für den Busverkehr zuständig war, ihn empfohlen hatte. Besagter Geschäftsführer sollte später bei einigen lukrativen Immobiliengeschäften Vassallos Partner werden. Gleichzeitig bewilligte der *Banco di Sicilia* Vassallo einen großzügigen Kredit. Seine Konkurrenten zogen aus unerfindlichen Gründen ihre

Angebote zurück. Vassallo konnte die Geschäftsbedingungen mit dem Bürgermeister persönlich aushandeln – der später in einigen lukrativen Immobiliengeschäften ebenfalls als sein Partner fungieren sollte.

Mitte der 1950er Jahre begann der Betonkönig eine enge Zusammenarbeit mit den »jungen Türken«. Das Bauwesen gewann zusehends an Bedeutung für die Wirtschaft einer Stadt, deren produktive Basis nicht mit den prosperierenden Fabriken des »Industriedreiecks« (Mailand–Turin–Genua) konkurrieren konnte. Bereits in den 1960er Jahren waren 33 Prozent der Arbeiter in Palermo direkt oder indirekt im Bauwesen beschäftigt. In Mailand, der wirtschaftlichen Hauptstadt des Landes, waren es nur zehn Prozent. Auch wenn die Arbeit auf den vielen Baustellen in Palermo zeitlich begrenzt und denkbar schlecht bezahlt war, gab es wenig Alternativen für gewöhnliche Palermitaner aus der Arbeiterklasse. Was wiederum die Bauarbeiter zu einem beachtlichen Wählerstimmenkapital machte, das dem Betonkönig zur Verfügung stand und ihm politische Freunde sicherte. So ein Freund war zum Beispiel Giovanni Gioia, Anführer der »jungen Türken« Palermos, der von etlichen lukrativen Immobiliengeschäften profitieren konnte, die Vassallo in die Wege geleitet hatte.

Die Vorstellung eines »Interessenkonflikts« war in Palermos Bauboom nahezu bedeutungslos. Der Abteilungsleiter der Stadtverwaltung wurde zum obersten Projektplaner des Betonkönigs. Von seinen politischen Kontaktleuten erhielt der aufstrebende Vassallo die Befugnis, Planungsbeschränkungen systematisch zu ignorieren. Ein weiterer »junger Türke«, Salvo Lima, wurde mehrfach (erfolglos) angeklagt, zugunsten Vassallos gegen die Planungsbestimmungen verstoßen zu haben. Während der Plünderung Palermos spekulierten einige Journalisten über die Existenz einer Firma, die sie ironisch VA.LI.GIO (VAssallo – LIma – GIOia) nannten. Sie wurden erfolgreich verklagt. Ausgesprochen pedantisch verfügten die Richter, dass eine legal gegründete Firma dieses Namens nicht existiere.

Mitte der sechziger Jahre näherte der Wohnungsmarkt sich allmählich einer Sättigungsgrenze. Zu diesem Zeitpunkt hatte der Betonkönig ganze Viertel dicht an dicht stehender Wohnsiedlungen aus dem Boden gestampft, in denen weder Schulen noch Gemeinschaftszentren oder Grünanlagen existierten. Erfinderisch ging er nun daran, unverkaufte Wohnungen und andere Gebäude zu pachten und als Schulen zu nutzen. Allein im Jahr 1969 bezog er von den örtlichen Behörden eine Miete von fast 700 000 Dollar für sechs Mittelschulen, zwei weiterführende Schulen, sechs Technikerschulen sowie das Schulamt. Die christdemokratische Presse pries ihn als Helden und Wohltäter. Im selben Jahr galt er als der reichste Mann Palermos.

Dabei sollte man stets im Gedächtnis behalten, dass Don Ciccio Vassallo kein honoriger Unternehmer, sondern ein *affarista* war, ein Geschäftemacher. Sein Wettbewerbsvorteil bestand nicht etwa aus intelligenter Planung und Investition, sondern aus Bestechung, nützlichen Freunden und natürlich der unausgesprochenen Drohung, die jede seiner Investitionen überschattete. Wie auf ein Stichwort gingen unbekannte Vandalen daran, auf jedem Grundstück, das als öffentliche Grünfläche ausgewiesen war, sämtliche Bäume zu fällen. Jede ehrliche Firma, der es irgendwie gelungen war, der Mafia einen Auftrag vor der Nase wegzuschnappen, musste mit ansehen, wie ihr Maschinenpark in Flammen aufging. Dynamit erwies sich als probates Mittel, Freigaben zum Abbruch zu beschleunigen.

1957, als die Plünderung Palermos ihren zerstörerischen Höhepunkt erlebte, fand in Tommaso Natale, dem Heimatdorf des Betonkönigs, ein Machtkampf der Mafia statt. Auch seine Familie war darin verwickelt. Im Juli 1961 wurde sein Schwager Salvatore Messina von einem Killer erschossen, der stundenlang in den Zweigen eines Olivenbaums gesessen und auf sein Opfer gelauert hatte. Ein weiterer Schwager, Pietro, wurde ein Jahr später erschossen. Sein Schwager Nino dagegen entging diesem Schicksal, indem er eine Milchkanne gegen den Angreifer schleuderte; vermutlich verließ er daraufhin Sizilien. Die Tatsache, dass Don Ciccio selbst nicht attackiert worden war (soweit wir wissen), zeigt, dass seine Macht längst über lokale Interessen hinausreichte: Er war eine Gelddruckmaschine für die gesamte Elite aus Politik und Mafia.

Eines der wichtigsten Charakteristika im italienischen Wirtschaftswunder war die Migration. Die boomenden Industriestädte des Nordens zogen süditalienische Wanderarbeiter an. Etwa eine Million Menschen übersiedelten in nur fünf Jahren, von 1958 bis 1963, aus dem Süden in andere Regionen.

Auch Mafiosi wurden in den Jahrzehnten nach dem Krieg mobiler: Ihre Geschäfte führten sie in andere Gegenden Italiens. Mancherorts gründeten Gangster bleibende Kolonien. Diese Stützpunkte in Mittel- und Norditalien wie auch in Teilen des Südens, die nicht traditionellerweise von kriminellen Organisationen kontaminiert waren, gehören zu den auffälligsten Kennzeichen der jüngeren Mafiageschichte. Aus vorangegangenen Jahrzehnten ist nichts Vergleichbares überliefert.

Einige der amerikanischen Ganoven, die nach dem Zweiten Weltkrieg aus den Vereinigten Staaten ausgewiesen worden waren, bauten sich als Erste außerhalb der Mafiakernländer Sizilien, Kalabrien und Kampanien ihre Geschäfte auf. Frank »Dreifinger« Coppola zum Beispiel handelte unweit von Rom mit Drogen.

Die frühesten Anzeichen von Mafiakolonien *innerhalb* Italiens fanden sich in der großen Migration während des Wirtschaftswunders. Mitte der fünfziger Jahre gründete Giacomo Zagari eine der ersten 'Ndrangheta-Kolonien bei Varese nahe der Schweizer Grenze. Der Mord an einem *gangmaster* in den frühen Morgenstunden des Neujahrstages von 1956 verwies auf die Präsenz der Mafia unter den kalabrischen Blumenpflückern an der ligurischen Küste unweit der französischen Grenze.

Vielen Norditalienern missfiel die Tatsache, dass Hunderttausende aus dem Süden zuzogen. Süditaliener, sagten sie, hätten zu viele Kinder und pflanzten Tomaten in der Badewanne. Nachrichten über Mafiaverbrechen beziehungsweise alle Verbrechen, die von Einwanderern begangen wurden, bestätigten diese Vorurteile gegen Süditaliener. Die Mafia schien eine Art ethnisches Gebrechen zu sein, das jeden von »da unten« stolz, rachsüchtig, gewalttätig und unehrlich machte.

In Wahrheit konnte man die Ausbreitung der Mafias nach Norden nicht den Migranten aus dem Süden anlasten. Mafiosi sind eine kleine Minderheit von Profiverbrechern, keine typischen Süditaliener. Vielerorts siedelten sich Migranten aus dem Süden an, ohne die Mafia im Schlepptau zu haben. Dennoch schuf die Migration viele neue Gelegenheiten für Mafiosi, vor allem – wie die Blumenpflücker in Ligurien anschaulich zeigen – für die *gangmaster*, die Migranten zwangen, für Niedriglöhne, schwarz und damit ohne gesetzlichen Schutz zu arbeiten. In den Jahren des italienischen Wirtschaftswunders und danach erweiterten und vervielfältigten sich solche kriminellen Möglichkeiten.

Am förderlichsten für eine dauerhafte Kolonialisierung des Nordens durch die Mafia waren die kriminellen Möglichkeiten, die die Bauindustrie bot. Der bekannteste Fall ist der Wintersportort Bardonecchia im nördlichen Piemont. Das Dorf liegt in den Alpen, nur wenige Kilometer von der französischen Grenze entfernt. Nach Bardonecchia fahren die Einwohner Turins – Italiens Autostadt und eine der Hauptstädte des Wirtschaftswunders – zum Skilaufen. 1995 wurde der Gemeinderat in Bardonecchia – der erste Fall dieser Art in Norditalien – von der Zentralregierung in Rom aufgelöst, weil er von der Mafia unterwandert war. Interessanterweise war es die 'Ndrangheta, die in Bardonecchia Fuß gefasst hatte. Italiens unbekannteste Mafia, die zumeist mit einer im Verschwinden begriffenen Welt notleidender Bauern assoziiert worden war, entdeckte schnell die illegalen Profite, die das Bauwesen abwarf, und wurde zum Vorreiter einer neuen Expansionsphase im Norden.

Die Geschichte von Bardonecchia gleicht den Zeitrafferaufnahmen in einer Naturdokumentation. Stark fokussiert, verweisen sie auf das Wachstum eines einzelnen giftigen Unkrauts, verraten aber zugleich die verborgenen Abläufe eines gesamten Ökosystems. Im Zeitraffer führen uns die Bilder aus Bardonecchia weit in die Zukunft. Sie machen deutlich, wie die Mafias unter den richtigen Voraussetzungen gleichsam aus dem Nichts etwas errichten können, was sie »territoriale Kontrolle« nennen.

Den ersten Hinweis auf die Ankunft der 'Ndrangheta in Bardonecchia gab es am 2. September 1963, kurz nach Mitternacht. Es regnete in Strömen, als Mario Corino, ein junger Grundschullehrer, in die Via Giolitti bog, im historischen Teil der Gemeinde. Dort wurde er von zwei Männern angesprochen, beide halb unter Regenschirmen versteckt. Der Angriff erfolgte schnell – so schnell, dass Corino den stumpfen Gegenstand zu spät erkannte, der in seiner Richtung aufblitzte. Instinktiv wehrte er den ersten Schlag mit seinem Regenschirm und seinem Unterarm ab; der zweite streifte seinen Kopf und krachte auf seine Schulter. Seine Schreie trieben die Angreifer in die Flucht. Offenbar war der Überfall nur als Warnung gedacht.

Erste Spekulationen brachten die Attacke mit Corinos Engagement als Parteiführer der *Democrazia Cristiana* vor Ort in Verbindung. Genauere Nachforschungen ergaben, dass er »Unregelmäßigkeiten«, wie es dezent hieß, im örtlichen Bauwesen und der Gemeindeplanung angeprangert hatte. Doch bereits wenige Tage später hatten die beiden Männer, die Corino angegriffen hatten, ein Geständnis abgelegt, und die Presse stellte erleichtert fest, dass die Sache keinen politischen Hintergrund hatte. Die Schuldigen waren beide Verputzer und wurden pro Quadratmeter fertige Wand bezahlt. Sie hatten Corino attackiert, weil sie seine Bemühungen missbilligten, die Akkordarbeit auf Baustellen zu reglementieren. Damit war der Fall gelöst. Zumindest hatte es den Anschein.

Doch der ursprüngliche Verdacht sollte sich bald bestätigen. Überdies war der Angriff auf Mario Corino nur das erste Symptom einer weitaus größeren Bedrohung. Die Probleme begannen, wie Mario Corino richtig vermutet hatte, mit einem Bauboom zu Beginn der sechziger Jahre: Touristen und Wochenendgäste benötigten Wohnraum, wenn sie Bardonecchias Bergluft genießen sollten. Baufirmen brauchten billige Arbeitskräfte und die Möglichkeit, Sicherheitsbestimmungen und Arbeitsgesetze zu umgehen: Sie wandten sich an die *gangmaster* der 'Ndrangheta, die ihnen mit Freuden gefällig waren und aus der Flut kalabrischer Migranten Hilfsarbeiter rekrutierten. Die ungelernten Arbeiter in Bardonecchia, die größtenteils vorbestraft waren und entsprechend wenig Chancen auf ordentliche Arbeit hatten, lebten unter ärmlichen Bedingungen im Freien. Zu Beginn der siebziger Jahre wurden schätzungsweise 70 bis 80 Prozent der Arbeitskräfte im Dorf über die Mafia angeheuert. Viele dieser Arbeiter mussten einen Teil ihres Lohns an den *capo* abtreten. Gewerkschaften sahen keine Möglichkeit, hier Fuß zu fassen.

Doch die Bosse der 'Ndrangheta beschränkten sich schon längst nicht mehr auf die Ausbeutung von Arbeitern. Sie gründeten eigene Firmen und betätigten sich als Subunternehmer: Besonders beliebt waren Verputz- und Transportunternehmen. An zweiter Stelle kamen Baufirmen, die von der 'Ndrangheta kontrolliert waren. Zwielichtige Immobilienfirmen tauchten im Firmenregister auf und verschwanden wieder. Auf Konkurrenzbaustellen kam es zu unerklärlichen Bränden, Maschinen wurden demoliert und Arbeiter mit vorgehaltener Waffe bedroht. Über kurz oder lang hatte man die ehrlichen Bauunternehmen aus dem Markt gedrängt oder den Ganoven in die Hände getrieben.

Unterdessen hatte die Regierung das Ihre beigetragen, die Schatztruhen der kalabrischen Mafia zu füllen, indem sie eine neue Schnellstraße und einen Tunnel durch die Berge hatte bauen lassen. Die 'Ndrangheta rekrutierte einige kommunale Politiker und Verwaltungsbeamte, die ihr halfen, Aufträge an Land zu ziehen und Bestimmungen zu umgehen. Ohne die Zustimmung des örtlichen *capo* wurde kaum ein Stein umgedreht. Ein Verwaltungsangestellter überließ jedem, der sich um eine Lizenz zur Gründung einer neuen Firma bewarb, kurzerhand die Visitenkarte des Bosses – um ihm die lästige Bürokratie zu ersparen, behauptete er. Mario Corino, der Lehrer und Politiker, der 1963 überfallen worden war, führte einen heroischen Feldzug gegen den Einfluss der 'Ndrangheta auf die örtliche Regierung, als er 1972 Bürgermeister wurde. 1975 taten die Gerichtshöfe seine Warnungen als politisch motivierte Unkenrufe ab: Er benutze die Mafia als Vorwand, behaupteten sie, um seine Rivalen mit Schmutz zu bewerfen. Corinos Gegner täuschten ungläubige Entrüstung vor, als Journalisten andeuteten, es gebe in der Stadt möglicherweise ein Mafiaproblem. Gleichzeitig wurden allzu eifrige Polizisten kurzerhand in andere Landesteile versetzt. Ein Boss, dessen Telefon angezapft worden war, sagte während eines Gesprächs: »Wir sind hier die Wurzel von allem, verstanden?«

Bemerkenswerterweise musste Bardonecchia bis zum Jahr 1969 auf seinen ersten Mafiamord warten. Von 1970 bis 1983 sollten 44 weitere Todesfälle folgen. Am 23. Juni 1983 bewies die 'Ndrangheta erneut, wie brutal sie zuschlagen konnte. Kurz vor Mitternacht führte Bruno Caccia seinen Hund spazieren, als sich ihm in einem Wagen zwei Männer näherten; sie gaben 14 Schüsse auf ihn ab, ehe sie aus dem Fahrzeug stiegen und ihm drei Gnadenschüsse verpassten. Caccia war ein aufrechter Ermittlungsrichter gewesen, der sich jedem Dialog mit dem mittlerweile kompromisslosen Machtsystem der 'Ndrangheta verweigert hatte.

Es ist unwahrscheinlich, dass der Ausbreitung der Mafias im Norden eine großartige Strategie zugrunde lag. Rocco Lo Presti, der 'Ndranghetista, der die Machtübernahme seiner Organisation in Bardonecchia während des Baubooms der sechziger Jahre geleitet hatte, war seit Mitte der fünfziger Jahre dort ansässig gewesen. Er war offenbar als bescheidener Wanderarbeiter gekommen, allerdings einer mit furchterregenden Verwandten. Er war weniger an einer Arbeitsstelle interessiert gewesen als an der Verbreitung gefälschter Banknoten. Ab diesem Zeitpunkt waren Mafiosi aus vielen Gründen in den Norden gekommen: um sich vor der Polizei oder vor Feinden zu verstecken, um temporäre Drogenumschlagplätze zu errichten, um ihre illegal erworbenen Einkünfte in aller Ruhe zu waschen und anzulegen oder um aus kriminellen Geschäften Kapital zu schlagen, die ihnen Pioniere wie Rocco Lo Presti erschlossen hatten. Die großangelegte Kolonialisierung einer Gemeinde wie Bardonecchia schuf ein Beispiel, dem man auch andernorts folgte. In einem angezapften Telefonat war zu hören, wie ein Freund Rocco Lo Prestis Letzterem verbal auf die Schultern klopfte: »Bardonecchia ist kalabrisch«, sagte er. Kurioserweise waren viele Unternehmer, Verwaltungsbeamte und Politiker, die dazu beigetragen hatten, dass Bardonecchia kalabrisch wurde, ebenso piemontesisch wie Barolo und *agnolotti*.

Auf politischer Ebene betraf das Problem des organisierten Verbrechens Nord- und Mittelitalien so sehr wie den Süden. Bald nach der Einigung Italiens im Jahre 1861 mussten Koalitionsregierungen in Rom Scharen von Anhängern unter den Parlamentariern aus dem Süden rekrutieren; und Parlamentarier aus dem Süden – zumindest einige – beauftragten Gangster, für sie auf Stimmenfang zu gehen. Doch nach dem Wirtschaftswunder, hauptsächlich aufgrund der Unterwanderung der Bauindustrie, wurden die Mafias auf zwei dramatisch neuen Wegen zum nationalen Problem. Einerseits wurde der Norden, wie erwähnt, zum Schauplatz für die Machenschaften süditalienischer Ganoven. Andererseits wurde der Süden zum Schauplatz einer Kooperation zwischen norditalienischen Großunternehmen und den Mafias. Zum Beispiel pflegten Firmen aus dem industrialisierten Norden auch freundlichen Umgang mit der 'Ndrangheta in Kalabrien, wo sich das Geschäft mit dem Beton sogar als noch lukrativer erwies als im Piemont.

In den sechziger Jahren wurde ein großes Straßenbauprogramm initiiert. Sein Aushängeschild war die sogenannte *Strada del sole*, die der Länge nach durch Italien führte. An den letzten Streckenabschnitt dieser Autobahn – 443 Kilometer zwischen Salerno und Reggio Calabria – knüpften sich große Hoffnungen: Hundert Jahre nach der Einigung Italiens wäre mit der *Salerno–Reggio Calabria* endlich der Anschluss des Südens an das nationale Straßennetz vollzogen. Großartige Ingenieursleistungen wären erforderlich, um der abweisenden Geologie der Region zu trotzen: nicht weniger als 55 Tunnel und 144 Viadukte, von denen einige mehr als 200 Meter über der bewaldeten Talsenke schwebten.

Heute ist die *Salerno–Reggio Calabria* berüchtigt – ein Wunder an chaotischer Planung, Klientelpolitik und gebrochenen politischen Versprechen. Fast ein halbes Jahrhundert nachdem der Bau begonnen wurde, ist er noch immer nicht fertiggestellt. Anstatt die logischere und direktere Route entlang der Küste zu nehmen, führt die *Salerno–Reggio Calabria* umständlich landeinwärts, durch die Wahlkreise längst vergessener Minister. Zuweilen scheint der einzige Zweck der Autobahn darin zu bestehen, eine Kette permanenter Baustellen miteinander zu verbinden. Lange Streckenabschnitte sind so schmal und kurvig, dass dort die erlaubte Höchstgeschwindigkeit gerade 40 Stundenkilometer beträgt. Der häufigen Staus wegen ist der Straßenrand mit Chemietoiletten gesäumt, die es verzweifelten Autofahrern ermöglichen, sich zu erleichtern. In Stoßzeiten stehen für den Notfall Krankenwagen bereit. 2002 sperrten Beamte in Catanzaro einen frisch modernisierten Streckenabschnitt, weil er so schäbig gebaut war, dass er eine akute Gefahr darstellte. Der Bischof von Salerno bezeichnete Europas schlechteste Autobahn als *Via Crucis*. Die *Salerno–Reggio Calabria* zeigt den italienischen Staat von seiner unfähigsten Seite.

Seit den sechziger Jahren hat die 'Ndrangheta von all dem Durcheinander erheblich profitiert. Doch schon sehr früh in der Geschichte der *Salerno–Reggio Calabria* wurde es Polizeibeamten vor Ort klar, dass die 'Ndrangheta in diesem Fall nur eine Teilschuld traf. Ein hochrangiger Carabiniere, der in Reggio Calabria stationiert war, wurde 1970 von einer überregionalen Zeitung interviewt:

> »Sobald ein norditalienischer Unternehmer nach Kalabrien kommt, um ein Projekt in Angriff zu nehmen, sucht er als Erstes den zuständigen Mafiaboss auf. Er stattet ihm einen Höflichkeitsbesuch ab, als wäre er der Präfekt, erbittet seinen Schutz, vergibt im Gegenzug an einen Freund des *capomafia* den Nebenauftrag für die Erdarbeiten und beschäftigt Mafiosi als Wachleute auf seiner Baustelle.«

Nichtkalabrische Bauunternehmer pflegten auch andere Gefälligkeiten anzubieten: Zeugenaussagen zugunsten von Mafiosi; Schweigen über die vielen Sprengstoffdiebstähle auf ihren Baustellen; Bankbürgschaften für 'Ndranghetisti, die sich auf Kredit Baumaschinen kaufen wollten. Die Unternehmer aus dem Norden würden die Arbeit dann nicht rechtzeitig beenden können und die Schuld für die Verzögerungen der örtlichen Mafia in die Schuhe schieben. Dank dieser Verzögerungen konnten die Unternehmer höhere Rechnungen stellen, Gelder, von denen wiederum die Mafia ihren Teil abbekäme. Entlang den kalabrischen Streckenabschnitten der *Salerno–Reggio Calabria* gewöhnte sich die 'Ndrangheta eine besonders zynische Art von Kapitalismus an.

Das Bauwesen ist äußerst anfällig für die einfachsten Methoden der Mafia. Gebäude und Straßen müssen immer *irgendwo* gebaut werden. Und in jedem Irgendwo können Mafiosi, indem sie kurzerhand Maschinen kaputtschlagen oder Arbeitskräfte einschüchtern, die Bauunternehmen zwingen, sich mit ihnen an einen Verhandlungstisch zu setzen. Und tragen diese Verhandlungen Früchte, braucht ein Boss nicht sonderlich viel unternehmerischen Grips, um sich ein paar Kipper zu kaufen und eine Erdbewegungsfirma aufzubauen, die sich großzügig bereit erklärt, Nebenaufträge auszuführen, die an sie abgegeben werden. Leider haben es Mafiosi nicht schwer, Unternehmer von den Vorteilen zu überzeugen, die ihnen eine Freundschaft mit dem organisierten Verbrechen einbringen kann. Ein Unternehmer braucht nicht ausgesprochen geldgierig oder zynisch zu sein, um sich mit Mördern gemein zu machen. Es genügt, wenn er dazu neigt, sich über Vorschriften hinwegzusetzen, seine Arbeiter in bar zu bezahlen und die Bürokratie zu umgehen. Und sobald er anfängt, in der Grauzone zu agieren, an wen soll er sich wenden, wenn jemand seine Maschinen zertrümmert oder seine Bauarbeiter zusammenschlägt? Neben der Erleichterung, die er erfährt, wenn er handelseinig geworden ist mit den Verantwortlichen und der Ärger aufhört, verspürt er auch eine gewisse Genugtuung, wenn nun statt seiner ein Konkurrent leiden muss. Tatsache ist, dass für die Dienste der Mafias oft *Bedarf* besteht – ein Bedarf, den die Mafias in meisterhafter Weise zu wecken wissen.

Sich mit Ellbogen den Weg ins Baugewerbe zu erzwingen, ist die direkte, zielgerichtete Methode. Doch Erfolg im Bauwesen kann auch ein Maßstab dafür sein, wie tief die Mafia bereits in die Eingeweide des Staates und des kapitalistischen Systems vorgedrungen ist. Dafür sorgen, dass übereifrige Polizisten versetzt werden, Richter bestechen, Stadtpläne auf Verlangen angleichen lassen, die Vergabe von öffentlichen Aufträgen manipulieren, Journalisten zum Schweigen bringen, mächtige politische Freunde gewinnen: All dies sind keine Betätigungen für simple Schläger, deren Handlungsspektrum sich darauf beschränkt, Zucker in den Tank eines Kippers zu streuen. Sobald eine Mafia – ob im Norden oder im Süden – diese raffinierteren Künste beherrscht, kann sie ihre Einschüchterungsmacht immens steigern und, was ebenso wichtig ist, die Bandbreite der Dienste vergrößern, die sie freundlich gesinnten Firmen anzubieten hat: Ausschreibungen trotz überteuerter Preise gewinnen, Inspektionen der Steuerbehörde abwenden, neue Freunde auftun …

Gangster und Blondinen

In der Ära des Faschismus kam Italien zum ersten Mal in den Genuss importierter amerikanischer Zigaretten wie Camel, Lucky Strike und Chesterfield. Man bezeichnete sie als »Blondinen«, weil sie einen helleren Tabak enthielten als die dunklen, luftgetrockneten Sorten, die in Italien angebaut wurden.

Die »Blondinen« wurden sofort beliebt. Der Staat hatte 1862 für Anbau, Import, Verarbeitung und Verkauf von Tabak ein Monopol errichtet und sich seit dieser Zeit stets bemüht, mit den Verbraucherwünschen und den sich ändernden Geschmäckern Schritt zu halten. Die Ankunft der Blondinen erschwerte es der Regierung ungemein, den Bedürfnissen der Allgemeinheit zu entsprechen. Kaum waren diese glamourösen neuen Glimmstengel zu Beginn der dreißiger Jahre eingeführt, verschwanden sie aber auch schon wieder aus den offiziellen Verkaufsstellen. Grund dafür waren die Sanktionen, die Italien nach dem Einmarsch in Äthiopien von 1935 auferlegt worden waren. Die Rationierung während des Zweiten Weltkriegs machte den Rauchern das Leben noch saurer. Und als 1943 die Alliierten einmarschierten und das faschistische Regime zu Fall brachten, war es um Italiens eigenen Tabakanbau geschehen. Britische und amerikanische Truppen kamen also inmitten eines Tabaknotstands, und sie kamen mit Zigaretten im Marschgepäck. Ein Großteil dieser Tabakwaren landete im aufkeimenden Schwarzmarkt. Als im Frühjahr 1948 die Rationierung endete und sich die heimische Tabakherstellung wieder erholte, war es zu spät: Italiens schnell wachsende Zahl von Rauchern (1957 waren es bereits 14 Millionen) flog regelrecht auf importierte Zigaretten. Und sie flog auch, was vielleicht genauso schädlich war, auf die illegalen Versorgungskanäle, die diese Zigaretten zu steuerfreien Preisen verfügbar machten. Dieser riesige kriminelle Markt prägt seitdem die Geschichte des organisierten Verbrechens in Italien. Er ist vergleichbar mit der Prohibitionszeit in den USA (1919–1933), als die Bundesregierung alkoholische Getränke verbot und damit ein Schmuggeleldorado schuf. In Neapel als der Hauptstadt des Schwarzmarktes nahm die lukrative Liebesaffäre zwischen Gangstern und Blondinen ihren Anfang.

1963 schuf das Kino in der ersten Episode von Vittorio de Sicas Dreiteiler *Ieri, oggi, domani* (*Gestern, heute und morgen*), der den Oscar für den Besten Ausländischen Film gewann, ein fesselndes Bild vom neapolitanischen Tabakschmuggel. Sophia Loren spielt ein Mädchen, das Schwarzmarktzigaretten aus einer Orangenkiste verkauft. Eine Verhaftung ist für sie Berufsrisiko. Da findet sie heraus, dass Schwangere nach dem Gesetz nicht im Gefängnis festgehalten werden dürfen, also bringt sie ihren Ehemann dazu, ein Kind nach dem anderen zu zeugen, bis die gemeinsame Einzimmerwohnung aus allen Nähten platzt. Irgendwann versagt das Fortpflanzungsorgan des Ärmsten den Dienst. (Der Ehemann wird gespielt von Marcello Mastroianni und seinem typischen gequälten Charme.)

Als Kinofilm ist die Loren-Episode von *Gestern, heute und morgen* letztlich ein sentimentales Klischee: noch ein Loblied auf die farbenfrohe Anarchie des neapolitanischen Straßenlebens. Doch hatte die Geschichte trotz alledem einen wahren Hintergrund. Die Figur der Loren war Concetta Muccardo nachempfunden, die Schmuggelzigaretten in Forcella verkaufte, Neapels »Kasba«. Muccardos 19 Schwangerschaften (sieben davon ausgetragen) bewahrten sie vor dem Gefängnis, bis die Polizei sie 1957 schließlich ohne ein Baby im Bauch oder auf dem Arm erwischte. Sie wurde zunächst für acht Monate ins Gefängnis gesteckt, ehe sie zu zwei weiteren Jahren verdonnert wurde, weil sie das Bußgeld nicht bezahlen konnte. Doch Muccardos Bekanntheit führte bald zu ihrer Freilassung. Die Leser zweier Zeitungen – die eine aus Turin, die andere aus Rom – beglichen großzügig ihre Schuld. Und im Januar 1958 wurde sie infolge einer Beschwerde seitens sozialistischer und kommunistischer Parlamentarierinnen vom Staatsoberhaupt, dem Präsidenten der Republik, schließlich begnadigt. Als Concetta in ihre Straße zurückkehrte, den Vico Carbonari, hatte man neben den Bildern der Jungfrau Maria im örtlichen Straßengewirr Fotos von Präsident Giovanni Gronchi aufgestellt.

Da der Film *Gestern, heute und morgen* in der Altstadt von Neapel spielte, konnte De Sica unmittelbar erleben, wie nah das Drehbuch der Wirklichkeit kam. Neapel war eine Stadt, in der viele bedürftige Familien dank der chronisch schwachen Wirtschaft vom Schwarzhandel abhängig waren, um Essen auf den Tisch zu bringen. De Sica gab einer stadtbekannten Neapolitanerin mit neun Kindern eine Statistenrolle:

Sie brüstete sich, wegen Schmuggeldelikten 113-mal im Gefängnis gewesen zu sein. In Forcella gab es viele andere Zigarettenverkäuferinnen, die legendär geworden sind. Eine gewisse »Rosetta« war eine der hübschesten von den Frauen, die einen Aufpreis verlangten für sogenannte »Spaß-Glimmstengel« – Zigaretten, die die Kunden aus ihren üppigen Dekolletés hervorfingern mussten. (Ein Film mit Sophia Loren, der auf Rosettas Geschichte gründete, wäre wohl kaum an der Zensur vorbeigekommen.)

Während De Sicas Aufenthalt im Hotel Ambassador stellte sich Muccardos Ehemann bei ihm vor und verlangte, an den Einnahmen des Films beteiligt zu werden. Auf ein Zeitungsfoto deutend, das Sophia Loren am Set mit einem falschen Babybauch zeigte, erwiderte De Sica ein wenig hilflos: »Sehen Sie denn nicht, wie schön sie ist? Genauso dick wie Ihre Frau in diesem Zustand.« Der Mann wollte sich nicht abspeisen lassen: »Ja schon, Signor De Sica, aber dieser Bauch ist voller Millionen: der von meiner Frau ist voller Luft.« Als De Sica diese Episode in einem Brief seiner Familie schilderte, wusste er nicht mehr darüber zu sagen als: »Es sind eben arme Leute.«

Sowohl De Sicas Film als auch seine Reaktion auf das, was er in Neapel während der Dreharbeiten gesehen hatte, sind ein getreues Abbild des Dilemmas, in dem sich die italienischen Behörden befanden. Das Tabakschmuggelverbot ließ sich auf der Straße schlicht nicht umsetzen. Ein scharfes Durchgreifen, ohne zugleich jene zu verletzen, die vom Schmuggel ihr Dasein fristeten, nämlich die ärmsten Bewohner der neapolitanischen Elendsviertel, schien schier unmöglich. Es war in der Tat ein Dilemma, das der italienische Staat nicht zu lösen wusste, also versuchte er konzeptlos Verbote durchzusetzen, fiel damit auf die Nase und ging dann dazu über, beide Augen zuzudrücken. Als *Gestern, heute und morgen* anlief, wurde noch im selben Jahr eine Amnestie für illegale Zigarettenhändler beschlossen; und eine weitere im Jahr 1966. Auf der ganzen Welt sind Initiativen, die darauf abzielen, Substanzen wie Tabak und Alkohol zu verbieten oder einzuschränken, schwer durchzusetzen. Finden diese Initiativen keinen Rückhalt in der Bevölkerung, dann gilt das Gesetz allzu leicht als drakonisch, unrealistisch und inkonsequent. Das kostbare Prinzip, dem zufolge es in aller Interesse ist, wenn der Staat faire Regeln einführt und durchsetzt, kann nur Schaden nehmen, und der Staat selbst fällt in Misskredit. In Italien, wo dieses Prinzip ohnehin stets Mühe hatte, sich zu behaupten, war der Schaden an der Glaubwürdigkeit des Staates in der Tat immens. In Neapel standen Schmuggelzigaretten offen zum Verkauf, sogar in den Korridoren von Regierungsgebäuden.

Gestern, heute und morgen kam zu einem wichtigen Zeitpunkt für den Tabakschmuggel und somit für alle italienischen Mafias in die Kinos: Der Zigarettenschmuggel wurde allmählich zu einem Industriezweig, und diese Industrie wurde zum Hauptbetätigungsfeld des organisierten Verbrechens.

Der für den Aufschwung von Italiens Tabakschmuggelindustrie maßgebliche Vorfall ereignete sich in Nordafrika. Im Oktober 1959 bestätigte Mohammed V., König des neuerdings unabhängigen Marokko, die Befürchtungen der Schmuggler, indem er verkündete, dass binnen sechs Monaten der Hafen von Tanger seine besonderen Privilegien verlieren würde. Bis zu diesem Zeitpunkt hatte es in der Stadt Tanger, gegenüber von Gibraltar am Eingang zum Mittelmeer gelegen, eine große »Internationale Zone« gegeben mit wenigen Passkontrollen, niedrigen Steuern und keinerlei Währungsbeschränkung. Banken brauchten nicht einmal Bilanzen vorzulegen. Kurzum, Tanger war ein wahres Schmuggeleldorado und ein Zentrum für illegale Aktivitäten jenseits des Mittelmeeres. Wie der amerikanische Romanautor Paul Bowles bemerkte: »Ich glaube, dass hier sämtliche Schieber Europas versammelt sind, (...) die Internationale Zone ist ein einziger riesiger Schwarzmarkt.« Vom sicheren Hafen Tanger aus konnten die »Mutterschiffe«, vollgepackt mit Schmuggelzigaretten, an der südeuropäischen Küste entlang ausschwärmen. Kam Neapel in Sicht, warteten sie in internationalen Gewässern auf kleine einheimische Boote, die die Fracht an Land bringen würden.

Als König Mohammed die Schließung der Internationalen Zone ankündigte, wurde der Zigarettenschmuggel kurzfristig erschwert. Nur die organisierten und am besten ausgestatteten Schmuggler konnten überleben. Die einzigen Großhändler, die weiter gediehen, hatten internationale Verbindungen zu Reedereien, Zigarettenherstellern und Verwaltungsbeamten, beispielsweise auf dem Balkan. Aus anderen Gründen mussten die einheimischen Helfer, die die Zigarettenkisten an Land ruderten, ebenfalls ihren Einsatz erhöhen: Teure Schnellboote waren vonnöten, um die *Guardia di Finanza* (Zoll- und Steuerpolizei) abzuhängen. Als die Konkurrenz im Tabakgeschäft größer wurde, wurde auch die Gewalt größer. Der Schmuggel war nicht länger ein Geschäft für Amateure.

Neapel gefiel dem neuen Profischmuggler der sechziger Jahre aus mehreren Gründen. Einer der wichtigsten war der Nachschub an leicht verfügbarem kriminellen Nachwuchs in den Gassen, in denen Concetta Muccardo zur Legende geworden war. Neapel war auch das Tor zu einem italienischen Markt, der infolge des Wirtschaftswunders immer mehr Zigaretten konsumierte. In den sechziger Jahren war Neapel zudem ein Freihafen: Die Camorra in der Stadt war noch vergleichsweise schwach, und so gab es noch keine kriminelle Organisation, die stark genug gewesen wäre, die Konkurrenz fernzuhalten. Daher zog es gut vernetzte Großdealer aus Genua, Korsika und Marseille in die Stadt am Fuße des Vulkans, wo sie nach Verkaufsstellen für ihre Zigaretten suchten. Doch die wichtigsten Neuankömmlinge nach der Schließung der Internationalen Zone in Tanger – Männer, die den Kurs der Kriminalgeschichte in Italien radikal verändern würden – stammten aus Sizilien.

Cosa Nostra: Nicht mehr unantastbar

In den späten fünfziger und frühen sechziger Jahren konnte Italien miterleben, wie die Vereinigten Staaten erneut ihr Mafiaproblem in Angriff nahmen. Im November 1957 kam es auf einem großen Anwesen in Apalachin im Hinterland von New York zu einem spektakulären Vorfall, als die Staatspolizei in eine Versammlung von etwa hundert Mafiabossen stolperte. Einige waren aus Kalifornien, Kuba und Texas angereist. Sechzig Männer wurden in Gewahrsam genommen, und das FBI musste endlich zugeben, dass die Mafia – oder nationale Verbrechervereinigung oder wie auch immer man sie nannte – tatsächlich mehr war als ein romantischer Mythos. Im Anschluss wurde Vito Genovese, Oberhaupt der New Yorker Familie, die seinen Namen trug, 1959 wegen Rauschgifthandels zu 15 Jahren Haft verurteilt: Es war der erste größere Schlag gegen einen amerikanischen Boss in den eineinhalb Jahrzehnten seit dem Ende des Zweiten Weltkriegs.

Unterdessen stand Robert F. Kennedy, der energische junge Chefberater eines neuen Senatsausschusses zur Untersuchung krimineller Machenschaften in der Transportarbeitergewerkschaft, kurz davor, einen Korruptionsskandal aufzudecken. Nach der Versammlung in Apalachin machte sich der Ausschuss erneut das Medium Fernsehen zunutze, indem er mehrere prominente Bosse befragte, die in Apalachin dabei gewesen waren, wie Joe Profaci und Thomas Lucchese. Die Fernsehzuschauer erlebten außerdem, wie ein Bundesbeamter die dynastische Politik der Mafia erklärte:

> »Ehebündnisse zwischen den Clans sind insofern von Bedeutung, als man sich oftmals fragt, ob diese Leute einander tatsächlich heiraten wollen. Dennoch finden diese Hochzeiten statt. Nehmen wir einmal an, zwei wichtige Männer innerhalb der Mafia haben Kinder, dann werden ihre Söhne und Töchter einander heiraten (...) ein Clanoberhaupt würde nicht wollen, dass sein Kind einen Niemand heiratet.«

Bobby Kennedys Bestseller *The Enemy Within* (1960, zu deutsch *Gangster drängen zur Macht*, 1965), der von den Ermittlungen handelt, die er leitete, enthält lebhafte kleine Porträts der italo-amerikanischen

Gangster. Eines davon beschreibt Carmine Lombardozzi, zuständig für »die Beziehungen zwischen den Tarifpartnern«. Er hatte während des Treffens in Apalachin in der Garage warten müssen, während die übrigen Mafiosi darüber berieten, ob er sterben oder lediglich ein Bußgeld zahlen sollte, weil er bei einer Jukebox-Abzocke insgeheim Geld eingesteckt hatte. (Sie entschieden sich für das Bußgeld.)

1961 wurde John F. Kennedy Präsident und sein Bruder Bobby Justizminister – im Wesentlichen der führende Rechtsberater der Regierung und der oberste Polizeibeamte. Die Bekämpfung des organisierten Verbrechens war ein Kernpunkt seines Programms. Während es 1960 19 Anklagen gegen organisierte Kriminelle gegeben hatte, waren es 1964 schon 687.

Parallel zu diesen Entwicklungen in Polizeiwesen und Politik wurde die Mafia zu einem heißen Thema in der amerikanischen Kultur. 1959 begann ABC mit der Übertragung einer Serie, die auf Eliot Ness' Thriller *The Untouchables* (*Die Unantastbaren*, 1967) basierte und von Al Capone und den Jahren der Prohibition in Chicago handelte. Die Serie wurde zum Knüller, vor allem weil sie gespickt war mit kaum versteckten Hinweisen auf aktuelle Nachrichten aus der Gangsterwelt.

Wie immer gab es in der öffentlichen Debatte eine Menge Streit und Sensationsgier. Dem Orden der Söhne Italiens in Amerika (*Order Sons of Italy in America*), einer ethnischen Lobby, die verzweifelt versuchte, das Thema Mafia herunterzuspielen, gelang es 1961, alle italo-amerikanischen Charaktere aus den *Unantastbaren* entfernen zu lassen. Ohne dieses Schlüsselelement der Authentizität verlor die Serie an Popularität und wurde 1963 aus dem Programm genommen.

Das entgegengesetzte Extrem war es, die Mafia in den Medien als ein zentralistisches, bürokratisches, berechnendes Ungeheuer hinzustellen – eine Art IBM des Verbrechens. Seit damals gilt als guter Journalist, sowohl in Italien als auch in den Staaten, wer die Mafia als Kehrseite des Turbokapitalismus betrachtet und Mafiosi schlicht als Geschäftsleute mit Knarren. In dieser extremen Vereinfachung liegt unbestritten ein gewisser Reiz, sowohl für Gesetzestreue als auch für Gesetzesbrecher. Nur so ist der tückische Glamour zu begreifen, der den *Paten* – Roman und Film – auszeichnet: »Sag Mike, es war nur geschäftlich.« Nichts war besser geeignet, um mittelmäßigen Amerikanern mittleren Alters aus der mittleren Führungsebene zu suggerieren, sie seien gefährlich und gerissen, als die Vorstellung, sie hätten eine gewisse Ähnlichkeit mit den Mafiosi – abgesehen freilich von ein paar Erdrosselungen. Umgekehrt konnte wohl nichts dem Ego eines Ganoven mehr schmeicheln und seine jungen Anhänger mehr beeindrucken als die Suggestion, er verkörpere den aalglatten, gesetzlosen Idealtypus eines Geschäftsmannes. Wenn Mafiosi Unternehmer sind, dann sind sie Unternehmer, die sich nicht auf den Wettbewerb spezialisiert haben, sondern auf das Brechen und Beugen der Regeln des Marktes.

Das intensive Interesse der Politik und der Medien an der Mafia zu Beginn der sechziger Jahre hatte zudem einen seltsamen Nebeneffekt: Es veränderte den Namen der Mafia. 1962 hatte Joe Valachi, ein Soldat des Genovese-Clans, fälschlicherweise den Verdacht, dass er auf Befehl seines Bosses getötet werden sollte, und erschlug im Gefängnis einen unschuldigen Mann. Daraufhin fasste er den Entschluss, dem FBI von der Mafia zu erzählen, von ihren Initiationsritualen und ihrer Struktur, wie er sie von seiner relativ marginalen Position aus sah. Valachi, der kein Italienisch sprach, hatte gehört, wie andere Mitglieder der Bruderschaft von Cosa Nostra – »unserer Sache« – redeten. Valachi hielt diesen vagen Begriff für den offiziellen Namen der Mafia: *Cosa Nostra* beziehungsweise *la Cosa Nostra*. Das FBI übernahm den Begriff. Und sobald Valachis Aussage 1963 an die Öffentlichkeit kam, sprachen auch die amerikanischen Mafiosi selbst von Cosa Nostra. Erst 1984 würde die Welt erfahren, dass selbst die sizilianische Mafia den Namen übernommen hatte.

Das Auftauchen des Namens Cosa Nostra ist nur das jüngste Beispiel für die Art und Weise, wie die Mafias ihre Sprache von der Außenwelt lernten. So tauchte das Wort 'Ndrangheta erst 1955 in den kalabrischen Zeitungen auf, während der »Invasion der Marsianer«. Meines Wissens gibt es vor diesem Zeitpunkt weder Zeugenaussagen noch Prozessakten oder Zeitungsartikel, in denen der Name 'Ndrangheta auf die kalabrische Mafia Anwendung gefunden hätte.

Etwas Ähnliches war ein Jahrhundert zuvor mit dem Begriff »Mafia« geschehen. Er wurde nur deshalb der gebräuchlichste unter den vielen Namen für Siziliens kriminelle Vereinigung, weil er in den sechziger Jahren in einem erfolgreichen Bühnenstück über Gefängnisganoven Anwendung fand.

Warum fällt es den Mafias so schwer, sich selbst einen Namen zu geben? Hauptsächlich wohl deshalb, wie ein Abtrünniger der Cosa Nostra es später formulieren würde, weil ein krimineller Geheimbund das »Reich der unvollständigen Sprache« ist:

> »Die Zerstückelung von Informationen gehört zu den wichtigsten Regeln der Mafia. Die Cosa Nostra ist nicht nur nach außen hin verschlossen, indem sie der Außenwelt ihre Existenz und die Identität ihrer Mitglieder verheimlicht, sondern auch nach innen: Keines ihrer Mitglieder kennt alle Fakten, wodurch der Informationsfluss behindert wird.«

Mafiosi regeln ihre Angelegenheiten für gewöhnlich durch unmerkliches Kopfnicken und beredtes Schweigen, und ihre Äußerungen sind von einer raffinierten Unbestimmtheit, die nur von Leuten verstanden wird, die sie verstehen sollen. Kommunikationen innerhalb der Mafia sind wie das leise Flüstern in einem Labyrinth. Wenn also die Außenwelt etwas über die Angelegenheiten der Mafia verlauten lässt, tönt dies durch das Labyrinth wie eine Fanfare.

Trotz der Kontroverse, der extremen Vereinfachung und der perversen Nebenwirkungen war die offene Diskussion in Amerika über die Mafia damals ein gesundes Zeichen. Sie lässt darauf schließen, dass die Phase der relativen Straflosigkeit und Unsichtbarkeit, von der italoamerikanische Gangster lange Zeit profitierten, endgültig vorbei war. Die Mafia in den Vereinigten Staaten war nicht mehr unantastbar. Jetzt stellte sich die Frage, wie lange Italien brauchen würde, um Onkel Sams Beispiel zu folgen.

Mafiadiaspora

Im Oktober 1957, nur wenige Wochen vor dem Apalachin-Gipfel im Hinterland von New York, trafen sich Ehrenmänner aus den Vereinigten Staaten zu einer mehrtägigen Versammlung mit sizilianischen Bossen im Grand Hotel et des Palmes im Herzen Palermos. Oberhaupt der amerikanischen Abordnung war Joe »Bananas« Bonanno – *capo* der New Yorker Familie, die nach ihm benannt war. Ganz oben auf der Tagesordnung stand vermutlich Rauschgift. Doch im Gegensatz zu den Ereignissen in Apalachin nahmen die schläfrigen Augen der Palermer Polizei das Treffen lediglich zur Kenntnis. Nichts wurde dagegen unternommen.

Während Joe Bananas in Palermo war, wurden nicht nur geschäftliche Angelegenheiten besprochen. Den späteren Bekenntnissen eines jungen Drogenhändlers namens Tommaso Buscetta zufolge (der über ein Vierteljahrhundert später eine bahnbrechende Rolle in der Geschichte der sizilianischen Mafia spielen würde) war der eigentliche Anlass des italo-amerikanischen Treffens von 1957 eine wichtige organisatorische Neuerung innerhalb der sizilianischen Mafia. Offenbar schlug Joe Bananas eines Abends bei Tisch vor, dass Sizilien eine Mafiakommission erhalten sollte – eine Art Führungsgremium wie jenes, das die innerfamiliären Beziehungen in New York regelte, seit Lucky Luciano es 1931 ins Leben gerufen hatte. Seitdem gibt es immer wieder einmal eine solche Kommission. Nicht zum ersten Mal hatten sizilianische Mafiosi bewiesen, dass sie eher als Italiens Polizei und Politik gewillt waren, von Amerika zu lernen.

Allerdings war besagte Kommission, wie sizilianische Historiker mittlerweile bestätigt haben, nicht so neu, wie Tommaso Buscetta glaubte. Hinweise darauf, dass die Cosa Nostra über Führungsgremien verfügte, finden sich bereits in den frühesten Belegen über sie. So gab es zum Beispiel Koordinationsformen zwischen den verschiedenen *cosche* Westsiziliens – gemeinschaftliche Tribunale, um Streitigkeiten zu regeln, Gipfeltreffen, Heiratsabkommen und dergleichen mehr. In Amerika fanden vor dem Ersten Weltkrieg Ratsversammlungen der führenden Ehrenmänner der Ostküste statt. Nehmen wir die jüngste Geschichte als Leitlinie für mysteriöse Momente in der Vergangenheit, liegt nahe, dass die Mafia schon immer ein sehr lebendiges konstitutionelles Leben führte. Sizilianische Mafiabosse haben unentwegt neue Regeln und Rituale erfunden, um ihre eigene Autorität zu stärken und mit den Nachbarn Frieden zu halten. Doch ebenso oft haben sie ihre eigenen Regeln und Rituale gebrochen oder Wege gefunden, sie als politische Waffe gegen ihre Feinde einzusetzen.

Ende der fünfziger Jahre jedoch waren derartige Feinheiten in der Analyse der Mafia den Machthabern in Italien noch gänzlich fremd. Das Thema der organisierten Kriminalität auf Sizilien blieb im politischen Dauerfrost des Kalten Kriegs stecken. Kommunistische Politiker ergriffen jede Gelegenheit, die sich ihnen bot, um das Mafiathema anzuschneiden – und gegen die Christdemokraten ins Feld zu führen. Doch ohne die Regierungsgewalt blieben sie Rufer in der Wüste. Einer der scharfsinnigsten und sarkastischsten Rufer war Pio La Torre, der junge Anführer der Kommunistischen Partei auf Sizilien:

> »Die Wahrheit ist, dass es in Palermo und in weiten Bereichen Westsiziliens keinen Wirtschaftszweig gibt, der nicht von der Mafia kontrolliert wird. Dies ist das Resultat eines langen Prozesses – und parallel dazu gedieh in Palermo und auf der restlichen Insel das christdemokratische Regime.«

La Torre wusste, wovon er sprach: Er war in Altarello di Baida geboren, einem Dorf inmitten der Zitrusgärten um Palermo – der Kinderstube der Mafia.

Auf Vorwürfe wie diese reagierte die *Democrazia Cristiana* allzu oft mit einem Griff in eine Klamottenkiste widersprüchlicher Mythen: Die Mafia sei längst im Aussterben begriffen, hieß es dann, sie sei lediglich eine harmlose sizilianische Tradition; sie sei eine Erfindung der Linken, die Sizilien und die *Democrazia Cristiana* mit Schmutz bewerfen wollten; sie existiere überhaupt nicht; Mafiosi würden sich ohnehin nur gegenseitig töten; *gangsterismo* sei ein amerikanisches Problem.

Die linke Opposition hatte die *Kefauver hearings* nicht vergessen und setzte sich intensiv dafür ein, dass etwas Ähnliches in Italien stattfand: ein parlamentarischer Untersuchungsausschuss gegen die sizilianische Mafia. Die Christdemokraten waren in zwei sich wandelnde Lager gespalten, die sich erbittert bekämpften. In der Hitze des Gefechts warfen viele Parteiführer der Christdemokraten nur ungern einen allzu genauen Blick auf die ethische Gesinnung ihrer sizilianischen Wahlhelfer. So ließ die *Democrazia Cristiana* jahrelang alles schleifen und verlor nur dann an Boden, wenn den Linken durch das Dynamit der Mafia die Herzen zuflogen.

Im Herbst 1962 begann in und um Palermo ein Konflikt, der später als der erste Mafiakrieg bekannt werden sollte. Die charakteristische Waffe des Konflikts war eine taktische Neuheit in den Bandenkriegen Italiens: die Autobombe. Stets war es ein Alfa Romeo Giulietta, der mit Sprengstoff versehen wurde. Die Giulietta war ein typisches Symbol des italienischen Wirtschaftswunders. 1962 wurde sie zum Symbol für das Gleichziehen der sizilianischen Mafia mit dem Wachstum der legalen Wirtschaft.

Obwohl nach der bekannten Version ein missglücktes Drogengeschäft den ersten Mafiakrieg ausgelöst hatte, gaben die wahren Hintergründe damaligen Kommentatoren Rätsel auf und sind noch heute ungewiss. Viele der Kämpfer wussten selbst nicht genau, wo die Front verlief. Im Wesentlichen war die wiederbelebte Kommission offenbar außerstande, Konflikte über Drogen, Beton und Hoheitsgebiete einzudämmen. Einige Mafiosi aus Palermo betrachteten die Kommission selbst mit berechtigtem Misstrauen: In ihren Augen diente sie nicht der Schlichtung von Streitigkeiten, sondern wurde von einigen mächtigen Bossen manipuliert. Der strukturelle Zwist innerhalb der sizilianischen Mafia hatte eine blutige Wendung genommen. Nicht zum letzten Mal wiesen die Ereignisse in Palermo den Weg in die Zukunft des organisierten Verbrechens in Italien. An die hundert Menschen starben im ersten Mafiakrieg – mehr als in jedem anderen Bandenkrieg seit den vierziger Jahren. Die Cosa Nostra war unbeständiger geworden in ihrer Innenpolitik und augenfälliger in ihrer Gewalt. Bald würden die übrigen Mafiaorganisationen diesem Trend folgen.

Vor dem Hintergrund der Autobomben und anderer Gewalttaten in Palermo wurde zähneknirschend eine parlamentarische Untersuchung gegen die Mafia eingeleitet. Allerdings sah es ganz danach aus, als werde sie nie richtig in die Gänge kommen. Dann detonierte am 30. Juni 1963 ein weiterer Sprengsatz in einer Giulietta in Ciaculli: Die Bombe riss vier Carabinieri, zwei Militäringenieure und einen Polizeibeamten in den Tod. Eigentliches Ziel der Bombe war vermutlich der örtliche

Mafiaclan, die Greco-Familie, eine der ältesten und mächtigsten Dynastien Palermos.

Bemerkenswerterweise blieb die *Democrazia Cristiana* sogar am Tag des Anschlags sehr empfindlich, was das Wort »Mafia« anging. Die christdemokratischen Honoratioren, die die obersten Verwaltungsposten des Landes belegten, schickten den Angehörigen der Opfer Kondolenzschreiben und äußerten öffentlich ihre Entrüstung. Nicht einer von ihnen erwähnte die Mafia.

Nichtsdestoweniger zeigte der Sturm der Entrüstung, der dem Ciaculli-Massaker folgte, rasch Auswirkungen, sowohl innerhalb wie auch außerhalb der Cosa Nostra. Der erste Mafiakrieg kam augenblicklich zum Stillstand angesichts einer massiven polizeilichen Ermittlung mit fast 2000 Verhaftungen. Die Cosa Nostra sah sich mit einer der schlimmsten Krisen in ihrer Geschichte konfrontiert. Wie ein Mafioso, der sich dem Staat als Kronzeuge zur Verfügung stellte, später erklärte: »Nach 1963 existierte die Cosa Nostra im Umkreis von Palermo nicht mehr. Sie war außer Gefecht gesetzt. Die Mafia stand kurz vor der Auflösung, schien gänzlich in Trümmern (...) Die Familien waren alle zerstört. Es gab kaum noch Morde. In Palermo zahlten die Leute nicht einmal mehr Schutzgeld.«

Mafiosi, denen sich die Chance bot, aus Palermo zu flüchten, ergriffen diese. Der Boss der Kommission, Salvatore Greco (»Kleiner Vogel« genannt), wanderte beispielsweise nach Venezuela aus. Andere flüchteten in die Schweiz, die USA, nach Kanada ... Die Mafia verschwand aus ihrem Geburtsort, der Provinz Palermo.

Die Ciaculli-Bombe fegte auch den letzten Widerstand gegen einen parlamentarischen Untersuchungsausschuss zur Bekämpfung der Mafia beiseite – endlich sollte es italienische *Kefauver hearings* geben. Doch wer erwartet hatte, dass die Untersuchung ähnlich spektakuläre Ergebnisse bringen würde wie jenseits des Atlantiks, der musste zunächst sehr lange warten und wurde dann herb enttäuscht. Das politische Gerangel schien sich während der Anhörungen allenfalls noch zu intensivieren. Erstaunlicherweise leugnete 1966 Donato Pafundi, der Senator, der bei den Befragungen den Vorsitz führte – politisch ein Christdemokrat und von Beruf Jurist –, die Existenz einer kriminellen Organisation namens Mafia und schob die Schuld an der Problematik gar den Muslimen zu:

»Die Mafia auf Sizilien ist eine Geisteshaltung, die alles und jeden durchdringt, auf allen Ebenen der Gesellschaft. Dafür gibt es historische, geographische und soziale Gründe. An erster Stelle steht ein Jahrtausend muslimischer Herrschaft. Es ist schwer, das Erbe von Jahrhunderten abzuschütteln. Die Mafia liegt den Sizilianern im Blut, ist fester Bestandteil der sizilianischen Gesellschaft.«

Angesichts solcher Meinungen überrascht es kaum, dass der parlamentarische Untersuchungsausschuss volle 13 Jahre brauchte, um seine Arbeit abzuschließen.

Auch fehlte es den italienischen Politikern im Unterschied zu Estes Kefauver und Robert Kennedy am rechten Gespür für den Umgang mit den Medien. Der Abschlussbericht der parlamentarischen Untersuchung umriss das Problem, so gut es ohne Insiderquellen eben möglich war. Er hatte freilich nichts von Kefauvers stark vereinfachender, medienwirksamer Vorstellung von einer umfassenden, zentral gesteuerten internationalen Verschwörung und auch nichts von Donato Pafundis Unwissenheit. Doch seine abstruse Formulierung war ein Indikator für die Schwierigkeiten des Ausschusses, die öffentliche Meinung einzubeziehen:

»Die Mafia hat sich kontinuierlich selbst angeboten als Organ autonomer Macht jenseits des Gesetzes und stets nach einer engen Verbindung mit allen Formen der Macht gesucht, insbesondere jener des Staates, um damit zu kollaborieren, sie für die eigenen Zwecke zu nutzen oder ihre Strukturen zu unterwandern.«

Wer noch bei Bewusstsein war, nachdem er sich durch mehrere Abschnitte solcher Prosa gequält hatte, der verdiente für sein Durchhaltevermögen einen Orden.

Wie vorherzusehen war, lehnte die parlamentarische Linke den Bericht ab und veröffentlichte eine eigene Version, die weit größeres Gewicht auf die Verbindungen der Mafia mit den höchsten Kreisen der sizilianischen Gesellschaft legte: »Die Mafia ist ein Phänomen der herrschenden Klasse.« Auf seine Weise war auch dies eine allzu starke Vereinfachung. Die sizilianische Mafia umfasste wie die Freimaurerbünde des 19. Jahrhunderts, auf denen sie basierte, Mitglieder aus allen gesellschaftlichen Schichten: Sowohl Halsabschneider als auch Grafen konnten Ehrenmänner werden.

Was dem Parlamentarischen Untersuchungsausschuss zur Bekämpfung der Mafia in den sechziger Jahren am meisten zum Vorwurf gereicht, ist die Tatsache, dass er weder die Camorra noch die 'Ndrangheta berücksichtigt. Dass die Problematik der organisierten Kriminalität außerhalb Siziliens unterschätzt wurde, sollte unselige Konsequenzen haben. Und diese unseligen Konsequenzen wurden kaum zwei Jahre nachdem die parlamentarische Untersuchung ihre Arbeit aufgenommen hatte, allmählich spürbar, als der erste Gesetzesentwurf verabschiedet wurde, der auf den Vorfall in Ciaculli reagierte. Gesetz 575 von 1965 war ein Maßnahmenpaket zur Bekämpfung der Mafia, das die Politik der »Zwangsumsiedlung« beinhaltete: Mutmaßliche Mafiosi konnten aufgefordert werden, ihre Heimat zu verlassen und sich andernorts in Italien niederzulassen. Die Zwangsumsiedlung basierte auf der höchst fragwürdigen Theorie, dass die wesentliche Ursache der Mafia im rückständigen gesellschaftlichen Umfeld im Westen Siziliens zu suchen sei. Könnten Mafiosi aus diesem Umfeld in gesündere Umgebungen verpflanzt werden, so die Meinung, würden ihre kriminellen Neigungen allmählich verkümmern.

Stattdessen breitete die Mafia sich immer weiter aus. Wie ein Ehrenmann später erklären würde: »Die Zwangsumsiedlung war für uns eine gute Sache, weil sie uns die Möglichkeit gab, neue Leute zu kontaktieren, andere Orte kennenzulernen, andere Städte, Gegenden, die noch nicht vom organisierten Verbrechen kontaminiert waren.«

Nicht nur die »nicht kontaminierten« Gegenden in Italien beherbergten umgesiedelte Mafiosi. Unfassbarerweise wurden einige von ihnen sogar ins Hinterland von Neapel geschickt. Trotz der furchterregenden Traditionen kriminellen Unternehmertums, wie sie während des Pupetta Maresca-Skandals ans Licht gekommen waren, galt die Bevölkerung Kampaniens mittlerweile als ausreichend gesund, um die Gangsterelite aus Sizilien zu bessern. Ende der sechziger und zu Beginn der siebziger Jahre wurden einige der mächtigsten Kriminellen Siziliens rings um Neapel angesiedelt: Mafiosi vom Kaliber eines Francesco Paolo Bontate, Boss von Santa Maria di Gesù, und später auch dessen Sohn Stefano, ein künftiger Grundpfeiler der Palermer Kommission. Andere Mafiosi, auf der Flucht vor dem Gesetz, gesellten sich zu ihnen. Einer davon war Gerlando Alberti, der später eines witzigen Ausspruchs wegen berühmt wurde: Von einem Journalisten zur Mafia befragt, entgegnete er: »Was ist das? Eine Käsesorte?«

Mit den polizeilichen Maßnahmen nach der Ciaculli-Bombe und der Umsiedlungspolitik hatte Italien unfreiwillig eine neue Diaspora für kriminelle Talente geschaffen. Einer der bevorzugten Häfen dieser Diaspora wurde Neapel mit seiner prosperierenden Tabakschmuggelindustrie. Der Boden war bereitet für eine wichtige neue Interessengemeinschaft zwischen dem sizilianischen und dem kampanischen organisierten Verbrechen.

Die Mafia-isierung der Camorra

Michele Zaza, *'o Pazzo* (»der Irre«) genannt, war der Sohn eines Fischers aus Portici und in den siebziger Jahren zum maßgeblichsten Zigarettenschmuggler Neapels avanciert. Er besaß eine riesige Villa auf dem Posillipo, mit einem herrlichen Ausblick auf den Golf von Neapel – *La Glorietta* nannte er sie. Von einem lokalen Fernsehsender interviewt, witzelte er einmal, der Tabakschmuggel sei »die Fiat-Werke Süditaliens«. Was er damit meinte, war, dass er selbst genauso viele Arbeitsstellen schuf wie der Autogigant in Turin. Neapel konnte ebenso wenig ohne den Schmuggel überleben wie Turin ohne die Automobilindustrie. Die Bemerkung traf auf offene Ohren, sowohl in den Straßen in Neapels Zentrum als auch in den Gemeinden weit außerhalb der Stadt, wo man einst Sophia Lorens kessen Auftritt in *Gestern, heute und morgen* bewundert hatte. Wie zur Prohibitionszeit in den USA konnten sich Ganoven, die unter der Hand eine Ware verschoben, die eine Menge nichtkrimineller Abnehmer fand, ohne weiteres als die Guten gerieren.

»Der Irre« war aber keineswegs ein Robin Hood. Am 5. April 1973 gehörte er einem Killerkommando an, das versuchte, Polizeichef Angelo Mangano zu töten, einen sizilianischen Gesetzeshüter, der sich im Kampf gegen die Mafia in Corleone hervorgetan hatte. (Mangano überlebte, obwohl ihn vier Schüsse getroffen hatten, sogar in den Kopf.) Warum sollte ein neapolitanischer Camorrista einen Feind der sizilianischen Mafia töten? Weil dieser Camorrista kurz zuvor in die Cosa Nostra aufgenommen worden war.

Zu Beginn der 1970er Jahre waren die sizilianischen Mafiosi, die in Kampanien gelandet waren, mit einigen Camorristi eng befreundet. Polizei und Carabinieri berichteten von regelmäßigen Treffen zwischen neapolitanischen und sizilianischen Ganoven in Neapel. Die Sizilianer begeisterten sich sogar für die sentimentalen Schlagermelodien, die ihre neapolitanischen Gastgeber so liebten.

Die Verbindungen zwischen Mafia und Camorra erhielten bald eine offizielle Form. Auf ihre traditionelle Art und Weise knüpften sizilianische Mafiosi Verwandtschaftsbande mit den Camorristi, die auf der Ehe und dem *comparatico* gründeten (wörtlich »Mit-Vaterschaft«, d.h., man übernahm die Patenschaft für ein Kind). Große neapolitanische Schmuggler wurden offiziell auch in die Cosa Nostra eingeführt. In Kampanien entstanden mindestens zwei Cosa-Nostra-Familien und wurden von Palermo bestätigt. Die eine hatte ihren Sitz in der Hauptstadt und gruppierte sich um eine große Familie, die Zaza-Mazzarellas, zu der auch »der Irre« Zaza gehörte. Die andere war in Marano zu Hause, einer Kleinstadt im nördlichen Umland von Neapel. Aus Marano stammte der Mann, der 1955 den »Kartoffelpreispräsidenten« erschossen hatte. Die Verwandten des Mörders, die Nuvoletta-Brüder, hatten jetzt in der Stadt das Sagen und wurden ordnungsgemäß in die Cosa Nostra eingeführt.

So erbten die neuen kampanischen Familien der Cosa Nostra die beiden wichtigsten kriminellen Traditionen der Region. Der »Irre« Zaza vertrat die städtische Camorra, neu belebt durch den Schwarzhandel während des Zweiten Weltkriegs. Die Nuvoletta-Brüder waren die Sorte Camorristi, die lange Zeit die Versorgungswege von den Dörfern zu den Märkten in der Stadt unter ihrer Kontrolle hatten. So waren die neuen Zweige der Cosa Nostra in Kampanien gewissermaßen auch eine sehr vielsagende Rückkehr zur Vergangenheit. Zum ersten Mal seit den Tagen der alten Ehrenwerten Gesellschaft Neapels umspannte dasselbe organisatorische Gefüge sowohl die Camorra-Clans der Stadt als auch jene auf dem Land.

Die Aufwertung des Zigarettenschmuggels sowie die engen Verbindungen zwischen der sizilianischen und der neapolitanischen Unterwelt führten zu einer »Mafia-isierung« der Camorra. Nicht zum ersten Mal in der Geschichte erfuhr das Wort »Camorra« einen Bedeutungswandel. Früher wurde es, wenn überhaupt, auf kleine lokale Gangsterbanden oder Schmugglerringe angewandt, oder auch auf einzelne *guappi*. Jetzt waren Camorristi in zunehmendem Maße Funktionäre weitaus größerer Gruppen, mit einer größeren Bandbreite an kriminellen Aktivitäten und einem größeren finanziellen Spielraum.

Für die Neapolitaner hatten die zugezogenen Mafiosi eine Menge zu bieten, unter anderem organisatorische Fähigkeiten und Prestige. Denn wer kannte die sizilianische Mafia nicht? Und welcher Kriminelle hatte keine Angst vor ihr?

Für die Sizilianer brachten Neapolitaner vom Schlag des »Irren« ausgezeichnete Schmuggelkontakte und ein umfassendes Vertriebsnetz. Sie in die Cosa Nostra einzuführen, war eine Möglichkeit, sie im Auge zu behalten. Aus denselben Gründen nahmen sie auch Tommaso Spadaro, einen bedeutenden Palermer Zigarettenschmuggler, in ihren Kreisen auf.

Die Entscheidung der sizilianischen Mafia, einige Camorristi bei sich aufzunehmen, hatte auch strategische Gründe. Die wichtigsten Akteure im neapolitanischen Schmuggelgeschäft Ende der sechziger Jahre waren multinationale Händler – »die Marseiller« genannt, da einer ihrer früheren Stützpunkte sich in der französischen Hafenstadt Marseille befunden hatte. Zwischen 1971 und 1973 nutzten die Männer der kampanischen Cosa Nostra ihre Feuerkraft, um die Konkurrenz auszuschalten. Eine Handvoll neapolitanischer Zigarettenschmuggler und mindestens sechs Marseiller wurden hingerichtet. Nach den Maßstäben der Mafia war dies ein relativ geringer Gewaltaufwand, der sich auszahlen sollte. Bald hatten die Cosa Nostra und ihre kampanischen Freunde den Tabakschmuggelmarkt für sich allein.

Das Geschäft florierte. Einer Schätzung zufolge belief sich in den späten siebziger Jahren der Jahresumsatz des illegalen Zigarettenhandels in Kampanien auf etwa 48,6 Milliarden Lire (nach heutigen Maßstäben etwa 175 Millionen Euro), mit einem Reingewinn zwischen 20 und 24 Milliarden Lire (72 bis 86 Millionen Euro). 1977 fanden die Carabinieri »den Irren« Zaza mitsamt einem Rechnungsbuch, dem zufolge der Tabakschmuggel von Mafia und Camorra erstaunliche 150 Milliarden Lire im Jahr einbrachte (über 500 Millionen Euro). Es wird vermutet, dass in der Region Kampanien zwischen 40 000 und 60 000 Menschen in der Schmuggelwirtschaft beschäftigt waren. Die Fiat-Werke Süditaliens, in der Tat.

Die Cosa Nostra erhielt mehr als einen fairen Anteil am Gewinn. Laut Aussage eines Mafioso, der am Schmuggel beteiligt war, wurde Neapel zum »Eldorado« der Sizilianer. Tommaso Buscetta, ein ehemaliger Zigarettenschmuggler, erinnerte sich:

> »Das Geschäftsvolumen des illegalen Zigarettenhandels wuchs gewaltig. In den fünfziger Jahren hielt man 500 Kisten für eine große Warensendung. Jetzt waren wir pro Schiffsladung bei 35 000 bis 40 000 Kisten angelangt.«

Der Geldstrom, der aus Sizilien über das Tyrrhenische Meer geschwappt kam, hatte auch gravierende Auswirkungen auf die sizilianische Mafia. Bis zum Jahr 1969 waren die meisten Ehrenmänner, die nach dem ersten Mafiakrieg unter Anklage gestanden hatten, nämlich wieder auf freiem Fuß und konnten dort weitermachen, wo sie infolge der Ciaculli-Bombe aufgehört hatten. Sie verschwendeten wenig Zeit, um ganz Palermo wissen zu lassen, dass sie wieder da waren. Um 19.45 Uhr am Abend des 10. Dezember 1969 schossen fünf Männer in gestohlenen Polizeiuniformen die Insassen des Büros einer Baufirma im Viale Lazio mit Maschinengewehren nieder. Fünf Männer wurden getötet, darunter einer der Killer und die Zielperson: der Mafiaboss Michele Cavataio, von dem viele in der Cosa Nostra glaubten, er stecke hinter den Autobomben, die Anfang der sechziger Jahre explodiert waren. Wir wissen mittlerweile, dass die Männer, die das Blutbad im Viale Lazio angerichtet hatten, Abgesandte aus verschiedenen Mafiafamilien waren – als wollten sie demonstrieren, dass die Hinrichtung Cavataios von der gesamten Cosa Nostra abgesegnet worden war.

So nahm die sizilianische Mafia nach einer sechsjährigen Pause infolge der Ciaculli-Bombe ihr konstitutionelles Leben wieder auf. Das erste offizielle Gremium, das die Cosa Nostra schuf, war ein Triumvirat aus altgedienten Bossen, die mit der Pflicht betraut waren, die schlafenden Strukturen der Organisation in der Provinz Palermo neu zu beleben. Einer dieser Männer, und vermutlich der angesehenste, war Stefano Bontate, der »Prinz von Villagrazia« und *capo* der größten Familie in Palermo, wie schon sein Vater vor ihm. Bontate gehörte zum Mafiaadel. Der zweite war Gaetano »Tano« Badalamenti, der Boss von Cinisi, wo mit dem neuen Flughafen für Palermo eine riesige Einnahmequelle entstanden war. Badalamenti verfügte über langjährige Kontakte zur Cosa Nostra in Detroit. Der dritte im Bunde war Luciano Liggio aus Corleone.

Das Triumvirat wurde 1974 von der Kommission abgelöst, wobei der Boss aus Cinisi, Tano Badalamenti, am Kopfende der Tafel saß. Die frühere Kommission unterschied sich ein wenig von der neuen. Als sie Ende der fünfziger Jahre gegründet worden war, durfte kein Familienoberhaupt einen Sitz darin belegen, angeblich weil man einzelnen Ehrenmännern die Gelegenheit geben wollte, Beschwerden über ihre Bosse vorzubringen, ohne Schikanen befürchten zu müssen.

Die Kommission dagegen, die 1974 neu belebt wurde, bestand aus den wichtigsten Bossen der Provinz Palermo. Es ist kein Zufall, dass dieses neue Gremium ausgerechnet zu einem Zeitpunkt ins Leben gerufen wurde, da der Zigarettenschmuggel in Neapel eine der Haupteinnahmequellen der Mafia war. Denn die Kommission erfüllte nicht nur die Aufgabe, die Beziehungen zwischen den Familien zu regeln, sondern betrieb obendrein einen lukrativen Tabakschmuggel.

Mafiaquellen haben uns einen bemerkenswerten Einblick in die straffe Politik des Tabakschmuggels innerhalb der Cosa Nostra in den siebziger Jahren vermittelt. Jede der beteiligten Parteien pflegte abwechselnd eine Schiffsladung entgegenzunehmen, die nach Kampanien kam: eine für die Neapolitaner, eine für jeden Mafiaclan, der in Neapel agierte, und eine als Tribut an die Kommission. Alle zwei Monate sollte das Schiff, das die Zigaretten für Palermo geladen hatte, Kurs auf Sizilien nehmen. Auf Tano Badalamenti, dem Oberhaupt der Kommission oder »Provinzrepräsentanten«, lastete die Verantwortung, die Fracht aufzuteilen: 1000 Kisten für Michele »den Papst« Greco aus Ciaculli; 1000 für die Corleoneser; 2000 für den Bontade-Clan und so weiter. In anderen Worten, jeder Boss, der genügend Ansehen besaß, um der Kommission anzugehören, und ausreichend Vermögen, um im Voraus das nötige Kapital für den Kauf der Zigaretten aufzubringen, wurde zum Stakeholder an dem von der Kommission kontrollierten Teil des Zigarettenmarktes.

Abgesehen von der »Kapitalgesellschaft« der Kommission schmuggelten viele Mafiosi eigenmächtig Zigaretten, als Schwarzhändler aus eigenem Recht. Ehrenmänner aus unterschiedlichen Familien bildeten Schmugglerringe, so oft sich ihnen die Gelegenheit bot. Noch komplizierter wurde das Ganze aufgrund der unvermeidlichen Zusammenarbeit mit Nichtmafiosi, die weniger verlässlich und nicht den Regeln der Mafia unterworfen waren. Männer wie »den Irren« Zaza in die Organisation aufzunehmen, war keine zufriedenstellende Lösung des Problems.

»Der Irre« hatte eindeutig nicht dasselbe strenge Auswahlverfahren durchlaufen wie die kriminelle Elite Palermos, und er musste gelegentlich an die Selbstdisziplin erinnert werden, die jetzt, da er ein Ehrenmann war, von ihm erwartet wurde. Einmal wurde er dabei ertappt, wie er im Kasino eines Luxushotels auf der Insel Ischia um hohe

Geldsummen zockte. Der Boss aus Catania, Pippo Calderone, einer seiner Partner im Zigarettengeschäft, erinnerte ihn wütend daran, dass ein Mitglied der Cosa Nostra mit ostentativem Glücksspiel in dieser Größenordnung gegen die Regeln verstieß.

»Der Irre« und andere Schmuggler besaßen innerhalb der Cosa Nostra keinen guten Ruf. Tommaso Buscetta zufolge hatten sie eine »Betrügermentalität« und neigten zur Verschlagenheit. Das war natürlich kein ausschließlich neapolitanischer Charakterzug. Es ist wahrscheinlich, dass *'o Pazzos* Gleichmut gegen die Cosa Nostra ihn für Ehrenmänner, die ebenso verschlagen waren wie er und mehr wollten als den Frachtanteil, der ihnen zustand, zum perfekten Komplizen ebenso wie zum perfekten Sündenbock machte.

So trug das Mafia-Camorra-Zigaretten-Oligopol schon bei seiner Entstehung die Narben wechselseitiger Verdächtigungen. Einige Jahre später sollte deutlich werden, dass die Spannungen im Tabakschmuggelgeschäft auch *innerhalb* der Cosa Nostra Risse verursacht hatten, die sich zum blutigsten Konflikt in der Geschichte der Mafia auswachsen würden.

Doch 1978 verlangsamte sich der Tabakschmuggelboom, weil ein internationales Abkommen es den Behörden nunmehr erlaubte, Schmuggler bis in internationale Gewässer zu verfolgen. Die Menge an beschlagnahmten Zigaretten erreichte in diesem Jahr einen Höhepunkt. Das Misstrauen der Mafiosi untereinander sowie zwischen Mafiosi und Camorristi beendete das Oligopol. Bezeichnenderweise hatte unterdessen mit Heroin ein neues, gewinnträchtigeres und weitaus mehr Zwietracht säendes Kapitel in Italiens Gangstergeschichte begonnen.

Schließlich gibt es auch noch einen Nachtrag zur Geschichte von Concetta Muccardo, der Zigarettenverkäuferin aus Forcella, die im Film *Gestern, heute und morgen* von Sophia Loren dargestellt wurde. Am 27. Juni 1992 wurde sie im Alter von 67 Jahren verhaftet, nachdem sie in einer Türöffnung im Sanità-Viertel Heroin verkauft hatte; hinter der Tür fand die Polizei weitere 50 Päckchen Heroin sowie 350 000 Lire (2011 etwa 280 Euro). Das Rauschgift war längst über dieselben Kanäle nach Italien gelangt, die früher für Schmuggelzigaretten genutzt worden waren.

Die »Pilzesammler« vom Montalto

Unterdessen in Kalabrien …

Wie wir gesehen haben, war die 'Ndrangheta mittlerweile in die Bauindustrie der sechziger Jahre eingestiegen. Die lange Küstenlinie Südkalabriens bot zudem zahlreiche geschützte Stellen, wo man kistenweise Schmuggelzigaretten abladen konnte. Genau wie in Sizilien und Kampanien schuf das Geld, das mit dem Beton und dem Tabak ins Land strömte, ein neues politisches Klima im organisierten Verbrechen Kalabriens.

1969 bot sich den Justizbehörden ein seltener Einblick in die Innenpolitik der kalabrischen Mafia, nachdem die Polizei während des alljährlichen Treffens der 'Ndrangheta auf dem Aspromonte eine großangelegte Razzia veranstaltet hatte. Das Ereignis brachte zum ersten Mal seit der »Invasion der Marsianer« 1955 die unauffälligste Mafia Italiens für kurze Zeit in die Schlagzeilen. Die Geschichte dieser Razzia von 1969 und das nachfolgende Gerichtsverfahren geben uns Einblick in einen entscheidenden Prozess politischer Veränderungen, der sich innerhalb der kalabrischen Unterwelt vollzog. Außerdem zeigt er anschaulich, welches Bild die italienische Justiz von den kriminellen Sekten in Kalabrien und Sizilien in einer Phase hatte, in der sie immer reicher und gefährlicher wurden.

Mit seinen fast 2000 Metern ist der Montalto die höchste Erhebung auf dem Aspromonte. Von hier aus hätte eine Statue von Christus, dem Erlöser – wäre sie imstande, sich um die eigene Achse zu drehen und der Linie des Horizonts zu folgen –, einen der schönsten Panoramablicke auf diesem Planeten: auf die Äolischen Inseln vor der Nordküste Siziliens, die bewaldeten Hänge des kalabrischen Serre-Gebirges im Nordosten und den ruhig vor sich hin schmauchenden Gipfel des Ätna jenseits der Straße von Messina. Irgendwo in den Wäldern darunter befindet sich die Wallfahrtstätte der Muttergottes von Polsi, wo die 'Ndrangheta stets Anfang September ihre Jahresversammlung abhielt. 1969 hatten die verstärkten Polizeikontrollen die Gangster zu einem Termin- und Ortswechsel gezwungen. Damals trafen sich die Bosse der kalabrischen Unterwelt am 26. Oktober, einem feuchten Sonntagmorgen, auf einer Waldlichtung unterhalb des Montalto-Gipfels. Doch ihre Vorsicht erwies sich als fruchtlos.

Ein Team von 24 Polizeibeamten und Carabinieri hatte die Anzeichen, die sich aus der wochenlangen Beschattung ergeben hatten, richtig gedeutet und kam zwischen 35 Autos hervor, die unweit des Gipfels kreuz und quer am Straßenrand geparkt waren. Mit flinken, leisen Bewegungen überwältigten und knebelten die Polizisten die fünf Beobachtungsposten. Während sie tiefer in den Wald eindrangen, hörten sie Rufe und Beifall: Die Unterweltkonferenz tagte noch.

Das Team teilte sich in zwei Gruppen auf, um die breite Lichtung zu umstellen, auf der über hundert Männer im Kreis saßen und lebhaft miteinander diskutierten. Doch jemand stieß einen Warnruf aus. Sechs Beamte traten auf die Lichtung und riefen: »Keine Bewegung! Polizei!« Die Gangster stoben in alle Richtungen auseinander, wobei sie aus Pistolen, Jagdflinten, automatischen Waffen und Maschinengewehren wild um sich schossen. Niemand wurde getroffen, und inmitten chaotischer Szenen gelang es der Polizei, 21 Männer zu verhaften. Sie stellten außerdem die Wagen, die von den flüchtenden ’Ndranghetisti im Stich gelassen worden waren, als Beweismittel sicher. Am Ende sollten 72 der geschätzten 130 Teilnehmer vor Gericht gestellt werden. Die meisten von ihnen behaupteten, sie hätten im Wald Pilze gesammelt. Einige der jüngeren Mitglieder knickten während des Verhörs ein. Einer von ihnen, ein Maurer aus Bagnara, erzählte der Polizei von seinem Initiationsritual. Er und einige andere verrieten auch in groben Zügen, was auf dem Montalto besprochen worden war.

Was als Erstes an der Zusammenkunft auffällt, ist der Stellenwert, der dem Rituellen beigemessen wurde. So verlangte es die Tradition, dass gleich zu Beginn ein jeder aufstand und die Anwesenden im Namen seines Clans formell begrüßte. Ein wichtiger Punkt auf der Tagesordnung war das alljährliche Treffen selbst. Sollte sich die Ehrenwerte Gesellschaft nun, da sich die Polizei offenbar dafür interessierte, weiterhin jedes Jahr an der Wallfahrtstätte der Muttergottes von Polsi versammeln? Jemand schlug einen Ortswechsel vor. Und mit einem Ortswechsel sollte auch ein Namenswechsel einhergehen: Das Treffen sollte von nun an das »Aspromonte-Treffen« heißen, nicht mehr das »Polsi-Treffen«. Nach vielem Hin und Her siegten die Konservativen:

Polsi würde der bevorzugte Treffpunkt bleiben, obschon das Datum geändert werden sollte, um die Behörden abzuschütteln. Als gegen die auf dem Montalto verhafteten Männer ein Verfahren eingeleitet wurde, beschrieb der Richter diese Debatte vermutlich zu Recht als »formalistisch« und »pedantisch«.

Doch es wurden auch wichtigere Themen auf dem Gipfel diskutiert, zum Beispiel, wie man der Bedrohung seitens der Behörden begegnen solle. Die anwesenden Bosse beschwerten sich lautstark über den Aktivismus, den der Polizeichef von Reggio Calabria neuerdings an den Tag legte. Sein Verhalten verlange nach einer gemeinsamen Reaktion, einer Machtdemonstration. Diverse taktische Optionen wurden vorgeschlagen: Die einen wollten Streifenwagen in die Luft sprengen, andere dem Polizeichef selbst auflauern.

Die Planung von Sprengstoffanschlägen gegen den gemeinsamen Feind hob vermutlich die Stimmung unter den »Pilzesammlern« ganz kolossal. Doch das Hauptthema auf dem Treffen war möglicherweise noch bedeutend explosiver: die potentielle Uneinigkeit innerhalb der 'Ndrangheta-Hierarchie. Ermittler brachten in Erfahrung, dass einer der älteren Bosse aus Taurianova, ein Haudegen namens Giuseppe Zappia, dem man den Vorsitz übertragen hatte, leidenschaftlich zur Einigkeit aufrief: »Dies hier ist nicht Mico Tripodos 'Ndrangheta! Es ist nicht 'Ntoni Macrìs 'Ndrangheta, und auch nicht Peppe Nirtas 'Ndrangheta! Wir sollten uns einig sein. Wer bleiben will, der soll bleiben. Wer nicht bleiben will, der soll gehen.«

Abgesehen von der verschleierten Drohung in der letzten Zeile (was wäre wohl der Preis gewesen für ein Verlassen des Treffens?), klingt dieser Aufruf sehr höflich: die Unterweltversion von Friede, Freude, Eierkuchen. Die Polizisten und Richter, die das Montalto-Treffen zu beurteilen hatten, spürten, dass der Appell in Wirklichkeit höchst bedeutsam war. Doch ehe die Beamten noch mehr herausfinden konnten, zogen die wenigen Männer, die auf dem Montalto verhaftet worden waren und gestanden hatten, ihre Aussagen zurück: Sie seien von der Polizei schikaniert worden, behaupteten sie. Wie fast immer der Fall im ersten Jahrhundert der Geschichte des organisierten Verbrechens in Italien, waren diese überaus wichtigen Zeugen von den Behörden, die mit dem Fall betraut waren, nicht angemessen unterstützt und beschützt worden; niemand wird jemals erfahren, was sie uns noch alles über die 'Ndrangheta hätten erzählen können. Stattdessen stimmten sie in den Chor derer ein, die behaupteten, sie hätten Pilze gesammelt.

Man muss es dem Richter, einem gewissen Guido Marino, hoch anrechnen, dass er in diesem Fall die schwachen Alibis nicht gelten lassen wollte. Auch nahm er die Behauptung der Verteidigung nicht sonderlich ernst, dass die 'Ndrangheta nichts anderes sei als der Rotarier- oder der Lionsclub. Richter Marino meinte es ernst. Er äußerte einige vernichtend kritische Sätze über die Art und Weise, wie der Kampf gegen die 'Ndrangheta geführt wurde. Die Ermittlungen seien »oberflächlich« und »planlos«, was zur Folge habe, dass die Mafia vor Gericht »schwer zu fassen« sei. Anstatt sich auf »solide und geduldige« Ermittlungsarbeit zu stützen, setze die Polizei allzu oft auf Abmahnungen und auf Zwangsexil. Diese Präventivmaßnahmen seien gänzlich kontraproduktiv, sagte er. »Sie wirken wie ein Stärkungsmittel in den Körpern dieser kriminellen Gesellschaften, die heute kräftiger und effizienter sind denn je.«

In gleicher skandalöser Manier wurde seit Bestehen eines geeinten Italien verfahren. Wie überall im Süden gediehen die Mafiaorganisationen auch in Kalabrien unter den unausgegorenen Taktiken, die sie eigentlich eindämmen sollten.

Raffiniert griff Richter Marino sich den Aspekt des Montalto-Treffens heraus, der ihm vermutlich am unverfänglichsten erschien: die »formalistische« und »pedantische« Diskussion über das Prozedere. Seiner Ansicht nach ging daraus eindeutig hervor, dass die 'Ndrangheta eine »institutionalisierte« Vereinigung war. Überdies, so Richter Marino weiter, zeige die Debatte der Gangster über gemeinsame Traditionen, dass die Welt des organisierten Verbrechens in Kalabrien weit mehr sei als ein paar verstreute Einzelbanden. Es gebe nur *eine* 'Ndrangheta, *eine* kriminelle Organisation mit einer langen Geschichte. (Zu diesem Zeitpunkt ahnte noch niemand, wie lang diese Geschichte bereits währte.)

Es gibt hier einen augenfälligen Gegensatz zur »Invasion der Marsianer« von 1955, als die Behörden in Kalabrien nur ein flüchtiges Interesse an Geschichte und Struktur der 'Ndrangheta an den Tag legten. Richter Marinos Verfügung ist ein erster kleiner Hinweis, dass das italienische Rechtssystem eine Menge lernen könnte, wenn es die Mafiaorganisationen in Kalabrien und Sizilien als das behandeln würde, was sie waren: kriminelle Geheimbünde, die seit Jahrzehnten in die Gesellschaft integriert waren.

Richter Marino war so erpicht darauf, die Geheimnisse der 'Ndrangheta zu ergründen, dass er über ihre zwei mächtigsten Bosse, die im Montalto-Treffen genannt waren, Biographien verfasste. Diese Biographien – die allerersten detaillierten Porträts zweier führender Mitglieder der 'Ndrangheta – sind einer näheren Betrachtung wert.

Einem der Bosse sind wir bereits begegnet: Don 'Ntoni Macrì aus Siderno, der vor der Operation Marzano 1955 angeblich den Bischof von Locri davor bewahrt hatte, von einer Bande rachsüchtiger Priester ermordet zu werden. Don 'Ntoni war 1904 in Siderno geboren. Als er 40 war, residierte er in Glanz und Gloria und brachte die örtlichen Landbesitzer dazu, seine Gefolgsmänner in ihren Olivengärten als Wachposten einzustellen. Er passte die Preise für Zitrusfrüchte den eigenen Bedürfnissen an, da er selbst mit landwirtschaftlichen Produkten Handel trieb. Er verdiente auch an landwirtschaftlichen Maschinen und an Bauprojekten. Kurzum, Don 'Ntoni war reich.

Im Herbst des Jahres 1953 behaupteten anonyme Berichte, dass Don 'Ntoni die Plenarversammlung der Ehrenwerten Gesellschaft auf dem Aspromonte geleitet habe. 1957 bewahrten ihn seine politischen Gönner vor dem Zwangsexil, zu dem er während der Operation Marzano verurteilt worden war. Ein Jahr später war er des Mordes angeklagt und auf der Flucht vor der Polizei. 1961 wurde er für nicht schuldig befunden und auch von dem zusätzlichen Vorwurf freigesprochen, Mitglied einer kriminellen Vereinigung zu sein. Eine Verhaftung wegen versuchten Mordes folgte 1965. 1967 dann wurden im Zuge des sogenannten »Marktplatz-Massakers« in Locri drei seiner Rivalen erschossen und weitere zwei verwundet: Zwei Männer, mit einer Flinte und einem Maschinengewehr bewaffnet, eröffneten das Feuer auf eine Gruppe von Menschen, die im Obst- und Gemüsegroßmarkt einen Handel besiegelten. Wie immer wurde Macrì mangels Beweisen freigesprochen.

Doch Don 'Ntonis verblüffendster Coup stand noch aus. 1967 betrog er die Bank von Neapel mit Hilfe des Filialleiters aus Siderno. Dem Filialleiter wurde gekündigt, dennoch weigerte sich die Bank von Neapel, die Polizei in ihren Ermittlungen zu unterstützen. Als Richter Marino die Beweismittel in besagtem Fall erneut in Augenschein nahm, musste er zu dem Schluss kommen, dass es neben der Mafia des Don 'Ntoni

Macrì noch einen weiteren kriminellen Bund gab, und zwar innerhalb der Bank von Neapel. Der Richter war schockiert von der Häufigkeit, mit der man Don 'Ntoni auf den 900 Seiten seines Strafregisters Strafmilderung zuerkannt hatte, nachdem ihn maßgebliche Personen als einsichtig beschrieben hatten. Zum Zeitpunkt der Tagung des Großen Verbrechens auf dem Montalto 1969 war der Boss aus Siderno das geworden, was Richter Marino als ein »lebendes Symbol der Allmacht und Unbesiegbarkeit des organisierten Verbrechens« bezeichnete.

Auch Don Domenico Tripodo, genannt »Mico«, wurde auf dem Montalto-Treffen erwähnt; er war der zweite Boss, mit dessen Biographie Richter Marino sich befasst hatte. In den Worten des Richters war Mico Tripodo ein »stolzer, unbändiger Schurke, ganz der Sache der Mafia verschrieben«. Er bezog seine Einkünfte aus Schutzgelderpressungen, Großmarktgeschäften, bewaffnetem Raub, Geldfälschung und Scheckbetrug und natürlich aus dem Bauwesen und dem Tabakschmuggel. Erwähnenswert an Tripodos krimineller Karriere ist die Tatsache, dass er sich dreimal mit demselben Trick der Inhaftierung entzog, indem er Unwohlsein vortäuschte und sich ins Krankenhaus einweisen ließ, das weniger streng bewacht war und aus dem man sich eher davonstehlen konnte. Einen Großteil seiner Zeit verbrachte er auf der Flucht vor der Polizei: Er änderte mehrmals seinen Namen und ging in Umbrien sogar eine bigamistische Verbindung ein, ehe er endlich in Perugia gefasst wurde. Dass er während des Montalto-Treffens hinter Gittern saß, hielt ihn nicht davon ab, sein Imperium zu lenken und in seinem Revier Morde anzuordnen.

Während er über diesen Lebensläufen brütete, wurde Richter Marino begreiflicherweise von ungläubigem Zorn gepackt. Die Behörden wussten eine Menge über die 'Ndrangheta: So war beispielsweise das Treffen in Polsi eine Zeitlang ein offenes Geheimnis. Und dennoch waren sie anscheinend außerstande, wie Richter Marino bemerkte, die Machenschaften der Gangster zu durchkreuzen und den Aufstieg von Leuten wie Don 'Ntoni und Mico Tripodo zu verhindern.

Richter Marinos fleißige und scharfsinnige Ermittlungen über die »Pilzesammler« vom Montalto stehen im krassen Gegensatz zu den Prozessen gegen die Cosa Nostra, die etwa zur selben Zeit stattfanden. Ein denkwürdiges Beispiel ist das Verfahren im Jahre 1968, das die Beteiligten des ersten Mafiakriegs zur Rechenschaft ziehen sollte, in dessen

Verlauf Palermos Verbrecherelite Alfa Romeo Giuliettas mit Bomben bestückte, um sich gegenseitig in die Luft zu sprengen. Staatsanwalt Cesare Terranova, der gegen die Beteiligten ermittelte, war sicher, dass die Mafia über eine Art zentrales Koordinationsorgan verfügte. Einem Bericht der Carabinieri zufolge, der 1963 vorlag, bestand dieses aus 15 ranghohen Mafiosi, sechs davon aus der Hauptstadt Palermo und neun aus den Kleinstädten und Dörfern der Provinz. Besagtes Koordinationsorgan war natürlich die Kommission, wie wir heute wissen. Doch wie so oft in der Geschichte der Mafia setzte sich dieses Bild von den inneren Mechanismen der Mafia hauptsächlich aus vertraulichen Informationen zusammen, die nach außen gesickert waren, und basierte weniger auf offiziellen Zeugenaussagen vor Gericht. Deshalb war es als belastendes Beweismaterial vor Gericht so gut wie unbrauchbar.

Dementsprechend blieb der Richter in diesem Fall unentschieden hinsichtlich der Frage, ob die sizilianische Mafia nun existierte oder nicht. Er verwarf die Theorie, die besagte, dass die Mafia von »Normen« und »Kriterien« bestimmt war, die für alle Mitglieder gleichermaßen galten. Stattdessen stimmte er teilweise mit der Verteidigung überein, die glaubte, dass die Mafia »eine psychologische Gesinnung beziehungsweise der typische Ausdruck eines überzogenen Individualismus« sei. Allerdings war sie seiner Meinung nach noch mehr, etwas Ungesetzliches, das sich schwer definieren ließ. Also zog er den etwas vagen Schluss, die Mafia sei ein »Phänomen kollektiver Kriminalität«. Von den 114 Angeklagten wurden alle bis auf zehn mangels Beweisen wieder auf freien Fuß gesetzt.

Die Ordnungsmacht nahm sich dieses Urteil zum Vorbild. 1974, im selben Jahr, in dem, wie wir wissen, die Kommission der Cosa Nostra neu gebildet wurde, argumentierte der Polizeichef, dass die Mafia lediglich ein loses Netzwerk aus strukturlosen lokalen Banden sei, die sich zu speziellen kriminellen Aktionen zusammenfanden und dann rasch wieder auflösten. Die Mafia *an sich* bekämpfen zu wollen, sei sinnlos, zumal sie doch Bestandteil der sizilianischen Kultur sei. »Es ist unmöglich, gegen das Phänomen Mafia vorzugehen! Wogegen soll man vorgehen? Eine Idee? Eine Mentalität?« Wie so oft in ihrer Geschichte erwies sich die Cosa Nostra als außerordentlich geschickt darin, ihre wahre Natur zu verbergen.

Marinos Bericht über das Montalto-Treffen indes vermittelte den italienischen Behörden das Bild einer streng strukturierten und ritualisierten 'Ndrangheta. Überdies hatten die Strafregister Don 'Ntoni Macrìs und Mico Tripodos eine auffällige Ähnlichkeit mit denen vieler sizilianischer Mafiabosse ihrer Generation: die gleiche Gewaltbereitschaft, die gleichen mächtigen Freunde, die gleiche seltsame Abfolge von Freisprüchen mangels Beweisen, die gleiche Fähigkeit, sich in die gewinnträchtigsten Bereiche der legalen Wirtschaft einzuschleichen. Doch niemand scheint sich gefragt zu haben, ob dieses Bild eines strukturierten und ritualisierten kriminellen Geheimbundes nicht vielleicht auch die Situation auf Sizilien widerspiegelte. Die grausame Wahrheit war, dass nichts, was im fernen Kalabrien geschah, jemals dazu angetan wäre, Italien wachzurütteln, ihm den Ernst seines Mafiaproblems begreiflich zu machen.

Doch leider konnten letztlich die Enthüllungen, die dem Montalto-Fall folgten, auch in Kalabrien nichts ändern. Sogar Richter Marino, der sich in seinen Nachforschungen als so gewissenhaft erwiesen hatte und dessen harsche Kritik an den Versäumnissen des Staates so vernichtend gewesen war, verhängte lächerlich milde Urteile gegen die Anführer der 'Ndrangheta. Italiens Gesetze gegen Mafiaorganisationen waren schwach. Zwar existierte ein Gesetz gegen »Mafiazugehörigkeit«, es zog aber nur leichte Strafen nach sich. Die meisten »Pilzesammler« kamen mit zweieinhalb Jahren Haft davon, und der überwiegenden Mehrheit wurden zwei davon erlassen. Die Bosse, die im Appell des Vorsitzenden an die Einigkeit genannt waren, einschließlich Don 'Ntoni Macrì, wurden allesamt vom Vorwurf, einer kriminellen Vereinigung anzugehören, freigesprochen: Wieder einmal fehlte es an Beweisen. Don 'Ntoni und die anderen Bosse waren auf dem Treffen zwar erwähnt, aber nicht an Ort und Stelle verhaftet worden, ob sie tatsächlich dort gewesen waren, ließ sich nicht beweisen. Mico Tripodo wurde freigesprochen, weil er zum Zeitpunkt des Treffens im Gefängnis saß. Der Richter schien an sein eigenes Gewissen zu appellieren, als er seine Argumente zu erklären versuchte:

> »Dieses Argument könnte wie ein Zerrbild anmuten, in Anbetracht der Realität, die ein jeder hier unten im Süden spürt und sieht. Doch diese Realität wurde vom Strafjustizsystem in den wenigen äußerst ernsten Fällen, mit denen es befasst war, nicht erkannt.«

Der Richter war, in anderen Worten, ein Gefangener der Historie. Das wiederholte Versäumnis der Behörden, einen Präzedenzfall zu schaffen, indem sie die 'Ndrangheta exakt definierten und Männer wie Don 'Ntoni für schuldig befanden, bedeutete, dass Letztere auch jetzt nicht für schuldig befunden werden konnten.

Abgesehen von der unzulänglichen Gesetzgebung würde die italienische Polizei weiterhin jene Schwächen an den Tag legen, die Richter Marino in seinem Bericht über die »Pilzesammler« vom Montalto so scharfsinnig identifiziert hatte. Die Mafias würden weiterhin auf jene planlose, sprunghafte Weise verfolgt werden, die es ermöglichte, dass die 'Ndrangheta so stark werden konnte. Viel Blut sollte fließen, ehe Italien endlich bereit wäre, Ermittlungsmethoden und Gesetze einzuführen, die der Bedrohung angemessen waren, mit der es konfrontiert war.

Jahre nachdem die Versammlung auf dem Montalto gestürmt worden war, halfen die Erinnerungen einer kleinen Gruppe 'Ndranghetisti, die sich den Behörden als Kronzeugen zur Verfügung stellten, den Ermittlungsrichtern zu begreifen, wie rasant die Bedrohung durch das organisierte Verbrechen in den späten sechziger Jahren zugenommen hatte.

Die kriminellen Profile beispielsweise von Don 'Ntoni und Mico Tripodo waren noch beunruhigender, als Richter Marino es vermutet hatte. Beide waren nämlich nicht nur Bosse der 'Ndrangheta, sondern auch vollwertige Mitglieder der Cosa Nostra. Ein Abtrünniger der 'Ndrangheta beschrieb Don 'Ntoni später folgendermaßen:

> »Dieser Mann war der oberste Boss. Er verkörperte die Ehrenwerte Gesellschaft – mit Würde, meiner Ansicht nach. Man könnte sagen, er war der Boss der Bosse, und ich bin nicht der Einzige, der seine Qualitäten schätzte (…) Er war der einzige Repräsentant, ein vollwertiges Mitglied der Cosa Nostra (…) Er war eng befreundet mit Mafiabossen wie Angelo und Salvatore La Barbera, Pietro Torretta, Luciano Liggio und den Grecos aus Ciaculli.«

Don 'Ntoni pflegte vertrauten Umgang mit der sizilianischen Gangsterelite. Er schmuggelte Zigaretten mit ihnen oder borgte sich Killer von ihnen aus: Angeblich waren die Schützen des Massakers auf der Piazza Mercato Sizilianer.

Auch Mico Tripodo war ein Mitglied der Cosa Nostra. Doch die Sizilianer waren nicht seine einzigen Freunde. Später in seiner kriminellen Laufbahn sollte Mico Tripodo mehrmals »zwangsumgesiedelt« werden, in unterschiedliche Regionen. Zum letzten Mal wurde er 1975 in Mondragone verhaftet, an der Nordküste Kampaniens – die Stadt gehörte ein Jahrhundert lang zu den berüchtigtesten Camorrahochburgen der Region. Als Tripodo festgenommen wurde, hielt er sich mit zwei führenden Camorristi versteckt. Dies war nur ein Indiz für die Art und Weise, wie der Zigarettenschmuggel und andere Geschäfte zwischen hochrangigen Mitgliedern der Camorra und der ’Ndrangheta Verflechtungen schufen, die fast ebenso engmaschig waren wie jene zwischen der Cosa Nostra und den beiden anderen Organisationen.

Schrittweise entwickelte sich in Süditalien ein kriminelles System, das geschlossener war als jemals zuvor. Mitglieder der drei Mafiaorganisationen Italiens unterhielten stets Kontakte zueinander, hauptsächlich über das Gefängnissystem. Doch ab den sechziger Jahren würden die Fälle der »zweifachen« oder gar »dreifachen Mitgliedschaft« immer üblicher werden. Was hier vor sich ging, war *nicht* etwa die Entwicklung einer Übermafia, einer Dachorganisation der Unterwelt. Es war viel subtiler, effizienter: Man bündelte Kontakte, Ressourcen und Fertigkeiten. Über den Zigarettenschmuggel lernten Mafiosi, Camorristi und ’Ndranghetisti schnell, wie man zusammenarbeitet. Die neuen wirtschaftlichen Grenzen der Mafiamacht konnten gründlicher ausgebeutet werden, wenn Ehrenmänner aus unterschiedlichen kriminellen Organisationen zusammenarbeiteten.

Die Aussagen späterer Überläufer der ’Ndrangheta verrieten auch mehr über die entscheidenden politischen Veränderungen innerhalb der kalabrischen Gangsterwelt. Vor Montalto war die ’Ndrangheta in der Provinz Reggio Calabria etwa zehn Jahre lang in drei Territorien aufgeteilt gewesen. Diese Territorien deckten sich mit den drei Küstengebieten an der Spitze des italienischen Stiefels, also mit den natürlichen geographischen Gegebenheiten der ’Ndrangheta-Macht. In Sizilien konzentriert sich etwa die Hälfte der gesamten zahlenmäßigen Stärke der Cosa Nostra um Palermo, die Hauptstadt der Insel. Im südlichen Kalabrien verteilt sich die Macht recht gleichmäßig zwischen dem Streifen Land, der Sizilien gegenüberliegt und die Provinzhauptstadt Reggio Calabria beinhaltet, der ionischen Küste, die auf das Mittelmeer blickt, und der tyrrhenischen Küste beziehungsweise der Stiefelspitze, die auch die Ebene Gioia Tauro umfasst – das größte und fruchtbarste Tiefland der Region.

In den sechziger Jahren hatte ein Triumvirat – jeweils ein Boss aus jedem der drei Territorien – großen Einfluss auf die Angelegenheiten der 'Ndrangheta. Zwei Männern sind wir bereits in Richter Marinos Ausführungen zum Montalto-Treffen begegnet. Der Erste war der ehrenwerte, Tarantella tanzende Don 'Ntoni Macrì aus Siderno, der Gangsterpatriarch, dessen Autorität sich auf die gesamte ionische Küste erstreckte und der ein »lebendes Symbol für die Allmacht und Unbesiegbarkeit des organisierten Verbrechens« war. Der Zweite im Bunde war der Bigamist Mico Tripodo, dessen Macht sich auf die Stadt Reggio Calabria und deren Randbezirke konzentrierte.

Der dritte Boss war weder anwesend noch wurde er auf dem Montalto-Treffen erwähnt (eine Tatsache, die an sich schon auf Spannungen innerhalb der Organisation verwies). Sein Name war Don Girolamo Piromalli, genannt »Mommo«. Piromalli war der oberste Boss in der Ebene von Gioia Tauro, wo an der Strada del Sole gebaut wurde. Ungefähr im selben Alter wie Mico Tripodo, war auch Piromalli ein Tabakschmuggler im großen Stil, der in die Cosa Nostra aufgenommen worden war.

Mommo war das älteste von sieben Kindern, fünf davon Jungen. Sein Vater Gioachino, der 1956 gestorben war, war der Begründer einer breit gefächerten Genealogie. In den 1960er Jahren waren die Piromallis bereits damit befasst, ihre führende Rolle in der Ebene von Gioia Tauro zu festigen, indem sie in deren wichtigste 'Ndrangheta-Blutlinien einheirateten. In der Provinz Reggio Calabria, wo die 'Ndrangheta sich immer intensiver der neuen wirtschaftlichen Möglichkeiten bediente, wurde das Spinnennetz der verwandtschaftlichen Beziehungen größer und dichter.

Gemeinsam garantierten die drei Bosse des Triumvirats, dass in der kalabrischen Gangsterwelt ein »gewisses Gleichgewicht« herrschte, wie ein 'Ndranghetista es nannte – ein Gleichgewicht, das mit zunehmendem Reichtum der Mitglieder immer empfindlicher wurde.

Die Koordination zwischen den einzelnen territorialen Zellen der italienischen Verbrecherorganisationen ist nicht neu. Sie war von Anfang an ein integraler Bestandteil der Mafialandschaft. Sogar die traditionellsten kriminellen Angelegenheiten funktionieren tendenziell besser, wenn Mafiosi aus verschiedenen Territorien kooperieren: beim Stehlen von Vieh, beim Verstecken von Flüchtigen, beim Ausborgen von Killern und so weiter. Und so wurden mit den neuen Geschäftsfeldern des kriminellen Wirtschaftswunders die Vorteile der Kooperation noch größer. Der kalabrische Streckenabschnitt der *Strada del Sole* ist ein passendes Beispiel, zumal er zahlreiche 'Ndrangheta-Gebiete entlang der tyrrhenischen Küste durchschnitt. Wie ein ranghoher Carabiniere 1970 bemerkte: »Es gibt immer jemanden, der gegen das Monopol einiger *cosche* aufbegehrt, sich Dynamit besorgt und es in eine Betonmischmaschine, unter einen Bagger oder Lkw legt.«

Konflikte dieser Art sind für alle Betroffenen kostspielig. Eine bessere Zusammenarbeit zwischen den rivalisierenden Clans bringt daher große Vorteile. Der Ruf nach Einigkeit, der auf dem Montalto laut wurde, war ein Symptom dieser neuen Gegebenheit. Und diese Einigkeit wiederum erforderte konzentriertere Machtstrukturen. Die Autorität, die das Triumvirat innehatte, war eine Folge des Strebens nach größerer Zentralisierung. Mommo Piromalli ist dafür ein gutes Beispiel. In den siebziger Jahren gingen 55 Prozent der Nebenverträge für Erdbewegungs- und Transportarbeiten, die ein neuer Bauboom in der Ebene von Gioia Tauro abwarf, an seinen mächtigen Clan; der Rest ernährte weniger mächtige Gruppen in den angrenzenden Gebieten.

Die Cosa Nostra durchlief ähnliche Veränderungen, sie tendierte ebenfalls zu einer Konzentration der Macht. Wie wir bereits gesehen haben, schuf die sizilianische Mafia 1969 ein eigenes Triumvirat, das die Organisation nach den Dramen der sechziger Jahre umstrukturieren sollte. 1974 wurde das Triumvirat von einer Kommission abgelöst, die weitaus mächtiger war als jene, die 1963 aufgelöst worden war. Sie bestand aus etwa 16 der mächtigsten Bosse in der Provinz Palermo. Mit ihr erfuhr die Ehrenwerte Gesellschaft Siziliens eine Umstrukturierung von oben nach unten. Ganze Familien, die sich zu Beginn der sechziger Jahre als lästig erwiesen hatten, wurden aufgelöst und ihre Kader auf benachbarte *cosche* verteilt. Immer wenn ein Repräsentant verhaftet oder getötet wurde, behielt die Kommission sich das Recht vor, einen vorübergehenden Ersatz zu finden, einen sogenannten »Regenten«.

Dem Wunsch in den 1960er und 1970er Jahren nach größerer krimineller Einigkeit wohnt jedoch ein fataler Widerspruch inne. Wenn sich die Macht auf wenige Personen konzentrierte, konnte sich ein Konflikt mit hoher Sprengkraft entwickeln, sollte die Einigkeit zerbrechen. Die Geschichte der Mafia war in einer schrecklichen Doppelbindungssituation gefangen. Kriminelle Organisationen hatten jetzt mehr Grund, Verhandlungen zu führen und ihre Ressourcen zusammenzulegen. Größere Einigkeit bedeutete aber auch, dass weitaus mehr Blut floss, sobald interne Streitigkeiten eskalierten – was nicht zu vermeiden war. Wo es früher lokale Kabbeleien gab, käme es jetzt zum umfassenden Konflikt. Die intensiven Friedensbemühungen der italienischen Unterwelt – die Appelle an die Einigkeit, die Zusammenkünfte, die Regeln, die Regierungsgremien, die machiavellistische Heiratspolitik – konnten letztendlich einen Krieg entfachen. Dieser wurde umso wahrscheinlicher, als Italien selbst in den schlimmsten Bürgerzwist seit dem Ende des Faschismus schlitterte. Als die sechziger Jahre den siebzigern wichen, beschleunigte die wachsende politische Gewalt in der italienischen Gesellschaft auch den Ausbruch blutiger Auseinandersetzungen innerhalb der Mafia.

Mafiosi auf den Barrikaden

Ende der sechziger Jahre geriet Italien in eine Phase politischer Unruhen. Alles begann im Herbst 1967 mit der Geburt einer antiautoritären, gegenkulturellen Studentenbewegung, in deren Verlauf eine Reihe von Universitäten besetzt wurde. 1968 verschärfte sich der Protest mit einer Welle von Arbeiteraktionen, die im sogenannten »heißen Herbst« des Jahres 1969 kulminierten. Es kam zu illegalen Streiks, zu Massenversammlungen, Streikkommandos und Demonstrationen. Neue marxistische Revolutionsgruppen stellten sich an die Spitze des Kampfes, überzeugt, dass der Umsturz – von Vietnam über Südamerika bis Europa – bereits kurz bevorstand. Bis in die frühen siebziger Jahre herrschte Agitation an allen Fronten.

Die unheimlichste Antwort auf das neue militante Klima erfolgte am Nachmittag des 12. Dezember 1969: In einer Bank an der Piazza Fontana, nur einen Steinwurf vom Mailänder Dom entfernt, tötete ein terroristischer Bombenanschlag sechzehn Personen. Weitere achtundachtzig wurden verletzt. Grobe Versuche seitens der Polizei, die Schuld an dem Massaker Anarchisten in die Schuhe zu schieben, klärten sich auf, doch erst, nachdem einer der zu Unrecht verdächtigten Anarchisten, Giuseppe Pinelli, unerklärlicherweise aus einem Fenster im vierten Stock des Polizeipräsidiums zu Tode gestürzt war. (Dies war der »Zufällige Tod eines Anarchisten«, auf dem Dario Fos berühmtes Bühnenstück basiert.) Italiens etablierte Gesellschaft legte einen auffälligen Widerwillen an den Tag, nach dem wahren Bombenleger zu suchen. Was blieb, war die weitverbreitete und zweifellos berechtigte Mutmaßung, dass Neofaschisten, im Bunde mit den Geheimdiensten, dafür verantwortlich waren. Es war die *strategia della tensione*, die »Strategie der Spannung«: Ein Klima der Angst sollte Italiens Gesellschaft von der Demokratie abbringen und einer autoritären Staatsform zuführen.

Ein Jahr später unternahm Junio Valerio Borghese, ein hartnäckiger Faschist mit Freunden beim Militär und im Geheimdienst, einen Putschversuch in Rom. Der Staatsstreich war am Ende ein Flop, doch die Italiener erfuhren erst Monate später davon: Man munkelte von einer Vertuschung durch den Geheimdienst.

Die Strategie der Spannung brachte in den folgenden zehn Jahren weitere Gräuel hervor. Im Mai 1974 wurde in Brescia auf der Piazza della Loggia während einer Demonstration gegen Rechtsterrorismus eine Bombe gezündet, die acht Menschenleben forderte. Fünfundachtzig Personen wurden von einer gewaltigen Bombe aus dem Leben gerissen, die im August 1980 im Warteraum der zweiten Klasse am Hauptbahnhof Bologna detonierte. Es folgte eine vertraute Serie von Vertuschungsmanövern und kunstvoll gelegten falschen Spuren. Viele Menschen in Italien waren der Überzeugung, dass es sich um staatlich verordnete Massaker handelte, und die Glaubwürdigkeit von Italiens Institutionen nahm dauerhaften Schaden.

Der Süden erfuhr die schockierendsten Auswirkungen dieser gefährlichen gesellschaftlichen Destabilisierung im Juli 1970, als in der Stadt Reggio Calabria eine Revolte ausbrach. Demonstrationen zogen Strafanzeigen nach sich, die wiederum viele Menschen auf die Barrikaden trieben. Molotowcocktails kamen zum Einsatz, die ihrerseits Schüsse provozierten. Einige Tage nach Ausbruch der Revolte entgleiste unweit des Bahnhofs Gioia Tauro ein Zug. Sechs Passagiere kamen ums Leben. Es wurde gemutmaßt, dass ein Sprengsatz den Unfall verursacht hatte, und so wurden Truppen postiert, um die kalabrischen Gleise zu bewachen. In Reggio erfolgten Bombenanschläge auf das Transportwesen, außerdem wurden öffentliche Gebäude besetzt. Erst nach acht Monaten, als Panzer die Küste entlangrollten, endeten die Straßenkämpfe.

Die Ursache für all die Gewalt war die Entscheidung, dass Reggio *nicht* Sitz der neuen kalabrischen Landesregierung werden sollte. Die Menschen in Reggio waren überzeugt, dass sich die Politiker der beiden anderen größeren Städte Kalabriens, Catanzaro und Cosenza, hinterrücks verbündet hatten, um die Vorteile der Landesregierung untereinander aufzuteilen. Oberflächlich betrachtet bedeutete dies, dass sich die Einwohner der drei ärmsten Städte Italiens um die vielen tausend Stellen im öffentlichen Sektor balgten, die durch den Status einer Landeshauptstadt geschaffen wurden. Doch die Ursachen für die Revolte in Reggio lagen weit tiefer. Angesichts der chronischen Arbeitslosigkeit und der seit Generationen andauernden Wohnungsnot hatte Reggios Einwohnerschaft durch Massenproteste dem Unmut über ihre politischen Vertreter Luft gemacht. Nationale Parteiführer waren bestürzt und verwirrt angesichts dieser Revolte, die offenbar von der breiten Masse getragen wurde. Sie war zunächst von örtlichen Dissidenten innerhalb der christdemokratischen Partei angezettelt und dann von einem Aktionskomitee übernommen worden, dessen Wortführer ein Aufwiegler des neofaschistischen *Movimento Sociale Italiano* war.

Die Aussagen kalabrischer Mafiosi, die sich als Kronzeugen zur Verfügung stellten, geben Hinweise darauf, dass parallel zur Revolte von 1970 in Reggio ein krimineller Nebenschauplatz bestand. Im Sommer und Herbst des Vorjahres hatte Junio Valerio Borghese der Stadt Reggio im Vorfeld des Staatsstreichs, den er 1970 in Rom unternehmen würde, mehrere provokative Besuche abgestattet. Am 27. Oktober 1969 organisierte er eine Kundgebung, die in einem Aufstand endete, nachdem eine kleine Bombe einen faschistischen Adler zerstört hatte, der noch aus der Zeit von Mussolinis erstem Besuch in der Stadt stammte. Später kam ans Licht, dass Neofaschisten selbst den Sprengstoff gelegt hatten, um Unruhen zu provozieren. Offenbar unterhielt Borghese zu dieser Zeit Kontakte zu Anführern der 'Ndrangheta. Möglicherweise wurde auf dem »Pilzesammler«-Treffen auf dem Montalto, das am Tag vor der Oktoberkundgebung stattgefunden hatte, über Vereinbarungen zwischen der 'Ndrangheta und Junio Valerio Borgheses Bewegung diskutiert. Auch sizilianische Mafiosi berichteten von Gesprächen mit Borghese im Vorfeld seines gescheiterten Putsches.

Wir wissen nicht, ob es zwischen Borghese und der kalabrischen Mafia je zu einer Verständigung kam. Was wir jedoch sicher wissen, ist, dass 'Ndranghetisti halfen, die Barrikaden in Reggio zu bevölkern; dass 'Ndranghetisti das revolutionäre Aktionskomitee mit Waffen und Dynamit ausstatteten; und dass 'Ndranghetisti die Sprengkörper besorgt hatten, mit denen faschistische Terroristen den Zug bei Gioia Tauro zum Entgleisen brachten. Die 'Ndrangheta hatte demnach der Strategie der Spannung noch mehr Gewicht verliehen.

Doch was um alles in der Welt hatten 'Ndranghetisti zu gewinnen, indem sie sich mit den Faschisten verbündeten oder die Revolte in Reggio unterstützten? Zum einen hatten auch sie ihre Gründe, gegen die Aussicht zu protestieren, dass das Privileg der Provinzhauptstadt einer anderen, weniger mafiaverseuchten Stadt zukommen sollte. Und noch einige andere Aspekte dieser zutiefst düsteren Angelegenheit scheinen sicher zu sein. Erstens erhielt die 'Ndrangheta mit der Revolte eine

Gelegenheit, die Polizei in Misskredit zu bringen, die neuerdings eine schärfere Gangart gegenüber dem organisierten Verbrechen einschlug. Genaugenommen unterstützte nur ein gewisser Teil der 'Ndrangheta in Reggio Calabria die Aufständischen, wogegen Bosse auf dem Land, wie der alte Patriarch Don 'Ntoni Macrì, nichts mit Borghese zu schaffen haben wollten. Vernünftigerweise bevorzugten die meisten 'Ndranghetisti statt des hochriskanten und unsicheren Projekts, durch einen Staatsstreich autoritäre Politiker an die Macht zu bringen, das eintönige, aber ungleich lukrativere Geschäft, mit korrupten Politikern handelseinig zu werden, die bereits Macht besaßen. Wo außerdem schon Kontakte bestanden zwischen Gangstern und rechten Aufständlern, basierten sie üblicherweise auf einem der wenigen gemeinsamen Nenner der beiden: Waffen. Ob und wie weit die Kontakte über diese grundlegende Übereinstimmung der Interessen hinausgingen, ist unklar. Vieles an dieser Geschichte liegt noch im Dunkeln. In den darauffolgenden Jahren bewegten einige 'Ndranghetisti sich zweifellos in denselben Kreisen wie faschistische Umstürzler und deren Freunde vom Geheimdienst. In der Hauptsache folgte die Geschichte der 'Ndrangheta nach den Ereignissen von 1970 in Reggio jedoch einem vertrauteren Pfad.

Die Revolte von Reggio lehrt, wie instabil ein politisches System sein kann, das auf Vetternwirtschaft, Gruppeninteressen und Mafiaeinflüssen basiert. Der Volkszorn kann sich jederzeit in Aufständen entladen, weil immer irgendeine Seite Grund zur Unzufriedenheit hat.

Die Antwort der Staatsregierung auf die Reggio-Revolte war ein massives Investitionsprogramm, das »Colombo-Paket« – benannt nach dem damaligen Ministerpräsidenten –, das den Vorrat an Gefälligkeiten vergrößern sollte. Als Herzstück des Colombo-Pakets war der Bau eines gewaltigen neuen Stahlwerks geplant, an der tyrrhenischen Küste bei Gioia Tauro. Mit der Wirtschaftskrise der Siebziger wurde das Colombo-Paket beschnitten. Das Stahlwerk wurde nie wirklich fertiggestellt – Grund dafür waren sinkende Stahlpreise. Auch spätere Pläne zur Errichtung eines Kohlekraftwerks ließen sich nicht verwirklichen. Stattdessen wurde der Standort in einen riesigen Containerhafen umgewandelt – der größte am Mittelmeer –, der 1994 eröffnet wurde. Das Anwesen der Familie Piromalli steht auf einer Klippe, die sowohl den Containerhafen als auch den angrenzenden Friedhof überblickt: Die Symbolik dürfte sich wohl jedem erschließen.

'Ndranghetisti wie die Piromallis hätten sich keinen besseren Ausgang der Krise von 1970 erträumen können: eine scheinbar ewige Baustelle inmitten der Gegend Kalabriens mit der größten Mafiadichte. Kaum wurde das Colombo-Paket in Aussicht gestellt, legten sich die Bosse von Gioia Tauro wie Kinder im Spielzeugladen schleunigst Kräne, Bagger, Betonmischmaschinen und Kipplaster zu. Das frenetische Gegrabsche nach den Verträgen und Nebenverträgen, die das Colombo-Paket abwarf, war am Ende eine der Hauptursachen des sogenannten ersten 'Ndrangheta-Kriegs in Kalabrien.

Der erste 'Ndrangheta-Krieg hatte jedoch noch weitere Ursachen. Eine davon war das Anwachsen des dritten großen Sektors im kriminellen Wirtschaftswunder: Nach dem Bauboom und dem Zigarettenschmuggel folgten die Entführungen.

Die Entführungsindustrie

In Italien wurden in den siebziger und achtziger Jahren landauf, landab etwa 650 Personen entführt. Zu den Opfern zählen auch bekannte Namen wie der Liedermacher Fabrizio De André und nicht weniger als drei Mitglieder der Schmuckdynastie Bulgari. Von den zig Milliarden Lire, die an Lösegeld gezahlt wurden, tauchten trotz diverser Vorsichtsmaßnahmen wie markierten oder präparierten Banknoten lediglich acht Milliarden (nach heutigem Maßstab ungefähr 28 Millionen Euro) wieder auf. Kein Wunder, dass der Begriff »Entführungsindustrie« zum journalistischen Klischee wurde.

Ab den frühen 1970er Jahren verhalf die Entführungsindustrie dem organisierten Verbrechen zu noch größerem Wohlstand. Zugleich wurden die Spannungen innerhalb der italienischen Unterwelt weitaus unberechenbarer. Die Zusammenhänge von Ursache und Wirkung zwischen dem neuerdings gewinnträchtigen Entführungsgewerbe und den Risiken eines Gangsterkriegs waren in Kalabrien und Sizilien nicht dieselben. 'Ndrangheta und Cosa Nostra hatten sehr unterschiedliche Einstellungen zur Praxis des erpresserischen Menschenraubs. Wie Antonio Calderone, ein sizilianischer Mafioso, 1992 erklärte:

> »Die sizilianische Mafia lebt nicht von der Prostitution, weil Prostitution eine schmutzige Sache ist. Kann man sich einen Ehrenmann vorstellen, der als Zuhälter lebt und Frauen ausbeutet? In Amerika vielleicht, das mag sein … Doch die Mafia auf Sizilien tut so etwas nicht, Punkt.
> Entführungen sind etwas anderes. Gegen Entführungen hat die Cosa Nostra keine Regeln, sie sind akzeptiert. Sie sind auch nichts Schmutziges, so wie die Prostitution.«

Sizilianische Mafiosi haben bereits eineinhalb Jahrhunderte Erfahrung, was Entführungen betrifft; seit Bestehen ihrer Ehrenwerten Gesellschaft haben sie Männer, Frauen und Kinder gekidnappt. Deshalb wissen sie, dass eine Entführung mehrere Bedeutungen und Motive haben kann. Ein großes Lösegeld ist natürlich willkommen, doch manchmal nicht einmal die Hauptsache. Wichtiger mag der Wunsch sein, Freunde zu gewinnen.

Wer mit Hilfe einer Entführung Freunde gewinnen will, muss sich an ein bestimmtes Rollenspiel halten. Einer schlüpft in die Rolle des Bösen, der herumbrüllt und den Leuten damit droht, ihre Kinder verschwinden zu lassen, falls sie kein Vermögen herausrücken. Nun tritt der Vermittler in Aktion. Er spricht mit den Entführern, bleibt ruhig, handelt das Lösegeld herunter, bringt die Geisel sicher nach Hause und sorgt natürlich dafür, dass ihr auch in Zukunft nichts Böses widerfährt.

Beide Rollen werden von Mafiosi gespielt. Entführung und Erpressung (die oft nach denselben Regeln funktionieren) ermöglichen es der Mafia, gleichzeitig zum größten Schrecken zu werden und zum besten Freund, den man sich unter diesen Umständen wünschen kann. Wie Machiavelli schrieb: »Menschen, die Gutes von jemandem erfahren, von dem sie Übles erwartet hatten, fühlen sich ihrem Wohltäter zu großem Dank verpflichtet.« Mit solch einfachen Mitteln unterwandert die Ehrenwerte Gesellschaft Siziliens die Regierenden der Insel seit Mitte des 19. Jahrhunderts. Der Begriff »Stockholmsyndrom« – wenn Entführungsopfer eine starke Bindung zu ihren Entführern aufbauen – wurde erst 1973 erfunden. Dabei hätte man ihn schon vor über hundert Jahren auf einen Großteil der sizilianischen Elite anwenden können.

Entführungen sind ziemlich aufwendig. Oft ist ein großes Komplizenteam vonnöten. Die Zielperson muss gefangen genommen, versteckt und ernährt werden, womöglich für längere Zeit. Sie ist *per definitionem* reich und höchstwahrscheinlich auch mächtig – die Sorte Mensch, deren Verschwinden Politiker in Unruhe versetzt, zu öffentlichkeitswirksamer Rhetorik gegen kriminelle Elemente und zum Einsatz zahlloser Polizisten animiert. Ein Mafiaboss, der eine größere Entführung abzieht und andere Bosse nicht für die Unannehmlichkeiten entschädigt, macht sich vermutlich recht unbeliebt. Jeder gewöhnliche Kriminelle, der auch nur einen Funken Verstand besitzt, weiß, dass er sein eigenes Todesurteil unterschreibt, wenn er jemanden ohne die Erlaubnis der Mafia entführt. In den siebziger Jahren kam einem Mafioso im Gefängnis zu Ohren, dass ein Mithäftling ohne Mafiaverbindungen mit dem Gedanken spielte, jemanden zu entführen; seine Antwort war schlicht ein hingemurmeltes »chistu 'avi a moriri«: »Dieser Typ muss sterben.« Eine Woche nach seiner Entlassung wurde der Möchtegernkidnapper erschossen.

Aus all diesen Gründen haben Entführungen auf Sizilien ihre Zeit: kurze Phasen, in denen sie alltäglich, und längere Phasen, in denen sie selten sind. So entführten Mafiosi – oder Banditen, die wohl oder übel als Komplizen fungierten – in den eineinhalb Jahrzehnten nach der italienischen Einigung von 1860 viele sizilianische Würdenträger. 1876 schließlich trug die Entführung eines englischen Schwefelhändlers dazu bei, dass gegen das organisierte Verbrechen auf der Insel andere Saiten aufgezogen wurden. Viele Banditen, von ihren Mafiabeschützern verraten, wurden erschossen. Fortan waren Entführungen nicht mehr erwünscht: ein sicherer Indikator, dass die Mafia mit ihren Freunden unter den Herrschenden zu einer Einigung gekommen war.

Die Häufigkeit von Entführungen kann uns auch verraten, ob in der sizilianischen Unterwelt gerade eine denkwürdige Umwälzung vonstatten geht. Dies trifft im Besonderen auf die frühen siebziger Jahre zu. Die meisten der Bosse, die nach den Gerichtsverfahren der späten sechziger Jahre – infolge der Ereignisse im ersten Mafiakrieg – aus dem Gefängnis freikamen, waren sehr schlecht bei Kasse. Wie Antonio Calderone, ein Ehrenmann, der sie alle kannte, sich später erinnerte:

> »Wohlgemerkt, wenn ich sage, dass damals kein Geld da war, dass die Mafia pleite war, dann ist das keine Übertreibung. Nach den Verhaftungen von 1962/63, nachdem so viele Männer ins Zwangsexil geschickt worden waren oder eine Zeitlang im Gefängnis verbracht hatten, und nach dem Catanzaro-Prozess im Jahre 1968, war das Geld futsch. Es war für Anwälte, Gefängnisaufenthalte und all das Zeug draufgegangen (…) Als die Bosse der Cosa Nostra um 1968 herum wieder freikamen, waren sie allesamt pleite. Mag sein, dass Luciano Liggio das eine oder andere Haus oder Anwesen besaß, aber er wollte nichts verkaufen. Stellt euch vor, ›der Kurze‹ Riina hat geweint, als er mir sagte, seine Mutter könne ihn nicht im Gefängnis besuchen – das war 1966 oder 1967 –, weil er sich die Zugfahrkarte für sie nicht leisten konnte. Also wurden 1971 oder so eine Reihe von Entführungen organisiert.«

Die Verantwortlichen für die neue Entführungswelle stammten aus Corleone, einer Stadt, die etwa 55 Kilometer von Palermo entfernt war. Die Corleoneser sind uns in dieser Geschichte der Mafia schon des Öfteren begegnet. Mit den Entführungen wurden sie zu ihren

Hauptakteuren. Luciano Liggio war ein Kleinkrimineller, dessen Treffsicherheit dem Boss der Stadt, Dr. Michele Navarra, imponierte. 1958 erschoss Liggio schließlich Michele Navarra. Der tiefe Graben, der ab diesem Zeitpunkt die Familie spaltete, machte Corleone berühmt: »Tombstone«, so taufte es die Presse. Bald ging Liggio triumphierend aus dem Machtkampf hervor, was zum großen Teil seinen brutalen jungen Leutnants geschuldet war, Totò Riina und Bernardo Provenzano. Die *Corleonesi* pflegten eine Zeitlang Beziehungen zu Vito Ciancimino, dem christdemokratischen »jungen Türken«, der zu Beginn der sechziger Jahre bei der Plünderung Palermos eine nützliche Rolle spielte. Liggios Machtbasis war so solide, dass er 1969, nach der Wiederherstellung der Cosa Nostra, ein Mitglied des Triumvirats wurde, das mit der Umstrukturierung der Organisation betraut war. Da Liggio häufig außer Landes war, wurde er bei den Triumviratstreffen und später in der Kommission oft von Riina vertreten, der sich zum mächtigsten und gewalttätigsten sizilianischen Mafiaboss aller Zeiten entwickeln sollte.

Die Corleoneser versuchten am 8. Juni 1971 zunächst ihre knappen Barbestände aufzubessern, als ein 21-jähriger Mann, der gerade vor sein Haus gefahren war, nachdem er einen eisgekühlten Kuchen gekauft hatte, von fünf Angreifern gepackt und in ein Auto verfrachtet wurde; Passanten wurden mit Pistolen bedroht. Plötzlich gingen die Bürger Palermos weniger aus dem Haus und fragten sich, wer als Nächster entführt werden würde. Das Opfer war nämlich Pino Vassallo, der Sohn des berüchtigten »Betonkönigs« Don Ciccio Vassallo – der viele der Wohnblocks gebaut hatte, in denen ein Großteil des Palermer Bürgertums jetzt lebte. Vassallo hatte sämtliche Schlachten der sechziger Jahre unversehrt überstanden. Jetzt schien sein Schutz versagt zu haben.

Ein von der Mafia beschützter Geschäftsmann wie der Betonkönig (oder in diesem Fall dessen Sohn) war die perfekte Geisel. Doch gleichzeitig war seine Entführung eine potentielle Katastrophe. Einerseits waren die kriminellen Machenschaften hinter Vassallos Vermögen ein Garant dafür, dass die Angelegenheit diskret behandelt werden würde. Don Ciccio würde kaum versuchen, die Polizei einzuschalten. Das Lösegeld – geschätzte 150 bis 400 Millionen Lire (1,2 bis 3,2 Millionen Euro) – wurde pünktlich bezahlt, und Pino Vassallo kam frei. Andererseits war es ein ungeheurer Affront, jemanden zu entführen, der von einem anderen Boss beschützt wurde. Einem anderen die

Einnahmequelle wegzuschnappen, kam einer Kriegserklärung gleich. Dass es nach der Vassallo-Entführung nicht sofort zum offenen Krieg kam, war vielleicht der Tatsache geschuldet, dass Vassallos Schutz vorübergehend außer Kraft gesetzt war – zumal die Mafiosi, die ihm am nächsten standen, die La Barbera-Brüder, im ersten Mafiakrieg auf der Verliererseite gestanden hatten.

Als sie das Lösegeld aus der Vassallo-Entführung erhielten, legten Liggio und seine Männer tadellose Mafiamanieren an den Tag, indem sie es zu gleichen Teilen zwischen den notleidendsten Familien in der Provinz Palermo aufteilten. Die Operation Vassallo diente also zwei friedlichen Zwecken: der Umverteilung des Vermögens und der Festigung des neuen Kräftegleichgewichts, das nach den Turbulenzen der 1960er Jahre entstanden war. Doch bald würde das Thema Entführung noch viel mehr Unfrieden stiften.

Nach der Entführung Pino Vassallos wagten sich die Corleoneser weiterhin an Unternehmungen, die nicht autorisiert waren – beispielsweise die Entführung Luciano Cassinas im August 1972. Er war der Sohn des Unternehmers, der für die Instandhaltung der Kanalisation und der Straßen der Hauptstadt verantwortlich war, was ihn zum größten Steuerzahler Palermos machte. Kurioserweise war der Mann, der sich den Cassinas als »Freund« zur Verfügung stellte und mit den Entführern verhandelte, der Priester Agostino Coppola, ein Neffe von Frank »Dreifinger« Coppola und mit Luciano Liggios Verbündeten in der Partinico-Familie der Cosa Nostra befreundet. Diesmal behielten die Corleoneser die Einkünfte aus ihrer Eskapade für sich.

Aus Mafiasicht ließ sich das Verhalten der Corleoneser kaum rechtfertigen. Obwohl sie Unschuld heuchelten, wenn sie mit anderen Mafiosi über die Ereignisse sprachen, war dennoch klar, dass sie – willentlich und unverfroren – die Autorität ihrer Rivalen in Frage stellten. 1972 saßen die übrigen Mitglieder des Triumvirats, Tano Badalamenti und Stefano Bontate, beide zeitweise im Gefängnis und waren deshalb weniger in der Lage, auf die Provokation zu reagieren. Und selbst wenn sie gegen die Corleoneser hätten vorgehen wollen, hätten sie sie vermutlich nicht gefunden. Luciano Liggio war seit dem Sommer 1969 wieder auf der Flucht. Seine beiden Leutnants, »der Kurze« Riina und »der Traktor« Provenzano, waren seit 1969 beziehungsweise 1963 untergetaucht.

Die Jahre 1974 und 1975 waren für die Cosa Nostra politisch bedeutsam. 1974, nach Stefano Bontates Entlassung aus dem Gefängnis, wurde das Triumvirat, das seit 1969 in der Provinz Palermo die Organisation geleitet hatte, von einer Kommission ersetzt, die hauptsächlich aus Bontate-Verbündeten bestand; Tano Badalamenti hatte als Provinzrepräsentant den Vorsitz. Im Februar 1975 beherbergte eine Villa inmitten der Landschaft Zentralsiziliens unweit der stolzen Stadt Enna die erste Versammlung eines völlig neuen Gremiums: der »Interprovinzialkommission« oder auch »Region«. Die »Region« umfasste sechs Bosse, die Repräsentanten der sechs Provinzen Siziliens mit der höchsten Mafiadichte: Palermo, Trapani, Agrigent, Caltanissetta, Enna und Catania. Die Mafiakommissionen dieser sechs Provinzen stellten je einen Delegierten für ein Komitee, das auf der gesamten Insel die Verbrechen der Mafia koordinierte. Die Autorität dieser Interprovinzialkommission war allerdings relativ begrenzt, was allein daran zu spüren war, dass derjenige, der bei den Tagungen den Vorsitz innehatte, »Sekretär« genannt wurde, nicht *capo*.

Der strategische Kopf hinter der »Region« war Pippo Calderone, dessen jüngerer Bruder Antonio später Kronzeuge werden und uns kostbare Einblicke in diese bemerkenswerte Phase der Mafiageschichte liefern sollte. Pippo Calderone, ein Geschäftsmann und Ehrenmann aus der ostsizilianischen Stadt Catania, machte sich sogar die Mühe, eine neue Verfassung für das Gremium zu entwerfen. Der wichtigste Artikel in dieser Verfassung und der erste Punkt auf der Tagesordnung bei der ersten Zusammenkunft der »Region« war ein inselweites Entführungsverbot – bei Todesstrafe. Die Gründe für das Verbot leuchteten ein. Entführungen mochten kurzfristig zwar lukrativ sein, machten die Mafia aber bei der Zivilbevölkerung unbeliebt. Obendrein führten sie zu Repressalien seitens der Polizei – Straßensperren und dergleichen –, die besonders jenen Mafiosi das Leben erschwerten, die auf der Flucht waren. Eine solche diplomatische Maßnahme ließ sich schwer ablehnen, und so gingen auf dem ersten Treffen der »Region« sechs Hände brav nach oben, um sie zu bewilligen. Jedoch, wie immer bei Angelegenheiten der Mafia, war das Entführungsembargo nicht nur ein praktischer Beschluss, sondern auch ein taktischer, zumal er gegen die Corleoneser gemünzt war, um sie innerhalb der Cosa Nostra zu isolieren. Liggio, Riina und Provenzano hatten verstanden.

Am 17. Juli 1975 – nur wenige Monate nach diesem ersten Treffen der »Region« – fuhr ein kleiner alter Mann in einem Alfa Romeo 2000 durch die glühende Hitze eines sizilianischen Sommernachmittags. Sein Ziel war die Stadt Salemi, die sich auf einem Hügel in der Provinz Trapani um eine normannische Festung drängte. Doch er kam niemals dort an. Neben einer Zapfsäule außerhalb der Stadt war die Straße vor ihm von zehn schwer bewaffneten Männern blockiert. Als er aus dem Wagen geholt und in ein anderes Auto verfrachtet wurde, kam der Bus aus Trapani. Zwei Männer aus dem Entführungsteam ließen den entsetzten Fahrer anhalten und stiegen in den Bus. Stumm zeigten sie den Fahrgästen ihre Gewehre. Worte waren überflüssig: Nichts war geschehen, und niemand hatte etwas gesehen.

Die Corleoneser hatten erneut zugeschlagen und damit ihrer Verachtung für die »Region« und deren Schachzüge gegen sie Ausdruck verliehen. Außerdem hatten sie diesmal ein wahrhaft illustres Opfer erwischt. Der alte Mann im Alfa Romeo war kein anderer als der Steuereintreiber Luigi Corleo. Auf Sizilien war das Eintreiben der Steuern privatisiert worden. Seit den fünfziger Jahren hatte Nino Salvo, Corleos Schwiegersohn, das Steuereintreibungsunternehmen der Familie in eine riesige Neppmaschine verwandelt. Gemeinsam mit seinem Vetter Ignazio hatte sich Nino Salvo mittlerweile das Monopol auf die Steuern des Landes gesichert und verlangte skandalöse zehn Prozent Provision. So wanderte eine von zehn Lira, die ein Sizilianer an Steuern bezahlte, direkt in die Taschen der Salvo-Vettern. Damit nicht genug: Die Salvos konnten sogar eine zwei- bis dreimonatige Verzögerung zwischen dem Eintreiben der Steuern und dem Weiterreichen an den Staat erwirken – zwei bis drei Monate, in denen diese gewaltigen Summen angenehme Zinsen einbrachten. Der pharaonische Gewinn des legalisierten Coups der Salvos wurde in Kunstwerke (offenbar van Gogh und Matisse), Hotels, Land und das politische Unterstützungsnetz gesteckt, das gewährleisten sollte, dass die sizilianische Regionalversammlung die Steuereintreibungskonzession auch weiterhin bestätigte. Beide Salvo-Vettern waren außerdem Ehrenmänner und eng mit zwei Mitgliedern des Triumvirats befreundet: Tano Badalamenti und Stefano Bontate. Mit der Entführung Luigi Corleos hatten die Corleoneser die wirtschaftliche, politische und kriminelle Macht in Sizilien mitten ins Herz getroffen. Antonino Calderone würde später erklären, dass die Corleo-Entführung eine »äußerst ernste Angelegenheit« gewesen sei, die der Cosa Nostra »einen gewaltigen Schock« verpasst habe. Auch die Lösegeldforderung war schockierend: 20 Milliarden Lire (fast 100 Millionen Euro nach heutigem Maßstab).

Die Corleo-Entführung war für Badalamenti und Bontate erst nur peinlich gewesen, dann aber zur tiefen Demütigung geworden. Obwohl sie das Umland von Salemi mit Leichen überzogen, konnten Badalamenti und Bontate weder die Geisel befreien noch irgendeinen Beweis finden, der ihren Verdacht, dass die Corleoneser dahintersteckten, bestätigt hätte. Um allem die Krone aufzusetzen, starb der alte Corleo während seiner Geiselhaft, vermutlich infolge eines Herzinfarkts. Badalamenti und Bontate jedoch fanden nicht einmal die Leiche.

Die Corleoneser steckten zwar nicht das erhoffte Lösegeld ein, gewannen jedoch etwas, das sich langfristig als ungleich kostbarer erweisen sollte: den weithin sichtbaren Beweis, dass Badalamenti und Bontate in ihrem Territorium nicht einmal ansatzweise die Kontrolle innehatten. Die Corleoneser konnten sich ungestraft über die Gesetzgeber der Cosa Nostra hinwegsetzen. Andere Mafiabosse auf Sizilien hörten die Gerüchte und zogen ihre Schlüsse.

Die kurze Serie spektakulärer Entführungen auf Sizilien deckte sich mit einer wichtigeren Entwicklung: eine neue Führungsriege übernahm in Corleone die Kontrolle. Luciano Liggio wurde nach und nach von seinem Stellvertreter Totò Riina kaltgestellt, der in Bernardo Provenzano einen tüchtigen Handlanger hatte. Es war Riina, der die Cassina- und Corleo-Entführungen geplant hatte.

Unterdessen war Liggio noch immer sehr aktiv, allerdings dort, wo das Entführungsverbot der Cosa Nostra keine Gültigkeit hatte. Im Juli 1971 zog er nach Mailand, wo er in beliebiger Zahl Leute kidnappen konnte. Außerdem waren in Mailand viel mehr Reiche verfügbar. Entführungen auf Sizilien waren eher politisch bedeutsam als lukrativ und daher auch weniger häufig. Zwischen 1960 und 1978 gab es auf Sizilien nur 19 Entführungen, ein sehr geringer Anteil an den erschreckenden 329 in ganz Italien. Innerhalb der Cosa Nostra ging das Gerücht, dass Liggio mit Entführungen auf dem Festland zu sagenhaftem Reichtum gelangt war, weil er sich mit denjenigen zusammengetan hatte, die sich bald als die Entführungsspezialisten der italienischen Unterwelt erwiesen: der 'Ndrangheta.

Cosa Nostra und Camorra waren vergleichsweise selten an Entführungen beteiligt. Die Cosa Nostra hatte, wie wir gesehen haben, strenge konstitutionelle Vorbehalte gegen das Verstecken von Gefangenen im eigenen Haus. Zu Beginn der siebziger Jahre planten Camorristi einige Entführungen, doch erpresserischer Menschenraub wurde kein typisches Verbrechen der Camorra. Vermutlich verfügte sie nicht über ausreichend Kolonien im Norden, die es ihr ermöglicht hätten, in ganz Italien tätig zu werden.

Wer sich die Zeit nahm, die Verbrechensmeldungen in den kalabrischen Tageszeitungen zu lesen, der wusste, dass sich schon Ende der 1960er Jahre in der Gegend ein bestimmtes Entführungsmuster durchgesetzt hatte. Doch die Geiseln waren damals allesamt aus der Region, die Lösegeldforderungen relativ bescheiden und die Zeiten der Gefangenschaft kurz. Dies änderte sich ab Dezember 1972 mit der Entführung von Pietro Torielli, dem Sohn eines Bankiers aus Vigevano in der Lombardei. Angeblich waren Luciano Liggio und die 'Ndrangheta daran beteiligt. Von nun an wurden Entführungen ein Geschäft auf nationaler Ebene für das organisierte Verbrechen Kalabriens.

Es gab mehrere Gründe, warum Entführungen bei den 'Ndranghetisti so beliebt waren. Zum einen hatten sie den großen Vorteil, dass sie preisgünstig zu organisieren waren. Die Lösegelder, die sie einbrachten, dienten oft als Startkapital für investitionsintensivere Geschäfte wie das Bauwesen oder den Drogenhandel. Keine andere Mafia verfügte über ein vergleichbares Netz aus Kolonien im Norden. Auch der Aspromonte war von Vorteil. Das Bergmassiv an der Stiefelspitze der italienischen Halbinsel war lange Zeit eine verlässliche Zuflucht für flüchtige 'Ndranghetisti gewesen. Seine Klippen, Grotten und bewaldeten Schluchten erlangten als Verstecke für Entführungsopfer internationale Berühmtheit. Gefangene berichteten, sie hätten von ihren Verliesen aus immer dieselben fernen Kirchenglocken läuten hören. Eine bronzene Christusstatue am Kreuz, zwischen den Buchen und Tannen der Hochebene Zervò über Platì, wurde zu einer Art Briefkasten, wo oftmals das Lösegeld abgelegt wurde. Jahrelang hatte die

Christusstatue ein großes Einschussloch in der Brust. Auf dem Aspromonte war das Schreckensreich der 'Ndrangheta so allumfassend, dass man die Geiseln endlos lange hätte festhalten können. Manch ein entlaufenes Opfer hatte sich in seiner Not an den erstbesten Passanten gewandt, dem es begegnet war, nur um augenblicklich zu seinen Entführern zurückgebracht zu werden. Die armen Bergdörfer in der Hand der 'Ndrangheta fingen an, von dem zu leben, was die Entführungen für sie abwarfen. Bovalino an der ionischen Küste besaß ein ganzes Neubauviertel, das die Einheimischen »Paul Getty« getauft hatten – nach der berühmten Geisel, deren Entführung die 'Ndrangheta als Geiselnehmer ganz nach vorn gebracht hatte.

In den frühen Morgenstunden des 10. Juli 1973 wurde John Paul Getty III. – der 16-jährige, rothaarige Hippie-Enkel des amerikanischen Ölmilliardärs Jean Paul Getty – in der Stadtmitte von Rom in ein Auto verfrachtet, mit Chloroform betäubt und verschleppt. Nach einer nervtötenden Wartezeit kam ein Brief der Entführer, aus aufgeklebten Buchstaben zusammengesetzt, die aus Zeitschriften ausgeschnitten waren: Sie forderten zehn Milliarden Lire beziehungsweise 17 Millionen Dollar. Der 81-jährige Jean Paul Getty, ein berüchtigtermaßen menschenscheuer und geiziger Mann, ließ nicht mit sich handeln: »Ich habe 14 Enkel, und wenn ich auch nur einen Penny Lösegeld bezahle, habe ich bald 14 entführte Enkel.«

Die Pattsituation zog sich bis zum 20. Oktober, als die Entführer dem Jungen das rechte Ohr abschnitten, es in eine mit Einbalsamierungsflüssigkeit getränkte Mullbinde legten und in die Redaktion der römischen Tageszeitung *Il Messaggero* schickten. Das grausige Päckchen beinhaltete eine Botschaft, die besagte, dass der Rest des Jungen »in kleinen Stückchen« ankommen werde, falls das Lösegeld nicht bezahlt würde. Um die Qualen der Familie Getty noch zu steigern, wurde das Ohr durch einen Poststreik aufgehalten und kam erst mit dreiwöchiger Verspätung an. Die grausame Verstümmelung zeigte die gewünschte Wirkung: Einen Monat später wurde eine Lösegeldsumme von zwei Milliarden Lire (umgerechnet 3 200 000 Dollar) – ein Fünftel des anfangs geforderten Betrags – einem Mann mit Sturmhaube übergeben, der in einer Parkbucht stand.

John Paul Getty wurde freigelassen. Doch die psychischen Folgen seines Martyriums waren groß. Er war zerbrechlich und noch sehr jung: Seinen 17. Geburtstag hatte er in Gefangenschaft verbracht. Das Trauma hatte ihn vermutlich in eine Drogen- und Alkoholabhängigkeit gestürzt. 1983 erlitt er einen Schlaganfall, der zu seiner Erblindung und zu fast vollständiger Lähmung führte.

Weder ließ sich absolut zweifelsfrei beweisen, dass Luciano Liggio die Getty-Entführung geplant hatte, noch wurde je einer der Drahtzieher überführt, abgesehen von einer Handvoll Schmalspurkrimineller – die Handlanger, nicht die Verantwortlichen. Doch eines steht fest: Getty war in den kalabrischen Bergen festgehalten worden, und seine Entführer waren Luciano Liggios Freunde in der 'Ndrangheta. Und nachdem Luciano Liggio von der Bildfläche verschwunden war (er war 1974 wieder gefangen genommen und nicht mehr freigelassen worden), zeigte die 'Ndrangheta, dass sie auch ohne ihn sehr lukrative Entführungsprojekte durchzuführen vermochte.

Die Entführungen waren für die 'Ndrangheta weniger brisant als für die Cosa Nostra. Dennoch lenkte die neue Verbrechensindustrie die Aufmerksamkeit der Medien und der Polizei auf Kalabrien, was innerhalb der 'Ndrangheta zu Kontroversen führte. Offenbar hatte der mächtige 'Ntoni Macrì, der Tarantellatänzer aus Siderno, seine Befürchtungen, was Entführungen auf seinem Territorium betraf, kurz nach der Getty-Entführung den anderen Bossen mitgeteilt. Diese Befürchtungen vergrößerten noch die Rivalität zwischen den verschiedenen Lagern innerhalb der 'Ndrangheta, die versuchten, an das Colombo-Paket heranzukommen.

Gangster aus Süditalien und Sizilien waren keineswegs die Einzigen, die von der Entführungswelle der siebziger und achtziger Jahre profitierten. Banditen von der Insel Sardinien zum Beispiel – die aktivsten operierten in der Toskana – hatten ihre eigene Entführungstradition und waren in den 1970er Jahren besonders aktiv. Auch gewöhnliche Verbrecher lockte die Vorstellung, dass die Entführung von ein oder zwei Personen den Weg zum Reichtum erheblich verkürzen könnte. So wurde der Menschenraub zu einer kriminellen Manie, die Italiens ohnehin geschwächtes soziales Gefüge noch tiefer erschütterte.

Luigi Ballinari, ein aus der Schweiz stammender Zigarettenschmuggler und Trinker, erinnerte sich an das Stimmengewirr, das 1974 im

Gefängnis herrschte: »Unsere Gespräche kamen immer wieder auf das Verbrechen der Stunde zurück, das in Italien zur Mode geworden war: Leute entführen und Lösegeld erpressen. Davon träumten alle! Wir phantasierten, organisierten und analysierten die Fehler der anderen Kidnapper.«

Kaum war Ballinari wieder auf freiem Fuß, beteiligte er sich an einer der grausamsten Entführungen der damaligen Zeit. Cristina Mazzotti, die 19-jährige Tochter eines Unternehmers aus der Gegend von Como, nahe der Schweizer Grenze, wurde am 26. Juni 1975 entführt. Ihre Geiselnehmer entkleideten sie, verbanden ihr die Augen, fesselten sie, verpassten ihr Ohrenstöpsel und sperrten sie in einen winzigen Raum unter der Garage. Dort flößte man ihr über zwei Wochen lang in Fruchtsaft aufgelöste Schlaftabletten ein, während ihre Kidnapper mit den Eltern verhandelten. Wie viele Entführer in Nord- und Mittelitalien hatten sie geplant, ihre Geisel an die eigentlichen Kidnapping-Spezialisten weiterzuverkaufen, die 'Ndrangheta. Doch in diesem Fall versagte Cristinas Körper unter dem ständigen massiven Einfluss der Medikamente langsam den Dienst. Anstatt sie also zu verschachern und in ein neues Gefängnis auf dem Aspromonte zu verfrachten, legte man sie in den Kofferraum eines Wagens und begrub sie in einer Müllhalde. Ihre Eltern, nicht ahnend, dass sie bereits tot war, zahlten ein Lösegeld von 1,05 Milliarden Lire (5,2 Millionen Euro nach heutigem Wert).

Später wurde Ballinari bei dem Versuch erwischt, einen Teil des Lösegelds zu waschen. Als er schließlich im Verhör einknickte und die ganze Geschichte erzählte, war Cristinas Leiche so verwest, dass sich kaum noch feststellen ließ, ob das Mädchen tatsächlich bereits tot gewesen war, als man es begraben hatte.

Die Schrecken der Entführungsindustrie waren ohne Zahl. Besonders schlecht erging es den Geiseln auf dem Aspromonte. Sie wurden gefesselt und von Küchenabfällen ernährt, durften sich weder waschen noch ihre Kleidung wechseln. In abgehörten Telefonaten bezeichneten ihre Entführer sie in kodierter Sprache als »Schweine«. Am längsten festgehalten wurde ein Teenager namens Carlo Celadon aus der Gegend von Vicenza, der 1988 aus seinem Elternhaus entführt worden war. Carlo musste unvorstellbare 828 Tage in einer rattenverseuchten Höhle ausharren, die mit seinen Exkrementen besudelt war. Er wurde mit drei Ketten um den Hals gefesselt, unablässig bedroht und geschlagen, sobald er weinte oder gar betete. Als er freigelassen wurde, sagte sein Vater, er habe ausgesehen wie der Insasse eines Konzentrationslagers der Nazis. Carlos Kommentar zu seinen Qualen war entsetzlich: »Ich flehte meine Entführer an, mir ein Ohr abzuschneiden. Ich war vollkommen vernichtet, hatte jede Hoffnung verloren.«

Zwischen 1969 und 1988 verschwanden in Italien insgesamt 71 Menschen und wurden nie mehr lebend gesehen; in ungefähr der Hälfte dieser Fälle war ein Lösegeld gezahlt worden. 1981 wurde Giovanni Palombini, ein 80-jähriger Kaffeehändler, von einer römischen Bande gekidnappt, die vermutlich die Absicht hatte, ihn an die 'Ndrangheta zu verschachern. Er konnte fliehen, war aber so desorientiert, dass er an die Tür eines Hauses klopfte, das sich prompt als das Versteck der Entführer erwies. Sie gaben ihm ein Glas Champagner zu trinken und brachten ihn um. Seine Leiche wurde in einer Gefriertruhe aufbewahrt, damit sie für die Fotos herausgeholt werden konnte, die seiner Familie beweisen sollten, dass er noch am Leben war.

Auch Kinder wurden nicht verschont: Insgesamt wurden 22 gekidnappt, einige davon noch sehr klein. Marco Fiora war erst sieben Jahre alt, als 'Ndranghetisti ihn im März 1987 in Turin entführten. Seine Qualen dauerten eineinhalb Jahre, in denen er angekettet wie ein Hund in einem Versteck auf dem Aspromonte ausharren musste. Seine Entführer redeten ihm ein, dass seine Eltern ihn nicht genügend liebten, um Lösegeld für ihn zu zahlen. In Wirklichkeit war die lange Verzögerung auf den Umstand zurückzuführen, dass die Spitzel der 'Ndrangheta den Reichtum von Marcos Vater bei weitem überschätzt hatten und die Kidnapper ihm nicht glauben wollten, als er beteuerte, er könne das Lösegeld nicht aufbringen. Marco war zum Skelett abgemagert, als er bei Ciminà freigelassen wurde, und seine Beine so verkümmert, dass er kaum laufen konnte. Er klopfte an einige Türen, aber die Bewohner wollten nicht öffnen. Also setzte er sich einfach an den Straßenrand, bis zufällig ein Streifenwagen der Carabinieri vorbeifuhr. Seine ersten Worte an seine Mutter waren: »Du bist nicht meine Mama. Geh weg. Ich will dich nicht sehen.«

Einigen Kindern erging es sogar noch schlechter. Die elfjährige Marzia Savio wurde im Januar 1982 am Ufer des Gardasees entführt. Ihr Kidnapper war kein Gangster, wie sich herausstellte, sondern nur der

Metzger vor Ort, der einen bequemen Weg gefunden zu haben glaubte, schnell zu Geld zu kommen. Er erstickte Marzia, wahrscheinlich beim Versuch, sie zu fesseln, und warf ihre zerstückelte Leiche von einem Viadukt.

Entführungen waren so sehr an der Tagesordnung, dass sie in den Medien die immer gleichen Routinen auslösten: Die Angehörigen der Opfer gaben verängstigte Pressekonferenzen, oder sie mieden das Licht der Öffentlichkeit, um auf keinen Fall diejenigen zu provozieren, die ihren Vater, ihren Sohn oder ihre Tochter in der Gewalt hatten. Dann das lange, bange Warten, bis die Kidnapper ihre Lösegeldforderungen stellten. Dann die Spaßanrufe seitens makabrer Scherzbolde.

Menschenraub ist ein Verbrechen, das Misstrauen sät. Viele Familien hegten zu Recht den Verdacht, dass Freunde und Arbeitnehmer Informationen an die Kriminellen hatten durchsickern lassen. Verlässliche Kommunikationswege und Mittelsmänner zu finden, war oftmals eine nervenaufreibende Angelegenheit. Die Angehörigen des jungen Carlo Celadon, jenes Jungen, der eine Rekordzeit von 828 Tagen festgehalten worden war, erklärten, dass der Anwalt, den sie mit dem Transport des Lösegelds beauftragt hätten, einen Teil davon in die eigene Tasche gesteckt habe. (Er wurde verurteilt, ging in Berufung und kam frei.) Die 'Ndrangheta schien manchmal mehr über die Einkommensverhältnisse ihrer Geiseln zu wissen als die Steuerbehörde. Aus diesem Grund tendierten die Medien dazu, die Finanzen selbst der ehrlichsten Opfer in Zweifel zu ziehen. Die Angehörigen der Geiseln wurden oftmals davor gewarnt, sich an die Polizei zu wenden. Und die Polizei war häufig vom Schweigen der Angehörigen frustriert: Einige Familien mussten, nachdem ihre Angehörigen freigekommen waren, sogar die Schmach einer Verhaftung über sich ergehen lassen, weil sie Informationen zurückgehalten hatten.

Das Gift des Misstrauens sickerte in den öffentlichen Bereich. Jede spektakuläre Entführung zog eine ebenso giftige wie fruchtlose Debatte zwischen Journalisten, Politikern und Ordnungshütern nach sich, die unnötig viel Zeit in Anspruch nahm. Die einen plädierten für den harten Weg: Es sollte kein Lösegeld gezahlt und das Vermögen der Opfer eingefroren werden und dergleichen. Andere dagegen meinten, der »weiche Weg« – also die Verhandlung – sei die einzig humane und praktikable Option. Einige vermögende Sturköpfe aus dem Norden lernten gar den Umgang mit Waffen. Die Situation spitzte sich so sehr zu, dass einige wohlhabende Familien, wie 1978 ein Richter herausfand, spezielle Versicherungen abschlossen, um über ausreichend Geld zu verfügen, falls maskierte Banditen ihnen den vermeintlich unausweichlichen Besuch abstatteten. Vermögende Bürger – in anderen westlichen Demokratien waren sie fast automatisch mit dem Staatsapparat zufrieden und loyal – waren zornig, aufgebracht und voller Angst.

Es gibt ein faszinierendes Foto, das wie ein Mahnmal dieser schrecklichen Zeit der Angst und des Misstrauens anmutet. Es zeigt einen selbstbewussten jungen Mailänder Bauunternehmer, der zurückgelehnt auf einem Stuhl sitzt. Seine ernste Miene verrät noch keine Spur des unentwegten Leinwandstarlächelns, das später weltweit zu seinem Markenzeichen werden sollte. Er hat die Pilotenbrille abgenommen, und unter der weiten Schlaghose seines Anzugs sind modische Stiefeletten zu sehen. Doch symptomatisch für die siebziger Jahre sind weniger die Kleidung und die Accessoires auf dem Foto als vielmehr die Pistole im Halfter, die auf dem Schreibtisch liegt. Der Name des Unternehmers lautet Silvio Berlusconi, und zum Zeitpunkt der Aufnahme quälte ihn die begründete Angst vor einer Entführung, die er mit vielen anderen wohlhabenden Italienern teilte. Doch Berlusconis Faktotum, ein sizilianischer Bankier namens Marcello Dell'Utri, fand ein probateres Mittel als eine Pistole in der Schreibtischschublade, um diese Angst zu beruhigen. Zwischen 1974 und 1976 hatte Vittorio Mangano, ein Mafioso aus Palermo, eine nicht sonderlich klar umrissene Stellung (Friseur? Hausdiener? Verwalter?) in Berlusconis neu erworbener Villa in Arcore inne. Die italienischen Gerichte haben unlängst bestätigt, dass Mangano in Wirklichkeit ein Gewährsmann für den Schutz durch die Cosa Nostra war. Außerdem war er hier, um neue Freunde zu gewinnen. Einer richterlichen Verfügung zufolge war Mangano Teil einer »komplexen Strategie der Mafia mit dem Ziel, sich dem Unternehmer Berlusconi zu nähern und ihn enger an die kriminelle Organisation zu binden«.

Marcello Dell'Utri wurde von einem italienischen Gericht einer langjährigen Zusammenarbeit mit der Cosa Nostra für schuldig befunden, die unter anderem darin bestand, Berlusconi die Dienste Vittorio Manganos empfohlen zu haben. Der Oberste Gerichtshof hat vor kurzem entschieden, dass Dell'Utris Berufungsverfahren, das abgewiesen wurde, erneut aufgenommen werden muss. Dell'Utri bestreitet die Vorwürfe nach wie vor. Sie seien das Ergebnis eines juristischen Komplotts gegen ihn, behauptet er.

Vittorio Mangano wurde später wegen zweifachen Mordes zu lebenslanger Haft verurteilt und starb im Jahr 2000 an Krebs. Er starb, wie ein guter Mafioso sterben sollte, nämlich ohne Licht in den Fall zu bringen.

Silvio Berlusconis eigene öffentliche Stellungnahme zu dem Fall ist, gelinde gesagt, befremdlich. So äußerte er sich 2008, in einem Rundfunkinterview, zum Beispiel folgendermaßen über den Mafioso:

> »Mangano hat sich uns gegenüber äußerst zuvorkommend verhalten. Später ist er dann unglücklicher Umstände wegen in die Fänge einer kriminellen Organisation geraten. Aber (...) obwohl er so krank war, blieb er standhaft und erfand niemals Lügen über mich. Einen Tag vor seinem Tod durfte er noch einmal nach Hause. Er starb im Gefängnis. Dell'Utri hatte also recht, als er sagte, Mangano habe sich heldenhaft benommen.«

Ob die Zeit der Entführungen tatsächlich der Beginn einer langjährigen Verbindung zwischen Berlusconi und der sizilianischen Mafia war, ist nicht ganz klar. Im Zusammenhang mit der Mangano-Affäre konnte Berlusconi, um es noch einmal deutlich zu sagen, nie irgendeine Schuld nachgewiesen werden.

Jede Entführung war ein eklatanter Beweis für die Unfähigkeit der Regierungsinstitutionen, Leben und Besitz der Menschen zu schützen. Je stärker, reicher, vernetzter und kriegsbereiter die Mafias wurden, um so schwächer wurde Italien. Der Staat schien jeden Anspruch auf sein »legitimes Gewaltmonopol« verloren zu haben. In den 1970er Jahren, während die Entführungswelle außer Kontrolle geriet, brachte eine Flut an wirtschaftlichen und politischen Problemen den Staat noch mehr in Misskredit.

Italien stand, wie die übrigen Industrienationen, am Beginn einer schweren Wirtschaftskrise, ausgelöst im Jahr 1973 durch einen dramatischen Anstieg der Ölpreise. Es folgte ein Jahrzehnt stockenden Wachstums, steigender Arbeitslosigkeit, explodierender Zinssätze und massiver Staatsverschuldung. Gewalttätige soziale Konflikte nahmen zu. Die Gewerkschaften, die sich seit dem »heißen Herbst« von 1969 so kämpferisch gezeigt hatten, gingen jetzt in die Defensive. Infolgedessen verloren einige Mitglieder von Italiens revolutionären Gruppierungen die Geduld mit friedlichen Formen des Protestes und bildeten insgeheim bewaffnete Zellen. Diese Terroristen, so rücksichtslos wie fehlgeleitet, betrachteten sich als revolutionäre Sturmspitze und gedachten einem kommunistischen Regime den Weg zu bereiten, indem sie strategisch ausgewählte Opfer verwundeten oder ermordeten. Italien befand sich in seiner sogenannten »bleiernen Zeit«.

Die Roten Brigaden (*Brigate Rosse* oder BR) erwiesen sich als die gefährlichste dieser Gruppierungen. Viele ihrer frühesten Aktionen waren Entführungen. Die Opfer – üblicherweise Fabrikmanager – wurden einem »proletarischen Gerichtsverfahren« unterzogen und mit einem Plakat um den Hals, auf das ein revolutionärer Spruch gekleistert war, an die Fabriktore gekettet. Im Frühjahr 1974 entführten die Roten Brigaden gemäß dem neuen Wahlspruch »Angriff auf das Herz des Staates« einen Richter aus Genua und kamen in die Schlagzeilen. Obwohl ihre Forderungen nicht erfüllt wurden, ließen sie den Richter unversehrt frei.

Nachdem um die Mitte des Jahrzehnts eine Verhaftungswelle ihren Aktivitäten eine Flaute beschert hatte, kehrten die Roten Brigaden mit größerer terroristischer Entschlossenheit denn je zurück. Am 16. März 1978 brachten sie das ganze Land zum Stillstand, indem sie den früheren Premierminister und Parteiführer der Christdemokraten Aldo Moro kidnappten. Moros Chauffeur und seine gesamte Polizeieskorte kamen dabei ums Leben. Am 9. Mai wurde auch Moro selbst erschossen und seine Leiche in einem Wagen im Stadtzentrum Roms gefunden. Die BR und andere Gruppierungen setzten ihre Mordserie im nachfolgenden Jahrzehnt fort. Vorwiegend junge Menschen konnten sich in ihrer Ablehnung des Terrorismus nicht mit den Behörden identifizieren: »Weder für den Staat noch für die Roten Brigaden« lautete einer der politischen Wahlsprüche der damaligen Zeit. Dieser Staat würde bald beispielloser Mafiagewalt die Stirn bieten müssen. Erster Schauplatz des Krieges war Kalabrien.

Die *Mamma Santissima* und der erste 'Ndrangheta-Krieg

Als man in den sechziger und siebziger Jahren von den gewaltigen Reichtümern des organisierten Verbrechens erfuhr, behaupteten viele Beobachter, dass sowohl in Sizilien wie auch in Kalabrien die traditionelle von einer neuen Sorte Mafia abgelöst worden sei. Die Mafia war nicht mehr ländlich, sondern urban; sie nutzte »die Autobahn statt der Eselspfade«; es waren Gangster in »polierten Schuhen«, keine rückständigen Bauern in dreckigen Stiefeln. Der neue Mustermafioso, hieß es, sei ein junger, aggressiver Geschäftsmann. Vor allem habe er keine Zeit für die wunderlichen formalistischen Belange der Ehrenwerten Gesellschaften und ihren vorsintflutlichen Ehrenkult. Am augenfälligsten schien die Verwandlung im rückständigen Kalabrien zu sein. Hier glaubten sogar Menschen, die die Mafiabedrohung ernst nahmen, dass Initiationsrituale mitsamt den Rittern Osso, Mastrosso und Carcagnosso oder das Treffen an der Wallfahrtstätte der Madonna von Polsi ins Heimatmuseum gehörten – wenn sie nicht schon längst dort waren.

Die Brüder Giorgio, Paolo und Giovanni De Stefano waren für die meisten Menschen die Prototypen des aufstrebenden Business-Verbrechers. Sie stammten aus der Stadt Reggio Calabria, dem Reich des Bigamisten Don Mico Tripodo. Wie bereits erwähnt, verbrachte Tripodo einen Großteil seiner Zeit in Kampanien, wo er enge Freundschaften mit den Camorristi des neapolitanischen Hinterlands pflegte. Doch ein Boss kann seinem Territorium nur eine bestimmte Zeit lang fern bleiben; dann sorgt ein Machtvakuum für Verwerfungen. Während Don Micos Abwesenheit stiegen die De Stefanos zu einer eigenständigen Macht auf.

Giorgio, der älteste der Brüder und auch der gerissenste, wurde von einem abtrünnigen 'Ndranghetista als »der Komet« bezeichnet – der aufgehende Stern des organisierten Verbrechens in Kalabrien. Die De Stefanos waren die enthusiastischsten Teilnehmer an der Reggio-Revolte und am meisten darauf erpicht, sich mit faschistischen Umstürzlern zu befreunden. Und sie waren jung: Keiner von ihnen war zum Zeitpunkt des Montalto-Treffens jenseits der dreißig. Das Triumvirat, dessen Autorität die De Stefanos herauszufordern gedachten, stammte noch aus einer älteren Generation: Der Tarantella tanzende Don 'Ntoni Macrì hätte glatt ihr Großvater sein können.

Ein 'Ndranghetista erinnerte sich auch, dass die De Stefanos Bildung besaßen, zumindest nach den Maßstäben der kalabrischen Unterwelt, und erzählte: »Paolo und Giorgio De Stefano hatten einige Jahre die Universität besucht. Giorgio hatte sich im Studienfach Medizin eingeschrieben, und Paolo studierte Jura, soweit ich weiß.« Diese Bildung war ihnen anzusehen. Fotos vom »Kometen« Giorgio und von Paolo, den beiden ältesten und mächtigsten De Stefano-Brüdern, zeigen Männer mit breiten, empfindsamen Gesichtern und ordentlich gescheiteltem schwarzen Haar. Ihr modernes, klar umrissenes Erscheinungsbild unterschied sich krass von den grimmigen Physiognomien der Bosse des Triumvirats: Mico Tripodo und die übrigen hatten allesamt kleine, gemeine Augen, kurzgeschorenes Haar und ausdruckslose, schlaffe Gesichter, die ein und demselben alten Baukasten für atavistische Gangstervisagen zu entstammen schienen.

Doch trotz dieser gegensätzlichen Gesichter und des Wandels von Tradition zu Moderne, der in ihnen sichtbar zu werden schien, war keineswegs klar, wer als Sieger und wer als Verlierer aus der beispiellosen Gewalt der siebziger Jahre hervorgehen würde. Die allzu simple Schablone »Moderne versus Tradition«, die auf die Ereignisse der 1970er Jahre gelegt wurde, entsprach nicht der Realität. Zum einen ist der Aufstieg von ehrgeizigen jungen Ganoven wie den De Stefanos innerhalb der 'Ndrangheta-Hierarchie keine Neuheit. Zum anderen ist selbst in Kalabrien ein Mafioso mit den Insignien der Bürgerlichkeit nicht ungewöhnlich. Außerdem sind die Mafias nicht traditionell im Sinne von althergebracht. Im Gegenteil, sie sind ebenso modern wie der italienische Staat.

Die 'Ndrangheta ist, wie die Cosa Nostra, nur insofern *traditionalistisch*, als sie eigene interne Traditionen geschaffen hat, die für die Belange von Erpressung und Schwarzhandel zweckdienlich sind. Als die 'Ndrangheta mit Hilfe der Bauindustrie, des Tabakschmuggels und der Entführungen zu ihrem Vermögen gekommen war, ließ sie ihre Traditionen nicht einfach hinter sich und wandte sich der Moderne zu. Von Beginn an haben die Mafias in Italien stets Tradition und Moderne vermischt. Ihre Reaktion auf die neue Zeit war, die Mischung anzugleichen. Beziehungsweise, im Fall der 'Ndrangheta, brandneue

Traditionen zu erfinden wie jene, die der Gegenstand dieses Kapitels sein soll: die *Mamma Santissima*. Diese neu geprägte Tradition ist aus zwei Gründen bedeutsam. Zum einen liefert sie den Beweis für die vielen Freunde, die die Mafias mit ihrem neuen Reichtum in der italienischen Elite gewinnen konnten. Zum anderen wurde die *Mamma Santissima* zum Auslöser des ersten 'Ndrangheta-Kriegs. Und um ihn zu verstehen, müssen wir einige zarte, aber wichtige Unterschiede zwischen 'Ndrangheta und Cosa Nostra begreifen.

'Ndrangheta und Cosa Nostra sind einander sehr ähnlich. Beide sind Ehrenwerte Gesellschaften – verbrecherische Freimaurerbünde. Und beide Organisationen wählen sehr sorgsam aus, wen sie in ihren Club aufnehmen wollen. Wer Angehörige bei Polizei oder Justiz hat, kann kein Mitglied werden. Weder Zuhälter noch Frauen sind zugelassen.

Und doch gibt es auch Unterschiede in der Art und Weise, wie die beiden Organisationen ihre Führungsgruppe auswählen. 'Ndranghetisti stammen zumeist aus denselben Blutlinien. Die *'ndrina*, die Grundeinheit der kalabrischen Organisation, gruppiert sich normalerweise um einen Boss und dessen Sippe. Die Cosa Nostra dagegen hat Regeln, die verhindern, dass zu viele Brüder in eine Familie aufgenommen werden, weil sich ansonsten das Kräftegleichgewicht verschieben könnte. In manchen Fällen können zwei Brüder sogar *unterschiedlichen* Familien beitreten.

Die Cosa Nostra prüft ihre Anwärter sehr sorgfältig, ehe sie sie in die Organisation aufnimmt. Oft muss ein Krimineller warten, bis er über 30 ist und schon jahrelang bewiesen hat, dass er aus dem rechten Holz geschnitzt ist. Die kalabrische Mafia lässt weitaus mehr Leute zu. In einem Polizeibericht von 1997 stand zu lesen, dass es auf Sizilien insgesamt 5500 Mafiosi gebe beziehungsweise einen pro 903 Einwohner. In Kalabrien waren es 6000 'Ndranghetisti beziehungsweise einer von 345 Einwohnern. In der Provinz Reggio Calabria, in der die 'Ndrangheta am stärksten vertreten ist, kam sogar auf 160 Einwohner je ein 'Ndranghetista. In anderen Worten, proportional gesehen lässt die 'Ndrangheta zweieinhalb Mal mehr Mitglieder zu. Die männlichen Nachkommen eines Bosses werden eingeweiht, ob sie wollen oder nicht. Einige durchlaufen das Ritual sogar schon kurz nach ihrer Geburt. Dies soll jedoch nicht heißen, dass die kalabrische Mafia ihre Aufnahmekriterien verwässert hat. Es weist vielmehr darauf hin, dass die Organisation ihre Mitglieder erst dann prüft und aussortiert, wenn diese bereis aufgenommen sind. Das Auswahlverfahren zieht sich durch die gesamte Laufbahn eines ’Ndranghetista. Nur die tüchtigsten Verbrecher können in der Hierarchie aufsteigen. Junge Gangster können sich entweder auf Geschäftliches oder auf Gewalt spezialisieren.

Wenn sie an Ansehen gewinnen, durchlaufen sie eine Hierarchie der Statusebenen. Ein ’Ndranghetista beginnt als *giovane d’onore* (»junger Ehrenmann« – jemand, der zur Aufnahme in die Organisation vorgemerkt, aber noch kein Mitglied ist). Er muss den Ranghöheren täglich zu Diensten sein – indem er beispielsweise Personen bedroht, Besitz verwüstet, Schutzgelder eintreibt, Waffen und Diebesgut versteckt, Nahrungsmittel zu den Bergverliesen schafft, in denen Geiseln festgehalten werden –, steigt damit zunächst zum *picciotto* (»Burschen«) auf und gelangt von dort über eine lange Stufenleiter in der Hierarchie immer weiter nach oben.

Die einzelnen Ränge heißen *doti* (»Gaben«). Wer zu einer höheren »Gabe« aufsteigen darf, erhält einen *fiore* (eine »Blume«). Die Vergabe jeder »Blume« wird von einem Ritual begleitet. Dabei bestimmen nicht die Gaben, sondern Geheimnisse den Status innerhalb der ’Ndrangheta. Seit Gründung der ’Ndrangheta im 19. Jahrhundert weist jede ihrer Zellen eine doppelte Struktur auf, die aus versiegelten Abteilungen besteht: die Untere und die Obere Gesellschaft. Jüngere, unerfahrenere und unzuverlässigere Rekruten bilden die Untere Gesellschaft. Mitglieder der Unteren Gesellschaft wissen nicht, was in der Oberen Gesellschaft vor sich geht, der die erfahreneren Ganoven angehören. Ein Aufstieg in der Hierarchie und von der Unteren zur Oberen Gesellschaft impliziert den Zugang zu größerem Geheimwissen.

Als die Einkünfte der ’Ndrangheta zu Beginn der 1970er Jahre stiegen und auch die Spannungen zunahmen, wurde diese Etikette immer weiter verfeinert. Bis zum Beginn der siebziger Jahre war die höchste Gabe, die ein Mitglied der ’Ndrangheta erreichen konnte, die eines *sgarrista*. Wörtlich bedeutet *sgarrista* so etwas wie »ein Mann, der Anstoß erregt, der die Regeln bricht«. (Die Terminologie, wie so vieles an der ’Ndrangheta, geht auf das Gefängnissystem im 19. Jahrhundert zurück.)

Um 1972/73 begannen einige Anführer, eine neue, höhere Gabe für sich selbst zu schaffen, die des *santista* (»Sanktist«). Mit dem neuen Status ging die Zugehörigkeit zu einer geheimen Elite einher, die als *Mamma Santissima* (»Heiligste Mutter«) oder kurz Santa bekannt ist. Theoretisch war die *Mamma Santissima* ein sehr exklusiver Kreis, zu dem nicht mehr als 24 Bosse zugelassen waren. Ein *santista* zu werden, erforderte ein neues Ritual, eine exklusive Variante der bereits existierenden Initiationsrituale der 'Ndrangheta. Der Träger dieser neuen »Blume« erhielt außerdem Zugang zu gewissen Privilegien. Das wohl wichtigste war die Mitgliedschaft in einem der geheimen Freimaurerbünde, die im Italien der siebziger Jahre aufkamen.

Die berüchtigtste dieser neuen Gruppierungen war *Propaganda Due* oder P2, eine Geheimloge, deren Mitglieder Korruption und rechtsgerichtete, staatsgefährdende Gedanken pflegten und die bis ins Herz der etablierten Gesellschaft Italiens reichte. Als im März 1981 eine (vermutlich unvollständige) Mitgliederliste von P2 gefunden wurde, entdeckte man unter den 962 aufgeführten Personen:

> »(...) alle Leiter der Geheimdienste, 195 Offiziere aus den verschiedenen bewaffneten Korps der Republik, darunter zwölf Generäle der Carabinieri, fünf der *Guardia di Finanza*, 22 der Armee, vier der Luftwaffe sowie acht Admiräle. Außerdem stieß man auf hochrangige Richter, mehrere Präfekten und Polizeichefs, Bankiers und Geschäftsleute, Beamte, Journalisten und Fernsehsprecher.«

Auch 44 Parlamentarier standen auf der Liste, darunter drei Minister. Unter den genannten Geschäftsleuten war ein Unternehmer, der damals noch nicht zur etablierten Gesellschaft gehörte: Silvio Berlusconi. Es ist oftmals nicht klar, was für Aktionen sich einzelne Mitglieder wie Berlusconi tatsächlich von *Propaganda Due* versprachen. Doch die Macht der Loge steht außer Frage: 1977 übernahm sie die Kontrolle über Italiens einflussreichste Zeitung, den *Corriere della Sera*. *Propaganda Due* zeigte – und das ist noch das Harmloseste, was sich über sie sagen lässt –, wie angesichts des wachsenden Einflusses der Kommunistischen Partei (die bei den Wahlen von 1976 ihr bestes Ergebnis überhaupt erreichte) bedeutende Mitglieder der reichen und mächtigen Eliten den Schulterschluss übten und auf geheimen Wegen ihren Einfluss geltend machten.

P2 war bei weitem nicht die einzige zweckentfremdete Freimaurerloge, die damals auftauchte. Mafiosi wollten auf den Zug aufspringen. Also unternahm die Cosa Nostra ähnliche Schritte wie die 'Ndrangheta. Laut Aussage einiger Überläufer aus den Reihen der sizilianischen Mafia traten zwischen 1977 und 1979 einige ihrer ranghöchsten Mitglieder ebenfalls Freimaurerlogen bei. Das Thema der Mitgliedschaft in einem Freimaurerbund wurde 1977 in der Regionalkommission der Cosa Nostra besprochen.

Mit der Verbindung zwischen den Mafiaorganisationen und der Freimaurerei in den siebziger Jahren schloss sich für die Unterwelt gleichsam ein Kreis. Denn die Ursprünge der kriminellen Geheimbünde Italiens lagen just in den Kontakten zwischen den freimaurerischen Verschwörern, die in der ersten Hälfte des 19. Jahrhunderts die Einigung Italiens planten, und den Ganoven, die von den Patrioten als revolutionäre Schläger rekrutiert wurden. Damals wie heute waren es die Kontakte, die Italiens Ganoven an der Freimaurerei am meisten schätzten. Wie Leonardo Messina, ein sizilianischer Mafioso, der 1992 von der Cosa Nostra abgesprungen war, erklärte:

> »Viele Männer der Cosa Nostra – nur Bosse, versteht sich – waren Freimaurer. In den Logen kamen sie mit Unternehmern, den Institutionen, den Mächtigen in Kontakt. Sie alle tummeln sich in Freimaurerlogen.«

Für die 'Ndrangheta war die *Mamma Santissima* also ein neues konstitutionelles Werkzeug, mit dessen Hilfe sie die Verbindungen der kalabrischen Unterwelt mit der Welt der Politik, der Wirtschaft und der Polizei regeln konnte.

Nach ihrer Einführung war die *Mamma Santissima* höchst umstritten: Vielen galt sie als Verfälschung der Regeln der Ehrenwerten Gesellschaft. Die Neuerung trieb in der Tat einen Keil zwischen die Mitglieder des Triumvirats. Mommo Piromalli befürwortete sie, Mico Tripodo war dagegen. Don 'Ntoni Macrì, der Patriarch der 'Ndrangheta und deren »lebendes Symbol der Allmacht und Unbesiegbarkeit«, galt als ein erbitterter Gegner.

Warum der Widerstand? Einige behaupten, Don 'Ntonis Hass gegen die *Mamma Santissima* sei schlicht damit zu begründen, dass er ein Traditionalist war, ein Mann, der treu an den alten Regeln festhielt.

Diese Erklärung scheint mir nicht plausibel zu sein, sie trieft geradezu von der sentimentalen Sehnsucht nach irgendeiner guten alten Mafia, die in Wahrheit nie existiert hat. Wenn Don 'Ntoni tickte wie all die anderen Mafiosi, dann befolgte er die traditionellen Regeln nur, solange sie seinen Zwecken dienten.

Nein, der wahre Grund, warum Don 'Ntoni Macrì die *Mamma Santissima* ablehnte, war schlicht die Tatsache, dass er davon ausgeschlossen war. Ich vermute sogar, dass die neue »Gabe« eigens erfunden wurde, um ihn von wichtigen Geheimnissen fernzuhalten. Das Manöver sollte Don 'Ntoni daran hindern, sich in die Entführungsangelegenheiten anderer einzumischen oder – was noch wichtiger war – mit grabschenden Fingern nach dem Colombo-Paket zu greifen (der staatliche Geldsegen für das Bauwesen, den die Reggio-Revolte von 1970 nach sich zog). Dieser Geldsegen sollte über Kontakte zur herrschenden Klasse vor Ort und besonders zu Freimaurerlogen verteilt werden. Nicht zufällig war einer der maßgeblichsten Befürworter der *Mamma Santissima* Don Mommo Piromalli, einer der Bosse des Triumvirats. Er stammte nämlich aus Gioia Tauro, wo das neue Stahlwerk entstehen sollte. In der Welt der Mafias (und nicht nur dort) dient eine strukturelle Neuerung oft nur als Tarnung für Gaunereien.

Die Bestrebungen der De Stefano-Brüder in Reggio Calabria und die Spannungen zwischen den Bossen des Triumvirats wegen der *Mamma Santissima* und des Colombo-Pakets stürzten die 'Ndrangheta in den Krieg.

Im September 1974 lud Mommo Piromalli die 'Ndrangheta-Bosse zu einem Treffen nach Gioia Tauro ein. Unter den Anwesenden waren nicht nur die übrigen Mitglieder des Triumvirats – Don 'Ntoni Macrì von der ionischen Küste und der Bigamist Mico Tripodo aus Reggio –, sondern auch Don Micos ehrgeizige Handlanger, die De Stefano-Brüder. Einhellig lehnten die Bosse ein Angebot großer Bauunternehmen ab: drei Prozent der Einnahmen aus dem Bau des Stahlwerks in Gioia Tauro. Die 'Ndrangheta wäre erst zufrieden, wenn ihr Anteil durch Aufträge und Nebenaufträge aufgebessert würde. Doch die Spannungen innerhalb der Ehrenwerten Gesellschaft in Reggio brachten das Fass zum Überlaufen: Mico Tripodo und Giorgio

De Stefano tauschten bissige Bemerkungen, und nur die schlichtenden Worte Don 'Ntoni Macrìs, der sich wieder einmal als Friedensstifter gerierte, verhinderten eine heftige Konfrontation.

Bald schon folgte ein weiterer Versuch, den Frieden in Reggio Calabria zu wahren. Diesmal war der Anlass kein Geschäftstreffen, sondern eine Hochzeit im Jolly Hotel in Gioia Tauro. Vater der Braut war ein Mitglied des Mazzaferro-Clans, enge Verbündete von Mommo Piromalli, und *capibastone* aus ganz Kalabrien nahmen an den Feierlichkeiten teil. Einen Hinterhalt fürchtend, blieb Mico Tripodo dem Ereignis fern und zahlte für seine Abwesenheit mit einer Beleidigung durch den jüngeren Bruder des Kometen, Paolo. Wieder versuchte Don 'Ntoni, die Wogen zu glätten, und man plante ein drittes Treffen auf neutralem Boden – Neapel.

Doch mittlerweile war es allen Betroffenen klar geworden, dass jeder offene Kampf zwischen den De Stefanos und Don Mico Tripodo in Reggio Calabria andere *'ndrine* mit hineinziehen würde. Hinter Don Mico stand 'Ntoni Macrì, und hinter den De Stefanos Mommo Piromalli aus Gioia Tauro. Was also zunächst wie eine lokale Angelegenheit ausgesehen hatte, die altbekannte Auseinandersetzung zwischen einem älteren Boss und jüngeren Rivalen, die ihn zu verdrängen suchten, hatte sich zu einem handfesten Riss ausgewachsen, der durch die gesamte 'Ndrangheta ging und sie spaltete. Es entstanden zwei Allianzen, beide für den Krieg gerüstet. Das Gleichgewicht, das die Bosse des Triumvirats eineinhalb Jahrzehnte lang gewährleistet hatten, war fatal ins Wanken geraten.

Am 24. November 1974, gegen acht Uhr abends, betraten zwei Killer das schicke Roof Garden, eine berüchtigte 'Ndrangheta-Bar auf der Piazza Indipendenza in Reggio Calabria. Nachdem die beiden ihre Blicke im Raum hatten schweifen lassen, bemerkten sie schnell den Tisch, an dem ihre Zielpersonen saßen. Der erste Killer holte eine langläufige P38 hervor und schoss Giovanni De Stefano aus etwa einem Meter Entfernung in den Kopf. Als seine Flinte klemmte, legte sein Komplize an und feuerte zwei weitere Projektile in Giovanni De Stefanos niedergestreckten Körper, bevor er auf Giovannis Bruder Giorgio schoss, den Kometen. Der überlebte schwerverletzt den Anschlag im Roof Garden; Giovanni starb noch an Ort und Stelle. Die Vergeltung ließ nicht lange auf sich warten. Der Konflikt war nun nicht mehr aufzuhalten.

Don 'Ntoni Macrì hatte inzwischen, da er zu alt für eine Tarantella war, die Angewohnheit, mit seinem Chauffeur jeden Tag am Stadtrand Boccia zu spielen, bevor er nach Hause fuhr und Hof hielt. Am 20. Januar 1975 hatte er gerade sein Spiel beendet und stieg wieder in den Wagen, als ein Alfa Romeo 1750 mit quietschenden Reifen vor ihm zum Stehen kam. Vier Männer sprangen heraus und feuerten aus Pistolen und Maschinengewehren. In Siderno schlossen die Geschäfte für das Begräbnis des alten *capobastone*, und an die 5000 Personen erwiesen ihm die letzte Ehre.

Der erste 'Ndrangheta-Krieg forderte, wie man jetzt weiß, mehr Opfer als Siziliens erster Mafiakrieg zu Beginn der 1960er Jahre. Binnen drei Jahren wurden 233 Personen ermordet. Lokale Fehden in Ciminà, Cittanova, Seminara und Taurianova forderten weitere Opfer. Auf beiden Seiten eskalierte die Gewalt. In einem abgehörten Telefonat erzählte Mommo Piromalli seiner Frau, wie er eines seiner Opfer an die Schweine verfüttert habe: »L'anchi sulu restaru« (Nur seine Oberschenkelknochen blieben übrig), erklärte er. »Jawohl!«, entgegnete sie.

Etwa 20 der alten Bosse wurden getötet. Der letzte (und zugleich der wichtigste nach 'Ntoni Macrì) war der Bigamist und Triumvir Don Mico Tripodo. Im Frühjahr 1976 wurde er samt seinen Camorrafreunden in Mondragone verhaftet und in das Poggioreale-Gefängnis in Neapel gesteckt. Fünf Monate später, am 26. August, drängten zwei neapolitanische Kleinkriminelle ihn auf den Befehl eines *capo* der Camorra in eine Ecke seiner Zelle und stachen 20-mal auf ihn ein. Die De Stefanos hatten bewiesen, dass auch sie über Freunde in der neapolitanischen Unterwelt verfügten, und indem sie sich ihrer bedienten, um ihren Boss und Feind Mico Tripodo zu beseitigen, machten sie dem Krieg ein Ende.

Zumindest fast. Am 7. November 1977 ging Giorgio »der Komet« De Stefano das Risiko ein, sein Grundstück in Reggio Calabria zu verlassen, um an einem wichtigen Treffen der höheren Ränge der 'Ndrangheta auf dem Aspromonte teilzunehmen. Ehe die Veranstaltung begann, setzte er sich auf einen Felsen, um sich eine Zigarre anzuzünden. Plötzlich ertönte ein Ruf: »Curnutu, tu sparasti a me frati.« (»Du Dreckskerl, hast meinen Bruder erschossen!«) Gleich darauf krachten Schüsse. Der »Komet«, der scheinbare Sieger des ersten

'Ndrangheta-Kriegs und vermeintliche Inbegriff des modernen Mafioso, hatte die Früchte seines militärischen Erfolgs nur ein Jahr lang genießen dürfen.

Für einen Moment sah es so aus, als werde der überlebende Bruder Paolo De Stefano die 'Ndrangheta in einen neuerlichen Krieg stürzen. Doch interne Ermittlungen ergaben schon bald, dass der Todesschütze ein rangniedriges Mitglied namens Giuseppe Suraci gewesen war. Suraci habe lediglich einer persönlichen Feindschaft Ausdruck verliehen, hieß es. Die anderen Bosse, die den »Kometen« hatten sterben sehen, beschwichtigten den rachsüchtigen Zorn Paolo De Stefanos, indem sie ihm Giuseppe Suracis abgetrennten Kopf präsentierten. Diese grässliche Geste stellte den Frieden wieder her, der nach dem Krieg von 1974 bis 1976 Gestalt angenommen hatte.

Heute wissen wir jedoch, dass die Geschichte von der Ermordung des »Kometen«, die man Paolo De Stefano aufgetischt hatte, eine raffinierte Lüge war. Der Killer Giuseppe Suraci hatte mitnichten aus persönlicher Rachsucht gehandelt, sondern weil er von den Verbündeten der De Stefanos im ersten 'Ndrangheta-Krieg, den Piromallis, den Befehl erhalten hatte. Er wurde geköpft, um Paolo De Stefano nicht verraten zu können, was ihn wirklich dazu bewogen hatte, dessen Bruder umzubringen.

Als der »Komet« starb, war Mommo Piromalli schon halb im Ruhestand und hatte die Alltagsgeschäfte des Clans seinem jüngeren Bruder Giuseppe übertragen. Und Giuseppe hatte etwas dagegen einzuwenden, dass »der Komet« Giorgio De Stefano Schutzgeld von einem Bauunternehmer erpresste, der bereits unter Piromallis Schutz stand. Der »Komet« hatte sich also einen *sgarro* erlaubt: einen Verstoß gegen die Autorität und die Ehre eines anderen 'Ndranghetista. Dieser *sgarro* hatte genügt, um dem Frevler ein Todesurteil einzubringen. Hinterhältig und rücksichtslos hatten die Piromallis ihre emporgekommenen früheren Verbündeten zurechtgestutzt.

Es war also Mommo Piromallis Clan, der als eigentlicher Sieger aus dem ersten 'Ndrangheta-Krieg hervorging. Der Hauptgrund für den Erfolg der Piromallis war ihre politische Gerissenheit. Mommo Piromalli, als Mitglied des Triumvirats, hielt das Gleichgewicht, solange es ihm passte. Als er die Zeit gekommen sah, seine Feinde zu isolieren, schlug er die *Mamma Santissima* vor. Er hetzte den »Kometen«

gegen seine Feinde; und wendete dann einen Trick an, um sich seiner zu entledigen.

Mommo Piromalli war das einzige Mitglied des Triumvirats, das die 'Ndrangheta seit den sechziger Jahren regiert hatte und eines natürlichen Todes starb. Eine Leberzirrhose raffte ihn 1979 in einem Gefängniskrankenhaus dahin. Er hinterließ einen Clan, der mächtiger war als jeder andere in Kalabrien. Noch bis zum heutigen Tag sind die Piromallis eine bedeutende Macht, wie übrigens auch ihre Verbündeten im ersten 'Ndrangheta-Krieg, die Familie De Stefano.

Ende der siebziger Jahre war die *Mamma Santissima* überholt. Wie ein abtrünniger 'Ndranghetista erklärte, wuchs die Anzahl der *santisti* so schnell, dass es bald der Einführung neuer *fiori* bedurfte:

> »Einige Jahre nach Erfindung der Santa wurde der Rang eines *santista* ein wenig inflationär verliehen. Bald gab es nicht mehr nur die vorgesehenen 33 *santisti*: Um alle zufriedenzustellen, die diesen Rang anstrebten, wurden mehr *santisti* zugelassen. 1978/80 wurde daher ein neues Amt ins Leben gerufen, der *Vangelo* (das Evangelium). Ich wurde zwischen 1978 und 1980 im Fossombrone-Gefängnis mit dem Rang eines *vangelista* (Evangelist) belohnt. Praktisch gesehen wurde der *Vangelo* auf eine geringere Anzahl von Leuten beschränkt als die Santa, die weit mehr Personen umfasste als die anfänglichen 33. Doch dann geschah dasselbe mit der Einführung des *Trequartista* (›Dreiviertelist‹) und des *Quintino* (›Fünftelist‹).«

Und so wurde weiter an den traditionellen Regeln der 'Ndrangheta gezupft und gezerrt, um sie den Bedürfnissen der Stunde anzupassen. Nichts in der Welt der Mafia ist so sehr Tradition wie dies. Traditionen tragen dazu bei, die Mafias zu einer Einheit zusammenzuschweißen. Doch sie können auch Konflikte entfachen. Der erste 'Ndrangheta-Krieg war nur die Generalprobe für den Konflikt, der folgen sollte, sobald die Drogen ins Spiel kamen und den Mafias zu beispiellosem Reichtum verhalfen.

Eine kurze Geschichte des Rauschgifts

»Aber ein Neues ersann die liebliche Tochter Kronions:
Siehe sie warf in den Wein, wovon sie tranken, ein Mittel
Gegen Kummer und Groll und aller Leiden Gedächtnis.
Kostet einer des Weins, mit dieser Würze gemischet,
Dann benetzet den Tag ihm keine Träne die Wangen,
Wär' ihm auch sein Vater und seine Mutter gestorben,
Würde vor ihm sein Bruder, und sein geliebter Sohn auch
Mit dem Schwerte getötet, dass seine Augen es sähen.«

Homer, *Odyssee IV*, 220–226
(dt. J. H. Voß, bearb. von E. Gottwein)

Das Opium ist eine sehr alte orientalische Droge, die die abendländische Zivilisation seit den alten Griechen gleichermaßen erschreckt und betört. Die Droge Nepenthes, die Helena in Homers *Odyssee* verabreicht, ist vermutlich Opium.

Heroin dagegen ist ein Kind des modernen, globalen Kapitalismus; der Name des Produkts wurde zunächst von dem deutschen Pharmaunternehmen Bayer am Ende des 19. Jahrhunderts geprägt. Was Bayer auf den Markt zu bringen glaubte, war eine neue, sichere Version des Opiumderivats Morphin – eine, die nicht dieselbe Suchtgefahr barg. Was sie tatsächlich verkauften, machte noch abhängiger als Morphin. Doch es war so beruhigend verpackt und von Ärzten so gründlich gutgeheißen, dass es über ein Jahrzehnt lang sogar im Hustensaft für Kinder enthalten war. Kein Wunder, dass die USA am Ausgang des Ersten Weltkrieges über 200 000 Heroinsüchtige zählen sollten.

In China war das Problem der Opiatabhängigkeit mindestens um ein Jahrhundert älter. Als das Heroin erfunden wurde, rauchten Millionen von Chinesen regelmäßig Opium. Im 19. Jahrhundert hatten britische Kaufleute das Opium von Indien ins Kaiserreich China gebracht. Auf Geheiß dieser Kaufleute führte die britische Regierung zwei Kriege, um China zu zwingen, den freien Handel mit Drogen zu akzeptieren, der Löcher in sein soziales Gefüge riss. Die *Cambridge History of China* bezeichnet die britischen Opiumgeschäfte als das »am längsten begangene und am systematischsten geplante internationale Verbrechen der Moderne«.

1912 unterzeichneten die USA, China und Großbritannien das erste internationale Abkommen mit dem Ziel, die Herstellung und Verteilung von Rauschgift zu kontrollieren; 1919 wurden diese Bestimmungen in den Versailler Vertrag aufgenommen, der am Ende des Ersten Weltkrieges den Frieden besiegelte. Eine neue Ära der Drogenkontrolle war weltweit angebrochen. Von nun an wären die Hauptlieferanten und -vertreiber von Heroin und anderen Rauschmitteln nicht mehr die Pharmaunternehmen, Kaufleute und Regierungen (zumindest nicht offen), sondern kriminelle Syndikate.

Die sizilianische Mafia gehörte zu den frühesten Akteuren im weltweit größten Absatzmarkt für illegales Heroin, den USA. Mit ihren Stützpunkten im westlichen Sizilien und in New York, ihren transatlantischen Handelsverbindungen und ihrem großen Beziehungsnetz in den Staaten, waren Mafiosi die idealen Schieber. Zwischen den Kriegen wurde das Morphin in ausgehöhlten Orangen oder in Kisten mit sizilianischen Exportgütern wie Sardellen, Olivenöl oder Käse versteckt.

Doch das Heroingeschäft der Mafia blieb überschaubar. Der Markt war sogar rückläufig. 1924 gab es in den USA noch 110 000 Drogenabhängige. Der Zweite Weltkrieg unterband die Versorgung mit Opiaten so grundlegend, dass die Zahl der Abhängigen am Ende nur noch etwa 20 000 betrug.

Nach dem Zweiten Weltkrieg kam der Handel wieder in Gang, unter Beteiligung der Mafia. Italien war damals kein großer Absatzmarkt für Drogen. Bis 1951 durften dort Pharmaunternehmen das Heroin für medizinische Zwecke legal herstellen. Ein gewisser Anteil dieses legalen Heroins fand Eingang in die USA, wo es auf dem Schwarzmarkt veräußert wurde. Lucky Luciano, wie einige andere Mafiosi, die nach dem Krieg nach Italien zurückgeschickt worden waren, exportierte Heroin. Dennoch blieb der Heroinkonsum in Amerika weitgehend auf die Ghettos der Schwarzen und der Puerto-Ricaner beschränkt, und so war der Stoff für die Mafiosi nur ein Geschäft unter vielen.

Heroin spielte im sizilianischen Kriminellenmilieu erst nach 1956 eine größere Rolle, als in den USA der *Narcotics Control Act* verabschiedet worden war. Weil dieses Gesetz drakonische Strafen für den Drogenhandel vorsah, waren die Heroindealer der New Yorker Mafia darauf erpicht, möglichst viel Arbeit – und Risiko – auszulagern und ihren Vettern in der Alten Welt zuzuschieben. Wie bereits erwähnt, reiste 1957 eine Delegation der New Yorker Bonanno-Familie nach Palermo, um sich im Hotel delle Palme mit hochrangigen Bossen zu treffen. Wie ein US-Anwalt später bemerken würde, war ein jeder im Hotel ein »Drogenschwergewicht«. Auch andere Zeichen kündeten davon, dass Sizilien zu einem größeren Heroinzwischenlager geworden war. 1961 konnte die *Guardia di Finanza* (Steuer- und Zollfahndung) einen internationalen Rauschgiftschmuggelring ausheben, mit Sitz in Salemi in der Provinz Trapani, dem auch kanadische und amerikanische Ehrenmänner angehörten. Im Februar 1962 kam es zum ersten Mafiakrieg, als ein Drogenkonsortium der Mafia, das Bosse aus verschiedenen Palermer Familien umfasste, sich wegen einer Heroinlieferung entzweite, die für die Vereinigten Staaten bestimmt war. Als die Cosa Nostra in Palermo sich infolge der Ciaculli-Bombe von 1963 auflöste, flohen viele der ranghöchsten Ehrenmänner in die USA, um den amerikanischen Markt mit Drogen zu beliefern.

Der wachsenden kommerziellen Aktivität der sizilianischen Mafia lag eine neue Epidemie Heroinsüchtiger in Amerika zugrunde. Diese Epidemie nahm ab Mitte der sechziger Jahre immer mehr Fahrt auf, als die drogenfreundliche Gegenkultur zunehmend Anhänger fand und in Vietnam amerikanische Bodentruppen zum Einsatz kamen. Während des Krieges unterhielten Heroinköche mit Sitz in Laos, die mit korrupten Offizieren der südvietnamesischen Luftwaffe vernetzt waren, eine dicke Heroinpipeline nach Saigon. 1971 schätzten Mediziner der US-Armee, dass zehn bis 15 Prozent aller US-Soldaten sich Heroin spritzten. Parallel dazu war die Zahl der Abhängigen zu Hause in Amerika auf eine halbe Million gestiegen – das waren zweieinhalbmal so viele Menschen wie zu der Zeit, als das Heroin noch ein legaler Inhaltsstoff vieler patentierter Medikamente gewesen war. Das Geschäft mit dem Rauschgift war keine Wald-und-Wiesen-Industrie mehr.

Die Schlafmohnfelder dieser Welt finden sich fast ausschließlich in den Hochlagen, die den südlichen Rand Asiens säumen: vom türkischen Anatolien im Westen über Iran, Pakistan, Afghanistan und Indien bis hin zum »Goldenen Dreieck«, wo Burma, Laos und Thailand aneinanderstoßen. In den sechziger Jahren kam das meiste Heroin Amerikas aus der Türkei. Hier wurde der Schlafmohn zwar legal angebaut, doch ein großer Ernteanteil fand Eingang in den Schwarzmarkt. Zwischen den türkischen Bauern und den amerikanischen Konsumenten gab es eine lange Kette aus Mittelsmännern, Schmugglern und Profitmachern: Polizisten und Zollbeamte wurden geschmiert, um wegzusehen. Kameltreiber verfütterten Plastikbeutel mit Opiumpaste an ihre Tiere, um sie so über die türkische Grenze zu schmuggeln. Heroinköche erhitzten in einer ersten Stufe das Rohopium mit Ätzkalk, um das Morphin zu extrahieren. Lkw-Fahrer schufen in ihren Obst- und Gemüselieferungen an türkische Märkte in Deutschland Geheimfächer. Chemiker veredelten das Morphin zu Heroin – ein heikler Vorgang, bei dem das Morphin mit Essigsäureanhydrid für eine präzise Dauer auf eine präzise Temperatur erhitzt werden muss. Mit jeder Stufe stieg der Preis – und die Gewinnspanne – in geometrischer Folge. Je nachdem, welches Glied in der Kette man war und – ebenso wichtig – wie viele Glieder dieser Kette man kontrollierte, brachte das Heroin entweder das Einkommen eines Schafhirten oder das eines Ölmagnaten.

In dieser Phase der Geschichte des Heroins waren sizilianische Mafiosi nicht die Hauptlieferanten der Vereinigten Staaten. In den sechziger Jahren kam der Großteil des in Nordamerika konsumierten Heroins aus Korsika. Die Korsen waren Unternehmer, verfügten über ein weltumspannendes Netz aus Kontakten und einen sicheren Standort für ihre Labors in Marseille. Hier genossen die korsischen Clans politischen Schutz für ihre Operationen, indem sie sich als Streikbrecher und als kommunistenfeindliche Schläger verdingten, wodurch sie die französische Hafenstadt zu einer der großen Kriminellenhochburgen Europas machten. 1970 war das Heroin aus Marseille bei amerikanischen Drogenabhängigen bereits berühmt. Mafiosi erschlossen den Korsen ein Vertriebsnetz in den USA. So waren die Sizilianer zwar ein wichtiger, im Wesentlichen aber untergeordneter Teil eines korsischen Unternehmens.

Das korsische System geriet zu Beginn der siebziger Jahre ins Wanken. Da die amerikanische Öffentlichkeit bestürzt war angesichts des steigenden Heroinkonsums, besonders unter den Streitkräften, rief Nixon zu einem »Kampf gegen Drogen« auf. Der Vertriebsweg Türkei–Marseille–New York, als *French Connection* bekannt, wurde zum strategischen Angriffsziel erklärt. Die Vereinigten Staaten machten der türkischen Regierung zunächst ein großzügiges finanzielles Angebot, um sie dazu zu bewegen, den legalen Anbau von Opium zu unterbinden, der nach der Ernte im Jahr 1972 tatsächlich eingestellt wurde. Unterdessen verloren die Korsen in Frankreich ihre einflussreichen Freunde. Im November 1971 wurde ein französischer Geheimagent, der mit den Korsen zusammengearbeitet und Heroin aus Marseille geschmuggelt hatte, in den USA angeklagt, was in Frankreich einen gewaltigen politischen Skandal auslöste. Außerdem verstärkte das wachsende Heroinproblem in den französischen Großstädten den Druck auf die Regierung, schärfere Maßnahmen zu ergreifen. In Marseille schloss ein Drogenlabor nach dem anderen, und die Chemiker wurden verhaftet.

Die Sizilianer, die keine so wichtige Rolle in Amerikas Heroinversorgung spielten wie die Korsen, schienen durch die Zerschlagung der *French Connection* in die Bedeutungslosigkeit gedrängt worden zu sein. Amerikanische Drogenabhängige litten an Heroinentzug, und die Sizilianer belegten nur ein kleines Segment des verbliebenen Marktvolumens. 1976 stützte sich der ersehnte Abschlussbericht von Italiens Parlamentarischem Untersuchungsausschuss in Sachen Mafia auf eine Rauschgiftlieferung, die zu Beginn der siebziger Jahre in den Vereinigten Staaten beschlagnahmt worden war, um zu behaupten, dass »ein Großteil des Heroins, das für den amerikanischen Markt bestimmt ist, nicht mehr wie früher über Italien verschickt wird«. Fast schien es, als sei der Kampf gegen die Drogen bereits gewonnen.

In Wirklichkeit war gar nichts geschehen. Das Gesetz von Angebot und Nachfrage brauchte eben seine Zeit, bis es im weltweiten Drogenmarkt griff. Die Heroinknappheit auf dem amerikanischen Markt trieb die Preise in die Höhe, wodurch sich die Risiken, neue Versorgungswege zu erschließen, besser auszahlten. Die türkische Produktion erholte sich nach dem anfänglichen Einbruch bald. Und als die amerikanischen Truppen aus Vietnam abgezogen wurden, suchten Morphin- und Heroinlieferanten aus dem Goldenen Dreieck händeringend nach neuen Großabnehmern. Zwischen den asiatischen Lieferanten und den verzweifelten amerikanischen Drogensüchtigen taten sich für Zwischenhändler und Köche verführerische neue Möglichkeiten auf. Und hier trat die sizilianische Mafia auf den Plan. Auf die *French Connection* folgte die *Pizza Connection*. Die Cosa Nostra wurde süchtig.

»Mister Champagne«: Heroinzwischenhändler

Gaspare Mutolo, Sohn eines Fahrkartenschaffners bei der Palermer Straßenbahn, wurde sanft in die psychologischen Härten eines Lebens als Profikiller eingeführt. Als neues Mitglied der Cosa Nostra durfte er schon bald einen ersten Blick in die Folterkammer der Mafia werfen. Dort erteilte man ihm praktischen Anschauungsunterricht in der Technik des Garrottierens. Als aus Nase und Ohren des Opfers Blut quoll, ehe es starb, würgte es ihn. Als Nächstes lernte Mutolo, wie man eine Leiche verschnürte, damit sie in den Kofferraum passte, und wie man sie fachgerecht begrub, nämlich mit ungelöschtem Kalk (damit sie sich schnell zersetzte und selbst mit forensischer Technik nicht mehr zu identifizieren war) und Kunstdünger (damit die Stelle bald überwuchert war). Man zeigte ihm sogar, wie eine Leiche aussieht, die zwei oder drei Monate in einer dieser speziell aufbereiteten Gruben gelegen hat.

Dieser Abhärtungsprozess zahlte sich aus, als Mutolo mit ruhiger Hand seinen ersten Solomord beging, indem er einem abtrünnigen Ehrenmann während eines sorgfältig inszenierten Raubüberfalls die Kehle durchschnitt. Das Töten wurde ihm bald zur Routine, wie Generationen von Mafiosi vor ihm.

> »Ich hatte niemals Angst im Vorfeld. Man muss nur überzeugt sein von seinem Plan. Manchmal war ich am Abend davor nachdenklicher und überlegte, wie leicht es doch ist, zu töten und getötet zu werden … Gelegentlich verspürte ich ein seltsames Bedauern, vor allem, wenn ich junge Leute umbringen musste, deren Familien ich womöglich kannte.«

Mutolo absolvierte anschließend im Schnellverfahren eine Lehre, die ihn in sämtliche maßgeblichen kriminellen Geschäfte einführte, die Italiens Mafias seit den fünfziger Jahren verändert hatten: Sie hatten sie reich gemacht, ihren geographischen Horizont erweitert, sie miteinander in Verbindung gebracht und ihre Kontakte zu Politikern gefestigt. In Neapel schmuggelte Mutolo zunächst Drogen mit Camorristi. Dann schickte man ihn in die reiche Lombardei, wo er Informationen über potentielle Entführungsopfer sammeln sollte. Wieder daheim in

Palermo, lernte Mutolo, wie sich mit öffentlichen Bauprojekten Geld machen ließ.

»Man braucht lediglich gute Kontakte zu einigen Verwaltungsbeamten vor Ort. Immer wenn die sizilianische Regierung eine Ausschreibung macht, übernehmen Mittelsmänner der Cosa Nostra die Verhandlungen. Auf diese Weise ergattern Geisterfirmen die Aufträge und leiten sie an die Mafiagruppe weiter, die sich hinter ihnen verbirgt. Damit Sie eine Vorstellung von den Einnahmen erhalten: Wenn ein Auftrag eine Milliarde Lire (heute etwa 1,65 Millionen Euro) wert ist, gehen davon zehn Prozent an den Politiker, der den Wettbewerb verhindert und dafür sorgt, dass der Auftrag an die richtigen Leute vergeben wird, und der Rest geht an einen Mafioso, der auf diese Weise sein Vermögen in einem Jahr verdoppeln kann.«

Mutolo erwies sich als gehorsamer Handlanger für seinen Boss, Saro Riccobono aus der Partanna-Mondello-Familie. Alles lief wie geschmiert in dieser guten, wenn auch nicht außergewöhnlichen Mafiakarriere.

1975 tat sich plötzlich ein neues Geschäftsfeld auf, eines, das der Mafia mehr Vermögen einbringen würde als der Tabakschmuggel, die Entführungen und das Bauwesen zusammen. Mutolo erinnert sich an ein Treffen, bei dem er sich mit anderen Ehrenmännern über die üblichen Schutzgelderpressungen unterhielt, als Tano Badalamenti hereingeplatzt kam. »Meine Herren, mit Drogen haben wir die Chance, zehnmal mehr Geld zu machen.« Badalamenti, Oberhaupt der Palermer Kommission, mit guten Kontakten in den USA, hatte die Marktlücke entdeckt, die Präsident Nixon mit seiner Anti-Drogen-Kampagne geschaffen hatte, und war der geeignete Mann, sie zu nutzen.

Zu Beginn wickelte die Cosa Nostra ihr Heroingeschäft über dieselben Kanäle ab, die sie für den Zigarettenschmuggel nutzte. Der Stoff reiste in denselben Behältern wie die »Blondinen«. Palermer Familien investierten gemeinsam, wie sie es bereits für größere Zigarettenlieferungen getan hatten. Die Zahlungen wurden über dieselben Schweizer Konten getätigt, über die das Geld an die Tabakmultis floss. Wie Mutolo spöttisch bemerkte: »Wenn es bei dieser Geschichte Schurken gibt, dann sind es die Schweizer.« Tano Badalamenti reiste persönlich ein erstes Mal in die Türkei, um sich dort mit Lieferanten zu treffen. Der Plan ging auf. Innerhalb von 40 Tagen hatten sämtliche Investoren ihren Einsatz verdreifacht. Der Heroinrausch der Cosa Nostra hatte begonnen.

Mafiosi stürzten sich Hals über Kopf in die Fluten des weißen Pulvers, wobei sie ihre alten Vernetzungs- und Bestechungstechniken zur Anwendung brachten und sich rasch lukrative neue Fertigkeiten aneigneten. Nunzio La Mattina, ein Ehrenmann aus der Porta-Nuova-Familie, unterzog sich einer Umschulung, die Erinnerungen wachrief. Während er seine Chemiekenntnisse einst genutzt hatte, um die exakte Zusammensetzung von Siziliens Zitronensaft zu prüfen, wurde er jetzt ein Heroinkoch im großen Stil. Andere Mafiosi nahmen bei Korsen Unterricht, die aus Marseille geholt wurden. Einer davon war Francesco Marino Mannoia aus der Familie Santa Maria di Gesù. Sobald eine größere Menge Morphium eintraf, verbrachte Marino Mannoia eine Woche am Stück in den ätzenden Dämpfen eines der vielen Labors, die überall auf der Insel entstanden waren. Wenn er wieder auftauchte, war seine Haut schuppig und seine Lunge entschlackt. Sein Spitzname war »Mozzarella«, weil er so schlicht und unauffällig war und im Restaurant immer Mozzarellakäse und Tomatensalat bestellte, das einfachste und unverfänglichste Gericht auf der Karte. Seine persönlichen Gewohnheiten änderten sich auch dann nicht, als er zum bedeutendsten Chemiker der Cosa Nostra aufgestiegen und als solcher märchenhaft reich geworden war.

Gaspare Mutolo spezialisierte sich anderweitig: Er betätigte sich als Zwischenhändler, kontaktierte die Großhändler im Nahen und Fernen Osten, brachte die Ware nach Sizilien und verkaufte sie weiter an Händler innerhalb der Cosa Nostra, die Verbindungen nach Amerika hatten. Als führender Heroinzwischenhändler hatte Mutolo einen verlässlichen Einblick in die organisatorische und wirtschaftliche Struktur des Drogenhandels der Mafia. Aus dieser Karte wird ersichtlich, dass die Cosa Nostra nicht *en bloc* in das Heroingeschäft einstieg. Ebenso wenig machte sie der Heroinboom der späten siebziger Jahre zu einem hierarchischen Rauschgiftkonzern. Sie blieb, was sie immer gewesen war: ein krimineller Geheimbund. Jedes einzelne Mitglied, jeder kleinere Freundesklüngel, jede Familie und jedes Koordinationsgremium, wie die Palermer Kommission, fand seinen Platz. Wie Mutolo später erklären würde:

> »Was den Drogenhandel betrifft, so können kleinere Deals von einer Familie bewerkstelligt werden. Jeder ist selbständig und tut, was er will. Doch manchmal zieht einer einen riesigen Auftrag an Land, der sich womöglich mit der Arbeit anderer Mafiosi oder mit dem, was eine gesamte Organisation tut, überschneidet. Einige große Deals können den ganzen Markt vereinnahmen. In solchen Fällen mischt sich vermutlich die Kommission ein. Deren Mitglieder übernehmen dann die Organisation. Die Kommission schreitet also in allen wichtigen Bereichen ein.«

Eine Art Binnenmarkt entwickelte sich unter den Ehrenmännern. Einige Großhändler verkauften Morphinsendungen an Heroinköche, die sie aus der Bruderschaft kannten. Sobald das Morphin zu Heroin veredelt war, kauften sie es zurück. Oft handelten die Bosse nicht direkt mit dem Heroin, sondern machten es sich bequem und »besteuerten« die Dealer, die sie kannten: ein weitaus ungefährlicherer Weg, um Geld zu verdienen.

1976, als sein Heroingeschäft gerade im Aufschwung begriffen war, wurde Mutolo verhaftet; der Gefängnisaufenthalt war seiner kriminellen Karriere jedoch äußerst zuträglich. »Gott segne diese Gefängnisse!«, rief er später aus. Mutolos Zellengenosse im mittelitalienischen Sulmona war nämlich ein langhaariger chinesischer Heroinhändler namens Ko Bah Kin aus Singapur. Obwohl keiner der Sprache des anderen mächtig war, fasste Mutolo eine Zuneigung zu Kin. Bei gemeinsamen Mahlzeiten und durch kleine Gesten der Großzügigkeit entwickelten sie allmählich das Wertvollste in der trügerischen Welt des internationalen Rauschgifthandels: Vertrauen. Als Kin genügend Italienisch gelernt hatte, um über Geschäfte zu reden, sagte er zu Mutolo: »Gaspare, versprich mir eins: Ruf mich an, sobald du draußen bist. Ich verschaff dir alle Drogen, die du brauchst.« 1979, kurz vor Kins Freilassung, schenkte Mutolo ihm seine goldene Uhr und seinen Schmuck, damit er sich in Rom ein Zimmer nehmen und den Flug nach Thailand bezahlen konnte, um seine Lieferanten zu kontaktieren. Kin revanchierte sich, indem er Mutolo eine Postfachadresse in Bangkok nannte.

Bald darauf, 1981, erhielt Mutolo Freigang. Er sollte wieder in die legale Arbeitswelt integriert werden und erhielt deshalb einen Posten in einer Möbelfabrik im mittelitalienischen Teramo. Doch die Position eines Buchhaltungsgehilfen passte nicht recht zu Mutolos Fähigkeiten, also überredete er den Besitzer, ihn zum Handelsvertreter für Palermo zu machen. Er erhielt außerdem Heimurlaub in Sizilien, aus »familiären« Gründen. Mutolo ließ seinen Ferrari Dino und seinen Alfa Romeo GTV 2000 nach Teramo überführen, um zu Geschäftsterminen nach Sizilien düsen zu können. Er mietete sich zudem eine riesige Villa am Meer nicht weit von Teramo und nutzte eine Suite im Fünf-Sterne-Hotel Michelangelo als Büro. Von dort aus führte er Telefongespräche nach Australien, Brasilien, Venezuela und Kanada.

Mutolos Drogengeschäft nahm einen kometenhaften Aufstieg. Er gründete rasch eine Organisation aus gewöhnlichen Kriminellen, Freunden und Verwandten, um die vielen hundert Kilo Heroin zu veredeln, die Ko Bah Kin aus Thailand schickte. Als die Behörden einige der sizilianischen Drogenküchen entdeckten, griffen Mutolo und Kin eine Idee auf, die das Veredeln ungleich sicherer machte, und brachten damit weitere Glieder in der Versorgungskette an sich. Kin spürte die Morphinbasis in Thailand auf. Ein Mafiapartner Mutolos sorgte dafür, dass der Stoff per Schiff nach Europa transportiert wurde. An Bord wäre ein Ehrenmann aus Mutolos Cosa-Nostra-Familie, der als Wachposten fungierte, außerdem, was ebenso wichtig war, ein Chemiker, so dass das Heroin – 400 Kilo auf einen Schlag – bereits verkaufsfertig ankäme.

»1981: mein magischer Moment, das beste Jahr meines Lebens«, erinnerte sich Mutolo. Armanianzüge, Seidenkrawatten, Maßschuhe, Uhren von Cartier für seine Freunde … Die Anwälte, Ärzte und Professoren aus Teramo, mit denen er verkehrte, gaben Mutolo den Spitznamen »Mister Champagne«. Heute, als Kronzeuge, führt er ein bescheidenes Leben. Er hat eine neue Identität angenommen und fährt statt des Ferraris einen Motorroller. So ist es vielleicht verständlich, dass er sich mit Wehmut an sein einstiges Luxusdasein erinnert. Doch im Grunde seines Herzens weiß er, dass dies alles nur Flitterkram war. Die angezapften Telefongespräche und andere Beweismittel, die ihn schließlich als Drogenhändler überführten, zeigen, wie er seinen Reichtum sorgfältig nutzte, um Gefälligkeiten zu verteilen und Freunde zu gewinnen. Um politische Spannungen innerhalb der Cosa Nostra zu vermeiden, war Mutolo stets darauf bedacht, dass die Palermer Familien grundsätzlich die Chance erhielten, in neue Warensendungen zu investieren, und dass das Heroin, das Sizilien erreichte, auch gerecht verteilt wurde. Mutolo sorgte dafür, dass sein Boss ihm gewogen blieb. Er stieg in Saro Riccobonos Wertschätzung und wurde zu einem der führenden Mitglieder der Partanna-Mondello-Familie. Im Grunde war Geld in der Cosa Nostra nur von Bedeutung, wenn es in Macht umgewandelt werden konnte.

Die gewaltigen Mengen preisgünstigen Heroins, die in den siebziger Jahren durch Italien geschleust wurden, verursachten eine explosionsartige Zunahme des Drogenkonsums auf der Halbinsel. 1970 hatte man das Heroinproblem noch kaum registriert. Doch schon 1980 gab es in der italienischen Bevölkerung pro Kopf mehr Heroinsüchtige als in den Vereinigten Staaten. Wer in den achtziger Jahren eine größere italienische Stadt besuchte, erinnert sich gewiss noch an den Anblick der Plastikspritzen, die in entlegeneren Straßen in den Rinnsteinen lagen.

Trotz des wachsenden Drogenkonsums in Italien (der sich auch in einem Anstieg der Todesfälle infolge einer Überdosis bemerkbar machte) blieb Amerika, absolut gesehen, der größte Absatzmarkt. Gaspare Mutolo war ein dicker Fisch in dem komplexen Im- und Exportspiel, dem der Heroinhandel zwischen Fernost, Sizilien und den Vereinigten Staaten glich. Doch er war bei weitem nicht der dickste im Teich. Mutolo lernte sehr schnell, dass den strategisch günstigsten Platz in der Versorgungskette nach Amerika jene Mafiosi innehatten, denen der Spagat über den Atlantik gelang.

Das Transatlantische Syndikat

Am 22. April 1974 ließ sich in Saint-Léonard, Montreals Little Italy, eine kleine Gruppe Mafiosi in einer Eisbar nieder, um zu plaudern. Zwei von ihnen waren die Wortführer. Der eine war der Besitzer der Bar, Paolo Violi, Unterboss der Cosa Nostra in Quebec. Violis Gast kam direkt aus Sizilien: Es war Giuseppe »Pino« Cuffaro, ein Ehrenmann, der wie Violi aus der Provinz Agrigent stammte. Die beiden sprachen eine gemeinsame Sprache. Einen Jargon, den die kanadische Polizei – trotz des Lärms aus Gesprächen im Hintergrund, Geschirrklappern und dem Rauschen und Knistern eines Abhörmikrophons – aufzeichnen konnte.

Violi begann mit Freundlichkeiten: »Hattest du eine schöne Reise? Lass mich dich küssen.«

Pino Cuffaro konnte es kaum erwarten, seine Neuigkeiten aus Sizilien an den Mann zu bringen: »Also Paolo, bevor du den Cappuccino trinkst, habe ich eine Überraschung für dich, eine feine Überraschung, die uns allen am Herzen liegt … Carmelo ist zum Repräsentanten in unserem Dorf ernannt worden.«

Dann erfolgte, unterbrochen von schlückchenweisem Kaffeegenuss, ein langer Bericht über die jüngsten Beförderungen innerhalb der Cosa Nostra im fernen Agrigent. Man erfuhr, wer Provinzboss war, wer die *capimandamenti* (Bezirksbosse), wer die *consiglieri* und welche Personen neu eingeweiht worden waren. Man diskutierte über den Zustand der Cosa Nostra auf Sizilien und stellte fest, dass die Palermer Kommission noch immer außer Kraft gesetzt war. Und es fielen die Namen gemeinsamer Freunde: unter anderem Don 'Ntoni Macrì – der 'Ndrangheta-Boss aus Siderno, der auch Mitglied der Cosa Nostra war (und, was keiner ahnte, wenige Monate später sein letztes Boccia-Spiel genießen würde).

Doch Pino Cuffaro war nicht den ganzen Weg nach Quebec gekommen, nur um seine kanadischen Freunde über die Ereignisse in der alten Heimat auf dem Laufenden zu halten. Er war gekommen, um ein heikles Problem diplomatischer Etikette zu lösen. Galt ein Ehrenmann aus Sizilien, der den Atlantik überquerte, auch als vollwertiges Mitglied der Cosa Nostra in der Neuen Welt? Dahinter verbarg sich die strittige Frage, ob die Cosa Nostra diesseits und jenseits des Atlantiks eine einzige Bruderschaft war oder ob die amerikanische und die sizilianische Organisation zwei getrennte Einheiten waren. Die Positionen waren so verhärtet, und die Diskussion darüber so angespannt, dass die Männer sich ein zweites Mal treffen mussten.

Paolo Violi, der kanadische Gangster, stimmte für eine Fünf-Jahres-Regel: Jeder Sizilianer, der in Kanada ankam, sollte fünf Jahre geprüft werden, ehe man ihn als vollwertiges Mitglied akzeptierte. Der sizilianische Gast sah keine Grenzen zwischen Sizilien und der Neuen Welt.

Wer hatte recht? Im Grunde ohne Belang. In der Welt der Mafia sind Regeln zwar wichtig, aber auch biegsam: Mafiosi neigen wie wir alle dazu, die Regeln zu ihren Gunsten auszulegen. Sogar eine Vorschrift, die so essentiell war wie das Verhältnis zwischen dem amerikanischen und dem sizilianischen Zweig der Cosa Nostra, war nicht für alle Zeit zementiert.

Es ist bezeichnend, dass Paolo Violi, der Barbetreiber, der so eisern auf der Fünf-Jahres-Regel beharrte, tatsächlich ein lebendes Beispiel für die Biegsamkeit der Regel war. Er war nämlich Kalabrese. Seine Bar hieß *Reggio* – nach der Geburtsstadt der 'Ndrangheta in Südkalabrien. Wie viele junge Ganoven aus Kalabrien, die in größere Zentren des organisierten Verbrechens in Amerika ausgewandert waren, machte Violi nicht etwa in der 'Ndrangheta Karriere, sondern in der amerikanischen Cosa Nostra. Es war Amerika, das den Weg bereitete für eine engere Verbindung zwischen der kalabrischen und der sizilianischen Mafia. Und dort überdauerte diese Verbindung. Doch obwohl die amerikanische Mafia Neuankömmlinge, auch solche aus Kalabrien, lange Zeit mit offenen Armen empfangen hatte, beharrte der kalabrische Einwanderer Paolo im Frühjahr 1974 eisern auf der Regel, die besagte, dass sizilianische Mafiosi fünf Jahre unter Beobachtung bleiben mussten, ehe sie als vollberechtigte Mitglieder der amerikanischen Cosa Nostra gelten konnten.

Ob Violis Position verfassungsgemäß richtig oder falsch war, sei dahingestellt, weit wichtiger ist die Frage, *warum* er so argumentierte – welchen nackten Eigennutz er mit seiner Regel zu kaschieren suchte.

Als das Treffen in der Eisbar stattfand, war die Mafia bereits damit beschäftigt, sich infolge des Zusammenbruchs der *French Connection* intensiver im Heroingeschäft mit Amerika zu engagieren. Violi war ein bodenständiger Boss, kein Drogendealer. Und so fühlte er sich von diesem äußerst lukrativen, gebietsübergreifenden Geschäft bedroht, das er nicht gänzlich unter Kontrolle hatte. In Quebec waren es vor allem die Cuntreras und Caruanas, die Violi Kummer bereiteten: zwei sizilianische Mafia-Blutlinien, die über mehrere Generationen zu einem mächtigen unternehmerischen Netzwerk zusammengewachsen waren. Zwei Mitglieder dieses Clans, Pasquale und Liborio Cuntrera, waren 1951 nach Kanada ausgewandert – ungefähr zur selben Zeit, als Paolo Violi dort angekommen war. Nach der Ciaculli-Bombe von 1963 zogen weitere Mitglieder des Cuntrera-Caruana-Clans in die sizilianische Mafiadiaspora. Doch anstatt sich dauerhaft an einem Ort niederzulassen, betätigten sich die Neuankömmlinge als umherziehende Heroinschmuggler, bildeten ein flexibles internationales Netzwerk, das in rauen Mengen Heroin finanzierte, beschaffte und verschiffte und das eingenommene Geld dann legal investierte. In den nachfolgenden Jahren fand man ihre Spuren in Kanada, den USA, in Mexiko, Brasilien, Honduras, auf den Bahamas, in Antigua, dem karibischen Steuerparadies Aruba, in Indien, Deutschland, der Schweiz – und in Woking, Surrey. Venezuela war die Heimat des Clans, ein ausländischer Heroinumschlagplatz für den US-amerikanischen Markt. Hier besaßen die Cuntrera-Caruanas eine weitläufige Ranch für Rinderzucht unweit der kolumbianischen Grenze, mit privatem Flugplatz. Als der Sohn Pasquale Cuntreras heiratete, wurde das Ereignis im Fernsehen übertragen, und der Präsident Venezuelas war einer der Trauzeugen.

Der Mafioso Giuseppe Cuffaro, der mit Paolo Violi in der Eisbar diskutiert hatte, war ein Handelsvertreter der Cuntrera-Caruana-Gruppe. Aus diesem Grund forderte er für Abgesandte der Mafia freien Zugang zum kanadischen Markt.

Das Netzwerk der Cuntrera-Caruanas bestand hauptsächlich aus einigen schlauen, mobilen Mafiosi mit guten Verbindungen, deren spektakulärer Reichtum es ihnen erlaubte, überall auf der Welt Freunde zu gewinnen. Die Cuntrera-Caruanas und die übrigen umherziehenden Heroinhändler wurden als autonome Mafia bezeichnet. Sie bildeten, was wir ein Transatlantisches Syndikat nennen würden, dessen Macht sich den Hoheitsgebieten der sizilianischen und amerikanischen Cosa Nostra gefährlich entzog. Solche Männer konnten lokalen Bossen wie Violi überall, wo sie Handels- oder Investitionsmöglichkeiten entdeckten, ihre Bedingungen aufzwingen. Die Loyalität der Soldaten gegenüber ihrem Hauptmann oder Boss ließ sich ohne weiteres erkaufen. So kam es, dass Paolo Violi am 22. Januar 1978 den Preis zahlte für seine pedantische, protektionistische Auslegung der Mafiaregeln: Er wurde erschossen, während er in seiner Bar Karten spielte.

Nicht nur in Kanada registrierten Abhörwanzen, wie das Transatlantische Syndikat Ende der siebziger Jahre das Kräftegleichgewicht innerhalb der Mafia empfindlich störte. In einer zu Recht berühmten verdeckten Operation unterwanderte FBI Special Agent Joseph D. Pistone die New Yorker Bonanno-Familie, indem er sich als »Donnie Brasco« ausgab. Der denkwürdige Kinofilm von 1997 über Pistones Geschichte, mit Johnny Depp und Al Pacino, vermochte nicht den entscheidenden geschichtlichen Zusammenhang der Operation zu erfassen. Pistone / Brasco erlebte als Augenzeuge den Aufstieg der sogenannten *zips* (Reißverschlüsse) oder *greasers* (Männer, die sich Pomade ins Haar schmieren). So bezeichneten einheimische Mafiosi abfällig die sizilianischen Ehrenmänner, die vor kurzem in Amerika Fuß gefasst hatten. Es gab zwei Gründe, warum New Yorker Mafiosi die Neuankömmlinge mit Argusaugen betrachteten. Erstens hatte man den *zips* das Exklusivrecht garantiert, für die New Yorker Familien Bonanno und Gambino die Heroingeschäfte zu tätigen. Zweitens bildeten sie eine autonome Gruppe, deren Macht innerhalb der amerikanischen Cosa Nostra immer größer wurde. Diese *zips* waren tatsächlich Mitglieder des Transatlantischen Syndikats. Pistones Abhörgerät am Körper registrierte die Reaktion zweier New Yorker Bosse auf die Nachricht, dass die Sizilianer innerhalb der amerikanischen Organisation Ränge innehaben sollten:

> »Diese Typen [die *zips*] raffen alles an sich. Wir dürfen sie auf keinen Fall befördern. Wir würden unsere gesamte Stärke verlieren.«
> »Diese verfluchten *zips* decken keinen. Du gibst ihnen die verfluchte Macht, und hast das Nachsehen, wenn nicht gleich, dann in drei Jahren. Die bringen dich ins Grab. Du kannst ihnen nicht die Macht geben. Die scheißen doch drauf. Denen ist egal, wer hier der Boss ist. Die kennen keinen Respekt.«

Diese *zips* hatten Namen und Gesichter. Einer hieß John Gambino: Er war 1964 aus Palermo nach Cherry Hills, New Jersey, ausgewandert. Ein zweiter war Salvatore Inzerillo: Er war der Neffe eines Palermer Bosses. Wie die Mitglieder des Cuntrera-Caruana-Clans hatten diese Gangster viele exotische Stempelabdrücke in ihren Pässen und einen internationalen Schwarm Familienangehöriger, die einen blutsverwandt, die anderen angeheiratet, der sie unterstützte. Solche Mitglieder des Transatlantischen Syndikats trugen die Verantwortung für die sogenannte *Pizza Connection*. Der Begriff wurde von der Polizei geprägt, die Mitte der achtziger Jahre im Zuge ihrer Ermittlungen in den USA schließlich einen kleinen Teil des Transatlantischen Syndikats aus dem Verkehr ziehen konnte.

Die Mitglieder des Transatlantischen Syndikats waren beängstigend mächtig, und sie arbeiteten auch zusammen. Bereits 1971 nahm der venezolanische Geheimdienst die Ranch des Cuntrera-Caruana-Clans unter die Lupe und fand heraus, dass folgende Personen zu ihren Teilhabern gehörten: Nick Rizzuto, der Mann in Montreal für die Cuntrera-Caruanas (nach dem Mord an Paolo Violi würde er in Quebec die Zügel übernehmen); John Gambino aus Cherry Hills; und Salvatore »Kleiner Vogel« Greco, der zum Zeitpunkt des Bombenanschlags in Ciaculli Oberhaupt der Palermer Kommission gewesen war und Sizilien verlassen hatte, um von Südamerika aus mit Drogen zu handeln.

Das Transatlantische Syndikat hatte die Schlüssel zum Heroinmarkt der USA: Jeder, der en gros Drogen an die Ostküste liefern wollte, kam schwer an ihnen vorbei. Unser sizilianischer Zwischenhändler, Gaspare »Mister Champagne« Mutolo, wusste dies aus Erfahrung. 1981 lieferte das erste seiner Schiffe 400 Kilo raffiniertes Heroin aus Thailand: Die Hälfte davon ging an die Cuntrera-Caruanas, die andere Hälfte an John Gambino in Cherry Hills.

In Sizilien hatte das Transatlantische Syndikat noch mehr Einfluss als in Kanada oder den Vereinigten Staaten. Eines seiner Mitglieder, Salvatore Inzerillo, kehrte 1973 nach Palermo zurück, und sein Onkel übertrug ihm sofort sein Amt als Repräsentant der Passo di Rigano-Familie und überließ ihm seinen Sitz in der Kommission. Weitere Bosse, die dem Transatlantischen Syndikat angehörten, waren die Triumviratsmitglieder Tano Badalamenti und Stefano Bontate.

Das Transatlantische Syndikat erfreute sich bester Kontakte zur Welt der Cosa Nostra in den Banken. Einige Einkünfte aus dem Drogenhandel wurden von den anrüchigen Bankiers Michele Sindona und Roberto Calvi gewaschen und investiert. Sowohl Sindona als auch Calvi kamen unter bis heute ungeklärten Umständen ums Leben: Calvi wurde 1982 erhängt unter der Blackfriars Bridge in London aufgefunden, und Sindona trank 1986 im Gefängnis einen mit Zyanid vergifteten Kaffee.

Das Transatlantische Syndikat hatte auch in der Geschäftswelt und der Politik enorme Zugkraft. Seine Mitglieder standen den Salvo-Vettern nahe, sagenhaft reichen Baronen in Siziliens privatisiertem Steuereintreibungssystem. Auch mit Salvo Lima waren sie befreundet, dem »jungen Türken«. Über Lima und die Salvo-Vettern war ihnen die Aufmerksamkeit des mächtigsten Politikers in Italien gewiss: Giulio Andreotti, der insgesamt siebenmal Premierminister geworden war in seiner parlamentarischen Laufbahn. Zu seinem Lager innerhalb der *Democrazia Cristiana* zählten Lima und auch dessen sizilianische Gefolgsleute. Laut Aussage des Obersten Gerichtshofs in einem Urteil aus dem Jahr 2004 bezeigte Andreotti dem Mafioso Stefano Bontate und seinen Leuten bis 1980, als die wachsende Gewalttätigkeit der Cosa Nostra ihn allmählich befremdete, »eine zuverlässige, stabile und freundliche Verfügbarkeit«.

Was Macht und Reichtum anbelangte, konnte sich die sizilianische Mafia niemals in ihrer langen Geschichte mit dem Transatlantischen Syndikat messen. Deshalb wurde das Transatlantische Syndikat 1981 zum Ziel eines Vernichtungskrieges.

Doch bevor es auf Sizilien erneut zu einem Krieg kam, wurde die Camorra in Kampanien durch den einflussreichsten Boss des 20. Jahrhunderts revolutioniert.

Der »Professor«

Raffaele Cutolo schuf die wohl größte kriminelle Organisation in der italienischen Geschichte, die *Nuova Camorra Organizzata.* Zu ihrer Glanzzeit 1980 zählte die *Nuova Camorra Organizzata* (oder NCO) nach Schätzung der Polizei 7000 Mitglieder. Ihr Anführer entging der gerechten Strafe mit einer Regelmäßigkeit, die sogar für italienische Verhältnisse schockierend war. Seine Spezialität bestand darin, sich psychiatrische Gutachten zu besorgen, die ihm jegliche Verantwortung für sein Tun absprachen. »Wenn er kriminelle Handlungen begeht«, lautete eine Diagnose, »steht Cutolo unter dem Einfluss einer typischen, impulsiv-aggressiven Krise, die vollständig von ihm Besitz ergreift und seinen Willen lähmt.« In anderen Worten: Er gerät häufig in Zorn und lässt Leute umbringen – aber es ist nicht seine Schuld. Der NCO-Boss verglich sich mit Christus und behauptete, er könne Gedanken lesen. Unklar ist, ob er dergleichen tatsächlich glaubte oder einfach nur die Diagnose der Psychiater auslebte.

Wie auch immer es um Cutolos geistiges Gleichgewicht bestellt war, 1980 beschloss er jedenfalls, seine Macht mit einem Bauwerk zur Schau zu stellen. Über der Stadt Ottaviano, an den nordöstlichen Hängen des Vesuvs, wo der NCO-Boss aufgewachsen war, stand der baufällige Palazzo der Medici; er hatte Räume für jeden Tag des Jahres. Cutolo kaufte ihn über eine Tarnfirma und machte ihn zur Hochburg seiner Organisation und zum grandiosen Symbol einer schnellen, brutalen und erfolgreichen kriminellen Karriere, die beispiellos war in den Annalen des organisierten Verbrechens in Italien. Und das Erstaunlichste daran ist, dass Raffaele Cutolo fast alles vom Gefängnis aus bewerkstelligte.

1963, im Alter von 21 Jahren, war Cutolo zu 24 Jahren Haft verurteilt worden, weil er aus purer Bösartigkeit einen Mann erschossen hatte. Zeitungsberichten zufolge war Cutolo auf der Hauptverkehrsstraße in Ottaviano zunächst absichtlich auf vier junge Frauen zugerast und hatte den Wagen erst in letzter Minute abgebremst. Als eine der Frauen Cutolo zur Rede stellte wegen des dummen Kraftakts, prügelte er auf sie ein. Ein vorüberfahrender Feuerwehrmann kam der Frau zu Hilfe. Da zog Cutolo eine Beretta 7.65 aus der Tasche und gab zwei Schüsse auf ihn ab. Doch was den Richter am meisten entrüstete, war die Art und Weise, wie Cutolo den Verletzten verfolgte, der sich taumelnd in einen Torweg geflüchtet hatte. Der Ganove leerte das gesamte Magazin in den Unglücklichen, der im Krankenhaus starb. Der Mann hinterließ eine Frau und drei Kinder.

1970, während das Urteil des Obersten Gerichtshofs ausstand, kam Cutolo frei und konnte flüchten. Er wurde zu einem Unterboss der Camorra, erpresste Schutzgeld und handelte mit Kokain. Nach einer Schießerei mit den Carabinieri im März des darauffolgenden Jahres wurde er erneut festgenommen und in die verrufene Strafvollzugsanstalt Poggioreale gesteckt. Dort ging er an die Planung der Organisation, die als NCO von sich reden machte. 1974 trug er bereits den Beinamen »König von Poggioreale« und war Mitglied eines größeren Drogenrings mit ranghohen Mafiosi aus Sizilien und Kalabrien. 1977 besaß er ausreichend Macht, um sich in die gemütlichere Umgebung der staatlichen Nervenheilanstalt in Aversa verlegen zu lassen, nicht weit von Neapel. Im Februar 1978 sprengten seine Männer mit TNT ein Loch in die Mauer, und er kletterte über den Schutt in die Freiheit. Einer glaubhaften Theorie zufolge war der Ausbruch nur inszeniert worden, um dem Personal die Peinlichkeit zu ersparen, dass Cutolo das Gebäude kurzerhand durch den Haupteingang verließ – was er vermutlich hätte tun können. Wie dem auch sei, der Flüchtige blieb 15 Monate von der Bildfläche verschwunden. 1981 besagte ein Urteil des Berufungsgerichts, dass ihm aufgrund seiner psychischen Störung die Flucht nicht zur Last gelegt werden konnte. Cutolo selbst sagte: »Ich bin nicht ›geflüchtet‹. Ich bin gegangen. Wenn auch ein wenig geräuschvoll.«

Nach seiner erneuten Festnahme kam Cutolo nicht mehr frei. So hatte er, abgesehen von zwei kürzeren Zeitspannen auf der Flucht, sein gesamtes Erwachsenenleben hinter Gittern zugebracht. Allerdings begriff er schnell, dass das Gefängnis die perfekte Basis für ein kriminelles Imperium war. Wer das Gefängnissystem beherrschte, der beherrschte die Unterwelt. Die Haft ist ein Berufsrisiko für Kriminelle. Und wenn sie mit der Angst ins Gefängnis gehen müssen, unter der Dusche vergewaltigt oder im Innenhof erstochen zu werden, sind sie äußerst angreifbar.

Cutolo perfektionierte gewissermaßen die Methoden, die schon im frühen 19. Jahrhundert von der Gefängnis-Camorra angewandt worden waren. Zunächst bot die NCO verängstigten Jugendlichen, die zum ersten Mal eine Strafe im Erwachsenenknast absitzen mussten, die Sicherheit der Gruppe. Cutolo spezialisierte sich darin, einzelne Jugendliche unter seine Fittiche zu nehmen, die keiner Gang angehörten. Einer seiner Mithäftlinge im Poggioreale beschrieb ihn als eine Art »Talentscout«. Sobald die jungen Männer wieder frei waren, gaben sie einen Teil ihrer Einnahmen an Cutolo ab, damit er andere Gefangene unterstützen konnte, indem er Bargeld und Lebensmittel an deren Angehörige schickte, Wachleute und Verwaltungsbeamte bestach und sich um Verlegungen, Anwälte oder Arztbesuche kümmerte. So begann der Kreislauf von Abgaben und Gefälligkeiten, der die NCO zusammenschweißte. Cutolos Organisation dehnte ihren Einfluss im Poggioreale auf viele andere Gefängnisse in Italien aus und hatte genügend treue Unterstützer außerhalb der Gefängnisse, um Verbrechen im großen Stil zu planen.

Die NCO interessierte sich für alle möglichen Geschäfte: Sie handelte mit Drogen, klaute Lastwagen, betrog die Europäische Wirtschaftsgemeinschaft um landwirtschaftliche Subventionen und ergatterte staatliche Bauprojekte. Doch auch für die NCO – wie für die sizilianische Mafia und die alte Camorra – war die Erpressung die größte Quelle ihrer Macht. Cutolos Schutzgelder wurden von zuverlässigen Leutnants eingetrieben, einschließlich seiner großen Schwester Rosetta. Sie wirkte auf jedermann wie die ältliche Stickmamsell, als die sie ihr Bruder beschrieb. Doch dies war nur Tarnung, weil es innerhalb der NCO Männer gab, die ungern die Befehle einer Frau ausführten. Viele Beobachter halten Rosetta für einen der mächtigsten weiblichen Bosse der Camorra. Mit Hilfe des Geldes, das sie ihrem Bruder schickte, konnte dieser seine Haftstrafe in märchenhaftem Luxus genießen: Innerhalb eines guten Jahres, 1981/82, erhielt er fast 56 Millionen Lire (2011 entspräche diese Summe etwa 100 000 Euro), um seine täglichen Ausgaben zu decken; angeblich verbrauchte er über die Hälfte des Geldes für Nahrung und Kleidung.

Cutolos aufwendiger Lebensstil sollte seine Macht demonstrieren. Das galt auch für die durchsichtige Ironie, die er bei Interviews an den Tag legte. Während des Gerichtsverfahrens nach seiner Flucht aus der Nervenklinik in Aversa gab Cutolo aus dem Stegreif eine Pressekonferenz. Filmrollen, die von damals überlebt haben, zeigen ihn gepflegt, mit einem Gesicht, das sowohl verschlagen als auch selbstzufrieden aussieht. Hinter den Gitterstäben seines Käfigs sieht man ihn wiederholt von einem Fuß auf den anderen treten und schnelle, schmunzelnde Blicke nach allen Seiten werfen – wie ein Schuljunge, der Schelte einsteckt und sich des Beifalls seiner Klassenkameraden versichert.

»Ich bin jemand, der gegen die Ungerechtigkeit kämpft. Genau wie meine Freunde.«

»Ein Robin Hood sozusagen?«

»Sozusagen.«

»Und was ist mit der Nuova Camorra Organizzata, der NCO?«

»Keine Ahnung. Vielleicht steht NCO für *Non Conosco Nessuno.*« (Ich kenne niemanden.)

»Haben Sie im Gefängnis das Sagen?«

Cutolo spielt den Verwunderten, mit einem nicht sehr überzeugenden Keckern. »Nicht doch, hier hat der Gefängnisdirektor das Sagen.« (…)

»Und wie steht es um den Mord an seinem Stellvertreter? Sie hatten ihn verprügelt und gedroht, ihn umzubringen.«

»Das ist wahr. Weil er sich ein paar wirklich …« Cutolos Stimme wird ölig weich. »Aber jetzt ist er tot. Man soll nichts Schlechtes sagen über die Toten … Wie dem auch sei, ich bin vielleicht wahnsinnig, aber nicht von der blöden Sorte, sondern von der schlauen. Also werde ich wohl kaum jemanden verprügeln, ihm drohen und ihn dann umbringen. Ich sammle doch keine lebenslänglichen Haftstrafen.«

Sogar unter Gewohnheitsverbrechern haben wenige einen so widerwärtigen Charakter wie Raffaele Cutolo. Sein wohl auffälligster Zug als Boss war die Bewunderung, die man ihm zollte. Die *Nuova Camorra Organizzata* basierte auf einem Persönlichkeitskult und einer ideologischen Leidenschaft, die keine andere Mafia in Italien jemals erreicht hat. Auf dem Höhepunkt seiner Macht hatte Cutolo zahllose Anhänger, die mit Freuden für ihn gestorben wären. Worin bestand das Geheimnis seines Charismas? Zum einen besaß er ein ausgezeichnetes Organisationstalent und nutzte es, um die NCO mit einer wohldurchdachten inneren Struktur auszustatten. Ihre Rekruten hatten ein starkes Zugehörigkeitsgefühl und die Gewissheit, für eine gemeinsame Sache zu kämpfen. Und um diesen Korpsgeist aufzubauen, übernahm Cutolo Rituale und Begriffe von der kalabrischen Mafia. Es ist so gut wie sicher, dass er während seines Gefängnisaufenthalts ein Mitglied der 'Ndrangheta geworden war: Zwei 'Ndranghetisti schilderten den Behörden, wie Cutolo 1974 seine »zweite Taufe« empfangen hatte. Später würde Cutolo die neuen Rekruten der NCO einer ähnlichen Zeremonie unterziehen. Von der 'Ndrangheta borgte sich Cutolo auch die Begriffe, um die Ränge innerhalb der Organisation zu benennen: *giovane d'onore*, *picciotto*, *cuntajuolo*, *contabile*, *santista* und so weiter. Es war Cutolo, der 1976 im Gefängnis von Neapel, während des ersten 'Ndrangheta-Kriegs, im Auftrag seiner kalabrischen Freunde den Triumvir Mico Tripodo erstechen ließ.

Mit Raffaele Cutolo schloss sich der Kreis der Camorra. Von kalabrischen Gangstern lernte er Rituale und Begriffe, die die 'Ndrangheta selbst von der Gefängnis-Camorra des frühen 19. Jahrhunderts geerbt hatte, und brachte sie in das neapolitanische Gefängnissystem zurück, aus dem sie ursprünglich stammten und wo sie vor dem Ersten Weltkrieg ausgestorben waren.

Für einen Gangsterboss verfügte Cutolo in der Tat über außergewöhnliche Geschichtskenntnisse. Für seine Männer war er »der Professor«, zum einen, weil er sich in der Gefängnisbibliothek Bücher über die Geschichte der Camorra auslieh, zum anderen, weil er für seine Bewunderer Gedichte und kurze Gedanken über das Leben, die Liebe und die Omertà verfasste. 1980 veröffentlichte er seine Notizen unter dem Titel *Gedichte und Gedanken*. Das Buch wurde von der Polizei beschlagnahmt und sein Besitz unter Strafe gestellt. Es ist nicht schwierig, sich den Grund dafür zu denken: Cutolo macht wenig Hehl aus dem Schrecken, den er verbreitete. Das Buch zeigt auch, wenn auch weniger deutlich, dass »der Professor« seine Zeit in der Gefängnisbibliothek gut zu nutzen wusste. Als Beispiel seien die Verse zitiert, die den wichtigsten Vollstrecker der NCO innerhalb des Gefängnissystems besingen, Pasquale Barra, »o Sturente« (der Student) oder passender »o 'Nimale« (das Tier) genannt. Barra war ein hagerer Mann mit dunklem Bart, einer sehr auffälligen Nase und den Augen eines Maulwurfs.

Er war seit ihrer gemeinsamen Jugend in Ottaviano Cutolos treuer Freund gewesen und das erste Mitglied der NCO. Seine vorrangige Rolle bestand darin, Leute auf Befehl seines alten Freundes hin zu erstechen. Das ihm gewidmete Gedicht trägt den schlichten Titel »Ein Mann der Camorra«:

»Pasquale Barra: In unserer Stadt
Hieß er ›der Student‹
Wenn eine *zumpata* ansteht, gibt es keinen Bessern als ihn
Er bezwingt eine ganze Armee
Seine Methode ist immer dieselbe
Seine Messerstiche sind tödlich
Von unten in die Lunge, dass du husten musst
Und roten Schaum spuckst
Wenn du zu Boden gehst, lässt er dich liegen …«

Auf seine eigene abstruse Weise bediente Cutolo sich hier der Poesie, um seinem bösartigen Gefolgsmann eine gewisse literarische und historische Größe zu verleihen. In Wirklichkeit ist »Ein Mann der Camorra« nämlich aus Versen gedrechselt, die aus einem viel älteren Gedicht über den längst toten Camorrista Gennarino Sbisà gestohlen waren. Dessen Verfasser, der Journalist Ferdinando Russo (1866–1927), feierte des Öfteren einzelne Camorristi, wobei er seinen Versen ausreichend realistischen Kies beimengte, um den Porträts der edlen Ganoven Authentizität und Gefährlichkeit zu verleihen.

Die Camorra in Russos Tagen – mit ihrem hierarchischen Gefüge und den zeremoniellen *zumpate* oder Messerkämpfen – unterschied sich stark von den losen Gangs und den Straßenbossen, die einen Großteil des 20. Jahrhunderts die kriminelle Szene in Neapel dominierten. Und mit seinen Gedichten hatte Ferdinando Russo erheblich dazu beigetragen, dass ein Volkskult um die Ehrenwerte Gesellschaft Neapels entstand.

Der Nachhall dieses Volkskultes war noch in den siebziger Jahren zu spüren gewesen. Cutolo verschlang geradezu die blauäugigen Märchen um die Bosse der Vergangenheit wie Salvatore De Crescenzo und Ciccio Cappuccio. Als plagiierendem Dichter wie auch als Gangster war dem »Professor« viel daran gelegen, die Camorra von einst neu zu beleben. Er verkaufte den Rekruten die NCO ausdrücklich als die Erneuerung einer stolzen Gangstergeschichte. Wer ein *cutoliano* war, der hatte Wurzeln in der Vergangenheit.

Bei einer Gelegenheit gelang es Cutolo sogar, eine gewalttätige Begegnung mit der einstigen Camorra zu inszenieren – verkörpert durch Antonio Spavone. 1926 in eine Familie aus Fischern im Stadtviertel Mergellina geboren, waren Spavone und sein älterer Bruder die Anführer einer Schwarzhändlerbande im Chaos der AMGOT-Verwaltung von 1943 bis 1945, aus dem so viele kriminelle Karrieren hervorgegangen waren. Als Spavones Bruder bei einem Bandenkrieg ums Leben kam, rächte sich Antonio auf spektakuläre Weise, indem er in eine Familienfeier in einem Restaurant platzte und den Anführer der gegnerischen Gang vor aller Augen erstach. Seine Tat brachte ihm nicht nur eine langjährige Haftstrafe ein, sondern auch das Recht, den schlichten, aber vielsagenden Spitznamen seines Bruders weiterzuführen: *'o Malommo* – der böse Mann.

1975, als *'o Malommo* und Cutolo zur gleichen Zeit im Poggioreale-Gefängnis saßen, beschloss der Jüngere, den Älteren zu einer *zumpata*, einem Messerduell, herauszufordern – wie die Camorristi von einst. Es war vermutlich eine gewollt archaische Geste: Ebenso gut hätte er *'o Malommo* den Fehdehandschuh hinwerfen können. Cutolos Herausforderung wurde abgelehnt, entweder weil *'o Malommo* kurz vor der Entlassung stand, oder weil er die anmaßende Unverschämtheit des jungen Ganoven keiner Antwort für würdig erachtete. Als er sich nach langer Zeit an die Episode erinnerte, gab ein Häftling, der damals ebenfalls im Poggioreale einsaß, eine schlaue Analyse von der Art und Weise, wie Cutolo die Gerüchteküche im Gefängnis anzuheizen verstand:

> »Keiner hatte den Vorfall beobachtet. Die Sache war völlig ›virtuell‹. Irgendjemand, vielleicht Cutolo selbst, brachte das Gerücht in Umlauf, dass das Duell nicht stattgefunden habe, weil *'o Malommo* zu feige war. In solchen Fällen machen dann unterschiedliche Versionen die Runde – Versionen, die entweder der einen oder der anderen Seite zupasskommen. Cutolo hat es weit gebracht mit seinem Ruhm, der oft nur auf erfundenen Begebenheiten gründete. Er verstand sich darauf, Großtaten, die er nie begangen hatte, so glaubwürdig zu schildern, dass sie zur Legende wurden.

Er hatte ein außerordentliches Talent dafür, sein eigenes Image zu pflegen.«

Selbst innerhalb der engen Grenzen eines Gefängnisses ist das organisierte Verbrechen – wie organisiert es auch immer sein mag – ein Bereich, in dem nur wirre Informationsfetzen zirkulieren. »Der Professor« verstand es meisterhaft, die Lücken in den Geschichten für sich arbeiten zu lassen, und schuf auf diese Weise seinen eigenen Mythos.

Cutolos *Gedichte und Gedanken* sind abstoßend, oftmals auch nur platt und hölzern. Doch sie wären weit weniger gefährlich, würden sie lediglich die stilisierten Messerkämpfe in Gefängniskorridoren oder die grausame Geschicklichkeit eines Killers besingen. Cutolos Texte taten weit mehr als das. Die Bücher zirkulierten unter seinen Anhängern wie die Schriften eines neuen Messias und lieferten der *Nuova Camorra Organizzata* ein verführerisches neues Drehbuch. Indem wir dieses Drehbuch analysieren, blicken wir hinter die charismatische Ausstrahlung des »Professors«.

Nihilismus ist der Grundton in Cutolos Philosophie. Wir sind ausnahmslos wilde Bestien, allzeit bereit, einander für schmutziges Geld in Stücke zu reißen. Der Mensch ist von allen Tieren das heimtückischste und grausamste; er sollte eigentlich nicht existieren. Doch der psychologische Trick, den »der Professor« in *Gedichte und Gedanken* anwendet, besteht in der Erschaffung eines kriminellen Wertesystems, das vor diesem Hintergrund der Angst und Verzweiflung wie eine Erlösung anmutet.

Eine Vielzahl von Cutolos Versen äußern die Sehnsucht eines Gefangenen nach der Freiheit, der Mutter, nach den Eindrücken, Geräuschen und Gerüchen seines Zuhauses. All dies mag nach Selbstmitleid klingen. Dabei zeigt es nur, dass Cutolo als Anführer schlau genug war, sich mit der seelischen Verwundbarkeit seiner Mithäftlinge zu identifizieren. Seine Rührseligkeit diente in erster Linie einem sehr unsentimentalen Zweck, nämlich der Bildung einer disziplinierten kriminellen Armee.

»Das Urteil: lebenslange Haft
Als Jugendlicher
Betratest du

Die grabesgleiche Zelle
Die stille Zelle
Die leidende Zelle
Du fühltest dich einsam, und verloren«

Cutolo schiebt die Tatsache, dass er, wie so viele, kriminell wurde, auf die soziale Ungleichheit und vor allem auf das Gefängnissystem. Doch diese Entbehrungen hätten eine veredelnde Wirkung, so Cutolos Maxime: »Merkt es euch: Die besten Männer enden als Geächtete, Flüchtlinge oder Gefangene. Und schuld daran sind die heuchlerischen Gesetzeshüter.«

Cutolo stellt die NCO als eine Bruderschaft der Geknechteten dar, die gegen die Anfechtungen einer feindseligen Welt fest zusammensteht; sie ist eine Gruppe von Freunden. Denn die Freundschaft ist das höchste Gut in der charismatischen Welt des »Professors«. »Die Freundschaft ist heilig, denn es ist schön, die Momente der Bitterkeit, der Freude, des Schmerzes und auch jene des Triumphes mit einem Freund teilen zu können.«

Und war die Freundschaft bedroht, musste der Tod zum besten Freund werden: »Vor jeder Schlacht muss der erste Gedanke eines Bosses dem ›Tod‹ gelten, den er sich zum Freund machen muss (…) Tod, mein Freund, hilf mir, deine Saat auszubringen.«

Am 1. April 1982 entdeckten Carabinieri in Ottaviano, dass einige hundert Meter von Cutolos Schloss entfernt Freund Tod eine solche Saat ausgebracht hatte. Die Leiche lag im Kofferraum eines gestohlenen Wagens. Der Kopf, in Cellophan gewickelt und mit einem Handtuch bedeckt, fand sich in einem Plastikbecken auf dem Vordersitz. Selbst im gewaltmüden Italien der frühen achtziger Jahre sorgte eine Camorraenthauptung für viel Medienaufmerksamkeit. Doch in diesem Fall war es vor allem der Name des Opfers, der die Angelegenheit auf die Titelseiten brachte.

Professor Aldo Semerari hatte als Gerichtspsychologe seine Expertenmeinung zur geistigen Gesundheit Raffaele Cutolos lautstark kundgetan. Er war außerdem ein hervorragendes Beispiel für einen Menschentypus, der in den 1970er und 1980er Jahren zuhauf in jenem undurchsichtigen Boden gedieh, in dem organisiertes Verbrechen und staatsgefährdende Politik einander überlappten. Als Agitator der extremen Rechten, der über Verbindungen zum italienischen Geheimdienst verfügte, hatte Semerari mehrere kriminelle Organisationen für seine faschistischen Ideen zu gewinnen versucht. Doch am Ende gelang ihm nur ein simpler Tauschhandel: Die Gangster profitierten von seinen psychiatrischen Gutachten, und als Gegenleistung wurden Semeraris Freunde mit Waffen versorgt. Doch der Psychiater war unbesonnen genug, denselben Handel nicht nur mit Raffaele Cutolo einzugehen, sondern auch mit dessen Rivalen der Camorra. Als man seine kopflose Leiche in Ottaviano fand, war nicht klar, wer ihn für sein doppeltes Spiel bestraft hatte.

Der Fall Semerari verlieh Ottaviano den Ruf einer Stadt, »in der die Köpfe fliegen«. Zehn Männer fanden dort in den ersten fünf Monaten des Jahres 1982 den Tod. Journalisten kamen in Scharen, um das Unbehagen zu diagnostizieren. Doch nur einer – ein junger Mailänder Schriftsteller namens Luca Rossi – besaß die nötige Geduld, um zu ergründen, mit welcher Inbrunst die in *Gedichte und Gedanken* entwickelten Ideen von vielen Einheimischen aufgesogen worden waren. Auf einen entwurzelten Jugendlichen, der in der »südlichen Bronx« am Stadtrand von Neapel aufgewachsen war, wirkte Cutolos giftiges Credo wie ein starker Zauber. Der Konjunkturrückgang Mitte der siebziger Jahre schwemmte Tausende junger Männer auf den kriminellen Arbeitsmarkt. Während Cutolos Herrschaft wies die Region Kampanien die größte Anzahl straffälliger Jugendlicher im Land auf. Diese künftigen Camorristi waren arm, stammten aus prekären Familienverhältnissen und kamen früh mit Gewalt in Berührung. Wurden diese Jugendlichen dann offiziell rekrutiert und erhielten die aus fünf Punkten bestehenden Insignien der NCO um den rechten Daumenansatz tätowiert, brachten sie Freund Tod eine erschütternde Gleichgültigkeit entgegen:

> »Was ich mit meinen 23 Jahren alles gesehen habe, reicht mir. Ich bin bereits tot. Jetzt lebe ich nur noch ein wenig geborgte Zeit, ein kurzes Stück geschenktes Leben. Die können mich umbringen, wenn sie wollen.«
>
> »Wir sind schon wandelnde Leichen. Jemand hat bereits seine Knarre an meiner Schläfe und die Waffe gespannt, aber bevor du abdrückst, bring ich dich um.«

»Du fragst, warum ich mich so verhalte, warum ich bestimmte ›Jobs‹ erledige, die selbst andere Camorristi nicht erledigen wollen. Der Grund ist sehr einfach. Es ist mir egal, ob ich lebe oder sterbe. Irgendwie leg ich es sogar darauf an, getötet zu werden.«

Eine Zwanzigjährige aus Ottaviano, die von Luca Rossi interviewt wurde, bot anonym die scharfsichtigste und niederdrückendste Analyse der NCO-Mentalität. Es war die Stimme einer jungen Frau, die zwar selbst der Camorrakultur angehörte, aber dennoch imstande war, sich davon zu distanzieren, als wäre sie nur ein böser Traum:

»Einiges an der Camorra ist wunderschön. Sie ist eine instinktive, animalische Reaktion. Wir nehmen uns, was die uns nicht geben wollen, nehmen es mit Gewalt. Es gibt außergewöhnliche, mächtige Gefühle in der Camorra. Ich habe unglaublich liebevolle, solidarische Gesten beobachtet. Sie glauben an das, was sie tun, glauben fester daran als andere an politische Ideen (…) Die stärksten sind diejenigen, die Angst haben. Man sieht sie mit einer Pistole in der Hand, und man begreift, dass sie Schiss haben. Von allen Camorristi, die ich kenne, sind die feinfühligsten zugleich die brutalsten. Ich meine, wirklich brutal: maschinengewehr-brutal, massaker-brutal.«

Raffaele Cutolo gab diesen feinfühligen, verlorenen Jugendlichen eine elementare Geschichte – einen Grund zum Sterben, weil es offenbar keinen Grund zum Leben gab. Seine *Gedichte und Gedanken* waren ein kollektives Manifest, das für Schnelllebigkeit, teure Hemden und Schießereien plädierte. Die NCO kam einem Todeskult näher als irgendeine Mafia vor ihr.

Und 1978 trieb Cutolo die NCO in einen Krieg, der sich zum blutigsten Unterweltkrieg in der neapolitanischen Geschichte auswachsen sollte – zum Krieg gegen die sizilianische Mafia.

4 DAS GROSSE ABSCHLACHTEN

Blutorgie

Zuerst der Tabak. Dann das Bauwesen. Dann die Entführungen. Und schließlich das Heroin. Die neuen kriminellen Geldquellen, die sich zwischen den späten fünfziger und späten siebziger Jahren auftaten, boten Mafiosi, Camorristi und 'Ndranghetisti, die dem Wahlspruch gemäß nicht kleckerten, sondern klotzten und sich zusammenschlossen, um ihre Ziele zu verwirklichen, gewaltige Profite. Neue wirtschaftliche Netzwerke wurden errichtet: wie die Joint-Venture-Unternehmen, die das gemeinsame Kapital zunächst in Tabak, dann in Heroin investierten; oder die Entführungsbanden, die ihre Opfer im Norden kidnappten, in den Süden schleusten und auf dem Aspromonte gefangen hielten; oder die weltumspannenden Heroinschmuggelringe, die das Goldene Dreieck über Sizilien mit den Vereinigten Staaten verbanden. Neue Wirtschaftspartnerschaften entstanden, auch solche, die die Grenzen zwischen Cosa Nostra, Camorra und 'Ndrangheta sprengten.

Parallel zu diesen Phasen kaufmännischen Erfindungsreichtums gab es auch politische Neuerungen. In Italien würde kein Gangster lange überleben, wenn er der Illusion erläge, ausschließlich ein krimineller Unternehmer zu sein. Er hat keine andere Wahl, als sich in die permanenten Intrigen und Machtkämpfe unter seinesgleichen einzulassen. Als die Mafiaorganisationen reicher wurden, entstanden daher neue Machtinstanzen: die Triumvirate in Kalabrien und Sizilien, die »Region« der Cosa Nostra oder die sizilianischen Mafiafamilien, die in Kampanien Fuß gefasst hatten. Gangsterregeln und -traditionen wurden überholt oder gar neu erfunden, wie das Entführungsverbot in der Cosa Nostra, Raffaele Cutolos Wiederbelebung der alten Ehrenwerten Gesellschaft Neapels oder die *Mamma Santissima* der 'Ndrangheta.

Je schneller sich die Räder der kriminellen Wirtschaft drehten und je frenetischer die politischen Machenschaften wurden, desto heftiger wurde auch der Druck in Italiens Unterwelt. Die Einsätze und Risiken wurden immer größer, bis es in den achtziger Jahren zu einer Gewaltexplosion kam, die in ihrer Brutalität beispiellos war.

Wie viele Menschen kamen zu Tode? Präzise Angaben sind unmöglich. Angesichts der vielen Vermissten und der Morde, die gekonnt als Verbrechen aus Leidenschaft oder als aus dem Ruder gelaufene Raubüberfälle getarnt waren, werden wir die genaue Summe wohl nie ermitteln können. Es sei denn, all die ungekennzeichneten Gräber und Skelette in der Tiefe könnten lokalisiert werden und man erfände irgendeine Hexerei, die auch die Säurebäder dazu brächte, ihre Geschichten preiszugeben. Die Anzahl der Todesopfer in den ersten beiden Jahren von Siziliens zweitem Mafiakrieg wird auf 500 bis 1000 geschätzt. Über 900 Menschen starben in den Camorrakriegen zwischen 1979 und 1983. Ein Journalist schätzt die Gesamtzahl all derer, die in den 1980er Jahren in Süditalien durch das organisierte Verbrechen zu Tode kamen, auf 10 000. Freilich nur eine Vermutung, aber keineswegs zu hoch gegriffen. Der parlamentarische Untersuchungsausschuss ging konservativer vor und kam zu dem Ergebnis, dass zwischen 1981 und 1990 auf Sizilien 2905, in Kampanien 2621, in Kalabrien 1807 und in Apulien 757 Menschen gewaltsam starben. Die meisten dieser Verbrechen gingen auf das Konto des organisierten Verbrechens. Wenn diese Zahlen annähernd der Wahrheit entsprechen, bedeutet dies, dass das organisierte Verbrechen in Süditalien in den achtziger Jahren etwa doppelt so viele Menschenleben forderte wie drei Jahrzehnte religiöser und politischer Unruhen in Nordirland.

Jede Chronik dieses blutigen Jahrzehnts muss in Palermo beginnen, wo der Corleoneser Totò Riina seine Karriere fortsetzte. Wie bereits erwähnt, hatten die Entführungen, die Riina oder sein Boss Luciano Liggio arrangiert hatten, die Cosa Nostra bereits in den 1970er Jahren in zwei Lager gespalten. Die Zusammensetzung des Triumvirats machte das Kräfteverhältnis nur allzu deutlich: auf der einen Seite Riina; ihm gegenüber, gleichsam als Gegengewicht, Stefano Bontate, der Prinz von Villagrazia, und Tano Badalamenti, das erste Oberhaupt der Palermer Kommission, nachdem diese 1974 wiederhergestellt worden war. Auf den ersten Blick waren die beiden Lager ungleich verteilt.

Wenn sie auch keine engen Verbündeten waren, so gehörten Bontate und Badalamenti doch beide der größten Konzentration von Reichtum und Einfluss an, die die sizilianische Mafia jemals gekannt hatte. Sie wussten lokale wie nationale Politiker auf ihrer Seite, pflegten Kontakte zur zwielichtigen Welt der Freimaurer, hatten Palermos älteste Zitadellen der Mafiamacht in Händen und genossen das Ansehen – zumindest in Bontates Fall –, das mit einer altehrwürdigen Mafia-Blutlinie einhergeht. Von entscheidender Bedeutung war außerdem, dass sie über Beziehungen zum Transatlantischen Syndikat und dessen Beinahmonopol auf dem Heroinmarkt der Vereinigten Staaten verfügten. Riina stammte aus Corleone, das sich historisch gesehen am äußeren Rand der Mafiamacht in der Provinz Palermo befand. Von den elf Männern, die 1975 in der Kommission saßen, galten nur drei – darunter Riina selbst – als Gegenspieler zu Bontates und Badalamentis Machtsystem.

Doch Riina hatte das Glück – und vor allem die Gerissenheit – auf seiner Seite. Glück, weil sowohl Bontate als auch Badalamenti zu Beginn der siebziger Jahre verhaftet wurden, was Riina den nötigen Spielraum verschaffte, um seine ersten Entführungen zu planen. Und Gerissenheit, weil Riina, als tatsächlich Drogendollars nach Sizilien flossen, schnell die unterschwelligen Wogen von Neid erahnte, die sie in Bewegung setzten.

Ein jeder in der Cosa Nostra war am Heroingeschäft beteiligt oder zumindest daran interessiert. Aber nicht jeder hatte Zugang zum amerikanischen Markt. Das Transatlantische Syndikat hatte einen Engpass geschaffen und wusste mächtig Profit daraus zu schlagen. Viele Mafiosi kamen im Drogenboom der siebziger Jahre zu Geld, aber nur wenige – wie Badalamenti, Bontate und Inzerillo, die zur transatlantischen Heroinelite gehörten – wurden sagenhaft reich.

Der »Kurze« beschloss, seine wirtschaftliche Schwäche in politische Stärke zu verwandeln. Er wollte Kapital schlagen aus dem Neid und der Frustration, die das Transatlantische Syndikat erzeugt hatte, um auf Sizilien Freunde und Macht zu gewinnen und so die Kommission unter seine Kontrolle zu bringen. Indem er sämtliche Randfiguren des Heroingeschäfts an sich band, wollte Riina die Familie der Corleoneser zu einem großen Verband aus Ehrenmännern unterschiedlicher Familien umkrempeln.

Nichts an dieser Strategie war aufsehenerregend neu. In New York hatten sich während des Kriegs von Castellammare in den Jahren 1929 bis 1931 (an dessen Ende hatte Lucky Luciano sich an die Spitze der New Yorker Gangsterwelt gesetzt) Salvatore Maranzanos *castellammaresi* zu einem ähnlich familienübergreifenden Bündnis zusammengeschlossen. Im Kampf um die Vorherrschaft in Palermo, der mehr oder weniger zur selben Zeit stattfand wie der Krieg von Castellammare, hatte der »Generalissimo« Ernesto Marasà die Familien der Provinz Palermo unterwandert, um Boss der Bosse zu werden.

Auch Riinas Taktik war traditionell. Die sizilianische Mafia ist in Territorien unterteilt, und der Revierkult ist so alt wie die Mafia selbst. Wie es der Polizist Ermanno Sangiorgi, ein Kämpfer gegen die Mafia im 19. Jahrhundert, ausdrückte: »Einer der Glaubenssätze der Mafia ist der Respekt vor der Gebietshoheit eines anderen. Wer dagegen verstößt, begeht eine persönliche Beleidigung.« Allerdings sind nicht nur die *Regeln* der Mafia traditionell, sondern auch die Gründe, warum diese Regeln regelmäßig gebrochen werden – die Signale, die Mafiosi aussenden, indem sie sie brechen. Riina verstand es meisterhaft, die eigene Gebietshoheit zu wahren, gleichzeitig aber Signale auszusenden, die jene der anderen untergruben. Eines dieser Signale war Mord.

Im Januar 1974 wurde ein pensionierter Polizeibeamter namens Angelo Sorino in San Lorenzo erschossen, einem Ort in der Piana dei Colli. (Er hatte, pflichtbewusst, seine ehemaligen Kollegen bei ihren Ermittlungen gegen Riinas Verbündete unterstützt.) Wer auch immer für Sorinos Tod verantwortlich war, hatte die Kommission der Cosa Nostra nicht ordnungsgemäß darüber informiert. Die Polizei, die vom Prinzip der Gebietshoheit ausging, kannte den Schuldigen: Filippo Giacalone, Boss der Familie, in deren Territorium sich der Tatort befand. Giacalone, ein Freund Stefano Bontates, wurde auch prompt verhaftet. Selbstverständlich war Giacolones Schuld auch unter seinesgleichen in der Cosa Nostra klar erwiesen. Während er im Gefängnis saß, forderte Bontate im Auftrag der Kommission eine Erklärung von ihm.

Wie sich herausstellte, hatte Angelo Sorinos Tod nicht angeordnet; er musste nur als Sündenbock in einer weitaus größeren Intrige herhalten. Sobald er freikam und Zeit hatte, Nachforschungen anzustellen, ließ er Bontate wissen, dass ein Killer der Corleoneser, ein gewisser Leoluca Bagarella, den Mord verübt hatte. Doch bevor Bontate diese Information an die Kommission weitergeben konnte, verschwand Giacolone. Sein Sitz in der Kommission ging an den Boss der benachbarten Resuttana-Familie, Freunde der Corleoneser.

Der Sorino-Mord diente zweierlei Zwecken: Er rettete einen Freund Riinas vor der Gefahr und war zudem ein überdeutlicher Beweis für Bontates und Badalamentis politische Schwäche.

1977 verübten die Corleoneser einen weiteren Mord, der zweierlei Ziele verfolgte. Sie töteten auf ihrem eigenen Territorium einen ehrgeizigen Oberst der Carabinieri und entledigten sich auf diese Weise einer Gefahr für ihre Interessen. Weil sie es aber versäumten, die Kommission im Vorfeld um Erlaubnis zu fragen, brüskierten sie ihre Gegner erneut.

Nachdem sie Entführungen und Morde dazu benutzt hatten, die von Bontate und Badalamenti kontrollierte Kommission zu diskreditieren, gingen die Corleoneser daran, die Macht an sich zu reißen. Mittlerweile hatten sie bereits einen gewichtigen Verbündeten: den Boss von Ciaculli, Michele Greco, genannt der »Papst«, der Bontate mit scheinbar vernünftigen Erklärungen für das Gebaren der Corleoneser geschickt Sand in die Augen streute. Hinter Michele Grecos Vertuschungsmanöver wechselten immer mehr Bosse auf Riinas Seite.

1978 wurde das Ausmaß des Corleoneser Einflusses innerhalb der Kommission für alle offenkundig, als Tano Badalamenti, der Boss der Bosse, aus der Cosa Nostra ausgeschlossen wurde – eine Sensation. Badalamenti hatte es vermutlich versäumt, alle am lukrativen Heroingeschäft zu beteiligen. Ausgestoßen – Mafiosi benutzen das Wort *posato*, »abgelegt« – zu werden, ist eine seltene, häufig nur vorübergehende Sanktion. Für Männer, die sich um einen Mord mehr oder weniger nicht den Kopf zerbrachen, war dies eine betont milde Strafe. Riina gab vor, sich an die traditionellen Regeln der Cosa Nostra zu halten; er zeigte, wie vernünftig er war. Entsprechend war es Michele der »Papst« Greco, ein Mann der Vernunft, der als Provinzrepräsentant Badalamentis Platz einnahm. Greco war kaum mehr als ein Strohmann für die Macht der Corleoneser.

Im selben Jahr trieben die Corleoneser erneut ihr Spiel mit den Regeln der Gebietshoheit. Ein Trupp Corleoneser Killer erschoss Giuseppe Di Cristina, einen Boss, der Stefano Bontate besonders nahestand. Entscheidend dabei war, dass der Mord auf dem Territorium eines anderen Bontate-Verbündeten stattgefunden hatte, des *zip* Salvatore Inzerillo. Die Killer ließen sogar das Auto stehen, das beim Mord auf Inzerillos Gebiet benutzt worden war. Die Botschaft hinter dem Mord demütigte einen wichtigen Bontate-Verbündeten, der zudem eine zentrale Rolle im Transatlantischen Syndikat spielte. Di Cristinas Tod zeigte auch, dass die Ambitionen der Corleoneser nicht auf die Provinz Palermo beschränkt waren. Di Cristina, Sohn und Enkel von Mafiabossen, stammte aus der Stadt Riesi, im Landesinneren der Insel in der Provinz Caltanissetta gelegen.

Nach Zentralsizilien kam die Stadt Catania im Osten an die Reihe. Im September 1978 wurde Pippo Calderone – der örtliche Cosa Nostra-Boss und der Mann, der 1975 als Mitglied der Kommission das Entführungsverbot angeregt hatte – von seinem Stellvertreter erschossen, einem weiteren heimlichen Mitglied des wachsenden Corleoneser Bündnisses. Bei dem Bankett, das Calderones Männer zu Ehren ihres toten Bosses veranstalteten, hatte Riina die Stirn, eine Rede zu halten. Er rühmte den toten *capo* als Friedensstifter in bester Mafiatradition. Viele der anwesenden Gangster waren zu Tränen gerührt.

1979 hatten die Corleoneser bereits eine klare Mehrheit innerhalb der Palermer Kommission. Bezeichnenderweise waren sie im Begriff, sogar zum engsten Kreis ihrer Feinde vorzudringen. Ein Ehrenmann aus Stefanos eigenem Clan, der Santa Maria di Gesù-Familie, sei der Maßstab, wie weit mittlerweile der Einfluss der Corleoneser reichte. Er war Anwalt und ein wichtiger Drogendealer, dem die überheblichen Manieren seines Bosses missfielen, und bei Totò Riinas Freunden fand er ein offenes Ohr für seine Beschwerden. Sein Name lautete Giovanni Bontate. Er war der jüngere Bruder des Bosses.

Gerissene Ausbeutung der Regeln und Konventionen der Mafia, gezielte Beleidigungen, Zusammenschlüsse und Verrat: Sämtliche Inhaltsstoffe im wohlüberlegten Vormarsch der Corleoneser auf die Zentren der Gangstermacht in Sizilien finden sich im Archiv der Mafiageschichte, die bis ins 19. Jahrhundert zurückreicht. So gesehen waren die Ereignisse der späten 1970er und frühen 1980er Jahre nichts Neues. Dennoch gab es zumindest zwei Neuheiten. Die erste war die Höhe der Belohnung, welche die Sieger erwartete. Sobald Sizilien eingenommen wäre, bliebe den Amerikanern keine Wahl, als mit dem »Kurzen« Riina ins Geschäft zu kommen. Die Heroinpipeline würde durch Corleone führen. Die andere Neuheit an Riinas Aufstieg an die Spitze war die unerbittliche Grausamkeit, mit der er seine Pläne umsetzte, die schiere Brutalität des zweiten Mafiakrieges auf Sizilien.

Am Abend des 23. April 1981 fuhr Stefano Bontate, gut gekleidet wie immer, in seinem brandneuen limitierten Sondermodell eines Alfa Romeo Giulietta Super durch den Regen und den gewohnt hektischen Verkehr auf der Palermer Ringstraße. Er hatte den ganzen Abend Champagner geschlürft auf seiner eigenen Party anlässlich seines 42. Geburtstags und war auf dem Weg nach Hause. Als er in eine Nebenstraße einbog, brachten ihn Schüsse aus einer abgesägten Schrotflinte und einer Kalaschnikow zur Strecke.

Zweieinhalb Wochen später fand man ein weiteres Kalaschnikow-Opfer. Es lag neben der Einfahrt zu einem großen Wohnblock in der Via Brunelleschi. Der Kopf war von Projektilen so zugerichtet, dass die Polizei fünf Stunden brauchte, um anhand der Fingerabdrücke und eines blutgetränkten Medaillons mit eingravierten Initialen eine Identifizierung vorzunehmen: Es handelte sich um Salvatore Inzerillo, den Boss von Passo di Rigano, dessen Name erst kurz zuvor im Zusammenhang mit einer größeren Ermittlung gegen Heroinschmuggler in den Zeitungen aufgetaucht war.

Die öffentliche Meinung in Italien brauchte eine Weile, um sich der Tatsache bewusst zu werden, dass dies mehr war als der übliche saisonale Ausbruch von Gewalt im Gangstermilieu. Im Norden zog der Tod Salvatore Inzerillos etwa genauso viel Medienaufmerksamkeit auf sich wie ein halbwegs schwerer Autounfall in Mailand oder Turin. Doch nach weiteren Mordfällen in Palermo suchte man allmählich nach Erklärungen. Offenbar hatte die Sache etwas mit Heroin zu tun. Was sonst ergäbe wohl einen Sinn.

Sämtliche alten journalistischen Schablonen für Mafiagewalt wurden angewendet und verworfen. Ging es um Vergeltung? Vielleicht führte der Bontate-Clan gegen die Inzerillos Krieg? Doch dann stellte sich heraus, dass beide Bosse mit derselben Kalaschnikow getötet worden waren.

Eine andere Theorie – eine sehr alte – ging davon aus, dass es sich um einen Generationenkonflikt handelte, dass eine junge Mafia, »um die vierzig«, es auf die Macht der »alten« abgesehen hatte. Die Tatsache, dass Bontate 42 war, als er starb, und Salvatore Inzerillo erst 37, war mit dieser Interpretation nicht leicht in Einklang zu bringen.

Manche Erklärungen schossen so sehr am Ziel vorbei, dass sie fast zum Lachen waren – oder zum Weinen, je nachdem, welchen Standpunkt man einnahm. In einem Interview der *New York Times* behauptete Alberto Moravia, dass »der Sizilianer als solcher – auch der ehrbare – tief im Inneren ein Mafioso« sei, zumal ihn mit den Männern der Mafia die Sehnsucht nach dem »Prestige« verbinde, das die Macht verleihe und von dem er geradezu besessen sei. Heutzutage mutet es seltsam an, dass ein römischer Schriftsteller als Experte für die Komplexität der Mafia gelten konnte. Doch in Moravias Unkenntnis spiegelte sich der erschütternd unaufgeklärte Zustand der Öffentlichkeit in dieser Schlüsselphase der 100 Jahre alten Mafiageschichte.

Die Polizei selbst hatte zwar mehr Wissen als Moravia, brachte aber kein Licht in die Angelegenheit. Der Leiter des Überfallkommandos sagte nur: »Was hier stattfindet, ist eine Blutorgie: Wenn der Krieg erst vorüber ist, begreifen wir das neue Gleichgewicht der Kräfte.« Dies war die traditionelle Haltung der Polizei zum regelmäßigen Aderlass innerhalb der kriminellen Elite Palermos: warten, bis keine Schüsse mehr fielen, die Leichen zählen und auf Hinweise hoffen.

Doch die Schüsse fielen weiter. Die Zeitung wurde zum täglichen Schreckensverzeichnis. Leichen, die inmitten von Blutlachen auf der Straße lagen, die zusammengesackt über der Ladentheke hingen oder zwischen brennendem Abfall auf Müllhalden deponiert worden waren. Antonino Ciaramitaro lag im Kofferraum eines Wagens, auf zwei Plastiktüten verteilt – eine enthielt den Rumpf, die andere den Kopf. Giovanni Prestigiacomo wurde erschossen, als er seinen Fiat 1100 parkte. Seine Frau hörte die Schüsse und rannte zu ihm. »Du darfst nicht sterben!«, schrie sie ein ums andere Mal, als längst alles Leben aus der von Kugeln durchsiebten Leiche gesickert war, die sie in den Armen hielt.

Verzweifelt um Gewissheiten bemüht, versuchten die Zeitungen die Toten zu zählen. 70 Leichen in den sechs Monaten zwischen April und Oktober 1981; 148 zum Jahresende. Doch die *lupara bianca* (»weiße Schrotflinte«: Mordfälle, bei denen die Opfer spurlos verschwinden und ihre Leichen nie gefunden werden) erschwerte das Zählen. 112 Vermisste in den ersten neun Monaten des Jahres 1982, dazu 108 Morde. In Wahrheit waren die Zahlen nur ein Schleier für die Ratlosigkeit.

Wir wissen jetzt, dass es sich bei dem, was damals vor sich ging, nicht etwa um einen Mafiakrieg handelte, sondern um ein gezieltes Vernichtungsprogramm. Riina beseitigte systematisch seine Feinde und alle, die ihnen nahestanden. Am Tag nach Inzerillos Ermordung lud der Boss, der in Santa Maria di Gesù in Stefano Bontates Fußstapfen getreten war, die sechs loyalsten Soldaten des toten *capo* zu einem Treffen ein, um mit ihnen die Lage zu besprechen. Vier von ihnen gehorchten und wurden nie mehr gesehen: Der neue Boss war von Riina eingesetzt worden.

Der Drogenhändler Gaspare Mutolo alias »Mister Champagne« wurde Zeuge bei dem, was als Nächstes geschah. Emanuele D'Agostino, einer der beiden Männer, die klugerweise beschlossen hatten, dem Ruf des neuen Bosses von Santa Maria di Gesù nicht zu folgen, tauchte unter. Er suchte Zuflucht bei Rosario Riccobono, Mutolos *capo*. Riccobono war stets bemüht gewesen, eine neutrale Haltung im Machtkampf der späten siebziger Jahre zu wahren. Doch der anfängliche Erfolg des Corleoneser Vorstoßes brachte ihn zu der Überzeugung, dass es an der Zeit war, Farbe zu bekennen: Er tötete D'Agostino als ein Zeichen für seine neugefundene Loyalität gegenüber Totò Riina. Nur für den Fall, dass Riina weitere Beweise brauchte, stellte Riccobono auch D'Agostinos Sohn eine Falle, indem er ihn bat, saubere Kleidung zum Versteck des Vaters zu bringen. Der Sohn folgte dem Vater in ein seichtes Grab.

Ein paar Wochen später fuhr der einzige Überlebende von sechs Bontate-Soldaten, ein Mafioso namens Totuccio Contorno, mit einem Freund seines elfjährigen Sohnes auf dem Beifahrersitz durch Brancaccio. Plötzlich kam ein schweres Motorrad aus einer Nebenstraße gebogen, und der Sozius beharkte den Wagen im Vorüberfahren mit Feuer aus einer Kalaschnikow. Contorno stieß den Jungen aus dem Wagen (wie durch ein Wunder war er nicht getroffen worden) und erwiderte das Feuer, ehe er flüchtete. Totuccio Contorno würde mit der Zeit ein wichtiger Zeuge werden und den Ermittlern helfen, die Dynamik des großen Schlachtens zu rekonstruieren.

Kaum hatten die Corleoneser die aktiven Mitglieder des gegnerischen Lagers beseitigt, gingen sie an die Ermordung ihrer Verwandten. Santo Inzerillo, der Bruder des ermordeten *zip* Salvatore, wurde stranguliert, als er versuchte, Riina ein Friedensangebot zu unterbreiten. Einem weiteren Bruder, der erst 16 war, wurde der Arm abgeschnitten, ehe er von seinen Qualen erlöst wurde.

Die Nachricht vom Blutvergießen in Sizilien verursachte Bestürzung in New York. John Gambino, Mitglied des Transatlantischen Syndikats und Boss von Cherry Hills, kehrte mutig nach Palermo zurück, um die Besorgnis der amerikanischen Cosa Nostra zum Ausdruck zu bringen. Riinas Antwort war ein Befehl: Die Amerikaner sollten sämtliche Mitglieder aus den Bontate- und Inzerillo-Clans töten, die über den Atlantik hatten fliehen können. So kam es, dass Salvatore Inzerillos Onkel und Vetter verschwanden; dann wurde Inzerillos Bruder Pietro aus einem Restaurant in Trenton, New Jersey, entführt, enthauptet und tot im Kofferraum eines Cadillac abgelegt. Ein spezielles Detail im Zusammenhang mit dem abscheulichen Ende Pietro Inzerillos regte die Phantasie der Öffentlichkeit an: Man hatte ihm Geldscheine in den Mund geschoben und auf das Geschlechtsteil gelegt, um zu zeigen, dass er allzu gierig geworden war. Demnach hatten die amerikanischen Killer (darunter ein weiterer Vetter Inzerillos) brav geschluckt, was ihnen von den Corleonesern vorgesagt worden war: Die Gier der Mafiosi, die den Zugang zum amerikanischen Heroinmarkt kontrollierten, habe den Krieg verursacht.

Nachdem er die Mitglieder des Inzerillo-Clans aufeinandergehetzt hatte, liquidierte Riina jeden, an dessen Loyalität auch nur der geringste Zweifel bestand. Kurz vor Weihnachten 1982 wurde der Repräsentant von Partanna Mondello, Saro Riccobono, der sich bei Riina hatte einschmeicheln wollen, indem er Emanuele D'Agostino und dessen Sohn verraten und getötet hatte, zu einem Grillfest eingeladen, das inmitten der Mandarinen- und Orangenbäume von Michele Grecos Anwesen in Ciaculli stattfand. Nach einer herzhaften Mahlzeit und einem Schläfchen wurde er von Männern geweckt, die ihm einen Strick um den Hals legten: »Saro, deine Geschichte endet hier«, sagten sie. Zur gleichen Zeit wurden Riccobonos Soldaten von den übrigen Gästen gejagt und einer nach dem anderen stranguliert. Als alle beseitigt waren, blieben nur noch drei Mitglieder aus der Familie des »Mister Champagne« am Leben.

Die Auslese dehnte sich auf andere Provinzen Siziliens aus. Im September 1981 hatten die internationalen Heroindealer des Cuntrera-Caruana-Clans ihr erstes Opfer zu beklagen: Leonardo Caruana war ermordet worden. Die Corleoneser finanzierten auch besonders bösartige Kämpfe in der Provinz Trapani, wo sie langsam die Stadt Alcamo – Zentrum des Bontate-Badalamenti-Inzerillo-Lagers in der Provinz – umzingelten und eroberten.

Obwohl das Blutvergießen in Sizilien in den Jahren 1981 bis 1983 seinen Höhepunkt erreichte, legte es sich nicht ganz, sondern wurde zum permanenten Schreckenszustand. Je mächtiger Riina wurde, desto größer wurde seine Angst. Allmählich sah er in den jungen Killern, die bei den ersten Tötungswellen eine führende Rolle gespielt hatten, eine potentielle Bedrohung. Das typischste Beispiel war Pino »kleiner Schuh« Greco. »Kleiner Schuh« war der Mann, dessen Kalaschnikow sowohl Stefano Bontate als auch Salvatore Inzerillo den Garaus gemacht hatte. Er war außerdem der Sozius mit der Kalaschnikow, der den Mordversuch an Totuccio Contorno unternommen hatte. »Kleiner Schuh« war es auch, der dem 16-jährigen Inzerillo-Bruder den Arm abgeschnitten hatte. Angeblich hatte er 80 Menschen auf dem Gewissen. Aber er war mehr als nur ein sadistischer Schlächter. Er war eine eigenständige Macht. Offiziell war Pino Greco der Unterboss von Michele Grecos Ciaculli-Familie, in Wirklichkeit aber die Macht hinter dem Thron des »Papstes«, die dafür sorgte, dass die Corleoneser ihren Willen bekamen. Irgendwann gegen Ende des Jahres 1985 beschlossen die Gefolgsleute des »kleinen Schuhs«, ihren Boss zu eliminieren, ehe sein Ehrgeiz sie dem Zorn Riinas ausliefern würde.

So viel Grauen erzeugte der Corleoneser. Riina hatte eine Art Militärdiktatur errichtet. Die Cosa Nostra würde niemals mehr sein wie früher. Längst hatte der Gangsterkrieg in Italien auch auf Kampanien übergegriffen, und die sizilianische Mafia war in einen Stellvertreterkrieg gegen den »Professor« und seine *Nuova Camorra Organizzata* geraten.

Die *Nuova Famiglia*: Ein Gruppenbild

Als sich Raffaele Cutolo im Februar 1978 »etwas geräuschvoll« aus der Nervenheilanstalt in Aversa verabschiedet hatte, wuchs seine Nuova Camorra Organizzata (NCO) zusehends. Der Professor rekrutierte Hunderte junger Anhänger, änderte seine Kommandostruktur, erhöhte um ein Vielfaches den Druck seiner Schutzgelderpressungen und unternahm sogar eine Reise in die Vereinigten Staaten, um mit seinen Kontakten in der amerikanischen Cosa Nostra Geschäfte zu machen. All diese Initiativen bereiteten den Boden für die kühne Forderung, die er dann an jede andere Camorraorganisation stellte: Er wollte Geld, 20000 Lire (2011 etwa 65 Euro) für jede Kiste Schmuggelzigaretten, die in der Region abgeladen wurde. Der Ehrgeiz, der aus Cutolos Ultimatum sprach, war unverkennbar: Er strebte danach, die gesamte kampanische Unterwelt zu beherrschen.

Die Cosa Nostra war die größte Macht, die Cutolo im Weg stand. Anfang der 1970er Jahre hielten die Clans, die mit der sizilianischen Mafia im Bunde waren, das kriminelle Kräftegleichgewicht in Kampanien, das sich aus vielen verschiedenen Gangster-Territorien zusammensetzte. Als schlauer Propagandist verkaufte der »Professor« seinen Anhängern diesen Kampf als kriminellen Patriotismus: Die Nuova Camorra Organizzata, Hüterin der Traditionen der einstigen Ehrenwerten Gesellschaft Neapels, musste die Region gewaltsam von sizilianischen Einflüssen befreien: »Eines Tages wird das kampanische Volk verstehen, dass eine Brotrinde, in Freiheit verzehrt, kostbarer ist als das Steak in der Versklavung. Und am selben Tag wird Kampanien siegen.« Cutolo brandmarkte Camorristi, die einer fremden kriminellen Macht anhingen, als Verräter: »In meinen Augen waren sie ›halbe Mafiosi‹, weil sie von sizilianischen Bossen Befehle entgegennahmen und auf diese Weise ihr eigenes Land verkauften.« Die Rhetorik des »Professors« wurde durch die Feuerkraft seiner zahllosen jungen Revolverhelden unterstützt. Überall in Kampanien kam es zu Auseinandersetzungen.

Die ersten Clans, die sich zusammenschlossen, um Cutolo zu trotzen, waren jene aus dem Stadtzentrum Neapels. Die Anti-Cutolo-Front wurde bald immer größer. Sie umfasste die kampanischen Cosa-Nostra-Familien und auch andere Clans im neapolitanischen Umland.

Dabei gab sie sich den Namen *Nuova Famiglia* – Neue Familie – oder NF. Zu Beginn des Jahres 1980 war die gesamte Region in zwei bewaffnete Lager gespalten, die NF und die NCO. Die Größe der Armeen war absolut beispiellos in der gesamten langen Geschichte des organisierten Verbrechens in Kampanien. Dies galt auch für das Ausmaß des Blutvergießens: geschätzte 1000 Tote im Lauf von fünf Jahren.

Der Krieg in Kampanien zu Beginn der 1980er Jahre war eine noch weitaus schmutzigere Angelegenheit als Riinas *coup d'état* in Sizilien. Viel zur Verwirrung trug der Umstand bei, dass die *Nuova Famiglia* ein loses Bündnis war, keine einzelne Unterweltorganisation. Zwar bediente sie sich improvisierter Initiationsrituale, doch verrät uns dieser Umstand lediglich, dass ihre Anführer verzweifelt nach jedem Strohhalm griffen, um ihre Rekruten bei der Stange zu halten und den zahlenmäßig haushoch überlegenen Anhängern der *Nuova Camorra Organizzata* die Stirn bieten zu können. Was die *Nuova Famiglia* mehr schlecht als recht zusammenschweißte, war allenfalls der gemeinsame Kampf gegen den »Professor«. Einige ihrer Gangsterbarone spielten das Kriegsgeschehen herunter, sobald es ihren Zwecken diente, andere wechselten auf halber Strecke die Seiten. Die Cosa Nostra versuchte, den Konflikt von außen zu lösen, während sie in Palermo selbst einen heftigen Konflikt auszufechten hatte.

1980 versuchte die Cosa Nostra zunächst, zum gemeinsamen Widerstand gegen Cutolos Ambitionen aufzurufen, der den Kämpfen ein schnelles Ende bereitet hätte. Doch die Kommission fand heraus, dass sogar Niederlassungen der sizilianischen Mafia in Kampanien nur sehr ungern Soldaten und Geld in einen Krieg investierten. Der führende Tabakschmuggler, der »Irre« Michele Zaza, war eines der Gründungsmitglieder im Bündnis gegen Cutolo. Doch mittlerweile traf er lieber ein Abkommen mit dem »Professor«, das eine Aufteilung des Territoriums vorsah: Die *Nuova Camorra Organizzata* erhielt die ländlichen Gebiete, solange sie sich von der Stadt fernhielt. Lorenzo Nuvoletta, Anführer der zweiten kampanischen Cosa-Nostra-Familie, hatte wahrscheinlich andere Motive. Für ihn waren Drogen wichtiger als die sinkenden Einnahmen aus dem Tabakschmuggel, die der »Professor« besteuern wollte.

Enttäuscht über den fehlenden Kampfgeist, schickte die Palermer Kommission einen Killer, um den »Professor« zu beseitigen. Doch irgendjemand hatte offenbar geplaudert, denn der Killer wurde bald nach seiner Ankunft in Neapel von zwei Männern auf einem Motorrad erschossen.

Im Sommer 1980 versuchte es die Cosa Nostra mit einem anderen Ansatz. Nachdem es ihr nicht gelungen war, Zaza und Nuvoletta zum Angriff zu bewegen, überredete sie die beiden, eine Übereinkunft auszuhandeln. Doch der daraus resultierende Friede scheint fast ebenso halbherzig gewesen zu sein wie der Krieg, da der Zyklus der Strafexpeditionen nicht lange unterbrochen wurde. Am Ende sollte die Cosa Nostra mindestens drei Friedenskonferenzen finanzieren, die von vielen Vertretern der NCO und der NF besucht wurden. Trotz des Blutbads, das sie auf Sizilien anrichteten, war Riina in Begleitung seiner Leutnants bei zwei dieser Konferenzen persönlich anwesend. Doch es war alles vergeblich. Kaum hatten die Kämpfe in Kampanien angefangen, gab es kein Halten mehr.

Die Camorra sollte 1982 noch weitere 364 Menschen ermorden – fast eine Person täglich. Und damit bei all den Geschichten von Rache und Vergeltung die vielen unschuldigen Opfer nicht vergessen werden, lohnt es die Mühe, eine Frau zu erwähnen, die im Januar 1982 ebenfalls zu Tode kam: Annamaria Esposito, 33 und Mutter zweier Kinder, wurde hingerichtet, weil sie mit angesehen hatte, wie in ihrer Bar ein Camorrista ermordet wurde.

Ein Gruppenfoto der *Nuova-Famiglia*-Bosse, die gegen die *Nuova Camorra Organizzata* um die Gebietshoheit kämpften, erzählt uns eine Menge über Gegenwart und Zukunft des organisierten Verbrechens in Kampanien. Die Geschichte der Camorra, die bis ins 21. Jahrhundert reicht, hat ihre Wurzeln in der *Nuova Famiglia*.

Der Camorrakrieg der frühen 1980er Jahre brachte Pupetta Maresca wieder landesweit in die Schlagzeilen. 1955 hatte sie Berühmtheit erlangt, indem sie den Mörder ihres Mannes getötet hatte. Pupettas Name hatte Gewicht in der kampanischen Unterwelt. 1970 begann sie eine dauerhafte Beziehung mit einem bedeutenden Drogendealer, Umberto Ammaturo. Mit ihrem neuen Beau konnte Pupetta ihren Ruhm mit einem Hauch von Luxus unterstreichen und wurde so zu einer *femmena 'e conseguenza* (einer Frau von Format), einer First Lady der Unterwelt. Die Polizei glaubte, dass »viele der von Umberto Ammaturo verübten Verbrechen in Wirklichkeit in ihrem Kopf Gestalt annahmen«.

Pupettas Gemahl, Umberto Ammaturo, war eines der aggressivsten Mitglieder der *Nuova Famiglia*. Kurz vor Weihnachten 1981 platzierte er vor Cutolos Palazzo in Ottaviano eine Bombe, als Provokation. Wie er später gestand, steckte er auch hinter dem Mord an dem Gerichtspsychiater Aldo Semerari, dessen geköpfte Leiche am ersten April 1982 gefunden wurde, ebenfalls in der Nähe von Cutolos Palast. Der »Professor« Raffaele Cutolo forderte als Voraussetzung für ein etwaiges Friedensabkommen mit der NF Ammaturos Kopf.

Im Februar 1982, während dieser Auseinandersetzung zwischen Ammaturo und Cutolo, wurde Pupetta Marescas Bruder Ciro verhaftet und dem Drachen NCO regelrecht in den Rachen geworfen: in das Poggioreale-Gefängnis. Obwohl er eine Einzelzelle hatte, war sein Leben offensichtlich und unmittelbar gefährdet. Pupettas Reaktion bewies, dass sie nichts von ihrem Talent für medienwirksame Auftritte eingebüßt hatte. Am 13. Februar 1982 berief sie eine Pressekonferenz ein, und zwar in der Zentrale der neapolitanischen Nachrichtenagentur. Sie war allein, und ihr Auftritt bühnenreif: Sie kam fast eine Stunde zu spät, trug Schmuck, der im Blitzlicht der Kameras funkelte, einen schwarzen Lederrock unter dem schwarzen Pelzmantel, ein Halsband aus Leopardenfell und eine tief ausgeschnittene weiße Bluse. Kaum hatte sie den Raum betreten, fing sie auch schon mit den Journalisten Streit an, die sie zu ihrem Schmuck befragten (»Den möchte ich sehen, der die Stirn hätte, mich zu überfallen«), und rief sie dann zur Ordnung: »Ich bitte um Ruhe, meine Herren! Wäre Cutolo statt meiner hier, würdet ihr nicht einen solchen Lärm veranstalten. Natürlich, weil ihr Schiss habt. Er hat euch die Mäuler mit Blei gestopft.«

Der »Professor« war das Ziel ihrer ungezügelten Wut: »Ein Bastard ist das«, »ein Geisteskranker«, »er will die ganze Stadt beherrschen«. Als Reporter Pupetta fragten, ob sie im Auftrag der *Nuova Famiglia* spreche, entgegnete sie: »Ich gehöre keiner Gruppierung an. Aber wenn einige Leute so denken wie ich – und ihr meint, das sei die *Nuova Famiglia* –, dann sind sie meine Freunde.«

Den Tränen nah kehrte sie zum Hauptzweck ihrer Pressekonferenz zurück: Sie wollte Cutolo ein Ultimatum stellen. »Dieser Herr soll eines wissen: Sollte er es wagen, irgendjemandem auch nur ein Haar zu krümmen, der mir nahesteht, werde ich ihn und seine Familie, einschließlich der Frauen und Kinder, bis zur siebten Generation vernichten.«

Wir können uns allenfalls fragen, welche Gefühle diesen außergewöhnlichen Auftritt befeuert haben mögen. War es Wut oder Trauer? Trotz oder Furcht? Auch wissen wir nicht, ob diese Gefühle echt waren oder nur vorgetäuscht. Sicher scheint nur, dass sie zumindest teilweise der psychischen Anspannung geschuldet waren, die mit einem Leben als Königin der Camorra einherging. Maresca genoss Ansehen und verfügte sehr wahrscheinlich auch über wirkliche Macht. Und zahlte dafür einen hohen Preis. Sie bekam zwei Kinder von Ammaturo, Zwillinge. Ein Kind hatte sie bereits verloren: Ihr erster Sohn Pasqualino (das Baby, das sie während der berüchtigten Ereignisse von 1955 erwartet hatte) war 1974 während des Tabakschmuggel-Kriegs zwischen der Cosa Nostra und den Marseillern spurlos verschwunden. Pupetta selbst hatte den starken Verdacht, dass Ammaturo ihn getötet hatte. Und doch blieb sie bei ihm, entweder weil er sie schlug (oberhalb des Haaransatzes, damit der Schaden nicht zu sehen war) oder weil sie ihre Pelze und Juwelen zu sehr liebte.

Der »Professor« scheute die Öffentlichkeit noch weniger als Pupetta und verstand es sogar noch besser, seine Feinde das Gruseln zu lehren. Im grauen Zweireiher antwortete er in einem Gerichtssaal in Neapel auf ihre Provokation: »Mag sein, dass Pupetta mit ihren Äußerungen Aufmerksamkeit erregen wollte. Vielleicht will sie noch einen Film machen. Dann hat sie den passenden Moment gewählt, muss ich sagen: In ein paar Tagen beginnt der Karneval.«

Wie die Kabbelei zwischen Pupetta Maresca und dem »Professor« zeigte, war der Krieg in Neapel eine außerordentlich öffentliche Angelegenheit. Auf Sizilien, wo Totò Riinas Todesschwadronen aus dem Nichts auftauchten, um seine Feinde auszurotten, hatten die Bürgerschaft und sogar die Polizei Mühe zu erkennen, wer gegen wen kämpfte. In Kampanien dagegen gab es offene Provokationen und Proklamationen, und niemand hatte irgendwelche Zweifel, wie die Front verlief. Diese gegensätzlichen Taktiken der Kriegsführung entsprachen einem seit langem bestehenden Unterschied im öffentlichen Image der beiden kriminellen Bruderschaften. Der nüchtern gekleidete sizilianische Mafioso hatte traditionellerweise ein unauffälligeres Profil als der Camorrista. Mafiosi sind so sehr daran gewöhnt, den Staat und die herrschende Elite zu unterwandern, dass sie lieber mit dem Hintergrund verschmelzen als sich in trotzigen Posen gegen die Behörden zu ergehen. Diese waren schließlich schon oft auf ihrer Seite. Camorristi dagegen spielten lieber vor Publikum.

Niemand könnte diesen Umstand anschaulicher darstellen als der Giuliano-Clan, bestehend aus Pio Vittorio Giuliano und einigen seiner elf Söhne und deren Vettern. Die Familie, deren kriminelle Wurzeln auf den Schmuggelboom während der Besatzungszeit zurückgingen, stammte aus der berüchtigten »Kasba« Neapels, dem Forcella-Viertel.

Die Herrschaft der Giulianos dauerte bis in die 1980er und 1990er Jahre, als der Clan infolge von Verhaftungen, Todesfällen und Überläufern allmählich zerfiel. Die unverfrorene Zurschaustellung ihrer Macht – die Familie belegte einen Wohnblock, der wie der Bug eines gewaltigen Schiffes an einer Straßengabelung dräute, mitten im Zentrum des Forcella-Viertels – wäre den Camorristi des 19. Jahrhunderts mit ihren goldenen Ringen, den bestickten Westen und weiten Hosen durchaus vertraut gewesen. Der zweitgeborene Giuliano-Sohn Luigi (1949 geboren) übernahm das Familienunternehmen als Zwanzigjähriger. Er wäre gern Schauspieler und Dichter geworden, ein Goldkettchenträger, dessen Erfolg bei den Damen ihm den Spitznamen »Lovigino« einbrachte – eine Kombination aus dem englischen Wort *love* und der Koseform von Luigi. Loviginos gefährlich gutes Aussehen und seine bestürzend blauen Augen erklären seinen zweiten Spitznamen: »Eisauge«.

Es ist kein Zufall, dass die Giulianos viele aussagekräftige Fotos ihrer Prunksucht hinterlassen haben. Das bei weitem berühmteste Bild aus ihrem Familienalbum wurde bei einer Polizeirazzia im Februar 1986 sichergestellt. Es zeigt zwei der lockenköpfigen Giuliano-Söhne, den »Löwen« Carmine im leuchtend roten V-Ausschnitt-Pullover und den »Krummen« Guglielmo in weißer Jeans. Beide sitzen freudestrahlend in der pompösesten Badewanne seit Beginn der Sanitärinstallation: Sie hat die Form einer gigantischen, aufgeklappten Muschel. Die Wanne ist mit Blattgold ausgelegt, der Rand aus schwarzem Stein, der Sockel aus rosafarbenem Marmor. Das Bemerkenswerteste an diesem Foto ist aber nicht etwa der fragwürdige Einrichtungsgeschmack der Giulianos, sondern der kleine, muskulöse Mann im grauroten Jogginganzug, der sich zwischen den Brüdern in der Wanne rekelt und mit ihnen um die Wette grinst: Diego Armando Maradona, das größte Talent, das je ein Paar Fußballschuhe schnürte.

Der argentinische Superstar Maradona spielte in seiner Glanzzeit zwischen 1984 und 1992 für Neapel und gewann zweimal die Landesmeisterschaften der Serie A. Er wurde in der Stadt wie ein Halbgott verehrt, wie noch kein Sportler vor ihm: Noch heute schmückt sein Konterfei die Hälfte der Bars in Neapel. Das berühmte Badewannenfoto war nicht der einzige Anlass während Maradonas Zeit im himmelblauen Napoli-Trikot, der seinen Namen mit dem organisierten Verbrechen in Verbindung brachte. Im März 1989 tauchte er in dem schicken Restaurant auf, in dem Loviginos Cousin seine Vermählung feierte: »Maradona auf Gangster-Hochzeit« lautete die Schlagzeile. Vier Monate später behauptete er, dass die Camorra ihn und seine Familie bedrohe und er zu viel Angst habe, um zum Beginn der neuen Fußballsaison nach Neapel zurückzukehren. Man munkelte von Spielmanipulation. Im selben Sommer wurde das Muschelwannenfoto veröffentlicht. (Rätselhafterweise hatte es über drei Jahre in einer Schublade des Polizeipräsidiums gelegen.) Man darf auch nicht vergessen, dass Maradonas gut dokumentierte Kokainprobleme in Neapel ihren Anfang nahmen. Damals bestritt »die Hand Gottes«, gewusst zu haben, dass die Giulianos Gangster waren. In seiner Autobiographie, die 2000 erschien, ist er mitteilsamer:

> »Ich gebe zu, dass diese Welt ihren Reiz hatte, das gebe ich zu. Für die Argentinier war das was Neues: Die Mafia, was das wohl ist? Es war faszinierend, das zu beobachten (…) Mir haben sie angeboten, in die Clubs der Fußballfans zu gehen, sie haben mir Uhren geschenkt, so war unser Verhältnis. Aber wenn ich gemerkt habe, dass die Sache nicht ganz sauber war, dann habe ich verzichtet … Aber es war eine unglaubliche Zeit: Jedes Mal, wenn ich in einen dieser Clubs ging, haben sie mir eine goldene Rolex geschenkt, Autos. (…) Und ich habe sie gefragt: ›Aber was muss ich dafür tun?‹ Und sie antworteten mir: ›Nichts, lass ein Foto von dir machen.‹ – ›Danke‹, sagte ich, und am nächsten Tag sah ich das Foto dann in der Zeitung.«

Hier geht es nicht etwa um die Frage, ob Maradonas Verbindungen zum organisierten Verbrechen enger waren, als er behauptet. Seine deutlich sichtbare Freundschaft mit den Giulianos genügte deren Zwecken vollkommen. Viele Camorristi legen Wert auf gute Presse, besonders in den Städten; sie wollten schon immer die Bewunderung jener Neapolitaner auf sich ziehen, die sich mit wohlmeinenden Ganoven identifizieren. Ob durch schrille, teure Kleidung und übertriebene Großzügigkeit, durch vorgetäuschte Frömmigkeit, durch großartige öffentliche Beerdigungen und Hochzeiten oder indem sie mit Sängern und Sportlern verkehren; Camorristi rechtfertigen seit Generationen ihr Verhalten ausgerechnet vor den Augen derer, die sie ausbeuten. Maradonas eigene Lebensgeschichte, als der Wunderknabe aus einem Elendsviertel von Buenos Aires, passte perfekt zur traditionellen Behauptung der Camorra, sie sei in der Armut verwurzelt und von ihr gerechtfertigt. Wenn die Camorra der Elendsviertel von Neapel eine offizielle Ideologie hätte, wäre es die Art von Pseudosoziologie, die Lovigino »Eisauge« Giuliano von sich gab:

> »In Forcella kann man unmöglich leben, ohne die Gesetze des Staates zu brechen. Doch das ist nicht die Schuld der Leute aus Forcella. Schuld haben diejenigen, die uns daran hindern, einer normalen Beschäftigung nachzugehen. Da kein normales Unternehmen bereit ist, jemanden aus Forcella einzustellen, sind wir gezwungen, uns allein durchzuschlagen.«

Selbstverständlich beinhaltete dieses »Durchschlagen«, dass man aus jeder einträglichen Beschäftigung in Forcella Geld presste; es beinhaltete illegale Lotterien und schwarze Verkäufe von Karten für die Spiele von Napoli; es beinhaltete die Massenproduktion gefälschter Markenkleidung, Diebstahl und Drogenhandel im großen Stil; und es beinhaltete eine erschreckende Gewalttätigkeit. Als Lovigino oder »Eisauge« sich 2002 schließlich als Kronzeuge zur Verfügung stellte, gestand er den Mord an einem NCO-Killer namens Giacomo Frattini. Frattinis frisches Aussehen brachte ihm den Spitznamen *Bambulella* ein – »Puppengesicht« –, obwohl sein ganzer Körper von Knasttattoos übersät war. Die NF hatte lange darüber nachgedacht, wie ihm beizukommen wäre. Eine Idee war, ihn vor dem Palast des »Professors«, am Abhang des Vesuvs, zu kreuzigen. Im Januar 1982 lockte ihn schließlich ein

Hinrichtungskommando in eine Falle, folterte ihn und beauftragte dann einen befreundeten Metzger, ihm Kopf und Hände abzuschlagen und das Herz herauszuschneiden. Seine zerstückelte Leiche deponierte man, auf mehrere Plastiktüten verteilt, in einem Fiat 500 Belvedere unweit der Piazza Carlo III. In einer nahegelegenen Telefonzelle wurde das Bekennerschreiben einer imaginären linksgerichteten Terrorgruppe hinterlegt: Der Tote wurde darin als »Knastvollstrecker« geschmäht, als Knecht eines »irren, zuckerkranken Fanatikers« – womit Raffaele Cutolo gemeint war, der »Professor«.

Mit Geld um sich zu werfen, wie es die Giulianos taten, war nie der einzige Ausdruck krimineller Autorität in Neapel. Historisch gesehen beheimatet das Gebiet im Norden der Stadt eine stillere Sorte Camorristi, die sich ebenfalls der *Nuova Famiglia* anschließen würde.

Marano ist ein kleines landwirtschaftliches Zentrum, das schon lange als Hochburg der Camorra gilt. 1955 erschoss der Sohn des früheren Bürgermeisters der Stadt, Gaetano Orlando, den großen Pasquale, den »Kartoffelpreispräsidenten«. In den 1970ern und 1980ern galten Gaetano Orlandos Neffen Lorenzo, Gaetano, Angelo und Ciro Nuvoletta als die mächtigsten Kriminellen Kampaniens. Sie wurden während der Blütezeit des Tabakschmuggels in die Cosa Nostra eingeführt. Ihr Bauernhof, der von Bäumen geschützt auf einem Hügel vor der Stadt stand, war während des Krieges zwischen der NCO und der NF der Schauplatz aller wichtigen Treffen.

Die Nuvolettas bevorzugten das unauffällige Erscheinungsbild ihrer Brüder in der Cosa Nostra. Ihr Reichtum war gewaltig, und wie viele kriminelle Vermögen in diesem Teil Kampaniens der vergangenen hundert Jahre war er teils auf legale, teils auf illegale Weise erworben worden. Der Clan verdiente sowohl am Bauwesen als auch am Schmuggel, an Grundbesitz, an Erpressung, an der Landwirtschaft wie an Betrügereien. Der sizilianische Heroinzwischenhändler Gaspare Mutolo alias »Mister Champagne« wurde auf dem Hof der Nuvolettas in die Cosa Nostra eingeführt. Er sah ihren Reichtum mit eigenen Augen: Sie besaßen riesige Legebatterien, weil sie den Auftrag hatten, sämtliche Militärkasernen in Neapel zu ernähren. So hatten Camorristi aus dem ländlichen Umland selbst während des neuen Reichtums der 1970er

Jahre wie eh und je die Lebensmittelversorgung der Stadt unter ihrer Kontrolle.

Diese Kombination aus legalen und illegalen Einkünften erklärt, warum sich die Nuvolettas lieber bedeckt hielten. Trotz ihres Wohlstands waren sie so unauffällig, dass die Carabinieri im Dezember 1979, als sie den Corleoneser Mafioso Leoluca Bagarella im Besitz eines Fotos festnahmen, auf dem ein Geschäftsmann mit graumeliertem schwarzen Haar zu sehen war, Monate brauchten, um ihn als Lorenzo Nuvoletta zu identifizieren. Kein Wunder also, dass Lorenzo Nuvoletta zum *capomandamento* der drei kampanischen Familien der Cosa Nostra bestimmt wurde, dessen Aufgabe darin bestand, in der Palermer Kommission die neapolitanischen Interessen zu vertreten, und zwar über seinen wichtigsten Kontaktmann, Michele Greco, genannt der »Papst«.

Die *Nuova Famiglia* spiegelte demnach die traditionelle Vielfalt des organisierten Verbrechens in Neapel und Kampanien. Und diese Vielfalt erklärt auch, warum es ganz danach aussah, als würden die Gräuel weitergehen, ohne dass jemals eine Seite siegen würde.

Katastrophenwirtschaft

Giuseppe Tornatores 1986 entstandener Film *Il camorrista* ist ein weitschweifiges Gangstermelodram mit Stärken und Schwächen, basierend auf dem Werdegang des »Professors« Raffaele Cutolo. Der Film zeigt die beschönigten Glanzpunkte in der Geschichte der *Nuova Camorra Organizzata*, und sein wehmütiger Soundtrack erinnert stark an die genretypische Partitur des *Paten*. Seit *Il camorrista* 1986 in die Kinos kam, haben endlose Wiederholungen im Regionalfernsehen, in Untergrundvideos und neuerdings auf YouTube in der kollektiven Erinnerung an das Regime des »Professors« Realität und Mythos unwiederbringlich durcheinandergewirbelt. Die eindringlichsten Aussagen im Film (»Sag dem »Professor«, dass ich ihn nicht verraten habe« und »*Malacarne* ist ein *guappo* aus Pappe«) sind ebenso einprägsam wie »Ich mach ihm ein Angebot, das er nicht ablehnen kann« und »Lass das Gewehr, nimm die *cannoli*« aus *Der Pate* und gleichsam deren neapolitanisches Äquivalent.

Die visuell ansprechendste Szene des Films spielt sich im Gefängnis ab. Der »Professor«, in einem makellos gebügelten himmelblauen Schlafanzug, liegt im Bett und liest ein Geschichtsbuch. Ein dumpfes Grollen im Hintergrund lässt ihn aufblicken. Aus dem Grollen wird ein Rütteln: Zuerst vibrieren die Ornamente auf seinem Nachtkästchen, dann schlägt sein metallenes Bettgestell wiederholt gegen die Wand, und sein Zellenfenster zerbirst. Im Hintergrund hört man panisches Geheul: »Erdbeben!« Cutolo steht schwankend auf und öffnet die Zellentür, um zu sehen, wie das Poggioreale-Gefängnis in Anarchie versinkt. Staubwolken steigen vom Boden auf, und von der Decke bröckelt der Putz. Die Aufseher rennen hin und her und befreien brüllende Insassen aus ihren Zellen. Sekunden später hat Cutolo die Arme um seine beiden Hauptvollstrecker gelegt: »Diese Chance schickt uns der liebe Gott! Es ist die Apokalypse für die alte Camorra!«

Was folgt, ist ein grausiger Helldunkel-Karneval aus Messerstechereien, Knüppeleien, Lynchen und Erdrosseln, als Cutolos Männer das Chaos nutzen, um sich ihrer Feinde zu entledigen. Inmitten der lärmenden Massenpanik im Gefängnis erfolgt ein Schnitt, und wir blicken am Morgen danach in den Gefängnishof, wo etwa ein Dutzend Särge aus Kiefernholz in Lieferwagen verladen werden.

Das Erdbeben vom 23. November 1980 war keine Kinophantasie. Mit seinem Epizentrum in den Bergen östlich von Neapel forderte es in Kampanien 2914 Menschenleben. Als Regisseur nutzte Tornatore seine künstlerische Freiheit und baute die Katastrophe in seinen Gangsterfilm mit ein. Als Historiker muss ich jedoch auf einige Punkte verweisen, bei denen Kunst und Wirklichkeit voneinander abweichen. Die Anzahl der Ermordeten zum Beispiel: Es gab »nur« drei Todesfälle im Poggioreale; und weitere drei am 14. Februar 1981, als Cutolos Männer infolge eines größeren Nachbebens erneut auf die Jagd gingen. Tornatore schuf Platz für all die zusätzlichen Toten, indem er die 90 Sekunden, die das tatsächliche Beben dauerte, zu fast drei Minuten dehnte; er fügte außerdem, der Wirkung wegen, ein paar unglaubwürdige Donnerschläge und Blitze hinzu. In Wirklichkeit zog sich die Schreckensherrschaft im Poggioreale in die Länge. Die Killer der NCO verfolgten ihre Opfer nicht während des Erdbebens, sondern in der Nacht darauf, als die Wachposten etliche Flügel im Stich gelassen hatten, damit die unterschiedlichen kriminellen Lager in Ruhe ihre Rivalitäten ausfechten konnten.

Il camorrista beschönigt die Wahrheit in noch perfiderer Weise. Zum Beispiel stellt der Film den schmutzigen Mord, dessentwegen Cutolo ein erstes Mal zu lebenslanger Haft verurteilt worden war, fälschlicherweise als Racheakt dar, nachdem der Getötete zuerst Cutolos Schwester betatscht hatte. Seit den Anfängen der italienischen Mafias wurde im kollektiven Denken das Prestige der Gangster mit der Verteidigung weiblicher Unbescholtenheit in Verbindung gebracht.

Und dennoch wird selbst der größte Erbsenzähler unter den Historikern zugeben, dass Tornatores künstlerische Freiheit in einigen Fällen gerechtfertigt war. Er hatte beispielsweise absolut recht daran getan, das Erdbeben zu einer der zentralen Szenen auszugestalten. Der 23. November 1980, an dem Cutolo im seidenen Morgenrock seine Killer ausschickte, war in der Tat ein wichtiges Datum im Krieg der *Nuova Camorra Organizzata* gegen ihre Feinde. Der Grund, warum die *Nuova Famiglia* »Puppengesicht« Giacomo Frattini so sehr hasste, dass sie ihm den Kopf abschlug, war, dass er im November 1980 einer der Gefängniskiller des »Professors« gewesen war.

Das Erdbeben markierte auch eine seismische Verwerfung im Wesen der neapolitanischen Camorra. Infolge des Erdbebens tat die Camorra es endlich der Mafia und der ’Ndrangheta gleich, plünderte ebenfalls das Bauwesen und verschmolz dabei mit der politischen Klasse. Bemerkenswert war auch die Tatsache, dass die Organisation des »Professors« diesen Sprung in die Bauindustrie wagte, während ihr Krieg gegen die *Nuova Famiglia* noch im Gange war.

In den 1950er Jahren hegte man in Italien die große Hoffnung, dass Staatsinvestitionen die Industrialisierung im rückständigen Süden vorantreiben würden. Mitte der siebziger Jahre hatten die internationale Wirtschaftskrise und eine lange Tradition der politischen Mauscheleien, der Korruption und der Inkompetenz in der Verteilung der Gelder diese Hoffnung begraben. Die Regierungen in Italien kehrten dem langfristigen Ideal einer wirtschaftlichen Fortentwicklung den Rücken und begrüßten stattdessen das kurzfristige Ziel einer Konsumsteigerung. Politiker wurden mit genügend Geldmitteln ausgestattet, um ihre Klientel zufriedenzustellen. Von nun an würde der Strom aus Steuergeldern, der in den Süden floss, nicht mehr gezielt für Ausbildung und Infrastruktur verwendet werden. Stattdessen würde er als feiner Nieselregen niedergehen, bestehend aus Zuwendungen und Pensionen. Dieses System wurde noch beibehalten, als sich die italienische Wirtschaft in den 1980er Jahren längst erholt hatte.

Das Erdbeben vom 23. November 1980 brachte die Probleme Kampaniens an den Tag. Prestigeträchtige Gebäude, errichtet mit staatlichen Mitteln, erwiesen sich als zu schäbig gebaut, um den Erdstößen standzuhalten. Der gesamte Flügel eines öffentlichen Krankenhauses im Dorf Sant’ Angelo dei Lombardi stürzte ein und tötete mehrere Dutzend Menschen. Hier wurde wie vielerorts deutlich, dass der Verteilung von Aufträgen und Arbeitsplätzen ein höherer Stellenwert beigemessen worden war als der Errichtung eines Bauwerks, das diesen Namen auch verdient hatte.

Die Reaktion des Staates auf den notwendigen Wiederaufbau nach dem Erdbeben war ein Paradebeispiel für schlechte Planung. Es galt nicht nur, die Ruinen wiederaufzubauen, sondern zudem neue wirtschaftliche Möglichkeiten zu schaffen für das betroffene Gebiet. Doch konfuse Notstandsgesetze kreierten ein unentwirrbares Durcheinander aus Finanzierungsprogrammen. Befugnisse und Zuständigkeiten verteilten sich auf diverse Sonderkommissare, Ministerien, Regionen, Provinzen und Kommunen, so dass es unmöglich wurde, das Wiederaufbauprogramm ordentlich zu überwachen. Gierige Politiker sahnten eilig ab. Zwei Monate nach dem Erdbeben, im Februar 1981, kamen 316 Stadträte für Zuschüsse zum Wiederaufbau in Frage; neun Monate später waren es schon 686. Etwa im selben Zeitraum erhöhte sich die Anzahl der gemeldeten Gebäudeschäden von 70 000 auf über 350 000. Entweder hatte das Beben seltsam verzögerte Nachwirkungen, oder eine Menge Leute flunkerten, was das Ausmaß der Zerstörung anbelangte.

Die Verwendung der Fördergelder erforderte tatsächlich eine Vielzahl offizieller Posten: Sachverständige, die feststellten, welche Arbeiten vonnöten waren. Bevollmächtigte, die diese Gutachten im Auftrag der Kommune bewerteten. Planer. Verwaltungsbeamte, die die Pläne der Planer genehmigten. Rechtsanwälte, die Verträge aufsetzten. Bauunternehmer. Kontrolleure und Inspektoren auf den Baustellen. Und so weiter. Doch weil die Agenturen, die das Geld erhielten, weitgehend verantwortungslos handelten, wurden viele dieser einzelnen Rollen in Wahrheit von denselben Leuten ausgeführt, die lediglich unterschiedliche Hüte trugen. Oder von befreundeten Gruppen. Oder Parteicliquen. Der Ausnahmezustand, der diesen Geiern Tür und Tor geöffnet hatte, wurde zum Dauerzustand.

Das Resultat dieses wüsten Durcheinanders war verheerend. Ende 1990, zehn Jahre nach dem Beben, lebten noch immer 28 572 Menschen in Notunterkünften. Wenige der versprochenen vielen tausend Arbeitsplätze waren tatsächlich geschaffen worden. Die Kosten waren in die Höhe geschnellt. Schmarotzer hatten ein Vermögen verdient. Außerdem waren neue politische Klientelen entstanden. Das Erdbeben führte zum schlimmsten Finanzskandal im Europa der achtziger Jahre. Doch dieser Skandal steckte noch in den Kinderschuhen, als die gewalttätigsten Elemente in Kampanien beschlossen, ebenfalls von der Katastrophe zu profitieren.

Das Ereignis, das die Verflechtung der Camorra mit der Katastrophenwirtschaft enthüllte, war eine terroristische Entführung.

Ciro Cirillo stand im Mittelpunkt der christdemokratischen Patronagepolitik in Kampanien. Nach dem Erdbeben von 1980 übertrug man ihm die Verantwortung für die üppigen Geldmittel, die der Regionalregierung Kampaniens zum Wiederaufbau zur Verfügung standen. Bald darauf, am Abend des 27. April 1981, wurde er von der neapolitanischen Kolonne der Roten Brigaden entführt. Fünf *brigatisti* lauerten ihm auf, als er in die Tiefgarage seines Hauses in Torre del Greco einfuhr, einer Ortschaft zwischen dem Vesuv und dem Meer. Als Cirillos Leibwächter wie üblich noch einmal vor die Tür ging, um nach dem Rechten zu sehen, wurde er erschossen. Ehe der Chauffeur reagieren konnte, wurde auch er getötet, und Cirillos Sekretär fing sich mehrere Projektile in den Beinen ein. Cirillo wurde vom Rücksitz gezerrt, erhielt einen Schlag mit der Pistole und wurde verschleppt.

Italien war zu diesem Zeitpunkt bereits düster vertraut mit der Routine terroristischer Entführungen. Zunächst rief jemand bei einer Zeitung an, um sich zu der Tat zu bekennen. Dann ein kurzes Zwischenspiel banger Sorge: War das Bekenntnis echt? Und endlich der Beweis. Am Nachmittag nach Cirillos Entführung erreichte ein weiterer Anruf die Redaktion des *Mattino*, der größten Tageszeitung Neapels. Die Anweisungen waren kurz und bündig: »In Riviera di Chiaia, Hausnummer 275, findet ihr unter einer Mülltonne die Verlautbarung Nummer 1.« Verlautbarung eins enthielt ein Polaroidfoto des Gefangenen, der vor dem windschiefen, fünfzackigen Stern der Roten Brigaden saß. Darüber der Wahlspruch: »Der Henker wird einem Gerichtsverfahren unterzogen.« Auf fast 150 getippten Seiten einer weitschweifigen pseudomarxistischen, ökonomisch-politischen Analyse des Staates Neapel wurde Cirillo als »Weichensteller für den imperialistischen Wiederaufbau« beschrieben.

Das verängstigte Gesicht, das in die Kamera starrte, offenbarte nichts von der Macht, die er laut Aussage der Roten Brigaden innehatte: Halbglatze, Schnauzbart, Augen, die zu klein waren für sein Gesicht. Und doch hatten die *brigatisti* ihr Ziel sorgsam ausgewählt, denn trotz ihrer verblendeten Ideologie war ihre »Cirillo-Kampagne« (wie sie sie nannten) ein strategischer Schachzug. Das Erdbeben hatte allein in Neapel 50 000 Personen obdachlos gemacht: Die Terroristen hofften auf die Zustimmung dieser vielen verwundbaren und zornigen Menschen. In ihren regelmäßigen Mitteilungen stellten die Roten Brigaden all jene an den Pranger, die aus dem Erdbeben Profit schlugen, und hetzten gegen die sogenannte »Deportation der Proletarier« aus den überfüllten, erdbebengeschädigten Häusern des Stadtzentrums. Es gab auch andere Propagandaaktionen: Plakate der Roten Brigaden wurden in Gebieten angebracht, wo die meisten Wohnwagen von Obdachlosen standen, und zwei weitere Funktionäre, die am Wiederaufbau beteiligt waren, wurden ebenfalls entführt. Die Roten Brigaden inszenierten ein »Volkstribunal« gegen Cirillo und verschickten Mitschnitte an die Medien. Sie stellten damit Gier und Misswirtschaft in der DC an den Pranger. Die Christdemokraten in Kampanien hatten gute Gründe, sich Sorgen zu machen. Das Entführungsopfer war ein Mann mit vielen Geheimnissen: Nicht auszudenken, zu welchen Bekenntnissen seine Angst ihn womöglich trieb, während er in den Händen der Roten Brigaden war.

Auf den ersten Blick waren Cirillos Aussichten, seine missliche Lage zu überleben, alles andere als rosig. Die *Democrazia Cristiana* hatte sich offiziell einer Politik verschrieben, die keinerlei Verhandlungen mit politischen Geiselnehmern vorsah – dieselbe Politik hatte sie verfolgt, als der Parteisekretär Aldo Moro 1978 entführt worden war. Moro war gestorben, wie viele andere Opfer. Am 9. Juli 1981 hieß es in einer weiteren Mitteilung der Roten Brigaden, dass das Volkstribunal zu dem »einzig möglichen gerechten Schluss« gekommen sei. Gegen Cirillo das Todesurteil zu verhängen, sei »unter diesen Umständen der erhabenste Akt der Menschlichkeit«. Sein Schicksal schien besiegelt.

Im Morgengrauen des 24. Juli 1981 wurde Cirillo aber auf freien Fuß gesetzt, und die Terroristen ließen verlauten, sie hätten eine Milliarde 450 000 Lire (2011 1,9 Millionen Euro) Lösegeld erhalten.

Der Innenminister wies die Mutmaßung entrüstet von sich, dass Cirillo gegen Geld ausgelöst worden sei, behauptete stattdessen, er sei »ohne jede Verhandlung freigekommen und ohne Zugeständnis des Staates an die bewaffnete Bande, die ihn erpresst hatte«. Es würde weitere zwölf Jahre dauern, bis Italien schließlich erfuhr, wie falsch dieses Dementi war. Die Wahrheit würde erst nach einer Vielzahl von Dementis, unverlässlichen Zeugenaussagen, ermordeten Zeugen und vernichteten Beweismitteln an den Tag kommen. Während Cirillos Gefangenschaft hatten »staatliche Organe« nicht nur mit den Roten Brigaden, sondern auch mit Raffaele Cutolos *Nuova Camorra Organizzata* Verhandlungen geführt.

Die Geschichte geht ungefähr so. Nur 16 Stunden nach Cirillos Verschwinden besuchte ein Agent aus Italiens Inlandsgeheimdienst SISDE den »Professor« Raffaele Cutolo im Gefängnis von Ascoli Piceno. Es fanden weitere Treffen mit Cutolo statt, bei denen der Agent von zwei Männern begleitet wurde. Der eine war ein ortsansässiger Bürgermeister aus Cirillos Lager der *Democrazia Cristiana*, das der NCO nahestand. Der andere war der stellvertretende Anführer der NCO, Enzo Casillo. Casillo, wegen seiner dunklen Haare auch *'o Nirone* (der »Schwarze«) genannt, war der Sohn eines Hosenfabrikanten; trotz seiner wohlhabenden Herkunft war er während des Krieges gegen die *Nuova Famiglia* zum Chef der Killerkommandos der NCO bestimmt worden.

Nach diesen ersten Treffen reisten der »Schwarze« Casillo und ein weiteres ranghohes Mitglied der *Nuova Camorra Organizzata* in den folgenden Wochen unter den Fittichen der Geheimdienste durch das Land, um an den Verhandlungen zwischen dem Staat, den Roten Brigaden und der NCO teilzunehmen – und gleichzeitig ihren Verpflichtungen im Camorrakrieg nachzukommen.

Doch trotz aller Bemühungen seitens der SISDE-Geheimdienste blieb der »Professor« reserviert. So begann am 9. Mai eine zweite Verhandlungsphase, als der militärische Geheimdienst SISMI sich einschaltete. SISMI war für Themen der inneren Sicherheit nicht zuständig und hatte deshalb kein Recht, im Fall der Cirillo-Entführung einzuschreiten. Nichtsdestoweniger begann sich etwas zu bewegen. Gefangene Sympathisanten der Roten Brigaden wurden nach Ascoli Piceno verlegt, um mit dem »Professor« zu sprechen, und anschließend wieder in die Gefängnisse zurückgebracht, in denen Anführer der Roten Brigaden einsaßen. *'O Nirone* Casillo setzte seine Tätigkeit als mobiler Vermittler fort. Endlich wurde das Lösegeld bezahlt und Cirillo freigelassen.

Die Cirillo-Affäre machte deutlich, wie tief der italienische Staat im Laufe der 1980er Jahre gesunken war. »Staatsorgane« nahmen die guten Dienste der größten kriminellen Organisation im Land in Anspruch, um mit linksextremen Terroristen zu verhandeln. Die Besetzungsliste dieser Gespräche war finster. Die letzte Phase der Verhandlungen wurde von einem Geschäftemacher namens Francesco Pazienza geführt, der irgendwie zu einem Berater für SISMI geworden war. (Er würde sich später vor Gericht verantworten müssen, weil er sich im Zusammenhang mit dem rechtsextremen Terroranschlag von 1980 auf den Bahnhof von Bologna, bei dem 85 Menschen ums Leben kamen, in Widersprüche verstrickt hatte.) Über Kanäle wie diese floss Geld – Geld, das die Roten Brigaden anschließend für weitere terroristische Aktivitäten verwenden würden. Der Wiederaufbau-Finanzzauberer der Christdemokraten war gerettet. Doch schändlicher- und tragischerweise zahlten andere statt seiner die endgültige Zeche.

Obwohl ein parlamentarischer Untersuchungsausschuss keinen direkten Beweis erbringen konnte für ein »Eine Hand wäscht die andere«-Abkommen zwischen den Geheimdiensten und der NCO, bleiben eine Menge Fragen offen. Die Cirillo-Affäre besteht aus unzähligen verstörenden Mutmaßungen und verhältnismäßig wenig Gewissheiten. Vieles bleibt im Dunkeln. Hier sind zwei der Gründe, warum das so ist.

Zum Zeitpunkt der Cirillo-Entführung waren viele hochrangige SISDE- und SISMI- Offiziere zugleich Mitglieder der Freimaurerloge P2, wodurch ihre Motive sehr schwer zu ergründen sind. Jede Kombination aus Erpressung, rechtsextremer Agitation und Bestechung ist denkbar.

Als Cirillo freigelassen wurde, in einem halbverfallenen Gebäude im Poggioreale-Viertel von Neapel, winkte er einem vorüberfahrenden Streifenwagen. Den Instruktionen gemäß sollte Cirillo geradewegs zum Polizeipräsidium gebracht werden, wo er medizinisch betreut und von den zuständigen Ermittlungsrichtern befragt werden konnte. Doch die Fahrt hatte kaum begonnen, als der Wagen von vier weiteren Polizeiwagen blockiert und an der Weiterfahrt gehindert wurde. Einem Befehl von oben folgend, fuhr der Einsatzbeamte Cirillo schnurstracks nach Hause. Dort wurde er von einem Arzt untersucht, der erklärte, dass er an einem Schock leide und nicht in der Lage sei, Fragen zu beantworten. Diese gesundheitlichen Probleme hielten jedoch führende Mitglieder der Christdemokraten – darunter Flaminio Piccoli, der nationale Parteivorsitzende – nicht davon ab, Cirillo 48 Stunden vor den Ermittlungsrichtern aufzusuchen. Dieser Zeitvorsprung mochte Cirillo und seinen christdemokratischen Freunden die Gelegenheit gegeben haben, ihre Geschichten bezüglich der Verhandlungen mit den Roten Brigaden miteinander abzugleichen.

Was hatte der »Professor« zu gewinnen, indem er zu Cirillos Freilassung beitrug? Auf jeden Fall die Möglichkeit, sich vor seinesgleichen großzutun. Er war für die Behörden von Bedeutung, saß gleichsam am Kopfende des Tisches, ganz egal welches Abkommen letztendlich zu Cirillos Befreiung geführt hatte. Doch erhielt er noch etwas anderes? Und die Roten Brigaden, bekamen sie von ihm mehr als nur Geld? Etliche Zeugen, einschließlich *brigatisti* und Camorristi, die zu den Behörden überliefen, zählten eine Reihe von Gegenleistungen auf. Sie könnten natürlich gelogen haben. Allerdings gibt es diverse Beweise, die ihre Aussagen bestätigen.

Einige *brigatisti* behaupteten, Cutolo habe ihnen nützliche Informationen zu potentiellen Zielpersonen gegeben. Es gibt Fakten, die diese Behauptung stützen. Am 15. Juli 1982 erschossen die Roten Brigaden den Polizeikommandanten Antonio Ammaturo und seinen Fahrer Pasquale Paola. Ammaturo war ein gemeinsamer Feind der Roten Brigaden und der NCO. Er hatte gegen Linksterroristen ermittelt. Und sobald er nach Neapel versetzt worden war, hatte er die Frechheit besessen, im Palazzo des »Professors« in Ottaviano eine Razzia zu veranstalten – das hatte noch kein Polizist vor ihm gewagt. Kurz vor seinem Tod hatte Ammaturo seine Nase gar in die Cirillo-Affäre gesteckt. Vor Gericht zu dem Mord befragt, gab sich der »Professor« wie immer aalglatt:

> »Ich habe den Roten Brigaden nicht Ammaturos Namen gegeben. An seinem Tod trage ich keine Schuld. Ich behaupte nicht, dass es mir keinen Spaß gemacht hätte, ihn zu beseitigen. Aber ich hätte es selbst getan, mit eigenen Händen, aus persönlicher Rache.«

Das wahrscheinlichste Szenario – und hier wird die verdrehte Logik deutlich, die wirksam wird, wenn perfide Umsturzpläne und perfide Verbrechen Hand in Hand gehen – ist wohl, dass eine linksextreme Terrorzelle im Auftrag der NCO zwei tüchtige Polizisten beseitigte.

Einem Camorrista zufolge verwandelte der »Professor« seine Vermittlerdienste in der Cirillo-Entführung auch in eine Serie von Gefälligkeiten, die seine Macht innerhalb des Gefängnissystems weiter stärkte. Daher vielleicht die Tatsache, dass am 27. Oktober 1981 das Berufungsgericht in Neapel zu dem Urteil kam, dass Cutolo »halb geisteskrank« sei und daher eine nachsichtigere Behandlung verdient habe.

Doch der größte Posten auf der Einkaufsliste des »Professors« war ein Stück vom Wiederaufbau-Kuchen nach dem Erdbeben. Es sei ausdrücklich betont, dass die Ermittlungen keine eindeutigen Beweise für einen solchen Tauschhandel zutage förderten. Dennoch kamen die Gerichte zu dem Urteil, dass man Unternehmern, die der NCO nahestanden – darunter der Sohn des »Professors«, Roberto –, in der Tat Aufträge im Wert von 67 Milliarden Lire (2011 129 Millionen Euro) zuerkannt hatte, damit sie in der Gegend um Avellino Fertighäuser errichteten.

Das Thema der Bauaufträge führt uns in das letzte und umstrittenste Geheimnis um die Cirillo-Entführung, nämlich die Frage, wer die Verhandlungen autorisierte. Welche Politiker waren involviert und in welchem Umfang?

Ein parlamentarischer Untersuchungsausschuss sollte zu dem Schluss kommen, dass definitiv Verhandlungen mit den Roten Brigaden stattgefunden hatten. Allerdings ließ sich nicht zweifelsfrei beweisen, dass als Teil der Übereinkunft Gefälligkeiten getauscht worden waren. Die Reputation einiger führender Christdemokraten war durch das Urteil stark beschädigt. Parteichef Flaminio Piccoli, zum Beispiel, *musste* von den Verhandlungen gewusst haben. Francesco Pazienza, der Geschäftemacher mit den Verbindungen zu rechtsextremen Terrorgruppen, der die letzte Verhandlungsphase geleitet hatte, war ein regelmäßiger Gast im Haus des Parteivorsitzenden der Christdemokraten. Doch im Epizentrum der Kontroverse stand einer der mächtigsten Politiker in Kampanien: Antonio Gava. Gava hatte gerade seinen ersten nationalen Kabinettsposten ergattert, als Cirillo entführt wurde, und belegte in den achtziger Jahren bald eine Reihe von hohen Staatsämtern, unter anderem das des Innenministers und des Finanzministers.

Gava war Chef der örtlichen DC-Fraktion, deren wichtigster Mann kein anderer als Ciro Cirillo war. 1993 stand Gava vor Gericht, weil er angeblich Kontakte zur Camorra pflegte. Nicht weniger als 13 Jahre vergingen, ehe er 2006 schließlich freigesprochen wurde. Gava klagte noch auf Schadensersatz, als er 2008 verstarb. Man kommt nicht umhin, Mitleid zu empfinden für einen Mann, der einer solch erschreckend langen juristischen Nervenprobe ausgesetzt ist. Leider sind derlei ausufernde Verfahren in Italien an der Tagesordnung, besonders wenn es gilt, das delikate Verhältnis zwischen organisiertem Verbrechen und Politik zu ermitteln. Das Urteil, das Gava freisprach, ließ ihn, trotz des verquasten Beamtenjargons, in einem sehr armseligen Licht erscheinen.

> »Nach Auffassung des Gerichts ist zweifelsfrei erwiesen, dass Gava sich des Austausches von Gefälligkeiten zwischen Lokalpolitikern in seiner Fraktion der Christdemokraten und der Camorra bewusst war (…) Es gibt außerdem Beweise, dass [Gava] keinerlei konkrete Maßnahmen getroffen hat, um diese Situation zu bekämpfen oder einzudämmen, und stattdessen die Wahlvorteile genoss, die seine Partei daraus zog.«

Gavas Verhalten, schlossen die Richter, sei moralisch und politisch zwar tadelnswert, doch habe er nichts getan, was einen Schuldspruch verdient hätte.

Camorristi hatten schon vor Beginn des »Cirillo-Feldzugs« der Roten Brigaden ihre Finger im Wiederaufbaugeschäft. Am 11. Dezember 1980, nur zweieinhalb Wochen nach dem Beben, wurde der Bürgermeister einer der geschädigten Städte erschossen, weil er verhindern wollte, dass camorrafreundliche Unternehmen mit den Aufräumarbeiten beauftragt wurden. So war letztlich die Cirillo-Entführung nur *ein* Symptom für die Art und Weise, wie die Camorra die Gelegenheiten nutzte, die die Katastrophe vom 23. November 1980 für sie schuf. Auf Sizilien war Anfang der achtziger Jahre ein heftiger Krieg um die Kontrolle der Heroinpipeline nach Amerika entflammt. In Kampanien kämpften die *Nuova Camorra Organizzata* und die *Nuova Famiglia* um die Gewinne aus dem Wiederaufbau.

Und doch erwies sich die Cirillo-Affäre in anderer Hinsicht als entscheidend: Sie sollte die endgültige Niederlage Raffaele Cutolos einläuten.

Am 18. März 1982 – elf Monate nach der Entführung Cirillos, als die Geheimnisse, die sie umgaben, noch ungelöst waren – veröffentlichte die Tageszeitung der Kommunistischen Partei Italiens, *L'Unità*, ein Dokument, angeblich aus dem Innenministerium, das sämtliche Details zu den Verhandlungen enthielt, die zu Cirillos Freilassung geführt hatten. Das Schreiben erwies sich als Fälschung – und kostete den Redakteur den Job. Doch viele der darin enthaltenen Details waren echt – echt genug, um offizielle Ermittlungen nach sich zu ziehen. Wir wissen heute, dass der Urheber der Fälschung sehr wahrscheinlich der »Professor« war, der auf diese Weise seinem Unmut darüber Ausdruck verlieh, für seine Hilfe bei der Cirillo-Entführung nicht ausreichend entlohnt worden zu sein. Den Brief der gegnerischen Presse in die Hände zu spielen, war ein schlauer Schachzug, der als Warnung gedacht war: Wenn der »Professor« nicht bekam, was er wollte, würden weitere Enthüllungen, dokumentierte Enthüllungen, folgen.

Der Schuss sollte fürchterlich nach hinten losgehen. Der Staatspräsident, entrüstet über die Geschichten von Cutolos Luxusleben hinter Gittern, die allmählich nach außen drangen, sorgte dafür, dass der Gangster auf die abstoßende Gefängnisinsel Asinara verlegt wurde. Von nun an wäre es ihm unmöglich, mit den übrigen Mitgliedern der NCO zu kommunizieren. Die *Nuova Famiglia* holte zum Schlag aus. Binnen weniger Tage nach Cutolos Verlegung nach Asinara wurde Alfonso Rosanova, der Baulöwe, der die Geschäfte der NCO leitete, im Krankenhaus in Salerno erschossen, wo er sich von einem früheren Anschlag auf sein Leben erholte; sechs oder sieben Killer drangen in das Gebäude ein, entwaffneten die Polizisten, die an seinem Bett Wache hielten, und gaben zahlreiche Schüsse auf ihn ab. Im Januar 1983 folgte der endgültige Schlag, als *'o Nirone* Enzo Casillo – oberster Militärkommandant des »Professors« und Verhandlungsführer in der Cirillo-Affäre – von einer Autobombe in Rom zerrissen wurde. Der Soldat der *Nuova Famiglia*, der die Sprengladung gelegt hatte, lief später zu den Behörden über und erklärte vor einem parlamentarischen Untersuchungsausschuss, warum Casillo auf so spektakuläre Weise beseitigt worden war. Dieser Mord, erklärte er, »sollte Cutolo vor Augen führen, dass er erledigt war und endlich aufhören musste, die Politiker oder Verwaltungsbeamten zu erpressen, mit denen er während der Cirillo-Entführung zu tun gehabt hatte«. Derselbe Camorrista hegte außerdem den Verdacht, dass die Geheimdienste ihm die Informationen zugespielt hatten, mit deren Hilfe er Casillos Wohnort herausfinden konnte.

Der »Professor« hatte sich übernommen. Die *Nuova Famiglia* war jetzt fest entschlossen, ihn zu bestrafen und so seine politischen Freunde auf ihre Seite zu ziehen. Die NCO löste sich allmählich auf. Führungslos, wie sie waren, wurden Cutolos ehrgeizige junge Gefolgsleute von den gut organisierten Killerschwadronen der *Nuova Famiglia* abgeschlachtet.

Das Vermächtnis des »Professors« war dennoch gewaltig. Unter seiner Ägide erreichte die Camorra ein Niveau an Reichtum und Macht, mit dem sie den Mafias in Kalabrien und Sizilien in nichts nachstand. Auch außerhalb seiner Heimat Kampanien wirkte sein Einfluss nach. Der »Professor« war in der Tat einer der Hauptgründe, warum Italien die Geburt zweier gänzlich neuer Mafias erlebte.

Die Magliana-Bande und die *Sacra Corona Unita*

Die späten siebziger und die achtziger Jahre waren nicht nur eine Phase brutalster Gewalt innerhalb der klassischen italienischen Mafias. Zum ersten Mal seit 100 Jahren entstanden neben der sizilianischen Mafia, der neapolitanischen Camorra und der kalabrischen 'Ndrangheta in anderen Regionen gänzlich neue kriminelle Organisationen.

Rom war ein spezieller Fall, was die Verbreitung von Mafiamacht betraf. Alle drei großen Mafias waren dort vertreten, organisierten Entführungen, handelten mit Drogen, betrieben Geldwäsche und so weiter. Und doch versuchte keine der drei, die beiden anderen zu verdrängen. Entgegen den Erwartungen kam es zwischen Camorristi, Mafiosi und 'Ndranghetisti zu keiner direkten militärischen Auseinandersetzung auf römischem Boden. In Rom profitierten die drei größten Mafiaorganisationen lieber von einem friedlichen Nebeneinander, anstatt die Kosten und Gefahren eines »fremden« Krieges auf sich zu nehmen. Die Hauptstadt wurde zu einer Art Freihafen für kriminelle Einflüsse, ihre Reichtümer standen jedem offen. In diesem seltsamen Klima brachte Rom in den späten siebziger Jahren eine eigene kriminelle Bruderschaft hervor – eine, die gänzlich unabhängig war von Mafia, Camorra und 'Ndrangheta, wenngleich sie ihnen, was Methoden und Kontakte anbelangte, viel zu verdanken hatte.

Am 7. November 1977 wurde Herzog Massimiliano Grazioli Lante della Rovere, der ehemalige Besitzer von Roms maßgeblichster Zeitung, *Il Messaggero*, unweit der Stadt gekidnappt. Im darauffolgenden März warf eines Nachts sein Sohn eine Tasche, die zwei Milliarden Lire (2011 über sieben Millionen Euro) enthielt, über die Brüstung einer Straßenüberführung. Von unten tönte eine Stimme zu ihm herauf: »Fahr nach Hause und warte. Dein Vater kommt in ein paar Stunden frei.«

Der Herzog kam niemals frei. Als das Lösegeld übergeben wurde, war er nämlich bereits tot, ermordet, weil er einen der Kidnapper ohne Maske gesehen hatte. Um den Angehörigen anhand eines Fotos beweisen zu können, dass er am Leben war, hatte man den Toten in einen Sessel gespannt, ihm gewaltsam die Augen geöffnet und eine aktuelle Zeitung in seine Hände platziert.

Die makabre Entführung von Herzog Grazioli war die erste größere Aktion einer Gruppierung namens *Banda della Magliana* (Magliana-Bande), nach der Neubausiedlung am Stadtrand von Rom benannt, aus der einige ihrer Mitglieder stammten. Die Bosse der *Banda della Magliana* – Kredithaie, Drogendealer, Hehler und vor allem bewaffnete Räuber – hatten es sich zum Ziel gesetzt, die römische Unterwelt zu beherrschen. Es dauerte nicht lange, bis sie ihr Ziel erreicht hatten.

Die *Banda della Magliana* hatte viel Ähnlichkeit mit den Mafias aus Sizilien und Kalabrien. Ihre Anführer teilten die Hauptstadt unter sich in verschiedene Reviere für den Verkauf von Drogen und beseitigten jeden Dealer, der sich weigerte, sich von ihnen kontrollieren zu lassen. Sie hatten einen gemeinsamen Fonds, aus dem sie schöpften, um inhaftierte Mitglieder und deren Familien zu unterstützen, um Polizisten und Carabinieri zu bestechen und wichtige Freunde zu gewinnen. Wie die traditionellen Mafias beschloss die *Banda della Magliana* ihre Morde zentral, wobei sie stets die strategischen Ziele der Organisation im Auge behielt. Sie fungierte auch als Holdinggesellschaft, die jede Gelegenheit zum Geldverdienen nutzte, ihre Einnahmen in neue kriminelle Unternehmen investierte und ihr Bargeld über legale Unternehmen wusch, vor allem im Immobiliensektor.

Von Anfang an war die *Banda della Magliana* eng mit den traditionellen Mafias verflochten. Sie bezog en gros Heroin von der Cosa Nostra – zunächst von Stefano Bontates Anhängern und später, als Bontate und seine Freunde beseitigt worden waren, von Totò Riinas *corleonesi*. Bereits 1975 hatte die Polizei einen der künftigen Anführer der Bande dabei beobachtet, wie er im römischen Restaurant »Il Fungo« mit hochrangigen 'Ndranghetisti plauderte, darunter Giuseppe Piromalli aus Gioia Tauro und Paolo De Stefano aus Reggio.

Die *Banda della Magliana* bezog ihre Inspiration auch aus der *Nuova Camorra Organizzata*. Einer ihrer Begründer hatte den »Professor« im Gefängnis kennengelernt und war ein großer Bewunderer. Einige teilten seine Visionen, wie ein Bandenmitglied später gestehen würde: »Wir beschlossen, dasselbe in Rom aufzuziehen wie Raffaele Cutolo in Neapel.« 1979, als der »Professor« auf der Flucht war, nachdem er sich »ein wenig geräuschvoll« aus der Nervenheilanstalt in Aversa verabschiedet hatte, mietete er ein ganzes Stockwerk in einem Hotel in

Fiuggi, einer Bäderstadt südlich von Rom, und führte dort Verhandlungen mit der *Banda della Magliana*. Zweck des Treffens war, »eine Strategie zu finden, die mit den Zielen beider Gruppen kompatibel war«. Kurz nach dem Treffen tat die *Banda della Magliana* den Neapolitanern ehrerbietig einen Gefallen, indem sie ihnen einen metallicgrünen BMW 733 vom Hals schaffte, dessen Innenraum voller Blutflecken war – das fragliche Blut hatte einem Baulöwen gehört, den Cutolo selbst erschossen hatte. Die NCO und die *Banda della Magliana* verband eine Zweckfreundschaft mit dem Faschisten und Umstürzler Aldo Semerari – Professor für forensische Psychologie und mit den Geheimdiensten im Bunde –, der schließlich unweit des Cutolo-Palastes in Ottaviano einen Kopf kürzer gemacht werden sollte. Wie die NCO erhielt auch die *Banda della Magliana* die Gelegenheit, in Semeraris gewalttätigen rechtsextremen Plänen eine aktive Rolle zu spielen; die Römer lehnten das Angebot ab, tauschten aber Waffen gegen Gefälligkeiten – genau wie die NCO.

Im Gegensatz zur NCO oder den traditionellen Mafias in Sizilien und Kalabrien verzichtete die *Banda della Magliana* jedoch auf Initiationsrituale und mystischen Hokuspokus. Dies war wohl auch der Grund, warum sie trotz ihres Reichtums und ihrer Gewalttätigkeit nicht dauerhaft Fuß fassen konnte: So gesehen stellte die *Banda della Magliana* keine Mafia dar. Schon Mitte der achtziger Jahre hatte sie zu bröckeln begonnen. Schuld waren jene blutigen Auseinandersetzungen und Denunziationen, denen die traditionellen Mafias stets in bemerkenswerter Weise getrotzt hatten.

Die *Sacra Corona Unita* (Heilige Vereinte Krone) oder SCU ist die Mafia in Apulien, jener Region, die den Absatz des italienischen Stiefels bildet. Ihre Geschichte beginnt 1978, als sich im benachbarten Kampanien der Konflikt zwischen der *Nuova Camorra Organizzata* und der *Nuova Famiglia* anbahnte. Die Gefängnisverwaltungen versuchten die Spannungen in den Gefängnissen zu entschärfen, indem sie Insassen mit Camorrahintergrund in Einrichtungen anderer Regionen verlegten, unter anderem nach Apulien. Kaum befanden sich die Schüler des »Professors« scharenweise in apulischen Vollzugsanstalten, setzten sie sich schnell an die Spitze der Hackordnung und gingen daran, lokale Ganoven in die NCO zu rekrutieren. Im Januar 1979 stattete Cutolo persönlich Apulien einen Besuch ab und hielt eine Versammlung in einem Hotel in Lucera ab, um mehr als 40 örtliche Kriminelle zu »legalisieren« – er unterzog sie in anderen Worten dem Initiationsritual der *Nuova Camorra Organizzata*. Bei einem zweiten Treffen, diesmal in der Nähe von Lecce, wurden weitere 90 apulische Verbrecher rekrutiert.

1981 gründete der »Professor«, mittlerweile wieder hinter Gittern, offiziell einen apulischen NCO-Ableger, die *Nuova Camorra Pugliese*, deren Anführer verpflichtet waren, Cutolo mit 40 bis 50 Prozent an ihren Einnahmen zu beteiligen. Weil ihm, mit anderen Worten, die Vorherrschaft in Kampanien nicht genügte, versuchte der »Professor« jetzt, die gesamte apulische Unterwelt an sich zu binden. Doch in Apulien wie in Kampanien wurden die größenwahnsinnigen Pläne des »Professors« schließlich durchkreuzt. Als die NCO infolge der Cirillo-Entführung der Niederlage entgegenschlitterte, sehnten sich einige apulische Camorristi zunehmend nach größerer Autonomie.

Die ersten Anzeichen, dass etwas Merkwürdiges vor sich ging im kriminellen Geheimbund Apuliens, fanden die Behörden zu Beginn des Jahres 1984, als in einer Gefängniszelle ein von Hand geschriebenes Dokument auftauchte. Unter dem Titel »Der S-Kodex« waren die Glaubensartikel einer neuen kriminellen Bruderschaft namens *Famiglia Salentina Libera* (Freie Familie aus Salento, einer Stadt am äußersten Ende des Stiefelabsatzes) aufgelistet. In Artikel 7 des S-Kodex hieß es, das Ziel der Organisation bestehe darin, »keiner Familie aus anderen Regionen die Herrschaft über unser Territorium zu überlassen«. Allmählich formierte sich der Widerstand gegen den »Professor«.

Nur wenige Wochen später, in einem Gefängnis in Bari, Apuliens größter Stadt, wurde eine weitere Satzung gefunden, ebenfalls von einer neuen Mafia: der *Sacra Corona Unita*. Der Verfasser der Satzung, zugleich der Begründer der SCU und ihr Oberboss, war ein Mörder namens Giuseppe Rogoli. Was Rogoli 1981 veranlasst hatte, die SCU zu gründen, war zum Teil das Bedürfnis, der Macht der *Nuova Camorra Organizzata* im Gefängnis entgegenzuwirken. Wie er später anmerken sollte:

»Damals bildeten Cutolos Männer sich ein, sie wären Gott der Allmächtige, und in jedem Gefängnis haben sie versucht, uns unterzubuttern – was uns natürlich nicht gepasst hat. Also haben einige von uns, nicht nur ich, beschlossen, diese *Sacra Corona Unita* zu gründen, gegen die übergroße Macht der NCO in den Gefängnissen.«

Rogoli, der sich nach einem Gegengewicht zum Einfluss des »Professors« in seiner Region umsah, suchte für seine neue Bruderschaft die Unterstützung der 'Ndrangheta. Umberto Bellocco, 'Ndrangheta-Boss aus Rosarno, führte Rogoli in die kalabrische Mafia ein und diktierte ihm dann die Regeln der *Sacra Corona Unita*. Die Kalabresen nahmen das Recht für sich in Anspruch, die Rituale zu leiten, die mit der Beförderung von SCU-Mitgliedern auf höhere Ränge innerhalb der apulischen Organisation einhergingen, und forderten bei einer Reihe von Entführungen die Mitarbeit der SCU. Die SCU war in anderen Worten eine halbautonome apulische Tochtergesellschaft der 'Ndrangheta.

Rogolis Männer begrüßten die geborgten mystischen Rituale der SCU mit dem Eifer der Bekehrten. Einer der frühen Anführer der neuen Mafia, Romano Oronzo, gab ein Gemälde in Auftrag, das sämtliche Symbole der neuen Mafia enthielt. Der Künstler, der den Auftrag annahm, würde es später vor Gericht folgendermaßen beschreiben:

»Ich sollte ein Dreieck zeichnen, das Symbol der Heiligen Dreifaltigkeit, mit dem Gesicht Jesu und einer Taube, dazu die Welt, außerdem seine Augen, und eine Hand, die einen Blitz abwendet. Bevor ich mit dem Bild begann, bat ich ihn, mir zu erklären, was es mit diesen Symbolen auf sich habe, und er sagte mir, er habe das Gefühl, von Gott gesandt zu sein, um der Welt zu helfen.«

Wie der »Professor«, dessen Macht über Apulien er sich entgegenstemmte, baute Rogoli seine Organisation zunächst hinter Gittern auf und strebte dann auch außerhalb des Gefängnisses nach territorialer Kontrolle. Die SCU erhielt großen Zulauf, schluckte am Ende die *Famiglia Salentina Libera* und versammelte Kriminelle aus allen Provinzen Apuliens.

Trotz alledem hatte sie kein ruhiges Leben. Mitglieder aus verschiedenen Gegenden Apuliens unterwarfen sich oft nur widerstrebend

Rogolis Autorität. Rivalitäten wegen der immer einträglicheren Drogengeschäfte gaben ebenfalls Anlass zu Reibereien. Neue Minimafias wurden in Apulien gegründet als Gegenspieler zur SCU. 1986 waren die internen Rangeleien so heftig geworden, dass Rogoli sich bemüßigt fühlte, eine neue SCU zu gründen, wobei er dieses Geistesprodukt einfallsreich als *Nuova Sacra Corona Unita* bezeichnete. Die SCU erhielt eine Befehlsinstanz, die *Società Riservatissima* (oder »Überaus geschlossene Gesellschaft«), die aus acht Oberbossen bestand – Rogoli sprach von »acht unbekannten, unsichtbaren Männern, die bis an die Zähne bewaffnet waren«. Sie trugen allesamt Waffen, weil man auf ein verlässliches Killerkommando zurückgreifen wollte, bezahlt aus den gemeinsamen Geldmitteln der Organisation, um die Disziplin zu wahren. Doch nicht einmal diese drastischen Methoden konnten dem vernichtenden Konflikt und der Zersplitterung Einhalt gebieten.

So machte die *Sacra Corona Unita* dieselbe grundlegende Entwicklung durch, die schon andere Mafias seit den 1950er Jahren erlebt hatten: größere Gewinne, stärkere Zentralisierung und immer mehr blutige Grabenkämpfe. Zwischen 1984 und 1992 verdreifachten sich in Apulien die mit der Mafia in Zusammenhang stehenden Tötungsdelikte von 45 auf 135 im Jahr.

Die SCU ist auch heute noch eine kriminelle Macht, wenn sie in den vergangenen Jahren auch einige schwere Niederlagen einstecken musste. Es ist noch zu früh für eine Prognose über das weitere Schicksal der *Sacra Corona Unita*. Ob sie lange genug Bestand haben wird, dass einige Anführer ihre Macht auf die nächste Generation übertragen können, wird sich weisen.

Apulien war genau wie Rom ein Territorium, in dem alle drei bedeutenden Mafias vertreten waren. Die Adriaküste der Region war eine wichtige Eingangsschleuse für Schmuggelzigaretten und andere illegale Güter. Geographisch gesehen lag sie im Hinterhof von ’Ndrangheta und Camorra. Was besonders auffällt an der Geschichte der *Sacra Corona Unita*, ist die Tatsache, dass sich Camorristi, Mafiosi und ’Ndranghetisti auf apulischem Boden, genau wie in Rom, nicht bekriegten. Sie pflegten sogar diplomatische Beziehungen untereinander. Offenbar waren Abgesandte der ’Ndrangheta und Cosa Nostra als

Zeugen anwesend, als der »Professor« in Lecce 90 apulische Kriminelle feierlich dem Initiationsritual unterzog.

Nichtsdestoweniger hatten Cosa Nostra, Camorra und 'Ndrangheta unterschiedliche Ansätze, wie man sich neues Terrain erobert. Als in den 1960er und 1970er Jahren die Anzahl der Mafiavorposten in anderen Regionen stieg und diese mit Entführungen und Drogengeschäften ihre Macht ausweiteten, erwies sich eine der Organisationen als ungleich erfolgreicher als die anderen beiden.

Erstaunlicherweise war die Cosa Nostra als reichste und mächtigste Mafia nur selten daran interessiert, in anderen Regionen Niederlassungen zu gründen. In diversen Gegenden Italiens gab es anerkannte *decine* der Cosa Nostra, die normalerweise aus Sizilianern bestanden. Doch sobald sie aus irgendwelchen Gründen Sizilien verließen, zogen sizilianische Ehrenmänner es vor, *keine* Gesandtschaften der Cosa Nostra zu errichten. Stattdessen verließen sie sich auf ihr kriminelles Prestige, um zum jeweiligen Zweck Helfershelfer aus der örtlichen Unterwelt an sich zu binden, und fuhren gut damit. Dasselbe tat Luciano Liggio, *capo* der Corleoneser, während seiner Entführungsphase. Gaspare Mutolo alias »Mister Champagne« verfuhr ähnlich, wenn er von einem Stützpunkt aus, unweit seines Gefängnisses in den Marken, Heroin verschob.

Nur in Neapel hatte man Cosa-Nostra-Familien aufgebaut und ihre Leitung Nicht-Sizilianern wie den Nuvolettas und Zazas übertragen. Dieser ungewöhnliche Schritt war der Bedeutung Neapels als Eldorado des Zigarettenschmuggels geschuldet. Und die Macht der Cosa Nostra erzeugte, wie bereits erwähnt, heftigen Widerstand seitens der NCO des »Professors«. Sie schürte auch den Groll der neapolitanischen Verbündeten der sizilianischen Mafia. »Die Sizilianer sahen auf uns herab«, erinnerte sich einer der Camorrabosse. »Dann gab es Typen, die der Cosa Nostra in den Arsch gekrochen sind. Camorristi, dass ich nicht lache! Sie haben den Arsch hingehalten für die Sizilianer, nur um sich ein bisschen stärker zu fühlen.«

Trotz seiner ablehnenden Haltung gegenüber dem sizilianischen Einfluss in seiner Heimat pflegte Raffaele Cutolo einen zentralistischen, ziemlich diktatorischen Führungsstil, wenn er außerhalb Kampaniens tätig wurde. Folglich musste der apulische Zweig der *Nuova Camorra Organizzata* einen hohen Tribut an ihn entrichten. Seine Selbstherrlichkeit rächte sich, als die *Sacra Corona Unita* entstand und sich ihm widersetzte.

Die 'Ndrangheta ging die Herausforderung, sich außerhalb der Heimat zu verbreiten, subtiler, aber auch gründlicher an. Sie hatte mächtige Gesandte in Kampanien und Apulien. Doch keine der kriminellen Gruppierungen vor Ort revoltierte gegen die kalabrische Gegenwart. Wie Giuseppe Rogoli, Gründer der SCU, suchten sie sogar den Kontakt. 1990 wurde im Gefängnis von Lecce eine kleinere Mafia gegründet, die *Rosa dei Venti* (»Windrose«), und bat ebenfalls um den Segen der 'Ndrangheta. Die Anerkennung aus Kalabrien war offensichtlich ein hoher Wert für neue Gangs.

Die 'Ndrangheta verfügt über ein schier unerschöpfliches und hochkompliziertes Repertoire an Symbolen, Traditionen, Rängen und Ritualen, die sie seit dem 19. Jahrhundert bewahrt hat. Sie ist die letzte aus einer großen Sippe Ehrenwerter Gesellschaften auf dem italienischen Festland, zu der auch die einstige Ehrenwerte Gesellschaft Neapels gehörte und eine Organisation namens *Mala Vita* (wörtlich »schlechtes Leben«, ein Begriff für die »kriminelle Unterwelt«), die im 19. Jahrhundert eine kurzlebige Vorläuferin der apulischen Mafia war, der *Sacra Corona Unita*. Einige der wichtigsten neuen Mafias der 1970er und 1980er Jahre, einschließlich der NCO und der SCU, ließen sich, was Stil und Struktur einer Bande anbelangte, vom umfangreichen Repertoire der 'Ndrangheta inspirieren.

Neben den vielen Geschäftsmöglichkeiten, die sich im Bereich Drogen, Entführungen und dergleichen boten, genügten diese kulturellen Angebote, um sowohl die Apulier der SCU als auch die 'Ndranghetisti zufriedenzustellen, die als Sponsoren fungierten. Kurzum, die 'Ndrangheta zog es vor, sich nicht einzumischen. Sie wollte kein Imperium, nur eine exklusive Bande verlässlicher Geschäftspartner. Der treffendste Begriff für die kalabrische Annäherung an die apulische Verbrecherszene ist vermutlich »Franchising«.

In den wohlhabenden Regionen Norditaliens war die 'Ndrangheta aufgrund ihrer Beteiligung am Baugewerbe und an der Entführungsindustrie längst fest verankert. Hier verbreitete die Organisation sich direkt und nicht, indem sie lokalen Banden wie der SCU ihren Segen gab. In den achtziger Jahren hatten 'Ndranghetisti bereits in vielen kleinen und großen Städten in der Lombardei und dem Piemont Niederlassungen gegründet, sogenannte *locali*. Diese Kolonien im Norden waren über Blutsbande und Geschäftsinteressen eng mit einzelnen *locali* in Kalabrien verknüpft: Über diese Kanäle wurden regelmäßig Drogen, Geld, Killer, Flüchtige und Entführungsopfer ausgetauscht. Junge Männer, die aus 'Ndrangheta-Familien im Norden stammten, kehrten in den Süden zurück, um in die Bruderschaft eingeführt zu werden. Die 'Ndranghetisti aus dem Norden kamen zusammen, um Streitereien zu schlichten und sicherzustellen, dass die kalabrischen Regeln eingehalten wurden. Wie ein abtrünniger 'Ndranghetista aus dem Norden bezeugte:

> »1982 nahm ich an einem Treffen sämtlicher *locali* im Piemont teil. Ungefähr 700 Leute waren dort versammelt (...) Der Grund für das Treffen war die Tatsache, dass in Turin zu dieser Zeit viele kalabrische Mitglieder der 'Ndrangheta Zuhälterei betrieben – was in der 'Ndrangheta als ehrlos gilt (...) Also wurde beschlossen, den Mitgliedern die Zuhälterei zu verbieten. Wer den Befehl missachtete, sollte entweder aus der 'Ndrangheta ausgeschlossen oder beseitigt werden.«

Die Strategie der 'Ndrangheta in anderen Regionen machte aus ihr die mit Abstand erfolgreichste der drei größeren Mafias. Ein sizilianischer Mafioso, der im Norden Geschäfte machte, sagte: »Im Piemont haben die Kalabresen das Sagen. Die kleinen Gruppen von Sizilianern stellen kein Problem für sie dar.« Die Kalabresen im Norden waren sich ihrer Macht so sicher, dass sie einzelne Gruppen sizilianischer Mafiosi innerhalb ihrer Struktur zuließen. Die 'Ndrangheta, einst die arme Verwandte der mächtigen sizilianischen Mafia, hatte es weit gebracht.

Währenddessen ahnten die italienischen Behörden kaum, wie weit sich die 'Ndrangheta schon ausgebreitet hatte. Die sanfte Kolonisierungsmethode der kalabrischen Mafia erwies sich als die richtige Formel für eine Expansion in die Kernregionen der italienischen Wirtschaft.

Kolonienbildung war jedoch nicht der einzige Verbreitungsweg der Mafia. Während die 'Ndrangheta in kleinen und großen Städten im Norden ihre Piratenflagge gehisst hatte, eroberte sich die Cosa Nostra mit Drogendollars Spitzenplätze innerhalb der italienischen Hochfinanz. Aldo Ravelli war ein bekanntermaßen ruchloser Börsenmakler, der im Laufe einer sich über Jahrzehnte erstreckenden Karriere an der Mailänder Börse mehrfach mit dem Gesetz in Konflikt geriet. In einem Interview, das auf seine Anweisung hin erst nach seinem Tod veröffentlicht werden durfte, lieferte er Insiderinformationen über Italiens Finanzbourgeoisie, die er in drei Lager aufteilte. Das erste war »halbsauber«, das zweite »skrupellos«, das dritte die sizilianische Mafia.

5 MÄRTYRER UND BUSSFERTIGE

Mafiaterror

In den 1980er Jahren gelangten die Mafias zu größerem Reichtum und furchteinflößenderer Macht als zu jeder anderen Zeit in ihrer langen Existenz. Zudem waren sie so weit verbreitet und mit dem Staatsapparat so eng verflochten wie nie. Die Geschichte der Menschen, die sich ihnen in den Weg stellten, ist das tragischste und erschütterndste Kapitel seit Bestehen der Italienischen Republik. Die größten Dramen spielten sich in der Heimat der nach wie vor gefährlichsten aller Mafias ab, der Cosa Nostra. Die achtziger Jahre waren ein ungewöhnlich langes Jahrzehnt für Sizilien. Die Insel hatte in puncto organisierter Kriminalität lange Zeit den Takt vorgegeben. Jetzt sollte sie auch bei deren Bekämpfung mit gutem Beispiel vorangehen.

Die nun folgende Geschichte wurde von Ermittlern rekonstruiert – sie standen im Zentrum des Geschehens. Auch Journalisten trugen einiges zur Aufklärung bei: Viele empfanden es geradezu als ihre heilige Pflicht zu begreifen, was in den 1980er Jahren mit erschreckender Geschwindigkeit um sie herum geschah. Seit dieser schrecklichen Zeit wurden die Ereignisse immer und immer wieder erzählt. Die Geschichte ist allgegenwärtig, in den Denkmälern für die Gefallenen, in Straßennamen und Gedenktafeln und in den alljährlichen Feierlichkeiten, die an Mafiaverbrechen erinnern. Sie ist in den berühmten Videoclips und Fotos zu finden, die zu Ikonen des kollektiven Gedächtnisses geworden sind. Ihre Macht über unser aller Vorstellungskraft ist kein Geheimnis: Schließlich prallt hier das Gute auf das Böse. Doch nimmt es nicht wunder, wenn sie wie alle großen Geschichten zuweilen ihre wahre Bedeutung einbüßt, wenn Gleichgültigkeit sie zum bloßen Ritual aushöhlt, wenn sie zur Farce verkommt durch das zynische Lippenbekenntnis von Politikern oder die billigen Konventionen der

Dramatisierung durch die Medien. Dennoch sind die Wahrheiten in dieser Geschichte noch heute viel zu wichtig, um nicht kontrovers diskutiert zu werden; ihre bleibenden Geheimnisse sorgen nach wie vor für Schlagzeilen.

Die Menschen, die während Siziliens längstem Jahrzehnt im Kampf gegen die Cosa Nostra starben, waren Märtyrer. Das Wort mag schwülstig klingen. Für die Menschen westlicher Demokratien, die das Glück haben, die Mafia allenfalls aus Filmen zu kennen, passt es heutzutage höchstens in das Denkmuster religiöser Fanatiker. Im italienischen Kontext jedoch ist es das einzig richtige Wort. Die Märtyrer des Kampfes gegen die Macht der Mafia starben für ein wertvolles Gut, für etwas, das in anderen europäischen Ländern banal erscheinen könnte: die Rechtsstaatlichkeit. Sie inspirierten andere, ihrem Beispiel zu folgen. Durch sie fanden viele junge Menschen ihre Berufung in Polizei oder Justiz – oder schlicht in der Weigerung, sich mit dem Mafiasystem in ihrem Alltag abzufinden.

Die Opfer, die im Kampf gegen die Mafia erbracht worden sind, haben auch die Geschichte verändert. Was in Sizilien geschah, zerstörte die hartnäckigen Denkmuster, die seit der Einigung Italiens im Jahre 1861 Bestand hatten. Der wichtigste Fortschritt bestand darin, die Mafia zu begreifen. Um der Cosa Nostra den Kampf anzusagen, galt es vor allem herauszufinden, was sie eigentlich war. In den siebziger Jahren wusste das niemand so genau, weil man Beweismittel über 100 Jahre lang vertuscht, vernachlässigt oder vergessen hatte. Italien wusste nicht einmal, dass die sizilianische Mafia von ihren Mitgliedern Cosa Nostra genannt wurde. Die meistgelesene akademische Studie über die Mafia war damals von einem deutschen Soziologen verfasst und 1973 ins Italienische übersetzt worden. Trotz der scharfsinnigen Einblicke in die gesellschaftliche Struktur Siziliens, die der Autor bot, äußerte er sich der Annahme gegenüber, dass die Mafia eine Geheimgesellschaft sein könnte, geringschätzig: Nur »sensationsgierige Journalisten, verwirrte norditalienische Juristen und ausländische Autoren« würden diesen Fehler begehen. Es gebe natürlich Mafiosi auf Sizilien – Mittelsmänner, Beschützer, Ganoven. Doch sie gehörten zur Kultur der Insel. Einen Geheimbund, der mit dem Etikett »Mafia« versehen werden könnte, gebe es nicht. Die Ergebnisse neuerer Gerichtsverfahren in den späten sechziger Jahren schienen seine Ansicht zu bestätigen. 1992 jedoch war dieser Irrtum endgültig aus dem Weg geräumt: Es gab Beweise, die sogar den Obersten Gerichtshof in Italien zu der Überzeugung brachten, dass die sizilianische Mafia in der Tat eine kriminelle Organisation, ein Geheimbund war. Am Ende des längsten Jahrzehnts in Sizilien war das erstaunlichste Verbrechen der sizilianischen Mafia – die Behauptung, es gebe sie nicht – endlich entlarvt.

Die Jahre des Blutvergießens und der Polemik in Palermo, die zu diesem entscheidenden Urteil des Obersten Gerichtshofs geführt hatten, sollten sich auf die Camorra, die 'Ndrangheta und auf Italiens gesamtes kriminelles Machtsystem auswirken. Mit einem Mal führte Italien Institutionen ein, die dem grundlegenden Bedürfnis Rechnung trugen, die italienische Unterwelt mitsamt ihren Verbindungen zur »oberen Welt« von Politik, Verwaltung und Wirtschaft *als Einheit* zu betrachten. Endlich, nach über 100 Jahren, wurden die Mafias als verschiedene Aspekte derselben grundlegenden Probleme angesehen.

Es sind fraglos tiefgreifende Veränderungen – tiefgreifend genug, um die langen Achtziger als blutigen Übergang zwischen zwei völlig unterschiedlichen Epochen in der Mafiageschichte zu kennzeichnen. Doch wird es noch eine Weile dauern, ehe wir sagen können, ob der Fortschritt, der einen so hohen Preis forderte, unwiderruflich ist. Aus diesem Grund muss der Titanenkampf zwischen Mafia und Antimafia jener Jahre immer wieder aufs Neue erzählt werden. Denn er wird seine Relevanz und Notwendigkeit erst dann verlieren, wenn die Mafias in Italien endgültig besiegt worden sind.

Siziliens längstes Jahrzehnt begann mit fünf hochkarätigen Morden, sogenannten »prominenten Leichen«, im Zeitraum von neun Monaten.

Am 26. Januar 1979 wurde Mario Francese vor seinem Haus in Palermo mit einem Kopfschuss getötet. Francese war für die Verbrechensrubrik in Siziliens größter Tageszeitung zuständig gewesen, dem *Giornale di Sicilia*. Neben ihm stand sein 20-jähriger Sohn Giulio, der erst wenige Wochen zuvor ebenfalls eine Journalistenlaufbahn begonnen hatte.

Sechs Wochen später, am 9. März, starb Michele Reina, der Anführer der christdemokratischen Partei in der Provinz Palermo, in einem Kugelhagel aus einem Dum-Dum-Geschoss am Steuer seines Wagens.

Seine Frau saß neben ihm und sah den Killer grinsen, während er schoss. Reina war der erste Nachkriegspolitiker, der von der sizilianischen Mafia ermordet worden war; er hinterließ drei kleine Kinder.

Der dritte Mord geschah am 11. Juli im Norden des Landes, im Mailänder Bankenviertel. Der Rechtsanwalt Giorgio Ambrosoli hatte den Auftrag, sich näher mit den Angelegenheiten des in Ungnade gefallenen sizilianischen Bankiers Michele Sindona zu beschäftigen. Ein dreiköpfiges Killerteam lauerte auf Ambrosoli, als er spät abends nach Hause kam; auch er hinterließ eine Frau und drei kleine Kinder.

Zehn Tage später wurde in Palermo Boris Giuliano, der Kommandant einer Ermittlungseinheit in Zivil, an der Theke seiner Stammkneipe mit sieben Schüssen niedergestreckt.

Cesare Terranova war Richter. Am 25. September wurde er mitsamt seinem Leibwächter Lenin Mancuso in seinem Wagen erschossen. Ein Zeuge sagte aus, die Killer hätten dabei gegrinst.

Ein Journalist, ein Politiker, ein Finanzanwalt, ein Polizist und ein Richter. Medien, Demokratie, Finanzwesen, Strafverfolgung und Justiz. Die grinsenden Killer der Mafia hatten nacheinander fünf Säulen der italienischen Gesellschaft angegriffen.

Keiner dieser Morde war für sich genommen beispiellos für die sizilianische Mafia. Doch so kurz aufeinander offenbarten sie einen unverwechselbaren und erschreckenden neuen Trend. Sizilianische Mafiosi hatten die Vertreter des Staates noch nie dermaßen systematisch angegriffen. Die Institutionen wurden unterwandert und bestochen, aber sie wurden nie frontal attackiert. Jetzt hatte die Mafia plötzlich einen terroristischen Weg eingeschlagen.

Viele Kommentatoren während der terroristischen Jahre, bekannt als »bleierne Zeit«, zogen Vergleiche zwischen der Mafia und der terroristischen Bedrohung. Die Cosa Nostra selbst hatte ihnen die Worte in den Mund gelegt. Nach den Morden an Reina und Terranova hatte die Redaktion des *Giornale di Sicilia* jeweils einen anonymen Telefonanruf erhalten, der angeblich aus einer Terrorzelle kam. Die Anrufe waren falsch und sollten die Ermittler in die Irre führen. Doch die Parallele zwischen der sizilianischen Mafia und den Roten Brigaden war so abwegig nicht. Beide Gruppen töteten Journalisten, Politiker, Anwälte, Polizisten und Richter. Beide maßten sich an, über dem Gesetz zu stehen. Beide glaubten, der italienische Staat sei so schwach und diskreditiert, dass er ohne weiteres zur Kapitulation gezwungen werden könne. Man gebrauchte Gewalt, weil Gewalt funktionierte – mittlerweile war sie in Italien an der Tagesordnung. Und man konnte getrost darauf zählen, dass das italienische Volk tatenlos zusehen würde, wie sein Land zugrunde ging.

Doch in einigen Morden von 1979 waren auch Zeichen des Widerstands gegen die Bedrohung durch die Mafia erkennbar. Die Cosa Nostra ließ Menschen ermorden, die sie fürchtete.

Der Journalist Mario Francese pflegte den Dingen unerbittlich auf den Grund zu gehen. Er war einer der wenigen Journalisten, die die wachsende Bedrohung durch Riina und seine Corleoneser erahnten; er hatte es sogar gewagt, Riinas Frau zu interviewen.

Giorgio Ambrosoli hatte herausgefunden, dass Michele Sindona die Gewinne aus dem Heroinhandel mit Amerika gewaschen hatte.

Boris Giuliano war ein geborener Polizist, der einige Heroinküchen der Cosa Nostra aufgespürt hatte. Er wusste auch, wie sich das Geld der Mafia verfolgen ließ, und die Geldspur hatte ihn, in Zusammenarbeit mit der amerikanischen Drogenvollzugsbehörde DEA (*Drug Enforcement Administration*), zu einer klaren Schlussfolgerung gebracht: »Die Mafiaorganisationen in Palermo sind mittlerweile Dreh- und Angelpunkt des Heroinschmuggels, das Clearinghaus für die Vereinigten Staaten.«

Richter Terranova hatte infolge der Ciaculli-Bombe in den 1960er Jahren die Mafia im großen Stil verfolgt. 1974 verurteilte er Luciano Liggio, den Boss der Corleoneser, zu einem Leben hinter Gittern. Nachdem er mehrere Jahre als Parteiloser im Parlament gesessen hatte, unter dem Flügel der Kommunisten, war er vor kurzem nach Palermo zurückgekehrt, in den juristischen Schützengraben der Mafiabekämpfung, als die Cosa Nostra den Entschluss fasste, ihn zu töten.

Der Tod des Christdemokraten Michele Reina war damals weitaus schwieriger zu deuten. Nur wer der Mafia nahestand, konnte die Bedeutung des Mordes entziffern. Alle anderen hatten sich mit den Gerüchten und Theorien zu begnügen, die die Zeitungen füllten. Wir können heute weitgehend klären, welche dieser Theorien der Wahrheit am nächsten kam. Reina war ein ehrgeiziger Mensch, der mit dem Gesetz in Konflikt geraten war. Politisch gehörte er zum Kreis der Palermer Christdemokraten. Er war ein »junger Türke« aus dem Lager

Salvo Limas, der einer der verlässlichsten Politiker der Cosa Nostra war. Doch seit Reina der örtliche Parteichef geworden war, hatte sein Ehrgeiz ihn dazu gebracht, unabhängig zu denken. Er koalierte mit den Kommunisten, was ihm einige als Ketzerei auslegten. Er wolle der Anführer einer *Democrazia Cristiana* sein, erklärte er, die »nicht länger für die Bauindustrie und von der Bauindustrie« lebe. Gefährliche Reden: Reina hatte bereits Drohungen erhalten. Reina einen Märtyrer zu nennen, mag etwas übertrieben sein, dennoch war seine Ermordung eine frostige Provokation gegen den Staat. In der neuen Ära des Mafiaterrors wurde unabhängiges Denken in der sizilianischen DC mit dem Tode bestraft.

Die fünf Morde des Jahres 1979 kamen einer Kriegserklärung gleich: Zum ersten Mal in ihrer Geschichte wagte die Cosa Nostra den Frontalangriff gegen den Staat – oder die wenigen, die in Italiens baufälligem Regierungsapparat ihre Pflichten ernst nahmen und verkörperten, was der Staat eigentlich hätte sein sollen.

Und hier lag der wesentliche Unterschied zwischen der Cosa Nostra und den Roten Brigaden, ein Unterschied, der Erstere weitaus gefährlicher machte als Letztere. Die Roten Brigaden hatten gewiss auch ihre Spitzel und Sympathisanten. Trotzdem befanden sie sich *außerhalb* eines Staates, den sie stürzen wollten. Aktive *brigatisti* agitierten in geheimen Verstecken in den anonymsten Vierteln der italienischen Städte. Die Cosa Nostra dagegen war ein integrativer Bestandteil des Staates – eines Staates, den sie zu neutralisieren und ganz dem eigenen blutrünstigen, raubgierigen Willen zu unterwerfen gedachte. Aktive Mafiosi operierten von denselben Einrichtungen aus, in denen Leute wie Mario Francese, Michele Reina, Giorgio Ambrosoli, Boris Giuliano und Cesare Terranova tätig waren. Aus diesem Grund bedurfte, wer sich der Cosa Nostra entgegenstellte, eines besonderen Heldenmutes.

Im darauffolgenden Jahr, 1980, wurde der Angriff fortgesetzt: Wieder gab es prominente Leichen – und neue Helden.

Am 6. Januar wurde Piersanti Mattarella, das christdemokratische Oberhaupt der sizilianischen Landesregierung – in anderen Worten der wichtigste Politiker auf der Insel – hingerichtet, als er gerade in seinen Wagen stieg, um mit seiner Frau und seinem Sohn zur Kirche zu fahren. Mattarella hatte gegen die Art und Weise protestiert, wie Regierungsaufträge vergeben wurden. Seine Frau sah, wie der Killer sich dem Wagen näherte, und flehte ihn an, er möge nicht schießen.

Emanuele Basile war ein junger Hauptmann, der die Carabinieri in Monreale kommandierte, einer Stadt auf dem Hügel oberhalb der Conca d'Oro. In der Nacht, in der er getötet wurde, dem 4. Mai, waren die Straßen voller Menschen, hell erleuchtet und mit dem Nougatduft erfüllt, der den Straßenständen entströmte: Es war das Fest des Heiligen Kreuzes. Basile, der zu dem Zeitpunkt seine vierjährige Tochter Barbara in den Armen hielt, bahnte sich den Weg durch die Menge nach Hause, als hinter ihm zwei Mörder auftauchten. Die Hand seiner kleinen Tochter wurde im Mündungsfeuer verbrannt; wie durch ein Wunder blieb das Kind ansonsten unversehrt. Basile konnte seiner Frau nur noch »hilf mir« zuhauchen, ehe er das Bewusstsein verlor. Er starb wenige Stunden später auf dem Operationstisch.

Basile ermittelte gegen die Corleoneser und betrieb auch Nachforschungen zum Drogenhandel mit den USA. Der Richter, der eng mit ihm zusammenarbeitete – ein geselliger, kettenrauchender Palermitaner mit nach hinten gegeltem Haar und einem adretten, schräg abfallenden Schnurrbart –, hieß Paolo Borsellino. Borsellino war am Boden zerstört, als man ihn anrief, um ihm die Nachricht vom Tod seines Freundes Basile mitzuteilen. Er war 40, und es war das erste Mal, dass seine Frau ihn weinen sah. Der Mord war nicht nur eine Tragödie, sondern auch eine Botschaft – eine Warnung, die an Borsellino selbst gerichtet war. Doch angesichts der Trauer und Furcht und der Kriegserklärung der sizilianischen Mafia reagierte Borsellino mit Entschlossenheit. Wie seine Frau sich später erinnern würde: »Basiles Ermordung brachte es an den Tag: Ich hatte einen Mann geheiratet, der aus Stein gemeißelt war.« Ihr Mann stürzte sich in seine Arbeit. In den folgenden Tagen wurde ihm als erstem Palermer Richter in der Ära der sogenannten *cadaveri eccellenti*, der prominenten Leichen, eine bewaffnete Eskorte an die Seite gestellt. Paolo Borsellino sollte einer der beiden großen Champions im Kampf gegen die Cosa Nostra werden.

Drei Monate nach dem Mord an Basile, am 6. August 1980, wurde Gaetano Costa, der besonnene Oberstaatsanwalt von Palermo, durch mehrere Schüsse ins Gesicht getötet. Der Killer hatte die Pistole in einer zusammengerollten Zeitung versteckt. Costa verblutete neben einem Bücherstand in der Straße gegenüber dem Teatro Massimo, einem der berühmtesten Wahrzeichen Palermos. Der ehemalige Widerstandskämpfer gegen die Nationalsozialisten hatte unlängst gegen die größten Heroinschmuggler der Cosa Nostra Haftbefehl erteilt.

Wie es das Schicksal wollte, war der Ermittlungsrichter, der mit dem Fall betraut wurde, ein Freund Paolo Borsellinos aus Kindertagen, der sich ebenfalls gerade daran gewöhnen musste, in ständiger Gesellschaft bewaffneter Polizisten in kugelsicheren Westen zu leben. Sein Name war Giovanni Falcone. Falcones großes, freundliches Gesicht verbarg die Tatsache, dass er weitaus weniger gesellig war als Borsellino. Doch auch er war ein Mann mit granithartem Mut und einem unersättlichen Hunger auf schwere Arbeit. Seine gewissenhafte und brillante Untersuchung der Finanzen des Heroinschmuggels hatte bereits zum ersten Mal die geschäftlichen Verbindungen der sizilianischen Mafia mit neapolitanischen Camorristi zutage gefördert. Falcone war auch dem heimtückischen Widerstand begegnet, den einige seiner Kollegen gegen jeden an den Tag legten, der zu fleißig war. Sein direkter Vorgesetzter war von einem anderen Richter mit deutlichen Worten gewarnt worden, dass Falcone die »Wirtschaft in Palermo ruiniere« und dass er mit gewöhnlichen Fällen zugeschüttet werden solle, um ihn daran zu hindern, allzu tief zu graben. Als Falcone an den Ort eilte, wo Costa ermordet worden war, raunte ein Kollege ihm vertraulich zu, während er sich über die entstellte Leiche beugte: »Wer hätte das gedacht. Ich war absolut sicher, dass du an der Reihe warst.« Giovanni war auf dem besten Weg, zum größten Feind der Cosa Nostra zu werden. Mit Paolo Borsellino sollte er zum Symbol des Kampfes gegen die Mafia werden. Die Geschichte des Kampfes gegen die Cosa Nostra in den achtziger und frühen neunziger Jahren ist größtenteils ihre Geschichte.

Doch um es ernsthaft mit der Cosa Nostra aufzunehmen, und zwar innerhalb des gesetzlichen Rahmens, brauchten Falcone und Borsellino neue Werkzeuge. Und diese stammten, teils unverändert, teils in angepasster Form, aus der Bekämpfung des Terrorismus. Die Auseinandersetzung des italienischen Staates mit den todbringenden Idealisten der Roten Brigaden während der bleiernen Jahre hatte entscheidende Konsequenzen für die Geschichte des organisierten Verbrechens.

1980 erhielt der Staat seine entscheidende Waffe im Kampf gegen die Roten Brigaden. Später wurde dieselbe Waffe mit vernichtender Wirkung gegen die Mafias zum Einsatz gebracht.

Gesetz Nummer 15 vom 6. Februar 1980 sicherte Mitgliedern von Untergrundorganisationen Strafminderung zu, wenn sie gegen Kollegen aus der Terrorszene Beweismittel lieferten. Das erste Mitglied der Roten Brigaden, das von dem neuen Gesetz profitierte, ein Zimmermannssohn namens Patrizio Peci, begann im April desselben Jahres zu reden. Peci war der Kommandant der RB-Kolonne in Turin, und sein Zeugnis deckte die Strukturen der Roten Brigaden im Nordwesten fast vollständig auf.

Pecis Geschichte brachte in Italien eine neue, höchst umstrittene Figur ins Spiel: den *pentito* oder »Reuigen«, wie die Zeitungen beharrlich jeden Terroristen nannten, der gegen seine Genossen aussagte. In Italien sträuben sich jedem Gesetzgeber und Richter die Haare, sobald der Begriff »Reuiger« fällt, und zwar aus gutem Grund. Die »Reue« gehört zu den mächtigsten identitätsstiftenden Zusammenhängen der christlichen Kultur: Sie zeugt von Sünden der Vergangenheit, die bekannt und überwunden werden, von einem fröhlichen neuen Leben, das der Buße entspringt. Doch die christliche Vorstellung von Reue passt schlecht zu den mannigfaltigen Motiven der *pentiti*. Geheimnisse gegen Freiheit einzutauschen, ist oftmals ein selbstsüchtiger Handel – auch wenn er wertvolle Wahrheiten ans Licht bringt. Kaltblütige Killer können ihre Zeit hinter Gittern auf wenige Jahre verkürzen. *Pentiti* bringen auch ein eindeutiges Risiko für den Gerichtsprozess mit sich: ein Reuiger, der überzeugend mehr Beweise liefert, als er eigentlich kennt, kann mit größeren Vorteilen belohnt werden. »Reuig« ist damit ein ambivalenter Begriff für eine ambivalente Sache. (Vielleicht erklärt dies, warum keine der unbeholfenen Alternativen – wie »Justizkollaborateur« oder »Justizkomplize« – wirklich greifen konnte.)

Doch für viele *pentiti* ist die Entscheidung, frühere Genossen zu verraten, sehr schmerzhaft (noch ein Grund, warum der Begriff »Reuiger« zwar inadäquat, jedoch unvermeidlich ist). Patrizio Pecis Entscheidung, mit dem Staat zu kollaborieren, war einer herben Enttäuschung geschuldet bezüglich der Sache, für die er getötet hatte. Er dachte später an Selbstmord, als Carabinieri, nachdem er ihnen den Tipp gegeben hatte, in Genua in eine Schießerei mit vier *brigatisti* gerieten und sie allesamt töteten, darunter zwei seiner besten Freunde. Peci zahlte zudem einen schrecklichen Preis für seine Reue, als die Roten Brigaden seinen Bruder Roberto entführten, ihn einem »proletarischen Tribunal« unterzogen und ermordeten. Entsetzlicherweise filmten sie die Hinrichtung sogar als Abschreckung für andere. Eine solche unmenschliche Grausamkeit wurde von dem Hass befeuert, den die Reuigen bei denen auslösten, die sie verrieten. Reuige waren mehr als nur Polizeispitzel: sie waren *infami* – gemeiner, unseliger Abschaum. Als Mafiosi es den Terroristen gleichtaten und ebenfalls zu *pentiti* wurden, waren die moralischen Widersprüche, psychologischen Spannungen und blutigen Racheakte noch ungleich heftiger.

Die Reuigen unter den Roten Brigaden, die dem Hass ihrer früheren Genossen trotzten, trafen auf einen Staat, der besser gerüstet war denn je, ihre Beweismittel zu nutzen. Italiens Polizei, besonders die Carabinieri, lernten, in speziell ausgebildeten Teams gegen die Terroristen vorzugehen, was ihrem Ruf äußerst zuträglich war.

Während der bleiernen Zeit kam auch das italienische Rechtssystem in die Jahre. In der Theorie waren Staatsanwälte und Richter, seit 1948 die Verfassung der Italienischen Republik verkündigt wurde, keiner politischen Einmischung unterworfen gewesen, nur den eigenen Vorgesetzten. In der Praxis jedoch war die juristische Unabhängigkeit noch längst nicht angekommen. In den 1960er Jahren wurde dank des wachsenden Bildungssystems und des Staatsexamens als Auswahlkriterium für Juristen eine Karriere im Rechtssystem zur Option, die intelligenten jungen Menschen aus unterschiedlichen Familienverhältnissen offenstand. So wurde die Richterschaft weniger eine Kaste als eine offene Zunft.

Einige der Richter, die in den 1960er Jahren ihr Studium absolviert hatten, standen während der bleiernen Zeit beruflich an vorderster Front. Wie die hochrangigen Polizeibeamten gingen sie ein schreckliches Risiko ein: Jede ihrer Bewegungen wurde von Terrorzellen verfolgt, die jede Gelegenheit ausspionierten, um zuzuschlagen. Die Erfolge, die der Staat letztlich gegen den Linksterrorismus zu verbuchen hatte, gaben dem Rechtssystem einen Vorrat an Glaubwürdigkeit, von dem es zehren konnte, als es mit Italiens Bastionen unerlaubter Privilegien – korrupten Politikern und den Mafias – den Kampf aufnahm.

Der Konflikt innerhalb der Cosa Nostra, der in Sizilien seit 1978 geschwelt hatte, explodierte im Frühling 1981, als Totò Riina die Heroinelite der Mafia attackierte. Unterdessen überzogen die *Nuova Camorra Organizzata* und die *Nuova Famiglia* Kampanien mit Leichen. Die ersten Reuigen der kriminellen Organisationen waren diesem Gemetzel geschuldet.

Die todbringende Kombination

Andernorts wären Pio La Torre und Carlo Alberto Dalla Chiesa erbitterte Gegner gewesen: der eine ein militanter Kommunist aus Sizilien, der sich für eine radikale gesellschaftliche Veränderung starkmachte; der andere ein strenger Soldat aus Norditalien, der seine Aufgabe darin sah, die Gesellschaft vor Umstürzlern zu bewahren. Die Cosa Nostra machte sie zu Verbündeten. 1982 tötete sie alle beide.

Wenige kannten die sizilianische Mafia so genau wie Pio La Torre. Er kam 1927 im Dorf Altarello di Baida zur Welt, inmitten der mafiakontrollierten Zitrusgärten in Palermos Conca d'Oro. Das Leben war hart. Sein Vater hielt ein paar Tiere, um das wenige aufzustocken, das er als Tagelöhner verdienen konnte. Mit einer Hartnäckigkeit, die ihn sein ganzes Leben charakterisieren würde, büffelte Pio bei Kerzenlicht, arbeitete schwer, um sich den Lebensunterhalt zu verdienen, und schaffte es an die Universität. Dort trat er 1945 in die Kommunistische Partei ein und stieg bald zu einem lokalen Anführer der kommunistischen Landarbeitervereinigung auf. Seine erste Erfahrung als politischer Aktivist machte er nach dem Krieg, als die Bauern die Kontrolle über das Land forderten – dies war auch seine erste heftige Auseinandersetzung mit der Mafia. Der lokale Boss, immer auf der Suche nach Talenten, machte sich während eines Wahlkampfes an ihn heran: »Du bist doch ein intelligenter Bursche. Du wirst es weit bringen. Du brauchst nur mit uns zu kommen ...« Bald darauf machten sie ihm über seinen Vater ein Angebot: Er könne sofort Parlamentsmitglied werden – er brauche lediglich die Seiten zu wechseln. »Wir können diese Partei nicht ausstehen. Drüben in Russland vielleicht (...) Aber in Italien tun wir so was einfach nicht.« Als La Torre sich weigerte, fand sein Vater eines Morgens die Tür zum Kuhstall in Flammen stehen. Die Warnung war deutlich: Pio musste sich zwischen seinem Zuhause und seiner Politik entscheiden. Er packte die Koffer.

Es waren hochgefährliche Jahre für militante Linke in Westsizilien. Dutzende von Gewerkschaftern und politischen Aktivisten wurden von Mafiosi oder von Salvatore Giulianos Banditen ermordet. Im März 1948 verschwand Placido Rizzotto, ein Gewerkschaftsführer aus der Mafiahochburg Corleone. La Torre übernahm dessen Posten. Im März

1950 führte La Torre mehrere tausend Bauern aus dem nahegelegenen Bisacquino zu einem verlassenen Gut, um es zu besetzen. Mit 180 Mitstreitern wurde er verhaftet und aufgrund der falschen Zeugenaussage eines Carabiniere wegen gewalttätiger Umtriebe zu einer Haftstrafe verurteilt. So verbrachte er erschreckende 18 Monate in Palermos Ucciardone-Gefängnis – unter anderem mit Mitgliedern aus Salvatore Giulianos Bande –, bevor sein Fall überhaupt zur Verhandlung kam.

Pio La Torres Revolte gegen die Mächtigen und die Mafia war eine Tradition bäuerlichen Widerstands, die auf das 19. Jahrhundert zurückging. Immer wieder hatten die Bauern erlebt, wie ihr Wunsch nach Land und einem erträglichen Leben von einem Bündnis zwischen den Großgrundbesitzern, der Polizei und der Mafia vereitelt worden war. Im Kampf für soziale Gerechtigkeit war die Rechtsstaatlichkeit eine Maske der Unterdrückung und der Staat kein Verbündeter, sondern ein Feind.

Doch in diesen frühen Jahren seiner Karriere als Kämpfer stieß Pio La Torre auch auf ein anderes Gesicht des italienischen Staates und eine ganz andere Tradition des Kampfes gegen die Mafia – eine, die nicht in den radikalen Bestrebungen der Bauernschaft wurzelte, sondern in den patriotischen, konservativen Instinkten der Kräfte von Recht und Gesetz. 1949, als La Torre nach Corleone ging, um der proletarischen Sache zu dienen, traf er dort auf einen jungen Hauptmann der Carabinieri, der ebenfalls dort stationiert war: Carlo Alberto Dalla Chiesa.

Es gibt eine Anekdote, die besser als jede Beschreibung einfängt, in welches Wertesystem Carlo Alberto Dalla Chiesa hineingeboren wurde – und welch gewaltige kulturelle Kluft ihn von Pio La Torre trennte. 1945 warteten er und sein Bruder Romolo, beide Leutnants der Carabinieri, beide in Uniform, bang darauf, dass der Zug ihres Vaters in den Mailänder Bahnhof einfuhr. Es wäre kein gewöhnliches Wiedersehen: General Romano Dalla Chiesa kehrte aus einem Konzentrationslager heim. Im September 1943 hatte Italien sich den Alliierten ergeben und Deutschland eine Marionettenregierung errichtet. Wie viele Militärs wurde der General vor die Wahl gestellt, entweder auf deutscher Seite zu kämpfen oder interniert zu werden: Er entschied sich für Letzteres und hatte seitdem seine Familie nicht mehr gesehen.

Endlich fuhr der Zug ein, und die beiden Söhne Dalla Chiesas sahen auf dem Bahnsteig die ausgemergelte Gestalt ihres Vaters aus der Menge tauchen. Carlo Alberto schlug die Hacken zusammen, nahm

Haltung an und salutierte. Romolo dagegen, von seinen Gefühlen übermannt, warf sich dem Vater in die Arme.

Tags darauf sandte General Romano Dalla Chiesa Romolo einen Verweis. In den Vorschriften der Carabinieri heißt es ausdrücklich, dass es einem Beamten in Uniform nicht gestattet sei, jemanden in aller Öffentlichkeit zu umarmen.

Carlo Alberto Dalla Chiesa war aus demselben harten Holz geschnitzt wie sein Vater. Wie dieser hatte er im Schreckensseptember des Jahres 1943 eine mutige Wahl getroffen. Damals war er in einer Villa an der Adriaküste einquartiert gewesen und hatte Befehl, die Küstenwache zu beaufsichtigen. Als er sich weigerte, sich an der Jagd nach Partisanen zu beteiligen, kam die SS, um ihn zu verhaften. Rechtzeitig gewarnt, entkam Dalla Chiesa durch ein Fenster im ersten Stock und flüchtete in die Felder. Er gründete eine Partisanenbande und überschritt im Winter 1943 die Front, um im befreiten Süden seine Pflicht wiederaufzunehmen.

Dalla Chiesa fühlte sich durch seinen Vater mit Sizilien verbunden, weil dieser in den 1920er Jahren am faschistischen Feldzug gegen die Mafia beteiligt gewesen war. Zwei Jahrzehnte später meldete Carlo Alberto sich freiwillig, um sich der Sondereinheit anzuschließen, die das Banditenunwesen auf der Insel bekämpfte. Als er in Corleone ankam, musste er der Familie des verschwundenen Gewerkschafters Placido Rizzotto versprechen, dass er herausfinden werde, wer ihren Sohn getötet hatte. Rizzotto war wie Dalla Chiesa ein ehemaliger Widerstandskämpfer gegen die Deutschen. Dank Dalla Chiesas Schnüffelei begann die Mauer des Schweigens, der Omertà, zu bröckeln, man fand Teile von Rizzottos Leiche, und ein Bericht – der einen aufstrebenden jungen Mafioso namens Luciano Liggio als den Killer nannte – erreichte die Ermittlungsbehörden. Leider wurden die beiden Hauptzeugen gezwungen, ihre Aussagen zurückzuziehen, und Liggio kam wieder frei: eine entmutigende Neuauflage zahlloser Mafiaprozesse der Vergangenheit und eine Vorahnung von vielen künftigen. Dennoch blieb Dalla Chiesas Entschlossenheit den Corleoneser Bauern im Gedächtnis.

Nach Corleone würden sich Pio La Torre und Carlo Alberto Dalla Chiesa noch des Öfteren über den Weg laufen. Als er aus dem Gefängnis freikam, wurde La Torre in den Stadtrat von Palermo gewählt, wo er in den Jahren der Plünderung der Stadt nicht müde wurde, auf die Mauscheleien in der Regierungspartei *Democrazia Cristiana* hinzuweisen. Als streitbarer Gewerkschafter kämpfte er auch gegen den Einfluss der Mafia am Hafen von Palermo, wo Großuntermehmen sich der Bosse bedienten, um Gelegenheitsarbeiter anzuheuern. 1962 wurde er zum regionalen Anführer der Kommunistischen Partei Siziliens gewählt, und im Jahr darauf erhielt er einen Sitz in der sizilianischen Regionalversammlung. Ende der sechziger Jahre übernahm er eine nationale Rolle innerhalb seiner Partei. 1972 wurde er Parlamentsmitglied und engagierte sich in den letzten Jahren der parlamentarischen Untersuchung gegen die sizilianische Mafia.

In seiner Funktion als Kommandant der Carabinieri in Palermo zwischen 1966 und 1973 sagte Carlo Alberto Dalla Chiesa vor dem Ausschuss als Zeuge aus. Er lieferte ihm einige hochexplosive Beweismittel gegen Politiker mit Mafiaverbindungen und erstellte unter anderem Berichte über den »Betonkönig« Ciccio Vassallo.

1974 wurde Dalla Chiesa zum General befördert und zu einem Kommando im Nordwesten Italiens berufen, wo er zur Bekämpfung der Roten Brigaden eine Anti-Terror-Sondereinheit ins Leben rief. Nach der Entführung und Ermordung des ehemaligen Premierministers Aldo Moro im Jahre 1978 galt Dalla Chiesa landesweit als Vorreiter im Kampf gegen den Linksterrorismus. Dalla Chiesa war es auch, der Patrizio Peci überreden konnte, sich als erster *brigatista* als Kronzeuge zur Verfügung zu stellen. Der General war die Nummer zwei auf der Todesliste der Roten Brigaden in der Autostadt Turin – eine Liste, bei deren Erstellung Peci mitgewirkt hatte. (Nummer eins war der Patriarch der Fiat-Werke Gianni Agnelli.) Er wusste, dass Peci schon mehrmals versucht hatte, ihn umzubringen, und behandelte seinen Gefangenen dennoch menschlich und mit professioneller Distanz. Dalla Chiesa garantierte persönlich für die Sicherheit des Kronzeugen im Gefängnis und besuchte ihn, nachdem die Roten Brigaden seinen Bruder zu Tode gefoltert hatten. Wie Peci sich später erinnerte: »Seine Umgangsformen waren streng, aber milde, autoritär, aber freundlich. Er behandelte einen nie plump vertraulich, aber auch nicht wie Dreck (...) Ich bewunderte ihn immer mehr: seinen Charakter, seine Zuversicht, seine Vorstellungskraft und Autorität.«

Pecis Informationen führten dazu, dass die Struktur der Roten Brigaden zum großen Teil aufflog, und machten Dalla Chiesa, mit seinem graumelierten Bart über dem festen Kiefer, zu einem berühmten Gesicht und zum Nationalhelden. Gegen Ende des Jahres 1981 wurde er zum stellvertretenden Kommandanten der Carabinieri auf nationaler Ebene ernannt. Im April des darauffolgenden Jahres dann wurde General Carlo Alberto Dalla Chiesa, den Applaus einer gesamten Nation noch in den Ohren, nach Sizilien berufen, um die Mafia mit denselben Mitteln zu schlagen wie die Roten Brigaden.

In Palermo kam es zu einem Blutbad: Riinas grausamer Mafiaputsch war in vollem Gange; und die prominenten Leichen türmten sich. Einer der stimmgewaltigsten Befürworter von Dalla Chiesas Ernennung zum Präfekten von Palermo war Pio La Torre, der sich seit kurzem ebenfalls wieder in seiner Heimatstadt befand. Die Mafiakrise und der Beschluss, den USA die Stationierung neuer Marschflugkörper auf einem Luftstützpunkt im Südosten Siziliens zu gestatten, hatten ihn zur Rückkehr bewogen.

La Torre suchte leidenschaftlich nach Mitstreitern für eine neue Antimafia-Gesetzgebung, die er im vergangenen Jahr vorgeschlagen hatte. Die geplante Regelung basierte auf dem amerikanischen *Racketeer Influenced and Corrupt Organizations* (RICO) *Act*, einem Bundesgesetz, das der Mafia in den Vereinigten Staaten großen Schaden zugefügt hatte, seit es 1970 verabschiedet worden war. Es waren vor allem zwei Instrumente der Strafverfolgung, für die La Torre sich starkmachte: zum einen schwere Strafen für jeden, der sich als Mitglied einer Organisation erwies, die mittels Einschüchterung und Omertà die Kontrolle über Unternehmen und öffentliche Ressourcen zu gewinnen suchte; zum anderen die Macht, das illegal erworbene Vermögen der Mafia zu beschlagnahmen. Die politische Ironie in La Torres Vorschlag war klar: Wieder einmal waren es die Kommunisten, die sich eifrig bemühten, aus Onkel Sams Erfahrung im Kampf gegen das organisierte Verbrechen zu lernen.

Kurz bevor er seine Stellung als Präfekt von Palermo antrat, schilderte Carlo Alberto Dalla Chiesa seinen Söhnen in einem Brief, was vor ihm lag. Seine Hoffnungen waren groß: »In ein paar Jahren sollte es La Torre und mir gelingen, die wichtigsten Dinge zu erledigen.« Angesichts des beispiellosen Gemetzels in Sizilien waren die zwei großen, aber divergierenden Traditionen des Widerstands gegen die Mafia nach über 100 Jahren des Argwohns und der Missverständnisse fest entschlossen, mit vereinten Kräften zu kämpfen. Und ehrliche Sizilianer aus allen politischen Lagern waren nicht minder fest entschlossen, die Zusammenarbeit ihrer Hoffnungsträger zu unterstützen.

Dalla Chiesas erste offizielle Pflicht als Präfekt von Palermo bestand darin, Pio La Torres Begräbnis beizuwohnen. Am 30. April 1982 wurde La Torre in seinem Wagen von Maschinengewehrschüssen aus dem Hinterhalt getötet. Der Fahrer, Rosario Di Salvo, konnte noch vier vergebliche Schüsse auf die Angreifer abgeben, ehe er an der Seite seines großartigen Freundes starb. Di Salvo war kein Personenschützer der Polizei, sondern ein Freiwilliger aus der Kommunistischen Partei gewesen.

Die Ermordung Pio La Torres löste das aus, was in Palermo mittlerweile zum schockierend vertrauten öffentlichen Ritual geworden war. Zunächst erschienen auf den Titelseiten der Tageszeitungen und in den Fernsehnachrichten die makabren Fotos der Opfer, die in unbeholfenen Posen zusammengesackt in einer Blutlache oder einem mit Einschusslöchern durchsiebten Wagen kauerten. Dann kamen die formelhaften Verurteilungen durch Politiker, die vorübergehend von ihren Rangeleien um Position und Einfluss abgelenkt waren. Schließlich folgte das Begräbnis, mit hochrangigen Staatsmännern – Vertretern eines Staates, der offenkundig seiner Pflicht nicht nachkam –, die gezwungen waren, sich der Wut der Trauernden und der Öffentlichkeit auszusetzen. (Ein führender sizilianischer Politiker, der bei La Torres Begräbnis das Wort ergriff, wurde mit den Rufen »Verpiss dich, Mafioso!« niedergebrüllt.)

Für jeden, der Augen im Kopf hatte, war klar, dass sizilianische Mafiosi systematisch den Teil des Staates absägten, der ihrer Machtgier im Weg stand. Wären in irgendeinem anderen westlichen Land in dieser schockierenden Zahl herausragende Personen des öffentlichen Lebens ermordet worden, hätten die politischen Grundsätze längst dafür gesorgt, dass ein Nationalheld wie General Carlo Alberto Dalla Chiesa mit einem einstimmigen, klaren Mandat des Staates zum Gegenschlag ausholen konnte. Und als im März 1982 die ersten Berichte über seine

Mission erschienen waren, hatten die Grundsätze der Politik offenbar noch gegolten: Regierung und kommunistische Opposition hatten einhellig beschlossen, Dalla Chiesa weitreichende Machtbefugnisse zu erteilen, die nicht auf Palermo, nicht einmal auf Sizilien beschränkt sein sollten. »Seitens der Politik dürfte es keinerlei Schwierigkeiten geben«, erklärte eine überregionale Zeitung.

Doch während er noch um Pio La Torre trauerte, bereiteten Dalla Chiesa Schwierigkeiten seitens der Politik bald größere Sorgen als die Mafia. Durch Presseverlautbarungen und Interviews schossen die Strippenzieher in Rom mit verbrämten Botschaften in den Medien gegen Dalla Chiesas Ernennung. Lauwarmer Zuspruch mischte sich mit höflicher Bestürzung. Der Kampf gegen die sizilianische Mafia sei wesentlich, doch dürfe er die Mechanismen der Marktwirtschaft nicht behindern, sagten sie. Natürlich sei Dalla Chiesas Ernennung eine gute Sache. Doch die italienischen Demokraten müssten wachsam sein. Der General dürfe nicht zum Herold einer autoritären Wende werden: Sizilien brauche nicht noch einen »Eisernen Präfekten«. (Die Anspielung galt dem Präfekten Cesare Mori, der in den 1920er Jahren den faschistischen Feldzug gegen das organisierte Verbrechen angeführt hatte.)

Am 2. April schrieb Dalla Chiesa dem Premierminister, um für sein neues Amt ein ausdrückliches und offizielles Mandat zu fordern. »Damit werde ich zweifellos zur Zielscheibe des örtlichen Widerstands, des subtilen wie des brutalen.« Und er wies darauf hin, dass die »heimtückischste ›politische Familie‹« in Sizilien bereits Stimmung gegen ihn mache.

Es war unschwer zu erraten, wer mit dieser politischen Familie gemeint war: das Andreotti-Lager der christdemokratischen Partei, unter der Führung des »jungen Türken« Salvo Lima. Dalla Chiesa kannte Andreotti gut. Denn der christdemokratische Zauberer war Ministerpräsident, als der frühere Premier Aldo Moro von den Roten Brigaden entführt und ermordet worden war. Andreotti hatte Carlo Alberto Dalla Chiesa mit besonderen Befugnissen ausgestattet, um der terroristischen Gefahr Herr zu werden.

Dalla Chiesa glaubte fest an die Werte des Staates – die Insignien der Carabinieri seien ihm auf die Haut gebrannt, wie er häufig sagte. Doch war er nicht naiv. Er war ehrgeizig und wusste genau, wie wenig greifbar die Macht in Italien war, wie oft sie durch persönliche Kanäle floss und sich in den Händen von Cliquen sammelte. Er beherrschte die Kunst, Beziehungen mit seinen Vorgesetzten in der Politik durch ein ruhiges Wort, einen Brief, eine Information, die er einem Journalisten zuspielte, oder ein offizielles Zeitungsinterview sensibel zu gestalten. Als 1981 die Mitgliederliste der geheimen Freimaurerloge P2 entdeckt wurde, ging das Gerücht, dass sich auch Dalla Chiesas Name darauf befunden habe. Er habe sich in der Tat um eine Mitgliedschaft beworben, erklärte er, vor allem aus dem Bedürfnis, die Aktivitäten der Loge zu überwachen, doch seine Bewerbung sei nicht akzeptiert worden. Die P2-Affäre warf einen Schatten auf Dalla Chiesas guten Ruf. Nichtsdestoweniger machte sein Pflichtbewusstsein ihn zu einem Außenseiter im Italien der politischen Lager und zwielichtigen Intrigen. Als er nach Palermo kam, zeigte sein Umgang mit Andreotti – der so manch zwielichtige Intrige gesponnen hatte –, wie verwundbar ihn dieser Außenseiterstatus machte.

Am 6. April 1982 wurde Dalla Chiesa zu Giulio Andreotti gerufen. Dieses Treffen war ein weiteres Beispiel dafür, wie personenbezogen Macht in Italien funktioniert: Sie wohnt nicht den Institutionen inne, sondern bestimmten Protagonisten und ihren Freundschaftsnetzwerken. Denn der Frühling des Jahres 1982 war einer der seltenen Momente in der Nachkriegsgeschichte, da Andreotti keinen Regierungsposten innehatte. Also hatte er auch keinerlei offizielle Befugnis, sich in Dalla Chiesas Sizilienmission einzumischen oder ihn um ein Gespräch zu bitten. Dalla Chiesa folgte der Aufforderung trotzdem. Wie üblich nahm der General kein Blatt vor den Mund: Er werde Andreottis Anhängern auf der Insel keine speziellen Gefälligkeiten erweisen, erklärte er. Später erzählte er seinen Kindern: »Ich war bei Andreotti; und als ich ihm sagte, was ich alles über seine Leute in Sizilien weiß, da wurde er blass.«

Andreottis verschlüsselte und verschlagene öffentliche Erwiderung auf Dalla Chiesas kühne Absichtserklärung folgte in Form einer Zeitungskolumne. Dalla Chiesa nach Sizilien zu schicken, sei eine begrüßenswerte Initiative, schrieb er. Doch sicherlich sei das Problem in Neapel und Kalabrien doch ernster als in Sizilien?

Diese rhetorische Frage war ebenso unaufrichtig wie alarmierend. Was die nackten Zahlen anbelangte, hatte Andreotti recht: Das organisierte Verbrechen verursachte mehr Todesfälle *außerhalb* Siziliens. Doch den großen qualitativen Unterschied in den Zielpersonen der

Mafiagewalt auf Sizilien konnte niemand übersehen. Zugegeben, auch in Kampanien und Kalabrien gab es einige »prominente Leichen«. 1980 tötete die 'Ndrangheta zwei kommunistische Lokalpolitiker. Im selben Jahr ermordete die Camorra einen katholischen Bürgermeister und einen kommunistischen Stadtrat, die versucht hatten, den Gangstern den Zugang zur Goldmine des Wiederaufbaus nach dem Erdbeben zu verwehren. So beklagenswert diese Verbrechen waren, mit den vielen hochrangigen Polizisten, Richtern und Politikern, die in Sizilien beseitigt worden waren, konnten sie nicht verglichen werden. Andreotti wusste dies. Und er wusste auch, dass alle anderen es wussten. Also hatte er eine Andeutung gemacht. Die Art von Andeutung, die selbst einen tapferen Mann wie Dalla Chiesa das Fürchten lehrte.

Für einen ausländischen Beobachter mochte das politische Leben im Italien der Nachkriegszeit mit all seinen Irrungen und Wirrungen ans Komische grenzen: dieselben grauen Anzüge, die sich zankten und wieder versöhnten, unermüdlich neue Regierungen bildeten, die kamen und gingen wie die Runden eines Gesellschaftsspiels. Was jedoch bei diesem äußeren Eindruck fehlt, das ist die Angst, die die großen Drahtzieher der italienischen Politik verbreiteten. Denn sie hatten die Macht, den Leuten die Jobs wegzunehmen, sie an den Rand zu drängen, zu erpressen, in den Medien durch den Dreck zu ziehen und kafkaeske Gerichtsverfahren oder Steuerfahndungen in Gang zu setzen. Als ein weiterer Bestandteil im Arsenal der Macht kam im Sizilien der 1970er und 1980er Jahre noch Mord hinzu.

Als Andreotti schließlich vor Gericht gestellt wurde, weil er im Verdacht stand, für die Cosa Nostra gearbeitet zu haben, verfügte der Oberste Gerichtshof, dass Andreottis Verhältnis zu den Bossen sich nach 1980, als sein Parteikollege Piersanti Mattarella ermordet worden war, rapide verschlechtert habe. Andreotti habe gewusst, so das Gericht, dass die Cosa Nostra die Ermordung Mattarellas plante, aber nichts dagegen unternommen. An der Dalla-Chiesa-Affäre, so die Richter, treffe ihn allerdings keine Schuld. Trotzdem laste auf ihm eine riesige moralische Verantwortung, weil er mitgeholfen habe, die tödliche Gefahr für den General zu vergrößern, weil er in der Öffentlichkeit – und im Denken der Mafia – den Eindruck erweckt habe, als erhalte der neue Präfekt von Palermo keine Rückendeckung.

Dalla Chiesas Aufgabenstellung blieb noch lange unklar, nachdem er die elegante neogotische Villa bezogen hatte, in der Palermos Polizeipräfektur untergebracht war. Am 9. August 1982 – ein ungewöhnlich kühler Tag gemessen an der gnadenlosen Hitze des sizilianischen Sommers – sprach er mit einem der führenden Journalisten Italiens über seine Befürchtungen. Das Interview gehört zu den berühmtesten in der Geschichte des italienischen Journalismus. Die Überschrift lautete: »Einer allein gegen die Mafia«.

Dalla Chiesa äußerte sich ebenso unumwunden wie in jeder Etappe seines Palermer Abenteuers. Anhand der jüngsten Begebenheiten erzählte er, wie die Mafia den Behörden ihre Verachtung kundtat:

> »Sie morden am helllichten Tag, verschleppen die Leichen, verstümmeln sie und lassen sie liegen, damit wir sie zwischen der Präfektur und dem Sitz der Landesregierung finden, oder zünden sie um drei Uhr nachmittags im Stadtzentrum von Palermo an.«

Der General skizzierte seine strategische Antwort. Zum einen intensivere Polizeipatrouillen, um den Staat für die Bewohner sichtbar zu machen. Dann müsse das Vermögen der Mafia anvisiert werden. Das Problem Mafia war längst nicht mehr auf den Westen Siziliens begrenzt: Die Gangster investierten überall im Land, und diese Investitionen müssten aufgedeckt werden.

Ob es einfacher gewesen sei, gegen Terroristen zu kämpfen, wurde Dalla Chiesa gefragt. »In gewissem Sinne schon. Damals wusste ich die öffentliche Meinung hinter mir. Der Kampf gegen den Terrorismus war den wirklich maßgeblichen Personen in Italien ein Anliegen.« Was Dalla Chiesa sagte, war traurig, aber wahr. Siziliens prominente Leichen – Journalisten, Richter, Politiker – zählten nichts im Vergleich zu den Opfern ähnlichen Kalibers in Mailand oder Rom.

Der General erklärte außerdem die subtilen Tricks, deren die Mafia sich bediente, um seine Glaubwürdigkeit zu untergraben. Die ehrlichen Polizisten, die seit den 1870er Jahren gegen die Mafia gekämpft hatten, gegen den Widerstand seitens der Eliten der Insel, dürften seine Worte mit einem bitteren, wissenden Lächeln gelesen haben.

> »Ich erhalte gewisse Einladungen. Ein Freund, jemand, mit dem ich gearbeitet habe, sagt beiläufig: ›Warum fahren wir nicht zu dem und dem und trinken einen Kaffee mit ihm?‹ Der Sowieso

> hat einen klingenden Namen. Wenn ich nicht weiß, dass durch sein Haus Ströme von Heroin fließen, und trinke Kaffee bei ihm, dann ende ich noch als Deckmantel. Geh ich aber hin, obwohl ich es weiß, dann ist das ein Zeichen, dass ich billige, was vor sich geht, nur indem ich dort bin.«

Wer sich weigere mitzuspielen, habe in Palermos einflussreichen Kreisen schnell den Ruf, »unbeholfen«, »unfreundlich« oder »eingebildet« zu sein. Ein solcher Ruf sei oftmals der Auftakt, um erschossen zu werden.

Warum sei Pio La Torre getötet worden? »Wegen seines ganzen Lebens. Doch der endgültige, entscheidende Grund war sein Gesetzesentwurf zur Bekämpfung der Mafia.«

Warum ermorde die Mafia neuerdings so viele wichtige Vertreter des Staates? »Ich glaube, ich habe die neuen Spielregeln begriffen. Jemand, der eine Machtposition innehat, kann getötet werden, wenn zwei Dinge zusammenkommen: Er wird zu gefährlich, und er steht isoliert da.«

Von seinem Briefwechsel mit Andreotti wusste General Dalla Chiesa nur allzu gut, dass diese »todbringende Kombination« auch auf ihn zutraf. Er war eine Bedrohung und stand völlig isoliert, also war sein Leben in ernsthafter Gefahr. Warum machte er dann weiter, zumal doch die Mafia in ihrer Geschichte jeden besiegt hatte, der sie bekämpfen sollte?

> »Ich bin ziemlich optimistisch – sofern das Sondermandat, mit dem man mich nach Sizilien geschickt hat, möglichst bald bestätigt wird. Ich vertraue meiner eigenen Professionalität (…) Und eines habe ich mittlerweile verstanden. Etwas sehr Simples, etwas, das vielleicht entscheidend ist. Die meisten Dinge, die die Mafia ›beschützt‹, die meisten Privilegien, die sie Bürger teuer bezahlen lässt, sind nichts anderes als elementare Rechte.«

Am Abend des 3. September 1982, um zehn nach neun, hörte Nando Dalla Chiesa, der Sohn des Generals, der Universitätsdozent war, im Radio Musik, als das Telefon klingelte. »Ein normales Klingeln«, erinnerte er sich später. Es war sein Cousin, der ihm sagte, er müsse jetzt sehr stark sein. »Was wir immer befürchtet haben, ist geschehen.«

In der Via Carini in Palermo lagen General Carlo Alberto Dalla Chiesa, seine ihm vor kurzem angetraute Ehefrau und sein Leibwächter, entstellt vom Kalaschnikow-Feuer der sizilianischen Mafia. Jemand hatte ein provisorisches Plakat neben ihnen angebracht: »Hier starb die Hoffnung aller ehrlichen Sizilianer.«

In Dalla Chiesas Wohnung innerhalb der Präfektur war der Tresor des Generals aufgebrochen und ausgeraubt worden.

Selbst im Italien der 1980er Jahre konnte Scham politische Konsequenzen haben. Binnen weniger Tage nach der Ermordung Dalla Chiesas beschlossen beide Kammern des italienischen Parlaments in einem Eilverfahren die Verabschiedung des Antimafia-Gesetzes, für das Pio La Torre gekämpft hatte: das bekannte Rognoni-La Torre-Gesetz.

122 Jahre waren seit der Einigung Italiens vergangen, Jahre, in denen die Gewalttätigkeit des organisierten Verbrechens ein konstantes Merkmal der Landesgeschichte gewesen war. Die Methoden der Mafias – mittels Einschüchterung und Omertà Staat und Wirtschaft zu unterwandern – waren der Polizei durchweg vertraut gewesen. Doch erst jetzt hatte Italien ein Gesetz verabschiedet, das auf diese Methoden zugeschnitten war. Die Verzögerung war gewaltig, der Blutzoll entsetzlich gewesen. Nichtsdestoweniger hatte Italien endlich seinen *RICO-Act*.

Das Rognoni-La Torre-Gesetz hatte seine Grenzen. Es wandte sich ausdrücklich »gegen die Camorra und andere Vereinigungen, wie auch immer sie vor Ort genannt werden, deren Ziele denjenigen mafioser Verbindungen entsprechen«. Die ’Ndrangheta war typischerweise keiner Erwähnung für würdig befunden worden. Noch wesentlicher war, dass nach dem Massaker in der Via Carini keine Maßnahmen getroffen wurden, um den Einsatz von Mafiakronzeugen zu regeln. Dalla Chiesa hatte den Terror der Roten Brigaden bekämpft, indem er Kronzeugen mit Strafverkürzung geködert hatte. Er hatte vorgeschlagen, dass man Mafiosi mit denselben Ködern lockte. Doch aus gutem beziehungsweise schlechtem Grund blieb Italiens politische Klasse bei ihren Vorbehalten gegen die Reuigen, aus Angst, sie könnten Unliebsames ausplaudern. Falls das blutige Bacchanal innerhalb der Welt des organisierten Verbrechens jemals Reuige hervorbrächte und falls Polizei und Justiz sich ihrer Aussagen bedienen wollten, um das Rognoni-La Torre-Gesetz zu testen, dann müssten sie improvisieren.

Wie aufs Stichwort meldete sich kaum einen Monat nachdem das Rognoni-La Torre-Gesetz in die Gesetzessammlung aufgenommen worden war, der erste Kronzeuge. Jedoch nicht aus Palermo, sondern aus Neapel.

Pasquale Barra, das »Tier«, war das erste eingeweihte Mitglied der *Nuova Camorra Organizzata* gewesen, ihr stellvertretendes Oberhaupt, und der Oberhofhenker im italienischen Gefängnissystem. Er war seit seiner Kindheit mit NCO-Boss Raffaele Cutolo befreundet gewesen, und der »Professor« hatte seiner Geschicklichkeit beim Messerkampf ein Gedicht gewidmet. Im August 1981 hatte das »Tier« auf Befehl des »Professors« noch einen Insassen ermordet, einen Mailänder Gangster. Das Opfer wies 60 Messerstiche auf.

Zufällig war der fragliche Gangster ausgerechnet der uneheliche Sohn des in Amerika lebenden sizilianischen Ehrenmanns Frank Coppola. Der Professor musste der Cosa Nostra Rechenschaft ablegen für den Mord. Weil er die Konfrontation mit Palermo fürchtete, schnitt er seinen alten Freund von der Leine: Er behauptete, das »Tier« habe Frank Coppolas Sohn aus eigenem Antrieb getötet.

Das »Tier« war damit ein Geächteter in der Gefängniswelt, verfolgt von den Mitgliedern jeder Mafia, auch der eigenen. Er mied jeden Kontakt mit anderen, bereitete sich sein Essen und seine Getränke grundsätzlich selbst und trug stets ein Klappmesser im After versteckt. Schließlich siegten die Angst und das Gefühl, verraten worden zu sein, über seine Treue zu Cutolos Organisation: Das »Tier« bat die Behörden um Hilfe. Er erzählte den Ermittlern die ganze Geschichte der *Nuova Camorra Organizzata*, seit ihrem Ursprung im Poggioreale-Gefängnis.

Da die NCO in Auflösung begriffen war, nachdem der »Professor« auf die Gefängnisinsel Asinara verbannt worden war, gesellten sich bald weitere Überläufer dem »Tier« zu. Am 17. Juni 1983 erließen Richter Haftbefehle für nicht weniger als 856 Personen in ganz Italien, von Häftlingen und berüchtigten Kriminellen bis hin zu Justizbeamten, Selbständigen und Priestern. Sie alle wurden unter Berufung auf das Rognoni-La Torre-Gesetz vor Gericht gestellt. Italiens jüngstes und wichtigstes Antimafia-Gesetz sowie die kostbaren Beweise der Kronzeugen sollten nun an der *Nuova Camorra Organizzata* erprobt werden.

Deckchen und Drogen

Ein Trainingsrad für Astronauten. Eine Weckvorrichtung, die hartnäckige Schläfer aus dem Bett kippte. Eine drastische Maßnahme gegen den Nebel in der Poebene.

Ein Vater, der Weihnachten aus dem Iran geflogen kam zu seiner jungen Familie. Eine welke, aber wählerische alte Jungfer aus Neapel, die mit dem spanischen Flamencotänzer ihrer Träume verkuppelt wurde.

Talentierte Jungs. Schicke Klamotten. Komische Einlagen. Heiterer Jazz. Herzensangelegenheiten. Ein Set, das aussah wie eine riesige Patchwork-Steppdecke. Und ein zerraufter grüner Papagei, der sich entschieden weigerte, ungeachtet der Tricks und Schmeicheleien Dutzender Studiogäste, seinen eigenen Namen zu krächzen: »Portobello«.

Von 1977 bis 1983 ließen sich am Freitagabend 25 Millionen italienische Fernsehzuschauer zu Tränen rühren von einer Show, die wie der Papagei *Portobello* hieß und ergreifende Geschichten aus dem Leben erzählte. Tausende gewöhnlicher Menschen nahmen an der Show teil: Ihre Anrufe nahm ein Team aus Telefonistinnen mit glänzenden Lippen entgegen, die an einem Bühnenende saßen. Der Moderator von *Portobello* setzte geschickt seine aristokratischen Umgangsformen, seine joviale Ader und sein Strahlemannlächeln in Szene, um dem Ganzen einen weltmännischen Rahmen zu geben. Sein Name lautete Enzo Tortora; er war 1928 als Sohn wohlhabender Eltern in Genua geboren und zählte nun, dank *Portobello*, zu den drei oder vier beliebtesten Prominenten des Landes. Zwischen dem gemütlichen, warmherzigen Italien, das *Portobello* um den Saubermann Tortora herumbaute, und der wilden, korrupten Welt der *Nuova Camorra Organizzata* hätte die Kluft nicht größer sein können.

Tortoras Show verdankte ihren Namen Londons Antik- und Trödelmarkt in der Portobello Road. Die Kernidee bestand darin, eine im Fernsehen übertragene Tauschbörse für Kuriositäten zu inszenieren. Und die Idee begeisterte. Obwohl der staatliche Sender RAI es ihnen streng verbot, sandten Zuschauer jeden erdenklichen Nippes ein, um ihn verschachern oder versteigern zu lassen. Die riesigen Lagerhallen des Mailänder Studios füllten sich bald, und der Speicherinhalt der gesamten Nation quoll auf die Flure.

Irgendwo, verloren inmitten dieser Stapel bescheidener Schätze, befand sich ein kleines Paket, das aus dem Porto-Azzurro-Gefängnis auf der toskanischen Insel Elba geschickt worden war; es enthielt 18 Zierdeckchen, die ein Langzeitinsasse namens Domenico Barbaro eigenhändig gehäkelt hatte. Fünf Jahre später verursachten Barbaros Deckchen eines der berüchtigtsten Fehlurteile der italienischen Justiz. Ihretwegen wurde *Portobello* aus dem Programm genommen und gegen Enzo Tortora der Vorwurf erhoben, er habe den Filmstars Kokain verkauft und sei ein eingeweihtes Mitglied von Raffaele Cutolos *Nuova Camorra Organizzata*. Die Welt von *Portobello* kollidierte mit der Welt des organisierten Verbrechens. Die daraus resultierende Explosion fügte dem italienischen Rechtssystem großen Schaden zu, und dies ausgerechnet in der Zeit, da die Macht der Mafias in Italien so groß war wie nie. Als der italienische Staat endlich die Waffen besaß, die er für die Bekämpfung des organisierten Verbrechens benötigte, wurde seine Legitimität abermals erschüttert.

Tortora wurde im Morgengrauen des 17. Juni 1983 verhaftet, in dem römischen Luxushotel, das ihm zur zweiten Heimat geworden war. Wie so oft in Italien wurden Bruchstücke der gegen ihn erhobenen Vorwürfe an die Medien weitergegeben, während er noch verhört wurde, und ließen überall den Eindruck entstehen, er sei schuldig. Am 21. August – lange vor einem Gerichtsverfahren – erschien die Hauptaussage gegen Tortora in der Wochenzeitschrift *Espresso*. Sein Ankläger war der inhaftierte Camorrista Giovanni Pandico.

Pandico war das seltene Beispiel eines Ganoven, der lesen und schreiben konnte; er verfügte sogar über rudimentäre juristische Kenntnisse, die ausreichten, um ihn in den Augen seiner Mithäftlinge zu einem wandelnden Gesetzbuch zu machen. Auch seine Erscheinung zeugte von intellektueller Würde: kühle, wächserne Züge, verdeckt durch ein kastenförmiges schwarzes Brillengestell. Doch Pandico war auch launisch und äußerst gewalttätig. Bereits in jungen Jahren hatten Psychiater ihn als paranoid eingestuft, als eine »aggressive Persönlichkeit, mit einer starken Neigung zum Größenwahn«. 1970 kam Pandico nach einer kurzen Haftstrafe wegen Diebstahls frei. Jemand musste die Schuld tragen für seine Scherereien mit dem Gesetz, und dieser Jemand musste bedeutend sein – wie der örtliche Bürgermeister. Wie sein paranoider Verstand es ihm eingab, polterte Pandico durch das Rathaus, eine Beretta 9 mm in der Hand, tötete zwei Personen und verwundete zwei weitere. Der Bürgermeister konnte sich nur retten, indem er sich hinter dem umgekippten Schreibtisch verschanzte.

Pandico trat eine lange Gefängnisstrafe an. Dort entdeckte Raffaele Cutolo, der »Professor«, sein literarisches und juristisches Talent. Er führte Pandico in die NCO ein und beschäftigte ihn als Sekretär, wodurch dieser eine Menge Insiderwissen erhielt. In einer typisch selbstverherrlichenden Art und Weise würde Pandico später behaupten, er sei kein Geringerer als Cutolos *consigliere* gewesen und somit zum amtierenden Boss der NCO aufgestiegen, nachdem der »Professor« auf die Gefängnisinsel Asinara verlegt worden war.

Pandico war das zweite Mitglied der NCO, das sich nach dem »Tier« als Kronzeuge zur Verfügung stellte. Er erzählte den Richtern, Enzo Tortora, der Showmaster der Sendung *Portobello*, sei ein Kokainhändler und Geldwäscher für die NCO. Der Fernsehstar sei in Wirklichkeit ein so erfolgreicher Krimineller, dass er 1980 in die Bruderschaft eingeführt worden sei. Doch bald danach sei Tortoras Verhältnis zur NCO in die Brüche gegangen, weil er eine große Kokainlieferung nicht bezahlt habe. Pandico behauptete, er sei von Cutolo persönlich mit der Aufgabe betraut worden, das Geld zurückzuholen. Er behauptete außerdem, dass Tortora seine Drogen en gros bei Domenico Barbaro bezogen habe –, demselben Domenico Barbaro, der im Dezember 1977 seine Häkeldeckchen an den Sender geschickt hatte.

Tortora wurde in Roms historischem Regina-Coeli-Gefängnis mit den Anschuldigungen konfrontiert. Er gab zu, tatsächlich indirekten Kontakt mit Barbaro gehabt zu haben. 1978 hatte Tortora das ganze Jahr über lange, entrüstete und wortreiche Briefe erhalten, in denen Barbaro wissen wollte, was aus seinen Deckchen geworden war. Tortora zeigte den Ermittlern die Briefe und verwies auf ihren absurden Inhalt: Der Gangster beschuldigte Tortora, die Deckchen gestohlen zu haben, und drohte ihm, ihn zu verklagen. Einer der Briefe an Tortora enthielt die folgende Passage:

»Mein aktueller Status als ein Häftling, der noch immer an die gesunden Prinzipien der Ehre gebunden ist, würde mich verpflichten, Ihnen keinen Schaden zuzufügen, falls Sie unverzüglich die Absicht hätten, und mir dafür den greifbaren Beweis zukommen ließen, für die Rückgabe des Päckchens zu sorgen. Im Einvernehmen mit meinen Rechtsberatern bin ich geneigt, die geplante Klage auszusetzen, sofern Sie Ihren guten Willen bekunden.«

Wie der affige Juristenjargon, die weitschweifige Logik, die Paranoia und kaum unterdrückte Gewalt dieser Worte verraten, war Barbaro, der kaum des Lesens und Schreibens mächtig war, nicht ihr Urheber. Sie gingen auf das Konto Giovanni Pandicos, der zur Zeit der Deckchenaffäre im selben Gefängnis saß wie Barbaro. Pandico hatte sich offenbar in den Kopf gesetzt, mit der ihm eigenen obsessiven Hartnäckigkeit, auf die Rückgabe der Deckchen zu drängen.

Tortora, als beliebter Fernsehmoderator, war stets um sein öffentliches Image bemüht, sogar wenn die fragliche Öffentlichkeit im Zuchthaus schmorte. Also, erklärte er seinen Ermittlern, habe er auf den Beschwerdebrief von Barbaro/Pandico persönlich ein höfliches Antwortschreiben verfasst und dafür gesorgt, dass die Rechtsabteilung der RAI dem Gefangenen die großzügige Entschädigung von 800 000 Lire zukommen ließ – damals etwa 400 Euro.

»Sehr geehrter Herr Domenico Barbaro,
leider muss ich Ihnen mitteilen, dass ich nicht das Geringste über den Verbleib Ihres Päckchens weiß und es auch nie zu Gesicht bekommen habe. Was mir Sorge macht, ist die Tatsache, dass Sie hieraus Schlüsse ziehen, die weder mich selbst noch die Achtung, die ich stets einem jeden bezeigt habe, in einem günstigen Licht erscheinen lassen.«

Tortora nahm verständlicherweise an, dass diese Briefe zu seiner Verteidigung beitragen würden. Doch wie sich herausstellte, wurden Passagen daraus zu einem zentralen Teil der Anklageschrift. Auf Pandicos Anregung kamen die Richter zu dem Schluss, dass es sich dabei um kodierte Botschaften handeln müsse: »Päckchen« stand in Wahrheit für »Drogenlieferung«; »Deckchen« für »Kokain«. Und die Begriffe »Ehre« und »Respekt« waren ein deutliches Signal, dass beide

Parteien dem ethischen Kodex der kriminellen Unterwelt verpflichtet waren.

Was dieser versponnenen Auslegung den Anstrich von Wahrheit verlieh, war die Flut von NCO-Abtrünnigen, einschließlich des »Tiers«, die Pandicos Geschichte bestätigten. Die NCO fürchtete die Reuigen und arrangierte im Vorfeld des Verfahrens brutale Angriffe gegen sie und ihre Angehörigen. Nur wenige Tage nachdem man ihn vor Gericht ins Kreuzverhör genommen hatte, kam Pandicos Mutter bei einer Explosion ums Leben. Schwierigerweise gab es auch zwei Zeugen, einen Künstler und seine Frau – keiner von beiden Gefängnisinsasse oder Camorrista –, die behaupteten, sie hätten Tortora tatsächlich dabei beobachtet, wie er in einem Mailänder Fernsehstudio einen kleinen Geldkoffer gegen ein Päckchen weißen Pulvers eintauschte.

Am 17. September 1985 neigte der riesige Prozess gegen Cutolos NCO sich dem Ende zu: Enzo Tortora wurde für schuldig befunden; er wurde zu zehn Jahren Gefängnis verurteilt und zu einem Bußgeld von 50 Millionen Lire (die 2011 etwa 60 000 Euro entsprächen). Wegen ähnlicher Vergehen verbüßte Tortoras Hauptkläger, Giovanni Pandico, eine dreijährige Haftstrafe. Der Schuldspruch vernichtete den Leumund des *Portobello*-Moderators:

> »Tortora hat bewiesen, dass er ein hochgefährlicher Mensch ist, der jahrelang seine dunklen Machenschaften und sein wahres Gesicht zu verhehlen wusste – das Gesicht eines zynischen Kaufmanns des Todes. Seine wahre Identität ist umso verderbter, als sie sich hinter einer Maske der Höflichkeit und Weltgewandtheit verbarg.«

Das Urteil gegen Tortora schien das Misstrauen gegen die wahre Natur des öffentlichen Lebens zu bestätigen – ein Misstrauen, das tief in der Psyche des Landes verwurzelt war. Viele der Durchschnittsitaliener, die ihre Freitagabende vor der Sendung *Portobello* verbrachten, waren insgeheim der Überzeugung, dass sie eine Fassade betrachteten. Und hinter der leichten Unterhaltung, dem Sport und vor allem der Politik im Fernsehen verbarg sich eine schmutzige Realität der Günstlingswirtschaft, Bestechlichkeit, der politischen Mauschelei und – warum auch nicht? – des organisierten Verbrechens und Drogenhandels. Je ansprechender und überzeugender die Fassade, desto verschlagener und teuflischer die Wahrheit dahinter. Nach dieser bösartigen Rechnung stand Enzo Tortora als jemand da, den sein eigenes leutseliges Image verdammte. Das sentimentale Glühen, das von *Portobello* ausging, fiel zurück auf den Showmaster als das belastende grelle Licht einer Verhörlampe.

Tortoras Leben hinter den Kulissen war in Wahrheit alles andere als gespenstisch. Für einen Fernsehmoderator war er außergewöhnlich ruhig und belesen. Er war ein nichtrauchender, nichttrinkender Vegetarier, dessen Lieblingsautor Stendhal war und der seine Freizeit gerne damit verbrachte, Livius und Seneca im Original zu lesen. Doch noch vor Prozessbeginn hatten Journalisten sich nach dem Doppelleben auf die Suche begeben, das er zweifellos führte – und waren fündig geworden.

Uns Briten kommt die Art und Weise, wie die italienische Justiz Probleme anpackt, zuweilen ungeheuerlich vor. Das heißt: Auf jemanden, der den kontradiktorischen Strafverfahrenstypus gewöhnt ist, bei dem Richter die Möglichkeit haben, einen Prozess abzubrechen, sobald die Presse durch eine ihrer Äußerungen möglicherweise den Ausgang der Geschworenenentscheidung beeinflussen könnte, mag allein das Getöse um einen prominenten Fall in Italien verstörend wirken. Lange vor den entscheidenden Anhörungen ist ein Großteil der Beweismittel, die von den Anwälten beider Parteien herangezogen werden, für jedermann verfügbar und wird von jedermann diskutiert. Zeugen und Angeklagte geben ausführliche Interviews. Vielfach laufen Medienermittlungen parallel zum offiziellen Gerichtsverfahren. Es bilden sich gegensätzliche Lager, die der *colpevolisti* und die der *innocentisti* (Erstere plädieren für schuldig, Letztere für unschuldig). Das tatsächliche Urteil genügt häufig nicht, um die festgefügtesten Meinungen zu dem Fall zu verrücken: Es bleibt nur eine Ansicht unter vielen.

Das wichtigste Argument der Befürworter des italienischen Systems ist, dass jede Phase eines Verfahrens, auch die Beweisaufnahme, der Öffentlichkeit zugänglich sein muss. In anderen Worten, das Axiom »Gerechtigkeit muss vor aller Augen geübt werden« gilt lange bevor Staatsanwaltschaft und Verteidigung vor den Richter treten. Und dies ist ein kräftiges Argument in einem Land wie Italien, wo alle möglichen unzulässigen Einflüsse, von einer faschistischen Diktatur bis hin zur Mafia, über die Jahre Justitias Waage gekippt haben.

Enzo Tortora besaß sicherlich die Fähigkeit und auch das nötige Gewicht, seine Position in der Medienschlacht im Vorfeld des Prozesses zu verteidigen. Sieben Monate nach seiner Verhaftung durfte er den Rest der Untersuchungshaft in Hausarrest verbringen. Zur Europawahl im Juni 1984 kandidierte er für die Radikalen. (Der *Partito Radicale* bildete eine starke Plattform zur Verteidigung von Bürgerrechten.) Tortoras Wohnzimmer wurde für den Wahlkampf zum Fernsehstudio umfunktioniert, und er wurde mit großer Mehrheit gewählt. Im damaligen Italien genossen Parlamentarier, ob in Rom oder Straßburg, Immunität. Tortora erklärte öffentlich, er werde darauf verzichten.

Nachdem er für schuldig befunden worden war, nutzte er eine Zeit bürokratischer Formalitäten, um das Hochsicherheitsgefängnis auf Asinara zu besuchen, als Teil einer Initiative der Radikalen, die auf die desolaten Haftbedingungen dort aufmerksam machen wollten. In einer merkwürdigen Begegnung schüttelte Tortora sogar Raffaele Cutolo die Hand. »Sehr erfreut, Sie zu sehen«, spöttelte der NCO-Boss. »Ich bin Ihr Leutnant, erinnern Sie sich?«

Tortora, der wusste, dass der »Professor« Pandico einen Lügner gescholten hatte, entgegnete gutgelaunt: »Nein, Sie sind doch der Boss.«

Zwischen Weihnachten und Neujahr 1985 trat Tortora als Europaparlamentarier zurück. Vor Tausenden seiner Anhänger auf Mailands riesiger Piazza Duomo stellte er sich der Polizei, die ihn abführte, damit er seine Haftstrafe antrat.

Im September 1986, fast auf den Tag genau ein Jahr, nachdem Tortora für schuldig befunden worden war, kippte das Berufungsgericht sein Urteil und stellte seinen guten Ruf wieder her.

Die Entscheidung des Berufungsgerichts ließ das erste Gerichtsverfahren kafkaesk aussehen. Tortoras Hauptkläger Giovanni Pandico wurde als rachsüchtiger, größenwahnsinniger Spinner entlarvt. Geschmeichelt von der Aufmerksamkeit und Macht, die ihm sein Kronzeugenstatus einbrachte, hatte er an dem *Portobello*-Star Rache genommen, weil dieser ihn mit der Deckchensache brüskiert hatte. Die anderen NCO-Abtrünnigen, von denen viele während der Ermittlungen zu ihrem Schutz gemeinsam in einer Armeebarracke festgehalten wurden, hatten ihre Geschichten einfach mit derjenigen Pandicos in Einklang gebracht. Der Künstler, der gesehen haben wollte, wie Tortora in einem der Studios Bargeld gegen Kokain getauscht hatte, erwies sich als bekannter Verleumder, der die Medienaufmerksamkeit, die der Fall erhielt, nutzen wollte, um wenigstens ein paar seiner scheußlichen Bilder zu verkaufen.

Portobello ging am 20. Februar 1987 wieder auf Sendung. Tortora, sichtbar gezeichnet von seiner Leidenszeit, eröffnete die Show dennoch mit der gewohnten Nonchalance: »Nun, wo waren wir stehengeblieben?« Es ist noch immer einer der denkwürdigsten Augenblicke in der italienischen Fernsehgeschichte, in den sich ein Hauch von Bitterkeit mischt, weil Tortora bereits ein Jahr später an Krebs verstarb.

Die ganze Tortora-Geschichte fügte dem Rückhalt der Öffentlichkeit für den Kampf gegen das organisierte Verbrechen ernsthaften Schaden zu. Die Erfolge des Prozesses gegen die *Nuova Camorra Organizzata* waren gänzlich überschattet. Der *pentito*, dessen Bild sich im Gedächtnis der Öffentlichkeit einbrennen würde, war Giovanni Pandico, der vor Gericht Tortoras Beweise als »Farce« verunglimpft und melodramatisch verlangt hatte, sich einem Lügendetektortest unterziehen zu dürfen.

Am Montag, dem 16. Juli 1984, kurz vor dem Mittagessen – die Tortora-Geschichte war noch lange nicht gelöst –, unterzog sich ein weiterer Überläufer aus der Welt des organisierten Verbrechens in einer Polizeizelle in Rom den Formalitäten seiner ersten Befragung.

> »Ich bin Tommaso Buscetta, Sohn des verstorbenen Benedetto und der verstorbenen Felicia Bauccio. Geboren am 13. Juli 1928 in Palermo. Ich habe keinen Militärdienst absolviert. Verheiratet, Kinder. Landwirtschaftlicher Unternehmer. Vorbestraft.«

Buscetta war einer der mächtigsten Bosse Siziliens gewesen, äußerst charismatisch, ein internationaler Drogenbaron mit Kontakten zu beiden Seiten des Atlantiks, was ihm den Spitznamen »Boss zweier Welten« eingebracht hatte. Jetzt war er ein körperliches Wrack. Seine dunklen Züge, die an die edle Gelassenheit eines aztekischen Prinzen erinnerten, waren bleich und verschwommen. Nachdem er 1980 sein Wort gebrochen hatte und aus Italien geflüchtet war, hatte er auf seiner 26 000 Hektar großen Farm in Brasilien Zuflucht genommen. Von dort aus hatte er ohnmächtig zusehen müssen, wie die Corleoneser seine Freunde abgeschlachtet und mehrere seiner Verwandten umgelegt hatten.

Als die brasilianische Polizei ihn erwischte, unterzog sie ihn der Folter: Sie rissen ihm die Zehennägel aus, traktierten ihn mit Elektroschocks, bugsierten ihn dann in ein Flugzeug und flogen mit ihm über São Paolo, wo sie ihm drohten, ihn hinauszuwerfen. Er aber wiederholte nur immer wieder: »Mein Name ist Tommaso Buscetta.« Kurz vor seiner Auslieferung nach Italien hatte Buscetta einen Selbstmordversuch unternommen, indem er Strychnin schluckte. Nach der Landung in Rom musste man ihm aus dem Flugzeug helfen. Bald danach verlangte er nach Giovanni Falcone, der jetzt ihm gegenüber am Schreibtisch saß und jedem seiner Worte lauschte. Auf die Frage, ob er eine Erklärung zu machen habe, antwortete Buscetta:

> »Bevor ich irgendetwas sage, möchte ich darauf hinweisen, dass ich kein Spitzel bin. Was ich sage, ist nicht der Tatsache geschuldet, dass ich mir Gefälligkeiten vom Rechtssystem erhoffe.
> Ich bin auch kein Überläufer, die Enthüllungen, die ich machen möchte, sind nicht von der elenden Überlegung motiviert, was für mich dabei herausspringen wird.
> Ich war ein Mafioso, und ich habe Fehler begangen, für die ich bereit bin, vollständig zu bezahlen.
> Im Interesse der Gesellschaft, meiner Kinder und der Jugend im Allgemeinen will ich alles enthüllen, was ich über dieses Krebsgeschwür Mafia weiß, damit künftige Generationen ein menschenwürdigeres Leben führen können.«

Die Geschichte der sizilianischen Mafia war im Begriff, in unbekannten Bahnen zu verlaufen. Unbekannt – und doch sehr vertraut.

Wandelnde Leichen

In seinem letzten Interview hatte General Carlo Alberto Dalla Chiesa über die »todbringende Kombination« gesprochen: Jemand war für die Mafia eine Gefahr und außerdem isoliert. Dasselbe Gefühl von Isolation wurde sehr deutlich von einem jungen Richter in Trapani geäußert, einer Stadt an der Westspitze Siziliens. 1982 fragte ihn ein Fernsehmoderator provokativ, ob er denn einen »Privatkrieg« gegen die Mafia führe. Der Richter erklärte ruhig, dass nur bestimmte Juristen sich mit Mafiaverbrechen befassten und etwas aufbauten, was er als »geschichtliche Erinnerung« daran bezeichnete. Aus diesem Grund wirke das, was diese wenigen im Interesse der Öffentlichkeit taten, am Ende wie ein privater Kreuzzug. »Alles trägt insgeheim dazu bei, den Kampf gegen die Mafia zu personalisieren.« Genauso sahen Mafiosi selbst den Kampf: als Konfrontation zwischen Ehrenmännern und ein paar Nervensägen aus Polizei und Justiz. Für Mafiosi sind die Grenzen zwischen Privatangelegenheiten und öffentlichem Interesse schlicht unsichtbar.

Der junge Richter aus Trapani, der diese Aussage traf, war ein energischer, bebrillter Liebhaber von klassischer Musik namens Gian Giacomo Ciaccio Montalto. Eines Abends, nur wenige Monate nach dem Interview, waren sein weißer VW Golf und er selbst mit Einschusslöchern durchsiebt. Die Straße, in der er langsam verblutete, war schmal, und Dutzende Menschen in den umliegenden Wohnungen mussten die Schüsse gehört haben. Doch niemand zeigte den Vorfall an, bis zum darauffolgenden Morgen. So blieb Ciaccio Montalto bis zu seinem tragischen Ende ein Einzelkämpfer.

Während die »prominenten Leichen« sich türmten und die barbarische Vormachtstellung der Mafia auf Sizilien zu bestätigen schienen, fand die eng verzahnte, aber isolierte Gruppe von Polizisten und Richtern, die gegen die Cosa Nostra kämpfte, irgendwie den Mut, ihren Kampf fortzusetzen. Ein besonders heftiger Schlag erfolgte im Sommer 1983 mit der Ermordung von Rocco Chinnici, dem Leiter der Ermittlungsbehörde und Vorgesetzten Falcones und Borsellinos. Chinnici wurde von einer gewaltigen Autobombe getötet, die vor seinem Haus gezündet wurde; zwei Leibwächter und die Hausmeisterin des Wohnblocks kamen bei der Explosion ebenfalls ums Leben. Dies war die bislang spektakulärste Eskalation im Terrorfeldzug der Cosa Nostra. Chinnici war einer der ersten Richter, die begriffen hatten, wie wichtig es war, die Öffentlichkeit für den Kampf gegen die Mafia zu gewinnen, den Justizpalast zu verlassen und in öffentlichen Versammlungen und in Schulen zu sprechen. Sein schockierender Tod erschütterte die gesamte Insel.

Kaum war ein Held beseitigt, trat schon ein anderer an seine Stelle – ein Freiwilliger. Antonino Caponnetto war ein stiller Mann, kurz vor dem Ruhestand, der eine angesehene Stellung in Florenz aufgab, um in seine Heimat Sizilien zurückzukehren. Noch bevor er die Kaserne bezog, die sein Palermer Zuhause sein würde, wusste Caponnetto, was er wollte: Er würde sich abermals ein Beispiel nehmen an Norditalien und dessen Kampf gegen den Terror. Angesichts der täglichen Bedrohung durch die Roten Brigaden hatten dort die Ermittlungsrichter nämlich beschlossen, kleine Arbeitsgruppen zu bilden, sogenannte »Pools« (man übernahm den englischen Begriff), um so zu verhindern, dass die Beseitigung eines Richters sämtliche Ermittlungen lahmlegen würde. Dieselbe Methode wollte Caponnetto gegen die Mafia anwenden. Der Palermer Antimafia-Pool – bestehend aus Giovanni Falcone, Paolo Borsellino, Giuseppe Di Lello und Leonardo Guarnotta – würde Wissen und Risiken teilen und auf diese Weise die einzelnen Fälle in einer großen Ermittlung zusammenfassen. Das Pool-System war die Reaktion der Ermittler auf die »todbringende Kombination«.

Der Palermer Pool machte unentwegt Fortschritte. So wurde zum Beispiel Gaspare Mutolos Telefon angezapft und sein Heroinzwischenhandel mit Fernost rekonstruiert. Mutolos Lieferant, Ko Bak Kin, wurde in Thailand festgenommen und erklärte sich daraufhin bereit, in Italien als Zeuge auszusagen. Ballistische Analysen hatten ergeben, dass ein und dieselbe Kalaschnikow bei einer ganzen Reihe von Mafiamorden zum Einsatz gekommen war – unter anderem bei Stefano Bontate und General Carlo Alberto Dalla Chiesa. Die Waffe war eine gemeinsame Signatur, die im Chaos und Blut allmählich erkennbare Muster hinterließ. Vor allem aber hatte das Überfallkommando einen Bericht über 162 Mafiosi erstellt, der eine ungefähre Skizze vom Frontverlauf in jenem Krieg beinhaltete, der zur Beseitigung von Stefano Bontate, Salvatore Inzerillo und deren Anhängern geführt hatte. Dennoch mussten die Ermittler auf geheime interne Quellen aus der Welt der Mafia zurückgreifen – auf Männer, die viel zu ängstlich waren und den Behörden viel zu sehr misstrauten, um ihre Namen zu verraten, geschweige denn Aussagen zu machen, die vor Gericht verwendet werden konnten.

Dann kam im Sommer 1984 Tommaso Buscetta, der Boss zweier Welten. Die Aussage des neuen Kronzeugen bedeutete einen großen Schritt vorwärts. Buscetta begann sein Geständnis, indem er den Namen verriet, mit dem Mafiosi ihre Bruderschaft bezeichneten. »Das Wort Mafia ist eine literarische Erfindung«, sagte Buscetta zu Falcone. »Die Organisation heißt ›Cosa Nostra‹, wie in den Vereinigten Staaten.«

Buscettas Gespräche mit Falcone wurden bis zum Januar 1985 fast ohne Unterbrechung fortgesetzt. Er erläuterte die gesamte Struktur der Cosa Nostra, nannte jeden, an den er sich erinnern konnte – von den Soldaten am unteren Rand der Pyramide bis hin zu den Bossen in der Kommission an der Spitze. Indem er auf beinahe vier Jahrzehnte Mafiaerfahrung zurückblickte (er war 1945 in die Familie von Porta Nuova eingeführt worden), erklärte Buscetta dem Richter das exotische Innenleben der Gesellschaft, ihre Rituale, ihre Regeln und ihre Gesinnung. Er nannte Täter, die zahllose Morde auf dem Kerbholz hatten, und erläuterte, was noch wichtiger war, wie sich diese Morde in das strategische Denken der Bosse fügten, die sie in Auftrag gegeben hatten. Endlich ergab die gesamte Geschichte von Totò Riinas Machtergreifung in der sizilianischen Unterwelt einen Sinn. Die sizilianische Mafia war mitnichten ein wüster Haufen einzelner Gangs. Sie war die Cosa Nostra: eine homogene, hierarchisch strukturierte Organisation, die einen blutigen internen Konflikt erlebt hatte.

Bis jetzt hatten Falcone und seine Kollegen die sizilianische Mafia von außen betrachtet. Es war, als versuchten sie den Grundriss eines Gebäudes zu erstellen, indem sie durch das Schlüsselloch spähten. »Buscetta öffnete uns die Tür und veränderte damit alles«, würde Caponetto sich später erinnern. Falcone empfand Buscetta »wie einen Sprachenlehrer, der es einem ermöglicht, in die Türkei zu reisen, ohne dass man mit Händen und Füßen kommunizieren muss«. Buscettas Beispiel folgend, brachen auch andere Reuige ihr Schweigen. Der wichtigste von ihnen war Totuccio Contorno, der Soldat aus Stefano Bontates Familie, der einen Kalaschnikow-Angriff in Brancaccio knapp überlebt hatte.

Das Antimafia-Team hielt Buscettas Mitarbeit monatelang geheim. Am 29. September 1984, dem Tag des Erzengels Michael, konnte das Geheimnis nicht länger gehütet werden. Im Morgengrauen wurde gegen 366 Mafiosi Haftbefehl erteilt: Die Aktion wurde als *blitz di San Michele* (Blitzaktion vom Michaelstag) bekannt. Der Polizei gingen die Handschellen aus. Und als ihre Arbeit für diesen Tag erledigt war, hielt der Antimafia-Pool eine Pressekonferenz ab, um der Welt mitzuteilen, dass das *System Mafia* bald vor Gericht stehen würde. Indem sie sich ein Wort auslieh, das die massive Verfolgung der *Nuova Camorra Organizzata* in Neapel bezeichnet hatte, sprach die Presse vom bevorstehenden »Mammutprozess« in Palermo. In den Straßen, wo Dialekt gesprochen wurde, hieß er schlicht *'u maxi*. Und Hauptgegenstand im »Maxi« wäre Buscettas Behauptung – geringschätzig als »Buscetta-Theorem« abgestempelt –, dass die Cosa Nostra eine homogene, hierarchisch strukturierte Organisation war.

Der Boss zweier Welten war sich durchaus der historischen Tragweite des Prozesses bewusst, der um seine Zeugenaussage herum vorbereitet wurde. Ein Sinn für seine eigene historische Mission war vermutlich Teil der Motivmischung, die ihn dazu brachte, sich an Giovanni Falcone zu wenden.

Als bekanntwurde, dass Tommaso Buscetta den Ermittlern half, gingen viele Kommentatoren zunächst davon aus, dass er der erste sizilianische Mafioso sei, der gegen das Gesetz der Omertà verstieß. Wir wissen mittlerweile mehr als genug über die Geschichte der Mafia, um sagen zu können, dass sizilianische Mafiosi schon immer geredet haben. Sieger wie Verlierer im permanenten Kampf der sizilianischen Unterwelt um die Vorherrschaft haben über die Jahrzehnte gegen die Omertà verstoßen.

Die Sieger redeten als Teil eines Bündnisses mit der Polizei: Sie gaben Informationen über ihre kriminellen Konkurrenten preis und erhielten im Gegenzug Straffreiheit zugesichert. In Bodennähe garantierte dieses Arrangement dem Polizisten oder Carabiniere, der ostentativ Arm in Arm mit dem örtlichen Boss über die Piazza schlenderte, ein ruhiges Leben. Die sizilianische Mafia spezialisierte sich auf eine höhere Bündnisebene mit den Behörden: Immer wenn die Mafia damit drohte, Sizilien unregierbar zu machen, wurde es zur offiziellen Strategie, Mafiosi als Hilfssheriffs einzusetzen.

Die Verlierer innerhalb der Mafias haben aus einem nicht minder schmutzigen Grund gegen die Omertà verstoßen: Rache. Von ihren mächtigen Freunden im Stich gelassen und von ihren Mafiarivalen überwältigt und übertölpelt, missbrauchten sie die Polizei als Instrument der Rache, zumal ihnen kein anderes Instrument geblieben war.

Tommaso Buscetta war, wie Generationen von Mafiosi vor ihm, die das Gesetz der Omertà gebrochen hatten, ein Verlierer. Er gehörte dem Transatlantischen Syndikat an, das für den Drogenhandel zwischen Sizilien und den USA verantwortlich war. Aus diesem Grund entfachte er die Wut der Corleoneser sowohl vor als auch nach seiner Entscheidung, mit Giovanni Falcone zu sprechen: Zwischen 1982 und 1984 wurden nicht weniger als neun Mitglieder seiner Familie getötet, einschließlich zweier Söhne und eines Bruders. Der Boss zweier Welten hatte, wie viele Verlierer der Mafia vor ihm, einige Gründe, um über das Gesetz Rache zu üben. Er glich auch insofern vielen Mafiazeugen vor ihm, als er nur einen Teil dessen erzählte, was er wusste. Seine Drogenschieberfreunde wurden von seinen Enthüllungen kaum in Mitleidenschaft gezogen.

Buscettas Zeugenaussage folgte zudem einem Drehbuch, der Schilderung seines persönlichen Lebenswegs, den er mit vielen besiegten Mafiosi teilte: Es war einmal eine gute Mafia, eine Cosa Nostra, die sich an die echten, edlen Ideale der Organisation hielt. Jetzt hatte sich die Cosa Nostra verändert. Die Ehre war tot, und es herrschten Gier und Brutalität. Neuerdings töte die Mafia sogar Frauen und Kinder – deshalb wolle er, Tommaso Buscetta, als ein wahrer Ehrenmann, nichts mehr mit ihr zu schaffen haben. Natürlich eine irreführende, eigennützige Geschichte.

Doch wenn Tommaso Buscetta nicht anders war als die vielen Mafiosi, die vor ihm geredet hatten, warum war er dann so wichtig? Warum wird er immer als der Kronzeuge bezeichnet, der »Geschichte machte«? Der Hauptgrund ist, dass abtrünnige Mafiosi, ob die Mafia sie wieder in ihre Reihen holte, sie einschüchterte oder sie schlicht tötete, selten die Gelegenheit erhielten, ihre Zeugenaussagen dort zu wiederholen, wo sie wirklich zählten: vor Gericht. Was die Staatsanwaltschaft wusste, konnte sie nicht beweisen. Sobald die Verlierer der Mafia redeten, weigerte sich Italien, ihnen zu glauben. Und eine sizilianische Elite, die seit der Einigung Italiens eng verflochten war mit den Killern der Mafia, brauchte keine Extraeinladung, um die Aussagen der *pentiti* niederzureden: Es gebe überhaupt keine Mafia, sie sei lediglich eine sizilianische Geisteshaltung, all das Gemunkel über einen kriminellen Geheimbund basiere auf norditalienischen Vorurteilen und Wahnvorstellungen; es sei alles auf die Jahrhunderte zurückliegenden arabischen Invasionen zurückzuführen.

Zwischen den Gesprächen mit der Polizei und einer Aussage vor Gericht gab es eine lange, beschwerliche Reise zu bestehen. Für Falcone und den Palermer Antimafia-Pool bestand die Schwierigkeit darin, mit dem Boss zweier Welten den Weg zu Ende zu gehen. Nur dann ließe sich tatsächlich über ihn sagen, er habe den Lauf der Geschichte verändert.

Falcone und Borsellino wurden bei dieser Aufgabe tatkräftig von den USA unterstützt. Die Ermittlungen in Sachen Drogenschmuggel, die Falcone überhaupt erst auf die Mafia aufmerksam werden ließen, enthüllten das engmaschige Netz aus verwandtschaftlichen und geschäftlichen Verbindungen, das Mafiosi zu beiden Seiten des Atlantiks geknüpft hatten. Falcone war insofern ein Pionier, als er als Erster begriffen hatte, dass die Ermittler, um der Mafia beizukommen, dieselbe internationale Basis brauchten wie ihre Feinde. Sizilianische Richter und Polizisten waren zweifellos doppelt so effektiv, wenn sie die Hilfe ihrer amerikanischen Kollegen in Anspruch nahmen. Buscetta, der Boss zweier Welten, war ein fast ebenso kostbarer Zeuge in den USA wie in Italien. Und die USA verfügten – im Gegensatz zu Italien – über ein ordentliches Zeugenschutzprogramm, dem man Buscetta anvertrauen konnte.

Viele finstere Tage verstrichen zwischen dem Zeitpunkt, als Tommaso Buscetta sich zu einem ersten Gespräch mit Giovanni Falcone bereiterklärte, und seinem Termin vor Gericht. Die finstersten Tage von allen kamen Ende Juli und Anfang August 1985.

Beppe Montana war ein Mitglied des Überfallkommandos, das eng mit Falcones Team zusammengearbeitet hatte – ihm oblag die Aufgabe, die vielen Mafiosi aufzuspüren, die sich ihrer Festnahme durch Flucht entzogen hatten. In einem Interview hatte Montana die Stimmung fatalistischer Entschlossenheit in seinem Team folgendermaßen zusammengefasst: »In Palermo gibt es ungefähr zehn von uns, die eine echte Gefahr für die Mafia darstellen. Und ihre Killer kennen uns alle. Leider sind wir weiche Ziele. Wenn die Mafia beschließt, uns umzubringen, kann sie das ohne weiteres tun.«

Am 25. Juli überraschten Montana zwei Killer, als er nach einem Bootsausflug mit seiner Freundin den Strand erreichte; er starb in der Badehose, im Alter von nur 33 Jahren. Die todbringende Kombination hatte wieder zugeschlagen.

Paolo Borsellino erinnerte sich, wie er Ninni Cassarà, den stellvertretenden Kommandanten des Überfallkommandos, vom Montana-Tatort aus im Auto mitgenommen hatte. Auch Cassarà arbeitete eng mit dem Antimafia-Pool zusammen, und Montana war für ihn weit mehr als ein Kollege. Nach einer schweigsamen Fahrt konnte Cassarà, aschfahl im Gesicht, nur murmeln: »Wir sollten uns mit der Tatsache abfinden, dass wir wandelnde Leichen sind.« Ein paar Tage später fand Cassarà die nötige Fassung, um ein erhellendes Interview zu den Hintergründen von Montanas Tod zu geben. Mittlerweile hatte der gewaltige Prozess gegen die *Nuova Camorra Organizzata* einen heftigen Streit über die Verurteilung des *Portobello*-Showmasters Enzo Tortora ausgelöst:

> »Wir beobachten die beunruhigenden Ereignisse sehr genau, *sowohl* um die Vorbereitungen des Mammutprozesses in Palermo als auch um den Mammutprozess gegen die Camorra. In Neapel sehen wir, was innerhalb und außerhalb des Gerichtssaals vor sich geht. Man negiert den Wert der Aussagen von Kronzeugen. Wir wissen nicht, wie sich unsere neapolitanischen Kollegen verhalten haben. Wir wissen nur, dass wir *hier* vorangekommen sind, indem wir sorgfältig nach hieb- und stichfesten Beweisen suchten, um jedes Detail in den Aussagen der Kronzeugen bestätigen zu können.«

Was Cassarà nicht erwähnte, war die Tatsache, dass die kriminelle Organisation, die in Neapel auf der Anklagebank saß, bereits am Ende war. Der Mammutprozess in Palermo dagegen hatte es mit einer Mafia auf dem Höhepunkt der Macht zu tun, deren Anführer größtenteils noch auf freiem Fuß waren. Am Ende des Interviews fügte Cassarà noch eine niederdrückende Schlussbemerkung hinzu: »Früher oder später werden sämtliche Ermittler ermordet, die ihre Aufgabe wirklich ernst nehmen.«

Montanas grausamer Tod wandelte die anfängliche fatalistische Entschlossenheit der Männer unter Cassaràs Kommando in verzweifelte Wut. Fünf Tage später wurde ein junger Fischer und Amateurfußballer namens Salvatore Marino ins Verhör genommen. Zeugen hatten Marino am Tatort gesehen; in seiner Wohnung fand die Polizei ein blutiges Hemd und 34 Millionen Lire (heute etwa 40 000 Euro) in bar. Ein Teil des Betrags war in die Zeitung gewickelt, die den Bericht über Montanas Ermordung enthielt. (»Reuige« Mafiosi haben seitdem behauptet, dass Marino, der selbst kein Mafioso war, tatsächlich als Beobachtungsposten für die Mörder fungiert hatte.)

Nichts davon entschuldigt, was mit ihm geschah. In Untersuchungshaft wurde er mit Fäusten traktiert, geschlagen und sogar gebissen. Mit dem Gesicht nach oben und dem Kopf im Nacken, wurde er auf einen Schreibtisch gefesselt; man stülpte ihm eine Kapuze über den Kopf und schob ihm einen Schlauch in den Mund, der in einen Eimer Meerwasser führte. Während ein Polizist auf seinem Magen saß, musste Marino Liter um Liter trinken. Diese Folter, als *cassetta* (Kiste) bekannt, war noch ein Relikt aus faschistischer Zeit. Wie viele Opfer der *cassetta* vor ihm starb Marino unter der Folter.

In einem Anfall von Panik gaben die Männer, die für seinen Tod verantwortlich waren, an, Marino sei ertrunken. Ninni Cassarà fand heraus, was wirklich passiert war, und beschloss, das ungeschickte Tarnmanöver zu decken, das seine Männer in ihrer Bedrängnis inszeniert hatten. Er ging mitten in der Nacht zu Falcone nach Hause, um ihn um Hilfe zu bitten. Die beiden Männer hatten mittlerweile mehrere Jahre zusammengearbeitet und waren beste Freunde geworden. Sie schritten stundenlang unruhig im Zimmer auf und ab. Kurz vor Tagesanbruch erfuhren die Ermittlungsbehörden, was Salvatore Marino wirklich zugestoßen war.

Am 5. August wurde Salvatores weißer Sarg, auf dem sein blaues Fußballtrikot drapiert war, durch die Stadt getragen, während die Menge die Beamten als »Mörderbande!« beschimpfte. Bei der Begräbnisfeier hielt ein Karmeliter eine zornige Moralpredigt, die an die Polizei gerichtet war. Derselbe Führer der Radikalen, der dem Fernsehmoderator Enzo Tortora einen Sitz im Parlament und eine Plattform für seinen Kampf für Gerechtigkeit angeboten hatte, reiste eigens nach Palermo, um Marinos Mörder niederzumachen. Es kam das Gerücht auf, der Tod des Verdächtigen sei kein Unfall gewesen, das Überfallkommando habe eine spezielle Strategie, um inhaftierte Mafiosi »umzulegen«. Meinungsmacher in den Zeitungen des Landes waren sofort zur Stelle mit der Frage, ob der Kampf gegen die Cosa Nostra eventuell die Bürgerrechte gefährde. Noch am selben Abend, bevor der Obduktionsbefund vorlag, entließ der Innenminister den Kommandanten des Palermer Überfallkommandos und zwei weitere hochrangige Polizeibeamte aus dem Dienst. Dasselbe Ministerium, das monatelang herumgedruckst hatte, ob die veralteten Computer des Palermer Antimafia-Pools zu ersetzen seien, hatte sich von der Entrüstung über Marinos Tod zu einer absurd überstürzten Reaktion hinreißen lassen.

Am darauffolgenden Nachmittag kam Ninni Cassarà früher nach Hause als üblich. Er wurde von mehreren Mafiakillern erwartet, die im Wohnblock gegenüber auf zwei Positionen Stellung bezogen hatten. Aus drei Kalaschnikows und diversen anderen Waffen wurden 200 Schüsse auf ihn abgegeben. Cassaràs Frau, die mit den drei kleinen Kindern zu Hause auf ihn gewartet hatte, beobachtete den Hinterhalt von ihrem Fenster aus. Mit Cassarà starb auch Roberto Antiochia, ein 23-jähriger Römer, der nach dem Mord an Montana früher aus dem Urlaub zurückgekehrt war, um seinem Kommandanten den Rücken zu stärken.

Mafia und Politik hatten das Überfallkommando außer Gefecht gesetzt und damit den rechten Arm des Antimafia-Teams abgeschnitten. Die überlebenden Mitglieder des Überfallkommandos konnten ihre Wut kaum verbergen. Weil sie Antiochia nicht feierlich aufgebahrt im Polizeipräsidium liegen lassen wollten, entführten sie seinen Sarg, mitsamt den Messingpfosten und der Absperrkette, die ihn umgab, und trugen ihn in den Lichthof ihres Hauptquartiers, 50 Meter weiter. Der Innenminister musste vor den Kollegen der Toten beschützt werden, als er nach Palermo zu ihrer Beerdigung anreiste. Es kam zu einem Handgemenge auf der Straße mit Männern aus anderen Polizeieinheiten. Erneut ließ sich die Regierung aus Panik zu einer unangemessenen Reaktion hinreißen und entsandte 800 ungeschulte Polizisten und Carabinieri auf die Insel, die weitgehend symbolische Straßensperren errichteten.

Die Mitglieder des Überfallkommandos hatten, genau wie die Richter im Antimafia-Team, gute Gründe, sich nicht nur isoliert, sondern verunglimpft zu fühlen. In den regionalen und überregionalen Medien konnten Mafiafreunde oder nur einfallslose Journalisten auf der Suche nach einer polemischen Schlagzeile die Besorgnis erregende Isolation, in der die Mafiagegner arbeiteten, ohne weiteres ins Gegenteil verkehren: Die Männer und Frauen, die an vorderster Front gegen die Mafia kämpften, waren allesamt Egomanen, einsame Spinner oder schießwütige Sheriffs. Nach Cassaràs Tod wetterte Vittorio Nisticò, ein Veteran des kämpferischen Antimafia-Journalismus auf Sizilien, gegen mehrere verantwortungslose Polizeireporter:

> »Ihr habt Cassarà gekannt. Und ihr habt verstanden. Euer Fehler war, dass ihr ihn, als er noch lebte, nicht als den dargestellt habt, der er war: ein moderner Held. Es wäre eine Möglichkeit gewesen, ihn zu schützen. Jetzt ist es zu spät, seine Geschichte zu erzählen.«

Während all dieser Ereignisse waren zwei weitere moderne Helden, Giovanni Falcone und Paolo Borsellino, fieberhaft damit beschäftigt, die Anklageschrift für den Mammutprozess vorzubereiten – ein Dokument, das am Ende 8607 klar formulierte Seiten umfassen würde. (Wie damals üblich im italienischen Rechtssystem sollte die Aufgabe, den Fall vor Gericht zu erörtern, anderen zukommen.) Zwei Wochen nach dem Anschlag auf Cassarà wurden Falcone und Borsellino mitsamt ihren Familien auf eine Gefängnisinsel in Sicherheit gebracht, damit sie ihre Mammutaufgabe zu Ende bringen konnten. Wie der Zufall es wollte, landeten sie ausgerechnet auf der Insel Asinara, vor der Nordküste Sardiniens, im selben Hochsicherheitsgefängnis, in dem Raffaele der »Professor« Cutolo mittlerweile einsaß. Ausnahmsweise sorgte die Isolation der Antimafia-Richter in diesem Fall für ihren Schutz.

Die Hauptstadt der Antimafia

Palermos Ucciardone-Gefängnis ist ein Denkmal für zerschlagene Reformträume. Das viktorianische Backsteingebäude, dessen zahlreiche Ecken jeweils mit einem mächtigen Turm bestückt sind, dräut in der einst ländlichen Umgebung unweit des Hafens. Doch sein bedrohliches Aussehen gibt keinerlei Hinweis auf die aufgeklärten Hoffnungen, die seinen Bau inspirierten. Es wurde in den 1830er Jahren entworfen, nach den Richtlinien des großen britischen Philosophen Jeremy Bentham. Nie mehr sollten Männer und Frauen, Erwachsene und Kinder, Verurteilte und jene, die noch auf ihren Prozess warteten, Mörder und kleine Diebe im verseuchten Durcheinander großer Verliese zusammengepfercht werden. Im neuen Gefängnis würden die Gefangenen getrennte Zellen belegen, in denen ihre gottgegebenen Gewissen endlich Gelegenheit hätten, auf ihre Seelen einzuwirken: Die Rehabilitierung würde aus ihnen selbst geboren werden.

Schlechte Planung, kärgliche Ressourcen und ein Mangel an politischem Willen begruben bald diese hochfliegenden Träume und verwandelten das Ucciardone-Gefängnis in einen dreckstarrenden, überfüllten Hohn auf die Rechtsstaatlichkeit. Der Polizei diente es als Druckmittel. Verdächtige verschwanden monatelang darin, ohne ordentliches Gerichtsverfahren. Für die Unterwelt war das Ucciardone-Gefängnis, wie ein parlamentarischer Untersuchungsausschuss in den 1860ern erfuhr, »eine Art Regierung«, die in Zeiten politischer Unruhen Befehle erteilte.

Ein Jahrhundert später trug das Palermer Gefängnis den Beinamen »Grand Hotel Ucciardone«: Mafiabosse betraten und verließen ihre Zellen in seidenen Morgenröcken, aßen Hummer, tranken Champagner und gaben Morde oder Drogenlieferungen in Auftrag. Vieles von dem, was Tommaso Buscetta dem Richter Giovanni Falcone über das Personal der Cosa Nostra erzählte, wusste er aus dem Gefängnis. Wie er während ihrer ersten Interviews im Sommer 1984 erklärte: »Die gleichzeitige Anwesenheit so vieler Ehrenmänner im Ucciardone stärkt die Verbundenheit zwischen ihnen noch mehr, weil sie so Gelegenheit haben, sich gegenseitig zu helfen und zu ermutigen.« Das Ucciardone war seit dem 19. Jahrhundert *der* Treffpunkt für Ehrenmänner aus verschiedenen Familien, ein Zentrum der kriminellen Macht.

1985 wurde das Gefängnis durch einen großen Anbau erweitert – ein Gerichtsgebäude, das bis zu 1000 Anwälten und Zeugen Raum bot und ebenso vielen Journalisten. Bäume wurden gefällt. Gebäude enteignet. Weit über 30 Milliarden Lire (etwa 36 Millionen Euro) wurden ausgegeben, um etwas zu schaffen, das einem gewaltigen Luftschutzbunker glich. Nur für den Fall, dass die Stahlbetonmauern nicht ausreichten, um die Gerichtsverfahren vor einem Raketenangriff oder einem bewaffneten Überfall zu schützen, wurde ein drei Meter hoher Stahlzaun errichtet. Unterirdische Gänge verbanden die Zellen des Ucciardone direkt mit den Käfigen, die im Halbkreis um den Gerichtssaal arrangiert waren.

Im Gegensatz zu unzähligen anderen öffentlichen Bauprojekten der 1980er Jahre war dieser Bau binnen weniger Monate fertiggestellt. Auftragnehmer wurden einer strengen Prüfung unterzogen, um jeden auszuschließen, der Mafiaverbindungen hatte. »Der Gerichtsbunker«, wie man ihn nennt, wurde eigens für ein bestimmtes Verfahren gebaut: den Mammutprozess, bei dem sich 475 Männer vor Gericht verantworten mussten, die im Verdacht standen, Mitglieder und Bosse der Cosa Nostra zu sein. Außerdem sollte das Buscetta-Theorem auf die Probe gestellt werden.

Wie der Mammutprozess, für den er gebaut worden war, schied auch der Gerichtsbunker die Stadt Palermo in zwei Lager. Für einige war er, trotz seines abstoßenden Äußeren, ein Symbol für eine weitaus bodenständigere Hoffnung als jene, die den Bau des Ucciardone-Gefängnisses vor 150 Jahren beflügelt hatte: die Hoffnung auf Gerechtigkeit.

Der Gerichtsbunker machte deutlich, dass die italienische Regierung, zumindest ein Teil von ihr, den politischen Willen gefunden hatte, die Cosa Nostra zu bekämpfen. Das Antimafia-Team erhielt vorübergehend Rückhalt durch die Ministerien in Rom: Finanzmittel wurden nicht nur für den Gerichtsbunker, sondern auch für eine bessere Sicherheits- und Informationstechnologie für die Ermittlungsrichter bereitgestellt.

Auch in Palermo teilten viele die Hoffnungen, die im neuen Flügel des Ucciardone umgesetzt waren. 1985 wählte die Stadt einen neuen Bürgermeister, Leoluca Orlando, dessen politischer Mentor Piersanti

Mattarella gewesen war, der reformfreudige Christdemokrat, der 1980 vor der eigenen Haustür ermordet worden war. Orlando sorgte dafür, dass sämtliche Planungsfragen, die mit dem Bau des Gerichtsbunkers in Zusammenhang standen, in Rekordgeschwindigkeit geklärt wurden. Er verkündete zudem, dass der Stadtrat als Zivilkläger im Mammutprozess präsent sein würde: Seine Behörde hatte tatsächlich die Absicht, die Bosse zu verklagen. Wo zahllose Bürgermeister das übliche Spiel gespielt und die Existenz der Mafia bestritten beziehungsweise vorgegeben hatten, diese Art der organisierten Kriminalität sei überall zu finden, nahm der neue erste Bürger der Stadt kein Blatt vor den Mund. »Palermo war schon immer die Hauptstadt der Mafia. Doch möchte ich mit Stolz hinzufügen, dass diese Stadt auch in der Lage ist, zur Hauptstadt der Antimafia zu werden.«

Dies war kein leeres Gewäsch. Im Vergleich zu den anderen Kernländern der organisierten Kriminalität auf dem süditalienischen Festland, hatte Sizilien in puncto Widerstand gegen die Mafia weitaus tiefgreifendere und vielfältigere Erfahrungen aufzuweisen. Den beiden traditionellen sind wir bereits begegnet, verkörpert durch den Kommunistenführer Pio La Torre und den konservativen General Carlo Alberto Dalla Chiesa. Die Ermittlungsrichter Giovanni Falcone und Paolo Borsellino waren gewissermaßen die Erben dieser unterschiedlichen Traditionen des Widerstands gegen die Mafia: Falcone war ein Mann der Linken, während Borsellino Sympathien für die Rechte hegte.

In den Nachkriegsjahren gab es andere, sporadischere Beispiele für den Kampf gegen die Mafia. Der »sizilianische Gandhi« Danilo Dolci etwa, dessen Kampagne gegen die Armut in den 1950er Jahren ihn bald gegen eine ihrer Ursachen aufbrachte. Oder die mutigen Enthüllungsjournalisten für die Zeitung *L'Ora*, die die Mafia im allgemeinen Schweigen der späten fünfziger Jahre beim Namen nannten. Oder die große Demonstration, die die Begräbnisse der vier Carabinieri, zwei Militäringenieure und des Polizisten begleitete, die 1963 durch die Autobombe von Ciaculli getötet worden waren. Die neuen linksgerichteten Gruppierungen, die nach 1968 entstanden, hatten ebenfalls starke Antimafia-Tendenzen. 1977 gründete eine kleine militante Gruppe ein Studienzentrum in Palermo, das bei Kampagnen gegen die Mafia zugegen sein sollte. Peppino Impastato, der linke Journalist und Sohn eines Mafioso aus Cinisi, einem Ort in der Nähe des Palermer Flughafens, wetterte jahrelang gegen den örtlichen Boss Tano Badalamenti, der Mitte der siebziger Jahre Boss der Bosse war. Impastato bezahlte sein Engagement mit dem Leben: 1978 wurde er an ein Gleis gefesselt und in die Luft gesprengt. Lange Zeit taten die Behörden seinen Tod als einen missglückten Terroranschlag ab.

In den blutigen Jahren des Mafiakrieges nach 1979 entstanden neue, weitaus nachhaltigere Formen des Widerstands. Geschätzte 100 000 Menschen hatten sich 1982 anlässlich der Begräbnisfeierlichkeit für Pio La Torre auf der Piazza Politeama in Palermo versammelt. Ein riesiger Fackelzug folgte Rocco Chinnicis Tod im Jahr 1983. Die Familien der Opfer und ihre Unterstützer bildeten Selbsthilfe- und Widerstandsgruppen. Studenten inszenierten Kundgebungen zur Unterstützung der Polizei. Die Jahrestage der schlimmsten Gräuel, vor allem der Tod von General Carlo Alberto Dalla Chiesa, gaben Anlass zu Demonstrationen und anderen Initiativen. 1972 hatte sich ein sizilianischer Kommunistenführer beschwert: »Warum sind wir [die Kommunisten] die einzigen, die über die Mafia sprechen?« Als der Gerichtsbunker gebaut wurde, war seine Klage grundlos geworden.

Bürgermeister Orlandos eigene Geschichte – er war ein Anwalt, der den Jesuiten nahestand – kündete von einer zusehends lauter werdenden Schar katholischer Mafiagegner. Priester sprachen allmählich in ihren Predigten über die Mafia. Gruppen katholischer Aktivisten schlossen sich der Antimafia-Bewegung an. Zudem beobachtete das blutbesudelte Palermo die ersten Anzeichen eines ungewöhnlichen, wahrhaft epochalen Wandels in der Haltung der Kirchenführung.

Die Kirche war seit über 100 Jahren ziemlich gut ausgekommen mit Siziliens Ehrenwerter Gesellschaft. Wie immer hatte dies politische Gründe. Der Papst war einer der Verlierer gewesen in dem Prozess, der Italien geeint und Rom zur Hauptstadt gemacht hatte: Er hatte seinen gesamten weltlichen Besitz verloren, bis auf den Vatikan. Daraufhin verbot der Papst den Katholiken in Italien, sich an Wahlen zu beteiligen oder für ein politisches Amt zu kandidieren. Vom Staat entfremdet, suchten Bischöfe und Priester ihren zutiefst konservativen Instinkten gemäß nach alternativen Autoritätsquellen in der sie umgebenden Gesellschaft. Und die Mafia verstand es ausgezeichnet, sich als traditionelle Autoritätsquelle zu gerieren. Auf Sizilien, wie in Kampanien und Kalabrien, gaben lokale Heiligenfeste und Prozessionen den gewalttätigen Männern Gelegenheit, ihre Macht zu demonstrieren, während sie deren brutale Auswüchse scheinbar eindämmten.

Am Ende des Zweiten Weltkriegs waren Kirche und Staat ausgesöhnt. Während des Kalten Krieges spielte der Katholizismus im politischen System Italiens keine Nebenrolle mehr, sondern rückte ins Zentrum. Eine katholische Partei, die Christdemokraten, beherrschte nun die politische Bühne und bildete einen Schutzschirm gegen die satanischen Kräfte des Kommunismus. Die Mafia nahm hinter dem Schirm Zuflucht und fand in der Hitze des Kalten Krieges den Beistand führender Kleriker. Ein berüchtigter Fall war Ernesto Ruffini, 20 Jahre lang der Kardinalerzbischof von Palermo: Er verurteilte wiederholt jegliche Erwähnung der »sogenannten Mafia« als linke Propaganda, deren Zweck es sei, Sizilien zu verunglimpfen.

Als in den achtziger Jahren die Gewalt in Palermo eskalierte, entsandte Ruffinis Nachfolger, Kardinalerzbischof Salvatore Pappalardo, völlig andere Signale. Im November 1981 zuckten die von der Mafia unterstützten Politiker, die sich in der Kathedrale von Palermo zum Christkönigsfest eingefunden hatten, unbehaglich zusammen, als sie hörten, wie er sie als Mordkomplizen bezeichnete:

> »Die Verbrecher in den Straßen, die in aller Öffentlichkeit agieren, sind unentwirrbar fest in ein komplexes Netz eingebunden, dessen geheime Drahtzieher unter der Ägide gerissener Beschützer zwielichtige Geschäfte tätigen. Die Mörder selbst sind mit den Männern im Bunde, die sie zu ihren Verbrechen anstiften. Die Schläger an jeder Straßenecke und in jedem Stadtviertel sind mit Mafiosi im Bunde, deren Reichweite und Macht ungleich größer ist.«

Beim Begräbnis von General Carlo Alberto Dalla Chiesa im September 1982 machte Kardinal Pappalardos zornige Tirade gegen den Staat, der kläglich versagt hatte, als es darum ging, Palermo beizustehen, sogar in der kommunistischen Tageszeitung *L'Unità* Schlagzeilen.

An dieser Stelle fand die Mafia eigene Mittel und Wege, dem Kardinal mitzuteilen, was sie von seinem Widerstand gegen die Mafia hielt. Zu Ostern im darauffolgenden Jahr begab sich Pappalardo, wie es der Brauch war, ins Ucciardone-Gefängnis, um mit den Insassen die

Messe zu feiern. Doch als er die Kapelle erreichte, stellte er fest, dass sie leer war. Ein Journalist beobachtete die Szene:

> »Fast eine Stunde lang wartete der Kardinal vergeblich auf die Häftlinge. Am Ende gelangte er zu der bitteren Erkenntnis, dass ihr Fernbleiben ein deutliches, feindseliges Signal an ihn war. Also stieg er in seinen kleinen Renault und ließ sich von seinem Sekretär zum Ordinariat zurückfahren.«

Dennoch verursachten der Anblick des Gerichtsbunkers und das bevorstehende Prozessspektakel bei vielen Vertretern der Kirche wie auch bei den Menschen in Palermo eher Unbehagen als Zuversicht. Vielleicht aufgrund des beunruhigenden Erlebnisses im Ucciardone oder weil jemand im Vatikan ihm ins Gewissen geredet hatte, verzichtete Kardinal Pappalardo fortan auf explizite Äußerungen gegen die Mafia. Als er vor dem Mammutprozess interviewt wurde, beschuldigte er die Medien, die Gewalt der Mafia für Sensationszwecke zu missbrauchen, und sagte: »Die Kirche befürchtet, ein solch umfangreicher Prozess könnte zu viel geballte Aufmerksamkeit auf Sizilien ziehen. Ich mache mir Sorgen deswegen und bin auch etwas beunruhigt. Palermo unterscheidet sich nicht von anderen Großstädten.«

Die katholische Kirche in Italien tendierte schon immer dazu, die öffentliche Ausübung weltlicher Gerechtigkeit als eine abstoßende Zurschaustellung roher Staatsgewalt zu betrachten. Als wären die Gerichte unselige Rivalen der Kathedralen. Kardinal Pappalardo, wie allzu viele Geistliche vor ihm, hatte sich augenscheinlich hinter dem alles übertünchenden Gerede von der Macht des Bösen, von Leid und Vergebung verschanzt: Mafiosi waren wie wir, allzumal Sünder. Ungeachtet all des Blutvergießens und ungeachtet der heroischen Opfer, die bereits erbracht worden waren, war die Kirche noch immer nicht bereit, explizit gegen die Cosa Nostra und für den Rechtsstaat Stellung zu beziehen.

In Palermo waren im Vorfeld des Mammutprozesses noch mehr Stimmen des Zweifels aus dem Hintergrund zu hören. Einige sagten, er ruiniere das Image der Stadt. Ein Politiker hoffte, die Angelegenheit möge bald vorbei und vergessen sein, damit der Bunker einer nützlicheren Verwendung zugeführt werden könne, zum Beispiel als Konferenzraum. Siziliens einflussreichste Tageszeitung, der *Giornale di Sicilia*, war dezidiert zurückhaltend, was den Prozess anbelangte, und ihr Redakteur äußerte seine Skepsis, was die angenommenen Verbindungen zwischen der Mafia und den Institutionen des Staates betraf:

> »Heutzutage ist die Mafia im Wesentlichen von der Macht ausgeschlossen. Ich glaube nicht, dass man von einer organischen Verflechtung zwischen den Mächtigen und der Mafia sprechen kann; so wenig wie man sagen kann, dass jeder korrupte Mensch im öffentlichen Leben notgedrungen ein Mafioso ist.«

Wie zur Bestätigung dieser Behauptung feuerte der *Giornale di Sicilia* am Vorabend des Mammutprozesses einen Polizeireporter, der Mafiathemen besonders fleißig recherchiert hatte.

Schweigend betrachtete eine nervöse, amorphe und bei weitem nicht unschuldige Mehrheit der Stadtbevölkerung die Ereignisse. Einige Stimmen beschuldigten die Antimafia-Richter, sie hätten der Arbeitslosigkeit Vorschub geleistet. Das Argument war natürlich haltlos: Es war der Einfluss der Mafia, der seit Generationen für eine skandalöse Verschwendung und Ineffizienz gesorgt hatte. Dennoch klang es immer noch plausibel für die Architekten und Bauingenieure, die vom korrupten Bausystem profitiert hatten; für die Bankiers, denen es gleichgültig war, woher das Geld ihrer Kunden kam; für die Besitzer eleganter Boutiquen und Restaurants in der Via Libertà, deren Geschäfte dank der Einkünfte aus dem Drogenhandel florierten; für die Faulenzer, die Gefälligkeiten gesammelt hatten, um einen Posten im öffentlichen Sektor zu ergattern; oder für die Arbeitsbienen des Drogen- und Tabakschmuggelsektors.

Palermo blieb in den 1980er Jahren schwer zu entschlüsseln. Jede Äußerung einer öffentlichen Person wurde nach einem codierten Kommentar zur Arbeit des Antimafia-Teams abgeklopft. Giovanni Falcone interpretierte die allgemeine Stimmung in seiner Geburtsstadt mit resolutem Optimismus. Er sprach von den zahlreichen Briefen der Solidarität und Bewunderung, die er und seine Kollegen erhielten. Und dass die jungen Menschen, die zugunsten der Ermittlungsrichter Demonstrationen organisierten, eine große Reife an den Tag legten: »Sie zeigen uns, dass im Kampf gegen die Mafia die Parteizugehörigkeit irrelevant ist.« Die Journalisten, die ihn interviewten, wollten wissen, wie er mit seiner zunehmenden Bekanntheit und mit den Befürwortern und Gegnern seines Engagements umgehe.

»Sie haben gewiss kein einfaches Verhältnis zu dieser Stadt. Da gibt es Leute, die meinen, Sie seien zu weit gegangen, Sie wollten Sizilien in den Ruin treiben. Dann gibt es andere, die sagen, wenn auch nur flüsternd: ›Was wir brauchen, sind tausend Falcones.‹ Was meinen Sie dazu?«

Falcone gab eine typisch bescheidene Antwort, um die vertraute und potentiell gefährliche Vorstellung herunterzuspielen, dass die Sache der Antimafia ein persönlicher Feldzug sei. »Ich möchte zu dieser Stadt sagen: Menschen kommen und gehen. Doch ihre Vorstellungen und ihr moralisches Streben werden bleiben und auf den Beinen anderer weitergehen.«

Der Mammutprozess begann am 10. Februar 1986. Während die Bosse der Cosa Nostra darauf warteten, dass sich der Vorhang über dem Gerichtsdrama hob, schwiegen die Gewehre.

Unterdessen, als wollte es die Italiener daran erinnern, wie viel auf dem Spiel stand im Gerichtsbunker von Palermo, ging anderswo das Schlachten mit unverminderter Heftigkeit weiter – und mit ihm die heimtückische Macht des organisierten Verbrechens über den Staatsapparat und die demokratischen Abläufe, die dazu bestimmt waren, ihn zu lenken. Palermo mag eine optimistische Phase durchlebt haben im Vorfeld des Mammutprozesses, doch überall im Land geriet das politische System noch mehr aus den Fugen: Es regierte das Unrecht.

Das Unrecht regiert

In Kampanien bedeutete die militärische und juristische Niederlage der *Nuova Camorra Organizzata* des »Professors«, dass die gegnerische Koalition, die *Nuova Famiglia*, die Region für sich hatte. Kaum war ihr der Sieg gewiss, stürzte sich die NF augenblicklich in einen blutigen internen Vernichtungskrieg um die Kontrolle der Wiederaufbauwirtschaft nach dem Erdbeben. Die ersten Anzeichen dieses Kriegs waren in Marano zu erkennen, der Stadt im Norden von Neapel, wo der Nuvoletta-Clan – die Vizekönige der Cosa Nostra in Kampanien – seinen berüchtigten Bauernhof besaß.

Am 10. Juni 1984 rasten vier Autos mit quietschenden Reifen durch das Stadtzentrum von Marano, deren Insassen aus Maschinengewehren und Pistolen einander einen heftigen Schusswechsel lieferten. Ein unbeteiligter Passant, Salvatore Squillace, 28 Jahre alt, wurde in den Kopf getroffen: wieder ein unschuldiges Opfer der Camorra-Gewalt. Die Carabinieri, die seinen Tod untersuchten, verfolgten die Spur der Wagen zurück an einen Ort, den sie gut kannten, weil sie ihn bereits mehrfach durchsucht hatten: den von Bäumen geschützten Bauernhof, von dem aus der verbrecherische Nuvoletta-Clan agierte. Sie fanden die Auswirkungen einer gewaltigen Schießerei. Die Hausfassade war von Einschusslöchern übersät, überall lagen Patronenhülsen. Die Beamten suchten weiter, und auf einer Straße, die vom Haus wegführte, entdeckten sie die Leiche eines Mannes, den ein Kopfschuss aus nächster Nähe getötet hatte: Es handelte sich um einen der jüngeren Nuvoletta-Brüder, Ciro. Seltsamerweise hatte jemand einen Frontalangriff auf die mächtigsten Camorristi von allen angezettelt.

Die ersten Journalisten, die über den Zwischenfall berichteten, wussten um die führende Rolle der Nuvolettas im Widerstand gegen die *Nuova Camorra Organizzata* und spekulierten, dass die Männer des »Professors« hinter der Attacke steckten. Hatte sich die NCO etwa wieder erholt? Die wahre Bedeutung der Schießerei in Marano erschloss sich erst später. Die Landschaft der Camorra-Macht war im Begriff, sich zu verschieben. Während die NCO der Niederlage entgegenging, zeigte die siegreiche *Nuova Famiglia* Zersplitterungstendenzen. Der

Nuvoletta-Clan, die älteste Camorradynastie und die Säule, um die herum die Cosa Nostra ihr kampanisches Protektorat errichtet hatte, stand vor dem Untergang. Damit endete der sizilianische Einfluss in Kampanien. Die Camorra wurde mündig, und ein Großteil der Region veränderte ihr Gesicht.

Der Mann, der den spektakulären, demonstrativen Angriff auf die Nuvoletta-Farm inszeniert hatte, war Antonio Bardellino. Bardellino war in San Cipriano d'Aversa geboren, einem von drei benachbarten Marktflecken (die anderen sind Casapesenna und Casal di Principe) nördlich des Nuvoletta-Stützpunktes. Generationen illegaler Bauten hatten diese Orte in ein unentwirrbares Geflecht nicht verzeichneter Straßen verwandelt. Die Gegend, bekannt für ihre Obstbäume und ihren Büffelkäse, war seit über 100 Jahren berüchtigt: Mussolinis scharfes Vorgehen gegen die ländliche Camorra in den zwanziger Jahren hatte sich auf diese Region konzentriert.

Obwohl er aus einem traditionellen Camorragebiet kam, war Bardellino im Vergleich zu den Nuvolettas so etwas wie ein Emporkömmling: Er hatte seine kriminelle Laufbahn mit Überfällen auf Lkws begonnen. Offiziell gehörte er der Nuvoletta-Familie an und hatte im Bauernhof von Marano seine Mitgliedschaft in der Cosa Nostra mit Blut aus seinem Finger besiegelt. Jedoch kam es infolge des Krieges zwischen der NCO und der NF bald zu Spannungen zwischen Bardellino und seinen Bossen. Wie bereits erwähnt, engagierten sich Lorenzo Nuvoletta und Michele Zaza nur widerwillig im Kampf gegen den »Professor«. Bardellino dagegen plädierte für ein weitaus aggressiveres Vorgehen. Er kommandierte ein engagiertes Team junger Killer, die zu den effizientesten Kampftruppen der *Nuova Famiglia* gehörten – und der zahlenmäßig überlegenen NCO durchaus gewachsen waren. Einer von Bardellinos damaligen Verbündeten erinnerte sich: »Wir fühlten uns wie die Israelis, die es mit den Arabern aufnahmen.«

Als sich der Krieg fortsetzte, kamen weitere Differenzen zwischen den Nuvolettas und Bardellino ans Licht. Die Nuvoletta-Brüder pflegten enge Kontakte zu Totò Riina und den Corleonesern. Bardellino dagegen war der Geschäftspartner einiger Feinde Riinas im Transatlantischen Syndikat und verbrachte zunehmend Zeit mit ihnen, außerhalb von Kampanien, auf der Drogenroute aus Südamerika. So entstanden dieselben Kampflinien, die 1981 bis 1983 im zweiten Mafiakrieg quer durch Sizilien führten, jetzt in den kampanischen Gebieten der Cosa Nostra.

1984 wussten die Corleoneser bereits, dass Bardellino mit überlebenden Ehrenmännern der Verliererseite in Sizilien weiterhin in Kontakt gestanden und somit Riinas neu errichtete Vorherrschaft über die Cosa Nostra verhöhnt hatte. Bardellino und seine Verbündeten waren dagegen sicher, dass die Nuvolettas im Krieg gegen die *Nuova Camorra Organizzata* eine doppelzüngige Abwartestrategie anwendeten. Auf Anweisung aus Corleone hatten sich die Nuvolettas aus dem Konflikt herausgehalten, während Bardellino und seine Killer die Hauptakteure der Kämpfe waren. Offensichtlich hatten die Nuvolettas vor abzuwarten, bis der »Professor« und Bardellino sich gegenseitig schachmatt gesetzt hatten, um dann mit beiden aufzuräumen.

Als Bardellino begriff, dass der Krieg mit den Nuvolettas unvermeidlich war, kam er eigens aus Mexiko angereist, wo er seinen Drogenumschlagsplatz hatte, und führte seine Männer zum Angriff auf den Bauernhof in Marano. Spätere Geständnisse würden ergeben, dass Bardellinos Angriff für die Nuvolettas absolut vernichtend hätte ausgehen können: Der *capo* Lorenzo Nuvoletta sollte zu diesem Zeitpunkt zwei Versammlungen in seinem Haus abhalten, eine mit ranghohen Familienmitgliedern und eine mit der Schwester des »Professors«; eine Planänderung in letzter Minute rettete ihm das Leben.

So war der Bardellino-Nuvoletta-Konflikt von 1984 eine Neuinszenierung des sizilianischen Krieges der Jahre 1981 bis 1983, nur auf neapolitanischem Boden. Doch diesmal war der Ausgang ein anderer.

Nach dem erfolgreichen Angriff auf das Nuvoletta-Anwesen begab sich Antonio Bardellino zu seinen Drogengeschäften nach Südamerika und überließ den Feldzug gegen die Nuvolettas seinem Hauptverbündeten, Carmine Alfieri, der einfach nur als *'o 'Ntufato*, der »Zornige«, bekannt war. Alfieri kam aus einer anderen historischen Hochburg des organisierten Verbrechens in Kampanien, der Stadt Nola mit ihrem Viehmarkt, dem Geburtsort des italo-amerikanischen Gangsters Vito Genovese. Der »Zornige« war ein Fleischhändler und Kredithai, der inmitten der gewalttätigen Mittelschicht aufgewachsen war, die die Städte im neapolitanischen Hinterland kennzeichnet: Sein Vater war ermordet worden, als er noch klein war. Er begegnete Raffaele Cutolo im Gefängnis und erhielt später die Aufforderung, sich der *Nuova*

Camorra Organizzata anzuschließen. Als er sich weigerte, tötete der »Professor« seinen Bruder. Der »Zornige« tat sich daraufhin mit der *Nuova Famiglia* zusammen.

Alfieri erwies sich als noch weitaus skrupelloser als Bardellino. Sein erster größerer Angriff auf Nuvoletta-Verbündete war eines der schlimmsten Massaker in der italienischen Gangstergeschichte. Am Vormittag des 26. August 1984 bog ein verbeulter Touristenbus auf die Hauptstraße von Torre Annunziata und hielt direkt vor einem Fischerlokal. Die Straßen waren voller Menschen, die flanierten, Kaffee tranken oder aus der Kirche kamen. Niemand nahm Notiz von dem Bus – schließlich war Torre Annunziata, das zwischen Vesuv, Pompeji und der Halbinsel Sorrent gelegen ist, ein beliebtes Touristenziel. Vierzehn Killer, mit Maschinengewehren, Flinten und Pistolen bewaffnet, stiegen ruhig aus dem Bus und eröffneten das Feuer auf die Männer, die in der Kneipe Karten spielten und plauderten. Acht Personen wurden getötet. Das Lokal war, wie sich herausstellte, ein regelmäßiger Treffpunkt der Gionta-Familie – die örtlichen Verbündeten der Nuvolettas –, deren Anführer einer der Camorristi war, die auf dem Bauernhof von Marano in die Cosa Nostra eingeführt worden waren.

Für Carmine Alfieri war das Massaker ein militärischer Triumph. Er hatte das Ansehen der Nuvolettas so spektakulär und sichtbar wie möglich beschädigen wollen und sein Ziel erreicht. Der Nuvoletta-Clan, der auch seitens der Polizei schwere Schläge einstecken musste, machte ein Friedensangebot. Die Autorität der Cosa Nostra in Kampanien schwand. Viele sizilianische Bauunternehmen, die in Kampanien tätig waren, verließen die Region auf der Stelle, einige warteten nicht einmal, bis sie die Projekte, an denen sie arbeiteten, fertiggestellt hatten.

Nach dem Krieg gegen die Nuvolettas war Carmine Alfieri zum mächtigsten Camorrista in Kampanien aufgestiegen. Doch Alfieri hatte aus dem Kolonialismus der Cosa Nostra und aus dem Größenwahn des »Professors« gelernt und versuchte nicht, eine zentrale Kontrolle durchzusetzen. Alfieris Camorra war gleichsam eine Konföderation, wie sein Leutnant später erklären würde. »Jeder blieb autonom. Wir waren nicht wie die sizilianische Mafia (...) Jede Gruppe hatte ihren Boss, mit loyalen und äußerst schlauen und wagemutigen Männern.«

Alfieris Führungsmacht garantierte endlich ein gewisses Maß an Gleichgewicht in der veränderlichen Unterwelt Kampaniens, obgleich die Landkarte des organisierten Verbrechens in der Region weitaus zerstückelter war als zu Zeiten des »Professors«. 1983, nachdem der Krieg zwischen der *Nuova Camorra Organizzata* und der *Nuova Famiglia* beendet war, gab es ein Dutzend Camorraorganisationen in Kampanien. Fünf Jahre später, 1988, gab es 32, viele davon Splitter der NCO und der NF.

Ein bemerkenswertes Opfer der Umwälzungen innerhalb der Camorra war der Verbündete Alfieris, Antonio Bardellino, dem es nicht lange vergönnt war, die Früchte des Siegs über die Nuvolettas zu genießen. In Rio de Janeiro zahlte er 1988 den Preis für den Leichtsinn, die Verwaltung seines Territoriums einem anderen überlassen zu haben, als einer seiner Handlanger ihn mit einem Hammer totschlug. Seine Nachfolger – die jungen »Israelis«, die im Krieg gegen den »Professor« die Sturmspitze der *Nuova Famiglia* gewesen waren – hatten im Gegensatz zu ihrem Boss keine Lust mehr auf die Rituale im Stil der Cosa Nostra. Damit war die letzte Spur des sizilianischen Einflusses auf die kampanische Unterwelt verschwunden. Von nun an musste die Camorra auf eigenen Beinen stehen.

Die Zersplitterung einiger Camorraclans Mitte der 1980er Jahre bedeutete nicht, dass die Camorra insgesamt an Macht eingebüßt hatte. Ganz im Gegenteil. Cutolos kultisch verbrämte *Nuova Camorra Organizzata* und die reizbare *Nuova Famiglia*, die ihr gegenüberstand, hatten sicherlich Tausende von Soldaten und beherrschten weite Flächen des kampanischen Territoriums. Doch weil sie nur zu Beginn des Baubooms nach dem Erdbeben gefragt waren, vermochten sie die Wirtschaft und das politische System nie so tief zu durchdringen wie die territorial klar umrissenen Clans, die ihnen folgten.

Die neuen Camorragruppen Mitte und Ende der 1980er Jahre profitierten auch von einer neuen Phase im Gemisch aus wirtschaftlichem Wachstum und politischem Versagen, das die jüngste italienische Geschichte prägte. Die italienische Wirtschaft erlebte Anfang der achtziger Jahre wieder eine Wachstumsphase. Die Inflation ging zurück, und zwischen 1982 und 1987 boomten die Aktienkurse. Die große Erfolgsgeschichte des Jahrzehnts betraf den Nordosten und die Mitte des Landes, wo kleine, oft familienbetriebene Unternehmen spezielle Erzeugnisse für den Export herstellten: Luxusgüter, Maschinen, die höchsten Anforderungen entsprachen, Brillen, Skischuhe und so weiter. 1987 konnte der Finanzminister bereits vermelden, dass Italien Großbritannien überholt hatte und nun über die fünftstärkste Wirtschaft der Welt verfügte. In Italien begann ein Zeitalter gnadenlosen Konsums, befeuert durch eine gewaltige Zunahme an Werbung auf neuen privaten Fernsehkanälen, die mit einem üppigen Angebot an Seifenopern, Gameshows, Hollywoodfilmen, Sportsendungen und strippenden Hausfrauen aufwarteten.

Unter der glitzernden Fassade stand jedoch nicht alles zum Besten in der italienischen Wirtschaft. Steuerhinterziehung war weit verbreitet. Der Süden kämpfte nach wie vor mit seinen chronischen Problemen: ineffiziente Verwaltung, mangelnde Qualifikation und Bildung und fehlende Investitionen. Überall gab es heruntergewirtschaftete, konzeptlose, unbesteuerte Unternehmen. Süditaliener kauften tüchtig Levis-Jeans und Timberland-Schuhe im Konsumboom. Doch das Geld, das sie ausgaben, kam eher aus der Staatskasse als von einer produktiven Wirtschaft. Nicht zufällig wuchs die allgemeine Verschuldung in Italien in den 1980er Jahren, obwohl der Süden keineswegs die einzige Region war, die für die ungehemmten Kreditaufnahmen verantwortlich war.

Die Hauptschuldigen waren die üblichen Verdächtigen: der Staat und das politische System, das ihn verwalten sollte. Die alten Laster – Selbstbedienungsmentalität, Vetternwirtschaft und Klientelismus – wurden schlimmer in den 1980er Jahren, nicht zuletzt weil es weniger Hemmungen gab. Die Kommunisten hatten bei den Wahlen 1976 ihr bestes Ergebnis erzielt. Danach waren ihre Prozentzahlen stetig gesunken, bis sie durch das letzte Abschwellen der Arbeitskampfwelle zu Beginn der achtziger Jahre auf Grund liefen. Jetzt konnten die Kommunisten nur noch vom Spielfeldrand aus zusehen, und ihre Anführer registrierten verblüfft die neue Situation.

Das Jahrzehnt wurde von einer Fünfparteien-Koalition regiert, mit Christdemokraten und Sozialisten im Zentrum, die sich die meiste Zeit um die Futtertröge zankten. Endloses Gefeilsche und Gerangel um Positionen und Einfluss raubten der Exekutive ihre Fähigkeit, Reformen zu beschließen, die Zukunft zu planen oder die öffentlichen Ausgaben einzudämmen. Die Ausweitung der Demokratie auf Länderebene (Italiens Länderregierungen begannen 1970) verbreitete dieselben Methoden auch in untere Schichten der Gesellschaft. Die Parteien, und ihre Lager, besetzten jede einflussreiche Stelle mit ihren Männern: von den Ministerien über staatliche Fernsehsender und verstaatlichte Banken bis hin zu den örtlichen Gesundheitsbehörden. Diese sogenannte »Parteiokratie« wurde gänzlich eigennützig, indem sie Politik und Staat von der üblichen Pflicht abschnitt, den Willen des Volkes zu spiegeln und kollektive Dienste zu verwalten. Eine neue Spezies tauchte auf, der »Businesspolitiker«: ein Parteifunktionär oder Verwaltungsbeamter, der bei öffentlichen Aufträgen systematisch Schmiergelder einsteckte. Diese Geschäftspolitiker pflegten die Schmiergelder entweder zu veruntreuen oder, weitaus häufiger, sie in Quellen privater Macht zu investieren: eine Partei oder Parteifraktion, eine Clique aus Freunden oder Freimaurerbrüdern. Ein Teil des Geldes wurde für Luxusgüter ausgegeben, gleichsam als Insignien der politischen Macht und der Skrupellosigkeit: ein großes Auto, ein schicker Anzug oder die verschwenderische Hochzeit der Tochter. Sobald gelegentliche Ermittlungen das Thema Bestechlichkeit in die Schlagzeilen brachten, taten sich die regierenden Klassen zusammen und bezichtigten die Richter der Parteilichkeit.

Im Süden, aber nicht nur dort, war dieses neuerdings heruntergekommene politische System leichte Beute für die Drohungen und Winkelzüge des organisierten Verbrechens. In der ethik-befreiten Welt der Parteiokratie wurden kriminelle Organisationen nur eine weitere Lobby, die es zu bestechen galt. Für jede erdenkliche politische Clique, genau wie für jede beliebige Firma, die mit dem öffentlichen Sektor Geschäfte machen wollte, wurde es zum Wettbewerbsvorteil im Kampf um öffentliche Ressourcen, wenn man Camorristi, 'Ndranghetisti oder Mafiosi zu seinen Freunden zählte. Selbst als sie gewalttätiger wurden als jemals zuvor, gierig wie nie auf die Gewinne aus dem Drogenschmuggel, wurde die Verflechtung zwischen Mafia, Camorra, 'Ndrangheta und dem Staat – einem Staat, der Gesellschaft und Wirtschaft fester im Griff hatte denn je – immer unentwirrbarer.

Das organisierte Verbrechen hatte sich unentbehrlich gemacht. Angesichts einer wiedererstarkten Camorra in den 1980er Jahren formulierte ein parlamentarischer Untersuchungsausschuss 1993 den Stand der Dinge folgendermaßen:

> »In Gebieten, die von der Camorra dominiert werden, tendieren Gesellschaft, Unternehmen und Behörden dazu, in Abhängigkeit zu geraten. Die Camorra wird zum großen Vermittler, zur essentiellen Schaltstelle, die die Gesellschaft mit dem Staat, den Markt mit dem Staat und die Gesellschaft mit dem Markt verbindet. Dienstleistungen, Geldmittel, Wählerstimmen und der Ein- und Verkauf von Gütern – alles ist der Vermittlung durch die Camorra unterworfen. Die Aktivitäten der Camorra schaffen eine allgemeine ›Herrschaft der Gesetzlosigkeit‹.«

Die Grenze zwischen illegalen und legalen Geschäften wurde fließend. Im Bausektor war die Grenze kaum noch zu erkennen. Camorristi waren Neulinge im Bauwesen, doch zu Beginn der 1980er Jahre besaß jeder größere Clan bereits eine eigene Zementfabrik. Schmiergeldzahlungen wurden zur Routine, ebenso die Vergabe lukrativer Aufträge an Subunternehmer.

Neapel und die Stadt Campania wurden nach dem abscheulichen Bild des organisierten Verbrechens umgestaltet. Ein gesamtes Stadtviertel für 60 000 Einwohner – Pianura unweit der Nuvoletta-Kapitale Marano – wurde ausschließlich mit Camorrageld und ohne eine einzige Baugenehmigung aus dem Boden gestampft. Der gesamte Stadtrand von Neapel wurde laut Aussage des parlamentarischen Untersuchungsausschusses

> »in einen Ballungsraum verwandelt, der sich nur mit den Elendsvierteln der Metropolen vergleichen lässt, die schnell und chaotisch in Südamerika oder Südostasien gewuchert sind: Er ist unbewohnbar und unbefahrbar. Solch ein Maß an Chaos ist der Nährboden, in dem die Camorra wächst und gedeiht.«

Illegales Bauen hat auf längere Sicht eine zersetzende Wirkung. Personen, deren Wohnhäuser ohne Baugenehmigung entstanden sind, oder Firmen, die in illegalen Immobilien ihren Sitz haben, stellen ein gewaltiges Wählerpotential für die skrupellosesten Strippenzieher dar. Sie sind abhängig von Gefälligkeiten von oben, um Anschluss an das Stromnetz, das Straßennetz oder die Wasserversorgung zu erhalten. Sie müssen vor allen Politikern und Verwaltungsbeamten geschützt werden, die entschlossen sind, dem Gesetz Geltung zu verschaffen und das Abbruchsverfahren einzuleiten. Und sie suchen die Hilfe eines jeden Politikers oder Verwaltungsbeamten, der ihnen im Nachhinein eine Baugenehmigung erteilt. Solche Leute sind die perfekten Wähler für den Camorrista-Politiker.

Die Camorra (dasselbe ließe sich auch über die Cosa Nostra und die ’Ndrangheta sagen) beutete die politischen und gesellschaftlichen Schwächen Italiens mit kühlem unternehmerischen Verstand aus. Antonio Bardellinos Geschäftsführer erklärte später die strategischen Überlegungen seines Clans:

> »In den 1980er Jahren erkannten wir, dass wir unsere ›Mafiaaktivitäten industrialisieren‹ mussten, und zwar so, wie es die Nuvolettas bereits getan hatten. Es gab dafür mehrere Gründe: um immer verfügbares Kapital zu haben; um die künftigen Aktivitäten der Organisation planen zu können; und um nicht ›dasselbe Ende zu nehmen wie Cutolos *Nuova Camorra Organizzata*‹, die nicht einmal mehr genügend Geld hatte, um ihre Mitglieder im Gefängnis zu bezahlen. Also haben [unsere Leute] das Baustoffkonsortium CONVIN gegründet. 1982 haben Antonio Bardellino und ich außerdem CEDIC aufgezogen, ein Betonlieferwerk. Wir überließen das Management von CEDIC einem qualifizierten Fachmann, Giovanni Mincione. Bevor Mincione den Vorsitz übernahm, wurde er offiziell in Antonio Bardellinos Organisation eingeführt: Er wurde in den Finger gestochen, während ein Bild unseres Dorfheiligen verbrannt wurde.«

Territoriale Kontrolle durch Waffengewalt war natürlich ein fester Bestandteil dieses Geschäftsplans. Nach dem Blutbad in Torre Annunziata vertrieben Antonio Bardellinos siegreiche Truppen die Nuvolettas aus den Gruben, die die Bauindustrie mit Sand und Kies versorgten.

Carmine Alfieris territoriale Macht in seinem Heimatort Nola war so unbestritten, dass niemand auch nur im Traum daran dachte, ohne seine freundliche Vermittlung einen Auftrag zu vergeben. Sämtliche Güter des modernen Gangsterimperiums flossen durch Alfieris Hände: Schmiergelder und Wählerstimmen, Drogen und Beton, Aufträge und Waffen. Bei nur einem Einsatz gegen einen von Alfieris Leutnants in der Gegend von Sarno und Scafati im Südosten des Vesuvs verhaftete die Polizei einen ehemaligen Bürgermeister, den Leiter einer örtlichen Gesundheitsbehörde und drei Bankmanager.

Das Busmassaker in Torre Annunziata, das Alfieris Vormachtstellung in der Camorra von 1984 bestätigte, zumal es in einem beliebten Touristenort stattfand, sorgte dafür, dass sich Politiker und Medien wieder einmal gegen die Brust trommelten. Der italienische Staat schien in den Straßen die Kontrolle verloren zu haben, sein Machtmonopol befand sich in der Hand von Gangstern, die einen Großteil Süditaliens und Siziliens in einen blutigen Sumpf zerrten. Früher lautete die Frage: »Wann ist das alles zu Ende?« Jetzt fragte die Presse: »Wann sind wir am Tiefpunkt?«

Die Antwort lautete: noch nicht. In ganz Kalabrien bekriegten 'Ndranghetisti in den 1980er Jahren sich gegenseitig in einer schier endlosen Folge lokaler Revierkämpfe. 1985 brach in Reggio Calabria ein weiterer Großbrand aus. Diesmal ging es um die Kontrolle über den Drogenhandel und das Bauwesen. Der sogenannte zweite 'Ndranghetakrieg begann mit einem Knall: Am 11. Oktober 1985 explodierte in Villa San Giovanni, einem hässlichen Fährhafen nördlich von Reggio, ein mit Dynamit vollgestopfter Fiat 500 und riss drei Menschen in den Tod. Die Zielperson, der lokale Boss Antonio Imerti, auch *nanu feroce* (»grimmiger Zwerg«) genannt, überlebte. Doch das kriminelle Kräftegleichgewicht vor Ort, das seit dem Ende des vorangegangenen Krieges im Jahr 1976 bestanden hatte, war zerstört.

Im ersten 'Ndrangheta-Krieg war Paolo De Stefano zum Oberboss in der Stadt Reggio Calabria und Umgebung geworden. De Stefanos Autorität in der Stadt war von den regionalen Institutionen der 'Ndrangheta abgesegnet worden. Er lebe, um Gerechtigkeit zu üben, prahlte er vor einem seiner Leutnants, denn er sei »der bewaffnete Gesandte der Madonna von Polsi«, die sich seiner bediene, »um den ehrlosen und intriganten Abschaum in der 'Ndrangheta auszulöschen«.

De Stefano hatte versucht, den »grimmigen Zwerg« zu töten. Zwei Tage später fuhr er auf seinem Motorrad durch Archi, das schäbige neue Stadtviertel in Reggio Calabria, das seine Festung war, als die Killer ihn einholten.

Nach Paolo De Stefanos Tod zerfiel die Unterwelt in Reggio Calabria erneut in zwei Lager und stürzte sich in einen sich schier endlos hinziehenden Kampf. Kanadische 'Ndrangheta-Bosse versuchten einzuschreiten, dem Blutvergießen Einhalt zu gebieten, doch vergebens. Sechs Jahre vergingen und 600 Leben wurden ausgelöscht, ehe ein Kompromiss gefunden wurde. Die Rekonstruktion der Ereignisse des zweiten 'Ndrangheta-Krieges und der Gründe, die zu ihm geführt hatten, erregte bei den Richtern berechtigten Zorn: »Große Machtverschiebungen. Hochzeiten, die Bündnisse besiegelten. Geheime Allianzen. Es waren die warnenden Vorzeichen des Konflikts – eines Konflikts zwischen kontroversen kriminellen Persönlichkeiten, die allesamt ebenso gerissen waren wie dumm entschlossen, das sinnlose Blutvergießen fortzusetzen.« Nach Aussage derselben Ermittlungsrichter »wählten die kriegführenden Parteien, die mittlerweile dezimiert waren, ihre Opfer am Ende nach Gutdünken, nur um kundzutun – vielleicht eher sich selbst als dem Gegner –, dass es sie noch gab«.

Der Mafiakrieg war zum Selbstzweck geworden. Sizilien, Kampanien und Kalabrien liefen Gefahr, im Drogensumpf unterzugehen, aufgeblasene Imperien der Korruption zu werden, beklemmende Zerrbilder eines zivilisierten Europas, zu dem sie eigentlich gehörten.

'U maxi

Der Maxi- oder Mammutprozess in Palermo begann am 10. Februar 1986 mit kaum verhohlener Skepsis in der internationalen Presse. Ausländische Korrespondenten gaben sich einhellig verwirrt angesichts der Größe des Unterfangens: 3000 Polizisten bewachten den Gerichtsbunker; für sämtliche Richter und Geschworene gab es Zweitbesetzungen, nur für den Fall, der ersten Riege würde etwas zustoßen; 475 Angeklagte, gegen ein Viertel sollte *in absentia* verhandelt werden – darunter natürlich Totò Riina persönlich. Die *New York Times* gab das »Buscetta-Theorem« in Begriffen wieder, die den Eindruck vermittelten, als kämpften Falcone und Borsellino gegen Windmühlen: »Die Staatsanwaltschaft wird versuchen zu beweisen, dass einzelne Taten Teil einer umfassenden kriminellen Verschwörung waren, die vor Jahrhunderten entstand und jetzt von Bangkok bis nach Brooklyn reicht.«

Jenseits des Teichs bezeichnete *The Economist* die Palermer Kommission, das Führungsgremium der Cosa Nostra, als »Phantasieprodukt«. *The Observer* nannte *'u maxi* einen »Showprozess«, dessen einzige Vorgänger aus faschistischer Zeit stammten. *The Guardian* äußerte sich noch geringschätziger, indem er behauptete, die ganze Sache erinnere stark an »eine Inszenierung von Barnum und Bailey« – also an einen Zirkus oder eine Kuriositätenschau.

Kaum verhohlene Stereotypen klangen aus diesen Ansichten: Die Arbeit des Antimafia-Teams war, wie der faschistische Feldzug gegen die Mafia, den sie unweigerlich beschwor, eine typisch italienische Mischung aus Schauermärchen, Melodram und Possenspiel.

Nicht nur die ausländischen Medien warfen mit Stereotypen um sich. In Italien wurde genau wie im Ausland Mussolinis Kampf gegen die Mafia häufig mit Falcones und Borsellinos Mammutprozess in Zusammenhang gebracht. Doch was die Menschen mit »Faschismus« meinten, war kaum mehr als eine grobe Metapher – ein dämonisches Bündnis zwischen Propaganda und Staatsbrutalität. In anderen Worten, der Faschismus im kollektiven Gedächtnis hatte wenig mit der widersprüchlichen Realität dessen gemein, was wirklich in den 1920er und 1930er Jahren passiert war. Mussolinis Razzien im Westen Siziliens hatten sicherlich ihre brutale Seite. Doch sie waren auch überraschend ineffektiv. Um nur ein Beispiel zu geben: 1932 wurden viele frisch verurteilte Mafiosi im Zuge einer Amnestie freigelassen, die ihnen anlässlich des zehnten Jahrestags der Machtergreifung des Duce zuerkannt worden war. In Wahrheit trug der Mammutprozess nur in den Augen seiner Gegner faschistische Züge.

Nichtsdestoweniger sahen die Zweifler durch den übertrieben schleppenden Beginn des Verfahrens ihre Vorurteile bestätigt. Der Richter brauchte drei Stunden, nur um die Anklageschrift zu verlesen; und zwei Tage, um nachzuprüfen, ob alle Angeklagten durch Anwälte vertreten waren. Wie man es ihnen beigebracht hatte, trugen die Mafiosi das Ihre dazu bei, das Gericht zu diskreditieren: Manche schützten Wahnsinn oder Krankheit vor; andere ergingen sich in endlosen Spitzfindigkeiten oder beklagten sich lautstark über ihre Haftbedingungen. Der Vorsitzende Richter, Alfonso Giordano, ließ sich nicht aus dem Konzept bringen, hörte sich aber trotzdem jeden vernünftigen Einwand seitens der Angeklagten und ihrer Anwälte an. In den kommenden Monaten würde er unendlich viel Geduld und gesunden Menschenverstand beweisen, was ihm verdientermaßen Beifall einbrachte. Der Mammutprozess würde vieles sein, aber gewiss kein Possenspiel.

Falcone, Borsellino und Caponnetto standen vielen Kritikern und Zweiflern in mehreren Interviews Rede und Antwort. Sie bestritten vehement, dass ihre Beweisführung ausschließlich auf den Bezichtigungen abtrünniger Ganoven beruhte. Ein Berg von Indizien war gesammelt worden, der bestätigen würde, was Tommaso Buscetta, Totuccio Contorno und die übrigen *pentiti* behauptet hatten. Falcone und Borsellino waren zu Recht stolz auf die Tatsache, dass der Mammutprozess auch die größte Überprüfung von Bankdaten in der italienischen Geschichte beinhaltete. Sie bestritten außerdem, dass sie Pauschalurteile zu fällen versuchten, ohne die besonderen Umstände eines jeden Angeklagten zu berücksichtigen. Die beiden Richter argumentierten, dass keines der Verbrechen für sich allein einen Sinn ergebe, es sei denn, man füge sie in das größere Bild eines Machtkampfes innerhalb der Cosa Nostra; die Verbrechen seien lokale Schlachten im Kontext eines Krieges. Vor allem aber bestanden die Ermittler darauf, dass der Mammutprozess kein Riesenspektakel war. Die unitäre Natur der Mafia könne nicht bewiesen werden, wenn nicht eine große Anzahl von Mafiosi gleichzeitig vor Gericht stehe.

Falcone und Borsellino hatten natürlich absolut recht mit dem, was sie sagten, und waren dabei auch politisch geschickt. Jedes Zugeständnis an die Deutung, sie hätten das Drehbuch für ein juristisches Spektakel geschrieben, hätte dem Vorwurf ihrer Gegner, sie seien nur ehrgeizige Angeber, Tür und Tor geöffnet. Gleichwohl trug in Sizilien, wo die Macht der Ehrenwerten Gesellschaft bislang ebenso furchterregend wie unsichtbar gewesen war, der Anblick von Mafiosi, die ins Kreuzverhör genommen wurden, dazu bei, den Unbesiegbarkeitsmythos der Mafia zu zerstören. So ließ es sich nicht vermeiden, dass der Mammutprozess zum Spektakel wurde.

Das eigentliche Schauspiel begann am 3. April 1986, als das unentwegte Gezänk und Geschwätz aus den Käfigen der Angeklagten im Hintergrund mit der Erklärung Richter Giordanos, dass Tommaso Buscetta bereit sei, eine Aussage zu machen, endlich verstummte. Der Boss zweier Welten stand kurz davor, sein epochemachendes Versprechen einzulösen und sein Geständnis nicht zurückzuziehen. Die Angeklagten waren gespannt, als er sprach – zunächst hinter einem Spalier aus Polizisten und später hinter einem tragbaren kugelsicheren Schild, das auf Betreiben der Behörden der Vereinigten Staaten angeschafft worden war. Im Laufe einer Woche bestätigte Buscetta die Struktur der Cosa Nostra, wie er sie Giovanni Falcone erklärt hatte, und erzählte vom Aufstieg der Corleoneser. Obschon dies die zentrale Behauptung der Staatsanwaltschaft war, war sie für die Öffentlichkeit nichts Neues: Diagramme vom pyramidalen Aufbau der Mafia waren in jeder Zeitung erschienen, seit der Pool mit der Nachricht, dass Buscetta »bereut« hatte, an die Öffentlichkeit gegangen war.

Bemerkenswerterweise bat einer der Angeklagten um die Chance, Buscetta persönlich zu befragen. Pippo Calò war nicht irgendein Mafioso. Von keinem anderen als Buscetta in die Porta-Nuova-Familie der Cosa Nostra eingeführt, hatte Calò es zum Repräsentanten der Familie gebracht und sich mit Totò Riina verbündet. Anfang der 1970er Jahre war Calò nach Rom gezogen, wo er eng mit der Magliana-Bande zusammengearbeitet und wie sie Kontakte mit Rechtsterroristen gepflegt hatte. Die Investitionen, die er im Auftrag der Palermer Bosse getätigt hatte, brachten ihm in der Presse den Spitznamen »Schatzmeister der Cosa Nostra« ein. Calò wurden nicht weniger als 64 Morde zur Last gelegt. In einem zweiten Verfahren war er angeklagt, eine Bombe in einem Zug von Neapel nach Mailand gelegt zu haben. (Der Vorwurf wurde am Ende bestätigt.) Am 23. Dezember 1984 detonierte die Bombe in einem Tunnel zwischen Florenz und Bologna; 17 Menschen kamen dabei ums Leben, darunter Federica Taglialatela (zwölf) und die gesamte Familie De Simone, bestehend aus Anna und Giovanni (neun und vier) und deren Eltern. Calò hatte das Attentat gegen unschuldige Menschen nur deshalb geplant, um die Aufmerksamkeit der Regierung von der Cosa Nostra abzuziehen und wieder auf den Terrorismus zu lenken. Als die Polizei dem »Weihnachtsattentat« (wie es genannt wurde) auf den Grund ging, stieß sie in Calòs Haus auf ein Waffenarsenal, das auch Panzerabwehrminen enthielt.

Jetzt trottete Calò in einem gelben Hemd und einer rehbraunen Schlaghose, den spärlichen grauen Haarkranz über Ohren und Kragen nach hinten gekämmt, über den grünen Fußboden des Gerichtsbunkers. Sein unverschämtes Grinsen verriet die übergroße Zuversicht, dass 150 Jahre Straflosigkeit für die sizilianische Mafia längst nicht zu Ende wären. Buscetta sei »zehnmal ein Lügner«, erklärte Calò; er habe seine Aussagen aus dem *Paten* geklaut, man könne ihm nicht trauen wegen seines unmoralischen Lebenswandels. (Der epochemachende Kronzeuge hatte dreimal geheiratet.)

Buscettas Vergeltung war vernichtend. Zum Thema Familienwerte: Calò habe an den Kommissionstreffen teilgenommen, die Buscettas Bruder und Neffen zum Tode verurteilt hätten: Deren einziges »Verbrechen« habe darin bestanden, mit ihm, dem Boss zweier Welten, verwandt zu sein. Des Weiteren beschuldigte Buscetta Calò, ein anderes Mitglied der Familie aus Porta Nuova eigenhändig erwürgt zu haben.

In Reaktion darauf begann Calò sichtlich zu schwanken. Nachdem er bestritten hatte, dem Strangulationsopfer jemals begegnet zu sein, war er nun gezwungen zuzugeben, dass er den Mann aus dem Gefängnis kannte. Nach dieser Begegnung wagte es keiner der Angeklagten mehr, Buscetta direkt herauszufordern.

Immer mehr Beweise für die Barbarei der Cosa Nostra kamen ans Licht. Besonders schockierend war die Aussage Vincenzo Sinagras, eines Kleinkriminellen aus einem Elendsviertel von Palermo, der seine Aussage in einem fast unverständlichen Dialekt machte. Sinagras Beziehung zur Mafia hatte begonnen, als er den schrecklichen Fehler beging, jemanden mit Mafiaverbindungen zu bestehlen – ein schweres Vergehen im Wertesystem der Cosa Nostra. Doch weil einer seiner Cousins ein Ehrenmann war, erhielt Sinagra die Chance, den Gangstern 1981 bis 1983 bei ihren Morden zur Hand zu gehen. Als er nach einem missglückten Mordanschlag verhaftet wurde, machte Sinagra einen wenig überzeugenden Versuch, Geisteskrankheit vorzutäuschen. Es ist vor allem Paolo Borsellinos außerordentlicher Empathie geschuldet, dass dieser mitleiderregende Mensch sich überreden ließ, dem Staat zu vertrauen und jeden seiner Morde zu gestehen. Er erklärte, man habe ihm monatlich das Äquivalent von 200 oder 300 Dollar gezahlt, damit er einem von Riinas ruchlosesten Killern dabei half, seine Opfer zu quälen und zu strangulieren und danach ihre Leichen in Säure aufzulösen – ein Verfahren, das er dem Gericht mit bescheidener Klarheit und in allen grausigen Details beschrieb.

Gegen die Aussagen von Zeugen wie Sinagra wirkten die Worte der Bosse grotesk gesittet, durch eine fast absurde Distanz von der Realität ihres Gewerbes getrennt. Der *capo*, dessen Darbietung am längsten im Gedächtnis haften sollte, war Michele Greco, der »Papst«, nominelles Oberhaupt der Kommission während des zweiten Mafiakrieges, doch in Wirklichkeit nur Totò Riinas Hampelmann. Grecos Favarella-Anwesen in Ciaculli war Schauplatz der meisten Aktivitäten in den frühen achtziger Jahren gewesen. Es hatte eine Heroinküche beherbergt, und seine großen Keller boten untergetauchten Killern eine verlässliche Zuflucht. Viele Treffen der Kommission hatten hier stattgefunden. Gegen Ende des Jahres 1982 hatte der »Papst« ein Festessen veranstaltet, an dessen Ende Saro Riccobono, Boss der Familie Gaspare Mutolos, auf seinem Stuhl erdrosselt wurde, während zwischen den Zitrusbäumen auf seine Männer Jagd gemacht wurde.

Als er im weitläufigen Gerichtssaal in seinem nachtblauen Anzug vor einem Mikrofon saß, bestand Greco darauf, dem Kreuzverhör eine lapidare Erklärung vorauszuschicken: »Gewalt ist nicht Teil meiner Würde. Lassen Sie mich das wiederholen: Gewalt ist nicht Teil meiner Würde.«

Grecos Worte waren von bedeutungsschwangeren Pausen begleitet, als hätte er gerade eine der fundamentalen Gesetzmäßigkeiten der Physik formuliert. Er schien allen Ernstes davon auszugehen, dass diese mehrmalige Beteuerung seines guten Charakters ausreiche, um einen Freispruch zu erwirken, und beschuldigte dann die Filmemacher, sie würden den *pentiti* Flausen in den Kopf setzen. »Bestimmte Filme bringen den Menschen den Ruin. Gewalttätige Filme. Pornographische Filme. Sie ruinieren die Menschheit. Denn hätte [Totuccio] Contorno, anstatt sich den *Paten* anzuschauen, zum Beispiel *Moses* gesehen, dann hätte er nicht solche Verleumdungen von sich gegeben.«

Das unspektakulärste Kreuzverhör im Mammutprozess war zugleich eines der aufschlussreichsten und spannendsten. Am 20. Juni 1986 betrat im eleganten hellblauen Anzug, eine Aktenmappe in der Hand, Ignazio Salvo den Gerichtsbunker. Dreißig Jahre lang hatte Ignazio, ehe er vom Antimafia-Team blinzelnd ans Licht der Öffentlichkeit und der Gerechtigkeit gezerrt worden war, gemeinsam mit seinem Vetter Nino in weiten Teilen Siziliens die Steuern eingetrieben. Den immensen Gewinn aus ihrem lizenzierten Diebstahl investierten sie in landwirtschaftliche Unternehmen, den Tourismus, die Immobilienbranche und in den politischen Hebel innerhalb der DC, der für die gesamte Operation wesentlich war. Nino Salvo, der unmittelbar vor der Verhandlung an Krebs verstorben war, war ätzender gewesen als sein Vetter. Als er in den Gerichtspalast bestellt wurde, hatte er knurrend ein Zugeständnis (und eine verschleierte Drohung) geäußert, dass das Atrium aus Marmor und Glas davon widerhallte: »Die Salvos haben alle politischen Parteien bezahlt. Geld für sie alle: keine Ausnahmen.«

Im Unterschied zu den übrigen Angeklagten im Mammutprozess war Ignazio Salvo nicht im Ucciardone untergebracht, sondern unter Hausarrest gestellt worden. Jetzt, mit der Lesebrille auf der unteren Hälfte seiner langen Nase, richtete er sich mit entspannter Präzision an den Vorsitzenden Richter. Er machte sich daran, Punkt für Punkt auf Buscettas Behauptungen einzugehen, und erläuterte lang und breit die Unterlagen mit den dokumentierten Beweismitteln aus seiner Aktenmappe. »Sie wirken gelangweilt«, sagte er nach einer Weile zum Richter, durch ein dünnes, herablassendes Lächeln. Es war, als hoffte der reichste und mächtigste Mann Siziliens, durch die schiere Kraft ätzender Langeweile langsam wieder in die Unsichtbarkeit abzutauchen.

Die Salvo-Vettern standen besonders Stefano Bontate nah, dem »Prinz von Villagrazia«, und anderen Mitgliedern der Drogenhändlerelite der Cosa Nostra. Diese Freundschaft kam die Vettern teuer zu stehen, als 1975 Nino Salvos Schwiegervater von den *corleonesi* entführt wurde und nicht mehr zurückkam. Die Salvos waren verständlicherweise entsetzt, als 1981 Totò Riina damit anfing, Bontate und seine Verbündeten abzuschlachten. Aus Sicherheitsgründen begab sich Nino auf eine lange Kreuzfahrt mit seiner Yacht. Unterdessen blieb Ignazio in Palermo und versuchte verzweifelt, Tommaso Buscetta zu kontaktieren, um herauszufinden, was eigentlich los war, und den Widerstand gegen Totò Riinas Vormarsch zu organisieren. Es sollte der Anfang vom Ende werden für die Macht der Salvos.

Ignazio Salvos Antwort auf die Erklärung der Staatsanwaltschaft war, abgesehen von dem Versuch, alle Anwesenden im Saal bis zur Erstarrung zu langweilen, ein Argument teuflischer Finesse:

> »Lange Jahre hatte sich der Staat aus dem Kampf gegen die Mafia praktisch herausgehalten. Stillschweigende Duldung und Mittäterschaft waren so weit verbreitet, dass die Bürger der Macht der Mafiafamilien wehrlos ausgeliefert waren. Wir konnten nur überleben, indem wir Drohungen vermieden, vor allem gegen Familienmitglieder, besonders wenn unsere geschäftliche Tätigkeit uns zwangsläufig mit diesen Organisationen in Berührung brachte. Ich bin nie ein Mafioso gewesen. Doch ich bin einer der vielen Unternehmer, die sich, um zu überleben, mit diesen *Feinden der Gesellschaft* auf einen Handel einlassen mussten.«

Was konnten wir tun?, so das Argument Ignazio Salvos. Wir dachten, wir hätten den Ganoven genügend Zugeständnisse gemacht, um in Ruhe gelassen zu werden. Doch wir lagen falsch und wurden zu Geiseln. Wir sind keine Täter, sondern Opfer.

Diese Rechtfertigung war teils Geständnis, teils Ausrede – und durch und durch verlogen. Generationen sizilianischer Landeigentümer und Unternehmer hatten *exakt* dasselbe Argument vorgebracht, sobald ihre Mafiakontakte entdeckt worden waren.

Buscetta und andere »Reuige« wussten, dass Ignazio Salvo ein Ehrenmann aus der Salemi-Familie der Cosa Nostra war – sogar deren stellvertretender Boss. Bereits 1971 hatte der damalige Oberst der Carabinieri Carlo Alberto Dalla Chiesa einen Bericht eingereicht, der besagte, dass Ignazio ein Mafioso und sein Vater Luigi der örtliche Boss gewesen sei. Falcones und Borsellinos Überprüfung der Bankdaten ergab, dass die Salvo-Vettern illegal Kapital exportiert hatten – höchstwahrscheinlich die Profite der Mafia. Doch die wahre Einflusssphäre der Vettern lag *außerhalb* des kriminellen Geheimbunds. In dieser Hinsicht gab Buscettas Analyse der Salvos Aufschluss über die subtilen Beziehungen zwischen der Mafia und Siziliens Wirtschaft und Politik.

> »Die Rolle der Salvos in der Cosa Nostra ist bescheiden. Ihre politische Bedeutung jedoch ist immens. Ich weiß, dass sie mit äußerst bekannten Parlamentariern in direktem Kontakt stehen. Einige davon stammen aus Palermo, doch ihre Namen gebe ich nicht preis.«

»Ihre Namen gebe ich nicht preis« – damit behauptete Buscetta, dass die Salvo-Vettern das Bindeglied zwischen Cosa Nostra und Politik waren. Doch *welche* Politiker gemeint waren, wollte er nicht sagen. Er hatte Falcone schon zu Beginn ihrer Gespräche gewarnt, dass Italien möglicherweise noch nicht bereit sei für derartige Enthüllungen, die widersprüchlicher, schwieriger zu beweisen und noch weitaus gefährlicher gewesen wären. Über Ignazio Salvo hinaus würde der Mammutprozess sich dem explosiven Thema der »unantastbaren« Freunde der Mafia innerhalb der Regierungsinstitutionen nicht nähern. Und doch war die Botschaft in Ignazio Salvos Gegenwart im Maxi-Prozess klar: Es würden weitere Enthüllungen und politische Skandale folgen.

Kurz vor neun Uhr abends am 7. Oktober 1986 kam es zu einer kurzen, abstoßend grausamen Unterbrechung der Waffenruhe der Mafia, die den Mammutprozess begleitet hatte. Claudio Domino war ein elfjähriger Junge aus San Lorenzo in der Piana dei Colli, dem Landstrich im Norden Palermos, auf dem im Zuge des Baubooms der Mafia inmitten von Zitrusgärten und Kuhställen aufs Geratewohl Betonblocks entstanden waren. Claudio war unterwegs, um für das Abendessen der Familie Brot zu holen, als ihn ein in Leder gekleideter Motorradfahrer auf einer dröhnenden Kawasaki überholte. Während Claudio die Maschine bestaunte, zog der Mann eine Pistole und schoss ihm aus nur knapp einem Meter Entfernung in die Stirn.

Im ganzen Land wetteiferten Trauer und Wut mit den Spekulationen in den Medien. Hatte Claudios Tod etwas mit der Tatsache zu tun, dass sein Vater den Auftrag erhalten hatte, den Gerichtsbunker zu säubern? Hatte der Junge etwas gesehen, das er nicht hätte sehen sollen? Tausende kamen zu seinem Begräbnis. Die Zeitungen berichteten über den zornigen Ausruf von Claudios Bruder: »Und die wollen Ehrenmänner sein!«

Am Tag der Beerdigung bat aus dem Käfig Nummer 15 des Gerichtsbunkers Giovanni Bontate um die Erlaubnis, eine vorbereitete Stellungnahme verlesen zu dürfen. Seine Worte genau abwägend, wandte sich der Mafioso, der seinen Bruder an die *corleonesi* verraten hatte, an das Gericht:

> »Wir möchten der Familie Domino unser Beileid aussprechen. Wir bestreiten, dass solch eine barbarische Tat auch nur das Geringste mit uns zu tun haben könnte. Wir lehnen die Angriffe und willkürlichen Anschuldigungen ab, die die Presse gegen die Angeklagten richtet. Wir sind tief bewegt. Auch wir haben Kinder. Wir bitten um eine Schweigeminute.«

Die Heuchelei dieser moralischen Pose wird nicht geringer durch die Tatsache, dass wir mittlerweile wissen, was mit Claudio wirklich passiert ist. Eine Bande Drogendealer war von der Cosa Nostra mit der Verteilung in der Gegend von San Lorenzo betraut worden. Sie töteten den Jungen, weil er angeblich Informationen an die Polizei weitergegeben hatte. Auf Befehl der Kommission verschwand daraufhin Claudios Killer. Unbestätigten Gerüchten zufolge war Claudios Vater dann in den Kofferraum eines Autos gepackt und zu einer abgelegenen Garage gebracht worden; dort hatte man ihm gezeigt, was mit dem Mörder seines Sohnes passiert war, und ihn gewarnt, keinen Aufstand mehr zu machen.

Giovanni Bontates Erklärung war ein Versuch, die Mafia so hinzustellen, wie ihre Verteidiger sie im Zuge der Geschichte oft beschrieben hatten: als eine Ordnungsmacht, eine informelle Polizeitruppe, fest verwurzelt in der Gemeinde. In anderen Worten, die Figur des Mafiabosses Turi Passalacqua aus dem Film *Im Namen des Gesetzes* gab wieder einmal ihre Rolle zum Besten. Doch diesmal ging die Propaganda nach hinten los. Bontate benutzte in seiner Stellungnahme ein außerordentlich bedeutsames Wort: »wir«, also »wir, die Cosa Nostra«. In dem Bemühen, seine Organisation von Claudio Dominos Ermordung zu distanzieren, hatte Giovanni Bontate implizit genau das zugegeben, was die Staatsanwaltschaft zu beweisen versuchte, nämlich dass die sizilianische Mafia existierte. Dieser katastrophale Fehler kam Bontate teuer zu stehen, als der Prozess vorüber war. Nachdem er für schuldig befunden worden war und auf das Berufungsverfahren wartete, wurde ihm aufgrund eines Bandscheibenvorfalls (unter anderem) Hausarrest bewilligt. Eines Morgens, noch im Morgenmantel, öffnete er die Tür, um zwei Freunde zu begrüßen. Er bot ihnen Kaffee an, den sie dankend annahmen. Als das Plauderstündchen vorüber war und die Freunde sich zum Gehen wandten, erschossen sie Giovanni Bontate und seine Frau.

Nachdem die hochrangigen Bosse ihre Aussagen gemacht hatten, lief der Prozess noch über ein Jahr. Unmengen von Bankdaten und anderen Beweismitteln mussten offengelegt werden. Auch die Verwandten von Mafiaopfern erhielten die Gelegenheit, sich zu äußern. Es war schwer zu sagen, wer den qualvolleren Anblick bot: jene, die unter Tränen wissen wollten, wo ihre Angehörigen begraben waren; oder jene, die wie versteinert den vertrauten Spruch abließen: »Ich habe nichts gesehen. Ich weiß von nichts.«

Im April 1987 zog die Staatsanwaltschaft Bilanz, ein Prozess, der über zwei Wochen in Anspruch nahm. Als einer der beiden Staatsanwälte nach acht langen Tagen des Referierens endlich eine Pause einlegte, kam er nicht mehr auf die Beine und wurde zum Verhandlungsschluss von den Carabinieri aus dem Gerichtssaal getragen.

Dann übernahmen die fast 200 Verteidiger das Feld, um nacheinander ihre Schlussplädoyers zu halten, was mehrere Monate in Anspruch nahm.

Endlich, am 11. November 1987, zogen die Richter und Geschworenen sich zur Beratung zurück. Doch kurz bevor sie zu einem Urteil kamen, meldete sich Michele der »Papst« Greco zu Wort. Seine kurze Rede wurde die berühmteste im ganzen Mammutprozess.

> »Ich wünsche Ihnen Frieden, Hohes Gericht. Ihnen allen. Frieden, Ruhe, Gelassenheit und ein gutes Gewissen (…) für die Pflicht, die vor Ihnen liegt. Gelassenheit ist das Fundament für alle, die

über andere zu Gericht sitzen. Dies sind nicht meine Worte: Es sind die Worte Unseres Herrn, Sein Rat an Moses. Möge Gelassenheit walten, wann immer ein Richtspruch gefällt wird. Sie ist das Fundament. Mehr noch, Hohes Gericht, möge dieser Friede Sie durch Ihr weiteres Leben begleiten.«

Eine Drohung natürlich. Doch verbrämt mit der widerwärtigen Sprache, die durchweg die Verteidigung des »Papstes« charakterisiert hatte: Er war ein Familienmensch, ein Obstbauer, ein frommer Christ, der nichts wusste von einer Mafia oder von Drogen.

Seinem unerschütterlichen Wesen gemäß erwiderte Richter Giordano nur: »Das wünschen wir uns auch.«

Fünf Wochen später, etwa 22 Monate nach Beginn des Verfahrens, erfolgte das Urteil. Lebenslange Haft für 19 Männer, darunter Totò Riina, Michele der »Papst« Greco und drei Bosse, die, was dem Rest der Welt unbekannt war, durch die Mafia bereits auf schnellere Weise gerichtet worden waren. Pippo Calò wurde zu 23 Jahren verurteilt. Der Steuereintreiber Ignazio Salvo erhielt sechs Jahre, weil er ein eingeführtes Mitglied der Cosa Nostra war – ein »Feind der Gesellschaft«, um es mit seinen Worten auszudrücken.

Ebenso überraschend wie diese harten Urteile waren die Freisprüche: ganze 114. Sogar Totò Riinas Corleoneser Mentor Luciano Liggio wurde freigesprochen, weil nach Meinung des Gerichts nicht zweifelsfrei erwiesen war, dass er seit Mitte der 1970er Jahre vom Gefängnis aus Befehle erteilt hatte. Die 2665 Jahre Haft, die den Schuldigen insgesamt auferlegt wurden, waren 2002 weniger als die Staatsanwaltschaft in ihrem Schlussplädoyer gefordert hatte. Selbst jene, die dem Mammutprozess gegenüber skeptisch gewesen waren, mussten jetzt zugeben, dass offenkundig *nicht* pauschal und im Schnellverfahren geurteilt worden war.

Das Ergebnis gab Anlass zum Feiern und galt weithin als ein Sieg der Gerechtigkeit. Man hatte den Kronzeugen geglaubt. Buscettas Schilderung der Cosa Nostra und ihrer Struktur hatte sich bestätigt. Die sizilianische Mafia existierte.

Zumindest im Augenblick. Falcone und Borsellino hatten stets betont, dass der Mammutprozess nur ein Anfang war. Ihm würde unweigerlich ein Berufungsverfahren folgen. Und danach der Oberste Gerichtshof. Die Cosa Nostra hatte noch eine Menge Zeit, um zum Gegenschlag auszuholen und dann erneut im Nebel der Geschichte zu verschwinden.

Ein Schritt vor, drei zurück

Zu Beginn seiner ersten Gespräche mit Giovanni Falcone im Jahre 1984 hatte Tommaso Buscetta, »Boss zweier Welten«, dem Richter folgenden Hinweis gegeben:

> »Ich warne Sie. Nach diesem Verhör sind Sie eine Berühmtheit. Aber man wird versuchen, Sie körperlich und beruflich zu vernichten. Dasselbe wird man mit mir machen. Vergessen Sie nie, dass die Cosa Nostra Sie auf der Abschussliste hat, und zwar solange Sie leben.«

Buscettas Prophezeiung begann sich in den Monaten und Jahren nach dem Mammutprozess 1987 zu bewahrheiten. Womit Falcone sich konfrontiert sah, war nicht nur die erneute körperliche Bedrohung. (Wie sich später herausstellen würde, erreichten die Pläne der Cosa Nostra, ihn zu töten, zwischen 1983 und 1986 schon mehrfach ein fortgeschrittenes Stadium; Totò Riina hatte sogar Bazookas testen lassen.) Ebenso wenig waren es nur die altbewährten Methoden der sizilianischen Mafia, nämlich Spitzelei, Intrigen und Fehlinformation. Zu alledem stieß Falcone im Herzen des Rechtssystems auf Widerstand. Das Ergebnis war eine ebenso demütigende wie erschreckende Nervenprobe.

Heute gilt Giovanni Falcone als nationale Ikone. Jedes Land hätte sich glücklich schätzen können, einen wie ihn zu haben. Doch die kühle Heldenverehrung, die ihm jetzt zuteilwird, und die hohle Anerkennung, die ihm selbst zwielichtigste Politiker zollen, weckt bei all denen, die ihm in seiner dunkelsten Zeit zur Seite standen, noch immer bitteren Groll. Sie sind zu Recht der Überzeugung, dass sowohl Falcone als auch Borsellino im Tode so umstritten bleiben sollten, wie sie es zu Lebzeiten waren. Denn solange Italiens Mafias noch existieren und solange ein heimliches Einverständnis herrscht zwischen den Institutionen und den Mafias, sollten Falcone und Borsellino ihre spaltende Sprengkraft bewahren.

Ende der 1980er Jahre wurde besonders Falcone in eine Reihe nervtötender institutioneller Reibereien gezogen, die einen Schwächeren zermürbt hätten. Das Antimafia-Team und der Mammutprozess beleidigten unter Juristen ein paar tiefverwurzelte konservative Instinkte. Das Pool-System kratzte am liebgewonnenen Image vom Richter als einsamem Kämpfer, der nur seinem Gewissen und dem Gesetz Rechenschaft schuldet. Ein Teil des Widerstands gegen Falcone war demnach wohlgemeint: Das Richteramt selbst stand auf dem Spiel. Doch hätte Falcone es nur mit dem Konservativismus seiner Amtskollegen zu tun gehabt, hätte er nicht so viel Widerwärtigkeit ertragen müssen. Niederträchtigere Kräfte taten sich zusammen und ergaben einen feindseligen Morast: beruflicher Neid; Revierkonflikte zwischen verschiedenen Lagern; Paragraphenreiterei und die eingefleischte Angst vor Talent in allen italienischen Institutionen. Alles in allem traf Falcones Feinde zumindest die Schuld, die Gefahr, die nach dem Urteilsspruch auf den Richter und seine Arbeit lauerte, gänzlich verkannt zu haben. Sie verstanden noch immer nicht, welche Bedrohung die Cosa Nostra darstellte und wie niederträchtig ihre Bemühungen waren, Falcone zu isolieren und alles zu demontieren, was zu einem solch erschreckend hohen Blutzoll erreicht worden war. Auch sahen Falcones Feinde nicht, wie verletzlich er aufgrund der »fatalen Kombination« war, von der General Carlo Alberto Dalla Chiesa vor seiner Ermordung 1982 gesprochen hatte: Der Richter, der für die Cosa Nostra die größte Gefahr darstellte, wäre durch jeden Hinweis, dass er ungeschützt unterwegs war, einem Angriff gnadenlos ausgeliefert.

Viele Feinde Falcones und Borsellinos richteten sich nach Siziliens berühmtestem Schriftsteller. Am 10. Januar 1987, während der Mammutprozess noch im Gange war, veröffentlichte Leonardo Sciascia eine Buchrezension im konservativen *Corriere della Sera*. Der fragliche Band war die Studie eines jungen britischen Historikers namens Christopher Duggan über den Faschismus und die sizilianische Mafia, die eine höchst strittige These enthielt: Es gab keine Mafia, Mussolini hatte die Berichte über einen kriminellen Geheimbund aufgebläht, um seinen politischen Feinden auf der Insel eins auszuwischen. Noch weitaus strittiger war der Vergleich mit der Gegenwart, den Sciascia zog: Die Antimafia-Bewegung sei erneut zum »Machtinstrument« geworden, behauptete er. Der Schriftsteller nannte zwei Beispiele. Das eine war Bürgermeister Orlando in Palermo, der, so Sciascia, so viel Zeit damit verbringe, als Galionsfigur der Antimafia zu posieren, dass er die grundlegendsten Verwaltungspflichten vernachlässige. Kein Mensch wage es, ihm zu widersprechen, aus Angst, als Mafioso gebrandmarkt zu werden. Das zweite Beispiel sei kein anderer als Paolo Borsellino, der soeben zum Oberstaatsanwalt in Marsala ernannt worden sei, obwohl er längst nicht so viele Dienstjahre aufzuweisen habe wie andere Bewerber. »Wer im Gerichtswesen Siziliens vorankommen will, der sollte sich an einem Mafiaprozess beteiligen«, lautete Sciascias höhnische Schlussfolgerung im Artikel.

Borsellino war, anders gesagt, ein schäbiger Karrierist. Sciascias Rezension löste, wie vorherzusehen war, einen gewaltigen Streit aus.

Die Tatsachen sprachen freilich in eklatanter Weise gegen Sciascias konträres Gemecker. Wer als Richter möglichst schnell in der Kiste landen will, der sollte sich an einem Mafiaprozess beteiligen. Diese Aussage wäre zutreffender gewesen. Seit 1979 waren vier Richter an vorderster Front von der Cosa Nostra, ein fünfter von der 'Ndrangheta ermordet worden. Andere hatten Glück gehabt und Mordanschläge überlebt. Doch bald würde es wieder Tote geben. Was Borsellino dazu trieb, nach Marsala im äußersten Westen Siziliens in der Provinz Trapani zu ziehen, war sicherlich kein Ehrgeiz. Er wusste, dass die Provinz Trapani eine wichtige Machtbasis der Corleoneser war. 1985 wurde dort die größte Heroinraffinerie ausgehoben, die jemals in Italien entdeckt worden war. Borsellinos Beförderung basierte – ungewöhnlich für Italien – statt auf der Anzahl der Dienstjahre – auf seinen Verdiensten, auf seinen »speziellen Kenntnissen auf dem Gebiet des organisierten Verbrechens«, wie die offizielle Erklärung für seine Beförderung lautete. Und doch hatte Sciascia in seiner Rezension diesen Satz zitiert, als sei er ganz selbstverständlich ein Grund, um die Rechtmäßigkeit von Borsellinos Versetzung in Zweifel zu ziehen.

Sciascia würde seine Stellungnahme später bedauern, die seine Karriere als Stimme des intellektuellen Nonkonformismus mit einem tragischen Misston beschließt. Er hat es verdient, dass die Nachwelt sich seiner wegen der eindringlichen Seiten erinnert, die er in den 1960er Jahren über die Mafia schrieb, als die meisten anderen Schriftsteller sich weigerten, das Thema anzugehen. Doch das Bedauern kam zu spät. Sciascia hatte alten sizilianischen Vorbehalten gegen den Staat eine Stimme verliehen; und der Titel seiner Rezension – »Professionisti dell'antimafia« (»Die Karrieristen der Antimafia«) – wurde zum Wahlspruch der Feinde Falcones und Borsellinos.

Der nächste Schlag gegen das Engagement der Richter Falcone und

Borsellino war vielleicht der vernichtendste von allen. Der Sciascia-Wahlspruch war in den römischen Korridoren des *Consiglio Superiore della Magistratura* zu hören, des Obersten Gerichtsrates, der die Unabhängigkeit der Justiz von der Regierung überwachte und dessen gewählte Mitglieder Beförderungen prüften und innerhalb des Rechtssystems für Disziplin sorgten. Ende 1987 ging Antonio Caponnetto, Falcones und Borsellinos Vorgesetzter und der Mann, der die Geburt des Antimafia-Pools beaufsichtigt hatte, in den Ruhestand. Es gab noch viel zu tun. Zwei weitere Mammutprozesse waren in Vorbereitung. Seit dem Frühling des Jahres 1987 war Falcone allwöchentlich nach Marseille geflogen, wo ein wichtiger neuer Kronzeuge, Antonino Calderone, ein umfassendes Geständnis ablegte. Falcone wäre der geeignete Mann gewesen, um Caponnetto zu ersetzen und somit die Kontinuität in der Arbeit der Antimafia-Richter zu gewährleisten.

Der Oberste Gerichtsrat jedoch sah dies anders. Am 19. Januar 1988 stimmte er mit einer kleinen Mehrheit dagegen, Caponnettos Posten an Falcone zu übertragen. Stattdessen wurde er an Antonino Meli vergeben, einen Richter, der 20 Jahre älter war als Falcone, dafür aber weit weniger Erfahrung mit Mafiafällen besaß und den Methoden des Antimafia-Pools eher skeptisch gegenüberstand. In undurchsichtigem Amtsjargon erklärten die Ratsmitglieder ihre Entscheidung mit dem Hinweis auf Falcones »Geltungsdrang« und den »Personenkult«, der ihn umgebe. Als Falcone sich kurze Zeit später um den Posten des Hochkommissars zur Mafiabekämpfung bewarb, drosch der Oberste Gerichtsrat erneut auf ihn ein. Das Amt war nach dem Mord an General Carlo Alberto Dalla Chiesa von der Politik in einem Anfall von Panik geschaffen worden und erforderte die Kompetenzen eines leitenden Super-Ermittlers. Falcone wusste, dass der Inhaber dieses Amtes auch als Blitzableiter für die öffentliche Kritik an der Tatenlosigkeit der Regierung in Bezug auf Mafiathemen würde herhalten müssen. Gleichwohl glaubte er, in dieser Funktion etwas erreichen zu können. Seine Bewerbung wurde abgelehnt – trotz (oder vielleicht auch wegen) der Tatsache, dass er von allen Kandidaten der qualifizierteste war.

In Palermo erwies sich indes die Ernennung Antonino Melis als zerstörerischer, als Falcone und seine Freunde es befürchtet hatten. Kaum war er am Ruder, überging Meli den Antimafia-Pool kurzerhand. Mafiafälle wurden Staatsanwälten übertragen, die keinerlei Erfahrung und keinerlei offizielle Verbindungen zu anderen Staatsanwälten hatten, die sich mit organisierter Kriminalität befassten. Falcone und seine Kollegen wurden mit gewöhnlicher Ermittlungsarbeit zugeschüttet. Alle wesentlichen Vorteile, die der Pool gebracht hatte – die Anhäufung und das Teilen von Fachwissen, der Panoramablick auf die kriminelle Landschaft Siziliens, die Verringerung des Risikos –, wurden verspielt. Im praktischen Wirken der Palermer Staatsanwälte hatte die Cosa Nostra als Organisation bereits aufgehört zu existieren.

Im Sommer 1988 nahm Borsellino seine Karriere selbst in die Hand, indem er sich öffentlich, von Marsala aus, über Melis Umgang mit den Palermer Ermittlungsrichtern beschwerte. »Ich habe den Eindruck, dass man mit einem gewaltigen Schachzug den Antimafia-Pool ein für alle Mal zu demontieren versucht.« Der Präsident der Republik befahl dem Obersten Gerichtsrat, er solle der Sache nachgehen. Meli verlangte Borsellinos Kopf. Falcone bestätigte Borsellinos Beschwerde und beantragte seine Versetzung. Während einer langatmigen und erschöpfenden Anhörung vor dem Obersten Gerichtsrat wurden über Falcone weitere Stimmen nach Sciascia-Art laut: »Niemand ist unersetzlich (…) so etwas wie einen Halbgott gibt es nicht.« Am Ende kam es zu einem schlampigen Kompromiss: Borsellino erhielt lediglich einen Klaps auf die Hand, und Falcone zog seinen Versetzungsantrag zurück.

Zu beiden Seiten des Atlantiks beobachtete die Cosa Nostra den geheimnisvollen Mumpitz innerhalb des Obersten Gerichtsrates sehr genau. Joe Gambino, von den Cherry-Hill-Gambinos, rief einen Freund in Palermo an, damit dieser ihn über Falcone auf dem Laufenden hielt:

> »Ist er zurückgetreten?«
> »In Palermo ist immer noch der Teufel los. Er hat seinen Rücktritt zurückgezogen und ist wieder, wo er war, um dasselbe zu tun wie zuvor.«
> »Mist.«

Doch die Mafia durfte durchaus optimistisch sein: Antonino Meli blieb auf seinem Posten und setzte weiter alles daran, den Pool zu demontieren. Er glaubte einfach nicht, dass die Cosa Nostra eine einzelne, umfassende Organisation war, und die Art und Weise, wie er Mafiafälle verteilte, spiegelte seine diffuse Sicht wider – eine Sicht, die schon in den 1970er Jahren überholt gewesen war und erst recht in den 1980ern. Die Cosa Nostra traf vorsichtshalber eigene Vorkehrungen. Im September 1988 wurde Antonino Saetta, ein Richter, der gute Chancen hatte, das Mammut-Berufungsverfahren zu leiten, mitsamt seinem Sohn erschossen.

Im Juni 1989 nahm die Kampagne gegen Falcone eine noch unseligere Wendung. Anonyme Briefe unterstellten ihm, er habe einen Mafiakronzeugen beauftragt, einige Corleoneser zu töten. Der mysteriöse Urheber der Briefe, von der Presse als die »Krähe« tituliert, kam eindeutig aus dem Inneren des Palermer Justizpalastes, weil die Vorwürfe gerade ausreichend Details enthielten, um der Verleumdung einen vagen Anstrich von Glaubwürdigkeit zu verleihen. Falcone wurde erneut vor den Obersten Gerichtsrat zitiert.

Am 21. Juni 1989 dann – der Aufruhr um die »Krähenbriefe« lag noch in der Luft – wurde auf einem Felsen unterhalb von Falcones Ferienhaus in Addaura, an der Küste nicht weit von Palermo, eine Sporttasche mit 58 Stangen Dynamit entdeckt. Später wurden Riina und andere Mafiosi als die Bombenleger identifiziert, doch einige Aspekte des Addaura-Attentats bleiben bis heute ungeklärt. Zwei Polizisten, die am Tatort waren, möglicherweise Geheimagenten mit dem Auftrag, den Richter zu beschützen, wurden beide binnen weniger Monate ermordet. Überläufer aus den Reihen des Geheimdienstes, so wurde gemunkelt, seien für die Morde verantwortlich. Falcone hielt nichts von Verschwörungstheorien. Dennoch war er überzeugt, dass hinter dem Anschlag »äußerst raffinierte Köpfe« steckten und dass die Briefe der »Krähe« Teil des Plans gewesen waren. Seine Logik fußte auf den mafiosen Verhaltensmustern aus eineinhalb Jahrhunderten: Zuerst machen sie dich schlecht, dann bringen sie dich um. Falcones Feinde hatten eine einfachere Erklärung. Das Attentat sei eine Finte gewesen, behaupteten sie, von Falcone persönlich arrangiert, um seine Karriere voranzubringen.

Es waren die finstersten, angstvollsten Tage in Falcones Leben. In den vergangenen 18 Monaten hatte er erkannt, wie viele Schönwetterfreunde er hatte. Im Mai 1986 heiratete er die Liebe seines Lebens – eine wissenschaftlich brillante Juristin namens Francesca Morvillo. Das Paar hatte sich bereits gegen Kinder entschieden: »Ich will keine Waisen in die Welt setzen«, sagte Falcone. Nach dem Addaura-Attentat spielte er ernsthaft mit dem Gedanken, sich von Francesca zu trennen, damit sie nicht gezwungen wäre, sein unausweichliches Schicksal zu teilen. »Ich bin eine wandelnde Leiche«, sagte er zu seiner Schwester.

In den folgenden Monaten hob sich Falcones Stimmung ein wenig. Im Zuge einer umfassenden Gerichtsreform wurde die Staatsanwaltschaft umstrukturiert. Falcone wurde befördert. Doch schon bald lagen sein neuer Vorgesetzter und er sich in den Haaren. Wie er in einem inoffiziellen Gespräch einem Reporter gestand: »Hier kann man unmöglich arbeiten. Ein Schritt nach vorn, drei zurück: So sieht der Kampf gegen die Mafia aus.«

Falcone geriet zudem erneut ins Kreuzfeuer der Medien. Im Mai 1990 nutzte der Bürgermeister und Mafiagegner Leoluca Orlando eine politische Talkshow als Plattform, um Falcone zu beschuldigen, er beschütze Politiker mit Mafiaverbindungen vor dem Gesetz – heikle Fälle »lässt er in der Schreibtischschublade verschwinden«. Also noch eine niederträchtige Verunglimpfung. Das Gesetz gehe ohnehin nur gegen die unteren Ränge der kriminellen Welt vor, so die weitverbreitete Überzeugung, während die »dicken Fische« oder die »echte Mafia« oder die sogenannte »dritte Ebene« unangetastet blieben. Eine solche Überzeugung lässt sich unmöglich widerlegen. Sie schürt eine Politikverdrossenheit, die in Italien die öffentliche Meinung stark beeinflusst.

Falcone forderte Orlando wütend auf, er möge seine Behauptungen beweisen. Wenn er Leute mit Mafiakontakten nicht vor Gericht bringe, dann aus dem einfachen Grund, dass er nicht genügend Beweise gegen sie in der Hand habe. Falcone vermutete, dass Orlando zynischerweise versuchte, mafiafeindlicher dazustehen als er, der Vorreiter im Kampf gegen die Mafia. Die Angelegenheit war auch persönlich sehr schmerzhaft, weil Falcone den Bürgermeister zu seinen Freunden gezählt hatte: Er hatte den Richter 1986 sogar getraut. Dennoch beharrte Orlando monatelang auf seinen Anschuldigungen und warf Falcone vor, er wolle sich beim korrupten Establishment in Rom einschmeicheln.

Bedenklicher als solche persönlichen Anwürfe war die schrittweise Aushöhlung von Falcones und Borsellinos Arbeit im Mammutprozess. Schon Anfang 1989 saßen nur 60 der 342 Männer, die im Mammutprozess verurteilt worden waren, noch hinter Gittern. Viele waren wieder auf freiem Fuß, weil das italienische Rechtswesen erst denjenigen für schuldig erachtete, dessen Fall sämtliche Instanzen der Justiz, bis zum Obersten Gerichtshof, durchlaufen hatte. Doch auch wer noch inhaftiert war, hatte Mittel und Wege gefunden, es sich gutgehen zu lassen. Der Zugbombenleger Pippo Calò, der Buscetta im Gerichtsbunker provoziert hatte, hatte sich Asthma bescheinigen lassen und lebte jetzt angenehm in einem Krankenhaus in Palermo.

Es sollte noch schlimmer kommen. Im Dezember 1990 wurden die Urteile aus dem Mammutprozess vor dem Berufungsgericht neu verhandelt. Sieben von 19 lebenslangen Haftstrafen wurden gekippt, desgleichen die Erklärungen Falcones und Borsellinos zu einer Anzahl von Morden an hochstehenden Persönlichkeiten, darunter derjenige an General Carlo Alberto Dalla Chiesa. Das gesamte »Buscetta-Theorem« wie auch der Wert von Aussagen der *pentiti* wurden in Zweifel gestellt. Der Fall sollte bald vor den Obersten Gerichtshof gehen, der bereits sein tiefes Misstrauen gegen die Methoden der Palermer Richter bewiesen hatte und ihrer Theorie, dass die sizilianische Mafia eine einzige Organisation sei, mit Skepsis begegnete. Nachdem sie durch den Mammutprozess in all ihrer grausamen Komplexität enthüllt worden war, wurde die Mafia in juristischer Hinsicht schnell wieder ebenso schemenhaft, wie sie es über ein Jahrhundert lang gewesen war.

Falcone geht nach Rom

Tief unter der Oberflächenhitze terroristischer Gewalt, konstanter Krisen und instabiler Koalitionsregierungen war das Nachkriegsitalien ein Land, das im Kalten Krieg erstarrt war. Ewig in der Opposition, erhielt der *Partito Communista Italiano* PCI finanzielle Unterstützung aus Moskau; ewig an der Regierung, kassierten die Christdemokraten Geld vom CIA. Fäulnis machte sich breit in der stagnierenden politischen Luft: In jedem Winkel des Staates kämpften Gruppierungen und geheime Klüngel um die Brocken der Macht. In einem durch und durch italienischen Paradox wurden die Kontakte zwischen den Palästen der Macht und dem Land »da draußen« zugleich gefährlich distanziert und erdrückend eng. *Distanziert*, weil die Zwangsvorstellung, Freunde und Verbündete voranbringen und »Machtzentren« in Besitz nehmen zu müssen, eine Reform nahezu unmöglich machte. Die wirklichen Rechte und Bedürfnisse des italienischen Volkes – wie die Rechtsstaatlichkeit – blieben unberücksichtigt. Zugleich aber auch *eng*, da der Staat nach und nach immer größere Bereiche der Gesellschaft beanspruchte und die Menschen politische Verbündete und Freunde brauchten, um Arbeitsstellen oder beliebige Dienstleistungen zu bekommen. Hier war ein Volk, das Politiker verabscheute, dabei aber ungleich mehr am Tropf der Politik hing als jede andere Nation in Europa. Hier waren ein Staat, der den Mafias einen idealen Nährboden bot, und eine Regierungspartei, die nur wenige Antikörper gegen den Infekt Mafia besaß. Hier war eine Gesellschaft, in der jeder, der ordentliche Arbeit leistete, der die Initiative ergriff, Gefahr lief, mit Argwohn, wenn nicht gar Feindseligkeit beäugt zu werden. Giovanni Falcones Resignation in den späten 1980er Jahren spiegelte die Erfahrung unzähliger anderer ehrlicher Bürger.

Der Fall der Berliner Mauer im November 1989 und das Ende der 42 Jahre Kalten Krieges sollten das System zutiefst destabilisieren. Die unmittelbarste Auswirkung bestand darin, dass die Kommunistische Partei Italiens sich veranlasst sah, den Namen zu ändern, und in eine Identitätskrise stürzte, die sie regelrecht außer Gefecht setzte. Der große Buhmann der italienischen Politik existierte nicht mehr. Zunächst schienen die Christdemokraten und ihre Verbündeten ungeschoren davonzukommen, als die Sieger. Doch ihr System hatte seine Daseinsberechtigung verloren, seine *raison d'être*: die Roten fernzuhalten. Die DC lebte jetzt von geborgter Zeit.

Der Mann, der die zynische und unsaubere Seite der christdemokratischen Regierung verkörperte, Giulio Andreotti, war zwischen 1989 und Frühjahr 1992 Ministerpräsident. Sogar Andreotti und die übrigen Bonzen des alten Systems sahen ein, dass die Regierung jetzt die Initiative ergreifen musste. Die Sehnsucht nach Reformen und die angestaute öffentliche Abscheu gegen die politische Klasse Italiens suchten nach einem Ventil. In den christdemokratischen Hochburgen im Nordosten begann die *Lega Nord* Wählerstimmen einzufahren, indem sie Süditaliener mit rassistischen Beschimpfungen bewarf und vulgäre Schmähungen gegen das »räuberische Rom« verspritzte. Die Verbrechensbekämpfung war für die Politiker, die Italien so lange regiert hatten, eine gute Möglichkeit, um sich ihre Daseinsberechtigung zurückzuholen.

Im Februar 1991 übernahm Giovanni Falcone ein hohes Amt im Justizministerium: Sein Auftrag lautete, Italiens Umgang mit dem organisierten Verbrechen gründlich umzukrempeln. Für die Regierung war dies eine verblüffende Kehrtwendung. Wie schon damals jedermann wusste, erhielt Andreotti seit den späten sechziger Jahren politische Rückendeckung von Salvo Lima und der betrügerischsten »politischen Familie« der Insel. Wie heute jedermann weiß, pflegte Andreotti bis 1980 enge Verbindungen zur Cosa Nostra. Und jetzt überließ er strategische Stellungen des Rechtssystems dem größten Feind der Cosa Nostra. Falcones Beförderung war einerseits höchst willkommen, andererseits diente sie einem zynischen Zweck.

Viele Menschen in Palermo, von den Mafiosi bis zu einigen Anhängern Falcones, waren überzeugt, dass die Galionsfigur der Antimafia ihre Prinzipien gegen einen gemütlichen Lehnsessel in einem schicken römischen Büro eingetauscht hatte. Die Skandale und Enttäuschungen in den Jahren seit dem Mammutprozess hatten ihn offenbar zermürbt. Andreotti hatte ein weiteres Opfer geködert.

Am Vorabend seiner Abreise nach Rom antwortete Falcone auf diese Beschuldigungen in einem enthüllenden Interview in einem Restaurant in Catania. Er benutzte eine bescheidene Metapher für seine bisherigen Leistungen und künftigen Pläne im Kampf gegen die Mafia.

In Palermo habe er einen Raum gebaut, sagte er. Jetzt sei es an der Zeit, ein ganzes Gebäude zu bauen. Und zu diesem Zweck müsse er nach Rom gehen.

Im weiteren Verlauf des Interviews konnte Falcone nicht verbergen, wie sehr es ihn schmerzte, Palermo zu verlassen. Am meisten kränkte ihn die Behauptung, der Bombenanschlag von Addaura habe ihn nervlich gebrochen und mit seinem Umzug nach Rom laufe er davon. Falcones Reaktion war ein untypischer Anflug von Zorn. »Ich habe keine Angst zu sterben. Ich bin Sizilianer«, sagte er. Und indem er den Knopf seines Sakkos so fest packte, dass er ihn fast abgerissen hätte, fuhr er fort: »Jawohl, ich bin Sizilianer. Für mich ist das Leben weniger wert als dieser Knopf.«

Kaum in Rom angekommen, ging Falcone mit der üblichen Dynamik ans Werk. Und lieferte jedem, der glaubte, er sei zum zahnlosen Tiger geworden, den erstaunlichen Gegenbeweis. Er entwarf eine ganze Serie von Gesetzen, um gegen die Mafias im Land aufzurüsten. Er fand Maßnahmen, um die Geldwäsche einzudämmen und die Angeklagten in Mafiaprozessen hinter Schloss und Riegel zu halten, während ihre Verfahren liefen. Die Regierung erhielt die Macht, Stadträte aufzulösen, die vom organisierten Verbrechen unterwandert waren. Ein neuer Fonds wurde eingerichtet, um Opfer von Schutzgelderpressungen zu unterstützen. Politiker und Bürokraten, die nachweislich mit der Mafia im Bunde waren, wurden von öffentlichen Ämtern ausgeschlossen. Und zu guter Letzt wurden per Gesetz die Anreize geregelt, die man Kronzeugen im Tausch gegen verlässliche Informationen bieten konnte.

Wichtiger noch als diese Gesetze waren Falcones Pläne zur Einführung neuer Strukturen, die die Ermittlungsarbeit im Zusammenhang mit der Cosa Nostra, der Camorra, der 'Ndrangheta und den übrigen Mafiaorganisationen Italiens erleichtern sollten. Die *Direzione Investigativa Antimafia* (Kriminalamt zur Bekämpfung der Mafia), kurz DIA, war eine Art Äquivalent zum FBI: Sie sollte Italiens Einsatzkräfte in ihrem Kampf gegen die Bandenwelt koordinieren. Was die Justiz betraf, so nahm sich Falcone Palermos Antimafia-Pool zum Vorbild und schlug vor, ihn zu kopieren. In sämtlichen Staatsanwaltschaften des Landes sollten spezialisierte Juristenteams entstehen, die sich ganz auf die Bekämpfung der Mafias konzentrierten. Die *Direzioni Distrettuali Antimafia* oder DDA-Ämter waren geboren. Das Pool-System, das in Palermo demontiert worden war, diente jetzt im ganzen Land als Schablone. Die einzelnen DDA-Ämter sollten von einer *Direzione Nazionale Antimafia* (der Nationalen Antimafia-Staatsanwaltschaft), kurz DNA, koordiniert werden, deren Leitung ein ranghoher Richter innehatte, ein »Superstaatsanwalt«, wie ihn die Presse bald bezeichnen würde. Riesige Datenbanken würden die zahllosen Namen, Gesichter und Kontakte in Italiens Mafianetzwerken speichern.

Falcone war in Palermo an den Rand gedrängt worden, und die Pionierarbeit des Antimafia-Pools, die dieser ungeachtet der tödlichen Gefahr geleistet hatte, war immer mehr behindert worden. Doch mit außergewöhnlicher Klarsicht und Kühnheit hatte Falcone einen flüchtigen Moment des politischen Tauwetters genutzt, um aus seiner bitteren Erfahrung in Palermo Lehren zu ziehen und den Kampf gegen die Mafiaorganisationen landesweit zu verändern. Dies war sein größtes Verdienst, sein Vermächtnis an das Land, das ihn nie in gebührendem Maße zu würdigen wusste.

130 Jahre lang war Italiens Reaktion auf die Mafias halbherzig und bestenfalls sporadisch gewesen. Keiner der Mächtigen hatte sich die Mühe gemacht, die drei historischen Gangsterorganisationen – Cosa Nostra, Camorra und 'Ndrangheta – als nationales Problem zu betrachten, als drei Facetten ein und desselben Übels. Am meisten aber beunruhigte Italiens Vergesslichkeit. Jede Generation von Polizisten, Juristen, Politikern und Bürgern hatte die Mafias wieder neu entdecken müssen. Falcones Entwürfe für die DIA, die DNA und die DDAs brachten gewaltige Verbesserungen und eine neue Kontinuität im Kampf gegen die Mafias. Von nun an würde Italien, sobald es in einer Strafsache gegen die Cosa Nostra, die Camorra und die 'Ndrangheta ermittelte, Falcones Methoden anwenden. Zum ersten Mal in seinem Leben als geeinte Nation war Italien in Bezug auf Mafiaverbrechen mit einem institutionellen Gedächtnis ausgestattet worden. Falcone hatte sein Land endlich vom Fluch der Amnesie erlöst und es in die Lage gebracht, aus Fehlern der Vergangenheit zu lernen.

Während sie in banger Erwartung die Entwicklungen in Rom beobachteten, war den sizilianischen Mafiosi bewusst, dass das Urteil des Obersten Gerichtshofs zum Mammutprozess, das Anfang 1992 fällig war, von maßgeblicher Bedeutung für ihre Zukunft wäre. Eine Bestätigung des Buscetta-Theorems würde einen folgenschweren juristischen Präzedenzfall schaffen, weil damit die Existenz der Cosa Nostra als krimineller Geheimbund bestätigt wäre. Die Bosse der Palermer Kommission hatten auch persönliche Gründe, die Erwägungen des Obersten Gerichtshofes genau zu verfolgen: Den meisten drohten irreversible lebenslange Haftstrafen. Ein aus Sicht der sizilianischen Mafia falscher Ausgang des Mammutprozesses wäre auch ein katastrophales Fazit für Totò Riinas Leitung der Ehrenwerten Gesellschaft. Zehn Jahre beispiellosen Gemetzels hatten die Cosa Nostra der Gefahr ausgesetzt, vor Gericht ihre schlimmste Niederlage zu erfahren. Gegenmaßnahmen waren bereits geplant.

Am 9. August 1991 war der kalabrische Richter Nino Scopelliti vom Strand auf dem Weg nach Hause, als er auf der Straße mit Blick auf die Meerenge von Messina in einen Hinterhalt geriet. Scopelliti sollte im Mammutprozess vor dem Obersten Gerichtshof die Anklageschrift verlesen. Bis heute ist dieser Mord ungeklärt. Wahrscheinlich ist, dass die Cosa Nostra die 'Ndrangheta gebeten hatte, ihn aus Gefälligkeit zu töten. Man nimmt an, dass der Friede, der etwa um dieselbe Zeit den zweiten 'Ndrangheta-Krieg endlich beendete, von der Cosa Nostra als Teil der Übereinkunft ausgehandelt worden war. Heute kennzeichnet ein Denkmal die Stelle, wo Scopellitis BMW zum Stehen kam: Es zeigt einen knienden Engel mit Flügeln, die Waage der Gerechtigkeit in Händen.

Totò Riina machte seinen Männern diverse Versprechen. Die mafiahörigen Politiker, sagte er, vor allem der »junge Türke« Salvo Lima, würden die richtigen Strippen ziehen, um sicherzustellen, dass die letzte Runde im Mammutprozess zu ihren Gunsten ausginge. Der Fall sollte einer Abteilung des Obersten Gerichtshofs übertragen werden, in der Richter Corrado Carnevale den Vorsitz hatte, dessen Neigung, Mafiaurteile wegen juristischer Haarspaltereien zu kippen, ihm in den Zeitungen den berüchtigten Beinamen »Urteilsmörder« eingebracht hatte. Richter Carnevale machte kein Hehl aus seiner Abneigung gegen das Buscetta-Theorem.

Ungeachtet dieser Versprechen wusste die Cosa Nostra gegen Ende 1991, dass der Kampf um den Mammutprozess so gut wie verloren war. Im Oktober konnte Falcone erwirken, dass die Anhörungen zum Mammutprozess nicht der Abteilung des Urteilsmörders zugewiesen wurden. Riina rief seine Männer aus ganz Sizilien zu einem Treffen unweit Enna zusammen, im Zentrum der Insel, um mit ihnen die Reaktion der Organisation auf das Urteil des Obersten Gerichtshofs zu besprechen. Es sei an der Zeit, zu den Waffen zu greifen, sagte er. »Zuerst müssen wir Krieg führen gegen den Staat, und anschließend den Frieden gestalten.« Die ruhenden Todesurteile der Mafia gegen Giovanni Falcone und Paolo Borsellino wurden reaktiviert. Wie sie es immer getan hatte, wollte die Cosa Nostra mit dem Gewehr in der Hand Verhandlungen führen. Doch diesmal war der Einsatz höher als jemals zuvor.

Am 30. Januar 1992 verkündete der Oberste Gerichtshof sein Urteil und bestätigte damit die ursprünglichen Entscheidungen des Mammutprozesses. Das Buscetta-Theorem war zur Tatsache geworden. Die Cosa Nostra existierte vor dem Gesetz. Als ihn die Nachricht erreichte, befand sich Giovanni Falcone gerade im Justizministerium und unterhielt sich mit einem Richter aus Japan, der eigens angereist war, um seinen Rat einzuholen. Falcone erklärte ihm lächelnd, was das endgültige Ergebnis des Mammutprozesses bedeutete: »Mein Land hat noch nicht begriffen, was geschehen ist. Dies ist ein denkwürdiger Moment: Dieses Ergebnis hat den Mythos zerstört, dass die Mafia nicht bestraft werden kann.«

Auch Falcones Feinde erkannten, wie bedeutsam das Urteil des Obersten Gerichtshofs war. Totò Riinas Brutalität hatte die Cosa Nostra von ihren politischen Beschützern abgeschnitten. Man würde seine Führung in Frage stellen, sein Leben wäre verwirkt. Der Boss der Bosse erklärte, dass die Cosa Nostra verraten worden sei und Rache nehmen dürfe. Sein führender Killer erzählt seither den Richtern, dass die Cosa Nostra sich aufgemacht habe, um »Giulio Andreottis politische Fraktion zu zerstören, deren Vorsitz [auf Sizilien] Salvo Lima innehatte«. Ohne Lima und Sizilien würde Andreotti einen Großteil seines Einflusses innerhalb der *Democrazia Cristiana* verlieren. So erhielt Salvo Lima, kaum sechs Wochen nach dem Urteil des Obersten Gerichtshofs zum Buscetta-Theorem, seinen Lohn für 40 Jahre treue Dienste für die Cosa Nostra, als er im Palermer Strandviertel Mondello von zwei Männern auf einem Motorrad niedergeschossen wurde.

Falcone begriff die erschütternde Tragweite von Limas Hinrichtung und sagte daher zu einem Richter, der bei ihm war, als er die Nachricht erfuhr: »Verstehen Sie denn nicht? Das Gleichgewicht ist zerstört, jetzt könnte das gesamte Gebäude einstürzen. Was als Nächstes passiert, wissen wir nicht, was heißt, dass jetzt alles passieren kann.«

Mit der Errichtung der DIA, der DNA und der DDAs, der Bestätigung des Buscetta-Theorems, der politischen Verwaisung der Cosa Nostra und schließlich der Ermordung Salvo Limas sah Falcone während seiner wenigen Monate im Justizministerium eine völlig neue Epoche in der langen Geschichte von Italiens Beziehung zu den Mafias heraufdämmern. Eine Epoche, in der wir noch immer leben. Eine Epoche, deren Geburt von explodierenden Bomben begleitet war.

6 DER NIEDERGANG DER ERSTEN REPUBLIK

Opfer

Um 17 Uhr, 56 Minuten und 48 Sekunden am 23. Mai 1992 schlugen am geologischen Observatorium in Monte Cammarata unweit der Stadt Agrigent im Süden Siziliens sämtliche Seismographen aus. Sechzehn Sekunden zuvor war in 656 Kilometern Entfernung zwischen Flughafen und Palermo ein Streifen Autobahn von einer gewaltigen Explosion aufgerissen worden.

Am Ort der Explosion spürten die drei Polizeibeamten Angelo Corbo, Gaspare Cervello und Paolo Capuzza eine Druckwelle und einen Hitzeblitz und wurden nach vorn geschleudert, als ihr Wagen unter einem Trümmerregen rüttelnd zum Stehen kam. Sie befanden sich im dritten Fahrzeug eines Dreierkonvois, der Giovanni Falcone und seine Frau fürs Wochenende in ihr Palermer Zuhause eskortierte. Benommen von der Wucht der Erschütterung, starrten sie entsetzt auf die Zerstörung. Dann dämmerte es ihnen, dass ein zweiter Anschlag folgen könnte, dass ein Killerkommando kommen könnte, um den Mann zu erledigen, der unter ihrem Schutz stand. Capuzza griff nach seiner Maschinenpistole M12, aber seine Hände zitterten zu sehr. Also zog er, wie die anderen, seine Dienstpistole. Die drei stolperten auf die Fahrbahn. Falcones weißer Fiat Croma stand einige Meter entfernt, vornüber gekippt, am Rand eines vier Meter tiefen Kraters. Falcone saß am Steuer hinter einer kugelsicheren Tür, die sich nicht bewegen ließ. Gaspare Cervello schilderte die Szene später so: »Ich konnte nichts weiter tun als Richter Falcone zu rufen: ›Giovanni, Giovanni‹. Er wandte sich mir zu, aber seine Augen blickten ins Leere.«

Giovanni Falcone und Francesca Morvillo starben am selben Abend auf dem Operationstisch. Drei ihrer Leibwächter, Vito Schifani, Rocco

Dicillo und Antonio Montinaro, waren bereits tot: Sie saßen im vordersten Wagen des Konvois, den die volle Wucht der Detonation getroffen hatte.

Was macht einen Helden aus? Woher nahm Falcone seinen Mut? Nach so vielen Rückschlägen, so viel Terror? Der italienische Staat wurde von vielen seiner Bürger verachtet; seine menschlichen und materiellen Ressourcen wurden von allzu vielen Politikern als bloßes Patronagefutter missbraucht. Und doch hatte Falcone just für diesen Staat sein Leben gegeben.

Die endgültige Antwort auf diese Fragen verbirgt sich in psychologischen Tiefen, in die kein Historiker jemals vordringen wird. Gleichwohl ist die Frage keineswegs sinnlos. Im Gegenteil, sie ist von großer historischer Bedeutung. Denn Falcone war nicht allein. Sein Engagement wurde von vielen geteilt – angefangen bei seiner Frau und seinen Leibwächtern. Viele würden sich ein Beispiel an ihm nehmen, so wie er es sich an all jenen nahm, die vor ihm gestorben waren.

Als Falcones Freunde und Angehörige gefragt wurden, was ihn angetrieben hatte, sprachen sie von seiner Erziehung, von Patriotismus und Pflichtbewusstsein, die ihm von frühester Jugend an beigebracht worden waren. Solche Faktoren sind zweifellos wichtig. Doch die vielsagendste Erklärung für Falcones Motive kam von einem Mann, der sein Schicksal teilte.

Am Abend des 23. Juni 1992, einen Monat, nachdem Giovanni Falcone in seinen Armen gestorben war, erhob sich Paolo Borsellino in seiner Pfarrkirche, Santa Luisa di Marillac, um seines großen Freundes zu gedenken. Als er sich zur Kanzel begab, standen die vielen hundert Menschen, die sich in dem von Kerzen beleuchteten Kirchenschiff drängten, spontan auf, um ihm Beifall zu klatschen. Viele hundert mehr klatschten draußen, vor der Kirche. Sieben Minuten später setzte Borsellino mit unsteter Stimme zu einer der anrührendsten Reden in der italienischen Geschichte an.

> »Während er seiner Arbeit nachging, war sich Giovanni Falcone bewusst, dass die Macht des Bösen, die Mafia, ihn eines Tages töten würde. Während sie ihrem Mann zur Seite stand, war sich

Francesca Morvillo bewusst, dass sie sein Schicksal teilen würde. Während sie Falcone beschützten, waren seine Leibwächter sich bewusst, dass auch ihnen Gefahr drohte. Giovanni Falcone hatte nicht vergessen, welcher Gefahr er ausgeliefert war, und konnte es auch gar nicht, weil nämlich so viele seiner Kollegen und Freunde, die vor ihm denselben Weg gegangen waren, ihr Leben bereits verloren hatten. Warum ist er nicht davongelaufen? Warum hat er diese erschreckende Situation hingenommen? Warum war er nicht beunruhigt? (…)
Aus Liebe. Sein Leben war Liebe zu dieser Stadt, seiner Stadt, Liebe zu dem Land, in dem er geboren war. Liebe bedeutet im Wesentlichen Geben. Palermo und seine Menschen zu lieben bedeutet, ihnen etwas zu geben, etwas, das sie moralisch, intellektuell und beruflich weiterbringt, damit Palermo und das Land, zu dem es gehört, besser werden.
Falcone begann hier in dieser Stadt eine neue Arbeitsweise. Damit meine ich nicht nur seine Ermittlungstechnik. Denn er wusste durchaus, dass die Bemühungen von Justiz und Polizei mit den Gefühlen der Menschen übereinstimmen mussten. Falcone glaubte, dass das erste Problem, dass es in unserem schönen und elenden Land zu lösen galt, der Kampf gegen die Mafia sei. Doch durfte dieser Kampf sich nicht in distanzierten, repressiven Maßnahmen erschöpfen: Er musste zu einer kulturellen, moralischen, ja, religiösen Bewegung werden. Jeder sollte davon betroffen sein, und jeder sollte erfahren, wie erfrischend die Freiheit duftet, vergleicht man sie mit dem Gestank von moralischer Kompromissbereitschaft, von Gleichgültigkeit, von einem Leben in Eintracht mit der Mafia und damit in Komplizenschaft mit ihr.
Ein jeder hat das Recht oder besser die heilige Pflicht, diesen Kampf fortzusetzen. Falcone ist tot, doch seine Seele lebt weiter, genau wie unser Glaube es uns lehrt. Wenn unser Gewissen nicht schon erwacht ist, dann muss es jetzt erwachen. Die Hoffnung lebt, dank seines Opfers, dank des Opfers seiner Frau, dank des Opfers seiner Leibwächter (…) Sie sind für uns alle gestorben, für die Ungerechten. Wir stehen in ihrer Schuld und müssen sie mit Freuden bezahlen, indem wir ihr Werk fortsetzen, unsere Pflicht tun, das Gesetz achten – auch wenn das Gesetz Opfer von uns

verlangt. Wir müssen uns weigern, nach den Vorteilen zu schielen, die uns das Mafiasystem verschaffen könnte (einschließlich der Gefälligkeiten, der Fürsprache an relevanter Stelle und der zugeschanzten Posten). Wir müssen mit der Justiz zusammenarbeiten, Zeugnis ablegen von den Werten, an die wir glauben – an die zu glauben wir verpflichtet sind –, selbst im Gerichtssaal. Wir müssen auf der Stelle alle Geschäftsverbindungen, alle finanziellen Kontakte – auch die scheinbar harmlosen – mit den Vertretern von Mafiainteressen abbrechen, ob groß oder klein. Wir müssen dieses schöne, wenn auch belastende geistige Vermächtnis akzeptieren. Auf diese Weise können wir uns und der Welt zeigen, dass Falcone lebt.«

Während er diese Worte sprach, wusste Borsellino, dass er als Nächster sterben würde. Er wusste, dass Falcone sein Schutzschild gegen die Cosa Nostra gewesen war. Seine Familie hörte ihn oft sagen: »Zuerst töten sie ihn, dann mich.« Nachdem Falcone ans Justizministerium nach Rom gegangen war, kehrte Borsellino von Marsala nach Palermo zurück, um dort weiterzumachen, wo sein Freund aufgehört hatte. Jetzt galt Borsellino weithin als qualifiziertester Kandidat für die Stelle, die Falcone entworfen hatte: »Superstaatsanwalt«, Leiter der Nationalen Antimafia-Staatsanwaltschaft, die sämtliche Ermittlungen in puncto organisierter Kriminalität koordinierte. Borsellino hatte den Mammutprozess gemeinsam mit Falcone vorbereitet. Jetzt hatte Sizilien ihn dazu ausersehen, ob er es wollte oder nicht, als das Symbol des Kampfes gegen die Cosa Nostra Falcones Erbe anzutreten. Man hatte ihn informiert, dass der Sprengsatz, der ihm zugedacht war, sich bereits in Palermo befand.

Was seinen Mut umso erstaunlicher macht und das Versäumnis des italienischen Staates, ihn zu beschützen, umso erschreckender.

Am 19. Juli 1992 detonierte ein Fiat 126, gespickt mit Sprengstoff, vor dem Haus Paolo Borsellinos in der Via Mariano d'Amelio. Der Richter hatte gerade an der Haustür geklingelt, als er von der Bombe zerfetzt wurde.

Mit Borsellino starben seine fünf Leibwächter, allesamt Freiwillige:

Agostino Catalano, Vincenzo Li Muli, Walter Eddie Cosina, Claudio Traina und eine 24-jährige Beamtin aus Sardinien namens Emanuela Loi. Mehrere Male in den vorausgehenden 56 Tagen war Borsellino allein zum Zigarettenholen aus dem Haus gegangen in der Hoffnung, erschossen zu werden und damit den anderen dasselbe Schicksal zu ersparen.

Borsellinos Frau bestand auf einer privaten Begräbnisfeier, die in derselben Kirche stattfand, in der er am 23. Juni seinen Nachruf gehalten hatte.

Das Staatsbegräbnis seiner fünf Leibwächter fand in der Kathedrale von Palermo statt. Es artete fast zu einem Aufruhr aus. Die umgebenden Straßen wurden gesperrt, und eine Postenkette verwehrte den Zugang zur Kirche – aus Gründen, die niemand verstand. In der riesigen Menge trauernder Bürger, die ausgeschlossen waren, befanden sich auch Angehörige der toten Beamten. Es wurde gebrüllt, gespuckt, geschubst und gestoßen. Polizisten kämpften gegen Polizisten, und die Leute schrien: »Sie lassen uns nicht bei unseren Toten sitzen.« Ein Augenzeuge kommentierte:

> »Der Staat wirkte wie ein Boxer, der benommen in die falsche Richtung schlägt, gegen das Volk. Die Zehntausende Palermitaner, die sich auf der Piazza eingefunden hatten, um gegen die Mafia zu protestieren, wurden behandelt, als störten sie in infamer Weise die öffentliche Ordnung.«

Nach einer Weile brach die Kette, und die Menge strömte in die Kirche. Die Särge von Borsellinos Leibwächtern wurden mit dem vielstimmigen Ruf »GIUS-TIZ-IA, GIUS-TIZ-IA« begrüßt. Gerechtigkeit. Gerechtigkeit. Gerechtigkeit.

Der Zusammenbruch der alten Ordnung

Der Sommer des Jahres 1992 in Palermo war eine Zeit ungläubiger Wut und Verzweiflung. Er war auch eine Zeit großer kultureller und politischer Energie, weil der gesunde Teil der Stadt seinen Gefühlen Ausdruck zu verleihen suchte. Man veranstaltete Demonstrationen, Fackelzüge, Menschenketten ... Der Baum vor Falcones Haus in der Via Notarbartolo wurde ein Schrein zum Gedenken an die Helden. In der ganzen Stadt hingen Laken von den Balkonen, mit mafiafeindlichen Parolen: »FALCONE LEBT!«; »WERFT DIE MAFIA AUS DEM LAND!«; »PALERMO FORDERT GERECHTIGKEIT«; »ZORN UND SCHMERZ – WANN HÖRT DAS AUF?«

Die Stimmen aus Palermo hallten durch eine nationale politische Landschaft, die ein Erdbeben erschütterte. Eine vielschichtige Krise drohte das System aus den Angeln zu heben, das seit 1946 in Kraft gewesen war. Das Ende des Kalten Krieges hatte seine verspäteten Auswirkungen.

Falcone starb am 23. Mai 1992, inmitten eines Machtvakuums in Rom. Kurz zuvor hatte die DC *(Democrazia Cristiana)* bei den allgemeinen Wahlen einen Stimmeneinbruch erlebt. »Einsturz der DC-Mauer«, lautete eine Zeitungsschlagzeile. Nach den Wahlen fiel der Auftakt zu einem neuen fünfjährigen Parlamentszyklus mit dem Beginn einer neuen siebenjährigen Amtszeit des Präsidenten der Republik zusammen. Eine Regierungskoalition musste noch gebildet werden, und frisch gewählte Parlamentarier und der Senat waren noch mit der Frage beschäftigt, wer wohl der nächste Staatspräsident sein würde. Giulio Andreotti, schlau wie immer, wartete ab, bis andere Kandidaten ausschieden, ehe er sich selbst ins Spiel brachte. Der Schlüssel zum Quirinale in Rom, dem Sitz des Staatsoberhauptes, hätte den krönenden Abschluss seiner langen Karriere bedeutet.

Schmach und Schrecken um Falcones Tod machten Andreottis Kandidatur jedoch undenkbar. In den kommenden Monaten sollte der mächtigste Politiker im Italien der Nachkriegszeit zunehmend an den Rand gedrängt werden. Statt seiner wurde Oscar Luigi Scalfaro, ein angesehener Christdemokrat und altgedienter Staatsmann ohne »Mafiageruch«, zum Präsidenten gewählt.

Dennoch fand Italien nach dem 23. Mai sein Gleichgewicht nicht wieder. Am Abend nach Borsellinos Ermordung verfolgten 28 Millionen Menschen den Sonderbericht auf dem staatlichen Sender RAI, und weitere zwölf Millionen sahen das entsetzliche Geschehen auf privaten Kanälen. »Die Mafia erklärt dem Staat den Krieg«, lautete am Tag darauf die Schlagzeile einer überregionalen Zeitung. De facto herrschte bereits seit über zehn Jahren Krieg. Doch jetzt sah es ganz danach aus, als würde der Staat den Krieg *verlieren*. Damit nicht genug, das ganze Land schien auseinanderzubrechen.

Am 16. September 1992, nach monatelangem Druck auf internationale Währungsmärkte, wurde die Lira aus dem europäischen Währungssystem gedrängt – dem Vorläufer der geplanten einheitlichen europäischen Währung. Der Schuldenberg, der von der »Parteiokratie« angehäuft worden war, hatte Italiens finanzielle Glaubwürdigkeit zerstört.

Am Tag nach dem Ausscheiden der Lira aus dem europäischen Währungssystem tötete die Cosa Nostra einen weiteren Hauptbestandteil dessen, was einst der DC-Apparat in Sizilien gewesen war: Der Steuereintreiber Ignazio Salvo, der im Mammutprozess zu Fall gebracht worden war, wurde vor der Tür seiner Villa erschossen. Wie Salvo Lima bezahlte auch Ignazio Salvo für seine Unfähigkeit, die Cosa Nostra ausreichend vor Falcone und Borsellino zu schützen.

Unterdessen hatte ein riesiger Korruptionsskandal begonnen. Gegen die Sozialistische Partei in Mailand wurde ermittelt. In den Sommer- und Herbstmonaten gerieten immer mehr Politiker und Parteifunktionäre ins Visier der Ermittlungen mit dem Namen *Mani pulite* (wörtlich »saubere Hände«). Der Skandal weitete sich aus, bis er die geschwächte »Parteiokratie« verschlungen hatte. Ende 1993 wurde bereits gegen etwa 200 Parlamentarier ermittelt. Im Januar 1994 wurde die *Democrazia Cristiana* offiziell aufgelöst. Die Erste Republik, wie sie heute genannt wird, war erledigt. Die Cosa Nostra hatte zu ihrem Tod beigetragen.

Doch gerade weil das alte Regime ins Wanken geraten war, hatte Italien die Willenskraft gefunden, auf die allgemeine Unzufriedenheit zu reagieren und zurückzuschlagen. Indem sie Falcone und Borsellino ermordeten, hatten Totò Riina und seine Gefolgsleute die Vergeltung des Staates nicht nur gegen sich selbst gelenkt, sondern gegen die gesamte italienische Unterwelt. Für eine kurze und außergewöhnliche Zeitspanne zwischen Borsellinos Tod im Juli 1992 und dem Frühjahr 1994 zogen Italiens Institutionen die kriminellen Organisationen für mehr als ein Jahrzehnt des Schlachtens endlich zur Rechenschaft. Schon die blanken Zahlen spiegeln die Veränderungen. Zwischen 1992 und 1994 wurden infolge des Rognoni-La Torre-Gesetzes zur Bekämpfung der Mafia 5343 Menschen verhaftet. 1991 gingen in Italien 679 Tötungsdelikte auf das Konto der Mafia; 1994 waren es nur noch 202.

Unmittelbar nach dem Mord an Borsellino wurden 7000 Soldaten nach Sizilien abkommandiert, um die Polizei zu entlasten. Neue Antimafia-Gesetze wurden im Eilverfahren verabschiedet – Gesetze, die über 100 Jahre zu spät kamen, aber dennoch willkommen waren. Ein Zeugenschutzprogramm wurde eingerichtet. Und, was nicht minder wichtig war, Gangsterbossen wurden härtere Haftbedingungen auferlegt. Endlich hatte Italien Mittel und Wege, um zu verhindern, dass Gefängnisse wie der Ucciardone zu Kommandozentren für das organisierte Verbrechen wurden.

Der Kampf gegen die Mafia wurde auch auf internationaler Ebene angekurbelt. Im September 1992 musste der Cuntrera-Caruana-Clan, ein wichtiges Mitglied im Heroin schmuggelnden Transatlantischen Syndikat, einen ernsten Schlag einstecken: Drei Cuntrera-Brüder, Pasquale, Paolo und Gaspare, wurden von Venezuela ausgeliefert.

Ein neuer Oberstaatsanwalt aus Turin, Giancarlo Caselli, bewarb sich freiwillig für das Kriegsgebiet Palermo. Casellis Tapferkeit sowie seine unbedingte berufliche Integrität waren nicht die einzigen Eigenschaften, die ihn für den Posten qualifizierten. Er hatte bereits bei den Ermittlungen gegen die Roten Brigaden Ende der 1970er, Anfang der 1980er Jahre Lorbeeren geerntet. Er hatte Erfahrung im Umgang mit Kronzeugen und kannte die Härten des Lebens unter dem Schutz einer bewaffneten Eskorte. Er hatte außerdem Falcone in jeder Etappe seiner Auseinandersetzung mit dem Obersten Gerichtsrat unterstützt. Palermer Staatsanwälte waren energiegeladen wie nie zuvor.

Im Januar 1993, just am Tag von Casellis Ankunft auf Sizilien, wurden auf einem Kreisverkehr der Palermer Ringstraße Totò Riina und sein Fahrer verhaftet. Riina war seit 1970 untergetaucht. Doch wie bei allen anderen Flüchtigen der Cosa Nostra traf der Begriff »untergetaucht« nicht ganz den Punkt. In den 23 Jahren, in denen er sich der Festnahme entziehen konnte, hatte Riina nicht nur seinen Staatsstreich innerhalb der Cosa Nostra ausgetüftelt, sein Wirtschaftsimperium geleitet und zahllose Vertreter des Gesetzes ermordet, sondern auch kirchlich geheiratet, vier Kinder gezeugt und zur Schule geschickt und die beste medizinische Versorgung erhalten, die es für Geld zu kaufen gab.

Riinas Festnahme war den Insiderinformationen seines ehemaligen Fahrers zu verdanken. Seit Borsellinos Tod waren die Behörden mit solchen Hinweisen überschwemmt worden. Auch die Anzahl der Kronzeugen nahm exponentiell zu. Einige waren ermutigt durch die neuen Schutzmaßnahmen; andere fürchteten die strengeren Haftbedingungen; und wieder andere waren nur bis ins Mark erschüttert von dem, was Falcone und Borsellino zugestoßen war. Gaspare Mutolo alias »Mister Champagne«, der Ferrari fahrende Heroinhändler, stellte sich im Mai 1992 als Kronzeuge zur Verfügung, nachdem Giovanni Falcone ihm monatelang sanft zugeredet hatte. Er war der Letzte, den Borsellino verhört hatte. Die Bombe in der Via d'Amelio räumte den letzten Rest von Mutolos Zurückhaltung beiseite, von nun an hielt er nicht mehr hinter dem Berg. Da er bis zum Frühjahr 1992 mit Bossen im Gefängnis gesessen hatte, die Riina nahestanden, war er als Erster in der Lage, Insiderinformationen zur Strategie der Cosa Nostra nach dem Urteil des Obersten Gerichtshofs zum Mammutprozess zu geben. Er lieferte auch Beweise, die am Heiligen Abend 1992 zur Verhaftung Bruno Contradas führten, des früheren Polizeichefs von Palermo und stellvertretenden Oberhaupts des italienischen Geheimdienstes. Contrada würde letztlich der Zusammenarbeit mit der Cosa Nostra überführt werden.

Am sensationellsten überhaupt war, dass Mutolos Aussagen auch gegen den siebenmaligen Ministerpräsidenten Giulio Andreotti verwendet wurden. Als Tommaso Buscetta im Jahre 1984 Falcone zum ersten Mal begegnet war, hatte er ihn gewarnt, dass Italien noch nicht bereit sein könnte, von den Verflechtungen der Cosa Nostra mit der Politik zu erfahren. Die tragischen Ereignisse von 1992 überzeugten Buscetta, dass es nun an der Zeit sei, und er belastete Andreotti ebenfalls. Ein weiterer »Reuiger«, der Heroinkoch Francesco »Mozzarella«

Marino Mannoia, erzählte den Staatsanwälten, Andreotti habe sich Anfang 1980 mit Stefano Bontate, dem »Prinzen von Villagrazia«, getroffen. Anlass sei unter anderem der Plan der Cosa Nostra gewesen, Piersanti Mattarella zu ermorden, den Präsidenten der Region Sizilien. Andreotti habe sich Marino Mannoia zufolge gegen das Vorhaben ausgesprochen. Bontate jedoch habe ihn ignoriert und Mattarella beseitigt. Dies sei vermutlich der Zeitpunkt gewesen, hieß es in einer späteren Stellungnahme der Staatsanwaltschaft, ab dem Andreotti sich mehr und mehr von der Cosa Nostra distanziert habe. Und doch bleibt es ein bedrückendes Ereignis. Andreotti wusste, dass die Mafia seinen Parteikollegen Mattarella im Visier hatte, und unternahm nichts, ihn zu retten.

Die Cosa Nostra versuchte, die *pentiti* gewaltsam zum Schweigen zu bringen. Santino Di Matteo, wenige Wochen nach Riina festgenommen, war aus der Gruppe, die den Bombenanschlag auf Giovanni Falcone geplant und ausgeführt hatte, einer der Ersten, die ein Geständnis ablegten. Matteos elfjähriger Sohn Giuseppe wurde daraufhin entführt und über zwei Jahre in einem Keller festgehalten, bevor er erwürgt und in Säure aufgelöst wurde.

Nichtsdestoweniger äußerten sich weitere *pentiti* – darunter Männer aus Riinas engstem Kreis. Im September 1992 wurde ein junger Drogendealer namens Vincenzo Scarantino verhaftet und beschuldigt, die Bombe gelegt zu haben, die Paolo Borsellino und seine Leibwächter getötet hatte. Auch er würde ein Geständnis ablegen.

Sizilien atmete die Luft der Revolution. Die katholische Kirche hatte sich von allen Institutionen am beharrlichsten gegen einen Wandel in Italien gewehrt. Überdies hatte sie sich im Zusammenhang mit dem organisierten Verbrechen der Hoffnungen, die gläubige Menschen wie Paolo Borsellino in sie setzten, von den Priestern ganz zu schweigen, die ihren Widerstand gegen die Mafia jahrzehntelang mit dem Leben bezahlt hatten, lange Zeit als unwürdig erwiesen. Doch selbst der Papst zeigte sich bewegt von der Stimmung, die 1992 und 1993 in Palermo herrschte.

Im Mai 1993 kam Johannes Paul II. nach zehn Jahren Amtszeit zum ersten Mal nach Sizilien. Im Fußballstadion von Agrigent, kurz nachdem er die Familie eines jungen Richters namens Rosario Livatino getroffen hatte, der 1990 ermordet worden war, wich der Pontifex von seiner vorbereiteten Rede ab, um sich in einer Klagerede gegen die Mafia und ihre »Kultur des Todes« zu wenden. »Bekehrt euch! Denn eines Tages wird Gott euch richten!« Der Vatikan hatte seine traditionellen Befürchtungen in Bezug auf die Antimafia-Bewegung aufgegeben. Die Cosa Nostra war endlich exkommuniziert.

Die Camorra litt fast ebenso wie die Cosa Nostra unter den Bomben in Sizilien und dem Zusammenbruch dessen, was man bereits als Erste Republik bezeichnete.

Der Camorraboss Pasquale Galasso war ein erstklassiges Beispiel dafür, was es bedeuten kann, in den süditalienischen Hochburgen des organisierten Verbrechens dem gutbürgerlichen Milieu anzugehören. Er war der Sohn eines »geachteten Mannes« aus einer Kleinstadt zwischen Neapel und Salerno. Sein Vater war Grundbesitzer, handelte mit landwirtschaftlichen Produkten, führte ein Handelsunternehmen, das Traktoren und Bagger verkaufte, und sammelte Stimmen für die örtlichen Potentaten der Christdemokraten. Pasquale war noch ein Teenager, als er seinen ersten Ferrari fuhr und sich an der Universität zum Medizinstudium einschrieb. 1975, mit 20 Jahren, erschoss er zwei Männer. Mit Hilfe der Anwälte seines Vaters wurde Galasso am Ende mit der Begründung freigesprochen, er habe aus Notwehr gehandelt. Doch bis dahin saß er im Poggioreale-Gefängnis ein. Dort nahm ihn der »Professor« Raffaele Cutolo unter seine Fittiche.

Als Ende der 1970er Jahre der Krieg mit der *Nuova Famiglia* ausbrach, erhielt Galasso zu Hause Besuch vom »Professor«, der ihn aufforderte, sich der *Nuova Camorra Organizzata* anzuschließen. Galasso weigerte sich, und Cutolo ließ aus Rache einen seiner Brüder ermorden. Daraufhin tat Galasso sich mit der *Nuova Famiglia* zusammen, besonders mit einem Camorrista, dem er ebenfalls im Gefängnis begegnet war: Carmine Alfieri. Der ehemalige Medizinstudent fungierte während des Krieges als Alfieris rechte Hand; gemeinsam sollten die beiden bis an die Spitze der kampanischen Unterwelt aufsteigen. Als in der Villa der Familie Galasso im Oktober 1991 schließlich eine Razzia durchgeführt wurde, fanden die Carabinieri einen Schatz aus gestohlenen Kunstgegenständen, einschließlich des goldenen Throns, der einmal dem letzten Bourbonenkönig von Neapel gehört hatte.

Im Mai 1992 wurde Galasso festgenommen, als er gerade eine Versammlung von Bauunternehmern und Mitgliedern seines Clans leitete. Weil er den Verdacht hatte, dass seine politischen Freunde mit dem Gedanken spielten, ihn zu verraten, »bereute« er noch im selben Jahr und gestand 40 Morde. Seine Zeugenaussage ermöglichte es der Polizei, die vollständige Geschichte der *Nuova Famiglia* zu rekonstruieren, von ihrer Entstehung bis zu ihrem Zerfall nach dem Sieg über die *Nuova Camorra Organizzata*.

Ein Tipp von Galasso führte auch zur Verhaftung Carmine Alfieris, der neun Jahre auf der Flucht gewesen war. Ermittler schätzten seinen Reichtum auf 1500 Milliarden Lire – das größte Vermögen in der italienischen Kriminalgeschichte. 2011 käme dies einer Summe von etwa 1,2 Milliarden Euro gleich. In Alfieris Bücherregalen fanden sich Werke von Dante und Goethe, mit zahllosen Anmerkungen versehen, und während er Schmiergelder entgegennahm oder Morde in Auftrag gab, hörte er Musik von Bach. Dieser auf stillvergnügte Weise mächtigste Camorrista wurde auf die gefürchtete Gefängnisinsel Pianosa verbannt, vor der toskanischen Küste. Dort fasste er schließlich den Beschluss, nachdem er im Fernsehen die Tirade des Papstes gegen die sizilianische Mafia miterlebt hatte, ein umfassendes Geständnis abzulegen. Daraufhin zerfiel die stärkste Camorraorganisation in Kampanien in ihre Einzelteile.

Auch Carmine Alfieri und sein Leutnant Pasquale Galasso trugen ihr Scherflein dazu bei, dass das christdemokratische System zerfiel, dessen Bestandteile sie gewesen waren: Sie nannten zahlreiche Politiker, mit denen sie vorgeblich Geschäfte gemacht hatten. Viele dieser Männer gehörten zum politischen Apparat Antonio Gavas, eines ehemaligen Finanz- und Innenministers der Christdemokraten.

Wie die Cosa Nostra reagierte auch die Camorra mit Gewaltexzessen auf die Bedrohung durch die »Reuigen«. Am selben Tag, als Alfieri zum ersten Mal vor Gericht erschien, dem 8. April 1994, begaben sich Killer auf die Suche nach seinem 25-jährigen Sohn Antonio. Man sagte ihnen, er halte sich im Elternhaus eines Freundes auf. Sie drangen ins Wohnzimmer ein, die Gewehre im Anschlag, und fragten nach dem jungen Alfieri. In einem Anfall von Frust überzog einer der Killer ein abgedunkeltes Schlafzimmer mit einer Gewehrsalve. Als sie schließlich einsehen mussten, dass die Familie tatsächlich nicht wusste, wo ihr Opfer sich aufhielt, verließen sie das Haus. Dabei entführten sie einen entfernten Verwandten Alfieris, der anwesend war. Erst später stellte sich heraus, dass der Überfall ein unschuldiges Opfer gefordert hatte. In dem Raum, den sie beschossen hatten, hatte Maria Grazia Cuomo geschlafen. Sie war 55, unverheiratet, und ging selten aus dem Haus, weil sie sich für das Feuermal schämte, das einen Großteil ihres Gesichts bedeckte.

Alfieris Sohn wurde im September 2002 getötet, sein Bruder im Dezember 2004.

Den vermehrten Druck durch die Behörden bekam auch die 'Ndrangheta zu spüren. Auch in ihren Reihen gab es einen Schwung »Reuiger«, auf deren Bekenntnisse sich wichtige neue Gerichtsverfahren stützten, deren Erinnerungen die Geschichte der 'Ndrangheta beleuchteten und deren Leben die tödliche Macht der kalabrischen Mafia veranschaulichten. Hier zwei Beispiele:

Giacomo Lauro war der Sohn eines Steinbildhauers, der für Gräber in Brancaleone Statuen und Reliefs schuf. Er war 1960, im Alter von 18 Jahren, in die 'Ndrangheta eingeführt worden, als die Ehrenwerte Gesellschaft ihre Treffen noch nachts bei Kerzenlicht abhielt und der Tarantella tanzende Triumvir Don 'Ntoni Macrì an der ionischen Küste das Sagen hatte. Nachdem er zwischen 1974 und 1977 im ersten 'Ndrangheta-Krieg gekämpft hatte, wurde Lauro eingesperrt und in die Verbannung geschickt, ausgerechnet ins nördliche Kampanien. Dort tat er sich mit den *Nuova-Famiglia*-Bossen Antonio Bardellino und Carmine Alfieri zusammen und wurde einer der Verbindungsmänner zwischen 'Ndrangheta und Camorra. Während des zweiten 'Ndrangheta-Krieges zwischen 1985 und 1991 war er ein enger Vertrauter Antonio Imertis, der auch der »grimmige Zwerg« genannt wurde. Lauro wurde in Holland festgenommen, wo er sich das Geld für eine Kokainlieferung abholen wollte. In seiner Tasche fand man ein Flugticket nach Kolumbien. Als Falcone und Borsellino ums Leben kamen, kontaktierte er die italienische Botschaft und sagte, er wolle reden. Lauros Aussage war entscheidend für die Rekonstruktion der Geschichte der kalabrischen Mafia seit dem »Pilzesammler«-Treffen 1969 auf dem Montalto. Sie brachte auch Licht in den berühmtesten politischen Mord der 'Ndrangheta – an dem korrupten christdemokratischen Politiker Ludovico Ligato im Jahre 1989.

Giovanni Riggio kam vom südlichen Stadtrand Reggio Calabrias. Sein Vater war ein bescheidener Maurer gewesen. 1981 – er war elf Jahre alt – war sein sechsjähriger Bruder bei einem Unfall mit Fahrerflucht ums Leben gekommen. Riggio hatte den Fahrer gesehen. Alle im Viertel kannten ihn. Doch niemand sagte ein Wort. Riggios trauernder Vater wandte sich an die Behörden, erhielt aber keine Hilfe. Eines Tages fragte er den örtlichen Carabiniere, ob er ihm helfen könne. Der Mann zuckte nur die uniformierten Schultern und setzte ihm wortreich auseinander, dass nur der örtliche Boss derartige Dinge regeln könne. Riggios Vater weinte vor Verzweiflung. Von nun an würde sein überlebender Sohn einen brennenden Groll gegen die Polizei und große Bewunderung für die anmaßenden Kriminellen hegen, die in der örtlichen Bar abhingen.

Als Teenager begann auch Riggio, in der Bar abzuhängen. Nach mehreren Bagatelldelikten hatte er das giftige Gerede von »Respekt« und »Ehre« bereits im Blut. Im September 1987 wurde er mit dem Ritus von Osso, Mastrosso und Carcagnosso in die Gesellschaft eingeführt. Im darauffolgenden Frühjahr lief Riggio zufällig dem Mann über den Weg, der seinen kleinen Bruder überfahren hatte, und erschoss ihn auf der Stelle. »Alle haben es gesehen, und ich dachte sofort: Jetzt verhaften sie mich. Aber das taten sie nicht. Niemand hat auch nur ein Wort gesagt. Niemand. Im Gegenteil: Tags darauf lächelten die Leute mir zu und gaben mir zu verstehen, dass ich das Richtige getan hatte.«

Mittlerweile war Riggios *locale* in einen Revierkonflikt geraten. Am Ende hatte der Junge selbst vier Morde begangen und bei zehn weiteren geholfen. Er war 21 Jahre alt. Riggio stellte sich im September 1993 als Kronzeuge zur Verfügung, nachdem er sich in ein Mädchen aus Rovigo verliebt hatte, das später seine Frau werden würde. Seine Aussage brachte seinen ehemaligen Boss und die meisten Mitglieder des *locale* hinter Gittern. Auf die Frage, was er jetzt von der Polizei halte, sagte er: »Heute habe ich das Gefühl, als sei ich einer von ihnen, denn letztlich gehen wir alle dieselben Risiken ein und kämpfen für dieselbe Sache.«

Diese »Reuigen« und auch der vermehrte Polizeidruck hatten zweifellos ihre Wirkung. Denn etwa um dieselbe Zeit war die 'Ndrangheta endlich zu der Einsicht gelangt, dass Entführungen zu viele Polizisten in die bewaldeten Hügel des Aspromonte zogen. Die Entschlossenheit einer einzelnen Frau spielte in ihrer Entscheidung ebenfalls eine Rolle. Im Januar 1988 wurde Angela Casellas Sohn Cesare von der 'Ndrangheta entführt. Mehrmals während der 743 Tage seiner Gefangenschaft reiste sie von ihrem Heimatort Pavia, in der Nähe von Mailand, hinunter nach Kalabrien. Die Presse verlieh ihr den Beinamen »Mutter Courage«, weil sie die Menschen auf dem Aspromonte um Hilfe bat. Auf mehreren Dorfplätzen kettete sie sich sogar fest. Als ihr Sohn im Januar 1990 schließlich freigelassen wurde, war sein Fall ebenso bekannt wie die Getty-Entführung. In den frühen 1990er Jahren gaben kalabrische Gangster ihr einträgliches Geschäft mit Entführungsopfern auf, dessen Gewinne es ihnen ermöglicht hatten, im Drogenhandel und der Bauindustrie Fuß zu fassen.

Eine entscheidende Phase in der Geschichte der 'Ndrangheta war vorüber. Allerdings waren die Kalabresen von allen drei Mafias am wenigsten von den schärferen Polizeimaßnahmen zu Beginn der 1990er Jahre betroffen. Ein Zeichen dafür ist schon allein die Anzahl der Reuigen. 1995 waren 381 Mitglieder der Cosa Nostra als Kronzeugen vermerkt. Aus den Reihen der Camorra gab es im selben Jahr deutlich weniger Reuige: 192. Doch dann richteten frühere Bosse wie Carmine Alfieri unverhältnismäßig großen Schaden an. Mit insgesamt 133 hatte die 'Ndrangheta von den drei klassischen kriminellen Organisationen die wenigsten *pentiti*.

Relativ ungeschoren konnte die 'Ndrangheta jetzt die Belohnung ernten für die lange Unsichtbarkeit, die sie von der Camorra und der Cosa Nostra unterschied. Ihr Beschluss, Totò Riinas Einladung abzulehnen und sich aus dem Krieg der Cosa Nostra gegen den Staat herauszuhalten, zahlte sich ebenfalls aus. Nach 1992 würde von allen kriminellen Organisationen nur die 'Ndrangheta ihr Geheimnis wahren: Ihre innere Struktur war nur teilweise entschlüsselt und ihre Existenz als *ein* krimineller Geheimbund – statt eines losen Nebeneinanders örtlicher Clans – noch unbestätigt.

Verhandlungen im Bombenhagel: Geburt der Zweiten Republik

Der Schock angesichts der Morde an Falcone und Borsellino war am heftigsten bei Richtern und Staatsanwälten: bei den Kollegen natürlich, aber auch bei jungen Staatsanwälten, die die beiden Helden nur von fern bewundern und versuchen konnten, dem Geist der Selbstaufopferung gerecht zu werden, den sie verkörperten. Einer dieser jungen Staatsanwälte fasste die Empfindungen der Kollegen seiner Generation zusammen: »Nach der zweiten Bombe waren wir alle ernsthaft bereit, getötet zu werden. Trotzdem hatten wir uns dem Diktat der Mafia nicht ergeben.« Die Bomben von 1992 sprengten einen tiefen Graben zwischen die Vertreter der Rechtsstaatlichkeit auf der einen Seite und das kriminelle Machtsystem auf der anderen. Die Ära des Dialogs, der Kompromisse und des Einvernehmens zwischen Staat und Mafia, die Richter wie Giuseppe Guido Lo Schiavo hervorgebracht hatte, die Inspiration für den Film *Im Namen des Gesetzes*, war endgültig vorbei.

Zumindest hätte sie vorbei sein sollen. Seit 1992 werden Richter und Staatsanwälte in Sizilien und anderswo von Fragen verfolgt, die partout nicht verschwinden wollen. Totò Riina hatte seiner Organisation klare Richtlinien vorgegeben, als die Entscheidung des Obersten Gerichtshofes zum Mammutprozess gegen ihn ausgefallen war: »Erst Krieg führen gegen den Staat, und hinterher den Frieden gestalten.« Die Cosa Nostra versuchte, mittels Bomben zu verhandeln. Nur mit wem? War jemandem daran gelegen, die Mörder Falcones und Borsellinos zu beschwichtigen? Wurde etwa eine Übereinkunft getroffen? Heute, 20 Jahre später, glauben Ermittlungsrichter, dass sie die Antworten auf diese Fragen erahnen können.

Der Krieg der Cosa Nostra gegen den Staat war mit den Morden an Giovanni Falcone und Paolo Borsellino im Jahr 1992 nicht beendet. Ebensowenig gebot die Festnahme Totò Riinas im Januar 1993 dem Bombenhagel Einhalt. Tatsächlich verübten im selben Jahr loyale Riina-Anhänger innerhalb der Cosa Nostra – die sogenannten »Massaker-

Befürworter« – eine Reihe von Terroranschlägen gegen Ziele auf dem italienischen Festland, die von großem öffentlichen Interesse waren.

Am 14. Mai 1993 detonierte eine Autobombe in der Via Fauro in Rom. Die Zielperson war Maurizio Costanzo, ein bekannter Talkshowmoderator, der seine Abscheu gegen die Verbrechen der Cosa Nostra sehr deutlich zum Ausdruck gebracht hatte. Zum Glück entging Costanzos Wagen der Explosion. Zwar wurden viele Menschen verletzt, aber niemand getötet: Ein Blutbad war gerade noch verhindert worden.

Dreizehn Tage später war weniger Glück im Spiel, als ein Fiat-Minivan, bestückt mit Sprengstoff, ohne Vorwarnung im Schatten der Uffizien in Florenz explodierte. Fünf Menschen starben, darunter ein neunjähriges Mädchen. Der Motor des Wagens steckte in einer Mauer am gegenüberliegenden Arnoufer, und drei Gemälde in den Uffizien wurden so stark zerstört, dass eine Restaurierung aussichtslos gewesen wäre.

Zu fünf weiteren Todesfällen kam es am 27. Juli in Mailands Via Palestro. Kurz nach elf Uhr nachts wurden drei Feuerwehrmänner, ein Polizist und ein Mann, der zufällig auf einer Bank in der Nähe geschlafen hatte, von einer weiteren Autobombe getötet.

Knapp eine Stunde später explodierte in Rom eine Autobombe der Cosa Nostra. Bereits im Frühjahr hatte die katholische Kirche die Quittung erhalten für die Anklage des Papstes gegen die Cosa Nostra. Ein Sprengsatz hatte die Fassade des offiziellen Papstsitzes in der Stadt beschädigt, die Basilika San Giovanni in Laterano – auf dem großen Platz davor finden regelmäßig politische Kundgebungen statt. Ein zweiter Sprengsatz zerstörte den Portikus der Kirche San Giorgio in Velabro. In beiden Fällen gab es keine Opfer zu beklagen.

Rom hätte auch der Schauplatz des schlimmsten Blutbads im gesamten Kampf werden sollen. Am 31. Oktober 1993 parkte ein mit Dynamit gespickter Lancia Thema vor dem Olympiastadion, wo ein Fußballspiel zwischen Lazio und Udinese stattfand. Der Sprengsatz war gegen die Fans gerichtet, die das Stadion verließen, und gegen die Carabinieri, die die Menge beaufsichtigten. Er hätte Dutzende töten können, detonierte jedoch nicht.

Kein Ereignis in den Annalen des organisierten Verbrechens in Italien ist mit den Gräueln der Jahre 1992 und 1993 zu vergleichen. Während dieser beiden schrecklichen Jahre blieb die Absicht der Blutbadbefürworter dieselbe: »Wir müssen Krieg führen gegen den Staat, damit wir den Frieden gestalten können.« Riinas Forderungen waren hoch: Die effizientesten Waffen des Staates gegen das organisierte Verbrechen (die Kronzeugen, das Rognoni-La Torre-Gesetz) sollten stumpf und die juristischen Ergebnisse rückgängig gemacht werden, die mit diesen Waffen erzielt worden waren (Falcones und Borsellinos Mammutprozess).

Während ein Blutbad auf das andere folgte, wurde das Bedürfnis der Cosa Nostra nach Verhandlungen dringender, die Liste ihrer Forderungen länger. Als Reaktion auf Falcones Tod setzte die Regierung neue Haftbedingungen durch, allgemein als Bestimmung *41-bis* bekannt, die führende Mafiosi daran hindern sollte, mit der Außenwelt zu kommunizieren und auf diese Weise ihre Imperien zu leiten. (Auch dies war eine Idee Falcones.) In der Nacht vom 19. auf den 20. Juli, nur Stunden nach dem Mord an Paolo Borsellino, trat *41-bis* in Kraft, woraufhin Militärflugzeuge 55 Bosse aus dem Ucciardone auf die Insel Pianosa vor der toskanischen Küste transportierten, damit sie weiteren 101 Schwerverbrechern in der trostlosen Strafkolonie Gesellschaft leisteten. Die Abschaffung dieser neuen Haftbedingungen wurde schnell den Kriegszielen der Cosa Nostra hinzugefügt.

Das Kapitel der Mafiaanschläge von 1992 und 1993 hat in mancherlei Hinsicht ein beunruhigend offenes Ende. Zum Beispiel mutmaßen einige, dass nicht nur Nachlässigkeit im Spiel war, als Paolo Borsellino nach Falcones Ermordung in so beklagenswerter Weise ungeschützt blieb.

Unmittelbar nach Borsellinos Tod verschwand sein rotes Notizbuch vom Tatort, das einige seiner geheimsten Aufzeichnungen enthielt. (Borsellinos jüngerer Bruder Salvatore hat das rote Notizbuch zum Symbol für seine Suche nach der Wahrheit gemacht.)

Als Totò Riina 1993 festgenommen wurde, blieb seine Villa eine Weile unbeaufsichtigt, lange genug, um seinen Gefolgsleuten die Möglichkeit zu geben, sich dort Zugang zu verschaffen, Eigentum und kompromittierende Dokumente zu beseitigen und sogar die Zimmer neu zu tapezieren. Wie genau dies geschehen konnte, wurde nie in zufriedenstellender Weise in Erfahrung gebracht. Der Vorfall legt den Verdacht nahe, dass irgendjemand innerhalb der Cosa Nostra den »Kurzen« gegen Gefälligkeiten an die Behörden verraten hat.

Entscheidende Einsichten in die Verhandlungen der Cosa Nostra mit dem Staat brachte 2008 Gaspare Spatuzza, als er anfing auszupacken. Spatuzza, unter dem Spitznamen »Glatze« bekannt, war ein Ehrenmann aus der Brancaccio-Familie, der bereits für seine Rolle im Bombenkrieg der Cosa Nostra auf dem italienischen Festland zu lebenslanger Haft verurteilt worden war. »Glatze« erklärte, dass Vincenzo Scarantino, der junge Drogendealer, der für den Mord an Borsellino seit eineinhalb Jahrzehnten im Gefängnis saß, weil er die Autobombe gelegt hatte, unschuldig sein müsse, und zwar aus dem einfachen Grund, weil er, Spatuzza, dafür verantwortlich sei. So überzeugend war der Beweis, mit dem Spatuzza seine Enthüllung bekräftigte, dass Scarantino auf freien Fuß gesetzt und seine Unschuld bestätigt wurde. (Er hatte lange Zeit beteuert, er sei unschuldig, und behauptet, er sei so lange gefoltert worden, bis er gestanden habe.)

Wieder gaben die Massaker von 1992 und 1993 Rätsel auf. Wurde Scarantino von übereifrigen Polizisten hereingelegt, die im aufgeheizten Klima nach den Morden an Falcone und Borsellino dringend Ergebnisse brauchten? Oder war die schockierende Ungerechtigkeit, die ihm widerfahren war, Teil eines größeren, weitaus perfideren Plans?

Spatuzzas Aussage hat der Suche nach der Wahrheit um die Verhandlungen zwischen der Cosa Nostra und dem Staat zu Beginn der 1990er Jahre neuen Schwung verliehen. Mittlerweile sind noch beunruhigendere Beweise aufgetaucht. Einige Carabinieri haben bestätigt, dass sie im Sommer 1992 tatsächlich versucht hatten, mit der Cosa Nostra in Kontakt zu treten, um den Massakern ein Ende zu machen, bestreiten jedoch, dass es zu Verhandlungen kam.

Im Sommer und im Herbst 1993, während Spatuzza in Florenz, Mailand und Rom Autobomben legte, wurden nicht weniger als 480 Mafiosi durch Justizminister Giovanni Conso von den Haftbedingungen nach Bestimmung *41-bis* befreit. Conso hat unlängst erklärt, dieser Gnadenakt sei eine rein persönliche Initiative gewesen, ein entgegenkommendes Signal.

Am meisten bestürzt die Tatsache, dass Paolo Borsellino, wie unlängst bestätigt wurde, offenbar herausgefunden hatte, dass der Cosa Nostra kurz nach Falcones Tod Friedensvorschläge unterbreitet worden waren – Friedensvorschläge, denen er sich entschieden widersetzt hatte. Riinas Topkiller behauptete, die Cosa Nostra habe Borsellino nur getötet, weil sie ihn daran hindern wollte, sich der Übereinkunft in den Weg zu stellen: »Die laufenden Verhandlungen waren der Hauptgrund, warum der Plan, Borsellino zu beseitigen, schleunigst in die Tat umgesetzt werden musste. Hinter allem steckten die Carabinieri, die haben uns [die Cosa Nostra] manipuliert.«

Einer der beiden bedeutendsten Morde in der Geschichte des organisierten Verbrechens in Italien bleibt somit im Wesentlichen ungeklärt. Zeugenaussagen von Spatuzza und anderen erwecken den niederdrückenden Verdacht, dass Paolo Borsellino absichtlich geopfert wurde. Einige Zeugen sprechen von einer Beteiligung des Geheimdienstes sowohl bei den Verhandlungen zwischen Mafia und Staat als auch bei der Ermordung Paolo Borsellinos.

Während ich dies hier schreibe, wird gegen mehrere Mafiabosse, darunter Totò Riina, wegen ihrer Rolle bei dem Erpressungsversuch gegen den Staat in den Jahren 1992 und 1993 Anklage erhoben. Drei hochrangige Carabinieri und zwei Politiker haben mit ähnlichen Vorwürfen zu rechnen. Ein ehemaliger Innenminister steht im Verdacht, über die Verhandlungen falsch ausgesagt zu haben. Das Verfahren hat erst begonnen, und die Unschuldsvermutung kann in einem so kniffligen, umstrittenen Fall keine bloße Formalität sein.

Die Vorwürfe, eingereicht von den Ermittlungsrichtern, zeichnen das Bild einer Verhandlung, die mehrere Stadien durchlief und Kontakte zwischen der Cosa Nostra und etlichen Funktionären und Politikern beinhaltete, von denen keineswegs alle unter den Angeklagten waren. Die Richter glauben, dass die Cosa Nostra, um 1992 und 1993 ihre Ziele zu erreichen, neue politische Partner finden musste – und dies ausgerechnet in der Zeit, da Italiens politische Parteien aus der Ära des Kalten Krieges zerfielen und das Land den turbulenten Übergang zwischen der Ersten und der Zweiten Republik (wie wir sie jetzt nennen) aushandelte. Unter den Protagonisten der Verhandlungen gab es auf staatlicher Seite wahrscheinlich drei Arten von Politikern: zum einen jene aus der Ersten Republik, die zunächst der Cosa Nostra nahestanden, sich aber dann von Riinas Raserei bedroht fühlten. Zweitens die Staatsmänner, die versuchten, Italien durch seine wirtschaftliche und politische Krise zu führen, die zwar nicht auf freundschaftlichem Fuß standen mit der sizilianischen Mafia, aber dennoch fehlgeleitete Versuche unternahmen oder billigten, die Befürworter der

Massaker zu beschwichtigen. Und schließlich die neuen Männer, die sich in den Trümmern der Ersten Republik politisch durchzusetzen suchten. Männer wie Marcello Dell'Utri, die sizilianische rechte Hand eines Medienmoguls, der bald die beherrschende und umstrittenste Gestalt der Zweiten Republik sein würde, Silvio Berlusconi.

Berlusconi wählte sich seine politischen Freunde aus der Ersten Republik mit Bedacht: Der Sozialistenführer und einstige Ministerpräsident Bettino Craxi war der Trauzeuge bei seiner zweiten Hochzeit. Der Zusammenbruch der alten politischen Ordnung war eine ernsthafte Bedrohung seiner Geschäftsinteressen. Vermutlich sondierten Berlusconis Leute bereits im Juni 1992 (also zwischen den Morden an Falcone und Borsellino) das Terrain für die Gründung einer neuen politischen Partei. Die Richter behaupten, Dell'Utri habe sich, als Berlusconis politische Pläne Gestalt annahmen, der Cosa Nostra als Verhandlungspartner angeboten und versprochen, ihr einige Wünsche zu erfüllen, falls sie ihn unterstützte. Die Zweite Republik begann im März 1994, als Berlusconi seine neue Partei, die *Forza Italia*, zum Wahlsieg führte. Dies war nach Meinung der Richter der Zeitpunkt, als »der neue Cohabitationspakt zwischen Staat und Mafia endlich besiegelt wurde«.

Marcello Dell'Utri ist für die Leser dieser Seiten ein alter Bekannter. Er war es, der 1974 den Mafioso Vittorio Mangano eingestellt hatte, um Berlusconi und seine Familie vor Kidnappern zu schützen. Seit 1996 war Dell'Utri der Beschuldigte in einem schier endlosen Mafiaprozess. Derzeit steht ihm ein Schuldspruch mit neun Jahren Gefängnis ins Haus, weil er die Cosa Nostra unterstützt hat. Dell'Utri befindet sich jedoch nach wie vor auf freiem Fuß, weil das Urteil vorläufig bleibt: Die Berufung wurde aufgehoben und muss erneut verhandelt werden. Bisher haben die Richter ausdrücklich bestritten, dass Dell'Utri zu Beginn der 1990er Jahre, als zwischen Staat und Mafia angeblich Verhandlungen stattfanden, noch Kontakte zur Cosa Nostra unterhielt. Doch auch dies mag sich ändern. Man sollte zudem erwähnen, dass eine Ermittlung, basierend auf der Theorie, dass Berlusconi und Dell'Utri bei den Bombenanschlägen der Cosa Nostra als deren Auftraggeber eine Rolle spielten, 2002 wegen mangelnder Beweise ad acta gelegt wurde. Gegen Berlusconi wurde im Zusammenhang mit den Bomben der Cosa Nostra nie Anklage erhoben. Auch im jüngsten

Prozess erscheint er höchstens als das Opfer einer vorgeblichen Erpressung durch seinen Freund Marcello Dell'Utri. Dieser ist einer der beiden Politiker, denen zur Last gelegt wird, sie hätten der Cosa Nostra bei ihrer Verhandlungsstrategie geholfen.

Keine Periode in der italienischen Mafiageschichte ist ohne bleibende Ungewissheiten. Historiker leben mit der konstanten Gefahr, dass ihr Werk vergeblich war, sobald im Archiv irgendein neues Dokument auftaucht oder ein neuer Kronzeuge sein Gedächtnis aufschließt. Die Übergangsjahre 1992 bis 1994 sind mehr als andere von Zweifeln geprägt. Nur die Zeit – die lähmend langsame Zeit, in der die italienische Justiz voranschreitet – wird ans Licht bringen, was tatsächlich wahr ist an dem Verdacht, die Cosa Nostra hätte geplant, Bomben sprechen zu lassen.

Selbst wenn sich der schlimmste Verdacht im Zusammenhang mit den Verhandlungen zwischen Staat und Mafia bestätigen sollte, wäre es in der Tat etwas vorschnell, daraus zu schließen, dass Silvio Berlusconis Hauptziel in der Regierung darin bestanden habe, nach der Pfeife der Cosa Nostra zu tanzen, oder dass sich sein politischer Erfolg mit einem Pakt mit der Cosa Nostra erklären ließe. Das Phänomen Berlusconi umfasst sehr viel mehr als seine mutmaßlichen Kontakte zur Cosa Nostra.

Berlusconis Priorität galt, während er die Macht innehatte, der Bewahrung seiner Geschäftsinteressen vor dem, was er für eine juristische Verschwörung hielt. Indem er sich verteidigte, schadete er der Antimafia-Bewegung. Nach Ansicht Berlusconis befreiten seine Beliebtheit und sein Wahlerfolg ihn von der Rechtsstaatlichkeit. Viele der Maßnahmen, die er einführte oder einzuführen versuchte, waren gänzlich ungeeignet, die Grenze zu ziehen zwischen seinen eigenen Belangen auf der einen Seite und jenen des Staates und des italienischen Volkes auf der anderen. Er versuchte wiederholt, für sich den Schutz der Immunität einzufordern. Er führte Amnestien ein für Leute, die ihr Geld wieder ins Land holen wollten, das sie zuvor illegal auf ausländischen Konten deponiert hatten (üblicherweise um die Aufmerksamkeit des Gesetzes oder der Steuerbehörden zu umgehen). Er entkriminalisierte Bilanzfälschungen und erschwerte es den Richtern, Beweismittel von

Finanzinstituten in anderen Ländern einzuholen. Er verabschiedete ein Gesetz, das eigens auf Oberstaatsanwalt Giancarlo Caselli zugeschnitten war, der nach den Morden an Falcone und Borsellino in Palermo solch außergewöhnliche Erfolge erzielt hatte. Das Gesetz beschränkte das Höchstalter für den Posten des Chefs der *Direzione Nazionale Antimafia* und sollte Caselli daran hindern, den Posten zu bekommen, für den er sich von allen Kandidaten am besten eignete. Mafiosi, Camorristi und 'Ndranghetisti waren zwar nicht die beabsichtigten Nutznießer dieser und anderer Veränderungen, aber sie werden sie dennoch mit breitem Grinsen begrüßt haben.

Berlusconis Rhetorik zum Thema des organisierten Verbrechens war oftmals verantwortungslos. Einem britischen Journalisten gegenüber äußerte er, er halte die Richter und Staatsanwälte, die die Mafia bekämpften, für »Verrückte«. »Um diese Arbeit tun zu können, muss man geistesgestört sein«, behauptete er. Berlusconis Partei zog die Mafias an, die ihr Wählerstimmen verschafften. 1994 sagte der 'Ndrangheta-Boss Giuseppe Piromalli öffentlich: »Wir wählen alle Berlusconi.« Dies ist an sich noch kein Skandal: Die Mafias werden von der Macht angezogen, ganz gleich, wer sie innehat. Doch Berlusconi tat wenig, um solche Anhänger abzuweisen oder abzuschrecken.

Ob in der Opposition oder an der Regierung (die er von 1994 bis 1995, von 2001 bis 2006 und von 2008 bis 2011 innehatte), Silvio Berlusconi war nicht zu übersehen. Man verehrte oder verabscheute ihn. Vom Ausland aus betrachtet, verlieh seine Dominanz der politischen Szene Italiens zwischen 1994 bis 2011 einen trügerischen Anschein von Klarheit. Wer hinter die Fassade blickt, dem bietet sich ein entmutigend vertrautes Bild von jenem lähmenden politischen Durcheinander, das Italien seit jeher daran hinderte, die dringend nötigen Reformen einzuführen, und den Staat angesichts der Bedrohung durch das organisierte Verbrechen schwächte.

Mit dem Ende des Kalten Krieges boten sich für Italien genau wie für seine Nachbarn und die übrigen Industrienationen neue Chancen und Risiken. Zum einen gab es die Ausweitung und Festigung der Europäischen Union, mit der Einführung des Euro und der nachfolgenden Krise. Die Globalisierung konfrontierte Italien zum ersten Mal mit einer Massenzuwanderung und einer Flut an billigen chinesischen Erzeugnissen. Der Aufstieg der Informationsgesellschaft zwang Wirtschaften weltweit zu reagieren. Das Ende der Ideologien des Kalten Krieges ließ die Repräsentanten vieler politischer Systeme nach neuen Wegen suchen, um auf verwirrte Wähler einzugehen. Alte Probleme – wie das Gleichgewicht zwischen gesellschaftlicher Solidarität und wirtschaftlichem Liberalismus – stellten sich in ungewohnter Form.

Besonders Italien standen dringliche Aufgaben bevor, die es von der Ersten Republik geerbt hatte: sein schwaches Bildungssystem; der beklagenswerte Zustand seiner öffentlichen Finanzen; die unverhältnismäßig hohe Jugendarbeitslosigkeit und der europaweite Rekord in Sachen Steuervergehen; das chronische Ungleichgewicht zwischen Nord- und Süditalien; fehlende Investitionen für Forschung und Entwicklung; die Zeitbombe der Renten; und zu guter Letzt die Kontrolle, die kriminelle Organisationen über mehr als ein Viertel des Staatsgebiets ausübten ... Der Niedergang der Ersten Republik bot italienischen Politikern jeder Couleur die Chance, neue Lösungen zu finden für alte und neue, lokale und globale Herausforderungen. Das Resultat nach zwei Jahrzehnten Zweiter Republik wird von den meisten – ob von links, von rechts oder der Mitte – nicht anders als beklagenswert eingestuft.

In der Ersten Republik waren Parlament und Senat von der politischen Mitte aus durch den riesigen, formlosen, unbeweglichen »weißen Wal« der *Democrazia Cristiana* beherrscht worden. Die extreme Linke (Kommunisten) und die Rechte (Neofaschisten) waren dauerhaft von der Macht ausgeschlossen. Jetzt war der weiße Wal verschwunden. Italiens Katholiken, früher allesamt in der *Democrazia Cristiana*, waren jetzt über das ganze politische Spektrum verstreut. Die Kommunisten bekehrten sich (zumeist) zu irgendeiner Form der Sozialdemokratie, und die Neofaschisten gerierten sich (zumeist) als konventionelle europäische Mitte-rechts-Partei. Niemand wurde a priori vom Spielfeld gestellt, wenn es galt, Regierungskoalitionen zu bilden. Sogar die *Lega Nord* – eine Bewegung, die für ein fiktives Land namens »Padania« barsch die Unabhängigkeit forderte und zu rassistischen Entgleisungen neigte, die in jedem anderen europäischen Staatswesen undenkbar wären – war mittlerweile ein gefragter Verbündeter.

Was viele Menschen sich für die Geburt der Zweiten Republik wünschten, war Klarheit. Um Italien eine effektive Regierung zu geben, bestand Konsens über sogenannte bipolare Fragen: die Vorstellung, dass zwei gegensätzliche Kräfte – mitte-rechts und mitte-links – um die Loyalität der Wähler konkurrieren und die Regierung beziehungsweise die Opposition stellen sollten, je nachdem, wer den Sieg davontrug. Anders ausgedrückt, italienische Politiker würden sich daran gewöhnen müssen, Wahlen sowohl zu gewinnen als auch zu verlieren. Regierungen würden in der Gewissheit regieren, dass das Wahlvolk sie vor die Tür setzen würde, wenn sie keine Leistung erbrachten. Niemand wäre mehr imstande, die Macht in der Art und Weise für sich in Anspruch zu nehmen, wie die Christdemokraten dies fast ein halbes Jahrhundert lang getan hatten. Die Linke hätte kein Monopol mehr auf den Versuch, aus dem Vorwurf politisch Kapital zu schlagen, die Gegenseite sei korrupt und stecke unter einer Decke mit dem organisierten Verbrechen.

Die Theorie war gut, die Praxis ein einziges Durcheinander: teils wegen des schlecht entworfenen Wahlrechts, das darauf angelegt war, Bipolarität zu fördern, doch vor allem wegen der altbekannten italienischen Flügelkämpfe. Es gab immer mehr kleinere Parteien, die größere mit der Drohung erpressen konnten, ihnen die Unterstützung zu entziehen. Katholiken und Ex-Kommunisten setzten ihre Suche nach einer politischen Identität fort, doch vergeblich. Die Interessen des Nordens und des Südens, laizistische Werte und Katholizismus, regionale und nationale Interessen spalteten weiterhin jedes Wahlbündnis von innen her – ganz zu schweigen von den konventionelleren Quellen politischer Uneinigkeit über wirtschaftliche und soziale Strategien, oder von der Unbeständigkeit, die ein übertriebener persönlicher Ehrgeiz mit sich brachte. Schamlos schlossen Politiker, die zuvor noch bösartige Beleidigungen getauscht hatten, Zweckbündnisse. (1998 sagte der Anführer der *Lega Nord*, Umberto Bossi, es könne »keine Einigung mit dem Mafioso« geben. Er meinte Berlusconi, den er später, als sie Koalitionspartner waren, eisern unterstützen würde.)

Mit jeder Wahl erlebte Italien ein neues verwirrendes Aufgebot an Akronymen und Symbolen: schwache politische »Marken« für hastig gegründete Parteien und Koalitionen. Jede Koalition aus Mitte-rechts- oder Mitte-links-Parteien, die sich vor dem Urnengang präsentierte, war in lähmender Weise zersplittert und begann sofort zu bröckeln, nachdem sie gewählt war. Politiker ließen Regierungskoalitionen im Stich, sobald es mulmig wurde. Regierungen versorgten weiterhin ihre politischen Freunde mit Posten. Die staatlichen Fernsehkanäle, denen jede Unabhängigkeitstradition fehlte, waren weiter linientreu und produzierten langweilige, tendenziöse Berichte, die offenbar darauf angelegt waren, jungen Menschen die Demokratie ein Leben lang zu verleiden.

Das Ende der alten Ideologien tötete die wenigen Antikörper Italiens gegen die alten politischen Krankheiten Patronage, Klientelismus und Korruption. Die gewählten Vertreter des Landes schienen immer mehr ihrem eigenen Zerrbild zu entsprechen: Sie waren eine selbstsüchtige »Kaste«, abgeschottet von der Bevölkerung hinter den getönten Scheiben ihrer blauen, staatlich finanzierten Luxuslimousinen. Unterdessen blieben die Probleme des Landes ungelöst.

Während der Zweiten Republik wurde der Kampf gegen die Mafias fortgesetzt, aber größtenteils *trotz* des politischen Systems, nicht *wegen* ihm. Seltsamerweise konnten dennoch einige recht außergewöhnliche Erfolge erzielt werden, die außergewöhnlichsten davon in Sizilien. Wenn es zwischen 1992 und 1994 tatsächlich zu einem Abkommen des Staates mit der Cosa Nostra kam, dann sind heute fast alle Bosse, die dieses Abkommen trafen, in Hochsicherheitsgefängnissen untergebracht. Seit der Verhaftung Totò Riinas schlittert die Cosa Nostra langsam in die schlimmste Krise seit ihrem Bestehen.

7 DIE ZWEITE REPUBLIK UND DIE MAFIAS

Cosa Nostra: Das Haupt der Medusa

Seit der Festnahme Totò Riinas im Jahr 1993 haben Siziliens Antimafia-Richter, Polizisten, Carabinieri und Beamte der *Guardia di Finanza* eine Reihe von Siegen über die Cosa Nostra errungen, die in der Geschichte beispiellos sind. Die faschistischen Schläge gegen die sizilianische Mafia in den zwanziger und dreißiger Jahren waren im Vergleich dazu ungeschickt, oberflächlich und nicht von Dauer. Die Cosa Nostra zahlt weiter einen sehr hohen Preis für ihren Krieg gegen den Staat zwischen 1979 und 1993.

Jeder Mafioso akzeptiert einen gewissen Zeitraum hinter Gittern als Berufsrisiko. Und doch tut er alles, was in seiner Macht steht, um einer Verurteilung zu entgehen: Zeugen werden eingeschüchtert oder die richtigen Strippen gezogen, damit Richter zu seinen Gunsten entscheiden. Sollte er dennoch das Pech haben, für schuldig befunden zu werden, bleibt einem Mafioso immer noch die Möglichkeit der Flucht. Doch wie wir gesehen haben, suchen nur wenige flüchtige Mafiosi in Sizilien tatsächlich das Weite. Die meisten tauchen einfach unter, und zwar in ihrem eigenen Revier, legen sich eine falsche Identität zu und führen ihre kriminellen Geschäfte weiter wie zuvor. In den frühen 1990er Jahren gab es auf Sizilien Hunderte dieser Flüchtigen; unter ihnen waren die Bosse, die für die schlimmsten Vergehen der Cosa Nostra verantwortlich waren. Die Unsichtbarkeit tat ihrem Charisma keinen Abbruch, im Gegenteil: Es entstand um sie herum eine Art Aura – gleichermaßen attraktiv für Mafiosi wie für das allgemeine Volk. Sie waren der lebende Beweis für das Unvermögen des italienischen Staates, dem Gesetz Geltung zu verschaffen, die Urteile, die die Gerichte gefällt hatten, tatsächlich in jahrelange Gefängnisaufenthalte zu verwandeln.

Schon vor dem Mammutprozess wusste die Cosa Nostra genau, wie sehr jeder ernsthafte Versuch, die Flüchtigen aufzuspüren, ihre Autorität in Frage stellte. Aus diesem Grund ermordeten die Bosse 1985 Beppe Montana, ein Mitglied des mobilen Einsatzkommandos der Polizei. Sein Tod – er wurde in der Badehose erschossen, als er in seiner Freizeit flüchtigen Mafiosi nachspürte – steht sowohl für das Engagement als auch die Verwundbarkeit all jener, die in den blutigen achtziger Jahren gegen die Cosa Nostra zu Felde zogen.

Giancarlo Caselli war jener Piemonteser Oberstaatsanwalt, der nach dem Mord an Paolo Borsellino 1993 den Schleudersitz in Palermo übernahm und bis 1999 die Stellung halten würde. Er erklärte sofort die Festnahme der flüchtigen Verbrecher aus der Cosa Nostra zur obersten Priorität und hatte eine Liste mit ihren Namen in der Schreibtischschublade. Sobald einer festgenommen wurde, strich er seinen Namen mit grüner Tinte durch. Am Ende von Casellis Amtszeit in Palermo waren über 300 Namen durchgestrichen. *Pentiti* gaben Informationen weiter, die zur Gefangennahme untergetauchter Bosse führten, von denen einige sich wiederum als Kronzeugen zur Verfügung stellten und weitere wertvolle Hinweise lieferten.

Die Kette von Treuebrüchen war nicht die einzige Waffe der Behörden. In den neunziger Jahren wurde die Verfolgung flüchtiger Mafiosi dank neuer technischer Hilfsmittel immer fortschrittlicher: Abhörgeräte und Peilsender kamen ins Spiel, und Polizeibeamte wie Carabinieri erlangten immer mehr Erfahrung in ihrer Anwendung. Bevor Giovanni Falcone ums Leben kam, übertrug er seine Erfahrung im Palermer Ermittlerteam auf Italiens neue überregionale Organisationen zur strafrechtlichen Verfolgung von Mitgliedern des organisierten Verbrechens. Nach Falcones Tod blieb Palermo ein Vorbild für ganz Italien: Es wurde zum Klassenraum für Mafiajäger.

Einer der vielen maßgeblichen Flüchtigen, die es aufzuspüren galt, war Leoluca Bagarella, Totò Riinas Schwager. Bagarella war der erste Boss, der das gewaltige Führungsvakuum füllte, das der diktatorische Riina bei seiner Festnahme hinterließ. Bagarellas Macht war in erster Linie militärischer Natur: Er erbte das Kommando über die spezialisierten Killertrupps der Cosa Nostra. Er erbte außerdem Riinas Krieg gegen den italienischen Staat, den Bagarella fortsetzte, indem er 1993 die Terroranschläge auf dem italienischen Festland organisierte.

Um flüchtige Mafiosi wie Bagarella aufzuspüren, galt es alles herauszufinden, was es über ihr Revier und ihr Beziehungsnetz zu wissen gab, und die einzelnen Informationsfragmente über ihr Privatleben und ihre Persönlichkeitsstruktur zusammenzusetzen. Sobald die Flüchtigen gefasst waren, boten ihre Lebensgeschichten Soziologen und Psychologen reiche Einblicke in diese Welt innerhalb des Universums, das die Cosa Nostra darstellt. Die innere Kultur der sizilianischen Mafia, geprägt von der permanenten Angst vor Verrat und einer selbstverständlichen Vertrautheit mit dem gewaltsamen Tod, schien unserer eigenen Erfahrung gänzlich fremd zu sein. Doch gleichzeitig war das Mafialeben auf unheimliche Weise normal, angefüllt mit alltäglichen Geschichten von Liebe und Verlust. Wie so oft erwiesen sich Giovanni Falcones Einblicke in die Mentalität der Mafia als richtig. Mafiosi seien keine Monster, stellte Falcone einmal fest:

> »Der Umgang mit Mafiosi hat mein Verhältnis zu anderen Menschen, auch meine Überzeugungen, stark beeinflusst. Ich habe gelernt, das Menschliche sogar in jenen zu erkennen, die offenbar die Allerschlimmsten sind. Ich habe gelernt, die Meinungen anderer Menschen wirklich zu respektieren, nicht nur der Form halber.«

Bagarellas Geschichte war ein Musterbeispiel. 1991 heiratete er seine Frau Vincenzina Marchese. Ihre männlichen Angehörigen waren Mitglieder der Corso dei Mille-Familie der Cosa Nostra. Es handelte sich also um eine klassische Vermählung zwischen Mafiadynastien, üppig gefeiert mit Hunderten von Gästen. Bagarella ließ die Titelmelodie des *Paten* über das Hochzeitsvideo legen. Gleichzeitig aber war die Verbindung fraglos eine Liebesheirat, und die beiden waren einander sehr zugetan. Kronzeugen haben seither erzählt, dass Bagarella, sobald Vincenzina ihn zum Abendessen rief, sogar im Strangulieren innehielt, um ihr bei Tisch Gesellschaft zu leisten.

Doch die Bagarellas hatten eine heimliche Sorge. Vincenzina hatte Schwierigkeiten, das Kind zu empfangen, das sie sich wünschte, und gelangte zu der Überzeugung, dies sei die Strafe Gottes für das Schlimme, das die Cosa Nostra dem kleinen Giuseppe Di Matteo angetan hatte, jenem Jungen, der über zwei Jahre gefangen gehalten worden war, bevor man ihn schließlich erwürgt und in Säure aufgelöst hatte.

Sie fragte ihren Mann immer wieder, was mit dem Jungen geschehen sei, und er beteuerte ihr jedes Mal, dass er noch lebe (was zu dem Zeitpunkt noch stimmte). Doch Vincenzina fand keine Ruhe. Am 12. Mai 1995 erhängte sie sich im gemeinsamen Versteck. Weil ihr Mann auf der Flucht vor dem Gesetz war, konnte er sie nicht ordentlich begraben. Er musste sie sogar an wechselnden Orten verscharren. Ihre Leiche wurde nie gefunden. Einen Trauermonat lang weigerte sich Bagarella aus Respekt vor seiner geliebten Frau, sich an einem Mord zu beteiligen. Als er am 24. Juni 1995 verhaftet wurde, sechs Wochen nach dem Tod seiner Frau, hatte er gerade den Wiedereinstieg geplant. Ihren Ehering trug er an einer Kette um den Hals.

Weitere flüchtige Mitglieder der Palermer Kommission gerieten ins Schleppnetz der Fahnder. Am 20. Mai 1996 war Falcones Mörder an der Reihe. Giovanni Brusca war in Mafiakreisen als *lo scannacristiani*, »der Mann, der Christen die Kehle durchschneidet«, bekannt oder schlicht als *'u verru*, das »Schwein«. Er hatte die Idee, sich bäuchlings auf ein Skateboard zu legen, um die Fässer mit Sprengstoff, die für Falcone bestimmt waren, in den Abflusskanal unter der Autobahn zu schieben. Am 23. Mai 1992 war es Brusca, der die Bombe zündete. Er hatte schon so viele Morde begangen, dass er vergessen hatte, mitzuzählen: Zwischen ein- und zweihundert, lautete seine verstörend vage Schätzung. Als er sich schließlich als Kronzeuge zur Verfügung stellte, mussten die Ermittler ihm eine Liste aller Personen vorlegen, die in den vergangenen 20 Jahren im Westen Siziliens eines unnatürlichen Todes gestorben oder verschwunden waren, damit er diejenigen Verbrechen ankreuzen konnte, die seine Handschrift trugen.

Während die Polizei sich an Brusca heranarbeitete, musste dieser von einem sicheren Unterschlupf in den nächsten ziehen. Im Februar 1996 stießen Ermittler auf den Bunker, den sich der Boss von einem befreundeten Bauunternehmer hatte errichten lassen. Von außen sah er aus wie ein baufälliges Bauerngehöft. Im Inneren jedoch gab es im Marmorfußboden der teuer ausgestatteten Küche einen versteckten Eingang, der einem James-Bond-Schurken zur Ehre gereicht hätte. Sobald Brusca eine Fernsteuerung drückte, fuhr ein Abschnitt des Fußbodens wie ein Lift 50 Meter unter die Erde in eine Zweizimmerwohnung. Einer der beiden Räume hatte eine Metalltür mit einem Spion, genau wie eine Gefängniszelle. Hier war der kleine Giuseppe Di

Matteo festgehalten und von Brusca schließlich erwürgt worden. Von der Wohnung führte ein weiterer Geheimgang zu einem riesigen Metalltank, in dem Ermittler das größte Waffenarsenal der italienischen Geschichte fanden. Eine Menschenkette aus Carabinieri brauchte Stunden, um es leerzuräumen: mehr als 400 Pistolen, viele Dutzend Pump Guns und Maschinengewehre, Sprengstoff aller Art (einschließlich Semtex), mehrere Bazookas, unzählige Kisten mit Granaten und zehn RPG-18 – die schultergestützten Panzerabwehrraketen, die als »Allahs Hammer« bekannt waren, weil Talibankämpfer sie in Afghanistan gegen russische Helikopter zum Einsatz gebracht hatten. Sogar einige Sammlerstücke waren darunter, so ein Thompson-Maschinengewehr mit Trommelmagazin, wie es in den Al Capone-Gangsterfilmen zum Einsatz kam. Bruscas Waffenlager war nur eines von vielen, die in diesen Jahren ausgehoben wurden.

Bruscas letzter Unterschlupf lag weit entfernt von seinem Territorium, in der Provinz Agrigent im Süden Siziliens. Sein Heimweh hat ihn schließlich verraten. Um Wurst und Fleisch zu bestellen, rief er regelmäßig beim Metzger seiner Geburtsstadt an, San Giuseppe Jato – diese Anrufe wurden von den Carabinieri abgehört. Brusca sah sich gerade eine Sendung über Giovanni Falcone im Fernsehen an, als das Gewitter losbrach und die Polizei bei ihm einfiel.

Die Festnahme von Bossen wie Bagarella und Brusca setzte der gefährlichsten Phase in der Geschichte der sizilianischen Mafia ein Ende. Wie die gesamte Führung der Cosa Nostra hatten diese Männer Totò Riinas Strategie der Kriegsführung gegen den Staat gebilligt. Sie hatten auch zu einer kleineren Gruppe von Bossen gehört (die Massakerbefürworter der Cosa Nostra), die diesen Krieg nach Riinas Festnahme 1993 fortsetzen wollten. Doch als die Polizeirazzien weitergingen, verloren die Befürworter der Massaker die Kontrolle über die Organisation, und die Cosa Nostra stürzte in eine tiefe Führungskrise. Als Reaktion auf diese Krise wurde eine neue Strategie des »Untertauchens« umgesetzt.

Der Boss, der für den Richtungswechsel verantwortlich war, hieß Bernardo Provenzano. Provenzano war keineswegs der berufene Friedensstifter. Während des Großteils seiner kriminellen Laufbahn stimmte er mit Totò Riina in jeder Frage überein, die sich auf interne Strategien der Cosa Nostra bezog. Beide waren Corleoneser und Schüler von Luciano Liggio. Provenzanos schonungslose Verfolgung seiner Feinde hatte ihm vor langer Zeit den Spitznamen der »Traktor« eingebracht. Er trug ebenso viel Verantwortung für die Gräuel der 1980er Jahre und für die Morde an Falcone und Borsellino wie jedes andere Mitglied der Palermer Kommission. Doch Provenzano hatte noch einen zweiten Spitznamen, der von anderen Fähigkeiten kündete: der »Buchhalter«. Er besaß mehr Geschäftssinn als sein Partner Riina und ein größeres Talent, mit Politikern Kontakte zu knüpfen.

Pentiti erzählen, Provenzano sei verstummt, als 1993 die Befürworter der Massaker ihren Terrorfeldzug noch intensivieren wollten (es fiel sogar der Vorschlag, den Schiefen Turm von Pisa zu sprengen). Innere Spannungen, von Riina in Schach gehalten, kamen erneut an die Oberfläche. Der Zentralisierungsprozess, den die Cosa Nostra seit dem Putsch der *corleonesi* durchlaufen hatte, wurde rückgängig gemacht. Bezirksbosse erhielten mehr Freiheit – und dadurch mehr Spielraum für Eigenmächtigkeiten. Die Befürworter der Massaker beäugten Provenzano mit Argwohn, sosehr er sich auch bemühte, über dem Streit zu stehen. 1995 führte er einen Stellvertreterkrieg gegen Riinas Schwager Leoluca Bagarella um die Kontrolle über Villabate in der Peripherie Palermos. Viele Mitglieder der Cosa Nostra, ob zu Recht oder zu Unrecht, waren auch der Überzeugung, dass Provenzano 1993 Totò Riina an die Behörden verraten hatte.

Provenzano hatte sich seit 1963 der Festnahme entzogen und damit die meiste Erfahrung als Flüchtiger in der sizilianischen Mafiageschichte. Lange Zeit hatte man ihn sogar für tot gehalten. Sobald er das Sagen hatte, gab er Riinas Strategie der Massaker auf und bemühte sich, den Schaden zu reparieren, den die Cosa Nostra infolge der Reaktion des Staates auf die Anschläge von 1992 und 1993 erlitten hatte. Seine Strategie des Untertauchens – »auf wattierten Sohlen gehen«, wie er es nannte – sollte die Cosa Nostra aus den Schlagzeilen halten. Erwartungsgemäß sank die Anzahl der Morde dramatisch. Der »Traktor« setzte den Grausamkeiten gegen Kronzeugen und deren Familien ein Ende. Stattdessen unterstützte die Cosa Nostra vermehrt inhaftierte Mafiosi und ihre Familien in der Hoffnung, *pentiti* dazu zu bringen, ihre Aussagen zurückzuziehen. Die Flut der Überläufer, deren Anzahl

1996 mit 424 einen Höhepunkt erreichte, versickerte zum Getröpfel. Eine Folge davon war, dass das Unterstützungsnetz des »Traktors« sich als weitaus stabiler erwies, als dies bei Bossen wie Bagarella und Brusca der Fall gewesen war.

Provenzano pflegte wieder vermehrt die traditionellen, verdeckten Freundschaften der sizilianischen Mafia mit korrupten Elementen in Staat und Wirtschaft. Unabdingbar für die Strategie des Untertauchens war die Schutzgelderpressung. Sie ist die am wenigsten sichtbare und doch wichtigste kriminelle Aktivität der sizilianischen Mafia. Jeder Unternehmer oder Kriminelle, der sich der Forderung des örtlichen Bosses unterwirft und ihm einen Prozentsatz seiner Einkünfte abtritt, versorgt die Mafia nicht nur mit ihrem Haupteinkommen: Er akzeptiert damit auch die Souveränität der Mafia, ihr Recht, sich einzumischen. Die Schutzgelderpressung ist der Weg, auf dem ein Boss Informationen über sein Revier sammelt und den Fuß in die Tür legaler Unternehmen bekommt. Was für einen demokratischen Staat das Steuersystem ist, ist für die Mafia – den Schattenstaat Süditaliens – die Schutzgelderpressung.

Die Strategie des Untertauchens war mit Sicherheit die beste Methode, um Zeit zu gewinnen. Doch Provenzano stand vermutlich vor unüberwindlichen Herausforderungen. Zum einen hob ein altes Problem der sizilianischen Mafia erneut das hässliche Haupt: die Neigung der Politiker, ihre Versprechen zu brechen. Das lächerlich schlechte Italienisch, in dem Provenzano seine Botschaften abtippte, lässt sich unmöglich ins Englische (oder Deutsche) übertragen. Doch der folgende Auszug aus einer Botschaft des Jahres 1997 lässt zumindest erahnen, welche Sorgen den »Traktor« im Zusammenhang mit den Freunden in der Politik plagten:

> »Jetzt erzählt ihr mir, ihr hättet einen verlässlichen politischen Kontakt, mit dessen Hilfe ihr imstande wärt, Großartiges zu leisten, aber bevor ihr euch darauf einlasst, wollt ihr wissen, was ich davon halte? Wenn ich ihn nicht kenne, kann ich nichts sagen. Man braucht Namen, muss wissen, wie sie aufgestellt sind. Heutzutage kann man keinem trauen. Sind sie Betrüger? Oder Bullen? Oder vielleicht sogar Spitzel? Könnten sie Zeitverschwender sein? Oder massive Intriganten? Wenn man den Weg nicht kennt, den

man einschlagen will, dann kann man nicht losfahren – ich kann euch also gar nichts sagen.«

Wieder einmal, wie so oft, vermochte Provenzano keine klare Entscheidung zu treffen. Sein Aktionsspielraum war, offen gesagt, äußerst begrenzt. Zum einen nährte sich seine Autorität noch immer weitgehend aus Riinas Ansehen. Der »Traktor« saß nie an der Spitze der Kommission, die seit Riinas Festnahme nicht mehr einberufen worden war. Wie sizilianische Ermittlungsrichter es ausdrücken:

> »Provenzano wurde von den anderen Bezirksbossen nie feierlich ins Amt berufen. Also übte er seine Vormachtstellung zwar *de facto* aus, aber nicht *de iure*, und galt nur deshalb als Oberboss, weil er mit Riina gleichsam ›identisch‹ war.«

In anderen Worten, der »Traktor« war der erste unter Gleichen, kein Boss der Bosse. Er konnte allenfalls Ratschläge erteilen, aber keine Befehle. Am Ende würden Ratschläge allein nicht genügen, um die Führung der Cosa Nostra zu retten – weder vor den hartnäckigen Spaltungstendenzen innerhalb der Organisation noch vor den Mafiajägern.

Der erste, der aus Provenzanos innerem Zirkel festgenommen wurde, war seine Nummer zwei, Pietro Aglieri, der Boss von Santa Maria di Gesù. Aglieris Geschichte offenbarte noch mehr über die seltsame Welt der Cosa Nostra, insbesondere über die religiösen Überzeugungen der Mafiosi, die ihnen klassischerweise dabei halfen, die wahre Natur ihrer Macht zu bemänteln. In seiner Jugend hatte Aglieri in einem Priesterseminar Theologie studiert. Ermittler spürten ihn auf, indem sie einen Karmeliter-Priester verfolgten, Pater Mario Frittitta. (Er hatte beim Begräbnis des Fußballers und Fischers, der vermutlich als Beobachtungsposten der Mafia fungiert hatte, als 1985 der Polizist Beppe Montana getötet worden war, die Predigt gehalten.) Pater Frittitta war, wie sich herausstellte, Aglieris Beichtvater. Im Gehöft, das dem Boss als Unterschlupf diente, befand sich neben dem üblichen Gangster-Instrumentarium – beispielsweise Waffen und ein Funkgerät, das es Aglieri ermöglichte, den Polizeifunk mitzuhören – eine vollständige Kapelle mit einem Altar, einem Kruzifix, Weihrauchkessel, Kirchenstühlen und Kissen, auf denen man während des Gebets kniete.

War Aglieris Glaube echt? Letztlich kann nur der liebe Gott selbst uns diese Frage beantworten. Woran Aglieri glaubte, war eindeutig eine verzerrte Version des Christentums, die er irgendwie mit seiner Berufung als Profiverbrecher in Einklang brachte. Er fand darin wohl eine Art Rechtfertigung für das Böse, das er tat.

Wirklich sicher an Aglieris Religiosität ist die Tatsache, dass sie ihm in dieser Phase der Geschichte der Cosa Nostra strategisch nützlich war. Aglieri suchte wie sein Mentor Provenzano nach Wegen, wie sich der Schaden am Image der Cosa Nostra beheben ließ, der durch die Morde an Falcone und Borsellino und durch die längst fällige Verurteilung der Mafiakultur durch den Papst entstanden war. Religiöse Äußerungen – von Demut und Frömmigkeit – konnten den Bossen möglicherweise helfen, die Verbindungen zu den Mitgliedern und Freunden der Organisation zu kitten, die aufgrund von Vorfällen wie dem grausamen Mord an dem jungen Giuseppe Di Matteo abgerissen waren. Die maschinegeschriebenen Notizen, mit denen Provenzano mit anderen Bossen und mit Geschäftsfreunden korrespondierte, strotzen geradezu von religiösen Phrasen: »Gott sei Lob und Dank«, »So Gott will, stehe ich Ihnen ganz zur Verfügung«. Provenzanos Sprache, ob sie nun echte Frömmigkeit ausdrückte oder nicht, ließ zumindest einen politischen Stil erkennen, der sich von dem seines alten Freundes Riina deutlich unterschied.

Im Frühling des Jahres 2000 gehörte der »fromme« Boss Pietro Aglieri – mittlerweile im Gefängnis – zu einer Gruppe aus dem Provenzano-Flügel der Cosa Nostra, die plante, sich von der Organisation zu lösen. Sie wollten ihre Verbrechen gestehen und der Mafia abschwören, ohne sich jedoch als Kronzeugen zur Verfügung zu stellen und ihre ehemaligen Waffenbrüder zu verpfeifen. Kurzum, Aglieri und seine Verbündeten wollten vor Gott bereuen, aber nicht vor dem Staat.

Da die sizilianische Mafia nun einmal war, was sie war, gab es auch Bedingungen: Ein Ausstieg komme nur in Frage, wenn die Haftbedingungen gelockert und ein Teil der neuen Antimafia-Gesetze wieder außer Kraft gesetzt würden. Schon bald wurde deutlich, dass auch Mitglieder der 'Ndrangheta und Camorra einen solchen Handel unterstützten. Das Leben hinter Gittern hatte bewirkt, dass einige der meistgefürchteten Gangsterbosse Süditaliens den Schulterschluss übten.

Ermittlungsrichter erkannten sofort, dass der Staat einen schlechten Handel einginge, wenn er die »Ausstiegsbedingungen« akzeptierte.

Zudem hatten sie den Verdacht, dass sie Teil eines Plans waren, eines Friedensabkommens zwischen dem Staat und der Cosa Nostra, das die Cosa Nostra intakt ließe und ihr den Weg ebnete für eine Rückkehr zur klassischen Partnerschaft zwischen den Behörden und dem Mafiaschattenstaat. Das Ausstiegsangebot passte in anderen Worten perfekt zu Provenzanos Strategie des Untertauchens. Beunruhigenderweise wurde der Vorschlag von einem Artikel in Silvio Berlusconis Zeitung *Il Giornale* wärmstens begrüßt. Noch beunruhigender war die Tatsache, dass 2001 der Richter, der sich dem Ausstiegsabkommen am energischsten entgegenstellte, von Berlusconis Justizminister überraschend entlassen wurde.

Am Ende wurde Aglieris Ausstiegsszenario abgelehnt, dank der prägnanten Berichterstattung investigativer Journalisten und der politischen Lobbyarbeit von Antimafia-Richtern und Staatsanwälten. Dennoch tauchte es über die Jahre immer wieder auf, was das Talent der Cosa Nostra zeigte, Teilen des italienischen Staates ihr hinterhältiges Spiel aufzuzwingen.

Unterdessen wurde die Verfolgung flüchtiger Mafiosi fortgesetzt. Im April 2002 fasste die Polizei Antonino Giuffrè, auch als *Manuzza*, »Kleine Hand«, bekannt, weil seine rechte Hand bei einem Jagdunfall verstümmelt worden war. Im Gegensatz zum frommen Pietro Aglieri wurde Manuzza schnell zum »Reuigen« und lieferte den Ermittlern wichtige neue Einblicke in die Art und Weise, wie Bernardo der »Traktor« Provenzano die Cosa Nostra umstrukturierte und ihre Verbindungen zur Wirtschaft neu aufbaute. Als man ihn festnahm, hatte »Kleine Hand« eine Einkaufstasche voller Briefe an Provenzano bei sich, die ihm Mafiosi und Unternehmer aus seinem Netzwerk geschrieben hatten.

Doch es sollten noch vier lange Jahre vergehen, ehe das logistische System des »Traktors« offengelegt und Provenzano selbst aufgespürt werden konnte. Im April 2006 fielen aus aller Welt ungläubige Journalisten in Sizilien ein, um die Hütte in der Nähe von Corleone zu filmen, in welcher der größte Stratege der Cosa Nostra, ein Mann, der 43 Jahre vor dem Gesetz auf der Flucht gewesen war, endlich festgenommen werden konnte. Hatte ein so mächtiger Mann wie Provenzano wirklich in einer so bescheidenen Umgebung gelebt und sich von Ricottakäse und Zichorien ernährt wie irgendein Bauer aus vergangener Zeit? Doch er war kein Bauer: Er war ein professioneller Verbrecher. Und sein Heimatort Corleone war seine letzte Zuflucht, nachdem er jede andere Operationsbasis an die Behörden verloren hatte.

Die Mafiajäger ließen auch nach der Festnahme von Riinas Nachfolger nicht locker. Bereits zwei Monate später verhafteten sie weitere 45 Mafiosi. Die Operation förderte die politischen Risse zutage, welche die Cosa Nostra an den Rand eines Bürgerkrieges gebracht hatten, während der Staat gegen ihre Anführer vorging. Diese Risse hatten ihre Wurzeln im heftigsten Konflikt in der Geschichte der Cosa Nostra: Riinas Vernichtungskrieg von 1981 bis 1983 gegen die führenden Drogenbarone der Mafia. Zum Zeitpunkt dieses Krieges waren Mafiosi aus einigen der unterlegenen Familien, vornehmlich die Mitglieder des Inzerillo-Clans (über Blutsbande mit der Gambino-Familie der amerikanischen Cosa Nostra verbunden), in die Vereinigten Staaten ins Exil geflüchtet. Jetzt war eine Bewegung im Gange, die den Exilanten die Rückkehr erlaubte, um einerseits die sich lichtenden Reihen der Organisation aufzufüllen und andererseits die transatlantische Drogenpipeline neu zu errichten.

Der Vorschlag, die Exilanten nach Hause zu holen, hatte seit Riinas Festnahme in der Luft gelegen und besaß natürlich Zündpotential. Nicht weniger als 21 Mitglieder des riesigen Inzerillo-Clans waren von den Corleonesern getötet worden. Andere hatten sich ihr Leben erkaufen müssen, indem sie ihre engsten Verwandten an Riina verrieten. Eine gesamte *borgata*, Ciaculli, war von den Siegern »gesäubert« worden. Nur ein von mächtigen amerikanischen Bossen ausgehandeltes Abkommen hatte die Corleoneser davon abgehalten, die Überlebenden weiter zu verfolgen, nachdem sie in die Vereinigten Staaten geflüchtet waren. Da die Corleoneser mittlerweile geschwächt waren, musste die Rückkehr der Verbannten unweigerlich die Begleichung alter Rechnungen mit sich bringen. Der »Traktor« Provenzano verfügte nicht über genügend Einfluss, um eine Lösung durchzusetzen. Somit gärte das Problem in der Cosa Nostra, die in zwei bewaffnete Lager zerfiel: Die einen waren für die Rückkehr der Verbannten, die anderen dagegen. Kaum war der

»Traktor« aufgespürt worden, stand einem Bürgerkrieg nichts mehr im Weg.

Der leidenschaftlichste Befürworter einer Rückkehr der Verbannten war Salvatore Lo Piccolo, der in dieselbe Partanna-Mondello-*cosca* der Cosa Nostra eingeführt worden war wie »Mister Champagne« Gaspare Mutolo und über enge Verbindungen zur Gambino-Familie in den USA verfügte.

Lo Piccolos Plan traf auf den Widerstand Antonino Rotolos, der aus der älteren Generation jener Bosse stammte, die der »Traktor« als Teil der Strategie des Untertauchens mit Führungsrollen betraut hatte. Rotolo betrachtete die Rückkehr der Exilanten mit unverhohlener Sorge: Als loyaler Anhänger Totò Riinas hatte er sich persönlich an ihrer Auslöschung beteiligt und wusste, dass sein Leben verwirkt wäre, wenn man sie zurückkehren ließe. 2006 hatte Rotolo eine lebenslange Haftstrafe abzusitzen. Zumindest theoretisch: Nachdem er eine Herzschwäche vorgetäuscht hatte, durfte er seine Strafe in der etwas komfortableren Umgebung seines Eigenheims in Villagrazia verbüßen. Wann immer er seine Männer treffen wollte, bestellte er sie in eine bescheidene Garage, die direkt hinter seiner Gartenmauer stand. Dieses Gebäude war jedoch von Polizeibeamten mit Wanzen versehen worden, und so hörten sie, wie Rotolo die Absicht äußerte, Lo Piccolo zu töten. Er wurde verhaftet, bevor er den Plan in die Tat umsetzen konnte.

Lo Piccolo wurde zum mächtigsten Boss in der Provinz, blieb es aber nicht lange. Im November 2007 wurde auch er verhaftet. In der Ledertasche, die er bei sich trug, fanden Ermittler eine Fülle an Beweismitteln. Darunter war ein Verzeichnis von Unternehmen, die Schutzgelder bezahlten: Die monatlich erpressten Beträge reichten von 500 Euro für einen Laden bis hin zu 10 000 Euro für eine Baufirma. Außerdem fand man Notizen, die Morde und politische Freundschaften diskutierten. Es gab eine aktuelle Landkarte der Mafiafamilien in der Gegend von Palermo. Und es gab ein Heiligenbildchen, auf dem der Schwur stand, den Rekruten bei ihrer Aufnahme in die Organisation leisten: »Ich schwöre der Cosa Nostra Treue. Sollte ich sie jemals verraten, möge mein Fleisch brennen wie dieses Bild.«

Zu guter Letzt fand man bei Lo Piccolo ein fehlerhaft getipptes Blatt Papier mit dem Titel »Rechte und Pflichten«, so etwas wie die »Zehn Gebote« der Cosa Nostra. Regel eins zum Beispiel untersagte es einem

Mafioso, sich als solcher zu erkennen zu geben, nicht einmal einem Freund, »es sei denn, ein Dritter [ein Ehrenmann, den beide kennen] ist anwesend und stellt ihn vor«. Mehrere Regeln wenden sich gegen »unmoralisches« Verhalten: Kein Mafioso sollte nach den Frauen »unserer Freunde« schielen oder seine eigene Frau respektlos behandeln; und ein Mann, in dessen Familie ein »Treuebruch« vorgefallen war, konnte nicht in die Cosa Nostra aufgenommen werden. Die sizilianische Mafia sorgte wie immer dafür, dass sich Herzensangelegenheiten nicht mit Angelegenheiten der Flinte überkreuzten. Obwohl wir ziemlich sicher sind, dass ähnliche Regeln von Anfang an die sizilianische Mafia bestimmten, sind sie meines Wissens noch nie zuvor in schriftlicher Form gefunden worden. Wieder ein Symptom, so schien es, für den beispiellosen Schlamassel, in den die Cosa Nostra geraten war.

Der Schlamassel wurde noch größer, als im Februar 2008 ein gemeinsamer Einsatz des FBI und der italienischen Polizei zur Verhaftung von 90 Mafiosi zu beiden Seiten des Atlantiks führte. Viele davon waren Mitglieder der Clans, die in den 1980er Jahren ins Exil geflüchtet waren und die Salvatore Lo Piccolo nach Sizilien zurückgeholt hatte. Die Operation mit dem Decknamen »Old Bridge« verhinderte, dass die amerikanische Cosa Nostra den Ozean überquerte, um ihre sizilianische Schwester zu retten, wie so oft in der Vergangenheit. Sogar mit ihrem Namen zeigte die Operation, dass man aus der Geschichte gelernt hatte: Eine enge transatlantische Zusammenarbeit im Kampf gegen das organisierte Verbrechen zahlte sich aus.

Mittlerweile wurde die Cosa Nostra schonungslos gejagt. Im Frühjahr 2008 hatten sich Carabinieri dem Mafiaboss Giuseppe Scaduto an die Fersen geheftet und sahen ihn in eine Garage im Stadtzentrum gehen, zu einem Gangstertreffen. Da sie ihre Überwachungstechniken mittlerweile perfektioniert hatten, konnten die Beamten Abhörgeräte und sogar Kameras in der Garage platzieren, um zwischen dem 6. Mai und dem 27. Juni live mitzuerleben, wie die Bosse der Cosa Nostra einen Plan ausheckten. Da Provenzano im Gefängnis saß, war es für die Bosse, die noch auf freiem Fuß waren, an der Zeit, sich neu zu organisieren – die Koordinationsstruktur durchzusetzen, mit der die Cosa Nostra am besten funktioniert: »eine Kommission, die sich mit den ernsten Problemen und Situationen befasst. Auf diese Weise bleiben wir allesamt Freunde«, wie ein *capo* erklärte.

»Wenn ein jeder sein eigenes Ding macht, wie die Neapolitaner (…) wenn wir es halten wie sie, kommen wir nicht weiter (…) Stattdessen übernimmt jeder seinen Bezirk, und dann finden wir eine hübsche Lösung. Und am Ende setzen wir uns zusammen und bilden eine Art Kommission wie früher.«

Eine *Art* Kommission: Die zögerliche Formulierung ist frappierend. Die Männer, die diese neue Verfassungsinitiative anvisierten, waren zweifellos die mächtigsten Mafiosi in Palermo. Doch nicht einmal jetzt, 15 Jahre nach Riinas Verhaftung, fühlten sie sich politisch ermächtigt, die *offizielle* Kommission wiederherzustellen. Der »Kurze« warf einen sehr langen Schatten auf die inneren Angelegenheiten der Cosa Nostra.

Die *Art* von Kommission kam gar nicht erst zustande. Am 16. Dezember 2008, nach beinahe neun Monaten gewissenhafter Ermittlungsarbeit, stürmten etwa 1200 Carabinieri im Morgengrauen viele Dutzend Adressen in Palermo und im gesamten Westen Siziliens und führten koordinierte Razzien durch. Operation Perseus (nach dem Helden der griechischen Mythologie, der dem schlangenhaarigen Ungeheuer Medusa das Haupt abschlug) hieß der Einsatz, dessen Ziel es war, der Cosa Nostra das Haupt abzuschlagen. Unter den 29 festgenommenen Männern waren die Bosse von 19 Familien. Ihre Reviere – Santa Maria di Gesù, Monreale, Corleone, Uditore und San Lorenzo – tauchen in der langen Geschichte der Organisation immer wieder auf. Ebenfalls festgenommen wurden nicht weniger als elf Bezirksbosse – Männer, die über drei oder vier Familien das Sagen hatten und deren Interessen in der Kommission vertraten. Und natürlich wurde auch der gewählte *capo dei capi* festgenommen: der 64-jährige Benedetto Capizzi. Die Wahl Capizzis besagte, dass die Cosa Nostra, nachdem sie unter Provenzano »mit wattierten Schuhen« gelaufen war, sich wieder die Nagelschuhe angezogen hatte. Capizzi war ein ehemaliges Mitglied in Giovanni Bruscas Killerkommando und hatte unter anderem bei der Planung von Giuseppe Di Matteos Entführung geholfen. Capizzi war ein Mann der Tat, der verlässlich jeden beseitigte, der von der neuen Ordnung abwich. Ein kleiner Haken war nur, dass er eine lebenslange Haftstrafe verbüßte. Allerdings gehörte auch er zu den Bossen, denen aus gesundheitlichen Gründen ein Hausarrest zuerkannt worden war, was ihm die nötige Freiheit gab, seine kriminellen Freunde zu treffen.

Die Operation Perseus war ein erstaunlicher Schlag, der im Ausland viel weniger Medienaufmerksamkeit erhielt, als er verdient hätte – sicherlich weit weniger als die Festnahme Bernardo Provenzanos zweieinhalb Jahre zuvor. Seitdem ist die Cosa Nostra zersplittert. Die Mafiosi, die noch auf freiem Fuß sind, haben weder die Erfahrung noch das nötige Charisma, um einen Wiederaufbau der Organisation nach den Richtlinien Benedetto Capizzis ins Auge zu fassen. Ihre oberste Priorität gilt jetzt dem Überleben: Dazu brauchen sie genügend kriminelle Einnahmequellen, um die schwere Bürde der Inhaftierten und ihrer Verwandten zu tragen und das Familiengefüge zusammenzuhalten.

Der Schaden, den die Cosa Nostra in den letzten zehn Jahren hinnehmen musste, hat Raum geschaffen für Initiativen aus der Bevölkerung gegen das System der Schutzgelderpressung. Sie zielen darauf ab, die Macht der Mafia an der Basis anzugreifen, und ihr Potential ist wahrlich revolutionär. Wie viele gute Ansätze derzeit in Sizilien hat die Bewegung gegen Schutzgelderpressung ihre Wurzeln in den Tragödien der 1980er und frühen 1990er Jahre.

Libero Grassi leitete eine Fabrik in Palermo, die Schlafanzüge herstellte. Als er 1990 einen neuen Standort bezog, im Schatten des Monte Pellegrino, erreichten ihn plötzlich Geldforderungen – es handle sich um einen Beitrag »für die Jungs im Ucciardone«. Grassi ging zur Polizei, und drei der Männer, die seine Fabrik aufgesucht hatten, um Geld einzutreiben, wurden verhaftet. Die Forderungen wurden bedrohlicher. Grassi reagierte mit einem offenen Leserbrief, der mit den Worten begann: »Lieber Erpresser«,

> »ich wollte dem unbekannten Erpresser mitteilen, dass er sich die telefonischen Drohungen sparen kann und auch die Kosten für Zünder, Bomben und Projektile, weil wir nicht bereit sind, einen Beitrag zu leisten, und uns in den Schutz der Polizei begeben haben. Ich habe diese Fabrik mit eigenen Händen aufgebaut, und ich habe nicht die Absicht, sie zu schließen.«

Grassis Anliegen fand beschämend wenig Rückhalt. Die Unternehmer in der Nachbarschaft ließen ihn wissen, dass er seine schmutzige Wäsche gefälligst daheim waschen solle, wie alle anderen. Ein einziger Geschäftsmann bekundete ihm in einem Brief seine Solidarität. Im April 1991 jedoch erhielt Grassi die Gelegenheit, seine Kampagne im Fernsehen zu führen und in einer beliebten politischen Talkshow vor einem Millionenpublikum das System der Schutzgelderpressung und die Omertà, die es umgab, zu erklären. Damit wurde er zum bedrohlichen Symbol der Antimafia-Bewegung und zeugte von der Schwäche des Bosses, auf dessen Territorium seine Fabrik stand. Am 29. August 1991 trafen Libero Grassi, als er sein Haus verließ, um zur Arbeit zu fahren, fünf Schüsse ins Gesicht.

Nach seiner grausamen Ermordung fassten viele den Entschluss, dass Personen, die sich gegen die Erpresser wehrten, auf keinen Fall im Stich gelassen werden dürften. Der italienische Verband der Gewerbetreibenden *Confesercenti* gründete noch im selben Jahr in Palermo eine Selbsthilfegruppe gegen Schutzgelderpressungen namens *SOS Impresa*. 1997 urteilte der Oberste Gerichtshof, es sei illegal, Schutzgeld zu bezahlen. Jeder Bürger sei verpflichtet, Schutzgelderpresser bei den Behörden anzuzeigen, niemand könne sich darauf berufen, dass er gezwungen werde zu zahlen. 2004 wurde das Erbe Libero Grassis und anderer Pioniere der Anti-Erpressungs-Bewegung von einer Gruppe junger Palermitaner aufgegriffen, die eine Organisation namens *Addiopizzo* (Schutzgeld, ade) gründeten. Ihre Idee war frisch und wunderbar einfach: Unternehmer, Laden- und Restaurantbesitzer sowie Hoteliers unterzeichneten eine öffentliche Selbstverpflichtung, Unternehmen zu fördern, die nicht zahlten. Ziel war ein Bündnis zur gegenseitigen Stärkung zwischen sauberen Unternehmen und ehrlichen Konsumenten.

Andere folgten dem Beispiel von *Addiopizzo*. Im September 2007 verkündete die sizilianische Niederlassung von *Confindustria* (der italienische Arbeitgeberverband), dass man jedes Mitglied ausschließen werde, das Schutzgeld bezahlt oder es versäumt habe, die Behörden in Kenntnis zu setzen. Die Zeiten, als führende sizilianische Geschäftsleute zu murren pflegten, der Kampf gegen die Mafia ruiniere die Wirtschaft des Landes, waren endlich Geschichte.

Dafür Sorge zu tragen, dass kein Schutzgeld gezahlt wird, ist keine leere Geste: Es funktioniert tatsächlich. Ein reuiger Mafioso aus der

Familie von Santa Maria di Gesù hat unlängst erklärt, warum Mafiosi ihre Finger von Unternehmen lassen, die ihren Widerstand öffentlich machen:

> »Wenn ein Ladenbesitzer Mitglied von *Addiopizzo* oder einer ähnlichen Vereinigung ist, lassen wir ihn in Ruhe. Das macht nur Ärger. Wenn er zur Polizei geht, dann hat man Ermittlungen am Hals, Abhörgeräte und so, das sparen wir uns.«

Die Rebellion gegen die Schutzgelderpressung ist für die Cosa Nostra möglicherweise lebensbedrohlich. Ende November 2007 taten Mafiosi mit einer geräuschvollen Einschüchterungsaktion ihre Besorgnis über die Haltung der *Confindustria* kund: In der Stadt Caltanissetta im Inneren Siziliens wurden die Büroräume des Arbeitgeberverbands verwüstet und etliche CDs mit den Namen und Adressen seiner Mitglieder gestohlen.

Trotz der Drohungen ist in Palermo eine positive Dynamik entstanden. Da mehr Unternehmen zur Polizei gehen, sobald sie Schutzgeldforderungen erhalten, werden mehr Mafiosi verhaftet, und die Behörden sowie die Verbände zur Erpressungsbekämpfung können den Beweis erbringen, dass der Schulterschluss mit Personen, die sich wehren, immer besser gelingt – mit dem Ergebnis, dass weitere Unternehmen sich vertrauensvoll an die Polizei wenden, sobald sie Schutzgeldforderungen erhalten.

Überdies wird das Beispiel Palermos, wie so oft in unserer Geschichte, auch andernorts aufgegriffen. Die Vereinigungen zur Erpressungsbekämpfung, die in Sizilien ihren Anfang nahmen, haben sich verbreitet. So weitete *Confindustria* zum Beispiel im Januar 2010 ihre Politik, Mitglieder auszuschließen, die mit Gangstern Geschäfte machten, auf ganz Italien aus.

Die Jagd nach flüchtigen Mafiosi hat sowohl in Kampanien als auch in Kalabrien entscheidende Erfolge gebracht. Viele mächtige Bosse der Camorra und 'Ndrangheta lassen sich unterirdische Bunker bauen in der Hoffnung, dort den entschlossenen und kundigen Mafiajägern zu entgehen. Einige dieser Bunker sind nur geheime Räume in einem Haus: Schlupflöcher, in denen ein Flüchtiger verschwinden kann, wenn es unerwartet an der Haustür klingelt. Andere sind außergewöhnlich einfallsreich und raffiniert konzipiert – Miniaturwohnungen gleich, komplett mit Sanitäranlagen, Luftzufuhr und Sicherheitskameras. Die meisten verstecken sich zwischen gewöhnlichen Häusern und Gehöften oder auf Industrieanlagen und verfügen über Geheimgänge und bewegliche Wände. 'Ndranghetisti sind wahre Bunkerspezialisten. Der Bellocco-Clan aus Rosarno versenkte ganze Schiffscontainer, die im Inneren vollständig möbliert und an der Oberseite durch die Vegetation getarnt waren, in der Erde. Die Stadt Platì in Kalabrien ist komplett untertunnelt: Kreuz und quer verlaufen Gänge und verbinden die Häuser der Bosse mit einem Komplex aus Bunkern und Fluchtwegen. Die 'Ndrangheta hatte zur Errichtung ihres geheimen Bunkernetzes sogar die Straße aufgegraben; die Stadt schwieg dazu.

Die heutigen Mafiabunker, egal in welcher Form, sind nicht nur Verstecke, sondern auch Kommandozentralen. Sie entstehen stets auf dem Territorium eines Bosses, der so auf ein enges Netz aus Familienangehörigen und Freunden zählen kann, die für seine täglichen Bedürfnisse sorgen und, was wesentlich ist, Anweisungen und Anfragen hin und her befördern. Territoriale Kontrolle ist nach wie vor von maßgeblicher Bedeutung für die Bosse der drei größten kriminellen Organisationen. Wie ein Mafiajäger der Carabinieri erklärt:

> »Die oberste Regel für einen Boss lautet, niemals sein Revier im Stich zu lassen. Davonzulaufen, um der Justiz zu entgehen, ist ein Zeichen von Schwäche. Sobald der Thron leer ist, treten seine Konkurrenten auf den Plan und versuchen durch Mauscheleien und Intrigen seinen Platz einzunehmen.«

»La presenza è potenza«, wie Mafiosi sagen: Anwesenheit ist Macht.

Die Bunker, in denen einige Bosse jetzt ihre territoriale Präsenz zu bewahren suchen, sind nicht ohne Beispiel in der Geschichte der Mafias: Auf Sizilien, während der Zeit des Faschismus, entdeckte die Polizei auf der Suche nach Mafiosi eine Reihe von raffinierten geheimen Räumen und unterirdischen Verstecken. Dennoch sind diese Bunker ein wichtiges Indiz für den Druck, unter dem die Mafias mittlerweile stehen. Bis zu den 1980er Jahren sah man die gefürchteten Piromallis von Gioia Tauro noch den Stadtplatz dominieren, weil sie ihre Autorität zur Schau stellten. Damit ist es nun vorbei. Der Staat meint es ernster denn je mit dem Kampf gegen das organisierte Verbrechen, und so hat sich die Unterwelt in den Untergrund verzogen.

Sizilien ist nach wie vor der Ort, wo der Kampf gegen die Mafia am weitesten fortgeschritten ist. Und die gesunkene Zahl der Tötungsdelikte ist ein klares Indiz für diese Tatsache. 2009 gab es auf der Insel 19 Morde im Umfeld der Mafia, 2010 noch acht und 2011 nur noch drei. Ein historischer Tiefstand. Die niederschmetternde Zahl der Opfer in den 1980er Jahren scheint eine Ewigkeit zurückzuliegen.

Camorra: Eine Geographie der Unterwelt

Im September 2011 haben Journalisten des Nachrichtenmagazins *L'Espresso* in Barra, einer Vorstadt von Neapel, heimlich eine Machtdemonstration der Unterwelt gefilmt. Wer sich mit der Geschichte der Camorra beschäftigt hat, dem liefert der Film den deprimierenden Beweis für eine zähe Kontinuität.

Hintergrund war das Fest der Lilien, eines von mehreren religiösen Festen in der Region. Die fraglichen »Lilien« sind in Wahrheit 25 Meter hohe, mit Pappmachéskulpturen verzierte Holzobelisken. Sie werden von stolzen Freiwilligenteams, den sogenannten »Mannschaften«, gebaut und geschultert. Als Sponsor fungiert ein lokaler Grande, der als »Pate« bekannt ist. Die Mannschaften konkurrieren miteinander, versuchen mit einem Zeremonienmeister, Musik und Tanz möglichst viele Menschen zu ihrer Lilie zu locken. Der Film, der auf der Website des Nachrichtenmagazins *L'Espresso* veröffentlicht war, zeigte die Vorgänge rings um eine spezielle Lilie, deren Mannschaft sich selbst *Insuperabile*, »unbezwingbar«, nannte: Zuerst kam der Vater des örtlichen Camorrabosses zu den Saxophonklängen des *Paten* in einem offenen weißen Sportwagenklassiker angefahren. Unter dem Jubel der Menge begrüßte der Zeremonienmeister den Boss Angelo Cuccaro (unlängst aus dem Gefängnis entlassen), sang ihm ein Lied mit dem Titel »Du bist großartig« und forderte dann zum Beifall »für all unsere Toten« auf. Unterdessen wurde der Boss selbst, in dem blauen Trikot und der weißen Baseballkappe des *Insuperabile*-Teams, von begeisterten Anhängern geküsst.

Ermittlungen der Carabinieri ergaben später, dass das Fest der Lilien schon lange vom Barra-Clan als Plattform genutzt wurde: Unter dem Vorwand, das Geld für ihren Obelisken auszugeben, baten sie Geschäftsleute zur Kasse; die »Paten« des *Insuperabile*-Teams waren Unternehmer, die den Bossen nahestanden, und das Fest diente den Gangstern als Vorwand, um in aller Öffentlichkeit neue Pakte feiern zu können. Als die Nachbarstadt Cercola unter die Kontrolle des Barra-Clans fiel, wurden dortige Ladenbesitzer gezwungen, die blauen und roten Farben des *Insuperabile*-Teams in ihre Schaufenster zu hängen.

Im September 2012 wurde der Obelisk des *Insuperabile*-Teams beschlagnahmt und zerstört, weil nach Meinung des Richters, der die Beschlagnahmung genehmigt hatte,

> »(...) die Botschaft, die er aussendet, die versteckte Bedeutung dieses hölzernen Symbols für den Clan von größerem Wert ist als ein ganzes Waffenarsenal. Ihn am Festtag zur Schau zu stellen, bedeutet viel mehr als ein Sieg in der Schlacht, als die physische Vernichtung eines Rivalen: Er ist ein Zeichen der Macht.«

Religiöse Feierlichkeiten in der Gemeinde als Gelegenheit zu nutzen, um kriminelle Macht zu demonstrieren, hat in der Unterwelt Neapels Tradition. Im 19. Jahrhundert pflegten Camorristi sich die Frühjahrswallfahrt nach Montevergine zu eigen zu machen. Jeder Boss spannte die Pferde an und fuhr, seine in Samt und Seide gehüllte Frau an seiner Seite, mit Sack und Pack in die Berge, gefolgt von seinen Getreuen. Der Pilgerzug wurde von Trinkgelagen unterbrochen, Wettrennen, mehr oder minder stilisierten Messerkämpfen und von Treffen mit den Clans aus dem Umland.

Ähnliches charakterisierte ein Mafialeben in Kalabrien und Sizilien. In Städten und Dörfern, die von der 'Ndrangheta und der Cosa Nostra kontrolliert wurden, trugen die Bosse ihre Macht zur Schau, indem sie sich des Tages bemächtigten, der dem örtlichen Schutzpatron gewidmet war. Barra ist bei weitem nicht der einzige Ort, wo die Tradition bis zum heutigen Tag fortgeführt wird. In Sant'Onofrio erregte 2010 der Priester vor Ort den Unmut der 'Ndrangheta, weil er sich unterstand, der Anweisung seines Bischofs gemäß die Gangster daran hindern zu wollen, in der Osterparade die Madonnen zu tragen: Das Oberhaupt der Bruderschaft, das die Feierlichkeit leitete, erhielt eine Warnung, als zwei Schüsse auf seine Eingangstür abgefeuert wurden. Das Fest wurde eine Woche verschoben, und als es endlich stattfand, rückten die Carabinieri in großer Zahl aus.

Hat sich also nichts verändert in Kampanien? Ist die Camorra noch immer die Macht, die sie einmal war? Eine »Landkarte der Camorramorde« in den vergangenen Jahrzehnten würde mit Sicherheit an exakt denselben Orten eine große Konzentration von Punkten aufweisen, die bereits seit dem 19. Jahrhundert im Zusammenhang mit Camorraverbrechen genannt worden waren: die Stadt Neapel und ein halbkreisförmiger Aktionsradius von etwa 40 Kilometern um die Städte und Dörfer des Hinterlands. Ein bleibendes Muster ist unverkennbar. Doch sobald wir uns die Karte detailliert betrachten, wird klar, dass die Kontinuitäten weniger vorherrschend sind als es zunächst den Anschein hatte, weniger vorherrschend jedenfalls als in Sizilien und Kalabrien, wo die Mikro-Territorien, die Mafia-*cosche* abstecken, nahezu identisch geblieben sind. Orte wie Rosarno und Platì ('Ndrangheta), oder Villabate und Uditore (Cosa Nostra) sind seit mehr als hundert Jahren berüchtigt. In Kampanien dagegen hat die Geographie der Unterwelt in letzter Zeit einige wichtige Veränderungen erfahren.

Nach dem Krieg zwischen Raffaele dem »Professor« Cutolo und den verbündeten Clans der *Nuova Famiglia* zu Beginn der 1980er Jahre zerfiel die Camorra in Splittergruppen. 1988 gab es geschätzte 32 Camorraclans; 1992 waren es bereits 108. Die Jahre der Zweiten Republik brachten keine Umkehr dieses Prozesses. Die jüngsten Schätzungen legen nah, dass es noch immer an die hundert ernstzunehmende kriminelle Organisationen in Kampanien gibt, wo die Unterwelt ein bleibendes, aber instabiles Muster angenommen hat. Die Clans kommen und gehen, verschmelzen und zerfallen, bekriegen einander und schließen Bündnisse. Daher haben die meisten dieser Camorras eine kurze Lebensspanne im Vergleich zu den außerordentlich zähen kriminellen Freimaurerbünden Cosa Nostra und 'Ndrangheta. In Kampanien verändern sich die Grenzen auf der Landkarte der Camorra-Macht unentwegt, nach Festnahmen durch die Polizei, nach Revierkämpfen und weil immer wieder Clans zerfallen oder sich verbünden. Ein Anwachsen der Gewalt ist die unvermeidliche Konsequenz dieser fundamentalen Instabilität: Die Camorra tötet weiterhin mehr Menschen als die sizilianische Mafia und die 'Ndrangheta zusammen. In den vergangenen Jahren registrierte man mehrere Ausschläge nach oben, was die Mordraten anbelangt: Von 1994 bis 1998 kam es in jedem Jahr zu über hundert Camorra-Morden; dasselbe gilt für 2004 und 2007.

Neapel ist eine Hafenstadt. Diese schlichte Tatsache hat die Geschichte der Camorra seit den 1850er und 1860er Jahren maßgeblich geprägt, als die Bande Salvatore De Crescenzos importierte Kleidungsstücke an den Wachposten vorbei ins Land schmuggelte und von den Fährleuten, die Passagiere an Land ruderten, Schutzgeld erpresste. Es war im Hafen von Neapel, wo große Mengen an Armeebeständen der Alliierten im Zweiten Weltkrieg auf dem Schwarzmarkt verschwanden. In den 1950er Jahren stachen hier die herumziehenden Hausierer in See, als *magliari* bekannt und oft kaum mehr als Betrüger, um die harten Praktiken des neapolitanischen Lumpenhandels den Hausfrauen im Norden Europas nahezubringen. Später fungierte Neapel als das Tor für geschmuggelte Zigaretten und für Drogen. Heutzutage ist der Hafen ein mechanisierter Containerumschlagplatz nach dem Vorbild von Felixstowe oder Rotterdam. Er hat neue Bedeutung gewonnen als ein Tor nach Italien für Erzeugnisse aus Fernost, die durch den Suezkanal ins Mittelmeer verschifft werden. Einige dieser Erzeugnisse – Schuhe, Kleidung und Handtaschen, Elektrogeräte, Mobiltelefone, Kameras und Spielekonsolen – sind gefälschte Versionen bekannter Markenartikel. Die neapolitanische Fälschertradition ist global geworden. Manchmal verbirgt sich hinter den Etiketten »Made in Italy« oder »Made in Germany« eine andere Realität: »Gefälscht in China«. Und statt der *magliari* gibt es nun internationale Händler, konsequent im Ausland stationiert, um Märkte für illegal hergestellte Produkte zu erschließen. Wie umfangreich dieser Geschäftszweig ist und wie groß unter den Geschäftemachern der Anteil der Camorristi, wird derzeit untersucht.

Neapel ist aus vielerlei Gründen ein bemerkenswerter Ort. Einer davon ist die Tatsache, dass das Zentrum der Stadt, während in vielen anderen europäischen Großstädten die traditionellen Armenviertel längst abgerissen oder aufgewertet wurden, noch immer genauso viele Arme beherbergt wie im 18. Jahrhundert. Das Viertel Forcella, das wir schon des Öfteren besucht haben in dieser Geschichte, ist ein anschauliches Beispiel. Die Camorra entstand in seinen stinkenden und übervölkerten Gassen zu Beginn des 19. Jahrhunderts. Obwohl sich dort vieles verändert hat, nicht zuletzt die hygienischen Bedingungen, ist das Leben noch immer prekär und gelegentlich sogar gefährlich. Ein Fremder, der diese Straßen betritt, wird das deutliche Gefühl nicht los, beobachtet zu werden. In diesem und anderen Vierteln wird die Gebietshoheit der Camorra noch immer durch die Jugendlichen deutlich, die Geld für Parkplätze erpressen oder anmaßend auf ihren Motorrollern thronen und dabei als Wachtposten für Drogendealer fungieren.

Trotz des umfassenden wirtschaftlichen Wandels der letzten 150 Jahre findet die Camorra in Gegenden wie Forcella weiterhin Rekruten unter der Bevölkerung, die das Elend und eine weitverbreitete Gleichgültigkeit gegenüber dem Gesetz empfänglich gemacht haben, genau wie im 19. Jahrhundert. 2006 ergab eine Studie, dass 22 Prozent der Menschen, die in Kampanien irgendeiner Beschäftigung nachgingen, in der sogenannten »Schattenwirtschaft« arbeiteten – schwarz bezahlt, in bar, und nicht geschützt durch Arbeits- und Sicherheitsgesetze. Es erscheint durchaus plausibel, dass eine greifbare Mehrheit der Beschäftigten kleinerer und mittlerer Unternehmen nicht in den Büchern vermerkt ist.

Der jüngste wirtschaftliche Wandel scheint die Situation verschlimmert zu haben. In Kampanien, wie in einem Großteil des Südens, bedeutete das neue wirtschaftliche Credo oft nur eine Ausweitung der Schattenwirtschaft. Seit 2008 hat die Wirtschaftskrise in Europa der Camorra in die Hände gearbeitet (im Übrigen auch der Cosa Nostra und der 'Ndrangheta). Die Region ist in einem Teufelskreis wirtschaftlichen Scheiterns gefangen. Im Sommer 2009 argumentierte Mario Draghi, der damalige Leiter der *Banca d'Italia* folgendermaßen:

> »Unternehmen sehen, wie ihr Cashflow versiegt und ihr Vermögen an Verkehrswert verliert. Beide Entwicklungen arbeiten dem organisierten Verbrechen in die Hände (...) In Ökonomien mit einer hohen Kriminalitätsrate zahlen Unternehmen höhere Kreditkosten, und die Unterwanderung der Lokalpolitik zerstört das gesellschaftliche Kapital: Immer mehr junge Leute verlassen die Region, und fast ein Drittel dieser jungen Leute sind Hochschulabsolventen, die auf der Suche nach besseren Möglichkeiten in den Norden abwandern.«

In schweren Zeiten sind nicht nur zwielichtige Unternehmen leichte Beute für Kredithaie und Erpresser, für Gangster, die einen Handelsplatz für gestohlene Waren suchen oder eine Möglichkeit, Drogengeld zu waschen. Beim Rauschgifthandel liegt es in der Natur der Sache, dass Gangster viel Bargeld besitzen – und gerade im Augenblick bemühen sich die Unternehmer Süditaliens noch mehr als alle anderen, an Kredite heranzukommen. In schweren Zeiten ist Bargeld Trumpf.

Die ungebrochene Stärke der Camorra, aus den Schwächen der neapolitanischen Wirtschaft Profit zu ziehen, hat dazu beigetragen, das kriminelle Gefüge neu zu formen. Früher, als Neapel noch eine

Industriestadt war, pflegten Fabrikarbeiter sich traditionellerweise zu organisieren und sozialistische Ideale hochzuhalten, die sie immun machten gegen den Infekt Camorra. Heute sind die Fabriken weitgehend verschwunden, und die Camorra hat sich auch in Vierteln wie Bagnoli ausgebreitet, wo in den neunziger Jahren das Stahlwerk schließen musste.

Heute konzentriert sich die städtische Camorrawirtschaft außerdem nicht länger auf die alten Elendsviertel im Stadtzentrum. Die größten Konglomerate aus Armut und Illegalität haben das Neapel, wie es Touristen kennen, mittlerweile verlassen. Sogar die Camorra in Forcella hat die Kraft des Neuen gespürt. Der Giuliano-Clan (mit Diego Maradona befreundet) ist durch Morde, Überläufer und Festnahmen auseinandergebrochen. Die mächtigsten und gefährlichsten Clans entstehen heute in den wuchernden Vorstädten, in Gegenden, die in den 1970er Jahren und nach dem Erdbeben von 1980 anarchisch wuchsen. Die Werkstätten im Labyrinth des Stadtzentrums können nicht mit den ausbeuterischen Betrieben der Vorstädte konkurrieren, was den Ausstoß illegaler DVDs und gefälschter Markenkleidung angeht. Im Zuge der Modernisierung von Neapels Infrastruktur und öffentlichem Verkehrsnetz ist es für Drogenabhängige preisgünstiger geworden, sich ihren Schuss in den großen Drogensupermärkten zu besorgen, die in den hässlichen Wohnblocks von Secondigliano oder Ponticelli beheimatet sind, als die kleinen Dealer in den *Quartieri Spagnoli* aufzusuchen.

Das erste Fragment Stadtarchitektur, das einem beim Wort »Camorra« sofort in den Sinn kommt, ist längst nicht etwa das Forcella-Viertel mit seinen engen Gassen, sondern ein katastrophal misslungenes Wohnbauprojekt im Vorort Scampia. Bekannt als »Le Vele«, besteht es aus einer Reihe mächtiger, dreieckiger Apartmentblocks, erbaut in den sechziger und siebziger Jahren, die das eng verflochtene Gemeinschaftsleben im Stadtzentrum auf vielen Etagen nachbilden sollten. Das Ergebnis, mit seinen hässlichen, finsteren und unsicheren Räumen und Plätzen, wirkt eher wie ein Hochsicherheitsgefängnis ohne Wachtposten. Die Gebäude wurden sehr schlecht gebaut: Die Aufzüge funktionierten nicht, der Beton bröckelte, die Dächer waren undicht, und die Nachbarn konnten noch hören, was drei Stockwerke tiefer vor sich ging. Diese Probleme rückten Le Vele in die Nähe der Kategorie

Slum, als verzweifelte Erdbebenflüchtlinge 1980 illegal leerstehende Wohnungen besetzten – einige noch vor ihrer Fertigstellung. Bald schon wurden die Bewohner von einer Minderheit von Camorristi belagert, die mit Drogen dealten. Die Präsenz der Polizei bestand aus sporadischen und weitgehend symbolischen Patrouillen. Einige Beamte, sagen Anwohner, hätten Schmiergelder kassiert und ließen die Drogendealer in Ruhe. Ein langjähriges Projekt, Le Vele räumen und abreißen zu lassen, traf auf eine schleppende politische Umsetzung. Während ich dies schreibe, sind von den ursprünglich sieben Wohnblocks vier zwar zum Abriss freigegeben, stehen aber noch – und sind teilweise sogar bewohnt.

In den 1990er und 2000er Jahren war das Drogengeschäft in Le Vele in den Händen des Di Lauro-Clans. Sein Gründungsboss war Paolo Di Lauro, auch als »Ciruzzo, der Millionär« bekannt. Er stammte aus Secondigliano, einer Gegend bei Scampia am nördlichen Stadtrand von Neapel. Ursprünglich säumten hier große, elegante Villen aus dem 19. Jahrhundert eine Allee, doch in den 1970er und 1980er Jahren wurde die Gegend großräumig erschlossen. Der Millionär leitete eine Organisation, die ganz auf Drogengeschäfte spezialisiert war. Zu seinen engsten Gefolgsleuten gehörten zwei seiner Söhne sowie sein Schwager. Ihnen untergeordnet waren die sogenannten »Delegierten«, die für Einkauf und Verschnitt der Drogen verantwortlich waren. Alle Tätigkeiten unterhalb der höchsten Entscheidungsebene des Clans wurden über eine Art »Franchise«-System abgehandelt, damit das riskante und schmutzige Alltagsgeschäft in sicherer Entfernung blieb. Zwanzig »Zonenbosse« erhielten die Erlaubnis, innerhalb verschiedener Bezirke auf dem Territorium des Millionärs Verkäufe zu tätigen und die festangestellten Schieber, Beobachtungsposten und Schläger anzuweisen, die die untersten Ränge der Organisation einnahmen. Ein Schieber verdiente 2000 Euro pro Monat, ein Killer nur 2500 Euro pro Treffer. Etwa 200 Menschen galten als offiziell anerkannte Mitglieder des Clans, aber die tatsächliche Anzahl der Beschäftigten war weitaus größer. Auf dem Höhepunkt der Macht des Millionärs wurden die Drogeneinnahmen der Organisation auf eine Milliarde Euro jährlich geschätzt.

2002 musste der Millionär notgedrungen untertauchen, und so ging die Kontrolle der Alltagsgeschäfte auf seine Söhne über, die sich bemühten, die Ambitionen der »Delegierten« im Zaum zu halten. Das

Ergebnis war, im Winter 2004/2005, der brutalste Camorrakrieg der jüngsten Zeit, bekannt als die »Fehde von Scampia«.

Von den Camorraorganisationen der neueren Generation gehörte der Di Lauro-Clan zu denen, die über eine besonders straffe Hierarchie verfügten. In den 1970er Jahren lernten Camorristi die Vorteile einer Organisation nach Art der Freimaurer von Mitgliedern der Cosa Nostra und der 'Ndrangheta, die erpicht darauf waren, Geschäftspartner in Kampanien zu finden. Infolge des Zerfalls der *Nuova Camorra Organizzata* und der *Nuova Famiglia* in den 1980er Jahren waren in Kampanien Praktiken wie das Initiationsritual nicht mehr gefragt. Seitdem haben Camorraclans ihre eigenen Strukturen erfunden, je nach Bedarf. Doch ungeachtet des schwindenden sizilianischen und kalabrischen Einflusses in Kampanien sind die zwei fundamentalen Prinzipien der Camorraorganisation dieselben, die bei den strukturierteren Familien der Cosa Nostra oder den *'ndrine* und *locali* der 'Ndrangheta Anwendung finden. Einerseits braucht ein Camorraclan eine straffe Organisation, besonders im Kern und besonders für die Kriegsführung und Revierverteidigung. Andererseits muss er auch lose genug sein, um den Bossen den Freiraum zu lassen, sich weiträumig zu vernetzen und jede kriminelle Gelegenheit zu nutzen, die sich ihnen zu Hause oder im Ausland bietet. Innerhalb der Grenzen, die durch diese beiden Prinzipien gesetzt werden, sind viele Strukturen denkbar. Der Begriff Camorra umfasst mittlerweile alles, angefangen bei den Drogenbanden, die in den heruntergekommenen Vierteln vieler westlicher Großstädte zu finden sind, bis hin zu großen Syndikaten mit fest geschmiedeten Verbindungen zur Politik und der legalen Wirtschaft.

Wie beim Di Lauro-Clan helfen Blutsbande oft, die Kernmitglieder jeder Camorraorganisation zusammenzuschweißen. Camorrabosse kennen meist von klein auf die Gewalt und das »kriminelle *Savoir-faire*« (die Terminologie eines italienischen Experten). Ehen zwischen Camorraclans benachbarter Reviere helfen, die Macht zu festigen und dieses *Savoir-faire* an die nächste Generation weiterzugeben. Ein Beispiel ist der Mazzarella-Clan um drei Neffen von Michele Zaza, dem Zigarettenschmuggler und Mitglied der Cosa Nostra, der in den sechziger und siebziger Jahren dazu beitrug, den Tabakschmuggel in die »Fiat-Werke des Südens« zu verwandeln. 1996 heiratete der Teenagersohn von Vincenzo Mazzarella die Tochter von Lovigino »Eisauge« Giuliano, Boss von Forcella, und das Ansehen seiner Familie stieg enorm.

Die Bedeutung, die Blutsbande innerhalb der Camorraclans haben, erklärt, warum Frauen, die eng mit der Kerngruppe eines Clans verwandt sind, manchmal wichtige Rollen übernehmen. Anhand von Pupetta Maresca und der großen Schwester des »Professors«, Rosetta Cutolo, sehen wir, dass einige Camorrafrauen schon vor den 1990er Jahren eine größere Rolle spielten als die Frauen im Umkreis der sizilianischen Mafia oder der 'Ndrangheta. Doch in den letzten beiden Jahrzehnten sind Frauen in der Camorra noch weitaus sichtbarer geworden. Dafür gibt es zwei Gründe. Zum Ersten haben die Behörden alte Vorurteile abgeschüttelt, die sie blind machten gegen die kriminellen Talente von Frauen. Zum Zweiten haben die Clans wegen des erhöhten Drucks seitens der Polizei mehr Macht an die Frauen delegiert, deren Männer untergetaucht oder hinter Gittern waren. Diese Trends wirken sich auch auf Sizilien und Kalabrien aus, wo die männerzentrierte Freimaurerstruktur der kriminellen Geheimbünde dazu tendiert, der Macht der Frauen Grenzen zu setzen. 1998 übernahm Giusy Vitale die Leitung der Alltagsgeschäfte der Partinico-Familie der Cosa Nostra, als ihr Bruder, der Boss, im Gefängnis saß. Sie ist später zu den Behörden übergelaufen.

Doch es ist kein Zufall, dass ein weiblicher Camorrista, Teresa De Luca Bossa, als erste Frau in Italien den strengeren Haftbedingungen unterworfen war, die nach den Morden an Falcone und Borsellino 1992 eingeführt worden waren. De Luca Bossa war Mutter und Geliebte von Clanführern und verfügte über beachtliche strategische Kenntnisse, Führungsqualitäten und diplomatische Fertigkeiten, so dass sie die Organisation zusammenhielt, nachdem ihre Männer festgenommen worden waren.

Auch haben Sizilien und Kalabrien nichts erlebt, was sich mit dem bösartigen Krieg vergleichen ließe, der 2002 zwischen den Frauen des Graziano- und des Cava-Clans ausgefochten wurde. Am 26. Mai dieses Jahres jagte ein Exekutionskommando der Grazianos einen Wagen, in dem fünf Frauen aus dem Cava-Clan saßen, und rammte ihn. Im nachfolgenden Blutbad wurden vier Cava-Frauen erschossen, eine fünfte blieb querschnittsgelähmt. Sowohl auf der Seite der Opfer wie auf jener der Täter waren mehrere Generationen von Frauen beteiligt. Die 62-jährige Ehefrau des Graziano-Bosses, Chiara Manzi, koordinierte den Angriff per Handy; zu den Schützen gehörten ihre Schwiegertochter (40) und zwei ihrer Nichten (19 und 20). In aufgezeichneten Telefonaten im Vorfeld des Angriffs spucken diese Frauen Beleidigungen gegen ihre künftigen Opfer: »Zigeunerinnen«, »Drecksäue«.

Die Camorra akzeptiert als einzige Mafia auch Angehörige sexueller Minderheiten in leitenden Positionen. Anna Terracciano ist eines von zwölf Geschwistern aus dem Spanischen Viertel von Neapel – elf davon sind im organisierten Verbrechen tätig. Bekannt als *'o Masculone* (»Riesenkerl«), war sie eine männlich auftretende Lesbe, die eine Waffe trug und sich im Auftrag ihres Clans an militärischen Einsätzen beteiligte. 2006 wanderte sie ins Gefängnis. Drei Jahre später verhaftete die Polizei Ugo Gabriele, von dem die Behörden behaupten, er sei der erste transsexuelle Camorrista überhaupt. Als »Ketty« bekannt, ist Gabriele der jüngere Bruder eines Clanmitglieds, das sich während der Fehde von Scampia in den Jahren 2004/2005 von der Organisation des Millionärs losgesagt hatte. Der Polizei zufolge stieg Ketty, als ihr Bruder befördert worden war, vom Dealer, der an seine Freier (sie war eine transsexuelle Prostituierte) Kokain vertickte, zu einem verantwortungsvolleren Posten auf. Kettys Beförderung war nicht nur dem Vertrauen geschuldet, das die Camorra in Blutsbande setzte, sondern vermutlich auch der traditionellen Toleranz in der neapolitanischen Volkskultur gegen männliche Transsexuelle – die sogenannten *femminielli*.

Keine Reise durch die Landschaft des organisierten Verbrechens im heutigen Kampanien wäre komplett ohne einen Besuch der weiten fruchtbaren Ebene im Norden der Stadt, die manchmal als *Terra di Lavoro* (Land der Arbeit) bezeichnet wird. In einem Gedicht aus dem Jahre 1956 beschwor der Schriftsteller und Regisseur Pier Paolo Pasolini ihre schaurige Schönheit, von einem Zug aus betrachtet:

»Nun ist es nahe, das Land der Arbeit,
Mit Herden von Büffeln und kleinen
Häuserscharen inmitten Tomatenplantagen,

Von Efeugewächsen gesäumt und von ärmlichen Latten.
Manchmal erscheint in der Rinne
Des Grundes ein schmutzfarbner Fluß

Unter weinbewachsenen Ulmen.«

Diese besondere Landschaft war und ist die Kulisse für einige maßgebliche Entwicklungen in der Geschichte der kampanischen Mafia in den vergangenen 150 Jahren. Im 19. Jahrhundert, als ein Großteil der Gegend noch sumpfige Wildnis war, Mazzoni genannt, lag die Erzeugung von Büffelmozzarella in der Hand gewalttätiger Unternehmer. Im trockengelegten Bauernland südlich und südöstlich der Sümpfe erpressten Banden Schutzgeld von den Bauern, beuteten die Tagelöhner aus, belegten die Obst-, Gemüse- und Fleischgroßmärkte mit Steuern und kontrollierten die Transportwege in die Stadt.

Wäre Pasolini noch am Leben und würde heute durch die Terra di Lavoro reisen, er sähe eine Landschaft, die der Bau von Fabriken in den Sechzigern, der industrielle Niedergang und der Bauboom der Achtziger nach dem Erdbeben radikal verändert hat. Doch vielleicht fiele Pasolini, mehr noch als diese sichtbaren Veränderungen, ein neuer Geruch auf. In vielen Teilen des Landes nördlich von Neapel stinkt es nach Müll – der wichtigsten neuen Einnahmequelle der Camorra von heute.

Camorra: Ein italienisches Tschernobyl

Als die Zweite Republik geboren wurde, befanden sich Neapel und die Region Kampanien gerade mitten in einer Müllkrise. Noch war keines der Recycling-Programme für Hausmüll und Industrieabfälle umgesetzt worden. Die Müllhalden quollen über. Allmählich zeigten sich in der Bevölkerung unweit der Müllhalden besorgniserregende Anzeichen für gesundheitliche Beschwerden.

Anfang 1994 verhängte die Regierung den Ausnahmezustand und beauftragte einen Sonderkommissar mit der Organisation der täglichen Müllbeseitigung, während die Regionalregierung nach einer dauerhaften Lösung suchte. Vergeblich, wie sich bald herausstellte: die übliche Geschichte von Stillstand und Konfusion innerhalb der Politik. Zu diesem Zeitpunkt, 1996, erhielt das Sonderkommissariat den Auftrag, Kampaniens Weg aus dem Ausnahmezustand zu planen, und die Befugnis, die normalen Beschränkungen und Regierungskontrollen zu übergehen, um den Plan in die Tat umzusetzen.

Das Ergebnis schien geschmeidig. Der städtische Müll sollte sortiert und phasenweise beseitigt werden: Zunächst sollte alles Wiederverwertbare an den Sammelstellen abgeschöpft werden. Der Rest würde zentral sowohl nach biologisch abbaubaren als auch nach gefährlichen Substanzen durchsiebt werden. In der nächsten Phase würde der Restmüll dann zerstampft und in sogenannte »Ökoballen« gepresst werden, die als Brennstoff genutzt werden konnten. Bei der Verbrennung besagter Ökoballen sollte Strom erzeugt werden. Sieben neue Ökoballen-Fabriken sollten entstehen, dazu zwei neue Verbrennungsanlagen. Sobald sie fertiggestellt wären und liefen, so die Behauptung, gäbe es in Kampanien einen perfekten Kreislauf der umweltfreundlichen Müllbeseitigung und -wiederverwertung. Niemand hörte auf die Müllentsorgungsexperten, die den Plan als unrealistisch bezeichneten, weil er ihrer Ansicht nach auf Grundsätzen basierte, die schon andernorts gescheitert waren.

Die Lösung für Kampaniens Müllnotstand artete schnell in eine Umweltkatastrophe aus. Der Müllentsorgungskreislauf war in jeder Phase funktionsgestört.

Achtzehn Konsortien wurden in den 1990er Jahren gegründet, die in unterschiedlichen Landesteilen die Müllbeseitigung und -wiederverwertung organisieren sollten. Doch aus diversen Gründen funktionierten sie nicht richtig: Ungetrennter Müll geriet in den Verwertungskreislauf.

Zu diesem Zeitpunkt begannen die ernsthaftesten Probleme. Ein Konsortium aus vier Unternehmen, bekannt als FIBE, ergatterte den Auftrag, die Ökoballen-Fabriken und die Verbrennungsanlagen zu errichten. Die Hauptgründe, warum FIBE die Ausschreibung gewann, waren das kostengünstige Angebot, das sie vorlegten, und die schnelle Arbeit, die sie versprachen: Es handelte sich schließlich um einen Notstand. FIBE erhielt einen Auftrag von der Regionalregierung Kampaniens, der überzogene Strafklauseln enthielt.

FIBE wollte die Verbrennungsanlagen bis Ende 2000 errichten und in Betrieb nehmen. Doch bis zu diesem Zeitpunkt hatte das Konsortium noch nicht einmal die Baugenehmigung erhalten. Ende 2007 war erst eines von zwei Kraftwerken fertiggestellt. Die Pläne für das zweite wurden 2012 storniert.

FIBE erhielt auch weitgehend freie Hand in der Entscheidung, wo die Fabriken entstehen sollten. Das erste Kraftwerk wurde in Acerra gebaut, im nördlichen Kampanien, nur wenige hundert Meter von einem großen Kinderkrankenhaus entfernt. Das zweite sollte ursprünglich nur 20 Kilometer vom ersten entfernt entstehen, in einer Gegend, die für ihren Büffelmozzarella bekannt war. Doch noch ehe die erste Müllverbrennungsanlage errichtet worden war, gab es in der Gegend mehr legale und illegale Mülldeponien, als sie verkraften konnte, und in Nutztieren und Feldfrüchten wurde giftiges Dioxin nachgewiesen. Die Müllverbrennungsanlage, die tatsächlich gebaut wurde, erwies sich bald als ineffizient und verbreitete Gase in einem Radius von zehn Kilometern.

Die sieben Ökoballen-Fabriken funktionierten noch schlechter: Ein parlamentarischer Bericht stellte fest, dass die Ökoballen, die sie erzeugten, einfach nur große, plastikverpackte Pressmüllwürfel seien, viel zu feucht und mit zu vielen Giftstoffen durchsetzt, um als Brennmaterial zu taugen, selbst wenn die Kraftwerke funktioniert hätten. So blieb nichts anderes übrig als sie zu stapeln. In ganz Kampanien wuchsen graue und weiße Türme aus Ökoballen in den Himmel. Der regionale Müllsonderkommissar teilte dem Parlament 2004 mit, dass

Monat für Monat 40 000 Quadratmeter Land für die Lagerung von Ökoballen verbraucht würden. Zu Beginn des 21. Jahrhunderts fraß sich Kampaniens zerrüttetes Müllbeseitigungssystem in regelmäßigen Abständen komplett fest. Am Tiefpunkt, von 2007 bis 2008, sammelten sich mehrere hunderttausend Tonnen Müll aus heimischen Haushalten und Geschäften auf den Straßen. Die Behörden reagierten, indem sie Müllhalden wieder in Betrieb nahmen, die längst als voll galten. Die Anwohner, berechtigtermaßen besorgt um die Auswirkungen auf ihre Lebensqualität, veranstalteten zornige Protestkundgebungen. Über die Fernsehkanäle gingen die Bilder von den Müllbergen und den Protesten in alle Welt und ramponierten den Ruf Neapels, Kampaniens und Italiens. Erst in den letzten Jahren scheinen die Behörden die Situation allmählich im Griff zu haben, obwohl viele Ökoballen-Stapel noch immer die Landschaft verschandeln.

Der *monnezza*-Skandal (nach dem neapolitanischen Begriff für »Müll«) wird noch vor Gericht verhandelt: Eine Reihe Politiker, Unternehmer und Verwalter sind wegen Betrugs und Fahrlässigkeit angeklagt. Abgesehen von einem juristisch relevanten kriminellen Tatbestand ist dies eine Geschichte von politischem Chaos, verantwortungslosen Geschäftspraktiken (auch in Norditalien), schlechter Planung, Misswirtschaft und unzureichender Kontrolle. Die Probleme begannen an der Spitze: Dem Kommissariat, das mit der Kontrolle des Systems befasst war, werden nicht nur Vetternwirtschaft und die Verschwendung von Steuergeldern vorgeworfen, sondern auch das Unvermögen, für einen funktionierenden Verwertungskreislauf zu sorgen.

Die *monnezza*-Affäre hat große Ähnlichkeit mit dem Wiederaufbauchaos nach dem Erdbeben von 1980. Zum einen schufen beide Missstände Gelegenheiten für das organisierte Verbrechen. Im Unterschied zur Cosa Nostra und der 'Ndrangheta beteiligte sich die Camorra erst spät am Bauboom. Während sizilianische und kalabrische Gangster im Bauboom der fünfziger und sechziger Jahre ein Vermögen anhäuften, verdienten Camorristi erst nach dem Erdbeben von 1980 ernsthaft Geld mit Beton. Doch was den Müll anbelangte, waren die Camorraclans Pioniere und Protagonisten. »Ökomafia« ist ein Begriff, den italienische Umweltschützer geprägt haben, um auf den Schaden hinzuweisen, den die Unterwelt den natürlichen Ressourcen Italiens zufügt – von ungenehmigten Bauten bis hin zum Schachern mit architektonischen Schätzen. Der Müllsektor ist das lukrativste Geschäft der Ökomafia und eines der größten kriminellen Wachstumsfelder in den letzten zwei Jahrzehnten.

Wie im Bereich des Bauwesens unterwanderte die Camorra die Müllentsorgung auf mehreren Wegen, angefangen mit den 18 Konsortien, die eingerichtet wurden, um das Recycling in verschiedenen Landesteilen zu organisieren. Viele der Angestellten dieser Konsortien stammten aus den Reihen Arbeitsloser, die sich zu Interessenverbänden formiert hatten. Einige dieser Interessenverbände, die noch aus den 1970er Jahren stammen, haben Verbindungen zur Camorra: Ihre Anführer nahmen erwiesenermaßen Schmiergelder von Mitgliedern gegen die Aussicht auf einen Job; nicht wenige der Mitglieder sind vorbestraft. 2004 sagte der regionale Müllsonderkommissar vor einem parlamentarischen Untersuchungsausschuss: »Es ist ein Wunder, wenn 200 der 2316 Menschen [angestellt von den Recycling-Konsortien] tatsächlich irgendetwas arbeiten.« Ende 2007, so die Schätzung, waren bereits über 40 der Lastwagen, die angeschafft worden waren, um recycelten Müll zu transportieren, gestohlen.

Die Camorra sicherte sich auch Aufträge an Subunternehmer und Sub-Subunternehmer, die die Ökoballen durch die Gegend fuhren. Seit den Tagen des Baubooms nach dem Erdbeben besaß die Camorra gleichsam das Monopol auf Erdarbeiten. Es gibt Hinweise darauf, dass die Camorra von den Geschäftsabschlüssen profitierte, die im Eilverfahren durchgedrückt wurden, um Land zu erwerben, auf dem die Ökoballen gelagert werden konnten.

Mancherorts, vornehmlich um Chiaiano herum, rissen junge Camorristi die Führung der Proteste gegen die neuerliche Öffnung alter Müllhalden an sich. Die Demonstrationen arteten unweigerlich in Gewalt aus. Es gab vermutlich zwei Gründe, warum die Camorra sich einmischte. Erstens hatten ihre Bosse ein wirtschaftliches Interesse an der Verlängerung des Notstands. Und zweitens wollten sie sich als Volkstribune aufspielen, als Verfechter des Sankt-Florians-Prinzips. Der größte Ärger konzentrierte sich auf ein Depot unweit von Marano, dem Hauptsitz des Nuvoletta-Clans. Eine Flagge wurde über der Ortseinfahrt gehisst: »Der Staat ist abwesend, aber wir sind hier.« Man brauchte niemandem zu sagen, auf wen dieses »wir« sich bezog.

Mondragone, die Hauptstadt des Büffelmozzarellas an der nördlichen Küste Kampaniens, war der Standort eines Müllentsorgungsunternehmens mit Namen Eco4, das im Zentrum einer tiefgreifenden Unterwanderung des Entsorgungszyklus durch die Clans stand: Ein kriminelles Geflecht aus Wählerstimmen, Arbeitsstellen, überhöhten Rechnungen, manipulierten Verträgen und Schmiergeldern verband Politiker, Verwalter, Unternehmer und Camorristi. Im Sommer 2007 begann einer der Direktoren von Eco4, die in den Fall verwickelt waren, Michele Orsi, den Richtern Beweismittel zu liefern. Im Mai des darauffolgenden Jahres ging er in Begleitung seiner kleinen Tochter aus dem Haus, um eine Flasche Coca-Cola zu kaufen, und wurde mit 18 Schüssen getötet. Andere Zeugen im Eco4-Fall brachten einen hochrangigen Politiker im Umfeld Silvio Berlusconis ins Spiel. 2009 war Nicola Cosentino Finanzstaatssekretär und Koordinator der Partei Berlusconis in der Region Kampanien, als die Staatsanwaltschaft das Parlament ersuchte, ein Verfahren gegen ihn einleiten zu dürfen, weil er mit der Camorra im Bunde war. Berlusconis Regierungsmehrheit lehnte das Ersuchen ab. Im Jahr darauf weigerte sich das Parlament, abgehörte Telefonate als Beweismittel gegen Cosentino zuzulassen, obwohl er aufgrund eines weiteren Skandals noch im selben Jahr zurücktrat. Im Januar 2012 beschützte ihn das Parlament erneut vor der Verhaftung infolge einer Verbindung mit der Camorra. Cosentino behauptete, er sei das Opfer »aggressiver Medien, Politiker und Richter«.

Doch der bei weitem beunruhigendste Aspekt an den kriminellen Machenschaften der Ökomafia in Kampanien ist nicht unmittelbar mit dem Müllnotstand und der Ökoballen-Affäre verbunden. Anfang der 1990er Jahre kam allmählich ans Licht, dass Camorristi Millionen Tonnen Giftmüll aus Krankenhäusern, der Stahlindustrie, der Farbenindustrie, der Düngemittelindustrie, der Lederverarbeitung und der Kunststoffindustrie illegal entsorgt hatten. Man fand toxische Substanzen wie Asbest, Arsen, Blei und Kadmium. Das Bild wurde von einer Ermittlung bestätigt, die zwischen 1999 und 2003 als Operation Kassiopeia bekannt wurde. Obwohl die Lkws der Camorra den Müll transportierten und in Kampanien deponierten, waren sie nur der Endpunkt eines landesweiten Systems. Abgesandte der Mafiaentsorgungsunternehmen durchreisten Nord- und Mittelitalien und boten den Firmen an, deren gefährlichen Müll zu einem Zehntel der Kosten verschwinden zu lassen, die bei einer legalen Entsorgung angefallen wären. Kooperative Politiker und Bürokraten entlang der Giftmüllroute sorgten dafür, dass die Papiere in Ordnung waren. Die Camorristi deponierten den Müll auf ihrem Territorium, teils in gewöhnlichen städtischen Müllhalden, teils in Straßengräben. Ein Teil des Giftmülls wurde mit anderen Stoffen vermischt und »kompostiert«. Oftmals wurde der Müll auf eine Schicht Autoreifen gebreitet und verbrannt. So wurden Beweismittel vernichtet. Sowohl die Luft als auch der Boden und das Grundwasser wurden dadurch vergiftet. Die Camorra deponierte den toxischen Müll auch in den Steinbrüchen der hügeligeren Landstriche der Terra di Lavoro, wo sie den Sand und Kies für ihre Betonfabriken bezog. Viele dieser Steinbrüche waren ebenfalls illegal. 2005 beschrieb ein Richter das Verschwinden ganzer Berge als »Meteoriten-Impakt«. Der Schaden der Verbrechen der Ökomafia potenzierte sich auf diese Weise.

Die Gewinne aus diesem Geschäft waren enorm. Ein Giftmüllhändler, der zum Kronzeugen wurde, präsentierte ein Immobilienportfolio, das 45 Wohnungen und ein Hotel umfasste, zu einem Gesamtwert von 50 Millionen Euro.

Viele Angeklagte im Verfahren, das der Operation Kassiopeia folgte, legten ein Geständnis ab. Trotzdem beschloss im September 2011 ein Richter, den Fall nicht weiterzuverfolgen, weil übermäßige Verzögerungen dazu führten, dass die Verbrechen unweigerlich unter Italiens Verjährungsfrist fallen würden: Nach italienischem Recht lag das Ganze schon viel zu lange zurück, um Schuldsprüche zu erwirken. Für den Giftmüll, der in der Terra di Lavoro abgeladen wurde, gelten solche zeitlichen Beschränkungen nicht. Generationen von Bürgern, die auf diesem verschmutzten Land leben, werden den Preis bezahlen für das »italienische Tschernobyl«, wie der Richter, der die Kassiopeia-Ermittlungen leitete, es bezeichnete.

Gomorrah

Der Höhepunkt der Müllkrise 2007 und 2008 in Neapel fiel mit dem verblüffenden Erfolg eines Buches zusammen, das die Camorra auf der ganzen Welt bekannter machte, als sie es seit der Zeit vor dem Ersten Weltkrieg gewesen war. *Gomorrah* (der Titel ist ein Wortspiel) erschien 2006 und wurde von einem kaum bekannten 26-jährigen Schriftsteller und Journalisten namens Roberto Saviano geschrieben.

Vor *Gomorrah* war die zersplitterte Camorra außerhalb Kampaniens wieder zum Gegenstand verdutzter Gleichgültigkeit geworden. Reporter, die die Öffentlichkeit über Gewaltexzesse wie die Fehde von Scampia informieren wollten, erkannten, dass die Gesichter, Namen und Unterweltverbindungen die Toleranzgrenze des hartnäckigsten Laienlesers bei weitem überschritten.

Auf den ersten Blick scheint *Gomorrah* wenig geeignet, um die öffentliche Sorge um das offenkundige Chaos in Kampanien neu zu entfachen. Es ist ein Hybrid: Eine Folge beunruhigender Essays, teils Autobiographie, teils verdeckte Reportage, teils politische Polemik, teils Geschichte. So unwiderstehlich sie im Ganzen sind, hält doch keine dieser Zutaten das Buch *Gomorrah* zusammen. Das Geheimnis seiner unbarmherzigen Faszination für italienische Leser liegt in der Art und Weise, wie der Autor seine eigenen Eindrücke in den Mittelpunkt der Geschichte stellt. Er liefert ein kaleidoskopisches und unmittelbar persönliches Zeugnis, tief verwurzelt in Wut und Abscheu. Er gibt sich nicht damit zufrieden, die Löcher zu betrachten, die eine AK-47 in kugelsicheres Glas geschlagen hat; er fühlt sich auf morbide Weise bemüßigt, den Finger an den Kanten zu reiben, bis er blutet. Er spürt den säuerlichen Geschmack im Rachen, als im Zuge der Fehde von Scampia ein weiterer Teenager-Gangster auf der Straße aus einer Lache getrockneten Blutes in einen Leichensack geschaufelt wird. Zorn greift nach seiner Brust wie Asthma, als der soundsovielte Arbeiter auf einer illegalen Baustelle stirbt. Der Boden scheint unter ihm zu gären, als er eine Landschaft erkundet, die seit Jahrzehnten durch illegal abgeladene Karzinogene verseucht ist.

Saviano hatte alles Recht der Welt, bei seiner Schilderung der Camorra (»des Systems«, wie er sie nennt) seine eigenen Gefühle in dieser

Weise in den Vordergrund zu stellen. Er stammt schließlich aus Casal di Principe, im berüchtigten Herzen der Terra di Lavoro. Nach der Ermordung von Carmine Alfieri 1992 wurde der örtliche Clan, die *casalesi*, die beherrschende Kraft innerhalb der Camorra. Die Kerngruppe der *casalesi* war ein überaus tüchtiges Killerteam, das in den 1980er Jahren gegen die *Nuova Camorra Organizzata* eingesetzt worden war – die »Israelis« gegen die »Araber« des »Professors«. Die Gruppe entwickelte sich zu einer Föderation aus vier kriminellen Familien. 1988 beseitigten die *casalesi* ihren eigenen Boss, Antonio Bardellino. Nach einem blutigen Bürgerkrieg konnten sie seine Beton- und Kokaininteressen übernehmen. Sie stiegen auch in den landwirtschaftlichen Betrug und die Produktion von Büffelmozzarella ein. Die *casalesi* errichteten ein lokales Monopol auf die Verteilung einiger größerer Nahrungsmittelmarken. Überdies war das Entsorgungsunternehmen Eco4 eine ihrer Tarnfirmen. Die *casalesi* waren es auch, die mit ihrem Giftmüllhandel das »italienische Tschernobyl« auf dem eigenen Territorium zu verantworten hatten. Einem reuigen Casaleser zufolge erhielt eines der Clanmitglieder, das seinem Boss gegenüber Bedenken äußerte, eine abwiegelnde Antwort: »Wen kümmert's, wenn wir das Grundwasser verschmutzen? Wir trinken doch ohnehin Mineralwasser.«

Im September 2006 hatte *Gomorrah* bereits Preise gewonnen und Zehntausende Leser gefunden, besonders unter den jungen Leuten. Zu diesem Zeitpunkt kehrte Saviano in seine Heimatstadt zurück, um an einer Demonstration für den Rechtsstaat teilzunehmen. Von einer erhöhten Tribüne auf einer Piazza aus, vor einem himmelblauen Hintergrund, rief er die Bosse beim Namen: »Iovine, Schiavone, Zagaria – ihr seid keinen Schuss Pulver wert!« Dann wandte er sich an die Menge: »Ihre Macht basiert auf eurer Angst! Sie müssen weg von hier!« Niemand sollte die Kühnheit dieser Worte unterschätzen: Wie Saviano wusste, beobachteten ihn Verwandte der *casalesi*-Bosse von der Piazza aus.

Binnen Tagen erreichte die Behörden die erste von mehreren glaubhaften Todesdrohungen gegen Saviano. Seit dieser Zeit lebt er permanent unter Polizeischutz. Zumindest schnellten dank seiner misslichen Lage die Verkaufszahlen in die Höhe: Den letzten Schätzungen zufolge hat sich *Gomorrah* in Italien mehr als zwei Millionen Mal verkauft und wurde in 52 Sprachen übersetzt. 2008 hat eine Verfilmung von *Gomorrah* – die meiner Ansicht nach sogar noch besser ist als das Buch – den Großen Preis bei den Filmfestspielen in Cannes gewonnen und brachte Saviano einem noch größeren Publikum nah. Der Autor von *Gomorrah* ist mittlerweile eine Berühmtheit: Millionen schalten den Fernseher ein, um seine Vorträge zu sehen, und seine Artikel treiben die Auflage der Zeitungen, die sie drucken, verlässlich in die Höhe.

Gomorrah und sein Autor haben allerdings auch Kritiker. Einige der skeptischen Stimmen (»Er hat es nur wegen des Geldes getan!«) gehören ganz eindeutig den Anhängern der Camorra, oder Leuten, die Saviano den Erfolg missgönnen, oder dem üblichen Chor all jener, die ein diskretes Schweigen über das organisierte Verbrechen bevorzugen würden. Weniger leicht von der Hand zu weisen ist die Kritik derer, die behaupten, der Stil des Buches *Gomorrah* sei aufgeblasen, gelegentlich sogar anmaßend, der Autor neige zu Übertreibungen und vermische die Fakten mit Phantasie und ungefiltertem Hörensagen. Saviano selbst definiert sein Werk als »nicht-fiktiven Roman«, doch die meisten seiner Leser verstehen den Inhalt als ungeschönten Tatsachenbericht. *Gomorrah* stützt sich zweifellos auf Polizeidokumente wie die Operation Kassiopeia gegen den Handel mit Giftmüll, oder den Spartakus-Prozess gegen die Anführer der *casalesi*. Doch hin und wieder liest man auch Geschichten, die nicht aus verlässlichen Quellen stammen – wie die fesselnde Eingangsszene des Buches, die beschreibt, wie aus einem Container, der von einem Kran über den Hafen von Neapel gehievt wird, die gefrorenen Leichen illegaler chinesischer Einwanderer herausfallen. Andere Kritiker haben die Sorge, Savianos personalisierter Ansatz könne dazu beigetragen haben, dass er für viele zum Orakel oder Guru geworden ist. (Saviano ist nicht diese Ausnahmeerscheinung, als die ihn die Medien außerhalb Italiens zuweilen präsentieren: Allein in den ersten neun Monaten des Jahres 2012 wurden 262 Journalisten ihrer Recherchetätigkeit wegen bedroht, viele von ihnen von Gangstern.)

Dennoch spricht vieles eindeutig für Saviano und gegen seine Kritiker. Im Kielwasser seines Erfolges fanden auch andere mafiakritische Stimmen eine breitere Öffentlichkeit als gewöhnlich. Ein Beispiel ist der Staatsanwalt Raffaele Cantone, der aus Giugliano stammt, einem Ort auf dem Territorium der *casalesi*. Seine Bücher zeugen von den Einsichten, die er zwischen 1999 und 2007 gewinnen konnte, als er gegen die Camorra ermittelt und im Zuge dessen die Geschäftsinteressen der *casalesi* im Norden aufgespürt hatte. Nach dem Erscheinen von *Gomorrah* waren die *casalesi* hinreichend berühmt, und dies schadete natürlich einem kriminellen Kartell, das sich zuvor nach Kräften bemüht hatte, im Verborgenen zu bleiben. In den Jahren nach der Veröffentlichung von *Gomorrah* hatten die Behörden einige Erfolge zu verbuchen gegen die *casalesi*, wobei sie deren Macht radikal beschnitten. Im Dezember 2011 wurde Michele Zagaria, der letzte Boss der *casalesi*, verhaftet, nachdem er eineinhalb Jahrzehnte lang einer der meistgesuchten Verbrecher Italiens gewesen war. Passenderweise hatte er in seinem Bunker eine Ausgabe von *Gomorrah* liegen.

Kurzum, Savianos Buch machte die Camorra erneut zu dem, was sie schon immer hätte sein sollen: zu einem nationalen Skandal. Was künftige Historiker aus dem Phänomen Saviano machen werden, lässt sich nur erahnen. Mein Gespür sagt mir, dass seine ungewöhnliche Berühmtheit nur der auffälligste Beweis dafür ist, dass überall in Italien eine neue Generation, zu jung, um sich der ideologischen Gewissheiten des Kalten Krieges zu erinnern, neue Wege sucht, um ihr gesellschaftliches Engagement, ihre Intoleranz gegenüber Korruption und organisierter Kriminalität zum Ausdruck zu bringen. Savianos junge Leser sind Kampaniens größte Hoffnung für die Zukunft.

'Ndrangheta: Schneesturm

In den siebziger und achtziger Jahren schmuggelten die Mafias hauptsächlich Heroin, das in den neunziger Jahren vom Kokain abgelöst wurde.

Seit dem ausgehenden 19. Jahrhundert hat das Kokain einen ähnlichen Weg genommen wie das Heroin: zunächst Arznei, dann Laster und schließlich einträgliches Geschäft. In den sechziger Jahren des 19. Jahrhunderts erstmals erfolgreich aus Cocablättern extrahiert, wurde es zum Stärkungsmittel: Papst Leo XIII. genoss regelmäßig ein Getränk auf Kokainbasis, den Mariani-Wein, und erlaubte sogar, dass sein Konterfei auf Werbeplakaten erschien. Zu Beginn des 20. Jahrhunderts wurde die Droge aus ihrem größten Absatzmarkt, den Vereinigten Staaten, verbannt und infolgedessen zur Einnahmequelle für die Unterwelt. Doch erst im ausgehenden 20. Jahrhundert machte ein Sog aus einem größeren Angebot, sinkenden Preisen und steigender Nachfrage Kokain beliebter als jede andere Droge, ausgenommen Kannabis. Bald sanken die Kokainpreise so weit, dass es nicht mehr nur für die Reichen erschwinglich war. 2005 entwickelte ein pharmakologisches Forschungsinstitut in Mailand eine Technik, um den Kokainverbrauch anhand der Drogenrückstände im städtischen Müll zu messen. Die hieraus resultierenden Schätzungen deuteten darauf hin, dass der Verbrauch doppelt so hoch war wie zuvor angenommen: 30 von 1000 Personen brauchten ihre tägliche Dosis Rauschgift. Sogar Bauarbeiter schnupften, um ihre Überstunden durchstehen und danach noch ausgehen zu können. 2012 wurde bekannt, dass die Bevölkerung Brescias, einer Stadt in der Lombardei mit fast 200 000 Einwohnern, sich an jedem Tag Schnee im Wert von 625 000 Euro durch die Nase zog. Und Brescia ist nur ein Mikrokosmos. Kokain zehrt weniger an den Kräften als Heroin (zumindest kurzfristig); es kann ohne die unansehnliche Spritze konsumiert werden, ist gesellschaftlich anerkannter und steht sogar im Ruf, wenn auch zu Unrecht, nicht abhängig zu machen. Trotz intensiver Bemühungen gelang es den Behörden nicht, dem Kokain dasselbe Gefahrenpotential zuzuweisen wie dem Heroin. Die Cosa Nostra, die Camorra und die 'Ndrangheta hatten eine lukrative neue Geldquelle aufgetan.

Mafiosi aus allen größeren kriminellen Vereinigungen in Italien handeln mit Kokain, und mindestens seit den achtziger Jahren gehen sie zu diesem Zweck auch Geschäftsverbindungen untereinander ein. Giacomo Lauro, ein reuiger 'Ndranghetista, der in den achtziger Jahren im internationalen Drogenhandel involviert war, beschrieb seine Geschäfte mit sizilianischen Mafiosi und mit Camorristi vom Kaliber eines Antonio Bardellino. Bereits in dieser Phase sorgten italienische Drogenbarone für glatte Geschäftsabschlüsse, indem sie mit den südamerikanischen Erzeugern Bürgschaften austauschten. Eine prominente Familie, die dem Calì-Kartell nahestand, lebte permanent in Holland: Ihre Anwesenheit fungierte sowohl als Bürgschaft wie auch als Geschäftsposten der Kolumbianer.

In den neunziger Jahren, als der Kokainmassenkonsum gerade anlief, wurde die 'Ndrangheta marktführend im Kokainsektor. Es ist in der Tat hauptsächlich dem Kokain geschuldet, dass die 'Ndrangheta heute im Ruf steht, Italiens reichste Mafia zu sein. Drei polizeiliche Ermittlungen in Sachen Drogenhandel stellen den Aufstieg der 'Ndrangheta zu Italiens größter Schmuggelmacht vor der Cosa Nostra sehr bildlich dar.

In der Nacht vom 6. auf den 7. Januar 1988 wurde ein in Panama registriertes Handelsschiff namens Big John vor der Westküste Siziliens abgefangen. In seiner aus Düngemitteln bestehenden Fracht waren 596 Kilogramm reines kolumbianisches Kokain versteckt – wie es ein Informant innerhalb des zuständigen Drogenrings Giovanni Falcone mitgeteilt hatte. Die Cosa Nostra hatte, wie sich herausstellte, etwa zwölf Millionen Dollar für die Drogen bezahlt und das Geld beim Abgesandten des Medellín-Kartells in Mailand hinterlegt. Die Untersuchung namens *Big John* ergab, dass die Cosa Nostra, jetzt fest in der Hand Totò Riinas, versuchte, Sizilien in das zu verwandeln, was seither Spanien gewesen war: der wichtigste Einfuhrhafen für südamerikanische Drogen, die für den europäischen Markt bestimmt waren. Der Verlust der *Big-John*-Fracht war nicht nur ein großer finanzieller Verlust für die Sizilianer: Er war auch eine mächtige Blamage. Als die Nachricht publik wurde, erfuhr die amerikanische Cosa Nostra, dass ihre sizilianische Schwesterorganisation sie aus dem Kokainhandel ausgeschlossen hatte und jetzt direkt mit den kolumbianischen Herstellern Geschäfte machte. Von nun an würden Kokainzwischenhändler der amerikanischen Mafia sich nach verlässlicheren Geschäftspartnern umsehen.

Im zweiten anschaulichen Fall geht es um die Entdeckung von 5500 Kilogramm 82-prozentigen Kokains im März 1994 in einem Container-Lkw unweit der norditalienischen Stadt Turin. Der Name des Mannes, der die Ladung aus Südamerika exportiert hatte, dürfte vertraut klingen: Alfonso Caruana, vom Cuntrera-Caruana-Clan, den sizilianischen Mafiosi, die nach Amerika ausgewandert und während des Heroinbooms in den 1970er Jahren maßgebliche Mitglieder des Transatlantischen Syndikats gewesen waren. Bezeichnenderweise war Caruanas Kokain jedoch nicht für seine sizilianischen Brüder bestimmt. Die Cosa Nostra war infolge der Morde an Falcone und Borsellino, Riinas Angriff auf den Staat und einer beispiellosen Flut an Abtrünnigen in Aufruhr. Die Schiffsfracht war vielmehr von einer Art Investmentclub bezahlt und importiert worden, dem die größten Verbrecherfamilien in Kalabrien angehörten. Da die Cosa Nostra für ihre internationalen Drogenpartner zunehmend an Verlässlichkeit verlor und die meisten größeren Camorraclans in Auflösung begriffen waren, bot sich der 'Ndrangheta plötzlich diese bedeutende kommerzielle Gelegenheit, die sie auch prompt ergriff.

2002 knackten Ermittler der italienischen Steuer- und Zollfahndung *Guardia di Finanza* das kodierte Kommunikationsnetz eines internationalen Kokainschmuggelrings, bestehend sowohl aus sizilianischen wie auch aus kalabrischen Gangstern. Die abgehörten Gespräche erzählten die Geschichte zweier Zwischenhändler. Der eine war ein Sizilianer namens Salvatore Miceli: ein Ehrenmann aus der Salemi-Familie – und ein Vertreter der Cosa Nostra. Der zweite war ein Kalabrese namens Roberto »Bebè« Pannunzi; er war im etablierten italienischen kriminellen Netzwerk Kanadas groß geworden und der Vertreter der 'Ndrangheta. Die Namen beider Männer waren bereits mehrmals in Verbindung mit internationalen Kokaingeschäften aufgetaucht. Die beiden waren alte Freunde und auch Geschäftspartner: Der Kalabrese hatte für den Sohn des Sizilianers als Pate fungiert. Doch aus den abgehörten Telefonaten wurde klar, dass der Sizilianer in den frühen 2000er Jahren nicht weniger als drei Ladungen Kokain verloren hatte, auf Umwegen zwischen Südamerika, Griechenland, Spanien, Holland, Namibia und Sizilien. So waren begreiflicherweise alle anderen, die an dem Handel beteiligt waren, fuchsteufelswild. Der Sizilianer hatte seine Glaubwürdigkeit eingebüßt. Nun stand sein Leben auf dem Spiel. Ermittler fingen ein Telefonat ab, das er mit seinem Sohn führte: »Wir haben unser Gesicht verloren (...) wir haben alles verloren (...) sie können mich jeden Moment erwischen (...) alle haben sie mich im Stich gelassen.«

Kurz darauf wurde der Sizilianer gekidnappt und auf einer Plantage tief im südamerikanischen Urwald festgehalten. Die Kolumbianer wollten ihr Geld zurück. Sein Leben wurde nur gerettet, weil der Kalabrese Roberto »Bebè« Pannunzi ein gutes Wort für ihn einlegte. Doch fortan beschloss die 'Ndrangheta, die Cosa Nostra völlig von ihren Geschäften auszuschließen. 2002 zog der kalabrische Zwischenhändler nach Medellìn, um sich mehreren 'Ndranghetisti anzuschließen, die bereits dort ansässig waren. Die beiden Botschaften in der Geschichte waren klar: Erstens wurde das Kokain für den europäischen Markt direkt in Kolumbien bezogen. Und zweitens rangierte die Cosa Nostra als Geschäftspartner für die südamerikanischen Kokainbarone jetzt bestenfalls an zweiter Stelle.

Daheim in Kalabrien erhielten die Geschäfte der 'Ndrangheta Anfang der 1990er einen gewaltigen Aufschwung, als endlich der riesige Containerumschlaghafen in Gioia Tauro fertiggestellt war. Der Hafen war das einzige konkrete Vermächtnis des »Colombo-Pakets« – jener industriellen Investitionen, die der Bevölkerung in Reggio Calabria nach den Revolten von 1970 in Aussicht gestellt worden waren. Trotz umfassender Sicherheitsmaßnahmen wurde das Kokain von Anfang an durch den Hafen von Gioia Tauro geschleust: Dank schärferer Kontrollen konnten 2011 über 2000 Kilogramm sichergestellt werden. Welchen Prozentsatz vom Gesamtvolumen der Kokainimporte diese Zahl darstellt, weiß niemand.

Dabei ist der Hafen von Gioia Tauro nur eine von vielen Möglichkeiten für 'Ndranghetisti, die für ihr Kokain ein Tor nach Europa suchen. Die 'Ndrangheta hat in den größeren europäischen Häfen Männer postiert, vornehmlich in Spanien, Belgien und Holland. Als ab 2003 die Behörden in Europa Importe aus Südamerika schärfer kontrollierten, nutzten die Kalabresen auch afrikanische Länder als Zwischenlager für Kokain. Große Lieferungen wurden per Schiff nach Senegal, Togo, an die Elfenbeinküste oder nach Ghana gebracht und dann in kleinere Pakete verteilt für die Einfuhr nach Italien per Schiff, Flugzeug oder Drogenkurier.

Die 'Ndrangheta verfügt auch über lokale Verteilungsnetze. Wir haben bereits gesehen, wie die 'Ndrangheta seit den 1950er Jahren am erfolgreichsten von allen süditalienischen Mafias Kolonien in Norditalien errichtet hat. Heutzutage vermutet man dort ganze 50 'Ndrangheta-*locali*. Wenn man bedenkt, dass nach kalabrischem Gesetz ein *locale* aus mindestens 49 Ehrenmännern bestehen muss, lässt die Zahl darauf schließen, dass es im Norden wenigstens 2450 Mitglieder gibt. Nach der Gangmaster-, Bau- und Entführungsindustrie war es nun der Kokainhandel, den diese *locali* im Norden im großen Stil betrieben, während sie noch intensiver die Regionalverwaltung und die Wirtschaft unterwanderten.

Das Problem ist auch keineswegs auf Italien beschränkt. Seit den 1960er Jahren sind Tausende Kalabresen auf der Suche nach Arbeit in andere europäische Länder ausgewandert. In der ehrlichen Mehrheit verbargen sich 'Ndranghetisti, die ein Netzwerk aufbauten, mit dem sich keine andere Mafia vergleichen kann. Am besten veranschaulicht den Einfluss der 'Ndrangheta in Europa eine Geschichte, die nicht direkt etwas mit Kokain zu tun hat: Es ist die Geschichte des Geschäftsmannes Gaetano Saffioti, der sich auf Beton spezialisiert hatte. Nachdem er der kalabrischen Mafia jahrelang Schutzgeld gezahlt hatte, lehnte er sich 2002 gegen die Gangster auf und überreichte den Ermittlern Videofilme als Beweismittel, die Dutzende 'Ndranghetisti hinter Schloss und Riegel brachten. Seit dieser Zeit lebt Saffioti mit einer bewaffneten Eskorte und hat keinen einzigen öffentlichen Auftrag in Kalabrien mehr erhalten. Sobald er versuchte, außerhalb seiner Heimatregion Handel zu treiben, machte man ihm einen Strich durch die Rechnung. In der toskanischen Stadt Carrara wurden sieben seiner Lkws angezündet. Geradezu heimtückisch ist, dass er überall in Italien einem schweigenden Boykott begegnete: Potentiellen Kunden wurde geraten, sich besser nicht mit dem kalabrischen Verräter sehen zu lassen. Saffioti begab sich ins Ausland auf der Suche nach Aufträgen. 2002 und 2003 wurden auch seine Maschinen in Frankreich und Spanien angezündet, und auch in anderen europäischen Ländern war eine Flüsterkampagne gegen ihn am Werk. Er macht mittlerweile Geschäfte mit der arabischen Welt, wo es, wie er sagt, größere kommerzielle Freiheit gibt für jemanden wie ihn.

Die Reichweite der 'Ndrangheta beschränkt sich nicht auf Europa. Kalabrische Mafiosi sind seit der Zeit vor dem Ersten Weltkrieg in Kanada vertreten. 1911 wurde Joe Musolino – der Vetter Giuseppe Musolinos, des »Königs des Aspromonte« – verhaftet, weil er in Ontario eine Erpresserbande angeführt hatte. Ein weiteres Beispiel ist Australien: Die 'Ndrangheta wurde dort bereits vor dem Zweiten Weltkrieg heimisch. Zu Beginn der dreißiger Jahre konnten kalabrische Gangster, die die florierenden Zuckerrohrplantagen in North Queensland unterwanderten, einen Killer aus dem 2500 Kilometer entfernten Sydney bestellen. Ebensogut konnte man jemanden aus Reggio Calabria nach London schicken, um einen Mord zu begehen. Voraussetzung für stabile internationale Kontakte dieser Größenordnung sind natürlich die unvergleichlichen Möglichkeiten der 'Ndranghetisti von heute, die Gewinne aus dem Kokaingeschäft zu waschen und zu investieren.

Angesichts des globalen Netzwerks der 'Ndrangheta überrascht es kaum, dass Journalisten in Italien sie oft als »Kokainmulti« oder »internationale Holding« bezeichnen. Doch sind dies Begriffe, die allzu stark vereinfachen. Wie der Heroinschmuggel der Cosa Nostra in den 1970er und 1980er Jahren ist auch das Kokaingeschäft der 'Ndrangheta kein einzelnes Wirtschaftsunternehmen. Es gibt nicht das eine Zentrum, von dem aus der Drogenhandel abgewickelt wird, auch keinen allgemeinen Kokainkönig. Wenn dem so wäre, fiele es den Polizeikräften auf der ganzen Welt um einiges leichter, die Schuldigen aus dem Verkehr zu ziehen. Drogenhändler müssen ihr Geschäft so geheim halten wie irgend möglich; sie ändern unentwegt ihre Wege und Gewohnheiten, wenn die Behörden ihnen zu nah kommen oder Rivalen auftauchen. Jüngste Ermittlungen lassen vermuten, dass die Schmuggelaktivitäten der 'Ndrangheta sogar noch flexibler und breiter gefächert sind als jene der Cosa Nostra in den Tagen der *Pizza Connection*. Kalabrische Mafiosi haben ein kompliziertes, äußerst flexibles Gefüge aus Zellen und Netzwerken geschaffen, aus mehr oder minder flüchtigen Konsortien und Partnerschaften. Zu Beginn der achtziger Jahre führten Totò Riinas Männer den blutigsten Mafiakrieg in der Geschichte. Es ging dabei um die Kontrolle über die Heroinroute in die Vereinigten

Staaten. Bis heute hat es in Kalabrien keinen vergleichbaren Konflikt gegeben. Einer der Gründe ist die Tatsache, dass das Kokaingeschäft einfach zu weit gestreut ist, als dass irgendein kalabrischer Boss, und sei er noch so mächtig, auch nur daran denken könnte, es völlig allein zu bestreiten.

Und doch ist die 'Ndrangheta in Kalabrien, im übrigen Italien und auf der ganzen Welt keineswegs chaotisch oder kopflos. Das ist uns klarer denn je geworden, dank einer der wichtigsten Ermittlungen in der Geschichte der 'Ndrangheta. 2010 gelang es den Carabinieri, heimlich das Große Verbrechen zu filmen …

'Ndrangheta: Das Große Verbrechen

Italien hat es nie an Informationen über die sizilianische Mafia gefehlt. Eine öffentliche Debatte – zuweilen laut, zumeist unproduktiv – begleitete unentwegt jede Etappe der Geschichte des organisierten Verbrechens auf der Insel. Es gab nur eine Phase, in der absolutes Schweigen die Regel war: das letzte Jahrzehnt im Faschismus, als Mussolini sämtliche Berichte über die Mafia in der Presse untersagte. In der Nachkriegszeit steigerte sich die Menge an Informationen exponentiell. Zwischen 1963 und 1976 erstellte der erste parlamentarische Untersuchungsausschuss bereits einen Abschlussbericht, der drei dicke Wälzer und weitere 34 Bände unterstützenden Beweismaterials umfasste. Mittlerweile fördern die verschiedenen lokalen und nationalen Antimafia-Gremien, die Giovanni Falcone ins Leben rief, Tag für Tag diese Menge an Material zutage. Gegenwärtig werden wir auch in Sachen Mafia von Informationen überflutet. Es dauerte sechs Jahre, von 1986 bis 1992, bis Italien seine traditionelle Weigerung, die Existenz der sizilianischen Mafia in Erwägung zu ziehen, dank des Mammutprozesses von Giovanni Falcone und Paolo Borsellino endlich aufgab. Heutzutage beweisen Polizei und Carabinieri jeden Tag ihre Präsenz, in jedem italienischen Heim, indem sie essentielle Szenen ihrer Einsätze auf YouTube posten. Jedermann kann sehen und hören, was die Carabinieri der Operation Perseus sahen und hörten, als die Palermer Bosse sich 2008 versammelten, um wieder eine *Art* Kommission einzusetzen.

Auch über die Camorra gibt es ausreichend Nachrichten, Kommentare und Dokumentationen. Kaum hatte das Neapel der Nachkriegszeit seine Scheu überwunden, das »C«-Wort in den Mund zu nehmen, wurde über die Großtaten von Camorristi ausführlich berichtet – zumindest auf lokaler Ebene, zumindest für jene, denen es nicht gleichgültig war. Zu Beginn der 2000er Jahre machten dank Roberto Savianos Buch *Gomorrah* neapolitanische Gangstergeschichten auch überregional Schlagzeilen.

Mitnichten jede Information über die Camorra, die es an die Öffentlichkeit schafft, verdient es, ernst genommen zu werden. Wie seit jeher der Fall, sind Camorradramen oft öffentliche Spektakel, ein Umstand, in dem sich ein Quäntchen neapolitanische Lebensart spiegelt. Einigen Lokalzeitungen in Kampanien wurde vorgeworfen, sie fungierten als eine Art Schwarzes Brett für die Clans. Dann gibt es die »neomelodischen« Sänger, deren Arbeit zuweilen eine kaum verhohlene Apologie für die Camorra ist. 2010 nahm der »Neomelodiker« Tony Marciano den Song »Wir dürfen nicht aufgeben« auf, in dem ein flüchtiger Gangster gegen *pentiti* wettert, die gegen die Omertà verstoßen und »ein Imperium zu Fall gebracht« haben. Im Juli 2012 wurde Marciano verhaftet. Er stand im Verdacht, mit Drogen zu handeln. Der Haftbefehl beschreibt ihn als jemanden, der dem Gionta-Clan nahesteht, »so nahe, dass er ständig zu privaten Feiern eingeladen wurde, die von den Unterstützern und Mitgliedern dieser Organisation veranstaltet worden waren«. Marcianos einziger Kommentar, als die Carabinieri ihn abführten, lautete: »Wenn ich ein Konzert gebe, kommen nicht so viele Kameras.«

Die meiste Zeit galt die 'Ndrangheta als die kauzige Mafia: Sie hat es versäumt, unentwegt die Aufmerksamkeit der Öffentlichkeit auf sich zu ziehen. Einige grundlegende Tatsachen können erklären, warum dem so war. Kalabrien ist vergleichsweise klein: Auf Sizilien leben 5,05 Millionen Menschen, in Kampanien 5,8 Millionen, dagegen nur 2,2 Millionen in der Stiefelspitze. Kalabrien ist auch politisch eher unbedeutend, und seine Medien sind kaum präsent: Die wichtigste Zeitung der Region, die *Gazzetta del Sud*, hat nicht einmal ihren Sitz in Kalabrien, sondern erscheint jenseits der Meerenge im sizilianischen Messina. Lange Zeit war die zyklische Gewalt zwischen den Clans der kalabrischen 'Ndrangheta, aus der Sicht Turins oder Triests, allzu rasch als atavistisch, unheilbar und irrelevant abgetan worden. Die Flut von Entführungen in den siebziger und achtziger Jahren erregte hauptsächlich deshalb die Gemüter, weil viele der Opfer aus dem Norden stammten. Abgesehen von den Entführungen wurde der Platz, den überregionale Nachrichtensendungen für Mafiageschichten zur Verfügung stellten, von den Ereignissen in Palermo oder Neapel eingenommen. Unterdessen gedieh die 'Ndrangheta im Verborgenen.

Eine der signifikantesten Entwicklungen der letzten Jahre ist die Tatsache, dass die übliche Gleichgültigkeit Italiens angesichts der Bedrohung durch die 'Ndrangheta allmählich verschwindet. Eine Schlüsselrolle spielen dabei die Aktionen der 'Ndrangheta selbst. Im Oktober

2005 wurde der zweite Vorsitzende der kalabrischen Regionalversammlung, Francesco Fortugno, in Locri ermordet: Es war der spektakulärste Mafiamord an einem Politiker im 21. Jahrhundert.

Die Ereignisse in der deutschen Stahlstadt Duisburg 2007 erregten sogar noch größeres Aufsehen. In den frühen Morgenstunden des 15. August wurden sechs Männer kalabrischer Herkunft, der jüngste ein 16-jähriger Junge, vor einem italienischen Restaurant in ihren Fahrzeugen hingerichtet. Ihre Tode waren der Schlussakt einer 16 Jahre währenden Fehde zwischen zwei Gruppierungen der 'Ndrangheta, beide in San Luca, auf dem Aspromonte, heimisch. Die Wucht der Fehde hatte sich auch auf die Ableger der Clans in Deutschland übertragen.

So zynisch es sich anhört, aber die Duisburg-Morde geschahen zur rechten Zeit am rechten Ort. Nachdem der »Traktor« Provenzano im Jahr davor verhaftet worden war, hatte die Cosa Nostra ihren Platz in den Medien geräumt, den nun die 'Ndrangheta einnehmen konnte. Für die meisten Italiener kam die Vorstellung, dass sich die 'Ndrangheta weit über die bewaldeten Hänge des Aspromonte hinaus verbreitet hatte, völlig überraschend; dass sie auch in Deutschland fest verankert war, war ein Schock.

Wichtige Indikatoren für Italiens neu entdeckte Furcht vor der 'Ndrangheta folgten auf dem Fuß. 2008 erstellte ein kalabrischer Mitte-links-Politiker den ersten umfassenden Bericht über die parlamentarische Untersuchung in Sachen 'Ndrangheta – etwa 130 Jahre nachdem sie das Gefängnissystem verlassen hatte. Die Sichtbarkeit der kalabrischen Gangster in aller Welt hat ebenfalls zugenommen: Im Juni desselben Jahres schloss Präsident Bush sie in den *Foreign Narcotics Kingpin Designation Act* mit ein – eine Art Schwarze Liste ausländischer Drogenhändler.

2010 war ein wichtiges Jahr, sowohl in Hinblick auf großangelegte Einschüchterungsaktionen durch die 'Ndrangheta als auch in Hinblick auf eine Reaktion seitens des italienischen Staates. Im Januar detonierte eine Bombe vor der Staatsanwaltschaft in Reggio Calabria – niemand kam zu Schaden. Achtzehn Tage später wurde am Morgen des Tages, für den der Staatspräsident seinen Besuch in der Stadt angekündigt hatte, ein Fahrzeug voller Waffen und Sprengstoff in Reggio Calabria gefunden. Andere Warnungen folgten, einschließlich einer Bazooka, die unweit der Büroräume des Oberstaatsanwalts abgelegt worden war.

Noch im selben Jahr wurde der Text des Rognoni-La Torre-Gesetzes endlich abgeändert und schließt seither explizit die 'Ndrangheta mit ein.

Schließlich ist die kalabrische Mafia noch ein verhältnismäßig neues Phänomen. 1979 erschien auf Italienisch nur ein Buch mit dem Wort 'Ndrangheta im Titel. 1980 gab es kein einziges, 2010 und 2011 insgesamt über 20. Mittlerweile werden sogar Beschwerden laut, man könne neuerdings zu viele Bücher über das organisierte Verbrechen in Kalabrien lesen. Wie kurz einige Gedächtnisse sind. Die Historiker, die Pionierarbeit leisteten, die tapferen kalabrischen Richter und Journalisten, die sich jahrzehntelang bemühten, das Problem 'Ndrangheta zu dokumentieren, und die jetzt endlich die breite Leserschaft gefunden haben, die sie verdienen, gehören nicht zu den Nörglern.

Die Ermittlungsrichter der Antimafia-Staatsanwaltschaft im Bezirk Reggio Calabria (der »Pool«) haben unlängst Erfolge erzielt, die der erwachten Neugier der Öffentlichkeit Rechnung tragen. Genau wie für Sizilien kann man die außergewöhnliche Überwachungsarbeit, die dort von den Carabinieri geleistet wurde, auf YouTube bewundern. Der denkwürdigste Clip zeigt eine Gruppe von Männern, zumeist mittleren Alters, und allesamt so leger gekleidet, als schlenderten sie nur die Straße entlang zu ihrem örtlichen *circolo*, um eine Runde Karten zu spielen oder ein Glas Wein zu trinken. Man sieht, wie sie vor einer kleinen weißen Madonnenstatue innehalten, die auf einer zwei Meter hohen steinernen Säule thront. Für jeden, der schon einmal in Polsi war, ist der Ort unverwechselbar: Es ist das mittelalterliche Madonnenheiligtum auf dem Aspromonte. Staatsanwälten zufolge – und bisher haben die Gerichte ihrer Darstellung zugestimmt – geschieht nun das, was ein sakraler Moment im Lebenszyklus der 'Ndrangheta ist. In jedem Jahr mischen sich Bosse aus ganz Kalabrien unter die Pilger, um die Ernennung hochrangiger Mitglieder der kalabrischen Mafia zu ratifizieren. Sobald sie sich alle vor der Muttergottesstatue versammelt haben, bilden die Männer auf dem grobkörnigen Film langsam einen Kreis und lauschen andächtig, während der älteste seinen Glaubenssatz spricht:

> »Was wir hier haben, würde ohne mich nicht existieren (...) Ich wurde vier Jahre vor allen anderen mit der *santa* ausgezeichnet. Dann gaben sie mir den *vangelo* (...) Es gibt eine Regel: Die

Ämter können nicht irgendwann vergeben werden, sondern nur zweimal im Jahr, und nur in der Gemeinschaft. Wir müssen alle beisammen sein! Das ›Große Verbrechen‹ gehört nicht nur einem allein: Es gehört allen!«

Santa und *vangelo* sind hochrangige »Blumen« beziehungsweise »Gaben« der 'Ndrangheta – bleibende Statussymbole, jedes durch ein besonderes Initiationsritual gekennzeichnet. (Die Einführung der *santa* oder *Mamma Santissima* war der Auslöser für den ersten 'Ndrangheta-Krieg im Jahre 1974.) Diese »Gaben« verschaffen ihren Trägern Zugang zu höheren Positionen oder Ämtern im Führungsgremium der 'Ndrangheta, dem »Großen Verbrechen«, auch als »Verbrechen« oder »Provinz« bekannt. Der Mann, der dabei gefilmt wurde, wie er sich im September 2009 an den Kreis der 'Ndranghetisti in Polsi wandte, war der 79-jährige Domenico Oppedisano, der kurz zuvor zum *capocrimine* (Boss des Verbrechens) gewählt worden war, das höchste Amt der 'Ndrangheta. (Oppedisano wurde festgenommen und zu zehn Jahren Haft verurteilt. Ein Berufungsverfahren ist im Gang.)

Was also tut das Große Verbrechen genau? Und wie mächtig ist der *capocrimine*? Laut Aussage der Staatsanwälte und Richter, die bisher in dem Fall entschieden haben, sind Vergleiche mit der Kommission der Cosa Nostra und mit einem diktatorischen Superboss wie Totò Riina ziemlich fehl am Platz. Domenico Oppedisano ist kein Totò Riina. Zum einen sollte sein neues Amt, wie alle anderen Positionen im Großen Verbrechen, nur ein Jahr dauern, nicht ein Leben lang. Oppedisano wurde als weiser Kopf gewählt, als Experte für Traditionen und Rituale, als Schlichter von Streitigkeiten. Das Große Verbrechen hat die Macht, einen *locale* aus der Organisation zu entlassen, einen neugegründeten *locale* anzuerkennen oder zwischen zwei rivalisierenden Kandidaten um das Amt des *capobastone* eines *locale* zu entscheiden. Wie ein reuiger 'Ndranghetista unlängst erklärte, steht es dem Großen Verbrechen nicht zu, sich in das kriminelle Alltagsgeschäft einzumischen:

»In Kalabrien kommen sie nicht etwa zusammen, um zu fragen: ›Was sollen wir tun?‹ oder ›Sollen wir die Lieferung aus Kolumbien ins Land bringen?‹ Sie treffen sich ausschließlich, um die

Ämter zu wählen (...) Aber nicht um zu bestimmen, was wir tun oder wen wir töten sollen. Solche Entscheidungen werden von den Städten und Dörfern getroffen, den *locali*.«

Die interne Politik der 'Ndrangheta ist in Bezug auf Verfahren und Strategien sogar noch komplizierter als diejenige der Cosa Nostra. Die Carabinieri waren in der Lage, lange, leidenschaftliche Diskussionen über die Frage aufzuzeichnen, welche *locali* Positionen im Großen Verbrechen einnehmen durften. Doch alle in der Runde waren sich einig, dass die höchsten Ämter zwischen den drei Bezirken zirkulieren sollten, in die das kriminelle Territorium der Provinz Reggio Calabria unterteilt ist: die Ebene von Gioia Tauro, die ionische Küste und die Stadt Reggio Calabria. Domenico Oppedisano war, wie sich herausstellte, ein Kompromiss – er war gewählt worden, weil er wenig persönliche Macht besaß und niemanden vor den Kopf stieß.

Einer der bemerkenswertesten Züge der Operation Crimine und der zahllosen Ermittlungen, die darauf gründeten, ist die Tatsache, dass sie offenlegt, wie das politische Leben der 'Ndrangheta Mitglieder in ganz Italien umfasst. Mit einer oder zwei Ausnahmen ist jeder norditalienische *locale* der Klon eines Mutter-*locale* in Kalabrien. Ein Überläufer lieferte ein lebhaftes Bild für dieses Verhältnis: »Eine Frau gebärt ein Kind, doch die Nabelschnur wird nie durchschnitten.« Diese »Nabelschnur« steht für die engen Blutsbande zwischen Mitgliedern desselben Clans. Aber die Verbindung ist auch konstitutioneller Natur. *Locali* außerhalb Kalabriens müssen sich an das Große Verbrechen wenden, sobald es Streit gibt, oder die Erlaubnis einholen für die Verleihung hochrangiger »Blumen« oder für die Anerkennung neuer *locali*. (Nicht anerkannte *locali* gelten als Bastarde.)

Locali in der Lombardei, Italiens bevölkerungsreichster und wirtschaftlich dynamischster Region, haben ihre eigene Repräsentantenversammlung, bekannt als »Lombardia«. 2008 versuchte Carmelo Novella, der Vorsitzende der Lombardia, sich vom Großen Verbrechen zu lösen, indem er hochrangige Blumen ohne Genehmigung verlieh und eigenmächtig neue *locali* gründete. Am 14. Juli 2008 zahlte er den Preis für seine separatistischen Tendenzen, als er in seiner Stammbar erschossen wurde. Das Große Verbrechen gründete dann ein temporäres Gremium, den Kontrollrat, der die Lombardei durch die Krise führen sollte. Zum Leiter des Kontrollrats wurde Pino Neri bestimmt, ein Freimaurer und verurteilter Drogenhändler, der in Kalabrien geboren war, jedoch an der Universität Pavia bei Mailand einen Abschluss in Rechtswissenschaften erworben hatte. Seine Abschlussarbeit handelte ausgerechnet von der 'Ndrangheta. Am 31. Oktober 2009 war die Stadt Paderno Dugnano bei Mailand Schauplatz eines Treffens, bei dem Neri eine Lösung für die organisatorischen Streitigkeiten mit der Lombardia präsentierte. In einem Kulturzentrum, das nach Giovanni Falcone und Paolo Borsellino benannt war, erklärten sich sämtliche lombardischen Bosse mit dem Plan einverstanden. Die Carabinieri filmten das Ereignis, das jetzt frei verfügbar auf YouTube zu sehen ist. Während der Entstehung dieses Buches wurde Pino Neri vor Gericht gestellt und zu 18 Jahren Haft verurteilt wegen seiner führenden Rolle in der lombardischen 'Ndrangheta. Es ist noch unklar, ob er Berufung einlegen wird.

Es gibt noch viel Klärungsbedarf bezüglich des Innenlebens der 'Ndrangheta. Ermittler glauben zum Beispiel, dass *locali* weltweit üblicherweise dem Großen Verbrechen verantwortlich sind. Der aufwühlendste Fall ist der am weitesten entfernte: In Australien gibt es angeblich neun *locali.* Einer davon befindet sich in Stirling, einer Stadt mit 200 000 Einwohnern in der Nähe von Perth. 2009 wurde den italienischen Behörden zufolge der Boss des *locale* in Stirling abgehört, ein Immobilienentwickler und ehemaliger Bürgermeister namens Tony Vallelonga, der nach Kalabrien angereist kam, um ein Mitglied des Großen Verbrechens zu konsultieren. Vallelonga gab sich wütend und verblüfft über die Anspielungen auf seine Mitgliedschaft, die 2011 publik wurden. Noch wurde er nicht ausgeliefert.

Neuere Ermittlungen haben nicht nur einige zunächst verwirrende Aspekte der hierarchischen Struktur der Organisation aufgedeckt; sie haben auch neue Indizien bezüglich der Frauen in der kalabrischen Mafia zutage gefördert. Einige dieser Frauen genießen großen Einfluss. Sie »borgen« sich sozusagen von ihren männlichen Verwandten die Macht, mit der in diesem Fall mehr verbunden ist als die normalen weiblichen Pflichten, welche darin bestehen, die Männer zu Vergeltungsaktionen anzuhalten und die Kinder im Kult der Gewalt großzuziehen. Sie erfordert auch mehr als das Verstecken von Waffen und die Überbringung von Botschaften an Gefangene. Einige 'Ndrangheta-Frauen wurden sogar mit der Vermögensverwaltung der Bande betraut. Es gibt Hinweise darauf, dass die eine oder andere außergewöhnlich Wagemutige einen Sonderstatus in der 'Ndrangheta genießt und den Titel einer »Schwester der Omertà« führen darf.

Trotz des Einflusses, den einige Frauen der 'Ndrangheta genießen, sind sie doch insgesamt gänzlich von den Kommandostrukturen ausgeschlossen, welche die Operation Crimine identifiziert hat: Es gibt weder weibliche Offiziere in den *locali* noch dürfen Frauen offiziell initiiert werden. Anders ausgedrückt: Frauen können zwar durch Geburt oder Heirat den kalabrischen Gangster-Blutlinien angehören, dürfen aber nicht an der 'Ndrangheta als Organisation teilhaben.

Wie die beiden anderen Mafias verknüpft auch die 'Ndrangheta in besonderer Weise verwandtschaftliche und strukturelle Bande. Die 'Ndrangheta ist ebenso fest im Familiären verwurzelt wie die Camorra; und doch ist sie wie die Cosa Nostra eine verschworene Bruderschaft männlicher Krimineller, ein hierarchisch strukturierter Freimaurerbund des Verbrechens. Diese besondere Mischung von Charakteristika scheint Frauen im Umkreis der 'Ndrangheta äußerst verwundbar zu machen: Fast hat man das Gefühl, als müssten sie noch mehr Missbrauch erdulden als ihresgleichen in Kampanien oder Sizilien. Aufgrund der Aussagen von Frauen, die der 'Ndrangheta nahestehen und sich der Justiz anvertraut haben, werden in Reggio Calabria neuerdings an die 20 Gerichtsverfahren im Zusammenhang mit weiblichen Opfern – die einen vermisst, die anderen unter mysteriösen Umständen zu Tode gekommen – wieder aufgerollt. Eine vertuschte Serie von Ehrenmorden der 'Ndrangheta könnte demnächst ans Licht kommen. Eines der Opfer war Maria Teresa Gallucci. 1994 drangen Killer in ihre Wohnung in der norditalienischen Hafenstadt Genua ein und erschossen sie, wie auch ihre Mutter und ihre Nichte, die zufällig gerade bei ihr gewesen waren. Maria Teresa war die Witwe eines 'Ndranghetista. In den Augen der Gangster hatte sie das Andenken an ihren Ehemann beschmutzt, indem sie mit einem anderen ein Verhältnis eingegangen war.

Ein ähnlich verstörender Fall ist der von Domenica Legato, die 2007 sterbend auf der Straße lag, vor dem Haus der Familie. Sie sei vom Balkon gestürzt, behaupteten ihre Angehörigen. Eine Kronzeugin dagegen spricht von verdecktem Mord. Messerstiche auf ihren Händen könnten darauf hinweisen, dass sie kurz vor ihrem Tod einen Angreifer abgewehrt hatte. Auch Domenica hatte als Witwe eines 'Ndranghetista eine neue Liebe gefunden. Der Fall wurde damals als Selbstmord abgehandelt, und während ich dies schreibe, ist noch keine neue Untersuchung eingeleitet worden.

Die vielleicht bedrückendste Geschichte betrifft Maria Concetta Cacciola, eine Mutter von drei Kindern, deren Mann, ein 'Ndranghetista, eine langjährige Haftstrafe zu verbüßen hatte. Nachdem sie von ihrem Vater zusammengeschlagen worden war, weil dieser herausgefunden hatte, dass sie im Internet eine platonische Beziehung zu einem anderen Mann angefangen hatte, wandte Maria Concetta sich im Mai 2011 an die Carabinieri. Als man sie schließlich fand, litt sie entsetzliche Qualen, weil sie Salzsäure getrunken hatte. Selbstmord, behauptete die Familie auch in diesem Fall. Maria Concettas Vater, Bruder und Mutter müssen sich derzeit wegen Körperverletzung mit Todesfolge, aber nicht wegen Mordes vor Gericht verantworten. Es gab viele öffentliche Debatten, ob dieser Vorwurf wirklich spiegelt, was Maria Concetta zugestoßen ist.

Tragödien wie diese werfen unweigerlich Fragen auf. Gehörten solche Gräuel vor dem Erwachen des juristischen Interesses an der Rolle von Mafiafrauen in den 1990er Jahren schon lange zum Alltag der 'Ndrangheta? In der Frühphase der kalabrischen Mafia zählte die Zuhälterei zum Kerngeschäft. Damals waren demnach zahlreiche Frauen, die den *cosche* am nächsten standen, Prostituierte. Schläge, Entstellung und Mord waren die liebsten Machtinstrumente der kalabrischen Gangster, um ihre Mädchen in Schach zu halten. Zwischen den Weltkriegen lernte die 'Ndrangheta, dass es sich auf lange Sicht auszahlte, die Zuhälterei zu meiden und die Frauen auf andere Weise für ihre Zwecke einzuspannen: vor allem als Spielfiguren auf dem Schachbrett dynastischer Ehebündnisse. Falls die Geschichten von Maria Teresa Gallucci, Domenica Legato und Maria Concetta Cacciola uns etwas lehren, dann die Tatsache, dass ihre veränderte Rolle die Frauen der 'Ndrangheta noch immer nicht davor bewahrt, um der männlichen Ehre willen verletzt, verstümmelt oder getötet zu werden.

Die wichtigsten Fragen ergeben sich aus der Operation Crimine. Wie lange existiert die 'Ndrangheta bereits in dieser Form, ohne dass die übrige Welt davon Kenntnis hatte? Was mich angeht, so neige ich zu der Überzeugung, dass das Große Verbrechen keine Neuheit ist und dass die 'Ndrangheta schon immer eine einheitliche kriminelle Bruderschaft mit regem Innenleben war, darauf bedacht, ihre Strukturen straff zu organisieren (wann immer die Umstände es erlaubten). Seit den 1880er Jahren verfügten sämtliche 'Ndrangheta-Zellen in Kalabrien weitgehend über dieselbe Struktur und pflegten erkennbar ähnliche Rituale. Die bei weitem wahrscheinlichste Erklärung für diese Tatsache ist, dass die 'Ndrangheta schon immer von einem Großen Verbrechen oder etwas in der Art geleitet wurde.

Die Menge der Filmclips über das Große Verbrechen, die 2009 von den Carabinieri aufgenommen wurden, reicht aus, um einem Historiker Gänsehaut zu verursachen. Noch nie gab es eine derart direkte Aufnahme von der Jahresversammlung der 'Ndrangheta. Im Zuge der vergangenen 100 Jahre sind immer wieder fragmentarische Beweise zum Polsi-Gipfel aufgetaucht, und Gerüchte gab es zuhauf. Doch vor der Operation Crimine war es niemandem gelungen, die tatsächliche Funktion dieses Gremiums zu bestimmen, das regelmäßig auf den höheren Lagen des Aspromonte tagte. Bis zum heutigen Tag gibt es keinen Präzedenzfall in Italien, der zweifelsfrei nachgewiesen hätte, dass die 'Ndrangheta tatsächlich existiert, als *eine* Bruderschaft, mit *einer* Struktur und *einem* Koordinationsorgan, nicht als lose Ansammlung krimineller Banden, die zuweilen flüchtige Bündnisse schließen. Ziel der Operation Crimine ist es, solch einen Präzedenzfall zu schaffen. In anderen Worten, die 'Ndrangheta wartet noch immer auf eine definitive gesetzliche Beschreibung ihrer Funktionsweise, wie sie der Mammutprozess von Falcone und Borsellino für die Cosa Nostra schuf. Italien ist erst allmählich bereit, einen kriminellen Geheimbund anzuerkennen, der, ähnlich wie die Cosa Nostra, fast sicher seit über 100 Jahren existiert.

Die 'Ndrangheta ist zweifellos Italiens derzeit mächtigste Mafia. Dank der jahrelangen Vernachlässigung durch den Staat und die öffentliche Meinung hat sie ihr Heimatterritorium unerbittlich im Griff, eine Fähigkeit ohnegleichen entwickelt, andere Regionen und Länder zu kolonisieren, und verfügt über gewaltige Reserven an Drogengeldern, die es ihr gestatten, die legalen Wirtschafts- und Finanzinstitutionen zu beherrschen. Und dennoch bleibt sie für die Ermittler ein weitgehend unerforschtes Neuland. Kalabrien muss erst noch die reiche Antimafia-Kultur entwickeln, die mittlerweile in Sizilien blüht.

Die Anzahl der Unternehmer, die sich bislang weigern, Schutzgeld zu zahlen, ist winzig. In jeder erdenklichen Hinsicht ist Kalabrien eine Generation hinter Sizilien zurück, was den Kampf gegen das organisierte Verbrechen anbelangt.

Willkommen in der Grauzone

Es gibt innerhalb der Cosa Nostra ein Mitglied der Massakerbefürworter, das noch immer auf freiem Fuß ist – ein Boss, dessen Macht im Zusammenhang steht mit dem Aufstieg der Corleoneser. Sein Name lautet Matteo Messina Denaro. Mittlerweile 50 Jahre alt, ist er seit 20 Jahren auf der Flucht. Laut Aussage des Innenministeriums wird er wegen »Mafiazugehörigkeit, vielfachen Mordes, Sachbeschädigung, Besitzes von Sprengstoff, schweren Diebstahls und dergleichen mehr« gesucht. Messina Denaro gehört zur Mafiaaristokratie und ist der Sohn eines mächtigen Bosses. Er hatte lange Zeit eine österreichische Freundin, und einige seiner beschlagnahmten Briefe enthüllen, dass er sich zu keiner Religion bekennt. Sein Stützpunkt befindet sich in Trapani, Siziliens westlichster Provinz. Dieser Umstand hält ihn davon ab, die Cosa Nostra von ihrer Hauptstadt Palermo aus zu lenken. Doch er hatte dort stets ein Netz aus Unterstützern, vornehmlich im Bezirk Brancaccio. Und während der Operation Perseus wurde klar, dass Messina Denaro bei den Gesprächen innerhalb der Cosa Nostra über die Errichtung einer *Art* von Kommission in Palermo großen Einfluss besaß. Ob Messina Denaro nun der letzte einer alten Sorte Bosse ist oder der erste einer neuen Sorte, lässt sich schwer sagen.

In den vergangenen Jahren haben sich die Sizilianer an die Szenen gewöhnt, wenn ein flüchtiger Mafioso verhaftet wird: Polizisten und Carabinieri mit Sturmmasken und kugelsicheren Westen stoßen triumphierend die Fäuste in die Luft und fahren ihren Gefangenen unter heftigem Gehupe zum Basislager. Jubelnde Menschen versammeln sich vor dem Polizeipräsidium und singen »Wir sind das wahre Sizilien«. Dann kommt der Gefangene selbst in Sicht, blinzelt teilnahmslos ins Blitzlicht der Fotografen, während alle im Geiste sein Gesicht mit dem Phantombild vergleichen.

Es steht zu hoffen, dass diese Szenen sich bald wiederholen, wenn die Festnahme Matteo Messina Denaros gefeiert wird. Die Verhaftung des Bosses aus Castelvetrano würde in der Tat einen weiteren historischen Sieg über ein altes Übel bedeuten.

Historisch, aber sicherlich nicht definitiv. Sizilianer hätten alles Recht der Welt, über das Ende von Messina Denaros Karriere zu jubeln. Doch trotz der vielen guten Neuigkeiten seit den Tragödien von 1992 glauben nur wenige Inselbewohner, dass die Cosa Nostra für immer bezwungen ist. Die Gründe dafür – wie die gesamte Geschichte des organisierten Verbrechens in Sizilien – liegen zum Teil in der noch immer vorhandenen Stärke der sizilianischen Mafia und zum Teil in Italiens Schwäche.

Alle sechs Monate erstellt die *Direzione Investigativa Antimafia* (ein Äquivalent zum FBI, eingerichtet von Giovanni Falcone) einen ausführlichen Bericht zum aktuellen Stand im Kampf gegen das organisierte Verbrechen. Zu den unverfänglichsten, aber signifikantesten Zahlen, die darin verzeichnet sind, gehören die Fälle von »Vandalismus, gefolgt von Brandstiftung« – ein vielsagender Hinweis, dass hier Schutzgelderpresser am Werk sind, und der Beweis für die Fähigkeit der Cosa Nostra, ihre Drohungen wahrzumachen, ohne einen Mord zu begehen. 2011 gab es auf Sizilien 2246 Fälle von Vandalismus, gefolgt von Brandstiftung: die höchste Rate im Vergleich zu jeder anderen Region Italiens, und ein Anstieg im Vergleich zu den Vorjahren.

Natürlich spiegelt diese Zahl bei weitem nicht das volle Ausmaß des Schutzgeldsystems der Cosa Nostra. Zum einen verstecken sich Erpressungsaktionen zwischen vielen anderen Verbrechensarten: Der Einbruch in ein Lagerhaus zum Beispiel ist oft nur eine Einladung an den Besitzer, die richtige Person zu bezahlen. Doch lässt sich auf diese Weise erahnen, wie schwierig es für Sizilien ist, sich aus dem Griff der Schutzgelderpresser zu lösen.

Die *Addiopizzo*-Bewegung gegen das Schutzgeld bleibt weitgehend auf die wohlhabenderen Viertel Palermos beschränkt. Viel geringer ist ihr Einfluss auf die Vorstädte und umliegenden Siedlungen, wo die sizilianische Mafia ihren Ursprung hatte und ihre Macht noch immer am größten ist. Die Anzahl der Unternehmen, die *Addiopizzo* unterstützen, ist seit 2004 stetig gewachsen. Derzeit jedoch stockt sie bei 723. Es bleibt noch sehr viel zu tun.

Warum hat die derzeitige Schwäche der Cosa Nostra nicht eine umfassende Revolte gegen das Schutzgeld ausgelöst? Eine Erklärung gibt die Angst. Die Sizilianer sind sich nur allzu bewusst, dass die Cosa Nostra jede Schwäche seitens der Behörden nutzen wird, um neue Kraft zu sammeln, wie bereits nach zwei unterschiedlichen Wellen faschistischer Repressionen und erneut in den späten sechziger Jahren.

Als 1998 Guido Lo Forte, einer der letzten Bosse aus dem Flügel der Massakerbefürworter, verhaftet wurde, formulierte ein Richter, der an der Jagd beteiligt gewesen war, eine Warnung, die noch heute Gültigkeit hat:

> »Die Erfahrung der vergangenen 20 Jahre hat uns gelehrt, dass für Triumphe keine Zeit ist. Die Cosa Nostra ist eine Organisation, deren Struktur dazu geschaffen ist, ein Revier zu beherrschen, ungeachtet der Rolle Einzelner, und sie hat eine enorme Kraft, sich zu regenerieren und zu verwandeln.«

Wenn ein Mafiaboss festgenommen wird, steht fast immer schon Ersatz bereit. Wenn 30 Bosse festgenommen werden, wie in der Operation Perseus, erheben sich neue Anführer aus dem Fußvolk. Die Soldaten der Cosa Nostra sind allesamt Verbrechergeneräle, wie Giovanni Falcone einmal sagte. Selbst wenn eine ganze Generation von Bossen und Soldaten eine Weile hinter Gittern sitzt, sind ihre Söhne und Neffen – mit den Werten der Gewalt und der Ehre erzogen – darauf erpicht, der Herausforderung zu genügen. Und wenn alte Bosse freigelassen werden, können auch sie wieder ihre Führungsrollen übernehmen. Keine kriminelle Organisation schätzt Erfahrung mehr als die Cosa Nostra. Unter den Männern, die im Zuge der Operation Perseus identifiziert wurden und die der neugegründeten *Art* von Kommission angehören sollten, war der legendäre Gerlando Alberti (81). Alberti sorgt seit den 1960er Jahren immer wieder für Schlagzeilen. Er war der Boss, der den unverschämten Witz äußerte: »Die Mafia? Was ist das? Eine Käsesorte?«

Eine der oft unsichtbaren Kraftquellen der Cosa Nostra ist ihre Kontrolle über gewöhnliche Kriminelle. Die Mafia beherrscht und besteuert Verbrechen. Mafiosi bestreiten ihren Lebensunterhalt, indem sie von Dieben und Drogendealern ebenso Schutzgeld erpressen wie von Ladenbesitzern und Baufirmen. Die Kontrolle über die Unterwelt fängt im Gefängnis an und reicht bis hinaus auf die Straßen: Der örtliche Boss kassiert von allem seinen Anteil, bei Todesstrafe. Es gibt den Brauch in Sizilien, dass jeder, der einen Schwerlaster ausraubt, 24 Stunden warten muss, während Mafiosi die Beute prüfen; gehört sie zu einer Firma mit den richtigen Verbindungen, muss sie zurückgegeben werden. Dass gewöhnliche Verbrechen aussterben, ist auf Sizilien nicht wahrscheinlicher als anderswo auf der Welt, und die Autorität der Cosa Nostra über Kleinkriminelle wird noch lange nicht beseitigt werden.

Furcht ist aber nicht die einzige Ressource, auf welche die Ehrenwerte Gesellschaft Siziliens zurückgreifen kann. Auch ist die Mafia nie einfach nur ein Club von Halsabschneidern gewesen. 1876 bezeichnete ein Soziologe Mafiosi als »Mittelschicht-Schurken« – womit er Menschen meinte, die Aufstiegsmöglichkeiten besaßen und Meister waren in der wohlüberlegten Anwendung von Gewalt. Diese Mittelschicht-Schurken waren geschickt darin, korrupte Netzwerke zu schaffen, und hatten ihre Finger in einigen der fortschrittlichsten Sektoren der sizilianischen Wirtschaft, die sowohl auf die passive als auch die aktive Unterstützung durch die Gesellschaft um sie herum zählen konnte. Die Cosa Nostra schuldet ihre Fähigkeit, sich zu regenerieren, weitgehend der Tatsache, dass sie stets Männer in ihren Reihen hatte, die sich der wirtschaftlichen, beruflichen und politischen Elite anzupassen vermochten, Männer, denen man ihre Rolle als Autorität abnahm. Das journalistische Modewort der Stunde für solche Leute ist »Grauzone«: Damit ist ein Gesellschaftsbereich gemeint, dem eine Komplizenschaft mit den Bossen schwer nachzuweisen ist und in dem die Partnerschaft zwischen Bossen und Geschäftsleuten oder zwischen Pistole und Laptop keineswegs immer zugunsten von Ersterem ausfällt. Die Grauzone ist ebenso unsichtbar wie allgegenwärtig: Man sieht sie nicht auf YouTube.

Michele Aiello, ein Bauunternehmer, der Sizilien mit Kliniken und Krankenhäusern ausstattete, kam direkt aus dieser Grauzone. Er fungierte als Strohmann für Bernardo Provenzano, den »Traktor«. Nachdem er 2011 für schuldig befunden worden war, wurde sein gewaltiges Vermögen, das sich auf 800 Millionen Euro belief, konfisziert. (Alarmierenderweise wurde ihm bereits nach wenigen Monaten seiner 15-jährigen Haftstrafe eine Umwandlung in Hausarrest bewilligt, mit der Begründung, er sei allergisch gegen Bohnen.)

Ein weiterer Ganove aus der Mittelschicht ist Aiellos Freund Giuseppe Guttadauro, ein führender Chirurg und Boss des Bezirks Brancaccio der Cosa Nostra. Es gibt eine lange Liste von Mafiaärzten – offenbar sahen sie keinerlei Unvereinbarkeit zwischen dem Hippokratischen Eid und den Gelübden der Cosa Nostra. Italiens halb privatisiertes Gesundheitssystem zu unterwandern, war in den vergangenen zwei

Jahrzehnten eine der Haupteinnahmequellen des organisierten Verbrechens auf Sizilien.

Der jüngste Fall eines Mitglieds der Grauzone wurde 2010 entlarvt. Als Salvatore Lo Piccolo 2007 gefasst wurde, bestimmten seine Soldaten einen gewissen Giuseppe Liga zu seinem Nachfolger als Boss des San-Lorenzo-Bezirks der Cosa Nostra. Ligas Spitzname in Mafiakreisen lautet der »Architekt« – aus dem einfachen Grund, weil er von Beruf Architekt ist. Vor kurzem musste er eine 20-jährige Haftstrafe antreten.

Die Politik ist seit 1860 Teil der Grauzone der sizilianischen Mafia. Es wäre naiv anzunehmen, dass das Andreotti-Lager der Christdemokraten – »junge Türken« wie Lima und Ciancimino – die einzigen waren, die mit der Cosa Nostra unter einer Decke steckten. Weitaus wahrscheinlicher ist doch, dass viele politische Verbündete der Gangster aus den blutigen 1980er Jahren ungeschoren davonkamen. Die Politiker der Mafia haben auch ihre Freunde und Handlanger jahrzehntelang in den Staatsapparat eingeschleust.

In den vergangenen Jahren wurde gegen mehrere sizilianische Politiker mit Mafiakontakten ermittelt. Der prominenteste Fall ist der Arzt Salvatore Cuffaro, der von 2001 bis 2008 Präsident der autonomen Region Sizilien war. Cuffaro verbüßt derzeit eine siebenjährige Haftstrafe wegen »Unterstützung und Begünstigung der Cosa Nostra« und anderer Vergehen. So wurde ihm zum Beispiel vorgeworfen, er habe Wahlkandidaten festgelegt, für die der Chirurg und *capo* Giuseppe Guttadauro seine Zustimmung gegeben hatte. Außerdem stand er im Verdacht, über polizeiliche Ermittlungen gegen Guttadauro Informationen weitergegeben zu haben, die er von einer Gruppe korrupter Carabinieri in der Staatsanwaltschaft von Palermo bezogen hatte. Trotz erfolgreicher Ermittlungen bleibt die geheime Absprache mit der Mafia ein Verbrechen, das schwer zu beweisen ist. Wie viele Cuffaros noch dort draußen sind, weiß niemand.

Die Cosa Nostra ist auch deshalb schwer zu zerschlagen, weil sie so viel Rückhalt in der legalen Wirtschaft findet. Über Generationen hatten Geld und Einfluss der Mafia einen unterschiedlich dichten grauen Schleier über einen Großteil des Wirtschaftsgefüges gelegt. Niemand weiß, wie viele Firmen mit Kapital aus Verbrechen aufgebaut wurden. Oder Mafiosi als stille Teilhaber haben. Oder an Amigo-Geschäften und Kartellabsprachen verdienen, die unter der Ägide der Cosa Nostra ausgehandelt wurden. Oder wessen Angestellte ihre Posten der freundlichen Fürsprache eines Bosses verdanken.

All diese politischen und wirtschaftlichen Verflechtungen verleihen Mafiosi enorme Macht, sich Unterstützung zu erkaufen. Es zahlt sich aus, sich der Worte zu erinnern, die der »fromme« Boss Pietro Aglieri dem Richter gegenüber äußerte, der seine Festnahme verfügt hatte:

> »Wenn ihr in unsere Schulen geht und von Gerechtigkeit und Rechtsstaatlichkeit redet, hören unsere Kinder euch zu und folgen euch. Sobald sie aber größer werden und sich nach einem Job umsehen, einem Heim, ein bisschen Hilfe bei gesundheitlichen oder finanziellen Problemen, an wen wenden sie sich dann? An euch oder an uns?«

An den Rändern wird die Grauzone heller, breitet sich aus in die Bereiche der Wirtschaft, Politik und Gesellschaft, die nicht direkt der Kontrolle der Mafia unterstehen. Es gibt Tausende Unternehmen, die an der Grenze zur Gesetzlosigkeit agieren. Die Arbeit wird bar auf die Hand bezahlt, Steuern werden frisiert, Bücher gefälscht und Vorschriften umgangen. Der Rückgriff auf Offshore-Banking und Steueroasen ist in manchen Teilen des Bürgertums gang und gäbe. Ein Großteil der chronisch schleppenden Wirtschaft Siziliens ist abhängig vom Staatssektor, wo Vetternwirtschaft, Klientelpolitik und Korruption tiefverwurzelte Laster sind. Die Bosse drücken gern ihre eigenen Gesetze auf solch ein erstarrtes und gesetzloses System des Kapitals. Die Wirtschaft »außerhalb der Geschäftsbücher« ist, wie die Vetternwirtschaft, von Natur aus anfällig für den Einfluss der Mafia.

Selbst wenn er nicht im Bunde mit der Cosa Nostra steht, stimmt ein Großteil der Geschäftswelt Siziliens, wie auch ein Großteil seiner Politik und seines Staatsapparats, gewohnheitsmäßig gegen Transparenz. Welcher Schattierung von Grau die Betreffenden auch angehören, keiner von ihnen möchte, dass das Gesetz ihnen allzu genau auf die Finger schaut. Ivan Lo Bello ist der Vorsitzende von Siziliens *Confindustria* (dem Arbeitgeberverband). Seit beschlossen wurde, dass Schutzgeld zahlende Mitglieder ausgeschlossen werden, lebt er unter Polizeischutz und hat seine Kinder in ein ausländisches Internat geschickt. Ende 2011 sagte er dazu Folgendes:

»Die Reaktion der kriminellen Vereinigungen macht mir weniger zu schaffen als die Reaktion der Politiker. In Sizilien treffen wir auf feindseliges Schweigen. Wir haben das Gefühl, dass uns Stadträte, Ratsherren, Parteiführer und Staatsfunktionäre nicht leiden können, weil ihnen daran gelegen ist, den Status quo zu wahren.«

Es gibt eine breite Schicht in der sizilianischen Gesellschaft – vom bescheidensten Ladenbesitzer bis hin zum raffiniertesten Banker –, für die der Kampf gegen das organisierte Verbrechen – bestenfalls – extrem lästig ist.

Wie die Cosa Nostra blicken auch Camorra und 'Ndrangheta auf eine lange Geschichte zurück, die von ihrer Fähigkeit zeugt, sich an neue Gegebenheiten anzupassen und sich von Tiefschlägen zu erholen. Wie die Cosa Nostra, wenn auch in anderer Form, greifen sie auf Traditionen und Familienwissen zurück, um ihren Weg in die Zukunft zu finden.

Was ich über die Grauzone in Sizilien sagte, lässt sich auch auf Kampanien und Kalabrien übertragen. Die Giftmüll- und Abfallskandale zeigen auf anschauliche Weise, wie schlechte Geschäfte und schlechte Politik der Camorra Tür und Tor öffnen. Was wäre die 'Ndrangheta ohne ihre eigenen »Mittelschicht-Schurken« und ihre eigene Grauzone? In Kalabrien, wo nur wenige gegen das Schutzgeld protestieren und zwielichtige Freimaurerbünde weit verzweigt sind, reicht die Grauzone sogar weiter in die Gesellschaft hinein als in Sizilien. Nachdem der Arbeitgeberverband *Confindustria* begonnen hatte, Maßnahmen gegen Unternehmen mit Mafiakontakten zu ergreifen, folgten andere Verbände seinem Beispiel, wie etwa die Palermer Niederlassung von ANCE, der Vereinigung von Bauunternehmen. Als der Zweig dieser Organisation in Reggio Calabria im Juni 2010 eine Konferenz zum Thema Rechtsstaatlichkeit veranstaltete, protestierten Delegierte gegen eine ganze Bandbreite von Gesetzen, die darauf abzielten, Verbindungen zwischen Mafiosi und Geschäftsleuten zu verbieten.

Historisch betrachtet war die 'Ndrangheta von allen Mafias vielleicht am wenigsten empfänglich für Ideologien. Sie hat immer begriffen, dass die Grauzone keine politische Färbung kennt. Die langjährigen Stützpunkte der 'Ndrangheta im Norden beweisen auch, dass die Grauzone keine regionalen Grenzen kennt. Korrupte Politiker und Geschäftsleute machen landauf, landab Geschäfte mit 'Ndranghetisti. Sogar in einigen Feldern der nationalen Wirtschaft, die sich nicht in den Fangarmen des organisierten Verbrechens befinden, sind dubiose Geschäftsmethoden und Korruption an der Tagesordnung – nicht nur in Süditalien und Sizilien. 2011 sprach der Chef der nationalen Antimafia-Staatsanwaltschaft, Pietro Grasso, für ganz Italien, als er das Folgende sagte:

> »Die Mafiamethode, die illegalen Begünstigungen Vorschub leistet und Wettbewerb verhindert, wurde in einigen Grenzgebieten von Politik und Wirtschaft abgekupfert, wo räuberische Geschäftemacher-Cliquen wie Pilze aus dem Boden schießen.«

Der italienische Staat unternimmt auch eine Menge, um Bürger abzustoßen, die sich noch immer an die Regeln halten. Italiens Strafverfolgungssystem befindet sich in einem beklagenswerten Zustand. Die durchschnittliche Verfahrensdauer beträgt vier Jahre und neun Monate. Es gibt in dieser Geschichte viele Beispiele von Verfahren im Zusammenhang mit der Mafia, die sich über Jahre hinzogen und deren Urteile von jeder Instanz, bis hinauf zum Obersten Gerichtshof, gekippt wurden. Solche Verzögerungen sind für die Angeklagten ungeheuerlich und bringen das Gesetz fortwährend in Verruf. Die Verzögerungen können aber auch Vorteile bringen für die Ganoven. Was wunder, dass manche Bürger glauben, die Gerichte ließen jeden Wirtschaftskriminellen, der sich die nötigen Anwälte leisten kann, um Gerichtsverfahren in die Länge zu ziehen, bis die Verjährung greift, nahezu straffrei davonkommen.

Der Staat kann sogar dazu beitragen, dass ehrliche Bürger in die Grauzone geraten. Er versagt zum Beispiel völlig, wenn es gilt, der italienischen Wirtschaft Fairness und Transparenz aufzuerlegen: So sind beispielsweise die Zivilgerichte, die sich mit Streitsachen zwischen Bürgern und Unternehmen befassen, in einem noch desolateren Zustand als die Strafgerichte. 2011 verwies die Weltbank in einer Rangliste von 183 Ländern Italien, was die gerichtliche Durchsetzung vertraglicher Forderungen anbelangt, auf Platz 158, direkt hinter Pakistan, Madagaskar und dem Kosovo und drei Plätze vor Afghanistan. Ende

Juni 2011 gab es in den Zivilgerichten einen Rückstand von 5,5 Millionen Fällen. Die durchschnittliche Verfahrensdauer beträgt sieben Jahre und drei Monate. In Deutschland braucht eine Lieferfirma, die einen Kunden wegen einer unbezahlten Lieferung verklagt, entsetzlich lang, um vor Gericht ein Urteil zu erwirken – im Durchschnitt 394 Tage. In Italien sind es 1210 Tage. Eine Ewigkeit im Leben eines Unternehmens: In dieser Zeit könnte jemand sechsmal pleitegehen. Kein Wunder, dass einige Unternehmer versucht sind, sich auf nicht friedlichem Wege neue Kredite zu beschaffen. Mafiosi heißen solche Unternehmer mit offenen Armen und einem Krokodilslächeln willkommen.

Zu vieles in Italien liegt im Argen. Patronagepolitik und Korruption lassen den Staatsapparat auf der Stelle treten. Ein großer Teil der Wirtschaft basiert auf Schwarzarbeit und ist daher für das Gesetz unsichtbar, während weite Bereiche der sichtbaren Wirtschaft von Ineffizienz und Kungelei blockiert werden. Die italienische Gesellschaft ist offenbar unheilbar von denselben Lastern befallen. Außerdem besteht wenig Aussicht, dass die Italiener eine Regierung wählen, die ehrlich, entschlossen und stark genug wäre, die Reformen einzuführen, die ihr Land so dringend braucht. Denn solange Italien im derzeitigen Zustand verharrt, liegt ein dauerhafter Sieg über die Cosa Nostra, die Camorra und die 'Ndrangheta in weiter Ferne.

Der Kalte Krieg gab den Mafias einen politischen Schutzschild, hinter dem sie plünderten, prosperierten und Italien an den Rand des Abgrunds trieben. Doch die Mafias haben schon vor dem Kalten Krieg existiert, und sie haben auch sein Ende überlebt. Die schlagzeilenträchtigen Gewaltexzesse der langen achtziger Jahre haben sich zwar gelegt, dennoch schafft das organisierte Verbrechen nach wir vor eine nationale Notlage und eine nationale Schande.

Und trotzdem hat Italien heute mehr Grund, optimistisch zu sein, als zu irgendeinem Zeitpunkt in der Vergangenheit. Die Antimafia-Staatsanwälte und Polizeikräfte Italiens sind unterbezahlt, schlecht ausgerüstet und unterbelegt. Sie agieren unter sehr feindseligen Bedingungen. Richter in mafiaverseuchten Gegenden werden stets von bewaffneten Polizeieskorten begleitet und führen ein mönchisches Leben aus Angst, sie könnten unwissentlich in der falschen Gesellschaft fotografiert werden. Doch aufgrund ihres Engagements, ihres Mutes und ihrer Professionalität wird für Italiens Verbrechervereinigungen das Leben härter denn je. Mafiosi werden bei ihren Treffen abgehört. Sie werden aufgestöbert, wenn sie untertauchen. Selbst in der Wildnis des Aspromonte geht es nicht mehr ganz nach dem Kopf der 'Ndrangheta. Eine Spezialeinheit der Carabinieri, die *Cacciatori* (»Jäger«), wurde in den frühen neunziger Jahren gegründet und mit Helikoptern ausgestattet, um gegen Entführungen vorzugehen. Seit die 'Ndrangheta die Entführungsindustrie aufgegeben hat, sind die *Cacciatori* bemerkenswert erfolgreich darin, den kalabrischen Gangstern den Zugang zu ihren traditionellen Bergverstecken zu verwehren.

Obwohl das italienische Rechtssystem sich nach wie vor außergewöhnlich nachsichtig zeigt und in übertriebenem Maße die Rechte der Beschuldigten schützt, scheint die lange Geschichte der Straflosigkeit für die Mafia vorbei zu sein. Gangster können jetzt einen fairen Prozess erwarten, wenn sie vor Gericht stehen. Auch wenn die Mühlen der italienischen Justiz besonders langsam mahlen, sitzen Mafiosi, Camorristi und 'Ndranghetisti jetzt Tausende von Jahren im Gefängnis ab. Ebenso wichtig ist, dass viele Milliarden Euro ihres zusammengestohlenen Reichtums beschlagnahmt wurden. Es bestehen mittlerweile sogar Übergriffe auf die Grauzone.

Blickt man heute zurück auf die Geschichte von Italiens Verbindung zu den Mafias seit dem Zweiten Weltkrieg beziehungsweise seit den Ursprüngen der Mafias im 19. Jahrhundert, ist die größte und positivste Veränderung, dass Polizei und Justiz endlich, endlich ihre Pflicht erfüllen.

Jetzt ist es am italienischen Volk, auch die seine zu tun.

Dank

Zeitmangel ist wohl die Hauptursache dafür, dass noch niemand versucht hat, eine Chronik des organisierten Verbrechens in Italien zu schreiben, von dessen Ursprüngen bis zur Gegenwart. *Omertà* ist das Resultat einer langen Forschungs- und Schreibphase, die ich ohne die Unterstützung zweier Institutionen unmöglich hätte beginnen, geschweige denn fertigstellen können: Mein tief empfundener Dank gilt daher sowohl dem Institut für Italianistik am University College in London, wo meine Kollegen eine ermunternde, lebhafte Umgebung für Lehre und Forschung geschaffen haben, als auch der Stiftung Leverhulme Trust, die mir von 2009 bis 2011 – eine entscheidende Phase in der Entstehung des Buches – ein Forschungsstipendium bewilligt hat.

Ebenfalls danken möchte ich meinen Lektoren und Agenten, die beharrlich warteten, als mein Abgabetermin in weite Ferne rückte. Ich hoffe sehr, das fertige Buch möge Peter Sillem, Rupert Lancaster, Giuseppe Laterza, Marc Parent, Haye Koningsfeld, Catherine Clarke und George Lucas für ihre Engelsgeduld ein wenig entschädigen. Auch Kate Miles und Juliet Brightmore von Hodder & Stoughton möchte ich für ihre freundliche Unterstützung danken. Die Lektorin Helen Coyle hatte einen weitaus größeren Einfluss auf die Entwicklung des Typoskripts, als ihre offiziellen Verantwortlichkeiten es vermuten lassen.

Cosa Nostra, Camorra und ’Ndrangheta zeigen Italien von seiner übelsten Seite. Und doch hat man bei der Erforschung dieser kriminellen Organisationen das große Privileg, einigen jener außergewöhnlichen Menschen zu begegnen, die sich dem Kampf gegen die Mafias verschrieben haben und Italien so von seiner erhebenden besten Seite zeigen. Ich möchte ihnen danken für ihre wertvolle Hilfe und für viele nützliche Informationen. Die Liste beginnt mit Nicola Gratteri von der *Direzione distrettuale antimafia* in Reggio Calabria, dessen Mut, Tatkraft und Strenge mich tief beeindruckt haben – und der mich mit zahlreichen faszinierenden Dokumenten versorgt hat. Mein besonderer Dank gilt Michele Prestipino von der *Direzione distrettuale antimafia* in Reggio Calabria: Gespräche mit ihm gehören zu den faszinierendsten Momenten in meinem Bestreben, die 'Ndrangheta begreifen und erklären zu können. Die Gespräche mit Capitano Giuseppe Lumia von den Carabinieri waren höchst informativ, ebenso die mit Colonnello Jacopo Mannucci-Benincasa, Leiter des *Ufficio Criminalità Organizzata* der Armee. In der letzten Phase des Schreibens hatte ich das Glück, mit folgenden Personen ausführliche Gespräche zu führen: Alessandra Cerreti *(Direzione distrettuale antimafia,* Reggio Calabria*)*, Catello Maresca *(Direzione distrettuale antimafia,* Neapel*)*, Colonnello Claudio Petrozziello und Capitano Sergio Gizzi *(Guardia di Finanza)*, des Weiteren mit dem stellvertretenden Polizeipräsidenten Alessandro Tocco und Kommissar Michele Spina *(Polizia di Stato)*, mit Colonnello Pasquale Angelosanto (Carabinieri), Colonnello Patrizio La Spada, Oberleutnant Angelo Zizzi und den Männern des *Squadrone Cacciatori* in Vibo Valentia. Meine Begegnungen mit diesen Hütern der Rechtsstaatlichkeit waren nicht nur äußerst ermutigend, sondern auch sehr nützlich, zumal sie meine Einschätzung des gegenwärtigen Zustands der Mafias bestätigten oder auch modifizierten. Ich möchte betonen, dass es nicht ihre Schuld ist, wenn ich ihre Worte möglicherweise falsch gedeutet habe, da alles, was ich geschrieben habe, ausschließlich meine eigene Meinung spiegelt.

Die vielen Informationen, die ich den Arbeiten anderer Akademiker und Historiker verdanke, sind in den nachfolgenden Quellenangaben vermerkt. Ich hatte jedoch auch etliche Male das Vergnügen eines äußerst fruchtbaren persönlichen Austausches mit einigen von Italiens führenden Mafiaexperten. Selten findet man einen Historiker, der seine Zeit und sein Wissen so großzügig zur Verfügung stellt wie Enzo Ciconte. Enzo schickte mir eine Dokumentation, die ich vergeblich gesucht hatte, prüfte einen bedeutenden Teil meines Manuskripts und unterstützte mich mit wertvollen Hinweisen. Einige Gedanken im vorliegenden Buch habe ich mit Marcella Marmo und Gabriella Gribaudi ausführlich besprochen. Die Erwägungen der beiden sowie ihr profundes Wissen über die Camorra haben das Buch maßgeblich verbessert. In Palermo gaben Salvatore Lupo und Nino Blando mir stets bereitwillig Auskunft und haben so wertvolle Gedanken zum vorliegenden Buch beigetragen.

Omertà ist der Versuch, einer nicht nur akademischen, sondern möglichst breiten Leserschaft zu erklären, was wir über die Geschichte der Mafias wissen (beziehungsweise nicht wissen) können. Meine Akademikerkollegen kann ich nur um Nachsicht bitten, weil ich viele Konventionen des akademischen Schreibens diesem Zweck geopfert habe. Wie immer habe ich auch dieses Mal ein Team aus Freunden gebeten, diverse Entwürfe des Buches zu lesen, in der Hoffnung, es lesbarer zu machen. Besondere Anerkennung für ihr selbstloses Engagement in diesem mühsamen Unterfangen verdienen Nino Blando, David Brown, Stephen Cadywold, Caz Carrick, Robert Gordon, John Foot, Prue James, Laura Mason, Vittorio Mete, Doug Taylor und Federico Varese.

Die Belegschaften zahlreicher Bibliotheken und Archive waren sehr hilfreich, indem sie mir die Quellen zugänglich machten, die ich konsultieren musste. Besonders danken möchte ich in diesem Zusammenhang Maria Pia Mazzitelli und der Belegschaft des *Archivio di Stato di Reggio Calabria*; Salvatore Maffei an der wunderbaren *Emeroteca Vincenzo Tucci* in Neapel, Maresciallo Capo Salerno und Colonnello Giancarlo Barbonetti vom Archiv der Carabinieri, Linda Pantano vom Istituto Gramsci in Palermo und wieder einmal dem Personal der Abteilung Humanities 2 der British Library.

Mehrere Personen in Kampanien begleiteten mich zu vielen der im Buch erwähnten Orte: Alfonso De Vito, Marcello Anselmo, Egidio Giordano und Vittorio Passeggio. Mein Freund Fabio Cuzzola war zugleich mein Ansprechpartner in Reggio. Seine Großzügigkeit beschränkte sich bei weitem nicht auf den Bereich des Intellektuellen. Er entwickelte sogar Theorien zu den Einwürfen Rory Delaps und der Beinarbeit Ricardo Fullers. Der großartige Nino Sapone war für mich in vielerlei Hinsicht von unschätzbarem Wert. Er kennt das *Archivio di Stato di Reggio Calabria* wie seine Westentasche und hat ein dokumentarisch belegtes Gespür für den Aspromonte, seine Menschen und seine Geschichte; unsere Ausflüge nach Amendolea, S. Stefano, Montalto und zur Wallfahrtstätte bei Polsi bleiben mir unvergessen. Joseph Condello war so freundlich, die Ebene von Gioia Tauro mit mir zu erkunden. Danken möchte ich auch Chiara Caprì, einer der Gründerinnen der Organisation *Addiopizzo* in Palermo, und Gaetano Saffioti in Palmi für seine Geduld während zweier anregender Interviews.

Die Liste derer, die mir mit Ratschlägen weitergeholfen oder Quellen für mich aufgespürt haben, ist lang: Ohne die Unterstützung von Salvo Bottari, Mark Chu, Vittorio Coco, Nicola Crinniti, Fabio Cuzzola, Azzurra Fibbia, David Forgacs, Joe Figliulo, Patrick McGauley, Francesco Messina, Manuela Patti, Nino Sapone, Diego Scarabelli, Fabio Truzzolillo, Chris Wagstaff und Thomas Watkin wäre ich verloren gewesen. Seit ich mit meiner Forschungsarbeit über die 'Ndrangheta begonnen habe, führe ich äußerst hilfreiche Gespräche mit Antonio Nicaso. Antonio hat außerdem mit viel Geduld und Verständnis eine Passage meines Manuskripts gelesen. Besondere Erwähnung verdient auch Nick Dines für seine kluge und kreative Recherche zu meinem Projekt. Fabio Truzzolillo stöberte nicht nur wichtiges Material für mich auf, sondern steuerte auch Wertvolles zum Inhalt des Buches bei: Ich hoffe, er hat für seine Forschungsleidenschaft inzwischen die richtige Heimat gefunden. Für bestimmte, örtlich begrenzte, aber wichtige Aspekte meiner Forschung verließ ich mich auf die Hilfe von David Critchley, Tim Newark und Eleanor Chiari. Christian De Vito verfügt über besonders umfangreiche Kenntnisse über die Geschichte des Gefängnissystems. Roger Parker fand heraus, was Silvio Spaventa in der Oper erlebt hatte. Peter Y. Herchenroether sandte mir großzügigerweise seine Forschungsergebnisse hinsichtlich der ersten kalabrischen Mafiosi in den Vereinigten Staaten. Alex Sansom, Experte am UCL für das Spanien der Frühen Neuzeit, gab mir wichtige Hinweise zu Cervantes und der Garduña. Jonathan Dunnage hatte einige sehr nützliche Gedanken zur Geschichte des Polizeiwesens. Mein Freund und Kollege Florian Mussgnug durchstöberte für mich ausgiebig die deutsche Presse. Mehrere Australier gaben mir Tipps, wie man das kalabrische organisierte Verbrechen in ihrem Land erforschen könnte. David Brown war so freundlich, mir seine Materialsammlung zum selben Thema zu zeigen: Ich bedaure nur, dass ich dieses Gebiet im vorliegenden Buch nicht gründlicher analysieren konnte.

Zu besonderem Dank bin ich Lesley Lewis verpflichtet, weil sie mir erlaubte, die Tagebücher ihres verstorbenen Mannes Norman einzusehen – Notizen, auf die er sich stützte, während er seine äußerst mitfühlenden und doch desillusionierten Betrachtungen in »Neapel '44« zu Papier brachte.

Laura und Giulio Lepschy waren für mich wie für so viele Italianisten im Vereinigten Königreich eine schier unerschöpfliche Quelle linguistischer Weisheit. Maria Novella Mercuri half mir, besonders unzugängliche Passagen in einigen Handschriften zu erschließen.

Ich hatte das große Privileg, mehrere Journalisten konsultieren zu können, die umfangreiche Kenntnisse über die Mafias gesammelt haben und stets auf dem neuesten Wissensstand sind: In Sizilien boten mir Lirio Abbate, Attilio Bolzoni, Salvo Palazzolo, Dino Paternostro und Marcello Saija wertvolle Ratschläge und/oder Informationen. In Kalabrien gab Pietro Comito eine seltene Ausgabe von Serafino Castagnas Autobiographie an mich weiter. Peppe Baldessarro ist ebenso gut über die 'Ndrangheta informiert wie ein Journalist: Im Zuge mehrerer Reisen nach Kalabrien hatte ich einige Male das Vergnügen, anregende Gespräche mit ihm zu führen. Mehrere dieser Namen finden sich auf der Liste der vielen mutigen und tüchtigen italienischen Journalisten, die mit Todesdrohungen seitens der Clans leben müssen.

Den größten Dank schulde ich jedoch wieder einmal meiner Frau, Sarah Penny. Ich staune unentwegt über ihre Fähigkeit, mit Arbeit, Familie und meinem stets vollen Terminplan zu jonglieren. Ihr gelten auf immer meine Dankbarkeit und meine Liebe. Das Buch ist ihr und unseren beiden Kindern Elliot und Charlotte gewidmet, sowie deren Schwesterchen, das demnächst das Licht der Welt erblicken wird.

Hinweise zu den Quellen

In der Soziologie ist es mittlerweile gängige Praxis, Italiens größte kriminelle Organisationen als unterschiedliche Aspekte derselben Problematik zu betrachten. Historiker holen erst allmählich auf. Alle maßgeblichen Experten zum organisierten Verbrechen in Italien haben zwar immer wieder wertvolle Parallelen gezogen, doch eine vergleichende Studie über einen längeren Zeitraum ist in der Tat selten. In diesem Buch will ich erkunden, was sich aus einer Gegenüberstellung der drei Mafias lernen lässt. Diese Aufgabe hat mich vor vielen Herausforderungen gestellt, besonders auf der Ebene der narrativen Struktur. Das Ziel jedoch ist im Grunde einfach: eine Chronik.

Omertà richtet sich nicht nur an einheimische, sondern auch an Leser außerhalb Italiens, für die das Wort »Mafia« zunächst nur das Gesicht al Pacinos heraufbeschwört, ehe vor ihrem geistigen Auge Luciano Liggio, Raffaele Cutolo oder die De Stefano-Brüder auftauchen. Ich möchte ein wenig Ordnung in das Durcheinander bringen, das Filme wie *Der Pate* und der Gummibegriff »Mafia« angerichtet haben. Um dieses Buch so zugänglich wie nur möglich zu gestalten, habe ich auf Fuß- und auch auf Endnoten verzichtet. Universitätsdozenten, die das Glück haben, sich den Lebensunterhalt hauptsächlich mit Lesen zu verdienen, vergessen allzu leicht, welche Mühe viele Menschen auf sich nehmen müssen, um Zeit für Bücher zu finden – besonders wenn es sich um Sachtexte handelt. Um diesen Lesern ein wenig entgegenzukommen, sollten wir zumindest Texte verfassen, die frei sind von Bezugnahmen und Querverweisen auf obskure akademische Debatten, und auf die Erwähnung akademischer Verbündeter oder Gegner verzichten.

Nichtsdestoweniger sind Fußnoten durchaus nützlich und können sogar Vergnügen bereiten. Die nachfolgenden Seiten ersetzen sie mehr schlecht als recht. Ich hoffe, sie dienen zumindest als Anregung für weiterführende Studien, als Dankeschön für viele geistige Anleihen. Sie bezeichnen die Quellen, die ich benutzt habe, um meine Argumente zu formulieren und zu festigen, und verweisen auf interessante Themen, die vollständig zu erforschen oder darzulegen mir die Zeit fehlte.

Aus einigen der genannten Quellen wird im Text nicht ausdrücklich zitiert. Dass ich sie trotzdem angegeben habe, hat vor allem zwei

Gründe: Erstens enthalten sie Argumente, für die im eigentlichen Text nicht mehr genügend Platz war; zweitens verleihen sie der Beweisführung zusätzlich Gewicht. *Omertà* ist ein Werk der vergleichenden Geschichtsforschung und kann als solches nicht in jeweils erschöpfender Ausführlichkeit über Camorra, Mafia und 'Ndrangheta berichten. Stattdessen habe ich Begebenheiten ausgewählt, die mir exemplarisch erscheinen. Indem ich beispielsweise sämtliche Archivquellen über die *Picciotteria* mit einschließe, möchte ich zeigen, dass meine Auswahl an exemplarischen Geschichten in der Erstforschung – meiner eigenen wie auch derjenigen anderer Historiker – eine breite Basis hat.

Meine besondere Dankbarkeit und Bewunderung soll all jenen gelten, die sich bereits vor mir mit der Geschichte jeder einzelnen kriminellen Organisation Italiens befasst haben. Folgende Werke waren mir permanente Begleiter, während ich dieses Buch schrieb: Salvatore Lupos *Storia della mafia* (Rom 1993, deutsch *Geschichte der Mafia*, Düsseldorf 2002) gehört zu den Schriften, die jeder immer wieder lesen sollte, der sich für die Mafias interessiert. Lupos jüngeres Werk, *Quando la mafia trovò l'America. Storia di un intreccio intercontinentale, 1888–2008* (Turin 2008), bietet eine einzigartige, kluge »transatlantische« Geschichte der Mafia in Sizilien und den Vereinigten Staaten. In mehreren Kapiteln habe ich versucht, Lupos Hinweisen auf die facettenreiche Beziehung zwischen den beiden Zweigen der Cosa Nostra zu folgen. Außerdem waren mir seine Einsichten im Hinblick auf den langwährenden Dialog zwischen Italien und den Vereinigten Staaten in Bezug auf Mafia-Angelegenheiten sehr von Nutzen. Das »Transatlantische Syndikat« ist meine Benennung dessen, was Lupo, der über Quellen aus erster Hand verfügt, als »dritte Mafia« bezeichnet. Da es bereits drei Mafias in meiner Geschichte gab, suchte ich, um Verwechslungen zu vermeiden, einen anderen Begriff.

Wer sich über die Geschichte des organisierten Verbrechens in Kalabrien informieren möchte, kommt an Enzo Ciconte nicht vorbei. Sein bahnbrechendes Buch *'Ndrangheta dall'Unità a oggi* (Rom-Bari 1992) bot den ersten systematischen Überblick. Er hat nicht nur die Geschichte der 'Ndrangheta nachgezeichnet, sondern zum ersten Mal auch umfangreiches Beweismaterial aus dem Staatsarchiv von Catanzaro zusammengetragen. Ich habe mich nicht nur auf diese Dokumentation gestützt, sondern sie durch noch uneingesehene, wenig erforschte Dokumente aus dem *Archivio di Stato di Reggio Calabria* und der Presse ergänzt, mit deren Hilfe man meiner Meinung nach zu klareren, eindeutigeren Schlussfolgerungen über die frühe 'Ndrangheta gelangt als Ciconte oder Cingari.

Von Ciconte stammt auch die erste vergleichende Geschichtsstudie über die drei Mafiaorganisationen: *Storia criminale. La resistibile ascesa di mafia, 'ndrangheta e camorra dall'Ottocento ai giorni nostri*, Soveria Mannelli 2008. Sein Ansatz – eher thematisch als chronologisch – ist sehr eigen, doch fand ich darin eine Menge Anhaltspunkte für die Vorbereitung des vorliegenden Buches.

Mit ihrer Stringenz und Klarheit stellt Francesco Barbagallos *Storia della camorra* (Rom-Bari 2010) jeden früheren Versuch, einen Überblick über die Geschichte des organisierten Verbrechens seit dem 19. Jahrhundert in Kampanien zu schaffen, in den Schatten. Seine früheren Bücher, *Napoli fine Novecento: Politici, camorristi, imprenditori* (Turin 1997) und *Il potere della camorra (1973–1998)* (Turin 1999) sind nach wie vor von elementarer Bedeutung, was das dramatische Wachstum der Camorra im ausgehenden 20. Jahrhundert anbelangt. Ich habe wiederholt darauf zurückgegriffen. Des weiteren möchte ich Isaia Sales' einflussreiche Sammlung historischer Essays erwähnen, *La camorra le camorre* (2. Aufl., Rom 1993), aus der ich viel gelernt habe. P. Monzini lieferte mir mit seinem Werk *Gruppi criminali a Napoli e a Marsiglia. La delinquenza organizzata nella storia di due città (1820–1990)* (Rom 1999) ein anregendes Beispiel für einen vergleichenden Ansatz und Einblicke in verschiedene Momente der Camorrageschichte.

Die frühen Phasen in der Geschichte der Mafias, von ihren Ursprüngen bis zum Ende des Faschismus, sind außerhalb der Spezialistenkreise noch weitgehend unbekannt. Ich habe viel erfahren von Wissenschaftlern, die sich speziell mit dieser Zeit befassen. In den 1980er Jahren gehörte Marcella Marmo zu den Pionieren der neuen Geschichte des organisierten Verbrechens Italiens. Und sie gilt noch heute als die maßgebliche Autorität in Sachen Camorra, vor allem für deren frühe Phase, von den Ursprüngen bis zum Cuocolo-Prozess. Ihre vielen Aufsätze sollten auf jeder Lektüreliste zur Camorra ganz oben stehen. Folglich habe ich mich weitgehend auf diese gestützt und in den entsprechenden Kapiteln aus ihnen zitiert. Ich möchte vor allem drei Aufsätze hervorheben, die einen umfassenden Überblick über die

Ehrenwerte Gesellschaft Neapels bieten: M. Marmo, »Tra le carceri e il mercato. Spazi e modelli storici del fenomeno camorrista«, in P. Macry und P. Villani (Hg.), *La Campania*, Teil der *Storia d'Italia. Le regioni dall'Unità a oggi*, Turin 1990; M. Marmo, »La camorra dell'Ottocento: il fenomeno e i suoi confini«, in A. Musi (Hg), *Dimenticare Croce? Studi e orientamenti di storia del Mezzogiorno*, Neapel 1991; M. Marmo, »La città camorrista e i suoi confini: dall'Unità al processo Cuocolo«, in G. Gribaudi (Hg.), *Traffici criminali. Camorra, mafie e reti internazionali dell'illegalità*, Turin 2009. Dieser dritte Aufsatz enthält einige wichtige Erwägungen zu den Frauen in der Camorra.

Marmos Aufsatz über die Ehre ist auch im Hinblick auf eines der Schlüsselthemen von Relevanz, die sich als roter Faden durch die Geschichte des organisierten Verbrechens ziehen: M. Marmo, »L'onore dei violenti, l'onore delle vittime. Un'estorsione camorrista del 1862 a Napoli«, in G. Fiume (Hg.), *Onore e storia nelle società mediterranee*, Palermo 1989.

Die 'Ndrangheta ist die am wenigsten bekannte und erforschte der drei größten kriminellen Vereinigungen. Und obwohl es einige Neuerscheinungen über die 'Ndrangheta von heute gibt, ist sie in der Tat noch immer weitgehend unbekannt. Lange Zeit war Gaetano Cingari der einzige Historiker, der sich mit der kalabrischen Mafia beschäftigte. Ich habe seine wertvolle *Storia della Calabria dall'Unità a oggi* (Rom-Bari 1983) zu Rate gezogen, außerdem sein Werk *Reggio Calabria* (Rom-Bari 1988) und natürlich seinen Beitrag zum »Briganten« Musolino: »Tra brigantaggio e ›picciotteria‹: Giuseppe Musolino«, in G. Cingari, *Brigantaggio, proprietari e contadini nel Sud*, Reggio Calabria 1976. Zwei weitere wichtige Beiträge zur Entstehungsgeschichte der 'Ndrangheta sollten erwähnt werden: Der erste stammt von dem Richter Saverio Mannino: »Criminalità nuova in una società in trasformazione: il Novecento e i tempi attuali«, in A. Placanica (Hg.), *La Calabria moderna e contemporanea*, Rom 1997. Manninos reich mit Beleghinweisen versehener Aufsatz enthält besonders viele Informationen über die Ära des Faschismus. Der zweite Beitrag, auch er mit zahlreichen Beleghinweisen, aber mit einem Schwerpunkt auf der vorfaschistischen Phase, stammt von dem engagierten Journalisten Antonio Nicaso: *Alle origini della 'ndrangheta. La picciotteria*, Soveria Mannelli, 1990.

Mehrere Wissenschaftler haben in den 1980ern zur Gründung einer neuen Schule der Geschichtsschreibung über die sizilianische Mafia beigetragen – ich habe sie in der Bibliographie zu meinem Buch *Cosa Nostra* erwähnt. In *Omertà* war ich bemüht, die vielen Lektionen, die mich diese Historiker gelehrt haben, auf das neue Material und die übrigen kriminellen Vereinigungen anzuwenden. Auch wenn ich aus Platzgründen darauf verzichtet habe, sie und ihre Werke hier erneut zu zitieren, bin ich ihnen zu großem Dank verpflichtet. Es gibt auch einige wirklich herausragende neuere Arbeiten. So spricht es für die Qualität von Salvatore Lupos Forschung, dass neuentdecktes Material – wie die Dokumentation zu Ermanno Sangiorgis Karriere, auf die ich im *Archivio Centrale dello Stato* stieß – immer wieder seine fundamentalen Einsichten bestätigt. Sein ausführliches Interview mit Gaetano Savatteri, *Potere criminale. Intervista sulla storia della mafia* (Rom-Bari 2010), ist unter anderem ein überzeugendes Argument dafür, wie wichtig es ist, die Mafia mit den Werkzeugen der Geschichtsforschung zu ergründen. Salvatore Lupo war es auch, der den Bericht des Königlichen Generalinspektorats für Öffentliche Sicherheit in Sizilien aus dem Jahr 1938 zutage förderte, der mir für das vorliegende Buch als Quelle diente. Zwei Wissenschaftskollegen Lupos, Manoela Patti und Vittorio Coco, haben den Bericht gründlich analysiert und seither einiges zum besseren Verständnis der Mafia in faschistischer Zeit beigetragen. Ihre Erkenntnisse erscheinen gebündelt zusammen mit anderen Beiträgen zum Thema in einer Sonderausgabe der Zeitschrift *Meridiana. Rivista di storia e scienze sociali, »Mafia e fascismo«* (63, 2008). Der Bericht des Inspektorats ist in folgendem Buch nachzulesen: V. Coco und M. Patti, *Relazioni mafiose. La mafia ai tempi del fascismo*, Rom 2010. Polizeichef Ermanno Sangiorgis außergewöhnlich kenntnisreicher Bericht über die Mafia vor der Wende zum 20. Jahrhundert – eine weitere Entdeckung Lupos – ist 2011 in Rom erschienen: Salvatore Lupo, *Il tenebroso sodalizio. Il primo rapporto di polizia sulla mafia siciliana.* (Das Buch enthält auch eine von mir verfasste Kurzbiographie über Sangiorgi, mit Fakten, für deren Erwähnung hier nicht ausreichend Platz war.)

Es gibt mittlerweile umfassendes Forschungsmaterial zur Rolle von Frau und Familie im Mafialeben, das sich jedoch fast ausschließlich auf die Gegenwart beschränkt. Meine Studie wird hoffentlich zeigen – ob ich nun die richtigen Schlüsse ziehe oder nicht –, dass die vergleichende Geschichtsforschung über die Frauen der Mafia ein Phänomen zu beleuchten vermag, das Alessandra Dino als die »verborgene zentrale Rolle« von Frauen in der Unterwelt bezeichnet hat. Die folgenden vier Studien sind als Einstieg in die Thematik sehr zu empfehlen:

A. Dino und T. Principato, *Mafia donna. Le vestali del sacro e dell'onore*, Palermo 1997.

A. Dino, *Mutazioni. Etnografia del mondo di Cosa Nostra*, Palermo 2002. Bemerkenswert unter anderem, weil die Autorin zeigt, wie viel strategisches Denken die sizilianische Mafia in die Familienführung investiert.

O. Ingrascì, *Donne d'onore, Storie di mafia al femminile*, Mailand 2007.

R. Siebert, *Le donne. La mafia*, Mailand 1994.

Sämtliche Übersetzungen stammen von mir, ansonsten ist der Urheber angegeben.

Ich habe folgende Abkürzungen verwendet:

ACS = Archivio Centrale dello Stato

ASC = Archivio de Stato di Catanzaro

ASRC = Archivio di Stato di Reggio Calabria

ASN = Archivio di Stato di Napoli

ASPA = Archivio di Stato di Palermo

Documentazione antimafia = Senato della Repubblica, Documentazione allegata alla relazione conclusive della Commissione parlamentare d'inchiesta sul fenomeno della mafia in Sicilia

Istruttoria Maxi = Falcones und Borsellinos Anklageschrift für den Mammutprozess gegen die Cosa Nostra, Ordinanza-sentenza contro Abbate Giovanni + 706

Istruttoria Stajano = ein Teil des oben Genannten erschien als C. Stajano (Hg.), *Mafia: l'atto d'accusa dei Giudici di Palermo* (Rom 1986)

Maxiprocesso = 40 000 Seiten Material aus dem Mammutprozess sind dank der Fondazione Falcone jetzt online verfügbar: www.fondazionefalcone.org

Processo Olimpia = Procura della Repubblica di Reggio Calabria, Direzione Distrettuale Antimafia, Procedimento penale n. 46/93 r.g.n.r. D.D.A. a carico di CONDELLO PASQUALE ed altri. »Processo Olimpia« (dieser umfassende Gerichtsprozess ist das maßgebliche Dokument für eine Rekonstruktion der Geschichte der 'Ndrangheta seit den späten sechziger Jahren).

Literatur

Vorwort

S. Lupo, *Quando la mafia trovò l'America. Storia di un intreccio intercontinentale, 1888–2008*, Turin 2008. Erklärt, wie nach Joe Valachis Zeugenaussage vor dem McClellan-Ausschuss im Jahre 1963 der Name »Cosa Nostra« unter Mafiosi in Sizilien und den Vereinigten Staaten gebräuchlich wurde.

L. Malafarina, *Il codice della 'ndrangheta*, Reggio Calabria 1978. Es gibt keine standardisierte Form für die Legende von den drei spanischen Rittern: Offenbar ist sie in der Mythologie der 'Ndrangheta nie zweimal in derselben Version aufgetaucht. Dass im Ritual der 'Ndrangheta auf sie verwiesen wird, ist in vielen Quellen belegt, auch bei Malafarina.

P. Natella, *La parola »mafia«*, Florenz 2002. Leitet *Carcagnosso* vom Begriff *calcagno*, Ferse, her.

»Books of The Times; Journey to a Strange Land That Seems Like Home«, *New York Times*, 18.7.2003. Über den »unaussprechlichen Namen« der 'Ndrangheta.

Meines Wissens taucht der Name 'Ndrangheta oder 'Ndranghita erst seit dem Herbst 1955 regelmäßig in der Presse auf, als über die sogenannte Operation Marzano berichtet wurde. Im Artikel »Il Ministro Tambroni e il sottosegretario Capua in disaccordo nel valutare la situazione esistente nelle province calabresi«, der am 10.9.1955 in der *Unità* erschien, ist er vorsichtig zwischen Anführungszeichen gesetzt; dergleichen in »Latitanti che si costituiscono e altri che vengono arrestati« in der Ausgabe vom 14.9.1955 des *Mattino*. In aller Munde ist der Name vermutlich seit Corrado Alvaros Artikel »La fibbia« im *Corriere della Sera* vom 17.9.1955.

Einleitung

Relazione annuale della Commissione parlamentare d'inchiesta sul fenomeno della criminalità organizzata mafiosa o similare. 'ndrangheta. Berichterstatter Francesco Forgione 2008. Über das Duisburg-Massaker und die internationalen Kontakte der 'Ndrangheta. Als pdf-Datei verfügbar: http://www.camera.it/dati/leg15/lavori/documentiparlamentari/indiceetesti/023/005/intero.pdf

Procura della Repubblica Presso il Tribunale di Reggio Calabria, Direzione Distrettuale Antimafia, Decreto di Fermo di indiziato di delitto – artt. 384 e segg. C.p.p. Agostino Anna Maria + 155. Dieses Dokument, besser bekannt als »Operazione Crimine«, gewährt einen aktuellen Einblick in die Struktur der 'Ndrangheta, basierend auf den neuesten Untersuchungen.

F. Barbagallo, *Storia della camorra*, Rom-Bari 2010. Eine weitere ausgezeichnete Quelle zur gegenwärigen Situation.

G. Gribaudi, »Guappi, camorristi, killer. Interpretazioni letterarie, immagini sociali, e storie giudiziarie«, in *Donne, uomini, famiglie*, Neapel 1999. Zudem Quelle für meine Erläuterungen zu den *guappi* nach dem Ableben der Ehrenwerten Gesellschaft Neapels.

G. Gribaudi, »Clan camorristi a Napoli: radicamento locale e traffici internazionali«, in G. Gribaudi (Hg.), *Traffici criminali. Camorra, mafie e reti internazionali dell'illegalità*, Turin 2009. Ein ausgezeichneter kurzer Überblick über die heutige Camorra, basierend auf juristischen Quellen. Aus Gribaudis Aufsatz stammt unter anderem die Bemerkung zur Honda Dominator.

P. Martino, *Per la storia della 'ndrangheta*, Rom 1988. Schlägt die plausibelste Herleitung des Begriffs 'ndrina vor.

L. Paoli, *Fratelli di mafia. Cosa Nostra e 'ndrangheta*, Bologna 2000. Eine ausgezeichnete Vergleichsstudie über die sizilianischen und kalabrischen Vereinigungen.

R. Saviano, *Gomorra. Viaggio nell'impero economico e nel sogno di dominio della camorra*, Mailand 2006. (Deutsche Ausgabe: *Gomorrha. Reise ins Reich der Camorra.* München 2007) Savianos mächtiges, leidenschaftliches und enorm erfolgreiches Buch offenbart in schockierender Weise die derzeitige Macht der Camorra. Im Vergleich zu den Werken Gribaudis und Barbagallos hat es für Historiker jedoch den Nachteil, dass Quellenangaben fehlen.

A. Zagari, *Ammazzare stanca. Autobiografia di un 'ndranghetista pentito*, Cosenza 1992.

Der Bericht des Generalkonsuls der Vereinigten Staaten von 2008 über Kalabrien, von Wikileaks publik gemacht, findet sich auf: http://racconta.repubblica.it/wikileaks-cablegate/dettaglio.php?id=08NAPLES96

Teil 1: Ehrenwerte Gesellschaften

1 Viva la Patria! Die Camorra 1851 bis 1861

ASN, Ministero della Polizia, Gabinetto, f. 1702, incart.38. Ministero e Real segreteria di Stato della polizia generale, Affari di conferenze con S. M. il Re Nostro Padrone D. G. Undatierter Bericht, doch ca. 20. 10. 1853. Über die Verbindungen zwischen Liberalen und Camorristi.

ASN, Ministero della Polizia, Gabinetto, f. 1648, incart. 295. Corrispondenza tra il Prefetto di polizia Farina e il Ministero Romano. Über die Gründung einer neuen Polizeitruppe im Sommer des Jahres 1860.

ASN, Dicastero di polizia e delle luogotenenze, f. 202, inc. 4. Brief der Polizeipräfektur, gezeichnet Filippo De Blasio, an den Luogotenente del Re Luigi Carlo Farini, datiert vom 22.11.1860. Über die »*perniciosissima peste della Camorra*«, die ›überaus bösartige Seuche Camorra‹ und über Romanos Strategie, Camorristi in die Polizeitruppe aufzunehmen.

ASN, Dicastero dell'Interno e Polizia della Luogotenenza, f. 202, incart. 112. Componimento dello stato dei camorristi in questa città ... Trasmesso il 21.6.1861 dal questore Tajani al Dicastero di Polizia. Eine Liste der »*camorristi*«, nach Stadtvierteln geordnet, erstellt unter Spaventa.

ASN, Questura di Napoli. Archivio Generale Ia serie. Archivio dei pregiudicati. Fascicoli personali (1860–1887). B. 1581, numerazione autonoma 53. Salvatore De Crescenzo. Enthält De Crescenzos langes Strafregister.

Ausländische Presse (Vereinigtes Königreich, ansonsten angegeben): *The Times, London Daily News; Morning Chronicle.*

Andere Quellen, die ich für dieses Kapitel konsultiert habe:

G. Machetti, »Cultura liberale e prassi repressiva verso la camorra a Napoli degli anni 1860–70«, in M. Marmo (Hg.), *Mafia e camorra: storici a confronto, Quaderni del Dipartimento di Scienze Sociali dell'Istituto Universitario Orientale*, 2, 1988.

G. Machetti, »Camorra e criminalità popolare a Napoli (1860–1880)«, *Società e Storia*, 51, 1991.

G. Machetti, »L'impossibile ordine. Camorra e ordine pubblico a Napoli nella congiuntura unitaria«, *Parole Chiave*, 7–8, 1995.

M. Marmo und O. Casarino, »Le invincibili loro relazioni: identificazione e controllo della Camorra napoletana nelle fonti giudiziarie di età postunitaria«, *Studi Storici*, 2, 1988.

M. Marmo, »Camorra anno zero«, *Contemporanea. Rivista di storia dell '800 e del '900*, 1999/3. Kommentare zu den zwei Berichten über die Camorra, die unter Spaventa erstellt wurden, von ASN, Alta polizia, f. 202, f. lo 4, *Luogotenenza generale del Re* (Carignano), *Gabinetto del Segretario Generale di Stato* (Nigra) *a Dicastero di Polizia*, 5.4.1861.

M. Marmo, »I disordini della capitale«, *Bollettino del Diciannovesimo Secolo*, 6, 2000.

M. Marmo, »Quale ordine pubblico? Notizie e opinioni da Napoli tra il luglio '60 e la legge Pica«, in Macry, P. (Hg.), *Quando crolla lo Stato. Studi sull'Italia preunitaria*, Neapel 2003. Unter Marmos Aufsätzen (siehe oben) ist dieser von maßgeblicher Bedeutung, weil er die Ereignisse von 1860–63 schildert, die ich im Wesentlichen hier verfolgt habe.

M. Monnier, *La camorra. Notizie storiche raccolte e documentate*, Lecce 1994 (1862). Diese Ausgabe enthält eine nützliche Einführung von Gabriella Gribaudi.

A. Scirocco, *Governo e paese nel Mezzogiorno nella crisi dell'unificazione (1860–61)*, Mailand 1963.

Wie man Gold aus Flöhen presst

L. Agnello, »Castromediano, Sigismondo«, in *Dizionario biografico degli Italiani*, Bd. 22, Rom 1979.

P. Bourget, *Sensations d'Italie. (Toscane – Ombrie – Grande-Grèce)*, Paris 1891.

R. Canosa und I. Colonnello, *Storia del carcere in Italia dalla fine del '500 all'Unità*, Rom 1984. Diese bemerkenswerte Studie verfolgt einige Traditionen der Gefängnisganoven zurück bis in die frühe Neuzeit.

S. Castromediano, *Carceri e galere politiche*, zwei Bde., Lecce 1895.

W. E. Gladstone, »First Letter to the Earl of Aberdeen, on the state prosecutions of the Neapolitan government« (1851), in *Gleanings of Past Years*, 1843–78, Bd. IV, London 1879.

E. Martinengo Cesaresco, »Sigismondo Castromediano« in *Italian Characters in the Epoch of Unification*, London 1901 (2. Auflage).

F. Montuori, *Lessico e camorra. Storia della parola, proposte etimologiche e termini del gergo ottocentesco*, Napoli 2008. Dies ist die beste Quelle zur Etymologie des Begriffes »Camorra« und zur Geschichte des neapolitanischen Ganovenjargons im Allgemeinen. Montuori argumentiert, das Wort »Camorra« habe bereits jahrzehntelang »Erpressung« oder »Erpressungsgeld« bedeutet, bevor von einer Geheimgesellschaft namens Camorra die Rede gewesen sei.

R. Shannon, *Gladstone*, Bd. I, 1809–1865, London 1982.

S. Zazzera, *Procida. Storia, tradizioni e immagini*, Neapel 1984.

G. Neppi Modona, »Carcere e società civile« in *Storia d'Italia*, Bd. 5, *I documenti*, Bd. 2, Turin 1973. Noch immer der beste Ausgangspunkt für die Geschichte des Gefängnissystems in Italien.

Es gibt viele Quellen zur Gefängniscamorra im 19. Jahrhundert und zu deren wachsendem Einfluss bis zur Jahrhundertwende:

M. Beltrani Scalia, *Sul governo e sulla riforma delle carceri in Italia*, Turin 1867.

A. Gramsci, *Lettere dal carcere*, Turin 1947. Vor allem der Brief vom 11. 4. 1927.

I. Invernizzi, *Il carcere come scuola di rivoluzione*, Turin 1973.

J.W. Mario, »Il sistema penitenziario e il domicilio coatto in Italia«, I, *Nuova Antologia*, 1. 7. 1896.

L. Settembrini, *Lettere dall'ergastolo*, Mailand 1962.

L. Settembrini, *Ricordanze della mia vita*, Bd. II, Bari 1934.

V. Susca, *Le isole Tremiti*. Ricordi, Bari 1876.

Der Pakt mit dem Teufel

G. Alessi, »Polizia e spirito pubblico tra il 1848 ed il 1860. Un' ipotesi di ricerca«, *Bollettino del Diciannovesimo Secolo*, 6, 2000.

C.T. Dalbono, »Il camorrista e la camorra«, in F. De Bourcard (Hg.), *Usi e costumi di Napoli e contorni descritti e dipinti*, Bd. II, Neapel 1858. Interessant, wie umfassend die Kenntnisse über die Camorra vor 1860 waren. Gibt den Spaniern die Schuld an den Ursprüngen der Camorra. Der Aufsatz wiederholt auch die »Nationalhymne« der Camorra (vgl. Kapitel 5).

A. De Blasio, *Nel paese della camorra. L'Imbrecciata*, Neapel 1973 (1901).

S. De Renzi, *Topografia e Statistica medica della città di Napoli ... ossia Guida medica per la città di Napoli e per Regno*, 4. Auflage, Neapel 1845.

C. A. Mayer, *Vita popolare a Napoli nell'età romantica*, Bari 1948.

J. Murray, *Southern Italy*, London 1853. Beschreibt die Via Toledo als die belebteste Straße der Welt und erteilt umsichtigen Reisenden nützliche Ratschläge.

C. Petraccone, *Napoli dal Cinquecento all'Ottocento. Problemi di storia demografica e sociale*, Neapel 1974.

A. Scialoja, *I bilanci del Regno di Napoli e degli Stati Sardi con note e confronti*, Turin 1857.

C. Spadaccini, *Pensieri sulla polizia detta pubblica sicurezza*, Neapel 1820. Eine frühe Debatte über die *feroci* und ihre Rolle im Polizeisystem Neapels.

Absolution für die Camorra / Das Zeug gehört zu Onkel Peppe: Die Camorra sahnt ab

K. Baedeker, *Italie. Manuel du voyageur*, Bd. III, *Italie du Sud et la Sicile*, Koblenz 1872. Bietet eine maßgebliche Bewertung von Marc Monniers Hotel.

S. Baridon, *Marc Monnier e l'Italia*, Turin 1942.

»I camorristi« in *Giornale Universale*, 15. 9. 1860.

C. Cavour, *La liberazione del Mezzogiorno e la formazione del Regno d'Italia, Carteggi di Camillo Cavour con Villamarina, Scialoja, Cordova, Farini*, etc. 5 Bände, Bologna 1949–54. Band 3 enthält Scialojas Brief an Cavour über die Camorristi, die unter Garibaldis Diktatur von Ministern empfangen werden. Band 4 enthält viel Material über Spaventa. »Memorie di Giuseppe Ricciardi« in Bd. 5 erklärt die Rolle von Monniers Hotel für den *Comitato d'Ordine*.

P. De Riccardis, »Una guardia nazionale inquinata: primo esame delle fonti archivistiche per Napoli e provincia, 1861–1870«, in M. Marmo (Hg.), *Mafia e camorra: storici a confronto, Quaderni del Dipartimento di Scienze Sociali dell'Istituto Universitario Orientale*, 2, 1988.

R. De Cesare, *La fine di un regno*, Bd. I, *Regno di Ferdinando II*, 3. Auflage, Città di Castello, 1908.

R. De Cesare, *La fine di un regno*, Bd. II: *Regno di Francesco II*, 3. Auflage, Città di Castello 1909.

G. De' Sivo, *Storia delle Due Sicilie dal 1847 al 1861*, Bd. 2, Neapel 1964. Die Werke De Cesares und De' Sivos, zweier Chronisten aus unterschiedlichen politischen Lagern, gehören zu den ergiebigsten zeitgenössischen Quellen zum Sturz der Bourbonen in Neapel. Verständlicherweise divergieren auch ihre Meinungen zu Liborio Romano.

G. Ghezzi, *Saggio storico sull'attività politica di Liborio Romano*, Florenz 1936.

G. Lazzaro, *Liborio Romano*, Turin 1863.

M. Monnier, *Garibaldi. Rivoluzione delle Due Sicilie*, Neapel 1861.

M. Monnier, *Garibaldi. Histoire de la conquête des Deux Siciles*, Paris 1861.

L. Romano, *Il mio rendiconto politico*, Locorotondo 1960.

L. Romano, *Memorie politiche*, Mailand 1992.

XX (anonym), »Correspondenza di Napoli«, Al Direttore della Rivista Contemporanea, Napoli 20. 8. 1860, *Rivista Contemporanea*, September 1860. Über *la Sangiovannara*.

Spanische Großspurigkeit: Der erste Kampf gegen die Camorra

L. Arsenal und H. Sanchiz Álvarez de Toledo, *Una historia de las sociedades secretas españolas*, Barcelona 2006. Über den Mythos der Garduña.

F. Barbagallo, *Il Mattino degli Scarfoglio, 1892–1928*, Mailand 1979. Über San Donatos politische Karriere.

P. Bevilacqua, »La camorra e la Spagna«, *Meridiana*, 9, 1992. Lobenswert aufgrund der skeptischen Haltung, was die Geschichte von den spanischen Ursprüngen der Camorra anbelangt.

M. de Cervantes, »Riconete and Cortadillo« (1613), in *Exemplary Stories*, Oxford 2008.

P. Costantini, *Silvio Spaventa e la repressione del brigantaggio*, Pescara 1960.

Il Carteggio Cavour-Nigra dal 1858 al 1861, Bd. IV: *La liberazione del Mezzogiorno*, Bologna 1929.

E. Croce, *Silvio Spaventa*, Mailand 1969.

J. Davis, *Naples and Napoleon. Southern Italy and the European Revolutions (1780–1860)*, Oxford 2006. Bietet einen guten Überblick über die Rolle der *Carbonari* (Kohlenbrenner) in der Politik Süditaliens zu Beginn des 19. Jahrhunderts.

V. de Féréal (Pseudonym von Madame Suberwick), *Mystères de l'inquisition et autres sociétés secrètes d'Espagne, par V. de F., avec notes historiques et une introduction de M. de Cuendias*, Paris 1845. Der Ursprung der vermeintlich mittelalterlichen Garduña-Sekte.

D. Fozzi, »Una ›specialità italiana‹: le colonie coatte nel Regno d'Italia«, in

M. Da Passano (Hg.), *Le colonie penali nell'Europa dell'Ottocento*, Rom 2004. Eine gute Studie über das *domicilio coatto*, das Zwangsexil.

G. Machetti, »Le leggi eccezionali post-unitarie e la repressione della camorra: un problema di ordine pubblico?«, in F. Barbagallo (Hg.), *Camorra e criminalità organizzata in Campania*, Neapel 1988.

C. Magni, *Vita parlamentare del Duca di San Donato patriota e difensore di Napoli*, Padua 1968.

L. Musella, *Individui, amici, clienti. Relazioni personali e circuiti politici in Italia meridionale tra Otto e Novecento*, Bologna 1994. Über Spaventa.

E. Peters, »The Inquisition in Literature and Art«, in ders., *Inquisition*, Berkeley 1989. Über den Platz von Madame Suberwicks Roman in der antikatholischen Polemik.

S. Ricci, »La difesa della rivoluzione unitaria, 1860–64«, in S. Ricci und C. Scarano (Hg.), *Silvio Spaventa. Politico e statista dell'Italia unita nei documenti della biblioteca civica ›A. Mai‹*, Sonderausgabe von *Bergomum*, 2–3, 1990.

P. Romano, *Silvio Spaventa. Biografia Politica*, Bari 1942.

S. Spaventa, *Dal 1848 al 1861. Lettere, scritti, documenti*, Neapel 1898.

2 Die Mafia kennenlernen 1865 bis 1877

Quellen, aus denen ich in diesem Abschnitt immer wieder zitiert habe:

S. Carbone und R. Grispo (Hg.), *L'inchiesta sulle condizioni sociali ed economiche della Sicilia, 1875–1876*, 2 Bde., Bologna 1968–69. Die Dokumente über die Ermittlung, die 1875–76 in Sizilien geführt wurde. Enthält das Material zur *cosca* von Uditore und zu Antonino Giammona; Carlo Morenas Zeugenaussage über den Zustand der Justiz auf Sizilien; Rudinìs Aussage über die »gutartige Mafia«; und viele Informationen über berüchtigte Mafiosi der damaligen Zeit.

S. Lupo, *Storia della mafia*, Rom 1996.

Rebellen in Kordhosen

P. Alatri, *Lotte politiche in Sicilia sotto il governo della Destra (1866–74)*, Turin 1954.

O. Cancila, *Palermo*, Bari 2000. Enthält auch viele interessante Informationen über Rudinì.

P. Catalanotto, »Dal carcere della Vicaria all'Ucciardone. Una riforma europea nella Palermo borbonica«, *Nuovi Quaderni del Meridione*, 79, 1982. Ich habe das Gefängnis in Palermo hier als Ucciardone bezeichnet, um eine Verwechslung mit dem Vicaria-Gefängnis in Neapel zu vermeiden.

G. Ciotti, *I casi di Palermo. Cenni storici sugli avvenimenti di settembre 1866*, Palermo 1866.

G. Pagano, *Sette giorni d'insurrezione a Palermo. Cause – fatti – rimedi*, Palermo 1867.

M. Da Passano (Hg.), *I moti di Palermo del 1866. Verbali della Commissione parlamentare di inchiesta*, Rom 1981. Beinhaltet sowohl Rudinìs Zeugenaussage wie auch die bekannten Erläuterungen von Polizeichef Albanese über den Pakt mit der Mafia, um mit ihr gemeinsam die Ordnung zu wahren.

W. Dickinson, »Diario della rivoluzione siciliana dalla notte del 9 al 10 gennaio 1848 sino al 2 giugno 1849«, in Bd. I der *Memorie della rivoluzione siciliana dell'anno MDCCCXLVIII, pubblicate nel cinquantesimo anniversario del XII gennaio di esso anno*, 2 Bde., Palermo 1898. Über Turi Miceli während der Revolution von 1848.

G. Fiume, *Le bande armate in Sicilia (1819–1849). Violenza e organizzazione del potere*, Palermo 1984.

Gazzetta Ufficiale del Regno d'Italia, 18. 10. 1866, »Relazione del marchese Rudinì, Sindaco di Palermo, sugli ultimi avvenimenti di quella città«.

Gazzetta Ufficiale del Regno d'Italia, Supplemento al n. 302, 3. 11. 1866, »Relazione del Sindaco di Palermo, marchese di Rudinì, sui fatti avvenuti in quella città nel settembre scorso.«

Gazzetta Ufficiale del Regno d'Italia, 20. 11. 1866, »Relazione al Ministro dell'Interno del questore della città e circondario di Palermo sui fatti del settembre 1866«.

N. Giordano, »Turi Miceli. Il brigante-eroe monrealese nei moti del 1848, 1860 e 1866«, *Il Risorgimento in Sicilia*, I, 1965.

S. Lupo, *Il giardino degli aranci: il mondo degli agrumi nella storia del Mezzogiorno*, Venedig 1990. Über das organisierte Verbrechen und das Geschäft mit den Zitrusfrüchten.

A. Maurici, *La genesi storica della rivolta del 1866 in Palermo*, Palermo 1916.

G. Moncalvo, *Alessandra Di Rudinì. Dall'amore per D'Annunzio al Carmelo*, Mailand 1994.

»The Week's Republic in Palermo, 1866«, *Quarterly Review*, Bd. 122, Nr. 243, Januar 1867.

L. Riall, *Sicily and the Unification of Italy. Liberal Policy and Local Power, 1859–1866*, Oxford 1998. Enthält auch das Zitat über die Camorristi in Turi Micelis Gefolgschaft.

U. Santino, *La cosa e il nome. Materiali per lo studio dei fenomeni premafiosi*, Catanzaro 2000. Eine der vielen Stellen, die den Bericht von 1838 aus Trapani zitiert im Zusammenhang mit den »sektenartigen Vereinigungen oder Bruderschaften«.

Die gutartige Mafia / Eine Sekte mit Eigenleben: Die Mafia und ihre Rituale

ACS, Ministero dell'Interno, Direzione Generale Affari Generale e del Personale, Fascicoli del personale del Ministero, Ia e IIa Serie, B. 542. Albanese,

Giuseppe. Persönliche Aufzeichnungen über die zwielichtige Gestalt von Polizeichef Albanese, die zeigen, dass Rudinì für seine Ernennung verantwortlich war.

ACS, Ministero di Grazia e Giustizia, Direzione generale degli affari penali. Miscellanea B. 44, Fasc. 558, 1877 Sicilia. Associazioni di malfattori. Hierin enthalten die Akten über die diversen kriminellen Vereinigungen überall auf Sizilien und der Brief Carlo Morenas, in dem er jegliche Verbindung zwischen diesen bestritt.

ACS, Ministero di Grazia e Giustizia, Ufficio superiore personale e affari generali, Ufficio secondo, Magistrati, fascicoli personali, primo versamento 1860–1905, Morena, Carlo.

ASPA, Gabinetto Prefettura serie I (1860–1905), b. 35, fasc. 10, 1876, Denuncia Galati – Malfattori all'Uditore. Il Questore Rastelli al Procuratore del Re, Palermo 29. 2. (1876). Das erste Dokument, das das Initiationsritual der Mafia schildert.

A. Crisantino, *Della segreta e operosa associazione. Una setta all'origine della mafia*, Palermo 2000. Enthält eine Menge nützlicher Informationen über Polizeiwesen und Mafia zwischen der Rechten und der Linken.

P. Pezzino, »Stato violenza società. Nascita e sviluppo del paradigma mafioso«, in ders., *Una certa reciprocità di favori. Mafia e modernizzazione violenta nella Sicilia postunitaria*, Mailand 1990.

D. Tajani, *Mafia e potere. Requisitoria (1871)*, P. Pezzino (Hg.), Pisa 1993. Über die Affäre Albanese.

Zweifache Rache

ACS, Ministero dell'Interno, Direzione Generale Affari Generali e del Personale, Fascicoli del personale del Ministero (1861–1952) IIa Serie, B. 256. Sangiorgi Ermanno, Questore. Sangiorgis beruflicher Werdegang; die Akte enthält zudem die Dokumentation über den »Brudermord«-Fall und vieles mehr. Was ich über Sangiorgi geschrieben habe, entstammt größtenteils dieser Quelle.

ACS, Ministero di Grazia e Giustizia, Dir. Gen. Aff. Penali, Miscellanea, b. 46, fasc. 589. Der Briefwechsel über Carlo Morenas Verteidigung Pietro De Micheles, einschließlich der Beweise Sangiorgis gegen Letzteren.

A. Cutrera, *I ricottari. La mala vita di Palermo*, Palermo 1979 (1896). Über den Unterschied zwischen *ricottari* und Mafiosi.

J. A. Davis, *Conflict and Control*, London 1988. Gut für Hintergrundinformationen zum Polizeiwesen im Italien der Liberalen.

J. Dunnage, *The Italian Police and the Rise of Fascism*, London 1997. Enthält eine gute Kurzzusammenfassung der Geschichte des Polizeiwesens im präfaschistischen Italien.

I. Fazio, »The family, honour and gender in Sicily: models and new research«, *Modern Italy*, 9 (2), 2004. Ein außerordentlich hilfreicher Überblick über die umfangreiche Literatur zur sizilianischen Familie.

C. Guerrieri, »L'azione repressiva di Giovanni Nicotera contro mafia e camorra«, in A. Bagnato, G. Masi und V. Villella (Hg.), *Giovanni Nicotera nella storia italiana dell'Ottocento*, Soveria Mannelli 1999. Der Hintergrund zur Sangiorgi-Morena-De Michele-Geschichte.

P. Pezzino, »›La Fratellanza‹ di Favara«, in ders., *Una certa reciprocità di favori. Mafia e modernizzazione violenta nella Sicilia postunitaria*, Mailand 1990.

»Processo Amoroso e compagni«, in *Giornale di Sicilia*. Eine Artikelserie über den Prozess, die am 29. 8. 1883 beginnt und am 20. 10. 1883 endet. Der Prozess ist ein klassisches Beispiel für die Tatsache, dass nur die Verlierer unter den Mafiosi erfolgreich zur Rechenschaft gezogen werden konnten. Der Prozess ist unter anderem eine unerforschte Quelle zur Rolle der Frauen in der Mafia.

G. Vaccaro, *Notizie su Burgio*, Palermo 1921. Eine der wenigen veröffentlichten Informationsquellen über die Geschichte dieser sizilianischen Provinzstadt. Verdächtigerweise porträtiert der Text De Michele als Opfer des Aufstands von 1848.

3 Die neue kriminelle Normalität 1877 bis 1900

Geborene Verbrecher: Der Pöbel aus wissenschaftlicher Sicht

G. Alongi, »Polizia e criminalità in Italia«, *Nuova Antologia*, 1. 1. 1897. Schildert den Pakt der Polizei mit dem organisierten Verbrechen nach den kritischen Jahren 1876/77.

G. Alongi, *La camorra. Studio di sociologia criminale*, Turin 1890.

G. Alongi, *La maffia nei suoi fattori e nelle sue manifestazioni: studio sulle classi pericolose della Sicilia*, Rom 1886.

A. Cutrera, *La mafia e i* Mafiosi. *Origini e manifestazioni*, Palermo 1900. Der beste von den schreibenden Polizisten aus der Ära des Positivismus.

C. D'Addosio, *Il duello dei camorristi*, Neapel 1893.

A. De Blasio, *Usi e costumi dei camorristi*, 2. Auflage, Neapel 1897.

A. De Blasio, *Nel paese della camorra. (L'Imbrecciata)*, Neapel 1901.

De Blasio, *Il tatuaggio*, Neapel 1905.

De Blasio, *Il tatuaggio ereditario e psichico dei camorristi napoletani*, Neapel 1898.

F. Manduca, *Studii sociologici*, Neapel 1888. Ein interessanter und widersprüchlicher Text, verfasst von einem ehemaligen obersten Richter, der sowohl auf Sizilien wie auch in Neapel Erfahrung sammeln konnte. In positivistischer Manier gibt er ethnischen Faktoren die Schuld an der Mafia und der Camorra, glaubt aber entgegen der damals gängigen Meinung, dass die Mafia, wie auch die Camorra, eine hierarchisch strukturierte Organisation ist.

C. Fiore, »Il controllo della criminalità organizzata nello Stato liberale: stru-

menti legislativi e atteggiamenti della cultura giuridica«, *Studi Storici*, 2, 1988.
C. Lombroso, *L'uomo delinquente in rapporto all'antropologia, alla giurisprudenza ed alle discipline carcerarie*, 4. Auflage, 2 Bände, Turin, 1889.
Niceforo, *L'Italia barbara contemporanea*, Mailand 1898.

Ganoven im Publikum

La fondazione della camorra wird im *Mattino*, Rom, besprochen und im *Corriere di Napoli*, Oktober-November 1899.
Das Foto einer Szene aus dem Theaterstück *La fondazione della camorra* ist auf folgender Webseite zu sehen: http://www.archiviteatro.napolibeniculturali.it/atn/foto/dettagli_foto?oid=127417&descrizione=stella&query_start=10
Der Brief des Ispettorato Vicaria an die Questura (Polizeipräsidium) in Neapel über *La Fondazione della camorra*, datiert vom 4. 11. 1899, war auf derselben Webseite einsehbar, scheint aber mittlerweile gelöscht worden zu sein.
V. Bianco, *La mala vita* ovvero *I camorristi nella Vicaria*: Das Manuskript wird in der Biblioteca Lucchesi Palli, Biblioteca Nazionale, in Neapel aufbewahrt.
V. Bianco, *La mala vita o 'E carcere 'a Vicaria*, Manuskript in der Biblioteca Lucchesi Palli, Biblioteca Nazionale, Neapel.
V. Bianco, *La mala vita o 'O zelluso d' 'o Mercato* (1923) Manuskript in der Biblioteca Lucchesi, Biblioteca Nazionale, Neapel.
G. Castellano, *'E guappe 'a Vicaria*, Manuskript in der Biblioteca Lucchesi Palli, Biblioteca Nazionale, Neapel.
F. P. Castiglione, *Il segreto cinquecentesco dei Beati Paoli*, Palermo 1999.
E. De Mura (Hg.), *Enciclopedia della canzone napoletana*, Neapel 1969, Bd. III. Vgl. die Einträge über das Theater San Ferdinando und über Eduardo Minichini.
S. Di Giacomo und G. Cognetti, *Mala vita*, Neapel 1889. Ein Camorrastück von einem der bekanntesten neapolitanischen Autoren der damaligen Zeit.
S. Di Giacomo (unter anderen Autoren) in *Napoli d'oggi*, Neapel 1900. Über die Camorra im Theater, dem San Ferdinando, dem Stella etc.
S. Di Giacomo, »Il ›San Ferdinando‹«, in ders., *Napoli. Figure e paesi*, Neapel 1909.
V. Linares, »I Beati Paoli«, in ders., *Racconti popolari*, Palermo 1886.
F. Mancini, »I teatri minori« in F. Mancini und S. Ragni (Hg.), *Donizetti e i teatri napoletani nell'Ottocento*, Neapel 1997. Über das San Ferdinando.
G. Montemagno, *Luigi Natoli e i Beati Paoli*, Palermo 2002.
F. Renda, *I Beati Paoli. Storia, letteratura e leggenda*, Palermo 1988.
Tessitore, *Il nome e la cosca. Quando la mafia non si chiamava mafia*, Mailand 1997. Über moderne Mafiosi – Männer vom kriminellen Kaliber eines To-

tuccio Contorno, Gaetano Badalamenti, Totò Riina und Gaspare Mutolo –, die glauben oder vorgeben zu glauben, dass ihre Organisation die moderne Version des Geheimbunds der *Beati Paoli* sei.

G. Trevisani (Hg.), *Teatro napoletano. Dalle origini a Edoardo Scarpetta*, 2 Bände, Bologna 1957.

V. Viviani, *Storia del teatro napoletano*, Neapel 1969.

Die laxe Gesellschaft

ACS, Archivio di Francesco Crispi, Crispi Roma, fasc. (79) 320, Relazioni e promemoria relativi alla organizzazione della PS e dei CC specie in Sicilia, 1888.

ACS, Archivio di Francesco Crispi, Crispi Roma, fasc. (222) 321, Relazione d'inchiesta sul personale e sull'organizzazione delle guardie a cavallo di Pubblica Sicurezza nelle provincie di Palermo, Trapani, Girgenti e Caltanissetta, 1887. Enthält Sangiorgis Bericht vom 25. 10. 1888. Über Sangiorgis Auftrag in Sizilien zu diesem Zeitpunkt gibt es auch Material in seinem beruflichen Lebenslauf (siehe oben). In seinem Buch *Conflict and Control* erwähnt Davis ebenfalls Sangiorgis Auftrag.

Il Mattino. Kommentar zu Ciccio Cappuccios Begräbnis, 7./8. 12. 1892; und 9./10. 12. 1892: Ferdinando Russos Gedicht über den Camorrista.

La Gazzetta Piemontese ist eine sehr nützliche Quelle, was die Unruhen im August 1893 anbelangt. Sangiorgis Profil, als er zum Polizeichef von Mailand ernannt wurde, findet sich in der Ausgabe vom 14. 2. 1889.

A. G. Bianchi (Hg.), *Il romanzo di un delinquente nato. Autobiografia di Antonino M.*, Mailand 1893.

G. Fortunato, *Corrispondenze napoletane*, Cosenza 1990. Eine Sammlung klassischer Schriften über die Südfrage, ursprünglich 1878–80 erschienen. Siehe vor allem »La camorra«.

M. Marmo, *Il proletariato industriale a Napoli in età liberale*, Neapel 1978. Über den Droschkenkutscherstreik, den die Camorra unterstützte. Davis, *Conflict and Control*, ist ebenfalls hilfreich in diesem Zusammenhang.

S. Pucci, »Schizzo monografico della camorra carceraria«, in *Allegazioni e discorsi in materia penale*, Florenz 1881. Der Artikel stammt von einem Richter, der gegen die Gefängnis-Camorra ermittelte.

F. M. Snowden, *Naples in the time of cholera, 1884–1911*, Cambridge 1995.

P. Turiello, *Governo e governati in Italia*, P. Bevilacqua (Hg.), Turin 1980 (1882).

P. Villari, »La camorra«, in ders., *Le lettere meridionali ed altri scritti sulla questione sociale in Italia*, Florenz 1878.

4 Die 'Ndrangheta tritt auf den Plan 1880 bis 1902

Gerichtliche Entscheidungen über das Auftauchen der 'Ndrangheta:
ASRC:

Tribunale Reggio Calabria, Sentenze, 16. 7. 1890, n. 301, Arnone Alessandro + 36. Mit Sitz in Reggio. Einer von mehreren Fällen, wo Prostituierte gegen *picciotti* aussagen.

Ebd., 12. 3. 1896, Triveri Giacomo + 4. Eine Gruppe, die wegen geringfügiger Diebstahlsdelikte in Gherio verurteilt wurde. Ob es sich dabei um eine kriminelle Vereinigung handelte, ist nicht erwiesen.

Ebd., 16. 11. 1896, n. 1028, Attinà Domenico + 18. Eine Gruppe mit Sitz in Condofuri, Casalnuovo und Roccaforte. Ein Zeuge gibt der Eisenbahn die Schuld für das Auftreten der Picciotteria. Mehrere einheimische Honoratioren sagen gegen die *picciotti* aus, obwohl sie Verwandte in der Gang haben, deren Mitglieder es als eines ihrer Ziele ansehen, es »mit Frauen zu probieren«.

Ebd., 7. 9. 1897, Arena Michele + 57. Eine große Gruppe mit Sitz in Reggio.

Ebd., 7. 10. 1899, n. 22. Ein Fall aus Melito, bei dem der *picciotto* Beniamino Capri wegen Vergewaltigung und Mitgliedschaft in einer kriminellen Vereinigung zu sechs Monaten Haft verurteilt wird.

ASC:

Corte di Appello delle Calabrie, Guzzi Giovanni + 2, 4. 9. 1877. Ein Fall in Nicastro, in den ehemalige Strafgefangene verwickelt sind.

Sezione accusa, Zema Demetrio + 5, 23. 10. 1878. Ein Fall in Gallina (nicht weit von Reggio Calabria), wo ein Mann, der 1872 aufgrund einer Tätlichkeit inhaftiert worden war, 1876 auf freien Fuß gesetzt wurde und eine kriminelle Vereinigung gründete. Die Bande, die Erpressungsgelder kassierte, stand unter Anklage, weil sie einem Mann, der Zemas »Konkubine« beleidigt hatte, einen Kopfschuss verpasst hatte.

Sezione accusa, Serraino Giuseppe + 7, 23. 12. 1879. In diesem Fall wird die Anklage wegen der »Bildung einer kriminellen Vereinigung« fallengelassen.

Sezione accusa, Battista Antonino + 16, 17. 12. 1879. Eine Diebesbande mit Sitz in der Gegend von Palmi, die keine offizielle kriminelle Vereinigung bildete, obwohl eines ihrer Mitglieder als Gefängnis-Camorrista galt.

Sezione accusa, Voce Vincenzo + 2, 30. 06. 1882. Die übliche Geschichte von internen Reibereien zwischen reichen Familien, keine organisierte Kriminalität. Drei Brüder in Bruzzano haben angeblich einen Killer damit beauftragt, ein Mitglied des gegnerischen Clans zu töten; einer der Brüder ist der Richter.

Sezione accusa, Barbaro Felice + 6, 23. 4. 1883. Korruption in der Kommunalverwaltung der Locride. Noch keine kriminelle Vereinigung in Sicht, wie es scheint. Dieser und der vorhergehende Fall zeigen ein Kalabrien, das dem Auftreten der Picciotteria hilflos gegenüberstand.

Sezione accusa, Anania Giuseppe + 27, 21. 4. 1884. Erste Hinweise auf die *Picciotteria* in Nicastro gehen auf das Jahr 1883 zurück. Sämtliche Angeklagte sind ehemalige Sträflinge und haben Verbindungen zu Ciccio Cappuccio, *o signorino*, dem »jungen Herrn« der neapolitanischen Camorra. Sie leben hauptsächlich von der Zuhälterei.

Corte di Appello delle Calabrie, Crocè Paolo + 3, 22. 3. 1884. Vier *picciotti* aus Reggio Calabria legen gegen ihre Verurteilung Berufung ein.

Sezione accusa, Romeo Bruno + 27, 7. 12. 1899. *Picciotti* aus S. Cristina.

Sezione accusa, Auteri Felice + 316, 7. 12. 1899. Die Picciotteria mit Sitz in Iatrinoli, Radicena und Cittanova in der Ebene von Gioia Tauro. Eine umfangreiche Strafverfolgung, basierend auf der Zeugenaussage eines Killers aus der Gang, den seine Genossen im Stich ließen, nachdem er verhaftet worden war. Der Anführer ist ein 39-jähriger Schafhirte. Er und seine Männer stahlen Vieh und zwangen Grundbesitzer, *picciotti* als Wachposten zu beschäftigen.

Corte di Appello delle Calabrie, Auteri Felice + 229, 25. 2. 1901. Eine spätere Phase im selben Prozess – das Dokument bietet viele Erkenntnisse, was die Einstellung der *picciotti* zu Frauen anbelangt. Ciconte interpretiert diesen Prozess als Beispiel für dynastische Eheschließungen in der Picciotteria. Obwohl in der Tat von zwei Ehen die Rede ist, kommt es mir so vor, als bewegten wir uns nach wie vor in einem Milieu, das von Gesichtsschmissen und läppischen »Ehrenkonflikten« um Prostituierte geprägt war, wie sie auch in der neapolitanischen Camorra an der Tagesordnung waren. Die Bosse haben sich angeblich trotzdem »aus dem Elend erhoben« und »ein Vermögen angehäuft«.

Quellen, die ich für diesen Abschnitt konsultiert habe:

Cronaca di Calabria. Diese Wochenzeitung enthält gelegentlich interessante Beiträge zur Picciotteria-Problematik. Für das Zitat aus dem Initiationsritual (»Geht es euch gut? Sehr gut!«) siehe »La mala vita a Palmi«, 30. 09. 1896. Die Trimboli-Aussage zum Mythos der spanischen Ritter steht im Artikel »La mala vita a Palmi« vom 11. 03. 97 zu lesen. Was die »angeborene Bosheit« der wohlhabenden *africoti* betrifft, vgl. 12. 03. 96.

G. Cingari, *Storia della Calabria dall'Unità a oggi*, Rom–Bari 1983.

G. Cingari, *Reggio Calabria*, Rom–Bari 1988.

G. Cingari, »Tra brigantaggio e ›picciotteria‹: Giuseppe Musolino« in ders., *Brigantaggio, proprietari e contadini nel Sud*, Reggio Calabria 1976.

E. Ciconte, *'Ndrangheta dall'Unità a oggi*, Rom–Bari, 1992. Ciconte vor allem meint schon vor den 1880er Jahren Symptome für eine Mafiapräsenz in Kalabrien entdecken zu können. Ich deute diese Symptome eher als örtlich begrenzte Aktivitäten der Gefängniscamorra, die vorübergehend einen Brückenkopf in der Welt außerhalb der Gefängnisse etablierte – diese Brückenköpfe würden sich in den 1880er und 1890er Jahren zu einer großangelegten Kolonisierung auswachsen. Das Zitat von dem »Geheul der Verwundeten und Sterbenden«, das vor dem Abendläuten zu hören sei, stammt aus Ciconte, S. 211.

F. Piselli und G. Arrighi, »Parentela, clientela e comunità«, in P. Bevilacqua und A. Placanica, *Storia d'Italia. Le regioni dall'Unità a oggi. La Calabria*, Turin 1985. Wichtig im Zusammenhang mit Gesellschaft und Wirtschaft in der Ebene von Gioia Tauro; allerdings wird dieses sozio-ökonomische Profil nicht mit den verfügbaren Beweisen zur Beschaffenheit der frühen Picciotteria abgeglichen.

P. Bevilacqua, »Uomini, terre, economie«, in P. Bevilacqua und A. Placanica, *Storia d'Italia. Le regioni dall'Unità a oggi, La Calabria*, Turin 1985. Auch dies eine maßgebliche Studie; zeigt besonders gut die Anfälligkeit der Kleinbauern. Wieder wäre es interessant, diesen Bericht über die Rolle der Familie in der Landwirtschaft mit dem zu vergleichen, was wir über die Struktur der Picciotteria wissen. Vorerst fällt am meisten der *Kontrast* ins Auge, der zwischen der Bauernfamilie und den Banden besteht.

V. Cappelli, »Politica e politici«, in P. Bevilacqua und A. Placanica, *Storia d'Italia. Le regioni dall'Unità a oggi, La Calabria*, Turin 1985. Besonders wichtig für die Auswirkungen der Wahlreformen der 1880er Jahre.

Rauer Berg

K. Baedeker, *Italy. Handbook for Travellers. Third Part: Southern Italy and Sicily*, London 1869. (Deutsch: *Italien. Handbuch für Reisende. Dritter Theil: Unter-Italien und Sicilien.* Coblenz 1869.)

P. Borzomati, *La Calabria dal 1882 al 1892 nei rapporti dei prefetti*, Reggio Calabria 2001. Enthält die ersten Berichte über eine nennenswerte Mafiapräsenz in Reggio.

L. Costanzo, *Storia delle ferrovie in Calabria*, Cosenza 2005.

L. Franchetti, *Condizioni economiche ed amministrative delle province napoletane*, Florenz 1875. Franchetti benutzt auf S. 155 einmal den Begriff »Mafia«: »Wie man hört, werden einige Grundbesitzer, die in den Großstädten wohnen, durch eine Art *maffia* – Personen aus der Mittelschicht, die diese Anwesen pachten – von ihren eigenen Ländereien ferngehalten. Doch ist dieses Phänomen nicht so häufig, wie manche Menschen zu glauben scheinen.« Franchetti gibt nicht genügend Informationen, um es uns zu ermöglichen, seine Beobachtung zu deuten. Wir wissen natürlich, dass er bald darauf eine berühmte Studie über die »Mittelschicht-Schurken« (sein Begriff) auf Sizilien veröffentlichen würde. Deshalb dürfen wir sicher sein, dass der toskanische Intellektuelle keine Skrupel hatte, die Mafia beim Namen zu nennen, wenn er ihrer ansichtig wurde. Wir können diesen Vermerk allenfalls auf die Liste der vereinzelten Sichtungen kalabrischer Mafiosi vor den 1880ern setzen.

F. Manduca, *Studii sociologici*, Neapel 1888. Richter Manduca erzählt, er sei als Oberstaatsanwalt (*procuratore del Re*) in Reggio Calabria mit einigen Politikern befreundet gewesen, die unter den Bourbonen im Gefängnis gesessen hätten. Man habe sie zu Mafiosi und Camorristi in die Zellen gesteckt, um sie zu provozieren; sie hätten sich mit Messern verteidigt. Wir können auch diese Aussage auf die Liste der frühen Hinweise auf organisierte Kriminalität in Kalabrien setzen.

G. Verga, »Fantasticheria« in ders., *Vita dei campi*, Mailand 1880.

U. Zanotti-Bianco, »Tra la perduta gente – Africo«, in ders., *Tra la perduta gente*, Mailand 1959.

Die folgenden Landkarten lassen das Fortschreiten des Eisenbahnbaus in den Gebieten mit »großer Mafiadichte« (ein italienischer Begriff) in Kalabrien nachzeichnen:

Corpo di Stato Maggiore, *Carta delle strade ferrate del Regno d'Italia in esercizio nell'Aprile del 1869.*

Comando del Corpo di Stato Maggiore (Direzione Trasporti), *Carta delle ferrovie e delle linee di navigazione del Regno d'Italia*, Istituto Topografico Militare, gennaio 1877.

Ditta Artaria, *Carta speciale delle ferrovie e della navigazione in Europa*, Mailand 1878.

Comando del Corpo di Stato Maggiore (Direzione Trasporti), *Carta delle ferrovie e delle linee di navigazione del Regno d'Italia*, Istituto Geografico Militare, 1883.

Carta delle ferrovie, telegrafi, tramways a vapore e corsi d'acqua navigabili del Regno, Mailand 1886.

Cesare Ramoni, *Ferrovie italiane nel 1890. Carta completa delle reti ferroviarie*, Mailand 1890.

Istituto Geografico Militare, *Carta delle ferrovie e delle linee di navigazione del Regno d'Italia*, Edizione giugno 1891.

Carta delle ferrovie e delle linee di navigazione del Regno d'Italia, Istituto Geografico Militare, gennaio 1894.

Die exakte Anzahl der Personen, 1854, die zwischen 1885 und 1902 aufgrund der Mitgliedschaft in der Picciotteria vor Gericht gestellt werden konnten, habe ich einer Rede entnommen, die Staatsanwalt Sansone im Musolino-Prozess hielt, wie im *Giornale d'Italia* vom 1. 5. 1902 berichtet.

Der Baum der Erkenntnis

Um das Auftreten der 'Ndrangheta in der Ebene von Gioia Tauro in chronologischer Abfolge zu rekonstruieren, habe ich folgende Dokumente konsultiert:

ASC, Sezione Accusa. Corte d'appello di Catanzaro, Lisciotto Francesco + 23, v. 133, 18. 1. 1889.

ASC, Sezione Accusa. Corte d'appello di Catanzaro, Sciarrone Giovanbattista + 95, v. 137, 21. 2. 1890.

ASC, Corte d'appello delle Calabrie. Tripodi Carmine, v. 323, 27. 8. 1890.

ASC, Corte d'appello delle Calabrie. Calia Michelangelo + 65, v. 324, 14. 10. 1890.

ASC, Corte d'appello delle Calabrie. Marino Francesco + 147, v. 336, 9. 9. 1892. Der Gerichtsprozess, der die beiden weiblichen Mitglieder der Picciotteria erwähnt.

ASC, Corte d'appello delle Calabrie. Saccà Rocco + 45, v. 364, 31. 5. 1897. Dies ist das Gerichtsverfahren, das aufgrund der Zeugenaussage von Pasquale Trimboli eingeleitet wurde, der uns den ersten Beweis für den Mythos der drei spanischen Ritter liefert.

La Ragione. Diese Lokalzeitung wurde von den *picciotti* bedroht und berichtete ausführlich über das Auftauchen der Ganoven in Palmi. Die Zeitung äußerte sich auch besorgt über die Beziehungen zwischen Polizei und Bandenwesen: »Die Polizei sollte niemandem trauen, den sie bezahlt, um Informationen zu bekommen, weil solche Leute selbst zu den Banden gehören: anstatt die kriminellen Machenschaften aufzudecken, helfen solche Informanten, sie zu vertuschen« (1. 4. 1888).

Zivì. Eine radikale Zeitung, die sich am 16. 6. 1895 über die allzu freundschaftlichen Beziehungen zwischen Polizei und *picciotti* in Palmi beklagt.

F. Arcà, *Calabria vera. Appunti statistici ed economici sulla provincia di Reggio*, Reggio Calabria 1907.

G. A. Carbone, »Cenni sull'agricoltura ed industrie agrarie del circondario di Palmi«, *L'Agricoltura e le Industrie Agrarie*, 15. 4. 1893. Der erste Artikel einer Serie, die bis zum 15. 10. 1893 lief und über die wirtschaftlichen Hintergründe zur Entstehung der Picciotteria aufklärte.

N. Marcone, *Un viaggio in Calabria. Impressioni e ricordi*, Rom 1885.

Schwärzestes Africo

Die folgenden Gerichtsdokumente aus dem ASRC bieten einen äußerst detaillierten Einblick in den Ablauf damaliger 'Ndrangheta-Prozesse. Sie enthalten umfangreiche Gerichtsakten, einschließlich der Zeugenaussagen, sowie die Gerichtsurteile aus den vier Verfahren gegen die *picciotteria* in Africo: Drei Gruppen von Beschuldigten, allesamt derselben kriminellen Vereinigung angehörend, wurden getrennt voneinander verhört, außerdem eine kleinere Gruppe, die im Verdacht stand, den Hauptzeugen des Falls ermordet zu haben, Pietro Maviglia.

ASRC, Tribunale penale di Reggio, b. 750, inv. 68, vol. I, 2. Associazione a delinquere 1887–1894.

ASRC, Tribunale penale di Reggio, b. 154, inv. 68, fasc. 4. Assise RC. Procedimento contro Callea Domenico + 10 per l'omicidio di Maviglia Pietro 1894.

ASRC, Tribunale penale di Reggio, b. 543, inv. 68, no. 3069. Procedimento contro Ioffrida Domenico di Roghudi + 39 associazione a delinquere 1896.

ASRC, Tribunale Reggio Calabria, Sentenza 25. 3. 1896, Velonà Filippo + 29.

ASRC, Tribunale Reggio Calabria, Sentenza 27. 4. 1896, n. 210, Ioffrida Domenico + 39.

ASRC, Tribunale Reggio Calabria, Sentenza 26. 5. 1896, n. 444, Favasuli Bartolo + 29.

C. Alvaro, *Polsi nell'arte, nella leggenda, nella storia*, Reggio Calabria 2005 (1912).

G. Chirico, *Una vicenda giudiziaria di associazione per delinquere di tipo mafioso nella provincia di Reggio Calabria (1890–1900)*, Tesi di Laurea, Facoltà di Scienze Politiche, Università degli studi di Messina, 1989–90. Eine frühzeitige Analyse eines Teils des obigen Materials.

P. Martino, »Per la storia della 'ndrànghita«, Biblioteca di Ricerche Linguistiche e Filologiche, Bd. 25, Nr. I, 1988. Sehr hilfreich, was den Jargon der *picciotteria* und dessen Ursprung anbelangt.

G. Postiglione, *Relazione statistica dei lavori compiuti nel circondario del tribunale civile e penale di Palmi nell'anno 1890*, Palmi 1891.

J. Steinberg, *The Number. One man's search for identity in the Cape underworld and prison gangs*, Johannesburg 2004.

F. Varese, *The Russian Mafia. Private protection in a New Market Economy*, Oxford 2001. Ein ausgezeichneter Bericht über die Russenmafia.

Der »König des Aspromonte«

Archivquellen:

ASRC, Gabinetto di Prefettura, n. 1089, Associazione a delinquere in S. Stefano, b. 27, inv. 34. Mangiones Berichte über die Picciotteria in Musolinos Heimatort. Enthält bemerkenswertes Material zu Musolinos Schwestern.

ASRC, Gabinetto di Prefettura, Serie prima, affari riservati. Bandito Musolino. Die umfangreiche Dokumentensammlung über den Fall Musolino. Vgl. zum Beispiel:

Ebd., b. 2, fasc. 11. Delegati di PS impegnati nella cattura di Musolino, sottofasc. Mangione. Über den Polizisten, der gegen die Picciotteria in Santo Stefano ermittelte.

Ebd., b. 2, fasc. 23. Stampa. Notizie sul brigante Musolino. Zeitungsausschnitte über Musolino, die zeigen, wie besorgt die Behörden waren angesichts seiner zunehmenden Beliebtheit und seines mythischen Rufs als unschuldiger Rächer.

Ebd., b. 2, fasc. 13, Favoreggiatori. Eine Sammlung falscher Spuren aus ganz Italien und den USA.

Presse: Ich habe den Musolino-Prozess im *Giornale d'Italia* und der Zeitung *Avanti!* verfolgt (April-Juni 1902).

G. Cingari, »Tra brigantaggio e ›picciotteria‹: Giuseppe Musolino«, in ders., *Brigantaggio, proprietari e contadini nel Sud*, Reggio Calabria 1976. Von grundlegender Bedeutung für sämtliche Aspekte des Musolino-Falls. Der offene Brief des Briganten an die Zeitung *La Tribuna*, datiert vom 28. 3. 1900, wird von Cingari zitiert.

N. Douglas, *Old Calabria*, London 1983 (1915).

E. Morselli und S. De Sanctis, *Biografia di un bandito. Giuseppe Musolino di fronte alla psichiatria ed alla sociologia*, Mailand 1903.

M. Pascoli, *Lungo la vita di Giovanni Pascoli*, Mailand 1961.

A. Rossi, »Alla ricerca di Musolino«, *L'Adriatico*, 11. 2. 1901. Der erste Artikel einer hervorragenden Serie – insgesamt 20 Beiträge (die meisten veröffentlicht unter dem Titel »Nel regno di Musolino«) –, die bis zum 6. 4. 1901 lief.

5 Medienwirksame Bosse 1899 bis 1915

Bankiers und Ehrenmänner / Floriopolis / Vier Prozesse und ein Begräbnis

ACS, DGPS, aa.gg.rr. Atti speciali (1898–1940), b. 1, fasc. 1, »Der Sangiorgi-Bericht«. Man sollte anmerken, dass es Verbindungen gab zwischen Palizzolo und den Mafiosi, die in Sangiorgis Bericht erwähnt werden. Das Parlamentsmitglied stellte einigen Ehrenmännern, deren Waffenscheine der Polizeichef beschlagnahmte, Leumundszeugnisse aus. Palizzolos bevorzugte *cosca* aus Villabate verkaufte gestohlenes Vieh über denselben Palermer Fleischer, der in seinem Haus Zusammenkünfte duldete, an denen u.a. Antonino Giammona und Francesco Siino teilnahmen.

Es gibt in den Unterlagen zu Sangiorgis beruflichem Werdegang Informationen über sein Wirken als Polizeichef von Palermo, einschließlich des von mir zitierten Telegramms, das seine Versetzung anordnet.

Die besten Berichte über die Notarbartolo-Affäre finden sich in:

S. Lupo, *Storia della mafia*, Rom 1996. Die Bemerkung der Polizei, Palizzolo sei ein »Gönner der Mafia«, wird auf S. 115 zitiert. Lupo bezeichnet auch Ignazio Florios Ausweichen im Gerichtssaal als ein »Wunder«.

G. Barone, »Egemonie urbane e potere locale (1882–1913)«, in M. Aymard und G. Giarrizzo (Hg.), *Storia d'Italia. Le regioni dall'Unità a oggi. La Sicilia*, Turin 1987. Florio über die Mafia als »eine Erfindung mit dem Ziel, Sizilien zu verunglimpfen«, wird auf S. 317 zitiert. Die Bemerkung von der Angst unter ehrlichen Journalisten findet sich auf S. 314. Die Anspielung Cosenzas auf die »Themispriester« steht auf S. 325.

Es gibt außerdem nützliche Hinweise in:

F. Renda, *Socialisti e cattolici in Sicilia (1900–1904)*, Caltanissetta 1972.

F. Renda, *Storia della mafia*, Palermo 1997. Das Zitat, »die hohe Mafia« habe »den Mord von langer Hand geplant«, findet sich auf S. 147.

N. Colajanni, *La Sicilia dai borboni ai sabaudi (1860–1900)*, Mailand 1951.

L. Notarbartolo, *Memorie della vita di mio padre*, Pistoia 1949. Über die *Tribuna Giudiziaria*, die Cosenza nahestand, siehe S. 365.

R. Poma, *Onorevole alzatevi!*, Florenz 1976. Zitiert den Kommentar zum Gerichtsurteil von Florenz, das als Zeichen nationaler Einheit gepriesen wurde.

S. Sonnino, *Diario 1866–1912*, Bd. I, Bari 1972. Über die Möglichkeit vorgezogener Wahlen aufgrund des ersten Notarbartolo-Prozesses.

Ich habe die einzelnen Verfahren in mehreren Zeitungen verfolgt:

Avanti! Über Palizzolos krampfhaftes Gelächter angesichts des Urteils vom 1. 8. 1902.

Corriere della Sera. Palizzolo war »für die Wähler verfügbar«: 1./2. 10. 1901 (vgl. Lupo, *Storia della mafia*, S. 111).

Daily Express. Zum Florentiner Urteil, 25. 7. 1904.

Giornale di Sicilia. Über den Bürgermeister Avellone, 2./3. 4. 1892 (vgl. O. Cancila, *Palermo*, Bari 2000, S. 234 f.). Der neue Präfekt kündigt eine Kampagne gegen die Schutzgelderpressung an: Vgl. 14./15. 9. 1898. Über das hohe Ansehen, das die Familie Giammona genoss, 13./14. 5. 1901. Zur Großzügigkeit der Giammonas: 20./21. 5. 1901. Die Mafia als »Ausdruck eines übersteigerten Individualismus«: vgl. 24./25. 5. 1901. Interessanterweise stammt das Zitat wortwörtlich aus Cosenzas Rede im Jahr 1900, mit der er das Gerichtsjahr eröffnet (Vgl. Renda, *Socialisti e cattolici*, S. 408). Cosenza zitiert auch Giuseppe Falcone, einen Anwalt Palizzolos, der zudem am Ende den Versuch unternahm, Sangiorgi zu verunglimpfen. Stellungnahme zu Sangiorgis Tod: siehe 4./5. 11. 1908.

Il Mattino. Zu Sangiorgis Tod, 4. u. 5. 11. 1908.

Morning Post. Zu den scheinheiligen Solidaritätsbekundungen für Notarbartolo, vgl. 22. 12. 1899.

L'Ora. Die Mafia als »bäuerliches Rittertum«: 5. u. 6. 6. 1901. Der verleumderische Brief gegen Sangiorgi: 19. u. 20. 11. 1903. Zu Sangiorgis Tod: 4. 11. 1908.

Resto del Carlino. Sangiorgi zu »die Mafia ist mächtig«: 30. u. 31. 10. 1901.

The St. Louis Republic. »Der Morgenempfang des Banditenkönigs« (anonym), 14. 1. 1900. Über Palizzolos Schlafzimmeraudienzen.

The Times. Zu Leopoldo Notarbartolos »Sachlichkeit«, 18. 10. 1901.

Tribuna Giudiziaria. Vgl. 29. 11. 1903 und der Artikel »Commedia poliziesca« zu Sangiorgis »verleumderischer« Zeugenaussage.

Der kriminelle Atlantik

C. Alvaro, »La fibbia«, *Corriere della Sera*, 17. 9. 1955. Die Anekdote über die »Vereinigung« in San Luca.

G. Cingari, *Storia della Calabria dall'Unità a oggi*, Rom–Bari 1983.

G. Cingari, *Reggio Calabria*, Rom–Bari 1988. Über die Picciotteria nach dem Erdbeben von 1908.

D. Critchley, *The Origin of Organised Crime in America. The New York Mafia, 1891–1931*, London 2009. Enthält eine Vielzahl ausgezeichneter Dokumente; leider fehlen die Erkenntnisse aus den besten italienischen Forschungsarbeiten über die Mafia, was beispielsweise dazu führt, dass der Autor Sizilianer wie Joe Bonanno beim Wort nimmt, wenn sie von »Ehre« sprechen und so weiter. Dennoch ist Critchleys Buch insofern wichtig, als es einen ersten Überblick über das Bandenwesen in Kampanien, Kalabrien und Sizilien bietet. Informationen zu Errícones Aufenthalt in New York zum Beispiel habe ich Critchleys Buch entnommen.

P. Y. Herchenroether, *Helltown. The Story of the Hillsville Black Hand*, unveröffentlichtes Manuskript, das mir der Autor freundlicherweise zur Verfügung stellte. Über Gangs im Stil der *Picciotteria* unter den Bergleuten in Pennsylvania.

S. Lupo, *Quando la mafia trovò l'America. Storia di un intreccio intercontinentale, 1888–2008*, Turin 2008. Lupo Antonio zitiert unter anderem Musolinos Aussage bei der Polizei.

New York Times. »By order of the mafia«, 22. 10. 1888. Salvatore Lupo identifiziert diesen ersten Mafiamord in den USA. Walter Littlefield, »Criminal band that murdered Petrosino in police coils«, 11. 9. 1910.

Das ASRC enthält einige interessante Dokumente über die Rückkehr der Black Hand nach Kalabrien und über Verbindungen zwischen kalabrischen Gangs und den Bergbaugemeinden in den USA.

Tribunale Penale Reggio Calabria, 1906, b. 981, fasc. 11156, Leone Antonino + 63, Associazione a delinquere mano nera.

Ebd., b. 993, fasc. 11732. Ignoti: minacce.

Ebd., b. 1028, fasc. 12896. Romeo Francesco e altri (11/1907).

Die »hohe« Camorra / Die Camorra in strohgelben Handschuhen / Gennaro Abbatemaggio: Genialoid / Der seltsame Tod der Ehrenwerten Gesellschaft

F. Barbagallo, *Il Mattino degli Scarfoglio, 1892–1928*, Mailand 1979.

F. Barbagallo, *Stato, parlamento e lotte politico-sociali nel Mezzogiorno (1900–1914)*, Neapel 1980. Unter anderem über Peppuccio Romano.

F. Barbagallo, *Storia della camorra*, Rom–Bari 2010.

R. Canosa, *Storia della criminalità in Italia*, 1845–1945, Turin 1991. Die Forderung der Carabinieri nach mehr Geld für die Bezahlung von Zeugen findet sich auf S. 291.

E. Ciccotti, *Come divenni e come cessai di essere deputato di Vicaria*, Neapel 1909. Über die Wahlen und die Camorra mit den dreifarbigen Kokarden.

E. De Cosa, *Camorra e malavita a Napoli agli inizi del Novecento*, Cerchio 1989 (1908).

G. Garofalo, *La seconda guerra napoletana*, Neapel 1984.

G. Machetti, »La lobby di piazza Municipio: gli impiegati comunali nella Napoli di fine Ottocento«, *Meridiana*, 38–39, 2000.

M. Marmo, »›Processi indiziari non se ne dovrebbero mai fare‹. Le manipolazioni del processo Cuocolo (1906–1930)«, in M. Marmo und L. Musella (Hg.), *La costruzione della verità giudiziaria*, Neapel 2003.

M. Marmo, »Il reato associativo tra costruzione normativa e prassi giudiziaria«, in G. Civile und G. Machetti (Hg.), *La città e il tribunale. Diritto, pratica giudiziaria e società napoletana tra Ottocento e Novecento*, Neapel 2004.

M. Marmo, »L'opinione pubblica nel processo penale: Giano bifronte, ovvero la verità giudiziaria contesa«, *Meridiana*, 63, 2008.

F. Russo und E. Serao, *La camorra. Origini, usi, costumi e riti dell' »annorata soggietà«*, Neapel 1907. Die Quelle des Kommentars zu Absinth und Kreditwucher.

R. Salomone, *Il processo Cuocolo*, Arpino 1930. Enthält Abbatemaggios Widerruf und Informationen über sein Leben; auch Erricones Rede anlässlich des Urteils, S. 102.

F. M. Snowden, *The fascist revolution in Tuscany, 1919–1922*, Cambridge 1989. Zu Abbatemaggios Leben in der Ära des Faschismus.

F. M. Snowden, *Naples in the time of cholera, 1884–1911*, Cambridge 1995.

A. Train, *Courts, Criminals and the Camorra*, London 1912. Das »Tollhaus«-Zitat findet sich auf S. 184. Zu den »gutgekleideten« Camorristi vgl. S. 211. Zur »Erregbarkeit« der Italiener vgl. S. 202.

Die Zeitungskommentare zum Cuocolo-Prozess:

The Advertiser (Australien). Abbatemaggio als »Schurke übelster Sorte«, 13. 7. 1912.

Bulawayo Chronicle. Zum Schuldspruch im Cuocolo-Prozess, 8. 9. 1912.

Il Mattino. Ich habe aus der reichhaltigen Berichterstattung des *Mattino* zitiert. Zum Beispiel: Abbatemaggios erste Zeugenaussage beginnt am 25./26. 3. 1911; Abbatemaggio, der über seinen Theaterbesuch befragt wird: 3./4. 5. 1911; Abbatemaggios »phänomenale Gedächtnisleistung und Intuition« sowie die Zeugenaussage von Professor Polidori: 14./15. 3. 1911; Erricone über »das Grammophon«: 29./30. 3. 1911; Erricone über die »Söhne des Vesuvs«: 1./2. 4. 1911; die Päderastenepisode/das Spucken: 3./4. 5. 1911; Fabronis Aussage mit den Vorwürfen gegen Abbatemaggio beginnt am 13./14. 7. 1911; Simonettis Aussage: 9./10. 6. 1911; Catalanos Aussage: 22./23. 6. 1911; Amettas Aussage und Erricones Wutanfall: 23./24. 6. 1911; über die Verteidigungsrede des Camorrista in gedruckter Form und die »bäuerliche Ritterlichkeit«: 20./21. 3. 1911.

New York Times. »The greatest criminal trial of the age«: 11. 9. 1910; »Camorrista gibt Komplizen preis, um Braut für sich zu gewinnen«: 6. 3. 1911; »Die schwarzen Eingeweide der kriminellen Hydra«: 11. 9. 1910; »Ein detektivischer Geniestreich«, 15. 1. 1912.

Otautau Standard and Wallace County Chronicle (Neuseeland). Eine der vielen Zeitungen weltweit, die den Vergleich mit Sherlock Holmes aufgreifen.

La Stampa. Merkwürdigerweise hielt sich Gennaro Abbatemaggio in den Schlagzeilen, indem er vorgab, er habe wichtige Insider-Informationen zum Mord an Matteotti; er machte seine Aussage vor Gericht. Vgl. »Le rivelazioni di Abbatemaggio sulla premeditazione dell'assassinio Matteotti«, *La Stampa*, 7. 9. 1924. Nach dem Krieg versuchte Abbatemaggio vergeblich, den Cuocolo-Prozess verfilmen zu lassen, und wurde 1954 verklagt, weil er fälschlicherweise behauptet hatte, er habe maßgebliche Informationen zu dem berüchtigten Montesi-Mordfall. Vgl. hierzu: »Gennaro Abbatemaggio arrestato per le sue false dichiarazioni«, *La Stampa*, 24. 8. 1954.

Washington Times, 12. 9. 1910.

6 Mussolinis Skalpell 1922 bis 1943

Sizilien: Der letzte Kampf gegen die Mafia / Sizilien: Der schleimige Krake

ASPA, Questura, Affari generali, 1935, b. 2196. Questura di Palermo. Archivio Generale b. 2196 Anno 1935. R. Ispettorato generale di PS per la Sicilia – Nucleo generale Carabinieri reali, Processo verbale di denunzia di 175 individui responsabili di associazione per delinquere (16. Juli 1938).

Manchester Guardian. Himmelfahrtsrede, 27. 5. 1927.

New York Times. 27. 5. 1927; »Anzeichen zunehmenden Größenwahns«, 29. 5. 1927.

M. Allegra, »Come io, medico, diventai un mafioso«, *Giornale di Sicilia*, 22./23. 1. 1962.

M. Allegra, »La mafia mi ordinò di entrare in politica«, *Giornale di Sicilia*, 23./24. 1. 1962.

M. Allegra, »Tutti gli uomini della ›cosca‹«, *Giornale di Sicilia*, 24./25. 1. 1962. Allegra erwähnt verblüffenderweise Ernesto Marasà, sagt, er habe noch mehr über ihn zu berichten, und kommt dann nicht mehr auf das Thema zurück.

M. Andretta, »I corleonesi e la storia della mafia. Successo, radicamento e continuità«, *Meridiana*, 54, 2005.

A. Blando, »L'avvocato del diavolo«, *Meridiana*, 63, 2008.

A. Calderone, *Gli uomini del disonore*, (hg. P. Arlacchi), Mailand 1992.

V. Coco, »Dal passato al futuro: uno sguardo dagli anni trenta«, *Meridiana*, 63, 2008.

V. Coco und M. Patti, »Appendix«, *Meridiana*, 63, 2008. Gerichtsverfahren infolge der Operation Mori.

V. Coco, »La mafia dell'agro palermitano nei processi del periodo fascista«, in G. Gribaudi (Hg.), *Traffici criminali. Camorra, mafia e reti internazionali dell'illegalità*, Turin 2009.

F. Di Bartolo, »Imbrigliare il conflitto sociale. Mafiosi, contadini, latifondisti«, *Meridiana*, 63, 2008.

M. Di Figlia, »Mafia e nuova politica fascista«, *Meridiana*, 63, 2008.

C. Duggan, *Fascism and the Mafia*, New Haven 1989. Duggans Forschung ist nach wie vor wichtig für den Hintergrund der Operation Mori. Doch am bekanntesten ist das Werk aufgrund seiner These, die Mafia als Organisation sei eine Erfindung der Faschisten und diene diesen als Vorwand, politische Kontrolle über Sizilien zu üben. Duggans These war schon beim Erscheinen des Buches äußerst umstritten und wird jetzt von einer niederschmetternden Beweislast widerlegt.

S. Lupo, *Storia della mafia*, Rom 1996. Mori »in brünstige Wallung« gesetzt: vgl. S. 182.

C. Mori, *The Last Struggle with the Mafia*, London 1933.

C. Mori, *Con la mafia ai ferri corti*, Neapel 1993 (1932).

B. Mussolini, »Discorso dell'Ascensione«, 26. 5. 1927, in ders., *Opera Omnia*, hg. von E. Susmel und D. Susmel, 44 Bde. Florenz 1951–80, Bd. 22.

M. Patti, »Sotto processo. Le cosche palermitane«, *Meridiana*, 63, 2008.

V. Scalia, »Identità sociali e conflitti politici nell'area dell'interno«, *Meridiana*, 63, 2008.

A. Spanò, *Faccia a faccia con la mafia*, Mailand 1978. Moris Lebensstil in Palermo: vgl. S. 38.

Ich habe das Ausmaß von Marasàs Reichtum mit Hilfe der Webseite www.measuringworth.com geschätzt, 1938–2009.

Kampanien: Büffelsoldaten / Kampanien: Der Faschist Vito Genovese

Commando Generale dell'Arma dei Carabinieri. Ufficio Storico, diverse Berichte über den beruflichen Werdegang Vincenzo Anceschis, einschließlich des *Bollettino Ufficiale dei Carabinieri Reali* 1919 (S. 214), 1927 (S. 109), 1929 (S. 330, 461, 585, 871), 1930 (S. 882).

E. Anceschi, *I Carabinieri reali contro la camorra*, Rom 2003. Enthält die Artikel aus dem *Mezzogiorno*, 2./3. 6. 27, die meiner Beschreibung von den Mazzoni zugrunde liegen.

L. Avella, *Cronaca nolana. Dalla Monarchia alla Repubblica*, Bd. 7, *1926–1943*, Neapel 2002. Zum Zitat über Vito Genoveses Stiftung.

F. Barbagallo, *Storia della camorra*, Rom–Bari 2010. Über *'o signorino*, S. 86–88.

O. Bordiga, *Inchiesta parlamentare sulle condizioni dei contadini nelle provincie meridionali e nella Sicilia*, Bd. IV, *Campania*, Bd. I, *Relazione*, Rom 1909. Über die »urzeitlichen Stämme« in den Mazzoni.

P. Frascani, »Mercato e commercio a Napoli dopo l'Unità«, in P. Macry und P. Villani (Hg.), *Storia d'Italia. Le regioni dall'Unità a oggi. La Campania*, Turin 1990.

G. Gribaudi, »Guappi, camorristi, killer. Interpretazioni letterarie, immagini sociali, e storie giudiziarie«, in *Donne, uomini, famiglie*, Neapel 1999. Über den *guappo*.

M. Marmo, »Tra le carcere e il mercato. Spazi e modelli storici del fenomeno camorrista«, in P. Macry und P. Villani (Hg.), *La Campania*, Teil der *Storia d'Italia. Le regioni dall'Unità a oggi*, Turin 1990. Der beste Ausgangspunkt für die Geschichte der Camorra außerhalb der Stadt Neapel.

P. Monzini, *Gruppi criminali a Napoli e a Marsiglia. La delinquenza organizzata nella storia di due città (1820–1990)*, Rom 1999. Zum unbekannten Schicksal der Camorra nach dem Ableben der Ehrenwerten Gesellschaft: S. 53 ff.

H. S. Nelli, *The Business of Crime. Italians and Syndicate Crime in the United States*, New York 1876. Über Genovese und den Faschismus.

C. Petraccone, *Le »due Italie«. La questione meridionale tra realtà e rappresentazione*, Rom–Bari 2005. Mussolinis Verbot einer öffentlichen Debatte über die »Südfrage«, S. 190.

Il Mattino. Die Artikel zu den Nola-Morden erscheinen von August bis September 1911. Vgl. zum Beispiel 9./10. 8. 1911, »Il brigantaggio nell'Agro nolano«; über die »krasse Unwissenheit« und die »blutrünstigen Triebe« der Hirten in den Mazzoni: »Brigantaggio nei Mazzoni di Capua«, 18./19. 9. 1911. Auch das Vorgehen Anceschis habe ich im *Mattino* verfolgt (November 1926 bis Mai 1927).

Roma. Enthält ebenfalls ausführliche Kommentare zu Anceschis Operation (November 1926 bis Juni 1927). Über das Begräbnis, das von Anceschis Beamten unterbrochen wurde: 1.1.1927. »I maggiori maladrini avversani tratti in arresto mentre accompagnano in camposanto la salma del loro ›capintesta‹«.

Kalabrien: Der fliegende Boss aus Antonimina / Kalabrien: Was mich nicht umbringt, macht mich stärker / Kalabrien: Eine schlaue, starke und umsichtige Frau / Massaru Peppi tanzt Tarantella

Überblick über Archivquellen zur ’Ndrangheta während der Ära des Faschismus:

ASRC:

Tribunale di Reggio Calabria, Sentenze, 6.6.1923 n. 15, Battaglia Giuseppe + 46, vol. 206.

Ebd., 1.12.1924, Callea Giovanni + 8, vol. 210.

Ebd., 18.2.1924, Calù Clemente + 25, vol. 208.

Ebd., 23.9.1924, Palamara Francesco + 6, vol. 210. Eine Bande aus Casalnuovo, die beschließt, jeden zu bestrafen, der bei den Kommunalwahlen für die Faschisten stimmt. Ihre Mitglieder werden aus Mangel an Beweisen freigesprochen.

Ebd., 15.4.1926, n. 192, Minniti Antonio, vol. 215.

Ebd., 2.8.1926 n. 395, Mafrici Stefano + 13, vol. 216.

Ebd., 7.5.1927 n. 153, De Gaetano Andrea + 28, vol. 218. Drei der Angeklagten hatten sich mit Pistolen fotografieren lassen, mit denen sie auf ein Blatt Papier zielten. Dabei hoben sie die Hände zum Schwur. Sie wurden allesamt freigesprochen.

Ebd., 29.3.1927, Schimizzi Giacomo + 64, vol. 217. In Melito sprechen Insider über das Initiationsgelübde der Bande: »Vor uns ist ein Grab, mit Blumen bedeckt, und wer das Schweigen bricht, der erhält fünf Dolchstöße in die Brust.« Der Richter erklärt, warum solche Insider-Informationen nicht selten sind: »Die Erfahrung lehrt uns, dass Mitglieder krimineller Organisationen einander immer gegenseitig verraten.«

Ebd., 13.7.1928 n. 395, Bruzzaniti Giovanni + 51, vol. 224. Ein Fall in Africo, wo die Gewalt durch die Picciotteria nach dem Ersten Weltkrieg gewaltig anstieg. Der Richter gibt »sozialen Ursachen« die Schuld und mindert die Strafen mit der Begründung, die Angeklagten hätten sich gebessert.

Ebd., 19.6.1928, Putortì Vittorio + 5, vol. 223.

Ebd., 14.8.1930, Passalacqua Giuseppe + 19, vol. 234. Ein widerwärtiger Fall um die Vergewaltigung einer zurückgebliebenen Prostituierten.

Ebd., 26.5.1930 n. 341, Curatola Francesco, vol. 232.

Ebd., 12.6.1931 n. 524, Altomonte Carmelo + 8, vol. 238.

Ebd., 16.7.1931 n. 752, De Gaetano Domenico + 20, vol. 239. Beschreibt einen Revierkampf in San Roberto (Villa San Giovanni) zwischen Faschisten und *picciotti*. Zwischen Letzteren besteht ein dichtes Verwandtschafts- und Verschwägerungsnetz.

Ebd., 6.4. 1933 n. 174, Spanò Demetrio + 106, vol. senza numero Anno 1933 – *dal 15 gennaio al 30 aprile*. Prozess gegen mehrere Picciotteria-Banden in Reggio Calabria, die ein Netzwerk bilden. Die Anführer betreiben Zuhälterei und erpressen Geld von jungen Mitgliedern. Es entsteht ein detailliertes Bild der Organisation: Wie immer gibt es eine *Società minore* und eine *Società maggiore*. Letztere jedoch ist weiter unterteilt in die *Società in testa* alias *Gran criminale*, die Gruppe um den Boss, und die *Società indrina*, deren Gruppierungen in unterschiedlichen Stadtvierteln agieren.

ASC:

Corte di Appello di Catanzaro, Sentenze, 7.6.1922, De Paola Gregorio + 11, vol. 486.

Ebd., 8.8.1923, Noto Domenico + 46, vol. 489. Der fliegende Boss.

Ebd., 14.11.1923, Alfinito Donato + 36, vol. 489. Prozess gegen eine Bande aus Petronà. Zwei Frauen, die angeblich der *cosca* angehören, werden aus Mangel an Beweisen freigesprochen. Der Boss wurde abgesetzt, weil seine Frau im Ruf stand, ihn zu betrügen.

Ebd., 16.4.1923, Costa Salvatore + 6, vol. 488.

Ebd., 19.7.1924, Bruzzi Camillo + 18, vol. 491. Aus Radicena und Gioia Tauro. Die gängige Praxis der Bande, neue Mitglieder durch Zwangsrekrutierung zu verpflichten, bringt der Staatsanwaltschaft einen Zeugen ein.

Ebd., 11.3.1925, Cotela Giuseppe + 14, vol. 492. Einige Mitglieder geben die Existenz der Vereinigung zu, die ihren Sitz in Serrata hat. Zwangsrekrutierung von Mitgliedern noch immer gängige Praxis, zumindest einigen Zeugen zufolge.

Ebd., 19.12.1925, Barbara Antonio + 35, vol. 494.

Ebd., 26.1.1925, Panucci Gesuele + 17, vol. 492.

Ebd., 22.5.1926, Fabrizio Giuseppe + 26, v. 495. Wie viele Gerichtsurteile ist auch in diesem von einer Organisation die Rede, die in *picciotti* und Camorristi unterteilt ist. Einmal mehr stammen die Beweise von Abtrünnigen innerhalb der Gruppe.

Ebd., 6.2.1926, Pandurri Pietro + 14, vol. 495.

Ebd., 10.2.1926, Facchineri Giuseppe + 18, vol. 495.

Ebd., 12.4.1926, Notarianni Vincenzo + 34, vol. 495. Messerkämpfe.

Ebd., 13.2.1926, Mascaro Camillo + 3, vol. 495.

Ebd., 17.3.1926, De Caro Vincenzo, vol. 495. Eine Bande im Dorf Santa Sofia d'Epiro, in dem albanische Einwanderer leben. Die Mitglieder agierten oft in Frauenkleidern.

Ebd., 26. 4. 1926, Albanese Domenico + 26, vol. 495. Die richterliche Verfügung beschreibt das Durcheinander in Rosarno, das der Demobilisierung folgt.

Ebd., 28. 6. 1926, Gullà Francesco, v. 496. Gullà aus Celico in der Provinz Cosenza, hat Verbindungen zur Black Hand in den USA.

Ebd., 10. 10. 1927, Biancamaro Arturo + 6, vol. 500.

Ebd., 4. 12. 1928, Bumbaca Vincenzo + 45, vol. 505. Einer von mehreren Fällen, bei denen es nicht zu einer Strafverfolgung kam.

Ebd., 8. 6. 1928, De Santis Giuseppe + 21, vol. 503.

Ebd., 9. 7. 1928, Lucà Luigi + 38, vol. 504. In Gioiosa Jonica bezeichnet die Picciotteria sich als »Montalbano-Familie«.

Ebd., 12. 11. 1928, Speranza Stefano + 26, vol. 505.

Ebd., 17. 12. 1928, Cristiano Giuseppe + 13, vol. 505. Die Carabinieri versäumen es, gegen diese Gruppe aus Staiti genügend Beweise zu erbringen.

Ebd., 18. 8. 1928, Saccomanno Antonio + 11, vol. 504. Die Angeklagten werden freigesprochen, weil nach Meinung des Richters die Staatsanwaltschaft – trotz mehrerer Geständnisse – nicht beweisen konnte, dass es sich bei dieser Bande um eine *kriminelle* Vereinigung handelte.

Ebd., 2. 5. 1929, Palermo Rinaldo + 48, vol. 507. Interessanter Fall aus Gerace: Die örtliche Picciotteria kassiert auf Hochzeiten Erpressungsgeld. Zwei wohlhabende Mitglieder werden mit der dürftigen Begründung freigesprochen, es sei »unwahrscheinlich, dass sie sich mit einem Haufen Habenichtse zu zwielichtigen Machenschaften herbeilassen könnten«.

Ebd., 17. 5. 1929, Napoli Pasquale + 7, vol. 507. Nach der Rückkehr eines *picciotto* aus den USA steigt die Anzahl der Diebstahlsdelikte schlagartig.

Ebd., 25. 11. 1929, Gareri Domenico + 13, vol. 509.

Ebd., 26. 9. 1929, Romeo Stefano + 75, vol. 508. Wichtiger Gerichtsprozess gegen die Picciotteria in San Luca. Giuseppe Delfino verwendet die Beweise eines Informanten (der seinen Verrat mit dem Leben bezahlte), um die organisierten Viehdiebstähle vor Ort aufzudecken.

Ebd., 1. 4. 1930, Gullace Domenico + 20, vol. 512.

Ebd., 6. 12. 1930, Spanò Vincenzo + 33, vol. 517.

Ebd., 11. 7. 1930, Vallone Giuseppe + 6, vol. 514.

Ebd., 13. 6. 1930, Carioti Francesco, vol. 513.

Ebd., 15. 11. 1930, Corio Santo + 144, vol. 516. Mehrere Frauen sind Mitglieder in diesem Clan aus Palmi, Gioia Tauro und Rosarno.

Ebd., 20. 10. 1930, Sorace Salvatore +9, vol. 515.

Ebd., 25. 11. 1930, Annacorato Vincenzo + 93, vol. 516. Eine »Montalbano-Familie« in Nicotera, Polistena und Gioia Tauro. Ein Junge wird mit elf Jahren rekrutiert. Der Richter zeigt sich nicht überrascht, dass die meisten Beweise von abtrünnigen *picciotti* stammen: »Es ist völlig natürlich, dass Gerichts-

verfahren gegen kriminelle Banden aus den Enthüllungen jener Ganoven entstehen, die die Geheimnisse der Gruppe verraten, der sie angehörten.«
Ebd., 29. 11. 1930, Mollica Vincenzo + 41, vol. 516.
Ebd., 29. 8. 1931, Ponzano Gaetano + 10, vol. 521.
Ebd., 1. 3. 1932, Lupino Giovanni + 16, vol. 525.
Ebd., 25. 11. 1932, Argentano Menotti + 12, vol. 529.
Ebd., 12. 5. 1933, Piccione Francesco + 10, vol. 531.
Ebd., 21. 9. 1934, Pollifrone Rocco + 22, vol. 536. Die Picciotteria in der Locride schmuggelt ihre gestohlenen Tiere in die Ebene von Gioia Tauro, um sie hier auf dem Markt zu verkaufen.

ASC:
Corte di Assise di Catanzaro, Sentenze 2. 11. 1931, Pugliese Francesco + 4, vol. 62.
Ebd., 21. 5. 1932, Rosello Francesco + 2, vol. 63. Ein Carabiniere wird ermordet, weil er versuchte, ein Heiratsbündnis zwischen zwei Gangstergruppen zu verhindern. Vermutlich kam er einer der beiden Gruppierungen ins Gehege.

ASC:
Corte di Assise di Locri, Sentenze 2. 2. 1933, Andrianò Vincenzo + 8, b. 1.
Ebd., 19. 7. 1937, Commisso Francescantonio + 56, b. 3. Der Boss verfügt, dass ein Mann den Tod verdient, weil er Gerüchte über seine Frau verbreitet hat, und betraut einen Sechzehnjährigen mit der Aufgabe, den Betreffenden zu ermorden.
Ebd., 8. 2. 1938, Oppedisano Francesco + 5, b. 3.
Ebd., 6. 9. 1939, Macrì Francesco + 141, b. 4. Der Fall um Maria Marvelli.
Ebd., 9. 2. 1939, Canario Vincenzo + 26, b. 4.

ASC:
Corte di Assise di Palmi, Sentenze, 11. 6. 1937, Vicari Francesco, b. 3.
Ebd., 18. 3. 1937 Romeo Procopio + 2, b. 3. Ein Fleischer aus einer *frazione* in Oppido Mamertina wird von Schrotkugeln in Oberschenkel, Genitalien und die linke Hand getroffen, während er in einem Olivenhain defäkiert. Es folgen etliche Übergriffe, die der Richter Familienrivalitäten zuschreibt.
Ebd., 6. 12. 1938. Vinci Alfonso + 10, b. 3. Freisprüche trotz mehrerer Rasiermesserschnitte in Cittanova.
Ebd., 8. 4. 1938, Corso Rocco + 1, b. 3.
Ebd., 7. 3. 1940 Barone Michele + 37, b. 4. Michele Barone und seine Gang müssen sich vor Gericht verantworten, weil sie eine alte Dame in ihrem Bett verbrannt und eine Prostituierte von einer Brücke gestoßen haben, sind

aber nicht Teil der Picciotteria, obwohl sie in den klassischen Gebieten der 'Ndrangheta – Polistena und Taurianova – ihr Unwesen treiben.

ASC:

Gabinetto di prefettura, Affari gen. e disposizioni riguardanti la P.S. – b. 14. Zur Picciotteria, die »fast zerschlagen« war: vgl. Brief des Polizeichefs an den Präfekten vom 21. 11. 1931.

Gabinetto di prefettura, Ordine Pubblico – b. 609.

Ufficio Storico Stato Maggiore Aeronautica (USSMA), Fondo aviatori Grande Guerra, b. 132, fasc. 14. Noto Domenico. Die Kriegsakte des fliegenden Bosses.

Comando Generale dell'Arma dei Carabinieri. Ufficio Storico: diverse Dokumente zum beruflichen Werdegang Giuseppe Delfinos, einschließlich des *Bollettino Ufficiale dei Carabinieri Reali* 1911 (S. 289), 1919 (S. 285), 1927 (S. 104); Comune di San Luca, »Deliberazione del consiglio comunale«, 4. 12. 1915 und 14. 7. 1921; Partito Nazionale Fascista, Sezione di Platì, »Deliberazione« 20. 12. 1926; Brief des Procuratore del Re, Gerace Marina, 3. 6. 1929.

Cronaca di Calabria. Enthält zurückhaltende Berichte über die Picciotteria in den frühen Jahren des Faschismus, 1922–28. Was die Aktionen Giuseppe Delfinos anbelangt, vgl. »*Vasta associazione a delinquere*«, 8. 12. 1927.

Gazzetta di Messina e delle Calabrie, 1924–27. Zur unermüdlichen Arbeit Giuseppe Delfinos vgl. »Da Platì. Un maresciallo dei carabinieri che si fa onore«, 3. 4. 1927.

Il Popolo di Calabria, 1927–30. Zurückhaltende Berichterstattung auch hier.

G. Buccini, »I due Delfino, carabinieri, e i boss Nirta: un'epopea a Platì«, *Corriere della Sera*, 16. 10. 1993. Private Erinnerungen der Familie Delfino.

L. Malafarina, »La leggenda di Massaro Peppe«, *Gazzetta del Sud*, 9. 9. 1986. Ein Gespräch mit Delfinos Sohn.

P. Bevilacqua, *Le campagne del Mezzogiorno tra fascismo e dopoguerra. Il caso della Calabria*, Turin 1980.

V. Cappelli, *Il fascismo in periferia. La Calabria durante il Ventennio*, Lungro di Cosenza 1989.

F. Cordova, *Il fascismo nel Mezzogiorno: le Calabrie*, Soveria Mannelli 2003.

L. Izzo, *Agricoltura e classi rurali in Calabria dall'unità al fascismo*, Genf 1974.

E. Miséfari, *L'avvento del fascismo in Calabria*, Cosenza 1980. Zur »akuten Faktionitis« siehe S. 116.

A. Placanica, *Storia della Calabria*, Rom 1999 (1993).

J. Steinberg, »Fascism in the Italian South: the case of Calabria«, in D. Forgacs (Hg.), *Rethinking Italian Fascism. Capitalism, Populism and Culture*, London 1986.

Befreiung

ASRC, Tribunale di Locri, Sentenza 20.3.1937, Macrì Antonio + 12, vol. 286. Don 'Ntoni geriet schon früh mit dem Gesetz in Konflikt.

La mafia a Montalto. Sentenza 2 ottobre 1970 del Tribunale di Locri, Reggio Calabria 1971. Beinhaltet ein ausführliches Täterprofil von Don 'Ntoni Macrì.

Nationalarchiv London

Italy. Zone Handbook Sicily. WO 220/277.

Italy. Zone Handbook no. 3. Calabria. WO 220/278.

Italy. Zone Handbook no. 6. Campania. WO 252/804.

WO 204/9719, Sicily and Southern Italy: Berichte über soziale, wirtschaftliche und politische Aspekte der Lebensverhältnisse auf dem Land. Okt. 1943 bis Jan. 1944. Enthält auch Lord Rennells Bericht aus Kalabrien.

WO 204/11462, Psychological Warfare Branch. Tätigkeitsberichte von PWB und OSS. 1944 Dez.–1945 Mai. Enthält Schilderungen über Hungeraufstände in traditionellen Picciotteria-Regionen; von kriminellen Banden ist nicht die Rede.

WO 204/12625, Italien. Politische Situation. Neapel und Kampanien. Was den Anteil der Prostituierten in Neapel angeht, so findet man Angaben darüber im Bericht vom 19.4.1945, der die Lebensverhältnisse seit der Befreiung durch die Alliierten beschreibt. Zur Versorgung Neapels mit landwirtschaftlichen Erzeugnissen aus dem Umland vgl. den Bericht vom 2.5.1945.

WO 204/12627, Italien. Politische Situation. Neapel und Kampanien. Zu den »phantastischen Bedingungen für das Bandenwesen« vgl. den Bericht vom 21.2.1946.

WO 204/6313, Psychological Warfare Branch. Neapel: wöchentliche Berichte über wirtschaftliche und politische Verhältnisse. 1944 April–August. Bericht vom 3.5.1944 über den Anteil, den die Polizei kassiert, wenn Versorgungsgüter für die Besatzer aus dem Hafen geschmuggelt werden, und über die wichtigsten Schwarzhandelsstellen in der Innenstadt. Bericht vom 23.6.1944 über die Probleme von Personen mit festen Einkommen. Bericht vom 30.6.1944 über verschwindende Klassenunterschiede.

WO 204/6314, Psychological Warfare Branch. Neapel: wöchentliche Berichte über wirtschaftliche und politische Verhältnisse. 1944 August–Oktober. Bericht vom 16.8.1944 über zwei verschiedene Sorten von Teigwaren. Bericht vom 28.9.1944 über die Tatenlosigkeit der Militärpolizei. Bericht vom 5.10.1944 über die Alte, die einem Bankangestellten Trinkgeld gab, weil er ihre Geldscheine zählen half. Bericht vom 26.10.1944 (Interview mit Frau) zur Rolle der Straßenbosse.

WO 204/6315, Psychological Warfare Branch. Neapel: wöchentliche Berichte über wirtschaftliche und politische Verhältnisse. November 1944 bis Januar

1945. Bericht vom 23.11.1944 über eine Bande aus Casoria, die zwischen Rom und Neapel Diebstähle in Zügen organisierte.

WO 204/6277, Psychological Warfare Branch. Italien: Berichte zu den Verhältnissen in den befreiten Gebieten. Januar bis März 1944. Bericht vom 28.3.1944 über die Caputos, die zu sieben Jahren Haft verurteilt wurden.

C. Alvaro, »Il canto di Cosima«, in ders., *L'amata alla finestra*, Mailand 1994.

F. Barbagallo, *Storia della camorra*, Rom–Bari 2010. Über die Giulianos in Forcella, S. 103.

E. Ciconte, *'Ndrangheta dall'Unità a oggi*, Rom–Bari 1992. Über Mafiabürgermeister und das wenige, das wir über diese kaum erforschte Phase in der Geschichte der 'Ndrangheta wissen, S. 239–244.

E. Ciconte, *Storia criminale. La resistibile ascesa di mafia, 'ndrangheta e camorra dall'Ottocento ai giorni nostri*, Soveria Mannelli 2008. Über Delfino vgl. S. 283f.

D. Ellwood, *Italy 1943–1945*, Leicester 1985. Zitiert auch Lord Rennell, der von Bürgermeistern mit amerikanischer Gangstervergangenheit spricht, S. 59.

N. Gentile, *Vita di capomafia*, Rom 1993.

A. Gramsci, *Lettere dal carcere*, Turin 1947. Die Gefängnisgangs aus der Sicht eines politischen Häftlings in faschistischer Zeit. Als Antonio Gramsci, Gründungsmitglied und Anführer der Kommunistischen Partei Italiens, von Mussolini inhaftiert wurde, beobachtete er in einem neapolitanischen Gefängnis ein Initiationsritual der Camorra. Er wurde auch Zeuge einer »Fechtschule« und eines freundschaftlichen Zweikampfturniers, das nach den Regeln der »vier Reiche der süditalienischen Unterwelt«, wie er sie nannte (das sizilianische, das kalabrische, das apulische und das neapolitanische Reich), durchgeführt wurde. Die Waffen waren in diesem Fall harmlos: Löffel, die an den Mauern gerieben wurden, damit jeder Treffer Tünchespuren auf der Kleidung der Duellanten hinterließ. Trotzdem war die Rivalität zwischen Sizilianern und Kalabresen so gewaltig, dass sie nicht einmal mit Löffeln kämpften, aus Angst, der Kampf könnte eskalieren. Vgl. vor allem den Brief vom 11.4.1927.

J. Huston, *An Open Book*, London 1988 (1980).

N. Lewis, *Naples '44*, London 2002 (1978). Ich habe mich hier an Lewis' klassische Reportage gehalten, wenn auch nur stellenweise. Nachdem ich die handschriftlichen Notizen gelesen hatte, auf die der Text sich stützt, hatte ich das Gefühl, dass die Hinweise auf die *zona di camorra* in *Naples '44* nicht verlässlich genug waren, um als geschichtliche Belege zu fungieren. Sie könnten auch ein Produkt literarischer Freiheit gewesen sein, basierend auf Lewis' späteren Besuchen in Neapel und auf seiner Bekanntschaft mit Filmen wie *La sfida*.

C. Malaparte, *La pelle*, Rom–Mailand 1950. »Zwei Dollar die kleinen Jungen, drei Dollar die kleinen Mädchen!«, S. 19.

T. Newark, *The Mafia at War: Allied collusion with the mob*, London 2007. Zitiert den OSS-Bericht vom 13. 8. 1943, S. 209 f. Die gestohlenen 45 Prozent der militärischen Versorgungsgüter für die Alliierten entnimmt Newark dem Bericht der Allied Civil Affairs an das Kriegskabinett in London, 19. 4. 1944 (National Archive, MAF 83/1338), S. 217.
V. Paliotti, *Forcella. La Casbah di Napoli*, Neapel 2005.
E. Reid, *Mafia*, überarbeitete Ausgabe, New York 1964. Enthält Dickeys Zeugenaussage, S. 163–189.
C. Stajano, *Africo*, 1979. Über den tanzenden Delfino.
»Lord Rennell«, Nachruf in *The Geographical Journal*, Bd. 144, Nr. 2 (Juli 1978).

Teil 2: Die Mafiarepublik

1 Schwamm drüber

Banditentum, Land und Politik

V. Coco und M. Patti, *Relazioni mafiose. La mafia ai tempi del fascismo*, Rom 2010.
S. Di Matteo, *Anni roventi. La Sicilia dal 1943 al 1947*, Palermo 1967.
D. Ellwood, *Italy 1943–1945*, Leicester 1985.
N. Gentile, *Vita di capomafia*, Rom 1993.
F. M. Guercio, *Sicily. The Garden of the Mediterranean. The Country and its People*, London 1938. Vgl. S. 88, S. 64 zur Ausmerzung des sizilianischen Krebsgeschwürs.
R. Mangiameli, »La regione in guerra«, in M. Aymard und G. Giarrizzo (Hg.), *La Sicilia, Storia d'Italia. Le regioni dall'Unità a oggi*, Turin 1987.
P. Pezzino, *Mafia: Industria della violenza*, Florenz 1995. Der Bericht vom Oktober 1946 über die »Geheimorganisation« stammt von Carabinieri-General Amedeo Branca an das Generalkommando der Armee und wird auf den Seiten 190 f. wiedergegeben.
U. Santino, *Storia del movimento antimafia. Dalla lotta di classe all'impegno civile*, Rom 2009 (auf den neuesten Stand gebrachte Ausgabe). Über die Santangelo-Brüder und andere Aspekte der politischen Ungeheuerlichkeiten in dieser Zeit.
A. Spanò, *Faccia a faccia con la mafia*, Mailand 1978. »Die Mafia war noch nie so mächtig und gut organisiert wie heute«, S. 130.
Scottens Bericht von der Mafia findet sich im Nationalarchiv, FO 371/37327.
New York Times, »Mafia chiefs caught by Allies in Sicily«, 10/9/1943; »Mafia in Sicily«, 11/9/1943.
Meridiana, 63, 2008. Monographische Ausgabe über *Mafia e fascismo*.

Sizilien: *Im Namen des Gesetzes*

O. Barrese, *I complici. Gli anni dell'antimafia,* Mailand 1978. Das Zitat von Scelba ist auf S. 7.

Blando, »L'avvocato del diavolo«, *Meridiana,* 63, 2008.

Dizionario biografico dei meridionali, Bd. 2, Neapel 1974, »Lo Schiavo Giuseppe Guido«.

D. Forgacs, *Rome, Open City,* London 2000. Das berühmte Zitat André Bazins aus dem Jahr 1946 über die »Haut der Geschichte, die sich zum Film schält«, wird auf S. 23 besprochen.

E. Giacovelli, *Pietro Germi,* Rom 1991.

L. Sciascia, »La Sicilia nel cinema« in *La corda pazza,* Turin 1970.

G. G. Lo Schiavo, *Piccola pretura,* Rom 1948. Das Zitat, in dem der Mafiaboss mit Buddha verglichen wird, findet sich auf S. 114. Der Roman ist Teil einer Trilogie mit ebenso fragwürdigen Vorstellungen von der Mafia. Die Trilogie wurde als *Terra amara* (Rom 1956) veröffentlicht. Die beiden anderen Episoden darin sind *Condotta di paese* (1952) und *Gli inesorabili* (1950). Aus letzterer wurde1950 ein erschreckend schlechter Film desselben Titels gedreht (Regie: Camillo Mastrocinque), der als *The Fighting Men* in den USA lief und im Internet verfügbar ist unter http://archive.org/details/fighting_men. Charles Vanel spielt erneut einen Mafiaboss – diesmal einen Problemlöser mit Deckmantel: »Wir beschützen alle ehrlichen Leute.«

G. G. Lo Schiavo, »La redenzione sociale nelle opere del Regime«, *Politica Sociale,* X, August 1937.

G. G. Lo Schiavo, »Nel regno della mafia«, *Processi,* 5, 1955. Enthält Lo Schiavos liebevolle Erinnerungen an Calogero Vizzini.

G. G. Lo Schiavo, »La mafia della lupara e quella dei colletti bianchi«, *Nuovi Quaderni del Meridione,* 4, 1963.

G. G. Lo Schiavo, »Il cinema alla luce del costume e della libertà«, Trieste, 1963 (Auszug aus *L'osservatore economico e sociale,* V, 1). Enthält auch Biographisches.

G. G. Lo Schiavo, *100 anni di mafia,* Rom 1964. Enthält viele Schriften Lo Schiavos, einschließlich seiner ursprünglichen Antwort an Puglia von 1933, »La mafia siciliana«, mit der Beifügung einiger sehr seltsamer Fußnoten, in denen er versucht, sich aus seinen früheren Meinungen herauszuwinden.

M. Sesti (Hg.), *Signore e signori: Pietro Germi,* Siena 2004.

V. Spinazzola, *Cinema e pubblico. Lo spettacolo filmico in Italia 1945–1965,* Rom 1985.

In nome della legge (*Im Namen des Gesetzes,* Regie: Pietro Germi), 1949, von Cristaldi Film, ist auf DVD und auf YouTube verfügbar.

Kalabrien: Der letzte romantische Bandit

C. Cingari, »Tra brigantaggio e ›picciotteria‹: Giuseppe Musolino«, in *Brigantaggio proprietari e contadini nel Sud*, Reggio Calabria 1976.

A. Sapone, *Sant'Alessio in Aspromonte. Uomini e storie dell'antico Casale di Alessi*, Reggio Calabria 2001.

G. G. Lo Schiavo, *100 anni di mafia*, Rom 1962. Reproduktion von »Requisitoria del Sostituto Procuratore Generale del Re dr. Vittorio Barbera« (Messina, 27. 2. 1932) im Verfahren gegen Anile Giuseppantonio + 89: über den Criminale.

F. Truzzolillo, »Criminale« e »Gran Criminale«. La struttura unitaria e verticistica della 'ndrangheta delle origini«, unveröffentlichtes Manuskript, 2012.

Crescenzo Guarino war der Journalist, der am häufigsten über den gealterten Musolino schrieb, wie in den folgenden Artikeln: »A colloquio con Musolino«, *La Stampa*, 16 / 1 / 1950; »La manìa di grandezza del brigante Musolino«, *Stampa Sera*, 18–19 / 1 / 1950; »Una poesia inedita di Pascoli per il brigante dell'Aspromonte«, *Il Mattino*, 3 / 7 / 1955; »Arde sempre in Musolino la fiamma della vendetta«, *Il Mattino*, 5 / 7 / 1955; »È morto il brigante Musolino«, *La Stampa*, 24 / 1 / 1956; »L'ultimo ›brigante romantico‹ viveva tra i fantasmi del passato«, *Stampa Sera*, 24 / 1 / 1956;

Das wichtigste Archivmaterial zu Musolino befindet sich im Archivio di Stato di Reggio Calabria; Gabinetto di Prefettura, n. 1089, Associazione a delinquere in S. Stefano, b. 27, inv. 34; und Gabinetto di Prefettura, Serie prima, affari riservati. Bandito Musolino.

Neapel: Puppen und Puppenspieler

P. A. Allum, *Politics and Society in Post-war Naples*, Cambridge 1973.

»Camorra« in *Enciclopedia Italiana*, VIII, BUC-CARD, Mailand 1930.

M. Figurato und F. Marolda, *Storia di contrabbando. Napoli 1945–1981*, Neapel 1981.

G. Gribaudi, »Les rites et les langages de l'échange politique. Deux exemples napolitains«, in D. Cefaï (Hg.), *Cultures politiques*, Paris 2001. Interessante Informationen zu Navarra.

G. Gribaudi, *Donne, uomini, famiglie. Napoli nel Novecento*, Neapel 1999.

M. Marmo, »›Processi indiziari non se ne dovrebbero mai fare‹. Le manipolazioni del processo Cuocolo (1906–1930)«, in M. Marmo und L. Musella (Hg.), *La costruzione della verità giudiziaria*, Neapel 2003. Über das Gerichtsverfahren, das die Ehrenwerte Gesellschaft Neapels zerstörte.

G. Marotta, *San Gennaro non dice mai no*, Mailand 1948, besonders »I ›pupanti‹« über Puppen, »Re Giuseppe« über Giuseppe Navarra.

G. Marotta, »L'angelo degli autocarri«, *La Stampa*, 13/10/1953, über die *correntisti*.

L. Musella, *Napoli dall'Unità a oggi*, Rom 2010. Eine kurze Geschichte Neapels, die viel Erhellendes über diverse Epochen einschließlich der heutigen enthält.

»Feroce delitto in Sezione Vicaria. Ucciso un giovane con due coltellate da un camorrista in via A. Poerio«, *Il Mattino* 13/7/52. Kommentar zum Mord, den *'o Grifone* beging. Über die Begebenheit wird in mehreren aufeinanderfolgenden Tagen in derselben Zeitung berichtet.

»La caccia ai ›correntisti‹. Drammatico inseguimento per i vicoli del Mercato«, *Il Mattino*, 1/8/52. Vgl. das Zitat zur »flüssigen« *corrente*.

Über Gennaro Abbatemaggio wurde in den 1950er Jahren in regelmäßigen Abständen in norditalienischen Zeitungen berichtet. Vgl. z. B. »Lauro sorpreso a Napoli a strappare manifesti«, *La Stampa*, 25/5/1952, über Abbatemaggio, der für Achille Lauro arbeitete; »Il piccolo e feroce uomo dai baffi neri all'insù«, *Stampa Sera*, 4/7/1952; »Gennaro Abbatemaggio arrestato per le sue false dichiarazioni«, *La Stampa*, 24/8/1958; »Abbatemaggio chiede di esibirsi al Musichiere«, *La Stampa*, 9/1/1959; »Gennaro Abbatemaggio promette sensazionali rivelazioni sulla camorra«, *La Stampa*, 22/4/1959.

»Incontro c' 'o rre'«, Paolo Monelli, *Nuova Stampa Sera*, 30/9/1947, eines der vielen Porträts von Navarra in der Presse; es enthält die Bemerkung zu seiner Bourbonennase.

Navarra wurde am 6.3.1952 in der Fernsehsendung *La Settimana Incom* interviewt, und dieses Interview ist über die Website des Istituto-Luce-Archivs zu sehen: »Intervista con il Re di Poggio Reale«.

»Il Tesoro di S. Gennaro trasportato a Napoli dal ›Re di Poggioreale‹«, *Roma d'Oggi*, 7/3/1947. »Il fortunoso viaggio del tesoro di S.Gennaro«, *Roma d'Oggi*, 8/3/1947. Es sind die einzigen Zeitungsartikel aus der damaligen Zeit, die ich über die Navarra-San Gennaro-Geschichte zutage fördern konnte.

Gangsterismo

H. Erickson, *Encyclopedia of Television Law Shows: Factual and Fictional Series About Judges, Lawyers and the Courtroom, 1948–2008*, Jefferson, N. C., 2009.

S. Gundle, »L'americanizzazione del quotidiano. Televisione e consumismo nell'Italia degli anni Cinquanta«, *Quaderni Storici*, Bd. XXI (1986), S. 62. Ich kam nicht umhin, aus dem meistzitierten Aufsatz in der zeitgenössischen italienischen Forschung zu zitieren!

E. Kefauver, *Crime in America*, New York 1968 (Originalausgabe 1951). Zitate entstammen den Seiten 14–21. (Erschienen unter dem Titel *Il gangsterismo in America*, Turin 1953.)

W. H. Moore, *The Kefauver Committee and the Politics of Crime, 1950–1952*, Columbia 1974. Das Zitat vom Todesröcheln einer Möwe entstammt der Seite 190 einer Zeitungsquelle.
G. Prezzolini, *Tutta l'America*, Florenz 1958, zu Italiens Anleihen aus Amerika.
G. Prezzolini, »La ›mafia‹ nel rapporto del senator Kefauver«, in *America con gli stivali*, Florenz 1954.
G. Prezzolini, »Una catena di delitti nei più ricchi docks del mondo«, *Stampa Sera*, 11–12/2/1953.
»Sfilano gli ›eroi‹ della democrazia americana«, *L'Unità*, 7/4/1951.

2 Das Jahr 1955

Das Ungeheuer von Presinaci

S. Castagna, *Tu devi uccidere*, Mailand 1967 (und Vibo Valentia 2008). Der Inhalt dieser Abhandlung wurde 1955 in der Presse ausführlich besprochen.
E. Ciconte, *'Ndrangheta dall'Unità a oggi*, Rom 1992. Die »Marsianer«: S. 245.
C. Guarino, »Sulla intera Calabria l'ombra dell'Aspromonte«, *Il Mattino*, 13/7/1955. Zum Zustand von Recht und Gesetz in Kalabrien.
S. Lanaro, *Storia dell'Italia repubblicana: dalla fine della guerra agli anni Novanta*, Venedig 1992. Die Statistik zur Armut vgl. S. 165.

Die Beschreibung Castagnas ist der Zeitung *L'Unità* vom 21/4/1955 entnommen, der Hinweis auf die problematische Existenz der kalabrischen Mafia *L'Unità* vom 26/4/1955. Dieselbe Zeitung bringt ausführliche Berichte zu Castagnas Amoklauf.
Brief Alois vom 16/4/1955 in ACS, Min. Int., Gabinetto, 1953–56, b. 4, fasc. 1066–1.
Bericht des Präfekten vom 14/5/1955 in ders., b. 4, fasc. 166–1.

Angriff der Marsianer!

Die Archivquellen, die ich zur Operation Marzano konsultiert habe, sind folgende:
ACS, Min. Int., Gabinetto, 1953–56, b. 4, fasc. 1066–1.
Ebd. (fortan »ACS Marzano«), b. 4, fasc. 1066–2.
Ebd., b. 293, fascc. 5160–23.
Ebd., b. 352, fascc. 6995–23.
Ebd., b. 363, fascc. 6995–66.
Bericht Marzanos an Min. Int. vom 6/9/55 in ACS Marzano, b. 4, fasc. 1066–2 zu »buchstäblich im Würgegriff des Terrors« und zu weiteren Details über Marzanos Arbeit.
ACS Marzano: Telegramm 3/9/54 in b. 4, fasc. 1066–1, nach der Wallfahrt

in Polsi im Jahr zuvor; Telegramm, 2/9/55 in b. 4, fasc. 1066–1, Wallfahrt ohne Zwischenfall; Telegramm 26/10/55 b. 4, fasc. 1066–1, Festnahme von Aloi-Erpressern; Telegramm vom 25/9/55 in b. 4, fasc. 1066–1, Personalausweisfälscher; Telegramm des Präfekten vom 19/9/55, b. 4, fasc. 1066–2, Marzano Alleingang; Brief vom 30/9/55 von Marzano an Tambroni. B. 4, fasc. 1066–2, Marzanos »kriecherische« Depesche.

Capua-Geschichte: Bericht des Präfekten vom 4/1/56 in ACS Marzano, b. 363, fasc. 6995–66.

Capuas freundschaftlicher Umgang mit Gangstern: Bericht des Präfekten vom 20/9/55 in b. 4, fasc. 1066–2.

Catalano: vgl. Bericht des Präfekten an Min. Int. 28/10/55 in b. 4, fasc. 1066–2.

Zur Razzia in einer Wohnung, die ein Notizbuch zum Vorschein bringt, das die Regeln der 'Ndrangheta enthält, vgl. Telegramm vom 29/5/1955, ACS Marzano, b. 4, fasc. 1066–1.

Einige Hinweise auf die langfristige Wirkungslosigkeit der Operation Marzano können dem Dokument ACS, Min. Int. Gab. 1957–60, b. 4, fasc. 11001/66, »Relazioni prefetto Reggio Calabria 1957–60« entnommen werden.

G. Bocca, »Delianova Paese del West«, *L'Europeo*, 11/09/55.

G. Cervigni, »Antologia della fibbia«, *Nord e Sud*, 18, 1956 zitiert Tambroni, der verspricht, er werde »niemandem gefällig sein«, S. 66, und den Hirtenbrief des Erzbischofs von Reggio Calabria, S. 65.

E. Ciconte, *'Ndrangheta dall'Unità a oggi*, Rom 1992, über die Operation Marzano; maßgebliche Lektüre für diese Episode. Vgl besonders: Bettlaken, die vor der Gefahr warnen sollen, S. 251; »entweder ihr wählt die Christdemokraten, oder ich bring euch um«, S. 273.

L. Radi, *Tambroni trent'anni dopo. Il luglio 1960 e la nascita del centrosinistra*, Bologna 1990.

Il Mattino liefert interessante Berichte zur Operation Marzano, z. B. den Artikel »Nella zona dell'Aspromonte non esistono più ›intoccabili‹« vom 7/9/55 über Romeo.

Quellen zu Corrado Alvaro:

C. Alvaro, »La gran cuccagna degli usurai sul cumulo di antiche miserie«, *La Stampa*, 30/11/1949; bestreitet die Existenz der kalabrischen Mafia.

C. Alvaro, »La Fibbia«, *Corriere della Sera*, 17/9/1955.

C. Alvaro, »I briganti«, *Corriere della Sera*, 18/5/1955.

C. Alvaro, *Ultimo Diario* (1948–56), Bompiani, Mailand 1959; in den Erinnerungen an die 'Ndrangheta ist faszinierenderweise auch von deren Unvermögen die Rede, 1948 den »capo della Provincia« zu wählen. Dieselbe Begebenheit wird in der fiktiven (?) Kurzgeschichte »Angelino« aus *Parole di notte* erzählt, in C. Alvaro, *Opere. Romanzi brevi e racconti. Settantacinque racconti* (1955), Mailand 1994.

A. Balduino, *Corrado Alvaro*, Mailand 1965.

G. Carteri, *Corrado Alvaro e la Madonna di Polsi*, Soveria Mannelli 1995.

G. Cingari, *La »politica« di Corrado Alvaro*, Rom 1978, besonders S. Staiti, »Un incontro con Alvaro«, worin es heißt, Alvaro habe während der Operation Marzano behauptet, die kalabrische Mafia sei im Unterschied zur sizilianischen »eine echte Art von Ritterlichkeit«, S. 108.

A. M. Morace und A. Zappia (Hg.), *Corrado Alvaro*, Reggio Calabria 2002.

L. Vento, *La personnalità e l'opera di Corrado Alvaro*, Chiaravalle Centrale 1979.

Quellen zu Nicola D'Agostino, dem linken Bürgermeister von Canolo, der mit dem organisierten Verbrechen in Verbindung stand (D'Agostinos Sohn nahm am Montalto-Treffen teil und wurde 1976 erschossen):

ACS, Min. Int., Direzione Generale Pubblica Sicurezza, Divisione Polizia Giudiziaria, Confino di Polizia e Confino Speciale per mafiosi (sez. II) 1945–56, D'Agostino Nicola, b. 4.

E. Ciconte, *'Ndrangheta dall'Unità a oggi*, Rom 1992, S. 265 ff.

U. D'Errico, *Criminalità organizzata e politica in Calabria fra XIX e XX secolo*, Università degli Studi di Roma »La Sapienza«, Facoltà di Lettere e Filosofia – Corso di Laurea in Lettere, Cattedra di Storia Contemporanea (Dissertation), 2009.

A. Fiumanò und R. Villari, »Politica e malavita (›L'operazione Marzano‹)«, *Cronache meridionali*, II, 10, 1955.

N. Gratteri und A. Nicaso, *Fratelli di sangue*, Mailand 2010, zum D'Agostino-Clan.

E. J. Hobsbawm, *Primitive Rebels. Studies in Archaic Forms of Social Movement in the 19th and 20th Centuries*, London 1965 (Originalausgabe 1959).

R. Longone, »Il ministro Tambroni e il sottosegretario Capua in disaccordo nel valutare la situazione esistente nelle province calabresi«, *L'Unità*, 10/9/1955.

G. Manfredi, »Mafia e società nella fascia ionica della provincia di Reggio Calabria: il ›caso‹ di Nicola D'Agostino«, in S. Di Bella (Hg.), *Mafia e potere: società civile, organizzazione mafiosa ed esercizio dei poteri nel Mezzogiorno contemporaneo*, 3 Bde., Soveria Mannelli 1983–84.

Ein weiterer linksgerichteter Bürgermeister, der mit der kalabrischen Mafia im Bunde war, wird in folgenden Quellen erwähnt, die den berühmten Fall von Pasquale Cavallaro aus Caulonia schildern:

ACS, Min. Int., Dir. Gen. Pubblica Sicurezza, Divisione polizia giudiziaria, Confino per comuni e mafiosi, b. 47. Enthält Berichte aus faschistischer Zeit über Cavallaros »subversive« Aktivitäten, die zu seinem Zwangsexil führten.

I. Ammendolia und N. Frammartino, *La repubblica rossa di Caulonia*, Reggio Calabria 1975.

A. Cavallaro, *La rivoluzione di Caulonia*, Mailand 1987.

A. Cavallaro, *Operazione »armi ai partigiani«. I segreti del PCI e la Repubblica di Caulonia*, Soveria Mannelli 2009.

E. Ciconte, *All'assalto delle terre del latifondo. Communisti e movimento contadino in Calabria (1943–1949)*, Mailand 1981.

P. Cinanni, *Lotte per la terra e comunisti in Calabria (1943–1953): »Terre pubbliche« e Mezzogiorno*, Mailand 1977.

P. Crupi, *La repubblica rossa di Caulonia. Una rivoluzione tradita?*, Reggio Calabria 1977.

G. De Stefano, *»La ›repubblica di Caulonia‹«*, Il Ponte 1950.

O. R. Di Landro, *Caulonia. Dal fascismo alla repubblica*, Reggio Calabria 1983.

A. Fiumanò und R. Villari, »Politica e malavita« (›L'operazione Marzano‹)«, *Cronache meridionali*, II, 10, 1955.

S. Gambino, *In fitte schiere*, Chiaravalle 1981.

G. Mercuri, *Cavallaro e la repubblica di Caulonia*, Catanzaro 1982.

S. Misiani, *La Repubblica di Caulonia*, Soveria Mannelli 1994.

A. Paparazzo, »Lotte contadine e comportamenti culturali delle classi subalterne. Il caso della rivolta di Caulonia«, in M. Alcaro und A. Paparazzo (Hg.), *Lotte contadine in Calabria (1943–1950)*, Lerici 1976.

V. Teti, »La ›banda‹ di Cavallaro«, *Quaderni del Mezzogiorno e le Isole*, November 1977.

Andere Dokumente aus der Ära des Faschismus finden sich in ACS, Min. Int., Dir. Gen. Amministrazione civile, Podestà e consulte municipali, Reggio Calabria, Caulonia, b. 241.

Der Kartoffelpreispräsident (und seine Witwe)

Il Mattino ist meine wichtigste Quelle, was den Mord und das nachfolgende Gerichtsverfahren anbelangt. Wie Marmo fand auch ich Etta Comitos Artikel sehr aufschlussreich. Federico Frascani schrieb zwei Artikel, die Aufschluss geben über die Rolle des Preispräsidenten: »Due testimoni importanti«, 14/4/1959; und »Svelato il retroscena del mercato ortofrutticolo«, 15/4/1959. Zum Gerichtsverfahren allgemein, vgl.: »Le lettere di Pupetta al fidanzato ›Pascalone‹«, E. Marcucci, 14/4/1959, »Mein lieber Tarzan«; »Drammatico confronto tra Pupetta e l'autista ›Sansone‹«, 10/4/1959, »Ihr lügt doch allesamt«; E. Comito, »Due mani nervose ed un fazzoletto«, 9/4/1959; »Pascalone confidò anche allo zio i nomi dei presunti mandanti«, 22/4/1959, zu »Yul Brunner«; was die anderen Personen im Gerichtsverfahren und Gaetano Orlando angeht, vgl. diverse Artikel vom 1/4/1959.

Ich habe *Il Mattino* mit Artikeln aus anderen Tageszeitungen aus der damaligen Zeit ergänzt, wie »Pupetta Maresca piange e svela i segreti di spietate rivalità«, *La Stampa*, 5/4/1959, »Ich habe aus Liebe getötet«.

S. Gambino, *La mafia in Calabria*, Reggio Calabria 1975. Über die Großmärkte in kalabrischen Städten.

C. Guarino, »Dai mafiosi ai camorristi«, *Nord e Sud*, 13, 1955, liefert Zahlen für den Handel mit Obst und Gemüse auf dem Großmarkt.

S. Lanaro, *Storia dell'Italia repubblicana: dalla fine della guerra agli anni Novanta*, Venedig 1992, über die Wirtschaft, die sich erholte.

M. Marmo, »La rima amore/onore di Pupetta Maresca. Una primadonna nella camorra degli anni cinquanta«, *Meridiana*, 67, 2010. Die bei weitem kenntnisreichste Quelle zu Pupetta.

P. Ricci, »La gran mamma. 150 anni di malavita napoletana«, *Vie Nuove*, 1959, nos. 16–23.

I. Sales, »La sfida: il mercato ortofrutticolo«, in *Le strade della violenza. Malviventi e bande di camorra a Napoli*, Neapel 2006.

R. Trionfera, »Sparava con due pistole per vendicare il marito«, *L'Europeo*, 16/10/55. G. Tutino, »Camorra 1957«, *Nord e Sud*, 37, 1957. Einschließlich einiger Informationen zum Viehmarkt in Nola.

Die Pupetta-Affäre scheint auch mit einem größeren Interesse an den sogenannten *magliari* einhergegangen zu sein: »Più di cento corone da ieri in via Baldacchini«, *Il Mattino*, 21/7/1955; »Un carro a dieci cavalli per il ›magliaro‹ Pasquale Balsello«, *Il Mattino*, 22/7/55; »Rivalità, rancori e vendette alla base del nuovo delitto dei ›magliari‹, *Il Mattino*, 8/7/1955; I. Montanelli, »Le sorprendenti risorse dei famigerati ›magliari‹«, *Corriere della Sera*, 8/10/1959.

3 Das Wirtschaftswunder der Mafias

König Beton

J. Chubb, *Patronage, power and poverty in southern Italy*, Cambridge 1982. Über Neapel und Palermo, die »jungen Türken« und Ciccio Vassallo. »State parasitism and organized waste«, zitiert von Chubb, S. 32 von A. Statera, »Chi semina miliardi raccoglie onorevoli«, *L'Espresso*, 23/6/1974.

V. Coco und M. Patti, *Relazioni mafiose. La mafia ai tempi del fascismo*, Rom 2010. Zu Salvo Limas Vater, S. 35.

L. D'Antone, *Senza pedaggio. Storia dell'autostrada Salerno–Reggio Calabria*, Rom 2008.

P. Ginsborg, *A History of Contemporary Italy. Society and Politics, 1943–1988*, London 1990. Über das Wirtschaftswunder.

Mafia e potere politico. Relazione di minoranza e proposte unitarie della commissione parlamentare d'inchiesta sulla mafia, Rom 1976. Zu Ciccio Vassallo vgl. S. 62 ff.

F. Rosso, »Gli spietati clan di Sicilia«, *La Stampa*, 14/3/1976. Über das Leben Vassallos und die Familie Riccobono.

U. Santino und G. La Fiura, *L'impresa mafiosa*, Mailand 1990. Zu Ciccio Vassallo, S. 128ff.

J. Walson, *The Mafia and Clientelism: Roads to Rome in post-war Calabria*, London/New York 1988.

A. Zagari, *Ammazzare stanca*, Rom 2008. Über seinen Vater unweit Varese.

»Relazione sulle risultanze acquiste nel corso dell'ispezione straordinaria svolto presso il comune di Palermo dal dottor Tommaso Bevivino«, in *Documentazione antimafia*, Bd. IV.

»Don Ciccio Vassallo impassibile attende ›un colpo di telefono‹«, *Stampa Sera*, 10/6/1971 zur Aussicht vom Monte Pellegrino.

»Cade colpito da due rivoltellate mentre torna dal brindisi di capodanno«, *Stampa Sera*, 2/1/1956. Über kalabrische Blumenpflücker.

»Avrebbe movente politico l'aggressione al segretario della DC di Bardonecchia«, *Stampa Sera*, 3/9/1963. Dieser und andere Artikel im September 1963 in der *Stampa* beschreiben den Corino-Angriff.

»Ora c'è la mafia delle autostrade«, *La Stampa*, 3/3/1970. »When northern entrepreneurs come down to Calabria«.

Bardonecchia ist so etwas wie ein klassischer Fall einer Mafiakolonie geworden. Zwei ausgezeichnete Berichte dienten mir als Quelle:

R. Sciarrone, *Mafie nuove, mafie vecchie. Radicamento ed espansione*, Rom 1998. »Wir sind hier die Wurzel von allem«, zitiert von S. 267.

F. Varese, *Mafias on the Move: How Organized Crime Conquers New Territories*, Princeton, NJ 2011.

Gangster und Blondinen

G. Dagel Caponi, *Paul Bowles. Romantic Savage*, Carbondale, Ill., 1994. »Ich glaube, dass hier sämtliche Schieber Europas versammelt sind«, S. 146.

V. De Sica, *Lettere dal set*, Mailand 1987.

G. Diana, »La storia del tabacco in Italia«, *Il Tabacco*, von der Ausgabe 7 (2), 1999. Fünf Artikel zum Herunterladen von der Webseite des Istituto Nazionale di Economia Agraria, http://www.inea.it/ist/lista.htm

M. Figurato und F. Marolda, *Storia di contrabbando. Napoli 1945–1981*, Neapel 1981.

M. Gershovich, *French Military Rule in Morocco. Colonialism and its Consequences*, London 2000.

N. Guarino, »Sigarette di contrabbando: il traffico illecito di tabacchi a Napoli dal dopoguerra agli anni novanta«, in G. Gribaudi (Hg.), *Traffici criminali. Camorra, mafie e reti internazionali dell'illegalità*, Turin 2009.

S. Gundle, *Bellissima: feminine beauty and the idea of Italy*, New Haven, Conn./ London 2007.

V. Paliotti, *Forcella, la kasbah di Napoli*, Neapel 1970.

C. R. Pennell, *Morocco since 1830. A History*, London 2000.

L. Vaidon, *Tangier. A Different Way*, Metuchen, NJ 1977.

»Graziata la donna che ogni anno diventa madre per evitare il carcere«, *La Stampa*, 23/01/1958.

Cosa Nostra: Nicht mehr unantastbar

P. Arlacchi, *Addio Cosa Nostra. La vita di Tommaso Buscetta*, Mailand 1994. »Reich der unvollständigen Sprache«, S. 84 f.

L. Bernstein, *The Greatest Menace. Organized Crime in Cold War America*, Boston 2002. »Ehebündnisse zwischen den Clans sind insofern von Bedeutung«: Martin Pera vom *Federal Bureau of Narcotics* (US-Bundesamt für Betäubungsmittel), vgl. S. 138; Menge der Anklagen gegen organisierte Kriminelle, vgl. S. 171.

R. F. Kennedy, *The Enemy Within*, New York 1960. (Dt.: *Gangster drängen zur Macht.*)

S. Lupo, *Quando la mafia trovò l'America. Storia di un intreccio intercontinentale, 1888–2008*, Turin 2008.

Mafiadiaspora

A. Calderone mit P. Arlacchi, *Gli uomini del disonore*, Mailand 1992. »Nach 1963 existierte die Cosa Nostra im Umkreis von Palermo nicht mehr«, S. 72.

L. Gay, »L'atteggiarsi delle associazioni mafiose sulla base delle esperienze processuali acquisite: la camorra«, *Quaderni del Consiglio Superiore della Magistratura*, 99, 1996.

P. La Torre, *Comunisti e movimento contadino in Sicilia*, Rom 1980.

S. Lodato, *Venti anni di mafia*, Mailand 1999. »Was ist das? Eine Käsesorte?«, S. 48.

S. Lupo, *Storia della mafia*, Rom 1993.

P. Pezzino, *Mafia: Industria della violenza*, Florenz 1995.

F. Renda, *Storia della mafia*, Palermo 1997.

W. Semeraro, »Lo scandalo di Agrigento impallidisce dinanzi ai fatti che abbiamo in archivio«, *Giornale di Sicilia*, 6/8/1966. »Die Mafia in Sizilien ist eine Geisteshaltung«.

N. Tranfaglia, *Mafia, politica, affari*, Rom-Bari 1992. Auszüge aus den Abschlussberichten des Parlamentarischen Untersuchungsausschusses, vgl. S. 55, S. 154.

»Dichiarazione del compagno La Torre«, *L'Unità*, 1/7/1963. »Die Wahrheit ist, dass es in Palermo und in weiten Bereichen Westsiziliens keinen Wirtschaftszweig gibt ...«

Die Mafia-isierung der Camorra

P. Arlacchi, *Addio Cosa Nostra. La vita di Tommaso Buscetta*, Mailand 1994. »Jetzt waren wir pro Schiffsladung bei 35000–40000 Kisten angelangt«, S. 183; »Betrügermentalität« und »neigten zur Verschlagenheit«, S. 185.

F. Barbagallo, *Il potere della camorra (1973–1998)*, Turin 1999. Zu Zazas Umsatz, S. 7.

A. Calderone mit P. Arlacchi, *Gli uomini del disonore*, Mailand 1992.

P. Monzini, *Gruppi criminali a Napoli e a Marsiglia. La delinquenza organizzata nella storia di due città (1820–1990)*, Rom 1999. Arlacchi-Zitat von S. 127 liefert die Statistiken für den Umsatz des Tabakschmuggels.

Istruttoria Stajano (siehe S. 807).

I. Sales, *La camorra le camorre*, Rom, 2. Aufl. 1993.

»Ritorna in prigione la contrabbandiera«, *Corriere della Sera*, 28/6/1992. Zur Festnahme von Concetta Muccardo.

Die »Pilzesammler« vom Montalto

P. Arlacchi, *La mafia imprenditrice. Dalla Calabria al centro dell'inferno*, Mailand 2007 (Originalausgabe 1982). Über Piromalli, der sich 55 Prozent der Nebenverträge zu den Erd- und Transportarbeiten sichert, S. 104.

S. Boemi, »L'atteggiarsi delle associazioni mafiose sulla base delle esperienze processuali acquisite: la 'ndrangheta«, *Quaderni del Consiglio Superiore della Magistratura*, 99, 1996.

E. Ciconte, *'Ndrangheta dall'Unità a oggi*, Rom 1992.

D. Gambetta, *The Sicilian Mafia*, London 1993.

S. Gambino, *La mafia in Calabria*, Reggio Calabria 1975.

La mafia a Montalto. Sentenza 2 ottobre del Tribunale di Locri, Reggio Calabria 1971. »Dies hier ist nicht Mico Tripodos 'Ndrangheta!«, S. 27; »oberflächlich« und »planlos«, S. 128; »Sie wirken wie ein Stärkungsmittel in den Körpern dieser kriminellen Gesellschaften«, S. 207; »lebendes Symbol der Allmacht und Unbesiegbarkeit des organisierten Verbrechens«, S. 258; »dieses Argument könnte wie ein Zerrbild anmuten«, S. 258.

S. Lupo, *Storia della mafia*, Rom 1993. »Wogegen soll man vorgehen? Eine Idee? Eine Mentalität?«, S. 181.

F. Pierini, »I mafiosi si difendono sull'Aspromonte. Non abbiamo sparato«, *L'Europeo*, 13/11/69.

Processo Olimpia. »Dieser Mann war der oberste Boss«, aus »Parte II: Anni

Settanta: Da Montalto al convegno di contrada Acqua del Gallo«, S. 288, Worte des abtrünnigen 'Ndranghetista Giacomo Lauro.
F. Silvestri, »Dinasty della Piana«, *Narcomafie*, Februar 1999.

»Sentenza, emessa il 22 dicembre 1968 dalla Corte di Assise di Catanzaro, nei confronti di Angelo La Barbera ed altri, imputati di vari omicidi, sequestri di persone, violenza privata ed altri reati«, in *Documentazione antimafia*, Bd. 4, Buch 17.
»Ora c'è la mafia delle autostrade«, *La Stampa*, 3/3/1970. »Es gibt immer jemanden, der gegen das Monopol einiger *cosche* aufbegehrt.«

Mafiosi auf den Barrikaden

E. Ciconte, *Processo alla 'ndrangheta*, Rom–Bari 1996.
F. Cuzzola, *Reggio 1970. Storie e memorie della rivolta*, Donzelli, Rom 2007.
P. Ginsborg, *A History of Contemporary Italy. Society and Politics, 1943–1988*, London 1990.
Processo Olimpia.

Die Entführungsindustrie

L. Ballinari und C. Castellacci, *Carceriere fuorilegge: la storia del sequestro di Cristina Mazzotti (Fatti e misfatti)*, Mailand 1978. »Unsere Gespräche kamen immer wieder auf das Verbrechen der Stunde zurück«, S. 39.
A. Calderone mit P. Arlacchi, *Gli uomini del disonore*, Mailand 1992. »Die sizilianische Mafia lebt nicht von der Prostitution«, S. 5; »waren sie allesamt pleite«, S. 85 f.; »Corleo-Entführung eine äußerst ernste Angelegenheit, die der Cosa Nostra einen gewaltigen Schock verpasst«, S. 130.
O. Cancila, *Palermo*, Bari 2000.
E. Deaglio, *Raccolto rosso: la mafia, l'Italia e poi venne giù tutto*, Mailand 1995.
B. Fontana und P. Serarcageli, *L'Italia dei sequestri*, Rom 1991. Zu 650 von Kriminellen entführte Personen vgl. S. 214.
D. Gambetta, *The Sicilian Mafia*, London 1993. »Dieser Typ muss sterben«, S. 178.
S. Gambino, *La mafia in Calabria*, Reggio Calabria 1975.
N. Machiavelli, *The Prince*, New York 1914. (Italienisch *Il Principe*, verfasst um 1513. Dt. *Der Fürst*, diverse Ausgaben.)
G. Moroni, *Cronista in Calabria. Storie di 'ndrangheta, sequestri di persona, delitti eccelenti nel racconto di un giornalista-testimone*, Cosenza 1993. »Ich flehte meine Entführer an, mir ein Ohr abzuschneiden. Ich war vollkommen vernichtet, hatte jede Hoffnung verloren«, S. 120; zwischen 1969 und 1988 verschwanden 71 Personen und wurden nicht mehr lebend gesehen, Pier Luigi Vigna, vgl. S. 220.

J. Pearson, *Painfully Rich. J. Paul Getty and His Heirs*, London 1995. »Ich habe vierzehn Enkel«, S. 176.

Istruttoria Stajano (siehe S. 807).

O. Rossani, *L'industria dei sequestri*, Mailand 1978.

Berlusconis Ansichten über Mangano (»{Mangano} hat sich uns gegenüber äußerst zuvorkommend verhalten«) waren in der Radiosendung *28 minuti, RadioDue* vom 9/4/2008 zu hören. Über YouTube: http://www.youtube.com/watch?hl=it&gl=IT&v=PD4ixdKJzOE

»Rapito il figlio di Vassallo«, *L'Unità*, 9/6/71.

Tribunale di Palermo ii sezione penale, Sentenza nei confronti di Dell'Utri Marcello e Cinà Gaetano, 11 dicembre 2004. »... komplexen Strategie der Mafia mit dem Ziel, sich dem Unternehmer Berlusconi zu nähern«, S. 171.

Die *Mamma Santissima* und der erste 'Ndrangheta-Krieg

P. Arlacchi, *La mafia imprenditrice. Dalla Calabria al centro dell'inferno*, Mailand 2007 (Originalausgabe 1982). »Paolo und Giorgio De Stefano hatten einige Jahre die Universität besucht«, vgl. S. 129; »drei Prozent der Einnahmen aus dem Bau des Stahlwerks in Gioia Tauro«, S. 115.

L. Barone, »L'ascesa della 'ndrangheta negli ultimi due decenni«, *Meridiana*, 7–8, 1989–90.

S. Boemi, »L'atteggiarsi delle associazioni mafiose sulla base delle esperienze processuali acquisite: la 'ndrangheta«, *Quaderni del Consiglio Superiore della Magistratura*, 99, 1996. Das Zitat von Leonardo Messina, S. 13.

E. Ciconte, *Processo alla 'ndrangheta*, Rom–Bari 1996. Zu 233 Morden in drei Jahren, vgl. S. 108.

S. Gambino, »Calabria: I nuovi ›malavitosi‹«, *Il Ponte*, 11–12, 1976.

P. Ginsborg, *Italy and its Discontents*, Penguin, London 2001. »... alle Leiter der Geheimdienste, 195 Offiziere aus den verschiedenen bewaffneten Korps der Republik«, S. 144f.

Processo Olimpia. »Verfälschung« der Regeln der ehrenwerten Gesellschaft: Der Ausdruck stammt von dem abtrünnigen 'Ndranghetista Gaetano Costa, S. 319.

R. Sciarrone, *Mafie nuove, mafie vecchie. Radicamento ed espansione*, Rom 1998. Was die vergleichende Statistik zur Mitgliedschaft in der Cosa Nostra beziehungsweise der 'Ndrangheta anbelangt, vgl. S. 53f.

F. Silvestri, »Dinasty nella Piana«, *Narcomafie*, Februar 1999. »... Nur seine Oberschenkelknochen blieben übrig«, S. 19.

»Caccia ai due killer del night di Reggio C.«, *L'Unità*, 26/11/74. Zum Überfall im Roof Garden.

Eine kurze Geschichte des Rauschgifts

Homer, *The Odyssey. Rendered into English prose by Samuel Butler*, London 1900. Buch IV, Verse 220–21.

C. Lamour und M. R. Lamberti, *The Second Opium War*, London 1972. Zu den 200 000 Drogenabhängigen in den USA am Ende des Ersten Weltkrieges S. 7.

A.W. McCoy, *Drug Traffic. Narcotics and Organized Crime in Australia*, Sydney, 1980. 1971 nahmen 10 bis 15 Prozent aller US-amerikanischen Soldaten Heroin, S. 23.

A.W. McCoy, *The Politics of Heroin: CIA complicity in the global drug trade*, New York 1991.

P. Pezzino, *Mafia: Industria della violenza*, Florenz 1995. Übernimmt wichtige Passagen zu Drogen von der Commissione Parlamentare d'Inchiesta.

C. Sterling, *The Mafia*, London 1990. »Drogenschwergewicht«, zitiert auf S. 71.

D. Twitchett und J. K. Fairbank (Hg.), *The Cambridge History of China*, Bd. 10, *Late Ch'ing, 1800–1911*, Teil I, hg. von J. K. Fairbank. F. Wakeman Jr., »The Canton trade and the Opium War«; J. K. Fairbank, »The creation of the treaty system«. »Das am längsten begangene und am systematischsten geplante internationale Verbrechen der Moderne«, S. 213.

W.W. Willoughby, *Opium as an International Problem. The Geneva Conferences*, Baltimore 1925. »1924 gab es in den USA nur 110 000 Drogenabhängige«, S. 6.

»Mister Champagne«: Heroinzwischenhändler

P. Arlacchi, *La mafia impenditrice. Dalla Calabria al centro dell'inferno*, Mailand 2007 (Originalausgabe 1982). »Doch schon 1980 gab es in der italienischen Bevölkerung pro Kopf mehr Heroinsüchtige als in den Vereinigten Staaten«, S. 187.

O. Barrese (Hg.), *Mafia, politica, pentiti: la relazione del presidente Luciano Violante e le deposizioni di Antonio Calderone, Tommaso Buscetta, Leonardo Messina, Gaspare Mutolo: atti della Commissione parlamentare d'inchiesta sulla mafia*, Soveria Mannelli 1993. »Was den Drogenhandel betrifft, so können kleinere Deals von einer Familie bewerkstelligt werden«, S. 420; »Gott segne diese Gefängnisse!«, S. 497.

E. Deaglio, *Raccolto rosso: la mafia, l'Italia e poi venne giù tutto*, Mailand 1995.

L. Galluzzo, F. La Licata, S. Lodato (Hg.), *Rapporto sulla mafia degli anni '80*, Palermo 1986. Suite im Fünf-Sterne-Hotel »Michelangelo« als Büro, S. 322.

Istruttoria maxiprocesso, Bd. 9. Ferrari Dino und Alfa Romeo GTV 2000, S. 1763.

L. Paoli, *Mafia Brotherhoods: organized crime, Italian style*, Oxford 2003.

V. Scafetta, *U Baruni di Partanna Mondello. Storia di Mutolo Gaspare mafioso, pentito*, Rom 2003. »Ich hatte niemals Angst im Vorfeld«, S. 55; »Man braucht lediglich gute Kontakte zu einigen Verwaltungsbeamten vor Ort«, S. 61; »Meine Herren, mit Drogen haben wir die Chance, zehnmal mehr Geld zu machen«, S. 63; »Wenn es bei dieser Geschichte Schurken gibt, dann sind es die Schweizer«, S. 62; »Gaspare, versprich mir eins: Ruf mich an, sobald du draußen bist«, S. 65.

A. Stille, *Excellent Cadavers*, London 1995. Eine gelungene journalistische Rekonstruktion der dramatischen Ereignisse in Sizilien in den 1980er Jahren, die ich für dieses und noch einige Kapitel zu Rate gezogen habe.

Das Transatlantische Syndikat

T. Blickman, »The Rothschilds of the Mafia on Aruba«, *Transnational Organized Crime*, Bd. 3, Nr. 2, 1997.

Corte Suprema di Cassazione, Seconda parte penale, Sentenza Andreotti, 15/10/2004. »Eine zuverlässige, stabile und freundliche Verfügbarkeit«, S. 83.

Istruttoria maxiprocesso, Bd. 5, S. 847. Gibt das Gespräch in der Eisbar in Saint-Léonard wieder, Montreals Little Italy.

A. Jamieson, »Cooperation Between Organized Crime Groups Around The World«, *Jahrbuch für internationale Sicherheitspolitik*, Dezember 1999. Was die internationalen Spuren des Transatlantischen Syndikats und die Hochzeit von Pasquale Cuntreras Sohn anbelangt, vgl. S. 68.

S. Lupo, *Quando la mafia trovò l'America. Storia di un intreccio intercontinentale, 1888–2008*, Turin 2008: eine raffinierte Analyse dieser Zusammenhänge und der »dritten Mafia« (wie Lupo sie nennt).

J. D. Pistone, *Donnie Brasco*, New York 1989.

Der »Professor«

F. Barbagallo, *Il potere della camorra (1973–1998)*, Turin 1999. 7000 Mitglieder der NCO, S. 13.

E. Ciconte, *Processo alla 'ndrangheta*, Rom–Bari 1996. Cutolos Einführung in die 'Ndrangheta, S. 108 ff.

R. Cutolo, *Poesie e pensieri*, Neapel 1980.

S. De Gregorio, *Camorra*, Neapel 1981. Enthält Auszüge aus den psychiatrischen Gutachten über Cutolo, S. 34.

M. Jacquemet, *Credibility in Court. Communicative Practices in Camorra Trials*, Cambridge 1996. Jugendliche Strafgefangene in Kampanien, S. 29; Cutolos Lebenshaltungskosten im Gefängnis, S. 43.

M. Jouakim, *'O Malommo*, Neapel 1979.

A. Lamberti, »›Imposture‹ letterarie e ›simulacra‹ poetici. Il ruolo di Ferdinando Russo nella costruzione dell'immaginario di massa sulla ›camorra‹«, in P. Bianchi und P. Sabbatino (Hg.), *Le rappresentazioni della camorra*, Neapel 2009.

L. Rossi, *Camorra. Un mese a Ottaviano il paese in cui la vita di un uomo non vale nulla*, Mailand 1983. Enthält die verstörenden Äußerungen junger Camorristi, die ich hier zitiert habe, und Pino Arlacchis aufschlussreiche Einführung in die »südliche Bronx« von Kampanien.

M. Savio (mit F. Venditti), *La mala vita. Lettera di un boss della camorra al figlio*, Mailand 2006. Dieser Camorrista, der Cutolo nahestand, schildert Cutolos Herausforderung an 'O Malommo und seine Fähigkeiten als »Talentscout«, S. 35 ff.

La Stampa: zu Cutolos erstem Mord: »Sfiora una ragazza con l'auto, provoca un litigio e uccide il piacere«, 26/2/1963 und »Ergastolo all'automobilista che uccise a rivoltellate un passante dopo un incidente«, 29/12/1965; über Cutolo als Drogendealer: »Dirigevano dal manicomio il traffico di stupefacenti«, 13/10/1974.

4 Das große Abschlachten

Blutorgie

P. Allum und F. Allum, »The resistible rise of the New Neapolitan Camorra«, in S. Gundle und S. Parker (Hg.), *The New Italian Republic*, London 1996. Mehr als 900 Tote in den Camorrakriegen von 1979 bis 1983, S. 238.

L. Brancaccio, »Guerre di camorra: I clan napoletani tra faide e scissioni«, in G. Gribaudi (Hg.), *Traffici criminali. Camorra, mafie e reti internazionali dell'illegalità*, Turin 2009. Für eine gründlichere Analyse der Zahlen.

Commissione parlamentare antimafia, Camorra e politica: relazione approvata dalla Commissione il 21 dicembre 1993, Rom 1994. Zur geschätzten Anzahl der Morde zwischen 1981 und 1990 vgl. S. 3.

E. Deaglio, *Raccolto rosso: la mafia, l'Italia e poi venne giù tutto*, Mailand 1995. Schätzung der Gesamtzahl der Todesopfer der Mafiakriege im Vergleich zum Nordirlandkonflikt, S. 9.

P. Hofmann, »Italy gets tough with the mafia«, *New York Times*, 13/11/1983. Zu den Ansichten Alberto Moravias.

F. Messina, »Cosa Nostra trapanese: gli anni del dominio corleonese«, unveröffentlichtes Kapitel einer Dissertation, 2011.

Sutton Index of Deaths. Online-Quelle zur Berechnung der Anzahl der Todesopfer im Nordirlandkonflikt: http://cain.ulst.ac.uk/sutton/

»Palermo capitale mondiale dell'eroina«, *La Stampa*, 10/10/1981. »Blutorgie«.

»Altro omicidio ieri a Palermo«, *La Stampa*, 31/12/1982. »Du darfst nicht sterben!«

Die Anzahl der Todesopfer ist diversen Artikeln der *Stampa* entnommen.

Die *Nuova Famiglia*: Ein Gruppenbild

Corte di Assise di Santa Maria Capua Vetere, Sentenze contro Abbate Antonio, + 129, »Sentenza Spartacus«, 15/9/2005.

S. De Gregorio, *I nemici di Cutolo*, Neapel 1983. »... dass viele der von Umberto Ammaturo verübten Verbrechen in Wirklichkeit in ihrem Kopf Gestalt annahmen«, S. 38; »Wäre Cutolo statt meiner hier, würdet ihr nicht einen solchen Lärm veranstalten«, S. 33.

L. Gay, »L'atteggiarsi delle associazioni mafiose sulla base delle esperienze processuali acquisite: la camorra«, *Quaderni del Consiglio Superiore della Magistratura*, 99, 1996.

C. Longrigg, *Mafia women*, London 1997.

D. A. Maradona, *El Diego, Mein Leben*, München 2001. »Ich gebe zu, dass diese Welt ihren Reiz hatte (...)«, S. 138f.

M. Marmo, »La rima amore/onore di Pupetta Maresca. Una primadonna nella camorra degli anni cinquanta«, *Meridiana*, 67, 2010.

I. Sales, *Le strade della violenza: malviventi e bande di camorra a Napoli*, Neapel 2006. »Eines Tages wird das kampanische Volk verstehen, dass eine Brotrinde, in Freiheit verzehrt, kostbarer ist als ...« und »In meinen Augen waren sie ›halbe Mafiosi‹«, S. 154; »In Forcella kann man unmöglich leben, ohne die Gesetze des Staates zu brechen«, S. 173.

»Ucciso e mutilato un uomo di Cutolo«, *La Stampa*, 22/1/1982. »Knecht eines irren, zuckerkranken Fanatikers«.

»Pupetta Maresca sfida il ›boss‹ Cutolo, *La Stampa*, 14/2/82.

»Il Boss replica alla Maresca«, *L'Unità*, 20/2/1982. »Mag sein, dass Pupetta mit ihren Äußerungen Aufmerksamkeit erregen wollte ...«

»Morti ammazzati 515 e 130 desaparacidos di lupara«, *Stampa Sera*, 7/1/1983. Über 364 Ermordete; Mord an Annamaria Esposito.

»Maradona alle nozze del boss«, *L'Unità*, 14/3/89.

»›Bambulella‹, il camorrista decapitato. Dopo 27 anni trovati i suoi assassini«, *Corriere del Mezzogiorno*, 13/2/2009.

Katastrophenwirtschaft

F. Barbagallo, *Napoli fine Novecento: politici, camorristi, imprenditori*, Turin 1997.

F. Barbagallo, *Il potere della camorra (1973–1998)*, Turin 1999.

J. Chubb, »Three earthquakes: political response, reconstruction and the institutions: Belice (1968), Friuli (1976), Campania (1980)«, in J. Dickie, J. Foot und F. M. Snowden (Hg.), *Disastro!: disasters in Italy since 1860: culture, politics, society*, Palgrave 2002.

Commissione parlamentare antimafia, Camorra e politica: relazione approvata dalla Commissione il 21 dicembre 1993, Rom 1994. Über Cirillo und die Patronagepolitik, S. 135; »... sollte Cutolo vor Augen führen, dass er erledigt war«, S. 165.

I. Sales, *La camorra le camorre*, (2. Aufl.), Rom 1993. »Ich behaupte nicht, dass es mir keinen Spaß gemacht hätte, ihn zu beseitigen«, S. 80.

R. Saviano, *Gomorrah: viaggio nell'impero economico e nel sogno di dominio della camorra*, Mailand 2006. Zum bleibenden Erfolg des Films *Il camorrista*, S. 275.

M. Travaglio, »Un altro martire«, Blog aus www.voglioscendere.ilcannocchiale.it, 10/8/2008. Vgl die Auszüge aus dem Urteil gegen Gava.

La Storia Siamo Noi: Il caso Cirillo. Dokumentarfilm mit vielen Interviews mit Protagonisten, vgl. www.lastoriasiamonoi.rai.it/puntate/il-caso-cirillo/798/default.aspx. »In Riviera di Chiaia, Hausnummer 275, findet ihr unter einer Mülltonne die Verlautbarung Nummer 1«.

»Il PCI si chiede ›Chi ha pagato?‹«, *La Stampa*, 25/7/1981. »... ohne jede Verhandlung freigekommen und ohne Zugeständnis des Staates an die bewaffnete Bande ...«.

Die Magliana-Bande und die *Sacra Corona Unita*

E. Ciconte, *Storia criminale. La resistibile ascesa di mafia, 'ndrangheta e camorra dall'Ottocento ai giorni nostri*, Soveria Mannelli 2008: Äußerst aufschlussreiche Betrachtungen zu den sich ausweitenden Verbindungen zwischen den Mafias und zur Mala Vita.

»Commissione parlamentare d'inchiesta sul fenomeno della mafia e sulle altre associazioni criminali similari«, *Mafia, politica, pentiti: la relazione del presidente Luciano Violante e le deposizioni di Antonio Calderone, Tommaso Buscetta, Leonardo Messina, Gaspare Mutolo*, Soveria Mannelli, 1993. »Im Piemont haben die Kalabresen das Sagen«, Aussage von Leonardo Messina, S. 321 f.

G. Di Fiore, *Io, Pasquale Galasso, da studente in medicina a capocamorra*, Neapel 1994. »Dann gab es Typen, die der Cosa Nostra in den Arsch gekrochen sind«, S. 141.

P. Ginsborg, *Silvio Berlusconi: television, power and patrimony*, London 2005. »Das erste war ›halbsauber‹«, zitiert aus F. Tamburini, *Misteri d'Italia*, Mailand 1996.

M. Massari, *La sacra corona unita: potere e segreto*, Rom 1998. »... keiner Familie aus anderen Regionen die Herrschaft über unser Territorium zu überlassen«, S. 15; »Damals bildeten Cutolos Männer sich ein, sie wären Gott der Allmächtige«, S. 17; »Ich sollte ein Dreieck zeichnen, das Symbol der Heiligen Dreifaltigkeit«, S. 18 f.; »von acht unbekannten, unsichtbaren Männern, die bis an die Zähne bewaffnet waren«, S. 32.

»Rapporto del Questore di Bari al Procuratore del Re rivelante l'esistenza in Bari della Mala Vita«, 22/8/1890. Nachgestellt in C. D'Addosios *Il duello dei camorristi*, Neapel 1893, S. 141 ff. Die Mala Vita wurde auch in der Presse ausführlich besprochen, sogar in Großbritannien. Was ihre Entstehung anbelangt, hat sie große Ähnlichkeit mit der damaligen 'Ndrangheta. Die Mala Vita jedoch scheint keine Wurzeln geschlagen zu haben.

R. Sciarrone, *Mafie nuove, mafie vecchie. Radicamento ed espansione*, Rom 1998. »1982 nahm ich an einem Treffen sämtlicher *locali* im Piemont teil. Ungefähr 700 Leute waren dort versammelt«, S. 235.

Tribunale Penale di Roma, Ufficio Istruzione, Ordinanza-Sentenza contro Abbatino Maurizio + 237 (Banda della Magliana). »Wir beschlossen, dasselbe in Rom aufzuziehen wie Raffaele Cutolo in Neapel«, S. 65.

»Così fu ucciso il duca Grazioli«, *Corriere della Sera*, 5/10/1993. »Fahr nach Hause und warte. Dein Vater kommt in ein paar Stunden frei.«

5 Märtyrer und Bußfertige

Mafiaterror

A. Dino (Hg.), *Pentiti. I collaboratori di giustizia, le istituzioni, l'opinione pubblica*, Rom 2006.

Gruppo Abele (Hg.), *Dalla mafia allo stato. I pentiti: analisi e storie*, Turin 2005.

H. Hess, *Mafia and Mafiosi. Origin, Power and Myth*, London 1998. »… sensationsgierige Journalisten, verwirrte norditalienische Juristen und ausländische Autoren«, S. 3.

F. La Licata, *Storia di Giovanni Falcone*, Mailand 2002. Eine ausgezeichnete Biographie, die ich wiederholt in den nachfolgenden Kapiteln verwendet habe … »Wirtschaft in Palermo ruiniert«, S. 61; »Wer hätte das gedacht. Ich war absolut sicher, dass du an der Reihe warst«, S. 54.

U. Lucentini, *Paolo Borsellino*, Cinisello Balsamo 2003. Auch dies eine hervorragende Biographie, die ich für die folgenden Kapitel wiederholt zu Rate gezogen habe. »Ich hatte einen Mann geheiratet, der aus Stein gemeißelt war«, S. 59.

S. Palazzolo, *I pezzi mancanti. Viaggio nei misteri della mafia*, Rom–Bari 2010. »Die Mafiaorganisationen in Palermo sind mittlerweile Dreh- und Angelpunkt des Heroinschmuggels, das Clearinghaus für die Vereinigten Staaten«, S. 39.

»Giornalista assassinato a Palermo«, *L'Unità*, 27/1/1979.
»Noi politici siamo indifendibili«, *L'Ora*, 10/3/1979. »... nicht länger für die Bauindustrie und von der Bauindustrie«.
»S'intese col PCI e gli sparì l'auto«, *Giornale di Sicilia*, 11/3/1979.

Die todbringende Kombination

G. Anremi, *La strategia vincente del Generale Dalla Chiesa contro le Brigate Rosse ... e la mafia*, Rom 2004.
P. Arlacchi et al., *Morte di un generale. L'assassinio di Carlo Alberto Dalla Chiesa, la mafia, la droga, il potere politico*, Mailand 1982.
G. Bascietto und C. Camarca, *Pio La Torre. Una storia italiana*, Rom 2008. »In ein paar Jahren sollte es La Torre und mir gelingen, die wichtigsten Dinge zu erledigen«, S. 26f.
G. Bocca, »Quell'uomo solo contro la mafia«, *Repubblica*, 10/8/1982.
G. Burgio, *Pio La Torre. Palermo, la Sicilia, il PCI, la mafia*, Palermo 2010. »Du bist doch ein intelligenter Bursche. Du wirst es weit bringen«, S. 47; »Wir können diese Partei nicht ausstehen. Drüben in Russland vielleicht ...«, S. 47.
C. A. Dalla Chiesa, *Michele Navarra e la mafia del corleonese*, hg. von F. Petruzzella, Palermo 1990.
C. A. Dalla Chiesa, *In nome del popolo italiano*, hg. von N. Dalla Chiesa, Mailand 1997.
N. Dalla Chiesa, *Delitto imperfetto. Il generale, la mafia, la società italiana*, Mailand 1984. »Verpiss dich, Mafioso!«, S. 45; »Ich war bei Andreotti; und als ich ihm sagte, was ich alles über seine Leute in Sizilien weiß, da wurde er blass«, S. 34; »Was wir immer befürchtet haben, ist geschehen«, S. 122.
N. Dalla Chiesa, *Album di famiglia*, Turin 2009.
C. De Simone, *Pio La Torre. Un comunista romantico*, Rom 2002.
G. Frasca Polara, »Una vita contro la mafia«, *L'Unità*, 1/5/1982.
P. La Torre, *Comunisti e movimento contadino in Sicilia*, Rom 1980.
P. La Torre, *Le ragioni di una vita*, Palermo 1982.
M. Nese und E. Serio, *Il Generale Dalla Chiesa*, Rom 1982. Zur Rückkehr von Dalla Chiesas Vater nach Italien vgl. S. 9.
S. Palazzolo, *I pezzi mancanti. Viaggio nei misteri della mafia*, Rom-Bari 2010.
D. Paternostro, *A pugni nudi: Placido Rizzotto e le lotte contadine a Corleone nel secondo dopoguerra*, Palermo 2000.
P. Peci, *Io, l'infame*, Mailand 1983. »Seine Umgangsformen waren streng, aber milde, autoritär, aber freundlich«, S. 189.
Pio La Torre, 30 aprile 1982. Ricordi di una vita pubblica e privata, Palermo 2007.
D. Rizzo, *Pio La Torre. Una vita per la politica attraverso i documenti*, Soveria Mannelli 2003.

Repubblica, 29/3/82. »Seitens der Politik dürfte es keinerlei Schwierigkeiten geben«.

Deckchen und Drogen

G. Ascheri, *Tortora. Storia di un'accusa*, Mailand 1984. »Aggressive Persönlichkeit, mit einer starken Neigung zum Größenwahn«, S. 46; »Mein aktueller Status als ein Häftling, der noch immer an die gesunden Prinzipien der Ehre gebunden ist«, S. 39.

F. Coppola, »Ecco perché Tortora è innocente«, *Repubblica*, 18/12/1986.

M.V. Foschini und S. Montone, »Il processo Tortora«, in L. Violante (Hg.), *Storia d'Italia. Annali 12. La criminalità*, Turin 1997.

L. Galluzzo, F. La Licata, S. Lodato (Hg.), *Rapporto sulla mafia degli anni '80*, Palermo 1986. Zu Buscettas Behandlung in Brasilien siehe Interview mit Falcone, S. 35.

M. Jacquemet, *Credibility in Court. Communicative practices in the Camorra trials*, Cambridge 1996.

R. Lumley, »The Tortora Case: The Scandal of the Television Presenter as Media Event«, *The Italianist*, 6, 1986.

R. Lumley, »The Tortora Case: Restoring the Image and Putting the System of Justice on Trial«, *The Italianist*, 7, 1987.

Maxiprocesso: Tribunale Penale di Palermo, Ufficio Istruzione Processi Penali, Processo verbale di interrogatorio dell'imputato Tommaso Buscetta, 16/7/1984.

»C'era una volta Portobello«, aus der TV-Serie *La storia siamo noi*: verfügbar bei www.lastoriasiamonoi.rai.it

»Rea Tortora e il boss Cutolo stretta di mano all'Asinara«, *Repubblica*, 3/12/1985. »Nein, Sie sind doch der Boss.«

Wandelnde Leichen

D. Dolci, *Banditi a Partinico*, Bari 1955. Über die *cassetta*, S. 282.

G. Falcone und M. Padovani, *Cose di Cosa Nostra*, Mailand 1991. »… wie einen Sprachenlehrer, der es einem ermöglicht, in die Türkei zu reisen, ohne dass man mit Händen und Füßen kommunizieren muss«.

L. Forte, »20 anni fa«, *Repubblica*, 28/7/2005. »In Palermo gibt es ungefähr zehn von uns, die eine echte Gefahr für die Mafia darstellen«.

S. Lodato, *Trent'anni di mafia*, Mailand 2008. »Alles trägt insgeheim dazu bei, den Kampf gegen die Mafia zu personalisieren«, S. 120; »Früher oder später werden sämtliche Ermittler ermordet, die ihre Aufgabe wirklich ernst nehmen«, S. 166 f.; »Wir beobachten die beunruhigenden Ereignisse sehr genau, sowohl um die Vorbereitungen des Mammutprozesses in Palermo als auch um den Mammutprozess gegen die Camorra«, S. 166f.

U. Lucentini, Paolo Borsellino, Cinisello Balsamo 2003. »Wir sollten uns mit der Tatsache abfinden, dass wir wandelnde Leichen sind«, S. 122.

S. Lupo, »Alle origini del pentitismo«, in A. Dino (Hg.), *Pentiti. I collaboratori di giustizia, le istituzioni, l'opinione pubblica*, Rom 2006.

V. Vasile, »La normalità a Palermo«, *L'Unità*, 8/8/1985. »Ihr habt Cassarà gekannt. Und ihr habt verstanden.«

Das Interview zwischen Antonino Caponnetto und Gianni Minà von 1992 ist in unterschiedlichen Versionen auf YouTube verfügbar. (»Buscetta öffnete uns die Tür und veränderte damit alles«.)

»Gian Giacomo Ciaccio Montalto«, Folge aus der TV-Serie *Blu notte*. Erstausstrahlung 2008. Die Straße, in der er langsam verblutete, war schmal. Interview mit Oberstaatsanwalt Bernardo Petralia.

Die Hauptstadt der Antimafia

N. Alongi, *Palermo. Gli anni dell'utopia*, Soveria Mannelli 1997. »Warum sind wir [d.h. die Kommunisten] die Einzigen, die über die Mafia sprechen?«, S. 95; »Die Verbrecher in den Straßen, die in aller Öffentlichkeit agieren, sind unentwirrbar fest in ein komplexes Netz eingebunden, dessen geheime Drahtzieher …«, S. 16; »Fast eine Stunde lang wartete der Kardinal vergeblich auf die Häftlinge«, S. 29.

P. Catalanotto, »Dal carcere della Vicaria all'Ucciardone. Una riforma europea nella Palermo borbonica«, *Nuovi Quaderni del Meridione*, 79, 1982.

L. Galluzzo, F. La Licata, S. Lodato (Hg.), *Rapporto sulla mafia degli anni '80*, Palermo 1986. »Sie zeigen uns, dass im Kampf gegen die Mafia die Parteizugehörigkeit irrelevant ist«, und der Rest des Interviews mit Falcone, S. 39f.

A. Jamieson, *The Antimafia: Italy's Fight against Organized Crime*, London 2000.

S. Lodato, *Trent'anni di mafia*, Mailand 2008. »Palermo war schon immer die Hauptstadt der Mafia. Doch möchte ich mit Stolz hinzufügen, dass diese Stadt auch in der Lage ist, zur Hauptstadt der Antimafia zu werden«, S. 212; »Die Kirche befürchtet, ein solch umfangreicher Prozess könnte zu viel geballte Aufmerksamkeit auf Sizilien ziehen«, S. 179; »Heutzutage ist die Mafia im Wesentlichen von der Macht ausgeschlossen«, S. 182.

Mammutprozess: Tribunale Penale di Palermo, Ufficio Istruzione Processi Penali, Processo verbale di interrogatorio dell'imputato Tommaso Buscetta, 16/7/1984. »Die gleichzeitige Anwesenheit so vieler Ehrenmänner im Ucciardone stärkt die Verbundenheit zwischen ihnen noch mehr, weil sie so Gelegenheit haben, sich gegenseitig zu helfen und zu ermutigen«, S. 376.

U. Santino, *Storia del movimento antimafia*, Rom 2009 (auf den neuesten Stand gebrachte Ausgabe).

J. C. Schneider und P.T. Schneider, *Reversible Destiny: mafia, antimafia, and the struggle for Palermo*, Berkeley, CA 2003.

F. M. Stabile, *I consoli di Dio*, Caltanissetta 1999.

Das Unrecht regiert

F. Barbagallo, *Napoli fine Novecento: politici, camorristi, imprenditori*, Turin 1997.

F. Barbagallo, *Il potere della camorra (1973–1998)*, Turin 1999.

F. Barbagallo, *Storia della camorra*, Rom-Bari 2010. »In den 1980er Jahren erkannten wir, dass wir unsere ›Mafiaaktivitäten industrialisieren‹ mussten«, S. 154.

Commissione parlamentare antimafia, Camorra e politica: relazione approvata dalla Commissione il 21 dicembre 1993, Rom 1994. Geschätzte Anzahl der Camorraclans, S. 10; »Die Aktivitäten der Camorra schaffen eine allgemeine ›Herrschaft der Gesetzlosigkeit‹«, S. 55; Bau des Stadtviertels Pianura ohne eine einzige Baugenehmigung, S. 61; »… in einen Ballungsraum verwandelt, der sich nur mit den Elendsvierteln der Metropolen vergleichen lässt, die schnell und chaotisch in Südamerika oder Südostasien gewuchert sind«, S. 62; Verhaftung eines ehemaligen Bürgermeisters, des Leiters einer örtlichen Gesundheitsbehörde und dreier Bankmanager, S. 47.

Corte di Assise di Santa Maria Capua Vetere, Sentenza contro Abbate Antonio, + 129, »Spartakus-Prozess«, 15/9/2005.

S. De Gregorio, *I nemici di Cutolo*, Neapel 1983.

D. Della Porta, *Lo scambio occulto: casi di corruzione politica in Italia*, Bologna 1992.

G. Di Fiore, *Io, Pasquale Galasso, da studente in medicina a capocamorra*, Neapel 1994. »Jeder blieb autonom. Wir waren nicht wie die sizilianische Mafia«, S. 148.

L. Gay, »L'atteggiarsi delle associazioni mafiose sulla base delle esperienze processuali acquisite: la camorra«, *Quaderni del Consiglio Superiore della Magistratura*, 99, 1996. »Wir fühlten uns wie die Israelis, die es mit den Arabern aufnahmen«, sagte Pasquale Galasso; sizilianische Baufirmen, die in Kampanien tätig waren, verließen die Region auf der Stelle.

Processo Olimpia. »Er lebe, um Gerechtigkeit zu üben, (…) denn er sei der bewaffnete Gesandte der Madonna von Polsi«, S. 517; »Große Machtverschiebungen. Hochzeiten, die Bündnisse besiegelten. Geheime Allianzen«, S. 558; »… wählten die kriegführenden Parteien, die mittlerweile dezimiert waren, ihre Opfer am Ende nach Gutdünken«, S. 653.

I. Sales, *La camorra le camorre*, Rom 1993. Anzahl der Camorraclans, S. 7.

»Assalto alla villa del boss camorrista: tre morti e 2 feriti«, *L'Unità*, 11/6/1984.

'U Maxi

G. Ayala, *Chi ha paura muore ogni giorno. I miei anni con Falcone e Borsellino*, Mailand 2008.

Istruttoria Stajano. »Lange Jahre hatte sich der Staat aus dem Kampf gegen die Mafia praktisch herausgehalten«, S. 328.

F. La Licata, »La ›finta giustizia‹ di Cosa Nostra«, *La Stampa*, 4/10/1994.

G. Lo Forte, »L'atteggiarsi delle associazioni mafiose sulla base delle esperienze processuali acquisite: la mafia siciliana«, *Quaderni del Consiglio Superiore della Magistratura*, 99, 1996.

Maxiprocesso: Tribunale Penale di Palermo, Ufficio Istruzione Processi Penali, Processo verbale di interrogatorio dell'imputato Tommaso Buscetta, 16/7/1984. »Die Rolle der Salvos in der Cosa Nostra ist bescheiden. Ihre politische Bedeutung jedoch ist immens«, S. 465.

F. Viviano, *Michele Greco il memoriale*, Rom 2008

»Anti-mafia trial to open in Sicily«, *New York Times*, 9/2/1986. »Die Staatsanwaltschaft wird versuchen zu beweisen, dass einzelne Taten Teil einer umfassenden kriminellen Verschwörung waren, die vor Jahrunderten entstand«.

»The Mafia is not dead«, *Economist*, 15/2/1986. Die Kommission als »Phantasieprodukt«, S. 55.

»Cast assembles for Mafia show trial«, *Observer* 9/2/1986.

»Trial a challenge to might of mafia«, *Guardian*, 10/2/1986. »... eine Inszenierung von Barnum und Bailey«.

»Anche Salvo non sa nulla«, *La Stampa*, 21/6/1986. »Die Salvos haben alle politischen Parteien bezahlt. Geld für sie alle: keine Ausnahmen«; »Sie wirken gelangweilt«.

»Sgomento a Palermo«, *La Stampa*, 10/10/1986. »Und die wollen Ehrenmänner sein!«, »Wir möchten der Familie Domino unser Beileid aussprechen«.

»Maxiprocesso alla mafia«, RAI-Dokumentarfilm auf YouTube verfügbar. Beinhaltet die infamen »Friedenswünsche« Michele Grecos.

Ein Schritt vor, drei zurück

G. Falcone und M. Padovani, *Cose di Cosa Nostra*, Mailand 1991. »Ich warne Sie. Nach diesem Verhör sind Sie eine Berühmtheit«, S. 44.

L. Galluzzo, F. Nicastro, V. Vasile, *Obiettivo Falcone. Magistrati e mafia nel Palazzo dei veleni*, Neapel 1989. »... Egomanen«, »einsame Spinner«, S. 205; »Niemand ist unersetzlich ... so etwas wie einen Halbgott gibt es nicht«, S. 267; »Ist er zurückgetreten? In Palermo ist immer noch der Teufel los«, S. 280.

F. La Licata, *Storia di Giovanni Falcone*, Mailand 2002. »Ich bin eine wandelnde Leiche«, S. 113; »Ein Schritt nach vorn, drei zurück: So sieht der Kampf gegen die Mafia aus«, S. 120.

L. Sciascia, *A Futura memoria (se la memoria ha un futuro)*. Die Bezugnahme auf Duggans Buch.

Falcone geht nach Rom

Corte d'Assise di Caltanissetta, Sentenza nel procedimento penale contro Aglieri Pietro +40 (das Gerichtsverfahren infolge der Morde an Falcone, seiner Frau und seinen Leibwächtern). »Zuerst müssen wir Krieg führen gegen den Staat, und anschließend den Frieden gestalten«, S. 1242; »Giulio Andreottis politische Fraktion zu zerstören, deren Vorsitz [auf Sizilien] Salvo Lima innehatte«, S. 825.

P. Ginsborg, *Italy and its Discontents. Family, Civil Society and the State 1980–2001*, London 2001.

A. Jamieson, *The Antimafia: Italy's Fight against Organized Crime*, London 2000.

F. La Licata, *Storia di Giovanni Falcone*, Mailand 2002. »Jawohl, ich bin Sizilianer. Für mich ist das Leben weniger wert als dieser Knopf«, S. 14; »Mein Land hat noch nicht begriffen, was geschehen ist. Dies ist ein denkwürdiger Moment: Dieses Ergebnis hat den Mythos zerstört, dass die Mafia nicht bestraft werden kann«, S. 163; »Verstehen Sie denn nicht? Das Gleichgewicht ist zerstört, jetzt könnte das gesamte Gebäude einstürzen«, S. 166.

6 Der Niedergang der Ersten Republik

Opfer

Corte d'Assise di Caltanissetta, Sentenza nel procedimento penale contro Aglieri Pietro + 40 (zu den Details des Bombenanschlags von Capaci). »Giovanni, Giovanni«, S. 146.

S. Lodato, *Venti anni di mafia*, Mailand 1999. »Der Staat wirkte wie ein Boxer, der benommen in die falsche Richtung schlägt«, S. 305.

U. Lucentini, *Paolo Borsellino*, Cinisello Balsamo 2003. »Während er seiner Arbeit nachging, war sich Giovanni Falcone bewusst, dass die Macht des Bösen, die Mafia, ihn eines Tages töten würde«, S. 260 ff. »Zuerst töten sie ihn, dann mich«, S. 243.

Der Zusammenbruch der alten Ordnung

R. Alajmo, *Un lenzuolo contro la mafia*, Palermo 1993.

F. Barbagallo, *Storia della camorra*, Rom–Bari 2010.

B. De Stefano, *Il boss della camorra*, Rom 2007.

G. Di Fiore, *Io, Pasquale Galasso, da studente in medicina a capocamorra*, Neapel 1994.

N. Gratteri und A. Nicaso, *La malapianta*, Mailand 2010. Riinas Aufforderung an die 'Ndrangheta, sich dem Massaker anzuschließen, S. 63.

Gruppo Abele, *Dalla mafia allo Stato*, Turin 2005. »Alle haben es gesehen, und ich dachte sofort: Jetzt verhaften sie mich«, S. 461; »Heute habe ich das Gefühl, als sei ich einer von ihnen, denn letztlich gehen wir alle dieselben Risiken ein und kämpfen für dieselbe Sache«, S. 469.

D. Parrini, »Collaboratori e testimoni di giustizia. Aspetti giuridici e sociologici«, in *L'altro diritto. Centro di documentazione su carcere, devianza e marginalità*, verfügbar über www.altrodiritto.unifi.it/ricerche/law-ways/parrini/cap1.htm#60

Einige der Protestlaken, die im Sommer 1992 in Palermo von den Balkonen hingen, können hier angesehen werden: http://www.rainews24.rai.it/it/foto-gallery.php?galleryid=165442&photoid=392267

»La mafia dichiara guerra allo Stato. Dopo Falcone, uccisi Borsellino e cinque agenti«, *La Stampa*, 20/7/1992.

Verhandlungen im Bombenhagel: Geburt der Zweiten Republik

S. Ardita, *Ricatto allo Stato*, Mailand 2011. »Nach der zweiten Bombe waren wir alle ernsthaft bereit, getötet zu werden«, S. 7.

S. Colarizi und M. Gervasoni, *La tela di Penelope. Storia della Seconda Repubblica*, Rom 2012. »Keine Einigung mit dem Mafioso«, S. 103.

Corte d'appello di Palermo, 29/6/2010. Sentenza d'appello nei confronti di Dell'Utri Marcello.

N. Farrell und B. Johnson, »Forza Berlusconi«, *The Spectator*, 6/9/2003. »Um diese Arbeit tun zu können, muss man geistesgestört sein«, S. 16.

P. Ginsborg, *Silvio Berlusconi: television, power and patrimony*, London 2005.

Procura della Repubblica presso il Tribunale di Palermo, Memoria a sostegno della richiesta di rinvio a giudizio, 5/11/2012. »Der neue Cohabitationspakt zwischen Staat und Mafia endlich besiegelt wurde«, S. 20.

N. Tranfaglia, *La mafia come metodo*, Mailand 2012. »Die laufenden Verhandlungen waren der Hauptgrund, warum der Plan, Borsellino zu beseitigen, schleunigst in die Tat umgesetzt werden musste«, S. 129.

Tribunale di Palermo. II Sezione penale presieduta da Leonardo Guarnotta. Sentenza nei confronti di Dell'Utri Marcello e Cinà Gaetano, 11/12/2004.

Ich habe mich auch auf die Zeitungsberichte zu den Verhandlungen zwischen dem Staat und der Cosa Nostra gestützt; die Artikel sind zu zahlreich, um allesamt hier erwähnt zu werden.

M. Fuccillo, »Vogliono colpirmi a tutti i costi ...«, *Repubblica*, 20/3/1994. »Wir wählen alle Berlusconi«.

7 Die Zweite Republik und die Mafias

Cosa Nostra: Das Haupt der Medusa

E. Bellavia und M. De Lucia, *Il cappio*, Mailand 2009. »Jetzt erzählt ihr mir, ihr hättet einen verlässlichen politischen Kontakt«, S. 244.

C. Caprì mit P. Maisano Grassi, *Libero. L'imprenditore che non si piegò al pizzo*, Rom 2011. »Für die Jungs im Ucciardone«, S. 77.

A. Dino, *Gli ultimi padrini: indagine sul governo di Cosa Nostra*, Rom 2012.

A. Dino, *La mafia devota: Chiesa, religione*, Cosa Nostra, Rom 2008.

Direzione Investigativa Antimafia, Relazione secondo semestre 2011.

G. Falcone und M. Padovani, *Cose di Cosa Nostra*, Mailand 1991. »Der Umgang mit Mafiosi hat mein Verhältnis zu anderen Menschen, auch meine Überzeugungen, stark beeinflusst«, S. 70.

A. Galli, *Cacciatori di Mafiosi*, Mailand 2012. »Die oberste Regel für einen Boss lautet, niemals sein Revier im Stich zu lassen«, S. 12.

P. Grassi, »La svolta: ora Confindustria può cacciare le mele marce«, *Corriere del Mezzogiorno*, 29/1/2010.

Procura della Repubblica presso il Tribunale di Palermo, Direzione Distrettuale Antimafia, N. 18038/08 R. mod. 21 D.D.A. Fermo di indiziati di delitto, art. 384 segg. C.p.p. Adelfio Giovanni + 98 (»Operazione Perseo«). »Wenn ein jeder sein eigenes Ding macht, wie die Neapolitaner ...«, S. 1139; »Provenzano wurde von den anderen Bezirksbossen nie feierlich ins Amt berufen«, S. 26; »eine Kommission, die sich mit den ernsten Problemen und Situationen befasst. Auf diese Weise bleiben wir allesamt Freunde«, S. 1139.

Procura della Repubblica presso il Tribunale di Palermo, Direzione Distrettuale Antimafia, Fermo di indiziati di delitto, Casamento Filippo + 29, 2/2008 (Operazione »Old Bridge«).

A. Sabella, *Cacciatore di Mafiosi: le indagini, i pedinamenti, gli arresti di un magistrato in prima linea*, Mailand 2008.

U. Santino, *Storia del movimento antimafia. Dalla lotta di classe all'impegno civile*, Rom 2009 (auf den neuesten Stand gebrachte Ausgabe).

United States District Court, Eastern District of New York, Indictment against Joseph Agate and others, 6/2/2008 (Operation »Old Bridge«).

Vielen Dank an Chiara Caprì, die mir die Aussage des reuigen Mitglieds der Cosa Nostra zu *Addiopizzo* zukommen ließ.

Camorra: Eine Geographie der Unterwelt

F. Barbagallo, *Storia della camorra*, Rom - Bari 2010. Diese Quelle ist auch für die nachfolgenden Kapitel von Belang.

R. Cantone, *Solo per giustizia*, Mailand 2008.

R. Cantone, *I gattopardi: uomini d'onore e colletti bianchi: la metamorfosi delle mafie nell'Italia di oggi*, Mailand 2010.

G. Gribaudi (Hg.), *Traffici criminali. Camorra, mafie e reti internazionali dell'illegalità*, Turin 2009. Vor allem folgende Aufsätze: G. Gribaudi, »Introduzione«, »das kriminelle *savoir-faire*«, S. 13; L. Brancaccio, »Guerre di camorra: I clan napoletani tra faide e scissioni«, was die Mordraten und den Handel mit gefälschten Waren anbelangt; G. Gribaudi, »Clan camorristici a Napoli: radicamento locale e traffici internazionali«; A. M. Zaccaria, »Donne di camorra«; R. Sommella, »Le trasformazioni dello spazio napoletano: poteri illegali e territorio«: 22 Prozent der Beschäftigten in Kampanien in der »Schattenwirtschaft« tätig, S. 367; L. Mascellaro, »Territorialità e camorra: una proposta di lettura geografica dell'attività criminale«; L. D'Alessandro, »Città e criminalità: il commercio come chiave interpretativa«: über die *magliari* und den internationalen Handel von heute; F. Beatrice, »La camorra imprenditrice«; A. Lamberti, »Camorra come ›metodo‹ e ›sistema‹«; M. Anselmo, »L'impero del calcestruzzo in Terra di Lavoro: le trame dell'economia criminale del clan dei casalesi«, zitiert das Gedicht Pasolinis.

G. Marino, »L'ordine di morte arrivò dal telefonino«, *Repubblica*, 29/5/2002. Erwähnt »Zigeunerinnen«, »Drecksäue«.

M. Marmo, *Il coltello e il mercato: la camorra prima e dopo l'unità d'Italia*, Neapel 2011.

P. P. Pasolini, *Le Ceneri di Gramsci. Poemetti*, Mailand 1957. (Dt.: *Gramsci's Asche*. München-Zürich 1980. Übers. von T. und S. Kienlechner.)

C. Tucci, »Draghi: la crisi ha reso le aziende più aggredibili dalla criminalità. Le mafie avanzano in Lombardia«, *Il Sole 24 Ore*, 11/3/2011. »Unternehmen sehen, wie ihr Cashflow versiegt und ihr Vermögen an Verkehrswert verliert«, vgl. auch Barbagallo, *Storia della camorra*, S. 270.

Das Video zum Fest der Lilien kann auf http://espresso.repubblica.it/multimedia/home/30547536 angesehen werden.

»Ketty, una trans capeggiava gli Scissionisti«, *Corriere del Mezzogiorno*, 12/2/2009.

»Festa gigli: distrutto l'Insuperabile. Ma i fan sfilano comunque con i loro colori«, Corriere del Mezzogiorno, 29/9/2012. »... die versteckte Bedeutung dieses hölzernen Symbols ...«.

Camorra: Ein italienisches Tschernobyl

F. Barbagallo, *Storia della camorra*, Rom-Bari 2010.

R. Capacchione, *L'oro della camorra*, Mailand 2008. Was das Immobilienportfolio anbelangt, das 45 Wohnungen und ein Hotel umfasste, zu einem Gesamtwert von 50 Millionen Euro, vgl. S. 167.

G. Corona und D. Fortini, *Rifiuti. Una questione non risolta*, Rom 2010.

Meridiana, 64, 2009, *Napoli emergenza rifiuti.* Besonders die folgenden Aufsätze: G. Corona und M. Franzini, »Capire l'emergenza rifiuti a Napoli. Un 'introduzione«; D. Fortini (G. Corona, Hg.), »Ormai sono venti anni che il Paese è in emergenza rifiuti«; A. Di Gennaro, »Crisi dei rifiuti e governo del territorio in Campania«; M. Andretta, »Da Campania Felix a discarica. Le trasformazioni in Terra di Lavoro dal dopoguerra ad oggi«; D. Ceglie, »Il disastro ambientale in Campania: il ruolo delle istituzioni, gli interessi delle organizzazioni criminali, le risposte giudiziarie«: zum »Meteoriten-Impakt«, S. 129; E Giaccio, »Chiaiano 2.0« vgl. »Der Staat ist abwesend, aber wir sind hier«, S. 152.

P. Rabitti, *Eco balle*, Rom 2008.

Die Aussage des regionalen Abfallkommissars vor dem parlamentarischen Untersuchungsausschuss: http://www.camera.it/_dati/leg14/lavori/stenbic/39/2004/0727/so2o.htm »Es ist ein Wunder, wenn 200 der 2316 Menschen tatsächlich irgendetwas arbeiten«.

»Camera nega arresto a Cosentino. Il deputato: ›Ringrazio Parlamento, non Lega‹«, *Repubblica*, 1/12/2012.

Biùtiful cauntri (2007), Dokumentarfilm. »Italienisches Tschernobyl«, Bemerkung stammt von Richter Donato Ceglie.

Gomorrah

A. Dal Lago, *Eroi di carta. Il caso Gomorra e altre epopee*, Rom 2010.

D. Del Porto, »Minacce camorriste a Roberto Saviano. Finisce sotto scorta l'autore di Gomorra«, *Repubblica*, 13/10/2006. »Iovine, Schiavone, Zagaria – ihr seid keinen Schuss Pulver wert!«

J. Dickie, »Gang rule«, *The Guardian*, 12/1/2008. Einige der Aussagen in diesem Kapitel entstammen meiner Rezension zu Savianos Buch.

V. Faenza, »Casalesi e l'affare rifiuti: ›Inquinamento? Che ce ne frega, noi beviamo la minerale‹«, *Corriere del Mezzogiorno*, 4/2/2011.

M. Marmo, »Camorra come Gomorrah. La città maledetta di Roberto Saviano«, *Meridiana*, 57, 2006.

U. Santino, *Don Vito a Gomorrah. Mafia e antimafia, tra papelli, pizzini e bestseller*, Rom 2011.

R. Saviano, *Gomorrah: viaggio nell'impero economico e nel sogno di dominio della camorra*, Mailand 2006.

http://www.ossigenoinformazione.it/ für aktuelle Informationen im Zusammenhang mit Drohungen gegen Journalisten.

'Ndrangheta: Schneesturm

T. Bendinelli, »Cocaina, Brescia ›sniffa‹ 625 mila euro al giorno«, *Corriere della Sera*, 11/12/2012.

A. Bolzoni, »Palermo chiama Medellin«, *Repubblica*, 23/2/1990. Zu *Big John*.

D. Brown, unveröffentlichte Forschungsarbeit über kalabrische Mafiosi in Queensland in den 1930er Jahren.

E. Ciconte und V. Macrì, *Australian 'ndrangheta: I codici d'affiliazione e la missione di Nicola Calipari*, Soveria Mannelli 2009.

F. Forgione, *Mafia Export. Politici, manager e spioni nella Repubblica della 'ndrangheta*, Mailand 2012. »Wir haben unser Gesicht verloren … wir haben alles verloren …«, S. 64.

N. Gratteri und A. Nicaso, *Fratelli di sangue*, Mailand 2009. Zu Joe Musolino S. 237.

A. Nicaso, *'Ndrangheta. Le radici dell'odio*, Rom 2007.

G. Pignatone und M. Prestipino, *Il contagio. Come la 'ndrangheta ha infettato l'Italia*, Rom-Bari 2012. Zu 2000 Kilogramm Kokain, die 2011 beschlagnahmt wurden, S. 91.

Processo Olimpia. Zur Zeugenaussage Giacomo Lauros vgl. vor allem Kapitel 7.

A. Sabella, *Cacciatore di* Mafiosi*: le indagini, i pedinamenti, gli arresti di un magistrato in prima linea*, Mailand 2008.

R. Sciarrone, *Mafie nuove, mafie vecchie. Radicamento ed espansione*, Rom 1998. Was die 5500 Kilogramm zweiundachtzigprozentiges Kokain in einem Container-Lkw unweit der norditalienischen Stadt Turin angeht, vgl. S. 245.

Istituto di ricerche farmacologiche »Mario Negri«, Mailand. Ein Bericht über die Forschungsergebnisse zu Kokainrückständen im Fluss Po ist verfügbar über http://www.marionegri.it/mn/it/pressRoom/comStampa/archivioComunicat05/cocainaPo.html

'Ndrangheta: Das Große Verbrechen

L. Abbate, »Calabria: la strage delle donne«, *Espresso*, 24/7/2012.

F. Forgione, *'Ndrangheta. Boss, luoghi e affari della mafia più potente al mondo. La relazione della Commissione Parlamentare Antimafia*, Mailand 2008.

Meridiana, 67, 2010. Donne di mafia. Eine Reihe von Aufsätzen mit den aktuellsten Forschungsergebnissen zu Frauen und den Mafias. Was die 'Ndrangheta anbelangt, vgl. besonders O. Ingrascì, »Donne, 'ndrangheta, 'ndrine. Gli spazi femminili nelle fonti giudiziarie«.

G. Pignatone und M. Prestipino, *Il contagio. Come la 'ndrangheta ha infettato l'Italia*, Rom–Bari 2012.

Procura della Repubblica presso il Tribunale di Reggio calabria, Direzione Distrettuale Antimafia, Decreto di Fermo di indiziato di delitto, Agostino Anna Maria + 155 (Operazione Crimine).

Tribunale di Reggio Calabria, Sezione Gip-Gup, Sentenza resa nell'Operazione Crimine contro Agnelli Giovanni + 126, 8/3/2012. »In Kalabrien kommen sie nicht etwa zusammen, um zu fragen: »Was sollen wir tun?«, S. 101; »Eine Frau gebärt ein Kind, doch die Nabelschnur wird nie durchschnitten«, S. 101; zu Tony Vallelonga, S. 819 f.

»Arrestato Tony Marciano, il ›re dei neomelodici‹ cantava per il clan«, *Corriere del Mezzogiorno*, 4/7/2012.

Das Video des Polsi-Treffens von 2009 ist auf YouTube zu sehen: http://www.youtube.com/watch?v=A790XiOt5WI

Auch das Video vom Treffen in Paderno Dugnano von 2009 ist auf YouTube zu sehen: http://www.youtube.com/watch?v=aR7WQhq7TTI

Willkommen in der Grauzone

E. Bellavia und M. De Lucia, *Il cappio*, Mailand 2009. Zum Diebstahl von Lastwagen, S. 103.

G. Bianconi, »Così si mimetizzano le mafie. Silenzi, complicità, omissioni: perché il contagio si allarga«, *Corriere della Sera*, 12/11/2011. »I'm less worried by the response from the criminal organizations than by the response from politicians«; »the mafia method, which involves promoting illicit privileges and cancelling out competition«.

P. Davigo und L. Sisti, *Processo all'italiana*, Rom–Bari 2012.

N. Delgrande und M. F. Aebi, »Too much or not enough? Overcrowding in European prisons. An analysis based on SPACE statistics«, Université de Lausanne, Institut de criminologie e de droit pénal, herunterzuladen bei http://ebookbrowse.com/overcrowding-cdap-rome-delgrande-121020–3-pdf-d432188927

G. Di Girolamo, *Matteo Messina Denaro. L'invisibile*, Rom 2010.

A. Dino, *Gli ultimi padrini: indagine sul governo di Cosa Nostra*, Rom 2012.

L. Franchetti, *Condizioni politiche e amministrative della Sicilia*, Bd. 1 von L. Franchetti und S. Sonnino, *Inchiesta in Sicilia*, zwei Bde., Florenz 1974.

C. Macrì, »›Rapporti sospetti con le cosche‹. Sciolto il Comune di Reggio Calabria«, *Corriere della Sera*, 9/10/2012.

G. Pignatone und M. Prestipino, *Il contagio. Come la 'ndrangheta ha infettato l'Italia*, Rom–Bari 2012. Kalabrische Delegierte von ANCE, vgl. S. 87.

A. Sabella, *Cacciatore di* Mafiosi*: le indagini, i pedinamenti, gli arresti di un magistrato in prima linea*, Mailand 2008. »Wenn ihr in unsere Schulen geht und von Gerechtigkeit und Rechtsstaatlichkeit redet«, S. 246.

A. Ziniti, »Processo Talpe alla Dda, 7 anni a Cuffaro, riconosciuto il favoreggiamento alla mafia«, *Repubblica*, 23/1/2010.

»Cosa Nostra, in manette l'erede di Riina«, *Repubblica*, 14/4/1998. »Die Erfahrung der vergangenen zwanzig Jahre hat uns gelehrt, dass für Triumphe keine Zeit ist.«

Ministero dell'Interno, Approfondimento. Direzione Centrale della Polizia Criminale – Programma Speciale di Ricerca – Messina denaro matteo: www.interno.gov.it/mininterno/export/sites/default/it/sezioni/sala_stampa/notizie/polizia/latitantematteo_messina_denaro.html »… Mafiazugehörigkeit, vielfachen Mordes, Sachbeschädigung, Besitz von Sprengstoff …«.

Direzione Investigativa Antimafia, Relazione secondo semestre 2011. Zu 2246 Fälle von Vandalismus, gefolgt von Brandstiftung in Sizilien, S. 24.

Weltbank, *Doing Business 2012*. Bericht herunterzuladen von http://www.doingbusiness.org/ Statistik zum italienischen Rechtssystem.

www.addiopizzo.org/ Zu aktuellen Unterschriften.

Bildnachweis

Teil 1

Nachdruck mit freundlicher Genehmigung des *Archivio dello Stato di Reggio Calabria*: Textabbildung 7.

Carlo Del Balzo, *Napoli e i napoletani*, Mailand 1885: 7 oben.

Biblioteca Nazionale »Vittorio Emanuele III«, Neapel, Nachdruck mit freundlicher Genehmigung des Ministero per i Beni e le Attività Culturali, Italien: 8 unten.

Abele de Blasio, *Usi e Costumi dei Camorristi*, 1897: 7 unten, Texabb. 2, 14.

Abele de Blasio, *Il Tatuaggio*, 1905: Textabbildungen 5, 6.

© The British Library: 2 (aus Francesco de Bourcard, *Usi e costumi di Napoli e contorni descritti e depinti*, Bd. II, 1858).

© The British Library Newspapers, Colindale: 5 oben links und rechts sowie unten rechts (aus *Il Mondo Illustrato*, 1860), 8 oben (aus *Le Monde Illustré*, 1893).

Alfredo Comandini, *L'Italia nei centro anni del secolo XIX* (1801–1900), Bd. 3: 3 unten, Textabbildung 3.

© Corbis: 1 oben / Foto Ina Fassbender, 1 unten / Foto Armin Thiemer, 16 links.

Nachdruck mit freundlicher Genehmigung der *Gazzetta del Sud*, 1986: 15 oben links.

© Getty Images: 15 Mitte rechts, 16 oben rechts.

Il Mattino, 1911: 13 oben rechts.

Illustrated London News: 3 oben links (1859), 4 unten (1860), 5 unten links (1859), 6 oben (1860), 10 Mitte links sowie unten (1902), 13 unten (1911).

© John Dickie: 9.

La Scintilla, 1911: 12 oben, 13 oben links.

Library of Congress, Prints and Photographs Division, Washington DC: 12 unten.

L'Illustration, 1860: 3 oben rechts, 4 oben.

L'illustrazione Italiana: 11 oben rechts und links Mitte (1901), unten (1899).

Nachdruck mit freundlicher Genehmigung des Istituto Luce, Rom / Archivio Fotografico: 15 unten.

Enrico Morselli, *Biografia di un ban*Ebd., 1903: 10 oben links und rechts, Textabbildungen 8, 9.

Museo Pitré, Palermo, Nachdruck mit freundlicher Genehmigung der Stadt Palermo: 6 unten.

Privatsammlungen: 11 oben links, 14 oben links und rechts sowie unten links, 15 Mitte links, 111,49 Pte rechts und unten rechts, Textabb. 1, 4, 10-13.

TopFoto Topham Picturepoint: 14 unten rechts.

Teil 2

© ANSA: 23 oben links, 24 oben, 25 oben rechts und unten, 26 unten links.
Archivio Carabinieri, Palermo: 29 oben links und rechts, 32 oben.
Archivio Fotografico Pietro Oliveri, Corleone: 26 oben rechts.
Mit freundlicher Genehmigung des Archivio Unità: 18 unten links. © AP / Press Association Images: 21 unten, 22 oben links / Raul Fornezza, 29 unten / Luca Bruno, 30 oben / Italienische Polizei, 31 oben und 32 unten links / Salvatore Laporta, 31 unten und 32 unten rechts / Adriana Sapone.
© Bettmann / Corbis: 18 oben und Mitte, 19 unten links. © Enzo Brai / Pubblifoto, Palermo: 20 oben rechts und unten. Mit freundlicher Genehmigung des Archivs Pasquale Capellupo: 21 oben.
Mit freundlicher Genehmigung des Centro di Studi ed Iniziative Culturali Pio La Torre, Palermo: 26 oben links. © Contrasto / eyevine: 25 oben links/ Angelo Palma, 26 unten rechts/Shobha.
© Corbis: 27 oben links/ANSA, 28 unten / Antoine Gyori/Sygma.
© John Dickie: 30 unten. Alessandro Fucarini / Agenzia Fotografica Labruzzo, Palermo: 23 unten, 27 oben rechts. © Eric Gaillard: 23 oben rechts.
© Tony Gentile: 28 oben. © Getty Images: 19 oben/Mondadori, 20 oben links/ Gamma-Keystone, 22 oben rechts / Popperfoto, 28 Mitte/Gamma-Rapho.
Lux Films / RGA: 17 oben. Privatsammlungen: 17 unten links und rechts, 19 unten rechts.
© Rex Features/Contrasto: 27 unten. © Alberto Roveri / Rosebud2: 22 unten.

Folgenden Personen danke ich für ihre Hilfe bei der Beschaffung von Fotomaterial: Chiara Augliera von der *Cineteca di Bologna*; Maggiore Antonio Coppola vom *Nucleo investigativo* der Carabinieri – *reparto operativo*, Palermo; Fabio Cuzzola; Nick Dines; Cecilia Ferretti vom *Archivio Unità*; Capitano Giuseppe Lumia und der ROS in Gioa Tauro; Vito Lucio Lo Monaco vom Zentrum Pio La Torre, Palermo; Gabriele Morabito; Nino Sapone; Fabio Truzzolillo.

Es wurde jede Anstrengung unternommen, um die Inhaber der Urheberrechte ausfindig zu machen. Eventuelle Fehler oder Lücken werden in den nachfolgenden Auflagen durch den Verlag Hodder & Stoughton korrigiert beziehungsweise ergänzt.

Register

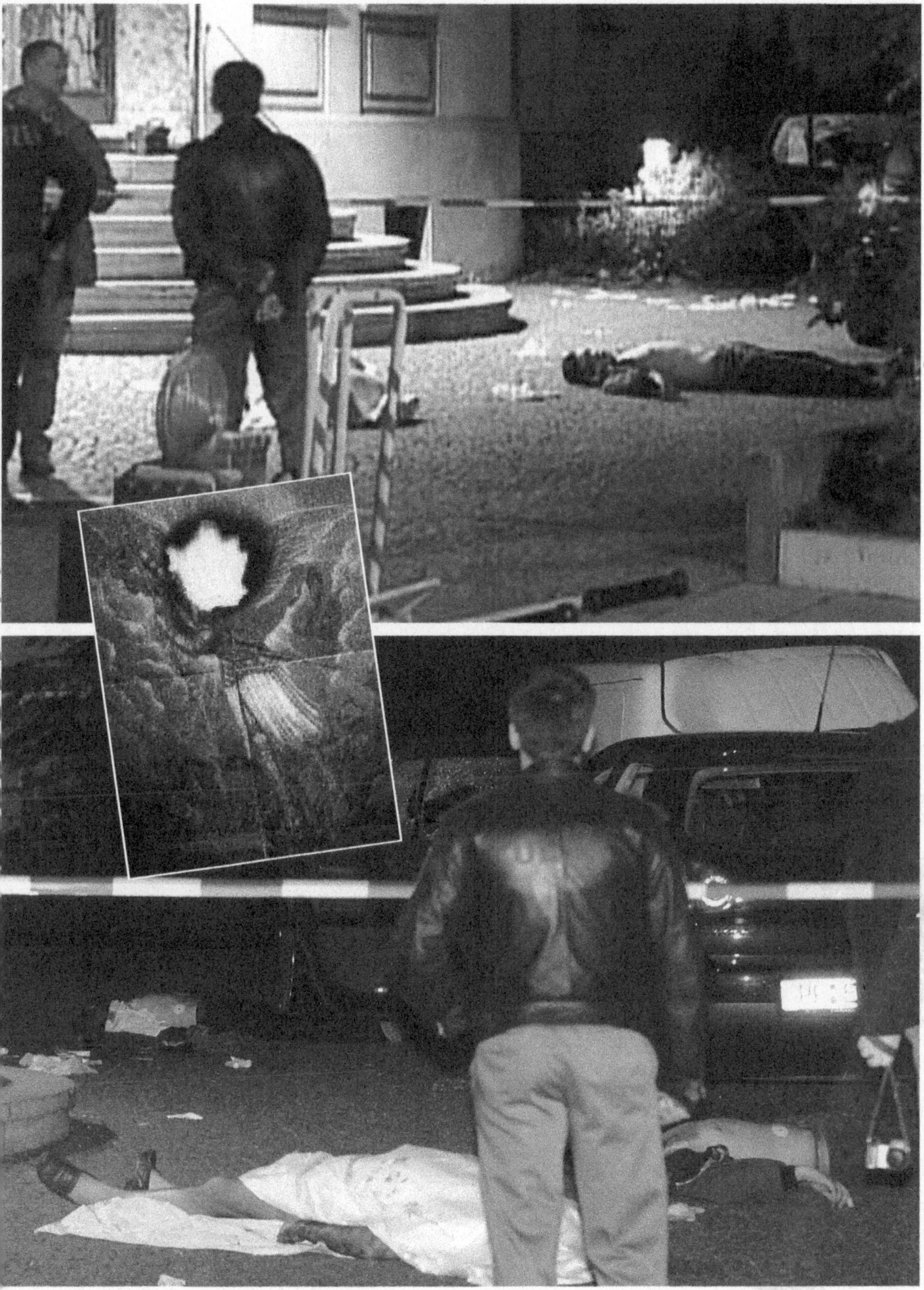

Das Duisburg-Massaker. Am 15. August 2007 nimmt Europa endlich Notiz von der ’Ndrangheta, Italiens reichster und mächtigster Mafia. Eines der sechs Opfer, Tommaso Venturi, hatte gerade seinen 18. Geburtstag gefeiert und gleichzeitig seine Aufnahme in Kalabriens Ehrenwerte Gesellschaft. In seiner Tasche fand man das angekohlte Bild des Erzengels Michael (siehe oben), Bestandteil des Initiationsrituals der ’Ndrangheta.

Camorristi regeln ihre Meinungsverschiedenheiten um ein Kartenspiel; das Glücksspiel war eine der Haupteinnahmequellen der Ehrenwerten Gesellschaft.

Die grelle Kleidung und großspurige Pose eines *guappo* oder Straßenbosses. In den 1850er Jahren, als diese Illustrationen veröffentlicht wurden, war die Gegenwart der Camorra in den Straßen Neapels bereits sehr augenfällig.

Herzog Sigismondo Castromediano, der während seines Gefängnisaufenthalts in den 1850er Jahren die Methoden der Camorra analysierte. Er nannte sie »eine der unmoralischsten und zerstörerischsten Sekten, welche die menschliche Niedertracht jemals hervorgebracht hat«.

Liborio Romano, der nach dem Juni 1860 das Wunder vollbrachte, in Neapel für Ordnung zu sorgen, indem er die Polizei durch Camorristi ersetzte.

Anarchische Zustände in Neapel? Ein Pöbelhaufen, den die Camorra anführt, plündert im Juni 1860 die Polizeidienststellen der Stadt.

Die Schlüsselfigur bei den zwielichtigen Intrigen von 1860 in Neapel. Im Alter von 30 Jahren erlangte die charismatische Marianna De Crescenzo, *la Sangiovannara*, Berühmtheit, weil sie eine patriotisch gesinnte Menschenmenge anführte. Die wohlhabende Wirtin war auch an der Spitze des Festzugs, als Garibaldi in der Stadt eintraf (unten mit Flagge).

Ein französischer Journalist tat sich schwer damit, *la Sangiovannara* einzuordnen: »Das unschuldige Mädchenlächeln in ihrem Gesicht wich zuweilen einem wölfischen Grinsen.« Ihre Schenke, geschmückt mit patriotischen Flaggen und religiösen Symbolen, sei ein Treffpunkt für Gangster, schrieb er. Er konnte nicht wissen, dass sie in der Unterwelt Neapels eine mächtige Figur war.

Die Absolution für die Camorra: Gangsterbosse wurden zu patriotischen Helden und ließen schmeichelhafte Porträts von sich drucken. Unter ihnen ist Salvatore De Crescenzo (links), der berüchtigtste Camorrista der damaligen Zeit.

Silvio Spaventa, der den ersten Feldzug gegen die Ehrenwerte Gesellschaft führte und als Erster ihre mysteriösen Ursprünge zu ergründen suchte.

Zwei weitere rehabilitierte Camorristi: Michele, der »Stadtschreier«, und »Meister Dreizehn«.

Palermo 1860: Befreite Gefangene führen ihren Wärter durch die Straßen, bevor sie ihn erschießen. Die sizilianische Mafia war eine Ausgeburt der politischen Gewalt zu Beginn des 19. Jahrhunderts bis zu dessen Mitte.

Das Theaterstück, das der sizilianischen Mafia ihren Namen gab. Ein Reklameplakat, das für *I Mafiusi del la Vicaria* (1863) wirbt. Das Stück spielt in den 1850er Jahren und erzählt die Geschichte einer ehrbaren Sekte von Gefängniserpressern, die sich für ein geeintes Italien einsetzen.

Ein Camorrista in der typischen Schlaghose kassiert Schutzgeld von einem Droschkenkutscher (1880er Jahre).

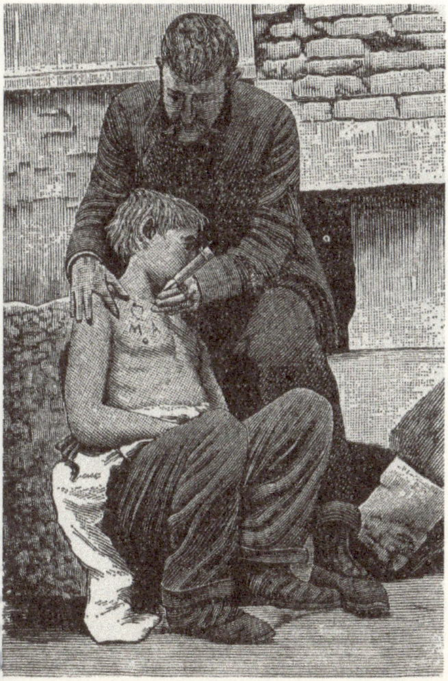

Ein junger Bursche erhält seine ersten Verbrecherinsignien. Ein Straßentätowierer in Neapel bei der Arbeit.

Die Camorra geht erneut auf die Barrikaden. Eine Menschenmenge liefert sich Straßenkämpfe gegen die Polizei während des Streiks der Droschkenkutscher im August 1893.

Die Ehrenwerte Gesellschaft in Neapel führt ihr allererstes Initiationsritual durch. Eine Szene aus Edoardo Minichinis überaus erfolgreichem Stück *La fondazione della camorra* (Die Gründung der Camorra) aus dem Jahre 1899.

Christus und die beiden Schächer überblicken ein Kernland der ’Ndrangheta. Palmi, eine der Städte, aus denen in den 1880er Jahren die ’Ndrangheta hervorging, ist in mittlerer Entfernung zu sehen. Jenseits davon erstreckt sich die berüchtigte Ebene von Gioia Tauro.

Das Heiligtum der Madonna von Polsi auf dem Aspromonte. Seit mindestens 1894 fällt die Jahresversammlung der ’Ndrangheta mit dem Fest der Madonna vom Berg zusammen, das hier gefeiert wird.

Giuseppe Musolino, der »König des Aspromonte«.

Musolinos Schwester Ippolita. Der Polizei zufolge hatte auch sie das Gelübde der kalabrischen Mafia abgelegt.

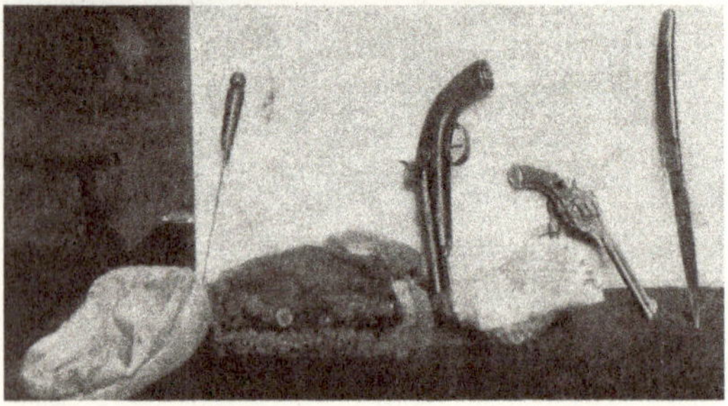

Musolinos Waffen, für eine begierige Presse zur Schau gestellt.

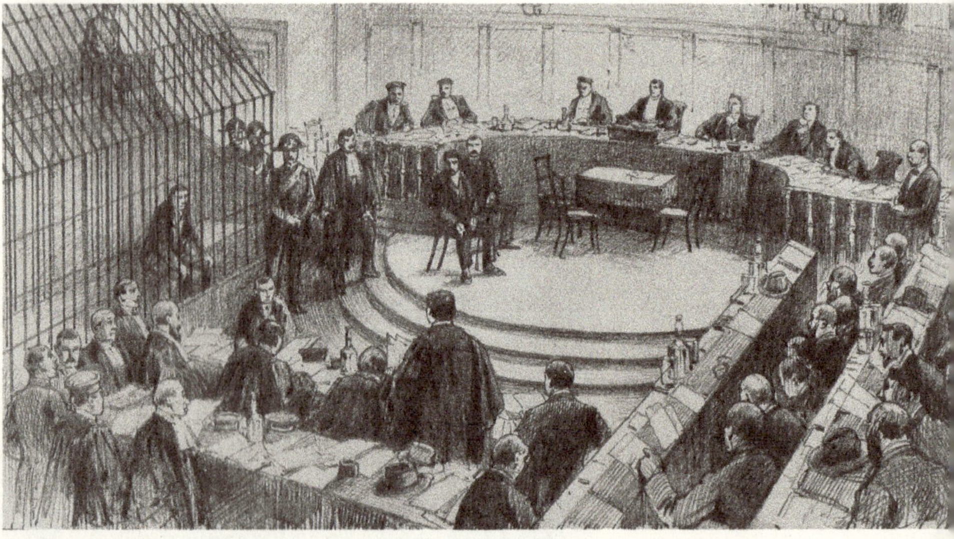

Eine Szene aus dem Gerichtsverfahren gegen Musolino in Lucca, 1902. Trotz seiner grausamen Verbrechen schlug ihm aus dem Volk viel Sympathie entgegen. »Armer Musolino«, schrieb ein einflussreicher Literat. »Am liebsten möchte ich ein Gedicht schreiben, um zu zeigen, dass ein jeder von uns einen Musolino in sich trägt.«

Emanuele Notarbartolo, der ehrbare sizilianische Bankier, der 1893 von der Mafia erstochen wurde.

Giuseppe Fontana, Zitrusfrüchtehändler, Mafioso und mutmaßlicher Mörder von Emanuele Notarbartolo.

Raffaele Palizzolo, der Mafiapolitiker, der im Verdacht stand, den Mord an Notarbartolo beauftragt zu haben. Er ließ sich nur widerstrebend fotografieren und beklagte sich: »Wir sind zum Gegenstand der öffentlichen Neugier geworden.«

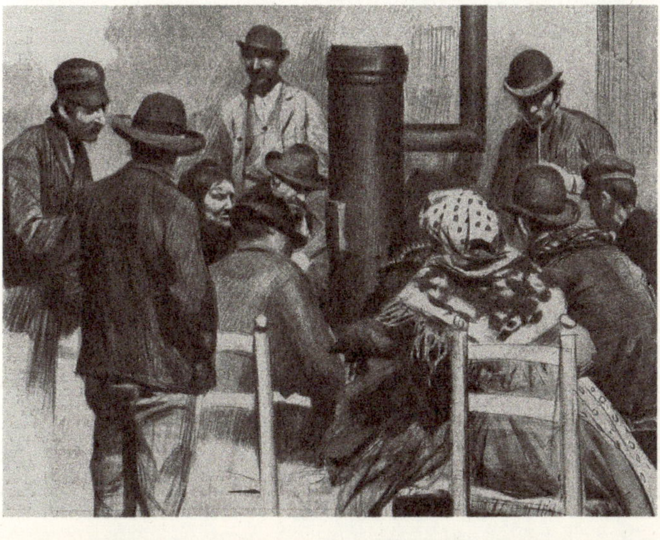

Arme Sizilianer, die ins frostige Mailand beordert worden waren, um im ersten Gerichtsverfahren zum Mordfall Notarbartolo auszusagen. Vierzehn mussten wegen einer Bronchitis ins Krankenhaus eingeliefert werden, einer starb. Eine Lokalzeitung erbarmte sich ihrer und sammelte Geld für sie.

Die Angeklagten kommen 1911 nach Viterbo, zum bekanntesten Camorraprozess in der Geschichte. Der Cuocolo-Fall, der die brutalen Morde an einem ehemaligen Camorrista und dessen Frau aufzuklären suchte, sorgte weltweit für Aufsehen. Der Mann mit der Melone ist Luigi Fucci, der »Blubberwassermann«, der nominelle Boss der Ehrenwerten Gesellschaft.

Der Spitzel, der die Camorra zerstörte: Ein geschniegelter Gennaro Abbatemaggio macht seine Aussage von einem Käfig aus, der ihn vor seinen ehemaligen Genossen beschützen soll, 1911.

Hauptmann Carlo Fabbroni, der den Cuocolo-Fall in einen Angriff gegen die gesamte Ehrenwerte Gesellschaft verwandelte.

Enrico Alfano, »Erricone« genannt. Der maßgebliche Boss der Camorra und der Hauptangeklagte in Viterbo.

Tumult vor Gericht. Die chaotischen Szenen während des Cuocolo-Prozesses verblüffen und befremden Beobachter aus aller Welt. Aus *The Illustrated London News*.

Die vielen Gesichter des »Eisernen Präfekten« Cesare Mori, der Mussolinis Angriff auf die sizilianische Mafia in den 1920er Jahren anführte.

Mann der Tat und Geißel der Mafia.

Faschistisches Leitbild.

Möchtegern-Salonlöwe …

… und Freund der sizilianischen Aristokratie.

»Massaru Peppi« (sitzend). Der Carabiniere, der unter Mussolini die kalabrische Mafia bekämpfte.

Don ’Ntoni Macrì (eingefügt), der mächtigste aller Nachkriegs-’Ndranghetisti und Massaru Peppis Tanzpartner in Polsi.

»Der Faschist Vito Genovese« (rechts), der New Yorker Boss, der nach Kampanien heimkehrte, um dort in den 1930er und 1940er Jahren einträgliche Geschäfte zu machen.

Nach dem Sieg über die Mafia 1937: Mussolini stattet Sizilien einen triumphalen Besuch ab, um einen neuen Aquädukt einzuweihen. Mittlerweile hatten die kriminellen Familien auf der Insel unter der Führung des »Generalissimo« Ernesto Marasà ihre volle Funktionstüchtigkeit wiedererlangt.

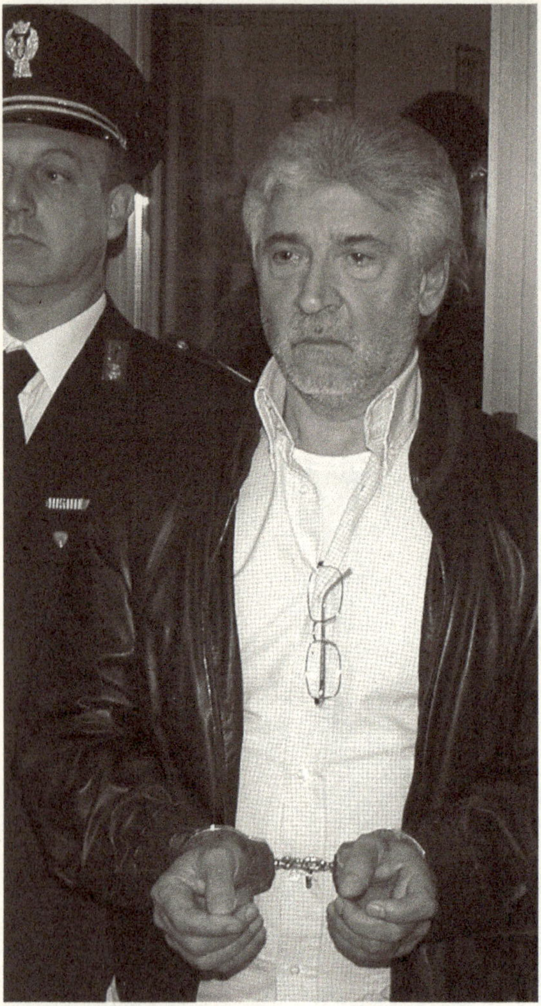

Salvatore Lo Piccolo (oben), verhaftet im November 2007, im Besitz eines Regelwerks der Mafia (vgl. S. 121). Das Territorium von Lo Piccolo umfasste die Piana dei Colli, wo sich viele der frühesten Dramen der Geschichte der sizilianischen Mafia abspielten.

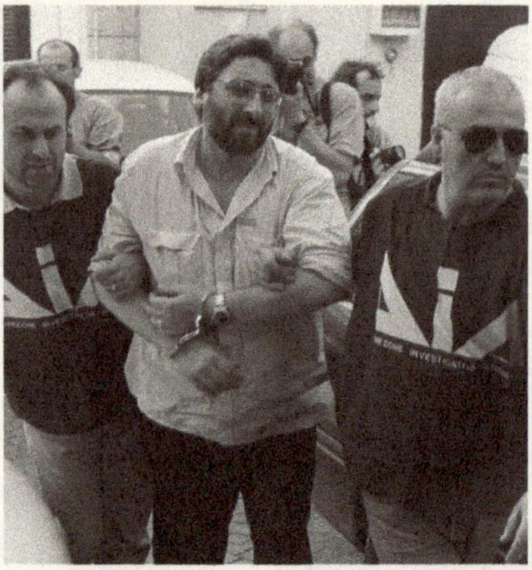

Francesco Schiavone, 1998 verhaftet, war der Boss des *casalesi*-Clans der Mafia. Als Sandokan bekannt, weil er aussah wie der heldenhafte Pirat aus einer Fernsehserie der 1970er Jahre, ließ Schiavone seine Villa (oben) dem Haus aus der letzten Szene des Films *Scarface* nachempfinden. Doch in Italien ist das Wechselspiel zwischen Gangster-Fiktion und Gangster-Wirklichkeit nichts Neues.

Ein edelmütiger, tragischer Desperado? Giuseppe Musolino war bekannt als »König des Aspromonte«. Seine berühmte Geschichte erzählt der Film *Il Brigante Musolino* (zu Deutsch: *Freiwild*) von 1950, mit dem großartigen Amedeo Nazzari in der Hauptrolle.

Unterdessen verlebte der wirkliche Musolino seine letzten Jahre in einer Nervenheilanstalt in Reggio Calabria.

Die reichen Amerikaner, die ihm ihre Aufwartung machten, kannten womöglich die Wahrheit hinter dem Mythos: Musolino war ein Killer der 'Ndrangheta.

Medienaufmerksamkeit für die Mafia. Der in Kalabrien geborene Gangster Frank Costello sagt 1951 bei den Kefauver-Hearings in New York aus.

Freunde in der Politik. Der Mafioso Giuseppe Genco Russo kandidiert für die *Democrazia Cristiana* (DC, Ende der 1950er Jahre). Die engen Kontakte zwischen der DC und der sizilianischen Mafia verhinderten eine italienische Version der *Kefauverhearings*.

Krumme Geschäfte mit Obst und Gemüse. Der Großmarkt in Neapel war eine wichtige Einnahmequelle für die Camorra in den 1950er Jahren.

Camorrabraut. Pupetta Maresca heiratet ihren »Kartoffelpreispräsidenten« Pascalone aus Nola (1954). Bald darauf wurde sie zur Witwe und zur Mörderin.

Das Ungeheuer von Presinaci. 1955, nach seinem Amoklauf, erzählte Serafino Castagna den Behörden von der Ehrenwerten Gesellschaft Kalabriens.

Sophia Loren, in der Rolle einer neapolitanischen Zigarettenverkäuferin. Tabakschmuggel, ein wesentliches Geschäft für das organisierte Verbrechen, wird in dem Kinofilm *Gestern, heute und morgen* von 1963 wohlwollend dargestellt.

Stille Trauer. Eine große Menschenmenge zog 1963 durch die Straßen von Palermo, anlässlich der Begräbnisfeier von vier Carabinieri, zwei Militäringenieuren und einem Polizisten, die einem Bombenanschlag der sizilianischen Mafia zum Opfer gefallen waren.

Die Plünderung Palermos. Ab den späten 1950er Jahren katapultierte die Bauindustrie das organisierte Verbrechen Siziliens und Kalabriens in nie dagewesene Dimensionen von Reichtum und Macht.

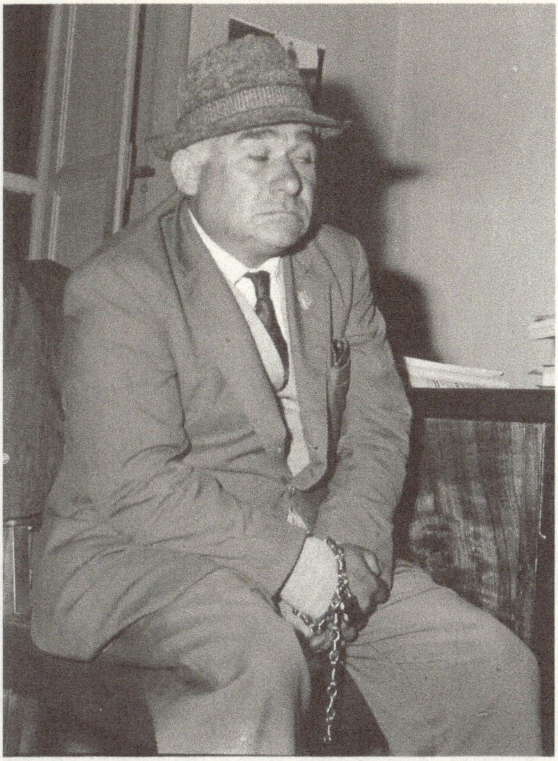

Giuseppe Zappia, fotografiert nach seiner Verhaftung während des Gangstertreffens von 1969, bei dem er seine »Brüder« zur Einigkeit aufrief: »Dies hier ist nicht Mico Tripodos 'Ndrangheta! Es ist nicht 'Ntoni Macrìs 'Ndrangheta und auch nicht Peppe Nirtas 'Ndrangheta! Wir sollten uns einig sein.«

In Reggio Calabria geht man auf die Barrikaden. 1970 markierte ein Aufruhr in der Stadt einen Wendepunkt in der Geschichte der 'Ndrangheta. Die Revolte wurde schließlich mit Hilfe von Panzern beendet.

Corleoneser König der Kidnapper. Der sizilianische Mafiaboss Luciano Liggio organisierte gemeinsam mit seinen Freunden von der 'Ndrangheta Entführungen in Norditalien.

Entführungsopfer. John Paul Getty III. wurde im Juli 1973 von der 'Ndrangheta gekidnappt. Seine Peiniger schnitten ihm ein Ohr ab, bevor sie ihn freiließen.

In den 1970er Jahren bewaffneten sich viele wohlhabende Italiener, um sich vor Mafiakidnappern zu schützen. Das Foto zeigt den jungen Berlusconi mit einer Pistole auf dem Schreibtisch (eingekreist).

Oberhaupt einer Verbrecherdynastie: Diese Aufnahme von Girolamo »Mommo« Piromalli stammt aus dem Jahr 1974, in dem der erste 'Ndrangheta-Krieg ausbrach. Don Mommo sollte als Sieger daraus hervorgehen.

Das Gesicht der neuen 'Ndrangheta? Paolo De Stefano im Jahr 1982.

»Mister Champagne«. Gaspare Mutolo wurde in den 1980er Jahren zu einem der führenden Heroinzwischenhändler der Cosa Nostra. Links neben ihm (mit gestreifter Krawatte) sieht man Boris Giuliano, einen ausgezeichneten Polizisten, der noch im selben Jahr, 1979, ermordet wurde.

»Eisauge«, Anfang der 1980er Jahre. Luigi Giuliano führte seine Verbrecherfamilie von deren Basis aus, in Neapels Forcella-Viertel, der historischen Heimat der Camorra.

Der größte Fußballer der damaligen Zeit (Mitte der 1980er Jahre),
Diego Armando Maradona, lässt sich mit Mitgliedern des Giuliano-Clans der Camorra fotografieren, die erpicht darauf waren, ihren guten Geschmack in puncto Badausstattung zur Schau zu stellen.

Begründer der *Nuova Camorra Organizzata*. Raffaele der »Professor« Cutolo war der einflussreichste italienische Kriminelle des 20. Jahrhunderts.

Gefängniskiller. Pasquale das »Tier« Barra war der Hauptvollstrecker der *Nuova Camorra Organizzata* innerhalb des Gefängnissystems.

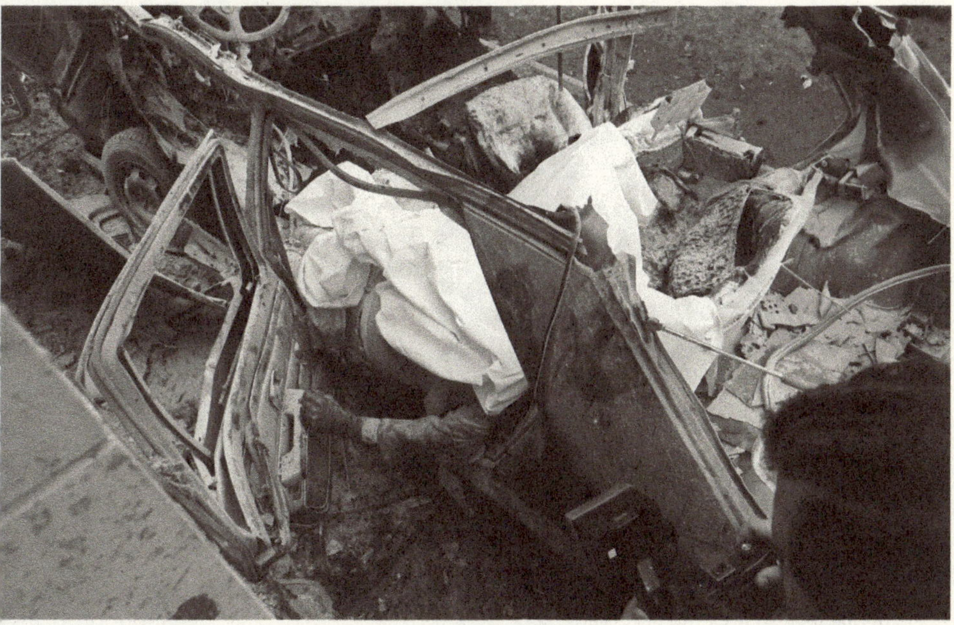

Tödlicher Schlag. Die Autobombe, die die Niederlage der *Nuova Camorra Organizzata* herbeiführte. Enzo Casillo, Chef der Killerkommandos der NCO, wurde im Januar 1983 in Rom ermordet.

Ungewöhnliche Verbündete und Märtyrer im Kampf gegen die Mafia: der Kommunist Pio La Torre und der Carabiniere Carlo Alberto Dalla Chiesa.

La Torre spricht 1968 vor dem Ortsverband der Kommunisten in Palermo.

Der künftige General Dalla Chiesa während seiner Zeit in Corleone, um 1950.

La Torre und sein Leibwächter wurden im April 1982 ermordet. Sein Vermächtnis war das Gesetz, das bis zum heutigen Tag den Kampf gegen die Mafia untermauert.

»Hier starb die Hoffnung aller ehrlichen Sizilianer.« Dalla Chiesa, seine Frau und sein Leibwächter wurden im September 1982 mit Maschinengewehren erschossen.

Der wichtigste Kronzeuge in der Geschichte der italienischen Unterwelt. Tommaso Buscetta, Mitglied der Cosa Nostra, wird 1984 nach Italien zurückgeholt, nachdem er einen Selbstmordversuch überlebt hat.

Der »Schatzmeister der Cosa Nostra«. Pippo Calòs schlimmstes Verbrechen war die Bombe, die 1984 17 Fahrgäste eines Zuges zwischen Florenz und Bologna in den Tod riss. Seine Auseinandersetzung mit Tommaso Buscetta war einer der Höhepunkte im Mammutprozess von 1986.

Von ihrem Käfig aus verfolgen die Angeklagten das Verfahren im epochemachenden Mammutprozess gegen die Cosa Nostra in Palermo von 1986 bis 1987.

Giovanni Falcone und Paolo Borsellino, fotografiert im März 1992: Es war eine der letzten Gelegenheiten, bei denen die beiden heldenhaften Richter gemeinsam in der Öffentlichkeit zu sehen waren. Das Bild des Fotografen Tony Gentile ist heute ein Symbol der Antimafia-Bewegung.

Der Bombenanschlag von Capaci am 23. Mai 1992. Falcone, seine Frau und drei ihrer Leibwächter wurden auf dem Weg vom Flughafen nach Palermo von einem Sprengsatz getötet, der unter der Autobahn platziert worden war.

Das Blutbad in der Via d'Amelio vom 19. Juli 1992. Paolo Borsellino und fünf Personenschützer der Polizei wurden in Palermo von einer Autobombe getötet.

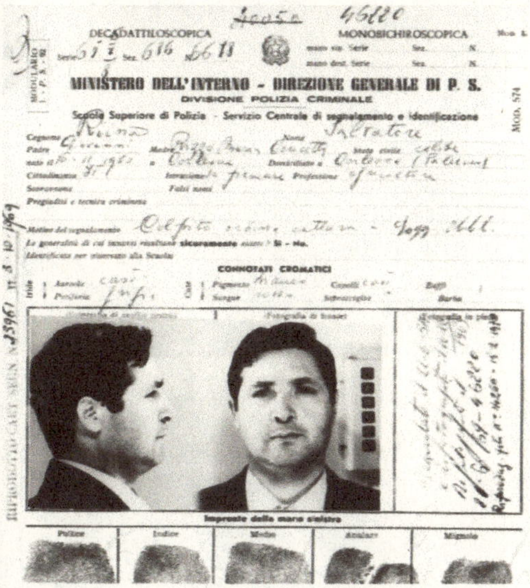

Salvatore der »Kurze« Riina 1970. Der Mann, der diktatorische Macht über die Cosa Nostra erlangen sollte, würde die folgenden 23 Jahre auf der Flucht vor dem Gesetz verbringen.

Nach seiner Festnahme im Jahr 1993 wird Riina aufgefordert, vor dem Foto eines seiner bekanntesten Opfer zu posieren, General Carlo Alberto Dalla Chiesa.

Bernardo Provenzano, der »Traktor«. Riinas Kumpan versuchte den Schaden zu beheben, den Riina mit seinem Krieg gegen den Staat angerichtet hatte. Provenzano wurde 2006 festgenommen, nach rekordverdächtigen 43 Jahren auf der Flucht.

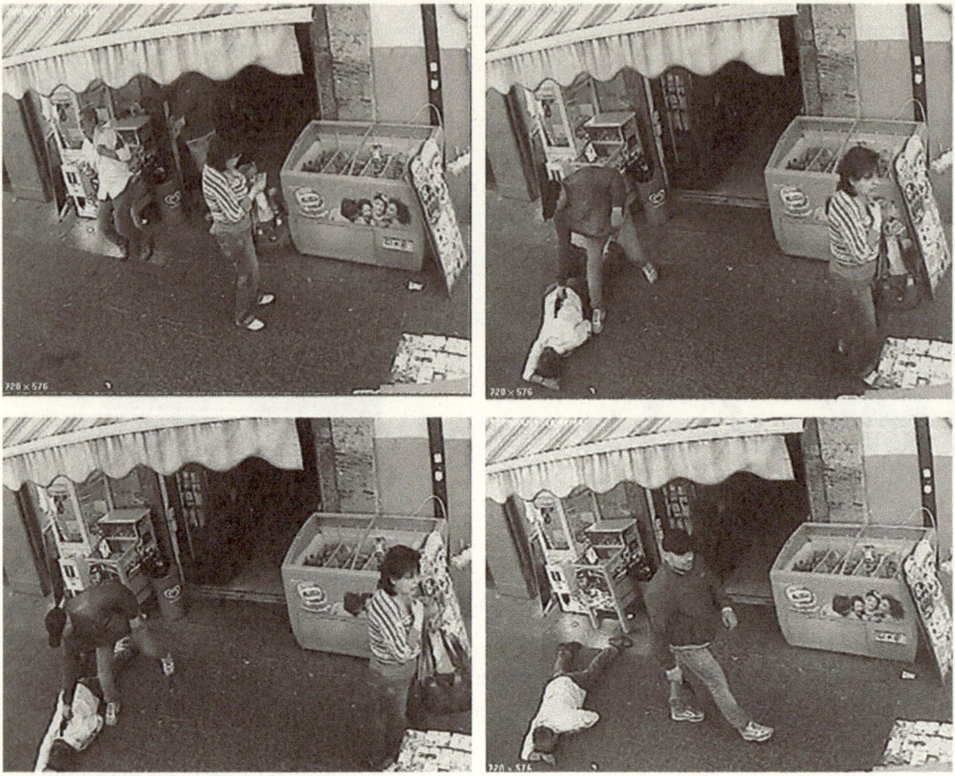

Die Überwachungskamera zeigt, wie ein Killer der Camorra in aller Ruhe sein Opfer erledigt. Neapel 2009.

Das schlimmste Bauprojekt in Europa. Die Camorra verwandelte in den 2000er Jahren die dreieckigen Wohnblocks Le Vele (»die Segel«) in einen Drogensupermarkt.

Moneten mit Müll. Die schockierende Misswirtschaft im Bereich der Müllbeseitigung schuf lukrative Gelegenheiten für die Camorra, Neapel 2008.

Kokain-Container. Der riesige Umschlaghafen in Gioia Tauro in Kalabrien ist ein wichtiges Eingangstor für die Drogen der 'Ndrangheta.

Wiedergeburt der Kommission. Benedetto Capizzi war darum bemüht, das Kontrollorgan der Cosa Nostra wiederherzustellen, die Palermer Kommission. Der ehrgeizige Capizzi wurde 2008 festgenommen.

Michele Zagaria, *capo* der Camorra, wurde 2011 in einem unterirdischen Bunker in seinem Heimatort Casapesenna festgenommen. Sein Clan, die *casalesi*, galt in den 1990er Jahren als die mächtigste kampanische Unterweltorganisation.

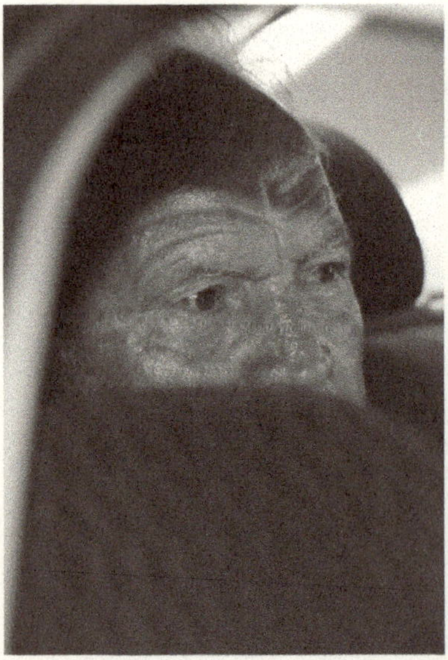

Oberhaupt des Großen Verbrechens? Domenico Oppedisano, 2010 festgenommen, soll angeblich das höchste Amt der ’Ndrangheta bekleidet haben.